Internationale Projektfinanzierung

Konzeption und Prüfung

Christian Decker

Internationale Projektfinanzierung

Konzeption und Prüfung

Christian Decker

Bibliografische Information der Deutschen Nationalbibliothek

Die Deutsche Nationalbibliothek verzeichnet diese Publikation in der Deutschen Nationalbibliografie; detaillierte bibliografische Daten sind im Internet über http://dnb.d-nb.de abrufbar.

Decker, Christian:

Internationale Projektfinanzierung: Konzeption und Prüfung

Zugl.: Universität Bremen, Diss., 2007 u.d.T.

Grundsätze ordnungsmäßiger Offenlegung der wirtschaftlichen Verhältnisse bei internationalen Projektfinanzierungen: Prüfungstheoretische Fundierung und Operationalisierung von § 18 Satz 1 KWG bei zukunftsorientierter Kreditvergabeentscheidung

ISBN-13: 978-3-8370-4068-5

© 2008 Dr. Christian Decker

Alle Rechte vorbehalten.

Das Werk einschließlich aller seiner Teile ist urheberrechtlich geschützt. Jede Verwertung außerhalb der engen Grenzen des Urheberrechtsgesetzes ist ohne Zustimmung des Autors unzulässig und strafbar. Das gilt insbesondere für Vervielfältigungen, Übersetzungen, Mikroverfilmungen und die Einspeicherung und Verarbeitung in elektronischen Systemen.

Herstellung und Verlag: Books on Demand GmbH: Norderstedt

Vorwort

Mit der vorliegenden Monografie wird der Versuch unternommen, einen gleichermaßen prüfungstheoretisch fundierten wie praxistauglichen Abriss des Themas ‚Internationale Projektfinanzierung' zu entwickeln. Ziel der Arbeit war es, eine Synthese von produktspezifischen, aufsichtsrechtlichen und prüfungstheoretischen Grundlagen zu erschaffen.

Die Schrift wurde neben meiner Tätigkeit im Bereich der strukturierten Finanzierung berufsbegleitend am Institut für Weltwirtschaft und Internationales Management an der Universität Bremen erstellt. Mein primärer Dank gilt Herrn Prof. Dr. Axel Sell, Lehrstuhl für Internationale Wirtschaftsbeziehungen unter besonderer Berücksichtigung multinationaler Unternehmungen. Er hat es verstanden, durch dosierte Kritik und gezielte Anregungen bei gleichzeitiger Gewährung maximaler Freiräume wertvolle Denkprozesse anzuregen. Für die Übernahme des Zweitgutachtens möchte ich mich bei Herrn Prof. Dr. Franz Jürgen Marx, Lehrstuhl für Betriebliche Steuerlehre und Wirtschaftsprüfung, bedanken.

Für fachliche Diskussion und konstruktive Anmerkungen zum Manuskriptentwurf bedanke ich mich bei meinem Freund und ehemaligen Berufskollegen, Herrn Diplom-Wirtschaftsingenieur Stephan Paesler. Meiner Frau Rita danke ich für die professionelle Textredaktion sowie für ihre liebevolle Unterstützung.

Die Schrift ist meinen Eltern und Rita gewidmet, die in den zurückliegenden Jahren dazu beigetragen haben, die Arbeit zu einem erfolgreichen Abschluss zu bringen.

Frankfurt am Main im Juli 2008

Christian Decker

Inhaltsüberblick

Inhaltsverzeichnis IX

Abbildungsverzeichnis XXII

Tabellenverzeichnis XXVIII

Abkürzungsverzeichnis XXX

Symbolverzeichnis XXXV

1 Einleitung 1

2 Die internationale Projektfinanzierung als zukunftsorientiertes Kreditgeschäft 7

3 Die materiell-rechtlichen Rahmenbedingungen des § 18 KWG 186

4 Prüfungstheoretische Fundierung und methodische Ansätze für eine Offenlegung der wirtschaftlichen Verhältnisse 304

5 Operationalisierung durch Postulierung von Ordnungsmäßigkeitsgrundsätzen 457

6 Schlussbetrachtung 598

Anhang 605

Quellenverzeichnis 613

Inhaltsverzeichnis

Abbildungsverzeichnis .... **XXII**

Tabellenverzeichnis .... **XXVIII**

Abkürzungsverzeichnis .... **XXX**

Symbolverzeichnis .... **XXXV**

1 Einleitung 1

    1.1 Problemstellung 1

    1.2 Gang der Untersuchung 2

2 Die internationale Projektfinanzierung als zukunftsorientiertes Kreditgeschäft 7

    2.1 Abgrenzung des Untersuchungsobjektes ‚Internationale Projektfinanzierung' 7

        2.1.1 Zum Begriff ‚Projektfinanzierung' 7

        2.1.2 Zum Begriff ‚Internationale Projektfinanzierung' 11

        2.1.3 Kernmerkmale der Projektfinanzierung im engeren Sinne 12

            2.1.3.1 Vorliegen einer abgrenzbaren Wirtschaftseinheit (Projekt) 12

                2.1.3.1.1 Ökonomische Isolierung 12

                2.1.3.1.2 Rechtliche Isolierung 14

            2.1.3.2 Bedienung des Schuldendienstes aus dem Cashflow des Projektes 22

            2.1.3.3 Kreditsicherheiten aus den Vermögenspositionen des Projektes 24

            2.1.3.4 Interdependenzen zwischen den Kernmerkmalen 31

        2.1.4 Mögliche weitere Merkmale einer Projektfinanzierung im engeren Sinne 33

            2.1.4.1 Risk Sharing 33

            2.1.4.2 Übernahme abstrakter Zahlungspflichten durch Dritte 40

            2.1.4.3 Projektbezogene Kreditbedingungen und Verhaltensauflagen 48

            2.1.4.4 Off-Balance Sheet Financing 49

        2.1.5 Finanzierungstheoretische Klassifikation und bankbetriebliche Einordnung der Projektfinanzierung im engeren Sinne 52

    2.2 Zur Zukunftsorientierung von internationalen Projektfinanzierungen 57

2.2.1	Vergangenheits- versus zukunftsorientierte Kreditvergabeentscheidung	57
2.2.2	Modellgestützte Finanzplanung (Cashflow-Analyse)	60
2.2.2.1	Begriffliche Eingrenzung	60
2.2.2.1.1	Begriffs- und Definitionsvielfalt	60
2.2.2.1.2	Terminologische Eingrenzung	63
2.2.2.2	Finanzplanung und Finanzplan	64
2.2.2.2.1	Ziele und Aufgaben	64
2.2.2.2.2	Zeitliche Grundkonzeptionen	65
2.2.2.2.2.1	Planungshorizonte und Planungsintervalle	65
2.2.2.2.2.2	Implikationen für Projektfinanzierungen im engeren Sinne	66
2.2.2.3	Modellcharakter	66
2.2.2.4	Ermittlungsmethodik	70
2.2.2.4.1	Finanzplanungsprozess	70
2.2.2.4.1.1	Prozess der Finanzplanung im existierenden Unternehmen	70
2.2.2.4.1.2	Prozess der modellgestützten Finanzplanung bei Projektfinanzierungen im engeren Sinne	71
2.2.2.4.2	Modellierung	77
2.2.2.4.2.1	Soft- und Hardware	77
2.2.2.4.2.2	Modularisierte Programmierung	78
2.2.2.4.2.2.1	Grundprinzip	78
2.2.2.4.2.2.2	Module	79
2.2.2.4.2.2.2.1	Eingabe-, Masken-, Datenmodule	79
2.2.2.4.2.2.2.2	Modul ‚Investitionen'	81
2.2.2.4.2.2.2.3	Module ‚Umsatzerlöse' und ‚Betriebskosten'	82
2.2.2.4.2.2.2.4	Modul ‚(Net) Working Capital'	83
2.2.2.4.2.2.2.5	Modul ‚Finanzierung'	86
2.2.2.4.2.2.2.6	Modul ‚Steuern und Abgaben'	88
2.2.2.4.2.2.2.7	Modul ‚Plan-GuV'	88
2.2.2.4.2.2.2.8	Modul ‚Plan-Bilanz'	90
2.2.2.4.2.2.2.9	Modul ‚Cashflow'	95
2.2.2.4.2.2.2.10	Modul ‚Sources and Uses'	107

2.2.2.4.2.2.2.11 Module ‚Kennzahlen' und ‚Ausgabe'............110

2.2.3 Prognosen..................123

   2.2.3.1 Prognosebegriff..................123

      2.2.3.1.1 Definition..................123

      2.2.3.1.2 Charakteristika..................124

         2.2.3.1.2.1 Gegenstand..................124

         2.2.3.1.2.2 Zeitliche Dimension..................125

         2.2.3.1.2.3 Präzisionsgrad..................125

         2.2.3.1.2.4 Publizitätsform..................127

         2.2.3.1.2.5 Logische Struktur..................127

            2.2.3.1.2.5.1 Bedingte und unbedingte Prognosen..................127

            2.2.3.1.2.5.2 Logisch vollständige Prognosen..................128

            2.2.3.1.2.5.3 Logisch unvollständige Prognosen..................132

   2.2.3.2 Prognoseerfordernis und -felder..................133

   2.2.3.3 Prognoseverfahren..................138

2.2.4 Projektbezogene Risikoanalyse..................139

   2.2.4.1 Risikobegriff..................139

   2.2.4.2 Entscheidungssituationen unter Risiko und Ungewissheit..................140

   2.2.4.3 Zum Begriff ‚Risikoanalyse'..................142

      2.2.4.3.1 Erfordernis..................142

      2.2.4.3.2 Idealtypische Bestandteile..................143

      2.2.4.3.3 Qualitative (projektbezogene) Risikoanalyse..................144

      2.2.4.3.4 Quantitative (projektbezogene) Risikoanalyse..................148

         2.2.4.3.4.1 Sensitivitätsanalysen..................148

         2.2.4.3.4.2 Szenarioanalysen..................151

         2.2.4.3.4.3 Simulationsbasierte Risikoanalysen..................152

2.3 Das Kreditgeschäft bei internationalen Projektfinanzierungen..................159

   2.3.1 Grundfunktionen von Banken in der internationalen Projektfinanzierung..................159

   2.3.2 Aufbau- und Ablauforganisation des Kreditgeschäftes im Bankbetrieb bei internationalen Projektfinanzierungen..................165

      2.3.2.1 Aufbauorganisation..................165

         2.3.2.1.1 Bankinterne Aufbauorganisation..................165

         2.3.2.1.2 Produktbezogene Aufbauorganisation..................167

		2.3.2.1.2.1	Horizontale Dezentralisierung	167
		2.3.2.1.2.2	Vertikale Dezentralisierung	173
	2.3.2.2	Ablauforganisation		178

3 Die materiell-rechtlichen Rahmenbedingungen des § 18 KWG 186

3.1 Das Rechtsinstitut des § 18 KWG als Kodifizierung einer banküblichen Sorgfaltspflicht 186

3.1.1 Die Rechtsnorm des § 18 KWG 186

3.1.1.1 Die Offenlegungspflicht nach § 18 Satz 1 KWG 186

3.1.1.2 Ausnahmen von der Offenlegungspflicht 188

3.1.1.2.1 Gestellte Sicherheiten und Mitverpflichtete (§ 18 Satz 2 KWG) 188

3.1.1.2.2 Konkrete Ausnahmetatbestände des § 18 Sätze 3 und 4 KWG 197

3.1.1.3 Rechtsfolgen bei Verstößen 198

3.1.2 Auslegung von § 18 Satz 1 KWG im Hinblick auf eine Kreditvergabe im Rahmen von Projektfinanzierungen im engeren Sinne 199

3.1.2.1 Anwendungsbereich 199

3.1.2.1.1 Zum Begriff ‚Kreditinstitut' 199

3.1.2.1.2 Zum Begriff ‚Kredit' 205

3.1.2.1.2.1 Positive Eingrenzung 205

3.1.2.1.2.1.1 Kreditbegriffe des KWG 205

3.1.2.1.2.1.2 Gelddarlehen jeder Art 207

3.1.2.1.2.1.3 Entgeltlich erworbene Geldforderungen 211

3.1.2.1.2.1.4 Forderungen aus Namensschuldverschreibungen 215

3.1.2.1.2.1.5 Bürgschaften, Garantien und sonstige Gewährleistungen 219

3.1.2.1.2.1.6 Sicherheiten für fremde Verbindlichkeiten 228

3.1.2.1.2.1.7 Verpflichtung gem. § 21 Abs. 1 Nr. 5 KWG 228

3.1.2.1.2.1.8 Aktien oder Geschäftsanteile 229

3.1.2.1.2.1.9 Leasing 231

3.1.2.1.2.2 Negative Eingrenzung 232

3.1.2.1.3 Zur Betragsgrenze ‚mehr als 750.000 Euro oder mehr als 10% vom haftenden Eigenkapital' 240

3.1.2.1.4 Zum Begriff ‚Kreditgewährung' 243

3.1.2.1.5	Zum Begriff ‚Kreditnehmer'	246
3.1.2.1.5.1	Das Grundkonzept der Kreditnehmereinheit nach § 19 Abs. 2 KWG	246
3.1.2.1.5.2	Kreditnehmereinheit aufgrund eines beherrschenden Einflusses	248
3.1.2.1.5.3	Kreditnehmereinheit aufgrund der Existenz einer Risikoeinheit	251
3.1.2.1.5.4	Kreditnehmereinheiten aufgrund der unwiderlegbaren Fallgruppen des § 19 Abs. 2 Satz 2 KWG	253
3.1.2.2	Methodik der Offenlegung	265
3.1.2.2.1	Offenlegung und amtliches Schrittverfahren	265
3.1.2.2.2	Schritt 1: Vorlage der erforderlichen Unterlagen	266
3.1.2.2.2.1	Normenwortlaut und amtliche Verlautbarungen der Bankenaufsicht	266
3.1.2.2.2.1.1	Grundsätzliches	266
3.1.2.2.2.1.2	Unterlagen bei Krediten an bilanzierende Kreditnehmer	268
3.1.2.2.2.1.3	Unterlagen bei Krediten an Objektgesellschaften	272
3.1.2.2.2.1.4	Unterlagen bei Krediten an nicht bilanzierende Kreditnehmer	272
3.1.2.2.2.1.5	Unterlagen bei Abwicklungskrediten	273
3.1.2.2.2.1.6	Unterlagen bei Existenzgründungsdarlehen	274
3.1.2.2.2.1.7	Schlussfolgerungen für den Untersuchungsgegenstand	274
3.1.2.2.2.2	Auslegung im Hinblick auf ‚Projektfinanzierungen im engeren Sinne'	277
3.1.2.2.2.2.1	Ansatzpunkte für eine objektiv-teleologische Auslegung	277
3.1.2.2.2.2.2	Analogiebildung innerhalb der Norm	277
3.1.2.2.2.2.2.1	Vorüberlegungen	277
3.1.2.2.2.2.2.2	Bilanzierende Kreditnehmer	278
3.1.2.2.2.2.2.3	Nicht bilanzierende Kreditnehmer	281
3.1.2.2.2.2.2.4	Objektgesellschaften	281
3.1.2.2.2.2.2.5	Existenzgründungsdarlehen	284
3.1.2.2.2.2.3	Analogiebildung zu den Mindestanforderungen an das Risikomanagement (MaRisk)	285

	3.1.2.2.3	Schritt 2: Auswertung		289
		3.1.2.2.3.1	Anforderungen an die Auswertung	289
		3.1.2.2.3.2	Zwecksetzung der Auswertung	294
	3.1.2.2.4	Schritt 3: Dokumentation		296
3.1.2.3	Zeitliche Dimension			296

3.2 Zusammenfassende Schlussfolgerungen für die bankbetriebliche Operationalisierung von § 18 Satz 1 KWG bei Projektfinanzierungen im engeren Sinne 300

4 Prüfungstheoretische Fundierung und methodische Ansätze für eine Offenlegung der wirtschaftlichen Verhältnisse 304

4.1 Theoretische Fundierung von Kreditwürdigkeitsprüfungen 304

    4.1.1 Prüfungstheoretische Grundlagen 304

        4.1.1.1 Betriebswirtschaftliche Prüfungen 304

            4.1.1.1.1 Zum Begriff ‚Prüfung' 304

            4.1.1.1.2 Prüfungsfunktionen 306

        4.1.1.2 Funktionale Aspekte betriebswirtschaftlicher Prüfungen 307

            4.1.1.2.1 Prüfungsprozess 307

                4.1.1.2.1.1 Idealtypische Prozessgliederung 307

                4.1.1.2.1.2 Einfache versus komplexe Prüfungen 310

            4.1.1.2.2 Prüfungsinstrumentarium 311

                4.1.1.2.2.1 Prüfungsnormen 311

                      4.1.1.2.2.1.1 Quellen von Prüfungsnormen 311

                      4.1.1.2.2.1.2 Normenkonkurrenz 314

                4.1.1.2.2.2 Prüfungsmethoden 316

                      4.1.1.2.2.2.1 Überblick 316

                      4.1.1.2.2.2.2 Kriterium ‚Prüfungsintensität' 319

                      4.1.1.2.2.2.3 Kriterium ‚Art der Vergleichshandlung' 324

                      4.1.1.2.2.2.4 Kriterium ‚Objekt der Vergleichshandlung' ... 329

                4.1.1.2.2.3 Prüfungshandlungen 332

            4.1.1.2.3 Prüfungsrisiko und Prüfungsrisikomodell 334

            4.1.1.2.4 Prüfungsplanung 339

            4.1.1.2.5 Prüfungsstrategie 343

	4.1.1.2.6	Prüfungsergebnis	347
4.1.1.3		Abgrenzung der ‚Prüfung' von ‚Feststellung' und ‚Begutachtung' sowie ‚Beratung'	349

4.1.2 Kreditwürdigkeitsprüfung 353

    4.1.2.1 Positive Abgrenzung 353

        4.1.2.1.1 Begriffliche Grundlegung 353

        4.1.2.1.2 Charakterisierung als betriebswirtschaftliche Prüfung 360

            4.1.2.1.2.1 Prüfungsobjekt ‚Kreditwürdigkeit' 360

            4.1.2.1.2.2 Prüfungsnormen der Kreditwürdigkeitsprüfung 362

            4.1.2.1.2.3 Träger der Kreditwürdigkeitsprüfung 364

                4.1.2.1.2.3.1 Verhältnis des Prüfers zum Prüfungsobjekt 364

                4.1.2.1.2.3.2 Materielle Qualifikation des Prüfers 366

                4.1.2.1.2.3.3 ‚Verhaltensnormen' des Prüfers 367

            4.1.2.1.2.4 Durchführung der Kreditwürdigkeitsprüfung 369

                4.1.2.1.2.4.1 Prüfungsdurchführungsnormen 369

                4.1.2.1.2.4.2 Methoden der Kreditwürdigkeitsprüfung 373

                      4.1.2.1.2.4.2.1 Ausgangssituation 373

                      4.1.2.1.2.4.2.2 Logisch-deduktive Verfahren 374

                      4.1.2.1.2.4.2.3 Empirisch-induktive Verfahren 382

            4.1.2.1.2.5 Ergebnis der Kreditwürdigkeitsprüfung 387

    4.1.2.2 Abgrenzung zum Kreditrisikomanagement 393

        4.1.2.2.1 Zum Erfordernis eines Managements von Kreditrisiken 393

        4.1.2.2.2 Prozessphasen und korrespondierende Maßnahmen 396

        4.1.2.2.3 Quantitative Kreditrisikoanalyse 399

            4.1.2.2.3.1 Kreditrisikomessung 399

            4.1.2.2.3.2 Kreditrisikobewertung 404

        4.1.2.2.4 Prüfungstheoretische Einordnung 414

4.2 Methodische Grundlagen für eine zukunftsorientierte Kreditwürdigkeitsprüfung bei Projektfinanzierungen im engeren Sinne 418

    4.2.1 Grundsätzliche methodische Vorgehensweisen 418

        4.2.1.1 Risikoorientierter Prüfungsmethoden-Mix 418

        4.2.1.2 Allgemeine Risikobeurteilung 419

            4.2.1.2.1 Prinzip der allgemeinen Risikobeurteilung 419

	4.2.1.2.2	Grenzen der allgemeinen Risikobeurteilung	427
	4.2.1.3	Systemprüfung	428
	4.2.1.3.1	Prinzip der Systemprüfung	428
	4.2.1.3.2	Grenzen der Systemprüfung und Ansätze zu deren Überwindung	434
	4.2.1.4	Ergebnisprüfung	437
	4.2.1.4.1	Prinzip der Ergebnisprüfung	437
	4.2.1.4.2	Grenzen der Ergebnisprüfung und Ansätze zu deren Überwindung	442

4.2.2 Ansätze zur Bestimmung von Prüfungsnormen ... 444

    4.2.2.1 Soll-Objekte bei der Systemprüfung ... 444

    4.2.2.2 Soll-Objekte bei der Ergebnisprüfung ... 447

        4.2.2.2.1 Externe Normvorgaben ... 447

        4.2.2.2.2 Institutsinterne Normvorgaben ... 448

            4.2.2.2.2.1 Subjektive (Ersatz-)Soll-Objekte ... 448

            4.2.2.2.2.2 „Objektivierte" (Ersatz-)Soll-Objekte ... 452

4.3 Zusammenfassende Schlussfolgerungen aus der prüfungstheoretischen Fundierung und methodischen Konkretisierung ... 453

5 Operationalisierung durch Postulierung von Ordnungsmäßigkeitsgrundsätzen ... 457

5.1 Grundlagen für eine Ableitung von Ordnungsmäßigkeitsgrundsätzen ... 457

    5.1.1 Begriff und Konzept von Ordnungsmäßigkeitsgrundsätzen ... 457

    5.1.2 Zum rechtlichen Charakter von Ordnungsmäßigkeitsgrundsätzen ... 459

    5.1.3 Methodik der Ermittlung ... 461

        5.1.3.1 Induktive und deduktive Ableitung ... 461

        5.1.3.2 Zielsetzungen im Rahmen einer deduktiven Ableitung ... 462

    5.1.4 Systematisierung von Ordnungsmäßigkeitsgrundsätzen ... 463

5.2 Allgemeine Rahmengrundsätze für die Offenlegung von wirtschaftlichen Verhältnissen ... 465

    5.2.1 Richtigkeit (Wahrheit) ... 465

        5.2.1.1 Vorüberlegungen ... 465

        5.2.1.2 Objektivität (,sachbezogene Richtigkeit') ... 468

            5.2.1.2.1 Normengerechtigkeit ... 468

| | | 5.2.1.2.2 | Zukunftsorientierte Richtigkeit | 469 |

- 5.2.1.2.3 Intersubjektive Nachvollziehbarkeit ... 470
  - 5.2.1.2.3.1 Widerspruchsfreiheit ... 470
  - 5.2.1.2.3.2 Bankinterner Erkenntnisabgleich ... 471
- 5.2.1.3 Aktualität ... 471
- 5.2.1.4 Zuverlässigkeit ... 472
- 5.2.1.5 Willkürfreiheit („personenbezogene Richtigkeit') ... 475
- 5.2.2 Vollständigkeit ... 476
- 5.2.3 Klarheit ... 478
- 5.2.4 Vergleichbarkeit ... 480
- 5.2.5 Wirtschaftlichkeit (Wesentlichkeit) ... 482

5.3 Kerngrundsätze für die Offenlegung der wirtschaftlichen Verhältnisse ... 483
- 5.3.1 Adressatenorientierung ... 483
  - 5.3.1.1 Adressatenkonkretisierung ... 483
  - 5.3.1.2 Adressatenprivilegierung ... 487
- 5.3.2 Entscheidungsorientierung ... 487
- 5.3.3 Gefahrenorientierung ... 489
  - 5.3.3.1 Zur Bipolarität der Gefahrenorientierung ... 489
  - 5.3.3.2 Gefahrenkonkretisierung ... 490
  - 5.3.3.3 Gefahrenabwägung ... 491

5.4 Spezialgrundsätze für die Offenlegung der wirtschaftlichen Verhältnisse bei Projektfinanzierungen im engeren Sinne ... 492
- 5.4.1 Grundsätze einer ordnungsmäßigen modellgestützten Finanzplanung ... 492
  - 5.4.1.1 Vorüberlegungen ... 492
    - 5.4.1.1.1 Konzeption als Prüfungs- und Kontrollnormenkanon ... 492
    - 5.4.1.1.2 Zum Charakter des Systems ‚modellgestützte Finanzplanung' ... 494
    - 5.4.1.1.3 Methodik der Gewinnung ... 495
  - 5.4.1.2 Richtigkeit (Wahrheit) ... 496
    - 5.4.1.2.1 Wahrheitsgrundsatz und Finanzplanung ... 496
    - 5.4.1.2.2 Objektivität der modellgestützten Finanzplanung ... 498
      - 5.4.1.2.2.1 Grundsatz der Berücksichtigung gesetzlicher Normen ... 498
      - 5.4.1.2.2.2 Grundsatz der Berücksichtigung technisch-naturwissenschaftlicher Normen ... 499

5.4.1.2.2.3	Grundsatz der Berücksichtigung ethischer Normen	500
5.4.1.2.2.3.1	Vorüberlegungen	500
5.4.1.2.2.3.2	Grundsatz der algebraischen Genauigkeit	500
5.4.1.2.2.3.3	Grundsatz der Zeitpunktgenauigkeit	503
5.4.1.2.2.3.4	Grundsatz der Interdependenzgenauigkeit	506
5.4.1.2.2.3.5	Grundsatz der methodischen Genauigkeit	508
5.4.1.2.2.4	Grundsatz der Berücksichtigung konzeptioneller Normen	509
5.4.1.2.2.4.1	Vorüberlegungen	509
5.4.1.2.2.4.2	Grundsatz der Berücksichtigung abstrakter Zahlungspflichten	509
5.4.1.2.2.4.3	Grundsatz der Berücksichtigung kreditvertraglicher Strukturelemente	510
5.4.1.2.2.4.4	Grundsatz der Berücksichtigung sponsorseitiger Nachschussverpflichtungen	516
5.4.1.3	Vollständigkeit	517
5.4.1.3.1	Grundsatz der quantitativen Systemvollständigkeit	517
5.4.1.3.2	Grundsatz der qualitativen Systemvollständigkeit	518
5.4.1.4	Klarheit	519
5.4.1.4.1	Eindeutigkeit	519
5.4.1.4.1.1	Grundsatz der methodischen Eindeutigkeit	519
5.4.1.4.1.2	Grundsatz der terminologischen Eindeutigkeit	519
5.4.1.4.2	Übersichtlichkeit	522
5.4.1.4.2.1	Grundsatz der Anwendung des Bruttoprinzips	522
5.4.1.4.2.1.1	Horizontales Bruttoprinzip	522
5.4.1.4.2.1.2	Vertikales Bruttoprinzip	523
5.4.1.4.2.1.2.1	Bruttoprinzip bei Bestands- und Planungsgrößen	523
5.4.1.4.2.1.2.2	Bruttoprinzip auf Projektebene	524
5.4.1.4.2.1.2.3	Bruttoprinzip auf Konzern- bzw. Holdingebene	525
5.4.1.4.2.2	Grundsatz der Modularität	526
5.4.1.4.2.3	Grundsatz der übersichtlichen Programmierung	526
5.4.1.5	Vergleichbarkeit	530
5.4.1.6	Wirtschaftlichkeit (Wesentlichkeit)	532

5.4.1.6.1	Grundsatz der angemessenen Komplexitätsreduktion	532
5.4.1.6.2	Grundsätze der Flexibilität und Elastizität der modellgestützten Finanzplanung	533

5.4.2 Grundsätze einer ordnungsmäßigen Prognosebildung 535

    5.4.2.1 Vorüberlegungen 535

        5.4.2.1.1 Konzeption als Prüfungs- und Kontrollnormenkanon 535

        5.4.2.1.2 Zum Charakter des Systems ‚Prognosen' 537

        5.4.2.1.3 Methodik der Gewinnung 538

    5.4.2.2 Richtigkeit (Wahrheit) 540

        5.4.2.2.1 Zum Paradox der Richtigkeit von Prognosen 540

        5.4.2.2.2 Grundsatz der logischen Genauigkeit 542

            5.4.2.2.2.1 Grundsatz der logischen Explizitheit 542

            5.4.2.2.2.2 Grundsatz des adäquaten Informationsgehaltes der nomologischen Hypothese 543

            5.4.2.2.2.3 Grundsatz der angemessenen Bewährung der nomologischen Hypothese 548

            5.4.2.2.2.4 Grundsatz der hinreichenden Ausschließbarkeit von Annahmefehlern 551

                5.4.2.2.2.4.1 Grundsatz der richtigen Bildung von Antezedenzbedingungen 551

                    5.4.2.2.2.4.1.1 Grundsatz der richtigen Prämissenauswahl 551

                    5.4.2.2.2.4.1.2 Grundsatz der Berücksichtigung des Aktionsniveaus 552

                5.4.2.2.2.4.2 Grundsatz der angemessenen Bildung von Ad-hoc-Hypothesen 554

            5.4.2.2.2.5 Grundsatz der logisch nachvollziehbaren Konklusion 556

    5.4.2.3 Vollständigkeit 556

        5.4.2.3.1 Grundsatz der logischen Vollständigkeit 556

        5.4.2.3.2 Grundsatz der Abdeckung aller Prognosefelder 557

    5.4.2.4 Klarheit 558

        5.4.2.4.1 Eindeutigkeit 558

            5.4.2.4.1.1 Grundsatz des eindeutigen Gegenstandsbereiches 558

            5.4.2.4.1.2 Grundsatz der Methodenklarheit 559

            5.4.2.4.1.3 Grundsatz der Falsifizierbarkeit 560

5.4.2.4.2	Übersichtlichkeit	561
5.4.2.5	Vergleichbarkeit	561
5.4.2.5.1	Grundsatz der Methodenstetigkeit	561
5.4.2.5.2	Grundsatz der Vergleichbarkeit von Prognoseaussagen	562
5.4.2.6	Wirtschaftlichkeit (Wesentlichkeit)	563
5.4.3	Grundsätze einer ordnungsmäßigen Risikoanalyse	563
5.4.3.1	Vorüberlegungen	563
5.4.3.1.1	Konzeption als Prüfungs- und Kontrollnormenkanon	563
5.4.3.1.2	Zum Charakter des Systems ‚Risikoanalyse'	566
5.4.3.1.3	Methodik der Ermittlung	567
5.4.3.2	Richtigkeit (Wahrheit)	568
5.4.3.2.1	Wahrheitsgrundsatz und Risikoanalyse	568
5.4.3.2.2	Risikoobjektivität	570
5.4.3.2.2.1	Grundsätzliches	570
5.4.3.2.2.2	Grundsatz der parteienorientierten Risikoanalyse	570
5.4.3.2.2.2.1	Grundsatz der Risikozuordnung	570
5.4.3.2.2.2.2	Grundsatz der Interessenorientierung	575
5.4.3.2.2.2.3	Grundsatz der Analysefähigkeit der Projektrisiken	576
5.4.3.2.2.2.4	Grundsatz der Kontrollfähigkeit der Projektrisiken	578
5.4.3.2.2.3	Grundsatz der phasengenauen Risikoanalyse	579
5.4.3.3	Vollständigkeit	580
5.4.3.3.1	Grundsatz der quantitativen Risikovollständigkeit	580
5.4.3.3.2	Grundsatz der qualitativen Risikovollständigkeit	581
5.4.3.4	Klarheit	582
5.4.3.4.1	Eindeutigkeit	582
5.4.3.4.1.1	Grundsatz der ursachenbezogenen Risikodeskription	582
5.4.3.4.1.2	Grundsatz der wirkungsbezogenen Risikodeskription	583
5.4.3.4.2	Übersichtlichkeit	584
5.4.3.4.2.1	Vorbemerkungen	584
5.4.3.4.2.2	Grundsatz der Risikoklassifizierung	585
5.4.3.4.2.3	Grundsatz der Risikomessung	587
5.4.3.4.2.4	Grundsatz der Risikobewertung	588

		5.4.3.5	Vergleichbarkeit	588

- 5.4.3.5.1 Grundsatz der interperiodischen Risikovergleichbarkeit 588
- 5.4.3.5.2 Grundsatz der intrasektoralen Risikovergleichbarkeit 589
- 5.4.3.5.3 Grundsatz der intraregionalen Risikovergleichbarkeit 590
- 5.4.3.6 Wirtschaftlichkeit (Wesentlichkeit) 590
  - 5.4.3.6.1 Grundsatz des angemessenen Entscheidungsnutzens 590
  - 5.4.3.6.2 Grundsatz der Risikorückkoppelung 591
- 5.5 Zusammenfassende Schlussfolgerung zur Operationalisierung durch Ordnungsmäßigkeitsgrundsätze 593

6 Schlussbetrachtung 598

- 6.1 Zusammenfassung 598
- 6.2 Kritische Würdigung 601
- 6.3 Ausblick 602

Anhang 605

Quellenverzeichnis 613

- I. Monografien 614
- II. Artikel in Sammelwerken und Periodika 623
- III. Konferenz- und Tagungsbeiträge 647
- IV. Gesetze, Rechtsverordnungen, Erlasse 649
- V. Kommentare 651
- VI. Veröffentlichungen der Bankenaufsicht 652
- VII. Sonstige Quellen und Dokumente 655
- VIII. Beiträge ohne Verfasserangabe 657

Abbildungsverzeichnis

Abb. 1:	Abgrenzung von Unternehmensfinanzierung und Projektfinanzierung im engeren Sinne bei Vorliegen einer Single Purpose Company (SPC)	18
Abb. 2:	Beispiel für den Aufbau eines Unincorporated Joint Venture (UJV) im Rahmen eines Joint Operating Agreement (JOA)	19
Abb. 3:	Abgrenzung von Unternehmensfinanzierung und Projektfinanzierung im engeren Sinne bei Vorliegen eines ‚Ring Fencing'	22
Abb. 4:	Übersicht über die typischen Kreditsicherheiten nach deutschem Rechtsverständnis	25
Abb. 5:	Zusammenwirken von dinglichen Sicherheiten und projektbezogenen Kreditbedingungen und Verhaltensauflagen	31
Abb. 6:	Interdependenzen der Kernmerkmale bei der Projektfinanzierung im engeren Sinne	32
Abb. 7:	Übersicht über wesentliche Individualverträge bzw. Vertragsbestandteile mit impliziten abstrakten Zahlungsverpflichtungen	41
Abb. 8:	Überblick über indirekte Sicherungsmaßnahmen nach angloamerikanischer Rechtspraxis in Kreditverträgen für Projektfinanzierungen	49
Abb. 9:	Finanzierungsformen bzw. -arten im Überblick	53
Abb. 10:	Strukturierte Finanzierung: Ausgewählte Erscheinungsformen	56
Abb. 11:	Vergangenheits- und zukunftsorientierte Kreditvergabeentscheidung	59
Abb. 12:	Zusammenhang zwischen Projekt- und Finanzierungskonzept sowie modellgestützter Finanzplanung	68
Abb. 13:	Prozess der modellgestützten Finanzplanung bei Projektfinanzierungen im engeren Sinne	72
Abb. 14:	Beispiel für den modularen Aufbau einer modellgestützten Finanzplanung mit Hilfe eines Tabellenkalkulationsprogramms	78
Abb. 15:	Mögliches Zeitschema des Moduls ‚Investitionen'	82
Abb. 16:	Bestimmung des ‚Net Working Capital'	85
Abb. 17:	Datenverarbeitung im Modul ‚Plan-GuV' bei Anwendung des Gesamtkostenverfahrens gem. IAS 1.80	90
Abb. 18:	Verlust(vortrag), Unterbilanz und Überschuldung	92
Abb. 19:	Modul ‚Plan-Bilanz': Aktivseite	94
Abb. 20:	Modul ‚Plan-Bilanz': Passivseite	95
Abb. 21:	Zusammenhang von Plan-Kapitalflussrechnung, Plan-Bilanz und Plan-GuV	99
Abb. 22:	Plan-Kapitalflussrechnung und Free Cash Flow	105

Abb. 23:	Mittelherkunfts- und Mittelverwendungsbudget in der Bauphase	109
Abb. 24:	Zeitliche Konzeptionen projektfinanzierungstypischer Kennzahlen	122
Abb. 25:	Syllogismus logisch vollständiger Prognosen	129
Abb. 26:	Problem des unendlichen Prognoseregresses	131
Abb. 27:	Interdependenzen zwischen vertraglichem Rahmenwerk, modellgestützter Finanzplanung und Prognose	134
Abb. 28:	Ursachen- und wirkungsbezogener Risikobegriff	140
Abb. 29:	Klassifizierung von Entscheidungssituationen	141
Abb. 30:	Erscheinungsformen der Risikoanalyse	143
Abb. 31:	Beispiel für die grafische Darstellung einer Sensitivitätsanalyse	149
Abb. 32:	Beispiel für die grafische Darstellung einer Häufigkeitsverteilung	154
Abb. 33:	Beispiel für die grafische Darstellung einer Verteilungsfunktion und des korrespondierenden Risikoprofils	155
Abb. 34:	Zeitreihenverlängerung bei der historischen Simulation	157
Abb. 35:	Prinzip der historischen Simulation	158
Abb. 36:	Mögliche Grundformen der produktbezogenen Aufbauorganisation für die bankbetriebliche Leistungsart ‚Projektfinanzierung'	167
Abb. 37:	Beispiel für eine produktbezogene Aufbauorganisation nach funktionalen Kriterien	168
Abb. 38:	Beispiel für eine produktbezogene Aufbauorganisation nach dem sitz- bzw. standortorientierten Regionalprinzip	170
Abb. 39:	Beispiel für eine produktbezogene Aufbauorganisation nach dem zuständigkeitsorientierten Regionalprinzip	171
Abb. 40:	Beispiel für eine produktbezogene Aufbauorganisation nach einem spartenorientierten Objektprinzip	172
Abb. 41:	Beispiel für eine produktbezogene Aufbauorganisation nach einem kundengruppenorientierten Objektprinzip	173
Abb. 42:	Votierungs- und Genehmigungsprozess im Rahmen der vertikalen Dezentralisierung für das Kreditprodukt ‚Projektfinanzierung'	178
Abb. 43:	Ablaufplan einer Projektfinanzierung im engeren Sinne	180
Abb. 44:	Koordinations- und Zeitaufwand verschiedener Platzierungsverfahren bei einer konsortialen Kreditgewährung	184
Abb. 45:	Beispiel für die Mitverpflichtung eines Sponsors im Wege einer Teilgarantie für eine Kredittranche	193
Abb. 46:	Beispiel für Mitverpflichtete bei Vorliegen einer Holding-Struktur im Rahmen einer Projektfinanzierung i.e.S.	195

Abb. 47:	Beispiel für einen Mitverpflichteten bei Vorliegen einer Betriebsaufspaltung im Rahmen einer Projektfinanzierung i.e.S.	197
Abb. 48:	Unternehmensbezogene Begriffsbestimmungen im KWG	205
Abb. 49:	Kreditbegriffe im KWG und ihre Anwendungsbereiche	206
Abb. 50:	Erscheinungsformen von Gelddarlehen bei Projektfinanzierungen	208
Abb. 51:	Unechtes Pensionsgeschäft mit Geldforderungen	213
Abb. 52:	Leasing-Refinanzierung auf der Basis einer projektbezogenen Kreditwürdigkeit	215
Abb. 53:	Rechtliche Erscheinungsformen von Schuldverschreibungen	216
Abb. 54:	Erscheinungsformen von Avalkrediten	220
Abb. 55:	Formen der Beteiligung mehrerer Kreditgeber an einer konsortialen Kreditgewährung (Kreditsyndizierung)	222
Abb. 56:	Funktionsweise einer Avalstellung bei Risikounterbeteiligung	225
Abb. 57:	Avalkredit für sonstige Verpflichtung mit einem Kreditinstitut als Kreditgeber und einer dritten Partei als Kreditnehmer	226
Abb. 58:	Avalkredit für sonstige Verpflichtung mit einem Kreditinstitut als Kreditgeber und einem Projekt als Kreditnehmer	227
Abb. 59:	Negativabgrenzung des § 21 Abs. 2 bis 4 KWG	233
Abb. 60:	Beispiel für eine (partiell) bundesgedeckte Projektfinanzierung	237
Abb. 61:	Überblick über den aufsichtsrechtlichen Eigenmittelbegriff	242
Abb. 62:	Kreditnehmereinheiten nach § 19 Abs. 2 Satz 1 Alternative 1 KWG bei Vorliegen eines Gemeinschaftsunternehmens unter Beteiligung eines oder mehrerer Nicht-Unternehmen	250
Abb. 63:	Unwiderlegbare Fallgruppen des § 19 Abs. 2 Satz 2 KWG	254
Abb. 64:	Beispiele für Kreditnehmereinheiten nach § 19 Abs. 2 Satz 2 Nr. 1 Alt. 1 KWG bei Vorliegen eines Unterordnungskonzerns (Beherrschungsvertrag, Faktischer Konzern)	257
Abb. 65:	Beispiel für Kreditnehmereinheiten nach § 19 Abs. 2 Satz 2 Nr. 1 Alt. 1 KWG bei Vorliegen eines Unterordnungskonzerns (Gleichordnungskonzern)	259
Abb. 66:	Beispiel für Kreditnehmereinheiten nach § 19 Abs. 2 Satz 2 Nr. 1 Alt. 1 KWG bei Vorliegen einer vertraglich koordinierten Mehrmütterherrschaft	261
Abb. 67:	Beispiel für eine Kreditnehmereinheit nach § 19 Abs. 2 Satz 2 Nr. 1 Alt. 3 KWG bei Vorliegen eines Mehrheitsbesitzes	263
Abb. 68:	Entscheidungsbaum zur Vorlage von Unterlagen bei Krediten an bilanzierende Kreditnehmer	271
Abb. 69:	Schwerpunkte der zukunftsorientierten Auswertung	292

Abb. 70:	Aufsichtsrechtliche Dimensionen des Begriffes ‚Kreditwürdigkeit'	295
Abb. 71:	Methodisch-operationales ‚Grey Box'- bzw. ‚Black Box'-Problem	303
Abb. 72:	Prüfungsfunktionen	307
Abb. 73:	Prüfungsprozess	308
Abb. 74:	Quellen von Prüfungsnormen	312
Abb. 75:	Unmittelbare Normenkonkurrenz	315
Abb. 76:	Mittelbare, komplementäre Normenkonkurrenz	316
Abb. 77:	Prüfungsmethoden im Überblick	317
Abb. 78:	Methoden der Stichprobenerhebung bei Auswahlprüfungen	320
Abb. 79:	Systematisierung von Prüfungsmethoden nach Art der Vergleichshandlung	324
Abb. 80:	Syllogismus	326
Abb. 81:	Syllogismus bei Systemprüfungen	331
Abb. 82:	Schematischer Aufbau eines detaillierten Prüfungsprogramms	342
Abb. 83:	Prüfungsmethoden im Rahmen des risikoorientierten Prüfungsansatzes	344
Abb. 84:	Sicherheitsbeiträge und –intensitäten von Prüfungsmethoden	345
Abb. 85:	Risikoorientierte Auswahl von Prüfungsmethoden	346
Abb. 86:	Prozessstruktur von Feststellungen	350
Abb. 87:	Prozessstruktur von Begutachtungen	352
Abb. 88:	Bestandteile der Kreditwürdigkeitsprüfung i.w.S.	356
Abb. 89:	Normenspektren im Kreditgeschäft	363
Abb. 90:	Prüfungs- und Kontrollaufgaben im Kreditentscheidungsprozess	365
Abb. 91:	Interdependenz ausgewählter Prüfungsdurchführungsnormen	373
Abb. 92:	Syllogismus bei multivariaten Diskriminanzanalysen	385
Abb. 93:	Urteilsübermittlung bei Kreditwürdigkeitsprüfungen	389
Abb. 94:	Systematisierung bankseitiger Kreditrisiken im weitesten Sinne	394
Abb. 95:	Risikomanagement im Kreditgeschäft	397
Abb. 96:	Zusammenhang von erwarteten und unerwarteten Verlusten	408
Abb. 97:	Verlustverteilung	410
Abb. 98:	Ermittlung des einzelgeschäftsbezogenen $RARO(RA)C_{HR}$	413
Abb. 99:	Prüfungstheoretische Einordnung der Kreditrisikoanalyse	415
Abb. 100:	Bedeutung von Kreditwürdigkeitsprüfung und -überwachung für ein vollintegriertes Kreditmanagement	418
Abb. 101:	Ausprägungsformen der allgemeinen Risikobeurteilung	419

Abb. 102:	Das Supersystem ‚Projekt- und Finanzierungskonzept' und seine Systeme bzw. Subsysteme	421
Abb. 103:	Systematisierung der Determinanten des ‚inhärenten Risikos' bei Projektfinanzierungen i.e.S.'	422
Abb. 104:	Differenzierung der System- und Kontrolldimensionen bei ‚Projektfinanzierungen i.e.S.'	425
Abb. 105:	Idealtypisches Kontrollrisiko bei der Konzepterstellung/-modifikation in Abhängigkeit von ausgeübten Grundfunktionen	426
Abb. 106:	Ansatzpunkte für eine Systemprüfung bei ‚Projektfinanzierungen i.e.S.'	430
Abb. 107:	Ablauf einer Systemprüfung	433
Abb. 108:	Gekoppelte Systeme	435
Abb. 109:	Bildung von Prüffelder-Gruppen bei gekoppelten Systemen	437
Abb. 110:	Zeitliche Perspektiven bei der direkten Prüfung von Planwerten	438
Abb. 111:	Ansatzpunkte für eine Ergebnisprüfung bei ‚Projektfinanzierungen i.e.S.'	440
Abb. 112:	Prüfung der Zeitverfügbarkeit eines technischen Aggregates	441
Abb. 113:	Syllogismus bei der indirekten (Daten-)Prüfung der Investitionskosten eines Kraftwerkprojektes	448
Abb. 114:	Normen betriebswirtschaftlicher Prüfungen	456
Abb. 115:	Fundamentalgrundsätze ordnungsmäßiger Offenlegung der wirtschaftlichen Verhältnisse	464
Abb. 116:	Der ‚Rahmengrundsatz der Richtigkeit (Wahrheit)' und seine Untergrundsätze	468
Abb. 117:	Idealisierte Erfüllbarkeit des ‚Rahmengrundsatzes der Klarheit' in Abhängigkeit von der Komplexität der betrachteten Informationen	480
Abb. 118:	Zur doppelten Relevanz der ‚Grundsätze ordnungsmäßiger modellgestützter Finanzplanung'	493
Abb. 119:	Spezialgrundsatz der Richtigkeit (Wahrheit) der modellgestützten Finanzplanung	497
Abb. 120:	Algebraische und betragliche Genauigkeit in Abhängigkeit vom Systemverständnis	502
Abb. 121:	Kalendarischer Bezug der modellgestützten Finanzplanung	504
Abb. 122:	Gewerbesteuerermittlung als simultanes Gleichungssystem	529
Abb. 123:	Zur doppelten Relevanz der ‚Grundsätze ordnungsmäßiger Prognosebildung'	536
Abb. 124:	Spezialgrundsatz der Richtigkeit (Wahrheit) der Prognosebildung	541

Abb. 125:	Spezialgrundsatz der logischen Genauigkeit der Prognosebildung	542
Abb. 126:	Aussagetypen und -dimensionen	545
Abb. 127:	Zur doppelten Relevanz der ‚Grundsätze einer ordnungsmäßigen (projektbezogenen) Risikoanalyse'	565
Abb. 128:	Spezialgrundsatz der Richtigkeit (Wahrheit) der projektbezogenen Risikoanalyse	569
Abb. 129:	Risikozuordnung versus Risikoverbleib bei Projektfinanzierungen im engeren Sinne	573
Abb. 130:	Wirkungsbezogene Risikodeskription des Marktrisikos	584
Abb. 131:	Zusammenhang zwischen den Systemen ‚modellgestützte Finanzplanung', ‚Prognosen' und ‚projektbezogene Risikoanalyse'	592
Abb. 132:	Grundsätze ordnungsmäßiger modellgestützter Finanzplanung	595
Abb. 133:	Grundsätze ordnungsmäßiger Prognosebildung	596
Abb. 134:	Grundsätze ordnungsmäßiger projektbezogener Risikoanalyse	597
Abb. 135:	Prüfungsablaufschema für eine Offenlegung der wirtschaftlichen Verhältnisse bei ‚Projektfinanzierungen im engeren Sinne'	600

Tabellenverzeichnis

Tab. 1:	Eigenkapitalausweis nach HGB als Beispiel für unterschiedliche Gliederungsmöglichkeiten	93
Tab. 2:	Direkte und indirekte Ermittlung des Brutto-Cashflow	96
Tab. 3:	Ableitung der Größe EBITDA	97
Tab. 4:	Ermittlung des Cashflow auf der Basis von Aktivitätsformaten und korrespondierende Fonds	100
Tab. 5:	Cashflow aus der laufenden Geschäftstätigkeit	101
Tab. 6:	Cashflow aus der Investitionstätigkeit	102
Tab. 7:	Cashflow aus der Finanzierungstätigkeit	103
Tab. 8:	‚Free Cash Flow' und (Plan-)Kapitalflussrechnung	104
Tab. 9:	CFADS und Payment Waterfall	106
Tab. 10:	Ausführliche Mittelherkunfts- und Mittelverwendungsrechnung	108
Tab. 11:	Verdichtete Mittelherkunfts- und Mittelverwendungsrechnung	109
Tab. 12:	Beispiel für eine logisch vollständige Prognoseaussage	132
Tab. 13:	Generische Risikostruktur von ‚Projektfinanzierungen i.e.S.'	145
Tab. 14:	Veröffentlichungen der Bankenaufsicht zum § 18 KWG	187
Tab. 15:	Bankgeschäfte im Sinne des § 1 Abs. 1 Satz 2 Nr. 1 bis 12 KWG	200
Tab. 16:	Kreditinstitute unter staatlicher Aufsicht	202
Tab. 17:	Kreditarten bzw. -gruppen des § 21 Abs. 1 KWG	207
Tab. 18:	Offenlegungspflicht bei Project Bonds	219
Tab. 19:	Mindestselbstbeteiligungen bei UFK-Deckungen	239
Tab. 20:	Abgleich der Kernmerkmale einer ‚Projektfinanzierung im engeren Sinne' mit den Fallgruppen im Rundschreiben 9/98	278
Tab. 21:	Ausprägungen von komplexen Prüfungen	310
Tab. 22:	Deskriptive Definition bankseitiger Kreditrisiken	395
Tab. 23:	Qualitative und quantitative Risikoanalyse im Kreditgeschäft	398
Tab. 24:	Aktive und passive Risikosteuerung im Kreditgeschäft	398
Tab. 25:	Kontrolle im Kreditrisikomanagement	399
Tab. 26:	Deckungsbeitragsermittlung im Kreditgeschäft	406
Tab. 27:	Matrix der Entscheidungskonstellationen bei Gefahrenabwägung	491
Tab. 28:	Beispiele für modellierungsrelevante Klauseln zu den ‚Credit Facilities'	511

Tab. 29:	Beispiele für modellierungsrelevante Klauseln zum ‚Equity Funding'	512
Tab. 30:	Beispiele für ‚Covenants'	513
Tab. 31:	Beispiele für Klauseln zu ‚Project Accounts'	514
Tab. 32:	Beispiel für einen ‚Payments Waterfall'	515
Tab. 33:	Finanzwirtschaftliche Deskriptionsebenen	521
Tab. 34:	Beispiele für „nomologische Hypothesen"	546
Tab. 35:	Beispiel für eine falsche Prämissenauswahl	551
Tab. 36:	Beispiel für die komparative Stärke unterschiedlicher Prämissen	552
Tab. 37:	Beispiel für eine Prognose 2. Ordnung mit Ad-hoc-Hypothese	555
Tab. 38:	Beispiele für unterschiedliche Abgrenzungen der Gegenstandsbereiche von Prognoseaussagen	559
Tab. 39:	Das Transportrisiko einer geplanten Zellstofffabrik als Beispiel für eine ursachenbezogene Risikodeskription	583
Tab. 40:	Beispiel für den Aufbau einer Risikomatrix	586

Abkürzungsverzeichnis

a.a.O.	am angegebenen Ort
AB BUFK	Allgemeine Bedingungen für die Übernahme von Bürgschaften für Forderungen aus Ungebundenen Finanzkrediten an Regierungen und Körperschaften des öffentlichen Rechts im Ausland
AB FKB	Allgemeine Bedingungen für Bürgschaften für gebundene Finanzkredite
AB FKG	Allgemeine Bedingungen für Garantien für gebundene Finanzkredite
AB GUFK	Allgemeine Bedingungen für die Übernahme von Garantien für Forderungen aus Ungebundenen Finanzkrediten an private ausländische Schuldner
Abs.	Absatz
AG	Zeitschrift für das gesamte Aktienwesen
AGA	Ausfuhr-Gewährleistungen-Aktuell (Zeitschrift)
AICPA	American Institute of Certified Public Accountants
AktG	Aktiengesetz
Alt.	Alternative
AnzV	Anzeigenverordnung
Aufl.	Auflage
B2B	Business-to-Business
BaFin	Bundesanstalt für Finanzdienstleistungsaufsicht, Bonn/Frankfurt am Main
BAKred	Bundesaufsichtsamt für das Kreditwesen, Bonn
BAnz.	Bundesanzeiger
BAR	Bankaufsichtsrecht (Entscheidungssammlung)
BB	Der Betriebsberater (Zeitschrift)
BBA	British Bankers´ Association, London
BbankG	Gesetz über die Deutsche Bundesbank (Bundesbankgesetz)
B. Bl.	Betriebswirtschaftliche Blätter (Zeitschrift)
BBSY	Bank Bills Quoted Sydney
BCBS	Basel Committee on Banking Supervision, Basel
BDI	Bundesverband der Deutschen Industrie e.V., Berlin
BFH	Bundesfinanzhof
BfuP	Betriebswirtschaftliche Forschung und Praxis (Zeitschrift)
BGB	Bürgerliches Gesetzbuch
BGBl.	Bundesgesetzblatt
BI	Bank Information (Zeitschrift)
BIS	Bank for International Settlements, Basel
BMF	Bundesministerium der Finanzen
BStBl. I	Bundessteuerblatt Teil I
Bum	Bank und Markt (Zeitschrift)
BVR	Bundesverband der Deutschen Volksbanken und Raiffeisenbanken, Bonn
CP´s	Conditions Precedent
CSFI	The Centre for the Study of Financial Innovation, London
DB	Der Betrieb (Zeitschrift)
DBW	Die Betriebswirtschaft (Zeitschrift)
DEG	DEG - Deutsche Investitions- und Entwicklungsgesellschaft mbH, Köln

DEVFP	Deutscher Verband Financial Planners e.V., Frankfurt am Main
d.h.	das heißt
DIN	Deutsche Industrie-Norm(en); Verbandszeichen des Deutschen Normenausschusses
DStR	Deutsches Steuerrecht (Zeitschrift)
DVFA	Deutsche Vereinigung für Finanzanalyse und Asset Management e.V., Dreieich
ECA	Export Credit Agency
ERG	Geschäftsstelle für Exportrisikogarantie, Zürich
EStG	Einkommensteuergesetz
EStR	Einkommensteuerrichtlinien
EU	Europäische Union
EURIBOR	European Interbank Offered Rate
Ex-Im Bank	Export-Import Bank of the United States, Washington D.C.
f.	folgende (Seite)
FASB	Financial Accounting Standards Board, Norwalk/Connecticut
FAZ	Frankfurter Allgemeine Zeitung
FB	Der Finanz-Betrieb (Zeitschrift)
ff.	folgende (Seiten)
FIFO	First-in-first-out
FinDAG	Gesetz über die Bundesanstalt für Finanzdienstleistungsaufsicht (Finanzdienstleistungsaufsichtsgesetz)
Fn.	Fußnote
FN-IDW	Fachnachrichten des Instituts der Wirtschaftsprüfer in Deutschland e.V. (Zeitschrift)
FT	Financial Times, kontinentaleuropäische Ausgabe (Zeitung)
GDMB	Gesellschaft Deutscher Metallhütten und Bergleute e.V.
GenG	Gesetz betreffend die Erwerbs- und Wirtschaftsgenossenschaften (Genossenschaftsgesetz)
GG	Grundgesetz für die Bundesrepublik Deutschland
GKV	Gesamtkostenverfahren
GmbH	Gesellschaften mit beschränkter Haftung
GmbHG	Gesetz betreffend die Gesellschaften mit beschränkter Haftung
GoA	Grundsätze ordnungsmäßiger Abschlussprüfung
GoB	Grundsätze ordnungsmäßiger Buchführung
GroMiKV	Großkredit- und Millionenkreditverordnung
GUS	Gemeinschaft unabhängiger Staaten
GuV	Gewinn- und Verlustrechnung
H	Hinweis(e) zu den Einkommensteuerrichtlinien
H.	Heft
HB	Handelsblatt (Zeitung)
HBG	Hypothekenbankgesetz
HBR	Harvard Business Review (Zeitschrift)
HdWW	Handwörterbuch der Wirtschaftswissenschaft
HGB	Handelsgesetzbuch
HGrG	Gesetz über die Grundsätze des Haushaltsrechts des Bundes und der Länder (Haushaltsgrundsätzegesetz)
HIFO	Highest-in-first-out

Hrsg.	Herausgeber
Hs.	Halbsatz
HWB	Handwörterbuch der Betriebswirtschaft
HWF	Handwörterbuch der Finanzwirtschaft (1. Aufl.) bzw. Handwörterbuch des Bank- und Finanzwesens (2. & 3. Aufl.)
HWInt	Handwörterbuch Export und internationale Unternehmung
HWM	Handwörterbuch des Marketing
HWPlan	Handwörterbuch der Planung
HWRev	Handwörterbuch der Revision
HWRP	Handwörterbuch der Rechnungslegung und Prüfung
HWU	Handwörterbuch Unternehmensrechnung und Controlling
IAS	International Accounting Standards (des IASC)
IASC	International Accounting Standards Committee
ICB	IPMA Competence Baseline
IFC	International Finance Corporation, Washington D.C.
IFR	International Financing Review (Zeitschrift)
IFRS	International Financial Reporting Standards (des IASC)
IIR	Deutsches Institut für Interne Revision e.V., Frankfurt am Main
InsO	Insolvenzordnung
IPMA	International Project Management Association, Nijkerk
IPP	Independent Power Project, Independent Power Producer
IRB	Internal Ratings-Based
JOA	Joint Operating Agreement
JoBF	Journal of Banking & Finance (Zeitschrift)
JSPF	Journal of Structured and Project Finance (Zeitschrift)
KAGG	Gesetz über Kapitalanlagegesellschaften
KapCoRiliG	Kapitalgesellschaften- und Co-Richtlinien-Gesetz
KfW	Kreditanstalt für Wiederaufbau, Frankfurt am Main
KG	1. Kommanditgesellschaft
	2. Kammergericht
KgaA	Kommanditgesellschaft auf Aktien
KonTraG	Gesetz zur Transparenz und Kontrolle im Unternehmensbereich
KTZM	Konvertierungs- und Transferprobleme, Zahlungsverbote und Moratorien
KuK	Kredit und Kapital (Zeitschrift)
KWG	Gesetz über das Kreditwesen (Kreditwesengesetz)
LIBOR	London Interbank Offered Rate
LIFO	Last-in-last-out
LMA	Loan Market Association, London
LNG	Liquefied Natural Gas
LOFO	Lowest-in-first-out
MaH	Mindestanforderungen an das Betreiben von Handelsgeschäften der Kreditinstitute
MaIR	Mindestanforderungen an die Ausgestaltung der Internen Revision der Kreditinstitute
MaK	Mindestanforderungen an das Kreditgeschäft der Kreditinstitute

MaRisk	Mindestanforderungen an das Risikomanagement
MIGA	Multilateral Investment Guarantee Agency, Washington D.C.
MonAwV	Monatsausweise-Verordnung
m.w.N.	mit weiteren Nachweisen
NfA	Nachrichten für Außenhandel (Zeitschrift)
NJW	Neue Juristische Wochenschrift (Zeitschrift)
OECD	Organisation for Economic Co-operation and Development, Paris
ÖBA	Österreichisches Bank-Archiv (Zeitschrift)
ÖKB	Österreichische Kontrollbank AG, Wien
ÖPNV	Öffentlicher Personennahverkehr
OHG	Offene Handelsgesellschaft
o.J.	ohne Jahresangabe
o.Jg.	ohne Jahrgangsangabe
o.O.	ohne Ortsangabe
o.S.	ohne Seitenzahlen
OPIC	Overseas Private Investment Corporation, Washington D.C.
OUT	Own-Upgrade-Transfer (-Modell)
o. V.	ohne Verfasserangabe
OVG	Oberverwaltungsgericht
OWC	Ost-West Contact (Zeitschrift)
p.a.	pro anno, per annum
PartGG	Gesetz über Partnerschaftsgesellschaften Angehöriger Freier Berufe (Partnerschaftsgesellschaftsgesetz)
PF	Project Finance (Zeitschrift)
PFI	1. Private Finance Initiative
	2. Project Finance International (Zeitschrift)
PPA	Power Purchase Agreement
PPP	Private Public Partnership
PrüfbV	Prüfungsberichtsverordnung
PTF	Project & Trade Finance (Zeitschrift)
PublG	Gesetz über die Rechnungslegung von bestimmten Unternehmen und Konzernen (Publizitätsgesetz)
RdE	Recht der Energiewirtschaft (Zeitschrift)
RGBl.	Reichsgesetzblatt
RIW	Recht der internationalen Wirtschaft (Zeitschrift)
RKWG	Reichsgesetz über das Kreditwesen von 1934
Rn.	Randnummer
S.	Seite
SACE	Sezione Speciale per l'Assicurazione del Credito all'Esportazione, Rom
SBL	International Bar Association, Section on Business Law
SEC	Securities and Exchange Commission, Washington D.C.
SFAS	Statements of Financial Accounting Standards (des FASB)
SG	Schmalenbach-Gesellschaft - Deutsche Gesellschaft für Betriebswirtschaft e.V., Köln

Sp.	Spalte
SPC	Single Purpose Company bzw. Special Purpose Company
SPV	Special Purpose Vehicle bzw. Single Purpose Vehicle
TKG	Telekommunikationsgesetz
u.a.	und andere
UKV	Umsatzkostenverfahren
UMTS	Universal Mobile Telecommunications System
UNCITRAL	United Nations Commission on International Trade Law, Wien
UNIDO	United Nations Industrial Development Organization, Wien
URL	Uniform Resource Locator
USAID	The United States Agency for International Development
USD	US-Dollar
US-GAAP	Generally Accepted Accounting Principles der USA
UStG	Umsatzsteuergesetz
v.	vom
VAG	Gesetz über die Beaufsichtigung der Versicherungsunternehmen (Versicherungsaufsichtsgesetz)
VCM	Verein Credit Management e.V., Kleve
VDEW	Vereinigung Deutscher Elektrizitätswerke – VDEW – e.V., Frankfurt am Main
VG	Verwaltungsgericht
vgl.	vergleiche
VDI	Verein Deutscher Ingenieure, Essen
VIK	Verband der Industriellen Energie- und Kraftwirtschaft, Essen
VÖB	Verband Öffentlicher Banken Deutschlands e.V., Berlin
VOFI	Vollständiger Finanzplan
WEED	Weltwirtschaft, Ökologie & Entwicklung e.V., Bonn
WiB	Wirtschaftsrechtliche Beratung (Zeitschrift)
WiSt	Wirtschaftswissenschaftliches Studium (Zeitschrift)
WISU	Das Wirtschaftsstudium (Zeitschrift)
WKA	Windkraftanlage(n)
WM	Wertpapiermitteilungen/ Zeitschrift für Wirtschafts- und Bankrecht
WPg	Die Wirtschaftsprüfung (Zeitschrift)
WpHG	Gesetz über den Wertpapierhandel (Wertpapierhandelsgesetz)
WPO	Gesetz über eine Berufsordnung der Wirtschaftsprüfer (Wirtschaftsprüferordnung)
ZBB	Zeitschrift für Bankrecht und Bankwirtschaft
ZfB	Zeitschrift für Betriebswirtschaft
ZfbF	Zeitschrift für betriebswirtschaftliche Forschung
ZfhF	Zeitschrift für handelswissenschaftliche Forschung
ZfgK	Zeitschrift für das gesamte Kreditwesen
ZfgSt	Zeitschrift für die gesamten Staatswissenschaften
ZfgV	Zeitschrift für die gesamte Versicherungswirtschaft
ZIP	Zeitschrift für Wirtschaftsrecht
ZIR	Zeitschrift Interne Revision

Symbolverzeichnis

ADSCR	Annual Debt Service Coverage Ratio
a_i	Beitrag der Alternative a zur Erreichung des Ziels i bei einer Nutzwertanalyse
a_j	Diskriminanzkoeeffizient für Merkmalsvariable j
a_0	konstantes Glied einer Diskriminanzfunktion
Aufw	Aufwand
AufwoGewSt	Aufwand ohne Gewerbesteuer
AV	Anlagevermögen
BR	Base Rate (Referenzzinssatz)
CF^e	Eigenmitteleinzahlungen in das Projekt
CFADS	Cash Flow Available for Debt Service
COM	Commitment (Unausgenutzte verbindliche Zusagen, ungezogenes Limit)
CvaR	Credit Value at Risk
c^{WACC}	Weighted Average Cost of Capital (durchschnittliche gewogene Kapitalkosten)
D	Days (Tage der Inanspruchnahme)
D	Diskriminanzwert (Trennwert, Diskriminanzvariable)
DB	Deckungsbeitrag
DRM	Drittrangmittel
DS	Debt Service (Schuldendienst)
DSCR	Debt Service Coverage Ratio (Schuldendienstdeckungsgrad)
DSRAB	Debt Service Reserve Account Balance
DTBE	Discount to Break Even
E	Erwartungswert
EAD	Exposure at Default (erwartete Inanspruchnahme zum Ausfallzeitpunkt)
EBIT	Earnings before Interest and Taxes
EBITDA	Earnings before Interest, Taxes, Depreciation and Amortization
EBT	Earnings before Taxes
EL	Expected Loss (Erwarteter Verlust)
EM	Eigenmittel
EPR	Einzelfallprüfungsrisiko
EqR	Equity Ratio (Eigenkapitalquote)
ER	Entdeckungsrisiko, Aufdeckungsrisiko
ERR	Equity Rate of Return (Interne Verzinsung des Eigenkapitals)
Ertr	Ertrag
F	Fees (Kreditgebühren und -provisionen)
Fb	Freibetrag (§ 11 Abs. 1 GewStG)
FCF	Free Cash Flow
FCF^e	Equity related Free Cash Flow
GE	Geldeinheiten
GewRA	Gewichtete Risikoaktiva
GewErtr	Gewerbeertrag (§ 7 GewStG)

GewErtrFbabz	Gewerbeertrag nach Freibetragsabzug
GewGb	Gewinn aus Gewerbebetrieb (§ 7 GewStG)
GewSt	Gewerbesteuer
g_i	Gewichtung des Ziels i im Rahmen einer Nutzwertanalyse
h	Hebesatz (§ 16 GewStG)
HEK_{reg}	(regulatorisches) Haftendes Eigenkapital
Hzr	Hinzurechnungen (§ 8 GewStG)
I	Interest (Zinszahlung)
i	1. Kalkulationszinsfuß bzw. (Diskontierungs-)Zinssatz
	2. Ziel im Rahmen einer Nutzwertanalyse
	3. Interest Rate (Zinssatz)
ICR	Interest Coverage Ratio (Zinsdienstdeckungsgrad)
IFCR	Interest and Fee Coverage Ratio (Zinsdienst- und Provisionsdeckungsgrad)
ILA	Initial Loan Amount (Ursprünglicher Kreditbetrag)
IR	Inhärentes Risiko
IRR	Internal Rate of Return (Interner Verzinsung des Gesamtkapitals)
KR	Kontrollrisiko
KW	Kapitalwert
KW_{RSt}	Kapitalwert des Steuerstundungseffektes aus einer Rückstellungsbildung bei proportionalem Steuertarif
Kz	Kürzungen (§ 9 GewStG)
l	Periodenindex bzw. Parameter l bei Betrachtung der Projektlebensdauer ab Fertigstellung
LGD	Loss Given Default (Verlust bei Ausfall)
LLCR	Life of Loan Coverage Ratio (Darlehenslaufzeitdeckungsgrad)
LLLPR	Life of Loan to Life of Project Ratio
LoL	[Remaining] Life of Loans (Restlaufzeit der Darlehen)
LoP	[Remaining] Life of Project (verbleibende Projektlebensdauer)
LPCR	Life of Project Coverage Ratio (Projektlaufzeitdeckungsgrad)
LS	Loss Severity (Verlustquote, Verlustschwere)
m	Ausprägung des Periodenindex am Ende der Kreditlaufzeit (Maturity)
M	Margin (Zinsmarge)
ME	Mengeneinheiten
MW	Megawatt (10^6 Watt)
N	Zahl der Elemente einer Grundgesamtheit
n	1. Ausprägung des Periodenindex am Ende der (wirtschaftlichen) Nutzungsdauer
	2. Zahl der Elemente einer Stichprobe
	Anzahl der Ziele bei einer Nutzwertanalyse
N(a)	Gesamtnutzen der Alternative a
$n_i(a_i)$	Teilnutzen des Ziels i bei der Alternative a
NCF	Net Cash Flow
NPV	Net Present Value, entspricht Kapitalwert (KW)
NSTPR	Nichtstichprobenrisiko

NWC	Net Working Capital
OS	Outstanding (Ausstehender Kreditbetrag)
P	Principal (Tilgung)
P	1. Periodenindex bzw. Parameter p
	2. Eintrittswahrscheinlichkeit
PC	Percentage of Amortisation (Anwendbarer Tilgungsatz in Prozent)
PD	Probability of Default (Ausfallwahrscheinlichkeit)
PLR	Plausibilitätsprüfungsrisiko
PR	Prüfungsrisiko
PV	Present Value (Gegenwartswert)
Q	Periodenindex bzw. Parameter q
(r)	Relation zwischen den Prämissen und der Konklusion eines Syllogismus
RAAB	Risikoaktivaanrechnungsbetrag
RAPM	Risk Adjusted Performance Measurement
RAROC	Risk Adjusted Return on Capital
RARORAC	Risk Adjusted Return on Risk Adjusted Capital
r_d	Return on Debt (Kosten des Fremdkapitals)
r_e	Return on Equity (Renditeforderung der Eigenkapitalgeber)
ROC	Return on Capital
ROE	Return on Equity
ROI	Return on Investment
RORAC	Return on Risk Adjusted Capital
ROS	Return on Solvency
RR	Recovery Rate (Wiedereinbringungsrate, Befriedigungsquote)
RSt	Rückstellung
S	Standardabweichung
S	Income Tax Rate (Kombinierter Gewinnsteuerfaktor bzw. Ertragsteuersatz)
SADSCR	Semi-annual Debt Service Coverage Ratio
SK	Solvatibilitätskoeffizient
SMBnGewErtr	Steuermessbetrag nach dem Gewerbeertrag (§ 14 Abs. 1 GewStG)
SOC	Social Overhead Capital
StMz	Steuermesszahl (§ 11 Abs. 2 GewStG)
STPR	Stichprobenrisiko
T	Zeitindex, Periodenindex
ÜEM	Übrige Eigenmittel
UGD	Usage Given Default (Erwartete Ausnutzung gegenwärtig ungezogener Limits im Ausfallzeitpunkt in %)
UL	Unexpected Loss (Unerwarteter Verlust)
UV	Umlaufvermögen
VaR	Value at Risk
X_j	(Klassifikations-) Merkmalsvariable j mit j = 1, 2, ... J im Rahmen der Diskrimi-

nanzanalyse

$ZM_{LZB\,1}$ Zahlungsmittel im Laufzeitband 1
$ZV_{LZB\,1}$ Zahlungsverpflichtungen im Laufzeitband 1

1 Einleitung

1.1 Problemstellung

Es entspricht der allgemein anerkannten banküblichen Sorgfaltspflicht, dass die Bonität eines Kreditnehmers Voraussetzung für die Kreditgewährung ist.[1] *„Wenngleich die Vorschrift im Grunde eine Selbstverständlichkeit ist, erhebt sie das Gesetz zur Norm."*[2] So müssen sich Kreditinstitute gem. § 18 Satz 1 Kreditwesengesetz (KWG) bei Kreditgewährungen, die insgesamt 750.000 Euro oder 10% des haftenden Eigenkapitals übersteigen, die wirtschaftlichen Verhältnisse des Kreditnehmers offen legen lassen. Dabei soll der im KWG kodifizierte Grundsatz der Offenlegung der wirtschaftlichen Verhältnisse des Kreditnehmers, *„...insbesondere durch Vorlage der Jahresabschlüsse[3],..."*[4] erfolgen. Hierdurch hat der Gesetzgeber eine Mindestanforderung postuliert, die einerseits eine weitergehende Konkretisierung durch die Bundesanstalt für Finanzdienstleistungsaufsicht ermöglicht und andererseits der Kreditwirtschaft ein begrenztes Maß an Handlungsfreiheit bei der Operationalisierung im Bankbetrieb zugesteht.[5]

Aufgrund der Produktvielfalt im Kreditgeschäft deutscher Banken sowie eines wettbewerbsinduzierten ständigen Innovationsprozesses erscheint eine abschließende, zeitnahe und umfassende kasuistische Auslegung von § 18 KWG durch die Bundesanstalt für Finanzdienstleistungsaufsicht unmöglich. Daher beschränkten sich ihre Ausführungen bislang überwiegend auf die Klärung von Zweifelsfragen, welche im Zusammenhang mit der Anwendung der Rechtsnorm aufgetreten sind. Hinweise für eine Operationalisierung der gesetzlichen Vorgaben in Bezug auf komplexe Formen von strukturierten Kreditfinanzierungen, welche gegenüber dem klassischen Firmenkundenkreditgeschäft eine i.d.R. ausschließlich zukunftsorientierte Kreditvergabeentscheidung erfordern, fanden sich bislang jedoch nur ansatzweise.[6] Dies gilt insbesondere für die strukturierte Bankleistungsart[7]

---

[1] Vgl. BAKred: Überblick über die grundsätzlichen Anforderungen an die Offenlegung der wirtschaftlichen Verhältnisse nach § 18 KWG, Rundschreiben 9/98, Gliederungspunkt I.

[2] Kerl, J.; Lutz, G.; Schanz, H.-H.: Offenlegung der wirtschaftlichen Verhältnisse der Kreditnehmer nach § 18 des Gesetzes über das Kreditwesen (KWG), 3. Aufl., Frankfurt a.M. 1994, S. 13. Vgl. auch Reischauer, F.; Kleinhans, J.: Kreditwesengesetz. Loseblattkommentar für die Praxis nebst sonstigen bank- und sparkassenrechtlichen Aufsichtsgesetzen sowie ergänzenden Vorschriften, Berlin 1963, Stand: Erg. Lfg. 02/02, § 18, S. 2, Tz. 1.

[3] Der Jahresabschluss besteht gem. § 242 Abs. 3 HGB aus der Bilanz und der Gewinn- und Verlustrechnung. Kapitalgesellschaften haben den Jahresabschluss gem. § 264 Abs. 1 HGB um einen Anhang zu erweitern. Somit impliziert die Begrifflichkeit ‚Jahresabschluss' bei erster Betrachtung eine Fokussierung von § 18 KWG auf die Gegebenheiten innerhalb des deutschen Rechtsraums.

[4] § 18 Satz 1 KWG

[5] In diesem Zusammenhang wird auch von „Entscheidungsautonomie" im Interesse marktwirtschaftlicher Grundsätze gesprochen. Vgl. Hein, M.: Die gesetzlichen Anforderungen an Kreditprüfung und Kreditüberwachung in Bankbetrieben, in: WiSt, 15. Jg. (1986), S. 15 u. 17. Teilweise wird selbst diese Mindestanforderung *„...als eine Verletzung des marktwirtschaftlichen Grundprinzips, nach dem die Vertragspartner die Bedingungen eines (Kredit)Vertrages selbst aushandeln können sollen,..."* angesehen. Vgl. Süchting, J.; Stahlschmidt, D.: Wettbewerb mit Informationsanforderung?, in: ZfgK, 32. Jg. (1979), S. 1084.

[6] Vgl. hierzu beispielhaft BAKred: Überblick über die grundsätzlichen Anforderungen an die Offenlegung der wirtschaftlichen Verhältnisse nach § 18 KWG, a.a.O., Gliederungspunkt III. 1. b. (Objektgesellschaften).

[7] Zum Begriff Bankleistungsart vgl. die nachfolgenden Ausführungen unter Abschnitt 2.1.5

‚(Internationale) Projektfinanzierung'[1], da hier eine Offenlegung der wirtschaftlichen Verhältnisse auf der Basis historischer Rechenwerke regelmäßig unmöglich[2] oder für die Kreditvergabeentscheidung von untergeordneter Bedeutung ist.[3]

Vor dem Hintergrund der in § 18 Satz 1 KWG kodifizierten Forderung nach Offenlegung der wirtschaftlichen Verhältnisse einerseits sowie dem Problem einer Operationalisierung bei zukunftsorientierten Kreditvergabeentscheidungen andererseits, ergibt sich daher der Bedarf für eine prüfungstheoretische Fundierung und Operationalisierung von § 18 Satz 1 KWG bei internationalen Projektfinanzierungen. Aufgrund eines bei dieser Bankleistungsart vorzufindenden komplexen, projektindividuell rechtlich-ökonomischen Beziehungsgeflechtes sowie den daraus resultierenden erweiterten Anforderungen an eine – u.U. auch unter zeitlichen Restriktionen – stattfindende Kreditvergabeentscheidung erscheint der Versuch einer abschließenden Operationalisierung durch Darstellung konkreter Prüfungsfelder oder -punkte allein als nicht zieladäquat. Vielmehr ist hier die Ableitung eines Prüfungsrahmens mit allgemeingültigen Grundsätzen erforderlich, welcher bei Implementierung im Kreditvergabeprozess Normen für die im konkreten Einzelfall erforderlichen Prüfungshandlungen vorgibt. Derartige allgemeingültige Regeln zum Zwecke der Konkretisierung der gesetzlichen Anforderungen werden gemeinhin als Ordnungsmäßigkeitsgrundsätze bezeichnet. Dabei können derartige Ordnungsmäßigkeitsgrundsätze neben einer rein statischen Dimension – nämlich als Richtlinien für eine Offenlegung der wirtschaftlichen Verhältnisse eines geplanten Projekt- und Finanzierungskonzeptes – auch eine dynamische Dimension annehmen, wenn sie zum Ausgangspunkt von Gestaltungs- und Optimierungsüberlegungen desselben werden.

Im Rahmen der vorliegenden Untersuchung soll daher der Frage nachgegangen werden, welche Ordnungsmäßigkeitsgrundsätze für eine Offenlegung der wirtschaftlichen Verhältnisse bei internationalen Projektfinanzierungen postuliert werden können, um neben den originären aufsichtsrechtlichen Anforderungen des § 18 Satz 1 KWG an den Kreditvergabeprozess auch die im Rahmen der Strukturierung und Arrangierung von Projektfinanzierungsfazilitäten auftretenden Bedürfnisse von Kreditinstituten zu erfüllen.

1.2 Gang der Untersuchung

Im Rahmen der Problemstellung wurde eine Fokussierung der Untersuchung auf die Bankleistungsart ‚Internationale Projektfinanzierung'[1] als Archetypus der zukunftsorientierten Kreditleis-

---

[1] Regelmäßig wird es bei der Mehrzahl der Projektfinanzierungen zu grenzüberschreitenden Zahlungs- und/oder Warenströmen kommen. Insofern erscheint der Zusatz ‚international' gerechtfertigt. Ferner kann auch eine inländische Projektfinanzierung einen ‚internationalen' Charakter aufweisen, wenn bei der Konzeption und Umsetzung des Projektkonzeptes international übliche – insbesondere aus der angelsächsischen Geschäftswelt stammende - Konzepte verwendet werden. Vgl. hierzu ausführlicher Kapital 2.1.2 Zum Begriff ‚Internationale Projektfinanzierung', S. 11 ff.

[2] Vgl. Abolins, K. I.: Projektfinanzierungen als Instrument für Joint-Venture-Finanzierungen, in: Sparkasse, 101. Jg. (1984), S. 254, Ebenso Fahrholz, B.: Neue Formen der Unternehmensfinanzierung: Unternehmensübernahmen, Big ticket-Leasing, Asset Backed- und Projektfinanzierungen; die steuer- und haftungsrechtliche Optimierung durch Einzweckgesellschaften (Single Purpose Companies), dargestellt anhand von Beispielsachverhalten, München 1998, S. 254 f.

[3] Dem steht nicht entgegen, dass historische Rechenwerke durchaus Bedeutung bei der Beurteilung der Bonität einzelner Projektbeteiligter (z.B. Sponsoren, Anlagenbauer, Rohstofflieferanten, Abnehmer etc.) haben.

tung postuliert. Im **Zweiten Abschnitt** wird dieser Bedingung durch eine Analyse der Zukunftsbezogenheit der ‚Internationalen Projektfinanzierung' Rechnung getragen. Durch Untersuchung der gängigen Definitionen, der sich daraus ergebenden typischen Aufbauelemente sowie möglicher weiterer Ausprägungsmerkmale wird eine Phänomenologie[2] der internationalen Projektfinanzierung bzw. der ‚**Projektfinanzierung im engeren Sinne**' geschaffen. Auf dieser Basis werden dann die einzelnen Dimensionen der Zukunftsbezogenheit determiniert. Hierbei sind insbesondere die bei internationalen Projektfinanzierungen anzutreffenden ‚modellgestützten Finanzplanungen' („Cashflow-Modelle"[3]) zu erörtern, welche als Instrument der Finanz- und Investitionsplanung im Idealfall alle (quantifizierbaren) projektrelevanten Informationen aufnehmen und zu einem Entscheidungsmodell verdichten. Das in diesem Zusammenhang entstehende Erfordernis einer ‚Prognose' einzel- und gesamtwirtschaftlicher sowie technischer und politisch-soziologischer Planungsparameter ist im Hinblick auf Prognosefelder, -verfahren und -ersteller zu skizzieren. Ergänzend wird das qualitative und quantitative Instrumentarium der ‚(projektbezogenen) Risikoanalyse' vorgestellt. Am Ende des Abschnitts sind die Aufbau- und Ablauforganisation des Kreditgeschäftes bei internationalen Projektfinanzierungen systematisch zu beschreiben.

Die sich aus der Rechtsnorm des § 18 KWG sowie aus den in diesem Zusammenhang veröffentlichten Stellungnahmen und sonstigen Verlautbarungen der Finanzdienstleistungsaufsicht ergebenden materiell-rechtlichen Rahmenbedingungen für eine Offenlegung der wirtschaftlichen Verhältnisse werden im **Dritten Abschnitt** dargelegt. Hierbei sind die Regelungen allgemein im Hinblick auf ihre Anwendbarkeit auf zukunftsorientierte Kreditvergabeentscheidungen und insbesondere auf mögliche Vorgaben für internationale Projektfinanzierungen zu analysieren. Im Rahmen der ‚hermeneutischen Methode' werden die Regelungen zunächst ausgehend vom Wortlaut und Wortsinn (‚grammatische Auslegung') sowie vom Bedeutungszusammenhang im Verhältnis zu anderen Regelungen (‚systematische Auslegung') untersucht.[4] Hierbei ist neben den einzelnen Bestandteilen der Rechtsnorm insbesondere die Stellung von § 18 KWG im Gesamtkonzept des KWG zu würdigen. Dort, wo die hermeneutische Auslegung noch nicht zu einem Ergebnis führt, wird im Wege einer historisch-teleologischen Auslegung die vom Gesetzgeber verfolgte grundsätzliche Regelungsabsicht aufgezeigt und im Hinblick auf ihre Anwendbarkeit auf die Finanzierungskonzeption einer ‚Projektfinanzierung im engeren Sinne' erörtert.[5] Anhaltspunkte für die historisch-teleologische Regelungsabsicht ergeben sich primär aus den Materialien zur Gesetzes-

---

[1] Im Folgenden werden fachwissenschaftliche Begriffe, die über einer eigenständige Bedeutung verfügen und/oder eine besondere Relevanz aufweisen, soweit erforderlich durch einfache Anführungszeichen hervorgehoben.

[2] Phänomenologie soll hier in dem Sinne verstanden werden, dass eine streng objektive Aufzeigung und Beschreibung des Gegebenen, d.h. der Phänomene, erfolgt.

[3] Es sei darauf hingewiesen, dass im Rahmen der vorliegenden Untersuchung die seit der Einführung der Rechtschreibreform (Stichtag: 1. August 1998) geltenden Schreibregeln verwendet werden. Insofern wird auch eine Anpassung stehender Begrifflichkeit vorgenommen (z.B. ‚Cashflow' statt ‚Cash Flow' oder ‚Cash-flow') Eine abweichende Schreibweise erfolgt bei Zitaten, die im Original wiedergegeben werden.

[4] Vgl. zur ‚hermeneutischen Methode' Larenz, K.; Canaris, C.-W.: Methodenlehre der Rechtswissenschaft, 3. Aufl., Berlin u.a. 1995, S. 141 ff. Zu den Begriffen ‚grammatische Auslegung' und ‚systematische Auslegung' vgl. Tipke, K.: Auslegung unbestimmter Rechtsbegriffe, in: Leffson, D. Rückle, B. Großfeld, Handwörterbuch unbestimmter Rechtsbegriffe im Bilanzrecht des HGB, Köln 1986, S. 5.

[5] Vgl. Larenz, K.; Canaris, C.-W.: Methodenlehre der Rechtswissenschaft, a.a.O., S. 149 ff. u. 164 f. Teilweise wird die historisch-teleologische Methode auch als ‚historisch-genetische Auslegung' bezeichnet; vgl. Tipke, K.: Auslegung unbestimmter Rechtsbegriffe, a.a.O., S. 5.

entstehung bzw. Gesetzesnovellierung wie Beratungsprotokollen und Gesetzesbegründungen. Soweit erforderlich, ist ergänzend – auf der Basis des Gedankenguts im Schrifttum zum Kreditwesengesetz – die Rechtsnorm des § 18 KWG im Rahmen einer ‚objektiv-teleologischen Auslegung' im Hinblick auf den Untersuchungsgegenstand ‚Projektfinanzierung im engeren Sinne' zu interpretieren.[1] Hierbei zu berücksichtigende Gesichtspunkte sind die Sachstrukturen des Normbereiches, der Rechtsordnung innewohnende immanente Rechtsprinzipien sowie das Postulat der Gerechtigkeit.[2]

Im **vierten Abschnitt** erfolgt eine prüfungstheoretische Fundierung von Kreditwürdigkeitsprüfungen, wobei insbesondere eine Einführung in die Metasprache und die Methoden der Prüfungslehre intendiert wird. Im Rahmen einer abstrakten, d.h. prüfungsobjektunabhängigen, Betrachtung werden Strukturelemente betriebswirtschaftlicher Prüfungen vorgestellt, die ‚Kreditwürdigkeitsprüfung' als besondere Erscheinungsform betriebswirtschaftlicher Prüfungen diskutiert und von verwandten Aufgabenkomplexen abgegrenzt. Hierauf aufbauend sind die methodischen Grundlagen für eine zukunftsorientierte Kreditwürdigkeitsprüfung bei ‚Projektfinanzierungen im engeren Sinne' zu untersuchen. Auf der Basis des theoretischen Ideals des Prüfungsrisikomodells wird mit dem ‚risikoorientierten Prüfungsmethoden-Mix' ein Verfahren vorgestellt, dass mit der ‚allgemeinen Risikobeurteilung', der Analyse des zugrundeliegenden Planungssystems bzw. seiner Subsysteme (‚Systemprüfung') und der Überprüfung von einzelnen Ausprägungen der Projektplanung (‚Ergebnisprüfung') eine abgestufte und kombinierbare Vorgehensweise bei einer zukunftsorientierten Offenlegung der wirtschaftlichen Verhältnisse ermöglicht. Ergänzend ist die Problematik der Gewinnung von Soll-Objekten zu erörtern, an denen sich die Prüfung von Ist-Objekten orientieren kann. Die Notwendigkeit zu einer Verwendung von allgemein anerkannten (Ordnungsmäßigkeits-) Grundsätzen als Soll-Objekte einer Systemprüfung steht hierbei im Vordergrund der Ausführungen.[3]

Ausgehend von der Zielsetzung der vorliegenden Arbeit erfolgt auf der Grundlage der Ergebnisse der vorhergehenden Abschnitte im **fünften Abschnitt** eine Operationalisierung von § 18 KWG durch Postulieren von abgestuften Ordnungsmäßigkeitsgrundsätzen für die Offenlegung wirtschaftlicher Verhältnisse bei ‚Projektfinanzierungen im engeren Sinne'. In einem ersten Teilschritt sind die Grundlagen für eine Ableitung von Ordnungsmäßigkeitsgrundsätzen als Sollobjekte der Kreditwürdigkeitsprüfung zu schaffen. Hierfür sind Begriff und Konzept sowie Rechtscharakter zu diskutieren. Basierend auf den im Schrifttum existierenden Ordnungsmäßigkeitsgrundsätzen aus dem Bereich des externen Rechnungswesens, insbesondere der Grundsätze ordnungsmäßiger Buchführung (GoB)[4] und Grundsätze ordnungsmäßiger Abschlussprüfung (GoA)[5] wird die Frage

---

[1] Vgl. Larenz, K.; Canaris, C.-W.: Methodenlehre der Rechtswissenschaft, a.a.O., S. 153 ff. u. 165. u. Tipke, K.: Auslegung unbestimmter Rechtsbegriffe, a.a.O., S. 5.

[2] Vgl. hierzu im Detail die nachfolgenden Ausführungen unter Gliederungspunkt 3.1.2.2.2.2.1 ‚Ansatzpunkte für eine objektiv-teleologische Auslegung', S. 277 ff.

[3] Vgl. Bönkhoff, F. J.: Die Kreditwürdigkeitsprüfung: zugleich ein Beitrag zur Prüfung von Plänen und Prognosen, Düsseldorf 1983, S. 94 f.

[4] Vgl. insbes. Leffson, U.: Die Grundsätze ordnungsmäßiger Buchführung, 3. Aufl. 1972.

[5] Vgl. hierzu auch Moxter, A.: Fundamentalgrundsätze ordnungsmäßiger Rechenschaft, in: J. Baetge, A. Moxter, D. Schneider (Hrsg.), Bilanzfragen, Düsseldorf 1976, S. 87 ff. POTTHOFF fordert, „...daß wir über die Grundsätze ordnungsmäßiger Buchführung hinaus *zu Grundsätzen ordnungsmäßiger Unternehmensrechnung* kommen müssen." Unter dem Begriff Unternehmensrechnung subsumiert er ausdrücklich auch

nach der anzuwendenden Methodik bei der Ermittlung von Ordnungsmäßigkeitsgrundsätzen (Induktion versus Deduktion)[1] sowie die Auswahl eines zweckmäßigen Systematisierungskonzeptes für die abzuleitenden Grundsätze erörtert.

Auf der Basis des zuvor abgeleiteten Systematisierungskonzeptes werden zunächst die fünf **Rahmengrundsätze** ‚Wahrheit (Richtigkeit)', ‚Vollständigkeit', ‚Klarheit', ‚Vergleichbarkeit' und ‚Wirtschaftlichkeit (Wesentlichkeit)' allgemein untersucht und – soweit erforderlich – im Hinblick auf die Offenlegung der wirtschaftlichen Verhältnisse bei internationalen Projektfinanzierungen konkretisiert. Anschließend ist die Ausprägung der **Kerngrundsätze** ‚Adressatenorientierung', ‚Entscheidungsorientierung' und ‚Gefahrenorientierung' bei einer Kreditwürdigkeitsprüfung bei internationalen Projektfinanzierungen näher zu untersuchen.[2] Da die derart gewonnenen Grundsätze allein nicht ausreichen, um einen eigenständigen Prüfungsrahmen für ‚Projektfinanzierungen im engeren Sinne' zu postulieren, sind in einem weiteren Schritt systemspezifische **Spezialgrundsätze** für die Offenlegung der wirtschaftlichen Verhältnisse von internationalen Projektfinanzierungen' abzuleiten.

Aufgrund der Relevanz von zukunftsorientierten Rechenwerken sind in einem ersten Teilschritt ‚**Grundsätze einer ordnungsmäßigen modellgestützten Finanzplanung**' zu skizzieren. Ausgehend von existierenden Finanzplanungsgrundsätzen[3] soll hierbei ein im Hinblick auf die Besonderheiten der Bankleistungsart ‚Internationale Projektfinanzierung' konkretisiertes Bündel von finanzwirtschaftlichen Ordnungsmäßigkeitsgrundsätzen definiert werden. Neben den Spezifika des Untersuchungsgegenstandes sind insbesondere technisch-prozessuale Aspekte zu berücksichtigen, die sich aus der Unterschiedlichkeit des Planungsablaufes sowie der technischen Umsetzung im Vergleich zu den Gepflogenheiten bei „stehenden" Unternehmen ergeben.

Bei Planungsprozessen im allgemeinen und bei internationalen Projektfinanzierungen im besonderen ergibt sich das Problem der Prognose von zukünftigen Ereignissen.[4] In aller Regel wird daher ein Kreditinstitut seine Kreditvergabeentscheidung in nicht unerheblichem Umfang auf der Basis der Ergebnisse externer Prognosen stützen müssen. Eine detaillierte Überprüfung derartiger Prognosewerke (z.B. Marktstudien, technische Gutachten) wird sich aufgrund eines eng terminierten Entscheidungsprozesses sowie mangelnder universaler Fachkompetenz auf Seiten der Kreditsachbearbeiter regelmäßig als schwierig bzw. unmöglich darstellen. Zweckmäßigerweise sind daher

---

Planungsrechnungen, insbesondere die Finanzplanung. Vgl. Potthoff, E.: Weiterentwicklung der GOB zu Grundsätzen ordnungsmäßiger Unternehmensrechnung, in: WPg, 27. Jg. (1974), S. 2.

[1] Vgl. Baetge, J.: Bedeutung und Ermittlung der Grundsätze ordnungsmäßiger Buchführung (GoB), 2. Aufl., Köln 1992, Rn. 22 ff. Yoshida, T.: Methode und Aufgabe der Ermittlung der Grundsätze ordnungsmäßiger Buchführung, in: J. Baetge, A. Moxter, D. Schneider (Hrsg.), Bilanzfragen, Düsseldorf 1976, S. 51.

[2] Zur Abgrenzung zwischen Rahmen-, Kern- und Spezialgrundsätzen vgl. Moxter, A.: Fundamentalgrundsätze ordnungsmäßiger Rechenschaft, a.a.O., S. 90 f. Teilweise wird in der speziellen Literatur zu den GoB eine andere Systematisierung verfolgt. Vgl. Baetge, J.: Bedeutung und Ermittlung der Grundsätze ordnungsmäßiger Buchführung (GoB), a.a.O., Rn. 95.

[3] Vgl. zu ersten Ansätzen von „elementaren Grundsätzen der Finanzplanung" beispielsweise Krümmel, H.-J.: Grundsätze der Finanzplanung, in: ZfB, 34. Jg. (1964), S. 228-232. Umfangreicher Perridon, L.; Steiner, M.: Finanzwirtschaft der Unternehmung, 11. Aufl., München 2002, S. 618 f. sowie Ehrmann, H.: Unternehmensplanung, 3. Aufl., Ludwigshafen (Rhein) 1999, S. 390.

[4] Vgl. Sell, A.: Das Prognoseproblem bei Feasibility Studien für Auslandsprojekte, in: A. v. Ahsen, T. Czenskowsky (Hrsg.), Marketing und Marktforschung: Entwicklungen, Erweiterungen und Schnittstellen im internationalen Kontext, Hamburg 1996, S. 146.

auch für den Bereich der Prognosebildung geeignete Sollobjekte auf der Grundlage von ‚**Grundsätzen ordnungsmäßiger Prognosebildung**' zu definieren.[1]

Unverzichtbarer Bestandteil einer Offenlegung der wirtschaftlichen Verhältnisse bei internationalen Projektfinanzierungen wird jeweils die ‚(projektbezogene) Risikoanalyse' sein. Zielsetzung ist hier die möglichst lückenlose Erfassung des Risikoprofils bei gleichzeitigem Aufzeigen vorgesehener oder potenziell risikomindernder Maßnahmen. Bei der Postulierung von ‚**Grundsätzen einer ordnungsmäßigen Risikoanalyse**' ist dem doppelten Charakter des Systems ‚(projektbezogene) Risikoanalyse' Rechnung zu tragen, welches dazu führt, dass die abzuleitenden Ordnungmäßigkeitsgrundsätze einerseits <u>deskriptive</u> Abbildungs- bzw. Dokumentationsnormen sowie andererseits <u>prozessuale</u> Verfahrens- bzw. Verhaltensnormen darstellen können. Durch Implementierung von kybernetischen (rückkoppelnden) Prinzipien kann das System zur iterativen Konzeptoptimierung herangezogen werden. Unter ‚Rückkoppelung' soll in diesem Zusammenhang der Rückbezug der Ergebnisse der ‚(projektbezogenen) Risikoanalyse' auf das ‚Projekt- und Finanzierungskonzept' verstanden werden, das in modifizierter Form erneut einer Risikoanalyse unterzogen werden kann. Erst durch ein derartiges Rückkoppelungsprinzip lässt sich die Offenlegung der wirtschaftlichen Verhältnisse von ihrer originären, statischen Aufgabe ‚Erfüllung der Anforderung des § 18 KWG' zu einem dynamischen Instrument der Strukturierung bzw. Arrangierung von ‚Projektfinanzierungen im engeren Sinne' erweitern.

In sechsten Abschnitt werden die Ergebnisse zusammengefasst und kritisch gewürdigt. Auf der Grundlage der gewonnenen Einsichten sollen mögliche zukünftige Entwicklungslinien des Untersuchungsgegenstandes ‚Projektfinanzierung im engeren Sinne' aufgezeigt und die sich daraus ergebenden Impulse für Forschung und Praxis kurz skizziert werden.

---

[1] Vgl. hierzu auch Rückle, D.: Gestaltung und Prüfung externer Prognosen, in: G. Seicht (Hrsg.), Management und Kontrolle, Berlin 1981, S. 455.

2 Die internationale Projektfinanzierung als zukunftsorientiertes Kreditgeschäft

2.1 Abgrenzung des Untersuchungsobjektes ‚Internationale Projektfinanzierung'

2.1.1 Zum Begriff ‚Projektfinanzierung'

In der Vergangenheit wurde vereinzelt die Annahme postuliert, dass die Formulierung einer einheitlichen Definition für das Untersuchungsobjekt ‚Projektfinanzierung' Schwierigkeiten bereitet, da sich selbst unter Fachleuten kein allgemeingültiger Konsens über den Terminus herstellen lassen würde.[1] Dies wurde u.a. damit begründet, dass verschiedenste Finanzierungskonstruktionen unter den Begriff ‚Projektfinanzierung' subsumiert werden könnten.[2] Im Hinblick auf eine klare Abgrenzung erscheint es daher zweckmäßig, sich dem Untersuchungsobjekt ‚Projektfinanzierung' schrittweise zu nähern und zwischen einer ‚Projektfinanzierung im weitesten Sinne', einer ‚Projektfinanzierung im weiteren Sinne' und einer ‚Projektfinanzierung im engeren Sinne' zu differenzieren.

Unter **Projektfinanzierung im weitesten Sinne** kann, ausgehend von den Wortbestandteilen, ganz allgemein die „Finanzierung eines Projektes" verstanden werden. Der Begriff Finanzierung umfasst nach DRUKARCZYK *„...alle Maßnahmen der Mittelbeschaffung und -rückzahlung..."*.[3] Der Begriff Projekt[4] steht synonym für Plan, Planung, Entwurf oder auch Vorhaben.[5] Bei einem derartig weitgefassten Verständnis der Begrifflichkeiten könnte eine wie auch immer geartete Mittelbeschaffung (z.B. auch durch Subventionen oder Spenden) für unterschiedlichste Verwendungszwe-

---

[1] Vgl. beispielhaft Leeper, R.: Project finance – a term to conjure with, in: The Banker, 128. Jg. (1978), Nr. 630, S. 67 ff., vgl. auch Fowler, T. V.: Big business for the banks, in: The Banker, 127. Jg. (1977), Nr. 622, S. 51. HALL führt hierzu aus, dass *„...no two bankers can agree on what it means."* Hall, W.: The fashionable world of project finance, in: The Banker, 127. Jg. (1977), Nr. 599, S. 71.

[2] Vgl. Fowler, T. V.: Big business for the banks, a.a.O., S. 51. Ebenso Frank, H.: Project Financing: Ein Verfahren zur Absicherung des Unternehmenswachstums, Wien 1986, S. 13.

[3] Vgl. Drukarczyk, J.: Finanzierung, 7. Aufl., Stuttgart 1996, S. 3. Für weitere, hier nicht näher betrachtete Definitionsmöglichkeiten des Finanzierungsbegriffes vgl. Steiner, M.: Finanzierung, in: HWB, 5. Aufl., Stuttgart 1993, Sp. 1024 f.

[4] Das Wort ‚Projekt' ist abgeleitet aus dem lateinischen ‚proicere' (vor-, hin-, wegwerfen). Vgl. Leitschuh, M.; Hofmann, J. B.: Lateinische Wortkunde, 14. Aufl., Bamberg, München 1968, S. 47. Teilweise wird im Schrifttum eine Annäherung an den Begriff über die DIN-Norm (Deutsche Norm DIN 69 901: Projektmanagement, Begriffe, Berlin 1987, S. 1.) verfolgt, welche ein ‚Projekt' als ein Vorhaben definiert, *„...das im wesentlichen durch Einmaligkeit der Bedingungen in ihrer Gesamtheit gekennzeichnet ist, wie z.B. Zielvorgabe, zeitliche, finanzielle und andere Begrenzungen, Abgrenzungen gegenüber* anderen *Vorhaben..."* sowie eine *„...projektspezifische Organisation."* Vgl. Hupe, M.: Steuerung und Kontrolle internationaler Projektfinanzierungen, a.a.O., S. 10 sowie identisch bei Tytko, D.: Grundlagen der Projektfinanzierung, Stuttgart 1999, S. 7. Die INTERNATIONAL PROJECT MANAGEMENT ASSOCIATION (IPMA) definiert den Begriff ‚Projekt' wie folgt: „*A project is a time and cost restrained operation to realise a set of defined deliverables (the scope to fulfil the project's objectives) up to quality standards and requirements.*" IPMA: ICB – IPMA Competence Baseline Version 3.0, Nijkerk: June 2006, S. 13. Aus der Perspektive der Disziplin des Projektmanagements wird ein Projekt somit als ein Vorhaben (ein ‚Prozess') verstanden, das zu einem Ergebnis (dem ‚Objekt') führen soll. Aufgrund des zu diskutierenden bank- bzw. finanzwirtschaftlichen Kontexts soll im Folgenden unter dem Begriff ‚Projekt' sowohl der Prozess als auch das Resultat subsumiert werden.

[5] Dudenredaktion (Hrsg.): Duden, Das Fremdwörterbuch, Bd. 5, 3. Aufl., Mannheim, Wien, Zürich 1974, S. 593.

cke unter den Begriff ‚Projektfinanzierung' subsumiert werden.[1] Sie wäre damit nicht notwendigerweise auf Beziehungen zwischen Unternehmungen beschränkt, sondern könnte sich auch auf private Haushalte und staatliche Institutionen erstrecken.[2]

Von der vorstehend skizzierten stark verallgemeinernden Betrachtungsweise wäre eine **Projektfinanzierung im weiteren Sinne** abzugrenzen, welche den Fokus auf die Mittelbeschaffung für Investitionsobjekte von Unternehmungen einschränken könnte. Hierunter wäre die Gesamtheit der Erst-, Erweiterungs- und/oder Ersatzinvestitionen sowie insbesondere auch die Auftragsfinanzierung[3] und die Exportfinanzierung zu subsumieren.[4] In diese Kategorie wäre auch die Finanzierungstätigkeit der sogenannten ‚Projektentwickler' bzw. ‚Projektträger' im Immobiliensektor einzuordnen, bei der trotz Verwendung der Begrifflichkeit ‚Projektfinanzierung' eher in Ausnahmefällen eine Projektfinanzierung im engeren Sinne vorliegen dürfte.[5]

Untersuchungsobjekt der vorliegenden Arbeit ist die **Projektfinanzierung im engeren Sinne**. Ausgehend von dem Verständnis des jüngeren wirtschaftswissenschaftlichen sowie projektfinanzierungsspezifischen Schrifttums lässt sich ein Konsens darüber feststellen, was jenseits der oben dargestellten sprachlich induzierten Erweiterungen unter der Begrifflichkeit ‚Projektfinanzierung' in einem engeren Sinne verstanden wird.[6] Im Wesentlichen wird hierbei auf die Definition der Projektfinanzierung von NEVITT/FABOZZI zurückgegriffen:

---

[1] z.B. auch für karikative und soziale Vorhaben sowie Investitionen privater Haushalte (Automobile, Eigenheime)

[2] Für einen kultur- und sozialpolitischen Projektfinanzierungs-Begriff vgl. AG SPAK; Ökologie-Stiftung NRW (Hrsg.): „Wir müssen anfangen zu gehen, um das Ziel zu erreichen": Dokumentation und Auswertung der Zukunftswerkstatt Projektfinanzierung – Alternativen zur gängigen Finanzierungspraxis kultur- und sozialpolitischer Initiativen, München 1994, S. 1 ff. Für die Involvierung privater Haushalte in „Projektfinanzierungen im weitesten Sinne" vgl. beispielhaft Büro für ökologische Projektfinanzierung (Hrsg.): Private Geldanlage in Sonne, Wind- und Wasserkraft, Freiburg i. Br. 1993, S. 1 ff.

[3] *„Unter Auftragsfinanzierung im engeren Sinne versteht man die Beschaffung von Finanzmitteln zur Deckung von Auszahlungsüberhängen, die aufgrund von zeitlichen und/oder betragsmäßigen Diskrepanzen im Anfall auftragsbezogener Ein- und Auszahlungen entstehen."* Vgl. Backhaus, K.; Molter, W.: Auftragsfinanzierung, internationale, in: HWInt, Stuttgart 1989, Sp. 49, Backhaus, K.; Sandrock, O.; Schill, J.: Die Bedeutung der Projektfinanzierung vor dem Hintergrund der weltwirtschaftlichen Entwicklung, in: K. Backhaus, O. Sandrock, J. Schill, H. Uekermann (Hrsg.), Projektfinanzierung – Wirtschaftliche und rechtliche Aspekte einer Finanzierungsmethode für Großprojekte, Stuttgart 1990, S. 4.

[4] Zur Finanzierung von Investitionen in Marketingprojekte vgl. Simon, H.: Investitionsrechnung und Marketingentscheidung, in: K. Brockhoff, W. Krelle (Hrsg.), Unternehmensplanung, Berlin u.a. 1981, S. 312 f.

[5] So auch Voigt, H.; Müller, D.: Handbuch der Exportfinanzierung, 4. Aufl., Frankfurt a.M. 1996, S. 167 f. Zu möglichen Formen einer Finanzierung von Immobilienobjekten vgl. Follak, K. P.: Immobilien-Projektfinanzierung, in: Der Langfristige Kredit, 44. Jg. (1993), S. 100 sowie Lauer, J.: Moderne Spezial- und Projektfinanzierung, in: Sparkasse, 115. Jg. (1998), S. 233 ff.

[6] Vgl. Reuter, A.; Wecker, C.: Projektfinanzierung: Anwendungsmöglichkeiten, Risikomanagement, Vertragsgestaltung, bilanzielle Behandlung, Stuttgart 1999, S. 21. Tytko, D.: Grundlagen der Projektfinanzierung, a.a.O., S. 8, Jürgens, W. H.: Projektfinanzierung: Neue Institutionenlehre und ökonomische Realität, Wiesbaden 1994, S. 4 f., Uekermann, H.: Technik der internationalen Projektfinanzierung, in: K. Backhaus, O. Sandrock, J. Schill, H. Uekermann (Hrsg.), Projektfinanzierung - Wirtschaftliche und rechtliche Aspekte einer Finanzierungsmethode für Großprojekte -, Stuttgart 1990, S. 14, 1989, Schmitt, W.: Internationale Projektfinanzierung bei deutschen Banken: Analyse einer neuen Bankmarktleistung unter besonderer Berücksichtigung risikopolitischer und implementierungsstrategischer Entscheidungsfelder, Frankfurt a.M. 1989, S. 28, Schill, J.: Finanzielle Beziehungen, Vertrags- und Kooperationsformen beim Industriegüter-Export aus der Bundesrepublik Deutschland, Kiel 1988, S. 87, Heintzeler, F.: Internationale Projektfinanzierung, in: ZfgK, 35. Jg. (1981), S. 600.

„A financing of a particular economic unit in which a lender is satisfied to look initially to the cash flows and earnings of that economic unit as the source of funds from which a loan will be repaid and to the assets of the economic unit as collateral for the loan."[1]

Das US-amerikanische FINANCIAL ACCOUNTING STANDARDS BOARD (FASB)[2] hat in seiner im März 1981 veröffentlichten Stellungnahme SFAS 47 „Disclosure of long-term obligations" diese Definition der Projektfinanzierung in leicht veränderter Form ebenfalls übernommen[3]:

„Project Financing Arrangement. The financing of a major capital project in which the lender looks principally to the cash flows and earnings of the project as the source of funds for repayment and to the assets of the project as collateral for the loan."[4]

Als wesentlicher materieller Unterschied zur Definition von NEVITT lässt sich die Substitution des Begriffes „Particular Economic Unit" durch „Major Capital Project" festhalten. Es erscheint jedoch nicht zweckmäßig das Adjektiv „Major" als konstitutives Merkmal für die Projektfinanzierung im engeren Sinne zu wählen, da die Qualifizierung als „kapitalintensives Großprojekt" regelmäßig vom subjektiven Standpunkt des jeweiligen Betrachters abhängen wird.[5] Des Weiteren wird die Mittelbeschaffung durch eine Projektfinanzierung im engeren Sinne grundsätzlich auch für „kleinere" bzw. „mittlere" Investitionsvolumina diskutiert.[6]

---

[1] Nevitt, P. K.; Fabozzi, F.: Project Financing, 6. Aufl., London 1995, S. 3.

[2] Bei dem 1973 gegründeten FASB handelt es sich um eine private US-amerikanische Fachorganisation, welche sich neben der Börsenaufsichtskommission SEC sowie dem Berufsverband der Wirtschaftsprüfer (AICPA) mit der Weiterentwicklung der Rechnungslegungsgrundsätze in den USA befaßt. Vgl. C&L Deutsche Revision (Hrsg.): Internationale Rechnungslegung: US-GAAP, HGB und IAS, Bonn 1994, S. 4 f.

[3] Teilweise wird eine umgekehrte Entwicklung der Definition unterstellt. Vgl. Tytko, D.: Zukunftsorientierte Kreditvergabeentscheidungen: Eine Untersuchung zu den Einsatzmöglichkeiten der Projektfinanzierung im mittelständischen Firmenkundengeschäft, Frankfurt a.M. u.a. 1999, S. 76. Es sollte jedoch festgehalten werden, dass sich die Definition von NEVITT bereits in der ersten Auflage seines Werkes aus dem Jahre 1979 findet und in unveränderter Form bis zur 6. Auflage fortgeführt wurde. Vgl. Nevitt, P. K.: Project Financing, 1979, S. 1. Ebenfalls in diesem Sinne missverständlich Backhaus, K.; Uekermann, H.: Projektfinanzierung: Eine Methode zur Finanzierung von Großprojekten, in: WiSt, 19. Jg. (1990), S. 106 sowie Hupe, M.: Steuerung und Kontrolle internationaler Projektfinanzierungen, Frankfurt a.M. u.a. 1995, S. 11. Zum Zusammenhang zwischen SFAS 47 und der Ursprungsdefinition von NEVITT siehe auch Nevitt, P. K.; Fabozzi, F.: Project Financing, a.a.O., S. 380.

[4] FASB: Statement of Financial Accounting Standards No. 47, Disclosure of long-term obligations, March 1981, Appendix B, Tz. 23 a.

[5] Dem steht nicht entgegen, dass Projektfinanzierungen im Bewusstsein einer breiteren Öffentlichkeit subjektiv mit *„Mega-Investitionen wie beispielsweise (Öl-)Raffinerien, Kraftwerke, (Öl- oder Gas-) Pipelinesysteme, Rohstoffabbau-Vorhaben oder Infrastrukturprojekte, zunehmend in der Telekommunikation, mit Gesamtinvestitionskosten in Milliardenhöhe..."* verbunden werden. Vgl. Fahrholz, B.: Neue Formen der Unternehmensfinanzierung, a.a.O., S. 254. KÜMPEL nennt für den Einsatz von Projektfinanzierungen aufgrund *„....der hohen Planungsanforderungen, die sich insbesondere auch für die beteiligten Kreditinstitute stellen ..."*, ein Investitionsvolumen von mindestens DM 50 Mio.; vgl. Kümpel. S.: Bank- und Kapitalmarktrecht, 2. Aufl., Köln 2000, S. 1127.

[6] Für eine jüngere Untersuchung siehe TYTKO, welche explizit *„Klein- und Mittelbetriebe aus den Wirtschaftsbereichen Industrie, Handwerk, Handel, Dienstleistung und Verkehr ... in die Diskussion..."* einbezieht. Tytko, D.: Zukunftsorientierte Kreditvergabeentscheidungen: Eine Untersuchung zu den Einsatzmöglichkeiten der Projektfinanzierung im mittelständischen Firmenkundengeschäft, a.a.O., S. 6. Vgl. auch Nevitt/Fabozzi: Project Financing, a.a.O., S. 7 sowie Nagel, M.: Besonderheiten der Projektfinanzierung bei Projektentwicklungen mittlerer Investitionsvolumina, Vortragsmanuskript, Konferenz: Projektfinanzierung bei mittleren Investitionsvolumina, Düsseldorf 27.-28.4.1995 und Stuttgart 18.-19.5.1995, S. 4.

In der jüngeren Vergangenheit wurde die von NEVITT eingeführte Definition von der OECD identisch als „*General Description*" für Projektfinanzierungen adaptiert, um im Rahmen der Flexibilisierung der Konsensusvorschriften für exportkreditversicherte Projektfinanzierungen den Anwendungsbereich von neuen, projektfinanzierungsspezifischen Ausnahmeregelungen abzugrenzen.[1] Insoweit kann nunmehr auch eine inter- bzw. supranationale Akzeptanz der NEVITT´schen Begriffsabgrenzung unterstellt werden.

Bei genauerer Betrachtung lässt sich die Definition von NEVITT/FABOZZI auf die folgenden drei **Kernmerkmale** reduzieren, welche zunächst[2] von potenziellen Kreditgebern für eine projektgebundene Kreditvergabe analysiert werden:[3]

- Vorliegen einer abgrenzbaren Wirtschaftseinheit (Projekt)[4],
- Bedienung des Schuldendienstes aus dem Cashflow des Projektes[5],
- Kreditsicherheiten aus den Vermögenspositionen des Projektes.[6]

Die Nennung der Wörter ‚Schuldendienst' und ‚Kreditsicherheiten' in den beiden letztgenannten Kernmerkmalen impliziert weiterhin eine spezifisch kreditwirtschaftliche Sichtweise, womit der thematischen Ausrichtung der vorliegenden Untersuchung Rechnung getragen wird.[7]

---

[1] Vgl. OECD: Project Finance: Understanding on the Application of Flexibility to the Terms and Conditions of the Arrangement on Guidelines for Officially Supported Export Credits in Respect of Project Finance Transactions, for a Trial Period, TD/CONSENSUS (98) 27, URL: http://www.oecd.ech/docs/xcr.htm (Abruf: 2.4.1999), S. 1. Siehe auch Hermes Kreditversicherungs-AG (Hrsg.): Flexible Konsensusvorschriften für Projektfinanzierungen, in: Sonderdruck zu AGA-Report Nr. 72, Juni 1998, S. 1.

[2] Aus Sicht der Kreditgeber sind die Entscheidungskriterien für eine Projektfinanzierung, d.h. für eine projektgebundenen Kreditgewährung, somit nicht ausschließlich auf das Vorliegen der drei Kernmerkmale beschränkt. In der englischen Definition wird diese Einschränkung durch Einfügung des Adverbs „*...initially...*" ausdrücklich betont. Vgl. hierzu auch Horn, N.: Das Vertragsrecht der internationalen Projektfinanzierungen, in: N. Horn (Hrsg.), Das Vertragsrecht der internationalen Konsortialkredite und Projektfinanzierungen, Berlin, New York 1985, S. 201.

[3] Die aufgeführten Kernelemente werden auch von Vertretern der Kreditwirtschaft als die wesentlichen „*...drei Definitionselemente...*" genannt. Vgl. hierzu Fels, G.; Ewers, H.-J.; Grandke, G.; Geldern, W. v.; Sichler, H.-W.: Podiumsdiskussion: Ansätze und Erfahrungen mit Privatisierungen, in: Institut der deutschen Wirtschaft (Hrsg.), Privatisierung kommunaler Aufgaben (Symposium 15. November 1996 in Bonn), 1997, S. 39., Heintzeler, F.: Internationale Projektfinanzierung, a.a.O., S. 600.

[4] In der englischen Definition als „*...particular economic unit...*" bezeichnet. Das Adjektiv ‚particular' kann mit ‚einzeln' oder ‚individuell' übersetzt werden. Es liegt im Wesen des Individuellen, dass es vom Übrigen – dem Allgemeinen - isoliert werden kann. Insofern wird für die Zwecke der vorliegenden Untersuchung das deutsche Adjektiv ‚abgrenzbar' als Übersetzung verwendet.

[5] Im Original: „*...cash flows and earnings of that economic unit as source of the funds from which a loan will be repaid...*". Bei der Postulierung des Kernmerkmals wird im Folgenden eine Beschränkung auf den Begriff ‚Cashflow' vorgenommen, da er implizit die ökonomische Größe ‚earnings' beinhaltet. Vgl. hierzu ausführlich die nachfolgenden Ausführungen im Abschnitt 2.2.1.

[6] Im Original: „*...assets of the economic unit as collateral for the loan.*"

[7] In Anlehnung an die Definitionen von NEVITT/FABOZZI und *SFAS 47* definiert *Finnerty* Projektfinanzierung „ *... as the raising of funds to finance an economically separable capital investment project in which the providers of the funds look primarily to the cash flow from the project as the source of funds to service their loans and provide the return of and a return on their equity invested in the project*" und berücksichtigt somit explizit auch die Sichtweise von Eigenkapitalgebern. Vgl. Finnerty, J. D.: Project Financing: Asset-Based Financial Engineering, New York u.a. 1996, S. 2.

2.1.2 Zum Begriff ‚Internationale Projektfinanzierung'

Im Schrifttum wird der Begriff Projektfinanzierung häufig mit dem Zusatz ‚international' verwendet.[1] Ausgehend von der Beschränkung der nachfolgenden Betrachtungen auf die ‚Projektfinanzierung im engeren Sinne' erscheint der Zusatz ‚international' in zweifacher Hinsicht gerechtfertigt. Zum einen kommt es bei der Mehrzahl der Projektfinanzierungen regelmäßig zu grenzüberschreitenden Zahlungs- und/oder Warenströmen.[2] Zum anderen kann auch eine inländische Projektfinanzierung einen „internationalen" Charakter aufweisen, wenn für die Entwicklung komplexer Finanzierungslösungen international gepflogene - regelmäßig der angelsächsischen Bankkultur entlehnte - Strukturelemente[3] herangezogen werden. NEVITT/FABOZZI konstatieren in diesem Zusammenhang „*Project financing is global financing ...*".[4]

Grenzüberschreitende Zahlungs- und/ oder Warenströme können beispielsweise dann auftreten, wenn der Anlagenerrichter nicht im Land des Projektstandortes domiziliert oder inter- bzw. multinationale Anbieterkonsortien in die physische Projektrealisierung involviert werden. Insbesondere im industriellen Anlagengeschäft[5] kommt es regelmäßig zur Bildung <u>grenzüberschreitender</u> Anbietergemeinschaften. Ursachen hierfür können u.a. nicht vorhandenes Know-how, fehlende Patente, begrenzte Fertigungs- und Montagekapazitäten aber auch eingeschränkte Möglichkeiten der Exportkreditversicherung und Exportfinanzierung im eigenen Land des Anbieters sein.[6] Auch die Beschaffung von Roh-, Hilfs- und Betriebsstoffen sowie der Absatz von Fertigprodukten in der Betriebsphase eines Projektes können zu bilateralen oder multilateralen Handelsbeziehungen führen. Ferner kann eine grenzüberschreitende Einbindung von ausländischen Projektinitiatoren und Banken als Eigenkapital- bzw. Fremdkapitalgeber vorliegen. Vor dem Hintergrund der weiter anhaltenden Globalisierung[7] der Wirtschaft kann daher in der Mehrzahl der Fälle eine ‚Internationali-

---

[1] Vgl. stellvertretend für viele Schmitt, W.: <u>Internationale</u> Projektfinanzierung bei deutschen Banken: Analyse einer neuen Bankmarktleistung unter besonderer Berücksichtigung risikopolitischer und implementierungsstrategischer Entscheidungsfelder, Frankfurt a.M., 1989, S. 16 f., Backhaus, K.: Projektfinanzierung, internationale, in: HWInt, Stuttgart 1989, Sp. 1728-1736. Ferner ist anzumerken, dass eine der großen überregional verbreiteten Fachzeitschriften im Bereich der Projektfinanzierung den Zusatz „International" im Titel führt: *Project Finance International.*

[2] HUPE wertet das Element ‚Internationalität' als ‚Akzidenz' der Projektfinanzierung. Vgl. Hupe, M.: Steuerung und Kontrolle internationaler Projektfinanzierungen, a.a.O., S. 22.

[3] Die *Strukturelemente* sollen in diesem Zusammenhang als die möglichen Bestandteile der Aufbau- und Ablauforganisation eines Projekt- und Finanzierungskonzeptes definiert werden.

[4] Nevitt, P. K.; Fabozzi, F.: Project Financing, a.a.O., S. 1.

[5] Das „*industrielle Anlagengeschäft*" kann als „*...die größenunabhängige auftragsgebundene Errichtung von komplexen Produktions- und Infrastrukturanlagen*" definiert werden. Vgl. Funk, J.: Volkswirtschaftliche Bedeutung und betriebswirtschaftliche Besonderheiten des industriellen Anlagengeschäftes, in: : J. Funk, G. Laßmann (Hrsg.), Langfristiges Anlagengeschäft - Risiko-Management und Controlling, ZfbF, 38. Jg. (1986), Sonderheft 20, S. 10. Unter dem Begriff der Industrieanlage fallen „*... nicht nur solche Einrichtungen, die als Output physische Produkte oder Energie liefern*" sondern auch „*...größere Anlagen der Ver- und Entsorgungstechnik...*" und Einrichtungen der Verkehrsinfrastruktur, vgl. Guthmannsthal-Krizanits, H.: Risikomanagement von Anlagenprojekten: Analyse, Gestaltung und Controlling aus Contractor-Sicht, Wiesbaden 1994, S. 16.

[6] Vgl. Siepert, H.-M.: Multinationale Anbietergemeinschaften in der Exportfinanzierung, in: K. Backhaus, H.M. Siepert (Hrsg.), Auftragsfinanzierung im industriellen Anlagengeschäft, Stuttgart 1987, S. 145 f., für eine ausführliche Darstellung mit weiteren Erklärungsansätzen für die Bildung von multinationalen Anbieterkonsortien.

[7] Mit KNORR soll in diesem Zusammenhang ‚Globalisierung' als die „*...seit Ende des Zweiten Weltkriegs aufgrund sinkender Raumüberwindungs- und Kommunikationskosten sowie des Abbaus von Handels-*

tät' der Projektfinanzierung aufgrund grenzüberschreitender Zahlungs- und/ oder Warenströme unterstellt werden.

Internationale Strukturelemente finden sich sowohl in der Aufbau- als auch in der Ablauforganisation von Projektfinanzierungen. So wird z.B. bei der Dokumentation der Kreditverträge häufig auf angelsächsisches Recht, i.d.R. das Recht Englands oder des Staates New Yorks, zurückgegriffen, obwohl das Projekt bzw. die Projektgesellschaft, aber auch die kreditgewährenden Banken nicht in diesen Jurisdiktionen domizilieren.[1] So konnten große angelsächsische Sozietäten[2] in der Vergangenheit weltweit eine dominante Position im Bereich der Rechtsberatung für Projektfinanzierungen aufbauen.[3] Umgekehrt führte die Dominanz von angelsächsischen Rechtsberatern, Banken und Projektinitiatoren zu einer globalen Verbreitung von in den Heimatmärkten üblichen Strukturelementen.[4] Eine Fokussierung auf das Untersuchungsobjekt ‚Internationale Projektfinanzierung' impliziert somit die explizite Berücksichtigung von internationalen Strukturelementen im Rahmen der nachfolgenden Überlegungen.

2.1.3 Kernmerkmale der Projektfinanzierung im engeren Sinne

2.1.3.1 Vorliegen einer abgrenzbaren Wirtschaftseinheit (Projekt)

2.1.3.1.1 Ökonomische Isolierung

Kernmerkmal einer Projektfinanzierung im engeren Sinne ist gemäß der gewählten Begriffsabgrenzung von NEVITT/FABOZZI u.a. das ‚Vorliegen einer abgrenzbaren Wirtschaftseinheit'.[5] Die Wortwahl in der Definition impliziert, dass in einem ersten Schritt explizit auf eine ökonomische („*particular economic unit*") und nicht auf eine gesellschaftsrechtliche Abgrenzung[6] abgestellt

---

hemmnissen wieder ermöglichte Intensivierung der internationalen Arbeitsteilung..." definiert werden, Knorr, A.: Globalisierung, in: WiSt, 27. Jg. (1998), S. 238.

[1] So basiert die Mehrzahl der Kreditverträge für Projektfinanzierungen in Nord- und Südamerika auf dem Recht des Staates New York, vgl. Swann, G.: Defending the home patch, in: PFI, o.Jg. (1999), Nr. 181, S. 50. Dies kann z.B. darauf zurückzuführen sein, dass die Kreditgeber das Rechtssystem am Projektstandort für undurchschaubar bzw. unterentwickelt befinden und/oder die Unbefangenheit der Judikative am Projektstandort anzweifeln. Vgl. Denton Hall Projects Group (Hrsg.): A Guide to Project Finance, a.a.O., S. 100 f. Teilweise wird der „*...englischen und amerikanischen Kautelarpraxis mit ihren gewiß häufig überlangen Vertragswerken...*" eine besondere Eignung für die Zwecke einer eindeutigen Risikozuordnung und damit auch der Projektfinanzierung zugesprochen. Vgl. Harries, H.: Rechtliche Aspekte der Projektfinanzierung im Bergbau, in: Fachausschuß für Bergtechnik der GDMB (Hrsg.), Projektfinanzierung, Clausthal-Zellerfeld 1985, S. 31 f.

[2] SWANN führt hierzu aus: „*The structure and internationalisation of project financings mean that only a few law firms actually have the ability to be able to handle international project finance.*" Swann, G.: Essential Kafka, in: PFI, o.Jg. (1999), Nr. 181, S. 52.

[3] So findet sich in einer Auflistung von 64 im Zeitraum 1.1.1998 bis 17.11.1999 weltweit realisierten Projektfinanzierungen mit einem Finanzierungsvolumen von jeweils über USD 500 Millionen nur eine Sozietät, welche nicht originär aus dem angelsächsischen Rechtsraum stammt. Vgl. o. V.: Legal roles on PF deals over US$500m since January 1998, in: PFI, o.Jg. (1999), Nr. 181, S. 48-49.

[4] „Although largely based on methods developed and widely used in the United States, the ideas and concepts presented can be profitably employed by financial managers worldwide." Vgl. Nevitt, P. K.; Fabozzi, F.: Project Financing, a.a.O., S. 1.

[5] Vgl. Gliederungspunkt 2.1.1 Zum Begriff ‚Projektfinanzierung', S. 7 ff.

[6] z.B. durch die Verwendung der Begriffe „*legal entity*" oder „*project company*"

wird.¹ Erst in einem zweiten Schritt sind geeignete juristische Maßnahmen zur Flankierung der wirtschaftlichen Zielsetzungen der Projektbeteiligten auszuwählen, wobei hierfür – wie zu zeigen sein wird² – je nach Entscheidungssituation unterschiedliche Instrumente zur Verfügung stehen.

Für die Zwecke der vorliegenden Untersuchung interessiert insbesondere die **Interessenlage des Fremdkapitals**. Aus der Sicht eines Kreditgebers wird regelmäßig erst die wirtschaftliche Isolierung des Projektes eine separate Analyse der Kreditwürdigkeit desselben und somit eine Einschätzung der Wahrscheinlichkeit und absoluten Höhe des mit einer projektbezogenen Kreditvergabe verbundenen Ausfallrisikos ermöglichen.³ Dies wird besonders deutlich, wenn man die beiden anderen Kernmerkmale ‚Bedienung des Schuldendienstes aus dem Cashflow des Projektes' sowie ‚Kreditsicherheiten aus den Vermögenspositionen des Projektes' in die Betrachtung mit einbezieht. Eine eindeutige wirtschaftliche Abgrenzung des Projektes erleichtert die Ermittlung von Ein- und Auszahlungen sowie von Kassenbeständen und damit auch den für Zwecke des Schuldendienstes verfügbaren Cashflow. Ähnliche Vorteile werden sich regelmäßig bei der Bewertung und Isolierung der Aktiva ergeben, welche per definitionem als Kreditsicherheiten herangezogen werden.⁴

Aus der **Sicht des Eigenkapitals**, d.h. der sogenannten ‚Sponsoren',⁵ können sich ebenfalls Vorteile durch die Realisierung eines Investitionsvorhabens im Rahmen einer abgrenzbaren Wirtschaftseinheit ergeben. So kann die isolierte Kreditwürdigkeitsprüfung des Projektes durch die Kreditgeber im Ergebnis zu einer deutlich besseren Bonität als die der Sponsoren und damit zu folgenden wirtschaftlichen Vorteilen führen:

- Es wird u.U. überhaupt erst eine Kreditaufnahme und damit die Durchführung des Investitionsvorhabens ermöglicht.⁶

- Das Eingehen eines höheren Verschuldungsgrades wird ermöglicht,⁷ welcher aufgrund des Leverage-Effektes zu einer höheren Eigenkapitalrentabilität führen kann.⁸

---

[1] In diesem Sinne wohl auch Finnerty, J. D.: Project Financing: Asset-Based Financial Engineering, a.a.O., S. 1 sowie Horn, N.: Das Vertragsrecht der internationalen Projektfinanzierungen, a.a.O., S. 202.

[2] Vgl. Gliederungspunkt 2.1.3.1.2 Rechtliche Isolierung, S. 14 ff.

[3] Vgl. Nevitt, P. K.; Fabozzi, F.: Project Financing, a.a.O., S. 6.

[4] Als Beispiel lassen sich mögliche Schwierigkeiten einer Abgrenzung und Zuordnung von Roh-, Hilfs- und Betriebsstoffen bei zentraler Lagerhaltung in einem stehendem Unternehmen nennen, wenn diese Vermögensgegenstände nur zum Teil als dingliche Sicherheiten für die Finanzierung eines Teilprojektes der Unternehmung herangezogen werden sollen.

[5] Unter dem Begriff ‚**Sponsor(s)**' werden bei Projektfinanzierungen i.e.S. diejenigen Projektbeteiligten verstanden, die rechtliches oder ökonomisches Haftungskapital zur Verfügung stellen. Vgl. hierzu auch die nachfolgenden Ausführungen unter Gliederungspunkt 2.1.4.2 Übernahme abstrakter Zahlungspflichten durch Dritte. NEVITT/FABOZZI definieren den Begriff ‚Sponsor' als „*A party interested in supporting a project financing. A party providing the credit to support a project financing.*" Nevitt, P. K.; Fabozzi, F.: Project Financing, a.a.O., S. 367. Hiervon abzugrenzen ist der weiter gefasste und auf eine kapitalmäßige Verflechtung abstellende Begriff ‚**Investor**', unter dem nach angelsächsischem Begriffsverständnis sowohl die Zeichner von (Projekt-) Anleihen (‚Project Bond Investor') als auch Eigenmittelgeber (‚Equity Investor') verstanden werden. Vgl. Finnerty, J. D.: Project Financing: Asset-Based Financial Engineering, a.a.O., S. 3.

[6] Vgl. Denton Hall Projects Group (Hrsg.): A Guide to Project Finance, a.a.O., S. 6, Nevitt, P. K.; Fabozzi, F.: Project Financing, a.a.O., S. 6.

[7] Vgl. Nevitt, P. K.; Fabozzi, F.: Project Financing, a.a.O., S. 6.

[8] Vgl. Fahrholz, B.: Neue Formen der Unternehmensfinanzierung, a.a.O., S. 258. Auf die finanzierungstheoretische Relevanz des Leverage-Effektes soll an dieser Stelle nicht eingegangen werden. Vgl. hierzu ex-

- Die Sponsoren können für das Projekt vergleichsweise vorteilhaftere Zins- und Tilgungskonditionen aushandeln.[1]

Ferner kann eine Separierung des Investitionsvorhabens in einem Projekt u.U. eine Fremdfinanzierung der von den Sponsoren einzubringenden Eigenmittel ermöglichen. Analog zur Ermittlung der für Zwecke des Schuldendienstes zur Verfügung stehenden Zahlungsmittel, ermöglicht die wirtschaftliche Abgrenzung auch die Ermittlung der für Zwecke der Dividendenzahlung verfügbaren Mittel. Neben einer klassischen Bonitätsanalyse der kreditnehmenden Sponsoren können derartig prognostizierte Ausschüttungsströme die ökonomische Basis für eine Finanzierung von Eigenmitteln durch Kreditinstitute bilden.[2]

2.1.3.1.2 Rechtliche Isolierung

Für die **rechtliche Isolierung** eines Projektes stehen verschiedene vertrags- bzw. gesellschaftsrechtliche Instrumente und Konstruktionen zur Verfügung, die je nach Jurisdiktion und Zielsetzung der Projektbeteiligten sowie der Anzahl der involvierten Sponsoren zu wählen sind.[3] Im Hinblick auf letzteres Kriterium ist anzumerken, dass grundsätzlich auch nur ein einzelner Sponsor vorliegen kann.[4] Unabhängig von der Anzahl der partizipierenden Sponsoren kann die Wahl der rechtlichen Instrumente dabei durch die folgenden Kriterien bestimmt sein:

- Begrenzung von Rückgriffsmöglichkeiten auf die (den) Sponsor(en)[5]

- Konsolidierungspflicht der Projektverbindlichkeiten in der Bilanz der Sponsoren („Off-Balance Sheet Financing' versus ‚On-Balance Sheet Financing')[1]

---

emplarisch Nippel, P.: Die Irrelevanz des Leverage-Effektes für die Finanzierung von Unternehmen, in: WiSt, 31. Jg. (2002), S. 69 ff. m.w.N.

[1] Vgl. Nevitt, P. K.; Fabozzi, F.: Project Financing, a.a.O., S. 6.

[2] Ein Spezialfall sind sogenannte ‚Equity Bridge Loans' während der Bauphase, welche der Vorfinanzierung der von den Sponsoren in das Projekt einzubringenden Eigenmittel dienen. Kann der Sponsor den Kredit zum vereinbarten Zeitpunkt (z.B. zu Beginn der Betriebsphase) nicht zurückführen, so stehen die abgetretenen Dividendenzahlungen (d.h. die nach dem prioritär zu bedienenden Schuldendienst verbleibenden liquiden Mittel) und/oder verpfändete Gesellschaftsanteile als Sicherheit zur Verfügung. Jedoch werden möglicherweise weitere Sicherheiten (z.B. Avale bonitätsmäßig erstklassiger Banken) für die Gewährung bzw. Herauslegung der Kreditlinien verlangt, um das Risiko einer 100%igen Fremdfinanzierung während der Betriebsphase eines Projektes zu minimieren. Weiterhin werden derartige Konstruktionen nur auf hochentwickelten, wettbewerbsintensiven Finanzmärkten (z.B. USA, Westeuropa) möglich und/oder nur von Kreditnehmern mit einer starken Verhandlungsposition (Marktmacht, relativ akzeptable Bonität) durchzusetzen sein.

[3] Vgl. Finnerty, J. D.: Project Financing: Asset-Based Financial Engineering, a.a.O., S. 70.

[4] Vgl. Vinter, G. D.: Project Finance: A legal guide, a.a.O., S. 9, Fahrholz, B.: Neue Formen der Unternehmensfinanzierung, a.a.O., S. 260. Für eine theoretisch motivierte, abweichende Auffassung vgl. Jürgens, W. H.: Projektfinanzierung - Neue Institutionenlehre und ökonomische Realität, Wiesbaden 1994, S. 8 u. 117 i.V.m. S. 3 f., welcher in einem Projekt grundsätzlich das rechtsformunabhängige Zusammenwirken von <u>zwei oder mehr</u> Sponsoren <u>im Rahmen eines Joint Venture</u> sehen möchte. Jedoch lässt sich diese Sichtweise empirisch widerlegen: Als eine Projektfinanzierung bei der mit dem US-amerikanischen Unternehmen AES CORPORATION de facto zunächst nur ein Sponsor auftrat, sei beispielhaft das Projekt ‚AES DRAX' (Privatisierung und Refinanzierung eines 3.960 MW Kohlekraftwerks in North Yorkshire, England) genannt. Vgl. Chigas, C.; Muller, L.; Ho, P.: AES DRAX optimises the project finance options, in: PFI, o.Jg. (2000), Nr. 200, S. 70 ff.

[5] Vgl. Denton Hall Projects Group (Hrsg.): A Guide to Project Finance, a.a.O., S. 6 u. 8, Vinter, G. D.: Project Finance: A legal guide, a.a.O., S. 9, Fahrholz, B.: Neue Formen der Unternehmensfinanzierung, a.a.O., S. 257 u. 261, Horn, N.: Das Vertragsrecht der internationalen Projektfinanzierungen, a.a.O., S. 233.

- Offenlegungs- bzw. Publizitätspflichten[2]

- Möglichkeiten der Gewinnentnahme[3]

- Steuerliche Auswirkungen (Tax Efficiency)[4]

- Möglichkeiten der Bestellung von Kreditsicherheiten[5]

- Rechtliche Rahmenbedingungen bzw. Auflagen am Projektstandort[6]

- Flexibilität und Effektivität der Managementstrukturen[7]

- Monetärer und zeitlicher Aufwand der rechtlichen Strukturierung und Umsetzung

- Möglichkeiten der Liquidierung der rechtlichen Strukturen bei Ablauf der wirtschaftlichen Nutzungsdauer[8] sowie bei Veräußerung oder Übertragung[9] des Projektes[10]

- Finanzierungspolitik bzw. -auflagen der beteiligten Banken

---

[1] Vgl. Nevitt, P. K.; Fabozzi, F.: Project Financing, a.a.O., S. 6, Denton Hall Projects Group (Hrsg.): A Guide to Project Finance, a.a.O., S. 6, Fahrholz, B.: Neue Formen der Unternehmensfinanzierung, a.a.O., S. 261, Horn, N.: Das Vertragsrecht der internationalen Projektfinanzierungen, a.a.O., S. 232 f. Insbesondere börsennotierte Sponsoren versuchen die Konsolidierung von großvolumigen Projektverbindlichkeiten in ihren Bilanzen zu vermeiden, damit sich die Verschuldungskennziffern nicht verschlechtern, vgl. Vinter, G. D.: Project Finance: A legal guide, a.a.O., S. 9. Zum Begriff ‚Off-Balance Sheet Financing‘ siehe auch Kapitel 2.1.4.4.

[2] Vgl. Vinter, G. D.: Project Finance: A legal guide, a.a.O., S. 10, Fahrholz, B.: Neue Formen der Unternehmensfinanzierung, a.a.O., S. 261.

[3] Vgl. Vinter, G. D.: Project Finance: A legal guide, a.a.O., S. 9.

[4] Vgl. Nevitt, P. K.; Fabozzi, F.: Project Financing, a.a.O., S. 7, Denton Hall Projects Group (Hrsg.): A Guide to Project Finance, a.a.O., S. 7, Clifford Chance (Hrsg.): Project Finance, London 1991, S. 9. Nach VINTER wird in diesem Zusammenhang zusätzlich auch das Kriterium „Tax Transparency" genannt, wobei hiermit die eindeutige Zurechnung von Gewinnen und Verlusten zu den einzelnen Sponsoren gemeint ist, Vinter, G. D.: Project Finance: A legal guide, a.a.O., S. 9 f.

[5] So kann bei Vorliegen einer rechtlich selbständigen Projektgesellschaft eine Bestellung von Pfandrechten für das zusammengefaßte Projektvermögen sowie eine erleichterte Abtretung von Forderungen der Projektgesellschaft gegenüber Dritten (z.B. Lieferanten und Abnehmer) im Rahmen einer Globalzession an die Kreditgeber erfolgen. Vgl. Horn, N.: Das Vertragsrecht der internationalen Projektfinanzierungen, a.a.O., S. 233.

[6] So kann z.B. die Involvierung des Gastlandes als Sponsor Voraussetzung für die Realisierung eines Projektes sein. Vgl. Rieger, H.: Juristische Aspekte der Projektfinanzierung, in: K. Backhaus, O. Sandrock, J. Schill, H. Uekermann (Hrsg.), Projektfinanzierung: Wirtschaftliche und rechtliche Aspekte einer Finanzierungsmethode für Großprojekte, Stuttgart 1990, S. 66. Vgl. auch Nevitt, P. K.; Fabozzi, F.: Project Financing, a.a.O., S. 6 sowie Clifford Chance (Hrsg.): Project Finance, London 1991, S. 9. Möglicherweise ist auch die Gründung einer Projektgesellschaft nach lokalem Recht des Projektstandortes die Voraussetzung für eine Investitionsgenehmigung durch die entsprechenden staatlichen Stellen des Gastlandes, vgl. Denton Hall Projects Group (Hrsg.): A Guide to Project Finance, a.a.O., S. 7 u. 9. Zu den politischen Besonderheiten in Entwicklungs- und Schwellenländern vgl. Sell, A.: Internationale Unternehmenskooperationen, Bremen 1991, S. 8 f.

[7] Vgl. Vinter, G. D.: Project Finance: A legal guide, a.a.O., S. 10.

[8] Bei tendenziell langer Nutzungsdauer und/oder langer Kreditlaufzeit verschiebt sich der Zeitpunkt der Liquidation der Projektgesellschaft in die Zukunft und verliert gegenüber den anderen Entscheidungskriterien an Bedeutung.

[9] Z.B. bei konzessionsbasierten Betreibermodellen, die nach Ablauf einer vorab festgelegten Zeitspanne die Übertragung des Projektes auf eine staatliche Institution vorsehen.

[10] Vgl. Vinter, G. D.: Project Finance: A legal guide, a.a.O., S. 10.

- Finanzierungsrestriktionen eines Sponsors[1]

Bei Projektfinanzierungen mit mehreren Sponsoren kann zusätzlich die Wahrung von Schutzrechten[2] etwaiger Minderheitsgesellschafter sowie die Möglichkeit einer Streitbeilegung bei Streitigkeiten und Projektstörungen bei der Auswahl geeigneter Instrumente für eine rechtliche Isolierung von Bedeutung sein.[3]

Ausgehend von den vorstehend skizzierten Kriterien und den daraus resultierenden projektindividuellen Rahmenbedingungen ist durch die Auswahl adäquater Gestaltungselemente die rechtliche Abgrenzung des Projektes darzustellen. Trotz einer relativ großen Bandbreite an Möglichkeiten bei der rechtlichen Isolierung lassen sich grundsätzlich die folgenden drei Fallgruppen unterscheiden:

- **Single Purpose Company (SPC)**[4]

Die Umsetzung von Projekt- und Finanzierungskonzepten erfolgt in der Mehrzahl der Fälle durch Neugründung einer **rechtlich selbständigen Projektgesellschaft**[5], welche zudem häufig die Rechtsform einer Kapitalgesellschaft aufweisen wird, um die Haftung des Gesellschafters oder der Gesellschafter[6] auf das Gesellschaftsvermögen zu beschränken.[7] Grundsätzlich sind jedoch neben der Kapitalgesellschaft auch andere Rechtsformen, wie z.B. Personengesellschaften (Partnerships/Limited Partnerships), Mischformen oder Sonderformen (z.B. Trusts) denkbar.[8] Regelmäßig

---

[1] So kann einem Sponsor aufgrund von Finanzierungsauflagen seiner Kreditgeber oder aufgrund von satzungsbedingten Verschuldungsrestriktionen eine direkte Kreditaufnahme zur Finanzierung eines Investitionsprojektes verwehrt sein. Vgl. Denton Hall Projects Group (Hrsg.): A Guide to Project Finance, a.a.O., S. 6 u. 8 f, Clifford Chance (Hrsg.): Project Finance, London 1991, S. 17. Siehe auch Finnerty, J. D.: Project Financing: Asset-Based Financial Engineering, a.a.O., S. 70.

[2] Vgl. Vinter, G. D.: Project Finance: A legal guide, a.a.O., S. 10.

[3] Vgl. Thannhäuser, G.: Rechtsfragen partnerschaftlicher Infrastrukturprojekte, in: WiB, 3. Jg. (1996), S. 339, Horn, N.: Das Vertragsrecht der internationalen Projektfinanzierungen, a.a.O., S. 233.

[4] Der Begriff ‚*Single Purpose Company*' (teilweise auch als ‚Special Purpose Company' bezeichnet) impliziert, dass auf gesellschaftsrechtliche Rechtsformen abgestellt wird. Die ebenfalls verwendeten Begriffe ‚*Single Purpose Vehicle*' oder ‚*Special Purpose Vehicle*' (SPV) sind dagegen weitergefasst, da sie auch rein vertragsrechtliche Kooperationsformen, wie z.B. das ‚Unincorporated Joint Venture' umfassen.

[5] Grundsätzlich können auch mehrere rechtlich selbständige Projektgesellschaften zur Realisierung eines Projektes gegründet werden, wenn die Projektrahmenbedingungen dieses sinnvoll erscheinen lassen. Denkbar ist in diesem Zusammenhang z.B. eine Betriebsaufspaltung aus steuerlichen Beweggründen in eine Besitzgesellschaft und eine Betreibergesellschaft. Vgl. Horn, N.: Das Vertragsrecht der internationalen Projektfinanzierungen, a.a.O., S. 233.

[6] Schließen sich mehrere Gesellschafter (Sponsoren) zwecks Gründung einer rechtlich selbständigen, im gemeinsamen Besitz stehenden und unter gemeinsamer Leitung unabhängigen Gesellschaft zusammen, so bezeichnet man das entstehende Gemeinschaftsunternehmen auch als ‚Equity Joint Venture' oder ‚Corporate Joint Venture'. Zur Regelung grundsätzlicher Aspekte auf Anteilseignerebene wird vor oder zeitgleich mit der Gründung der Gesellschaft ein ‚Joint Venture Agreement' bzw. ein ‚Shareholders' Agreement' zwischen den Gesellschaftern abgeschlossen. Vgl. Langefeld-Wirth, K.: Rechtsfragen des internationalen Gemeinschaftsunternehmens - Joint Venture, in: RIW, 36. Jg. (1990), S. 1 u. 4, Horn, N.: Das Vertragsrecht der internationalen Projektfinanzierungen, a.a.O., S. 224.

[7] Vgl. Fahrholz, B.: Neue Formen der Unternehmensfinanzierung, a.a.O., S. 257.

[8] Eine Darstellung möglicher gesellschaftsrechtlicher Strukturen muss aufgrund landesindividuell unterschiedlicher Regelungen und einer daraus resultierenden unüberschaubaren Anzahl von gesellschaftsrechtlichen Ausprägungsformen mit unterschiedlichen Rechtsfolgen unterbleiben. Insbesondere haftungs- und eigentumsrechtliche Gestaltungselemente können in verschiedenen Jurisdiktionen trotz gleicher oder ähnlicher Bezeichnung einen variierenden Bedeutungsinhalt aufweisen: „*Concepts of limited liability, partnership and common ownership might be different from those with which the sponsors are familiar*"; Clifford Chance (Hrsg.): Project Finance, a.a.O., S. 9.

wird die Projektgesellschaft nur zum Zwecke der rechtlichen Umsetzung des ökonomischen Projektkonzeptes gegründet, weshalb sie auch als ‚Single Purpose Company'[1] bezeichnet wird. Der Geschäftsgegenstand der Projektgesellschaft ist damit durch das ökonomische Projektkonzept determiniert.[2]

Neben haftungsrechtlichen Aspekten ist regelmäßig auch die steuerliche Vorteilhaftigkeit bei der Auswahl der geeigneten Rechtsform von Bedeutung. Die Realisierung im Rahmen einer Personengesellschaft kann steuerliche Vorteile durch erweiterte Möglichkeiten der Verlustverrechnung bedeuten.[3] Domizilieren Projektgesellschaft und Sponsor in unterschiedlichen Jurisdiktionen, wird in diesem Zusammenhang auf die Ausgestaltung etwaiger zwischenstaatlicher Doppelbesteuerungsabkommen und der zur Anwendung kommenden nationalen Außensteuergesetzgebung zu achten sein, um beispielsweise eine Anrechnung von im Ausland entstandenen steuerlichen Verlusten auf inländische positive Einkünfte teilweise oder vollständig zu ermöglichen.[4]

In der nachfolgenden Abbildung wird der grundsätzliche Unterschied zwischen einer <u>Projektfinanzierung im engeren Sinne</u> bei Vorliegen einer Single Purpose Company und einer <u>Projektfinanzierung im weiteren Sinne</u> im Rahmen einer an eine Tochtergesellschaft durchgeleitete Unternehmensfinanzierung verdeutlicht:

---

[1] In der deutschen Übersetzung ‚Einzweckgesellschaft'; vgl. Fahrholz, B.: Neue Formen der Unternehmensfinanzierung, a.a.O., S. 257.

[2] Je nach dem vorgegebenen Projektkonzept variiert somit der Geschäftsgegenstand und wird die Projektentwicklung, den Kauf oder die Errichtung, den Betrieb sowie die Veräußerung oder die Liquidation am Ende der wirtschaftlichen Nutzungsdauer des Projektes umfassen. Vgl. Horn, N.: Das Vertragsrecht der internationalen Projektfinanzierungen, a.a.O., S. 233.

[3] Vgl. Denton Hall Projects Group (Hrsg.): A Guide to Project Finance, a.a.O., S. 9.

[4] Vgl. Fahrholz, B.: Neue Formen der Unternehmensfinanzierung, a.a.O., S. 261.

Abb. 1: Abgrenzung von Unternehmensfinanzierung und Projektfinanzierung im engeren Sinne bei Vorliegen einer Single Purpose Company (SPC)

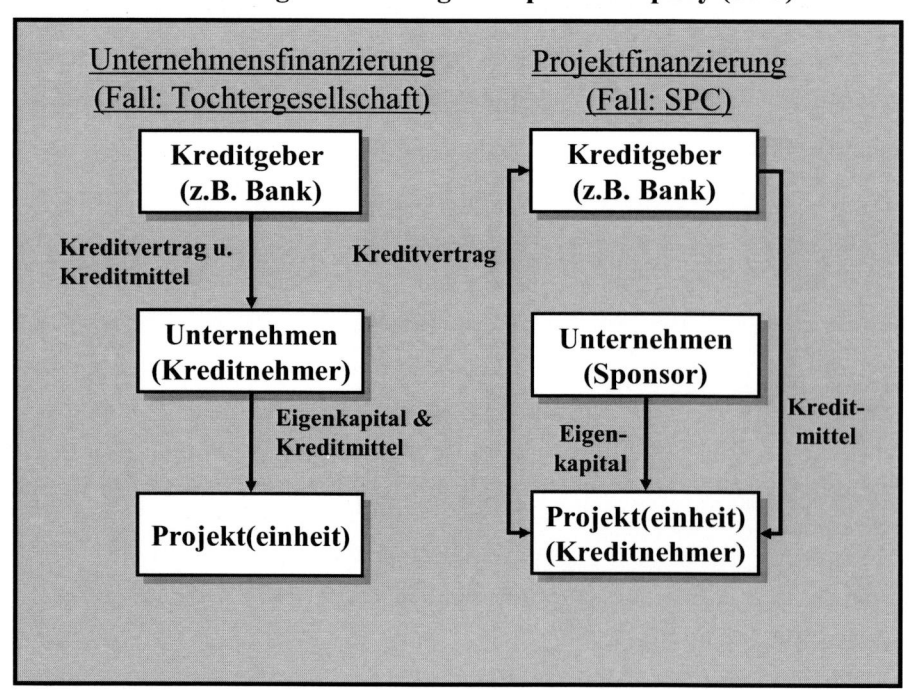

```
Unternehmensfinanzierung          Projektfinanzierung
(Fall: Tochtergesellschaft)           (Fall: SPC)

      Kreditgeber                      Kreditgeber
      (z.B. Bank)                      (z.B. Bank)

  Kreditvertrag u.  Kreditvertrag
  Kreditmittel
         ↓                                  ↓
      Unternehmen                      Unternehmen
      (Kreditnehmer)                   (Sponsor)              Kredit-
                                                              mittel
  Eigenkapital &                    Eigen-
  Kreditmittel                      kapital
         ↓                                  ↓
      Projekt(einheit)                 Projekt(einheit)
                                       (Kreditnehmer)
```

Quelle: Eigene Darstellung in Anlehnung an Abolins, K. I.: Projektfinanzierungen als Instrument für Joint-Venture-Finanzierungen, a.a.O., S. 253.

Von der vorstehend skizzierten Fallgruppe ‚Projektfinanzierung im engeren Sinne bei Vorliegen einer Single Purpose Company' sind Sachverhaltsgestaltungen abzugrenzen, bei denen zwar eine rechtlich selbständige Projektgesellschaft formal als Kreditnehmer auftritt, die Kreditgeber bei ihrer Kreditvergabeentscheidung aber auf vollumfängliche und werthaltige Garantien bzw. harte Patronatserklärungen der Sponsoren abstellen.[1] Bei derartigen Konstellationen liegt aufgrund der Mitverpflichtung dritter Parteien de facto keine ‚Projektfinanzierung im engeren Sinne', sondern eine (strukturierte) Unternehmensfinanzierung vor.

- **Unincorporated Joint Venture**[2]

Das Unincorporated Joint Venture ist eine flexible Form der Kooperation und basiert auf einem zwischen zwei oder mehreren Vertragspartnern abgeschlossenen Joint Venture-Vertrag. Es handelt sich hierbei um eine rein vertragliche und somit keine gesellschaftsrechtliche Form der Kooperation.[3] Das Unincorporated Joint Venture wird insbesondere bei der Realisierung von Öl- und Gasprojekten in der Nordsee eingesetzt. Die vertragliche Realisierung erfolgt hierbei durch sogenannte

---

[1] Vgl. hierzu auch die nachfolgenden Ausführungen unter Gliederungspunkt 3.1.1.2.1 Gestellte Sicherheiten und Mitverpflichtete (§ 18 Satz 2 KWG), S. 188 ff. Eine Ausnahme existiert nur dann, wenn die Werthaltigkeit der Mitverpflichtung nicht gegeben ist; vgl. hierzu die nachfolgenden Ausführungen unter Gliederungspunkt 2.1.4.1 Risk Sharing, S. 33 ff. insbesondere zum ‚Full Recourse Financing'.

[2] Das ‚Unincorporated Joint Venture' wird auch als ‚Contractual Joint Venture' bzw. ‚Non Equity Joint Venture' bezeichnet. In Abgrenzung hierzu wird das rechtlich selbständige ‚Incorporated Joint Venture' auch als ‚Corporate Joint Venture' bzw. ‚Equity Joint Venture' bezeichnet. Vgl. Gebhardt, G.: Gemeinschaftsunternehmungen, in: W. Wittmann, W. Kern, R. Köhler, H.-U. Küpper, K. v. Wysocki (Hrsg.), HWB, 5. Aufl., Stuttgart 1993, Sp. 1376 sowie Ghaussy, A. G.: Der entwicklungspolitische Beitrag der Gemeinschaftsunternehmungen, in: K. Brockhoff, W. Krelle (Hrsg.), Unternehmensplanung, Berlin, Heidelberg, New York 1981, S. 246.

[3] Vgl. Wurl, H.-J.: Joint Ventures, in: HWRP, 3. Aufl., Stuttgart 2002, Sp. 1256, Horn, N.: Das Vertragsrecht der internationalen Projektfinanzierungen, a.a.O., S. 224 u. 233.

„*Joint Operating Agreements (JOA)*", welche durch umfangreiche Regelungen alle projektrelevanten Rechtsbeziehungen fest zu schreiben versuchen.[1] Da das Unincorporated Joint Venture über keine eigene Rechtspersönlichkeit verfügt, wird ein Sponsor im JOA als sogenannter ‚*Operator*' oder ‚*Operating Manager*' benannt.[2] Die Durchführung des Projektes, insbesondere der Abschluss aller relevanten Verträge sowie das Tagesgeschäft, obliegt diesem Operator, welcher dabei durch ein Steuerungs- und Überwachungsgremium, dem ‚*Operating Committee*', bestehend aus Vertretern der übrigen Vertragsparteien, gelenkt und kontrolliert wird.[3] Die Stimmrechte der Vertragsparteien richten sich dabei nach ihrem vertraglich übernommen Anteil an den Projektkosten.

Die nachfolgende Abbildung zeigt beispielhaft den möglichen Aufbau eines Unincorporated Joint Venture (UJV) im Rahmen eines Joint Operating Agreement (JOA):

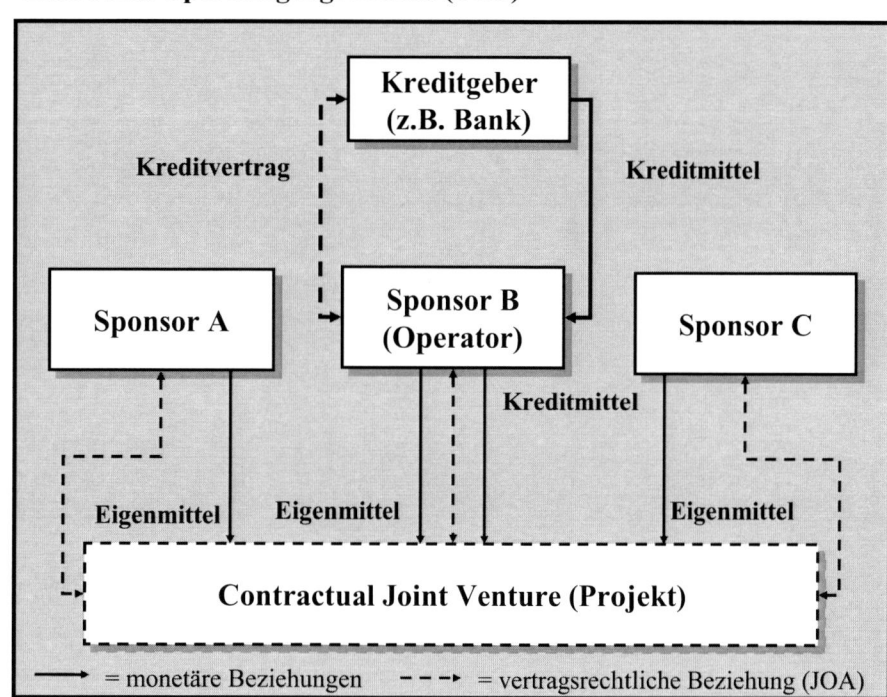

Abb. 2: Beispiel für den Aufbau eines Unincorporated Joint Venture (UJV) im Rahmen eines Joint Operating Agreement (JOA)

Quelle: Eigene Darstellung

Die Projektrealisierung über ein Unincorporated Joint Venture kann in Abhängigkeit von dem zur Anwendung kommenden nationalen Gesellschaftsrecht sowie der tatsächlichen vertraglichen Ausgestaltung zu einer einzelschuldnerischen oder gesamtschuldnerischen Haftung der Sponsoren für die Verbindlichkeiten des Joint Venture führen und somit der Definition und Intention einer ‚Pro-

---

[1] Vgl. Finnerty, J. D.: Project Financing: Asset-Based Financial Engineering, a.a.O., S. 71.

[2] Vgl. Horn, N.: Das Vertragsrecht der internationalen Projektfinanzierungen, a.a.O., S. 237, Finnerty, J. D.: Project Financing: Asset-Based Financial Engineering, a.a.O., S. 71.

[3] Vgl. Finnerty, J. D.: Project Financing: Asset-Based Financial Engineering, a.a.O., S. 71. Der Operator kann zudem Rechtsträger (Eigentümer) des Projektes werden, falls nicht alternativ ein Treuhänder (‚Trustee') bestellt wird oder alle Sponsoren gemeinsam als Rechtsträger auftreten. Vgl. Horn, N.: Das Vertragsrecht der internationalen Projektfinanzierungen, a.a.O., S. 233 u. 237.

jektfinanzierung im engeren Sinne' widersprechen.[1] Derartige – möglicherweise sponsorseitig unerwünschte – Effekte können u.U. dadurch verhindert werden, dass die Sponsoren sich nicht direkt am Joint Venture, sondern über eine oder gegebenenfalls mehrere Einzweckgesellschaften mit beschränkter Haftung beteiligen.[2]

Gründe für die Auswahl eines Unincorporated Joint Ventures als Vehikel für die Realisierung eines Projektes können u.a. steuerliche Vorteilhaftigkeitsüberlegungen sein.[3]

- **Ring-Fencing**

Auch stehende Unternehmen treten als Kreditnehmer von Projektfinanzierungen auf.[4] Aus den primär im Rahmen der Jahresabschlussanalyse ermittelten, vergangenheitsorientierten wirtschaftlichen Verhältnissen eines einzelnen Sponsors wird sich möglicherweise nicht die Bonität ableiten lassen, um ein geplantes Investitionsvorhaben auf der Basis eines klassischen Unternehmenskredits zu finanzieren[5], d.h. das zu finanzierende (Teil-)Projekt übersteigt die aus der bisherigen Unternehmenstätigkeit des Sponsors resultierenden Verschuldungsmöglichkeiten.[6] Eine klassische Kreditvergabe kann in dieser Situation zusätzlich noch dadurch erschwert sein, dass auch bei einer Totalbetrachtung keine ausreichend werthaltigen Kreditsicherheiten für die Kreditgeber bereitgestellt werden können. Auch steuerliche Erwägungen der Sponsoren können gegen die Ausgliederung eines Projektvorhabens in eine separate ‚Single Purpose Company' sprechen.[7] In diesen Fällen kann u.U. trotzdem eine Fremdfinanzierung auf der Basis der zukünftig aus der Investition bzw. aus dem Unternehmen nach Tätigung des Investitionsvorhabens zu erwartenden Einzahlungsüberschüsse dargestellt werden (‚wirtschaftliche Isolierung'). Entscheidend für eine derartige zukunftsorientierte Kreditvergabe im stehenden Unternehmen ist jedoch, dass während der gesamten Kreditlaufzeit durch geeignete vertragliche Instrumente die vorrangige Verfügbarkeit der

---

[1] Vgl. Kiethe, K.; Hektor, D.: Grundlagen und Techniken der Projektfinanzierung, in: DStR, 34. Jg. (1996), S. 980. Nach US-amerikanischer Rechtspraxis kann beispielsweise vertraglich die gemeinsame Haftung ausgeschlossen werden. Vgl. Horn, N.: Das Vertragsrecht der internationalen Projektfinanzierungen, a.a.O., S. 237. Insoweit wären damit auch die Projektverbindlichkeiten in den Bilanzen der Sponsoren auszuweisen; vgl. Denton Hall Projects Group (Hrsg.): A Guide to Project Finance, a.a.O., S. 6.

[2] Vgl. Vinter, G. D.: Project Finance: A legal guide, a.a.O., S. 12.

[3] Beispielsweise bei steuerlicher Verrechnung von aus dem Projekt resultierenden Verlusten oder der Nutzung besonderer Abschreibungsmöglichkeiten auf der Ebene der Sponsoren (z.B. während einer mehrjährigen Bauzeitphase). Vgl. Denton Hall Projects Group (Hrsg.): A Guide to Project Finance, a.a.O., S. 9. Horn, N.: Das Vertragsrecht der internationalen Projektfinanzierungen, a.a.O., S. 233 u. 237.

[4] Vgl. Vinter, G. D.: Project Finance: A legal guide, a.a.O., S. 9 u. 111, Denton Hall Projects Group (Hrsg.): A Guide to Project Finance, a.a.O., S. 67, Kiethe, K.; Hektor, D.: Grundlagen und Techniken der Projektfinanzierung, a.a.O., S. 980.

[5] Man denke z.B. an ein bislang nur regional begrenzt oder ohne eigene Netzinfrastruktur tätiges Telekommunikationsunternehmen, welches eine Konzession (z.B. eine UMTS-Lizenz) zum Aufbau eines überregionalen Mobiltelefonnetzes erhält. Die für den Netzaufbau benötigten Finanzierungsmittel übersteigen um ein Vielfaches die Möglichkeiten einer Kreditaufnahme, wenn bei der Kreditvergabeentscheidung allein auf die bisherige Unternehmenstätigkeit abgestellt wird. Werthaltige dingliche Sicherheiten stehen während der Aufbauphase des Mobiltelefonnetzes noch nicht zur Verfügung. Auch Konzessionsrechte eignen sich möglicherweise nicht zur Besicherung, da sie aus ordnungspolitischen Gründen u.U. nicht an die Kreditgeber abgetreten werden können. Vgl. hierzu exemplarisch die Vorbehaltsregelung des § 9 Abs. 1 TKG, welche eine Zustimmungspflicht des Regulators für den Fall der Übertragung einer Lizenz vorsieht.

[6] Vgl. Radez, R. E.: Opportunities in project financing, in: The Banker, 128. Jg. (1978), August, S. 53. Ebenso Schniewind, H.: Renaissance der Projektfinanzierungen, in: HB v. 14.10.1999, S. B5.

[7] Vgl. Vinter, G. D.: Project Finance: A legal guide, a.a.O., S. 111.

Liquiditätsströme für Zwecke des Schuldendienstes sichergestellt ist (‚rechtliche Isolierung'). Soll bei Nichtvorliegen einer rechtlich selbständigen Projektgesellschaft die Haftung des Unternehmens auf die Aktiva aus dem zu finanzierenden Investitionsvorhaben beschränkt bleiben (‚Ring Fencing'[1]), kann dies im Wege einer Abrede zwischen dem Kreditnehmer und dem Kreditgeber vereinbart werden.[2] Dabei stellt ein Ring Fencing zwar u.a. auch auf dingliche Sicherheiten ab, jedoch weniger im Hinblick auf eine Verwertung derselben als vielmehr auf die Abwehr einer Einflussnahme durch Ansprüche Dritter, welche die Schuldendienstfähigkeit negativ beeinträchtigen könnten.[3]

Die nachfolgende Abbildung verdeutlicht den konzeptionellen Unterschied zwischen einer <u>Projektfinanzierung im weiteren Sinne</u> im Rahmen einer Unternehmensfinanzierung und einer <u>Projektfinanzierung im engeren Sinne</u> bei Vorliegen eines ‚Ring Fencing':

---

[1] Der Begriff ‚**Ring-Fencing**' findet sich insbesondere im angelsächsischen Schrifttum; vgl. Denton Hall Projects Group (Hrsg.): A Guide to Project Finance, a.a.O., S. 67; Vinter, G. D.: Project Finance: A legal guide, a.a.O., S. 111 f.

[2] Vgl. Denton Hall Projects Group (Hrsg.): A Guide to Project Finance, a.a.O., S. 67. Ebenso Fahrholz, B.: Neue Formen der Unternehmensfinanzierung, a.a.O., S. 260 f., welcher jedoch auf potenzielle Schwierigkeiten einer haltbaren, vertragsrechtlichen Haftungseinschränkung aus Sicht der Sponsoren hinweist.

[3] Würde im Rahmen einer Kreditvergabe der Gedanke der wirtschaftlichen Isolierung ohne Flankierung durch ein rechtliches ‚Ring Fencing' umgesetzt, so bestünde für den Kreditnehmer theoretisch die Möglichkeit, die dinglichen Aktiva des Investitionsvorhabens ein weiteres Mal als Kreditsicherheit bei anderen Kreditgebern zu verwenden. Dies gilt auch für die aus dem Investitionsprojekt isolierten und erwarteten Liquiditätsströme, welche ebenfalls als Nachweis einer projektbezogenen Bonität und somit für (eine) weitere Kreditaufnahme(n) verwendet werden könnte(n). Vgl. hierzu auch die nachfolgenden Gliederungspunkte 2.1.3.2 Bedienung des Schuldendienstes aus dem Cashflow des Projektes, S. 22 ff. und 2.1.3.3 Kreditsicherheiten aus den Vermögenspositionen des Projektes, S. 24 ff.

Abb. 3: Abgrenzung von Unternehmensfinanzierung und Projektfinanzierung im engeren Sinne bei Vorliegen eines ‚Ring Fencing'

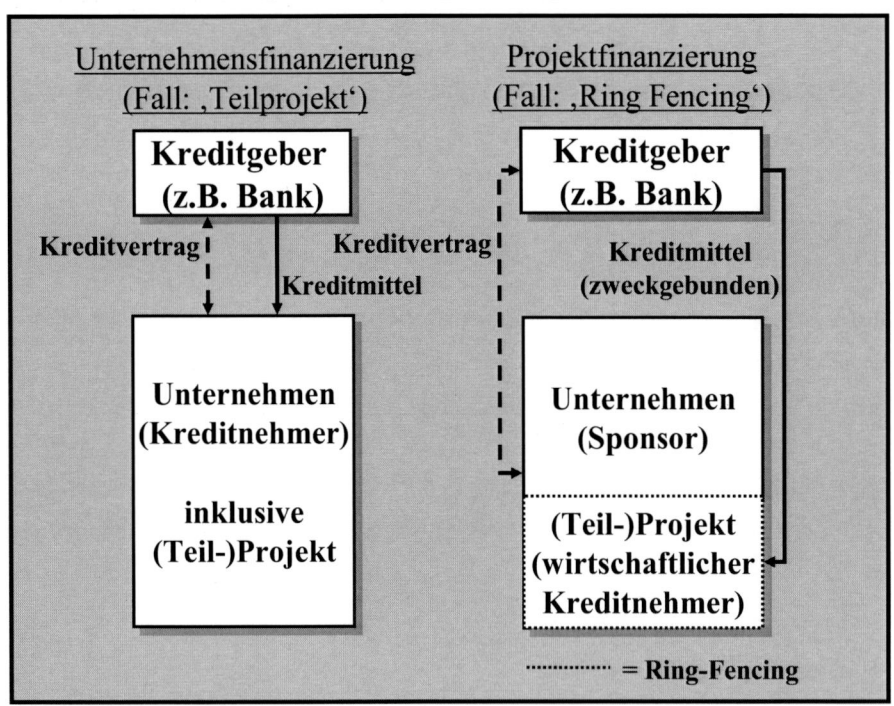

```
┌─────────────────────────────────────────────────────────────────┐
│   Unternehmensfinanzierung          Projektfinanzierung         │
│   (Fall: ‚Teilprojekt')             (Fall: ‚Ring Fencing')      │
│                                                                 │
│      ┌──────────────┐                  ┌──────────────┐         │
│      │  Kreditgeber │                  │  Kreditgeber │         │
│      │  (z.B. Bank) │                  │  (z.B. Bank) │         │
│      └──────────────┘                  └──────────────┘         │
│   Kreditvertrag  Kreditvertrag         Kreditmittel             │
│                  Kreditmittel          (zweckgebunden)          │
│                                                                 │
│      ┌──────────────┐                  ┌──────────────┐         │
│      │  Unternehmen │                  │  Unternehmen │         │
│      │(Kreditnehmer)│                  │  (Sponsor)   │         │
│      │              │                  ├┄┄┄┄┄┄┄┄┄┄┄┄┄┄┤         │
│      │  inklusive   │                  │ (Teil-)Projekt│        │
│      │ (Teil-)Projekt│                 │(wirtschaftlicher│      │
│      │              │                  │ Kreditnehmer) │        │
│      └──────────────┘                  └──────────────┘         │
│                                                                 │
│                              ┄┄┄┄┄┄┄┄ = Ring-Fencing            │
└─────────────────────────────────────────────────────────────────┘
```

Quelle: Eigene Darstellung

Die vorstehend skizzierten drei Fallgruppen (‚Special Purpose Vehicle', ‚Unincorporated Joint Venture', ‚Ring Fencing') schließen sich nicht zwangsläufig gegenseitig aus. Häufig werden bei der rechtlichen Strukturierung von Projekt- und Finanzierungskonzepten insbesondere aufgrund steuerlicher Optimierungsüberlegungen[1] sowie der rechtlichen Rahmenbedingungen im Projektland mehrere Instrumente aus den vorstehend skizzierten Fallgruppen miteinander kombiniert[2] oder zeitlich versetzt angewendet.[3]

2.1.3.2 Bedienung des Schuldendienstes aus dem Cashflow des Projektes

Als weiteres Kernmerkmal einer Projektfinanzierung im engeren Sinne wurde die ‚Bedienung des Schuldendienstes aus dem Cashflow des Projektes' postuliert.[4] Dieses zentrale Charakteristikum der Projektfinanzierung wird in angelsächsischer Terminologie auch als ‚Cashflow Related Len-

---

[1] „Predictably enough, tax considerations usually dominate any discussions on the choice of vehicle for a project.", Vinter, G. D.: Project Finance: A legal guide, a.a.O., S. 11.

[2] Vgl. Rieger, H.: Juristische Aspekte der Projektfinanzierung, a.a.O., S. 68 f. Ebenso Denton Hall Projects Group (Hrsg.): A Guide to Project Finance, a.a.O., S. 13.

[3] Beispielsweise kann während der Bauphase eines Projektes aus steuerlichen Erwägungen eine Projektdurchführung im Rahmen eines Unincorporated Joint Venture bzw. durch ein Ring Fencing sinnvoll sein oder zwecks Minimierung des Fertigstellungsrisikos möglicherweise sogar im stehenden Unternehmen eines Sponsors. Nach Erreichen der technischen Fertigstellung (‚Technical Completion') bzw. der wirtschaftlichen Betriebsbereitschaft (‚Economic Completion'; je nach vertraglicher Definition z.B. nach erfolgreichem Abschluss einer Produktionsanlaufphase) könnte das Projekt dann in eine rechtlich selbständige Projektgesellschaft ausgelagert und durch eine neue Projektfinanzierung refinanziert werden.

[4] Im Original : „...cash flows and earnings of that economic unit as source of the funds from which a loan will be repaid...". Vgl. Gliederungspunkt 2.1.1 Zum Begriff ‚Projektfinanzierung', S. 7 ff.

ding'[1] bzw. ‚Cash Flow-Financing'[2] bezeichnet. Unter dem Postulat eines ‚Cashflow Related Lending' erfolgt die Kreditvergabe durch die Fremdkapitalgeber nur unter der Prämisse ausreichender, zukünftig erwarteter Einzahlungsüberschüsse, welche eine frist- und betragsgerechte Bedienung von Zins und Tilgung wahrscheinlich erscheinen lassen. Die zweckgebundenen Projektkredite sind in diesem Sinne ‚Self Liquidating'[3], da der im Rahmen des finanzierten Projektes generierte Cashflow u.a. zur Rückführung der Fremdmittel verwendet werden kann.[4] Die Projektfinanzierung wird in diesem Zusammenhang - ebenso wie andere Formen[5] des Cashflow Related Lending - als „Left Hand Financing"[6] bezeichnet „..., *weil ihre Konstruktion auf die direkte Finanzierung ertragsbringender Aktiva ausgelegt ist*".[7]

Der ‚Cashflow' ist eine Begrifflichkeit, welche durch vielfältige Auslegungen charakterisiert ist.[8] Es finden sich auch im projektfinanzierungsspezifischen Schrifttum unterschiedliche und/oder missverständliche Definitionen[9], welche sich im Kern letztendlich alle auf einen Grundgedanken zurückführen lassen: Die Ermittlung der für Zwecke des Schuldendienstes zur Verfügung stehenden Einzahlungsüberschüsse.[10] Entscheidend im Rahmen der Projektfinanzierung ist dabei jedoch nicht nur die Frage nach der finanzwirtschaftlich richtigen Darstellungs- und Vorgehensweise bei der Cashflowberechnung. Vielmehr wird es bei der Projektplanung bzw. Projektanalyse ebenfalls auf die in den Kredit- und Sicherheitenverträgen zu definierenden und zwischen Kreditgeber und Kreditnehmer zu vereinbarenden und somit auch zu späteren Zeitpunkten eindeutig kontrollierbaren bzw. rechtlich durchsetzbaren finanzwirtschaftlichen Größen ankommen.[11]

---

[1] Vgl. Uekermann, H.: Technik der internationalen Projektfinanzierung, in: K. Backhaus, O. Sandrock, J. Schill, H. Uekermann (Hrsg.), Projektfinanzierung: Wirtschaftliche und rechtliche Aspekte einer Finanzierungsmethode für Großprojekte, Stuttgart 1990, S. 15.

[2] Vgl. auch HEINTZELER, welcher von „*Cash Flow-Finanzierungen*" spricht. Heintzeler, F.: Internationale Projektfinanzierung, a.a.O., S. 601. Später u.a. übernommen von Schmitt, W.: Internationale Projektfinanzierung bei deutschen Banken, a.a.O., S. 24 und Frank, H.: Project Financing: Ein Verfahren zur finanziellen Absicherung des Unternehmenswachstums, a.a.O., S. 46 u. 85 ff.

[3] Der Begriff **‚Self Liquidating'** bezieht sich nur auf die Rückführung der Fremdfinanzierung. HORN weist darauf hin, dass ‚Self Liquidating' jedoch nicht mit dem gelegentlich im Zusammenhang mit Projektfinanzierungen ebenfalls verwendeten Schlagwort **‚Self Supporting'** verwechselt werden darf. Vgl. Horn, N.: Das Vertragsrecht der internationalen Projektfinanzierungen, a.a.O., S. 201. Die Darstellung einer Projektfinanzierung auf Kreditbasis wird grundsätzlich auf eine Unterstützung von den Sponsoren angewiesen sein. Dies kann durch die Einbringung von Eigenmitteln oder die Stellung von Garantien sowie durch sonstige vertragliche und ökonomische Verflechtungen mit dem Projekt erfolgen. Vgl. Nevitt, P. K.; Fabozzi, F.: Project Financing, a.a.O., S. 3.

[4] Vgl. Fahrholz, B.: Neue Formen der Unternehmensfinanzierung, a.a.O., S. 257.

[5] Z.B. Akquisitionsfinanzierungen

[6] Der Begriff ‚Left Hand Financing' leitet sich daraus ab, dass bei Darstellung der Bilanz in Kontenform die zu finanzierenden (ertragsbringenden) Aktiva auf der linken Seite der Bilanz - der Aktivseite - aufgeführt werden.

[7] Abolins, K. I.: Projektfinanzierungen als Instrument für Joint-Venture-Finanzierungen, a.a.O., S. 253. Die Verwendung der buchhalterischen Stromgröße ‚Ertrag' erscheint in diesem Zusammenhang aufgrund der Anknüpfung an eine bilanzielle Betrachtungsweise trotz der ansonsten an Liquiditätsgrößen ausgerichteten Projektfinanzierung gerechtfertigt.

[8] „*Der Begriff Cash-flow ist von Bedeutungsvielfalt umgeben.*" Drukarczyk, R.: Finanzierung, a.a.O., S. 74.

[9] Vgl. hierzu ausführlich Gliederungspunkt 2.2.2.1 Begriffliche Eingrenzung, S. 60 ff. sowie die dort zitierten Beispiele.

[10] Vgl. hierzu ausführlich Gliederungspunkt 2.2.2.4 Ermittlungsmethodik, S. 70 ff.

[11] Regelmäßig werden auch schon vor der schriftlichen Ausformulierung der Kredit- und Sicherheitendokumente die wesentlichen (finanzwirtschaftlichen) Parameter einer zukünftigen Kreditbeziehung in soge-

Unabhängig von der gewählten Vorgehensweise für die Ermittlung der projektindividuell relevanten Cashflowgröße(n) erfolgt die Berechnung derselben durch komplexe computergestützte Modellrechnungen, welche sämtliche Parameter und Variablen des Projekt- und Finanzierungskonzeptes sowie deren Interdependenzen durch Algorithmen abbilden.[1] Aus einer finanzwirtschaftlichen Perspektive handelt es sich hierbei um eine (modellgestützte) Finanzplanung auf der Basis eines vollständigen Finanzplanes, welcher um die relevanten betrieblichen Teilpläne erweitert ist bzw. diese zu seinem Ausgangspunkt macht.[2] Das Vorliegen einer abgrenzbaren Wirtschaftseinheit erleichtert dabei die Ermittlung und Darstellung der technisch-güterwirtschaftlichen und der darauf aufbauenden finanzwirtschaftlichen Parameter und Beziehungen.[3]

Obwohl als Kernmerkmal charakterisiert, kann das ‚Cashflow Related Lending' nicht automatisch mit einer ‚Projektfinanzierung im engeren Sinne' gleichgesetzt werden. Auch im klassischen Firmenkundengeschäft sind auf den zukünftigen Cashflow ausgerichtete Kreditvergabeentscheidungen denkbar.[4] Vielmehr handelt es sich beim ‚Cashflow Related Lending' um ein konstitutives Element der Projektfinanzierung, welches erst bei Vorliegen der beiden anderen Kernmerkmale ‚Vorliegen einer abgrenzbaren Wirtschaftseinheit' und ‚Kreditsicherheiten aus den Vermögenspositionen des Projektes' eine hinreichende Charakterisierung der ‚Projektfinanzierung im engeren Sinne' erlaubt.

2.1.3.3 Kreditsicherheiten aus den Vermögenspositionen des Projektes

Als drittes Kernmerkmal der Projektfinanzierung im engeren Sinne wurde postuliert, dass zunächst bzw. anfänglich ‚Kreditsicherheiten aus den Vermögenspositionen des Projektes'[5] vorliegen sollen.[6] Der Begriff ‚Vermögensposition'[1] umfasst bei einem bilanziellen Verständnis alle aktivseiti-

---

nannten ‚Term Sheets' fixiert und vorverhandelt. Vgl. Hodgson, S. J.: Rechtliche Strukturen in der Projektfinanzierung: Teil I: Finanzierungsverträge, Vortragsmanuskript, Konferenz: Internationale Projektfinanzierung, Frankfurt 31.5.1995 - 1.6.1995, S. 19.

[1] Vgl. Heintzeler, F.: Internationale Projektfinanzierung, a.a.O., S. 602, Grosse, P. B.: Projektfinanzierung aus Bankensicht, in: K. Backhaus, O. Sandrock, J. Schill, H. Uekermann (Hrsg.), Projektfinanzierung - Wirtschaftliche und rechtliche Aspekte einer Finanzierungsmethode für Großprojekte -, Stuttgart 1990, S. 47.

[2] Für eine detaillierte Schilderung der prospektiven Finanzplanung bei Projektfinanzierungen siehe die Ausführungen unter Gliederungspunkt 2.2.2 Modellgestützte Finanzplanung (Cashflow-Analyse), S. 60 ff.

[3] Vgl. Backhaus, K.; Schill, J.; Uekermann, H.: Projektfinanzierung, in: G. Gebhardt, W. Gerke, M. Steiner (Hrsg.), Handbuch des Finanzmanagements, Instrumente und Märkte der Unternehmensfinanzierung, München 1993, S. 536.

[4] Vgl. für eine jüngere diesbezügliche Untersuchung vgl. Tytko, D.: Zukunftsorientierte Kreditvergabeentscheidungen: Eine Untersuchung zu den Einsatzmöglichkeiten der Projektfinanzierung im mittelständischen Firmenkundengeschäft, a.a.O., S. 5 ff. u. 327 ff.

[5] Im Original: „... *assets of the economic unit as collateral for the loan.*" Vgl. Abschnitt 2.1.1 Zum Begriff ‚Projektfinanzierung', S. 7 ff.

[6] Dieses Grundverständnis findet sich auch im projektfinanzierungsspezifischen Schrifttum der deutschen Rechtspraxis wieder: „*Die Besicherung eines Projektfinanzierungsdarlehens erfolgt grundsätzlich im Vermögen des Darlehensnehmers.*" Vogel, M.: Vertragsgestaltung bei internationalen Projektfinanzierungen, a.a.O., S. 33. BACKHAUS vertritt hier scheinbar eine abweichende Auffassung, wenn er unter der Prämisse ausreichender Risikoanalyse und -verteilung postuliert „*...bei der Projektfinanzierung auf die Stellung banküblicher Sicherheiten verzichten zu können und die Finanzierung primär auf den Cash flow eines Projektes abstützen zu können ...*"; Backhaus, K.: Projektfinanzierung, internationale, a.a.O., Sp. 1729.

gen Vermögensgegenstände, d.h. auch Forderungen gegenüber Dritten sowie Kassenpositionen und Bankguthaben. Erweitert man die Perspektive über die buchhalterische Dimension hinaus um einen ökonomischen Vermögensbegriff, so sind auch die nicht notwendigerweise zu bilanzierenden Immateriellen Vermögensgegenstände (Konzessionen, Lizenzen und seltener Patente) heranzuziehen. Bei einer juristischen Betrachtung ist die Gewährung von Kreditsicherheiten an den vorstehend skizzierten Vermögenspositionen dem Bereich der Realsicherheiten zuzuordnen.[2] Hiervon abzugrenzen sind die Personalsicherheiten, welche somit nicht Gegenstand des betrachteten Kernmerkmals sind. Die nachfolgende Abbildung gibt einen Überblick über die typischen Kreditsicherheiten nach deutschem Rechtsverständnis:

Abb. 4: Übersicht über die typischen Kreditsicherheiten nach deutschem Rechtsverständnis

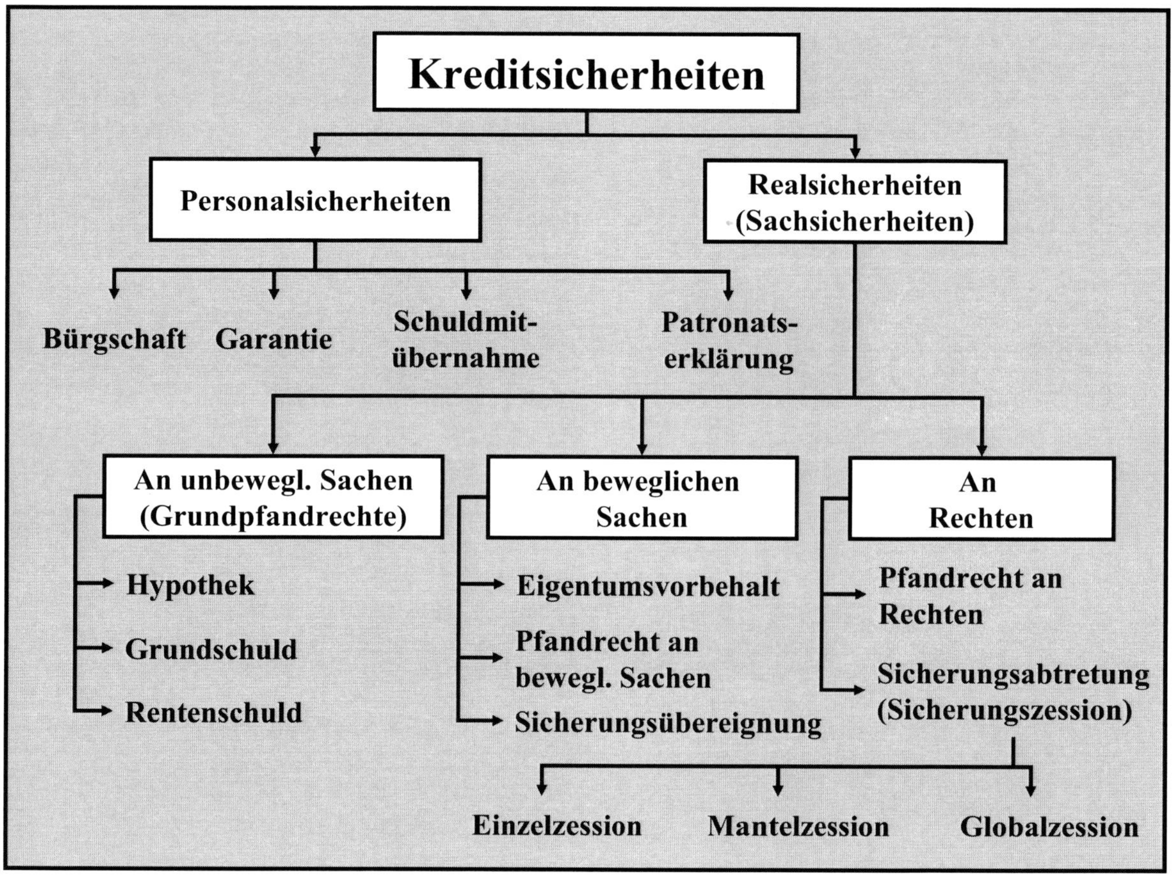

Quelle: Eigene Darstellung in Anlehnung an Drukarczyk, J.: Finanzierung, a.a.O., S. 500, Wöhe, G.; Bilstein, J.: Grundzüge der Unternehmensfinanzierung, a.a.O., S. 283 ff.

Die für Zwecke der vorliegenden Untersuchung gewählte Definition der Projektfinanzierung hebt explizit hervor, dass zunächst bzw. anfänglich Kreditsicherheiten aus den Vermögenspositionen des Projektes' vorliegen sollen.[3] Ergibt sich bei der weiteren Analyse eines konkreten Projekt- und

---

[1] Der in der Ursprungsdefinition von NEVITT/FABOZZI verwendete Begriff „Assets' lässt sich mit „Aktiva' übersetzen und umfasst insofern alle „Vermögensteile' einer Unternehmung. Vgl. hierzu beispielsweise Arthur Andersen & Co GmbH (Hrsg.): Fachwörterbuch Rechnungslegung, Steuern, EDV, Stuttgart 1989, S. 162.

[2] Auch im Schrifttum wird in diesem Zusammenhang auf dingliche Sicherheiten und somit Realsicherheiten abgestellt; vgl. Heintzeler, F.: Internationale Projektfinanzierung, a.a.O., S. 601.

[3] Vgl. Gliederungspunkt 2.1.1 Zum Begriff ‚Projektfinanzierung', S. 7 ff.

Finanzierungskonzeptes die Notwendigkeit zu einer weiteren Kreditbesicherung, so können hierfür u.a. ausgewählte Personalsicherheiten herangezogen werden.[1]

Für die Postulierung von ‚Kreditsicherheiten aus den Vermögenspositionen des Projektes' bzw. die Bestellung von Realsicherheiten, als Kernmerkmal der ‚Projektfinanzierung im engeren Sinne' können drei <u>mögliche</u> Erklärungsgründe angeführt werden:

- **Verwertung dinglicher Sicherheiten**

    Inwieweit die Verwertung von dinglichen Sicherheiten eine Möglichkeit zur Befriedigung potenzieller Gläubigeransprüche darstellt, wird maßgeblich von der Art und Beschaffenheit des fremdfinanzierten Investitionsobjektes bestimmt sein. Insbesondere unbewegliche Wirtschaftsgüter[2] und Spezialinvestitionen[3] werden regelmäßig allein keine ausreichende Kreditbesicherung ermöglichen. Vice versa kann die Verwertungssituation bei beweglichen, standardisierten[4] Wirtschaftsgütern trotz hoher Investitionsvolumina und mangelnder Bonität der Sponsoren die Grundlage für eine Kreditvergabe bilden. Hierbei ist insbesondere an Schiffs- und Flugzeugfinanzierungen zu denken. In diesen Fällen wird jedoch nach angelsächsischem Begriffsverständnis in Abgrenzung zur Projektfinanzierung i.e.S. (bzw. ‚Project Finance') differenzierter von **‚Asset Finance'** oder **‚Asset Lending'** gesprochen.[5] Auch Immobilien können als werthaltige dingliche Sicherheiten die Grundlage für eine Kreditgewährung bilden, wobei hier ausnahmsweise auf unbewegliche Wirtschaftsgüter abgestellt wird. Wiederum erfolgt im angelsächsischen Sprachraum eine Abgrenzung zur Projektfinanzierung i.e.S. (bzw. ‚Project Finance') durch Verwendung der Begrifflichkeiten **‚Real Estate Finance'** oder **‚Property Lending'**.[6] Beim Asset Finance oder Real Estate Finance <u>können</u> die beiden Kernmerkmale ‚Vorliegen einer abgrenzbaren Wirtschaftseinheit' und ‚Bedienung des Schuldendienstes aus dem Cashflow des Projektes' die Grundlage für eine positive Kreditvergabeentscheidung bil-

---

[1] Vgl. Nevitt, P. K.; Fabozzi, F.: Project Financing, a.a.O., S. 3. Zu den Möglichkeiten des Einsatzes von Personalsicherheiten vgl. auch Gliederungspunkt 2.1.4.2 Übernahme abstrakter Zahlungspflichten durch Dritte, S. 40 ff.

[2] Eine Ausnahme kann hier die Immobilienfinanzierung bilden. Vergleiche hierzu auch die nachfolgenden Ausführungen.

[3] Eine Verwertung der Sicherheiten ist hierbei dadurch erschwert, dass die Investitionsobjekte für spezifische Anwendungen im stehenden Unternehmen maßgeschneidert sind (z.B. Walzstraße in einem vollintegrierten Stahlwerk, Wasseraufbereitungsanlage eines Versorgungsunternehmens, Bohrschiff eines Explorationsunternehmens). Eine eigenständige Nutzung durch einen Dritten ist daher regelmäßig sehr unwahrscheinlich oder unmöglich.

[4] Die ‚Standardisierung' stellt ein notwendiges Zusatzmerkmal dar, um eine explizite Abgrenzung zu Spezialinvestitionen vorzunehmen. Letztere sind durch eine schwierigere Verwertungssituation gekennzeichnet, da kein oder nur ein sehr begrenzter Zweitmarkt existiert.

[5] Vgl. Nevitt, P. K.; Fabozzi, F.: Project Finance, a.a.O., S. 18.

[6] Vgl. zum Begriff **‚Real Estate Finance'** beispielsweise Brueggeman, W. B.; Fisher, J. D.: Real Estate Finance and Investment, 10. Aufl., New York u.a. 1996 sowie Sirmans, C. F.: Real Estate Finance, 2. Aufl., New York u.a. 1989. Vgl. zum Begriff **‚Property Lending'** beispielsweise Isaac, D.: An analysis of commercial property lending, University of Greenwich, School of Land and Construction Management, London 1996 sowie Institute of Financial Lending (Hrsg.): Income Property Lending, Chicago 1983. Nach deutschem Begriffsverständnis steht die ‚Immobilienfinanzierung' ebenfalls als separates Finanzierungsfeld neben der Projektfinanzierung i.e.S., soweit es sich nicht um die Finanzierung von Spezialinvestitionen (z.B. Krankenhäuser, Schulen, Gefängnisse) handelt.

den, jedoch wird insbesondere der Gedanke des ‚Cashflow Related Lending' bei Vorliegen einer werthaltigen, dinglichen Besicherung an Relevanz verlieren.[1]

Bei der **Projektfinanzierung im engeren Sinne** werden die Wirtschaftsgüter dagegen regelmäßig keine ausreichende Basis für eine auf pozentielle Verwertungserlöse abstellende Kreditvergabe bilden können. Fast ausnahmslos handelt es sich bei den zu finanzierenden Projekten um maßgeschneiderte Spezialinvestitionen an möglicherweise entlegenen Standorten im Ausland, welche sich durch eine schwierige Verwertungssituation auszeichnen.[2] Zudem sind die zu finanzierenden Aktiva als integrale Bestandteile des Gesamtprojektes durch hohe versunkene Kosten gekennzeichnet. Unter ‚versunkenen Kosten' sollen in diesem Zusammenhang diejenigen verausgabten Kosten verstanden werden, welche im Zusammenhang mit der Realisierung eines Investitionsvorhabens anfallen, jedoch bei einem Marktaustritt nicht mehr durch Verkaufserlöse zurückgewonnen werden können.[3] Bei großvolumigen Anlageninvestitionen im Rahmen eines Projektes werden sich versunkene Kosten – je nach betrachtetem Zeitpunkt - primär in nicht über die Abschreibungen verdienten Restbuchwerten, Planungs-, Genehmigungs-, Rechts- und Finanzierungsnebenkosten sowie sonstigen Kosten des dispositiven Faktors manifestieren. Je nach Höhe der von den Sponsoren eingebrachten Eigenmittel wird ein Teil der versunkenen Kosten auch über Fremdmittel zu finanzieren und somit im Verwertungsfall für die Befriedigung der ausstehenden Kreditforderung verloren sein.[4]

Aufgrund von Art und Beschaffenheit der dinglichen Sicherheiten bei Projektfinanzierungen im engeren Sinne kann somit regelmäßig von einer „...*faktisch nicht gegebenen Verwertbarkeit der Objekte...*"[5] ausgegangen werden. Die Liquidierung dinglicher Sicherheiten ist somit für eine vollständige Rückführung ausstehender Projektkredite ungeeignet.[6]

- **Abschirmeffekt dinglicher Sicherheiten**

    Die Relevanz von dinglichen Sicherheiten aus Sicht der Kreditgeber liegt - wie vorstehend ausgeführt - weniger in der Möglichkeit ihrer Verwertung, als u.a. in ihrem **Abschirm-** bzw. **Abwehreffekt**[7] gegenüber anderen Gläubigern.[8] Durch ihre Bestellung zu Gunsten der Kredit-

---

[1] Dies wird insbesondere auf reduzierte Transaktionskosten im Rahmen eines ‚Asset Finance' bzw. einer Immobilienfinanzierung zurückzuführen sein. Bei existenten Zweitmärkten für die zu realisierenden Investitionsobjekte fallen für die Bestimmung der Werthaltigkeit von bestellten dinglichen Sicherheiten sowie die Verwaltung derselben geringere Stückkosten für die Kreditgeber an, als bei der Strukturierung einer Projektfinanzierung i.e.S. unter Verwendung eines komplexen Finanzierungsmodells mit korrespondierender rechtlicher Dokumentation.

[2] Vgl. Stockmayer, A.: Projektfinanzierung und Kreditsicherung dargestellt am Beispiel von Darlehen an Rohstoffvorhaben in Entwicklungsländern, Frankfurt a.M. 1982, S. 110, Prautzsch, W.-A.: Projektfinanzierung, in: Knapps Enzyklopädisches Lexikon des Geld-, Bank- und Börsenwesens, 4. Aufl., Frankfurt a.M. 1999, S. 1485.

[3] Vgl. Blum, U; Mönius, J.: Versunkene Kosten und Wirtschaftspolitik, in: WiSt, 27. Jg. (1998), S. 8.

[4] D.h. dass „....*die Realisierungswerte ... meist weit unter dem Darlehensbetrag liegen*" werden. Vgl. Vogel, M.: Vertragsgestaltung bei internationalen Projektfinanzierungen, a.a.O., S. 33.

[5] Fahrholz, B.: Neue Formen der Unternehmensfinanzierung, a.a.O., S. 257. Vgl. auch Finnerty, J. D.: Project Financing: Asset-Based Financial Engineering, a.a.O., S. 55.

[6] Vgl. Clifford Chance (Hrsg.): Project Finance, a.a.O., S. 7.

[7] Im angelsächsischen Schrifttum wird der ‚Abschirmeffekt' als ‚Defensive Mechanism' bezeichnet; vgl. Denton Hall Projects Group (Hrsg.): A Guide to Project Finance, a.a.O., S. 68.

[8] Vgl. Horn, N.: Das Vertragsrecht der internationalen Projektfinanzierungen, a.a.O., S. 247, Clifford Chance (Hrsg.): Project Finance, a.a.O., S. 7, Bliss, N.: Characteristics of road infrastructure projects of

geber soll ein Zugriff von Dritten auf die Aktiva verhindert, somit die Funktionsfähigkeit des Projektes als Einheit gewährleistet und damit letztlich auch das Prinzip des ‚Cashflow Related Lending' sichergestellt werden. Voraussetzung hierfür ist jedoch, dass das für die jeweiligen Vermögensgegenstände zur Anwendung kommende Kreditsicherheitenrecht eine wirksame und erstrangige Eintragung von dinglichen Sicherheiten ermöglicht.[1]

Allerdings verhindern auch rechtlich wirksam bestellte dingliche Sicherheiten nicht, dass der Kreditnehmer weitere unbesicherte Verpflichtungen gegenüber Dritten eingeht. In einer derartigen Fallkonstellation könnte ein Gläubiger gerichtlich die Einzel- oder Gesamtvollstreckung einer unerfüllten Forderung gemäß den jeweils geltenden Landesvorschriften erwirken. Aufgrund des isolierten Charakters des Projektes als ‚abgrenzbare Wirtschaftseinheit' sollten für die Kreditgeber jedoch notwendige größere bzw. potenziell erforderliche Verbindlichkeiten zu Gunsten Dritter bereits zum Zeitpunkt der Kreditvergabeentscheidung aus dem Projekt- und Finanzierungskonzept ersichtlich sein. Werden derartige Gläubigerverhältnisse ex ante als projektrelevant identifiziert, können sie u.U. bereits zu Projektbeginn im Rahmen eines ‚Intercreditor Agreement' im Sicherheitenpaket Berücksichtigung finden.[2] Problematischer können dagegen betragsmäßig kleinere Schuldverhältnisse, z.B. Verbindlichkeiten aus Lieferungen und Leistungen, sein, welche im Rahmen der gewöhnlichen Geschäftstätigkeit mit im Zeitablauf variierenden Parteien entstehen.[3] Das Risiko einer Vollstreckung derartiger Ansprüche in das Vermögen des Kreditnehmers mit entsprechenden negativen Auswirkungen auf die Schuldendienstfähigkeit desselben, wird von den Kreditgebern zu tragen sein. Zur Aufrechterhaltung der Schuldendienstfähigkeit werden die Kreditgeber daher möglicherweise gezwungen sein, kleinere Gläubiger außerhalb des gerichtlichen Vollstreckungsverfahrens direkt oder indirekt durch Gewährung weiterer Kreditmittel an den Kreditnehmer zu befriedigen.[4]

- **Kontrolleffekt**

  Kommt es aufgrund von veränderten Rahmenbedingungen, unternehmerischen Fehlentscheidungen oder nicht vertragskonformer Umsetzung des Projekt- und Finanzierungskonzeptes zu einem tatsächlichen oder voraussichtlichen Zahlungsverzug des Kreditnehmers, wird aufgrund der zu erwartenden niedrigen Realisierungswerte der dinglichen Sicherheiten eher die Fortführung des Projektes in möglicherweise restrukturierter Form und/oder unter neuem Management zwecks Rückführung der ausstehenden Kreditverbindlichkeiten anzustreben sein.[5] Dingliche

---

interest to project financiers, in: Freshfields (Hrsg.), Collection of toll road articles, o.O., October 1999, S. 40, Vogel, M.: Vertragsgestaltung bei internationalen Projektfinanzierungen, a.a.O., S. 33, Prautzsch, W.-A.: Projektfinanzierung, a.a.O., S. 1485.

[1] Im Idealzustand existiert ein öffentlich geführtes Register, in dem die vorrangigen Ansprüche der Kreditgeber auf die dinglichen Sicherheiten eingetragen werden können. Vgl. Denton Hall Projects Group (Hrsg.): A Guide to Project Finance, a.a.O., S. 69.

[2] Vgl. Horn, N.: Das Vertragsrecht der internationalen Projektfinanzierungen, a.a.O., S. 228 f. SESTER spricht hier vom „Going-Project-Prinzip"; vgl. Sester, P.: Insolvenzfeste Direktverträge in der Projektfinanzierung und bei Public-Private-Partnership-Projekten auf Basis eines Konzessionsvertrages, in: ZBB, 16. Jg. (2004), S. 284.

[3] Vgl. Denton Hall Projects Group (Hrsg.): A Guide to Project Finance, a.a.O., S. 68.

[4] Jedoch nur insoweit, als kein Rückgriff auf die Projektsponsoren, z.B. im Rahmen von begrenzten und/oder bedingten Nachschussverpflichtungen, möglich ist. Vgl. hierzu auch die nachfolgenden Ausführungen unter Gliederungspunkt 2.1.4.1 Risk Sharing, S. 33 ff.

[5] Vgl. Fahrholz, B.: Neue Formen der Unternehmensfinanzierung, a.a.O., S. 257.

Sicherheiten können hierbei aus Sicht der Kreditgeber ein Kontroll- bzw. Blockadeinstrument gegenüber dem Management der Projektgesellschaft einerseits und den Projektsponsoren andererseits darstellen.[1] In einigen Rechtskreisen ist darüber hinaus die Einräumung einer sogenannten ‚Floating Charge',[2] d.h. einer Grundschuld bzw. Hypothek am gesamten Unternehmen rechtlich möglich.[3] Die Projektgesellschaft kann hierbei unter bestimmten Voraussetzungen durch einen bestellten Zwangsverwalter (so genannter ‚(Administrative) Receiver') treuhänderisch als Ganzes übernommen und weiter betrieben werden.[4] Ist die Bestellung von dinglichen Sicherheiten bzw. einer ‚Floating Charge' vor dem Hintergrund des zur Anwendung kommenden Landesrechtes unmöglich oder mit Unsicherheiten behaftet, kann alternativ die Verpfändung der von den Sponsoren gehaltenen Gesellschaftsanteile eine Möglichkeit zur Kontrolle des Darlehensnehmers darstellen.[5]

Insbesondere um den Abwehr- und Kontrolleffekt zu flankieren, werden die Kreditgeber durch projektbezogene Kreditbedingungen und Verhaltensauflagen im Kreditvertrag nicht nur die Bestellung von Sicherheiten zu Gunsten Dritter (sogenannte **Negativerklärung** bzw. ‚Negative Pledge Clause'),[6] sondern auch den Abschluss weiterer, Gläubigerverhältnisse begründender Rechtsgeschäfte ausschließen, stark eingrenzen und/oder zustimmungspflichtig machen.[7] Für den Fall der Anschaffung bzw. die Entstehung weiterer Vermögensgegenstände wird vom Kreditnehmer zu-

---

[1] So können die Projektkonten zu Gunsten der Kreditgeber verpfändet sein und von einem bestellten Sicherheitentreuhänder geführt werden. Ist im Projekt- und Finanzierungskonzept die Abwicklung sämtlicher Zahlungen über diese Konten vorgesehen, ergibt sich zum einen die (potenzielle) Möglichkeit eines direkten Einblicks in die liquiditätswirksamen Geschäftsvorgänge des Kreditnehmers, und zum anderen können im Krisenfall nicht konzeptkonforme Zahlungsvorgänge unterbunden werden.

[2] Das Instrument der ‚Floating Charge' findet sich insbesondere in Jurisdiktionen mit überwiegend gemeinem bzw. nicht kodifiziertem Recht (‚Common Law'). Hierbei handelt es sich im Wesentlichen um die angelsächsischen Rechtskreise, wobei sich aus Sicht der Kreditgeber insbesondere das englische Kreditsicherungsrecht als besonders vorteilhaft erwiesen hat. Vgl. Denton Hall Projects Group (Hrsg.): A Guide to Project Finance, a.a.O S. 69 f., Vgl. auch Horn, N.: Das Vertragsrecht der internationalen Projektfinanzierungen, a.a.O., S. 247.

[3] Vgl. Vogel, M.: Vertragsgestaltung bei internationalen Projektfinanzierungen, Köln 1997, S. 33, Finnerty, J. D.: Project Financing: Asset-Based Financial Engineering, a.a.O., S. 55.

[4] Vgl. Horn, N.: Das Vertragsrecht der internationalen Projektfinanzierungen, a.a.O., S. 247, Peppiat, S.; Sequeira, S.: The Enterprise Act 2002 – What it means for Project Finance, in: PFI, o. Jg. (2002), Nr. 255, S. 48 ff. Nach US-amerikanischem Recht kann die aufgrund eines besitzrechtlichen Anspruchs erfolgte Bestellung eines Zwangsverwalters jedoch nicht die Rechte des ‚Board of Directors' außer Kraft setzen, vgl. Denton Hall Projects Group (Hrsg.): A Guide to Project Finance, a.a.O S. 69.

[5] Vgl. Denton Hall Projects Group (Hrsg.): A Guide to Project Finance, a.a.O S. 69. Eine Verpfändung von Gesellschaftsanteilen ist insbesondere dann möglich, wenn eine Einzweckgesellschaft (‚Single Purpose Company') zur Projektdurchführung gegründet wurde; vgl. hierzu auch die vorstehenden Ausführungen unter Gliederungspunkt 2.1.3.1.2. Eine Übernahme des Projektes durch die Gläubiger im Wege des Austausches der Altgesellschafter soll nach deutschem Zivilrecht nicht möglich sein; vgl. Sester, P.: Insolvenzfeste Direktverträge in der Projektfinanzierung und bei Public-Private-Partnership-Projekten auf Basis eines Konzessionsvertrages, in: ZBB, 16. Jg. (2004), S. 286.

[6] Vgl. Merkel, H.: § 98. Atypische Sicherheiten, in: H. Schimansky, H.-J. Bunte, H.-J. Lwowski (Hrsg.), Bankrechts-Handbuch, München 1997, S. 2470 ff., Welter, R.: § 118. Auslandskreditgeschäft, in: H. Schimansky, H.-J. Bunte, H.-J. Lwowski (Hrsg.), Bankrechts-Handbuch, München 1997, S. 3392, Hinsch, C.L.: Das Vertragsrecht der internationalen Konsortialkredite am Euromarkt, in: N. Horn (Hrsg.), Das Vertragsrecht der internationalen Konsortialkredite und Projektfinanzierungen, Berlin, New York 1985, S. 104 ff.

[7] Vgl. Finnerty, J. D.: Project Financing: Asset-Based Financial Engineering, a.a.O., S. 55. Vgl. zu den projektbezogenen Kreditbedingungen und Verhaltensauflagen auch die nachfolgenden Ausführungen unter Gliederungspunkt 2.1.4.3 Projektbezogene Kreditbedingungen und Verhaltensauflagen, S. 48 ff.

sätzlich die Abgabe einer **Positiverklärung** verlangt, wodurch er sich verpflichtet, auf Anforderung weitere Sicherheiten hieran zu bestellen.[1] Existieren neben dem Kreditvertrag weitere gleichrangige Schuldverhältnisse,[2] wird sowohl die Aufnahme einer Gleichbesicherungsklausel (‚Pari Passu Clause')[3] als auch die Möglichkeit einer Kündigung aufgrund von Drittverzug (‚Cross Default Clause')[4] sinnvoll sein.[5]

Die nachfolgende Abbildung stellt das Zusammenwirken von dinglichen Sicherheiten und projektbezogenen Kreditbedingungen und Verhaltensauflagen dar:

---

[1] Vgl. Vogel, M.: Vertragsgestaltung bei internationalen Projektfinanzierungen, a.a.O., S. 34. Rechtsdogmatisch handelt es sich bei der ‚Positiverklärung' um einen ‚Sicherungsvorvertrag'; vgl. Merkel, H.: § 98. Atypische Sicherheiten, a.a.O., S. 2473.

[2] Dies kann z.B. dann der Fall sein, wenn kein Zusammenschluss der Kreditgeber im Rahmen eines Konsortiums erfolgt oder neben einem Kreditkonsortium weitere Kreditgeber (z.B. Entwicklungsbanken) oder Gläubiger (Institutionelle Investoren, Leasinggeber) mit gleichrangigen schuldrechtlichen Ansprüchen existieren. Jedoch werden derartige parallel existierende Gläubigerverhältnisse regelmäßig in einem ‚Intercreditor Agreement' bzw. ‚Lenders´ Agreement' verbunden und damit auch die Sicherheitenbestellung und -verwertung koordiniert. Vgl. Horn, N.: Das Vertragsrecht der internationalen Projektfinanzierungen, a.a.O., S. 228 f.

[3] Die Gleichbesicherungsklausel oder auch Gleichstellungsverpflichtung verpflichtet den Kreditnehmer, keine Sicherheiten zu Gunsten Dritter zu bestellen, wenn nicht parallel dem Kreditgeber mindestens die gleichen Sicherheiten gewährt werden. Vgl. Merkel, H.: § 98. Atypische Sicherheiten, a.a.O., S. 2476 f., Welter, R.: § 118. Auslandskreditgeschäft, a.a.O., S. 3391, Hinsch, C. L.: Das Vertragsrecht der internationalen Konsortialkredite am Euromarkt, a.a.O., S. 106.

[4] ‚Drittverzug' bedeutet, dass das Vorliegen eines Kündigungsgrundes in Kreditverträgen mit Dritten den Kreditgebern ebenfalls ein Kündigungsrecht einräumt. Vgl. Hinsch, C. L.: Das Vertragsrecht der internationalen Konsortialkredite am Euromarkt, a.a.O., S. 95. Während die ‚Cross Default Clause' für den Kreditnehmer die Gefahr eines ‚Dominoeffektes' birgt, stellt sie für die Kreditgeber die vertragliche Vorverlagerung der insolvenzrechtlichen Gleichbehandlung der Gläubiger dar. Vgl. Welter, R.: § 118. Auslandskreditgeschäft, a.a.O., S. 3394.

[5] Die Kündigung aufgrund von Drittverzug impliziert jedoch, dass im Kreditvertrag korrespondierende Informationspflichten vereinbart werden, damit die Kreditgeber rechtzeitig von der Existenz eines Drittverzugs Kenntnis erlangen und ihr Kündigungsrecht ausüben können.

Abb. 5: Zusammenwirken von dinglichen Sicherheiten und projektbezogenen Kreditbedingungen und Verhaltensauflagen

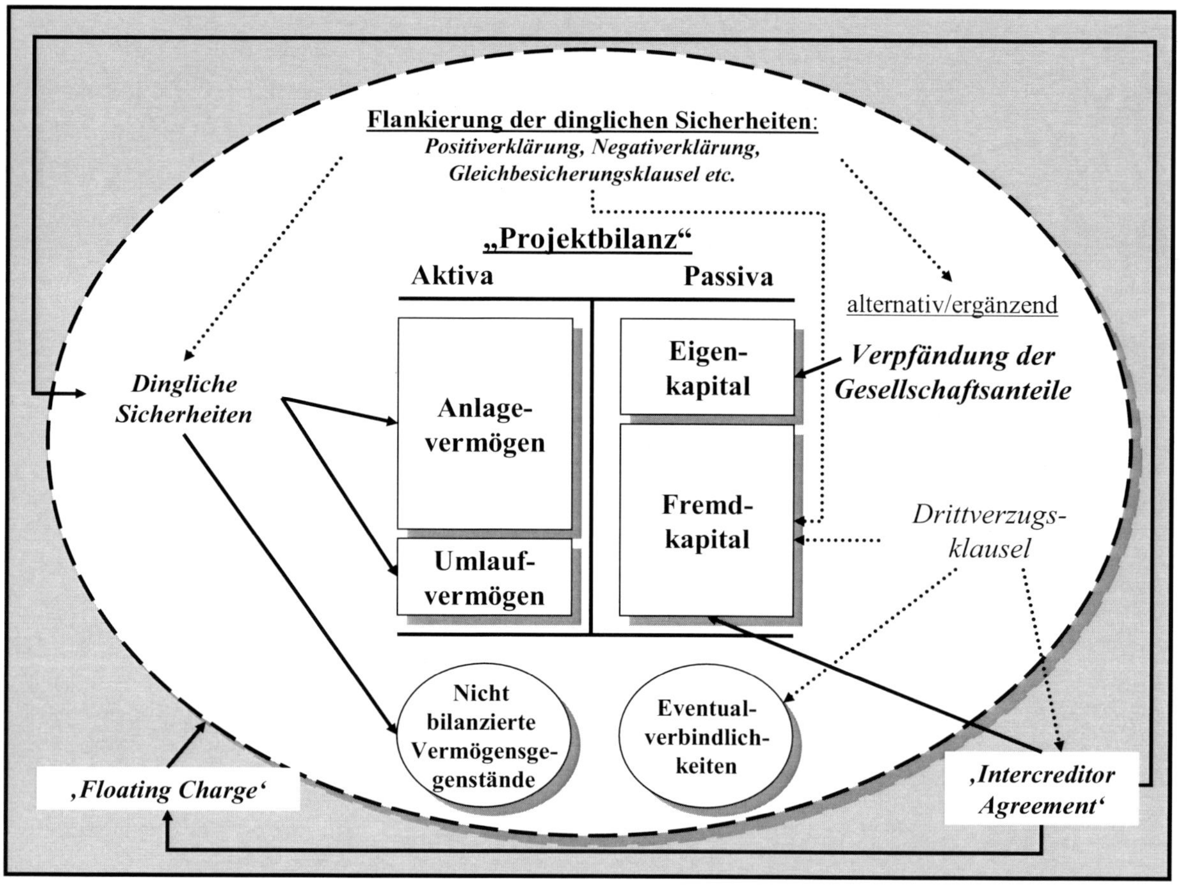

Flankierung der dinglichen Sicherheiten:
Positiverklärung, Negativerklärung,
Gleichbesicherungsklausel etc.

„Projektbilanz"
Aktiva | Passiva

- Anlagevermögen
- Umlaufvermögen
- Eigenkapital
- Fremdkapital
- Nicht bilanzierte Vermögensgegenstände
- Eventualverbindlichkeiten

Dingliche Sicherheiten

alternativ/ergänzend
Verpfändung der Gesellschaftsanteile

Drittverzugsklausel

‚Floating Charge'

‚Intercreditor Agreement'

Quelle: Eigene Darstellung

2.1.3.4 Interdependenzen zwischen den Kernmerkmalen

Unabhängig von möglichen rechtlichen Risiken bei deren Bestellung oder Verwertung werden dingliche Sicherheiten aus der ökonomischen Perspektive der Kreditgeber aufgrund ihres Abwehr- und Kontrolleffektes ein unverzichtbares Instrument zur Flankierung der beiden anderen Kernmerkmale ‚Vorliegen einer abgrenzbaren Wirtschaftseinheit' und ‚Bedienung des Schuldendienstes aus dem Cashflow des Projektes' sein. Die nachfolgende Abbildung stellt die Interdependenzen zwischen den drei Kernmerkmalen einer Projektfinanzierung im engeren Sinne im Überblick dar:

Abb. 6: **Interdependenzen der Kernmerkmale bei der Projektfinanzierung im engeren Sinne**

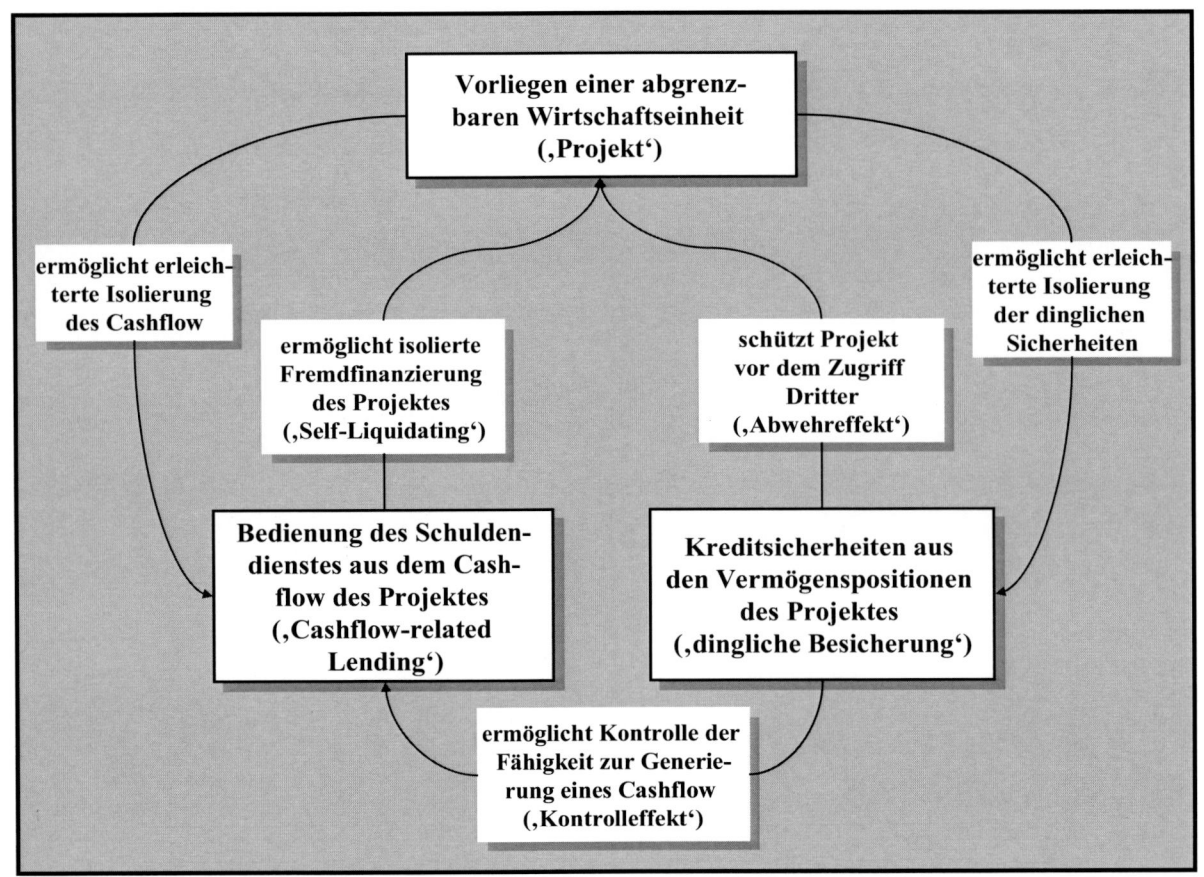

```
                    Vorliegen einer abgrenz-
                    baren Wirtschaftseinheit
                         („Projekt')

ermöglicht erleich-                              ermöglicht erleich-
terte Isolierung                                 terte Isolierung
des Cashflow                                     der dinglichen
                                                 Sicherheiten
        ermöglicht isolierte    schützt Projekt
        Fremdfinanzierung       vor dem Zugriff
        des Projektes           Dritter
        („Self-Liquidating')    („Abwehreffekt')

   Bedienung des Schulden-       Kreditsicherheiten aus
   dienstes aus dem Cash-        den Vermögenspositionen
   flow des Projektes            des Projektes
   („Cashflow-related            („dingliche Besicherung')
   Lending')

            ermöglicht Kontrolle der
            Fähigkeit zur Generie-
            rung eines Cashflow
            („Kontrolleffekt')
```

Quelle: Eigene Darstellung

Bei einer Projektfinanzierung im engeren Sinne bilden alle drei Kernmerkmale ein in sich geschlossenes System, welches den Kreditgebern auch ohne die Möglichkeit einer vergangenheitsorientierten Bonitätsanalyse und von verwertungsfähigem Haftungssubstrat eine zukunftsorientierte Kreditvergabeentscheidung eröffnen kann. Der Wegfall eines Kernmerkmales würde die daran gekoppelten Interdependenzen ausschalten und somit zur Funktionsunfähigkeit der konzeptionellen Struktur führen. Weitere ‚konstitutive Leistungsbestandteile' oder Kernmerkmale sind nicht erforderlich, um die Projektfinanzierung im engeren Sinne zu charakterisieren.[1]

---

[1] Teilweise existieren im deutschsprachigen Schrifttum andere Auffassungen, welche das Vorhandensein weiterer oder anderer Merkmale, insbesondere ‚Risk Sharing' und ‚Off-Balance-Sheet Financing', zwingend für eine Charakterisierung als Projektfinanzierung im engeren Sinne erforderlich halten. Vgl. beispielsweise Grosse, P.-B.: Internationale Projektfinanzierung bei deutschen Banken, a.a.O., S. 24, Hupe, M.: Steuerung und Kontrolle internationaler Projektfinanzierungen, a.a.O., S. 10 ff., Höpfner, K.-U.: Projektfinanzierung: Erfolgsorientiertes Management einer bankbetrieblichen Leistungsart, a.a.O., S. 9 ff., Tytko, D.: Grundlagen der Projektfinanzierung, a.a.O., S. 9 ff. Dem steht jedoch insbesondere die aktuelle inter- und supranationale Sichtweise der OECD sowie das angelsächsische und bankpraktische Schrifttum entgegen; vgl. hierzu nochmals OECD: Project Finance: Understanding on the Application of Flexibility to the Terms and Conditions of the Arrangement on Guidelines for Officially Supported Export Credits in Respect of Project Finance Transactions, for a Trial Period, a.a.O., S. 1 und Nevitt, P. K.; Fabozzi, F.: Project Financing, a.a.O., S. 3 sowie stellvertretend für die Bankpraxis Fels, G.; Ewers, H.-J.; Grandke, G.; Geldern, W. v.; Sichler, H.-W.: Podiumsdiskussion: Ansätze und Erfahrungen mit Privatisierungen, in: Institut der deutschen Wirtschaft (Hrsg.), Privatisierung kommunaler Aufgaben (Symposium 15. November 1996 in Bonn), 1997, S. 39., Heintzeler, F.: Internationale Projektfinanzierung, a.a.O., S. 600, Vogel, M.: Vertragsgestaltung bei internationalen Projektfinanzierungen, a.a.O. S. 5. Auch die analytische Überprüfung der Relevanz derartiger (weiterer) ‚charakteristischer Merkmale' oder ‚konstitu-

2.1.4 Mögliche weitere Merkmale einer Projektfinanzierung im engeren Sinne

2.1.4.1 Risk Sharing

Eine positive Kreditvergabeentscheidung für eine Projektfinanzierung bedingt, dass die Kreditgeber von der Fortführung der Unternehmenstätigkeit während der Kreditlaufzeit überzeugt sind.[1] Es liegt jedoch im Wesen der Projektfinanzierung, dass zu diesem Entscheidungszeitpunkt die zu finanzierende Wirtschaftseinheit im Normalfall noch nicht existiert oder zumindest die Betriebsbereitschaft noch nicht erreicht hat.[2] Regelmäßig wird daher erst durch die Kreditvergabe eine Errichtung bzw. Fertigstellung des Projektes ermöglicht.[3] Auch die Überprüfung eines ‚Going-Concern' während der Betriebsphase ist im Vergleich zum klassischen Firmenkundenkreditgeschäft aufgrund fehlender historischer Bonitätsdaten erschwert.[4] Wesentliches Element der Kreditwürdigkeitsprüfung bei Projektfinanzierungen ist insoweit die bereits postulierte prospektive Analyse des aus dem Projekt zu erwartenden Cashflow.[5] Die tatsächliche Entwicklung des zukünftigen Cashflow unterliegt jedoch den typischen Risiken einer jedweden unternehmerischen Betätigung. Die Sponsoren übernehmen als Eigenmittelgeber und damit Haftungsverpflichtete in Relation zu ihrer Kapitaleinlage diese unternehmerischen Risiken und partizipieren dafür im Gegenzug im vollen Umfang an den potenziellen wirtschaftlichen Erfolgen des Projektes. Die Kreditgeber sind als Gläubiger und damit Haftungsberechtigte nur an einer zeitlich befristeten Überlassung von Fremdmitteln gegen ein risikoadäquates Entgelt interessiert.[6] Aus der Sicht des rational handelnden Kreditgebers sind eine funktionsadäquate Verteilung der unternehmerischen Chancen und Risiken, d.h. ein sogenanntes ‚Risk Sharing', sowie eine damit korrespondierende adäquate Zinsmarge Voraussetzungen für eine Kreditvergabe.[7] Im Rahmen einer Risikoanalyse des Projekt- und Finanzie-

---

tiver Leistungsbestandteile' zeigt, dass sie nicht notwendige sondern nur <u>mögliche</u> Merkmale einer Projektfinanzierung im engeren Sinne sein können. Vgl. hierzu die nachfolgenden Ausführungen unter Gliederungspunkt 2.1.4 Mögliche weitere Merkmale einer Projektfinanzierung im engeren Sinne, S. 33 ff.

[1] FINNERTY spricht in diesem Zusammenhang vom „....viable going concern". Vgl. Finnerty, J. D.: Project Financing: Asset-Based Financial Engineering, a.a.O., S. 40. Der ‚Grundsatz von der Fortführung der Unternehmenstätigkeit (Going-Concern-Prinzip)' findet sich auch im Rahmen der handelsrechtlichen Rechnungslegung als einer der Grundsätze ordnungsmäßiger Buchführung wieder. Vgl. Coenenberg, A. G.: Jahresabschluß und Jahresabschlußanalyse, 16. Auf., Landsberg/Lech 1997, S. 43 passim.

[2] Ein noch zu errichtendes Projekt wird auch mit dem Schlagwort ‚Greenfield Project' umschrieben. Vgl. Fowler, T. V.: Big business for the banks, a.a.O., S. 49 u. 58. Ein Projekt, welches der Rehabilitierung einer bereits errichteten Anlage dient, wird dagegen als ‚Brownfield Project' bezeichnet. Eine Ausnahme bilden in diesem Zusammenhang im Betrieb befindliche Projekte, welche (z.B. zwecks Verbesserung der Kreditkonditionen) während der Betriebsphase durch neue Kreditfazilitäten refinanziert werden.

[3] Ausnahmen können dort bestehen, wo mit werthaltigen Sicherheiten (z.B. Bankgarantien) unterlegte Zwischenfinanzierungen oder vollständige Eigenmittelfinanzierungen eine Fertigstellung des Projektes sicherstellen. Anschließend kann eine Refinanzierung erfolgen. Vgl. hierzu auch die Ausführungen in der vorhergehenden Fußnote.

[4] Es sei darauf hingewiesen, dass im Firmenkundenkreditgeschäft die Kreditvergabeentscheidung neben einer vergangenheitsorientierten Bonitätsprüfung idealerweise auch eine zukunftsorientierte Analyse beinhalten sollte. Vgl. Knief, P.: Die Finanzplanung im Rahmen des § 18 KWG, a.a.O., S. 2337 ff.

[5] Vgl. hierzu die obigen Ausführungen unter Gliederungspunkt 2.1.3.2 Bedienung des Schuldendienstes aus dem Cashflow des Projektes, S. 22 ff.

[6] Vgl. Gräfer, H.; Beike, R.; Scheld, G. A.: Finanzierung: Grundlagen, Institutionen, Instrumente und Kapitalmarkttheorie, 4. Aufl., Berlin 1998, S. 165 ff. u. Wöhe, G.; Bilstein, J.: Grundzüge der Unternehmensfinanzierung, 8. Aufl., München 1998, S. 149 f.

[7] NEVITT/FABOZZI fordern im Rahmen einer 30 Punkte umfassenden Kurz-Checkliste für erfolgreiche Projektfinanzierungen als Anforderung an erster Stelle: *„A credit risk rather than an equity risk is invol-*

rungskonzeptes sind daher diejenigen projektinhärenten Risiken zu isolieren, welche einen direkten Einfluss auf den zukünftigen Cashflow und damit die Schuldendienstfähigkeit haben.[1] In einem weiteren Schritt sind dann die identifizierten Risiken im Wege von Verhandlungen zwischen Sponsoren, Kreditgebern und übrigen Projektbeteiligten zu verteilen[2].

In diesem Zusammenhang wird im Schrifttum gelegentlich die Forderung nach einem Idealzustand erhoben, in dem die Risiken unter allen Projektbeteiligten verteilt werden bzw. jede Partei jeweils dasjenige Risiko trägt, welches sie am besten beurteilen, beeinflussen und/oder tragen kann.[3] Inwieweit jedoch tatsächlich ein derart skizziertes Risk Sharing durch eine Projekt- und Finanzierungsstruktur gegeben ist, wird insbesondere von der Marktstellung der beteiligten Parteien sowie den konkreten Verhandlungsergebnissen abhängen.[4] Während die Kreditgeber möglicherweise eine „*...Redundanz bei der Absicherung besonders kritischer Risiken...*"[5] anstreben, werden die Sponsoren – mit Ausnahme ihres Kapitaleinsatzes – an einer weitgehenden bzw. vollständigen Freistellung von unternehmerischen Risiken interessiert sein.[6] Insofern kann das ‚Risk Sharing' nicht automatisch als konstitutives Merkmal der Projektfinanzierung angeführt werden.[7] Je nach Haftungsumfang bzw. Rückgriffsmöglichkeit auf die Sponsoren werden in diesem Zusammenhang verschiedene Ausprägungsformen der Projektfinanzierung unterschieden:

---

ved." Vgl. Nevitt, P. K.; Fabozzi, F.: Project Financing, a.a.O., S. 5 u. 10 f. Vgl. auch Horn, N.: Das Vertragsrecht der internationalen Projektfinanzierungen, a.a.O., S. 220. Ebenso FINNERTY, welcher insbesondere die Sichtweise von institutionellen Investoren als Fremdmittelgeber hervorhebt. Vgl. Finnerty, J. D.: Project Financing: Asset-Based Financial Engineering, a.a.O., S. 40 f., Meyer-Reim, U.: Projektfinanzierung im Außenhandel, in: WISU, 24. Jg. (1995), S. 583.

[1] Vgl. Heintzeler, F.: Internationale Projektfinanzierung, a.a.O., S. 601, Backhaus, K.; Schill, J.; Uekermann, H.: Projektfinanzierung, a.a.O., S. 539.

[2] Vgl. Stockmayer, A.: Projektfinanzierung und Kreditsicherung, a.a.O., S. 92 ff., Rösler, H.: Juristische Aspekte der Projektfinanzierung, a.a.O., S. 66, Denton Hall Projects Group (Hrsg.): A Guide to Project Finance, a.a.O., S. 55.

[3] Vgl. Leeper, R.: Project Finance – a term to conjure with, a.a.O., S. 69, Laubscher, H.: Internationale Projektfinanzierung, in: Technologie & Management, 36. Jg. (1987), Nr. 3, S. 29 sowie Meyer-Reim, U.: Neue Wege zur Deckung von Kreditrisiken, in: HB v. 23.4.1996, S. B4. TYTKO spricht in diesem Zusammenhang auch vom „*Grundsatz der Kontrollfähigkeit der Projektrisiken*", Tytko, D.: Zukunftsorientierte Kreditvergabeentscheidungen, a.a.O., S. 98. Vgl. auch Reuter, A.; Wecker, C.: Projektfinanzierung, a.a.O., S. 15 f., Denton Hall Projects Group (Hrsg.): A Guide to Project Finance, a.a.O., S. 56.

[4] Vgl. Prautzsch, W.-A.: Projektfinanzierung, a.a.O., S. 1488. HARRIES spricht in diesem Zusammenhang von „*...hartnäckig errungenen Kompromissen...*" und „*...taktischen Manövern...*", vgl. Harries, H.: Rechtliche Aspekte der Projektfinanzierung im Bergbau, a.a.O., S. 32.

[5] Vgl. Ebenda, S. 31.

[6] FAHRHOLZ sieht in diesem Zusammenhang im ‚Risk Sharing' den „*...Dreh- und Angelpunkt...*" der Projektfinanzierung, insbesondere „*...die Risikoeingrenzung vornehmlich der Sponsoren, darüber hinaus aber aller Beteiligter...*". Vgl. Fahrholz, B.: Neue Formen der Unternehmensfinanzierung, a.a.O., S. 255. Vgl. auch Horn, N.: Das Vertragsrecht der internationalen Projektfinanzierungen, a.a.O., S. 218.

[7] Auch wenn das ‚Risk Sharing' nicht zum konstitutiven Merkmal erhoben werden kann, sind Risikoanalyse und Risikozuordnung unabhängig von der tatsächlichen Risikoübernahme der einzelnen Projektparteien zentrale Aspekte der Projektfinanzierung im engeren Sinne.

- **Non Recourse Financing**[1]

Das Projekt- und Finanzierungskonzept ist derart strukturiert, dass die Fremdmittelgeber im Falle eines für Zwecke des Schuldendienstes unzureichenden Cashflow keine über die Kapitaleinlage hinausgehende Rückgriffsmöglichkeit auf die Sponsoren haben.[2] Für eine Befriedigung von Gläubigeransprüchen stehen daher neben dem Cashflow des Projektes nur die als Sicherheiten bestellten Vermögenspositionen desselben zur Verfügung.[3] Inwieweit durch eine derartige Haftungskonstruktion tatsächlich unternehmerische Risiken auf die Kreditgeber verlagert werden,[4] wird jedoch von den übrigen Rahmenbedingungen des Projekt- und Finanzierungskonzeptes abhängen. In diesem Zusammenhang sind insbesondere die vertraglichen Ausgestaltungen von Regelungen mit anderen Projektbeteiligten (z.B. Anlagenbauer, Betreiber, Lieferanten, Abnehmer und staatliche Instanzen) sowie die sonstigen Projektparameter (Wirtschaftlichkeit[5], Branche/Sektor[6], Projektstand-

---

[1] Teilweise wird das ‚Non Recourse Financing' im Schrifttum auch als „*Projektfinanzierung im engsten Sinne*" bezeichnet. ‚Limited Recourse Financing' wird hiervon als „*Projektfinanzierung im engeren Sinne*" abgegrenzt. Vgl. Leeper, R.: Project Finance – a term to conjure with, a.a.O., S. 67, Abolins, K. I.: Projektfinanzierungen als Instrument für Joint-Venture-Finanzierungen, in: Sparkasse, a.a.O., S. 254. Eine derartige Abgrenzung erscheint jedoch vor dem Hintergrund der für die Zwecke der vorliegenden Untersuchung gewählten Definition der Projektfinanzierung nicht erforderlich. HALL und LEEPER sprechen darüber hinaus von ‚purest type of project financing' bzw. von ‚pure project financing'. Vgl. Hall, W.: The fashionable world of project finance, a.a.O., S. 76, Leeper, R.: Project Finance – a term to conjure with, a.a.O., S. 67.

[2] Vgl. Fowler, T. V.: Big business for the banks, a.a.O., S. 58, Belka, H.-G.: Die Projektfinanzierung als Finanzierungstechnik zur Realisierung neuer Bergbauprojekte, Berlin 1983, S. 37, Schmitt, W.: Internationale Projektfinanzierung bei deutschen Banken, a.a.O., S. 26, Schulte-Althoff, M.: Projektfinanzierung: Ein kooperatives Finanzierungsverfahren aus Sicht der Anreiz-Beitrags-Theorie und der neuen Institutionenökonomik, Münster, Hamburg 1992, S. 42 f.

[3] Im Schrifttum wird das ‚Non Recourse Financing' teilweise als untypisch für die Projektfinanzierung definiert. Dabei wird ein Bezug zu relativ weit zurückliegenden Praxisfällen der Vergangenheit (z.B. Woodside Project 1981 in Australien) hergestellt, welche als Ausnahmen für die Anwendung des ‚Non Recourse Financing' gelten sollen. Vgl. Tytko, D.: Grundlagen der Projektfinanzierung, a.a.O., S. 14 f. Es ist jedoch fraglich, inwieweit sich eine derartige Aussage auch für die jüngere Vergangenheit empirisch bestätigen lässt. Die einschlägigen Datenbanken für Projektfinanzierungen (z.B. ProjectWare® von CapitalData® oder die unter der Internet-Adresse http://www.pfie.com abzurufende kostenpflichtige Online-Datenbank der Brancheninformationszeitschrift Project Finance International®) weisen keine Selektionsmöglichkeit nach dem Kriterium ‚Rückgriffsmöglichkeit' auf. Teilweise werden die Begrifflichkeiten ‚Non Recourse Financing' und ‚Limited Recourse Financing' auch von Praktikern unscharf verwendet. Vgl. Fahrholz, B.: Neue Formen der Unternehmensfinanzierung, a.a.O., S. 256 im Vergleich zu S. 258.

[4] Vgl. hierzu Schmitt, W.: Internationale Projektfinanzierung bei deutschen Banken, a.a.O., S. 26 sowie Tytko, D.: Grundlagen der Projektfinanzierung, a.a.O., S. 14 f.

[5] Es werden im Rahmen der prospektiven Planungsrechnungen ausreichend hohe Einzahlungsüberschüsse inklusive einer Sicherheitsreserve zur Abdeckung des Planungsrisikos nachzuweisen sein, welche eine Bedienung des Schuldendienstes möglich erscheinen lassen.

[6] In Abhängigkeit von der jeweiligen Branche weisen die Aktiva der Projekte unterschiedlich hohe Wiederverkaufswerte auf. So können beispielsweise die im Rahmen von Rohstoffprojekten an die Kreditgeber verpfändeten Lagerstätten bei Ausschluss des Explorationsrisikos durch geologische Gutachten durchaus werthaltige Sicherheiten darstellen, welche ein ‚Non Recourse Financing' ermöglichen. Vgl. Hall, W.: The fashionable world of project finance, a.a.O., S. 77. Ebenso Schulte-Althoff, M.: Projektfinanzierung: Ein kooperatives Finanzierungsverfahren aus Sicht der Anreiz-Beitrags-Theorie und der neuen Institutionenökonomik, a.a.O., S. 44. Wohl ähnlich Leeper, R.: Project Finance – a term to conjure with, a.a.O., S. 69. Zeichnen sich die Rohstoffpreise jedoch durch eine hohe Volatilität aus, so wird ein Projektkredit ohne Rückgriffsrecht von den Kreditgebern eher als ungeeignet angesehen werden. Vgl. Belka, H.-G.: Die Projektfinanzierung als Finanzierungstechnik zur Realisierung neuer Bergbauprojekte, a.a.O., S. 38. Kraftwerksprojekte, deren Absatz über langfristige Stromabnahmeverträge mit bonitätsmäßig einwandfreien Abnehmern abgesichert ist, werden je nach Ausgestaltung der Tarifformel möglicherweise eher für ein ‚Non Recourse Financing' geeignet sein. Bei analoger Vertragsstruktur kann dies auch

ort[1], Technologie[2] etc.) zu analysieren. Die Kreditgeber verfügen weiterhin über ein umfangreiches Instrumentarium von Kreditbedingungen sowie Kredit- bzw. Verhaltensauflagen, welche zu einer risikominimierenden Projektumsetzung beitragen können.[3]

Unabhängig von den haftungsrechtlichen Rückgriffsmöglichkeiten kann aus der ökonomischen und strategischen Interessenlage sowie der Kompetenz und Qualifikation der Sponsoren ein relativiertes Bild der Risikoexposition der Kreditgeber resultieren. Bei einem Untergang des Projektes verlieren die Sponsoren ihr eingebrachtes Eigenkapital und damit die Chance auf zukünftige Gewinnausschüttungen. Es besteht daher unter der Prämisse der ökonomischen Vorteilhaftigkeit der Wunsch nach einer erfolgreichen Projektabwicklung. Ebenso kann sich aber auch bei einer isoliert betrachtet niedrigen oder sogar negativen Eigenkapitalverzinsung aufgrund allgemeiner strategischer Erwägungen für die Sponsoren ein Zwang zu einer Projektrealisierung ergeben.[4] Sie werden möglicherweise auch ohne rechtliche Verpflichtung zu einem begrenzten Nachschuss von Eigenmitteln bereit sein, falls weiterhin strategische Vorteile zu erwarten sind. Neben der Berücksichtigung derartiger parteienbezogener Vorteilhaftigkeitsüberlegungen wird aus Sicht der Kreditgeber weiterhin eine Einschätzung der Erfahrungen und Qualifikationen der Sponsoren stehen, da sich hierdurch independent von deren spezifischer Anreizsituation die Wahrscheinlichkeit eines nützlichen Beitrags zur erfolgreichen Projektabwicklung determinieren lässt.[5]

Die besondere haftungsrechtliche Situation der Sponsoren im Rahmen des ‚Non Recourse Financing' und eine sich daraus möglicherweise ergebende erhöhte Risikoexposition der Kreditgeber soll sich regelmäßig in einer erhöhten Risikoprämie bzw. Zinsmarge widerspiegeln, welche im Umkehrschluss wiederum den Schuldendienst und damit das Risiko eines Kreditausfalls erhöht.[6]

---

für andere industrielle Fertigungsanlagen gelten. Vgl. hierzu auch die nachfolgenden Ausführungen unter Gliederungspunkt 2.1.4.2 Übernahme abstrakter Zahlungspflichten durch Dritte, S. 40 ff.

[1] Das mit einer Kreditvergabe verbundene politische Risiko variiert in Abhängigkeit vom Projektstandort. Tendenziell werden Kreditgeber mit abnehmendem politischen Risiko eher zu einem ‚Non Recourse Financing' bereit sein. Ausnahmen können dort bestehen, wo eine (teilweise) politische Risikoabdeckung durch Dritte (z.B. staatliche Exportkreditversicherer, private Kreditversicherer) gegeben ist. Alternativ kann die Regierung des Gastlandes z.B. über eine Kapitalbeteiligung oder über schriftliche Zusicherungen in das Projekt eingebunden werden. Vgl. Hall, W.: The fashionable world of project finance, a.a.O., S. 77.

[2] Voraussetzung für ein ‚Non Recourse Financing' ist der Einsatz von bewährter Technologie, um die Wahrscheinlichkeit von technischen Problemen mit negativen Auswirkungen auf den Cashflow zu minimieren. Vgl. Hall, W.: The fashionable world of project finance, a.a.O., S. 77. Ebenso Schulte-Althoff, M.: Projektfinanzierung: Ein kooperatives Finanzierungsverfahren aus Sicht der Anreiz-Beitrags-Theorie und der neuen Institutionenökonomik, a.a.O., S. 44 sowie Tytko, D.: Grundlagen der Projektfinanzierung, a.a.O., S. 14 f.

[3] Z.B. Auffüllung von Schuldendienstreservekonten, Ausschüttungssperren, Zwangstilgungen etc. Vgl. hierzu auch die nachfolgenden Ausführungen unter Gliederungspunkt 2.1.4.3 Projektbezogene Kreditbedingungen und Verhaltensauflagen, S. 48 ff.

[4] Zu denken wäre hier beispielsweise an ein gasförderndes Unternehmen, welches für die Erschließung eines neuen Absatzgebietes eine Gaspipeline im Rahmen eines separaten Projektes realisiert. Bei einer isolierten ökonomischen Vorteilhaftigkeitsanalyse kann sich das Pipeline-Projekt unvorteilhaft darstellen. Eine Erweiterung um das strategische Kriterium ‚Erweiterung des Absatzgebietes' kann aus Sicht des Sponsors trotzdem eine Projektdurchführung rechtfertigen.

[5] Vgl. Belka, H.-G.: Die Projektfinanzierung als Finanzierungstechnik zur Realisierung neuer Bergbauprojekte, a.a.O., S. 38. Vereinfacht ausgedrückt, geht es um die Abwägung des ‚Wollen' versus des ‚Können' der Sponsoren.

[6] Vgl. Frank, H.: Project Financing: Ein Verfahren zur finanziellen Absicherung des Unternehmenswachstums, a.a.O., S. 93 f., Schulte-Althoff, M.: Projektfinanzierung: Ein kooperatives Finanzierungsver-

Auch wenn eine Kausalität zwischen Rückgriffsbegrenzung und Risikoprämie plausibel erscheint, wird sich ein derartiger Zusammenhang aufgrund des Individualcharakters von Projektfinanzierungen sowie daraus resultierenden methodischen Schwierigkeiten bei der Datenerhebung nicht empirisch bestätigen lassen können. Andere projektspezifische Parameter (u.a. Länderrisiko, Eigenkapitalquote, prognostizierte wirtschaftliche Tragfähigkeit, Risikostruktur) mit direktem Einfluss auf die Zinsmarge müssten hierfür zunächst ausgefiltert werden, wobei dies aufgrund der öffentlich verfügbaren Daten regelmäßig unmöglich sein wird.[1]

- **Limited Recourse Financing**

Eine Projektfinanzierung wird dann als ‚Limited Recourse Financing' bezeichnet, wenn für die Kreditgeber nur im begrenzten Umfang eine Rückgriffsmöglichkeit auf die Sponsoren besteht.[1] Die Begrenzung kann dabei zeitlich, sachlich und / oder der Höhe nach vereinbart werden.[2]

Eine **zeitliche Eingrenzung** der Nachschusspflicht wird dann sinnvoll sein, wenn der unterschiedlichen Risikostruktur einzelner Projektphasen Rechnung getragen werden soll. So kann in der Bauphase eine Nachschusspflicht sinnvoll sein, um isoliert die Risiken einer unvollständigen oder nicht fristgerechten Fertigstellung (Fertigstellungsrisiko) sowie möglicher Kostenüberschreitungen (Kostenerhöhungsrisiko) teilweise oder vollständig abzudecken.[3] Aus Sicht der Kreditgeber erhöht eine derartige Rückgriffsmöglichkeit auf die Sponsoren die Wahrscheinlichkeit eines Erreichens der Betriebsbereitschaft und damit auch der zukünftigen Schuldendienstfähigkeit des Projektes. Auch in der Betriebsphase[4] kann eine sachliche und/oder der Höhe nach beschränkte Rückgriffsmöglichkeit sinnvoll sein, wenn bestimmte Risiken des Projekt- und Finanzierungskonzeptes nicht von anderen Projektbeteiligten[5] (ausreichend) abgedeckt sind[6] und/oder mit einer im Zeitablauf abnehmenden Anreizstruktur der Sponsoren gerechnet werden muss. Letzteres ist insbesondere dann der Fall, wenn voraussichtlich hohe Einzahlungsüberschüsse in den ersten Projektjahren de facto die Rückführung der eingesetzten Eigenmittel inklusive einer angemessenen Eigenkapitalrendite über entsprechende Dividendenausschüttungen ermöglichen.[7] Kommt es in den nachfolgenden Betriebsjahren zu Cashflow-Unterdeckungen und dadurch zur Unfähigkeit der vertragsgemäßen Entrichtung des Schuldendienstes seitens der Projektgesellschaft, besteht in einer derartigen Situation bei einem reinen ‚Non Recourse Financing' die Gefahr einer Projektaufgabe durch die bereits in den Vorjahren befriedigten Sponsoren.[8] Eine Lösungsmöglichkeit stellt hier die Vereinbarung einer begrenzten Nachschusspflicht in der Betriebsphase dar.[9] Alternativ wäre auch die Vereinbarung von Zwangstilgungen (‚Mandatory Prepayments') oder das verbindliche Ansparen einer bzw. mehrerer Schuldendienstreserveraten auf Treuhandkonten in Phasen mit Einzahlungsüberschüssen möglich.[10] Derartige Regelungen entsprechen zwar der Interessenlage der Kreditgeber, aber nicht

---

fahren aus Sicht der Anreiz-Beitrags-Theorie und der neuen Institutionenökonomik, a.a.O., S. 44. Ebenso Tytko, D.: Grundlagen der Projektfinanzierung, a.a.O., S. 15. Dieser Gedanke geht im Schrifttum auf Sarmet zurück. Vgl. Sarmet, M.: Recent Trends in International Project Financing, in: The Banker, 131. Jg. (1981), S. 125. Hierzu muss jedoch kritisch angemerkt werden, dass diese subjektive Aussage vor dem Hintergrund der Marktgegebenheiten des Jahres 1981 getroffen wurde.

[1] Dem steht auch nicht entgegen, dass einzelne Projektfinanzierungen in gekürzter Darstellungsform als Fallstudien veröffentlicht worden sind. Eine repräsentative Grundgesamtheit lässt sich aus derartigen Momentaufnahmen des Marktes, welche zudem den Charakter von Zweit- und Drittquellen mit entsprechenden Datenunsicherheiten aufweisen, nicht ableiten. Für derartige Fallstudien vgl. beispielsweise Finnerty, J. D.: Project Financing: Asset-Based Financial Engineering, a.a.O., S. 204 ff., Brealy, R. A.; Myers, S. C., Principals of Corporate Finance, a.a.O., S. 694 f., Davis, H. A.: P.T. Jawa Power Co (Paiton II), in: H. A. Davies (Hrsg.), Practical Case Studies, London 1996, S. 59 ff.

notwendigerweise derjenigen der Sponsoren. Insbesondere bei einem durchgehend positivem Verlauf der Betriebsphase würde ihnen als Eigenmittelgebern und primären Trägern des unternehmerischen Risikos ein möglicher Unternehmerlohn zeitlich befristet vorenthalten werden.

Eine **sachliche Differenzierung** der Rückgriffsmöglichkeit auf die Sponsoren kann sich aus dem Postulat einer funktionsadäquaten Risikoaufteilung (Risk Sharing) sowie der Risikoübernahmebereitschaft der Kreditgeber ergeben. Eine Analyse des Projekt- und Finanzierungskonzeptes kann potenzielle, nicht oder nur unvollständig durch Dritte abgedeckte Risiken aufzeigen. Derartige sachlich bzw. inhaltlich klar abgrenzbare Unwägbarkeiten können die Grundlage für eine rechtlich fixierte Rückgriffsmöglichkeit auf die Sponsoren bilden.[11] Besondere Relevanz hat dabei die vertragliche Definition der Sachverhalte, welche eine Nachschusspflicht auslösen können (‚Trigger Event'). Dabei kann auch vereinbart werden, dass erst das Zusammenwirken mehrerer Umstände eine Rückgriffsmöglichkeit auf die Sponsoren begründet.[12] Aus Sicht der Kreditgeber lassen sich durch eine Begrenzung der Nachschusspflicht isoliert Schwachstellen des Projekt- und Finanzie-

---

[1] Vgl. Kamann, M.; Wiegel, K. D.: Internationale Projektfinanzierung, in: Die Bank, o.Jg. (1983), S. 226, Vogel, M.: Vertragsgestaltung bei internationalen Projektfinanzierungen, a.a.O., S. 33.

[2] Aus den unterschiedlichen Dimensionen einer Rückgriffsbegrenzung lassen sich unterschiedlichste Strukturen für Projekt- und Finanzierungskonzepte entwickeln: „...there are an infinite number of possibilities." Leeper, R.: Project Finance – a term to conjure with, a.a.O., S. 69.

[3] Vgl. Leeper, R.: Project Finance – a term to conjure with, a.a.O., S. 6. Eine derartige Nachschusspflicht wird auch als ‚(Pre-)Completion Support' bezeichnet.

[4] Denkbar ist auch eine zeitlich Befristung der Rückgriffsmöglichkeit auf einzelne Abschnitte der Betriebsphase. Insbesondere in der Startup-Phase kann es zu unvorhergesehenen technischen Schwierigkeiten und damit korrespondierend zu einer eingeschränkten Schuldendienstfähigkeit kommen, welche aus Sicht der Kreditgeber einer zusätzlichen Absicherung durch die Sponsoren bedürfen.

[5] Eine besondere Situation entsteht dann, wenn die Sponsoren neben ihrer Funktion als Eigenmittelgeber auch als Anlagenbauer, Betreiber, Abnehmer oder Lieferanten am Projekt beteiligt sind.

[6] Dies kann insbesondere dann erforderlich werden, wenn Garantien übriger Projektbeteiligten nicht werthaltig oder nur unzureichend ausgestaltet sind. Vgl. hierzu auch die nachfolgenden Ausführungen unter Gliederungspunkt 2.1.4.2 Übernahme abstrakter Zahlungspflichten durch Dritte, S. 40 ff.

[7] Ein derartiges Szenario kann beispielsweise bei Produktabsatz auf volatilen bzw. preiszyklischen Absatzmärkten im Anschluss an eine länger andauernde Hochpreisphase auftreten. Die vergleichsweise langen Kreditlaufzeiten bei Projektfinanzierungen sowie möglicherweise vereinbarte tilgungsfreie Perioden können hierbei die ausschüttungsfähigen Gewinne in Hochpreisphasen noch erhöhen.

[8] Sogenannte ‚**Walk Away**'-**Situation**; vgl. Schepp, F.: Praxis der Projektfinanzierung, in: Die Bank, o.Jg. (1996), Nr. 9, S. 527.

[9] Eine derartige Nachschusspflicht kann im Rahmen eines ‚**Working Capital Maintenance Agreement**' bzw. eines ‚**Cash Deficiency Agreement**' vertraglich fixiert werden und wird auch als ‚**Cash Deficiency Support**' oder ‚**Post Completion Support**' bezeichnet. Vgl. Clifford Chance (Hrsg.): Project Finance, a.a.O., S. 70.

[10] Sogenannter ‚**Cash Lock Up**'.

[11] Folgende Beispiele verdeutlichen die Möglichkeiten einer sachlichen Differenzierung: (i) Ein Gaskraftwerksprojekt wird ohne marktpreisrisikominimierende Vergütungsregelungen eines langfristigen Gasversorgungsvertrag realisiert. Eine Nachschussverpflichtung kann hier an die Entwicklung des Gaspreises gekoppelt werden. (ii) Ein Industrieprojekt (z.B. Stahlwerk) schließt einen langfristigen Abnahmevertrag ab, der dem Abnehmer jedoch die Option einräumt, die Anpassung des Produktionsprozesses zwecks Änderung der Produkteigenschaften verlangen zu können. Etwaige aufgrund der Optionsausübung zu tätigende Zusatzinvestitionen können durch die vertragliche Fixierung einer Nachschussverpflichtung abgedeckt werden.

[12] ‚Double Trigger Event' oder ‚Multiple Trigger Event'

rungskonzeptes ausgleichen. Sponsoren werden bei einer derartigen klaren Ein- bzw. Abgrenzung möglicherweise eher zur Übernahme von Eventualverbindlichkeiten bereit sein.[1]

Eine **betragsmäßige Begrenzung** der Nachschusspflicht wird bei einem ‚Limited Recourse Financing' immer bei einer gleichzeitig fehlenden sachlichen oder zeitlichen Einschränkung der Rückgriffsmöglichkeit vorliegen.[2] Allerdings ist die absolute Höhe der betragsmäßigen Begrenzung der Nachschusspflicht vor den spezifischen Gegebenheiten eines betrachteten Projekt- und Finanzierungskonzeptes zu reflektieren. Trotz Festlegung eines Höchstbetrages kann vor dem Hintergrund des tatsächlichen Schuldendienstes sowie einer projektinhärenten Risikostruktur durchaus eine sehr weitreichende Absicherung der Kreditgeber vorliegen. Eine betragsmäßige Begrenzung kann in einer derartigen Situation trotzdem sinnvoll sein, wenn die Nachschusspflicht mit einer Garantie durch einen Dritten unterlegt werden soll,[3] oder bilanzpolitische Erfordernisse eine Abgrenzung von Eventualverbindlichkeiten der Höhe nach erfordern.[4]

- **Full Recourse Financing**[5]

Bei dieser Variante der Projektfinanzierung haben die Kreditgeber im Fall eines für Zwecke des Schuldendienstes unzureichenden Cashflow eine vollumfängliche Rückgriffsmöglichkeit auf die Sponsoren oder andere Projektbeteiligte.[6] Technisch wird diese Haftung durch die Herauslegung einer unbedingten Garantie dargestellt.[7] Es besteht zwar die Intention zwischen den Projektbeteiligten, den Rückfluss der Kredite aus dem Cashflow darzustellen, aufgrund der Rückgriffsmöglichkeit erweckt die Projektfinanzierung jedoch den Anschein eines klassischen Firmenkundenkredites. Häufig wird daher postuliert, dass es sich bei einem Full Recourse Financing nicht um eine Projektfinanzierung im engeren Sinne handeln soll.[8] Dieser Sichtweise kann jedoch nicht uneingeschränkt gefolgt werden, da für die qualitative Einschätzung einer im Wege eines Full Recourse Financing strukturierten Projektfinanzierung zunächst die Werthaltigkeit der abgegebenen Garantie bzw. die Bonität des Garantiegebers zu analysieren ist. Selbst bei Vorliegen einer ausreichenden Kreditwürdigkeit der Garantiegeber besteht durch die Festlegung eines projektbezogenen Einsatzes

---

[1] Zur Problematik der Eventualverbindlichkeiten vgl. auch Gliederungspunkt 2.1.4.4 Off-Balance Sheet Financing, S. 49 ff.

[2] Sonst würde ein ‚Full Recourse Financing' vorliegen. Im Umkehrschluss wird eine betragsmäßig unbegrenzte Rückgriffsmöglichkeit bei einem ‚Limited Recourse Financing' gleichzeitig eine zeitliche oder sachliche Einschränkung dieser Verpflichtung bedingen. Vgl. auch die nachfolgenden Ausführungen.

[3] Z.B. im Rahmen eines durch die Hausbank des Sponsoren herausgelegten ‚Standby Letter of Credit', welcher einer mit der Nachschusspflicht korrespondierenden betragsmäßigen Begrenzung bedarf.

[4] Vgl. hierzu auch grundsätzlich Gliederungspunkt 2.1.4.4 2.1.4.4 Off-Balance Sheet Financing, S. 49 ff.

[5] Das ‚Full Recourse Financing' wird teilweise auch als „*Projektfinanzierung im weiteren Sinne*" definiert. Vgl. Schmitt, W.: Internationale Projektfinanzierung bei deutschen Banken, a.a.O., S. 25 m.w.N.

[6] Vgl. Belka, H.-G.: Die Projektfinanzierung als Finanzierungstechnik zur Realisierung neuer Bergbauprojekte, a.a.O., S. 39, Schmitt, W.: Internationale Projektfinanzierung bei deutschen Banken, a.a.O., S. 24, Schulte-Althoff, M.: Projektfinanzierung: Ein kooperatives Finanzierungsverfahren aus Sicht der Anreiz-Beitrags-Theorie und der neuen Institutionenökonomik, Münster, Hamburg 1992, S. 42, Tytko, D.: Grundlagen der Projektfinanzierung, a.a.O., S. 13.

[7] Bei mehreren am Projekt partizipierenden Sponsoren kann die Garantie zudem einzelschuldnerisch (several) bzw. gesamtschuldnerisch (joint and several) ausgestaltet sein. Vgl. Hall, W.: The fashionable world of project finance, in: The Banker, 126 Jg. (1976), Nr. 599, S. 73.

[8] Vgl. Frank, H.: Project Financing: Ein Verfahren zur finanziellen Absicherung des Unternehmenswachstums, a.a.O., S. 92, Schmitt, W.: Internationale Projektfinanzierung bei deutschen Banken, a.a.O., S. 25, Hupe, M.: Steuerung und Kontrolle internationaler Projektfinanzierungen, a.a.O., S. 20, Vogel, M.: Vertragsgestaltung bei internationalen Projektfinanzierungen, a.a.O., S. 33.

der Kreditmittel im Kreditvertrag weiterhin ein grundsätzlicher Unterschied zwischen einer derartigen Projektfinanzierung und einem klassischen Firmenkundenkredit. Die Kreditgeber versuchen durch Verwendungsklauseln regelmäßig einen zielgerichteten Einsatz der Kreditmittel und damit auch den Grundgedanken eines ‚Cashflow Related Lending' sicher zu stellen.[1]

2.1.4.2 Übernahme abstrakter Zahlungspflichten durch Dritte

Die erfolgreiche Darstellung einer Fremdfinanzierung wird ein den Projektrahmenbedingungen[2] angemessenes sowie mehr oder weniger in sich geschlossenes Projekt- und Finanzierungskonzept erfordern, welches - soweit rechtlich möglich und wirtschaftlich durchsetzbar - durch ein Netzwerk aus komplexen (Langzeit-) Verträgen abzubilden ist.[3] Regelmäßig werden hierbei ‚**abstrakte Zahlungspflichten durch Dritte**' zwecks Absicherung ihrer vertraglichen Verpflichtungen und damit auch korrespondierender Projektrisiken übernommen.[4] ‚Dritte' sind hierbei die außerhalb der Kreditnehmer-Kreditgeber-Beziehung auftretenden Projektbeteiligten (Sponsoren, Anlagenbauer, Abnehmer, Lieferanten, Betreiber etc.). Die Abstraktheit ergibt sich daraus, dass es sich nicht um eine direkte Garantie oder Bürgschaft für die Kreditverbindlichkeiten des ‚Projektes' handelt.[5] Vielmehr resultiert die abstrakte Zahlungsverpflichtung indirekt aus dem Abschluss und der konkreten Ausgestaltung wesentlicher Individualverträge[6], in denen projektrelevante Konzeptbestandteile (Errichtung, Absatz, Beschaffung, Betrieb und Wartung) kontrahiert und garantiert werden. Die Bedeutung der abstrakten Zahlungspflichten liegt neben ihrer Cashflow-stabilisierenden Wirkung insbesondere darin, dass sich die Kreditgeber derartige Ansprüche vom Kreditnehmer abtreten lassen und somit bei Vertragsstörungen direkten Einfluss auf Dritte nehmen können.[7] Die folgende Abbildung gibt eine zeitlich und sachlich gegliederte Übersicht über einige wesentliche Individualverträge mit abstrakten Zahlungsverpflichtungen bei Projektfinanzierungen im engeren Sinne:

---

[1] Vgl. hierzu auch die Ausführungen unter Gliederungspunkt 2.1.3.2 sowie Belka, H.-G.: Die Projektfinanzierung als Finanzierungstechnik zur Realisierung neuer Bergbauprojekte, a.a.O., S. 39. Der Nachweis einer Kreditverwendung für ein potenziell profitables Projekt erhöht gleichzeitig die Chance der Führungsbank, ein Bankenkonsortium zusammenzustellen. Vgl. Leeper, R.: Project finance – a term to conjure with, a.a.O., S. 69 sowie die Ausführungen zur Kreditsyndizierung unter Gliederungspunkt 2.3.1

[2] Wesentliche Rahmenbedingungen sind in diesem Zusammenhang u.a. Projektstandort, verwendete Technologie sowie sektorale Marktbesonderheiten.

[3] Zum ‚**Netzwerk aus komplexen Langzeitverträgen**' vgl. insbesondere Nicklisch, F.: BOT-Projekte: Netzwerk komplexer Langzeitverträge und Fragen der Streitbeilegung, in: F. Nicklisch (Hrsg.), Rechtsfragen privatfinanzierter Projekte: Nationale und internationale BOT-Projekte, Heidelberg 1993, S. 53 ff., wobei sich die hier gemachten Aussagen nicht nur auf BOT-Projekte beziehen, sondern analog auch für andere Organisations- und Erscheinungsformen der Projektfinanzierung Gültigkeit besitzen.

[4] Zum juristischen Begriff der ‚*abstrakten Zahlungspflicht*' vgl. Merkel, H.: § 98. Atypische Sicherheiten, a.a.O., S. 2486.

[5] Vgl. hierzu auch die Ausführungen zu möglichen Nachschussverpflichtungen der Sponsoren beim ‚Limited Recourse Financing' und ‚Full Recourse Financing' unter Gliederungspunkt 2.1.4.1. Auch eine von Sponsoren abgegebene ‚harte Patronatserklärung' für die Verpflichtungen einer Projektgesellschaft stellt somit keine abstrakte sondern eine konkrete Zahlungspflicht dar. Vgl. zur harten Patronatserklärung Merkel, H.: § 98. Atypische Sicherheiten, a.a.O., S. 2456 ff. HALL wertet die abstrakten Zahlungspflichten als „*Indirect Guarantees*"; vgl. Hall, W.: The fashionable world of project finance, a.a.O., S. 73.

[6] Insbesondere handelt es sich hierbei um Anlagenerrichtungs-, Abnahme-, Liefer-, Leistungs-, Betreiber-, Management- und Wartungsverträge.

[7] Vgl. hierzu die Ausführungen unter Gliederungspunkt 2.1.3.3 Kreditsicherheiten aus den Vermögenspositionen des Projektes, S. 24 ff.

Abb. 7: Übersicht über wesentliche Individualverträge bzw. Vertragsbestandteile mit impliziten abstrakten Zahlungsverpflichtungen

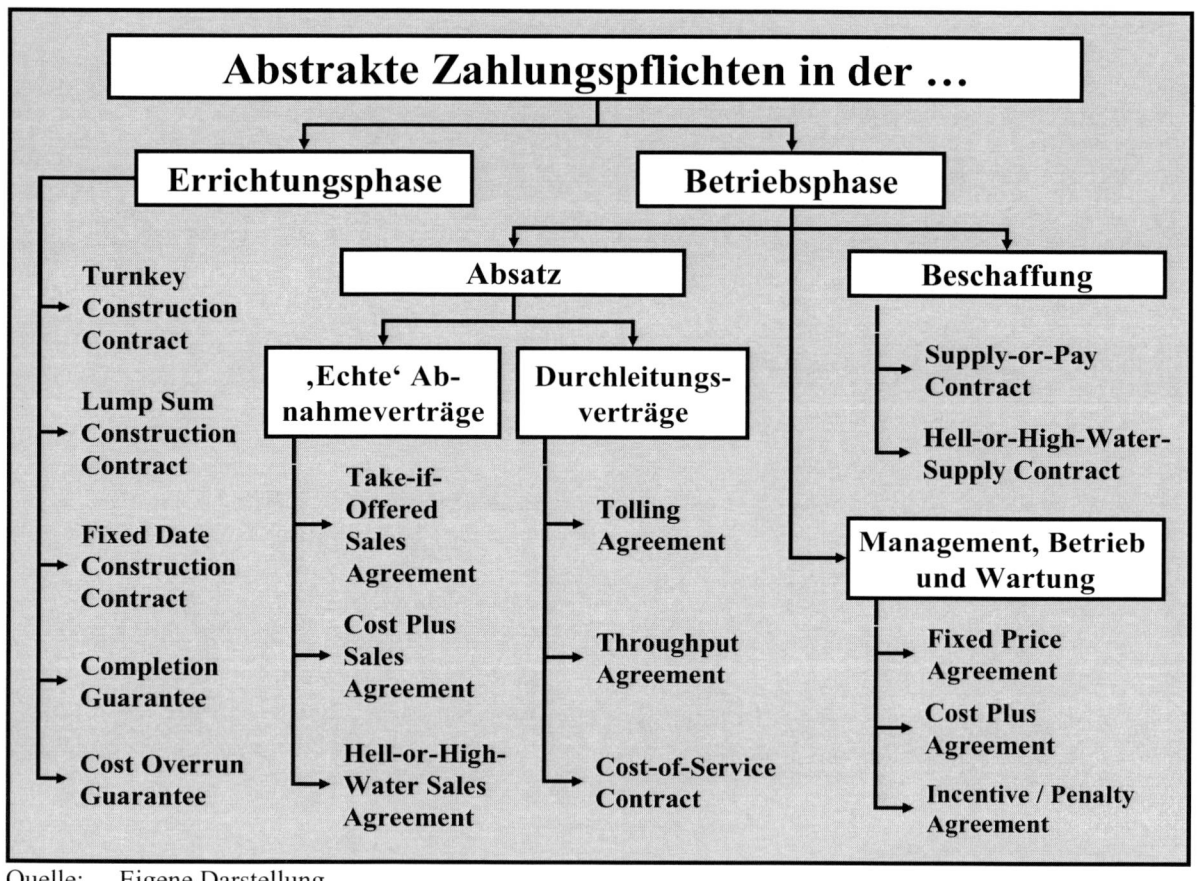

```
                    Abstrakte Zahlungspflichten in der ...
                    ┌──────────────────┴──────────────────┐
              Errichtungsphase                      Betriebsphase
                                          ┌──────────────┴──────────────┐
                                        Absatz                      Beschaffung
    Turnkey                    ┌───────────┴───────────┐        
    Construction               'Echte' Ab-       Durchleitungs-        Supply-or-Pay
    Contract                   nahmeverträge     verträge               Contract

    Lump Sum                                                           Hell-or-High-Water-
    Construction               Take-if-          Tolling               Supply Contract
    Contract                   Offered           Agreement
                               Sales                                   Management, Betrieb
                               Agreement                               und Wartung
    Fixed Date
    Construction               Cost Plus         Throughput            Fixed Price
    Contract                   Sales             Agreement             Agreement
                               Agreement
                                                                       Cost Plus
    Completion                                                         Agreement
    Guarantee                  Hell-or-High-     Cost-of-Service
                               Water Sales       Contract              Incentive / Penalty
    Cost Overrun               Agreement                               Agreement
    Guarantee
```

Quelle: Eigene Darstellung

Die ‚**Errichtungsphase**' dient im Wesentlichen der technischen Realisierung des Projektkonzeptes und somit dem Erreichen sowohl der technischen als auch - möglicherweise nach Vorschaltung einer Anlaufphase - der wirtschaftlichen Fertigstellung.[1] Die pünktliche Errichtung des Projektes, das Einhalten der geplanten Investitionskosten sowie das Erreichen der projektierten technischen Rahmendaten und Leistungsparameter sind dabei die wesentlichen Voraussetzungen für eine (zukünftige) ‚Bedienung des Schuldendienstes aus dem Cashflow des Projektes'. Zur Absicherung korrespondierender Risiken wurden in der juristischen Praxis verschiedene vertragliche Ausprägungsformen entwickelt, welche in unterschiedlichem Maße die Übernahme abstrakter Zahlungspflichten durch den oder die Anlagenerrichter implizieren:

- **Turnkey Construction Contract**

    Aufgrund der hohen Komplexität des Anlagen- und Systemgeschäfts kann die Übertragung der schlüsselfertigen Anlagenerrichtung an einen verantwortlichen ‚**Turnkey Contractor**'[2] sinnvoll sein. Die Auftragsabwicklung erfolgt hierbei unter einem sogenannten ‚**EPC-Vertrag**', welcher die einzelnen Teilleistungen der Anlagenerrichtung (Engineering, Procurement und

---

[1] Zur Unterscheidung zwischen technischer und wirtschaftlicher Fertigstellung; vgl. Finnerty, J. D.: Project Financing: Asset-Based Financial Engineering, a.a.O., S. 56.

[2] Der ‚Turnkey Contractor' kann hierbei ein Anlagenbauer oder ein **Managing Contractor** sein. Bei letzterem handelt es sich um ein Engineering-Unternehmen, welches keine eigenen Fertigungs- und Montagekapazitäten unterhält, sondern alle Bau- und Montageleistungen von Dritten einkauft, bündelt und koordiniert.

Construction) in einem Generalunternehmervertrag bündelt und koordiniert.[1] Der ‚Turnkey Contractor' garantiert hierbei das Erreichen der vertraglich festgelegten qualitativen und quantitativen Leistungsmerkmale des Projekt- und Finanzierungskonzeptes, wobei Abweichungen regelmäßig die Zahlung von Konventionalstrafen auslösen.[2]

- **Lump Sum Construction Contract**

   Ferner kann die Anlagenerrichtung zwecks Reduzierung des Kostenerhöhungsrisikos unter Vereinbarung eines Festpreises (‚**Lump Sum**') erfolgen. Vom Auftragnehmer zu verantwortende Kostenerhöhungen gehen hierbei zu seinen Lasten.[3]

- **Fixed Date Construction Contract**

   Darüber hinaus werden Anlagenerrichtungsverträge eine Definition des Fertigstellungszeitpunktes (z.B. einen Spätesttermin) enthalten, wobei vom Anlagenerrichter zu vertretende zeitliche Verzögerungen die Zahlung von gestaffelten oder pauschalen Konventionalstrafen (sogenannte ‚Penalties' oder ‚Pönalen') Verzugsentschädigungen auslösen.[4]

Häufig werden die vorstehend dargestellten Vertragsmuster in einem Anlagenerrichtungsvertrag kombiniert (z.B. als ‚**Fixed Date Turnkey Lump Sum Construction Contract**'),[5] so dass sich die möglichen Straf- bzw. Entschädigungszahlungen bzw. das Verlustpotenzial aus einem Auftrag kumulieren können. Anlagenbauer werden daher nur zeitlich und/oder der Höhe nach begrenzte vertragliche Garantien aussprechen, so dass aus Sicht der Kreditgeber eine zusätzliche Risikoabsicherung durch die Sponsoren in Form einer ‚**Completion Guarantee**' bzw. ‚**Cost Overrun Guarantee**' erforderlich sein kann.[6] Regelmäßig wird dies wird auch dann der Fall sein, wenn vom

---

[1] Der Generalunternehmer ist als ‚**Nominated Contractor**' alleiniger Vertragspartner der Projektgesellschaft. Soll eine eigenständige Rechtsbeziehung zu Unterlieferanten hergestellt werden (z.B. um einen eigenständigen Zahlungsanspruch des Unterlieferanten bei Insolvenz des Generalunternehmers gegenüber dem Projekt zu begründen), so können diese als ‚**Nominated Subcontractor**' benannt sein. Vgl. zu möglichen Formen der Strukturierung eines Anbieterkonsortiums auch Schwanfelder, W.: Internationale Anlagengeschäfte: Anbieterkonsortium, Projektabwicklung, Projektcontrolling, Wiesbaden 1989, S. 108 f.

[2] Technisch kann dies im Vertrag oder außerhalb desselben durch die Herauslegung von Leistungs- bzw. Verfügbarkeitsgarantien dargestellt werden. Vgl. zu den von Anlagenbauern zu stellenden Garantien auch Backhaus, K.; Molter, W.: Auftragsfinanzierung, internationale, a.a.O., Sp. 53.

[3] Neben dem im Anlagengeschäft üblichen ‚Festpreis' lassen sich auch andere Preisarten mit einer geringen Verbindlichkeit in Anlagenerrichtungsverträgen finden: Gleitpreise auf der Basis einer Preisformelvereinbarung, Vorbehaltspreise sowie Schätz- bzw. Orientierungspreise; vgl. Schwanfelder, W.: Internationale Anlagengeschäfte: Anbieterkonsortium, Projektabwicklung, Projektcontrolling, a.a.O., S. 178 f. Für eine weitergehende Differenzierung der Preisgestaltung bei Festpreisverträgen vgl. Werners, B.; Slaghuis, B.: Contract Management: Vertragsdesign und Anreizsysteme am Beispiel von Investitionsprojekten, in: WiSt, 33. Jg. (2004), S. 352 ff. Besondere Bedeutung wird bei einer Festpreisvereinbarung den vertraglichen Regelungen zukommen, die eine Zuweisung der Verantwortung für eine Kostenüberschreitung definieren. Regelmäßig werden vom Besteller veranlasste, kostenerhöhende Auftragsänderungen von der Zustimmung der Kreditgeber abhängig sein; vgl. Denton Hall Projects Group (Hrsg.): A Guide to Project Finance, a.a.O., S. 56 f.

[4] Für mögliche Formen der Ausgestaltung von vertraglichen Verzugsklauseln vgl. Schwanfelder, W.: Internationale Anlagengeschäfte: Anbieterkonsortium, Projektabwicklung, Projektcontrolling, a.a.O., S. 206 ff.

[5] FAHRHOLZ spricht in diesem Zusammenhang etwas unscharf vom ‚Fixed Price Turnkey Construction Contract'. Vgl. Fahrholz, B.: Neue Formen der Unternehmensfinanzierung, a.a.O., S. 263.

[6] Die britische Anwaltskanzlei DENTON HALL definiert die ‚**Completion Guarantee**' als „*...a guarantee from the shareholders/sponsors to the effect that the project will achieve completion by a stated date*" sowie die ‚**Cost Overrun Guarantee**' als „*...a commitment by a third party that should the costs of achieving completion of the project exceed the agreed project budget, then the cost overrun guarantor will meet the shortfall.*" Denton Hall Projects Group (Hrsg.): A Guide to Project Finance, a.a.O., S. 75.

Anlagenerrichter keine (werthaltigen) Garantien herausgelegt werden können, oder wenn er gleichzeitig als Sponsor auftritt.

Nach Erreichen der wirtschaftlichen Fertigstellung bzw. Betriebsbereitschaft beginnt die ‚**Betriebsphase**', somit die zumindest theoretische Schuldendienstfähigkeit des Projektes sowie regelmäßig auch der Beginn der vertraglich vereinbarten ersten Tilgungsperiode.[1] Die tatsächliche Fähigkeit zur Bedienung des Kapitaldienstes wird jedoch im Wesentlichen von der erfolgreichen Umsetzung des Projektkonzeptes in den einzelnen betrieblichen Funktionsbereichen Absatz, Beschaffung, (technischer) Betrieb und Wartung sowie Management abhängen. Die Schuldendienstfähigkeit erfährt insbesondere dann eine erhebliche Verbesserung, wenn es gelingt den ‚**Absatz**' des Projektes im Rahmen von Abnahmeverträgen möglichst kongruent zur Kreditlaufzeit abzusichern. Hierdurch kann die Unsicherheit bezüglich der Eintrittswahrscheinlichkeit der geplanten Umsatzerlöse als eine wesentliche Ausgangsgröße des zu erwartenden Cashflow reduziert werden. In der Praxis wurden hierfür einzelne Vertragstypen entwickelt, welche in unterschiedlichem Maße eine Übernahme von abstrakten Zahlungspflichten durch den Abnehmer beinhalten. Grundsätzlich lassen sich zwei Gruppen von Abnahmeverträgen unterscheiden,[2] welche sich jeweils weiter untergliedern lassen:

- **‚Echte' Abnahmeverträge (True Sales Arrangements):**
    - ➢ **Take-if-Offered Sales Agreement**

    Bei einem ‚**Take-if-Offered Sales Agreement**' verpflichtet sich ein Abnehmer, eine Mindestmenge der Produktion des Projektes zu einem ex ante betrags-, referenz- oder formelmäßig festgelegten Preis abzunehmen (‚**to take**'). Eine Abnahme- bzw. Zahlungspflicht besteht jedoch nicht, wenn das Projekt aufgrund von höherer Gewalt bzw. selbst zu vertretenden Produktionsstörungen nicht liefern bzw. leisten kann (‚**if offered**').[3]

    - ➢ **Take-or-Pay Sales Agreement**

    Im Rahmen eines ‚**Take-or-Pay Sales Agreement**'[4] verpflichtet sich ein Abnehmer eine Mindestmenge der Produktion des Projektes zu einem ex ante betrags-, referenz- oder formelmäßig festgelegten Preis abzunehmen (‚**to take**') <u>oder</u> alternativ bei Nichtabnahme eine ebenfalls vorab festgelegte Ausgleichszahlung zu leisten (‚**or pay**'). Die Ausgleichszahlung muss hierbei nicht notwendigerweise dem festgelegten Produktpreis entsprechen, sondern kann auch darun-

---

Die hier angesprochenen Garantien sind insofern abzugrenzen von Garantien, die ein Anlagenerrichter im Rahmen des Anlagenbauvertrages abgibt. Vgl. hierzu auch Horn, N.: Das Vertragsrecht der internationalen Projektfinanzierungen, a.a.O., S. 210 f. passim sowie Prautzsch, W.-A.: Projektfinanzierung, a.a.O., S. 1488. Eine andere Auffassung vertritt BACKHAUS, welcher die Fertigstellungsgarantie (‚Completion Guarantee') dem Hersteller (Anlagenerrichter) zuordnet; vgl. Backhaus, K.: Projektfinanzierung, internationale, a.a.O., Sp. 1731. Für eine korrigierte Darstellung vgl. Backhaus, K.; Köhl, T.: Projektfinanzierung, in: HWF, 3. Aufl., Stuttgart 2001, Sp. 1725.

[1] Soweit keine tilgungsfreien Betriebsjahre im Finanzierungskonzept vereinbart sind.

[2] Vgl. zu dieser Zweiteilung auch Vinter, G. D.: Project Finance: A legal guide, a.a.O., S. 66 sowie Denton Hall Projects Group (Hrsg.): A Guide to Project Finance, a.a.O., S. 35.

[3] Vgl. Finnerty, J. D.: Project Financing: Asset-Based Financial Engineering, a.a.O., S. 59 f. Damit entspricht der Grundgedanke des ‚Take-if-Offered Sales Agreement' dem ebenfalls im Schrifttum anzutreffenden ‚**Take-and-Pay Contract**'. Vgl. Nevitt, P. K.; Fabozzi, F.: Project Financing, a.a.O., S. 369, Horn, N.: Das Vertragsrecht der internationalen Projektfinanzierungen, a.a.O., S. 277 u. 256 f.

[4] Teilweise wird im Schrifttum auch der Begriff ‚Take-or-Pay <u>Contract</u>' im Zusammenhang mit Abnahmeverträgen verwendet; vgl. Horn, N.: Das Vertragsrecht der internationalen Projektfinanzierungen, a.a.O., S. 255 f.

ter liegen.[1] Sie wird regelmäßig auf Produktabnahmen in zukünftigen Lieferperioden anrechenbar sein.[2] Eine Abnahme- bzw. Zahlungspflicht besteht auch bei diesem Vertragstypus nicht, wenn das Projekt aufgrund von höherer Gewalt bzw. selbst zu vertretenden Produktionsstörungen nicht liefern bzw. leisten kann.[3]

> **Hell-or-High-Water Contract**[4]

Bei einem ‚**Hell-or-High-Water Contract**' handelt es sich um ein ‚Take-if-Offered Sales Agreement' <u>oder</u> ein ‚Take-or-Pay Sales Agreement' bei dem auch dann eine (fiktive) Abnahme- bzw. Zahlungspflicht besteht, wenn das Projekt aufgrund von höherer Gewalt bzw. selbst zu vertretenden Produktionsstörungen nicht liefern bzw. leisten kann.[5] Inwieweit bei einem ‚Hell-or-High Water Contract' noch die ‚Übernahme einer abstrakten Zahlungspflicht' oder bereits eine in einen Abnahmevertrag gekleidete, indirekte Garantie des Abnehmers für die Kreditverbindlichkeiten des Projektes vorliegt, wird im Wesentlichen von der vertraglichen Ausgestaltung im Hinblick auf die abzunehmenden Mengen und die hierfür zu entrichtenden Preise abhängen.

- **Durchleitungsverträge (Pass-through Sales Arrangements):**

> **Tolling Agreement**[6]

Unter einem ‚**Tolling Agreement**' werden dem Projekt im Eigentum Dritter stehende Roh-, Hilfs- und Betriebsstoffe bzw. Vorprodukte unentgeltlich zur Weiterverarbeitung gegen Gebühr (‚**Toll**' oder ‚**Tolling Charge**') angeliefert, wobei diese mindestens die (verbleibenden) Betriebskosten des Projektes sowie die Fixkosten[7] abdeckt.[8]

---

[1] Die Ausgleichszahlung kann z.B. derart gestaltet sein, dass sie nur die Fixkosten des Projektes, insbesondere den Schuldendienst, abdeckt. Durch eine derartige Vertragsoption eröffnen sich weitreichende Gestaltungsmöglichkeiten einer ‚Kreditsicherung im weiteren Sinne', wobei jedoch auf konsistente Regelungen in den anderen Projektverträgen (z.B. Betreiber- und Zulieferverträge) zu achten sein wird.

[2] Vgl. Finnerty, J. D.: Project Financing: Asset-Based Financial Engineering, a.a.O., S. 59 f. Die Ausgleichszahlung gewinnt somit den Charakter einer Vorauszahlung bzw. einer (möglicherweise sogar zinslosen) Zwischenfinanzierung der langfristigen Kreditverbindlichkeiten.

[3] Vgl. Vinter, G. D.: Project Finance: A legal guide, a.a.O., S. 66, Finnerty, J. D.: Project Financing: Asset-Based Financial Engineering, a.a.O., S. 59 f., Fahrholz, B.: Neue Formen der Unternehmensfinanzierung, a.a.O., S. 265. Eine andere Auffassung vertreten NEVITT/FABOZZI: "*The obligation to make minimum payments is unconditional and must be paid whether or not the service or product is actually furnished or delivered*"; Nevitt, P. K.; Fabozzi, F.: Project Financing, a.a.O., S. 369. HORN weist jedoch daraufhin, dass dies erst bei Hinzutreten einer ‚Hell-or-High Water Clause' der Fall ist; vgl. Horn, N.: Das Vertragsrecht der internationalen Projektfinanzierungen, a.a.O., S. 255 f. sowie die nachfolgenden Ausführungen.

[4] Teilweise wird der ‚Hell-or-High-Water Contract' auch als Unterart des ‚Take-or-Pay Sales Agreement' dargestellt; vgl. Horn, N.: Das Vertragsrecht der internationalen Projektfinanzierungen, a.a.O., S. 255 f. Die angelsächsische Rechtsanwaltssozietät Clifford Chance bezeichnet den ‚Hell-or-High-Water Contract' daher auch als ‚"**True**" **Take-or-Pay Contract**'; vgl. Clifford Chance (Hrsg.): Project Finance, a.a.O., S. 71.

[5] Vgl. Finnerty, J. D.: Project Financing: Asset-Based Financial Engineering, a.a.O., S. 60 f. Die vertragliche Abnahmeverpflichtung gewinnt hierdurch den Charakter einer anteiligen oder vollständigen ‚**Kapazitätspacht**', da der Abnehmer das unternehmerische Risiko des Projektes korrespondierend zur kontrahierten Abnahmemenge übernimmt. Vgl. hierzu sowie zu möglichen bilanziellen Folgen für den Abnehmer Reuter, A.; Wecker, C.: Projektfinanzierung: Anwendungsmöglichkeiten, Risikomanagement, Vertragsgestaltung, bilanzielle Behandlung, a.a.O., S. 111 f.

[6] Der angelsächsische Begriff ‚Tolling' lässt sich mit ‚Lohnverarbeitung' bzw. ‚Lohnveredelung' übersetzen.

[7] Bei einer pagatorischen Kostenbetrachtung werden dies neben dem Zinsdienst insbesondere auch die Tilgungen sein.

[8] Vgl. Finnerty, J. D.: Project Financing: Asset-Based Financial Engineering, a.a.O., S. 62.

> **Through-put Agreement**

Analog zum Tolling Agreement werden im Rahmen eines ‚**Through-put Agreement**' vom Projekt (Transport-)Dienstleistungen für Dritte gegen Gebühr erbracht.[1] Regelmäßig liegt hierbei eine dem ‚Take-or-Pay Sales Agreement' ähnliche Vertragsgestaltung vor, wobei der ‚Through-put Contract' dann auch als ‚**Ship-or-Pay Contract**' bezeichnet wird.[2]

> **Cost-of-Service Contract**[3]

Unter einem ‚**Cost-of-Service Contract**' verpflichtet sich ein Abnehmer zu einer Übernahme der tatsächlichen Kosten des Projektes proportional zu den von ihm vertraglich abzunehmenden Produktmengen bzw. Dienstleistungseinheiten und/oder reservierten Produktions- bzw. Dienstleistungskapazitäten.[4] Die Kostenübernahme kann - u.U. in Abhängigkeit von der Liefer- oder Leistungsfähigkeit[5] - teilweise und/oder vollständig vereinbart sein. Im Fall einer liefer- oder leistungsunabhängigen, vollständigen Kostenübernahme liegt eine dem ‚Hell-or-High-Water Contract' ähnliche Verpflichtung vor.[6]

Die Ausführungen zu den ‚echten Abnahmeverträgen' finden teilweise ihre spiegelbildliche Entsprechung im Funktionsbereich der ‚**Beschaffung**'. Auch hier existieren analoge Vertragsstrukturen zum Zwecke der verbindlichen Kontrahierung wesentlicher Roh-, Hilfs- und Betriebsstoffe, welche abstrakte Zahlungspflichten des Zulieferers beinhalten können. So verpflichtet sich beispielsweise im Rahmen eines ‚**Supply-or-Pay Contract**'[7] ein Zulieferer, eine Mindestmenge der vom Projekt benötigten Vorprodukte (Roh-, Hilfs- oder Betriebsstoffe) zu einem ex ante betrags-, referenz- oder formelmäßig festgelegten Preis zu liefern (‚**to supply**') oder alternativ bei Nichtbelieferung eine ebenfalls vorab festgelegte Ausgleichszahlung zu leisten (‚**or pay**').[8] Die Ausgleichszahlung kann hierbei so bemessen sein, dass sie die Beschaffung der benötigten Vorprodukte aus alternativen Lieferquellen ermöglicht[9] oder die produktionsunabhängigen Fixkosten

---

[1] Vgl. Ebenda, S. 61, Clifford Chance (Hrsg.): Project Finance, a.a.O., S. 71 f. Through-put Contracts finden sich insbesondere im Rahmen von Pipeline- bzw. Schiffsprojekten.

[2] Vgl. Denton Hall Projects Group (Hrsg.): A Guide to Project Finance, a.a.O., Glossary, vor S. 1.

[3] Der ‚Cost-of-Service Contract' wird teilweise auch als ‚**Pass-through Offtake Agreement**' bezeichnet. Vgl. Vinter, G. D.: Project Finance: A legal guide, a.a.O., S. 66 und S. 71 ff.

[4] Vgl. Finnerty, J. D.: Project Financing: Asset-Based Financial Engineering, a.a.O., S. 61.

[5] Insbesondere bei Kraftwerksprojekten finden sich in den Stromabnahmeverträgen (‚Power Purchase Agreements') Tariformeln, die eine Kostenübernahme in Abhängigkeit von der tatsächlichen Liefer- bzw. Leistungsfähigkeit vorsehen. Der Stromtarif setzt sich hierbei regelmäßig aus einer ‚Capacity Charge' zur teilweisen oder vollständigen Abdeckung der Fixkosten in Relation zur Verfügbarkeit des Kraftwerkes und einer ‚Energy Charge' zur vollständigen Überwälzung der variablen Kosten (insbesondere Brennstoffkosten) zusammen. Vgl. hierzu auch Vinter, G. D.: Project Finance: A legal guide, a.a.O., S. 71 f.

[6] Eine Kostenübernahme erfolgt in diesem Fall auch dann, wenn das Projekt aufgrund von höherer Gewalt bzw. selbst zu vertretenden Produktionsstörungen nicht liefern bzw. leisten kann.

[7] Teilweise werden im Schrifttum auch die Begriffe ‚**Put-or-Pay Contract**' bzw. ‚**Deliver-or-Pay Contract**' synonym verwendet; vgl. Nevitt, P. K.; Fabozzi, F.: Project Financing, a.a.O., S. 362, Reuter, A.; Wecker, C.: Projektfinanzierung: Anwendungsmöglichkeiten, Risikomanagement, Vertragsgestaltung, bilanzielle Behandlung, a.a.O., S. 113, Clifford Chance (Hrsg.): Project Finance, London 1991, S. 107.

[8] Vgl. Denton Hall Projects Group (Hrsg.): A Guide to Project Finance, a.a.O., Glossary, vor S. 1, Clifford Chance (Hrsg.): Project Finance, a.a.O., S. 107.

[9] Vgl. Nevitt, P. K.; Fabozzi, F.: Project Financing, a.a.O., S. 368, Clifford Chance (Hrsg.): Project Finance, a.a.O., S. 72.

(insbesondere den Schuldendienst) abdeckt.[1] Ist die Ausgleichszahlung auch für den Fall der höheren Gewalt vorgesehen, so liegt ein ‚**Hell-or-High-Water Supply Contract**' vor.

Cashflow-stabilisierende und risikominimierende Regelungen in Abnahme- und Beschaffungsverträgen zugunsten des Projektes, insbesondere darin enthaltene abstrakte Zahlungspflichten, werden - ökonomisch-rationales Verhalten der Vertragsparteien unterstellt - nur bei Vorliegen einer korrespondierenden Anreiz-Beitrags-Struktur darstellbar sein. Diese kann insbesondere durch eine kapitalmäßige Verflechtung der Abnehmer und Zulieferer mit dem Projekt[2], durch vorteilhafte Preisgestaltungen[3] oder durch spiegelbildliche Zusicherungen des Projektes erfolgen.[4]

Bei komplexen Produktions- und Leistungsprozessen wird zwecks Reduzierung von Risiken in den betrieblichen Funktionsbereichen **Management, Betrieb und Wartung** regelmäßig der Abschluss entsprechender Management-, Betriebs- und Wartungsverträge mit kompetenten Vertragsparteien anzustreben sein.[5] Bei der Übertragung der genannten Funktionen an Dritte existieren verschiedene vertragliche Gestaltungsmöglichkeiten, welche in unterschiedlichem Maße die Übernahmen von abstrakten Zahlungspflichten durch Dritte implizieren:

- **Fixed Price Agreement**

  Der Betreiber erhält für den Betrieb des Projektes eine feste Vergütung, wobei das Risiko einer Betriebskostenüberschreitung vom Betreiber getragen wird. Andererseits hat er die Chance durch eine Betriebskostenunterschreitung seinen Gewinn aus dem Betreibervertrag zu maximieren. Um einem Betreiber eine ausgewogene Anreiz-Beitrags-Struktur zu bieten, wird ein ‚Fixed Price Agreement' bei technisch komplexen Betriebsabläufen tendenziell teurer sein als andere Vertragsformen.[6]

- **Cost Plus Agreement**[7]

  Für den Betrieb des Projektes erhält der Betreiber eine Vergütung, die sich aus den Betriebskosten (‚**Costs**') sowie einer feste Betreibervergütung (‚**Plus**') zusammensetzt. Während das Grundprinzip des ‚Cost Plus Agreement' die Überwälzung des Risikos einer Betriebskostener-

---

[1] Vgl. Finnerty, J. D.: Project Financing: Asset-Based Financial Engineering, a.a.O., S. 63.

[2] In diesem Fall treten Abnehmer und Zulieferer gleichzeitig als Sponsoren auf und partizipieren über die potenziellen, zukünftigen Ausschüttungen am Projekt. In diesem Sinne auch RIEGER; vgl. Rieger, H.: Juristische Aspekte der Projektfinanzierung, a.a.O., S. 74.

[3] Vgl. Reuter, A.; Wecker, C.: Projektfinanzierung: Anwendungsmöglichkeiten, Risikomanagement, Vertragsgestaltung, bilanzielle Behandlung, a.a.O., S. 111.

[4] In dieser Situation wird ein ‚Take-or-Pay Sales Agreement' möglicherweise gleichzeitig eine ‚Supply-or-Pay'-Verpflichtung für das Projekt implizieren. Vice versa wird ein ‚Supply-or-Pay Contract' zwecks Absicherung der Versorgung des Projektes gleichzeitig eine ‚Take-or-Pay'-Verpflichtung des Projektes erfordern. VINTER führt hierzu aus: „*It is important to realise that one man's supply contract is another man's offtake agreement.*" Vinter, G. D.: Project Finance: A legal guide, a.a.O., S. 65. Für hieraus resultierende potenzielle Schwierigkeiten bei der Realisierung von Projektfinanzierungen vgl. beispielhaft Klyne, S.: Breakthrough for Malaysian IPPs, in: PFI, o.Jg. (2001), Nr. 212, S. 22.

[5] Ausnahmen sind dort möglich, wo diese Aufgaben von der Projektgesellschaft selbst dargestellt werden können. Vgl. Vinter, G. D.: Project Finance: A legal guide, a.a.O., S. 60.

[6] Vgl. Denton Hall Projects Group (Hrsg.): A Guide to Project Finance, a.a.O., 33 f., UNIDO (Hrsg.): Guidelines for Infrastructure Development through Build-Operate-Transfer (BOT) Projects, Wien 1996, S. 266 sowie in diesem Sinne wohl auch vgl. Rieger, H.: Juristische Aspekte der Projektfinanzierung, a.a.O., S. 73.

[7] Teilweise auch als ‚**Cost-Plus-a-Fee Contract**' bezeichnet; vgl. UNIDO (Hrsg.): Guidelines for Infrastructure Development through Build-Operate-Transfer (BOT) Projects, a.a.O, S. 266.

höhung auf das Projekt bedeutet, sind in der Mehrzahl der Fälle abstrakte Zahlungspflichten in Form einer quotalen Übernahme von Kostenerhöhungen durch den Betreiber vorgesehen.[1]

- **Incentive/Penalty Agreement**

  Bei dieser Vertragsform ist die Vergütung des Betreibers an technisch-ökonomische Leistungskennziffern gekoppelt. Für den Fall einer Überschreitung der Zielvorgaben ist eine Bonuszahlung, für den Fall der Unterschreitung eine Konventionalstrafe in Form einer reduzierten Vergütung vereinbart. Bonus- und Strafzahlungen können dabei der Höhe nach vertraglich begrenzt werden.[2]

Inwieweit abstrakte Zahlungspflichten den Charakter von ‚**atypischen Kreditsicherheiten**'[3] bzw. ‚**Kreditsicherheiten im weiteren Sinne**'[4] annehmen, hängt wesentlich von der konkreten Ausgestaltung der vertraglichen Vereinbarungen[5], der rechtlichen Durchsetzbarkeit[6] derselben sowie der Bonität der Vertragsparteien[7] ab. Ob und in welchem Umfang abstrakte Zahlungspflichten überhaupt erhältlich und/oder erforderlich sind, wird u.a. von den sektoralen bzw. branchenspezifischen[8], geographischen[9] und technisch-produktionswirtschaftlichen[10] Rahmenbedingungen des Projektvorhabens abhängen. Auch die Verhandlungsmacht bzw. -position der beteiligten Vertragsparteien wird sich möglicherweise auf die Qualität der vertraglichen Unterlegung des Projekt- und

---

[1] Vgl. Denton Hall Projects Group (Hrsg.): A Guide to Project Finance, a.a.O., 34. Ferner kann die Betreibervergütung teilweise an die Leistung des Betreibers geknüpft werden, vgl. UNIDO (Hrsg.): Guidelines for Infrastructure Development through Build-Operate-Transfer (BOT) Projects, a.a.O, S. 266 f.

[2] Vgl. Denton Hall Projects Group (Hrsg.): A Guide to Project Finance, a.a.O., 34, UNIDO (Hrsg.): Guidelines for Infrastructure Development through Build-Operate-Transfer (BOT) Projects, a.a.O, S. 267, Rieger, H.: Juristische Aspekte der Projektfinanzierung, a.a.O., S. 73, Vinter, G. D.: Project Finance: A legal guide, a.a.O., S. 65.

[3] Vgl. Merkel, H.: § 98. Atypische Sicherheiten, a.a.O., S. 2486.

[4] Vgl. Horn, N.: Das Vertragsrecht der internationalen Projektfinanzierungen, a.a.O., S. 247.

[5] So weist MERKEL im Zusammenhang mit der Übernahme von abstrakten Zahlungspflichten im Rahmen von Abnahmeverträgen darauf hin, dass diese erst dann den Charakter von Sicherheiten annehmen, wenn insbesondere „... *auch auf Einwendungen, Einreden, Aufrechnungs- und Zurückbehaltungsrechte jeder Art gegen die abgetretenen Zahlungsansprüche ...*" verzichtet wird; vgl. Merkel, H.: § 98. Atypische Sicherheiten, a.a.O., S. 2486.

[6] Vgl. hierzu auch die Ausführungen unter Gliederungspunkt 2.2.3.2 Prognoseerfordernis und -felder, S. 133 ff. (Unterpunkt ‚*Rechtsdurchsetzung/Genehmigungserhalt*') sowie Backhaus, K.: Projektfinanzierung, internationale, a.a.O., Sp. 1732.

[7] Vgl. hierzu auch die Ausführungen unter Gliederungspunkt 2.2.3.2 Prognoseerfordernis und -felder, S. 133 ff. (Unterpunkt ‚*Bonität von Vertragspartnern*').

[8] Bei Vorliegen von atomisierten Abnehmerstrukturen (z.B. bei Mobilfunk- oder Mautstraßenprojekten) wird eine Absicherung durch Abnahmeverträge naturgemäß unmöglich sein.

[9] Die Projektfinanzierung eines Kraftwerkes zur Stromversorgung einer Kupfermine an einem entlegenen Standort ohne Anbindung an das Elektrizitätsnetz wird ohne korrespondierenden Stromabnahmevertrag mit dem Endabnehmer oder dem zwischengeschalteten nationalen Strommonopolisten nicht zu realisieren sein. Eine völlig andere Situation kann sich dagegen auf deregulierten Strommärkten in Industrienationen (z.B. Großbritannien, Vereinigte Staaten) mit entwickelten Abnahme- und Preisfestsetzungsstrukturen ergeben. Hier muss das Projekt- und Finanzierungskonzept möglicherweise ohne Abnahmeverträge auskommen, wodurch die finanzierenden Banken zur vollen oder teilweisen Übernahme von Markt- und/oder Preisrisiken gezwungen sein können. Vgl. zu derartigen sogenannten ‚Merchant Plants' auch Barry, J.: Merchant Plants - The Next Step for Europeans IPP's, Vortragsmanuskript, Konferenz: Financing Power Projects in Europe, London 28.-29.11.1996, S. 1 ff.

[10] So werden beispielsweise technisch-komplexe Fabrikationsanlagen zur Erzeugung von anspruchsvollen Produkten (Polyäthylen, Stahlblech, Zellstoff etc.) andere Anforderungen an die Qualität der Betriebsführung stellen als eine Mautbrücke.

Finanzierungskonzeptes auswirken. Insofern kann auch - trotz der großen praktischen Bedeutung - die ‚**Übernahme von abstrakten Zahlungspflichten durch Dritte**' weder als konstitutives Aufbauelement noch als Kernmerkmal der Projektfinanzierung im engeren Sinne charakterisiert werden.

2.1.4.3 Projektbezogene Kreditbedingungen und Verhaltensauflagen

Ein mögliches weiteres Merkmal der Projektfinanzierung stellt die Vereinbarung von indirekten Sicherungsmaßnahmen nach angloamerikanischer Rechtspraxis im Kreditvertrag selbst dar. Die Bedeutung dieser atypischen Sicherheiten – sogenannter ‚*Representations and Warranties*' [1], ‚*Conditions Precedent*' [2] und ‚*Covenants*' [3] – ist in der rechtlichen Umsetzung bzw. Abbildung des aus einer ökonomischen Perspektive entwickelten Projekt- und Finanzierungskonzeptes zu sehen.[4] Obwohl in der Vergangenheit im deutschen Rechtsraum eher unbekannt,[5] werden derartige Vertragsklauseln in jüngerer Zeit verstärkt für „*...paretooptimale Lösungen von Finanzierungskonflikten über Marktprozesse*"[6] diskutiert.[7] ‚*Representations and Warranties*' sowie ‚*Conditions Precedent*' stellen hierbei die vertragliche Umsetzung der **Kreditbedingungen**[8] dar, unter denen sich die Kreditgeber zu einer Kreditvergabe an den Kreditnehmer bereit erklären. ‚*Covenants*' sind hingegen an den Kreditnehmer gerichtete, explizite **Kredit- bzw. Verhaltensauflagen**, welche die Kreditgeber während der Kreditlaufzeit eingehalten sehen wollen. Aus einzelwirtschaftlicher Sicht beschreiben die Kreditbedingungen die Aufbauelemente und die Kredit- bzw. Verhaltensauflagen

---

[1] Es handelt sich hierbei um vertragliche Erklärungen und Zusicherungen (Gewährleistungen), welche als „*a series of statements of fact and/or law made by one party to an agreement on the basis of which the other party undertakes to enter into the agreement*" definiert werden können. Vgl. Clifford Chance (Hrsg.): Project Finance, a.a.O., S. 107 sowie Stockmayer, A.: Projektfinanzierung und Kreditsicherung dargestellt am Beispiel von Darlehen an Rohstoffvorhaben in Entwicklungsländern, a.a.O., S. 126. HINSCH spricht von der „*Zusicherungsklausel*"; vgl. Hinsch, C.L.: Das Vertragsrecht der internationalen Konsortialkredite am Euromarkt, a.a.O. 1985, S. 88.

[2] Conditions Precedent sind Finanzierungsbedingungen bzw. Auszahlungsvoraussetzungen in Kreditverträgen. Vgl. Hinsch, C.L.: Das Vertragsrecht der internationalen Konsortialkredite am Euromarkt, a.a.O. 1985, S. 68. Regelmäßig wird zudem zwischen ‚Conditions Precedent prior to first Drawdown' bzw. ‚General Conditions Precedent' und ‚Conditions Precedent to Each Drawdown' unterschieden, so dass auch bei Kreditauszahlungen in späteren Projektphasen die vertraglich festgelegte Auszahlungsvoraussetzungen zu erfüllen sind. Vgl. Vinter, G. D.: Project Finance: A legal guide, a.a.O., S. 105.

[3] Covenants sind in dem hier verwendeten Zusammenhang als vertragliche Nebenpflichten bzw. (Kredit- oder Projekt-) Auflagen zu verstehen. Vgl. Hinsch, C.L.: Das Vertragsrecht der internationalen Konsortialkredite am Euromarkt, a.a.O. 1985, S. 86. STOCKMAYER spricht zusätzlich von „*Finanzierungsvorbehalten*"; vgl. Stockmayer, A.: Projektfinanzierung und Kreditsicherung dargestellt am Beispiel von Darlehen an Rohstoffvorhaben in Entwicklungsländern, a.a.O., S. 132 passim.

[4] Zum Begriff der „Atypischen Sicherheit", insbesondere zu weiteren Erscheinungsformen vgl. Merkel, H.: § 98. Atypische Sicherheiten, a.a.O., S. 2452-2453.

[5] Vgl. Stockmayer, A.: Projektfinanzierung und Kreditsicherung dargestellt am Beispiel von Darlehen an Rohstoffvorhaben in Entwicklungsländern, a.a.O., S. 124.

[6] Burger, A.; Buchhart, A.: Financial Covenants statt Insolvenzordnung (InsO)?, in: Finanz Betrieb, 1. Jg. (1999), S. 15.

[7] Für die Diskussion von „Covenants" vgl. beispielhaft Schulte, R.: Event Risks und Event Risk Covenants, in: Finanz Betrieb, 1. Jg. (1999), S. 289 ff; Burger, A.; Buchhart, A.: Financial Covenants statt Insolvenzordnung (InsO)?, a.a.O., S. 15 ff.

[8] Diese Kreditbedingungen werden auch unter den Oberbegriff ‚Lending Conditions' subsumiert. Vgl. Stockmayer, A.: Projektfinanzierung und Kreditsicherung dargestellt am Beispiel von Darlehen an Rohstoffvorhaben in Entwicklungsländern, a.a.O., S. 126.

die Ablaufelemente einer Projektfinanzierung.[1] Die nachfolgende Abbildung gibt einen Überblick über die indirekten Sicherungsmaßnahmen nach angloamerikanischer Rechtspraxis in Kreditverträgen für Projektfinanzierungen:

Abb. 8: Überblick über indirekte Sicherungsmaßnahmen nach angloamerikanischer Rechtspraxis in Kreditverträgen für Projektfinanzierungen

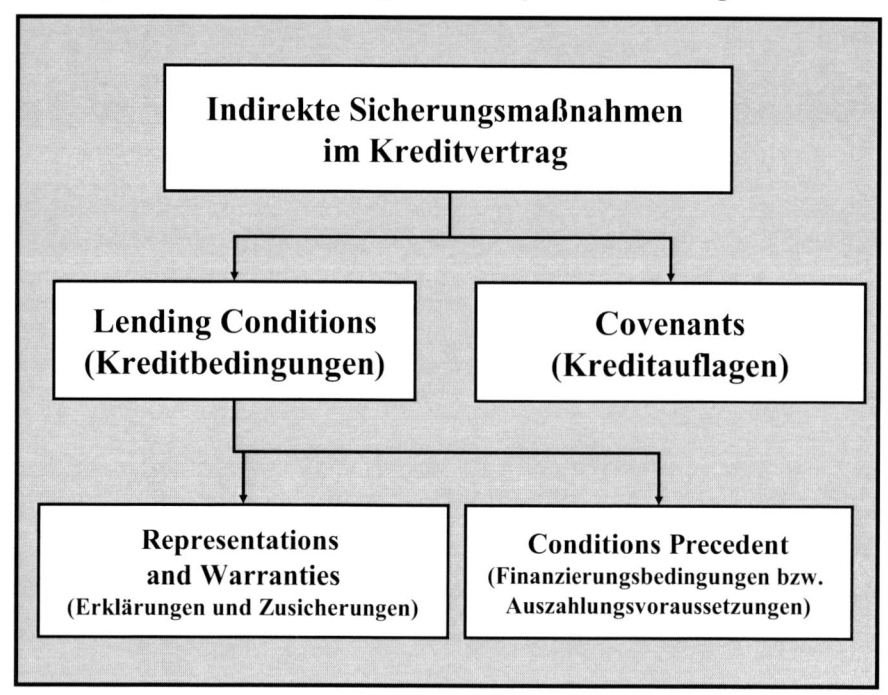

```
                    Indirekte Sicherungsmaßnahmen
                          im Kreditvertrag
                                 |
                ┌────────────────┴────────────────┐
                ▼                                 ▼
        Lending Conditions                   Covenants
       (Kreditbedingungen)               (Kreditauflagen)
                │
       ┌────────┴────────┐
       ▼                 ▼
   Representations   Conditions Precedent
   and Warranties    (Finanzierungsbedingungen bzw.
  (Erklärungen und    Auszahlungsvoraussetzungen)
   Zusicherungen)
```

Quelle: Eigene Darstellung

Projektbezogene Kreditbedingungen und Verhaltensauflagen dienen nicht nur der rechtlichen Abbildung bzw. Flankierung des Projekt- und Finanzierungskonzeptes, sondern auch der Konkretisierung der bereits skizzierten Kernmerkmale *‚Vorliegen einer abgrenzbaren Wirtschaftseinheit'*, *‚Bedienung des Schuldendienstes aus dem Cash Flow des Projektes'* und *‚Sicherheiten aus den Vermögenspositionen des Projektes'*.[2] Ausgehend von einer fast regelmäßigen Verwendung international gepflogener Strukturelemente zur Realisierung von Projektfinanzierungen können ‚Representations and Warranties', ‚Conditions Precedent' sowie ‚Covenants' somit als mögliche weitere Merkmale derselben angesehen werden.

2.1.4.4 Off-Balance Sheet Financing

Die Aufnahme von Finanzierungsmitteln im Rahmen der klassischen Kreditformen des Firmenkundengeschäftes findet ihren Niederschlag auf der Passiv-Seite der Bilanz des Kreditnehmers.[3] Die Folge ist einerseits eine Bilanzverlängerung und andererseits eine Veränderung der Bilanzrelationen mit entsprechenden Auswirkungen auf verschiedene Kennzahlen der Jahresabschlussana-

---

[1] ABOLINS spricht in diesem Zusammenhang von den aufbauorientierten und ablauforientierten Determinanten eines Projektes. Vgl. Abolins, K. I.: Projektfinanzierungen als Instrument für Joint-Venture-Finanzierungen, a.a.O., S. 254.

[2] Vgl. hierzu insbesondere die Ausführungen unter Gliederungspunkt 2.1.3.3

[3] Dies ergibt sich z.B. im deutschen Rechtsraum allgemein aus den Grundsätzen ordnungsmäßiger Buchführung, insbesondere dem Grundsatz der Vollständigkeit (§§ 239 Abs. 2, 246 Abs. 1 HGB), sowie speziell für Kapitalgesellschaften aus dem Gliederungsschema des § 266 Abs. 3 HGB. Vgl. Coenenberg, A. G.: Jahresabschluß und Jahresabschlußanalyse, a.a.O., S. 43 u. 223 ff.

lyse.[1] Der gleiche Effekt ergibt sich auch für die Fälle einer Projektisolierung im Rahmen eines ‚Contractual Joint Ventures' bzw. eines ‚Ring Fencing'.[2] Die Auslagerung eines Investitionsvorhabens sowie der korrespondierenden Finanzierungsvorgänge in eine separate Gesellschaft <u>kann</u> bei entsprechender Ausgestaltung ein Weg sein, um diesen Effekt zu verhindern. Im Schrifttum wird daher teilweise das Kernmerkmal ‚Vorliegen einer abgrenzbaren Wirtschaftseinheit' mit ‚Off-Balance Sheet Financing', d.h. mit einer bei den Projektgesellschaftern bilanzunwirksamen Finanzierung, gleichgesetzt.[3] Bilanzunwirksame bzw. bilanzentlastende Finanzierung bedeutet in diesem Zusammenhang, dass ein (quotaler) Ausweis der Projektverbindlichkeiten in der Bilanz eines Projektgesellschafters (oder den Bilanzen mehrerer Projektgesellschafter) nicht erfolgt.[4] Jedoch bedingt selbst das Vorliegen einer <u>rechtlich</u> selbständigen Projektgesellschaft in der Gesellschaftsform einer haftungsbegrenzenden Kapitalgesellschaft noch keinen Automatismus hinsichtlich eines ‚Off-Balance Sheet Financing'. Ob eine Projektfinanzierung zu einer Bilanzentlastung bei den Projektgesellschaftern führt, wird vielmehr durch die anzuwendenden Rechnungslegungs- und insbesondere Konsolidierungsgrundsätze einerseits sowie der individuellen Ausgestaltung des Projekt- und Finanzierungskonzeptes andererseits abhängen.[5]

Der Wunsch nach Bilanzunwirksamkeit erstreckt sich teilweise auch auf die Vermeidung der gesetzlichen Verpflichtung zur Bilanzierung von Haftungsverhältnissen[6], sogenannter Eventualverbindlichkeiten, (z.B. von harten Patronatserklärungen) ‚unter dem Strich'. Allerdings müssen deutsche Kapitalgesellschaften den ‚Gesamtbetrag der sonstigen finanziellen Verpflichtungen' im Anhang ausweisen, sofern diese Angabe für die Beurteilung der Finanzlage von Bedeutung ist und soweit diese finanziellen Verpflichtungen nicht in der Bilanz erscheinen und auch nicht nach § 251

---

[1] Dies gilt insbesondere für im Rahmen der ‚Finanzierungsanalyse' ermittelte Kapitalstrukturkennziffern, wie z.B. **Eigenkapitalanteil bzw. Eigenkapitalquote** (Eigenkapital/Gesamtkapital * 100), **Statischer Verschuldungsgrad I** (Eigenkapital/Fremdkapital * 100), **Anspannungsgrad I** (Fremdkapital/Gesamtkapital * 100). Vgl. Coenenberg, A. G.: Jahresabschluß und Jahresabschlußanalyse, a.a.O, S. 593 ff.

[2] Vgl. Finnerty, J. D.: Project Financing: Asset-Based Financial Engineering, a.a.O., S. 78. Zu den Begrifflichkeiten vgl. Gliederungspunkt 2.1.3.1.2.

[3] Vgl. Hupe, M.: Steuerung und Kontrolle von internationalen Projektfinanzierungen, a.a.O., S. 12 sowie ebenfalls missverständlich Backhaus, K.: Projektfinanzierung, internationale, a.a.O., Sp. 1735.

[4] Vgl. Finnerty, J. D.: Project Financing: Asset-Based Financial Engineering, a.a.O., S. 31.

[5] Beispielweise durch Ausweitung des Sponsorenkreises bei gleichzeitiger Reduzierung der Gesellschaftsanteile auf einen Betrag unterhalb der anwendbaren Konsolidierungsgrenzen (‚Dekonsolidierung') oder durch Erweiterung des Projekt- und Finanzierungskonzeptes um Leasing-Konstruktionen. FAHRHOLZ spricht in diesem Zusammenhang von den „...*nicht konsolidierungspflichtig <u>gestaltbaren</u> ... Projektfinanzierungen*". Vgl. Fahrholz, B.: Neue Formen der Unternehmensfinanzierung, a.a.O., S. 10 u 258. Möglicherweise können jedoch Sponsoren, die gleichzeitig als Abnehmer mit dem Projekt über langfristige Abnahmeverträge verbunden sind, in Abhängigkeit von der konkreten vertraglichen Ausgestaltung (z.B. Hell-or-High-Water Contract) und den anzuwendenden Rechnungslegungsvorschriften (z.B. US-GAAP) trotzdem zu einer Konsolidierung des Projektes verpflichtet sein. Vgl. Reuter, A.; Wecker, C.: Projektfinanzierung: Anwendungsmöglichkeiten, Risikomanagement, Vertragsgestaltung, bilanzielle Behandlung, a.a.O., S. 111 f. sowie die Ausführungen unter Gliederungspunkt 2.1.4.2 Übernahme abstrakter Zahlungspflichten durch Dritte, S. 40 ff.

[6] Vgl. Beispielhaft die Vorschrift des deutschen Regelungskreises: § 251 Satz 1 HGB: „*Unter der Bilanz sind, sofern sie nicht auf der Passivseite auszuweisen sind, Verbindlichkeiten aus der Begebung und Übertragung von Wechseln, aus Bürgschaften, Wechsel- und Scheckbürgschaften und aus Gewährleistungsverträgen sowie Haftungsverhältnisse aus der Bestellung von Sicherheiten für fremde Verbindlichkeiten zu vermerken; sie dürfen in einem Betrag angegeben werden.*"

HGB anzugeben sind.[1] Insoweit können auch die im Zusammenhang mit einer Aktivität als Projektsponsor eingegangenen ‚Sonstigen finanziellen Verpflichtungen' ihren Niederschlag in der Jahresabschlussanalyse finden.[2]

Ebenso erscheint es fraglich, inwieweit schon der reine Wunsch der Projektgesellschafter nach einer möglichst bilanzunwirksamen Finanzierung eines Projektes ausreicht,[3] um das ‚Off-Balance Sheet Financing' per se als Gattungsmerkmal bzw. konstitutives Merkmal der Projektfinanzierung zu definieren.[4] Letztendlich stellt das ‚Off-Balance Sheet Financing' kein Kernmerkmal oder gar konstitutives Element der Projektfinanzierung dar.[5] Vielmehr handelt es sich um eine <u>mögliche Nebenbedingung</u>[6], die bei der Strukturierung eines Projekt- und Finanzierungskonzeptes zu berücksichtigen ist.[7] Häufig wird erst die Einbindung weiterer Gestaltungselemente, wie z.B. eines

---

[1] Vgl. § 285 Nr. 3 HGB

[2] Je nach Umfang und Art der durchgeführten Jahresabschlussanalyse z.B. im Rahmen der ‚Finanzierungsanalyse' ermittelter, erweiterter Kapitalstrukturkennziffern, wie **Statischer Verschuldungsgrad II** (Eigenkapital/[Fremdkapital + sonstige finanzielle Verpflichtungen] * 100), **Anspannungsgrad II** ([Fremdkapital + sonstige finanzielle Verpflichtungen]/Gesamtkapital * 100). Vgl. Coenenberg, A. G.: Jahresabschluß und Jahresabschlußanalyse, a.a.O, S. 594.

[3] So führt ABOLINS aus: „*Da in jedem Fall bei Projektfinanzierungen die Bilanz des Projektträgers durch die Finanzierung so wenig wie möglich tangiert werden soll, bezeichnet der Verfasser* (Anmerkung: gemeint ist hier ABOLINS selbst) *derartige Finanzierungen als >>bilanzexterne<< (off balance sheet) Finanzierungen.*" Abolins, K. I.: Projektfinanzierungen als Instrument für Joint-Venture-Finanzierungen, in: Sparkasse, a.a.O., S. 253.

[4] Hiergegen würde z.B. sprechen, dass es teilweise gar nicht im Interesse eines Projektinitiators liegt, ein Investitionsprojekt anstatt über einen klassischen Unternehmenskredit im Rahmen einer möglicherweise zeitaufwendigen, teuren und komplexen Projektfinanzierung zu realisieren. Häufig wird bei mangelnder Bonität des Projektinitiators dem Kreditgeber jedoch eine Kreditvergabe nur im Rahmen einer Projektfinanzierung möglich sein.

[5] Insofern ist es bemerkenswert, dass auch im jüngeren deutschsprachigen Schrifttum das ‚Off-balance Sheet Financing' wiederholt per se zum konstitutiven Element bzw. (Leistungs-) Merkmal der Projektfinanzierung erhoben wird. Vgl. Hupe, M.: Steuerung und Kontrolle von internationalen Projektfinanzierungen, a.a.O., S. 12, Höpfner, K.-U.: Projektfinanzierung: Erfolgsorientiertes Management einer bankbetrieblichen Leistungsart, a.a.O., S. 13. Anders Forster, M.: Unternehmenspolitische Überlegungen zur Projektfinanzierung, in: Fachausschuß für Bergtechnik der GDMB (Hrsg.), Projektfinanzierung, Clausthal-Zellerfeld 1985, S. 41 f., Fahrholz, B.: Neue Formen der Unternehmensfinanzierung, a.a.O., S. 10 u 258, Reuter, A.; Wecker, C.: Projektfinanzierung, a.a.O., S. 15 ff.

[6] LEEPER weist darauf hin, dass Sponsoren aufgrund der involvierten Kosten nur in Ausnahmefällen ein ‚Off-Balance Sheet Financing' als Hauptbedingung für eine Projektfinanzierung postulieren. Vgl. Leeper, R.: Project Finance – a term to conjure with, a.a.O., S. 69.

[7] Die im Bereich der internationalen Projektfinanzierung überregional tätige Rechtsanwaltssozietät DENTON HALL (seit 1.2.2000: DENTON WILDE SAPTE) weist in diesem Zusammenhang darauf in, dass in vielen Jurisdiktionen (u.a. auch Großbritannien) das Merkmal ‚Off-Balance Sheet Financing' aufgrund geänderter Rechnungslegungs- und Konsolidierungsvorschriften kein Entscheidungskriterium mehr für Sponsoren darstellt. Vgl. Denton Hall Projects Group (Hrsg.): A Guide to Project Finance, a.a.O., S. 6. Dies resultiert u.a. aus der stärkeren Gewichtung des Rechnungslegungsgrundsatzes ‚Substance over Form', welcher bedingt, dass „*... die tatsächlichen wirtschaftlichen Verhältnisse ausschlaggebend für die Bilanzierung von Geschäftsvorfällen sind und nicht ihre formelle rechtliche Ausgestaltung.*" Coenenberg, A. G.: Jahresabschluß und Jahresabschlußanalyse, a.a.O, S. 47. FINNERTY postuliert in diesem Zusammenhang, dass auf ausreichend effizienten Märkten mit intelligenten Investoren und Rating-Agenturen „*....the benefits of off-balance sheet treatment are likely to prove illusory*". Finnerty, J. D.: Project Financing: Asset-Based Financial Engineering, a.a.O., S. 31.

entsprechend ausgestalteten ‚Leases', den von den Sponsoren gewünschten Effekt der Bilanzunwirksamkeit erzielen.[1]

2.1.5 Finanzierungstheoretische Klassifikation und bankbetriebliche Einordnung der Projektfinanzierung im engeren Sinne

Das Untersuchungsobjekt ‚Projektfinanzierung im engeren Sinne' wurde durch Isolierung von Kernmerkmalen sowie Diskussion möglicher weiterer Merkmale charakterisiert und abgegrenzt, womit das Phänomen ‚(Internationale) Projektfinanzierung' jedoch noch nicht aus Sicht der betrieblichen Finanzierungslehre klassifiziert respektive in die Produktpalette des Bankbetriebs eingeordnet ist.

- **Klassifikation aus Sicht der betrieblichen Finanzierungslehre**

Bei der Diskussion von Finanzierungsinstrumenten wird im finanzwirtschaftlichen Schrifttum i.d.R. eine Klassifikation nach verschiedenen Zuordnungskriterien vorgenommen.[2] Unter Berücksichtigung von sowohl der Rechtsstellung des Kapitalgebers als auch der Mittelherkunft aus Sicht der Unternehmung lassen sich Finanzierungsinstrumente den folgenden Finanzierungsformen bzw. -arten[3] zuordnen:

---

[1] Durch die Möglichkeit zur Strukturierung eines ‚Off-Balance Sheet Financing' kann eine Bank ihrem Kunden eine über die reine Finanzierungsleistung hinausgehende Dienstleistung und damit ein ‚*Leistungsbündel*' bzw. einen ‚Value-Added-Service' anbieten. Vgl. zu ‚Leistungsbündeln' Büschgen, H.-E.: Bankbetriebslehre: Bankgeschäfte und Bankmanagement, 5. Aufl., Wiesbaden 1998, S. 310 sowie zu ‚Value-Added-Services' Meffert, H.; Brumann, C.: Value-Added-Services im Bankbereich, in: bum, 25. Jg. (1996), S. 26 ff. Diese Fähigkeit kann auch die Voraussetzung für die Erteilung eines Mandates durch die Sponsoren sein. Ferner ergibt sich für die Bank ein Cross-Selling-Potenzial für andere eigene Produkte, wie z.B. das Bilanzstrukturmanagement (‚*Tax & Balance Sheet Driven Structured Finance*'). Darüber hinaus besteht die Möglichkeit zur Einschaltung einer konzern- bzw. bankeigenen Leasinggesellschaft oder der Refinanzierung einer fremden Leasinggesellschaft. Vgl. Klaus, P.: Die Bedeutung des Leasings in der internationalen Projekt- und Exportfinanzierung, in: ZfgK, . Jg. (2005), S. 302 ff.

[2] STEINER unterscheidet die folgenden Zuordnungskriterien (a) **Finanzierungsanlass** (Finanzierungsklassen: Gründungsfinanzierung, Erweiterungsfinanzierung, Umfinanzierung, Sanierungsfinanzierung), (b) **Rechtsstellung der Kapitalgeber bzw. Kapitalhaftung** (Finanzierungsklassen: Eigenfinanzierung, Fremdfinanzierung), (c) **Fristigkeit** (Finanzierungsklassen: unbefristete Finanzierung, befristete Finanzierung), (d) **Entsprechung von finanzieller Ausstattung und Finanzbedarf** (Finanzierungsklassen: Unterfinanzierung, Überfinanzierung, bedarfsadäquate Finanzierung) sowie (e) **Mittelherkunft aus Sicht der Unternehmung** (Finanzierungsklassen: Außenfinanzierung, Innenfinanzierung); vgl. Steiner, M.: Finanzierung, a.a.O., Sp. 1026 ff. Vgl. auch Büschgen, H. E.: Grundlagen betrieblicher Finanzwirtschaft, 3. Aufl., Frankfurt a.M. 1991, S. 34 ff., Wöhe, G.; Bilstein, J.: Grundzüge der Unternehmensfinanzierung, 8. Aufl., München 1998., S. 11 ff, Drukarczyk, J.: Finanzierung, a.a.O., S. 3 ff.

[3] Die Begrifflichkeiten ‚Finanzierungsarten' und ‚Finanzierungsformen' werden in der Finanzierungslehre synonym verwendet; vgl. Steiner, M.: Finanzierung, a.a.O., Sp. 1026.

Abb. 9: Finanzierungsformen bzw. -arten im Überblick

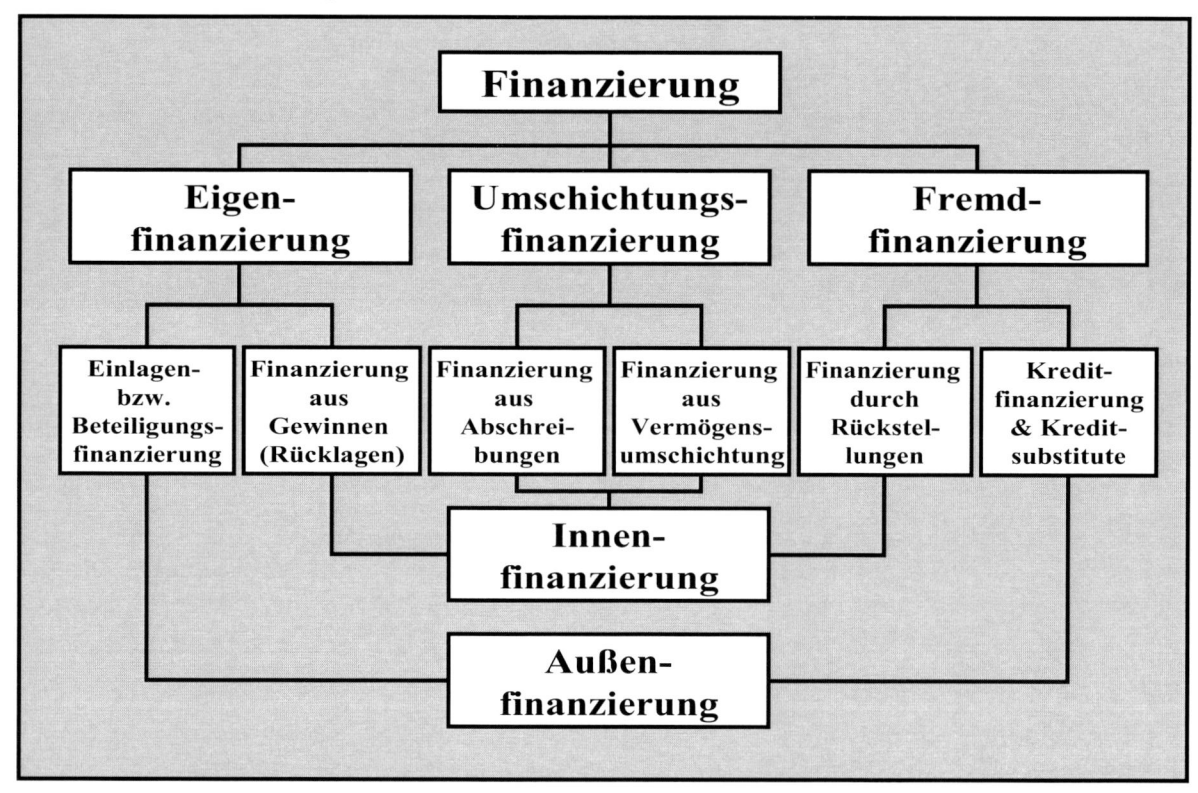

```
                            Finanzierung
           ┌───────────────────┼───────────────────┐
       Eigen-            Umschichtungs-          Fremd-
    finanzierung          finanzierung        finanzierung
     ┌─────┴─────┐       ┌──────┴──────┐       ┌─────┴─────┐
  Einlagen-  Finanzierung Finanzierung Finanzierung Finanzierung Kredit-
    bzw.       aus          aus          aus         durch    finanzierung
 Beteiligungs- Gewinnen   Abschrei-    Vermögens-   Rückstel-  & Kredit-
 finanzierung (Rücklagen)  bungen     umschichtung  lungen    substitute

                          Innen-
                       finanzierung
                          Außen-
                       finanzierung
```

Quelle: Eigene Darstellung in Anlehnung an Wöhe, G.; Bilstein, J.: Grundzüge der Unternehmensfinanzierung, 8. Aufl., München 1998., S. 20 sowie Sell, A.: Projekt- und Programmplanung bei Investitionen im Ausland, Bremen 2000, S. 40.

Eine nähere Betrachtung zeigt, dass sich das Phänomen ‚Projektfinanzierung' nicht in die obige Systematik der Finanzierungsformen und -arten einordnen lässt, sondern vielmehr Züge aller genannten Finanzierungsklassen tragen kann:

- Die **Eigenfinanzierung** ist bei projektfinanzierten Investitionsvorhaben regelmäßig in Gestalt der Einlagen- bzw. Beteiligungsfinanzierung anzutreffen und findet bei Existenz einer ‚Single Purpose Company' ihren Niederschlag auf der Passivseite der Bilanz. Auch bei Vorliegen eines ‚Contractual Joint Venture' bzw. eines ‚Ring Fencing' wird die 100%ige Kreditfinanzierung eines kapitalintensiven Investitionsprojektes eher den Ausnahmefall darstellen.[1] Daneben ist die Eigenfinanzierung in Form der Finanzierung aus einbehaltenen Gewinnen (Rücklagendotierung), z.B. durch im Kreditvertrag festgelegte Ausschüttungsbeschränkungen zwecks Auffüllung von Reservekonten, ein häufiger Bestandteil von Projekt- und Finanzierungskonzepten.

- Die **Fremdfinanzierung** in Form der unverbrieften Kreditfinanzierung[2] und/oder in Gestalt von verbrieften projektbezogenen Anleihen (Project Bonds)[3] sowie von Kreditsubstituten[1] sind

---

[1] Ausnahmen können dort bestehen, wo Eigenkapitaleinlagen im Rahmen von sogenannten ‚Equity (Bridge) Loans' gegen Stellung von Sicherheiten (z.B. Verpfändung der Gesellschaftsanteile) durch Banken (vor)finanziert werden. Obwohl formalrechtlich eine Eigenfinanzierung vorliegt, wäre aus einer ökonomischen Perspektive der Vorgang – in Abhängigkeit von den gestellten Sicherheiten - möglicherweise als Fremdfinanzierung zu qualifizieren.

[2] Insbesondere in Form der konsortial dargestellten Kreditfinanzierung; vgl. hierzu auch die nachfolgenden Ausführungen unter Gliederungspunkt 2.3

[3] Vgl. zum Einsatz von ‚Project Bonds' beispielsweise Boland, V.: Sutton Bridge IPP: The financing of a UK IPP using 144A bonds, in: Infrastructure Journal, o.Jg. (1997), November, S. 60 ff.

regelmäßige Gestaltungselemente einer ‚Projektfinanzierung im engeren Sinne'. Des Weiteren werden Finanzierungseffekte durch <u>Rückstellungsbildung</u> (z.B. Pensionsrückstellungen) ebenfalls regelmäßig bei projektfinanzierten Investitionsvorhaben auftreten.[2]

- Die **Umschichtungsfinanzierung** wird auch bei projektfinanzierten Investitionen in Form der Finanzierung aus Vermögensumschichtung grundsätzlich anzutreffen sein.[3] Die <u>Finanzierung aus Abschreibungen</u> bzw. aus Abschreibungsgegenwerten in Form des Kapazitätserweiterungseffektes wird dagegen eher bei Projekten mit unscharfer Trennung von Bau- und Betriebsphase an Bedeutung gewinnen.[4]

Die Projektfinanzierung ist somit kein Finanzierungsinstrument, welches sich <u>einer</u> Gruppe von Finanzierungsformen bzw. -arten zuordnen lässt. Vielmehr handelt es sich um eine komplexe **Finanzierungskonzeption**, welche unter Verwendung vielfältiger Finanzierungsinstrumente der finanziellen Realisierung eines isolierten Vorhabens dient.[5]

- **Bankbetriebliche Einordnung**

Innerhalb von Bankbetrieben werden Projektfinanzierungen häufig dem Produktsegment ‚**Strukturierte Finanzierung**' bzw. ‚**Structured Finance**' zugeordnet.[6] Obwohl der Begriff im Schrift-

---

[1] Z.B. in Form des Leasing; vgl. hierzu die sehr detaillierten Ausführungen bei Nevitt, P. K.; Fabozzi, F.: Project Financing, a.a.O., S. 95 ff. sowie Little, N. R.: Financing US power projects with synthetic leases, in: PFI, o.Jg. (2001), Nr. 219, S. 53 ff.

[2] Der Finanzierungseffekt kann bei steuerrechtlich anerkannter Rückstellungsbildung sowie proportionalem Gewinnsteuersatz durch Verschiebung des steuerlichen Gewinnausweises in die Periode der Rückstellungsauflösung in einem <u>Steuerstundungseffekt</u> resultieren. Darüber hinaus können nach handelsrechtlichen Vorschriften gebildete Rückstellungen zu einem <u>Kapitalbindungseffekt</u> führen, wenn die periodischen Zuführungen zu einer Rückstellungsposition größer oder gleich den Auflösungen der jeweiligen Periode sind (z.B. bei Pensionsrückstellungen). Vgl. hierzu auch die nachfolgenden Ausführungen unter Gliederungspunkt 5.4.1.2.2.3.3 Grundsatz der Zeitpunktgenauigkeit, S. 503 ff.

[3] Beispielsweise in Form der Finanzierung von Reinvestitionen (u.a. Verschleißteile) aus liquiditätswirksamen Umsatzerlösen.

[4] Als Beispiel lassen sich hier Telekommunikationsprojekte (z.B. Mobilfunknetze) anführen, die im Zuge ihres phasenweisen bzw. kontinuierlichen Netzaufbaus (sogenannter ‚Roll-out') über Einnahmen und Abschreibungen aus bereits erschlossenen und betriebenen Netzteilen verfügen und gleichzeitig weitere Investitionen in Sendeanlagen tätigen.

[5] Vgl. Büschgen, H. E.: Grundlagen betrieblicher Finanzwirtschaft, a.a.O., S. 189.

[6] Vgl. Hofer, S.: Strukturierte Finanzierung in Zentraleuropa: Innovative Lösungen für neue Märkte, in: Kreditpraxis, 19. Jg. (1993), S. 242 ff., Dambach, H. T.: Structured Finance als Strategie, in: Die Bank, o.Jg. (1995), S. 532 ff., Wischnewsky, L.: § 88. Corporate Finance, in: H. Schimansky, H.-J. Bunte, H.-J. Lwowski (Hrsg.), Bankrechts-Handbuch, München 1997, S. 2007, Tz. 15, Fahrholz, B.: Unternehmerische Chancen nutzen durch strukturierte Finanzierungen, in: FAZ v. 14.2.2000, S. 40. Im Zusammenhang mit Projektfinanzierungen wird im deutschsprachigen Schrifttum z.T. auch der Begriff ‚**Corporate Finance**' verwendet; vgl. beispielsweise Tytko, D.: Grundlagen der Projektfinanzierung, a.a.O., S. 20 f. sowie Zinn, E.: Corporate Finance - Wettbewerbsumfeld und Produktrisiken, in: Sparkasse, 114. Jg. (1997), S. 414. Diese wohl spezifisch deutsche Sichtweise wird hier nicht weiter vertieft, da in einem globalen respektive angloamerikanischen Kontext jedwede Form der Unternehmensfinanzierung unter diesen Begriff subsumiert werden kann; vgl. hierzu exemplarisch das angelsächsische Standartwerk Brealy, R. A.; Myers, S. C., Principals of Corporate Finance, 5. Aufl., New York u.a. 1996 sowie auch DC Gardner (Hrsg.): Introduction to Corporate Finance, London 1990. Ebenfalls im Zusammenhang mit Projektfinanzierungen wird im Schrifttum z.T. der Begriff ‚**Financial Engineering**' verwendet; vgl. Zwirner, T.: Financial Engineering, in: HWF, 2. Aufl., Stuttgart 1995, Sp. 571 f., Harbou, J. v.: Financial Engineering für europäische Firmenkunden, in: D. Hummel, R.-E. Breuer (Hrsg.), Handbuch Europäischer Kapitalmarkt, Wiesbaden 2001, S. 356 f. Auch dieser Terminus Technicus wird hier nicht weiter betrachtet, da er für die Zwecke der vorliegenden Untersuchung durch den nachfolgend verwendeten Begriff ‚Strukturierte Finanzierung' mit abgedeckt werden kann. Des Weiteren hat sich das ‚Financial Engineering' nicht als Gattungsbezeichnung im Bankbetrieb durchsetzen können. Vielmehr wird der Begriff in der Bank-

tum nicht eindeutig bzw. unterschiedlich umschrieben wird, vermitteln die nachfolgend skizzierten Charakteristika wesentliche Zwecksetzungen und ermöglichen eine Abgrenzung gegenüber anderen Produktgruppen:

> **Cashflow-orientierte Transaktionen**

WISCHNEWSKY definiert ‚Strukturierte Finanzierungen' als „...Cashflow-orientierte Transaktionen, d.h. mittel- und langfristige Finanzierungen, die im wesentlichen auf der zukünftigen Ertragskraft eines zu übernehmenden Unternehmens-(teils) bzw. eines Projekts basieren."[1] Im Rahmen einer derart eng abgrenzenden Definition reduziert sich das Produktspektrum der Strukturierten Finanzierung jedoch auf die Akquisitionsfinanzierung und die Projektfinanzierung.[2]

> **Zielpluralität**

FAHRHOLZ weist darauf hin, dass strukturierte Finanzierungen insbesondere zur Erfüllung von multiplen Nebenbedingungen der Firmenkunden - beispielsweise „... *Optimierung der Finanzierungskosten, Begrenzung der Haftung auf das konkrete Finanzierungsobjekt sowie Bilanzentlastung* ..." - herangezogen werden können.[3] Aus einer juristischen Perspektive wird ergänzt, dass die Problemlösung bei Projekt-, Leasing- und Akquisitionsfinanzierungen sowie Forderungsverbriefungen (Asset Securitization) „...*weitgehend durch Einschaltung einer Einzweckgesellschaft*..." erreicht werden kann.[4]

> **Prozessorientierung & Strukturiertes Risiko**

Nach DAMBACH handelt es sich bei Strukturierten Finanzierungen um „...*komplexe, langwierige Transaktionen*...", bei denen unter Verwendung traditioneller Bankprodukte im Rahmen eines Strukturierungsprozesses „...*umfangreiche Problemlösung(en)*..." durch maßgeschneiderte Risikokonzepte erarbeitet werden.[5] Im Zuge dieses Prozesses werden „... *neue Produkte geschaffen, die man strukturiertes Geschäft nennt*", wobei „... *das Produkt als Risiko, genauer gesagt, als strukturiertes Risiko,* ..." definiert werden kann.[6] Eine weitere Benennung derartiger Produkte entfällt insofern.

Es zeigt sich, dass je nach Perspektive des Betrachters unterschiedliche Produkte unter den Oberbegriff ‚Structured Finance' subsumiert werden (können).[7] Die nachfolgende Abbildung zeigt ei-

---

praxis häufig im Zusammenhang mit maßgeschneiderten Produktlösungen auf der Basis von derivativen Finanzinstrumenten benutzt, d.h. wesentlich enger gefasst als im Kontext dieser Arbeit; vgl. Breuer, W.: Financial Engineering, in: WISU, 26. Jg. (1997), S. 721, Schäfer, D.: Financial Engineering, in: WiSt, 24. Jg. (1995), S. 470 ff.

[1] Wischnewsky, L.: § 88. Corporate Finance, a.a.O., S. 2007, Tz. 15.

[2] Vgl. hierzu auch Hofer, S.: Strukturierte Finanzierung in Zentraleuropa: Innovative Lösungen für neue Märkte, a.a.O., S. 242 ff., welcher den Oberbegriff ‚Strukturierte Finanzierung' wohl ausschließlich synonym mit der Teilmenge ‚Projektfinanzierung' verwendet.

[3] Fahrholz, B.: Unternehmerische Chancen nutzen durch strukturierte Finanzierungen, a.a.O., S. 40. FAHRHOLZ führt in diesem Zusammenhang den Begriff „*Zielpluralität*" ein.

[4] Fahrholz, B.: Neue Formen der Unternehmensfinanzierung, a.a.O., S. 1.

[5] Vgl. Dambach, H. T.: Structured Finance als Strategie, a.a.O., S. 532 f.

[6] Ebenda

[7] Dies gilt neben dem bereits skizzierten Schrifttum auch für die Bankpraxis der Geschäftsbanken. Die WEST LB WESTDEUTSCHE LANDESBANK, Düsseldorf, subsumiert die Produkte ‚*Project Finance*', ‚*Export Finance*', ‚*Leveraged Finance*', ‚*Leasing Finance*' sowie ‚*Structured Leasing and Arbitrage Products*' unter die Strukturierten Finanzierungen; vgl. West LB: Global Structured Finance - Main Products, URL: http://www.westlb.com/structured-finance/set8.htm (Abruf: 21.6.2001). Der Produktkatalog der BANK-GESELLSCHAFT BERLIN umfasst im Bereich ‚Strukturierte Finanzierung' die Teilbereiche ‚*Flugzeugfinan-*

nige ausgewählte Erscheinungsformen von ‚Strukturierten Finanzierungen' im Bankbetrieb, die sich durch eines oder mehrere der vorstehend skizzierten Wesensmerkmale charakterisieren lassen:

Abb. 10: Strukturierte Finanzierung: Ausgewählte Erscheinungsformen

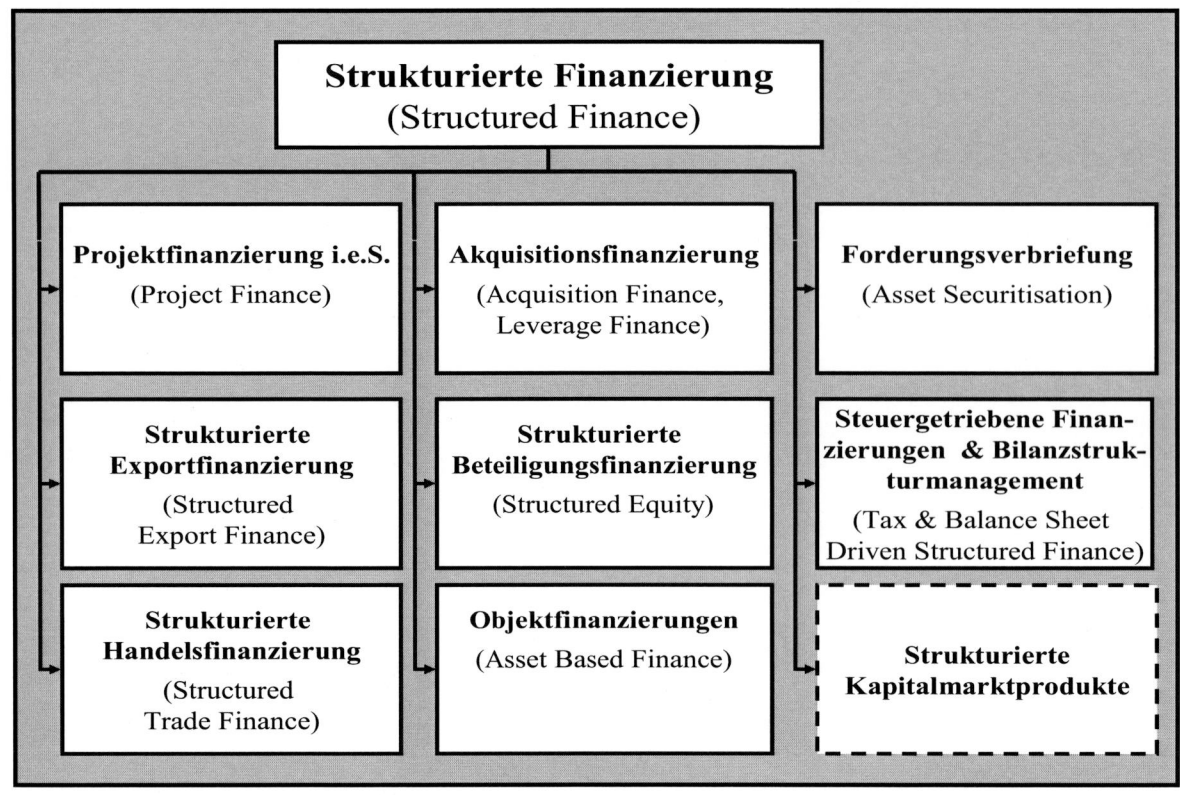

```
                    Strukturierte Finanzierung
                      (Structured Finance)

Projektfinanzierung i.e.S.   Akquisitionsfinanzierung    Forderungsverbriefung
  (Project Finance)          (Acquisition Finance,       (Asset Securitisation)
                              Leverage Finance)

Strukturierte                Strukturierte               Steuergetriebene Finan-
Exportfinanzierung           Beteiligungsfinanzierung    zierungen & Bilanzstruk-
  (Structured                  (Structured Equity)       turmanagement
   Export Finance)                                       (Tax & Balance Sheet
                                                          Driven Structured Finance)

Strukturierte                Objektfinanzierungen
Handelsfinanzierung           (Asset Based Finance)      Strukturierte
  (Structured                                            Kapitalmarktprodukte
   Trade Finance)
```

Quelle: Eigene Darstellung

Es sei darauf hingewiesen, dass sich die in der vorstehenden Abbildung skizzierten Produktgruppen nicht immer trennscharf abgrenzen lassen. In Einzelfällen kann es somit durchaus zu Überschneidungen kommen.[1]

---

zierung', ‚Schiffsfinanzierung', ‚Tax & Specialised Finance' sowie *‚Projektfinanzierungen'*; vgl. Bankgesellschaft Berlin: Strukturierte Finanzierungen, URL: http://www.bankgesellschaft.de/gk/struktur.html (Abruf: 21.6.2001). Die IKB DEUTSCHE INDUSTRIEBANK, Düsseldorf, untergliedert den Bereich ‚Strukturierte Finanzierung' in die Auslandsaktivitäten ‚Finanzierung von Direktinvestitionen', ‚Projekt- und Exportfinanzierungen' sowie ‚Akquisitionsfinanzierungen'; vgl. IKB: Strukturierte Finanzierung, URL: http:// www.ikb.de/frames/Konzern/bp_strukturierte_finanzierung. html (Abruf: 21.6.2001). Die DRESDNER BANK LATEINAMERIKA AG, Hamburg, postuliert hingegen: „*Strukturierte Finanzierungen sind kurz- und mittelfristige Finanzierungen von Firmenübernahmen, Unternehmensumstrukturierungen oder Leverage Buyouts/Buy-ins.*" Vgl. Dresdner Bank Lateinamerika AG, Strukturierte Finanzierungen - Neues wagen, URL: http://www.dbla.de/02_ products_services/02_investment_banking/01_global_finance/03_strukturierte_finanzierung. html (Abruf: 21.6.2001).

[1] Für Definition und Skizzierung von ausgewählten Erscheinungsformen der ‚**Strukturierten Exportfinanzierung**' vgl. Julius, H.; Decker, C.: Forderungsabsicherung in der Exportfinanzierung durch Gegengeschäfte, in: RIW, 45. Jg. (1999), S. 595. Von den hier erwähnten ‚Strukturierten Exportfinanzierungen' bzw. ‚**Strukturierten Handelsfinanzierungen**' sind die traditionellen Produkte der Außenhandelsfinanzierung abzugrenzen; vgl. Häberle, S.G.: Handbuch der Außenhandelsfinanzierung, München 1994, S. 1 ff. sowie Lister, M.: Außenhandelsfinanzierung, in: WiSt, 28. Jg. (1999), S. 180 ff. Im Schrifttum erfolgt jedoch nicht immer eine klare Unterscheidung in Standardgeschäfte (‚Plain Vanilla') und den hier betrachteten strukturierten Transaktionsformen; vgl. Voigt, H.; Müller, D.: Handbuch der Exportfinanzierung, a.a.O., S. 40 ff. u. 137 ff., Keßler, H. J.: Internationale Handelsfinanzierungen: Strategien für Auslandsinvestitionen und Handel, Wiesbaden 1996, S. 125 ff., 231 ff. u, 241 ff. Für eine Diskussion von ausgesuchten Finanzierungstechniken aus dem Produktsegment ‚**Strukturierte Beteiligungsfinanzierung**' vgl. Golland, F.: Equity Mezzanine Capital, in: FB, 2. Jg. (2000), S. 34 ff. Für einen Überblick

Im Rahmen einer bankbetrieblichen Einordnung kann die Erscheinung ‚Projektfinanzierung im engeren Sinne' bei einer nicht auf Produktgruppen abstellenden Betrachtung auch abstrakter als ‚**Bank(markt)leistung**' charakterisiert werden, wobei sich diese als das an Kundenwünschen orientierte Zusammenfügen einzelner innerbetrieblicher Teilleistungen definieren lässt.[1] Die Teilleistungen können bei personeller bzw. sachlich-technischer Betrachtung (z.B. Zahlungsverkehrs- oder Kreditabwicklung) als Stückleistung oder bei wertmäßiger, kapitalorientierter Sichtweise (z.B. Kredit- oder Einlagevolumen, Umfang des Effektengeschäftes) als Wertleistung vorliegen. Ist eine Bank nicht nur passiv an einer bereits vorstrukturierten Projektfinanzierung beteiligt, sondern vielmehr aktiv in die Konzeption derselben eingebunden, so erweitert sich diese tradierte Zweiteilung um eine Strukturierungsleistung.[2] Diese kann separat oder zusammen mit Stück- und Wertleistungen am Markt angeboten werden,[3] wobei im letzteren Fall ein ‚Leistungspaket' bzw. ‚Leistungsbündel' vorliegt.[4]

2.2 Zur Zukunftsorientierung von internationalen Projektfinanzierungen

2.2.1 Vergangenheits- versus zukunftsorientierte Kreditvergabeentscheidung

Im Rahmen der vorstehenden Abgrenzung des Untersuchungsgegenstandes ‚Projektfinanzierung im engeren Sinne' wurde u.a. ausgeführt, dass die ‚Bedienung des Schuldendienstes aus dem Cashflow des Projektes' ein wesentliches Kernmerkmal dieser Finanzierungskonzeption respektive

---

über ‚**Akquisitionsfinanzierungen**' vgl. DC Gardner (Hrsg.): Leveraged and Management Buy-Outs, London 1990, S. 1 ff. Unter den Oberbegriff ‚**Objektfinanzierungen**' lassen sich im Wesentlichen Schiffs-, Flugzeug- und Schienenfahrzeugfinanzierungen sowie Cashflow-getriebene Immobilien(-objekt-)finanzierungen subsumieren; vgl. hierfür Schackow, A.; Bohnhoff, R.: Schiffsfinanzierung, in: HWF, Stuttagrt 1976, Sp. 1570 ff., Littlejohns, A.; McGairl, S.: Aircraft Financing, 3. Aufl., London 1998, Burns, G.; Harwood, S. (Hrsg.): Shipping Finance, 2. Aufl., London 1995 sowie Rant, M.: Riskenminimierung in der Objektfinanzierung, Wien 1985. Für eine Charakterisierung von Formen der ‚**Forderungsverbriefung**' vgl. Paul, S.: Bankenintermediation und Verbriefung - Neue Chancen und Risiken für Kreditinstitute durch Asset Backed Securities?, Wiesbaden 1994, Paul, S.: Asset Backed Securities, in: HWF, 3. Aufl., Stuttgart 2001, Sp. 126 ff.. Finanzierungsprodukte aus dem Bereich ‚**Steuergetriebene Finanzierungen & Bilanzstrukturmanagement**' basieren häufig auf Möglichkeiten der steuerlichen und/oder buchhalterischen Gestaltung. Vgl. hierzu exemplarisch Sester, P.: Tatbestand und rechtliche Struktur des Cross-Border-Leasings, in: ZBB, 15. Jg. (2003), S. 94 ff. Zu den steuerlichen Rahmenbedingungen für derartige Produkte vgl. Herzig, N.: Globalisierung und Besteuerung, in: WPg, 51. Jg. (1998), S. 280 ff. Für eine Darstellung der Untergruppe ‚**Strukturierte Kapitalmarktprodukte**' vgl. Eller, R.; Gruber, W.; Reif, M. (Hrsg.): Handbuch strukturierte Kapitalmarktprodukte – Konstruktion, Pricing und Risikomanagement , Stuttgart 1999.

[1] Vgl. Büschgen, H.-E.: Bankbetriebslehre: Bankgeschäfte und Bankmanagement, 5. Aufl., Wiesbaden 1998, S. 307 sowie im Hinblick auf ‚Projektfinanzierungen i.e.S.' vgl. auch Schmitt, W.: Internationale Projektfinanzierung bei deutschen Banken, a.a.O., S. 14 ff. ‚Bankmarktleistung' insofern, als im Gegensatz zu einer rein betriebsbezogenen Perspektive an den marktmäßigen Absatz der bankbetrieblichen Leistungen angeknüpft wird; vgl. Böhner, W.: Bankbetriebslehre, in: ZfB, 52. Jg. (1982), S. 874 ff. m.w.N.

[2] ZWIRNER weist in diesem Zusammenhang daraufhin, dass die Tätigkeit von Banken im Rahmen von Projektfinanzierungen mithin eine zusätzliche Gestaltungs- und Beratungsleistung beinhalten kann; vgl. Zwirner, T.: Financial Engineering, a.a.O., Sp. 572. Diese bankbetriebliche Charakterisierung korrespondiert insofern auch mit der bereits aus Sicht der betrieblichen Finanzierungslehre vorgenommenen Klassifikation der ‚Projektfinanzierung i.e.S.' als Finanzierungskonzeption.

[3] Vgl. hierzu die nachfolgenden Ausführungen unter Gliederungspunkt 2.3.1 für kreditgeschäftsspezifische Teilleistungen der Bankmarktleistung ‚Projektfinanzierung i.e.S.'.

[4] Vgl. Büschgen, H.-E.: Bankbetriebslehre: Bankgeschäfte und Bankmanagement, a.a.O., S. 310.

Bankmarktleistung darstellt. Grundsätzlich liegt es im Wesen einer jeden Kredithingabe, dass der Schuldendienst in zukünftigen Perioden zu entrichten ist.[1] Jedoch kann oder soll im Fall des Untersuchungsgegenstandes per definitionem zunächst nicht auf etwaige Sicherheiten und sonstige Schuldendienstquellen außerhalb des Projektes abgestellt werden. Vor diesem Hintergrund sind nur die in der Zukunft erwarteten Einzahlungsüberschüsse für eine an dem Kernmerkmal ‚Cashflow Related Lending' orientierte Kreditvergabeentscheidung relevant.

Die Definition des Untersuchungsgegenstandes impliziert weiterhin, dass nur das ‚Projekt' als potenzielle Schuldendienstquelle zu betrachten ist. In der Mehrzahl der Fälle dürften (aussagekräftige) wirtschaftliche Historien für die zu finanzierenden Projekte fehlen,[2] so dass eine Fortschreibung der historischen Schuldendienstfähigkeit im Rahmen einer ‚vergangenheitsorientierten Kreditvergabeentscheidung' zwecks (ergänzender) Fundierung der Kreditvergabeentscheidung regelmäßig ausscheidet.[3] Anders als bei ‚(be)stehenden Unternehmen' wird bei Projektfinanzierungen ausschließlich eine ‚zukunftsorientierte Kreditvergabeentscheidung' möglich sein.

Die nachfolgende Abbildung zeigt die beiden grundsätzlichen Vorgehensweisen im Rahmen der vergangenheitsorientierten sowie der zukunftsorientierten Kreditvergabeentscheidung:

---

[1] Vgl. Hagenmüller, K. F.: Kreditwürdigkeitsprüfung, in: HWF, Stuttgart 1976, Sp. 1224.

[2] Dies wird z.B. der Fall sein, wenn sich das Projekt noch in der Planungs- bzw. Errichtungsphase befindet oder – im Falle von Erweiterungsinvestitionen – der Umfang der bisherigen wirtschaftlichen Tätigkeit keine ausreichende Schuldendienstbasis für die geplanten Finanzierungsmaßnahmen darstellt.

[3] Ausnahmen dürften hier nur im Rahmen der Refinanzierung von bereits errichteten, d.h. in der Betriebsphase befindlichen, Projekten gegeben sein.

Abb. 11: Vergangenheits- und zukunftsorientierte Kreditvergabeentscheidung

```
Ausgangs-                Grundsatz der
postulat                 Kapitaldienstfähigkeit
                                                        Zeitliche
                                                        Perspektive
                    ( kurzfristig )  ( mittel- bis langfristig )

            Grundsatz der              Grundsatz der
            Gegenwartsbezogenheit      Nachhaltigkeit

                        Methodik
            retrograde                 prospektive
            Kreditwürdig-              Kreditwürdig-
            keitsprüfung               keitsprüfung

                        Ergebnisse
            bisherige                  zukünftige
            Nachhaltigkeit  .........  Nachhaltigkeit

Anwendung
            Firmenkunden-
            kreditgeschäft   .........  Projekt-
                                        finanzierung

        ⎯⎯⎯⎯► = Normalfall       ········► = Ausnahmefall
```

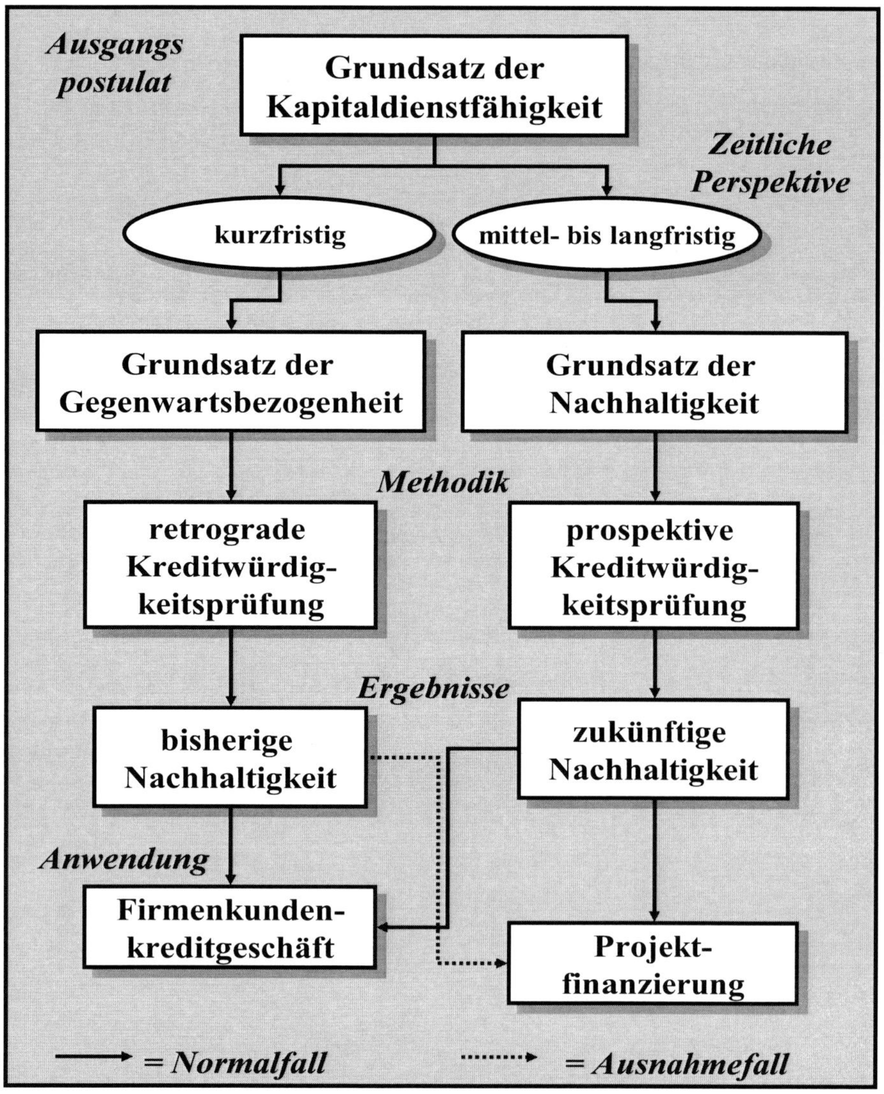

Quelle: Eigene Darstellung

Startpunkt der Betrachtung ist zunächst die Frage nach der Schuldendienstfähigkeit, die in der vorstehenden Abbildung in Form des ‚**Grundsatzes der Kapitaldienstfähigkeit**' das Ausgangspostulat für die nachfolgenden Überlegungen bildet. Je nach der zeitlichen Perspektive einer Kreditvergabeentscheidung ergeben sich dabei für die Entscheidungsträger unterschiedliche methodische Vorgehensweisen.

Bei einer <u>kurzfristigen Kreditlaufzeit</u> kann im Falle eines stehenden Unternehmens mit aussagekräftiger wirtschaftlicher Historie auf die gegenwärtigen wirtschaftlichen Verhältnisse abgestellt werden.[1] Insoweit gilt bei einer derartigen Fallkonstellation der ‚**Grundsatz der Gegenwartsbezogenheit (Aktualität)**', der unter Annahme der sogenannten ‚Zeitstabilitätshypothese' unterstellt, dass die bis in die Gegenwart reichende jüngere Vergangenheit mit hinreichender Wahrscheinlichkeit Anhaltspunkte für die ökonomische Lage des Kreditnehmers in der kurzfristigen Zukunft

---

[1] Unabhängig von etwaigen anderslautenden Abgrenzungen im Schrifttum werden für Zwecke der vorliegenden Untersuchungen Kredite mit einer Laufzeit von bis zu einem Jahr als ‚kurzfristige Kredite' bezeichnet. ‚Mittel- und langfristige Kredite' weisen demnach Laufzeiten von über einem Jahr auf. Eine weitere Differenzierung von mittel- und langfristigen Kreditlaufzeiten erscheint verzichtbar.

bietet.[1] Die sich hieraus ergebende Methodik impliziert eine ‚**retrograde Kreditwürdigkeitsprüfung**', d.h. eine Fokussierung auf die ‚**bisherige Nachhaltigkeit**' der Kapitaldienstfähigkeit, welche klassischerweise in Form der ‚traditionellen Jahresabschlussanalyse' unter Hinzuziehung weiterer Informationsmaterialien erfolgt. Die Anwendung beschränkt sich somit im Wesentlichen auf kurzfristige Kreditvergabeentscheidungen im Firmenkundenkreditgeschäft, so dass ein Einsatz nur in Ausnahmefällen für das Untersuchungsobjekt ‚Projektfinanzierung im engeren Sinne' induziert sein dürfte.[2]

Bei einer mittel- bis langfristigen Kreditlaufzeit verliert – im Falle eines stehenden Unternehmens – die wirtschaftliche Historie ihre Aussagefähigkeit für die weiter vom Entscheidungszeitpunkt entfernt liegenden Perioden. Für den Fall des Untersuchungsgegenstandes ‚Projektfinanzierung im engeren Sinne' dürften entsprechende Informationen im Regelfall per se fehlen. Insoweit ist für beide Fallkonstellationen der ‚**Grundsatz der Nachhaltigkeit (Konstanz)**' maßgeblich. Die sich hieraus ergebende Methodik impliziert eine ‚**prospektive Kreditwürdigkeitsprüfung**', d.h. eine Fokussierung auf die ‚**zukünftige Nachhaltigkeit**' der Kapitaldienstfähigkeit, welche in Form eines geeigneten zukunftsorientierten Entscheidungsinstrumentariums zu analysieren ist. Die Anwendung erstreckt sich damit auf mittel- bis langfristige Kreditvergabeentscheidungen im Firmenkundenkreditgeschäft sowie auch auf den Untersuchungsgegenstand ‚Projektfinanzierung im engeren Sinne'. Insbesondere für letzteren Anwendungsbereich konkretisiert sich das skizzierte Vorgehen – wie noch zu zeigen sein wird – in der Verwendung der folgenden zukunftsorientierten ‚Entscheidungsinstrumente':

- Modellgestützte Finanzplanung (Cashflow-Analyse)
- Prognosen
- (Projektbezogene) Risikoanalyse

Das Entscheidungsinstrumentarium wird nachfolgend näher betrachtet.

2.2.2 Modellgestützte Finanzplanung (Cashflow-Analyse)

2.2.2.1 Begriffliche Eingrenzung

2.2.2.1.1 Begriffs- und Definitionsvielfalt

Ausgehend von dem dieser Untersuchung zugrundeliegenden Begriffsverständnis einer ‚Projektfinanzierung im engeren Sinne' wurde die ‚Bedienung des Schuldendienstes aus dem Cashflow des Projektes' als Kernmerkmal postuliert.[3] Eine Durchsicht des projektfinanzierungsspezifischen sowie des finanzwirtschaftlichen Schrifttums zeigt, dass im Hinblick auf das hierfür erforderliche

---

[1] Vgl. zur grundsätzlichen Problematik der hier genannten ‚Zeitstabilitätshypothese' Wild, J.: Grundlagen der Unternehmungsplanung, a.a.O., S. 93 f. sowie die nachfolgenden Ausführungen unter Gliederungspunkt 4.1.2.1.2.4.2 Methoden der Kreditwürdigkeitsprüfung, insbesondere Unterpunkt 4.1.2.1.2.4.2.2 Logisch-deduktive Verfahren, S. 374 ff.

[2] Eine derartige Ausnahmesituation könnte z.B. dann gegeben sein, wenn ein fertiggestelltes Projekt in der Betriebsphase im Wege einer kurzfristigen Zwischenfinanzierung (z.B. zwecks Vorbereitung einer Kapitalmarktplatzierung) refinanziert werden soll.

[3] Vgl. hierzu die Ausführungen unter Gliederungspunkt 2.1.3.2 Bedienung des Schuldendienstes aus dem Cashflow des Projektes, S. 22 ff.

quantitative Planungs- bzw. Analyseinstrumentarium eine Vielzahl von deutschen und angelsächsischen Begrifflichkeiten nebeneinander verwendet werden. So finden sich u.a. die Termini technici ‚*Finanzierungsmodell*'[1], ‚*Finanzielle Durchführbarkeitsstudie*'[2], ‚*Wirtschaftlichkeitsrechnung*'[3], ‚*Geldflussrechnung*'[4] bzw. ‚*Cash Flow Analysis*'[5], ‚*Feasibility Study*'[6] und ‚*Project Finance Model*'[7] sowie auch sprachübergreifende Wortschöpfungen wie z.B. ‚*Cash-Flow-Plan*'[8], ‚*cash-flow-Kalkulation*'[9], ‚*Cash Flow-Finanzierung*'[10], ‚*Cash Flow-Projektion*'[11], ‚*Cash Flow-Analyse*'[12], ‚*Cash-Flow-Modell*'[1] ‚*Cash Flow-Rechnung*'[2], ‚*Cash-flow-Vorschau*'[3] oder ‚Cash-

---

[1] Vgl. Herger, H.: Die Finanzierung und Realisierung von grossen Eisenbahnprojekten: Eine Modellstudie zur gemischtwirtschaftlichen Realisierung und Finanzierung einer neuen Eisenbahnalpentransversale durch die Schweiz, Bern u.a. 1990, S. 246 passim, welcher zudem den Begriff ‚Computermodell' verwendet; vgl. Ebenda S. 248.

[2] Vgl. Horn, N.: Das Vertragsrecht der internationalen Projektfinanzierungen, a.a.O., S. 206, Kiethe, K.; Hektor, D.: Grundlagen und Techniken der Projektfinanzierung, a.a.O., S. 977.

[3] Vgl. Hedemann, G.: Eigen- und Fremdkapitalfinanzierung von WKA, in: Erneuerbare Energien, o.Jg. (2000), Nr. 11, S. 7 f. GRÖHL spricht von ‚*Cash-Flow-orientierten Wirtschaftlichkeitsrechnungen*'; vgl. Gröhl, M.: Bankpolitische Konsequenzen der Projektfinanzierung: Lösungsansätze für bankbetriebliche Probleme bei der Einführung von Finanzdienstleistungen für große, rechtlich selbständige Investitionsvorhaben, S. 100. SCHILL spricht u.a. von ‚Wirtschaftlichkeits<u>be</u>rechnungen'; vgl. Schill, J.: Finanzielle Beziehungen, Vertrags- und Kooperationsformen beim Industriegüter-Export aus der Bundesrepublik Deutschland, Kiel 1988, S. 96.

[4] Vgl. Abolins, K.: Projektfinanzierungen als Instrument für Joint-Venture-Finanzierungen, a.a.O., S. 256.

[5] Vgl. Sell, A.: Project Evaluation: An integrated financial and economic analysis, Aldershot u.a. 1991, S. 22 passim.

[6] So findet nach SCHILL im Rahmen einer ‚Feasibility-Study' der Versuch statt, „*...durch Sensitivitätsdarstellungen und -berechnungen darzulegen, welche Auswirkungen die Veränderung einzelner Parameter auf das Gesamtprojekt haben können.*" Vgl. Schill, J.: Finanzielle Beziehungen, Vertrags- und Kooperationsformen beim Industriegüter-Export aus der Bundesrepublik Deutschland, a.a.O., S. 95. KESSLER sieht in der „*Feasibility-study*" ebenfalls eine „*Wirtschaftlichkeitsrechnung*"; vgl. Keßler, H. J.: Internationale Projektfinanzierungen (1): Frischer Wind im Exportkreditgeschäft, in: Kreditpraxis, 17.Jg. (1991), S. 2188. Für eine derartige Auffassungen relativierende und umfassende Darstellung des Begriffes ‚Feasibility-Study' vgl. Sell, A.: Feasibility Studien für Investitionsprojekte - Problemstruktur und EDV-gestützte Planungsansätze, Bremen 1988, S. 1 ff. sowie Sell, A.: Investitionen in Entwicklungsländern: Einzel- und gesamtwirtschaftliche Analysen, Hamburg 1989, S. 18 ff.

[7] Vgl. Lynch, P. A.: Financial Modelling for Project Finance, London 1996, Workbook One: The Project Finance Model.

[8] Vgl. Laubscher, H.: Internationale Projektfinanzierung, a.a.O., S. 25, Hupe, M.: Steuerung und Kontrolle internationaler Projektfinanzierungen, a.a.O., S. 137 f.

[9] Vgl. Schmitt, W.: Internationale Projektfinanzierung bei deutschen Banken, a.a.O., S.67.

[10] Vgl. Heintzeler, F.: Internationale Projektfinanzierung, a.a.O., S. 601.

[11] Vgl. Belka, H.-G.: Die Projektfinanzierung als Finanzierungstechnik zur Realisierung neuer Bergbauprojekte, a.a.O., S. 59, Tytko, D.: Grundlagen der Projektfinanzierung, a.a.O., S. 139. Für den korrespondierenden angelsächsischen Begriff ‚*Cash Flow* Projections' vgl. Finnerty, J. D.: Project Financing: Asset-Based Financial Engineering, a.a.O., S. 141 sowie Clifford Chance (Hrsg.): Project Finance, a.a.O., S. 5.

[12] Vgl. Grosse, P. B.: Projektfinanzierung aus Bankensicht, in: K. Backhaus, O. Sandrock, J. Schill, H. Uekermann (Hrsg.), Projektfinanzierung - Wirtschaftliche und rechtliche Aspekte einer Finanzierungsmethode für Großprojekte -, Stuttgart 1990, S. 46, Belka, H.-G.: Die Projektfinanzierung als Finanzierungstechnik zur Realisierung neuer Bergbauprojekte, a.a.O., S. 60, Keßler, H. J.: Internationale Projektfinanzierungen (2): Innovativen und risikobewußten Banken winken hohe Margen, in: Kreditpraxis, 17. Jg. (1991), S. 2200, Gröhl, M.: Bankpolitische Konsequenzen der Projektfinanzierung, a.a.O., S. 100 f., Höpfner, K.-U.: Projektfinanzierung: Erfolgsorientiertes Management einer bankbetrieblichen Leistungsart, a.a.O., S. 179, Backhaus, K.; Uekermann, H.: Projektfinanzierung, in: HWF, 2. Aufl., Stuttgart 1995, Sp. 1578, Prautzsch, W.-A.: Projektfinanzierung, a.a.O., S. 1487. REUTER kennzeichnet die „*Cash-flow-Analyse*" als „*Werthaltigkeitsprüfung des Projektes*"; vgl. Reuter, A.: Was ist und wie funktioniert Pro-

Flow-Prognosen'[4]. Ergänzt wird diese sprachliche Vielfalt durch unterschiedlichste Definitionen und Deskriptionen der zu verwendenden quantitativen Methodik sowohl im wirtschaftswissenschaftlichen Schrifttum als auch in der ‚Praktiker-Literatur'. Es werden erheblich variierende Berechnungsschemata vorgeschlagen, welche teilweise elementare betriebswirtschaftliche Prinzipien unberücksichtigt lassen und bei denen grundsätzliche finanzwirtschaftliche Begriffsmissverständnisse festzustellen sind.[5] Insofern ergibt sich die Notwendigkeit einerseits einer begrifflichen Eingrenzung sowie andererseits einer ziel- und aufgabenorientierten Herleitung und Deskription der quantitativen Methodik für die finanzwirtschaftliche Abbildung von internationalen Projektfinanzierungen.

---

jektfinanzierung?, in: DB, 51. Jg. (1999), S. 34. BECKER erweitert den Begriff zur ‚*Cash Flow-basierten Tragfähigkeitsanalyse*'; vgl. Becker, G. M.: Grundlagen der Projektfinanzierung, in: WISU, 28. Jg. (1999), S. 811.

[1] Vgl. Sutz, R.: Projektfinanzierung im internationalen Bankgeschäft, in: H.-E. Büschgen, K. Richolt (Hrsg.), Handbuch des internationalen Bankgeschäftes, Wiesbaden 1989, S. 233. SCHEPP spricht u.a. von „*computergestützten Cash Flow-Modellen*"; vgl. Schepp, F.: Praxis der Projektfinanzierung, a.a.O., S. 526 f.

[2] Vgl. Grosse, P. B.: Projektfinanzierung: Anwendungsmöglichkeiten bei der Finanzierung energietechnischer Investitionen, in: VDI-Gesellschaft Energietechnik (Hrsg.), Energietechnische Investitionen: Wirtschaftlichkeit und Finanzierung, Düsseldorf, 1988, S. 186, Jütte-Rauhut, J.: Internationale Marktregulierungen als Risikofaktor bei Projektfinanzierungen im Bergbau: unter besonderer Bezugnahme auf den Zinnmarkt und den Kupfermarkt, Baden-Baden 1988, S. 73, Behm, G.: Gutachtliche Stellungnahmen zur wirtschaftlichen Tragfähigkeit von Projektfinanzierungen, Vortragsmanuskript, Konferenz: Internationale Projektfinanzierung, Frankfurt 31.5.-1.6.1995, S. 11. HARTSHORN/BUSINK verwenden ebenfalls den Begriff ‚*Cash flow-Rechnung*' zur Charakterisierung des quantitativen Planungs- bzw. Analyseinstrumentariums. Unter dem Begriff ‚*Projektfinanzierungsmodell*' ist nach ihrer Auffassung hingegen „*...ein Geflecht aus Vereinbarungen, Verpflichtungen und Garantien zu verstehen, das helfen soll, auch unter ungünstigsten Bedingungen eine bestimmte (Mindest-)Liquidität und Rentabilität zu gewährleisten.*" Vgl. Hartshorn, T.; Busink, N.: Projektfinanzierung, in: K. Backhaus, H.M. Siepert (Hrsg.), Auftragsfinanzierung im industriellen Anlagengeschäft, Stuttgart 1987, S. 235 u. 244.

[3] Vgl. Peraus, H.: Neue Aspekte der Projektsdeckung, Vortragsmanuskript, Alpacher Finanzsymposium 1988, Alpach 7.10.1988, S. 8.

[4] Vgl. Gagern, O. Frhr. v.: Möglichkeit der Co-Finanzierung von Projekten in Entwicklungsländern durch die DEG, in: A. Sell (Hrsg.), Neue Perspektiven für internationale Unternehmenskooperationen, Münster, Hamburg 1995, S. 197, Schepp, F.: Praxis der Projektfinanzierung, a.a.O., S. 527, Tytko, D.: Entwicklungen im Projektfinanzierungsgeschäft, in: Der Langfristige Kredit, 51. Jg. (2000), S. 489.

[5] Für eine Ermittlung des maximalen Kreditbetrages auf der Basis abdiskontierter ‚Nettoerträge' anstelle von Einzahlungsüberschüssen vor Schuldendienst oder ‚(Net) Cashflows' vgl. Pahl, T.: Die Entwicklung von Projektfinanzierungsstrukturen aus der Sicht des Financiers, in: F. Nicklisch (Hrsg.), Rechtsfragen privatfinanzierter Projekte: Nationale und internationale BOT-Projekte, Heidelberg 1993, S. 25 f. Für eine Gleichsetzung der Begrifflichkeiten ‚Cashflow' und ‚Jahresüberschuss' vgl. Vogel, M.: Vertragsgestaltung bei internationalen Projektfinanzierungen, a.a.O., S. 5. Für eine direkte Ermittlung des Cashflow auf der Basis von Einnahmen und Ausgaben anstatt Einzahlungen und Auszahlungen vgl. Schmitt, W.: Internationale Projektfinanzierung bei deutschen Banken, a.a.O., S. 67, Schulte-Althoff, M.: Projektfinanzierung: Ein kooperatives Finanzierungsverfahren aus Sicht der Anreiz-Beitrags-Theorie und der Neuen Institutionenökonomik, Münster 1991, S. 31 sowie Reuter, A.; Wecker, C.: Projektfinanzierung: Anwendungsmöglichkeiten, Risikomanagement, Vertragsgestaltung, bilanzielle Behandlung, a.a.O., S. 54. Vgl. hierzu auch die grundsätzlichen Ausführungen unter Gliederungspunkt 5.4.1.4.1.2 Grundsatz der terminologischen Eindeutigkeit, S. 519 ff.

2.2.2.1.2 Terminologische Eingrenzung

Die im Schrifttum zwecks Bezeichnung des quantitativen Planungs- bzw. Analyseinstrumentariums verwendeten Termini technici[1] erlauben bei genauerer Betrachtung die Isolierung von drei deskriptiven Elementen aus den einzelnen Wortbestandteilen:

1. Die Wortbestandteile ‚*Finanzierung*', ‚*Geldfluss*', ‚*Cashflow*', ‚*Liquidität*' etc. betonen die Zahlungsgrößenorientierung und weisen damit auf die **finanzierungsorientierte** Zwecksetzung hin.

2. Die Begrifflichkeiten ‚*Vorschau*', ‚*Planung*', ‚*Projektion*' und ‚*Prognose*' implizieren eine **Zukunftsorientierung** des quantitativen Instrumentariums.

3. Die Nennung des Wortbestandteils ‚*Modell*' und ‚*Rechnung*'[2] impliziert die Verwendung eines **modellgestützten**, d.h. von der Realität abstrahierenden und damit komplexitätreduzierenden, quantitativen Instrumentariums.

Ausgehend von diesen drei Elementen soll im Folgenden der Terminus ‚**Modellgestützte Finanzplanung**' zur begrifflichen Umschreibung des quantitativen Instrumentariums verwendet werden. Durch die Verwendung des Begriffselementes ‚Finanzplanung' wird dabei einerseits die Zukunfts- bzw. Finanzierungsorientierung berücksichtigt und andererseits ein Bezug zum existierenden finanzwirtschaftlichen Instrumentarium hergestellt. Unter ‚**Finanzplanung**' soll in diesem Zusammenhang mit LACHNIT die „*...zukunftsbezogene Erfassung und unternehmenszielgemäße Beeinflussung der finanziellen Sachverhalte (Finanzströme, -bestände und –rahmengegebenheiten)*" verstanden werden.[3] Die Finanzplanung ist somit als ein analysierender und gestaltender Problemlösungsprozess aufzufassen, dessen Ergebnisse sich am Ende in einem ‚Finanzplan' konkretisieren. Die explizite Hervorhebung des ‚**Modellcharakters**' impliziert dabei eine ziel- und alternativenorientierte Analyse und Darstellung des Finanzierungsproblems bei gleichzeitiger Abstraktion vom unrealisierten Original.[4]

Wesentlicher Ausfluss der modellgestützten Finanzplanung ist die Ergebnisgröße ‚Cashflow',[5] welche entsprechend häufig in den verschiedenen Bezeichnungen des quantitativen Instrumentariums verwendet wird.[6] Die alternative Verwendung des Begriffes **Cashflow-Analyse** anstelle der Begrifflichkeit ‚Modellgestützte Finanzplanung' erscheint daher gerechtfertigt, insbesondere auch vor dem Hintergrund des für die Projektfinanzierung im engeren Sinne postulierten Kernmerkmals

---

[1] Vgl. hierzu die vorstehenden Ausführungen unter Gliederungspunkt 2.2.2.1.1 Begriffs- und Definitionsvielfalt, S. 60 ff.

[2] Auch eine ‚Rechnung' kann als ein beschreibendes Modell aufgefasst werden, wenn sie der deskriptiven Erfassung realer Objekte dient. Vgl. hierzu auch die nachfolgenden Ausführungen unter Gliederungspunkt 2.2.2.3 Modellcharakter, S. 66 ff.

[3] Lachnit, L.: Finanzplanung, in: HWF, 2. Aufl., Stuttgart 1995, Sp. 776. Vgl. für ähnliche Abgrenzungen Matschke, M. J.; Hering, T.; Klingelhöfer, H. E.: Finanzanalyse und Finanzplanung, München, Wien 2002, S. 95.

[4] Vgl. zum möglichen Modellcharakter einer Finanzplanung auch Seelbach, H.: Finanzplanungsmodelle, in: HWF, 2. Auflage, Stuttgart 1995, Sp. 788 f. sowie die nachfolgenden Ausführungen unter Gliederungspunkt 2.2.2.3 Modellcharakter, S. 66 ff.

[5] Vgl. hierzu die nachfolgenden Ausführungen 2.2.2.4.2.2.2.9 Modul ‚Cashflow', S. 95 ff.

[6] Vgl. hierzu die vorstehenden Ausführungen unter Gliederungspunkt 2.2.2.1.1 Begriffs- und Definitionsvielfalt, S. 60 ff.

‚*Bedienung des Schuldendienstes aus dem Cashflow des Projektes*'.[1] Jedoch sind die Ziele und Aufgaben der ‚Modellgestützten Finanzplanung' nicht ausschließlich auf die Ermittlung der Ergebnisgröße ‚Cashflow' beschränkt wie im Folgenden noch zu zeigen sein wird.[2]

2.2.2.2 Finanzplanung und Finanzplan

2.2.2.2.1 Ziele und Aufgaben

Ausgehend vom dargestellten Verständnis der ‚Finanzplanung' als gedanklich antizipiertes und zu optimierendes Abbild der zukünftigen finanziellen Sachverhalte bedarf es einer unternehmensindividuell konkretisierten, operationalen Zielfunktion', aus der sich im Prozess der Planung hinreichend genaue Handlungsanweisungen zur Erreichung der angestrebten zukünftigen Ergebnisse ableiten lassen. Die klassische Aufgabe der Finanzplanung liegt in der Unterstützung des Einhaltens nachfolgender liquiditäts- und erfolgswirtschaftlicher Zielsetzungen:

- Das Ziel der ‚**laufenden (situativen) Liquiditätssicherung**' liegt in der Gewährleistung der jederzeitigen, betrags- und termingerechten Zahlungsfähigkeit.[3] Eine drohende oder bereits eingetretene Illiquidität dürfte in den meisten Jurisdiktionen einen Insolvenztatbestand darstellen und in der Einleitung eines insolvenzrechtlichen Verfahrens münden.[4] Insoweit müssen die Zeitpunkt- und Betragsgenauigkeit bei der kurzfristigen Disposition von Ein- und Auszahlungen im Vordergrund stehen.

- Mit zunehmendem Planungshorizont gewinnt aufgrund der Prognoseunsicherheit über die Zu- und Abflusszeitpunkte sowie die Höhe zukünftiger Ein- und Auszahlungen das Ziel einer ‚**strukturellen Liquiditätssicherung**' an Bedeutung. Gegenstand der Betrachtung ist die zeitlich und betragsmäßige Kongruenz zwischen Investitionsvorhaben (Mittelverwendung) und hierfür erforderlichen Finanzierungsquellen (Mittelherkunft).[5]

- Vor dem Hintergrund einer unvollkommenen Voraussicht über zukünftige Umweltzustände und der daraus resultierenden Planungsunsicherheit liegt eine weitere Aufgabe der Finanzplanung in der ‚**Bemessung einer Liquiditätsreserve**'. Hierbei wird das Ziel verfolgt, eine unter Kosten- und Sicherheitsaspekten optimierte Kassen- bzw. Kreditrahmenvorhaltung zu bestimmen.

- Für die Erfüllung der vorstehend skizzierten liquiditätswirtschaftlichen Zielsetzungen stehen im Regelfall verschiedene Alternativen zur Auswahl, so dass als Nebenbedingung das Ziel einer ‚**Optimierung der Erfolgswirkung**' an Relevanz gewinnt. Die Zielfunktion wird hierbei

---

[1] Vgl. hierzu Gliederungspunkt 2.1.3.2 Bedienung des Schuldendienstes aus dem Cashflow des Projektes, S. 22 ff.

[2] So sprechen BACKHAUS/UEKERMANN/SCHILL von „*Cash-flow-Analysen sowie Bilanz- und GuV-Projektionen*" und weisen auf die mögliche Bedeutung von Plan-Bilanzen und Plan-GuV-Rechnungen bei der Ermittlung von Steuerzahlungen hin; vgl. Backhaus, K.; Schill, J.; Uekermann, H.: Projektfinanzierung, in: G. Gebhardt, W. Gerke, M. Steiner (Hrsg.), Handbuch des Finanzmanagements, Instrumente und Märkte der Unternehmensfinanzierung, München 1993, S. 542 ff.

[3] Vgl. Lachnit, L.: Finanzplanung, a.a.O., Sp. 777, Matschke, M. J.; Hering, T.; Klingelhöfer, H. E.: Finanzanalyse und Finanzplanung, a.a.O., S. 95.

[4] Vgl. Drukarczyk, J.: Finanzierung, a.a.O., S. 526 ff.

[5] Vgl. Perridon, L.; Steiner, M.: Finanzwirtschaft der Unternehmung, 11. Aufl., München 2002, S. 7, Matschke, M. J.; Hering, T.; Klingelhöfer, H. E.: Finanzanalyse und Finanzplanung, a.a.O., S. 95.

insbesondere durch zu minimierende Finanzierungskosten bzw. zu maximierende Renditen von Geld- und Kapitalanlagen determiniert.[1]

Im Fall des Untersuchungsgegenstandes ‚Projektfinanzierung im engeren Sinne' dient die modellgestützte Finanzplanung aus Sicht der Kreditgeber zudem der Entscheidungsunterstützung bei der Kreditvergabe. Die verfolgten Ziele liegen dabei zunächst in der Beschreibung des Projekt- und Finanzierungskonzeptes sowie der Erklärung wesentlicher Prämissen und Wirkungszusammenhänge (‚**Vorschaucharakter**'). Hierauf aufbauend kann eine Konzeptoptimierung unter Berücksichtigung der kreditgeberseitigen Zielfunktion erfolgen, so dass eine Entscheidung über die zu verhandelnden Strukturelemente und damit über die Vergabebedingungen eines projektbezogenen Kredites ermöglicht wird (‚**Vorgabecharakter**'). Die liquiditäts- und erfolgswirtschaftlichen Ziele des Projektes respektive seiner Gesellschafter einerseits sowie der Kreditgeber andererseits können identisch sein oder beispielsweise dann auseinanderfallen, wenn unterschiedliche Vorstellungen über die strukturelle Zusammensetzung der Finanzierungsmittel, Sicherheitsreserven und insbesondere erfolgswirtschaftlich relevante Gestaltungsoptionen existieren.

2.2.2.2.2 Zeitliche Grundkonzeptionen

2.2.2.2.2.1 Planungshorizonte und Planungsintervalle

Aus einer zeitlichen Perspektive lassen sich die Ergebnisse von ‚(modellgestützten) Finanzplanungen' nach ihrem zeitlichen Planungshorizont (Planungszeitraum) sowie den korrespondierenden periodischen Planungsintervallen (Planungseinheit) in kurzfristige, mittelfristige und langfristige Finanzpläne differenzieren:[2]

- **Kurzfristige Finanzplanung**

    Die ‚kurzfristige Finanzplanung' kann in Form einer ‚**Liquiditätsplanung**' mit einem zeitlichen Planungshorizont von einem Tag bis zu einem Monat erstellt werden. Es wird ein periodisches Planungsintervall von einem Tag betrachtet, für das alle antizipierten Ein- und Auszahlungen eines Kalender- bzw. (Bank-) Arbeitstages zu erfassen sind. Zwecksetzung eines derartigen ‚Cash Managements' ist neben der Aufrechterhaltung der kurzfristigen Zahlungsfähigkeit die Optimierung der vorzuhaltenden Liquiditätssalden (Kassenbestände).[3]

    Eine weitere Möglichkeit der ‚kurzfristigen Finanzplanung' stellen ‚**unterjährige Finanzpläne**' dar, die einen zeitlichen Planungshorizont von einem bis zu zwölf Monaten aufweisen. Als periodisches Planungsintervall können Woche, Dekade, Monat oder Quartal mit entsprechend aggregierten Strom- und Bestandsgrößen gewählt werden. Unterjährige Finanzpläne ermöglichen operative Anpassungsmaßnahmen u.a. durch aktives Debitoren- und Kreditoren- sowie insbesondere auch Linienmanagement (Einräumung/ Nutzung kurzfristiger Kreditlinien).

- **Mittelfristige Finanzplanung**

    Eine ‚**mittelfristige Finanzplanung**' (‚**Jahresfinanzplan**') umfasst einen zeitlichen Planungshorizont von mindestens einem Jahr, wobei das periodische Planungsintervall zwischen einem Monat und einem Jahr liegen kann. Die mittelfristige Finanzplanung stellt im Falle eines ste-

---

[1] Vgl. Lachnit, L.: Finanzplanung, a.a.O., Sp. 777.

[2] Vgl. Büschgen, H. E.: Grundlagen betrieblicher Finanzwirtschaft, a.a.O., S. 347 f., Lachnit, L.: Finanzplanung, a.a.O., Sp. 777.

[3] Erfolgt die Liquiditätsdisposition nach der Systematik der Zahlungsverkehrskonten, wird der ‚Liquiditätsplan' auch als ‚**Liquiditätsstatus**' bezeichnet; vgl. Lachnit, L.: Finanzplanung, a.a.O., Sp. 782, Matschke, M. J.; Hering, T.; Klingelhöfer, H. E.: Finanzanalyse und Finanzplanung, a.a.O., S. 95.

henden Unternehmens das Bindeglied zwischen kurzfristiger und langfristiger Finanzplanung dar. Der Jahresfinanzplan dient dabei primär der Aufrechterhaltung und Optimierung der Periodenliquidität durch intraperiodische Abstimmung von Liquiditätsströmen und -beständen.[1]

- **Langfristige Finanzplanung**

    Die ‚**langfristige Finanzplanung**' weist einen zeitlichen Planungshorizont von mindestens zwei Jahren und (idealtypisch) ein periodisches Planungsintervall von einem Kalenderjahr mit einem entsprechend hohen Aggregationsgrad der einzelnen Strom- und Bestandsgrößen auf. Teilweise wird bei stehenden Unternehmen die ‚langfristige Finanzplanung' ausgehend von Plan-Jahresabschlüssen auf derivativem Wege durch Ableitung einer ‚Plan-Bewegungsbilanz' und/oder einer ‚Plan-Finanzflussrechnung' (‚Plan-Kapitalflussrechnungen') zur Integrierung der Erfolgs-, Bilanz- und Finanzplanung erstellt.[2]

2.2.2.2.2.2 Implikationen für Projektfinanzierungen im engeren Sinne

Im Zusammenhang mit dem Untersuchungsgegenstand ‚Projektfinanzierung im engeren Sinne' kann die modellgestützte Finanzplanung sowohl einen kurz- und mittel- als auch einen langfristigen Charakter entfalten:

- Für eine Abbildung von in der ‚**Bauzeitphase**' erwarteten Zahlungsströmen wird – vor dem Hintergrund der technischen Planung sowie der vertraglich determinierten Zahlungsabwicklung einzelner Baulose (‚Meilensteine') – der antizipierte zeitliche Abruf von Eigen- und Fremdmitteln sowie die daraus resultierende Höhe von zu entrichtenden, regelmäßig jedoch kapitalisierten Bauzeitzinsen zu modellieren sein. In der Mehrzahl der Fälle dürfte hierfür ein <u>kurzfristiges</u> periodisches Planungsintervall mit einer Länge von maximal einem Monat erforderlich sein. Andererseits kann sich je nach der Art des zu errichtenden Projektes u.U. ein mehrjähriger periodischer Planungshorizont ergeben,[3] so dass die modellgestützte Finanzplanung für diesen Planungsabschnitt gleichsam einen <u>mittelfristigen</u> Charakter gewinnt.

- Die Modellierung der ‚**Betriebsphase**', deren zeitlicher Horizont zumindest durch die Kreditlaufzeit, sinnvollerweise jedoch durch die wirtschaftliche Nutzungsdauer des Projektes oder gegebenenfalls die Konzessionslaufzeit determiniert ist, erfolgt auf der Basis einer <u>langfristigen</u> Finanzplanung. Die periodischen Planungsintervalle orientieren sich hingegen an den unterjährigen Tilgungsraten, welche in der Regel halbjahres- oder quartalsweise zu entrichten sind, so dass dieser Planungsabschnitt zugleich einen <u>mittelfristigen</u> Charakter aufweist. Hierdurch ergibt sich zudem der Vorteil, dass saisonale Auslastungsschwankungen, Wartungsintervalle und Stillstandszeiten unterjährig modelliert und somit bereits bei der Strukturierung des Finanzierungskonzeptes berücksichtigt werden können.

2.2.2.3 Modellcharakter

‚**Modelle**' stellen ein vereinfachtes Abbild der (ökonomischen) Realität zur Lösung von Problemen dar, die auf der Basis der Modellvorlage (‚Original') alleine nicht gelöst werden können. Wesensmerkmal von Modellen ist die Abstraktion vom realen oder fiktiven Original im Wege einer Kom-

---

[1] Vgl. Lachnit, L.: Finanzplanung, a.a.O., Sp. 783.

[2] Vgl. Lachnit, L.: Finanzplanung, a.a.O., Sp. 784 f. In diesem Zusammenhang wird auch der Begriff ‚**Kapitalbindungsplan**' verwendet; vgl. Matschke, M. J.; Hering, T.; Klingelhöfer, H. E.: Finanzanalyse und Finanzplanung, a.a.O., S. 95.

[3] Beispielsweise kann die Bauphase bei größeren Stauwasserkraftwerken zwischen 3 und 6 Jahren – in einigen Fällen auch länger – betragen.

plexitätsreduktion durch Selektion der zu betrachtenden Phänomene und Zusammenhänge.[1] Dabei können grundsätzlich zwei verschiedene methodische Vorgehensweisen unterschieden werden:[2]

- **‚Reduktivmodelle'** reduzieren die (reale) Modellvorlage durch Isolierung und Auswahl einzelner Phänomene und Zusammenhänge auf das (vermeintlich) „Wesentliche".

- **‚Konstruktivmodelle'** konstruieren aus ausgewählten allgemeinen Phänomenen und Zusammenhängen der ökonomischen Realität bzw. Theorie ein „vereinfachtes" Modell einer (fiktiven) Modellvorlage.

Die beiden methodischen Vorgehensweisen lassen sich in der Praxis der Modellbildung nicht immer trennscharf voneinander abgrenzen, sondern können auch in einer Mischform auftreten.[3] Je nach der primär verfolgten Zwecksetzung des Erstellenden bzw. Adressaten lassen sich ökonomische Modelle wie folgt typologisieren:[4]

- **‚Deskriptionsmodelle'** (**‚Beschreibungsmodelle'**) dienen der beschreibenden Erfassung realer Objekte durch selektive Abbildung der impliziten ökonomischen Vorgänge im Rahmen eines **‚Beschreibungsmodells'** bzw. **‚Erfassungsmodells'** (z.B. volkswirtschaftliche Gesamtrechnung, betriebliches Rechnungswesen). Durch rechnerische Verarbeitung können die gewonnenen Informationen zu Erkenntnisgrößen (z.B. Jahresüberschuss bzw. -fehlbetrag, Kapitalwert) verdichtet werden, wodurch das Deskriptionsmodell zu einem **‚Ermittlungsmodell'** erweitert wird. Eine Analyse oder Erklärung der beschriebenen Sachverhalte unterbleibt jedoch in einem ‚Deskriptionsmodell'.

- Im Rahmen von **‚Explikationsmodellen'** (**‚Erklärungsmodellen'**) werden Theorien auf konkrete Sachverhalte des Lebens angewendet, um deren Ausprägung ex post (z.B. tatsächlicher Stromverbrauch innerhalb einer abgeschlossenen Periode) oder ex ante (z.B. antizipierter Stromverbrauch in der Zukunft) zu erklären. Im Fall der ‚zukunftsgerichteten Erklärung' werden derartige Modelle aufgrund der strukturellen Übereinstimmung von Erklärung und Vorhersage zu **‚Prognosemodellen'**.

- **‚Entscheidungsmodelle'** dienen der Optimierung (z.B. Gewinn-, Umsatz, Renditemaximierung, Kostenminimierung) der (individuellen) Zielfunktion der (des) Entscheidungsträger(s).[5] Je nach dem Grad der Strukturierung des Entscheidungsproblems können dabei quantitativ-orientierte oder heuristische Verfahren der Entscheidungsmodellierung eingesetzt werden. Den Ausgangspunkt der Überlegungen bildet ein Erklärungsmodell bzw. die darin enthaltenen Erkenntnisse über Phänomene und Zusammenhänge des zu optimierenden Sachverhaltes. Darauf aufbauend werden die variablen Modellbestandteile solange variiert, bis das durch die Ziel-

---

[1] Vgl. o. V.: Stichwort: ‚Modell', in: Vahlens Großes Wirtschaftslexikon, E. Dichtl, O. Issing (Hrsg.), Bd. 2, München 1987, S. 186, Mag, W.: Die Modellunterstützung der Unternehmensplanung, in: WISU, 24. Jg. (1995), S. 323.

[2] Vgl. Wöhe, G.: Einführung in die allgemeine Betriebswirtschaftslehre, 16. Aufl., München 1986, S. 37 m.w.N.

[3] So kann zunächst ein Reduktivmodell entwickelt werden, welches in einem zweiten Schritt um gedanklich konstruierte, neue Prämissen erweitert wird; vgl. Ebenda, S. 38.

[4] Vgl. Tietz, B.: Grundlagen der Handelsforschung, Bd. I: Die Methoden, Rüschlikon-Zürich 1969, S. 611, o. V.: Stichwort: ‚Modell', in: Gabler Wirtschaftslexikon, 15. Aufl., Wiesbaden 2000, S. 2152, Wöhe, G.: Einführung in die allgemeine Betriebswirtschaftslehre, a.a.O., S. 39 ff., Adam, D.: Planung und Entscheidung: Modelle – Ziele – Methoden, 4. Aufl., Wiesbaden 1996, S. 87 f.

[5] BRETZKE definiert das Entscheidungsmodell als *„...das Ergebnis eines Versuches, die für wesentlich gehaltenen Elemente und Beziehungen einer als „Problem" empfundenen Handlungssituation in einer formalisierten Sprache so zu definieren, daß aus dem resultierenden Strukturkomplex die Problemlösung als logische Implikation abgeleitet werden kann."* Bretzke, W.-R.: Der Problembezug von Entscheidungsmodellen, Tübingen 1980, S. 8.

funktion vorgegebene Ergebnis absolut (‚optimale Lösung') oder näherungsweise (‚befriedigende Lösung') erreicht wird.[1]

Für die Analyse des Modellcharakters bzw. der Modellfunktionen einer ‚Modellgestützten Finanzplanung' empfiehlt sich eine schrittweise Annäherung an das Phänomen. Ausgangspunkt für die Finanzplanung im Rahmen von ‚Projektfinanzierungen im engeren Sinne' ist das ‚**Projekt- und Finanzierungskonzept**':

Abb. 12: Zusammenhang zwischen Projekt- und Finanzierungskonzept sowie modellgestützter Finanzplanung

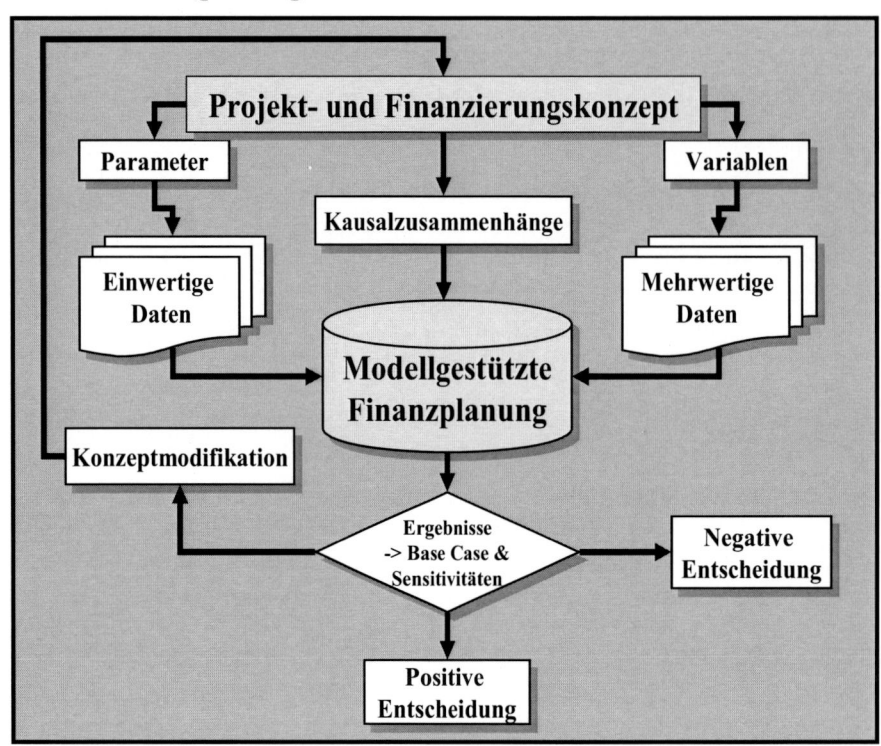

Quelle: Eigene Darstellung

Das ‚**Projekt- und Finanzierungskonzept**' steht als Synonym für das gedanklich gebildete (qualitative) Modell eines geplanten Projektes sowie der korrespondierenden (Projekt-) Finanzierung und manifestiert sich in quantitativer Hinsicht in der ‚**modellgestützten Finanzplanung**'. Im Idealfall berücksichtigt es in seinen ‚**Prämissen**' alle wesentlichen ‚**Phänomene**', d.h. die ‚**Parameter**' und ‚**Variablen**', sowie insbesondere die ‚**Kausalzusammenhänge**' eines Vorhabens:

- ‚**Parameter**' (‚**Konstanten**') sind Daten, die aufgrund naturwissenschaftlich-technischer Gesetzmäßigkeiten (z.B. Kapazität eines Produktions- bzw. Leistungsprozesses, Anzahl der Mitarbeiter), vertraglicher Festlegung (z.B. kreditvertraglich fixierter Festzinssatz) oder gesetzlicher Vorgabe (konstanter Ertragsteuersatz) in der ‚modellgestützten Finanzplanung' genau eine Ausprägung annehmen können (‚Einwertigkeit') und insoweit projektindividuell konstant gesetzt werden.[2]

---

[1] Gemäß dieser Zweiteilung wird auch zwischen ‚Optimierungsmodellen' und ‚Nichtoptimierungsmodellen' differenziert; vgl. La, B.: Strukturanalyse gleichungsorientierter Planungsmodelle, Berlin 1998, S. 12 f.

[2] Daneben können ‚Parameter' bei einem mathematisch-naturwissenschaftlichen Begriffsverständnis auch in Form von unbestimmt gelassenen Größen vorliegen. Jedoch bleiben derartige Phänomene entweder bei

- ‚**Variablen**' sind Daten, die aufgrund ihres naturgegebenen Charakters (z.B. Temperaturen) oder einer fehlenden bzw. ex ante nicht eindeutig determinierbaren rechtlichen Fixierung (z.B. ein variabler Basiszinssatz, Beschaffungspreise für Vorprodukte, Absatzpreise für Endprodukte, Steuertarife, Pönalen) in der ‚modellgestützten Finanzplanung' als veränderliche Größen verschiedene Ausprägungen annehmen können (‚Mehrwertigkeit').[1]

- Die ‚**Kausalzusammenhänge**' bilden die dem ‚Projekt- und Finanzierungskonzept' zugrundeliegenden Beziehungen und Wirkungsmechanismen in Form von Algorithmen ab (z.B. Befüllungsmechanismen für Reservekonten, vertraglich geregelte Nachschussverpflichtungen/Dividendenausschüttungen, komplexe steuerrechtliche Verlustvortragsregelungen) und verdichten die vorgegebenen Parameter und Variablen zu Ergebniswerten (z.B. Cashflows, Schuldendienstdeckungs-, Renditekennzahlen, Kapitalwerte).

Auf der Basis von als wahrscheinlich erachteten bzw. unter dem Vorsichtsaspekt ausgewählten Datenkonstellationen können Ergebnisse für einen Normal- bzw. Basisfall (‚Base Case')[2] ermittelt werden. Hierauf aufbauend sind durch eine Variation der mehrwertigen Daten, d.h. im Rahmen von Sensitivitäts- und Szenarioanalysen,[3] (kritische) Ergebniswerte bzw. verschiedene Ergebnisszenarien zu ermitteln, die zu drei möglichen Entscheidungen führen können:

- Regelmäßig werden die Ergebnisse der ‚modellgestützten Finanzplanung' zunächst die Notwendigkeit einer ‚**Konzeptmodifikation**' aufzeigen. Im Rahmen eines iterativen Prozesses können einzelne Bestandteile, d.h. ‚Kausalzusammenhänge', des ‚Projekt- und Finanzierungskonzeptes' variiert werden, bis sich das gewünschte Ergebnis einstellt oder eine relative Annäherung an die Zielfunktion erreicht wurde.

- Im Idealfall stellt sich nach mehrfachen Konzeptmodifikationen ein für die Projektsponsoren sowie für die Kreditgeber und übrigen Projektbeteiligten akzeptables Ergebnis ein, so dass eine ‚**positive Entscheidung**' über die Projektdurchführung bzw. -finanzierung getroffen werden kann.

- Möglicherweise zeigen die Ergebnisse der modellgestützten Finanzplanung, dass auch unter Ausschöpfung aller – kostenmäßig und zeitlich vertretbaren – Konzeptmodifikationen keine hinreichende Annäherung an die Zielfunktionen der Beteiligten erreicht werden kann. Im Ergebnis wird bei rationalem Entscheidungsverhalten eine ‚**negative Entscheidung**' über die Projektdurchführung bzw. -finanzierung zu treffen sein.

Die ‚modellgestützte Finanzplanung' stellt eine ‚**Arbeitshypothese**' dar, die vor dem Hintergrund einer noch nicht eingetretenen respektive nicht erfassbaren komplexen Realität nicht verifizierbar ist, sondern letztlich nur ex ante durch gedankliche Aufdeckung logischer Widersprüche bzw. ex post durch tatsächliche Widerlegung falsifizierbar ist. Mit dem ‚Projekt- und Finanzierungskonzept' respektive der ‚modellgestützten Finanzplanung' liegt insoweit kein ‚**deterministisches Mo-**

---

einer Modellkonstruktion unberücksichtigt (‚Konstruktivmodelle') oder entfallen aufgrund einer Komplexitätsreduktion (‚Reduktivmodelle').

[1] Unter den hier angesprochenen ‚Variablen' werden nur die tatsächlich variablen Phänomene verstanden. Daneben können auf einer modelltheoretischen Ebene sämtliche Bestandteile (Phänomene und Kausalzusammenhänge) des Modells als ‚Variable' aufgefasst werden. Vgl. Wöhe, G.: Einführung in die allgemeine Betriebswirtschaftslehre, a.a.O., S. 39.

[2] Vgl. Schniewind, H. J.: Projektfinanzierung – ein Instrument auch für mittelständische Firmen?, in: K. Juncker, E. Priewasser (Hrsg.), Handbuch Firmenkundengeschäft, 2. Aufl., Frankfurt a.M. 2001, S. 315..

[3] Vgl. zu den genannten Verfahren der quantitativen Risikoanalyse die nachfolgenden Ausführungen unter den Gliederungspunkten 2.2.4.3.4 Quantitative (projektbezogene) Risikoanalyse, S. 148 ff.

dell', sondern ein ‚**stochastisches Modell**' vor, als die Ergebnisse aufgrund unsicherer Annahmen nicht mit absoluter Sicherheit erwartet werden können.[1]

Bei ‚Projektfinanzierungen im engeren Sinne' erfüllt die ‚modellgestützte Finanzplanung' zunächst eine Deskriptionsfunktion, da im Idealfall sämtliche Prämissen und Kausalzusammenhänge durch das Modell erfasst werden (‚**Abbildungsfunktion**').[2] Hierbei wird bereits im Rahmen der Programmierung des Modellalgorithmus auch ein Verständnis für implizite Prämissen und Wirkungsmechanismen gewonnen (‚**Explikationsfunktion**'). Durch Verknüpfung mit einer <u>kreditgeberseitigen</u> Zielfunktion kann die ‚modellgestützte Finanzplanung' zudem bei der Entscheidung über die grundsätzliche Durchführung des Projekt- und Finanzierungskonzeptes bzw. bei dessen Modifikation und Optimierung eingesetzt werden (‚**Entscheidungsfunktion**').

2.2.2.4 Ermittlungsmethodik

2.2.2.4.1 Finanzplanungsprozess

2.2.2.4.1.1 Prozess der Finanzplanung im existierenden Unternehmen

Der Finanzplanungsprozess beschreibt die einzelnen Phasen bzw. Ablaufschritte im Rahmen einer (modellgestützten) Finanzplanung. Im Falle eines **existierenden Unternehmens** können hierbei die folgenden Phasen unterschieden werden[3]:

- **Informationsbeschaffung**

  Im Rahmen der Informationsbeschaffung erfolgt eine finanzplanungsrelevante Datenerhebung im Unternehmen. Informationsquellen sind insbesondere die betrieblichen Teilpläne sowie das Rechnungswesen.

- **Transformation in Finanzgrößen**

  Sofern die im Rahmen der Informationsbeschaffung erhobenen Daten noch nicht als Finanzgrößen vorliegen, sind diese in Zahlungsgrößen (Ein- und Auszahlungen und Finanzbestände) zu überführen.

- **Finanzgrößenfortschreibung**

  Die aus den betrieblichen Teilplänen sowie dem Rechnungswesen gewonnenen Zahlungsgrößen werden für zukünftige Zeiträume mit Hilfe verschiedener Prognoseverfahren[4] fortgeschrieben und in einem (vorläufigen) Finanzplan dokumentiert.

- **Finanzplanoptimierung**

  Die im Finanzplan ausgewiesenen Ergebnisse für den betrachteten zeitlichen Planungsabschnitt sind vor dem Hintergrund der operationalen Zielfunktion der Unternehmung zu beurteilen. Ergeben sich Abweichungen von den liquiditäts- und erfolgswirtschaftlichen Zielsetzungen, ist durch Plananpassungen eine hinreichende, zielerfüllende Optimierung vorzunehmen.[5]

---

[1] Vgl. Wöhe, G.: Einführung in die allgemeine Betriebswirtschaftslehre, a.a.O., S. 41, Mag, W.: Die Modellunterstützung der Unternehmensplanung, a.a.O., S. 328.

[2] Vgl. Prautzsch, W.-A.: Projektfinanzierung, a.a.O., S. 1487.

[3] Vgl. Lachnit, L.: Finanzplanung, a.a.O., Sp. 786 f. Siehe auch Preißner, A.: Aufbau und Probleme der Budgetierung im Unternehmen, in: WISU, 28. Jg. (1999), S. 1467 ff.

[4] Vgl. zu den verschiedenen Prognoseverfahren auch die nachfolgenden Ausführungen unter Gliederungspunkt 2.2.3.3 Prognoseverfahren, S. 138 ff.

[5] Insbesondere im Bereich der kurzfristigen Finanzplanung können EDV-basierte Finanzplanungsmodelle über Simulationsmöglichkeiten eine Finanzplanoptimierung unterstützen; vgl. Lachnit, L.: Finanzpla-

- **Finanzplanfeststellung und -vorgabe**

  Nach Erstellung eines zielkonformen Finanzplanes kann dieser vom dispositiven Faktor genehmigt (Planfeststellung) und bei der Budgetierung den einzelnen Organisationseinheiten vorgegeben werden (Planvorgabe).

- **Finanzplankontrolle und -änderung**

  Im Rahmen eines Vergleiches von Plan- und Istwerten können Planabweichungen festgestellt und analysiert werden. Hierdurch können Rückschlüsse auf Fehler im Planungsprozess und/oder auf eine ungenügende Umsetzung der Planvorgaben getroffen werden.

2.2.2.4.1.2 Prozess der modellgestützten Finanzplanung bei Projektfinanzierungen im engeren Sinne

Aufgrund in der Regel fehlender unternehmensbezogener historischer Daten sowie des isolierten Charakters abgrenzbarer Vorhaben ergeben sich erweiterte bzw. veränderte Anforderungen an den Prozess der (modellgestützten) Finanzplanung bei Projektfinanzierungen im engeren Sinne gegenüber derjenigen in existierenden Unternehmen, so dass eine modifizierte Darstellung der Prozessphasen sinnvoll erscheint. Die nachfolgende Abbildung stellt den Prozess der modellgestützten Finanzplanung bei Projektfinanzierungen im engeren Sinne idealtypisch dar:

---

nung, a.a.O., Sp. 786. Jedoch weist SEELBACH darauf hin, dass die Akzeptanz von Finanzplanungsmodellen in der betrieblichen Praxis mit zunehmender Komplexität des verwendeten quantitativen Instrumentariums sowie steigenden Datenmengen abnimmt; vgl. Seelbach, H.: Finanzplanungsmodelle, a.a.O., S. 796.

Abb. 13: Prozess der modellgestützten Finanzplanung bei Projektfinanzierungen im engeren Sinne

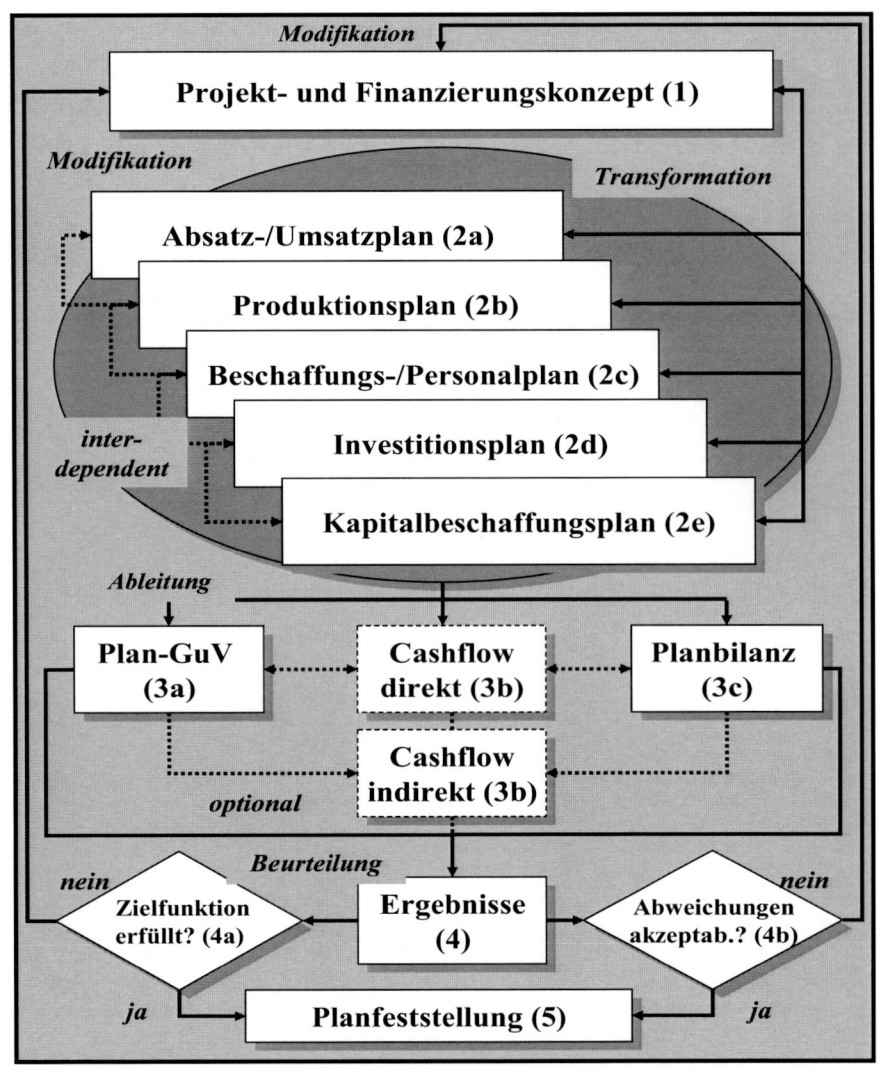

```
                          Modifikation
        ┌─────────────────────────────────────────────┐
        │     Projekt- und Finanzierungskonzept (1)   │
        └─────────────────────────────────────────────┘
   Modifikation                            Transformation
              ┌─────────────────────────────┐
              │    Absatz-/Umsatzplan (2a)  │
              └─────────────────────────────┘
                 ┌─────────────────────────────┐
                 │    Produktionsplan (2b)     │
                 └─────────────────────────────┘
                    ┌──────────────────────────────┐
                    │ Beschaffungs-/Personalplan (2c)│
                    └──────────────────────────────┘
   inter-              ┌─────────────────────────────┐
   dependent           │    Investitionsplan (2d)    │
                       └─────────────────────────────┘
                          ┌──────────────────────────────┐
                          │  Kapitalbeschaffungsplan (2e)│
                          └──────────────────────────────┘
        Ableitung
   ┌──────────┐    ┌──────────┐    ┌──────────┐
   │ Plan-GuV │◄---│ Cashflow │---►│Planbilanz│
   │   (3a)   │    │direkt(3b)│    │   (3c)   │
   └──────────┘    └──────────┘    └──────────┘
                   ┌──────────┐
                   │ Cashflow │
                   │indirekt(3b)│
        optional   └──────────┘
               Beurteilung
   nein ◄┐                              ┌► nein
    ╱Zielfunktion╲   ┌──────────┐   ╱Abweichungen╲
    ╲ erfüllt?(4a)╱◄─│Ergebnisse│──►╲akzeptab.?(4b)╱
                     │    (4)   │
                     └──────────┘
     ja  ┌─────────────────────────┐  ja
         │   Planfeststellung (5)  │
         └─────────────────────────┘
```

Quelle: Eigene Darstellung

Die Prozessphasen der modellgestützten Finanzplanung bei einer Projektfinanzierung im engeren Sinne lassen sich im Einzelnen wie folgt charakterisieren:

- **Projekt- und Finanzierungskonzept (1)**

    Liegt bereits ein erstes vorläufiges Projekt- und Finanzierungskonzept vor, so kann dieses den Ausgangspunkt für die weiteren Phasen der quantitativen Modellierung bilden.[1] Das Konzept manifestiert sich in den sponsorseitig vorgelegten respektive bankseitig abgefragten Informationen, welche u.a. in Form von Vertragsentwürfen, bereits abgeschlossenen Verträgen, Studien/Gutachten zu technisch-ökonomischen Aspekten des Vorhabens, Umweltverträglichkeitsprüfungen oder möglicherweise bereits im Wege einer mehr oder weniger umfassenden Machbarkeitsstudie ('Feasibility Studies') vorgelegt werden können. In einzelnen Fällen steht auch ein bereits vom Sponsor oder seinen Beratern erstelltes verhandlungsfähiges Finanzierungs-

---

[1] Alternativ können Banken weitere Beratungsfunktionen übernehmen und die Sponsoren bei der Informationsbeschaffung begleiten bzw. aktiv bei der Erstellung eines Projekt- und Finanzierungskonzeptes unterstützen. Vgl. hierzu die nachfolgenden Ausführungen unter dem Gliederungspunkt 2.3.1 Grundfunktionen von Banken in der internationalen Projektfinanzierung, S. 159 ff.

konzept in Form eines ‚Term Sheet' zur Verfügung, welches die wesentlichen Eckpunkte der gewünschten Kreditbeziehung beinhaltet.[1]

- **Transformation in betriebliche Teilpläne (2)**

  Das Projekt- und Finanzierungskonzept ist in einzelne betriebliche Teilpläne zu transformieren, in denen sachlich zusammengehörige Informationen qualitativ umrissen, in Geld- und Mengeneinheiten quantifiziert sowie zeitlich gegliedert in Form von einzelnen ‚Teilfinanzplänen'[2] abgebildet werden:

  Der **Absatzplan (2a)**[3] legt das Absatzprogramm unter Berücksichtigung von sachlichen (Verkaufsprogramm), räumlichen (Verkaufsgebieten), zeitlichen (Perioden), zielgruppenspezifischen (Abnehmer) und mengenmäßigen (Absatzmengen) Kriterien fest. Die Bewertung des mengenorientierten Absatzplans mit den geplanten Absatzpreisen führt zur wertmäßigen Darstellung durch den **Umsatzplan (2a)**. Beide Pläne sind im Ideal durch einen – in vorstehender Graphik nicht explizit aufgeführten – ‚Maßnahmenplan' unterlegt, welcher den geplanten Umfang und die Art der einzusetzenden marketingpolitischen Instrumente adressiert.[4] Dieser sogenannte ‚Marketing-Mix' umreisst je nach Projektart in unterschiedlicher Tiefe und Schwerpunktsetzung Produktpolitik (Produktprogramm, Qualität, Garantien, Serviceleistungen), Distributionspolitik (Standortwahl, Vertriebssystem, Absatzform, Absatzwege), Kontrahierungspolitik (Preise und Konditionen) und Kommunikationspolitik (Werbemaßnahmen, Verkaufsförderung, Public Relations)[5] als integrale Bestandteile des Projektkonzeptes.

  Die Absatz- und Umsatzplanung konkretisiert sich im **Produktionsplan (2b)**, welcher das Absatzprogramm in technisch-produktionswirtschaftlicher Sicht widerspiegelt. Der Produktionsplan kann idealtypisch weiter in Arbeitsplan (Beschreibung des einzusetzenden Verfahrens der Leistungserstellung und der daraus resultierenden technisch-ökonomische Rahmenbedingungen), Materialbedarfs- und Bestellplan (technisch bedingte Lagerplanung), Personalbedarfsplan (Planung des produktionsnotwendigen Personals), Terminplan (Intraperiodische und periodenübergreifende Zeitplanung der Leistungserstellung unter Berücksichtigung von Stillstandszeiten) und Kapazitätsplan (Abstimmung von Kapazitätsangebot und -nachfrage) differenziert werden.[6]

  Aus den Erkenntnissen der Absatz-, Umsatz- und Produktionsplanung kann ein **Beschaffungsplan (2c)** abgeleitet werden, welcher – insbesondere ausgehend vom technischen Materialbedarfs- und Bestellplan – die notwendige Beschaffung von Materialien (Roh-, Hilfs- und Betriebsstoffe), Ersatz- und Verschleißteilen sowie Dienstleistungen (u.a. für etwaige fremdkontrahierte Betriebs- und Wartungsleistungen sowie Rechts-/Steuer-/Unternehmens-/Ingenieurberatungsleistungen) in den einzelnen Perioden aufzeigt. Der Beschaffungsplan wird ergänzt durch den **Personalplan (2c)**, welcher den Personalbedarf des kaufmännisch-administrativen Bereichs (Overhead) und – soweit nicht auf Dritte ausgelagert – des gewerblich-technischen Bereichs der Leistungserstellung in zeitlicher und sachlicher Sicht gliedert.

---

[1] Vgl. zum Begriff des ‚Term Sheet' auch die nachfolgenden Ausführungen unter Gliederungspunkt 2.3.2.2 Ablauforganisation, S. 178 ff. insbesondere den Unterpunkt ‚Finanzierungsangebot'.

[2] Vgl. Büschgen, H. E.: Grundlagen betrieblicher Finanzwirtschaft, a.a.O., S. 348.

[3] Teilweise wird trennscharf zwischen einem mengenbezogenen ‚Absatzplan' und einem wertbezogenen, d.h. zu Geldeinheiten bewerteten ‚Umsatzplan' differenziert; vgl. Guttenberger, S.: Finanzwirtschaftliche Entscheidungsprozesse, Rinteln 1995, S. 26 f.

[4] Vgl. hierzu detailliert Ehrmann, H.: Unternehmensplanung, a.a.O., S. 263 ff.

[5] Die Kommunikationspolitik kann bei Projekten mit atomisierter Nachfrageseite, d.h. insbesondere in den Bereichen Telekommunikation (z.B. Mobilfunknetze) und Verkehrsinfrastruktur (z.B. Nahverkehrssysteme), in Form von Werbemaßnahmen eine Relevanz gewinnen.

[6] Vgl. Guttenberger, S.: Finanzwirtschaftliche Entscheidungsprozesse, a.a.O., S. 28 ff.

Der **Investitionsplan (2d)** ist bei der Neuaufnahme eines Projektvorhabens zugleich Ausgangspunkt als auch Ergebnis der Absatz-, Umsatz- und Produktionspläne, d.h. die einzelnen Teilpläne sind interdependent miteinander verküpft.[1] Teilweise wird der Investitionsplan auch als Anlagenplan bezeichnet, da er im Wesentlichen die erforderlichen Sachinvestitionen aufzeigt.[2] Neben der absoluten Höhe der Investitionskosten steht insbesondere die sachliche und zeitliche Gliederung der Investitionsauszahlungen im Vordergrund. Die Betrachtung ersteckt sich über die Erstinvestition hinaus auf den gesamten Lebenszyklus des Anlagengegenstandes, so dass auch Ersatz- und Erweiterungsinvestitionen[3] zu berücksichtigen sind. Der Investitionsplan kann zudem um tabellarische Aufstellungen für steuer- und handelsrechtlich mögliche sowie betriebswirtschaftlich notwendige Abschreibungen ergänzt werden.

Der im Investitions- sowie Beschaffungs- und Personalplan aufgezeigten Mittelverwendung ist im **Kapitalbeschaffungsplan (2e)** die Mittelherkunft gegenüberzustellen. Die möglichen Finanzierungsquellen sind gegliedert nach Eigenmitteln (gezeichnetes Kapital, Gesellschafterdarlehen, einbehaltene Gewinne), Fremdmitteln in Form von Kredit- und Anleihefazilitäten (kommerzielle und exportkreditversicherte Kredite, Projektanleihen etc.), Nachrangdarlehen (Mezzanines Kapital) und Subventionen zu planen. Hierbei wird die zeitliche Struktur des Kapitalzuflusses vor dem Hintergrund der geplanten Ziehungs- bzw. Einbringungsmodalitäten gemäß Term Sheet respektive Kredit- und Gesellschaftsvertrag sowie auch die detaillierte Zusammensetzung der Kapitalabflüsse für den Schuldendienst und erlaubte Dividendenzahlungen darzustellen sein. Daneben sind insbesondere die erforderlichen Betriebsmittel (Net Working Capital) sowie die korrespondierende Finanzierung durch Eigenmittel oder Betriebsmittellinien unter Berücksichtigung von notwendiger Bestandshaltung sowie zu gewährenden und einzuräumenden Zahlungszielen für Forderungen und Verbindlichkeiten aus den den übrigen Teilplänen abzuleiten.[4]

- **Ableitung von Plan-GuV (3a), Cashflow (3b) und Plan-Bilanz (3c)**

  Ausgehend von den betrieblichen Teilplänen ist für die einzelnen Planungsperioden jeweils eine **Plan-Gewinn und Verlustrechnung (3a)** für die Ermittlung des ausschüttungsfähigen Gewinns und damit auch potenzieller Dividendenzahlungen und/oder Rücklagendotierungen sowie für die Ertragsbesteuerung zu erstellen. Hat der Rechtsträger des Projektes seinen Standort in einer Jurisdiktion, in der das zu versteuernde Einkommen nicht auf der Basis der handelsrechtlichen Erfolgsermittlung abgeleitet wird, ist das dargestellte Berechnungsschema um eine ‚Steuer-Plan-GuV' bzw. eine steuerliche Erfolgsrechnung zu ergänzen.[5] Die Plan-GuV

---

[1] Dies sei beispielhaft an einem geplanten Kraftwerksprojekt verdeutlicht: Einerseits bestimmen die technischen Koordinaten die maximal mögliche Absatzmengen in den einzelnen Perioden, wobei u.a. zu berücksichtigen ist, dass aufgrund von Innovations- und Skalenvorteilen etwaige Konkurrenten aus dem Markt gedrängt werden können. Andererseits bedingt die erwartete Marktnachfrage respektive die vertraglich kontrahierten Abnahmemengen die Kapazität der Anlage. Insoweit ergibt sich ein Optimierungsproblem, welches im theoretischen Ideal durch ein numerisches Totalmodell und in praxi – vor dem Hintergrund der Komplexität des Entscheidungsproblems sowie unvollkommener Information – im Wege einer Annäherung gelöst werden muss.

[2] In einzelnen Fällen können zudem Finanzinvestitionen (Beteiligungen) sowie immaterielle Investitionen (Lizenzen, Konzessionen, Werbung bei Markteinführung) Gegenstand der Investitionsplanung sein; vgl. Ehrmann, H.: Unternehmensplanung, a.a.O., S. 346.

[3] Erweiterungsinvestitionen können beispielsweise bei Kraftwerksprojekten aufgrund einer zeitlich versetzten Errichtung von einzelnen Kraftwerksblöcken, bei Verkehrsinfrastrukturprojekten aufgrund eines konzessionsbedingt terminlich gestaffelten Ausbaus von Teilprojekten (z.B. Bau von zusätzlichen Tunnelröhren, Straßenabschnitten oder Landebahnen) oder bei Industrieprojekten aufgrund einer sukzessiven Erhöhung der Fertigungstiefe und -breite (z.B. Erweiterung eines Stahlwerkes um eine Walzstraße) erfolgen.

[4] Vgl. Sell, A.: Investitionen in Entwicklungsländern: Einzel- und gesamtwirtschaftliche Analysen, Hamburg 1989, S. 68 ff.

[5] Bei komplexer steuerlicher Sachverhaltsgestaltung (z.B. Bildung und Verrechnung von Verlustvorträgen) kann zudem die Erstellung einer eigenständigen steuerlichen Nebenrechnung bzw. eine Steuerplanung sinnvoll sein.

kann nach dem in Ländern mit angelsächsisch geprägter Rechnungslegung dominierenden Umsatzkostenverfahren ('Cost of Sales Method') oder dem Gesamtkostenverfahren ('Nature of Expense Method') erstellt werden.[1] Zudem kann bei Auslandsprojekten (z.B. bei Investitionen in Entwicklungsländern) die Erstellung einer Plan-GuV sowohl nach den inländischen Rechnungslegungsvorschriften als auch – für die ausländischen Eigen- und Fremdmittelgeber – nach international anerkannten Rechnungslegungsstandards (IFRS bzw. IAS, US-GAAP) erfolgen.

Der **Cashflow (3b)** kann direkt[2] aus den betrieblichen Teilplänen oder indirekt[3] aus der Plan-GuV ermittelt werden.[4] Ermittelt man den Cashflow im Rahmen der modellgestützten Finanzplanung sowohl direkt als auch indirekt, ermöglicht dies eine Plausibilitätsprüfung durch Abstimmung der jeweiligen Ergebnisse.[5] Da für Zwecke der Kreditüberwachung nach Kreditvergabeentscheidung regelmäßig Jahresabschlüsse vorzulegen sein werden, erleichtert eine sachlich kongruent gegliederte indirekte Ermittlung des Cashflow zum Zeitpunkt der Kreditvergabeentscheidung Soll-Ist-Vergleiche zu späteren Zeitpunkten.[6]

Die korrespondierenden Vermögens- und Schuldensalden sowie die Entwicklung des Eigenkapitals können für das jeweilige Ende der Planperioden in ergänzenden **Plan-Bilanzen (3c)** abgebildet werden.[7] Hierdurch wird u.a. eine Grundlage für die Darstellung der antizipierten Entwicklung von ausgewählten Kennzahlen der Jahresabschlussanalyse im Periodenablauf geschaffen, welche zugleich als Kreditauflagen in Form von 'Financial Covenants' Gegenstand des Finanzierungskonzeptes sein und damit Eingang in den – regelmäßig noch zu paraphierenden – Kreditvertrag finden können.[8]

- **Beurteilung der Ergebnisse (4)**

    Für die Beurteilung der **Ergebnisse (4)** ist eine unternehmerische **Zielfunktion (4a)** heranzuziehen, wobei Art und Bedeutung einzelner kreditgeber- und sponsorseitiger Ziele in der Regel zunächst auseinanderfallen werden.[9] Andererseits werden Kreditgeber und Sponsoren grundsätzlich eine konstruktive Zusammenarbeit unter Berücksichtigung der jeweiligen Zielsysteme anstreben, um nicht in späteren Perioden den Projekterfolg zu gefährden. Divergierende Interessen beider Seiten, die sich durch rationale einzelwirtschaftliche Argumente legitimieren lassen, werden im Idealfall durch einen Kompromis aufeinander abgestimmt. Eine positive Kre-

---

[1] Vgl. hierzu beispielhaft die nachfolgenden Darstellungen in Anh. 3: Gliederung des Income Statement nach IAS 1.80 (Nature of Expense Method), S. 609 sowie in Anh. 4: Gliederung des Income Statement nach IAS 1.82 (Cost of Sales Method), S. 610. Eine simultane Darstellung der Gewinn- und Verlustrechnung nach beiden Verfahren kann die Transparenz für verschiedene Parteien aus unterschiedlichen Jurisdiktionen und divergierenden Rechnungslegungskulturen erhöhen.

[2] Sogenannte analytische (originäre) Ermittlung

[3] Sogenannte retrograde (derivative) Ermittlung

[4] Vgl. hierzu die Ausführungen unter Gliederungspunkt 2.2.2.4.2.2.2.9 Modul 'Cashflow', S. 95 ff. sowie beispielhaft die Tableaus in Anh. 5: Direkte und indirekte Ermittlung des Cashflow nach IAS 7, S. 611.

[5] Vgl. Coenenberg, A. G.; Alvarez, M.; Meyer, M. A.: Cashflow, Darstellung und Prüfung, in: HWF, 3. Aufl., Stuttgart 2001, Sp. 479 ff. Vgl. zur 'Abstimmungsprüfung' auch die nachfolgenden Ausführungen unter Gliederungspunkt 4.1.1.2.2.2.3 Kriterium 'Art der Vergleichshandlung', S. 324 ff.

[6] Vgl. hierzu auch Bolsenkötter, H.: Die Prüfung der wirtschaftlichen Verhältnisse, 2. Aufl., Köln 1992, S. 31, Tz 68.

[7] Vgl. Sell, A.: Investitionen in Entwicklungsländern: Einzel- und gesamtwirtschaftliche Analysen, a.a.O., S. 89 ff. u. S. 105 ff.

[8] Vgl. hierzu die Ausführungen unter Gliederungspunkt 2.1.4.3 Projektbezogene Kreditbedingungen und Verhaltensauflagen, S. 48 ff.

[9] Beispielsweise sind Kreditgeber an einer hohen Eigenkapitalquote, weitgehender Gewinnthesaurierung zwecks Reservebildung und einem relativ hohen Entgelt für die Kreditgewährung interessiert. Sponsoren werden hingegen versucht sein, ihre Eigenkapitalrendite durch einen vergleichsweise hohen Verschuldungsgrad, ein Höchstmaß an Dividendenzahlungen und eine niedrige Zinsmarge zu maximieren.

ditvergabeentscheidung wird jedoch nur bei hinreichender Berücksichtigung der kreditgeberseitigen Zielsetzungen, insbesondere der institutsspezifischen Risikostrategie erfolgen. Da die Beurteilung der Ergebnisse der ‚modellgestützten Finanzplanung' im Zweifel durch kreditrisikopolitische Überlegungen dominiert wird, sind der Kompromisbildung entsprechende Grenzen gesetzt.

Die Ergebnisse können als Absolutzahlen oder als Verhältniszahlen (‚Ratios') vorliegen. Vor dem Hintergrund inhärenter Planungsunsicherheiten sind **Abweichungsanalysen (4b)** in Form von quantitativen Risikoanalysen (z.B. Sensitivitätsanalysen, Ermittlung kritischer Werte, Historische Simulation, Monte-Carlo-Simulation etc.) durchzuführen.[1] Die Abstimmung der Ergebnisse des Basisfalls sowie derjenigen der Abweichungsanalysen mit den einzelnen Zielen der Zielfunktion kann im Rahmen eines mehrfach zu durchlaufenden (iterativen) Prozesses zu einer Modifikation des Projekt- und Finanzierungskonzeptes führen. Bei Vorliegen der entsprechenden Rahmenbedingungen ergibt sich im Idealfall ein Ergebnis, welches eine positive Kreditvergabeentscheidung ermöglicht.

- **Planfeststellung (5)**

Erfüllen die Ergebnisse des Basisfalls sowie diejenigen der Abweichungsanalysen die Zielfunktion, so kann die **Planfeststellung (5)** erfolgen. Dieser zunächst scheinbar eher formale Vorgang impliziert, dass die sachliche und rechnerische Richtigkeit der modellgestützten Finanzplanung durch die Kreditgeber hinreichend überprüft bzw. von dritter Seite attestiert wurde. Insbesondere die unterstellten Normen für Zwecke der (handelsrechtlichen) Rechnungslegung sowie der Ertrag- und Substanzbesteuerung können durch externe Sachverständige (Wirtschaftsprüfer, Steuerberater) einer Prüfung unterzogen werden. Daneben ist der Modellalgorithmus ausreichend zu verproben (‚Testing') und auf rechnerische und logische Fehler zu prüfen (‚Debugging').[2] Ferner ist die modellgestützte Finanzplanung ausreichend zu dokumentieren, so dass die aktuelle Entscheidungsfindung unterstützt wird und in späteren Perioden nachvollziehbar bleibt.[3]

Da wesentliche Ergebnisse der modellgestützten Finanzplanung die Grundlage für die geplante Finanzierungsbeziehung bilden, wird regelmäßig eine partielle oder vollständige rechtliche Dokumentation des Modells bzw. einzelner Elemente erforderlich sein.[4] Grundsätzlich kann der gesamte Modellalgorithmus in Form eines Anhang zum Bestandteil des Kreditvertrages werden.[5] Da dies u.U. eine mehr oder weniger kostenintensive Fortschreibung bzw. Pflege des Modells im Zeitablauf impliziert, kann alternativ eine kreditvertragliche Definition der Berechnungsmodalitäten wesentlicher Ergebnisgrößen erfolgen, die auf dem zukünftigen externen Berichtswesen des Projekts respektive des Kreditnehmers basiert.

Großvolumige bzw. komplexe Vorhaben können erhebliche Vorlaufzeiten für die Erstellung eines Projekt- und Finanzierungskonzeptes erforderlich machen. Der vorstehend skizzierte idealtypische Prozess der modellgestützten Finanzplanung muss bei derartigen Fallkonstellationen wegen meist

---

[1] Vgl. hierzu die nachfolgenden Ausführungen unter Gliederungspunkt 2.2.4.3.4 Quantitative (projektbezogene) Risikoanalyse, S. 148 ff. Vgl. auch Backhaus, K.: Projektfinanzierung, internationale, a.a.O., Sp. 1732.

[2] Vgl. Lynch, P. A.: Financial Modelling for Project Finance, London 1996, Workbook Three, S. 2 ff.

[3] Vgl. Ebenda, S. 11.

[4] Beispielsweise können Kreditkonditionen, Schuldendienstreservekonten und Dividendenregelungen nach den Ergebnissen der modellgestützten Finanzplanung bemessen werden.

[5] VINTER weist jedoch auf die inhärenten Schwierigkeiten hin: „*The computer models can sometimes be extremely sophisticated and any attempt to write their mathematical routines into a credit agreement can prove disastrous.*" Vinter, G.: Project Finance: A Legal Guide, a.a.O., S. 119.

regelmäßig notwendiger Konzeptmodifikationen mehrfach durchlaufen werden.[1] Es sei zudem darauf hingewiesen, dass der obige Prozessablauf nur einen Teilausschnitt aus der übergeordneten Ablauforganisation einer Projektfinanzierung im engeren Sinne darstellt.[2]

2.2.2.4.2 Modellierung

2.2.2.4.2.1 Soft- und Hardware

Die ‚modellgestützte Finanzplanung' wurde noch vor einigen Jahrzehnten unter Verwendung klassischer Programmiersprachen projektindividuell und unter Einsatz von Großrechnern erstellt.[3] Nachdem die Leistungsfähigkeit und Verbreitung von standardisierten Tabellenkalkulationsprogrammen stark zugenommen hat, erfolgt die Modellierung heutzutage meist auf der Basis der marktüblichen Softwareprodukte MICROSOFT EXCEL® oder (in geringerem Umfang) LOTUS 123®[4] und unter Einsatz von Personalcomputern.[5] Daneben stehen weitere rechnerbasierte Spezialprodukte (z.B. UNIDO COMFAR®, PROFINTOOLS PROJECT FINANCE®)[6] für die Bewertung von Projekt- und Finanzierungskonzepten zur Verfügung, welche sich jedoch bislang im Bereich der durch Geschäftsbanken konsortial dargestellten Projektfinanzierungen nicht erkennbar durchsetzen konnten.[7] Alle Beteiligten, d.h. insbesondere die Mitglieder der Bankengruppe und im Zweifel auch die Sponsoren, Berater und Gutacher, müssen die modellgestützte Finanzplanung nachvollziehen sowie eigene Risiko-, Sensitivitäts- bzw. Abweichungsanalysen durchführen können, wofür die Wahl einer verbreiteten Software-Plattform die Voraussetzung bilden dürfte.[8]

---

[1] „The market has grown to such a size and complexity that at the top end of the market, projects can be valued at US$ 10bn and take up to a decade to reach financial close!" O. V.: Project finance: a global business, in: Wilde Sapte Law, o.Jg., January 2000, S. 6.

[2] Insofern muss die Erstellung einer modellgestützten Finanzplanung in den Kontext des gesamten Ablaufplans eingeordnet werden. Vgl. hierzu die Ausführungen unter Gliederungspunkt 2.3.2.2 Ablauforganisation, S. 178 ff. sowie insbesondere die grafische Darstellung auf S. 180 (Abb. 43: Ablaufplan einer Projektfinanzierung im engeren Sinne); insbesondere den Ablaufschritt ‚Base Case (6b)'.

[3] Vgl. Heintzeler, F.: Internationale Projektfinanzierung, a.a.O., S. 602.

[4] Vgl. Swan, J.: Practical Financial Modelling: A Guide to Current Practice, Oxford 2005, S. ix f.

[5] Vgl. Forster, M.: Unternehmenspolitische Überlegungen zur Projektfinanzierung, a.a.O., S. 44, Fahrholz spricht in diesem Zusammenhang von ‚Computergestützten Modellrechnungen'; vgl. Fahrholz, B.: Neue Formen der Unternehmensfinanzierung: Unternehmensübernahmen, Big ticket-Leasing, Asset Backed- und Projektfinanzierungen; die steuer- und haftungsrechtliche Optimierung durch Einzweckgesellschaften (Single Purpose Companies), dargestellt anhand von Beispielsachverhalten, a.a.O., S. 292.

[6] Vgl. zu den genannten Software-Produkten die Informationsangebote unter URL: http:// unido.org/comfar (Abruf: 6.12.03) sowie URL: http://www.profintools.com (Abruf: 6.12.03).

[7] Vgl. Lynch, P. A.: Financial Modelling for Project Finance, a.a.O., Workbook One, S. 8 passim. Vgl. zum Begriff der ‚Konsortialfinanzierung' die nachfolgenden Ausführungen unter Gliederungspunkt 2.3.1 Grundfunktionen von Banken in der internationalen Projektfinanzierung, S. 159 ff.

[8] Es sei darauf hingewiesen, dass in Ausnahmefällen den Konsortialbanken keine Dateiversion (‚Soft Copy'), sondern ausschließlich ein Papierausdruck (‚Hard Copy') der modellgestützten Finanzplanung zur Verfügung gestellt wird, wobei Sensitivitätsrechnungen bei der modellerstellenden Führungsbank abgefordert werden können. Inwieweit ein derartiges Procedere den aufsichtsrechtlichen Anforderungen respektive den bankinternen Bearbeitungsvorschriften genügt, soll an dieser Stelle nicht weiter vertieft werden. Vgl. hierzu die nachfolgenden Ausführungen unter Gliederungspunkt 3.1.2.2.2 Schritt 1: Vorlage der erforderlichen Unterlagen, S. 266 ff.

2.2.2.4.2.2 Modularisierte Programmierung

2.2.2.4.2.2.1 Grundprinzip

Für die programmiertechnische Umsetzung der modellgestützten Finanzplanung im Rahmen eines Tabellenkalkulationsprogrammes empfiehlt sich ein modularer Aufbau, d.h. eine Verwendung von einzelnen Arbeitsblättern bzw. -mappen und/ oder Dateien für sachlich abgrenzbare Teile („Module'[1]), die über eine entsprechende formelmäßige Referenzierung hierarchisch strukturiert miteinander verknüpft werden.[2] Die folgende Abbildung zeigt beispielhaft den modularen Aufbau einer mit Hilfe eines Tabellenkalkulationsprogramms erstellten modellgestützten Finanzplanung:

Abb. 14: Beispiel für den modularen Aufbau einer modellgestützten Finanzplanung mit Hilfe eines Tabellenkalkulationsprogramms

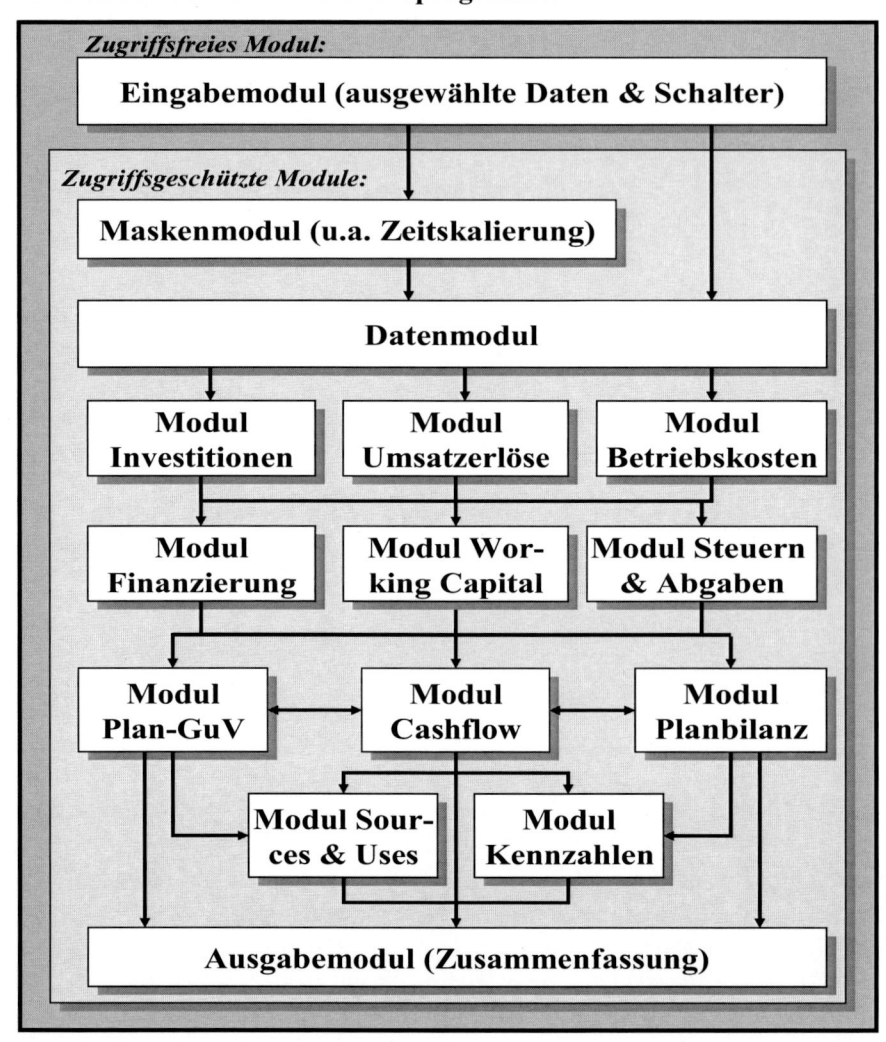

Quelle: Eigene Darstellung

Je nach Projektart und Planungserfordernis können zusätzliche Module bzw. weitere Modulunterteilungen notwendig sein. Die in der vorstehenden Abbildung dargestellten idealtypischen Module werden nachfolgend skizziert.

---

[1] GROSSE verwendet den Begriff ‚Teilmodelle'; vgl. Grosse, P. B.: Projektfinanzierung aus Bankensicht, a.a.O., S. 46. Ebenso Fahrholz, B.: Neue Formen der Unternehmensfinanzierung, a.a.O., S. 292.
[2] Vgl. hierzu Schmahl, C. M.: Geschäftsplanung in der Telekommunikation, Vortragsmanuskript, Konferenz: Finanzierung von Telekommunikationsprojekten, Frankfurt 3.-5.7.1996, S. 13 ff.

2.2.2.4.2.2.2 Module

2.2.2.4.2.2.2.1 Eingabe-, Masken-, Datenmodule

Das ‚**Eingabemodul**' (‚Input Section') gibt (Dritt-)Nutzern die Möglichkeit, die Modellannahmen nach eigenen Wünschen zu verändern. Dabei können Schalter (‚Switches') zum An- und Abschalten spezifischer Verarbeitungsroutinen in den einzelnen nachfolgenden Modulen bzw. zur Auswahl von vordefinierten (Daten-) Szenarien eingesetzt werden. Daneben kann das Eingabemodul dem Nutzer über entsprechende Eingabefelder eine direkte Modifizierung von ausgewählten Schlüsselannahmen und/oder Datenreihen ermöglichen.

Im ‚**Maskenmodul**' kann ein uniformes Layout hinterlegt werden, um eine einheitliche Darstellung von Spalten- und Zeilenüberschriften sowie insbesondere von Zahlenformaten zu gewährleisten. Ein derart dokumentiertes Layout kann über entsprechende Menüfunktionen von Spreadsheet-Programmen als Formatvorlage definiert und auf die übrigen Module angewendet werden.

Eine Trennung von Dateneingabefeldern in einem ‚**Datenmodul**' einerseits und verarbeitenden Algorithmen (Formeln) in Verarbeitungsmodulen andererseits dürfte zu den Grundregeln der programmiertechnischen Umsetzung einer modellgestützten Finanzplanung gehören. Im Modell verstreute Dateneingabefelder respektive in Verarbeitungsalgorithmen inkludierte Daten lassen sich nachträglich nur unter erheblichem Aufwand identifizieren, kontrollieren, prüfen und/oder verändern.[1] Insoweit sind alle zahlenmäßigen Annahmen für Parameter und Variablen im Datenmodul zu konzentrieren. Durch Drittnutzer veränderbare bzw. steuerbare Daten werden dabei über eine Schnittstelle aus dem Eingabemodul übernommen. Da alle Annahmen an einer Stelle zusammengefasst im Modell ausgewiesen werden, vereinfacht das Datenmodul zudem die Dokumentation der modellgestützten Finanzplanung. Das Modul sollte die folgenden Datensektionen beinhalten:

> ➢ **Zeitannahmen**

In der Sektion ‚Zeitannahmen' sind zumindest der Start- und Endpunkt des im Modell zu betrachtenden Zeitraums sowie die dem Modell zugrunde liegende Periodeneinheit (Jahr, Halbjahr, Vierteljahr, Monat) einzutragen. Aus diesen Daten kann im Maskenmodul eine zeitliche Skalierung abgeleitet werden, die als Spaltenüberschriften von allen nachfolgenden Modulen einheitlich übernommen wird. Die Zeitannahmen sollten derart gewählt werden, dass die im Modell betrachteten Perioden allein oder zusammengefasst eine zeitliche Kongruenz mit den handelsrechtlichen Berichtsperioden respektive den Besteuerungszeiträumen aufweisen. Hierdurch kann sich eine verkürzte erste Modellperiode ergeben, deren Startpunkt im Datenmodul definiert werden kann.

> ➢ **Makroökonomische Annahmen**

Im Rahmen einer eigenständigen Datensektion ‚Makroökonomische Annahmen' werden die im Modell verwendeten Werte für Referenzzinssätze (z.B. EURIBOR, LIBOR etc.), Swap-Sätze, Forward Rates, Wechselkurse, Inflationsraten etc. gesammelt eingegeben bzw. abgebildet.

> ➢ **Investitionsannahmen**

Die Datensektion ‚Investitionsannahmen' erfasst die Höhe und zeitliche Verteilung aller Investitionsauszahlungen. Hierbei handelt es sich zunächst um die Kosten der zu beschaffenden bzw. zu errichtenden Anlagen- und Ausrüstungsgegenstände sowie der Inbetriebnahme (Kos-

---

[1] Vgl. Lynch, P. A.: Financial Modelling for Project Finance, a.a.O., Workbook Two, S. 2.

ten von Trainings-, Test- und Abnahmephasen). Daneben sind bereits realisierte oder noch entstehende Planungs-, Umsetzungs- und Finanzierungsnebenkosten (z.B. für Rechtsanwälte, Steuerberater, Wirtschaftsprüfer, technische Gutacher, Genehmigungen, Arrangierung und Platzierung von Finanzierungsmitteln, Antrags- und Deckungskosten für Exportkreditversicherungen etc.), die bis zur wirtschaftlichen Inbetriebnahme anfallen und daher vorfinanziert werden müssen, aufzunehmen.

> **Finanzierungsannahmen**

Sämtliche Finanzierungsannahmen sollten ebenfalls in einer eigenständigen Datensektion gesammelt werden. Hierzu zählen Datenreihen, die den angenommenen Verlauf von variablen Zinssätzen, d.h. unter Berücksichtigung von Referenzzinssätzen aus der Datensektion ‚makroökonomische Annahmen' sowie fixer oder variabler Zinsmargen, bzw. die Höhe von Festzinssätzen abbilden. Daneben sind Annahmen zu Bereitstellungs- Bearbeitungs-, Arrangierungs- und Underwritingprovision sowie Laufzeiten und Tilgungsformen bzw. -anteile aufzunehmen. Ferner werden Annahmen zu den Einbringungszeitpunkten von Eigenmitteln, insbesondere das jeweilige Verhältnis zu den Kreditmitteln abzubilden sein.[1]

> **Umsatzannahmen**

Bei mengen- und/oder preismäßig fest kontraktierter Abnahmeseite sind in der Datensektion ‚Umsatzannahmen' alle vertraglich determinierten und damit den Umsatz bestimmenden Parameter (z.B. Festpreise, -mengen) und/oder Variablen (z.B. Referenzpreise, optionale Mengen- und Preiskomponenten) aufzunehmen. Bei einem teilweisen oder vollständig vertraglich ungesicherten Produktabsatz am Markt sind die entsprechenden Datenannahmen über Preise und Mengen aus den Marktstudien bzw. -gutachten zu übernehmen. Die Umsatzannahmen müssen bei Mehrproduktunternehmen für alle Produkte getrennt aufgenommen und um weitere absatzrelevante Datenannahmen (Fracht- und Versicherungskosten etc.) ergänzt werden.

> **Betriebskostenannahmen**

Die Datensektion ‚Betriebskostenannahmen' umfasst alle mengen- und kostenmäßigen Input-Parameter für die Roh-, Hilfs- und Betriebsstoffe, das Personal und den kaufmännisch-administrativen Bereich (‚Overhead').[2] Soweit der Bezug von Roh-, Hilfs- und Betriebsstoffen durch langfristige Vereinbarungen in preislicher oder mengenmäßiger Sicht abgesichert werden soll, können die Bestandteile vertraglicher Preis- und Mengenformeln in der Datensektion abgebildet werden. Ferner sind geplante Auszahlungen für planmäßig während der Betriebsphase durchzuführende Wartungsarbeiten und Ersatzinvestitionen aufzunehmen.

> **Steuer- und handelsrechtliche Annahmen**

In der Datensektion ‚Steuer- und handelsrechtliche Annahmen' sind alle Eingabedaten für die modellmäßige Ermittlung von Abgaben sowie auch für die korrekte Ableitung von Erfolgs- und Bestandsgrößen der Plan-GuV und Plan-Bilanz aufzunehmen. Dies umfasst im Regelfall steuer- und handelsrechtliche Abschreibungssätze, Steuersätze bzw. numerische Steuertarifbestandteile, steuerliche Freigrenzen und/oder -beträge sowie Verlustvortragszeiträume, Vorauszahlungs- bzw. Veranlagungszeitpunkte. Neben den Annahmen zur Ertragsbesteuerung sind auch – soweit projektrelevant – Input-Daten für Umsatz- und Verbrauchsteuern, Substanzsteuern (u.a. Vermögen- und Grundsteuer) sowie Ein- und Ausfuhrzölle in der Datensektion abzubilden.

---

[1] Die Eigenmittel können ‚upfront', d.h vor Ziehung von Kreditmitteln, ‚pro-rata', d.h. zu prozentual gleichen Anteilen, oder ‚back-ended', d.h. erst nach Ausschöpfen aller Kreditlinien, eingebracht werden.

[2] Im Regelfall werden nur die Daten für die zeitliche Phase ab wirtschaftlicher Inbetriebnahme erfasst. Etwaige in sachlicher Hinsicht korrespondierende Kostenannahmen für die Bauphase sind in der Datensektion ‚Investitionsannahmen' enthalten.

Das Datenmodul dient zudem der Dokumentation der modellgestützten Finanzplanung, da alle Annahmen an einer Stelle zusammengefasst ausgewiesen werden.

2.2.2.4.2.2.2.2 Modul ‚Investitionen'

Großvolumige ‚Projektfinanzierungen im engeren Sinne' implizieren zum Teil mehrjährige Bauphasen. Im Rahmen des Moduls ‚Investitionen' (‚Construction', ‚Capital Costs') wird der antizipierte periodische Baufortschritt nebst realisierten Investitionskosten respektive korrespondierenden Auszahlungen abgebildet. In Abhängigkeit davon, ob die Projektgesellschaft die Anlagen durch einen Generalunternehmer (z.B. schlüsselfertig und/oder zum Festpreis) oder unter eigener Federführung durch einzelne Subunternehmer errichten lässt, werden sich jeweils andere Erfordernisse bei der Modellierung ergeben.[1] Idealerweise stützt sich die Informationsbeschaffung – soweit bereits vorhanden – auf die final oder in der Entwurfsfassung paraphierten vertraglichen Grundlagen der Anlagenbeschaffung. Die im Rahmen eines Generalunternehmervertrages oder im Zuge des eigenen Projektmanagements geplanten Meilensteine bzw. abzunehmenden und zu liquidierenden Errichtungsabschnitte können über Auszahlungs- bzw. Fakturierungsprofile (‚Spend Profiles') dargestellt werden. Hierbei werden die zum Zeitpunkt der Modellierung geplanten (nominalen) Vertrags- oder Angebotspreise auf der Grundlage der technischen Baufortschrittsplanung prozentual auf die einzelnen Teilperioden der Bauphase verteilt. Etwaige vertraglich vereinbarte zeitabhängige Preisanpassungsmechanismen (z.B. Preisgleitklauseln), sind durch entsprechende Kausalbeziehungen im Modul zu implementieren. Die erwartete Preissteigerung kann bei fehlenden Regelungen in den Vertragswerken durch die Inflationierung der jeweils zu begleichenden Lieferungen und Leistungen – mit Hilfe von dem Modul ‚Daten' entnommenen Inflationsraten – berücksichtigt werden.[2]

Die Spezifika der zu errichtenden Anlage(n) können – u.a. aus Gründen der Transparenz – eine nach Einzelkomponenten getrennte Darstellung erforderlich machen. Je nach Komplexität der geplanten Gewerke wird eine weitgehende Aufteilung in Einzelpositionen (z.B. Turbine, Kessel, Steuerungs- und Regeltechnik etc.) oder eine Aggregation in zusammengefassten Kostenblöcken (z.B. Engineering, Procurement, Construction etc.) sinnvoll sein. Zudem können Lieferungen und Leistungen nach lokalen und ausländischen Bestandteilen differenziert werden, soweit dies vor dem Hintergrund auseinander fallender Vertragswährungen und unterschiedlicher Finanzierungsquellen[3] angemessen erscheint. Generell sollten die einzelnen Positionen im Modul ‚Investitionen'

---

[1] Vgl. hierzu auch die vorstehenden Ausführungen zur ‚Errichtungsphase' unter Gliederungspunkt 2.1.4.2 Übernahme abstrakter Zahlungspflichten durch Dritte, S. 40 ff.

[2] Die skizzierte Vorgehensweise liegt darin begründet, dass auf diesem Wege u.a. Abweichungs- und Sensitivitätsanalysen durch Modifikation der angenommenen Auszahlungsprofile leichter berechnet werden können. Vgl. zu den genannten Begrifflichkeiten auch die nachfolgenden Ausführungen unter Gliederungspunkt 2.2.4.3.4 Quantitative (projektbezogene) Risikoanalyse, S. 148 ff. Es sei darauf hingewiesen, dass für die Projektbewertung in Hochinflationsländern und in Landeswährung eine Modellierung in konstanten bzw. realen Preisen anstelle von nominalen Preisen erfolgen kann. Vgl. hierzu Sell, A.: Inflation: does it matter in project appraisal?, Berichte aus dem Weltwirtschaftlichen Colloquium der Universität Bremen Nr. 55, Bremen Januar 1998, S. 1 ff.

[3] Vgl. hierzu auch die nachfolgenden Ausführungen unter Gliederungspunkt 2.2.2.4.2.2.2.5 Modul ‚Finanzierung', S. 86 ff.

in einer einheitlichen Währung, d.h. regelmäßig in derjenigen der Projektfinanzierungskredite (Hartwährungsverbindlichkeiten), denominiert werden.[1]

Der Aufbau des Moduls ‚Investitionen' sollte in Übereinstimmung mit dem für die modellgestützte Finanzplanung gewählten – für die Bau- und Betriebsphase uniformen – Zeitschema erfolgen, wobei kurze Betrachtungszeiträume der Bauphase mit längeren Zeiteinheiten der Betriebsphase durch eine vertikale Detaillierung in Übereinstimmung gebracht werden können:

Abb. 15: Mögliches Zeitschema des Moduls ‚Investitionen'

	1st Half Year	2nd Half Year	...	Last Half Year
Month$_1$				
Item$_1$	xxxxx	xxxxx		xxxxx
Item$_2$	xxxxx	xxxxx	...	xxxxx
⋮	⋮	⋮		⋮
Item$_n$	xxxxx	xxxxx		xxxxx
⋮	⋮	⋮	...	⋮
Month$_6$				
Item$_1$	xxxxx	xxxxx		xxxxx
Item$_2$	xxxxx	xxxxx	...	xxxxx
⋮	⋮	⋮		⋮
Item$_n$	xxxxx	xxxxx		xxxxx
Half Year Sum				
Sum Item$_1$	xxxxx	xxxxx		xxxxx
Sum Item$_2$	xxxxx	xxxxx	...	xxxxx
⋮	⋮	⋮		⋮
Sum Item$_n$	xxxxx	xxxxx		xxxxx

Quelle: Eigene Darstellung

Die vorstehende Abbildung zeigt schematisch, wie im Rahmen eines Tabellenkalkulationsprogramms ein halbjährliches Planungsschema für Zwecke der detaillierten Bauphasendarstellung auf ein monatliches Planungsniveau heruntergebrochen werden kann.

2.2.2.4.2.2.2.3 Module ‚Umsatzerlöse' und ‚Betriebskosten'

Im Rahmen des Moduls **‚Umsatzerlöse'** erfolgt die quantitative Abbildung der Absatz- und Umsatzplanung. Hierbei wird es sich nicht um eine simplifizierte Berechnung des Produktes aus Absatzpreis und Absatzmenge handeln. Vielmehr ist bei der Kalkulation eine Herleitung der Umsatzerlöse unter Berücksichtigung aller technischen Mengen- und Preisparameter erforderlich. Dazu gehören u.a. die Elemente Versicherung, Zölle, Frachtkosten, Rabatte, sowie alle Spezifika, die sich aus Marktmodalitäten und den Inco-Terms ableiten lassen.[2] Liegen (bereits) komplexe Tarifformeln aus etwaigen Absatzverträgen vor, können diese entsprechend durch Algorithmen im Mo-

---

[1] Eine Planung von lokalen Kostenteilen kann zunächst in Hartwährungseinheiten erfolgen, soweit diese Positionen nicht durch lokale Kreditgeber in Landeswährung finanziert werden. Bei einer Planung in unterschiedlichen Währungen ist darauf zu achten, dass letzlich eine Umrechnung von divergierenden Währungsbeträgen in die Hauptwährung der ‚modellgestützten Finanzplanung' erfolgt.

[2] Vgl. hierzu Menichetti, M.: Außenhandelsabwicklung, in: Knapps Enzyklopädisches Lexikon des Geld-, Bank- und Börsenwesens, 4. Aufl., Frankfurt a.M. 1999, S. 66 f.

dell abgebildet werden.[1] Handelt es sich bei dem zu finanzierenden Projekt um ein Mehrproduktunternehmen, so sind die Umsatzerlöse für jedes Produkt einzeln zu modellieren.[2]

Die Ausführungen zu dem Modul ‚Umsatzerlöse' gelten analog für das Modul ‚**Betriebskosten**'. Hier wird es insbesondere darauf ankommen, durch Darstellung der Mengen- und Preiskomponenten ein Verständnis für die kostenseitigen Kausalitäten zu gewinnen. Die Kostenansätze für Roh-, Hilfs- und Betriebsstoffe sind ebenso wie die übrigen Kostenpositionen (z.B. Personalkosten) separat aufzuführen bzw. herzuleiten. Besondere Bedeutung besitzen auch die im Rahmen der Betriebsführungs- und Wartungsverträge vereinbarten Vergütungskomponenten[3] sowie die Ansätze für den planmäßigen Austausch von Verschleißteilen.

Einen Sonderfall bilden konzessionsbasierte Projekte, bei denen eine (weitestgehende) Überwälzung von variablen und fixen Kostenbestandteilen (nebst einer angemessenen Eigenkapitalrendite) im Rahmen des fakturierten Tarifs stattfindet. Hier wird es auf die Modellierung der Vereinbarungen des Abnahmevertrages ankommen, welcher häufig verschiedene Tarifkomponenten (z.B. eine ‚Capacity Charge' für fixe und eine ‚Variable Charge' für variable Kostenbestandteile) unterscheidet. Bei Vorliegen einer derartigen Fallkonstellation kann ein Zusammenführen der hier getrennt dargestellten Module ‚Umsatzerlöse' und ‚Betriebskosten' sinnvoll sein.

2.2.2.4.2.2.2.4 Modul ‚(Net) Working Capital'

Projekte implizieren regelmäßig eine Erstausstattung mit bzw. das laufende Vorhalten von betriebsnotwendigem Umlaufvermögen, welches umgangssprachlich auch als ‚Betriebsmittel', ‚Betriebskapital' oder in angelsächsischer Terminologie mit ‚Working Capital' bezeichnet wird.[4] Ursächlich für das Vorhalten von ‚Working Capital' sind die folgenden Aspekte:

- Es muss ein Mindestmaß an **liquiden Mittel** in Form von Kassen- und/oder Kontenbeständen vorgehalten werden, um laufende oder unvorhergesehene (kleinere) Auszahlungen jederzeit abdecken zu können.[5] Ausnahmen können dort bestehen, wo Liquiditätsreserven ausschließlich oder weitestgehend über Kontokorrentlinien dargestellt werden.[6]

- Projekte können das Vorhalten von **Beständen an Roh-, Hilfs- und Betriebsstoffen** implizieren.[7] Dabei erhöhen diese Einsatzfaktoren zunächst die Bestände der Lagerhaltung, welche in

---

[1] Derartige Tarifformeln können beispielsweise bei Kraftwerksprojekten vorgegeben sein.

[2] Bei einem Mobilfunkunternehmen wären beispielsweise einzelne Tarifmodelle zu modellieren. Für ein Mautprojekt können einzelne Nutzergruppen (z.B. PKW, Busse, LKW) ausgewiesen werden.

[3] Vgl. hierzu auch die vorstehenden Ausführungen unter Gliederungspunkt 2.1.4.2 Übernahme abstrakter Zahlungspflichten durch Dritte, S. 40 ff.

[4] Vgl. hierzu grundlegend Sell, A.: Investitionen in Entwicklungsländern; Einzel- und gesamtwirtschaftliche Darstellung, a.a.O., S. 68 ff.

[5] Es handelt sich hierbei um Auszahlungen, die aufgrund ihrer Höhe bzw. ihres Charakters regelmäßig nicht im Detail planbar sind, sondern durch eine Kostenposition ‚Sonstiges' (‚Miscellaneous') pauschal berücksichtigt werden. Beispielsweise können derartige Kosten durch gärtnerische Pflege der Außenanlagen eines Projektgeländes, Müllabfuhr, Telefonrechnungen, Bewirtung externer Gäste des Projektes, Konsultation eines Arztes nach einem Betriebsunfall etc. entstehen.

[6] Hierbei ist zu berücksichtigen, dass Kontokorrentlinien eine vergleichsweise teure Variante der Finanzierung darstellen. Zudem besteht die Gefahr, dass die – regelmäßig auf einer revolvierenden Basis zugesagten – Linien während der Projektlaufzeit gekürzt oder gekündigt werden.

[7] Dies gilt insbesondere für industrielle bzw. fertigende Projekte (z.B. Erzverhütung, Stahl- und Walzwerke, petrochemische Anlagen, Zellstoff- und Papierfabriken, thermische Kraftwerke). Dagegen halten Te-

der Regel neben den kurzfristig benötigten Roh-, Hilfs- und Betriebsstoffen auch „eiserne" Reserven beinhalten.[1] Daneben ist während der Produktionsphase(n) zu jedem Zeitpunkt ein bestimmter Teil der Roh-, Hilfs- und Betriebsstoffe bereits **im Produktionsprozess gebunden**.

- Diejenigen Roh- Hilfs- und Betriebsstoffe, die aus dem Lager abgerufen und bereits den Produktionsprozess teilweise oder vollständig durchlaufen haben, jedoch noch nicht weiterverarbeitet oder abgesetzt wurden, erhöhen den **Bestand an Halbfertig- oder Fertigprodukten**.[2]

- Um jederzeit einen uneingeschränkten Projektbetrieb zu gewährleisten respektive etwaige unerwartete Reparaturzeiten zu verkürzen, kann das Vorhalten eines **Bestandes an Ersatz- und Verschleißteilen** sinnvoll bzw. erforderlich sein.[3]

- Der Absatz von Fertigprodukten resultiert bei Einräumung von Zahlungszielen in einem **Bestand an kurzfristigen Forderungen**. Erfordernis, Umfang und konkrete Ausgestaltung eines Produktverkaufes auf Ziel sind branchenindividuell und projektspezifisch verschieden.

Das ‚**Working Capital**' ist die Summe des in den vorstehend skizzierten Positionen gebundenen Kapitals.[4] Der Kapitalbindung auf der Aktivseite steht in der Regel ein **Bestand an kurzfristigen Verbindlichkeiten** auf der Passivseite gegenüber, welcher aus der Gewährung von Zahlungszielen seitens der Lieferanten des Projektes resultiert. Dieser Bestand an Verbindlichkeiten reduziert die tatsächlich vorzufinanzierenden Betriebsmittel, so dass im Ergebnis nur das so genannte ‚**Net Working Capital (NWC)**' durch entsprechende Finanzierungsmittel abgedeckt werden muss. Die nachfolgende Abbildung stellt den Zusammenhang zwischen ‚Working Capital', ‚kurzfristigen Verbindlichkeiten' und ‚Net Working Capital' anhand einer vereinfachten Projektbilanz dar:

---

lekommunikations- und Verkehrsinfrastrukturprojekte aufgrund ihres spezifischen Charakters regelmäßig keine Bestände an Roh-, Hilfs- und Betriebsstoffen vor.

[1] Ausnahmen können dort bestehen, wo aufgrund einer ‚Just-in-Time'-Fertigung keine Lagerhaltung betrieben wird. Vgl. hierzu auch Kargl, H.: Lean Production, in: WiSt, 23. Jg. (1994), S. 176 ff.

[2] Auch hier sei darauf hingewiesen, dass das Erfordernis zum Vorhalten von Lagerbeständen an Halb- und/oder Fertigprodukten nicht in allen Branchen besteht und zudem von der Produktionsorganisation abhängt.

[3] Dies gilt insbesondere dann, wenn der Projektstandort abgelegen ist oder die benötigten Ersatz- und Verschleißteile speziell angefertigt werden müssen.

[4] Vgl. hierzu das Zahlenbeispiel einer Plan-Kapitalflussrechnung bei Gebhardt, G.; Daske, H.: Zur Notwendigkeit zahlungsorientierter Kapitalflussrechnungen, in: WISU, 32. Jg. (2003), S. 1219 ff.

Abb. 16: Bestimmung des ‚Net Working Capital'

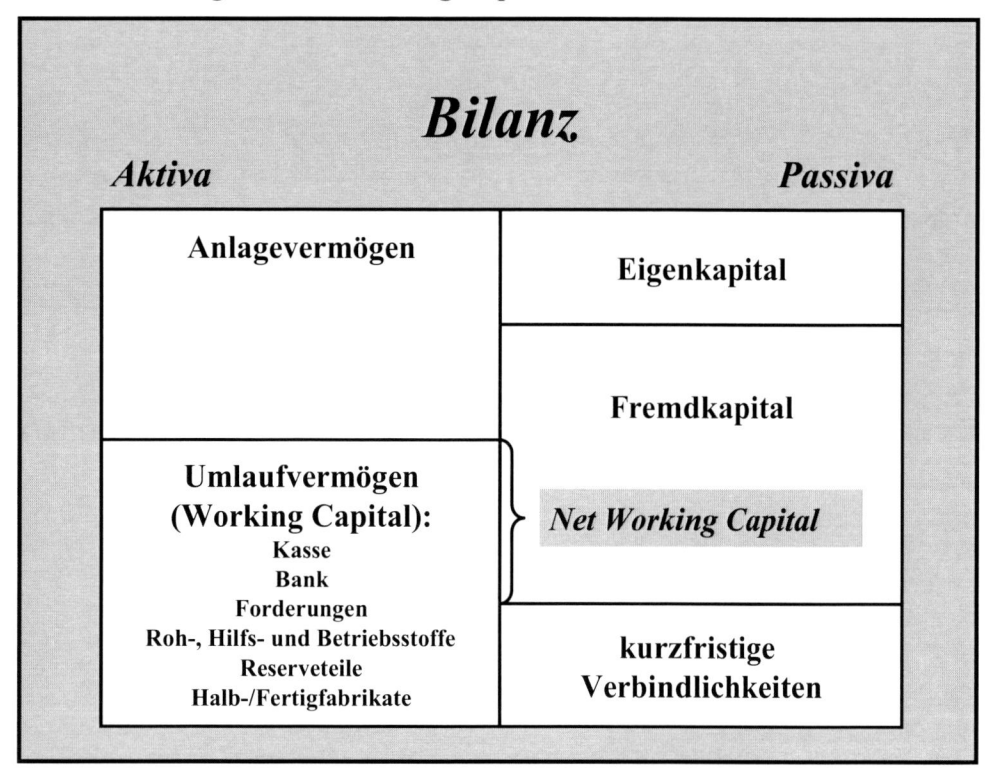

Bilanz

Aktiva		*Passiva*
Anlagevermögen		**Eigenkapital**
		Fremdkapital
Umlaufvermögen (Working Capital): Kasse, Bank, Forderungen, Roh-, Hilfs- und Betriebsstoffe, Reserveteile, Halb-/Fertigfabrikate	} *Net Working Capital*	
		kurzfristige Verbindlichkeiten

Quelle: Eigene Darstellung in Anlehnung an Sell, A.: Investitionen in Entwicklungsländern: Einzel- und gesamtwirtschaftliche Darstellung, a.a.O., S. 77.

In der ‚modellgestützten Finanzplanung' entfaltet das Modul ‚Net Working Capital' eine doppelte Bedeutung:

➢ **Berücksichtigung im Modul ‚Finanzierung'**

Die Finanzierung der Erstausstattung des Projektes mit ‚Net Working Capital' muss durch Eigenkapital und/oder mittel- bis langfristiges Fremdkapital bzw. alternativ oder ergänzend durch Betriebsmittellinien (‚Working Capital Facilities') sichergestellt werden. Mehrungen während der Betriebsphase können entweder aus dem laufenden Cashflow erfolgen und/oder über das (weitere) Ausnutzen von Betriebsmittellinien gedeckt werden. Im Umkehrschluss implizieren Minderungen während der Betriebsphase entweder die reduzierte Ausnutzung von Betriebsmittellinien oder eine Erhöhung des Cashflow und damit des Tilgungs- bzw. Ausschüttungspotenzials.

➢ **Berücksichtigung im Modul ‚Cashflow'**

Umsatzerlöse und Betriebskosten werden in der ‚modellgestützten Finanzplanung' regelmäßig nicht als zahlungswirksame Stromgrößen erfasst, sondern aus Gründen der Vereinfachung als Erträge und Aufwendungen respektive Kostenpositionen abgebildet. Für die Ermittlung der Einzahlungsüberschüsse einer betrachteten Periode müssen daher Mehrungen (Mittelbindung) oder Minderungen (Mittelfreisetzung) des ‚Net Working Capital' gegenüber der jeweiligen Vorperiode im Modul ‚Cashflow' als liquiditätsrelevanter Korrekturposten angesetzt werden.[1]

---

[1] Vgl. hierzu auch Sell, A.: Kapitalbedarfsplanung für Investitionsprojekte: Eine Diskussion ausgewählter Leitfäden zur Planung von Projekten in Entwicklungsländern, in: ZfB, 60. Jg. (1990), S. 1037 f.. Hierbei wird explizit unterstellt, dass die sonstigen Annahmen gleich bleiben; vgl. Walter, B.: Financial Engineering: Strukturierung von unternehmerischen Finanzierungen und Off-balance-sheet-Finanzierungen, in: K. Juncker, E. Priewasser (Hrsg.), Handbuch Firmenkundengeschäft, Frankfurt am Main 1993, S. 523.

2.2.2.4.2.2.2.5 Modul ‚Finanzierung'

Das Modul ‚Finanzierung' berücksichtigt alle Kausalbeziehungen, die sich aus der Mittelbeschaffung während der Errichtungsphase bzw. aus der Mittelbeschaffung und -rückführung während der Betriebsphase (Tilgungsphase) ergeben. Zur Finanzierung von Projekten stehen regelmäßig Eigen- und Fremdmittel sowie in Ausnahmefällen auch Subventionen und Fördermittel zur Verfügung. Ferner kann ein etwaiger durch das Projekt generierter (positiver) Cashflow nach Aufnahme des Betriebs als Finanzierungsquelle verwendet werden.[1] Die Kreditmittel lassen sich weiterhin in verschiedene Kreditarten einteilen. So werden u.a. kommerzielle Projektkredite (‚Commercial Loans'), gebundene Exportkredite (‚ECA Loans'), Betriebsmittelkredite (‚Working Capital Facilities') und Reservelinien (Stand-by Facilities') zur Finanzierung herangezogen,[2] wobei die genannten Kreditarten zudem von verschiedenen Kreditgebern zu unterschiedlichen Konditionen (z.B. bei Vorliegen mehrerer Exportkreditversicherer) herausgelegt sein können. Im Rahmen des Moduls ‚Finanzierung' sind die einzelnen Fazilitäten in Höhe ihrer Inanspruchnahme jeweils separat abzubilden.

Daneben müssen bei der Modellierung der Mitteleinbringung innerhalb der Bauphase die institutionellen Rahmenbedingungen (z.B. bei Vorliegen staatlicher Exportkreditversicherungen und/oder Subventionen) sowie die vorgesehenen bzw. ausgehandelten Vereinbarungen des Projekt- und Finanzierungskonzeptes (z.B. die Usancen der Eigenmitteleinbringung) im Rahmen von ‚**Finanzierungskaskaden**' berücksichtigt werden. Hierbei erfolgt eine intra- und interperiodische Abstimmung (‚Matching') der im Modul ‚Investitionen' aufgezeigten Finanzierungserfordernisse mit den zur Verfügung stehenden Finanzierungsquellen. Art und Umfang der Rangfolge von periodischen Mittelziehungen kann u.a. durch die folgenden Aspekte beeinflusst sein:

- Zeitliche Befristung der Verfügbarkeit von Fremdfinanzierungsfazilitäten (z.B. Beschränkung der Ziehungsphase durch Setzen eines Spätesttermins)

- Einhalten von Reihenfolgebedingungen bei der Inanspruchnahme einzelner Finanzierungsquellen (z.B. optimiertes Ausnutzen kostengünstiger Finanzierungsquellen)

- Auflagen hinsichtlich der quotalen Zusammensetzung einzelner Finanzierungsquellen (z.B. Verpflichtung zum jederzeitigen Einhalten eines kreditgeberseitig vorgegebenen Verschuldungsgrades)

- Beschränkung der sachlichen Verwendung von Fremdfinanzierungsfazilitäten (z.B. Bindung gebundener Exportkredite an bestimmte Lieferungen und Leistungen)

Ein Sonderproblem der Projektplanung und damit auch der Modellierung stellen die so genannten Bauzeitzinsen (‚Interest During Construction') dar, welche als Vergütung für bereits in Anspruch genommene Fremdfinanzierungsfazilitäten entstehen. Da das Projekt während der Errichtungspha-

---

[1] In Ausnahmefällen können sich Bau- und Betriebsphase überschneiden, wenn das Projekt in zeitversetzten Blöcken (z.B. bei Kraftwerksprojekten), Abschnitten (z.B. bei Mautstraßen) oder Teilnetzen (z.B. Telekommunikationsprojekte, Ver- und Entsorgungsprojekte) errichtet wird. Fertiggestellte Projektteile können hier bereits den Betrieb aufnehmen und somit u.U. zur Finanzierung der noch im Bau befindlichen Teile beitragen.

[2] Vgl. für eine differenzierte Diskussion die nachfolgenden Ausführungen unter Gliederungspunkt 3.1.2.1.2.1.1 Kreditbegriffe des KWG, S. 205 ff. sowie insbesondere 3.1.2.1.2.1.2 Gelddarlehen jeder Art, S. 207 ff.

se regelmäßig keinen positiven Cashflow aufweist, aus dem Zinszahlungen geleistet werden könnten, müssen Bauzeitzinsen entweder durch (zusätzliche) Eigen- oder Fremdmittel abgedeckt werden. In der Regel wird der Kreditgeber die Bauzeitzinsen im Wege der Kapitalisierung, d.h. durch Aufschlagen der fälligen Zinsen auf den Kreditsaldo, mitfinanzieren. Die derart kapitalisierten Bauzeitzinsen („Capitalised Interest', ‚Rolled-up Interest') erhöhen die Investitionskosten sowie das Finanzierungsvolumen des Projektes.

Nach Erreichen der Betriebsbereitschaft – möglicherweise erst nach dem Ablauf kreditvertraglich vereinbarter tilgungsfreier Perioden („Grace Periods') – wird die Tilgungsphase beginnen. Für einen (befristeten) Zeitraum stehen eventuell noch Reservelinien und/oder Betriebsmittellinien zur Verfügung, die allerdings in der Regel einer strengen Verwendungsbindung unterliegen und somit nicht automatisch für den Schuldendienst eingesetzt werden dürfen. Für die Kredittilgung muss daher auf die Einzahlungsüberschüsse, d.h. insbesondere auf den für Zwecke den Schuldendienst verfügbaren Cashflow („Cash Flow Available for Debt Service') abgestellt werden.[1] Daneben können – soweit vorhanden – etwaige Zinserträge und positive Salden auf Reservekonten das Schuldendienstpotenzial erhöhen. Da nicht alle Kreditgeber über gleichrangige Rückzahlungsansprüche verfügen und die Darlehen zudem unterschiedliche Tilgungsprofile aufweisen werden, ist es wiederum erforderlich, die Mittelrückführung im Rahmen einer „Finanzierungskaskade' zu koordinieren.[2] Dabei kann im Rahmen des Moduls Finanzierung theoretisch eine vollumfängliche Mittelverwendungsreihenfolge („Payment Waterfall')[3] abgebildet werden, die auch die vorrangigen Auszahlungen („Senior Expenses')[4] sowie Dividendenausschüttungen umfasst. Aus Transparenzgründen dürfte jedoch regelmäßig eine Beschränkung des Moduls ‚Finanzierung' auf die schuldendienst- bzw. finanzierungsrelevanten Sachverhalte erfolgen. Ein Payment Waterfall wäre dann als separates Modul oder im Rahmen des Moduls ‚Cashflow' umzusetzen.

Die vorstehenden Ausführungen zeigen, dass sich die Zwecksetzungen respektive die Aufgaben des Moduls ‚Finanzierung' in den einzelnen Projektphasen deutlich voneinander unterscheiden. Es kann somit bei komplexen Kausalzusammenhängen im Einzelfall praktikabler sein, zwei getrennte Finanzierungsmodule für die Bau- und die Betriebsphase zu erstellen.

---

[1] Vgl. zum Cash Flow available for Debt Service die nachfolgenden Ausführungen unter Gliederungspunkt 2.2.2.4.2.2.2.9 Modul ‚Cashflow', S. 95 ff.

[2] Dieses Erfordernis wird sich zumindest dann ergeben, wenn von den Entscheidungsträgern oder dem Modellierer der Anspruch erhoben wird, dass die ‚modellgestützte Finanzplanung' zur „richtigen" Verarbeitung sämtlicher Fallkonstellationen fähig ist. Letztlich korreliert der Grad der zu fordernden Genauigkeit mit dem Modellverständnis der beteiligten Parteien. Hierbei ist jedoch darauf zu achten, dass sich bestimmte Fallkonstellationen möglicherweise erst aufgrund umfangreicher Abweichungs- und Sensitivitätsanalysen sowie Simulationen respektive zu einem relativ späten Zeitpunkt der Projektbeurteilung einstellen können. Häufig ist dann eine Modellumstellung nur bei Akzeptanz erhöhter Modellierungskosten möglich.

[3] Vgl. hierzu auch die nachfolgenden Ausführungen unter Gliederungspunkt 5.4.1.2.2.4.3 Grundsatz der Berücksichtigung kreditvertraglicher Strukturelemente, S. 510 ff. sowie insbesondere Tab. 32: Beispiel für einen ‚Payments Waterfall', S. 515.

[4] Hierunter fallen u.a. die Kosten für Agenten, Treuhänder und kontoführende Banken (vgl. hierzu die nachfolgenden Ausführungen unter Gliederungspunkt 2.3.1 Grundfunktionen von Banken in der internationalen Projektfinanzierung, S. 159 ff.), Steuerzahlungen, zwecks Aufrechterhaltung der Betriebsfähigkeit budgetierte Betriebs-, Wartungs- und Managementkosten für die nächste Planungsperiode sowie Auszahlungen im Zusammenhang mit Ersatzinvestitionen.

2.2.2.4.2.2.2.6   Modul ‚Steuern und Abgaben'

Die konkrete steuerliche Ausgestaltung eines Projektvorhabens hat in der Regel einen entscheidenden Einfluss auf dessen Liquiditätssituation bzw. daraus resultierende Finanzierungserfordernisse. Insbesondere die sich aus der gewählten steuerlichen Struktur ergebende (antizipierte) Abgabenlast sowie die erwarteten Abflusszeitpunkte stehen hierbei im Vordergrund der Betrachtung. Vor diesem Hintergrund ist es notwendig, eine weitestgehend kasuistische Veranlagungssimulation in die modellgestützte Finanzplanung zu integrieren. Ein Modul ‚Steuern und Abgaben' kann hierbei alle Kausalitäten und Informationen (u.a. Ausgestaltung des Steuersystems, Bemessungsgrundlage, Veranlagungsperioden, Voraus- bzw. Abschlusszahlungszeitpunkte, Steuersatz sowohl für Ertrag- als auch für Substanzsteuern) aufnehmen und zu Zahlungsreihen verdichten.

Die steuerrechtlichen Gewinnermittlungsvorschriften weichen häufig von den handelsrechtlichen Rechnungslegungskonventionen ab, so dass für die Bemessungsgrundlagenermittlung im Regelfall eine eigenständige Steuer-GuV erstellt werden sollte. Diese wird andere Ansätze für die verschiedenen Ertrags- und Aufwandspositionen (z.B. Abschreibungen, Bestandserhöhungen/-minderungen) aufweisen. Ursächlich sind fiskalpolitisch getriebene Bewertungsvorschriften, die letztlich eine Erhöhung bzw. ein zeitliches Vorziehen des Steuersubstrats bezwecken sollen. Die Modellierung kann durch steuerliche Freijahre, Freibeträge und/oder Freigrenzen sowie unterschiedliche Konventionen zur Behandlung von Verlustvorträgen, die regelmäßig in der Bauphase bzw. in der Anlaufphase eines Projektes auftreten, eine weitere Komplexität erlangen.

Die Umsatzsteuer wird als durchlaufender Posten in der ‚modellgestützten Finanzplanung' in der Regel dann vernachlässigt, wenn sich verausgabte Vorsteuer mit eingenommener Umsatzsteuer wietestgehend saldiert und keine nennenswerten zeitlichen Verschiebungen zwischen Zu- und Abflusszeitpunkten auftreten.[1] In Ausnahmefällen kann sich jedoch das Erfordernis zur Modellierung von umsatzsteuerlichen Effekten ergeben, um die Implikationen für die Finanzierung aufzeigen zu können. Beispielsweise kann in einigen steuerlichen Jurisdiktionen die während einer mehrjährigen Bauphase im Zusammenhang mit Anlagenlieferungen an den EPC-Contractor entrichtete und nur gegen umsatzsteuerliche Zahllasten aus der Betriebsphase verrechnungsfähige Vorsteuer zu einem zunächst nicht erstattungsfähigen Vorsteuerüberhang führen.[2] Erst in der Betriebsphase kann hier – über mehrere Jahre hinweg – eine Verrechnung, d.h. Vergütung, mit fakturierter Umsatzsteuer erfolgen.[3]

2.2.2.4.2.2.2.7   Modul ‚Plan-GuV'

Auf die Funktionen einer ‚Plan-GuV' als Instrument zur Ermittlung von Rücklagendotierungen und/oder Gewinnausschüttungen an die Gesellschafter sowie (möglicherweise) der Bemessungs-

---

[1] Vgl. Vinter, G. D.: Project Finance, a.a.O., S. 119. In der Regel dürften die umsatzsteuerlichen Voranmeldezeiträume einen Monat betragen, so dass entsprechend kurzfristig ein liquiditätsmäßiger Ausgleich von Vorsteuerüberhängen oder Zahllasten erfolgt.

[2] Derartige Fallkonstellationen treten insbesondere bei grenzüberschreitender Anlagenlieferung auf, bei denen Einfuhrumsatzsteuer durch den Fiskus am Projektstandort erhoben wird.

[3] Ein derartiges Finanzierungserfordernis kann durch eine eigenständige ‚Value Added Tax Facility', d.h. eine Kreditlinie zur Vorfinanzierung von Umsatzsteuereffekten, abgedeckt werden. Zur Besicherung der Bankforderungen bzw. als Tilgungssurrogat können die fakturierten und zugeflossenen Umsatzsteuerbeträge verwendet werden.

grundlage für die Ertragsteuerschuld wurde bereits hingewiesen.[1] Im Modul ‚Plan-GuV' werden hierfür die erforderlichen Vorinformationen bzw. Zwischenergebnisse aus den Modulen ‚Daten', ‚Investition', ‚Umsatzerlöse', ‚Betriebskosten', ‚Finanzierung', ‚Working Capital', ‚Planbilanz' sowie ‚Steuern & Abgaben' zusammengefasst und zu einem Periodenergebnis verdichtet. Art und Umfang der Datenverarbeitung im Modul ‚Plan-GuV' richtet sich u.a. danach, welche Form der Ergebnisermittlung (Umsatzkosten- oder Gesamtkostenverfahren) gewählt wird. Die nachfolgende Abbildung zeigt exemplarisch den Datenfluss bei Anwendung des Gesamtkostenverfahrens in einer an IAS 1.80 angelehnten Gliederungsversion[2]:

---

[1] Vgl. hierzu die vorstehenden Ausührungen unter Gliederungspunkt 2.2.2.4.1.2 Prozess der modellgestützten Finanzplanung bei Projektfinanzierungen im engeren Sinne, S. 71 ff., Unterpunkt „Ableitung von Plan-GuV (3a), Cashflow (3b) und Plan-Bilanz (3c)".

[2] Vgl. hierzu Anh. 3: Gliederung des Income Statement nach IAS 1.80 (Nature of Expense Method), S. 609.

Abb. 17: Datenverarbeitung im Modul ‚Plan-GuV' bei Anwendung des Gesamtkostenverfahrens gem. IAS 1.80

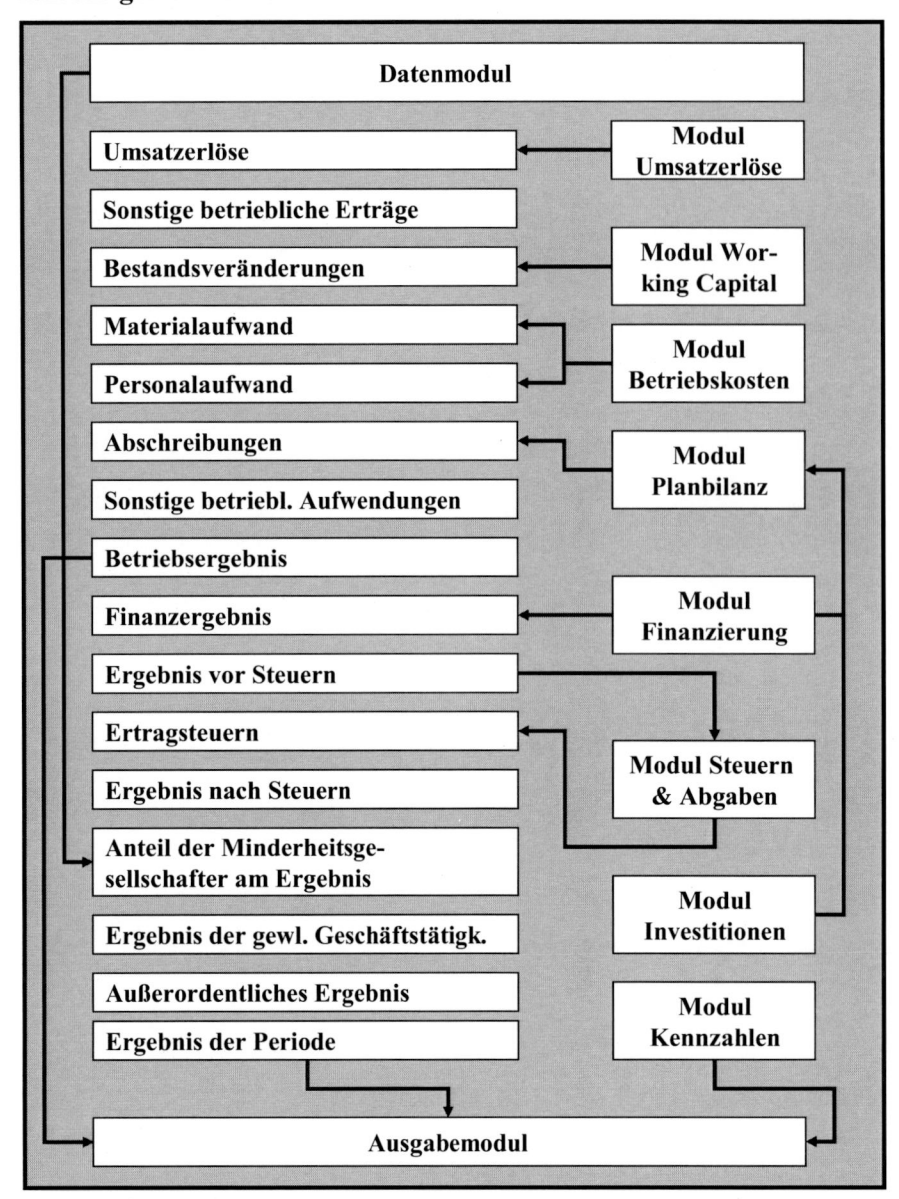

```
┌─────────────────────────────────────────────────────────┐
│                      Datenmodul                          │
│                                                          │
│   Umsatzerlöse              ←──   Modul Umsatzerlöse    │
│   Sonstige betriebliche Erträge                          │
│   Bestandsveränderungen     ←──   Modul Working Capital │
│   Materialaufwand           ←──                          │
│   Personalaufwand           ←──   Modul Betriebskosten  │
│   Abschreibungen            ←──   Modul Planbilanz      │
│   Sonstige betriebl. Aufwendungen                        │
│   Betriebsergebnis                                       │
│   Finanzergebnis            ←──   Modul Finanzierung    │
│   Ergebnis vor Steuern                                   │
│   Ertragsteuern             ←──   Modul Steuern & Abgaben│
│   Ergebnis nach Steuern                                  │
│   Anteil der Minderheitsgesellschafter am Ergebnis       │
│   Ergebnis der gewl. Geschäftstätigk.  Modul Investitionen│
│   Außerordentliches Ergebnis      Modul Kennzahlen       │
│   Ergebnis der Periode                                   │
│                                                          │
│                      Ausgabemodul                        │
└─────────────────────────────────────────────────────────┘
```

Quelle: Eigene Darstellung

Die Positionen ‚Sonstige betriebliche Erträge', ‚Sonstige betriebliche Aufwendungen' und ‚Anteil der Minderheitsgesellschafter am Ergebnis' entfalten nur in Ausnahmefällen eine Bedeutung für die ‚modellgestützte Finanzplanung' und wurden in der vorstehenden Abbildung nur der Vollständigkeit halber aufgeführt.[1]

2.2.2.4.2.2.2.8 Modul ‚Plan-Bilanz'

Während die als zeitraumbezogenes Abbildungssystem konzipierte Plan-GuV die ‚Erträge' und ‚Aufwendungen' einer Periode (Stromgrößen) erfasst, reflektiert die zeitpunktbezogene ‚Plan-Bilanz' die korrespondierenden Bestandsgrößen, d.h. die Vermögenspositionen der Aktivseite sowie die Eigen- und Fremdkapitalpositionen der Passivseite, am Ende bzw. am Anfang einer Periode.

---

[1] Vgl. hierzu Coenenberg, A. G.: Jahresabschluß und Jahresabschlußanalyse, a.a.O., S. 445 u. 457 f. passim.

Die antizipierte bilanzielle Entwicklung erfährt aus Sicht potenzieller Fremdkapitalgeber u.a. dadurch eine Bedeutung, dass die Einhaltung von bestimmten Mindest- respektive Maximalwerten für Bilanzkennzahlen (z.B. Verschuldungsgrad) regelmäßig zu vertraglichen Nebenpflichten gemacht werden und damit als Kredit- bzw. Verhaltensauflagen (‚Financial Covenants') einen Eingang in die Kreditdokumentation finden.[1] Daneben können Plan-Bilanzen aufgrund tradierter bzw. aus dem konventionellen Firmenkundengeschäft übernommener Verhaltensmuster für einzelne Entscheidungsträger eine Bedeutung für die Projektbeurteilung besitzen. Insoweit dürfte ein Modul ‚Plan-Bilanz' regelmäßig Bestandteil der ‚modellgestützten Finanzplanung' sein.[2]

Es liegt im Wesen von Projektvorhaben, dass sich in einzelnen Perioden (z.B. in der Anlaufphase) Verluste einstellen können, die ihren Niederschlag u.a. in der (Plan-)Bilanz finden. In diesem Zusammenhang lassen sich drei Fallkonstellationen unterscheiden, die eine besondere Bedeutung bei der Kreditvergabeentscheidung erlangen können:

- Da die (Plan-)GuV als Unterkonto des Eigenkapitalkontos dessen periodische Änderungen ausweist, schlägt sich ein negatives Ergebnis in einer Reduktion des Eigenkapitals nieder. Ein **Verlust(vortrag)**, der durch offene Rücklagen bzw. einen Gewinnvortrag abgedeckt ist, kann offen als Verlustvortrag ausgewiesen oder durch Herabsetzung der Rücklagen respektive Verbrauch des Gewinnvortrags berücksichtigt werden.[3]

- Eine **Unterbilanz** liegt bei Kapitalgesellschaften ausgehend von den technischen Modalitäten der Dopik dann vor, wenn auf der Aktivseite[4] der (Plan-)Bilanz ein Verlust(vortrag) ausgewiesen werden müsste. Das Vermögen deckt zwar noch das ganze Fremdkapital ab, der Verlust übersteigt aber die offenen Rücklagen, so dass das gezeichnete Kapital partiell aufgezehrt ist. Das Vorliegen einer Unterbilanz löst in einigen Jurisdiktionen verbindliche rechtliche Folgen (z.B. Einberufung von Gesellschafterversammlungen etc.) aus.[5]

- In allen entwickelten Jurisdiktionen ist bei Kapitalgesellschaften die **Überschuldung** – neben der Zahlungsunfähigkeit – Eröffnungsgrund für ein Insolvenzverfahren.[6] Handels- respektive bilanzrechtlicher Maßstab zur Feststellung eines Überschuldungstatbestandes ist die Bilanz. Eine bilanzielle Überschuldung liegt dann vor, wenn das Fremdkapital das Vermögen über-

---

[1] Vgl. hierzu die vorstehenden Ausführungen unter Gliederungspunkt 2.1.4.3 Projektbezogene Kreditbedingungen und Verhaltensauflagen, S. 48 ff. sowie die nachfolgenden Ausführungen unter Gliederungspunkt 5.4.1.2.2.4.3 Grundsatz der Berücksichtigung kreditvertraglicher Strukturelemente, S. 510 ff., insbesondere Tab. 30: Beispiele für ‚Covenants', S. 513.

[2] Vgl. Sell, A.: Investitionen in Entwicklungsländern: Einzel- und gesamtwirtschaftliche Darstellung, a.a.O., S. 105 ff

[3] Im Sprachgebrauch des deutschen Handelsbilanzrechts kann sich ein Verlust<u>vortrag</u> nur dann ergeben, wenn die Bilanz vor Gewinnverwendungsbeschluss aufgestellt wird; vgl. hierzu die nachfolgende Tab. 1: Eigenkapitalausweis nach HGB als Beispiel für unterschiedliche Gliederungsmöglichkeiten, S. 93.

[4] Nach den geltenden Vorschriften des deutschen Handelsrechts muss ein Verlustvortrag auf der Passivseite als negativer Korrekturposten des Eigenkapitals ausgewiesen werden; vgl. § 266 Abs. 3 HGB. Erst bei Vorliegen einer ‚Überschuldung' ist ein Ausweis auf der Aktivseite als „*Nicht durch Eigenkapital gedeckter Fehlbetrag*" gestattet; vgl. § 268 Abs. 3 HGB. Die Ausweisunterschiede sind rein formeller Natur und sind auf die gleichen materiellen Sachverhalte zurückzuführen.

[5] Vgl. § 92 Abs. 1 AktG (Pflicht zur Einberufung der Haupversammlung durch den Vorstand einer Aktiengesellschaft soweit ein Verlust in Höhe von mindestens der Hälfte des Grundkapitals vorliegt oder erwartet wird.) Vgl. § 49 Abs. 3 GmbHG für die analoge Regelung des Sachverhalts bei der GmbH.

[6] Vgl. für den deutschen Rechtsraum § 19 Abs. 1 InsO. Bei Personenhandelsgesellschaften löst die Überschuldung eine Pflicht zur Beantragung des Insolvenzverfahrens aus, wenn sich keine natürliche Person unter den Gesellschaftern befindet (§ 130a HGB).

steigt und der sich daraus ergebende Differenzbetrag (negative Differenz, Verlust) nicht mehr durch das bilanzielle Eigenkapital gedeckt ist.[1]

Im Rahmen der ‚modellgestützten Finanzplanung' kann das Modul ‚Plan-Bilanzen' potenzielle Verlust-, Unterbilanzierungs- und Überschuldungssituationen – im Basisfall oder aufgrund von Abweichungsanalysen – aufzeigen, so dass wichtige Hinweise für Konzeptmodifikationen gewonnen werden können. Die nachfolgende Abbildung zeigt die Fallkonstellationen ‚Verlust(vortrag)', ‚Unterbilanz' und ‚Überschuldung' – zwecks besserer Vergleichbarkeit – vor Ergebnisverwendung:

Abb. 18: Verlust(vortrag), Unterbilanz und Überschuldung

Verlust(vortrag)

Aktiva	Bilanz	Passiva	
Vermögen	85	Fremdkapital	40
		Eigenkapital	
		Grundkapital	40
Verlust	15	Rücklagen	20

Unterbilanz

Aktiva	Bilanz	Passiva	
Vermögen	65	Fremdkapital	40
		Eigenkapital	
		Grundkapital	40
Verlust	35	Rücklagen	20

Überschuldung

Aktiva	Bilanz	Passiva	
Vermögen	20	Fremdkapital	40
		Eigenkapital	
Verlust	80	Grundkapital	40
		Rücklagen	20

Quelle: Eigene Darstellung

Je nach den anwendbaren Rechnungslegungsvorschriften bzw. der vom Management[2] gewählten Ergebnisverwendung lassen sich drei grundsätzliche Möglichkeiten des Ergebnis- respektive Eigenkapitalausweises in der Bilanz unterscheiden. Dies soll am Beispiel der Konventionen des Handelsgesetzbuches verdeutlicht werden:

---

[1] Vgl. Coenenberg, A. G.: Jahresabschluß und Jahresabschlußanalyse, a.a.O., S. 29 f.
[2] Dies setzt voraus, dass das Management durch Gesetz, Satzung oder Gesellschafterbeschluss zu einem Ergebnisverwendungsbeschluss authorisiert ist.

Tab. 1: Eigenkapitalausweis nach HGB als Beispiel für unterschiedliche Gliederungsmöglichkeiten

Aufstellung des Jahresabschlusses ...		
... vor Gewinn-verwendung	... nach partieller Gewinnverwendung	... nach totaler Gewinnverwendung
(+) Gezeichnetes Kapital	(+) Gezeichnetes Kapital	(+) Gezeichnetes Kapital
(+) Kapitalrücklage	(+) Kapitalrücklage	(+) Kapitalrücklage
(+) Gewinnrücklage	(+) Gewinnrücklage	(+) Gewinnrücklage
(+) Gewinnvortrag oder (-) Verlustvortrag	(+) Bilanzgewinn oder (-) Bilanzverlust	
(+) Jahresüberschuss oder (-) Jahresfehlbetrag		

Quelle: Eigene Darstellung

Die Summe der jeweiligen Spaltenpositionen ergibt das bilanzielle Eigenkapital. Nach internationalen Rechnungslegungskonventionen findet in der Regel ein Eigenkapitalausweis nach „*decision usefulness*" statt.[1] Bei ‚Projektfinanzierungen im engeren Sinne' dürfte sich die Gewinnverwendung aus dem Projekt- und Finanzierungskonzept und den darin enthaltenen Vereinbarungen zur Gewinnthesaurierung bzw. Dividendenausschüttung ergeben, so dass ein weitgehend saldierter Ausweis gemäß der letzten Variante in vorstehender Tabelle erfolgen könnte. Hierbei ist jedoch zu beachten, dass wesentliche Informationen bei Saldierung bzw. bei einem Nettoausweis verloren gehen respektive erst durch Heranziehen der Plan-GuV nachvollziehbar werden. Für eine transparente Projektbeurteilung dürfte ein Brutto-Ausweis daher den höheren Nutzen stiften.[2]

Die nachfolgende Abbildung zeigt beispielhaft den Datenfluss auf der Aktivseite im Modul ‚Plan-Bilanz' bei Verwendung einer IAS-konformen Bilanzgliederung[3]:

---

[1] Vgl. Coenenberg, A. G.: Jahresabschluß und Jahresabschlußanalyse, a.a.O., S. 271.
[2] Vgl. hierzu auch Sell, A.: Investitionen in Entwicklungsländern: Einzel- und gesamtwirtschaftliche Darstellung, a.a.O., S. 106 f.
[3] Vgl. Coenenberg, A. G.: Jahresabschluß und Jahresabschlußanalyse, a.a.O., S. 145 m.w.N.

Abb. 19: Modul ‚Plan-Bilanz': Aktivseite

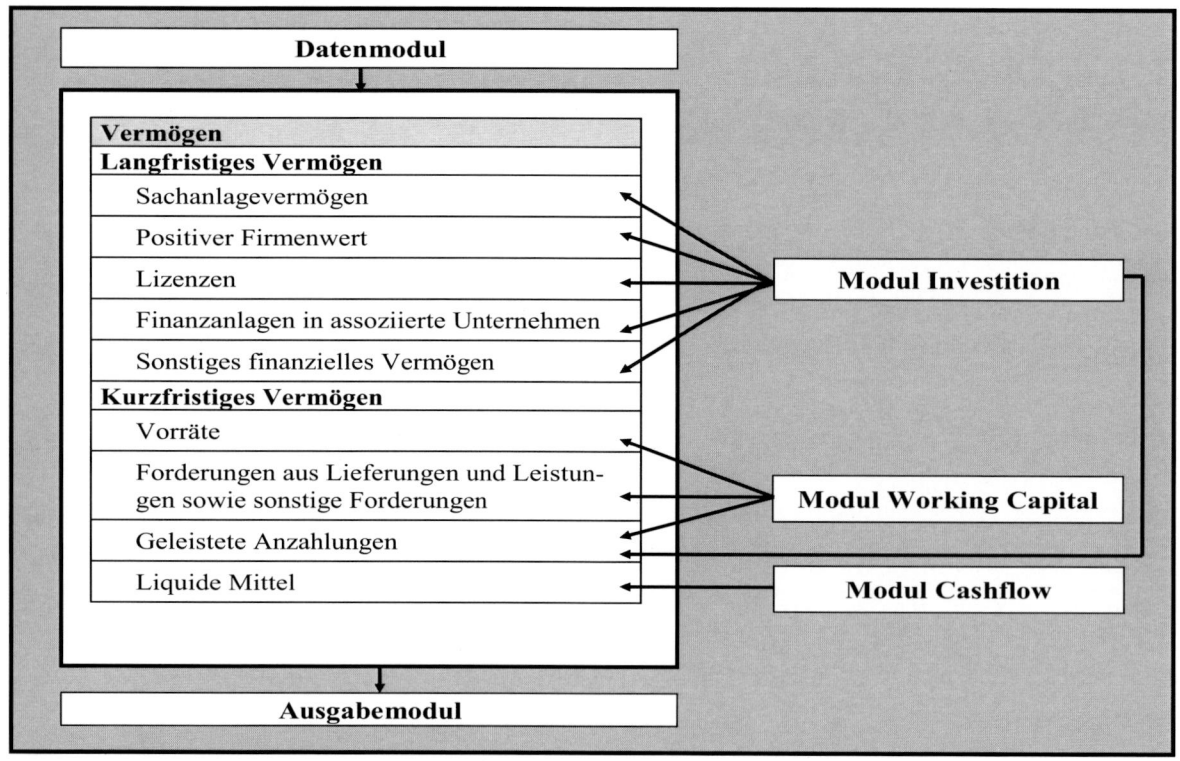

```
┌─────────────────────────────────────────────────────────────────────┐
│                         Datenmodul                                   │
│                              ↓                                       │
│   ┌─────────────────────────────────────────┐                       │
│   │ Vermögen                                │                       │
│   │   Langfristiges Vermögen                │                       │
│   │      Sachanlagevermögen          ←──┐   │                       │
│   │      Positiver Firmenwert        ←──┤   │  ┌──────────────────┐ │
│   │      Lizenzen                    ←──┼───┤  │ Modul Investition│ │
│   │      Finanzanlagen in assoziierte│  │   │  └──────────────────┘ │
│   │         Unternehmen              ←──┤   │                       │
│   │      Sonstiges finanzielles      ←──┘   │                       │
│   │         Vermögen                        │                       │
│   │   Kurzfristiges Vermögen                │                       │
│   │      Vorräte                     ←──┐   │                       │
│   │      Forderungen aus Lieferungen │  │   │  ┌──────────────────┐ │
│   │         und Leistungen sowie     ←──┼───┤  │Modul Working     │ │
│   │         sonstige Forderungen     │  │   │  │Capital           │ │
│   │      Geleistete Anzahlungen      ←──┘   │  └──────────────────┘ │
│   │      Liquide Mittel              ←──────┼──┤ Modul Cashflow    │ │
│   └─────────────────────────────────────────┘  └──────────────────┘ │
│                              ↓                                       │
│                         Ausgabemodul                                 │
└─────────────────────────────────────────────────────────────────────┘
```

Quelle: Eigene Darstellung

Das abnutzbare Sachanlagevermögen reduziert sich im Zeitablauf durch planmäßig vorzunehmende Abschreibungen. Die Fortschreibung der Bestandswerte im Rahmen der modellgestützten Finanzplanung impliziert die Ermittlung von entsprechenden periodischen Abschreibungen. Die Berechnung kann entweder direkt im Modul ‚Plan-Bilanz' (z.B. als Nebenrechnung) oder in einem separaten Modul ‚Abschreibungen' erfolgen. Für den Untersuchungsgegenstand ‚Projektfinanzierung im engeren Sinne' dürften die in vorstehender Abbildung aufgeführten Positionen ‚Positiver Firmenwert' und ‚Finanzanlagen in assoziierte Unternehmen' nur in Ausnahmefällen eine Bedeutung entfalten.[1] Der Ansatz von Gründungskosten (Planungs- und Vorbereitungskosten) ist nach IAS 38.57 verboten.[2] Bauzeitzinsen[3], die während der – teilweise mehrjährigen – Bauphasen von Projekten anfallen, werden nach IAS nicht als Bilanzierungshilfe, sondern als Anschaffungs(neben)kosten und damit unter der Position Sachanlagevermögen aktiviert.[4]

Die nachfolgende Abbildung zeigt beispielhaft den Datenfluss auf der Passivseite im Modul ‚Plan-Bilanz' bei Verwendung einer IAS-konformen Bilanzgliederung:

---

[1] Ein zu bilanzierender ‚positiver Firmenwert' kann entstehen, wenn zunächst ein konzessionsinnehabendes Unternehmen durch die Projektgesellschaft erworben werden muss, um in einem zweiten Schritt die zur Ausbeutung erforderlichen Anlagen zu errichten oder zu erweitern. ‚Finanzanlagen in assoziierte Unternehmen' können bei netzbasierten Telekommunikationsprojekten vorliegen, bei denen u.a. aus kartellrechtlichen Gründen einzelne Teilkonzessionen nebst korrespondierender Infrastruktur (Teilnetze) im Rahmen einzelner Teilprojektgesellschaften realisiert werden, an denen möglicherweise regionale Partner beteiligt werden müssen.

[2] Vgl. hierzu Coenenberg, A. G.: Jahresabschluß und Jahresabschlußanalyse, a.a.O., S. 159.

[3] Vgl. hierzu die vorstehenden Ausführungen unter Gliederungspunkt 2.2.2.4.2.2.2.5 Modul ‚Finanzierung', S. 86 ff.

[4] Vgl. Coenenberg, A. G.: Jahresabschluß und Jahresabschlußanalyse, a.a.O., S. 114.

Abb. 20: Modul ‚Plan-Bilanz': Passivseite

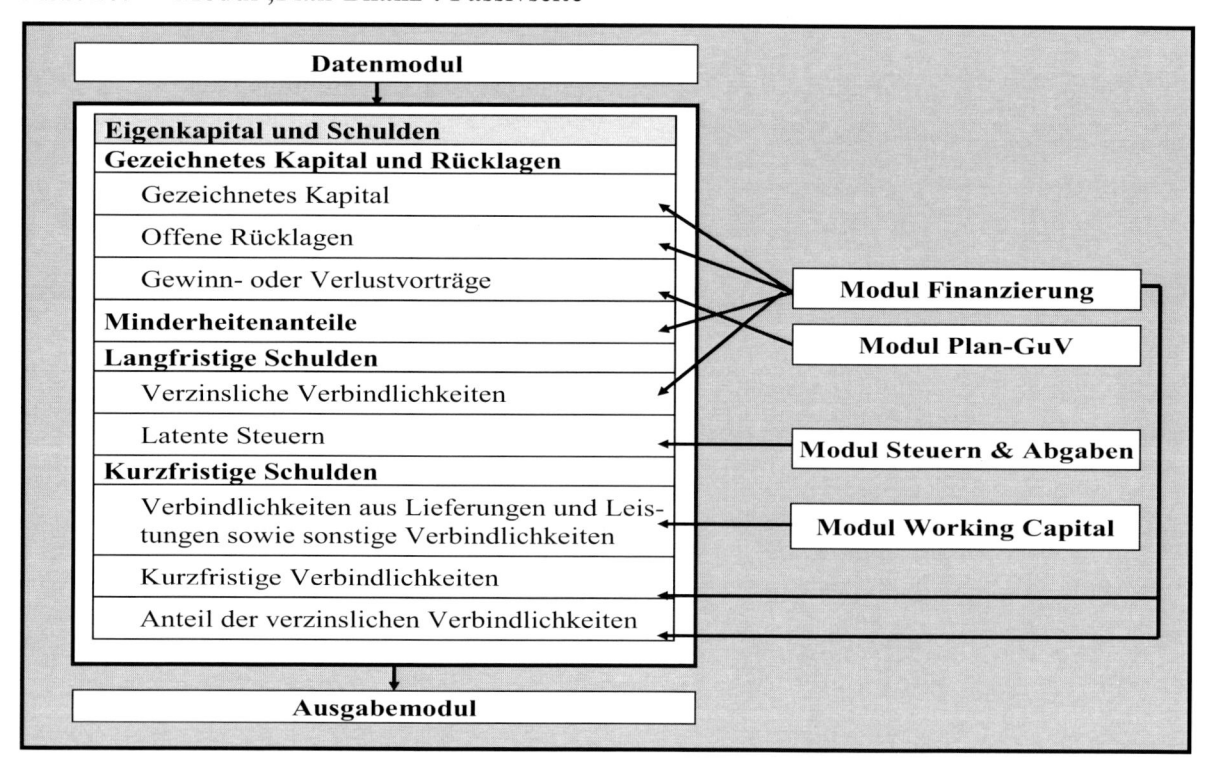

```
┌─────────────────────────────────────────────────────────────────────────┐
│                          Datenmodul                                     │
│  ┌──────────────────────────────────────────┐                           │
│  │ Eigenkapital und Schulden                │                           │
│  │ Gezeichnetes Kapital und Rücklagen       │                           │
│  │   Gezeichnetes Kapital                   │                           │
│  │   Offene Rücklagen                       │──┐                        │
│  │   Gewinn- oder Verlustvorträge           │──┼──► Modul Finanzierung  │
│  │ Minderheitenanteile                      │──┤                        │
│  │ Langfristige Schulden                    │──┼──► Modul Plan-GuV      │
│  │   Verzinsliche Verbindlichkeiten         │──┘                        │
│  │   Latente Steuern                        │◄─── Modul Steuern & Abgaben│
│  │ Kurzfristige Schulden                    │                           │
│  │   Verbindlichkeiten aus Lieferungen und  │◄─── Modul Working Capital │
│  │   Leistungen sowie sonstige Verbindl.    │                           │
│  │   Kurzfristige Verbindlichkeiten         │                           │
│  │   Anteil der verzinslichen Verbindl.     │◄───                       │
│  └──────────────────────────────────────────┘                           │
│                          Ausgabemodul                                   │
└─────────────────────────────────────────────────────────────────────────┘
```

Quelle: Eigene Darstellung

Die vorstehend skizzierten Gliederungsbeispiele gemäß IAS zeigen, dass das Modul ‚Plan-Bilanz' an die jeweiligen Projekterfordernisse bzw. die im konkreten Einzelfall einschlägigen Rechnungslegungsvorschriften angepasst werden muss.

2.2.2.4.2.2.2.9 Modul ‚Cashflow'

Das Modul ‚Cashflow' dient dazu, die antizipierten interperiodischen Veränderungen des Finanzmittelfonds des geplanten Projektes zu ermitteln.[1] Der Cashflow kann in diesem Zusammenhang als ein stromgrößenbasiertes Maß der Liquidität interpretiert werden. Es ist konzeptionell von der bestandsgrößenorientierten Liquiditätsmessung bzw. -planung zu unterscheiden, die aus der klassischen Jahresabschlussanalyse bzw. älteren Konzepten der langfristigen Kapitalbedarfsplanung bekannt ist.[2] In Abhängigkeit von der Definition des Begriffes ‚Finanzmittelfonds' lassen sich zwei grundsätzliche Ansätze zur Ermittlung des Cashflow unterscheiden:[3]

- Das Konzept des **„Brutto-Cashflow"** liegt ein am ‚Geldvermögen', d.h. an Einnahmen und Ausgaben, orientiertes Verständnis des Cashflow zu Grunde, welches sich relativ eng am Erfolgskonzept der GuV anlehnt.[4] Der Finanzmittelfonds steht hier synonym für ‚**Nettoumlaufvermögen**'. Die Ermittlung eines Brutto-Cashflow kann z.B. näherungsweise durch Berech-

---

[1] Vgl. Ordelheide, D.; Leuz, C.: Die Kapitalflußrechnung: Grundlagen, International Accounting Standard No. 7 und Informationsgehalt, in: WiSt, 27. Jg. (1998), S. 176, Bieg, H.; Hossfeld, H.: Der Cash-flow nach DVFA/SG, in: DB, 49. Jg. (1996), S. 1429.

[2] Vgl. hierzu die vorstehenden Ausführungen unter Gliederungspunkt 2.2.2.2.2 Zeitliche Grundkonzeptionen, S. 65 ff.

[3] Vgl. hierzu Coenenberg, A. G.: Jahresabschluß und Jahresabschlußanalyse, a.a.O., S. 933 ff., Coenenberg, A. G.; Alvarez, M.; Meyer, M. A.: Cashflow, in: HWF, 3. Aufl., Stuttgart 2001, Sp. 481 ff.

[4] Exemplarisch für eine derartige Sichtweise Hauschildt, J.: Cash-Flow-Analyse, in: HWB, 5. Aufl., Stuttgart 1993, Sp. 638 ff.

nung der Größe ‚Earnings before Interest, Taxes, Depreciation and Amortization (EBITDA)' erfolgen.

- Dem Konzept des „**Netto-Cashflow**" liegt ein streng zahlungs(strom)orientiertes Verständnis des Cashflow zu Grunde, welches im diametralen Gegensatz zum Erfolgskonzept der GuV steht. Der Finanzmittelfonds steht hier synonym für ‚**Zahlungsmittel und Zahlungsmittel- äquivalente**'. Die Ermittlung des Netto-Cashflow kann u.a. durch Erstellung einer ‚(Plan-)Ka- pitalflussrechnung' erfolgen.

In der ‚modellgestützten Finanzplanung' lassen sich grundsätzlich beide Cashflow-Konzepte um- setzen.[1] Im Zusammenhang mit Kreditvergabeentscheidungen dürfte die Größe ‚Netto-Cashflow' aufgrund ihrer Zahlungsgrößenorientierung deutliche Vorteile aufweisen.[2] Da der Netto-Cashflow im Rahmen von Plan-Kapitalflussrechnungen regelmäßig nach sachlichen Gliederungskriterien (Aktivitäten, Finanzflussrichtungen[3]) bzw. unter Heranziehen von einschlägigen Rechnungsle- gungskonventionen (z.B. IAS/IFRS) und nicht unter Beachtung von – kreditvertraglich definierten – ergänzenden Reihenfolgenbedingungen berechnet wird, muss in der Regel zusätzlich die Größe ‚**Cash Flow Available for Debt Service (CFADS)**' bestimmt werden, welche eine exakte Ermitt- lung der für Zwecke des Schuldendienstes verfügbaren Einzahlungsüberschüsse intendiert. Im Fol- genden sollen die Größen ‚Brutto-Cashflow' und ‚Netto-Cashflow' vorgestellt und um eine kon- zeptionelle Deskription des ‚Cash Flow Available for Debt Service' ergänzt werden:

- **Earnings before Interest, Taxes, Depreciation and Amortization (EBITDA)**

Für die Ermittlung des ‚Brutto-Cashflow' werden ausgehend von den tradierten Begrifflichkeiten des betrieblichen Rechnungswesens und den Gepflogenheiten der retrospektiven Jahresabschlussa- nalyse zwei grundlegenden Ansätze verfolgt:

Tab. 2: **Direkte und indirekte Ermittlung des Brutto-Cashflow**

Direkte Methode	Indirekte Methode
+ Umsatzerlöse	+ Jahresüberschuss
+ (weitere) einnahmewirksame Erträge	+ ausgabe<u>un</u>wirksame Aufwendungen
– ausgabewirksame Aufwendungen	– einnahme<u>un</u>wirksame Erträge
= Brutto-Cashflow	= Brutto-Cashflow

Quelle: Eigene Darstellung

Im Schrifttum zum betrieblichen Rechnungswesen werden – mehrheitlich auf der Basis der indi- rekten Ermittlung – verschiedene Berechnungsschemata vorgestellt, die sich durch einen variie- renden Detailliertheitsgrad der Bereinigung unterscheiden.[4] Im internationalen Kontext dürfte das Konzept der Größe ‚**Earnings before Interest, Taxes, Depreciation and Amortization (EBIT-**

---

[1] In „stehenden" Unternehmen kann sich aufgrund der technischen Ausgestaltung des Rechnungswesens eine andere Ausgangssituation ergeben. Vgl. Göllert, K.: Analyse des Cash Flow Statements nach inter- nationalen Standards (IAS/GAAP), in: Die Bank, o.Jg. (1999), Nr. 2, S. 123.

[2] Vgl: Volkart, R.: Cash-flow und Corporate Finance - Überlegungen zum praktischen Einsatz cash-flow- orientierter Analyserechnungen, in: Die Unternehmung, 47. Jg. (1993), S. 322.

[3] Vgl. hierzu die nachfolgenden Ausführungen unter Gliederungspunkt 2.2.2.4.2.2.2.10 Modul ‚Sources and Uses', S. 107 ff.

[4] Vgl. Coenenberg, A. G.: Jahresabschluß und Jahresabschlußanalyse, a.a.O., S. 934 ff.

DA)' dem vorstehend skizzierten Verständnis eines ‚Brutto-Cashflow' am nächsten kommen.[1] Die folgende Tabelle zeigt die Ableitung der Größe EBITDA aus einer GuV-Gliederung gem. IAS:

Tab. 3: Ableitung der Größe EBITDA

Net Income (Net Profit/Net Loss)	Jahresüberschuss/-fehlbetrag
+/- Extraordinary Items	+/- Außerordentliches Ergebnis
+/- Discontinued Operations	+/- Ergebnis aus aufgegebenen Geschäftsbereichen
= **Income from Continuing Operations**	= **Ergebnis aus fortgesetzten Geschäftsbereichen**
+/- Minority Interest in Income of Consolidated Subsidiaries	+/- Anteil der Minderheitsgesellschafter am Ergebnis
+/- Income Taxes	+/- Ertragsteuerzahlungen/-erstattungen
+ Interest Expenses	+ Zinsen
= **EBIT (Earnings before Interest and Taxes)**	= **EBIT (Ergebnis vor Zinsen und Steuern)**
+ Depreciation	+ Abschreibungen auf das Anlage- und Umlaufvermögen
+ Amortization	+ Abschreibungen auf das immaterielle Vermögen
= **EBITDA (Earnings before Interest, Taxes, Depreciation and Amortization)**	= **EBITDA (Ergebnis vor Zinsen, Steuern und Abschreibungen)**

Quelle: Eigene Darstellung

Die Positionen ‚Extraordinary Items', ‚Discontinued Operations' und ‚Minority Interest in Income of Consolidated Subsidiaries' dürften im Regelfall bei ‚Projektfinanzierungen im engeren Sinne' (im Planungsstadium) keine Relevanz entfalten und sind hier nur der Vollständigkeit halber aufgeführt.

Die Kennzahl ‚EBITDA' wird – trotz offensichtlicher Mängel – im angelsächsischen Schrifttum als entscheidungsrelevante Kennzahl bei ‚Projektfinanzierungen im engeren Sinne' propagiert.[2] Dabei kann die Größe nur näherungsweise als Indikator der periodendurchschnittlichen Innenfinanzierungskraft respektive Verschuldungsfähigkeit betrachtet werden. Im Wesentlichen lassen sich die folgenden Kritikpunkte anführen:[3]

- Es handelt sich um eine Vorsteuergröße, so dass die Tilgungsfähigkeit aufgrund der Priorität von Steuerzahlungen nur durch Rückrechnungen beurteilt werden kann.[4]

---

[1] NEVITT/FABOZZI definieren den Begriff ‚Earnings' als ... „*The excess of revenues over all related expenses for a given period of time. Sometimes used to describe income, net income, profit or net profit.*" Vgl. Nevitt, P. K.; Fabozzi, F.: Project Financing, a.a.O., S. 344.

[2] „*EBITDA ist the mother's milk of project financing.*" Nevitt, P. K.; Fabozzi, F.: Project Financing, a.a.O., S. 11.

[3] Coenenberg, A. G.; Alvarez, M.; Meyer, M. A.: Cashflow, in: HWF, 3. Aufl., Stuttgart 2001, Sp. 485.

[4] Vgl. hierzu die nachfolgenden Ausführungen zur ‚Approximativen Debt Service Cover Ratio' unter Gliederungspunkt 2.2.2.4.2.2.2.11 Module ‚Kennzahlen' und ‚Ausgabe', S. 110 ff.

- Mit Ausnahme der Abschreibungen werden keine zahlungsunwirksamen Aufwendungen und Erträge (insbesondere Rückstellungszuführungen/-auflösungen, Änderungen des Net Working Capital) korrigiert.

Trotzdem wird die Größe ‚EBITDA' regelmäßig im Rahmen von ‚modellgestützten Finanzplanungen' (ergänzend) ermittelt, um den (etwaigen) Wünschen und Gewohnheiten einzelner Entscheidungsträger Rechnung zu tragen.

- **Plan-Kapitalflussrechnung**

Die interperiodische respektive stromgrößenbasierte Messung von Finanzmittelbewegungen im Sinne des Konzeptes des „**Netto-Cashflow**" erfolgt durch die Erstellung einer ‚Plan-Kapitalflussrechnung'.[1] Unter einer Kapitalflussrechnung kann zunächst allgemein eine besondere Erscheinungsform einer Finanzierungsrechnung[2] verstanden werden, die insbesondere zur Information Außenstehender erstellt wird, in einem logischen Kontext mit Bilanz und GuV steht sowie auf einschlägigen Rechnungslegungskonventionen basiert.[3] Obwohl Kapitalflussrechnungen in Literatur und Praxis primär als Instrument der retrospektiven Rechenschaft diskutiert werden, können sie auch den Charakter einer Planungsrechnung annehmen.[4] So lassen sich im Rahmen von ‚**Plan-Kapitalflussrechnungen**' u.a. die antizipierten Liquiditätsbewegungen von Projektvorhaben in einer strukturierten Form darstellen, die in einem sachlichen Zusammenhang mit den übrigen Modulen der modellgestützten Finanzplanung steht. Die nachfolgende Abbildung zeigt den Zusammenhang zwischen den Rechenwerken respektive Modulen ‚Plan-Kapitalflussrechnung', ‚Plan-Bilanz' und ‚Plan-GuV':

---

[1] Vgl. Wysocki, K. v.: Kapitalflussrechnung, in: HWF, 3. Aufl., Stuttgart 2001, Sp. 1254.
[2] Der Terminus technicus ‚Finanzierungsrechnung' steht hier als Oberbegriff für alle Instrumente, die der Erfassung, Planung und Kontrolle der Liquidität dienen. Vgl. hierzu Buchmann, R.; Chmielewicz, Kl. (Hrsg.): Finanzierungsrechnung, ZfbF, 42. Jg. (1990), Sonderheft 26, S. 2.
[3] Vgl. Coenenberg, A. G.: Jahresabschluß und Jahresabschlußanalyse, a.a.O., S. 679.
[4] BOLSENKÖTTER spricht in diesem Zusammenhang von ‚prospektiven Kapitalflussrechnungen'. Vgl. Bolsenkötter, H.: Die Prüfung der wirtschaftlichen Verhältnisse, a.a.O., S. 31, Tz 68.

Abb. 21: Zusammenhang von Plan-Kapitalflussrechnung, Plan-Bilanz und Plan-GuV

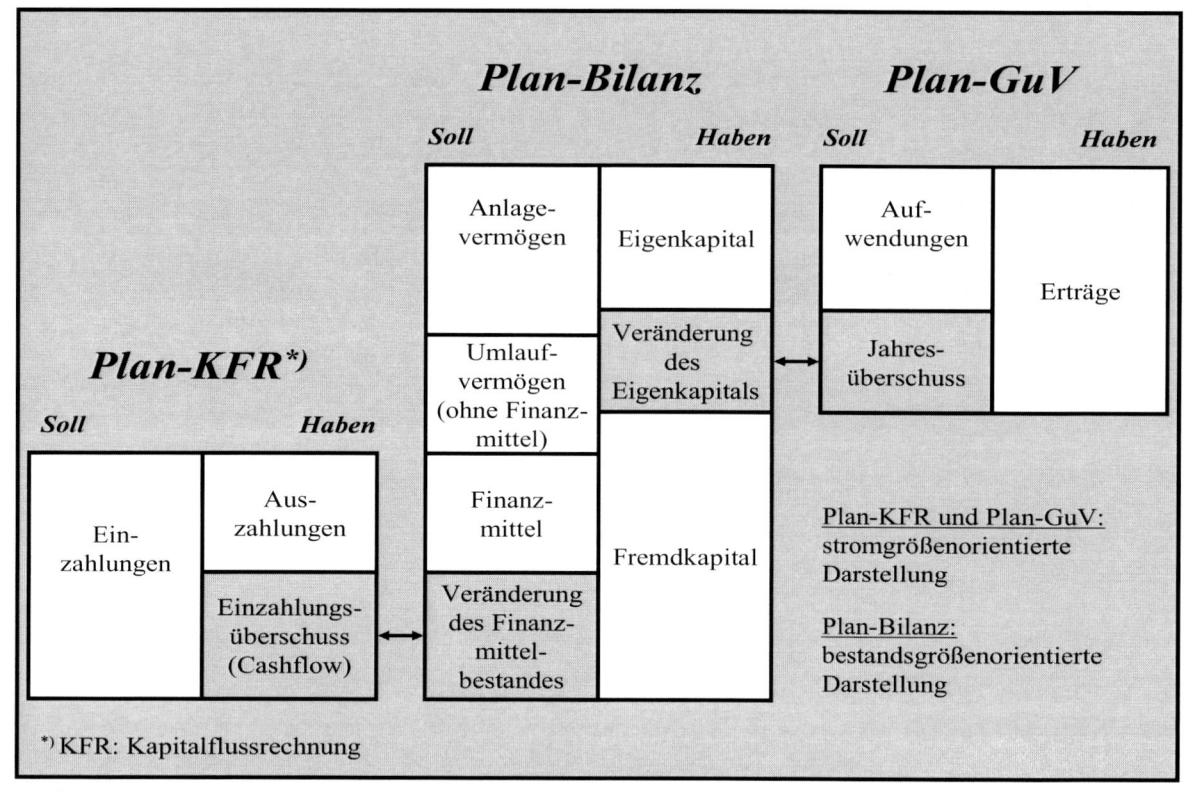

Plan-KFR*)		Plan-Bilanz		Plan-GuV	
Soll	*Haben*	*Soll*	*Haben*	*Soll*	*Haben*
Ein-zahlungen	Aus-zahlungen	Anlage-vermögen	Eigenkapital	Auf-wendungen	Erträge
	Einzahlungs-überschuss (Cashflow) ↔	Umlauf-vermögen (ohne Finanz-mittel)	Veränderung des Eigenkapitals ↔	Jahres-überschuss	
		Finanz-mittel	Fremdkapital	Plan-KFR und Plan-GuV: stromgrößenorientierte Darstellung	
		Veränderung des Finanz-mittel-bestandes		Plan-Bilanz: bestandsgrößenorientierte Darstellung	

*) KFR: Kapitalflussrechnung

Quelle: Eigene Darstellung in Anlehnung an Coenenberg, A. G.: Jahresabschluß und Jahresabschluß-analyse, a.a.O., S. 685 m.w.N.

Im Schrifttum werden Darstellung und Diskussion der (retrospektiven) Kapitalflussrechnung von den Problemen der ‚derivativen Ermittlung' aus dem Jahresabschluss, d.h. aus Sicht des betrieblichen Rechnungswesens stehender Unternehmen, dominiert.[1] Im Rahmen der modellgestützten Finanzplanung spielen diese Überlegungen eine untergeordnete Rolle, da alle relevanten Daten und Informationen bereits abrufbereit in den vorgelagerten Modulen vorliegen.

Das Modul ‚Cashflow' sollte im Rahmen der modellgestützten Finanzplanung bereits in einem Format erstellt werden, welches für das Berichtswesen der Projektgesellschaft sowie die periodische Budgetierung in nachgelagerten Perioden fortgeführt werden kann.[2] Hierdurch wird den (potenziellen) Kreditgebern ein erleichterter Soll/Ist-Vergleich bei der laufenden Kreditüberwachung ermöglicht. Das im Folgenden vorgestellte Konzept nähert sich der Darstellungsform einer (retrospektiven) ‚Kapitalflussrechnung' an, wie sie auch für die externe Rechnungslegung gemäß IFRS/IAS, US-GAAP bzw. DRS zu erstellen ist. Kennzeichnend für diese Form der stromgrößenorientierten Liquiditätserfassung ist eine am ‚Aktivitätsformat' (‚Activity Format') orientierte Darstellung. Hierbei werden die betrieblichen Tätigkeiten in drei verschiedene Bereiche eingeteilt und die korrespondierenden liquiditätswirksamen Aktivitäten separat erfasst und ausgewiesen. Die

---

[1] Vgl. hierzu exemplarisch Coenenberg, A. G.: Jahresabschluß und Jahresabschlußanalyse, a.a.O., S. 698 ff. Eine ‚originäre Ermittlung' erfordert ein zusätzliches Verbuchen von zahlungswirksamen Geschäftsvorfällen auf einem System von Ein- und Auszahlungskonten. Da es regelmäßig an einer entsprechenden organisatorischen Ausgestaltung des betrieblichen Rechnungswesens mangelt, dominiert in der Praxis die ‚derivative Ermittlung', bei der die Kapitalflussrechnung aus der Bilanz, der GuV und weiteren Informationen im Wege einer Rückrechnung abgeleitet wird.

[2] Vgl. zur Budgetierung Preißner, A.: Aufbau und Probleme der Budgetierung im Unternehmen, in: WISU, 28. Jg. (1999), S. 1467 ff.

nachfolgende Abbildung zeigt das grundsätzliche Schema einer am Aktivitätsformat orientierten Ermittlung des Cashflow:

Tab. 4: Ermittlung des Cashflow auf der Basis von Aktivitätsformaten und korrespondierende Fonds

Aktivitäten und Fonds	Cashflows, Summen und Bestandssalden
Ursachenrechnung	
Laufende Geschäftstätigkeit (Operating Activities)	**+/- Cashflow aus der laufenden Geschäftstätigkeit** (+/- Net Cash from Operating Activities)
Investitionstätigkeit (Investing Activities)	**+/- Cashflow aus der Investitionstätigkeit** (+/- Net Cash from Investing Activities)
Finanzierungstätigkeit (Financing Activities)	**+/- Cashflow aus der Finanzierungstätigkeit** (+/- Net Cash from Financing Activities)
Fondsveränderungsrechnung	
Summe der Aktivitäten (Sum of Activities)	**= Liquiditätssaldo / Summe der Cashflows** (= Net In-/Decrease in Cash and Cash Equivalents)
Anfänglicher Finanzmittelbestand (Initial Cash Stock)	**+ Finanzmittelfonds zum Periodenbeginn** (+ Cash and Cash Equivalents at Beginning of Period)
Abschließender Finanzmittelbestand (Closing Cash Stock)	**= Finanzmittelfonds am Periodenende** (= Cash and Cash Equivalents at End of Period)

Quelle: Eigene Darstellung

Das vorstehende Grundkonzept einer am Aktivitätsformat orientierten Ermittlung des Cashflow kann auf der Basis eines weitgehend an IAS 7 angelehnten Gliederungsschemas für die einzelnen Ursachenfelder ‚laufende Geschäftstätigkeit', ‚Investitionstätigkeit' und ‚Finanzierungstätigkeit' weiter detailliert werden. Aus der Perspektive des betrieblichen Rechnungswesens wird zwischen einer direkten und einer indirekten Ermittlung des Cashflow unterschieden. Diese Differenzierung spiegelt sich in der ‚Plan-Kapitalflussrechnung' ausschließlich im **Cashflow aus der betrieblichen Tätigkeit'** wieder:

Tab. 5: Cashflow aus der laufenden Geschäftstätigkeit

Direkte Methode	Indirekte Methode
+ Einzahlungen von Kunden (+ Cash Receipts from Customers)	**+/- Ergebnis vor (Ertrag-)Steuern und außerordentlichen Posten** (+ Profit/- Loss before Taxation and Extraordinary Items)
- Auszahlungen an Lieferanten/Beschäftigte (- Cash paid to Suppliers and Employees)	**+ Abschreibungen auf Gegenstände des AV** (+ Depreciations)
- Sonstige Auszahlungen, die nicht der Investitions- oder Finanzierungstätigkeit zuzuordnen sind (- Other Cash Expenses due to Operating Activities)	**+ Verlust/- Gewinn aufgrund von Währungsumrechnungsdifferenzen** (+ Foreign Exchange Loss/ - Foreign Exchange Gain)
	- Ergebnisbeiträge aus Equity-Gesellschaften (- Income from Associates)
	+ Gezahlte Zinsen (+ Interest Expense)
	= Betriebsergebnis vor Änderungen des NWC (= Operating Profit before Working Capital Changes)
	+Abnahme/- Zunahme von Forderungen aus Lieferungen und Leistungen (+ Decrease /- Increase in Trade and other Receivables)
	+ Abnahme /- Zunahme von Vorräten (+ Decrease/- Increase in Inventories)
	+ Zunahme/- Abnahme von kurzfr. Verbindl. (+ Increase/- Decrease in Trade Payables)
= Cashflow aus der betrieblichen Tätigkeit (= Cash generated from Operations)	
- Auszahlungen für Zinsen (- Interest paid)	
- Gezahlte Steuern (- Income Taxes paid)	
= Cashflow vor außerordentlichen Posten (= Cash flow before Extraordinary Items)	
+/- Ein-/Auszahlungen aufgrund außerordentlicher Posten (+/- Adjustment for Extraordinary Items)	
= Cashflow aus der laufenden Geschäftstätigkeit (= Net Cash from Operating Activities)	

Quelle: Eigene Darstellung

Bei der direkten Methode können die Informationen für **Einzahlungen von Kunden** und **Auszahlungen an Lieferanten und Beschäftigte** aus den Modulen ‚Umsatzerlöse', ‚Betriebskosten und

‚Working Capital' bzw. dem ‚Datenmodul' übernommen werden. Alle Teilpositionen zur Berechnung des **Cashflow aus der betrieblichen Tätigkeit** lassen sich bei der indirekten Methode aus dem Modul ‚Plan-GuV' ableiten.

Der ‚**Cashflow aus der Investitionstätigkeit**' kann nach folgendem Schema ermittelt werden:

Tab. 6:   Cashflow aus der Investitionstätigkeit

- Auszahlung für Investitionen in das Sachanlagevermögen   (- Disbursements for the Purchase of Property, Plant and Equipment)
+ Einzahlungen aus Abgängen des Sachanlagevermögens   (+ Proceeds from Sale of Property, Plant and Equipment)
- Auszahlung für Investitionen in das Immaterielle Anlagevermögen   (- Disbursements for the Purchase of Intangible Assets)
+ Einzahlungen aus Abgängen aus dem Immateriellen Anlagevermögen   (+ Proceeds from Sale of Intangible Assets)
- Auszahlungen für den Kauf konsolidierter Unternehmen und Beteiligungen   (- Acquisition of Subsidiaries and Participation in Companies)
+ Einzahlungen aus dem Verkauf konsolidierter Unternehmen und Beteiligungen   (+ Disposal of Subsidiaries and Participation in Companies)
- Auszahlungen aufgrund von kurzfristigen Finanzmittelanlagen   (- Disbursement of Short-term Deposits and Financial Investments)
+ Einzahlungen aufgrund der Auflösung von kurzfristigen Finanzmittelanlagen   (- Liquidation of Short-term Deposits and Financial Investments)
+ Einzahlungen für erhaltene Zinsen   (+ Interest Received)
+ Einzahlungen für bezogene Dividenden/Ergebnisbeiträge aus Equity-Gesellschaften   (+ Dividends Received/Income from Associates)
= Cashflow aus der Investitionstätigkeit   (= Net Cash from Investing Activities)

Quelle: Eigene Darstellung

Die zur Berechnung des **Cashflow aus der Investitionstätigkeit** benötigten Informationen können aus den Modulen ‚Investition', ‚Finanzierung' und/oder ‚Plan-Bilanz' übernommen werden.

Der ‚**Cashflow aus der Finanzierungstätigkeit**' wird nach folgendem Schema ermittelt:

Tab. 7: Cashflow aus der Finanzierungstätigkeit

+ Einzahlungen aus Eigenkapitalzuführungen   (+ Proceeds from Issuance of Share Capital)
- Auszahlungen aus Eigenkapitalrückführungen (Kapitalherabsetzungen)   (- Repayment of Share Capital)
+ Einzahlungen aus der langfristigen Kreditaufnahme und Begebung von Anleihen   (+ Proceeds from Long-term Borrowings)
- Auszahlungen aufgrund der Rückführung langfristiger Kredite und Anleihen (Tilgungen)   (- Repayment of Long-term Borrowings)
- Auszahlungen für Verbindlichkeiten aus Finanzierungsleasingverträgen   (- Payment of Finance Lease Liabilities)
- Auszahlung von Dividenden   (- Dividends paid)
= Cashflow aus der Finanzierungstätigkeit   (= Net Cash from Financing Activities)

Quelle: Eigene Darstellung

Die zur Berechnung des **Cashflow aus der Finanzierungstätigkeit** benötigten Informationen lassen sich aus den Modulen ‚Finanzierung' und ‚Plan-GuV'[1] ableiten.

Es sei darauf hinzuweisen, dass die für die einzelnen Aktivitäten beispielhaft dargestellten Ursachenrechnungen im Einzelfall an die vorliegenden Erfordernisse eines betrachteten Projektvorhabens anzupassen sind. Posten, die in einem konkreten Fall keine Relevanz entfalten, können daher entfallen.

Aus den Ergebnissen einer nach IAS 7 erstellten ‚Plan-Kapitalflussrechnung' lässt sich in einem weiteren Verarbeitungsschritt der so genannte ‚**Free Cash Flow**' (‚**Frei verfügbarer Cashflow**') ermitteln:

---

[1] Die Ermittlung von ausschüttungsfähigen Dividenden kann im Modul ‚Plan-GuV' und/oder im Modul ‚Finanzierung' unter Berücksichtigung weiterer projektindividueller Regelungen (z.B. Finanzierungskaskaden bzw. „Wasserfälle") erfolgen.

Tab. 8: ‚Free Cash Flow' und (Plan-)Kapitalflussrechnung

+ Net Cash from Operating Activities
(Cashflow aus der laufenden Geschäftstätigkeit)
− Net Cash from Investing Activities
(Cashflow aus der Investitionstätigkeit)
= [Equity Related] Free Cash Flow
([Eigenkapitalbezogener] Frei verfügbarer Cashflow)
+ Interest Paid
(Auszahlungen für Zinsen)
= [Total Capital Related] Free Cash Flow
([Gesamtkapitalbezogener] Frei verfügbarer Cashflow)

Quelle: Eigene Darstellung

Ausgehend von dem vorstehend skizzierten Konzept einer an das Gliederungsschema des IAS 7 angelehnten ‚(Plan-)Kapitalflussrechnung' bei der die ‚Auszahlungen für Zinsen' bereits im ‚Cashflow aus laufender Geschäftstätigkeit' berücksichtigt wurden, ist das erste Teilergebnis aus der vorstehenden Tabelle als ‚eigenkapitalbezogener frei verfügbarer Cashflow' (‚Equity related Free Cash Flow') zu interpretieren. Dieser Free Cash Flow kann – vorbehaltlich eines entsprechenden Gewinnausweises in der GuV sowie fehlender anderweitiger Verwendungsauflagen (z.B. Befüllung von Reservekonten) – zur Ausschüttung an die Gesellschafter verwendet werden.[1] Hiervon ist die Konzeption eines ‚Free Cash Flow' abzugrenzen, bei dem durch eine Rückrechnung die Auszahlungen für Zinsen wieder hinzugerechnet werden.[2] In diesem Sinne ist das obige Endergebnis als ‚gesamtkapitalbezogener frei verfügbarer Cashflow' (‚Total Capital related Free Cash Flow') zu interpretieren, der zur **möglichen** Bedienung von Eigen- und Fremdkapital zur Verfügung steht. Die nachfolgende Abbildung verdeutlicht den Zusammenhang zwischen den Cashflow-Größen der ‚Plan-Kapitalflussrechnung' und den verschiedenen ‚Free Cash Flows' anhand eines Zahlenbeispiels:

---

[1] Daneben darf es per Saldo nicht zu Tilgungsabflüssen kommen, d.h. Kreditaufnahmen (Einzahlungen bzw. Mittelzuflüsse) und Kredittilgungen (Auszahlungen bzw. Mittelabflüsse) müssen sich ausgleichen.

[2] Alternativ kann auch die Konzeption einer ‚Plan-Kapitalflussrechnung vorliegen, bei der die Auszahlungen für Zinsen bereits im ‚Cashflow aus der Finanzierungstätigkeit' angesetzt worden sind.

Abb. 22: Plan-Kapitalflussrechnung und Free Cash Flow

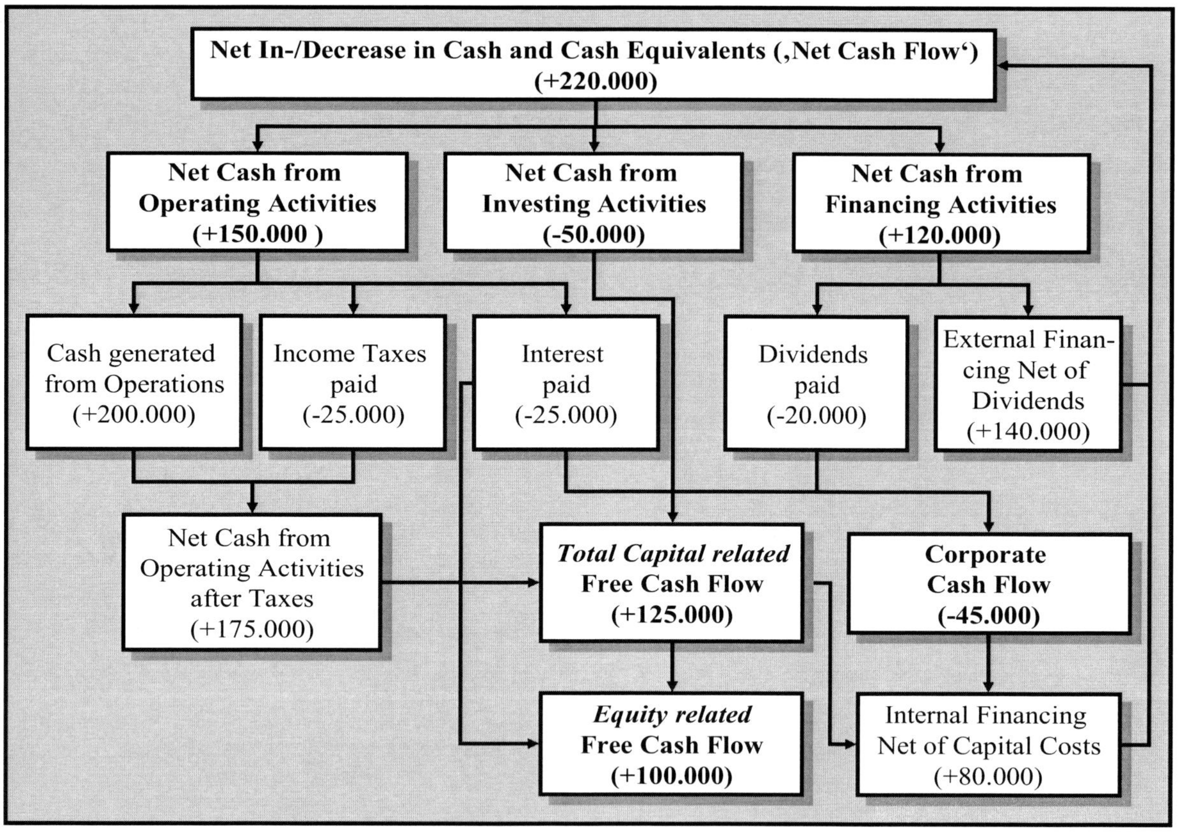

```
                    ┌─────────────────────────────────────────────────────────┐
                    │  Net In-/Decrease in Cash and Cash Equivalents („Net Cash Flow')  │
                    │                      (+220.000)                         │
                    └─────────────────────────────────────────────────────────┘
                           │                  │                  │
          ┌────────────────┘                  │                  └────────────────┐
          ▼                                   ▼                                   ▼
   ┌──────────────┐                   ┌──────────────┐                   ┌──────────────┐
   │ Net Cash from│                   │ Net Cash from│                   │ Net Cash from│
   │  Operating   │                   │  Investing   │                   │  Financing   │
   │  Activities  │                   │  Activities  │                   │  Activities  │
   │  (+150.000)  │                   │  (-50.000)   │                   │  (+120.000)  │
   └──────────────┘                   └──────────────┘                   └──────────────┘
```

| Cash generated from Operations (+200.000) | Income Taxes paid (-25.000) | Interest paid (-25.000) | Dividends paid (-20.000) | External Financing Net of Dividends (+140.000) |

- Net Cash from Operating Activities after Taxes (+175.000)
- *Total Capital related Free Cash Flow* (+125.000)
- Corporate Cash Flow (-45.000)
- *Equity related Free Cash Flow* (+100.000)
- Internal Financing Net of Capital Costs (+80.000)

Quelle: Eigene Darstellung

Der ‚Corporate Cash Flow' kann im Gegensatz zu den ‚Free Cash Flows' als <u>tatsächlicher</u> Abfluss für die periodische Gesamtkapitalvergütung interpretiert werden. Die Größe ‚Internal Financing Net of Capital Costs' wird im Schrifttum teilweise als ‚Diskretionärer Cashflow' bezeichnet und ergibt sich aus der Saldierung des ‚Equity Related Free Cash Flow' mit den gezahlten Dividenden. Dieser Residualwert lässt sich aus einer ökonomischen Perspektive als Indikator für die Selbstfinanzierungskraft unter Berücksichtigung von Dividendenzahlungen interpretieren.[1]

- **Cash Flow Available for Debt Service (CFADS)**

In der Betriebsphase wird der ‚<u>gesamtkapitalbezogene</u> frei verfügbare Cashflow' (‚Total Capital related Free Cash Flow') in der Regel bereits mit dem für den Schuldendienst verfügbaren Cashflow (‚Cash Flow Available for Debt Service') weitgehend identisch sein. Ausnahmen können dort bestehen, wo zahlungswirksame Vorgänge, die ihren Niederschlag im ‚Cashflow aus der Finanzierungstätigkeit' finden, das Schuldendienstpotenzial erhöhen. Als Beispiele seien hier etwaige (sponsorseitige) Nachschussverpflichtungen, Standby-Fazilitäten von Banken und ähnliche externe Finanzierungsquellen (z.B. Refinanzierung durch die Begebung von Projektanleihen) genannt. Daneben kann sich aufgrund der konkreten Ausgestaltung eines Projekt- und Finanzierungskonzeptes ein weitergehender Modifikationsbedarf ergeben, wenn die kreditvertraglichen Vereinba-

---

[1] Vgl. Becker, G. M.; Seeger, N.: Internationale Cash Flow-Rechnungen aus Eigner- und Gläubigersicht, Arbeitsberichte der Hochschule für Bankwirtschaft Nr. 48, Frankfurt am Main 2003, S. 21.

rungen die vollständige oder teilweise prioritäre Verwendung des ‚Total Capital related Free Cash Flow' für (zukünftige) projektbezogene Zwecke im Rahmen eines ‚Payment Waterfall'[1] vorsehen:

Tab. 9: CFADS und Payment Waterfall

[Total Capital Related] Free Cash Flow
([Gesamtkapitalbezogener] Frei verfügbarer Cashflow)
- **Transfer to Senior Expenses Account**
(Einzahlungen auf das Konto für vorrangige Ausgaben)
- **Transfer to Tax Account**
(Einzahlungen auf das Steuerkonto)
- **Transfer to Operating Accounts**
(Einzahlungen auf das Betriebskostenkonto)
+ **Cash-Inflow from Financing Activities**
(Cashinflow bzw. Einzahlungen aus der Finanzierungstätigkeit)
= **Cash Flow Available for Debt Service (CFADS)**
(Für Zwecke des Schuldendienstes verfügbarer Cashflow)
- **Interest Paid**
(Auszahlung für Zinsen)
- **Repayment of Project Debt**
(Tilgung der Projektkredite)
= **Net Cash Flow before Project Accounts and Dividends**
(Netto-Cashflow vor Projektkontenauffüllung und Dividendenzahlung)
- **Transfer to Debt Service Reserve Accounts**
(Einzahlungen auf das Schuldendienstreservekonto)
- **Transfer to Maintenance Reserve Accounts**
(Einzahlungen auf das Wartungs- und Reparaturkonto)
= **Net Cash Flow after Project Accounts and before Dividends**
(Netto-Cashflow nach Projektkontenauffüllung und vor Dividendenzahlung)
- **Transfer to Dividends Account**
(Einzahlungen auf das Dividendenkonto)

Quelle: Eigene Darstellung

Die Tabelle zeigt beispielhaft wie der ‚Total Capital related Free Cash Flow' der betrachteten Periode durch verschiedene Positionen adjustiert werden kann, um die Größe ‚CFADS' zu erhalten. Bei diesen Korrekturen handelt es sich einerseits um die bereits angesprochenen ‚Einzahlungen aus Finanzierungstätigkeit' sowie andererseits um verschiedene Zuführungen zu ausgewählten Projektkonten. Im Rahmen von Projekt- und Finanzierungskonzepten wird in der Regel ex ante ein Geflecht von Konten definiert, über das die späteren Zahlungsströme geleitet und abgewickelt werden sollen. In praxi erstellt das Projektmanagement in regelmäßigen Intervallen periodenbezo-

---

[1] Vgl. hierzu auch die nachfolgenden Ausführungen unter Gliederungspunkt 5.4.1.2.2.4.3 Grundsatz der Berücksichtigung kreditvertraglicher Strukturelemente, S. 510 ff. sowie insbesondere Tab. 32: Beispiel für einen ‚Payments Waterfall', S. 515.

gene Projektbudgets, die von der ‚Account Bank' bzw. dem ‚Paying Agent' zu genehmigen sind.[1] Auf den Projektkonten werden entsprechende Reserven für die nachfolgende(n) Perioden in Höhe der budgetierten Beträge aufgebaut:

- Vorrangige Ausgaben für die Administration und Abwicklung des Projektes bzw. der Projektfinanzierung durch Treuhänder und Agenten

- Antizipierte oder bereits festgestellte Auszahlungen für Steuern und andere Abgaben

- Geplante Betriebskosten der Folgeperiode

Nach diesen Modifikationen ergibt sich der CFADS, der für die Zahlung von Zinsen und geplante Tilgungen der Projektkredite zur Verfügung steht. Verbleibende Beträge können zur Befüllung weiterer Projektkonten und/oder für die Zahlung einer Dividende an die Projektgesellschafter verwendet werden.

2.2.2.4.2.2.2.10 Modul ‚Sources and Uses'

Das Modul ‚Sources and Uses' ist eine am **‚Finanzflussformat'** orientierte, d.h. eine nach Mittelherkunft und Mittelverwendung gegliederte, Darstellung des interperiodischen Liquiditätsflusses, die durch Umgruppierung aus der am Aktivitätsformat ausgerichteten ‚Plan-Kapitalflussrechnung' abgeleitet werden kann:

---

[1] Vgl. zu den Begriffen ‚Account Bank' bzw. ‚Paying Agent' die nachfolgenden Ausführungen unter Gliederungspunkt 2.3.1 Grundfunktionen von Banken in der internationalen Projektfinanzierung, S.159 ff.

Tab. 10: Ausführliche Mittelherkunfts- und Mittelverwendungsrechnung

Mittelherkunft	Mittelverwendung
Positiver Cashflow aus der betrieblichen Tätigkeit	Negativer Cashflow aus der betrieblichen Tätigkeit
Einzahlungen für erhaltene Zinsen	Auszahlungen für entrichtete Zinsen
Steuererstattungen	Gezahlte Steuern
Einzahlungen aufgrund außerordentlicher Posten	Auszahlungen aufgrund außerordentlicher Posten
Einzahlungen aus Abgängen des Sachanlagevermögens	Auszahlung für Investitionen in das Sachanlagevermögen
Einzahlungen aus Abgängen aus dem Immateriellen Anlagevermögen	Auszahlung für Investitionen in das Immaterielle Anlagevermögen
Einzahlungn aus dem Verkauf konsolidierter Unternehmen und Beteiligungen	Auszahlungen für den Kauf konsolidierter Unternehmen und Beteiligungen
Einzahlungen aufgrund der Auflösung von kurzfristigen Finanzmittelanlagen	Auszahlungen aufgrund von kurzfristigen Finanzmittelanlagen
Einzahlungen für bezogene Dividenden/Ergebnisbeiträge aus Equity-Gesellschaften	Auszahlung von Dividenden
Einzahlungen aus Eigenkapitalzuführungen	Auszahlungen aus Eigenkapitalrückführungen (Kapitalherabsetzungen)
Einzahlungen aus der langfristigen Kreditaufnahme und Begebung von Anleihen	Auszahlungen aufgrund der Rückführung langfristiger Kredite und Anleihen
Auszahlungen für Verbindlichkeiten aus Finanzierungsleasingverträgen	
Gesamter Fondsmittelzufluss	**Gesamter Fondsmittelabfluss**
+/- Veränderungen der Finanzmittelfonds (gesamter Fondsmittelzufluss – gesamter Fondsmittelabfluss)	
+ Anfangsbestand des Finanzmittelfonds	
= Endbestand des Finanzmittelfonds	

Quelle: Eigene Darstellung

Die vorstehende Mittelherkunfts- und Mittelverwendungsrechnung kann zur Erhöhung des Informationsnutzens weiter verdichtet werden. Hierbei werden nicht vorliegende Posten entfernt und sachlich zusammengehörige Bestandteile zu Postengruppen zusammengefasst. Daneben können einzelne Posten auch weiter untergliedert werden. Die folgende Tabelle zeigt beispielhaft eine Möglichkeit der Verdichtung von Mittelherkunfts- und Mittelverwendungsrechnung auf:

Tab. 11: Verdichtete Mittelherkunfts- und Mittelverwendungsrechnung

Mittelherkunft	Mittelverwendung
(Positiver) Cashflow aus der betrieblichen Tätigkeit nach Steuern	Investitionen
Erhaltene Zinsen	Entrichtete Zinsen
Eigenkapitalzuführungen	Rückführung langfristiger Kredite und Anleihen
Kreditaufnahme und Begebung von Anleihen	Kurzfristige Finanzmittelanlagen
Auflösung von kurzfristigen Finanzmittelanlagen	Dividenden
Summe Mittelherkunft	**Summe Mittelverwendung**

Quelle: Eigene Darstellung

Das Modul ‚Sources & Uses' gewinnt zusätzliche Aussagekraft, wenn es zur Ableitung kumulierter Summenwerte für die Periodengesamtheit der Bauphase benutzt wird. Die nachfolgende Abbildung soll die Ableitung des kumulierten Mittelherkunfts- und Mittelverwendungsbudget der Bauphase anhand eines stark vereinfachten Beispiels verdeutlichen:

Abb. 23: Mittelherkunfts- und Mittelverwendungsbudget in der Bauphase

	Errichtungsphase			
Periode	1	2	3	Summe
Mittelherkunft				
Eigenmittel	97,5	100,5	102	300
Fremdmittel	227,5	234,5	238	700

Mittelherkunft		*Mittelverwendung*	
Eigenmittel	300	Anlagenlieferungen	600
Fremdmittel	700	Lokale Kosten	300
		Bauzeitzinsen	100

Mittelverwendung				
Anlagenlieferungen	200	200	200	600
Lokale Kosten	100	100	100	300
Bauzeitzinsen	25	35	40	100

Quelle: Eigene Darstellung

Es handelt sich bei dem Mittelherkunfts- und Mittelverwendungsbudget um eine zusammengefasste Darstellung der Gesamtheit aller Investititions- und Finanzierungsmaßnahmen, die für die Projekterrichtung erforderlich sind. Der Aussagegehalt eines derart verdichteten Budgets wird insbesondere im Rahmen von quantitativen Risikoanalysen in Form von Sensitivitäts- und Szenarioanalysen erkennbar, wenn z.B. Bauzeitverzögerungen oder Investitionskostenerhöhungen analysiert werden.[1]

---

[1] Vgl. hierzu die nachfolgenden Ausführungen unter Gliederungspunkt 2.2.4.3.4 Quantitative (projektbezogene) Risikoanalyse, S. 148 ff.

2.2.2.4.2.2.2.11 Module ‚Kennzahlen' und ‚Ausgabe'

Die vorgestellten Module der modellgestützten Finanzplanung liefern umfangreiche Ergebnisreihen, die bereits für sich genommen Informationen über die antizipierten wirtschaftlichen Verhältnisse eines Projektvorhabens beinhalten. Darüber hinaus kann der Aussagewert durch eine relative bzw. verdichtete Darstellung der Ergebnisse weiter erhöht werden. Das Weiterverarbeiten und Aufbereiten erfolgt in den Modulen ‚Kennzahlen' (‚Ratios') und ‚Ausgabe' (‚Summary'):

- **Modul ‚Kennzahlen'**

Im Modul ‚Kennzahlen' werden Absolut- und Verhältniszahlen ermittelt, die mehrheitlich eine relativierte Aussage über die Schuldendienstfähigkeit ermöglichen sollen. Ergänzend lassen sich ausgewählte Größen der (tradierten) Vermögens- und Kapitalstrukturanalyse berechnen. Nachfolgend werden projektfinanzierungstypische Kennzahlen vorgestellt:

> **Debt Service Coverage Ratio (DSCR)**

Der ‚Schuldendienstdeckungsgrad' oder die ‚Debt Service Coverage Ratio (DSCR)'[1] gibt für eine Periode t_{0+p} mit [p ∈ {0, m}] an, welche Relation zwischen dem für den Schuldendienst verfügbaren Cashflow (‚Cash Flow Available for Debt Service')[2] und dem zu leistenden Schuldendienst (‚Debt Service') besteht:

Debt Service Coverage Ratio (DSCR)

$$DSCR_{t_{0+p}} = \frac{CFADS_{t_{0+p}}}{DS_{t_{0+p}}}$$

wobei:

$$DS_{t_{0+p}} = I_{t_{0+p}} + F_{t_{0+p}} + P_{t_{0+p}}$$

mit:

---

[1] Der hier verwendete Begriff der ‚**Debt Service Coverage Ratio** (DSCR)' findet sich u.a. bei FINNERTY und GROSSE, vgl. Finnerty, J. D.: Project Financing: Asset-based Financial Engineering, a.a.O., S. 108, Grosse, P. B.: Projektfinanzierung aus Bankensicht, a.a.O., S. 48. Teilweise werden im Schrifttum abweichende Bezeichnungen verwendet: BACKHAUS/UEKERMANN sprechen von ‚**Cash Flow Debt Coverage Ratio** (CDCR)', vgl. Backhaus, K.; Uekermann, H.: Projektfinanzierung – Eine Methode zur Finanzierung von Großprojekten, in: WiSt, 19. Jg. (1990), S. 106. HÖPFNER und HUPE übernehmen diese Bezeichnung, vgl. Höpfner, K.-U.: Projektfinanzierung: Erfolgsorientiertes Management einer bankbetrieblichen Leistungsart, a.a.O., S. 182, Hupe, M.: Steuerung und Kontrolle internationaler Projektfinanzierungen, a.a.O., S. 127. SCHMITT verwendet den Begriff ‚**Debt Coverage Ratio**' (DCR), vgl. Schmitt, W.: Internationale Projektfinanzierung bei deutschen Banken, a.a.O., S. 162 f. TYTKO spricht von der ‚**Debt Service Cover Ratio**', vgl. Tytko, D.: Grundlagen der Projektfinanzierung, a.a.O., S. 155. WOLF verwendet den Begriff ‚**Annual-Debt-Service-Cover-Ratio**', vgl. Wolf, B.: Projektfinanzierung – die klassische Variante der Cash-Flow-Finanzierung, in: B. Wolf, M. Hill, M. Pfaue (Hrsg.), Strukturierte Finanzierungen, Stuttgart 2003, S. 84. SCHÖNING/WEBER Übersetzen die ‚Debt Service Coverage Ratio' irrtümlicherweise mit ‚Zinsdeckungsquote'. Vgl. Schöning, S.; Weber, M.: Die Risiken der Projektfinanzierung, in: Die Bank, o. Jg. (2005), Nr. 1, S. 49. Die ‚Zinsdeckungsquote' oder der ‚Zinsdienstdeckungsgrad' (‚Interest Coverage Ratio') stellt jedoch eine eigenständige Kennzahl dar, bei der – wie sich bereits aus der Bezeichnung ableiten lässt – keine Tilgungen, sondern nur der Zinsdienst im Nenner angesetzt wird. Vgl. hierzu die nachfolgenden Ausführungen.

[2] Vgl. zur Ermittlung des CFADS die vorstehenden Ausführungen unter Gliederungspunkt 2.2.2.4.2.2.2.9 Modul ‚Cashflow', S. 95 ff. insbesondere Tab. 9: CFADS und Payment Waterfall, S. 106.

CFADS	=	Cash Flow Available for Debt Service
DS	=	Debt Service (Schuldendienst)
I	=	Interest (Zinszahlung)
F	=	Fees (Kreditgebühren und -provisionen)
P	=	Principal (Tilgung)
t_0	=	Commercial Starting Point
t_{0+p}	=	Betrachtete Periode
p	=	Periodenindex bzw. Parameter p mit $[p \in \{0, m\}]$
m	=	Maturity (Laufzeit der Kredite)

Da sich die Kennzahl ‚DSCR' auf einzelne Perioden bezieht, wird i.d.R. die ‚Minimum DSCR' und die ‚Maximum DSCR' für jedes Szenario ermittelt:

Minimum Debt Service Coverage Ratio (Minimum–DSCR)

$$Minimum - DSCR = \min_p \left\{ \frac{CFADS_{t_{0+p}}}{DS_{t_{0+p}}} \right\} \Big|_0^m$$

Eine ‚Minimum–DSCR' von kleiner 1,0 impliziert einen nicht ausreichenden CFADS, so dass die Schuldendienstfähigkeit des Projektes in der betreffenden Periode nicht mehr gewährleistet ist bzw. war.[1] Die im Schrifttum anzutreffende Diskussion der von Kreditinstituten (vermeintlich) ex ante geforderten bzw. zu fordernden Mindestwerte für die Minimum-DSCR soll hier nicht weiter vertieft werden.[2] Ergänzend kann die ‚Maximum-DSCR' ermittelt werden, um das positive Abweichungspotenzial aufzuzeigen:

Maximum Debt Service Coverage Ratio (Maximum–DSCR)

$$Maximum - DSCR = \max_p \left\{ \frac{CFADS_{t_{0+p}}}{DS_{t_{0+p}}} \right\} \Big|_0^m$$

Die Kennzahl ‚DSCR' kann zudem für verschiedene Periodenlängen berechnet werden, so dass eine Angabe der Bezugsgröße sinnvoll ist. Bei einer Ermittlung auf Jahresbasis ergibt sich dann die ‚Annual Debt Service Coverage Ratio (ADSCR)', bei Halbjahresbasis die ‚Semi Annual Debt Service Coverage Ratio (SADSCR)' als Ergebnis.[3]

In den vorstehenden Definitionen wurde im Zähler mit der Größe ‚CFADS' gearbeitet, die eine genaue Ermittlung des für den Schuldendienst verfügbaren Cashflow impliziert. Teilweise fin-

---

[1] Die DSCR hat in der modellgestützten Finanzplanung einen prospektiven Charakter. Dagegen werden im Berichtswesen der Projektgesellschaft – nach Projekterrichtung und Betriebsaufnahme – realisierte Kennzahlenwerte ausgewiesen. Vgl. Vinter, G. D.: Project Finance, a.a.O., S. 121 f.

[2] Vgl. hierzu die nachfolgenden Ausführungen unter Gliederungspunkt 4.2.2.2.2.1 Subjektive (Ersatz-)Soll-Objekte, S. 448 ff.

[3] Teilweise wird auch eine ‚Average DSCR' berechnet, die sich aus dem gewichteten oder ungewichteten Durchschnitt aller Periodendeckungsgrade ergeben soll. Hierbei muss nach dem Aussagegehalt einer derartigen Kennzahl gefragt werden, da sie den Zeitwert der Zahlungsströme für den ‚CFADS' unberücksichtigt lässt. Es wird somit implizit unterstellt, dass niedrige Deckungsgrade in einzelnen Perioden durch hohe Deckungsgrade in anderen Perioden kompensiert werden könn(t)en. Diese Schlussfolgerung kann jedoch nur dann getroffen werden, wenn die Verdichtung zu einer Gesamtkennzahl durch die nachfolgend dargestellte Loan Life Coverage Ratio (LLCR) erfolgt und das Tilgungsprofil ex ante angepasst wird.

den sich vor allem im angelsächsischen Schrifttum Konzepte, die auf die approximative ertragsorientierte Cashflow-Größe ‚Earnings before Interest, Taxes, Depreciation and Amortisation (EBITDA)' zurückgreifen,[1] wodurch der Nenner geändert werden muss:[2]

Approximative Debt Service Coverage Ratio (Approx.-DSCR)

$$Approx.-DSCR_{t_{0+p}} = \frac{EBITDA_{t_{0+p}}}{I_{t_{0+p}} + F_{t_{0+p}} + \frac{P_{t_{0+p}}}{(1-s)}}$$

mit:

EBITDA = *Earnings before Interest, Taxes, Depreciation and Amortisation*
s = *Income Tax Rate (Ertragsteuersatz)*

In der Größe ‚EBITDA' sind u.a. die (Ertrag-)Steuerzahlungen der betrachteten Periode noch nicht enthalten. Da die ‚Tilgungen' aber aus versteuertem Einkommen beglichen werden müssen, ist der Tilgungsbetrag im vorliegenden Ansatz entsprechend zu erhöhen. In Abhängigkeit von den am Projektstandort gegebenen steuerlichen Rahmenbedingungen handelt es sich damit um eine mehr oder weniger annähernde Betrachtung.[3]

Eine Sondersituation liegt vor, wenn (wesentliche) Gegenstände des Anlagevermögens (u.a. Grundstücke, Maschinen, Fuhrpark) gemietet werden. Insbesondere (Finanzierungs-)Leasingverträge stellen dabei häufig ein Kreditsurrogat dar, so dass ein Einbeziehen von Mietzahlungen respektive Leasingraten in den Schuldendienstdeckungsgrad sinnvoll sein kann. Die formelmäßige Umsetzung ist davon abhängig, ob im Zähler mit der Größe ‚CFADS' oder ‚EBITDA' gearbeitet wird und wie diese vor dem Hintergrund der Rechnungslegungs- und Steuervorschriften (EBITDA) bzw. der insolvenzrechtlichen Stellung einzelner Gläubiger (CFADS) definiert sind:

- Bei der Berechnung einer ‚Approximativen Debt Service Cover Ratio' unter Verwendung der Größe EBITDA kann in Abhängigkeit von der Jurisdiktion eine Aufteilung der Leasingraten in einen Zins- und einen Tilgungsanteil erforderlich werden, um die steuerliche bzw. handelsrechtliche Nichtabzugsfähigkeit des Tilgungsanteils adäquat zu reflektieren.[4]

- Aus Sicht der bevorrechtigten Kreditgeber (‚Senior Lender') werden nur solche (Miet-)Gläubiger in die Kennzahl mit einzubeziehen sein, die im gleichen Forderungsrang stehen.[5]

Der letztgenannte Aspekt kann auch dann eine Bedeutung erlangen, wenn – neben dem (gezeichneten) Eigenkapital – nachrangige Darlehen (‚Mezzanine Debt', ‚Junior Debt') durch die Gesellschafter oder andere Parteien zur Verfügung gestellt werden. In derartigen Fallkonstellationen ermöglicht die Berechnung abgestufter Schuldendienstdeckungsgrade eine differen-

---

[1] Vgl. zur Ermittlung des ‚EBITDA' die vorstehenden Ausführungen unter Gliederungspunkt 2.2.2.4.2.2.2.9 Modul ‚Cashflow', S. 95 ff.
[2] Vgl. Nevitt, P. K.; Fabozzi, F.: Project Financing, a.a.O., S. 45 f. und Finnerty, J. D.: Project Financing: Asset-based Financial Engineering, a.a.O., S. 108 f.
[3] So werden etwaige Besonderheiten bei der Ermittlung der steuerlichen Bemessungsgrundlage sowie zeitliche Divergenzen zwischen Steuerentstehungs- und Abflusszeitpunkten vernachlässigt.
[4] Vgl. hierzu Finnerty, J. D.: Project Financing: Asset-based Financial Engineering, a.a.O., S. 107 f.
[5] Im Zähler müsste somit ein ‚Cash Flow Available for <u>Senior</u> Debt Service' angesetzt werden.

zierte Analyse der Schuldendienstfähigkeit.[1] Folgende Modifikationen können an der Ausgangsformel für den Schuldendienstdeckungsgrad vorgenommen werden:

- Im **Zähler** ist der für Zwecke des Schuldendienstes verfügbare Cashflow dahingehend zu adjustieren, dass nur der vertrags- bzw. insolvenzrechtlich beanspruchbare Anteil berücksichtigt wird. In diesem Sinne wären ein ‚Cash Flow Available for Senior Debt Service' (‚Senior-DSCR') und ein davon abweichender, reduzierter, ‚Cash Flow Available for Junior Debt Service' (‚Junior-DSCR') zu differenzieren.

- Im **Nenner** darf nur der Schuldendienst inkludiert werden, dessen Über- oder Unterdeckung ermittelt werden soll. Korrespondierend mit der für den Zähler gewählten Größe muss entweder der ‚Senior Debt Service' oder der ‚Junior Debt Service' angesetzt werden.

Projekt- und Finanzierungskonzepte können das institutionalisierte Ansparen einer Schuldendienstreserve auf einem Schuldendienstreservekonto (‚Debt Service Reserve Account', ‚DSRA') vorsehen. Die Zuführungen erfolgen in der Regel vor der Zahlung einer etwaigen Dividende aus dem nicht für den periodischen Schuldendienst verbrauchten Cashflow. Bei Vorliegen eines DSRA kann der Schuldendienstdeckungsgrad entweder mit oder ohne Berücksichtigung des jeweiligen Periodensaldos ermittelt werden:

Total Debt Service Coverage Ratio (Total-DSCR)

$$Total - DSCR_{t_{0+p}} = \frac{CFADS_{t_{0+p}} + DSRAB_{t_{0+p}}}{DS_{t_{0+p}}}$$

mit:

DSRAB   *Debt Service Reserve Account Balance*

Die Kennzahl ‚Total-DSCR' gewinnt einen besonderen Aussagegehalt, wenn in einzelnen Perioden ein unzureichender CFADS generiert wird bzw. Schuldendienstunterdeckungen auftreten und durch Ziehung der Schuldendienstreserve kompensiert werden müssen.[2]

> **Interest Coverage Ratio (ICR)**

Für die Perioden der Betriebsphase, in denen konzeptgemäß keine Tilgungen erfolgen sollen, und/oder im Falle endfälliger Tilgungen können alternativ der ‚Zinsdienstdeckungsgrad' oder die ‚Interest Coverage Ration (ICR)' ermittelt werden:

Interest Coverage Ratio (ICR)

$$ICR_{t_{0+p}} = \frac{CFADS_{t_{0+p}}}{I_{t_{0+p}}}$$

Für den Fall, dass im Zusammenhang mit der Fremdkapitalaufnahme Gebühren oder Provisionen zu entrichten sind, können diese mit in den Deckungsgrad einbezogen werden:

---

[1] So wohl auch Lynch, P. A.: Financial Modelling for Project Finance, Workbook Two, a.a.O., S. 41.
[2] Das Auftreten derartiger Ergebniskonstellationen wird insbesondere im Rahmen von Sensitivitäts- und Szenarioanalysen untersucht. Vgl. hierzu die nachfolgenden Ausführungen unter Gliederungspunkt 2.2.4.3.4 Quantitative (projektbezogene) Risikoanalyse, S. 148 ff.

Interest and Fee Coverage Ratio (IFCR)

$$IFCR_{t_{0+p}} = \frac{CFADS_{t_{0+p}}}{I_{t_{0+p}} + F_{t_{0+p}}}$$

Auch die ICR bzw. die IFCR können analog zur DSCR als ‚Minimum-Interest (and Fee) Coverage Ratio' und ‚Maximum-Interest (and Fee) Coverage Ratio' sowie als ‚Annual Interest (and Fee) Cover Ratio' oder ‚Semi Annual Interest (and Fee) Coverage Ratio' ermittelt werden. Ferner sind in Analogie zur DSCR weitere Varianten unter Berücksichtigung von Forderungsrängen und/oder Salden auf Schuldendienstreservekonten denkbar.

> **Present Value of CFADS (PV$_{CFADS}$)**

Für ein geplantes Projekt können – je nach dem betrachteten Zeitabschnitt – sowohl periodische (einzelne) als auch zeitabschnittsbezogene (kumulierte) Barwerte durch Diskontierung von Einzahlungsüberschüssen ermittelt werden.[1] Im Rahmen der Diskussion des Moduls ‚Cashflow' wurde bereits gezeigt, dass bei der Verdichtung von Ein- und Auszahlungen unterschiedliche Berechnungsschemata oder Aggregationsgrade Anwendung finden.[2] Je nach der gewählten Definition für die Größe ‚Cashflow' lassen sich damit auch Barwerte mit unterschiedlichem Aussagegehalt ermitteln. Aus Sicht der Kreditgeber dürfte zunächst der Gegenwartswert der während der geplanten Kreditlaufzeit für den Schuldendienstes verfügbaren Einzahlungsüberschüsse (‚Present Value of CFADS during Life of Loans') von besonderer Bedeutung sein:

Present Value of CFADS during Life of Loans (PV$_{CFADS\ LoL}$)

$$PV_{CFADS\ LoL} = \sum_{p=0}^{m} \frac{CFADS_{t_{0+p}}}{(1+i)^p}$$

mit:

i   =   Kalkulationszinsfuß bzw. Diskontierungszinssatz

In der vorstehenden Formel wurde der Barwert des CFADS für die Phase der geplanten Kreditlaufzeit (‚Life of Loans') ermittelt.[3] Bei Verwendung eines Diskontierungszinssatzes, der sich an den Fremdkapitalzinsen orientiert,[4] kann der ‚PV$_{CFADS/LoL}$' als Indikator des maximalen Kreditvolumens während der geplanten Kreditlaufzeit interpretiert werden.[5] Der ‚Present Value of CFADS during Life of Project' (PV$_{CFADS\ LoP}$) wäre ceteris paribus als das maximale Verschuldungspotenzial während der Projektlebensdauer (Nutzungsdauer nach Fertigstellung) zu interpretieren:

---

[1] Vgl. hierzu allgemein Sieben, G.; Bretzke, W.-R.; Löcherbach, G. u.a.: Kalkulationszinsfuß, in: HWF, Stuttgart 1976, Sp. 933.

[2] Vgl. hierzu Gliederungspunkt 2.2.2.4.2.2.2.9 Modul ‚Cashflow', S. 95 ff.

[3] Der Bezugszeitpunkt t_0 ist der erste Tag der Betriebsphase (‚Commercial Starting Point'), d.h. der Tag, an dem alle Kreditziehungen erfolgt sind und die kreditvertraglich vereinbarte Rückzahlungsphase beginnt.

[4] Vgl. Grosse, P. B.: Projektfinanzierung aus Bankensicht, a.a.O., S. 47 sowie Wolf, B.: Projektfinanzierung – die klassische Variante der Cash-Flow-Finanzierung, a.a.O., S. 86.

[5] Im Umkehrschluss ergeben sich damit bei (zeitabhängig) variierenden Zinsen (z.B. aufgrund variabler Referenzzinssätze bzw. variabler Margenbestandteile) variierende Kalkulationszinsfüsse, so dass bei der Diskontierung eines periodenbezogenen Zahlungsstroms der jeweils korrespondierende Fremdkapitalzinssatz herangezogen werden muss.

Present Value of CFADS during Life of Project (PV$_{\text{CFADS LoP}}$)

$$PV_{CFADS\ LoP} = \sum_{l=0}^{n} \frac{CFADS_{t_{0+l}}}{(1+i)^l}$$

wobei:

l ∈ {0, n}

mit:

n   =   Projektlebensdauer bzw. Nutzungsdauer
l   =   Periodenindex bzw. Parameter l mit [l ∈ {0, n}]

Bei den vorstehend skizzierten Barwertgrößen handelt es sich um kumulierte Periodenbarwerte (PV$_{\text{CFADS LoL}}$ bzw. PV$_{\text{CFADS LoP}}$). Um den jeweiligen Beitrag der einzelnen Periode zur kumulierten Größe besser beurteilen zu können, wird häufig eine Zeitreihe mit den einzelnen Periodenbarwerten ermittelt. Der einzelne Periodenbarwert (PV$_{\text{CFADS p}}$) ergibt sich dann aus der folgenden Formel:

Present Value of CFADS at p (PV$_{\text{CFADS p}}$)

$$PV_{CFADS\ p} = \frac{CFADS_{t_{0+p}}}{(1+i)^p}$$

Gegenwartswerte (‚Present Values') lassen sich für vielfältige weitere Größen berechnen.[1] Entscheidend ist letztlich der Aussagegehalt der jeweils verbarwerteten Zahlungsreihen aus der Sicht des einzelnen Entscheidungsträgers.[2] Dabei wird insbesondere darauf zu achten sein, dass ein sachgerechter Kalkulationszinsfuß verwendet wird.[3]

> **Life of Loan Coverage Ratio (LLCR)**

Die Summe der Gegenwartswerte der während der geplanten Kreditlaufzeit für den Schuldendienst verfügbaren Einzahlungsüberschüsse (PV$_{\text{CFADS LoL}}$) wurde als Indikator zur Bestimmung des maximalen Kreditvolumens interpretiert. Rational handelnde Kreditgeber werden aufgrund inhärenter Planungsunsicherheiten nicht bereit sein, die rechnerisch mögliche Maximalverschuldung zu begleiten. Stattdessen dürfte in der Regel die Forderung nach einer Überdeckung des Kreditbetrages durch den diskontierten CFADS erhoben werden. Der auf Basis dieser Überlegungen ableitbare Quotient wird als ‚Darlehenslaufzeitdeckungsgrad' (‚Life of Loan Coverage Ratio') bezeichnet:

---

[1] HUPE skizziert beispielsweise ein Steuerungs- und Kontrollkonzept, dass auf einer Zerlegung von Kapitalwerten in Teilbarwerte für einzelne bzw. sachlich zusammengehörige Ein- und/oder Auszahlungsreihen basiert. Vgl. Hupe, M.: Steuerung und Kontrolle internationaler Projektfinanzierungen, a.a.O., S. 191 ff.

[2] Für eine relativierende Betrachtung diskontierter Cashflows vgl. Radez, R. E.: Opportunities in project financing, a.a.O., S. 55.

[3] Beispielsweise kann bei der Verbarwertung der antizipierten Dividendenauszahlungen nicht mit dem Fremdkapitalzinssatz abdiskontiert werden. Vielmehr sind hier – soweit bekannt – der individuelle Kalkulationszinsfuß der Sponsoren oder ersatzweise ein „risikoloser" Zinssatz (Staatsanleihen) heranzuziehen.

Life of Loan Coverage Ratio (LLCR)

$$LLCR = \frac{\sum_{p=0}^{m} CFADS_{t_{0+p}} * (1+i)^{-p}}{Debt_{t_0}}$$

wobei:

$$Debt = \sum_{p=0}^{m} P$$

Eine LLCR in Höhe von 1,0 bedeutet, dass das Projekt in der Lage ist, seine Projektkredite während der vorgesehenen Kreditlaufzeit zurückzuführen. Allerdings können in einer derartigen Fallkonstellation keine Reserven für unerwartete Ereignisse gebildet und keine Dividenden an die Sponsoren ausgezahlt werden.

> **Life of Project Coverage Ratio (LPCR)**

Bei einer – ex ante nicht antizipierten – negativen Entwicklung des Projektes kann möglicherweise eine Restrukturierung (z.B. durch Tilgungsstreckungen oder Tilgungsaussetzungen) der Projektkredite erforderlich werden. Das Tilgungspotenzial eines Projektes während seiner wirtschaftlichen Nutzungsdauer spiegelt sich im Projektlaufzeitdeckungsgrad (‚Life of Project Coverage Ratio') wieder:

Life of Project Coverage Ratio (LPCR)

$$LPCR = \frac{\sum_{l=0}^{n} CFADS_{t_{0+l}} * (1+i)^{-l}}{Debt_{t_0}}$$

Sowohl die LPCR als auch die LLCR lassen sich in der modellgestützten Finanzplanung nicht nur für den Zeitpunkt t_0, sondern auf einer revolvierenden Basis für jede Projektperiode, in der noch zu Periodenbeginn ein Kreditsaldo offen steht, berechnen. Die zukünftigen Cashflows (CFADS) werden dann (nur) bis zur jeweils betrachteten Periode abdiskontiert und der jeweils (noch) ausstehenden Kreditschuld gegenübergestellt. Eine derartige Vorgehensweise erlaubt Rückschlüsse auf das Tilgungspotenzial für die verbleibende Projekt- bzw. Kreditlaufzeit unter impliziter Berücksichtigung der Cashflow-Verteilung respektive des Tilgungsprofils.

> **Life of Loan to Life of Project Ratio (LLLPR)**

Vor dem Hintergrund der bereits in den vorstehenden Kennzahlen LLCR und LPCR implizit enthaltenen Bedeutung des Verhältnisses von Kreditlaufzeit zur Projektlebensdauer (bzw. wirtschaftlicher Nutzungsdauer), liegt es nahe, eine eigenständige Kennzahl ‚Life of Loan to Life of Project Ratio (LLLPR)' zu ermitteln.[1] Die LLLPR kann für jede Periode der Kreditlaufzeit berechnet werden:

---

[1] Vgl. hierzu auch Gröhl, M.: Bankpolitische Konsequenzen der Projektfinanzierung, a.a.O., S. 104.

Life of Loan to Life of Project Ratio (LLLPR)

$$LLLPR_{t_{0+p}} = \frac{LoL_{t_{0+p}}}{LoP_{t_{0+l}}}$$

mit:

LoL = *[Remaining] Life of Loans*
LoP = *[Remaining] Life of Project*

Von besonderer Bedeutung ist die LLLPR bei konzessionsbasierten Projekten, bei denen aus Sicht der Sponsoren die Projektlebensdauer faktisch mit der Konzessionslaufzeit zusammenfällt. Die tatsächliche wirtschaftliche Nutzungsdauer kann möglicherweise deutlich über das Konzessionsende hinausreichen.

➢ Eigenkapitalquote ('Equity Ratio')

Die Eigenmittelquote ('Equity Ratio'), d.h. der Quotient aus Eigenkapital ('Equity') und Gesamtkapital ('(Total) Capital'), dürfte aufgrund der Verlustpufferfunktion des Eigenkapitals sowie der liquiditätsschonend wirkenden Nachrangigkeit von Dividendenzahlungen aus Sicht der Kreditgeber regelmäßig eine der wesentlichsten Kennziffern sein:

Equity Ratio (EqR)

$$EqR = \frac{Equity}{Capital}$$

Zu beachten ist hierbei, dass es sich bei dem Eigenkapital nur um das gezeichnete Kapital ('Share Capital') zuzüglich der (offenen) Rücklagen handelt. Aus einer ökonomischen Perspektive kann es sinnvoll sein, die obige Kennziffer um eigenmittelähnliche Positionen (z.B. nachrangige Gesellschafterdarlehen) zu erweitern.

➢ Net Present Value (NPV)

Die Diskontierung des Saldos aus Ein- und Auszahlungen ('Discounted [Net] Cash Flow') auf den Zeitpunkt $t_{0(CP)}$ ergibt den Kapitalwert ('Net Present Value' bzw. 'NPV') eines Projektvorhabens:[1]

Net Present Value (NPV)

$$NPV = \sum_{q=0}^{n} \frac{NCF_{t_{0(CP)+q}}}{(1+i)^q}$$

wobei:

$q \in \{0-b, n\}$

mit:

$t_{0(CP)}$ = *Starting Point of Construction Phase (CP)*
NCF = *Net In-/Decrease in Cash and Cash Equivalents (Net Cash Flow)*

---

[1] Vgl. Sell, A.: Investitionen in Entwicklungsländern: Einzel- und gesamtwirtschaftliche Analysen, a.a.O., S. 115.

q = *Periodenindex bzw. Parameter q mit [q ∈ {0, n}]*

Von der bisherigen Barwertbetrachtung der für den Schuldendienst verfügbaren Einzahlungsüberschüsse ($PV_{CFADS/LoP}$) unterscheidet sich der NPV vor allem dadurch, dass ...

- der Bezugszeitpunkt t_0 den Beginn der Errichtungsphase und nicht die Betriebsbereitschaft (Commercial Starting Point) des Projektes markiert,

- damit die während der Bauphase anfallenden Investitionsauszahlungen implizit mit einbezogen werden[1],

- nicht der CFADS, sondern der Liquiditätssaldo (Net Cash Flow) diskontiert wird sowie

- ein angepasster Kalkulationszinssatz Anwendung finden kann, der die unterschiedlichen Kapitalkosten von Eigen- und Fremdkapital berücksichtigt.

Der letztgenannte Aspekt ist dadurch bedingt, dass ein <u>gesamtkapitalbezogener</u> Kapitalwert ermittelt wird.[2] Unter der (regelmäßig zutreffenden) Prämisse, dass eine anteilige Fremdfinanzierung des Projektvorhabens erfolgt, muss die Diskontierung auf der Basis der gewichtete Kapitalkosten („Weighted Average Cost of Capital')[3] vorgenommen werden:

Weighted Average Cost of Capital (c^{WACC})

$$c^{WACC} = r_{debt} * (1-s) * \frac{Debt_{t_0}}{Capital_{t_0}} + r_{equity} * \frac{Equity_{t_0}}{Capital_{t_0}}$$

$$= \frac{r_{debt} * (1-s) * Debt_{t_0}}{Capital_{t_0}} + \frac{r_{equity} * Equity_{t_0}}{Capital_{t_0}}$$

$$= \frac{r_{debt} * (1-s) * Debt_{t_0} + r_{equity} * Equity_{t_0}}{Capital_{t_0}}$$

mit:

c^{WACC}	=	*Durchschnittlicher gewogener Kapitalkostensatz (Weighted Average Cost of Capital)*
r_{equity}	=	*Renditeforderung der Eigenkapitalgeber*
r_{debt}	=	*Kosten des Fremdkapitals*
s	=	*Ertragsteuersatz*
t_0	=	*Bezugszeitpunkt t_0 (vor Beginn der Errichtungsphase)*

---

[1] Da sich die Investitionsauszahlungen im Regelfall über einen mehrperiodigen Zeitraum verteilen, sind diese ebenfalls auf den Bezugszeitpunkt abzudiskontieren.

[2] Diese „Bruttobetrachtung" wird als ‚Entity Approach' und die davon abzugrenzende eigenkapitalbezogene „Nettobetrachtung" als ‚Equity Approach' bezeichnet werden. Vgl. Volkart, R.: Umsetzungsaspekte von Discounted Cash Flow-Analysen, in: ZfB-Ergänzungsheft 2/97, 67. Jg. (1997), S. 105 ff.

[3] Vgl. hierzu Burger, A.; Buchhart, A.: Der Cash Flow in einer integrierten Unternehmensrechnung, in: WPg, 54. Jg. (2001), S. 802, Wehrheim, M.; Schmitz, T.: Wertorientierte Kennzahlen: Ein zusammenfassender Überblick, in: WiSt, 30. Jg. (2001), S. 495 m.w.N. sowie grundsätzlich Bühner, R.; Weinberger, H.-J.: Cash-flow und Shareholder Value, in: BFuP, 43. Jg. (1991), S. 188.

Bei Einzahlung des Eigen- bzw. Fremdkapitals in das Projekt im Verlauf mehrerer Perioden müssen die Einzahlungen auf den Betrachtungszeitpunkt t_0 abdiskontiert werden.

Die Bestimmung der ‚Renditeforderung der Eigenkapitalgeber' kann auf verschiedenen Wegen erfolgen:

- Treten kapitalmarktorientierte Unternehmen mit einer weitgehend offenen Kommunikationspolitik als Sponsoren auf, so kann die individuelle Renditeforderung möglicherweise aus entsprechenden Publikationen dieser Parteien (z.B. Geschäftsbericht) abgeleitet oder durch bilaterale Kommunikation zwischen potenziellen Kreditgebern und den Eigenkapitalgebern abgefragt werden.

- Alternativ kann eine (risikoadjustierte) Renditeforderung der Eigenkapitalgeber mit Hilfe des aus der Kapitalmarkttheorie bekannten ‚Capital Asset Pricing Model (CAPM)' bestimmt werden. Hierbei wird zunächst der Zinssatz für eine risikolose, d.h. sichere, Anlage ermittelt. Dieser Renditeanspruch wird um das systematische Risiko (ß-Faktor) der Investition erhöht.[1]

- Teilweise wird im Schrifttum auch eine Ermittlung von periodenindividuellen Kalkulationszinsfüßen auf der Basis von (fristenkongruenten) Marktzinsen propagiert, die die zeitliche Struktur und Dynamik der Kapitalmärkte widerspiegeln sollen. Hierbei wird u.a. unterstellt, dass die Eigenkapitalgeber einen Zugang zum institutionalisierten Kapitalmarkt besitzen.

Auf eine Erörterung der ökonomisch „richtigen" Vorgehensweise bei der Bestimmung von ‚Renditeforderungen von Eigenkapitalgebern' und damit der anwendbaren gewogenen Kapitalkostensätze (c^{WACC}) soll an dieser Stelle verzichtet werden:[2]

- Aus Sicht potenzieller Kreditgeber dürfte der NPV des Gesamtprojektes (‚Discounted [Net] Cash Flow') keine Erkenntnisse bringen, die sich nicht bereits aus den Kennzahlen ‚Present Value of CFADS (PV_{CFADS})' sowie ‚Life of Project Coverage Ratio (LPCR)' und ‚Life of Loan Coverage Ratio (LLCR)' ableiten lassen.

- Aus Sicht der Eigenkapitalgeber (Sponsoren) dürfte nur der Kapitalwert der erwarteten eigenkapitalbezogenen Einzahlungsüberschüsse, d.h. die Summe aus den Barwerten der Eigenkapitalein- und Dividendenauszahlungen sowie etwaiger Verwertungsüberschüsse am Projektende, relevant sein.[3]

Da im Planungsverlauf in der Regel eine mehrfache Anpassung der modellgestützten Finanzplanung an neue Erkenntnisse erfolgen dürfte, scheint – jenseits des theoretisch Richtigen – eine pragmatische Lösung bei der Bestimmung von Diskontierungsfaktoren geboten zu sein. Gleiches gilt, wenn kreditvertragliche Vereinbarungen eine periodische Neuberechnung des NPV (und anderer Kennzahlen) während des Projektlebens erfordern. In derartigen Fällen kann beispielsweise auf öffentlich zugängliche und weitgehend risikofreie fristenkongruente Kapitalmarktzinssätze (z.B. für Staatsanleihen erstklassiger Bonität) referenziert werden.[4]

---

[1] Vgl. hierzu Kruschwitz, L.: Kalkulationszinsfuß, in: HWF, 3. Aufl., Stuttgart 2001, Sp. 1195 ff.

[2] Vgl. hierzu Breuer, W.: Geschichte der Finanzwirtschaftslehre: Investitionstheorie, in: WiSt, 27. Jg. (1998), S. 5, Gleißner, W.: Kapitalkosten: Der Schwachpunkt bei der Unternehmensbewertung und im wertorientierten Management, in: FB, 7. Jg. (2005), S. 217 ff.

[3] Für die Ermittlung eines derartigen ‚Discounted (Equity related) Free Cash Flow' kann der Modellersteller auf den vom Sponsor subjektiv als relevant erachteten Diskontierungszinssatz abstellen.

[4] Vgl. Vinter, G. D.: Project Finance, a.a.O., S. 119.

➢ **Internal Rate of Return (IRR)**

Die Größe ‚Internal Rate of Return (IRR)' bzw. der Interne Zinsfuß stellt die Effektivrendite, d.h. die Verzinsung des im Projekt gebundenen Kapitals, dar. Man erhält die Größe, in dem man die Gleichung für den ‚Discounted [Net] Cash Flow' gleich Null setzt und nach dem IRR auflöst:

Internal Rate of Return (IRR)

$$NPV = \sum_{q=0}^{n} \frac{NCF_{t_{0+q}}}{(1+IRR)^q} = 0$$

wobei:

IRR = *Internal Rate of Return (Interner Zinsfuß)*

Die Ermittlung erfolgt aufgrund nicht linearer Zusammenhänge durch Interpolation, wobei in modernen Tabellenkalkulationsprogrammen entsprechende Funktionen für die Berechnung von Näherungswerten zur Verfügung stehen.[1]

Die Größe IRR ermöglicht erst dann eine Vorteilhaftigkeitsaussage, wenn ein Vergleich mit einem Alternativzinssatz (z.B. den gewichteten Kapitalkosten oder dem Fremdkapitalzinssatz der Kreditgeber) erfolgt.[2]

➢ **Equity Rate of Return (ERR)**

Die Größe ‚Equity Rate of Return (ERR)' stellt die Effektivrendite, d.h. die Verzinsung der im Projekt gebundenen Eigenmittel, dar.

Equity Rate of Return (ERR)

$$NPV = -\sum_{q=0}^{n} \frac{CF^e_{t_{0+q}}}{(1+ERR)^q} + \sum_{q=0}^{n} \frac{FCF^e_{t_{0+q}}}{(1+ERR)^q} = 0$$

wobei:

ERR = *Equity Rate of Return (Interner Zinsfuß der Eigenmittel bzw. des Eigenkapitals)*
CF^e = *Eigenmitteleinzahlungen (negatives Vorzeichen)*
FCF^e = *Equity Related Free Cash Flow*

Die Effektivrendite (ERR) entspricht damit dem Diskontierungsfaktor, der die Summe aus den Barwerten der Eigenkapitalein- und Dividendenauszahlungen sowie etwaiger Verwertungsüberschüsse am Projektende gleich Null werden lässt. Das Ableiten einer Vorteilhaftigkeitsaussage erfordert den Vergleich des Ergebnisses mit einer Alternativverzinsung, d.h. mit der Renditeerwartung der Eigenkapitalgeber. Für die Kreditgeber besitzt die Kennzahl eine besondere Bedeutung, da von dem Ergebnis auf das langfristige Bekenntnis der Sponsoren zur Investition geschlossen werden kann. Projekte, die nur knapp über der Zielrendite liegen, bergen die Gefahr, dass bei negativen Abweichungen eine zusätzliche Unterstützung (z.B. durch Eigen-

---

[1] Vgl. hierzu beispielsweise Benninga, S.: Financial Modeling, a.a.O., S. 5 ff.
[2] Vgl. Sell, A.: Investitionen in Entwicklungsländern: Einzel- und gesamtwirtschaftliche Analysen, a.a.O., S. 119, Gröhl, M.: Bankpolitische Konsequenzen der Projektfinanzierung, a.a.O, S. 105.

mittelnachschüsse) unterbleibt. Im schlimmsten Fall droht die vollständige Aufgabe des Projektes mit Abschreibung der Beteiligung durch die Gesellschafter (sogenannter ‚Walk Away').

> **Debt-to-EBITDA Ratio**

Es wurde bereits ausgeführt, dass insbesondere in Teilen der angelsächsischen Geschäftswelt eine approximative Ermittlung des (Brutto-)Cashflow mit Hilfe der Größe ‚EBITDA' präferiert wird.[1] Ergänzend kann für jede Periode t_{0+p} der Kreditlaufzeit die ‚Debt-to-EBITDA Ratio' berechnet werden:

Debt-to-EBITDA Ratio

$$Debt\ to\ EBITDA_{t_{0+p}} = \frac{Debt_{t_{0+p}}}{EBITDA_{t_{0+p}}}$$

Zu beachten ist, dass sich die Kennzahl von den „klassischen" Coverage Ratios dadurch unterscheidet, dass der jeweils noch ausstehende Kreditbetrag im Zähler angesetzt wird.

Die nachfolgende Abbildung fasst die verschiedenen zeitlichen Konzeptionen der Kennzahlen zusammen:

---

[1] Vgl. hierzu die vorstehenden Ausführungen unter Gliederungspunkt 2.2.2.4.2.2.2.9 Modul ‚Cashflow', S. 95 ff.

Abb. 24: Zeitliche Konzeptionen projektfinanzierungstypischer Kennzahlen

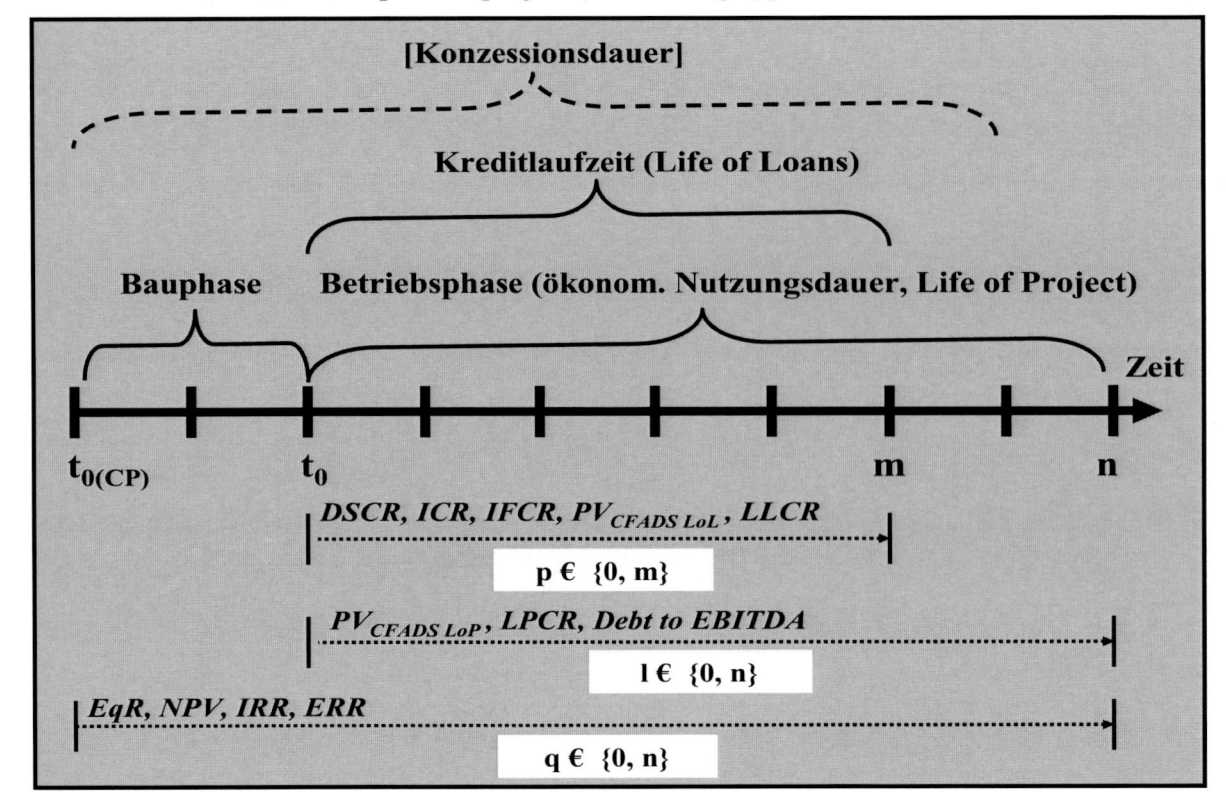

[Konzessionsdauer]

Kreditlaufzeit (Life of Loans)

Bauphase   Betriebsphase (ökonom. Nutzungsdauer, Life of Project)

$t_{0(CP)}$ t_0 m   n   Zeit

DSCR, ICR, IFCR, $PV_{CFADS\ LoL}$, LLCR

$p \in \{0, m\}$

$PV_{CFADS\ LoP}$, LPCR, Debt to EBITDA

$l \in \{0, n\}$

EqR, NPV, IRR, ERR

$q \in \{0, n\}$

Quelle: Eigene Darstellung

Neben den hier skizzierten Varianten projektfinanzierungstypischer Kennzahlen lassen sich – je nach Bedarf und/oder Wunsch der beteiligten Parteien – weitere Absolut- und Verhältniszahlen aus den einzelnen Modulen der modellgestützten Finanzplanung ableiten.

- **Ausgabemodul (Zusammenfassung)**

Das Ausgabemodul stellt eine Zusammenfassung ('Summary') der wichtigsten Ergebnisse der modellgestützten Finanzplanung dar und kann um die Angabe ausgewählter Schlüsselannahmen und/oder Teilergebnisse ergänzt werden. Unabhängig von den individuellen Präferenzen bezüglich der formalen Darstellung dürften einem sachverständigen Betrachter insbesondere die folgenden Positionen einen verdichteten Einblick in die antizipierten wirtschaftlichen Verhältnisse eines geplanten Projektes ermöglichen:

- Cash Flow Available for Debt Service (CFADS)

- Debt Service Reserve Account (DSRA)

- Present Value of CFADS (PV_{CFADS})

- Coverage Ratios (DSCR, LLCR, LPCR)

- Ausschüttungsfähige Dividenden

- Internal Rate of Return (IRR)

- Equity Rate of Return (ERR)

Das Ausgabemodul kann durch eine graphische Aufbereitung wesentlicher Ergebnisreihen ergänzt werden.

2.2.3 Prognosen

2.2.3.1 Prognosebegriff

2.2.3.1.1 Definition

Unter einer ‚**Prognose**' wird umgangssprachlich die *„Vorhersage einer zukünftigen Entwicklung ... auf Grund kritischer Beurteilung des Gegenwärtigen"*[1] verstanden. Die Definition bzw. Charakterisierung soll im Idealfall eine ausreichende Abgrenzung zu Weissagungen, Prophezeiungen und anderen irrationalen Aussagen über die Zukunft ermöglichen.[2] BRETZKE definiert daher die Prognose genauer als *„...eine durch eine Kette nachvollziehbarer realitätsbezogener Argumente gestützte Aussage über das Eintreten von bestimmten Zuständen, Ereignissen oder Ereignisfolgen (Entwicklungen) innerhalb bestimmter zukünftiger Zeiträume und/oder über die entsprechenden Eintrittswahrscheinlichkeiten."*[3] HANSMANN hebt ebenfalls die Merkmale ‚Nachvollziehbarkeit' und ‚Realitätsbezug' hervor, indem er die theoretische Fundierung (‚sachlogische Begründung', ‚Angabe von Prämissen')[4] sowie die Analyse der beobachteten Vergangenheit (‚empirische Fundierung') zu Voraussetzungen für die Qualifikation einer Zukunftsaussage als ‚Prognose' erklärt.[5]

HÜTTNER weist auf die Bedeutung des ‚Aktivitätsniveaus' für die Prognose hin: Während ‚**Entwicklungsprognosen**' mögliche, d.h. bereits geplante oder erst durch die Prognoseergebnisse ausgelöste, Aktivitäten des Prognoseempfängers zur Beeinflussung zukünftiger Ereignisse vernachlässigen, werden diese im Rahmen von ‚**Wirkungsprognosen**' explizit berücksichtigt.[6]

Aus einer wahrscheinlichkeitstheoretischen Perspektive lassen sich ‚**deterministische Prognosen**' und ‚**stochastische Prognosen**' unterscheiden, wobei erstere das zukünftige Eintreten eines Ereignisses mit Sicherheit vorhersagen und letztere nur eine bestimmte Eintrittswahrscheinlichkeit p mit $0 < p > 1$ angeben.[7] Unabhängig von der Frage, ob eine Prognose überhaupt einen determinis-

---

[1] Dudenredaktion (Hrsg.): Duden, Das Fremdwörterbuch, Bd. 5, a.a.O., S. 592. Das Wort ‚Prognose' stammt aus dem griechischen bzw. lateinischen und bedeutet ‚Vorherwissen'; vgl. Ebenda.

[2] Prophezeiungen sind Vorhersagen, die auf logisch und/oder sachlich vollständig unbegründeten bzw. irrelevanten Argumenten (Kaffeesatz, Stand der Sterne, Glaskugel, Spielkarten, Bauernregeln) basieren. Vgl. Tietzel, M.: Prognoselogik – oder: warum Prognostiker irren dürfen, Diskussionsbeiträge des Fachbereichs Wirtschaftswissenschaft der Universität Duisburg – Gesamthochschule, Nr. 118, Duisburg 1989, S. 6.

[3] Bretzke, W.-R.: Prognoseprüfung, in: HWRev., 2. Aufl., Stuttgart 1992, Sp. 1436.

[4] Im Gegensatz zur ‚Prognose' soll einer ‚**Projektion**' die theoretische Fundierung fehlen; vgl. Brockhoff, K.: Prognoseverfahren für die Unternehmensplanung, Wiesbaden 1977, S. 17.

[5] Vgl. Hansmann, K.-W.: Prognose und Prognoseverfahren, in: BFuP, 47. Jg. (1995), S. 269, Hansmann, K.-W.: Prognoseverfahren, in: HWB, 2. Aufl., Stuttgart 1995, Sp. 2172.

[6] Vgl. Hüttner, M.: Prognoseverfahren und ihre Anwendung, Berlin, New York 1986, S. 1 f. WILD spricht in diesem Zusammenhang von ‚Lageprognosen' und ‚Wirkungsprognosen'. Vgl. Wild, J.: Grundlagen der Unternehmungsplanung, 4. Aufl., Opladen 1982, S. 88.

[7] Vgl. Brockhoff, K.: Prognoseverfahren für die Unternehmensplanung, a.a.O., S. 17.

tischen Charakter annehmen kann,[1] werden regelmäßig nur stochastische Prognosen als falsifizierbar und damit als ‚echte' Prognosen angesehen.[2]

Sowohl **Planungen**' als auch ‚Prognosen' sind zukunftsorientierte Aussagen, die vom dispositiven Faktor zur Lösung von Entscheidungsproblemen herangezogen werden. Im Gegensatz zur Planung, welche konkrete Handlungsanweisungen zur Erreichung zukünftiger Ereignisse beinhaltet, entfaltet die Prognose jedoch keinen Vorgabecharakter, sondern sagt lediglich voraus, dass bestimmte Ereignisse mit einer bestimmten subjektiven oder objektiven Wahrscheinlichkeit eintreten werden.[3] Die Prognose ist eine Informationsbasis für unternehmerische Entscheidungen.[4] Aus einer einzelwirtschaftlichen Perspektive kann sie somit als ein methodischer – hierarchisch untergeordneter – Bestandteil der Planung verstanden werden.[5] Aus einer modelltheoretischen Perspektive können Prognosen als Erklärungsmodelle und Planungen als Entscheidungsmodelle charakterisiert werden.[6]

Von der Prognose ist die ‚**Schätzung**' abzugrenzen, welche zwar ebenfalls der Ableitung einer Aussage über nicht direkt messbare bzw. beobachtbare Ereignisse oder Zustände dienen soll, jedoch im Gegensatz zur zukunftsorientierten Prognose ausschließlich in der Vergangenheit realisierte Sachverhalte adressiert.[7]

2.2.3.1.2 Charakteristika

2.2.3.1.2.1 Gegenstand

Eine Prognose zeichnet sich dadurch aus, dass eine Aussage über einen hinreichend spezifizierten ‚**Gegenstandsbereich**' (‚Prognosegegenstand', Prognosevariable') getroffen wird. Im Schrifttum findet sich partiell die Auffassung, dass Prognoseaussagen in Form singulärer Größen (z.B. Wechselkurs, Inflation, Absatzmenge, Preise etc.) <u>oder</u> geschlossener Berichtssysteme (z.B. modellgestützte Finanzplanung, Plan-Jahresabschluss, Plan-Kostenrechnung, Prospekt etc.) vorliegen können,[8] wobei letztere Vorzüge im Hinblick auf einen (vermeintlichen) „*Zwang zur Vollständigkeit und Widerspruchsfreiheit*"[9] aufweisen sollen. Ob diese Annahme kausal gerechtfertigt ist, soll an

---

[1] Eine vermeintlich deterministische Vorhersage könnte beispielsweise lauten: „Morgen geht die Sonne wieder auf." Diese Aussage kann zwar mit hinreichender, jedoch nicht mit absoluter Sicherheit abgegeben werden. Ob die Sonne tatsächlich wieder aufgeht, zeigt sich erst am nächsten Morgen.

[2] Vgl. Brockhoff, K.: Prognoseverfahren für die Unternehmensplanung, a.a.O., S. 17.

[3] Vgl. Picot, A.: Prognose und Planung - Möglichkeiten und Grenzen, in: DB, 30. Jg. (1977), S. 2149, Wöhe, G.: Einführung in die Allgemeine Betriebswirtschaftslehre, a.a.O., S. 126 m.w.N.

[4] Vgl. Hüttner, M.: Prognoseverfahren und ihre Anwendung, a.a.O., S. 1 ff.

[5] Vgl. Picot, A.: Prognose und Planung - Möglichkeiten und Grenzen, a.a.O., S. 2149.

[6] Vgl. hierzu die vorstehenden Ausführungen unter Gliederungspunkt 2.2.2.3 Modellcharakter, S. 66 ff.

[7] Vgl. Mandl, G.; Jung, M.: Prognose- und Schätzprüfung, in: HWRP, 3. Aufl., Stuttgart 2002, Sp. 1699.

[8] Vgl. Drobeck, J.: Die Prognosepublizität im Prospekt über öffentlich angebotene Kapitalanlagen und deren Beurteilung nach IDW S 4, in: WPg, 54. Jg. (2001), S. 1224 i.V.m. Bechtel, W.; Köster, H.; Steenken, H.-J.: Die Veröffentlichung und Prüfung von Vorhersagen über die Entwicklung von Unternehmungen, in: J. Baetge, A. Moxter, D. Schneider (Hrsg.), Bilanzfragen, Düsseldorf 1976, S. 209 f.

[9] Vgl. Busse von Colbe, W.: Prognosepublizität von Aktiengesellschaften, in: O. Angehrn, H. P. Künzi (Hrsg.), Beiträge zur Lehre von der Unternehmung, Stuttgart 1968, S. 110 f.

dieser Stelle nicht weiter vertieft werden.[1] Aufgrund des skizzierten Verständnisses des bei einer ‚Projektfinanzierung im engeren Sinne' eingesetzten Entscheidungsinstrumentariums, insbesondere des Abbildungs- und Verarbeitungssystems ‚modellgestützte Finanzplanung'[2], werden im Folgenden nur Prognosen von singulären Größen betrachtet.[3] Die Ergebnisgrößen von „Berichtssystemen" (z.B. Gewinn, Cashflow, Rendite etc.) stellen letztlich eine Verdichtung derartiger Input-Größen (Parameter und Variablen) dar.[4]

2.2.3.1.2.2 Zeitliche Dimension

Ein weiteres Charakteristikum von Prognosen ist der ‚**zeitliche Horizont**', für den Prognoseaussagen formuliert werden.[5] Der Aspekt der zeitlichen Dimension lässt sich in mehrfacher Hinsicht konkretisieren:

- **Zeitraum**

    Prognoseaussagen können sich auf unterschiedliche Zeitintervalle (z.B. Absatzmenge im Quartal, Halbjahr und/oder Jahr etc.) beziehen.

- **Reichweite**

    Prognoseaussagen lassen sich für unterschiedliche Reichweiten (z.B. kurz-, mittel-, langfristige Prognosen) formulieren.

- **Zeitliche Frequenz**

    Prognoseaussagen können einen Einzelwert (z.B. Absatzmenge im Jahr 1) oder eine Zeitreihe (z.B. Absatzmengen in den Jahren 1, 2, 3, 4 und 5) umfassen.

- **Geltungsdauer**

    Prognoseaussagen können unterschiedliche zeitliche Gültigkeiten aufweisen (z.B. „Unsere Prognoseaussage gilt bis zur nächsten planmäßigen Prognoseveröffentlichung").

Die Kenntnis der jeweiligen zeitlichen Charakteristika erleichtert die Interpretation respektive ermöglicht einen direkten Rückschluss auf den Grad der Komplexität und damit verbunden die Unsicherheit einer Prognoseaussage.

2.2.3.1.2.3 Präzisionsgrad

Prognosen können einen unterschiedlichen ‚**Grad der Präzision**' aufweisen. In Abhängigkeit von dem angestrebten Ausmaß der Genauigkeit lassen sich folgende Arten von Prognosen unterscheiden:[6]

---

[1] Ein geschlossenes Berichtssystem stellt nach der hier vertretenen Auffassung eine ‚Planung' und keine ‚Prognose' dar. Vgl. hierzu die vorstehenden Ausführungen unter Gliederungspunkt 2.2.3.1.1 Definition, S. 123 ff.

[2] Vgl. hierzu die vorstehenden Ausführungen unter Gliederungspunkt 2.2.2.3 Modellcharakter, S. 66 ff.

[3] Vgl. hierzu die nachfolgenden Ausführungen unter Gliederungspunkt 2.2.3.2 Prognoseerfordernis und -felder, S. 133 ff.

[4] Vgl. hierzu Abb. 12: Zusammenhang zwischen Projekt- und Finanzierungskonzept sowie modellgestützter Finanzplanung, S. 68, welche diesen Zusammenhang für den Untersuchungsgegenstand ‚Projektfinanzierung im engeren Sinne' zeigt.

[5] Vgl. Drobeck, J.: Die Prognosepublizität im Prospekt über öffentlich angebotene Kapitalanlagen und deren Beurteilung nach IDW S 4, a.a.O., S. 1224.

[6] Vgl. zu der Einteilung Busse von Colbe, W.: Prognosepublizität von Aktiengesellschaften, a.a.O., S. 105 sowie Rückle, D.: Externe Prognosen und Prognoseprüfung, in: DB, 34. Jg. (1984), S. 64.

- **Deskriptive (nicht klassifizierende) Prognosen**

    Prognoseaussagen können rein beschreibender Art (z.B. *„Die Fabrik wird sich harmonisch in die Landschaft einfügen."*) sein.

- **Qualitative (klassifizierende) Prognosen**

    Im Rahmen einer Prognose kann ohne Heranziehen eines Vergleichsmaßstabs bzw. Bezugspunkts (,Benchmark') eine inhaltlich wertende Aussage (z.B. gut – schlecht, groß – klein) formuliert werden.

- **Komparative (ordinale) Prognosen**

    Prognoseaussagen können unter Verwendung eines Vergleichsmaßstabs eine inhaltliche Wertung vornehmen (z.B. größer – kleiner , besser – schlechter).

- **Quantitative (kardinale) Prognosen**

    Quantitative Prognoseaussagen liegen in numerischer Form vor und lassen sich in Punkt- und Intervallprognosen unterscheiden.

    - Im Rahmen von ,**Punktprognosen**' nehmen die Prognoseaussagen genau einen Wert an (z.B. *„Die Inflationsrate wird für das folgende Jahr mit 2,5% p.a. prognostiziert."*). Aufgrund der Unsicherheit zukünftiger Ereignisse ist die Einengung auf genau eine Ausprägung problematisch. Durch die Reduktion nimmt letzlich die Eintrittswahrscheinlichkeit der Punktprognose ab.[1] Für den Prognoseempfänger ergibt sich bei Nennung eines Erwartungswertes ohne Angabe über den Streuungsbereich ein Informationsverlust, der eine Interpretation der Prognoseaussage erschwert. Punktprognosen können bei nicht sachkundigen Rezipienten zur falschen Schlussfolgerung führen, dass die Prognose mit einem hohen Präzisionsgrad erstellt wurde.[2]

    - ,**Intervallprognosen**' geben keine Einzelwerte, sondern Prognoseintervalle an, innerhalb deren Grenzen sich die Ist-Ausprägungen der Prognosevariablen konkretisieren sollen. Als problematisch kann sich die mangelnde Bestimm- und damit Nachvollziehbarkeit einer akzeptablen Intervallbreite herausstellen.[3] Daher lassen sich idealerweise Wahrscheinlichkeitsverteilungen für die Ausprägungen innerhalb des Intervalls angeben.[4] Eine derartige Vorgehensweise erleichtert zudem ex post Beurteilungen der Güte von Intervallprognosen. Alternativ können innerhalb des Intervalls liegende optimistische, mittlere und pessimisti-

---

[1] HAGEST/KELLINGHUSEN führen hierzu aus *„Natürlich hat die Prognosegenauigkeit als Qualitätskomponente nichts mit der Wahrscheinlichkeit ihres Eintreffens zu tun, man muß sogar annehmen, daß die Wahrscheinlichkeit des Eintreffens einer Prognoseaussage zu ihrer Genauigkeit in einem umgekehrten Verhältnis steht."*. Hagest, J.; Kellinghusen, G.: Zur Problematik der Prognoseprüfung und der Entwicklung von Grundsätzen ordnungsmäßiger Prognosebildung, in: WPg, 30. Jg. (1977), S. 410. RÜCKLE bemerkt: *„Punktuelle Prognosen sind als solche immer falsch, denn wenn ein Ergebnis in Abhängigkeit von einem kontinuierlichen Parameter schwanken kann, so hat jeder prognostizierte Einzelwert für sich genommen die Wahrscheinlichkeit Null."* Rückle, D.: Externe Prognosen und Prognoseprüfung, in: DB, 34. Jg. (1984), S. 64. Vgl. auch Leiner, B.: Wirtschaftsprognosen– Möglichkeiten und Grenzen, Diskussionsschrift Nr. 49, Universität Heidelberg, Wirtschaftswissenschaftliche Fakultät, 1995, S. 8.

[2] Vgl. Bretzke, W.-R.: Das Prognoseproblem bei der Unternehmensbewertung: Ansätze zu einer risikoorientierten Bewertung ganzer Unternehmungen auf der Grundlage modellgestützter Erfolgsprognosen, Düsseldorf 1975, S. 120.

[3] Faktisch kann ein vollumfänglicher Schwankungsbereich definiert werden, der alle denkbaren Variablenausprägungen abdeckt.

[4] Vgl. Wasser, G.: Bestimmungsfaktoren freiwilliger Prognosepublizität: eine empirische Untersuchung auf der Basis eines Modells zur Bewertung des Informationsgehalts veröffentlichter Unternehmungsprognosen, Düsseldorf 1976, S. 44.

sche Werte bestimmt werden.[1] Ein potenzieller Nachteil gegenüber der Punktprognose liegt darin, dass nicht-sachkundige Prognoseempfänger Schwierigkeiten bei der Interpretation der angegebenen Intervalle respektive der unterlegten Wahrscheinlichkeitsverteilungen haben können.

Der angestrebte Präzisionsgrad von Prognoseaussagen entfaltet regelmäßig eine entsprechende Rückwirkung auf die Auswahl der einzusetzenden Prognoseverfahren.[2]

2.2.3.1.2.4 Publizitätsform

Prognoseaussagen können in unterschiedlicher Form vorliegen und müssen nicht immer explizit als Prognosen gekennzeichnet oder offensichtlich als solche erkennbar sein. Studien, Gutachten, Informationsmemoranden, Berichtswerke (Geschäftsberichte, Jahresabschlüsse), (Wertpapier-)Prospekte sowie sonstige schriftlich und/oder mündlich übermittelte Darlegungen können einen partiellen oder vollständigen Zukunftsbezug aufweisen. Nicht immer werden normative Kriterien für die „*...äußere Form der Artikulation der Prognoseaussage...*"[3] vorliegen. Prognoseempfängern sollte es jedoch ermöglicht werden, dass zukunftsbezogene und mit Unsicherheit behaftete Aussagen als solche erkannt und von den übrigen Informationen abgegrenzt werden können. Dies impliziert, dass Prognosen in einer Form publiziert werden sollten, die es dem Prognoseempfänger ermöglicht, zumindest die materiellen Inhalte von Prognosen, d.h. die Prognoseaussagen, zu isolieren. Bei Bedarf können dann weitere Erläuterungen (z.B. zur Methodik der Prognosegewinnung) vom Prognoseersteller abgefordert werden.

2.2.3.1.2.5 Logische Struktur

2.2.3.1.2.5.1 Bedingte und unbedingte Prognosen

Bei einer Qualifizierung von Prognosen als Erklärungsmodelle stellt sich die Frage nach der zugrundeliegenden Modellstruktur.[4] Prognoseaussagen können in bedingter oder unbedingter Form abgegeben werden.[5] Einer zukunftsgerichteten Aussagen können in verschiedener Hinsicht Bedingungen (Annahmen, Prämissen) zugrundeliegen:[6]

---

[1] Vgl. Drobeck, J.: Prognosepublizität: die Berichterstattung über die voraussichtliche Entwicklung der Kapitalgesellschaft in den Lageberichten deutscher Aktiengesellschaften gem. § 289 Abs. 2 Nr. 2 HGB, Frankfurt a.M. u.a. 1998, S. 90.

[2] Vgl. hierzu die nachfolgenden Ausführungen unter Gliederungspunkt 2.2.3.3 Prognoseverfahren, S. 138 ff.

[3] Hagest, J.; Kellinghusen, G.: Zur Problematik der Prognoseprüfung und der Entwicklung von Grundsätzen ordnungsmäßiger Prognosebildung, a.a.O., S. 410.

[4] Der im Kontext ökonomischer Prognosen verwendete Begriff „Modellstruktur" geht wohl auf BUSSE VON COLBE zurück. Vgl. Busse von Colbe, W.: Prognosepublizität von Aktiengesellschaften, a.a.O., S. 115.

[5] Es sei darauf hingewiesen, dass im Schrifttum unter ‚bedingten Prognosen' zum Teil Aussagen verstanden werden, die durch konditionale Formulierung das – im folgenden Abschnitt noch vorzustellende – Problem des unendlichen Prognoseregresses bei logisch vollständigen Prognosen lösen sollen. Vgl. Wild, J.: Zum Problem der theoretischen Deduktion von Prognosen, in: ZfgSt, 126. Jg. (1970), S. 567 ff. Für das hier vertretene Begriffsverständnis vgl. Schmidt, U.: Zum Prognoseproblem in der Wirtschaftswissenschaft. Eine Untersuchung auf wissenschaftstheoretischer Grundlage, Dagersheim 1971, S. 70 f., Drobeck, J.: Die Prognosepublizität im Prospekt über öffentlich angebotene Kapitalanlagen und deren Beurteilung nach IDW S 4, a.a.O., S. 1225 m.w.N.

[6] Vgl. hierzu Schmidt, U.: Zum Prognoseproblem in der Wirtschaftswissenschaft. Eine Untersuchung auf wissenschaftstheoretischer Grundlage, a.a.O., S. 160 ff.

- Es werden Annahmen über Ursache-Wirkungs-Mechanismen (Kausalbeziehungen) in Form von Hypothesen (z.B. Gesetze) getroffen.

- Die Aussage basiert auf der Prämisse der zukünftigen Gültigkeit („Fortgelten") der verwendeten Hypothesen.

- Es wird angenommen, dass im Prognosezeitraum die Anfangs- bzw. Randbedingungen der Hypothese tatsächlich vorliegen werden.

Die folgenden Beispiele sollen den Unterschied zwischen einer unbedingten und einer bedingten Prognoseaussage verdeutlichen:

Unbedingte Prognoseaussage:

„Im Jahr t wird A die Ausprägung a annehmen."

Bedingte Prognoseaussage:

„Im Jahr t wird A die Ausprägung a annehmen, weil B die Ausprägung b annimmt."

Am letztgenannten Beispiel kann die Komplexität der bedingten Prognoseaussage aufgezeigt werden:

Vermeintlich könnte es sich um eine einzelne Bedingung (wenn B = b in t, dann folgt A = a) handeln. Tatsächlich liegen jedoch drei Bedingungen vor. Die erste Bedingung ist die generelle Annahme, dass A immer und überall die Ausprägung a annimmt, wenn B die Ausprägung b annimmt (Kausalbeziehung). Die zweite Bedingung ist die Annahme, dass die Kausalbeziehung auch in der Zukunft, d.h. im Prognosezeitraum, Gültigkeit haben wird (das „Fortgelten" der Kausalbeziehung). Die dritte Bedingung ist die fallspezifische Annahme, dass B die Ausprägung b im Jahr t annimmt (Anfangs- bzw. Randbedingung).

Es sei darauf hingewiesen, dass auch unbedingt abgegebene (bzw. formulierte) Prognoseaussagen auf der logischen Struktur einer bedingten Prognose basieren können. Durch die fehlende Angabe der Bedingungen bleibt die Modellstruktur jedoch intransparent.[1] Dagegen ermöglicht die Angabe bzw. Erläuterung von zugrundegelegten Prämissen dem externen Prognoseempfänger das Nachvollziehen der logischen Struktur und damit idealiter die Beurteilung der Eintrittswahrscheinlichkeit einer Prognose. Bedingte Prognosen lassen sich in ‚logisch vollständige Prognosen' und ‚logisch unvollständige Prognosen' unterscheiden.[2]

2.2.3.1.2.5.2 Logisch vollständige Prognosen

Logisch vollständige Prognosen bedingen grundsätzlich das Vorliegen einer oder mehrerer für den konkreten Sachverhalt einschlägiger ‚nomologischer Hypothesen' (generelle Aussage, Majorprämisse, Obersatz, Kausalbeziehung) sowie einer oder mehrerer ‚Antezedenzbedingungen' (singuläre Aussage, Minorprämisse, Untersatz, Anfangs- bzw. Randbedingung). Lässt sich der Untersatz unter den Obersatz subsumieren, so kann eine widerlegbare (falsifizierbare) Schlussfolgerung getroffen werden. Das hierbei angewandte Verfahren wird auch als ‚(statistischer) Syllogismus' be-

---

[1] *„Die Aussage ist apodiktisch und gleicht der Prophetie."* Harder, T.: Wirtschaftsprognose. Ein Beitrag zur gegenwärtigen Diskussion, Köln 1959, S. 14.

[2] Vgl. hierzu die beiden nachfolgenden Abschnitte.

zeichnet.[1] Syllogismen finden sich nicht nur im Bereich der Prognoseerstellung, sondern stellen ein generelles wissenschaftstheoretisches Verfahren der Erkenntnisgewinnung dar.[2]

Die nachfolgende Abbildung zeigt den Syllogismus, d.h. die Formalstruktur, einer logisch vollständigen Prognose, wie sie ansatzweise im Beispiel des vorhergehenden Abschnitts vorgestellt wurde:[3]

Abb. 25: Syllogismus logisch vollständiger Prognosen

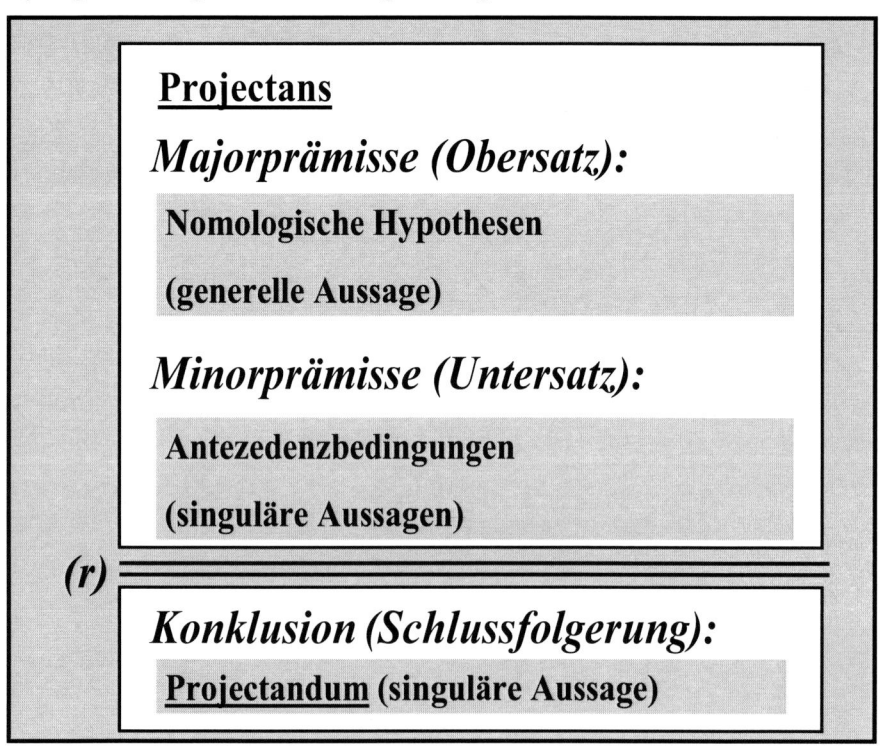

> **Projectans**
>
> *Majorprämisse (Obersatz):*
>
> Nomologische Hypothesen
>
> (generelle Aussage)
>
> *Minorprämisse (Untersatz):*
>
> Antezedenzbedingungen
>
> (singuläre Aussagen)
>
> (r) ═══════════════════════
>
> *Konklusion (Schlussfolgerung):*
>
> Projectandum (singuläre Aussage)

Quelle: Eigene Darstellung

Idealtypisches Beispiel für ‚**nomologische Hypothesen**' sind naturwissenschaftliche Gesetzmäßigkeiten.[4] Für wirtschaftswissenschaftliche Problemstellungen lassen sich allerdings mehrheitlich keine vergleichbar streng generalisierten Aussagen formulieren.[5] Eine derartige „ökonomische Gesetzmäßigkeit" müsste z.B. lauten: „*Bei einem Anstieg der allgemeinen Inflationsrate um x%*

---

[1] Der Begriff ‚Syllogismus' stammt aus dem Griechischen und bedeutet soviel wie ‚Zusammenrechnen'.

[2] Vgl. hierzu auch die nachfolgenden Ausführungen unter Gliederungspunkt 4.1.1.2.2.2.3 Kriterium ‚Art der Vergleichshandlung', S. 324 ff.

[3] Das Formalschema geht auf HEMPEL/OPPENHEIM zurück. Vgl. Hempel, C. G.; Oppenheim, P.: The Logic of Explanation, in: H. v. Feigl, M. Brodbeck (Hrsg.), Readings in the Philosophy of Science, New York 1953, S. 319 ff. Terminologische Erläuterungen finden sich bei BUNGE. Vgl. Bunge, M. A.: Scientific Research II – The Search for Truth, Berlin u.a. 1967, S, 69 f. Darstellung und Terminologie wurden im deutschen Schrifttum zur Rechnungslegung und -prüfung übernommen. Vgl. exemplarisch Drobeck, J.: Prognosepublizität: die Berichterstattung über die voraussichtliche Entwicklung der Kapitalgesellschaft in den Lageberichten deutscher Aktiengesellschaften gem. § 289 Abs. 2 Nr. 2 HGB, a.a.O., S. 91 m.w.N. und Hagest, J.: Zur Logik der prüferischen Überzeugungsbildung bei betriebswirtschaftlichen Prüfungen, München 1975, S. 66 ff. Vgl. hierzu auch die nachfolgende Abb. 80: Syllogismus, S. 326 sowie die korrespondierenden Erläuterungen.

[4] Eine nomologische Hypothese ist beipielsweise die Annahme bzw. Erkenntnis, dass ein Stoff (z.B. Wasser) bei bestimmten Temperaturkonstellationen seinen Aggregatzustand (fest, flüssig, gasförmig) ändert.

[5] Vgl. Hagest, J.; Kellinghusen, G.: Zur Problematik der Prognoseprüfung und der Entwicklung von Grundsätzen ordnungsmäßiger Prognosebildung, a.a.O., S. 411.

steigt die Arbeitslosigkeit bei Vorliegen des Parameterbündels Z um y %."[1] Aufgrund der bislang nicht auflösbaren Wechselwirkungen mit einer Vielzahl von weiteren Umfeldbedingungen (Parametern) lässt sich ein derartig strenger (quantifizierbarer) Zusammenhang zwischen Inflation und Arbeitslosigkeit nicht formulieren bzw. ableiten. Alternativ können Erfahrungssätze und theoretische Annahmen verwendet werden. HAGEST/KELLINGHUSEN schlagen vor, dass auch ‚empirische Generalisierungen' als Majorprämisse zulässig sein sollten, soweit diese sich praktisch bewährt haben.[2] In diesem Zusammenhang stellt sich die Frage, welche Arten von generalisierten Aussagen noch als nomologische Hypothesen qualifiziert werden können. BRETZKE definiert nomologische Hypothesen allgemein als „*...universelle (allgemeingültige) synthetische Aussagen, die die Notwendigkeit der Koexistenz oder Sukzession von bestimmten Sachverhalten (Ereignissen, Zuständen, Eigenschaften) behaupten.*"[3] Im konkreten Einzelfall wird durch die Prognoseersteller sowie die Prognoseempfänger bzw. Prognoseprüfer zu beurteilen sein, ob eine in der betrieblichen Prognosepraxis formulierte Majorprämisse noch unter diese (abstrakte) Definition subsumiert werden kann.[4]

Die ‚**Antezedenzbedingungen**' stellen den spezifischen bzw. besonderen Teil des Prognosearguments dar. Als Nebenbedingungen müssen sie entweder bereits wahr sein und bis in den Prognosezeitraum hinein (weiter) wahr bleiben oder spätestens zu diesem Zeitpunkt (= Beginn des Prognosezeitraums) erfüllt sein. Antezedenzbedingungen werden aufgrund ihres zeitraumüberwindenden Charakters auch als ‚Prognosen 2. Ordnung' bezeichnet, da die Wahrscheinlichkeit ihrer zukünftigen Wahrheit ebenfalls der Prognose bedarf.[5] Hierdurch ergibt sich das Problem des ‚unendlichen Prognoseregresses'. Es resultiert daraus, dass bei der Prognose der Antezedenzbedingung wiederum eine Konklusion auf der Basis einer (weiteren) nomologischen Hypothese und einer (weiteren) Antezedenzbedingung getroffen werden muss u.s.w. In der betrieblichen Prognosepraxis kann das Problem des unendlichen Prognoseregresses nur durch die Formulierung einer ‚**Ad-hoc-Hypothese**' gelöst werden, welche eine (subjektive) Annahme über die zukünftige Wahrheit der Antezedenzbedingung darstellt:[6]

---

[1] Um etwaigen Missverständnissen vorzubeugen, sei darauf hingewiesen, dass im obigen Beispiel theoretische Gesetzmäßigkeiten adressiert werden, die sich auf ökonomische Modellwelten beziehen.

[2] Hagest, J.; Kellinghusen, G.: Zur Problematik der Prognoseprüfung und der Entwicklung von Grundsätzen ordnungsmäßiger Prognosebildung, a.a.O., S. 411.

[3] Bretzke, W.-R.: Das Prognoseproblem bei der Unternehmensbewertung: Ansätze zu einer risikoorientierten Bewertung ganzer Unternehmungen auf der Grundlage modellgestützter Erfolgsprognosen, a.a.O., S. 124.

[4] Vgl. hierzu auch die nachfolgenden Ausführungen unter den Gliederungspunkten 2.2.3.1.2.5.3 Logisch unvollständige Prognosen, S. 132 ff. sowie 5.4.2.2.2.2 Grundsatz des adäquaten Informationsgehaltes der nomologischen Hypothese, S. 543 ff.

[5] Vgl. Tietzel, M.: Kriterien für die Beurteilung von Wirtschaftsprognosen, Diskussionsbeiträge des Fachbereichs Wirtschaftswissenschaft der Universität Duisburg – Gesamthochschule, Nr. 57, Duisburg 1983, S. 11.

[6] Vgl. Wild, J.: Zum Problem der theoretischen Deduktion von Prognosen, a.a.O., S. 569.

Abb. 26: Problem des unendlichen Prognoseregresses

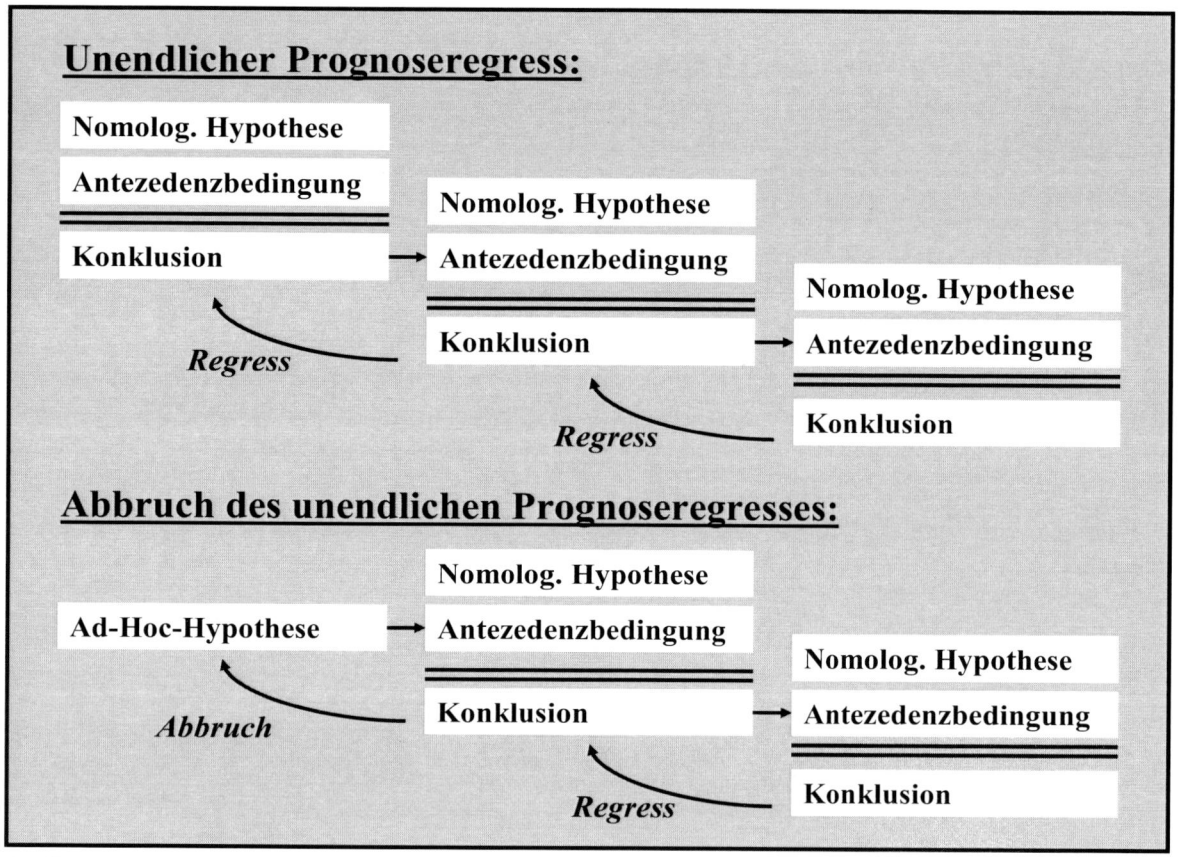

Unendlicher Prognoseregress:

Nomolog. Hypothese
Antezedenzbedingung
═══════════════════
Konklusion → Nomolog. Hypothese
Antezedenzbedingung
═══════════════════
Regress ← Konklusion → Nomolog. Hypothese
Antezedenzbedingung
═══════════════════
Regress ← Konklusion

Abbruch des unendlichen Prognoseregresses:

Nomolog. Hypothese
Ad-Hoc-Hypothese → Antezedenzbedingung
═══════════════════
Abbruch ← Konklusion → Nomolog. Hypothese
Antezedenzbedingung
═══════════════════
Regress ← Konklusion

Quelle: Eigene Darstellung

Nomologische Hypothese(n) und Antezendenzbedingung(en) bilden das Prognoseargument ('Projectans'[1]). Die daraus abgeleitete singuläre Aussage wird als ‚**Konklusion**' (Conclusio, Schlussfolgerung) bezeichnet und stellt die eigentliche Prognoseaussage ('Projectandum'[2]) dar.

Das folgende Beispiel zeigt die Ableitung einer logisch vollständigen (falsifizierbaren) Prognoseaussage (mit einer empirischen Generalisierung als Hypothese) auf:

---

[1] Der Begriff ‚Projectans' wird primär im Zusammenhang mit Prognosen verwendet. Daneben werden außerhalb dieses Problembereichs die Begrifflichkeiten ‚Explicans' bzw. ‚Explanans' verwendet. Vgl. Popper, K. R.: Die Zielsetzung der Erfahrungswissenschaft, in: H. Albert (Hrsg.), Theorie und Realität, Tübingen 1964, S. 73-83.

[2] Anstelle des Begriffes ‚Projectandum' werden bei nicht zukunftsbezogenen Syllogismen die analogen Begriffe ‚Explicandum' bzw. ‚Explanandum' benutzt. Vgl. Ebenda

Tab. 12: Beispiel für eine logisch vollständige Prognoseaussage

Bestandteil	Sätze
Majorprämisse	Im Land A wurden noch nie Konzessionsverträge durch die Regierung gebrochen, wenn eine supranationale Institution in das Projekt eingebunden war.
Minorprämisse	Im vorliegenden Projekt wird eine Tochter der Weltbankgruppe als Sponsor auftreten.
Konklusion	Die Regierung des Landes A wird den Konzessionsvertrag (wahrscheinlich) nicht brechen.

Quelle: Eigene Darstellung

Im vorstehenden Beispiel besteht zudem die Möglichkeit, dass die involvierten Parteien entsprechende Massnahmen (z.B. vertragliche Vereinbarungen) ergreifen, um die Wahrscheinlichkeit der zukünftigen Gültigkeit der Minorprämisse, d.h. der Antezedenzbedingung, zu erhöhen.[1]

Logisch vollständige Prognosen werden auch als theoretisch deduzierte Prognosen bezeichnet, da von Aussagen mit allgemeinem Gehalt auf Aussagen mit speziellem Gehalt geschlossen wird.[2]

2.2.3.1.2.5.3 Logisch unvollständige Prognosen

Im vorstehenden Abschnitt wurde auf die mangelnde Verfügbarkeit von (strengen) Gesetzmäßigkeiten im Bereich wirtschaftswissenschaftlicher Fragestellungen hingewiesen. Die vorgeschlagene ersatzweise Verwendung von ‚empirischen Generalisierungen' als nomologische Hypothesen wirft die Frage auf, wann derartige Erfahrungssätze noch als generelle Aussage im Rahmen einer deduktiven, d.h. logisch vollständigen, Vorgehensweise akzeptabel sind. Sie wird insbesondere immer dann zu stellen sein, wenn auf der Basis ausgewählter, statistisch beobachtbarer Informationen sogenannte ‚Indikatorhypothesen'[3] abgeleitet werden, denen es (möglicherweise) an einer zugrundeliegenden Gesetzmäßigkeit fehlt.[4] Konklusionen, denen es an einer generellen Aussagen in Form einer (strengen) Regel mangelt, werden als ‚**logisch unvollständige Prognosen**' bezeichnet. Derartige Prognoseaussagen entsprechen nicht der Grundstruktur des deduktiven Schlussfolgerns.

Insbesondere bei der Anwendung mathematisch-statistischer Verfahren ist auf ein Erklärungsmodell zu achten, dass in einer beobachtbaren und wiederkehrenden empirischen Gesetzmäßigkeit resultiert.[5] Andernfalls besteht die Gefahr eines Induktionsschlusses, d.h. dass empirisch beobachtete Phänomene mit Hilfe von Rechenregeln in die Zukunft fortgeschrieben und damit verallge-

---

[1] Es handelt sich somit um die Fallgestaltung einer ‚Wirkungsprognose'. Vgl. hierzu die vorstehenden Ausführungen unter Gliederungspunkt 2.2.3.1.1 Definition, S. 123 ff.

[2] Vgl. Wild, J.: Zum Problem der theoretischen Deduktion von Prognosen, a.a.O., S. 553 ff.

[3] Vgl. zum Wesen der ‚Indikatorhypothesen' auch die nachfolgenden Ausführungen unter Gliederungspunkt 4.1.2.1.2.4.2.3 Empirisch-induktive Verfahren, S. 382 ff. insbesondere Abb. 92: Syllogismus bei multivariaten Diskriminanzanalysen, S. 385.

[4] *„Allein aus einer endlichen Reihe singulärer Aussagen – einer Zeitreihe von Vergangenheitswerten der zu prognostizierenden Größe – wird in Verbindung mit der zusätzlichen – und durch nichts begründbaren – Hilfsannahme, dass bestimmte mathematische Bildungsgesetze der Zeitreihe (etwa eine durchschnittliche Wachstumsrate der Glieder) auch in Zukunft gelten werden, auf eine weitere singuläre Aussage, das Projectandum, ‚geschlossen'."* Tietzel, M.: Kriterien für die Beurteilung von Wirtschaftsprognosen, a.a.O., S. 5 sowie in Wiederholung Tietzel, M.: Prognoselogik – oder: warum Prognostiker irren dürfen, a.a.O., S. 5.

[5] *„Eine formal stringente Aussagenherleitung kann eine ungenügende Argumentationsbasis für die gesamte Prognoseaussage nicht kompensieren."* Hagest, J.; Kellinghusen, G.: Zur Problematik der Prognoseprüfung und der Entwicklung von Grundsätzen ordnungsmäßiger Prognosebildung, a.a.O., S. 412.

meinert werden (z.B. bei den sogenannten ‚Trendextrapolationen').[1] Logisch unvollständige Prognosen (induktives Schließen) werden erst dann zu logisch vollständigen Prognosen (deduktives Schließen), wenn eine fachwissenschaftlich begründbare Kausalbeziehung zwischen den zu erklärenden Variablen und den exogenen Variablen besteht.[2]

Eine ähnliche Situation kann sich bei Verwendung von heuristischen Prognoseverfahren (z.B. Expertenbefragungen) ergeben.[3] Für den externen Prognoseempfänger bleibt die intuitive Prognosebildung mehrheitlich nicht nachvollziehbar.[4] Zudem kann den heuristischen Verfahren aufgrund der praktizierten Vorgehensweise eine kausalgesetzliche Fundierung fehlen, wenn beispielsweise hypothetische Ergebnisszenarien vorgegeben und deren (subjektive) Eintrittswahrscheinlichkeiten von Experten prognostiziert werden.[5] Heuristische Prognoseverfahren sind mehrheitlich als logisch unvollständig zu qualifizieren, da die Partikularmeinungen einzelner oder einer Gruppe von Experten generalisiert werden, d.h. einer induktiven Schlusslogik gefolgt wird.

Die hier verwendete Bezeichnung ‚logisch unvollständige Prognosen' legt möglicherweise den Eindruck nahe, dass eine negative Wertung intendiert wird. Dem soll hier ausdrücklich entgegen getreten werden. Logisch unvollständige Prognosen können durchaus eine Berechtigung haben. Insbesondere bei vielschichtigen und/oder schlecht strukturierbaren Prognosegegenständen, für die sich keine eindeutigen nomologischen Hypothesen ableiten lassen, können z.B. heuristische Verfahren eine ‚Second-Best-Lösung' darstellen. Trendextrapolationen eignen sich wiederum für die Prognose von Zuständen in einfachen, quasi geschlossenen, zyklischen Systemen (z.B. technische Produktionssysteme).[6] Bei allen anderen Prognoseaufgaben, die eine Vorhersage von Zuständen in komplexen, offenen, evolutorischen Systemen erfordern, dürften logisch vollständige Prognosen eher geeignet sein.[7] Letztere bieten – wie noch zu zeigen sein wird – die Möglichkeit über die logische Struktur das dahinterliegende Erklärungsmodell zu erfassen, wodurch sich regelmäßig erweiterte Möglichkeiten für die Prüfung der Prognosebildung eröffnen.[8]

2.2.3.2 Prognoseerfordernis und -felder

Die modellgestützte Finanzplanung bildet die Kausalzusammenhänge des Projekt- und Finanzierungskonzeptes ab, verarbeitet alle entscheidungsrelevanten Daten und verdichtet diese zu Ergeb-

---

[1] TIETZEL führt hierzu aus, dass bereits die Babylonier ohne genaue Kenntnis der zugrundeliegenden naturwissenschaftlichen Gesetzmäßigkeiten in der Lage waren, mit einem Verfahren der Trendfortschreibung die Mondfinsternis oder den Neumond relativ genau zu prognostizieren, das gleiche Verfahren jedoch erfolglos für die Vorhersage anderer Ereignisse wie Erdbeben und Heuschreckenplagen einsetzten. Vgl. Tietzel, M.: Prognoselogik – oder: warum Prognostiker irren dürfen, a.a.O., S. 5 m.w.N.

[2] Vgl. Ebenda, S. 6 m.w.N. Vgl. hierzu auch die nachfolgenden Ausführungen unter Gliederungspunkt 2.2.3.3 Prognoseverfahren, S. 138 ff. insbesondere den Unterpunkt ‚Mathematisch-statistische Verfahren (Quantitative Verfahren)'.

[3] Vgl. hierzu die nachstehenden Ausführungen unter Gliederungspunkt 2.2.3.3 Prognoseverfahren, S. 138 ff.

[4] Vgl. Bretzke, W.-R.: Prognoseprüfung, in: HWRev, 2. Aufl., Stuttgart 1992, Sp. 1438 f., Hagest, J.; Kellinghusen, G.: Zur Problematik der Prognoseprüfung und der Entwicklung von Grundsätzen ordnungsmäßiger Prognosebildung, a.a.O., S. 412.

[5] Vgl. Bretzke, W.-R.: Prognoseprüfung, in: HWRev, 2. Aufl., Stuttgart 1992, Sp. 1438 f.

[6] Vgl. Tietzel, M.: Kriterien für die Beurteilung von Wirtschaftsprognosen, a.a.O., S. 4.

[7] Vgl. Ebenda

[8] Vgl. hierzu die nachfolgenden Ausführungen unter den Gliederungspunkten 4.2.2.1 Soll-Objekte bei der Systemprüfung, S. 444 ff. und 5.4.2 Grundsätze einer ordnungsmäßigen Prognosebildung, S. 535 ff.

nis- bzw. Entscheidungsgrößen. Insbesondere für mehrwertige Daten aus Verträgen sowie Variablen ohne vertraglich dokumentierte Anspruchsgrundlage ergibt sich hierbei ein Erfordernis zur Prognose von Eingabewerten für die modellgestützte Finanzplanung.[1] Daneben existiert jedoch auch die Notwendigkeit, die Fortexistenz der Kausalzusammenhänge sowie die zukünftige Gültigkeit vertraglich definierter einwertiger Daten, welche häufig als feststehende Parameter angesehen werden, einer Prognose zu unterziehen.

Die folgende Abbildung verdeutlicht die Zusammenhänge zwischen vertraglichem Rahmenwerk, modellgestützter Finanzplanung und Prognose:

Abb. 27: Interdependenzen zwischen vertraglichem Rahmenwerk, modellgestützter Finanzplanung und Prognose

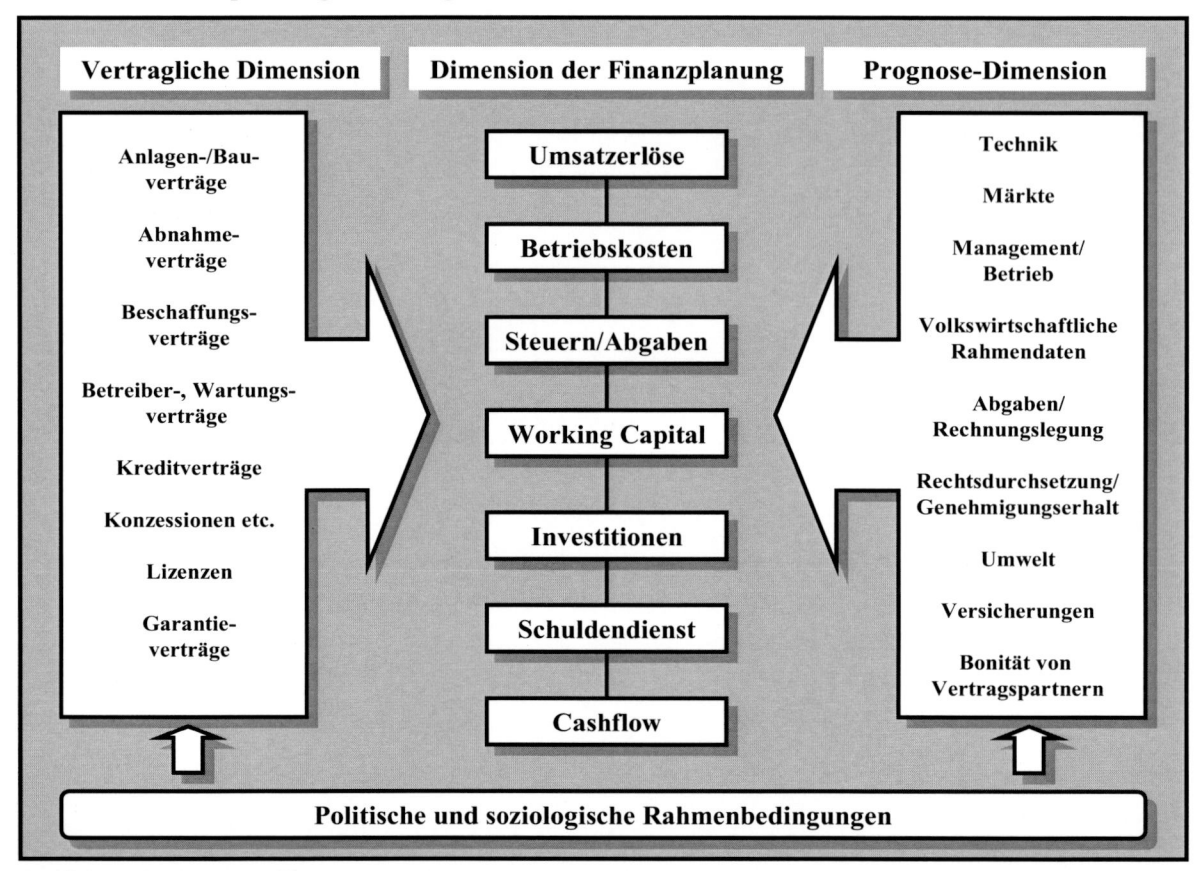

Vertragliche Dimension	Dimension der Finanzplanung	Prognose-Dimension
Anlagen-/Bauverträge	Umsatzerlöse	Technik
Abnahmeverträge	Betriebskosten	Märkte
Beschaffungsverträge	Steuern/Abgaben	Management/Betrieb
Betreiber-, Wartungsverträge	Working Capital	Volkswirtschaftliche Rahmendaten
Kreditverträge	Investitionen	Abgaben/Rechnungslegung
Konzessionen etc.	Schuldendienst	Rechtsdurchsetzung/Genehmigungserhalt
Lizenzen	Cashflow	Umwelt
Garantieverträge		Versicherungen
		Bonität von Vertragspartnern

Politische und soziologische Rahmenbedingungen

Quelle: Eigene Darstellung

Unabhängig von Art, Umfang und Ausgestaltung, d.h. dem Verfahren, einer konkreten Prognose lassen sich für den Untersuchungsgegenstand ‚Projektfinanzierung im engeren Sinne' die folgenden Prognoseerfordernisse und damit auch Prognosefelder anführen:

- **Technik**

    Der Erfolg eines Projektes hängt sowohl in der Bau- als auch in der Betriebsphase u.a. von Art und Anwendung der eingesetzten Technologie ab. Der technisch-produktionswirtschaftliche Datenkranz lässt sich grundsätzlich auf physikalisch-technische (naturwissenschaftliche) Gesetzmäßigkeiten zurückführen, so dass hier anstelle einer Prognose zunächst eher die Notwendigkeit für eine technische ‚Expertise' vermutet werden könnte. Jedoch wird sich der scheinbar deterministische Charakter von derartigen technischen Studien mit zunehmender sachlicher

---

[1] „The calculations are done using a computer programme, but what comes out of the programme is obviously determined by what goes into it." Vinter, G. D.: Project Finance: a legal guide, a.a.O., S. 118.

und zeitlicher Komplexität von (Groß-) Projekten sehr schnell zu einer mit erheblichen Ungewissheiten behafteten stochastischen Prognose wandeln.[1]

- **Märkte**

  Die zukünftigen Rahmenbedingungen auf den Märkten für die betrieblichen Funktionen ‚Absatz' und ‚Beschaffung' gehören zu den klassischen Prognosefeldern, die es bei der Darstellung von ‚Projektfinanzierungen im engeren Sinne' abzuarbeiten gilt. Insbesondere Vorhersagen über zukünftige Mengen- und Preisentwicklungen sowie etwaige im Zeitablauf variierende Absatz- und Beschaffungsmodalitäten sind Kernbestandteile einer ernsthaften einzelwirtschaftlichen Projektanalyse.[2] Das Prognoseerfordernis ergibt sich dabei unabhängig vom Ausmaß einer etwaigen Kontrahierung im Wege von Abnahme- und/oder Beschaffungsverträgen mit Drittparteien,[3] da die faktische Haltbarkeit und damit die Werthaltigkeit derartiger Vereinbarungen zwar kurzfristig von der Bonität der Kontraktparteien abhängt, mittel- bis langfristig jedoch ebenfalls eine Funktion der übergeordneten Marktbedingungen darstellt.[4]

- **Management und Betrieb**

  Ein adäquates (kaufmännisches) Management sowie eine kompetente technisch-operative Betriebsführung stellen erwartungs- und erfahrungsgemäß wesentliche Faktoren für den Projekterfolg dar.[5] Soweit Verantwortung für die betrieblichen Funktionsbereiche Management, Betrieb und Wartung bereits bei vertraglichen Arrangements auf unternehmerische Drittparteien übertragen[6] oder alternativ an von den Projektinitiatoren bzw. der Projektgesellschaft kontrahiertes, eigenes Personal delegiert wurde, kann bei einer kurzfristigen Perspektive eine Urteilsbildung über die Sachkenntnis und -verständnis im Wege eines Soll-Ist-Vergleiches, d.h. im Rahmen einer ‚Prüfung', erfolgen.[7] Bei mittel- bis langfristiger Betrachtung ist diese stark partei- bzw. personenbezogene Sichtweise durch eine Prognose über die grundsätzliche Verfügbarkeit von qualifiziertem Personal und/oder kompetenten Drittparteien sowie der impliziten Kosten zu ergänzen.[8]

- **Gesamtwirtschaftliche Rahmendaten**

  In Abhängigkeit von der konkreten Ausgestaltung eines Projekt- und Finanzierungskonzeptes können im Zeitablauf auftretende Änderungen von Zinssätzen, Wechselkursen und Inflationsraten mehr oder weniger starke Rückwirkungen auf die Schuldendienstfähigkeit des Projektes entfalten. Bei einer entsprechenden Fallkonstellation ergibt sich daher die Notwendigkeit einer

---

[1] Exemplarisch sei hier das Projekt ‚Eurotunnel' angeführt, bei dem eine falsche Einschätzung des Fertigstellungs- und damit des Kostenerhöhungsrisikos erhebliche Überschreitungen der geplanten Bauzeit und der budgetierten Kosten zur Folge hatte. Vgl. Cooper, I.; Marsh, P.: Eurotunnel – Valuation of the Eurotunnel Project, Case Study, London Business School, London 1992.

[2] Vgl. Sell, A.: Das Prognoseproblem bei Feasibility Studien für Auslandsprojekte, in: A. v. Ahsen, T. Czenskowsky (Hrsg.), Marketing und Marktforschung: Entwicklungen, Erweiterungen und Schnittstellen im nationalen und internationalen Kontext, Hamburg 1996, S. 146 f.

[3] Vgl. hierzu die vorstehenden Ausführungen unter Gliederungspunkt 2.1.4.2 Übernahme abstrakter Zahlungspflichten durch Dritte, S. 40 ff.

[4] So ist beispielsweise die Werthaltigkeit eines langfristigen Stromabnahmevertrages, den ein Kraftwerksprojekt mit einem Netzbetreiber abschließt, dann ungewiss, wenn dieser die vertraglich festgelegten Abnahmepreise nicht an die Endabnehmer durchreichen kann.

[5] Vgl. hierzu Sell, A.: Das Prognoseproblem bei Feasibility Studien für Auslandsprojekte, a.a.O., S. 156 m.w.N.

[6] Vgl. hierzu die vorstehenden Ausführungen unter Gliederungspunkt 2.1.4.2 Übernahme abstrakter Zahlungspflichten durch Dritte, S. 40 ff.

[7] Vgl. zum Wesen von ‚Prüfungen' die nachfolgenden Ausführungen unter Gliederungspunkt 4.1.1.1 Betriebswirtschaftliche Prüfungen, S. 304 ff.

[8] Vgl. hierzu auch die korrespondierenden Ausführungen unter Gliederungspunkt 4.1.2 Kreditwürdigkeitsprüfung, S. 353 ff, insbesondere zur ‚persönlichen Kreditwürdigkeitsprüfung'.

Vorhersage von gesamtwirtschaftlichen Rahmendaten in Form von Zinskurven sowie Wechselkurs- und Inflationsprognosen. Daneben kann sich im Einzelfall das Erfordernis einer Aussage über die zukünftige Entwicklung weiterer volkswirtschaftlicher Kenngrößen (z.B. Bruttoinlandsprodukt, Arbeitslosenquote, Auslandsverschuldung) für eine Prognose des Länderrisikos bzw. der gesamtwirtschaftlichen Kosten und Nutzen im Rahmen einer ‚Cost-Benefit-Analysis' ergeben.[1] Zudem fließen Vorhersagen derartiger Makrodaten regelmäßig in die vorstehend skizzierten Marktprognosen ein.

- **Abgaben und Rechnungslegung**

    Je nach Komplexität des zugrundeliegenden Abgabensystems und der einschlägigen Vorschriften für die Rechnungslegung kann eine Prognose über die wahrscheinlich anwendbaren Regelungen erforderlich sein, um die entsprechenden Kausalzusammenhänge in der modellgestützten Finanzplanung adäquat abbilden zu können. Insbesondere die Nichtanerkennung steuerlicher (Sonder-) Regelungen durch die Finanzverwaltung kann erhebliche negative Auswirkungen auf die Schuldendienstkapazität sowie die Sponsorenrendite eines Projekt- und Finanzierungskonzeptes haben.[2] Die Vorschriften für die externe Rechnungslegung gewinnen u.a. dann eine Bedeutung, wenn in der modellgestützten Finanzplanung die (handelsrechtlich) ausschüttungsfähigen Gewinne ermittelt sowie das Auftreten von insolvenzrechtlich relevanten Überschuldungstatbeständen im Rahmen von Sensitivitätsanalysen modelliert werden soll.

- **Rechtsdurchsetzung/Genehmigungserhalt**

    Bei rationalem Entscheidungsverhalten wird für die einzelnen Beteiligten und insbesondere für die potenziellen Kreditgeber das Vorliegen einer Prognose über die rechtliche Um- und Durchsetzbarkeit des Projekt- und Finanzierungskonzeptes sowie über den wahrscheinlichen Erhalt noch ausstehender, jedoch zwingend erforderlicher Genehmigungen, die Voraussetzung für eine Partizipation am Projekt bilden. Die Möglichkeit einer (grenzüberschreitenden) Durchsetzung von eigenen Ansprüchen aus komplexen Langzeitverträgen wird in hohem Maße vom Stand des jeweiligen Rechtssystems sowie von den politischen und soziologischen Rahmenbedingungen und damit einhergehend der faktischen Unabhängigkeit und Unbefangenheit der Judikative abhängen. Eine Prognose über die potenzielle rechtliche Durchsetzung von komplexen vertraglichen Arrangements wird somit regelmäßig keinen deterministischen Charakter annehmen können. Dies gilt analog für Vorhersagen über den grundsätzlichen sowie zeitgerechten Erhalt erforderlicher Genehmigungen durch die exekutiven Organe am Projektstandort.

- **Umwelt**

    Je nach Projektart und -größe werden aufgrund von Umweltvorschriften, freiwilligen Verpflichtungserklärungen und/oder Umweltrichtlinien nationaler bzw. supranationaler Förderinstitute (umfangreiche) Prognosen (z.B. in Form von Umweltstudien, Umweltverträglichkeitsprüfungen, Environmental Impact Assessment Reports etc.) über potenzielle Umweltauswirkungen einzuholen sein. Aufgrund der Dominanz technisch-physikalischer (naturwissenschaftlicher) Gesetzmäßigkeiten könnte den Umweltprognosen – ähnlich den technischen Prognosen – zunächst ein deterministischer Charakter unterstellt werden. Projekte treten jedoch in eine

---

[1] Vgl. hierzu Sell, A.: Evaluierung von Projekten in Entwicklungsländern, in. DBW, 42. Jg. (1982), S. 575 ff., Sell, A.: Methods for Project Evaluation. Pretension and Redemption, in: Zeitschrift für Wirtschafts- und Sozialwissenschaften, 100. Jg. (1985), S. 485 ff., Sell, A.: Investitionen in Entwicklungsländern: Einzel- und gesamtwirtschaftliche Analysen, a.a.O., S. 173 ff., Sell, A.: Einzel- und gesamtwirtschaftliche Bewertung von Energieprojekten - Zur Rolle von Wirtschaftlichkeitsrechnung, Cost-Benefit Analyse und Multikriterienverfahren, Bremen 1992, S. 7 f., Sell, A.: Project Evaluation: An integrated financial and economic analysis, a.a.O., S. 103 ff.

[2] Als Beispiele für relevante Regelungen lassen sich u.a. Verlustvortrags- und Abschreibungsmöglichkeiten sowie die Verrechnung von gezahlter Einfuhrumsatzsteuer für Wirtschaftsgüter des Anlagevermögens mit fakturierter Umsatzsteuer für durch das Projekt abgesetzte Güter und Dienstleistungen anführen.

mehr oder weniger komplexe und damit schwer vorherzusagende Interaktion mit ihrer Umwelt, so dass regelmäßig nur die Abgabe von stochastischen Prognosen möglich sein dürfte.

- **Versicherungen**

    Die vollumfängliche Absicherung von Haftpflicht- und Vermögensschäden kann je nach Projektstandort, den technischen Spezifika sowie der marktmäßigen Verfügbarkeit von Deckungsmöglichkeiten prohibitive, d.h. wirtschaftlich nicht tragfähige, Prämien implizieren. Industrieversicherungen sind häufig nur mit kurzfristigen Laufzeiten erhältlich, so dass sich regelmäßig das Erfordernis zu einem revolvierenden Abschluss von Policen zu den jeweils geltenden Marktkonditionen ergibt. Ausgehend von möglichen Schadensszenarien wird daher eine Prognose über potenzielle Kosten, korrespondierende Versicherungspakete und hierfür wahrscheinlich zu zahlende Prämien von sachkundiger Seite einzuholen sein.

- **Bonität von Vertragspartnern**

    Aus kreditgeberseitiger Sicht kann nur dann von einer erfolgreichen Umsetzung eines Projekt- und Finanzierungskonzeptes ausgegangen werden, wenn das Einhalten von drittseitigen Verpflichtungen für die Dauer ihrer Zusage als hinreichend wahrscheinlich erscheint. Insoweit ist ein Urteil über die Bonität der Vertragspartner des ‚Projektes', insbesondere über Parteien, die abstrakte Zahlungspflichten übernehmen, und im Regelfall auch über die Sponsoren erforderlich.[1] Je nach der verwendeten Methodik kann die Ermittlung einer Aussage über die Bonität einer Adresse als Kreditwürdigkeitsprüfung oder Prognose bezeichnet werden.[2]

- **Politische und soziologische Rahmenbedingungen**

    Die Umsetzung eines Projekt- und Finanzierungskonzeptes impliziert bei rationalem Entscheidungsverhalten neben einer Analyse der aktuellen auch eine hinreichende Antizipation der potenziellen politischen und soziologischen Rahmenbedingungen am Projektsitz bzw. an anderen projektrelevanten Standorten.[3] Sowohl die Bestandskraft der vertraglichen Dimension als auch die Aussagesicherheit für die übrigen Prognosefelder und damit letztlich auch der modellgestützten Finanzplanung kann durch länder- bzw. regionalspezifische Besonderheiten mehr oder weniger stark in Frage gestellt werden.[4] In diesem Zusammenhang ist es unerheblich, ob die betrachteten Lokationen aus Sicht der Kreditgeber dem In- oder Ausland zuzurechnen sind, da derartige Phänomene – mit unterschiedlich starker Ausprägung – grundsätzlich global auftreten können. Neben Prognosen auf der Basis sorgfältiger Länderanalysen ermöglichen im Zweifel gesamtwirtschaftliche ‚Kosten-Nutzen-Analysen' (‚Cost-Benefit-Analysis') eine erste objektivierte Basis für die Ableitung von Aussagen über mögliche Rückwirkungen auf die Bevölkerung bzw. einzelne Bevölkerungsgruppen und damit letztlich auch eine Identifizierung von potenziellen politischen und soziologischen Unwägbarkeiten.

---

[1] Vgl. hierzu Gliederungspunkt 2.1.4.2 Übernahme abstrakter Zahlungspflichten durch Dritte, S. 40 ff. Eine Aussage über die Sponsoren könnte dann entfallen, wenn diese ihre Eigenkapitalverpflichtungen vor erster Kreditauszahlung vollständig erbringen, keine weiteren (konkreten oder abstrakten) Verpflichtungen im Hinblick auf das Projekt übernehmen (‚Non Recourse Financing') und somit als reine Finanzinvestoren auftreten. Vgl. hierzu die vorstehenden Ausführungen unter Gliederungspunkt 2.1.4.1 Risk Sharing, S. 33 ff. Finanzkräftige Sponsoren werden als ‚Deep Pocket Sponsor' bezeichnet.

[2] Vgl. hierzu im Detail die nachfolgenden Gliederungspunkte 4.1.2 Kreditwürdigkeitsprüfung, S. 353 ff., sowie insbesondere 4.1.2.1.1 Begriffliche Grundlegung, S. 353 ff.

[3] Im Zweifel sind auch die politischen und soziologischen Rahmenbedingungen an den Sitzen anderer Projektparteien (Kreditgeber, Sponsoren, Anlagenbauer, Abnehmer etc.) zu analysieren.

[4] Exemplarisch sei hier auf religiös (z.B. Projekterrichtung auf „heiligem" Boden, Verstoß gegen islamische Finanzierungsvorschriften) und/oder ethnisch motivierte Konflikte (z.B. Projektrealisierung durch „Herrschaftskaste"), die objektive oder subjektive Verstärkung sozialer Disparitäten (z.B. Umsiedlung/Räumung von Wohnvierteln/Slums) sowie die Instrumentalisierung für parteipolitische und/oder ideologische Zwecke (z.B. „Schutz" der heimischen Wirtschaft, Protektionismus) hingewiesen.

2.2.3.3 Prognoseverfahren

Unter einem ‚**Prognoseverfahren**' (‚**Prognosemodell**', ‚**Prognosemethode**') wird ein System zur Ableitung von Prognosewerten verstanden, welches „*... die beobachteten Werte der zu prognostizierenden Größe untereinander und/oder mit den Werten anderer Größen nach bestimmten (meist mathematischen) Regeln verknüpft...*"[1]

Im Schrifttum zu den Prognoseverfahren werden i.d.R. ‚heuristische Verfahren' sowie ‚mathematisch-statistische Verfahren' unterschieden:[2]

- **Heuristische Verfahren (‚Qualitative Methoden')**

    ‚Heuristische Verfahren' eignen sich insbesondere für Progoseaufgaben, die aufgrund fehlenden oder eingeschränkten historischen Datenmaterials (‚Zeitreihen') einer mathematisch-statistische Analyse nicht oder nur schwer zugänglich sind. Daneben können sie auch zur Anwendung kommen, wenn das für quantitative Verfahren erforderliche Methodenwissen fehlt bzw. der Einsatz zu zeitaufwendig und/oder zu teuer ist.[3] Klassische Einsatzgebiete qualitativer Verfahren sind u.a. die (langfristige) Zukunftsforschung („Trendforschung", „Futurologie")[4] und die Neuprodukteinführung. Im Hinblick auf den Untersuchungsgegenstand ‚Projektfinanzierung im engeren Sinne' dürften heuristische Verfahren insbesondere für die Generierung von Prognosen auf den – vorstehend skizzierten – Prognosefeldern ‚Technik', ‚Management/Betrieb', ‚Abgaben/Rechnungslegung', ‚Rechtsdurchsetzung/Genehmigungserhalt', ‚Umwelt', ‚Versicherung' sowie ‚Politische und soziologische Rahmenbedingungen' geeignet sein. Charakteristisch sind der Einsatz von Experten sowie das Fehlen einer theoretischen und somit nicht vollumfänglich objektivierbaren Fundierung.[5]

    Im Schrifttum diskutierte und in der Prognosepraxis eingesetzte heuristische Verfahren sind u.a. ‚Vertreterbefragungen', ‚Verbraucherbefragungen', ‚Expertenbefragungen', ‚Analogieschlüsse', die ‚Delphi-Methode' und die ‚Szenario-Technik'.

- **Mathematisch-statistische Verfahren (Quantitative Verfahren)**

    Die ‚mathematisch-statistischen Verfahren' können nach verschiedenen Ordnungskriterien weiter untergliedert werden. Vielfach wird dabei in ‚univariate Verfahren' und ‚multivariate Verfahren' differenziert:

    Unter die ‚**univariaten Verfahren**' können alle Prognoseverfahren subsumiert werden, die eine gegebene (historische) Zeitreihe in die Zukunft fortschreiben und dabei auf weitere Zeit-

---

[1] Vgl. Hansmann, K.-W.: Prognose und Prognoseverfahren, a.a.O., S. 270.

[2] Eine Skizzierung und Diskussion der einzelnen Prognoseverfahren würde zwangsläufig den Rahmen der vorliegenden Arbeit sprengen. Insoweit soll an dieser Stelle auf das einschlägige Schrifttum verwiesen werden. Vgl. hierzu insbesondere Brockhoff, K.: Prognoseverfahren für die Unternehmensplanung, a.a.O., S. 63 ff., Frerichs, W.; Kübler, K.: Gesamtwirtschaftliche Prognoseverfahren, München 1980, S. 13 ff., Hüttner, M.: Markt- und Absatzprognosen, Stuttgart u.a. 1982, Hansmann, K.-W.: Kurzlehrbuch Prognoseverfahren, Wiesbaden 1983, Hüttner, M.: Prognoseverfahren und ihre Anwendung, a.a.O., S. 11 ff., Mertens, P. (Hrsg.): Prognoserechnung,, 5. Aufl., Würzburg 1994, Rudolph, A.: Prognoseverfahren in der Praxis, Heidelberg 1998, S. 17 ff., Hüttner, M.; Schwarting, U.: Grundzüge der Marktforschung, 7. Aufl., München u.a. 2002.

[3] Vgl. Hansmann, K.-W.: Prognoseverfahren, a.a.O., Sp. 2174.

[4] Vgl. hierzu exemplarisch Hueck, T.: Landkarten für die Zukunft, in: Die Bank, o. Jg. (2004), Nr. 12, S. 70 ff., Opaschowski, H.: Wir werden es erleben: zehn Zukunftstrends für unser Leben von morgen, Darmstadt 2002, Horx, M.: Die acht Sphären der Zukunft: ein Wegweiser in die Kultur des 21. Jahrhundert, 4. Aufl., Wien, München 2002.

[5] Vgl. Hansmann, K.-W.: Prognoseverfahren, a.a.O., Sp. 2174.

reihen mit anderen ‚kausalen' Erklärungsfaktoren verzichten.[1] Die univariaten Verfahren werden teilweise auch unter dem Begriff ‚Trendextrapolationen' zusammengefasst.[2] Bei den ‚**multivariaten Verfahren**' werden hingegen weitere Zeitreihen für sogenannte ‚exogene Variablen' herangezogen, um zukünftige Werte zu prognostizieren. Voraussetzung für diese Vorgehensweise ist jedoch, dass zwischen der zu erklärenden Variablen und den exogenen Variablen eine fachwissenschaftlich begründbare Kausalbeziehung besteht. Im Hinblick auf den Untersuchungsgegenstand ‚Projektfinanzierung im engeren Sinne' eignen sich die mathematisch-statistischen Verfahren aufgrund der Notwendigkeit eines entsprechenden Datenbestandes insbesondere für die Prognosefelder ‚Märkte' und ‚Gesamtwirtschaftliche Rahmendaten'.

Im Schrifttum diskutierte bzw. in der Prognosepraxis eingesetzte mathematisch-statistische Verfahren sind u.a. die ‚Exponentielle Glättung', ‚Saisonverfahren', das ‚Box-Jenkins-Verfahren', das ‚adaptive Filtern', ‚Wachstums-/Sättigungsmodelle' sowie ‚Indikatormethoden' und ‚Multiple Regressionsanalysen'.

Abschließend sei darauf hingewiesen, dass sich die vorstehende idealtypische Abgrenzung einzelner Prognoseverfahren in der betrieblichen Prognosepraxis zu Gunsten eines parallel durchgeführten oder kombinierten Einsatzes verschiedener Methoden häufig aufheben dürfte.

2.2.4 Projektbezogene Risikoanalyse

2.2.4.1 Risikobegriff

In der betriebwirtschaftlichen Theorie finden sich mit der ‚ursachenbezogenen Risikoauffassung' und der ‚wirkungsbezogenen Risikoauffassung' zwei verschiedene Ansätze zur Erklärung der Begrifflichkeit ‚Risiko'.[3] Die nachfolgende Abbildung zeigt diese beiden Risikoperspektiven:

---

[1] Vgl. Hansmann, K.-W.: Prognose und Prognoseverfahren, a.a.O., S. 273. Hierzu ausführlicher Hüttner, M.: Prognoseverfahren und ihre Anwendung, a.a.O., S. 5 passim.

[2] Vgl. Bretzke, W.-R.: Prognoseprüfung, in: HWRev, 2. Aufl., Stuttgart 1992, Sp. 1438.

[3] Vgl. Schulte, M.: Bank-Controlling II: Risikopolitik in Kreditinstituten, 3. Aufl., Frankfurt am Main 1998, S. 11 f.

Abb. 28: Ursachen- und wirkungsbezogener Risikobegriff

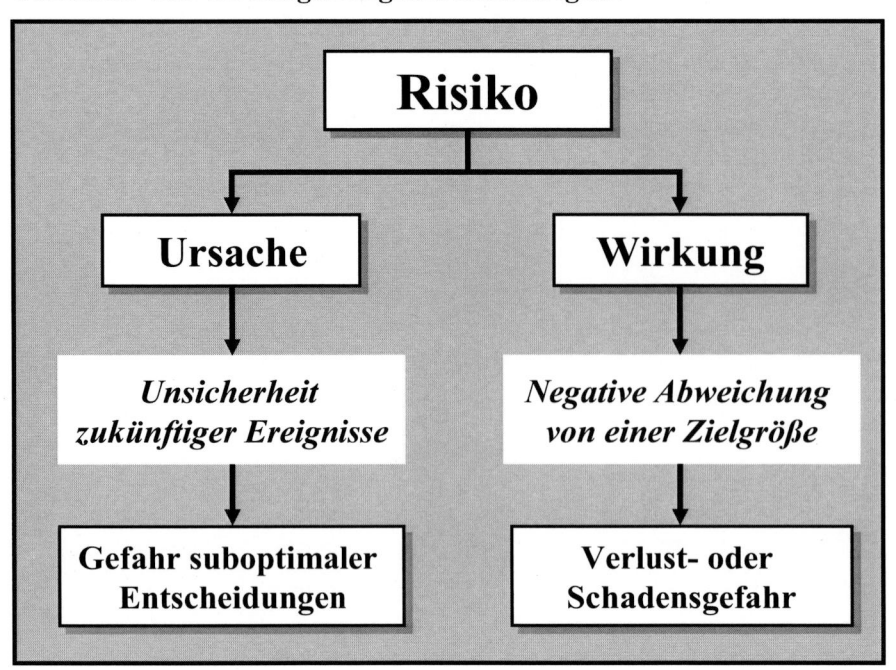

```
                         Risiko
                    ↙            ↘
              Ursache            Wirkung
                 ↓                   ↓
        Unsicherheit         Negative Abweichung
      zukünftiger Ereignisse   von einer Zielgröße
                 ↓                   ↓
        Gefahr suboptimaler      Verlust- oder
          Entscheidungen        Schadensgefahr
```

Quelle: Eigene Darstellung

Der ‚ursachenbezogene Risikobegriff' adressiert aus einer entscheidungstheoretischen Perspektive das Problem der Unsicherheit zukünftiger Ereignisse und die daraus resultierende Gefahr suboptimaler Entscheidungen. Dem hingegen stellt der ‚wirkungsbezogene Risikobegriff' auf die Möglichkeit einer negativen Zielverfehlung im Sinne einer Verlust- oder Schadensgefahr ab.[1] Beide Betrachtungsebenen schließen sich nicht gegenseitig aus, sondern gehen fließend ineinander über: Die (ursachenbezogen) identifizierte Gefahr einer suboptimalen Entscheidung impliziert (wirkungsbezogen) eine potenzielle Verlust- oder Schadensgefahr.

2.2.4.2 Entscheidungssituationen unter Risiko und Ungewissheit

Das Vorliegen von Unwägbarkeiten ist – ein rationales Verhalten vorausgesetzt – bei allen Entscheidungen durch den dispositiven Faktor zu berücksichtigen.[2] Ungeachtet dessen, dass im Schrifttum teilweise abweichende Systematisierungen diskutiert werden, sollen die möglichen einzelwirtschaftlichen Entscheidungssituationen nach dem Sicherheitsgrad der Entscheidungsinformationen wie folgt klassifiziert werden:[3]

---

[1] In diesem Sinne kann die ‚Chance' als positive Zielverfehlung interpretiert werden; vgl. Schulte, M.: Bank-Controlling II: Risikopolitik in Kreditinstituten, 3. Aufl., Frankfurt am Main 1998, S. 11.
[2] Vgl. Menges, G.: Risiko und Ungewißheit, in: HWF, Stuttgart 1976, Sp. 1517.
[3] Vgl. Zahn, E.; Kleinhans, A.: Systeme zur Entscheidungsunterstützung, in: WISU, 18. Jg. (1989), S. 558.

Abb. 29: Klassifizierung von Entscheidungssituationen

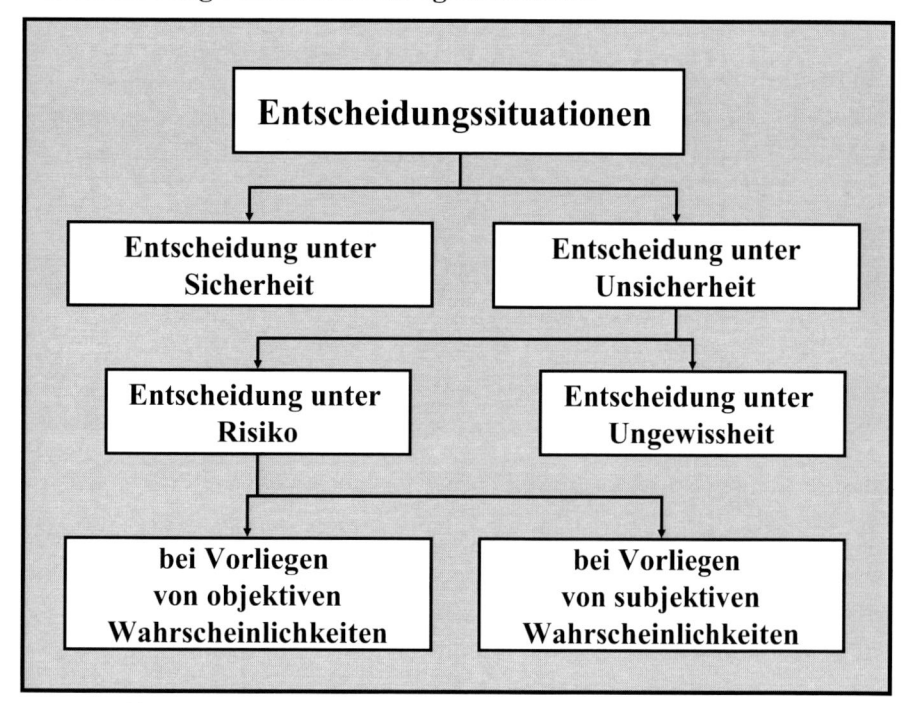

```
                    Entscheidungssituationen
                    ┌──────────────┴──────────────┐
          Entscheidung unter              Entscheidung unter
             Sicherheit                      Unsicherheit
                                    ┌──────────────┴──────────────┐
                          Entscheidung unter              Entscheidung unter
                              Risiko                         Ungewissheit
                          ┌──────────────┬──────────────┐
                   bei Vorliegen                   bei Vorliegen
                   von objektiven                  von subjektiven
                  Wahrscheinlichkeiten           Wahrscheinlichkeiten
```

Quelle: Eigene Darstellung

Eine ‚**Entscheidungssituation unter Sicherheit**' ist dadurch gekennzeichnet, dass das Ergebnis einer potenziellen Entscheidung ex ante vollständig bestimmbar ist.[1] Es handelt sich damit regelmäßig um einen fiktiven Fall, welcher eher für die theoretische Annäherung an Entscheidungs- bzw. Erklärungssituationen in einer deterministischen Modellwelt geeignet erscheint.[2] Dagegen ist die Entscheidungsfolge, d.h. das Ergebnis einer Entscheidung, bei einer ‚**Entscheidungssituation unter Unsicherheit**' aufgrund unvollständiger Information über zukünftige Umweltzustände ex ante nicht eindeutig bestimmbar.[3] Da die Realität mehrheitlich durch ‚unvollkommene Informationen' über die Zukunft gekennzeichnet ist, stellen ‚Entscheidungen unter Unsicherheit' den Regelfall für die ökonomische Praxis dar. Für unsichere Entscheidungssituationen können die beiden Fallkonstellationen einer ‚Entscheidung unter Risiko' und einer ‚Entscheidung unter Ungewissheit' unterschieden werden:[4]

- Eine ‚**Entscheidung unter Risiko**' soll dann vorliegen, wenn subjektive oder objektive Wahrscheinlichkeiten zukünftiger Umweltzustände und damit des Eintretens der möglichen Entscheidungsfolgen bekannt sind.[5] Dabei können ‚*subjektive Wahrscheinlichkeiten*' als die individuellen Überzeugungsgrade des Entscheidungsträgers interpretiert werden. ‚*Objektive Wahr-*

---

[1] Vgl. Siegel, T.: Unsicherheit, in: Knapps Enzyklopädisches Lexikon des Geld-, Bank- und Börsenwesens, 4. Aufl., Frankfurt a.M. 1999, S. 1905.

[2] Vgl. hierzu Gliederungspunkt 2.2.2.3 Modellcharakter, S. 66 ff.

[3] Vgl. Müller, W.: Risiko und Ungewißheit, in: HWB, 5. Aufl., Stuttgart 1993, Sp. 3814, Siegel, T.: Unsicherheit, a.a.O., S. 1905.

[4] Die Unterscheidung in die Fallkonstellationen Risiko und Ungewissheit wird im Schrifttum auf KNIGHT (Knight, F. H.: Risk, Uncertainty and Profit, Boston u.a. 1921) zurückgeführt, vgl. Müller, W.: Risiko und Ungewißheit, a.a.O., Sp. 3816. Oehler, A.; Unser, M.: Finanzwirtschaftliches Risikomanagement, Berlin u.a. 2001, S. 10 f.

[5] Vgl. Müller, W.: Risiko und Ungewißheit, a.a.O., Sp. 3814, Siegel, T.: Unsicherheit, a.a.O., S. 1905, Bamberg, G.: Risiko und Ungewissheit, in: HWF, 3. Aufl., Stuttgart 2001, Sp. 1836.

scheinlichkeiten' sind als der quantifizierte Ausfluss statistisch-mathematischer Verfahren zu verstehen.[1]

- Bei einer ‚**Entscheidung unter Ungewissheit**' ist die Wahrscheinlichkeitsverteilung möglicher zukünftiger Umweltzustände unbekannt.[2] Es kann lediglich angenommen werden, dass sich eines von mehreren antizipierten Ergebnissen einer Entscheidungsvariante einstellt.[3]

2.2.4.3 Zum Begriff ‚Risikoanalyse'

2.2.4.3.1 Erfordernis

Subsumiert man unter der Fallkonstellation einer ‚Entscheidung unter Risiko' sowohl objektive als auch subjektive Wahrscheinlichkeiten, so dürfte bei ‚zukunftsorientierten Kreditvergabeentscheidungen' im Zusammenhang mit dem Untersuchungsgegenstand ‚Projektfinanzierungen im engeren Sinne' regelmäßig eine Entscheidungssituation unter Risiko gegeben sein. Auch Projekt- und Finanzierungskonzepte sind letztlich (Erklärungs- bzw. Entscheidungs-) Modelle, die potenzielle Wirkungszusammenhänge und Entscheidungsfolgen unter der Annahme möglicher Zukunftsentwicklungen aufzeigen sollen.[4] Vor dem Hintergrund unvollkommener Voraussicht bei einem gleichzeitig relativ langen Prognosehorizont können vielfältige Imponderabilien den antizipierten bzw. gewünschten Projektverlauf beeinträchtigen.[5] Es wird daher aus einer ursachenbezogenen Risikoperspektive zu untersuchen sein, welche der im Modell angenommenen Konstanten und Variablen sowie der unterstellten Kausalzusammenhänge unsichere Umweltzustände implizieren, somit risikobehaftet sind und einer Prognose bedürfen. Im Zusammenhang mit Projektfinanzierungen im engeren Sinne wird für derartige Untersuchungen der Begriff der ‚**Risikoanalyse**' verwendet.[6] Darüber hinaus dient die Risikoanalyse nicht nur der Identifikation von Prognosefeldern, sondern implizit auch der Generierung eines grundsätzlichen Verständnisses über den Grad der Prognostizierbarkeit von Variablenausprägungen sowie des Fortbestands von Annahmen über Konstanten und Kausalzusammenhänge. Dies schließt im Idealfall eine Urteilsbildung über die Prognoseergebnisse, d.h. insbesondere den Grad der Zuverlässigkeit und damit der Verwendbarkeit für die ‚modellgestützte Finanzplanung', mit ein. Ferner sind im Rahmen der Risikoanalyse aus einer wir-

---

[1] Vgl. Funck, F.: Modellgestützte Planung und unvollkommene Information, Münster 1998, S. 26 ff.

[2] Vgl. Müller, W.: Risiko und Ungewißheit, a.a.O., Sp. 3814, Bamberg, G.: Risiko und Ungewißheit, a.a.O., Sp. 1836. OEHLER/UNSER weisen darauf hin, dass diese Sichtweise von KEYNES (Keynes, J. M.: A Treatise on Probability, London 1921) in das Schrifttum eingeführt wurde; vgl. Oehler, A.; Unser, M.: Finanzwirtschaftliches Risikomanagement, a.a.O., S. 10.

[3] Im Schrifttum erfolgt teilweise eine abweichende Einteilung in eine ‚Entscheidungssituation unter Risiko' mit objektiven Wahrscheinlichkeiten und eine ‚Entscheidungssituation unter Unsicherheit' mit subjektiven oder gar keinen Wahrscheinlichkeiten; vgl. Kupsch, P.: Risiken als Gegenstand der Unternehmungspolitik, in: WiSt, 4. Jg. (1975), S. 153. OEHLER/UNSER führen hierzu aus, dass eine Differenzierung nach subjektiven und objektiven Wahrscheinlichkeiten als nicht stichhaltig erscheint, „ *da aus methodologischer Sicht letztlich jede Wahrscheinlichkeit subjektiv ist.*" Vgl. Oehler, A.; Unser, M.: Finanzwirtschaftliches Risikomanagement, a.a.O., S. 11. In diesem Sinne auch Bamberg, G.: Risiko und Ungewißheit, a.a.O., Sp. 1838.

[4] Vgl. hierzu Gliederungspunkt 2.2.2.3 Modellcharakter, S. 66 ff.

[5] Insbesondere die Vornahme von Sensitivitätsanalysen im Rahmen der modellgestützten Finanzplanung zeigt, dass Entscheidungssubjekte die Möglichkeit verschiedener zukünftiger Umweltzustände berücksichtigen. Vgl. hierzu die nachfolgenden Ausführungen unter Gliederungspunkt 2.2.4.3.4.1 Sensitivitätsanalysen, S. 148 ff.

[6] Vgl. hierzu exemplarisch Gröhl, M.: Bankpolitische Konsequenzen der Projektfinanzierung, a.a.O., S. 88.

kungsbezogenen Risikoperspektive Art und Umfang von bereits im Projekt- und Finanzierungskonzept enthaltenen risikomildernden Maßnahmen (‚Mitigants') zu beurteilen bzw. mögliche weitere Absicherungsstrategien aufzuzeigen.

2.2.4.3.2 Idealtypische Bestandteile

Aus einer risikotheoretischen Perspektive kann der Begriffskomplex der ‚Risikoanalyse' zunächst in die idealtypischen Bestandteile bzw. Subphasen ‚Risikobestimmung', ‚Risikoanalyse im engeren Sinne' und ‚Risikobeurteilung' aufgegliedert werden:[1]

Abb. 30: **Erscheinungsformen der Risikoanalyse**

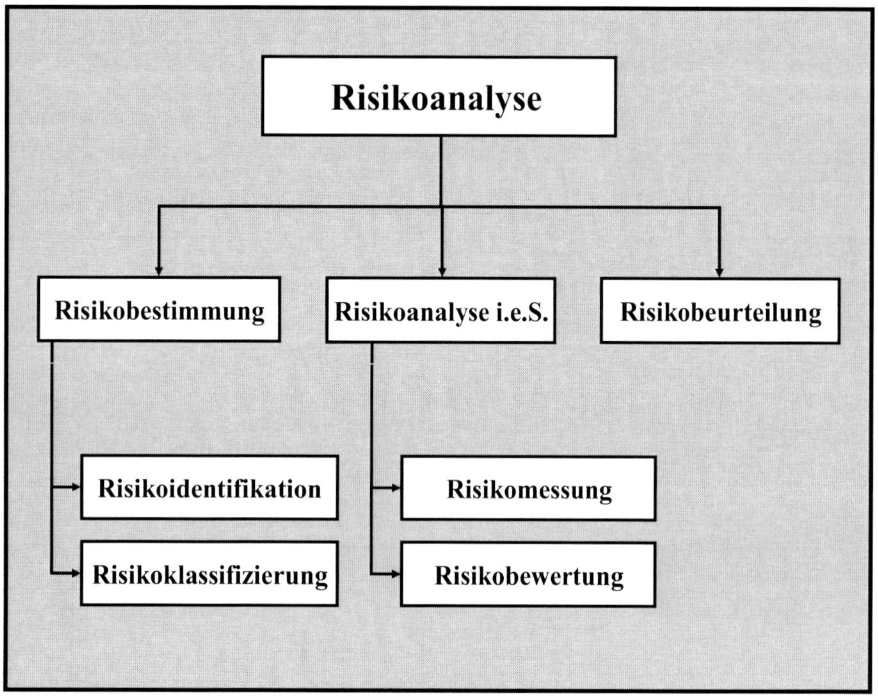

```
                        Risikoanalyse
          ┌─────────────────┼─────────────────┐
    Risikobestimmung   Risikoanalyse i.e.S.   Risikobeurteilung
          │                 │
    ┌─ Risikoidentifikation ┌─ Risikomessung
    │                       │
    └─ Risikoklassifizierung└─ Risikobewertung
```

Quelle: Eigene Darstellung

Die ‚**Risikoanalyse**' stellt eine „*Phase der Informationsgewinnung*"[2] dar, deren Subphasen sich wie folgt charakterisieren lassen:

- **Risikobestimmung (qualitative Risikoanalyse)**

    Im Rahmen der ‚**Risikobestimmung**' sind zunächst potenzielle Risiken zu identifizieren und zu klassifizieren. Während die ‚**Risikoidentifikation**' auf die Aufdeckung und Offenlegung von Risikoquellen in einer Entscheidungssituation abzielt, erfolgt im Rahmen der ‚**Risikoklassifizierung**' eine ursachenbezogene Klassifizierung der identifizierten Risiken (z.B. in technische, politische, finanzwirtschaftliche, marktinduzierte Risiken etc.), um ein besseres Verständnis für die Risikostruktur zu schaffen. Risikoidentifikation und Risikoklassifizierung können für sowohl konkrete als auch generische Fallkonstellationen vorgenommen werden.

---

[1] Vgl. hierzu Schulte, M.: Bank-Controlling II: Risikopolitik in Kreditinstituten, 3. Aufl., Frankfurt am Main 1998, S. 14. KARTEN weist darauf hin, dass im Schrifttum divergierende Gliederungssysteme mit variierenden Bezeichnungen für die unterschiedlichen Phasen bzw. Subphasen des Risikomanagements verwendet werden; vgl. Karten, W.: Risk Management, in: HWB, 5. Aufl., Stuttgart 1993, Sp. 3829.

[2] Karten, W.: Risk Management, in: HWB, 5. Aufl., Stuttgart 1993, Sp. 3830.

- **Risikoanalyse i.e.S. (quantitative Risikoanalyse)**

    Die ‚**Risikoanalyse im engeren Sinne**' adressiert ausschließlich konkretisierte Entscheidungssituationen durch Messung und Bewertung der Risikostruktur eines einzelnen Sachverhalts. Die ‚**Risikomessung**' dient hierbei der quantitativen Ermittlung des Abweichungs-, Verlust- oder Schadenspotenzials.[1] Im Rahmen der ‚**Risikobewertung**' kann eine Weiterverarbeitung des quantifizierten Risikos zu Erfolgs- und Renditegrößen erfolgen.[2]

- **Risikobeurteilung**

    Risikobestimmung und Risikoanalyse im engeren Sinne schaffen die Grundlagen für eine abschließende ‚**Risikobeurteilung**' vor dem Hintergrund der Präferenzfunktion des Entscheidungsträgers sowie aufsichtsrechtlicher und allgemeinverbindlicher, unternehmensunabhängiger Normvorstellungen.[3]

2.2.4.3.3 Qualitative (projektbezogene) Risikoanalyse

Die nachfolgende Tabelle klassifiziert im Überblick die im Rahmen einer qualitativen (projektbezogene) Risikoanalyse zu analysierende generische Risikostruktur des Untersuchungsgegenstandes ‚Projektfinanzierung im engeren Sinne'[4]:

---

[1] Zu dieser Subphase der Risikoanalyse zählt auch die Quantifizierung des ‚erwarteten Verlustes' mittels eines Risikoklassifizierungsverfahrens (‚Rating'); vgl. hierzu die nachfolgenden Ausführungen unter Gliederungspunkt 4.1.2.2.3.1 Kreditrisikomessung, S. 399 ff.

[2] Aus der Perspektive von Fremdkapitalgebern (Kreditinstituten) kann beispielsweise eine ‚Risikobewertung' durch Weiterverarbeitung zu ‚risikoadjustierten Erfolgs- und Renditegrößen' erfolgen; vgl. hierzu die nachfolgenden Ausführungen unter Gliederungspunkt 4.1.2.2.3.2 Kreditrisikobewertung, S. 404 ff.

[3] Aus einer finanzierungstheoretischen Perspektive führen Kreditgeber in ihrer Eigenschaft als Finanzintermediäre eine Risikoselektion durch, welche zu einer gesamtwirtschaftlichen Risikotransformation führt. Vgl. Bitz, M.: Erscheinungsformen und Funktionen von Finanzintermediären, a.a.O., S. 434.

[4] Für verschiedene Darstellungen von projektfinanzierungsspezifischen Risiken im Schrifttum vgl. exemplarisch Nevitt, P. K.; Fabozzi, F.: Project Financing, a.a.O., S. 43 ff., Horn, N.: Das Vertragsrecht der internationalen Projektfinanzierungen, a.a.O., S. 210 ff., Finnerty, J. D.: Project Financing: Asset-Based Financial Engineering, a.a.O., S. 40 ff., Denton Hall Projects Group (Hrsg.): A Guide to Project Finance, S. 55 ff., Uekermann, H.: Risikopolitik bei Projektfinanzierungen: Maßnahmen und ihre Ausgestaltung, Wiesbaden 1993, S. 28 ff.

Tab. 13: Generische Risikostruktur von ‚Projektfinanzierungen i.e.S.'

Risiko	Identifizierte Risikoquellen bzw. Risikodeskription
Technische Risiken	
Planungsrisiko	Fehlerhafte ingenieurseitige Planung eines Projektes aufgrund falscher Einschätzung der inhärenten technischen Komplexität
Fertigstellungsrisiko	Keine termin- und/oder spezifikationsgerechte Fertigstellung des Projektes
Kostenerhöhungsrisiko	Überschreitung der budgetierten Investitionskosten, die nicht durch ausreichend bemessene Kostenreserven und/oder Nachschussverpflichtungen gedeckt ist
Verfahrenstechnisches Risiko	Ungeeignete Verfahrenstechnik, die zu Produktionsproblemen in der Betriebsphase führt
Aktives Innovationsrisiko	Probleme bei der Leistungserstellung aufgrund des Einsatzes von neu entwickelter bzw. unausgereifter Prozesstechnologie
Passives Innovationsrisiko	Verlust der Wettbewerbsfähigkeit der eingesetzten Prozesstechnologie durch neu entwickelte und bei Konkurrenten eingesetzte Verfahren
Umweltrisiko	Überschreiten bzw. Nichteinhaltung staatlich normierter Sollvorgaben (z.B. für Abgas-, Abwasser-, Lärm-, Festpartikel- und Strahlenemissionen)
Transportrisiko	Technische Probleme beim Antransport von Anlagegegenständen und Roh-, Hilfs- und Betriebsstoffen zum Projektstandort und/oder beim Abtransport von Fertigprodukten vom Projektstandort (z.B. aufgrund mangelnder oder jahreszeitenbedingt eingeschränkt nutzbarer Verkehrsinfrastruktur)
Ökonomische Risiken	
a) Operationale Risiken	
Betriebsrisiko	Ungenügende technische Betriebsführung aufgrund von Bedienungsfehlern und/oder unerfahrenem Personal
Managementrisiko	Fehlerhaftes kaufmännisches Management
Risiko doloser Handlungen	Unterschlagungen und/oder Betrugshandlungen durch eigene Mitarbeiter und/oder Dritte
Wartungsrisiko	Schäden durch unsachgerechte Wartung der Anlagegüter
Instandsetzungsrisiko	Probleme bei der Behebung von technischen Problemen (z.B. Explosionsschäden); keine kurzfristige außerplanmäßige Verfügbarkeit von Ersatzteilen
b) Versorgungsrisiken	
Beschaffungsrisiko	Unmöglichkeit der Beschaffung von Roh-, Hilfs- und Betriebsstoffe zu Preisen, Mengen und Qualitäten, die einen wirtschaftlichen Betrieb des Projektes ermöglichen
Abbau- (Förder-) / Explorationsrisiko	Technische Probleme, anorganische oder organische Rohstoffe (z.B. Erze, Kohle, Erdöl) in den geplanten Mengen und Qualitäten abzubauen bzw. zu fördern
Standort-/Windrisiko	Unzureichendes Aufkommen von natürlichen Energieträgern am Projektstandort (z.B. Windmenge bei Windkraftanlagen, Sonneneinstrahlung bei Photovoltaikanlagen, Wasserdurchlauf bei Wasserkraftwerken, Wellenaufkommen bei Gezeitenkraftwerken)

Risiko	Identifizierte Risikoquellen bzw. Risikodeskription
Ernte-/Bestandsrisiko	Suboptimaler Ablauf von projektrelevanten biologischen Prozessen bei land-, forst- und fischereiwirtschaftlichen Projekten (z.B. Entwicklung von Pflanzungen in Gewächshäusern und auf Freiflächen, Nachwuchsgeschwindigkeit von wiederaufgeforsteten Flächen bei Zellstoffprojekten, Entwicklung der Fischbestände bei Hochseefischerei- oder Fischzuchtprojekten)
c) Marktrisiken	
Mengenrisiko	Hinter den Planansätzen zurückbleibende Absatzmengen
Preisrisiko	Unvermögen, Produkte bzw. Leistungen des Projektes zu den antizipierten oder kostendeckenden Preisen abzusetzen
Produkt-/Innovationsrisiko	Probleme beim Absatz von innovativen Produkten (z.B. Internet-Telefonie)
Obsoleszenzrisiko	Substitution des angebotenen Produktes durch alternatives, technisch verbessertes Konkurrenzprodukt
Deregulierungsrisiko	Zusammenbruch des Absatzmarktes durch staatliche Reorganisation der institutionellen Rahmenbedingungen (z.B. Abschaffung staatlicher Monopole, Abbau von protektionistischen Schutzmaßnahmen, Ersatz bilateraler Verträge durch Einführung von anonymisierten Börsenplätzen für Commodities)
Finanzwirtschaftliche Risiken	
Finanzplanungsrisiko	Falsche oder zu stark vereinfachte Abbildung des Projekt- und Finanzierungskonzeptes, d.h. der Variablen und Parameter sowie der Kausalzusammenhänge, in der modellgestützten Finanzplanung
Strukturelles Risiko	Gefahr, dass das Projekt- und Finanzierungskonzept aufgrund einer hohen und in ihren Auswirkungen ex ante nicht erkannten ökonomischen und rechtlichen Komplexität in der wirtschaftlichen Realität scheitert
Schachtel- und Holdingrisiko (gesellschaftsrechtliches Risiko)	Schwierigkeit einer rechtlich haltbaren sowie faktisch durchsetzbaren Isolierung von Zahlungsströmen bei steuerlich, regulatorisch und/oder haftungsrechtlich motivierten Schachtel- bzw. Holdingstrukturen sowie Betriebsaufspaltungen
Anschlussfinanzierungsrisiko/Refinanzierungsrisiko	Projektlaufzeitinkongruente Finanzierungen (z.B. jährlich kündbare Betriebsmittellinien oder Zwischenfinanzierungen in der Bauphase), die bei Auslaufen nicht refinanziert werden können
Bonitätsrisiko	Ausfall (Insolvenz, Überschuldung etc.) wesentlicher Projektparteien bzw. deren faktische Unfähigkeit, den eigenen vertraglichen Verpflichtungen vollumfänglich nachzukommen
Kapitalstrukturrisiko	Latentes Ausfallrisiko aufgrund eines zu hohen Leverage; Gefahr durch eine zeitlich gestaffelte Einbringung von Eigenmitteln
Zinsänderungsrisiko	Gefahr steigender Zinszahlungen bei variabel vereinbarten Basiszinssätzen (z.B. EURIBOR, LIBOR etc.)
Margenänderungsrisiko	Gefahr steigender Zinszahlungen bei variabel vereinbarten Kreditmargen (z.B. bei Vorliegen eines Rating-abhängigen Ratchet)
Wechselkursrisiko	Abwertung der Einnahmewährung(en) gegenüber der/den Ausgabenwährung(en), insbesondere der Darlehenswährung
Inflations-/Deflationsrisiko	Allgemeiner Kaufkraftverfall bzw. allgemeine Kaufkraftsteigerung
Länderrisiken	
a) Politische Risiken	

Risiko	Identifizierte Risikoquellen bzw. Risikodeskription
KTZM-Risiken	Unmöglichkeit der Konvertierung von inländischer in ausländischer Währung und/oder des Transfer von Devisen; Verhängung von individuellen Zahlungsverboten oder (allgemeingültigen) Moratorien
Direktes Enteignungsrisiko	Repatriierung der Vermögensgegenstände des Projektes bzw. wichtiger Projektbestandteile oder der Gesellschaftsanteile einer Projektgesellschaft durch staatliche Institutionen am Projektstandort ohne ausreichende Entschädigung
Indirektes Enteignungsrisiko	Vielfältige und/oder wiederholte gesetzliche bzw. verwaltungsbürokratische Maßnahmen, die in der Summe zu einer Verschlechterung der wirtschaftlichen Verhältnisse des Projektes führen (sogenannte ‚schleichende Enteignung')
Buy-out Risiko	Gefahr, dass staatliche Institutionen eine im Konzessionsvertrag paraphierte und für die Kreditgeber bzw. Sponsoren unvorteilhafte Auskaufoption ausüben
Embargorisiko	Verhängung von Ein- und Ausfuhrstopps durch in- oder ausländische staatliche Institutionen
Boykottrisiko	Politisch und/oder religiös motivierter Aufruf zum Boykott von Projekten über nationalistisch bzw. protektionistisch begründete sowie emotional aufgeladene Botschaften
Aktives Genehmigungsrisiko	Verweigerung und/oder Entzug notwendiger Genehmigungen bzw. künstliche Verzögerung der Genehmigungserteilung (z.B. Konzessionen, Lizenzen, Bau- und/oder Betriebserlaubnis, Aufenthaltsgenehmigungen, Erteilung von Wegerechten)
Passives Genehmigungsrisiko	Zeitliche Verzögerung der Genehmigungserteilung aufgrund einer ineffizienten Verwaltungsbürokratie bzw. langsamer Genehmigungsprozesse
Steueränderungsrisiko	Rückwirkende oder zukünftige Änderung von Steuersystem, Steuersatz und/oder Bemessungsgrundlage bei Ertrag-, Substanz-, Verkehr- und Verbrauchsteuern sowie bei sonstigen Abgaben (z.B. durch Erhebung von Zwangsbeiträgen und -gebühren)
Rechtsänderungsrisiko	Rückwirkende oder zukünftige Änderung der gesetzlichen Rahmenbedingungen (u.a. kodifizierte technische Normen, Steuergesetze, Umwelt-, Gesundheits- und Sicherheitsvorschriften)
Rechtsdurchsetzungsrisiko	Fehlen einer ausreichend entwickelten bzw. unabhängigen Judikative; unvollständige bzw. keine Umsetzung eigener Rechte durch die Exekutive am Projektstandort
b) Wirtschaftliche Länderrisiken	
Makroökonomisches Länderrisiko	Verfall der Kreditwürdigkeit projektrelevanter Staaten aufgrund regionaler ökonomischer Krisen und Schocks („Ölkrise", „Lateinamerikakrise", „Russlandkrise", „Asienkrise" etc.) sowie Verschlechterung der gesamtwirtschaftlichen Lage und damit der staatlichen Zahlungsfähigkeit
Mikroökonomisches Länderrisiko	Unterentwickelte Wirtschaftsstrukturen in der Region bzw. im Umfeld des Projektstandortes
Force Majeure-Risiken	
Naturkatastrophenrisiko (Acts of God)	Erdbeben, Trocken-, Kälte-, Hitze-, Regenperioden (z.B. El Nino, Monsun), Stürme (Tornados, Taifune, Hurrikan), Hochwasser/Flut (u.a. Tsunamis), Erdrutsche, Vulkanausbrüche
Kriegs-, Terror-, Aufruhr-, Streikrisiken	Ausbruch überregionaler militärischer Konflikte, Terrorangriffe und Sabotageakte, politisch motivierte Entführungen von Mitarbeitern, Bürgerkriege, Umsturz- bzw. Putschversuche, Generalstreiks, branchen- und betriebsbezogene Arbeitsniederlegungen

Risiko	Identifizierte Risikoquellen bzw. Risikodeskription
Verbrechensrisiko	(Raub-)Mord an Mitarbeitern, Entführung von Mitarbeitern zwecks Lösegelderpressung, Erpressung von Schutzgeldern von Mitarbeitern bzw. von der Projektgesellschaft
Seuchen-/Krankheitsrisiken	Epidemische Ausbreitung bzw. latente Gefahr von Krankheiten (z.B. Grippe, Malaria, Aids)

Quelle: Eigene Darstellung

Es sei darauf hingewiesen, dass die vorstehende Klassifizierung der generischen Risikostruktur von ‚Projektfinanzierungen i.e.S.' nur eine mögliche Form der Gliederung darstellt. Einige der genannten Risiken lassen sich durchaus unter mehr als eine der hier gewählten Risikoklassen subsumieren.[1] Zudem können einige der genannten Risiken als Ausprägungen anderer Risiken interpretiert werden.[2]

Die Tabelle adressiert ausschließlich Risiken, die dem Projektrisiko, d.h. dem Ausfallrisiko einer Projektfinanzierung, zuzurechnen sind. Teilweise werden im Schrifttum auch weitere bankseitige Risiken (z.B. Refinanzierungsrisiken, Syndizierungs- bzw. Platzierungsrisiken) unter die Projektrisiken subsumiert.[3] Derartige Risiken liegen – obwohl Ausfluss einer projektbezogenen Kreditvergabe – letztlich nicht im Einfluss- bzw. Gestaltungsbereich des Projektes, sondern sind als Bestandteile des Kreditrisikos dem Bereich des Kreditgebers zuzurechnen.[4]

2.2.4.3.4 Quantitative (projektbezogene) Risikoanalyse

2.2.4.3.4.1 Sensitivitätsanalysen

In der bankbetrieblichen Praxis der ‚Projektfinanzierungen im engeren Sinne' erfolgen ‚quantitative Risikoanalysen' regelmäßig auf der Basis von ‚**Sensitivitätsanalysen**' (‚**Sensibilitätsanalysen**', ‚**Reagibilitätsanalysen**'), wobei grundsätzlich zwei verschiedene Formen der Durchführung unterschieden werden können:

- **Sensitivitätsanalyse mittels allgemeiner Korrekturverfahren**

    Im Rahmen von ‚allgemeinen Korrekturverfahren' werden einzelne Input-Größen (Variablen) der modellgestützten Finanzplanung durch pauschale bzw. prozentuale Auf- oder Abschläge adjustiert, um die daraus resultierenden Auswirkungen auf eine einzelne absolute oder relative

---

[1] So kann z.B. das Deregulierungsrisiko ursächlich als politisches Risiko und wirkungsbezogen als Marktrisiko interpretiert werden.

[2] So wird sich beispielsweise das Obsoleszenzrisiko regelmäßig zugleich in einem Mengen- bzw. Preisrisiko konkretisieren.

[3] Vgl. Schmitt, W.: Internationale Projektfinanzierung bei deutschen Banken: Analyse einer neuen Bankmarktleistung unter besonderer Berücksichtigung risikopolitischer und implementierungsstrategischer Entscheidungsfelder, a.a.O., S. 151, Röver, J.-H.: Projektfinanzierung, in: U. R. Siebel (Hrsg.), Handbuch Projekte und Projektfinanzierung München 2001, S. 175, Tytko, D.: Grundlagen der Projektfinanzierung, a.a.O., S. 150.

[4] Vgl. zu den Bestandteilen des ‚Kreditrisikos' die nachfolgenden Ausführungen unter Gliederungspunkt 4.1.2.2.1 Zum Erfordernis eines Managements von Kreditrisiken, S. 393 ff. insbesondere Abb. 94: Systematisierung bankseitiger Kreditrisiken im weitesten Sinne, S. 394.

Ergebnisgröße (z.B. CFADS, DSCR, LLCR, NPV etc.) aufzuzeigen.[1] Allgemeine Korrekturverfahren lassen sich sowohl periodenindividuell als auch periodenübergreifend einsetzen. Die Methode kann zudem in Form einer ‚singulären' oder ‚multiplen' Sensitivitätsanalyse, d.h. unter Variation einer oder mehrerer Input-Größen, durchgeführt werden.[2] Die nachfolgende Abbildung zeigt beispielhaft die Reagibilität einer Ergebnisgröße bei isolierter Variation von jeweils einer von drei als relevant eingestuften Variablen (singuläre Sensitivitätsanalyse):

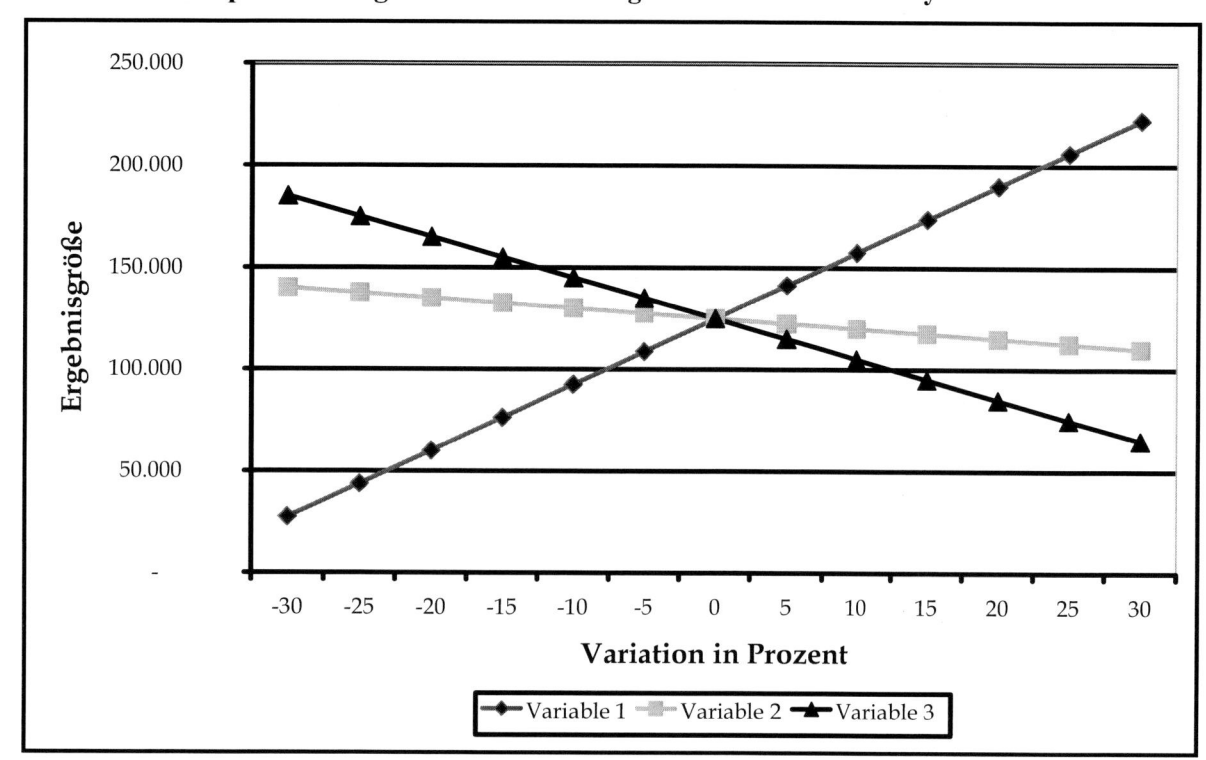

Abb. 31: Beispiel für die grafische Darstellung einer Sensitivitätsanalyse

Quelle: Eigene Darstellung

Der **Nachteil** einer Sensitivitätsanalyse mittels allgemeiner Korrekturverfahren liegt in der subjektiven Festsetzung der Auf- oder Abschläge.[3] Durch entsprechend hohe Korrekturabschläge

---

[1] Vgl. hierzu Perridon, L.; Steiner, M.: Finanzwirtschaft der Unternehmung, a.a.O., S. 102 f. Vgl. zu den genannten Ergebnisgrößen die vorstehenden Ausführungen unter Gliederungspunkt 2.2.2.4.2.2.2 Module, S. 79 ff.

[2] Der Begriff der Sensitivitätsanalyse wird in der Literatur nicht einheitlich verwendet. NEVITT/FABOZZI definieren Sensitivitätsanalysen als „*Analysis of impact on an economic analysis, plan or forecast of a change in one of the input variables*". Nevitt, P. K.; Fabozzi, F.: Project Financing, a.a.O., S. 366. Nach GROB soll der Begriff der Sensitivitätsanalyse nur dann verwendet werden, wenn ihm inhaltliche Überlegungen zugrunde liegen; vgl. Grob, H. L.: Einführung in die Investitionsrechnung, 4. Aufl., München 2001, S. 463.

[3] Zudem stellt sich bei der Variation einzelner Input-Größen durch prozentuale Auf- oder Abschläge das Problem der Ergebnisinterpretation. Beispiel: Die isolierte (singuläre) Korrektur zweier Variablen A und B um jeweils +10% zeigt, dass sich die Ergebnisgröße bei der Variablen A um –5% und bei der Variablen B um –20% verändert. Hieraus kann jedoch noch nicht geschlossen werden, dass Variable A für den Projekterfolg relativ gesehen unproblematischer ist als Variable B. Eine Aussage hierüber kann erst dann getroffen werden, wenn das potenzielle respektive wahrscheinliche Streuungsintervall der Variablen bekannt ist. Es muss die Frage gestellt werden, wie sich die 10%ige Variation der Variablen A und B wahrscheinlichkeitstheoretisch zueinander verhalten. Im Rahmen eines projektierten Gaskraftwerkes könnte es sich beispielsweise bei der Variablen A um die Errichtungsdauer und bei der Variablen B um die Menge des Vorproduktes Erdgas handeln. Bei großen Investitionsvorhaben mit einer mehrjährigen Bauphase

bzw. durch den kumulativen Effekt einer ausreichenden Anzahl von Mehrfachkorrekturen können für jedes Projekt unvorteilhafte Ergebnisgrößen ermittelt werden.[1] Als **Vorteile** des Verfahrens lassen sich die Praktikabilität bei der rechnerischen Umsetzung sowie die Transparenz bei der Ergebnisübermittlung gegenüber Dritten hervorheben.

- **Sensitivitätsanalyse durch Ermittlung kritischer Werte**

    Bei der Ermittlung ‚kritischer Werte' (‚parametrische Sensitivitätsanalyse'[2]) werden einzelne Input-Größen (Variablen) derart pauschal bzw. prozentual variiert, dass sich für eine ausgewählte absolute oder relative Ergebnisgröße ein entscheidungsindifferentes Ergebnis (z.B. NPV = 0, LLCR = 1,0, DSCR = 1,0) einstellt.[3] Kritische Werte können beispielsweise in Form von ‚kritischen Anschaffungs- bzw. Investitionskosten', ‚kritischen Kalkulationszinssätzen' (‚Interne Zinsfüße'), ‚Break-even-Verkaufspreisen', ‚Break-even-Absatzmengen', ‚kritischer Nutzungs- bzw. Amortisationsdauer' und ‚kritischen Stückkosten' ermittelt werden.[4] Die rechnerische Bestimmung der vorgenannten Schwellenwerte kann je nach dem Charakter der betrachteten Ergebnisgröße und der zu variierenden Variablen periodenindividuell oder periodenübergreifend durchgeführt werden.[5]

    Ein wesentlicher **Nachteil** der Methode ist die möglicherweise schwierige und fehleranfällige analytische, d.h. formelmäßige, Ermittlung von Schwellenwerten bei Vorliegen von umfangreichen Kausalzusammenhängen in der modellgestützten Finanzplanung.[6] Des Weiteren impliziert die jeweils gesonderte Ermittlung eines kritischen Wertes bzw. die isolierte Betrachtung

---

kommt es häufig zu substantiellen Bauzeitverzögerungen. So entspricht eine wetterbedingte Verlängerung der Bauzeit von sechs Monaten bei einer ursprünglich geplanten Bauzeit von zwei Jahren bereits einer Abweichung (Variation) von 25%. Dagegen ist es möglicherweise – relativ gesehen – unwahrscheinlicher, dass die im Rahmen einer serienmäßigen Fertigung hergestellte und mit einer Leistungsgarantie ausgelieferte Gasturbine mit ihrem Mengenverbrauch um mehr als 10% variiert.

[1] Vgl. Sell, A.: Investitionen in Entwicklungsländern: Einzel- und gesamtwirtschaftliche Analysen, a.a.O., S. 140. Das Problem wird in Anlehnung an die Umgangssprache im Schrifttum auch als „zu Tode Rechnen" bzw. „Schlechtrechnen" bezeichnet; vgl. Perridon, L.; Steiner, M.: Finanzwirtschaft der Unternehmung, a.a.O., S. 103, Grob, H. L.: Einführung in die Investitionsrechnung, a.a.O., S. 464.

[2] Vgl. Perlitz, M.: Sensitivitätsanalysen für Investitionsentscheidungen, in: ZfbF-Kontaktstudium, 29. Jg. (1977), S. 223.

[3] Vgl. Kilger, W.: Kritische Werte in der Investitions- und Wirtschaftlichkeitsrechnung, in: ZfB, 35. Jg. (1965), S. 338 ff., Kupsch, P.: Risikoverhalten bei finanzwirtschaftlichen Entscheidungen, in: HWF, Stuttgart 1976, Sp. 1537 f., Lackes, R.: Sensitivitätsanalyse in der Investitionsrechnung durch kritische Werte, in: WISU, 21. Jg. (1992), S. 259 ff.

[4] Vgl. Sell, A.: Investitionen in Entwicklungsländern: Einzel- und gesamtwirtschaftliche Analysen, a.a.O., S. 142 ff., Lackes, R.: Sensitivitätsanalyse in der Investitionsrechnung durch kritische Werte, a.a.O., S. 259 ff.

[5] Eine periodenbezogene Ermittlung von kritischen Werten ist bei periodenindividuellen Ergebnisgrößen (z.B. CFADS, DSCR) induziert.

[6] Zu denken ist hier an komplexe Projekt- und Finanzierungskonzepte, welche umfangreiche modellgestützte Finanzplanungen mit mehreren tausend Algorithmen implizieren. Allerdings bieten moderne Tabellenkalkulationsprogramme (z.B. Microsoft Excel®, Lotus 123®) die Möglichkeit, über entsprechende Programmfunktionen auch bei vielfältigen Kausalzusammenhängen eine weitgehend automatisierte Zielwertsuche durchzuführen.

einer Variablen, dass nur diese Input-Größe als unsicher betrachtet wird.[1] Für alle vorstehend skizzierten Verfahren der Sensitivitätsanalyse gilt daher, dass sie sowohl bei isolierter als auch bei mehrfacher Variation von Input-Größen nur dann aussagefähige Ergebnisse liefern können, wenn etwaige Korrelationen, d.h. funktionale Abhängigkeiten, zwischen den einzelnen Variablen der modellgestützten Finanzplanung berücksichtigt werden.[2] Eine Gesamtbetrachtung des Unsicherheitsproblems erfordert zudem eine Transformationsleistung des Entscheidungsträgers, welcher die einzelnen ermittelten kritischen Werte zu einem (persönlichen) Gesamturteil verdichten muss.

Die **Vorteile** der Methode liegen in der Verdeutlichung des Entscheidungsproblems durch Offenlegung von besonders sensitiven Input-Größen sowie in der einfachen Kommunikation der ermittelten Ergebnisse gegenüber dritten Parteien.

2.2.4.3.4.2 Szenarioanalysen

Im Rahmen von ‚Szenarioanalysen' wird ausgehend von einer gegenwärtigen Erkenntnissituation der Versuch unternommen, potenzielle zukünftige Entwicklungen oder Umweltsituationen und daraus resultierende Ausprägungen von Input-Größen (Variablen) der modellgestützten Finanzplanung abzuleiten.[3] In der Regel werden von den Planungs- und/oder Entscheidungsträgern drei Szenarien definiert (sogenannte ‚Drei-Punkt-Methode'[4]), welche häufig mit den Bezeichnungen ‚**Best Case**' (bzw. ‚**Optimistic Case**'), ‚**Base Case**' und ‚**Worst Case**' (bzw. ‚**Pessimistic Case**') belegt werden und jeweils zu unterschiedlichen absoluten oder relativen Ergebnisgrößen führen.[5] Die formulierten Szenarien sollen das Entscheidungsfeld in seiner als möglich erachteten Bandbreite unter Berücksichtigung (subjektiver) ganzheitlicher, sektoraler und/oder gesamtwirtschaftlicher Zukunftsvorstellungen aufzeigen. Für den Untersuchungsgegenstand ‚Projektfinanzierungen im engeren Sinne' werden Szenarioanalysen typischerweise durch periodenübergreifende und multiple Variation von relevanten Input-Größen durchgeführt. Szenarioanalysen stellen letztlich eine erweiterte Anwendungsform der ‚Sensitivitätsanalyse mittels allgemeiner Korrekturverfahren' dar. Die vorstehend angeführten Vor- und Nachteile gelten insoweit analog.[6]

---

[1] Vgl. Perlitz, M.: Sensitivitätsanalysen für Investitionsentscheidungen, a.a.O., S. 232. Hierdurch wird implizit unterstellt, dass unbedingte Wahrscheinlichkeiten für die einzelnen Variablen des Entscheidungsproblems vorliegen.

[2] Beispielsweise sind die Marktpreise von bestimmten petrochemischen Produkten (z.B. Methanol, Polyethylen) regelmäßig positiv korreliert mit den Marktpreisen der als Vorprodukte benötigten Rohstoffe (z.B. Erdöl, Erdgas). Sieht ein Projekt- und Finanzierungskonzept keine Abnahme- bzw. Beschaffungsverträge mit aufeinander abgestimmten und in der modellgestützten Finanzplanung umsetzbaren Preisformeln vor, muss für alle vorgenannten Verfahren der quantitativen Risikoanalyse die stochastische Abhängigkeit unterstellt und in Form von Korrelationen algorithmisch umgesetzt werden.

[3] Vgl. Ehrmann, H.: Unternehmensplanung, a.a.O., S. 73 m.w.N.

[4] Vgl. Bitz, M.: Investitionsplanung bei unsicheren Erwartungen, in: W. Wittmann u.a. (Hrsg.), HWB, Sp. 1967.

[5] Für eine Dreiteilung der Szenarien ohne die hier verwendeten Bezeichnungen vgl. Grob, H. L.: Einführung in die Investitionsrechnung, a.a.O., S. 469 f.

[6] Gelegentlich wird die Unmöglichkeit einer Ableitung von Eintrittswahrscheinlichkeiten für einzelne Ergebnisszenarien als „*methodenimmanentes Defizit*" der Szenarioanalyse angeführt. Vgl. Tytko, D.: Grundlagen der Projektfinanzierung, a.a.O., S. 160 f. Dieser Kritikpunkt soll an dieser Stelle nicht aufge-

2.2.4.3.4.3 Simulationsbasierte Risikoanalysen

Im Rahmen von simulationsbasierten Risikoanalysen wird die gesamte Verteilungsfunktion einer Ergebnis- bzw. Entscheidungsgröße simuliert, d.h. näherungsweise ermittelt. Dabei wird für jede mögliche Ausprägung die Wahrscheinlichkeit ermittelt, mit der das jeweilige Ergebnis unter den getroffenen Annahmen mindestens erreicht wird. Die Zwecksetzung von simulationsbasierten Risikoanalysen liegt in der Ermittlung des Risikoprofils bzw. der Risikostruktur eines Entscheidungsproblems, wobei für den Einsatz in der betrieblichen Praxis zwei verschiedene Vorgehensweisen entwickelt worden sind:

- **Monte-Carlo-Simulation**

Bei der ‚Monte-Carlo-Simulation', welche im Schrifttum auch als ‚(Simulative) Risikoanalyse' bzw. ‚Risiko-Chancen-Analyse' bezeichnet wird,[1] werden unter Zuhilfenahme von Pseudozufallszahlen die Wahrscheinlichkeitsverteilungen der unsicheren Variablen und daraus resultierend der betrachteten Ergebnis- bzw. Entscheidungsgrößen ermittelt. Der grundsätzliche Ablauf einer quantitativen Risikoanalyse auf der Basis einer Monte-Carlo-Simulation lässt sich durch die folgenden Teilschritte charakterisieren:[2]

> ➢ **Bestimmung unsicherer Input-Größen**
>
> Alle relevanten unsicheren Input-Größen (‚**Totalsimulation**') oder ausgewählte, d.h. beispielsweise im Wege von Sensitivitätsanalysen als besonders reagibel klassifizierte, Variablen der modellgestützten Finanzplanung (‚**Partielle Simulation**') sind zu identifizieren.

---

griffen werden, da die Ermittlung von Ergebnisgrößen in Form von Eintrittswahrscheinlichkeiten gerade nicht in der Intention des Verfahrens liegt. Dem steht nicht entgegen, dass einzelnen Szenarien ‚subjektive Wahrscheinlichkeiten' als individuelle Überzeugungsgrade der Planungs- und/oder Entscheidungsträger beigelegt werden können. Vgl. hierzu die vorstehenden Ausführungen unter Gliederungspunkt 2.2.4.2 Entscheidungssituationen unter Risiko und Ungewissheit, S. 140 ff.

[1] Vgl. Diruf, G.: Die quantitative Risikoanalyse: Ein OR-Verfahren zur Beurteilung von Investitionsprojekten, in: ZfB, 42. Jg. (1972), S. 821 ff., Wurl, H.-J.: Betriebswirtschaftliche Projektanalysen durch Simulation, in: ZfbF, 24. Jg. (1972), S. 362 ff., Adelberger, O. A.: Zur Praxis der berechnungsexperimentellen Risikoanalyse von Investitionsprojekten, in: WiSt, 4. Jg. (1975), S. 1 ff., Bretzke, W.-R.: Das Prognoseproblem bei der Unternehmensbewertung: Ansätze zu einer risikoorientierten Bewertung ganzer Unternehmungen auf der Grundlage modellgestützter Erfolgsprognosen, Düsseldorf 1975, S. 189 ff. Kruschwitz, L.: Bemerkungen zur Risikoanalyse aus theoretischer Sicht, in: ZfB, 50. Jg. (1980), S. 800 ff., Köhler, R.; Uebele, H.: Risikoanalysen bei der Evaluierung absatzorientierter Projekte, in: WiSt, 12. Jg. (1983), S. 119 ff., Prätsch, J.: Langfristige Finanzplanung und Simulationsmodelle: Methodologische Grundlegung sowie Beurteilung der Eignung der Simulation für die langfristige Finanzplanungspraxis, Frankfurt a.M. u.a. 1986, S. 57 ff., Jandt, J.: Investitionseinzelentscheidungen bei unsicheren Erwartungen mittels Risikoanalyse, in: WiSt, 15. Jg. (1986), S. 543 ff., Gröhl, M.: Bankpolitische Konsequenzen der Projektfinanzierung, a.a.O., S. 99 ff., Savvides, S. C.: Risk Analysis in Investment Appraisal, in: Project Appraisal, 9. Jg. (1994), Nr. 1, S. 3-18, Nachdruck in: URL: http://papers.ssrn.com/ sol3/papers.cfm?abstract_id=265905 (Abruf: 16.11.2003), im Folgenden zitiert nach der letztgenannten Quelle, Bauer, C.: Risikomessung, in: HWF, 2. Aufl., Stuttgart 1995, Sp. 1659, Braun, B.: Risikoanalyse einer Erfolgsprognose mit einem Tabellenkalkulationsprogramm, in: WISU, 26. Jg. (1997), 1153 ff., Mrzyk, A. (1998): Risiko-Chancen-Analyse, in: WISU, 27. Jg. 1998, S. 1076, Grob, H. L.; Mrzyk, A.: Risiko-Chancen-Analyse in der Investitionsrechnung: Integration von VOFI und Crystal Ball, in: Controlling, 11. Jg. (1999), S. 120 ff. Für weitere Einsatzmöglichkeiten der Monte-Carlo-Simulation im Rahmen des finanzwirtschaftlichen Risikomanagements vgl. Lesko, M.; Vorgrimler, S.: Monte-Carlo Techniken bei modernen Kreditrisikomodellen – ein Beispiel, in: ZfgK, 52. Jg. (1999), S. 1200 ff., Rudolph, M.: Monte Carlo Simulation im Risikomanagement, in: WiSt, 29. Jg. (2000), S. 381 ff.

[2] Vgl. Bitz, M.: Investitionsplanung bei unsicheren Erwartungen, a.a.O., Sp. 1973 f., Braun, B.: Risikoanalyse einer Erfolgsprognose mit einem Tabellenkalkulationsprogramm, S. 1154.

> **Schätzung bzw. Festlegung von Wahrscheinlichkeitsverteilungen**

Für die zu simulierenden Input-Größen müssen ‚**Wahrscheinlichkeitsverteilungen**' bestimmt werden.[1] Dabei dürften die Verteilungen für die Variablen bzw. die zur Beschreibung herangezogenen Maße nur in Ausnahmefällen einen „gesetzten" Charakter aufweisen. So lassen sich quantitativ objektivierte Wahrscheinlichkeitsverteilungen regelmäßig nur für technisch-naturwissenschaftliche Variablen (z.B. Temperatur, Windaufkommen) oder ausgewählte makroökonomische Daten (z.B. Zinssätze, Inflationsraten) bestimmen, soweit für die Ableitung aussagekräftige statistische Erhebungen bzw. Zeitreihen herangezogen werden können. Mehrheitlich müssen die Wahrscheinlichkeitsverteilungen für die zu simulierenden Input-Größen auf der Basis subjektiver Prognosen ermittelt werden.[2] Hierbei müssen zunächst Intervalle definiert werden, innerhalb derer die möglichen Ausprägungen für die einzelnen Variablen erwartet werden (z.B. minimale und maximale Absatzmenge). Für die zwischen diesen Grenzwerten liegende Wahrscheinlichkeitsverteilung ist dann ein Verlauf anzunehmen.[3]

> **Ermittlung/Festlegung von stochastischen Abhängigkeiten**

Für die zu simulierenden Input-Faktoren dürfen keine voneinander unabhängigen Wahrscheinlichkeitsverteilungen unterstellt werden.[4] Vielmehr sind die stochastischen Abhängigkeiten zwischen den einzelnen Variablen zu berücksichtigen.[5] Neben der Festlegung von Wahrscheinlichkeitsverteilungen stellt die Quantifizierung von Korrelationen das zweite Grundproblem bei der Monte-Carlo-Simulation dar.[6] Auch hier wird mangels fehlender statistischer Informationen regelmäßig auf die subjektive, mehr oder weniger kausal begründete Intuition des „Experten" zurückgegriffen.

> **Ermittlung von (Pseudo-)Zufallszahlen und Neuberechnung der Ergebnisgrößen**

Für jede zu simulierende Input-Größe wird eine (Pseudo-) Zufallszahl ermittelt.[7] Durch jeweiliges Einsetzen in die korrespondierenden Verteilungsfunktionen der Variablen werden die entsprechenden Variablenausprägungen ermittelt und für die Berechnung der Ergebnisgröße(n) verwendet.[8] Die Neuberechnung der Ergebnisgrößen wird so lange wiederholt, bis eine hin-

---

[1] Vgl. Guttenberger, S.: Finanzwirtschaftliche Entscheidungsprozesse, a.a.O., S. 117.

[2] Vgl. Stein, I.: Investitionsrechnungsmethoden bei Auslandsdirektinvestitionen, in: S. G. Schoppe (Hrsg.), Kompendium der internationalen Betriebswirtschaftslehre, 3. Aufl., München, Wien 1994, S. 586 f.

[3] Bei nicht verfügbaren objektiven Wahrscheinlichkeitsverteilungen werden i.d.R. ersatzweise Gleich-, Normal- oder Dreieckverteilungen angenommen. Vgl. hierzu exemplarisch Braun, B.: Risikoanalyse einer Erfolgsprognose mit einem Tabellenkalkulationsprogramm, a.a.O., S. 1156 f., Stein, I.: Investitionsrechnungsmethoden bei Auslandsdirektinvestitionen, a.a.O., S. 587 f.

[4] Gerade im älteren Schrifttum wurde die Vernachlässigung von Abhängigkeiten zwischen den zu simulierenden Input-Größen respektive ihren Wahrscheinlichkeitsverteilungen als Kritikpunkt der simulationsbasierten Risikoanalyse angeführt. Vgl. Perlitz, M.: Risikoanalyse für Investitionsentscheidungen, in: ZfbF-Kontaktstudium, 31. Jg. (1979), S. 48.

[5] Vgl. Savvides, S. C.: Risk Analysis in Investment Appraisal, a.a.O., S. 3.

[6] Vgl. Stein, I.: Investitionsrechnungsmethoden bei Auslandsdirektinvestitionen, a.a.O., S. 588.

[7] Eine Verwendung von tatsächlich zufällig ermittelten Wahrscheinlichkeiten (‚Zufallszahlen') wäre zum einen extrem aufwendig (z.B. bei händischem Ziehen aus einer Lostrommel) und würde zum anderen nicht notwendigerweise zu den gewünschten Wahrscheinlichkeitsverteilungen führen. Deshalb werden aus pragmatischen Gründen rechnergestützte Zufallszahlengeneratoren eingesetzt, welche unter Verwendung eines festen Algorithmus sogenannte streng deterministische ‚**Pseudozufallszahlen**' ermitteln. Derartige Pseudozufallszahlen(-verteilungen) können ex post nicht von tatsächlichen Zufallszahlen unterschieden werden (z.B. durch Einsatz von statistischen Testverfahren).

[8] Beispielsweise müssen bei Vorliegen von 10 Variablen und 20 Planungsperioden für einen Simulationsdurchlauf 200 (Pseudo-) Zufallszahlen gezogen werden.

reichende Anzahl von künstlichen Zufallsexperimenten (i.d.R. zwischen 100.000 und 1.000.000 Simulationsläufen) absolviert wurde.[1]

> ➤ **Ermittlung von Klassenbesetzungszahlen sowie der Häufigkeitsverteilung**

Nach Abschluss aller Zufallsexperimente werden Intervalle (‚Klassen') gebildet, in die sich die jeweiligen Ausprägungen der neuberechneten Ergebnisgrößen einordnen lassen. Die Anzahl aller einem Intervall zugeordneten Ergebnisgrößen ergibt die ‚Klassenbesetzungszahl'. Aus der Gesamtheit der Klassenbesetzungszahlen kann eine grafische Häufigkeitsverteilung abgeleitet werden:

Abb. 32: Beispiel für die grafische Darstellung einer Häufigkeitsverteilung

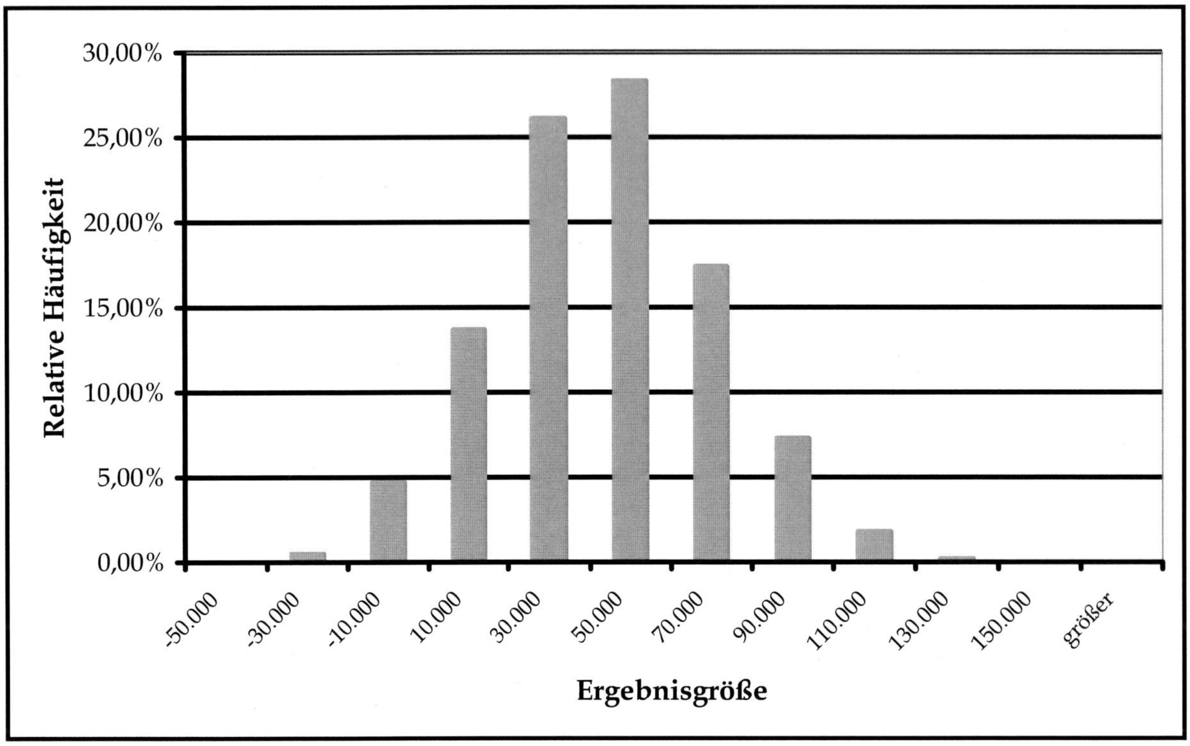

Quelle: Eigene Darstellung

> ➤ **Ableitung von Verteilungsfunktion und Risikoprofil**

Aus der Häufigkeitsverteilung lassen sich wiederum die Verteilungsfunktion und das Risikoprofil ableiten. Die Verteilungsfunktion $F(x) = W(X \leq x)$ gibt die Wahrscheinlichkeit an, dass die betrachtete Ergebnisgröße X eine Ausprägung kleiner oder gleich x annimmt. Das Risikoprofil $R(x) = 1 - F(x) = W(X \geq x)$ beschreibt die Wahrscheinlichkeit, dass sich für die Ergebnisgröße X mindestens die Ausprägung x ergibt. Zur besseren Veranschaulichung des projektindividuellen Unsicherheitsspektrums lassen sich die Verteilungsfunktion und das korrespondierende Risikoprofil grafisch darstellen:

---

[1] Die Anzahl der Simulationsläufe wird u.a. durch die Anzahl der zu simulierenden Input-Größen, die unterstellten Wahrscheinlichkeitsverteilungen sowie die generelle Komplexität des Problems, d.h. der modellgestützten Finanzplanung, bestimmt. Vgl. Bitz, M.: Investitionsplanung bei unsicheren Erwartungen, a.a.O., Sp. 1975.

Abb. 33: **Beispiel für die grafische Darstellung einer Verteilungsfunktion und des korrespondierenden Risikoprofils**

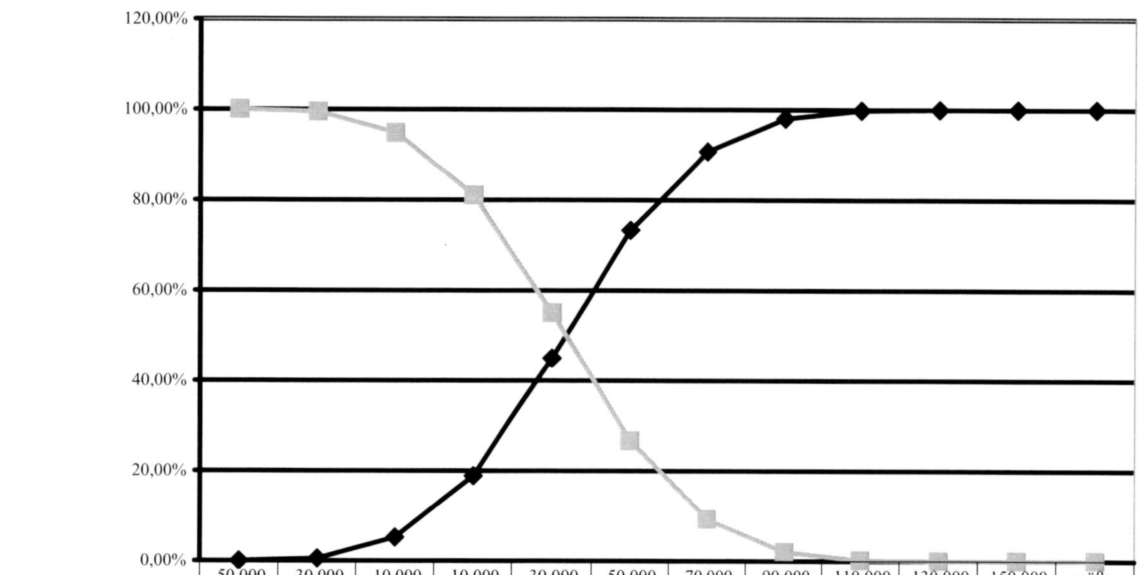

	-50.000	-30.000	-10.000	10.000	30.000	50.000	70.000	90.000	110.000	130.000	150.000	größer
Verteilungsfunktion	0,00%	0,50%	5,20%	18,90%	45,00%	73,30%	90,70%	98,00%	99,80%	100,00%	100,00%	100,00%
Risikoprofil	100,00%	99,50%	94,80%	81,10%	55,00%	26,70%	9,30%	2,00%	0,20%	0,00%	0,00%	0,00%

Quelle: Eigene Darstellung

Die Abbildung zeigt, dass mit einer Wahrscheinlichkeit von 18,9% eine Ergebnisgröße <u>von kleiner oder gleich</u> 10.000 erreicht wird. Die Wahrscheinlichkeit, dass sich für die Ergebnisgröße <u>mindestens</u> ein Wert von 10.000 einstellt, beträgt 81,1%.

Die Nutzung der Monte-Carlo-Simulation für Zwecke der quantitativen Risikoanalyse von Projekt- und Finanzierungskonzepten impliziert die Berücksichtigung respektive Akzeptanz der folgenden konzeptionellen **Nachteile**:

- Für wesentliche Input-Größen müssen die Wahrscheinlichkeitsverteilungen sowie die zugrundeliegenden Ausprägungsintervalle mangels statistisch-objektivierter Datengrundlagen auf subjektive Prognosen mit einer entsprechenden Fehleranfälligkeit basiert werden. Das Problem setzt sich bei der Ermittlung von Korrelationen zwischen den einzelnen simulierten Input-Größen fort.[1]

- Eine partielle Simulation ist dann problematisch, wenn Korrelationen mit nicht simulierten Variablen unberücksichtigt bleiben. Zudem stellt sich die grundsätzliche Frage nach einer objektiven Auswahlmethodik für die Bestimmung der zu simulierenden Input-Größen. Eine Totalsimulation erhöht dagegen die Anzahl der zu berücksichtigenden Wahrscheinlichkeitsverteilungen nebst der dazugehörigen Korrelationen, wodurch sich letztlich auch der zeitliche Aufwand, die Kosten und die Fehleranfälligkeit einer Monte-Carlo-Simulation erhöhen.[2]

---

[1] SAVVIDES führt im Hinblick auf das Problem der Bestimmung von Korrelationen aus: „*The precise nature of such relationships is often unknown and can not be specified with a great deal of accuracy as it is simply a conjecture of what may happen in the future.*" Savvides, S. C.: Risk Analysis in Investment Appraisal, a.a.O., S. 11.

[2] Dies gilt analog auch für den Disaggregationsgrad der zu simulierenden Input-Größen. Beispielsweise können entweder Zwischenergebnisse (z.B. Umsatz) oder die ihnen zugrundeliegenden Variablen (z.B. Absatzmenge, Absatzpreis) simuliert werden. Eine Erhöhung des Disaggregationsgrades vergrößert

- Der Aussagegehalt der Monte-Carlo-Simulation hängt wesentlich von der Qualität der zugrundeliegenden modellgestützten Finanzplanung und der quantitativ ausgelegten Prognosen ab.[1] Eine unzureichende Berücksichtigung von Kausalzusammenhängen in der modellgestützten Finanzplanung kann nicht durch eine simulative Risikoanalyse ausgeglichen werden. Dabei geht die Komplexität von Projekt- und Finanzierungskonzepten in der Realität weit über die für Zwecke der Veranschaulichung gewählten Rechenbeispiele des Schrifttums hinaus.[2]

- Weiterhin setzt das skizzierte Verfahren den direkten Zugriff auf den Modellalgorithmus einer modellgestützten Finanzplanung sowie einen ausreichenden Zeitraum für ihre Erweiterung um eine simulationsbasierte Risikoanalyse voraus. Bei der konsortialen Darstellung von Projektfinanzierungen im engeren Sinne werden diese Voraussetzungen regelmäßig nicht für alle beteiligten Banken gegeben sein.[3]

- Qualitative Risikotreiber bleiben im Rahmen der Monte-Carlo-Simulation unberücksichtigt. Teilweise wird eine Integration von quantitativer und qualitativer Risikoanalyse durch Einsatz von Punktebewertungsverfahren (‚[Kredit-] Scoring', ‚Nutzwertanalysen') vorgeschlagen.[4] Die ursprüngliche Intention der Ermittlung des Risikoprofils bzw. der Risikostruktur eines Entscheidungsproblems geht hierbei jedoch aufgrund von Gewichtungen und Saldierungen verloren.

- Die (Grenz-)Kosten für die Erstellung einer simulationsbasierten Risikoanalyse im Allgemeinen sowie insbesondere auch für die Ermittlung der erforderlichen Wahrscheinlichkeitsverteilungen und Korrelationen müssen vor dem Hintergrund des (Grenz-)Nutzens abgewogen werden.[5] Ein sinnvoller Einsatz wird nur dann gegeben sein, wenn die Entscheidungsträger ein hinreichendes Verständnis für Wesen und Aussagegehalt der Methode mitbringen.[6]

---

gleichzeitig die Anzahl der vorzugebenen Wahrscheinlichkeitsverteilungen sowie die durch Korrelationen zu berücksichtigenden Beziehungen zwischen den simulierten Variablen.

[1] „A good appraisal model is a necessary base on which to set up a meaningful simulation." Savvides, S. C.: Risk Analysis in Investment Appraisal, a.a.O., S. 2.

[2] Vgl. für letztere beispielsweise Gröhl, M.: Bankpolitische Konsequenzen der Projektfinanzierung, a.a.O., S. 99 ff., Savvides, S. C.: Risk Analysis in Investment Appraisal, a.a.O., S. 4 passim, Braun, B.: Risikoanalyse einer Erfolgsprognose mit einem Tabellenkalkulationsprogramm, a.a.O., 1153 ff.

[3] So wird die ‚Cashflow-Analyse' in der Regel von einer Führungsbank oder einer Gruppe von Führungsbanken erstellt. Den übrigen zur Teilnahme an einer konsortialen Darstellung der Projektfinanzierung eingeladenen Banken wird möglicherweise nur eine Hardcopy oder eine formellose Softcopy der modellgestützten Finanzplanung zur Verfügung gestellt. Etwaige Sensitivitäts- oder Szenarioanalysen werden auf Nachfrage von der modellierenden Führungsbank gerechnet. Regelmäßig steht diesen Banken für ihre Prüfung nur ein begrenzter Zeitraum von vier bis acht Wochen zur Verfügung. Vgl. hierzu im Detail die nachfolgenden Ausführungen unter den Gliederungspunkten 2.3.1 Grundfunktionen von Banken in der internationalen Projektfinanzierung, S. 159 ff. sowie 2.3.2.2 Ablauforganisation, S. 178 ff.

[4] Vgl. zu den subjektiven Punktebewertungsverfahren die nachfolgenden Ausführungen unter Gliederungspunkt 4.1.2.1.2.5 Ergebnis der Kreditwürdigkeitsprüfung, S. 387 ff.

[5] Kosten entstehen insbesondere durch das Vorhalten von qualifiziertem Personal sowie für die Beschaffung von statistisch-objektivierten Datenmaterial für die Ableitung von Wahrscheinlichkeitsverteilungen und Korrelationen.

[6] SCHMIDT/TERBERGER stellen in diesem Zusammenhang pointiert fest, dass das Problem der simulativen Risikoanalyse und ähnlicher Verfahren darin liegt, dass „...man zwar komplizierte Dinge berechnen kann, daß man aber nicht weiß, was man mit den Resultaten solcher Rechnungen anfangen soll." Schmidt, R. H.; Terberger, E.: Grundzüge der Investitions- und Finanzierungstheorie, 4. Aufl., Wiesbaden 1997, S. 304 m.w.N.

- **Historische Simulation**

Die historische Simulation ist ein der Monte-Carlo-Simulation ähnliches Verfahren.[1] Die Ermittlung der zu simulierenden Ergebnis- bzw. Entscheidungsgrößen erfolgt hierbei jedoch nicht unter Zuhilfenahme von Wahrscheinlichkeitsverteilungen für die unsicheren Variablen, sondern durch Verwendung von historischen Zeitreihen. Diese Vorgehensweise impliziert, dass nur beobachtbare Input-Faktoren (z.B. Referenzzinssätze, Wechselkurse, Marktpreise für Vor- und Endprodukte) ‚historisch simuliert' werden können. Die verwendeten Zeitreihen müssen hinreichend lang, aber nicht zwangsläufig kongruent mit der in der modellgestützten Finanzplanung abgebildeten Projektlebensdauer sein. Kürzere Zeitreihen können entweder wegen der mangelnden Verfügbarkeit von hinreichend langen Datenserien oder für die Vermeidung von Verzerrungen durch weiter zurückliegende Perioden zur Anwendung kommen. Technisch werden hierfür kürzere Zeitreihenabschnitte verlaufsidentisch in die Zukunft verlängert bzw. dupliziert. Die nachfolgende Abbildung zeigt eine derartige Zeitreihenverlängerung bei der historischen Simulation:

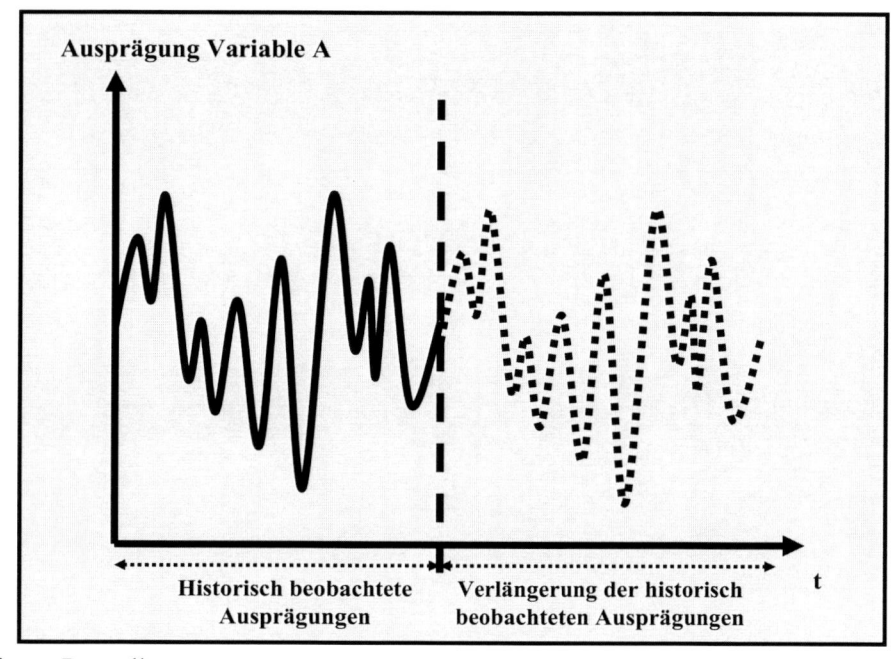

Abb. 34: Zeitreihenverlängerung bei der historischen Simulation

Quelle: Eigene Darstellung

Für die historische Simulation erfolgt die Berechnung von Ergebnisgrößen mit der modellgestützten Finanzplanung unter Verwendung der historisch beobachteten und verlängerten Zeitreihenwerte für die zu simulierenden Variablen. Für jeden Simulationslauf werden erneut die gleichen Zeitreihenwerte, jedoch jeweils <u>um eine Periode versetzt</u> als Input-Größen verwendet:

---

[1] Historische Simulationen können auch zur Quantifizierung von Marktrisiken (u.a. Zins-, Wechselkurs- und Kursänderungsrisiken) eingesetzt werden. Vgl. Hartmann-Wendels, T.; Pfingsten, A.; Weber, M.: Bankbetriebslehre, 2. Aufl., Berlin, Heidelberg 2000, S. 560.

Abb. 35: Prinzip der historischen Simulation

		Modellperioden			
		1	2	3 ...	20
Simulationsläufe	$Lauf_1$	$Wert_1$	$Wert_2$	$Wert_3$ ...	$Wert_{20}$
	$Lauf_2$	$Wert_2$	$Wert_3$	$Wert_4$ ...	$Wert_{21}$
	$Lauf_3$	$Wert_3$	$Wert_4$	$Wert_5$ ...	$Wert_{22}$
	⋮	⋮	⋮	⋮	⋮
	$Lauf_{n-19}$	$Wert_{n-19}$	$Wert_{n-18}$	$Wert_{n-17}$ ...	$Wert_n$

n = Anzahl der vorhandenen Zeitreihenwerte

Quelle: Eigene Darstellung

Grundsätzlich stellt sich auch bei der historischen Simulation das Problem von stochastischen Abhängigkeiten. Jedoch lässt es sich in der Praxis dadurch lösen, dass für die jeweiligen Modellperioden ausschliesslich zeitpunktidentische Werte herangezogen werden.[1] Diese Vorgehensweise basiert auf der Annahme, dass das historische Datenmaterial etwaige stochastische Abhängigkeiten bereits hinlänglich reflektiert.

Die Anzahl der Simulationsläufe ist grundsätzlich abhängig von der Menge der verfügbaren historischen Werte.[2] Analog zur vorstehend dargestellten Monte-Carlo-Simulation kann das Gesamtergebnis der historischen Simulation durch tabellarische Ermittlung der Klassenbesetzungszahlen und der daraus abgeleiteten Häufigkeitsverteilung bzw. durch die korrespondierende Verteilungsfunktion und das zugehörige Risikoprofil dargestellt werden.

Ein möglicher **Nachteil** der historischen Simulation kann darin liegen, dass die Methode die Verfügbarkeit von verlässlichen und sachgerechten Zeitreihen voraussetzt.[3] Zudem wird unterstellt,

---

[1] Vgl. Winter, P.: Cashflow at Risk als Instrument des industriellen Risikomanagements, in: WiSt, 33. Jg. (2004), S. 290. Beispielsweise bedeutet dies, dass die im Rahmen eines Simulationslaufes in einer Modellperiode eingesetzten Werte für Referenzzinsatz, Wechselkurs, Absatzpreis etc. vom gleichen Tag stammen müssen.

[2] So werden beispielsweise Referenzzinssätze (z.B. EURIBOR, LIBOR) bankgeschäftstäglich festgestellt. Historische Preisnotierungen für Commodities können auf Basis von durchschnittlichen Tages-, Wochen- oder Monatspreisen vorliegen. Gehaltsstatistiken werden eher auf einer annualisierter Basis vorliegen. Dies bedeutet, dass bei einer 10-Jahres-Zeitreihe jeweils rund 2.610 Tageswerte (10 Jahre * [365 Jahrestage – 104 Wochenendtage] = 10 Jahre * 261 Arbeitstage), 520 Wochenwerte (10 Jahre * 52 Wochen) und 120 Monatswerte (10 Jahre * 12 Monate) herangezogen werden können. Durch Verwendung von zumindest einer Zeitreihe auf Tagesbasis kann die Anzahl der Simulationsläufe signifikant erhöht werden.

[3] Die angesprochene ‚Sachgerechtigkeit' impliziert die regionale und produktbezogene Kongruenz der herangezogenen historischen Zeitreihen mit dem zugrundeliegenden Sachverhalt. Beispielseise ist es nicht sinnvoll bei der ‚historischen Simulation' des Projekt- und Finanzierungskonzeptes einer Papierfabrik in Malaysia, die ihre Produkte (Zeitungspapier) in Südostasien absetzen soll, ersatzweise die histori-

dass die in der Vergangenheit beobachteten Zeitreihenwerte repräsentativ für die in der Zukunft erwarteten Variablenausprägungen sind (,Zeitstabilitätshypothese').

Der wesentliche **Vorteil** der historischen Simulation gegenüber der Monte-Carlo-Simulation ist darin zu sehen, dass die subjektive Schätzung von Wahrscheinlichkeitsverteilungen sowie von stochastischen Abhängigkeiten zwischen den einzelnen simulierten Input-Größen entbehrlich ist.

2.3 Das Kreditgeschäft bei internationalen Projektfinanzierungen

2.3.1 Grundfunktionen von Banken in der internationalen Projektfinanzierung

Die Kreditvolumina im Produktfeld Projektfinanzierung weisen regelmäßig Größenordnungen auf, die – insbesondere aus der Überlegung einer Risikobegrenzung und -verteilung sowie aufgrund aufsichtsrechtlich induzierter Großkreditgrenzen und Eigenkapitalanforderungen heraus – eine Darstellung durch mehrere Banken unter einem Kreditvertrag gemeinsam, d.h. konsortial, erforderlich macht.[1] Die an einem derartigen Finanzierungskonsortium partizipierenden Banken übernehmen aus Gründen einer möglichst effizienten Abwicklung häufig unterschiedliche Aufgaben mit variierender Wertschöpfungstiefe. Die im internationalen Konsortialkreditgeschäft[2] für Zwecke der Publizität verwendeten Bezeichnungen für die involvierten Banken, wie z.B. *Lead Arranger, Joint Arranger, Arranger, Co-Arranger, Underwriter, Sub-Underwriter, Senior Lead Manager, Lead Manager, Manager, Co-Agent,* und *Participant,* können jedoch bei individuellen Transaktionen durchaus einen variierenden Bedeutungsinhalt aufweisen.[3] Auch wenn es keine einheitliche

---

schen Absatzpreise für hochfeines Schreibpapier auf dem südostasiatischen Markt oder für Zeitungspapier auf dem nordamerikanischen Markt heranzuziehen.

[1] Zum Auftreten respektive zur Erfordernis der konsortialen Kreditgewährung bei Projektfinanzierungen vgl. Pöhler, A.: Das internationale Konsortialgeschäft der Banken. Grundlagen - betriebswirtschaftliche Funktionen - Risiko und Risikopolitik, Frankfurt a.M. 1988, S. 67, Grosse, P. B.: Projektfinanzierung aus Bankensicht, a.a.O., S. 49, Fahrholz, B.: Neue Formen der Unternehmensfinanzierung, a.a.O, S. 256, Clifford Chance (Hrsg.): Project Finance, a.a.O., S. 11, Androsch, H.; Planck, T.: Konsortialkredit, internationaler, in: HWInt, Stuttgart 1989, Sp. 1139. Vgl. auch Storck, E.: Das Konsortialgeschäft der Eurobanken, in: Die Bank, o.Jg. (1979), S. 529, Büschgen, H. E.: Grundzüge betrieblicher Finanzwirtschaft, 3. Aufl., Frankfurt am Main 1991, S. 189 sowie Trostdorf, S.: Syndizierter Kredit, in: Knapps Enzyklopädisches Lexikon des Geld-, Bank- und Börsenwesens, 4. Aufl., Frankfurt a.M. 1999, S. 1861, Scheil, J.-M.: Konsortialkredite (Syndicated loans) im China-Geschäft der Banken, in: ZfgK, 52. Jg. (1999), S. 244 ff. Im Hinblick auf die gesetzlichen Vorgaben vgl. §§ 10, 10 a KWG i.V.m. Grundsatz I für die Eigenmittelanforderungen und §§ 13, 13 a, 13 b KWG für die Großkreditbegrenzungen.

[2] ANDROSCH/PLANCK definieren den ‚Internationalen Konsortialkredit' als ein „*... Kredit, der von mehr als einem Finanzinstitut (= konsortial) einem Kreditnehmer zur Verfügung gestellt wird, der in einem anderen Land als die Kreditgeber domiziliert ... (= international).*" Androsch, H.; Planck, T.: Konsortialkredit, internationaler, a.a.O., Sp. 1134. Hierzu ist jedoch anzumerken, dass das internationale Element vielmehr in der Zusammenstellung grenzüberschreitender Bankkonsortien liegen dürfte. Aufgrund ihrer Kenntnisse des lokalen Marktes, seiner Geschäftsusancen sowie des Rechtssystems wird gerade die Teilnahme von Kreditgebern aus dem Sitzstaat des Kreditnehmers positive Signale setzen und insofern erwünscht sein. In Anlehnung an die Definition von ANDROSCH/PLANCK wäre ein ‚Internationaler Konsortialkredit' als ‚*ein Kredit, der von mehr als einem Finanzinstitut (= konsortial) einem Kreditnehmer zur Verfügung gestellt wird, wobei zumindest ein Transaktionspartner in einer anderen Jurisdiktion als die übrigen domiziliert ... (= international)*' zu definieren.

[3] Vgl. für unterschiedliche Abgrenzungen Clifford Chance (Hrsg.): Project Finance, a.a.O., S. 13, Hinsch, C.L.: Das Vertragsrecht der internationalen Konsortialkredite am Euromarkt, a.a.O., S. 20 ff., Finnerty, J. D.: Project Financing: Asset-Based Financial Engineering, a.a.O., S. 166. Man beachte auch die variierenden Begrifflichkeiten bei der Darstellung von einzelnen Transaktionen im Bereich der internationalen Projektfinanzierung in den branchenspezifischen Fachzeitschriften PROJECT FINANCE INTERNATIONAL,

oder gar kodifizierte Bezeichnung für Finanzierungsfunktionen und damit der jeweiligen Stellung der Banken gibt, lassen sich jedoch bei näherer Betrachtung im Bereich der internationalen Projektfinanzierung fünf **Grundfunktionen** isolieren, welche sich teilweise weiter differenzieren lassen:

- **Participant/Provider**

    Ein ‚**Participant**' übernimmt einen Teil eines Konsortialkredites. Er kann dabei als ‚**Provider**' direkt über eine Kreditbeteiligung (‚**Funded Participation**') einen Teil der benötigten Geldmittel zur Verfügung stellen oder als ‚**Risk Participant**' indirekt über eine Risikobeteiligung (‚**Risk Participation**') einen Teil des Ausfallrisikos einer Transaktion übernehmen.[1] Eine Beteiligung kann offen oder still, d.h. im letzteren Fall ohne Publizität nach außen, erfolgen (‚**Silent Participation**'). In einigen Fällen stellt eine Bank als ‚**Sole Provider**' die gesamte Fremdfinanzierung oder einzelne abgrenzbare Tranchen (z.B. eine Betriebsmittellinie[2]) alleine dar. Für den Bearbeitungs- und Prüfungsaufwand erhält der Participant/Provider eine Beteiligungsprovision (‚**Participation Fee**').[3]

- **Arranger**

    Ein ‚**Arranger**'[4] übernimmt die Aufgabe, ein Projekt- und Finanzierungskonzept in Verhandlungen mit den Sponsoren bzw. der Projektgesellschaft derart zu strukturieren, dass eine Fremdfinanzierung zu den jeweils gegebenen Marktbedingungen darstellbar ist.[5] Regelmäßig wird er die Platzierung des Fremdkapitals an den Kreditmärkten durch Ansprache einer größeren Gruppe von Banken (‚**General Syndication**') oder einer kleineren Gruppe von Banken (‚**Club Deal**') vornehmen.[6] Gibt es mehrere Banken, die gemeinsam als ‚**Joint Arranger**' auftreten, so kann einer oder mehreren Bank(en) die Abwicklung der Syndizierung als ‚**Syndication Agent(s)**' übertragen werden. Für die Ausübung der Funktion des ‚Arranger' wird eine

---

PROJECT FINANCE, JOURNAL OF STRUCTURED AND PROJECT FINANCE, PROJECT FINANCE REVIEW sowie INTERNATIONAL FINANCING REVIEW.

[1] Vgl. hierzu auch die nachfolgenden Ausführungen unter Gliederungspunkt 3.1.2.1.2.1.5 Bürgschaften, Garantien und sonstige Gewährleistungen, S. 219 sowie Hodgson, S. J.; Magold, R.: Finanzierungskonstellationen, besicherte/unbesicherte Kredite, Akquisitionskredite, Projektkredite, Vortragsmanuskript, Seminar: Dokumentation von Konsortialkrediten - im deutschen und englischen Recht -, Gravenbruch 15.-16.6.2000, S. 3.

[2] D.h. eine ‚*Working Capital Facility*'. Vgl. hierzu auch Abb. 50: Erscheinungsformen von Gelddarlehen bei Projektfinanzierungen, S. 208 ff.

[3] Vgl. Prautzsch, W.-A.: Projektfinanzierung, a.a.O., S. 1486. Teilweise wird diese auch als ‚*Upfront Fee*' bezeichnet, da diese Gebühr mit Unterzeichnung des Kreditvertrages bzw. mit Eintritt in ein möglicherweise schon bestehendes Kreditverhältnis ‚upfront', d.h. vor oder gleichzeitig mit der Kreditauszahlung, fällig wird.

[4] Teilweise werden arrangierende Banken (‚Arranger') im Schrifttum auch als ‚Führungsbanken' bzw. ‚Lead Manager' bezeichnet; vgl. Androsch, H.; Planck, T.: Konsortialkredit, internationaler, a.a.O., Sp. 1140. Jedoch konnte in der jüngeren Vergangenheit eine aktivere Ausnutzung von Bezeichnungen für Publizitätszwecke beobachtet werden (‚Titelinflation'); vgl. hierzu erneut die branchenspezifischen Fachzeitschriften.

[5] Hierzu gehört auch das Verhandeln der Kreditverträge und der Sicherheitendokumentation. Um sich gegen Schadensersatzansprüche für eventuelle Fehler in den Dokumenten abzusichern, wird sich der Arranger von den anderen Mitgliedern des Kreditkonsortiums durch eine Freizeichnungserklärung von der Haftung befreien lassen. Die Konsortialmitglieder haben insofern eine eigenständige Prüfung der Kredit- und Sicherheitenverträge durchzuführen. Vgl. Clifford Chance (Hrsg.): Project Finance, a.a.O., S. 13.

[6] Vgl. hierzu auch Nevitt, P. K.; Fabozzi, F.: Project Financing, a.a.O., S. 369, Horn, N.: Das Vertragsrecht der internationalen Projektfinanzierungen, a.a.O., S. 227.

einmalige ‚**Arranging Fee**'[1] vereinbart, welche sich aus dem arrangierten Finanzierungsvolumen sowie einem Prozentsatz ergibt und von dem Kreditnehmer zusätzlich zur ‚Participation Fee' zu entrichten ist.[2]

- **Underwriter**

    Da der Kreditnehmer nicht von einem erfolgreichen Ausgang einer ‚**General Syndication**' abhängig sein möchte bzw. die Kreditmittel bereits teilweise oder vollständig zu einem früheren Zeitpunkt benötigt, wird er regelmäßig eine Übernahme des Syndizierungsrisikos bzw. die vorzeitige Auszahlung der Kreditmittel durch eine Bank als ‚**Sole Underwriter**' oder mehrere Banken als ‚**Joint Underwriter**' anstreben.[3] Die ‚Underwriter' erhalten für die Übernahme des Platzierungsrisikos eine Vergütung, welche auch als ‚**Underwriting Fee**' bezeichnet wird.[4]

    Die bereits skizzierte Grundfunktion eines ‚Arranging' impliziert häufig bereits ein vollständiges ‚Underwriting' *(sogenanntes ‚***Full Underwriting**'*)*.[5] ‚Arranging' und ‚Underwriting' können jedoch auch teilweise oder vollständig auseinanderfallen, wenn der zu zeichnende Kreditbetrag und/oder das Syndizierungsrisiko die Möglichkeiten und/oder die Bereitschaft der als ‚Arranger' benannten Bank(en) übersteigt (sogenannte ‚**Best Efforts Syndication**').[6] Ein ‚Underwriting' kann zudem bei besonders großen oder komplexen Konsortialkrediten in mehreren zeitlich versetzten Stufen ablaufen oder in den zu zeichnenden Summen differenziert werden.[7] In diesem Zusammenhang wird teilweise zwischen einem ‚Underwriting' (oder ‚Arranging') und einem ‚**Sub-Underwriting**' bzw. ‚**Co-Underwriting**' (oder ‚**Co-Arranging**') unterschieden.

- **Agent/Trustee**

    Konsortialkredite erfordern i.d.R. eine umfangreiche Koordination bzw. Administration, welche mit zunehmender Anzahl der Konsortialpartner an Komplexität gewinnt. Um eine möglichst effiziente Abwicklung zu gewährleisten, werden daher regelmäßig einzelne Banken aus dem Kreis des Konsortiums mit der Übernahme spezifizierter Dienstleistungen gegen gesondertes Entgelt (‚**Agent Fee**') beauftragt:

---

[1] Vgl. Prautzsch, W.-A.: Projektfinanzierung, a.a.O., S. 1486. Die Arranging Fee wird teilweise auch als ‚*Management Fee*' bezeichnet. Vgl. Hodgson, S. J.; Magold, R.: Finanzierungskonstellationen, besicherte/unbesicherte Kredite, Akquisitionskredite, Projektkredite, a.a.O., S. 10 f.

[2] Es kann auch vereinbart werden, dass der Kreditnehmer nur eine Arranging Fee bzw. eine Management Fee entrichtet. In diesem Fall obliegt es dem Arranger, einen Teil dieser Provision an die Participants als Participation Fee durchzureichen, um die eingeladenen Banken zu einer Teilnahme am Finanzierungskonsortium zu bewegen. Je nach Marktlage und Vermarktungsgeschick ergibt sich durch eine derartige Regelung möglicherweise ein zusätzliches Ertragspotenzial für den Arranger. Vgl. Pöhler, A.: Das internationale Konsortialgeschäft der Banken, a.a.O., S. 68.

[3] Vgl. Büschgen, H. E.: Das Konsortialgeschäft der Banken im Wandel, in: ÖBA, 36. Jg. (1988), S. 427 f. sowie die analogen Ausführungen bei NEVITT/FABOZZI zum ‚Underwriting' von Wertpapieren (‚Securities'). Nevitt, P. K.; Fabozzi, F.: Project Financing, a.a.O., S. 371. Vgl. zum ‚Syndizierungsrisiko' Prautzsch, W.-A.: Projektfinanzierung, a.a.O., S. 1490.

[4] Vgl. Ebenda, S. 1486.

[5] In diesen Fällen wird die Arranging Fee i.d.R. mit der Underwriting Fee zusammenfallen.

[6] Vgl. Hinsch, C.L.: Das Vertragsrecht der internationalen Konsortialkredite am Euromarkt, a.a.O., S. 13 f., Hodgson, S. J.; Magold, R.: Finanzierungskonstellationen, besicherte/unbesicherte Kredite, Akquisitionskredite, Projektkredite, a.a.O., S. 10 f., Trostdorf, S.: Syndizierter Kredit, a.a.O., S. 1863.

[7] Vgl. Pöhler, A.: Das internationale Konsortialgeschäft der Banken, a.a.O., S. 69.

- Der ‚**Administration Agent**' (oder ‚**Facility Agent**') ist zentraler Ansprechpartner des Kreditnehmers sowie der Konsortialpartner und koordiniert beispielsweise Ziehungen bzw. Rückführungen, Zins- und Provisionszahlungen sowie Rollover-Termine bei variabel verzinslichen Krediten.[1] Neben diesen eher administrativ angelegten Tätigkeiten gehört auch die Prüfung der Einhaltung von in der Kreditvertragsdokumentation geregelten Auflagen (‚**Covenants**'), Berichtspflichten sowie von Auszahlungsvoraussetzungen (‚**Conditions Precedent**') in Abstimmung mit externen Rechtsberatern und den Konsortialpartnern zu den Aufgaben des ‚**Administration Agent**'.[2]

- Konsortialkredite implizieren umfangreiche (dingliche) Kreditsicherheiten[3], welche in einer Vielzahl von einzelnen Sicherheitenverträgen oder zusammengefasst in einem Vertrag (‚**Security Agreement**'[4] sowie ‚**Trust Agreement**' bzw. britisch: ‚**Trust Deed**' oder US-amerikanisch: ‚**Trust Indenture**'[5]) dokumentiert werden. Aus Gründen der Praktikabilität sowie bei auseinanderfallenden Rechtsordnungen oder besonders komplexen Kreditsicherheiten kann die Administration derselben einem ‚**Trustee**'[6] (synonym: ‚**Security Trustee**', ‚**Collateral Trustee**', ‚**Collateral Agent**', ‚**Security Agent**') treuhänderisch überlassen werden.[7] Die Funktion des ‚Trustee' fällt bei Vorliegen eines Kreditkonsortiums häufig mit der Funktion des ‚**Administration Agent**' zusammen.[8] Partizipieren neben dem Kreditkonsortium andere Gruppen (z.B. Exportkreditversicherer, Multilaterale Finanzierungsinstitutionen) mit möglicherweise divergierenden Zielsetzungen an den Kreditsicherheiten, so kann die Nominierung eines von der Funktion des ‚Administration Agent' getrennten ‚Trustee' erforderlich sein.[9]

- Regelmäßig werden im Rahmen von Projektfinanzierungen die wesentlichen Projektkonten an die Kreditgeber verpfändet, um eine konzeptkonforme Verwendung der Liquiditätsströme zu gewährleisten.[10] Häufig werden diese Konten von dem ‚Administration Agent'

---

[1] Vgl. Clifford Chance (Hrsg.): Project Finance, a.a.O., S. 17, auch Storck, E.: Das Konsortialgeschäft der Eurobanken, a.a.O., S. 532, Prautzsch, W.-A.: Projektfinanzierung, a.a.O., S. 1490, Trostdorf, S.: Syndizierter Kredit, a.a.O., S. 1864.

[2] Vgl. hierzu die Ausführungen unter Gliederungspunkt 2.1.4.3 Projektbezogene Kreditbedingungen und Verhaltensauflagen, S. 48 ff. sowie Pöhler, A.: Das internationale Konsortialgeschäft der Banken, a.a.O., S. 72 f.

[3] Vgl. hierzu die Ausführungen unter Gliederungspunkt 2.1.3.3 Kreditsicherheiten aus den Vermögenspositionen des Projektes, S. 24 ff.

[4] „An agreement in which title to property is held as collateral under a financing agreement, usually by a *trustee*". Nevitt, P. K.; Fabozzi, F.: Project Financing, a.a.O., S. 365.

[5] *Nevitt/Fabozzi* definieren ein ‚**Trust Deed**' bzw. ein ‚**Trust Indenture**' als „... a contract defining the obligations of the borrower and appointing a trustee to represent the interest of lenders." Vgl. Nevitt, P. K.; Fabozzi, F.: Project Financing, a.a.O., S. 371.

[6] D.h. einem (Sicherheiten-)Treuhänder

[7] Vgl. Harries, H.: Rechtliche Aspekte der Projektfinanzierung im Bergbau, a.a.O., S. 32, Horn, N.: Das Vertragsrecht der internationalen Projektfinanzierungen, a.a.O., S. 227, Nevitt, P. K.; Fabozzi, F.: Project Financing, a.a.O., S. 371, Reuter, A.; Wecker, C.: Projektfinanzierung: Anwendungsmöglichkeiten, Risikomanagement, Vertragsgestaltung, bilanzielle Behandlung, a.a.O., S. 40, Prautzsch, W.-A.: Projektfinanzierung, a.a.O., S. 1490.

[8] Vgl. Horn, N.: Das Vertragsrecht der internationalen Projektfinanzierungen, a.a.O., S. 227.

[9] Vgl. Clifford Chance (Hrsg.): Project Finance, a.a.O., S. 17.

[10] Vgl. hierzu die Ausführungen unter Gliederungspunkt 2.1.3.3 Kreditsicherheiten aus den Vermögenspositionen des Projektes, S. 24 ff.

oder dem ‚Trustee' geführt. In einigen Fällen kann diese Funktion jedoch auch einer speziell hierfür nominierten ‚**Account Bank**' (synonym: ‚**Paying Agent**') übertragen werden.[1]

- Die bankseitige Federführung bei der Verhandlung und Abstimmung der Kreditverträge mit dem Kreditnehmer und seinen Rechtsanwälten einerseits sowie den einzelnen Mitgliedern des Bankenkonsortiums andererseits kann einem ‚**Documentation Agent**' (synonym: ‚**Loan Documentation Bank**') aus dem Kreis der Konsortialbanken übertragen werden, welcher hierbei von den Rechtsanwälten des Bankenkonsortiums (‚**Lenders Counsel**') unterstützend beraten wird.[2]

- Bei Einschaltung von staatlichen Exportkreditagenturen (sog. ‚Export Credit Agencies'), Förderbanken oder Investitionsschutzversicherungen zur Finanzierung von und/oder zur Absicherung von politischen und/oder wirtschaftlichen Risiken einzelner Kredittranchen, fallen regelmäßig umfangreiche Berichts-, Koordinierungs- und Anzeigepflichten an, welche einer i.d.R. ortsansässigen und hierauf spezialisierten Bank übertragen werden. Je nach Aufgabenstellung können hierfür spezielle Funktionsbezeichnungen vergeben werden (z.B. ‚**ECA Agent**' oder auch mit genaueren Bezeichnungen, z.B. ‚**Hermes Agent**').

- Es wurde bereits postuliert, dass die Beurteilung der zukünftigen Schuldendienstfähigkeit bei internationalen Projektfinanzierungen auf der Basis einer prospektiven Analyse des Cashflow erfolgen soll.[3] Die Erstellung einer modellgestützten Finanzplanung ist hierbei elementarer Bestandteil einer Kreditvergabeentscheidung.[4] Bei besonders komplexen und entwicklungsintensiven Transaktionen <u>kann</u> im Rahmen einer Arbeitsteilung zwischen den Führungsbanken explizit die Funktion einer ‚**Modelling Bank**' vergeben werden, welche in Absprache mit den übrigen Projektbeteiligten ein (rechnergestütztes) Finanzierungsmodell erstellt und an mögliche Weiterentwicklungen des Projektkonzeptes anpasst.[5]

- Wesentliche Regelungen in den Kreditverträgen bei Projektfinanzierungen knüpfen an technische Parameter an.[6] Zwecks Überwachung und Prüfung der technischen Rahmenbedingungen kann bei besonders großen und/oder technisch komplexen Projekten einer Bank aus dem Finanzierungskonsortium explizit die Funktion einer ‚**Technical Bank**' bzw. ‚**Engineering Bank**' übertragen werden, sofern diese Funktion nicht implizit vom Arranger oder dem Administration Agent ausgeübt wird. Regelmäßig wird sich hierfür die benannte

---

[1] Vgl. Clifford Chance (Hrsg.): Project Finance, a.a.O., S. 18, Hodgson, S. J.; Magold, R.: Finanzierungskonstellationen, besicherte/unbesicherte Kredite, Akquisitionskredite, Projektkredite, a.a.O., S. 12.

[2] Vgl. für eine Projektfinanzierung bei der explizit eine ‚Loan Documentation Bank' mandatiert wurde o. V.: Drax, in: PF, o.Jg. (2000), Nr. 202, S. 50 f.

[3] Vgl. hierzu die Ausführungen unter Gliederungspunkt 2.1.3.2 Bedienung des Schuldendienstes aus dem Cashflow des Projektes, S. 22 ff.

[4] Vgl. auch zur Technik der modellgestützten Finanzplanung die nachfolgenden Ausführungen unter Gliederungspunkt 2.2.2 Modellgestützte Finanzplanung (Cashflow-Analyse), S. 60 ff.

[5] Vgl. für eine Projektfinanzierung bei der explizit eine ‚Modelling Bank' mandatiert wurde o. V.: Drax, in: PF, o.Jg. (2000), Nr. 202, S. 50 f.

[6] So können Kreditauszahlungen während der Bauphase an das Erreichen bestimmter vorab vereinbarter Baufortschrittsmerkmale geknüpft sein. Auch das Erreichen der technischen Betriebsbereitschaft (‚Technical Completion') bzw. wirtschaftlichen Betriebsbereitschaft (‚Commercial Completion'), welche das Ende der Bauphase und den Beginn der Test-, Anlauf- bzw. Betriebsphase markiert, ist von besonderer Bedeutung für die Kreditgeber. Vgl. Finnerty, J. D.: Project Financing: Asset-Based Financial Engineering, a.a.O., S. 56.

,Technical Bank' bei der Ausübung ihrer Aufgabe eigener technischer Experten und/oder externer Gutachter (,**Lenders' Engineer**' bzw. ,**Technical Consultant**'*)* bedienen.[1]

- Zur Abdeckung nicht anderweitig abzusichernder Risiken verlangen Banken den Abschluss eines umfangreichen Versicherungspaketes. Bei der Ermittlung der Risiken sowie der Bestimmung der abzuschließenden Versicherungen bedienen sie sich regelmäßig der Hilfe eines Versicherungsberaters (,**Insurance Consultant**').[2] Kontaktaufnahme und Informationsfluss können hierbei durch eine explizit als ,**Insurance Bank**' benannte Bank erfolgen.[3]

- Sieht das Finanzierungskonzept ein Rating der Projektkredite oder einzelner von der Projektgesellschaft emittierter Projektanleihen (,**Project Bonds**') durch eine oder mehrere beauftragte Rating Agenturen (,**Rating Agencies**'*)*[4] vor, so kann der Kontakt und der Informationsfluss zentral von einer als ,**Ratings Adviser**' benannten Bank koordiniert werden.[5]

Ferner kann bei grenzüberschreitenden Konsortialkrediten aus Gründen der Praktikabilität oder der rechtlichen Rahmenbedingungen die Übernahme einiger der vorstehend skizzierten Dienstleistungen zwischen einem ,**Onshore Agent**' (bzw. ,**Onshore Trustee**') und ,**Offshore Agent**' (bzw. ,**Offshore Trustee**') aufgeteilt werden.

- **Financial Adviser**

Aus den vorstehend beschriebenen vier Grundfunktionen von Banken im Bereich der konsortial dargestellten Projektkredite wird ersichtlich, dass i.d.R. der Kreditnehmer[6] in den einzelnen Realisierungsphasen einer Projektfinanzierung mit einer oder mehreren Banken und deren spezialisierten Mitarbeiterstäben konfrontiert sein wird. Bei fehlender praktischer Erfahrung, mangelndem theoretischen Fachwissen, großen Finanzierungsvolumina, personellen Kapazitätsengpässen und/oder besonders komplexen Projekt- und Finanzierungsstrukturen kann daher die Einschaltung einer Bank[7] als Berater zur Wahrung der eigenen wirtschaftlichen Interessen

---

[1] Vgl. Clifford Chance (Hrsg.): Project Finance, a.a.O., S. 17.

[2] Dabei handelt es sich häufig um Anbieter, welche über spezielles Know-how im Bereich der internationalen Projektfinanzierungen verfügen. Für eine Darstellung derartiger Versicherungsdienstleistungen vgl. Sedgwick Bankrisk Limited (Hrsg.): Due Diligence Review Service, o.O., o.J., S. 3 ff.

[3] Vgl. Clifford Chance (Hrsg.): Project Finance, a.a.O., S. 18 sowie o. V.: Drax, in: PF, o.Jg. (2000), Nr. 202, S. 50 f.

[4] Als im Bereich der Projektfinanzierungen aktive Rating Agencies sind insbesondere die Unternehmen STANDARD & POOR'S, MOODY'S INVESTORS SERVICE und FITCH IBCA, DUFF & PHELPS zu nennen. Vgl. zur Bedeutung des ‚Rating' auch Mattern, E.: Rating im internationalen Kreditgeschäft, in: Die Bank, o.Jg. (1984), S. 374 ff.

[5] So wurde beispielsweise das Rating von Projektanleihen mit einem Volumen von USD 1.000 Mio. zur Projektfinanzierung des Erdölprojektes PETROZUATA, C.A. in Venezuela von einer als ‚Ratings Adviser' mandatierten Bank begleitet; vgl. Eyers, S.: The Prospects for Capital Availability & Pricing Trends, Vortragsmanuskript, Konferenz: The increasing role of Capital Markets in Project Finance, London 11.-12.12.1997., S. 27.

[6] Kreditnehmer ist die Projektgesellschaft bzw. deren Management. Falls diese noch nicht gegründet wurde oder keine Projektgesellschaft vorgesehen ist (Unincorporated Joint Venture, Ring Fencing), führen alternativ die Sponsoren die Kreditverhandlungen.

[7] Regelmäßig werden Banken als ‚Financial Adviser' bestellt, weil sie eine größere Nähe zu den Kredit- und Kapitalmärkten aufweisen. Daneben können jedoch auch in Einzelfällen große Finanzinstitutionen (z.B. Leasinggesellschaften), unabhängige Beratungsfirmen oder Managing Contractor als Financial Ad-

für einen Sponsor vorteilhaft sein.[1] Ein derart mandatierter ‚**Financial Adviser**'[2] stellt seine Expertise und Ressourcen zur Verfügung, um eine Projektfinanzierung bei gleichzeitiger Maximierung der Eigenkapitalrendite der Projektgesellschafter sowie Minimierung der Möglichkeiten eines Rückgriff des Finanzierungskonsortiums auf die Sponsoren zu realisieren.[3] Die Tätigkeit als ‚Financial Adviser' stellt somit eine fünfte eigenständige Grundfunktion dar, welche idealtypisch zur Vermeidung von Interessenkollisionen getrennt neben den anderen vier Grundfunktionen existieren wird.[4]

2.3.2 Aufbau- und Ablauforganisation des Kreditgeschäftes im Bankbetrieb bei internationalen Projektfinanzierungen

2.3.2.1 Aufbauorganisation

2.3.2.1.1 Bankinterne Aufbauorganisation

Die geschäftlichen Gepflogenheiten im Bereich der internationalen Projektfinanzierung sind traditionell vom US-amerikanischen Markt und den Rahmenbedingungen des dort lange Zeit vorherrschenden Trennbankensystems geprägt. Die in den USA aufgrund des Glass-Steagall Acts von 1933 vorgeschriebene Differenzierung zwischen Investmentbanken einerseits und Geschäftsbanken andererseits führte analog auch in der Projektfinanzierung zu einer Unterscheidung zwischen einer reinen Beratungsfunktion (Financial Adviser) und verschiedenen Finanzierungsfunktionen (Arranger, Underwriter, Participant etc.). Im Bereich des Advisory wurden sowohl industrielle als auch institutionelle Sponsoren insbesondere durch Investmentbanken und spezialisierte Beratungshäuser bei ihren Investitionsaktivitäten begleitet. Ohne bei der Strukturierung von Projekt- und Finanzierungskonzepten durch die Implikationen eines eigenen Kreditengagements in ihrer beraterischen Kreativität und Loyalität gegenüber dem Auftraggeber limitiert zu sein, konnten sich diese Institute ‚glaubhaft' um die Maximierung der Eigenkapitalrendite der Sponsoren bemühen.[5] Die projektgebundene Kreditvergabe, insbesondere das ‚objektivierte' Arrangieren und Zeichnen von Konsortialkrediten, war dagegen im Wesentlichen den Geschäftsbanken vorbehalten. Vor dem Hinter-

---

viser in Frage kommen. Vgl. Nevitt, P. K.; Fabozzi, F.: Project Financing, a.a.O., S. 25. In der jüngeren Vergangenheit haben auch die größeren, global tätigen Wirtschaftsprüfungsgesellschaften (sog. „Big Four") ihre Produktpalette um die finanzwirtschaftliche Beratung von Sponsoren und Projektgesellschaften erweitert. Vgl. Sayer, R.: A role too far, in: PTF, o.Jg. (1996), Nr. 163, S. 21 ff.

[1] Zu den Motiven für die Mandatierung eines ‚Financial Adviser' vgl. Fowler, T. V.: Big business for the banks, a.a.O., S. 51, welcher in diesem Zusammenhang auch den Begriff ‚project-finance engineer' verwendet. Vgl. auch Prautzsch, W.-A.: Projektfinanzierung, a.a.O., S. 1485.

[2] Teilweise wird der Begriff Financial Adviser generisch für alle fünf skizzierten Grundfunktionen von Banken bei Projektfinanzierungen verwendet. Vgl. Nevitt, P. K.; Fabozzi, F.: Project Financing, a.a.O., S. 23 ff. LEEPER führt in diesem Zusammenhang aus : *"The term means even more things to more people than the term 'project finance'."* Vgl. Leeper, R.: Project finance – a term to conjure with, a.a.O., S. 75.

[3] Neben diesen beiden Hauptbedingungen werden je nach finanz- und geschäftspolitischer Zielsetzung der Sponsoren weitere Nebenbedingungen durch den Financial Adviser zu beachten sein (z.B. Minimierung von Bauzeitzinsen, Vermeidung von Wechselkursrisiken sowie rechtliche, bilanzielle und steuerliche Auflagen). Vgl. Fowler, T. V.: Big business for the banks, a.a.O., S. 53.

[4] Vgl. hierzu auch Leeper, R.: Project Finance – a term to conjure with, a.a.O., S. 75. In der Realität beteiligen sich als Financial Adviser mandatierte Banken auch an dem Finanzierungskonsortium. Vgl. Clifford Chance (Hrsg.): Project Finance, a.a.O., S. 13.

[5] Zur Problematik einer möglichen Interessenkollision beim Zusammenfallen von Anlage-, Kredit- und Dienstleistungswünschen in einer Universalbank vgl. Büschgen, H. E.: Bankbetriebslehre, 3. Aufl., Stuttgart, Jena 1994, S. 40.

grund einer möglichen derartigen Dualität von Beratungs- und Fremdfinanzierungsfunktion könnte die Frage nach einer organisatorischen Zuordnung der Bankleistungsart ‚Projektfinanzierung' zum ‚Investment Banking'[1] oder dem ‚Commercial Banking'[2] gestellt werden. Aufgrund der Abschaffung des Trennbankensystems in den USA durch den Financial Services Modernization Act von 1999,[3] dem in Deutschland anzutreffenden Universalbankensystem sowie einem propagierten Trend zum ‚Seamless Banking'[4] werden jedoch funktionsinhärente Risiken eher bei der Ausgestaltung der Ablauforganisation, insbesondere bei der Etablierung eines internen Kontrollsystems im Bankbetrieb zu berücksichtigen sein.

Bei einer <u>aufbau</u>organisatorischen Zuordnung der Bankleistungsart ‚Projektfinanzierung' wird daher vielmehr zu entscheiden sein, ob eine Einbindung der Geschäftsaktivitäten in bestehende Organisationseinheiten (z.B. Exportfinanzierung, Kreditabteilung etc.) oder die Etablierung einer speziellen Organisationseinheit ‚Projektfinanzierung' sinnvoll ist.[5] Hierfür sind insbesondere Art und Häufigkeit der Teilnahme an Projektfinanzierungen zu berücksichtigen. Bei stark reduziertem Geschäftsvolumen oder einer opportunitätsgetriebenen Produktstrategie kann eine dezentrale Abwicklung in unterschiedlichen Organisationseinheiten sinnvoll sein.[6] Es erscheint jedoch fraglich, inwieweit die sporadische Teilnahme an einzelnen Transaktionen in unterschiedlichen Organisationseinheiten zu einem nachhaltigen und qualitativ hochwertigen Know-how-Aufbau beitragen kann. Wird die bankbetriebliche Leistungsart ‚Projektfinanzierung' nicht nur opportunitätsgetrieben oder mit stark reduziertem Geschäftsvolumen betrieben, empfiehlt sich daher die Bündelung

---

[1] FLACH führt im Hinblick auf eine organisatorische Einbindung der Projektfinanzierung in das ‚Investment Banking' aus, „... *dass im Zusammenwirken von Kapitalmarktgeschäft, Projekt- und Beteiligungsfinanzierung die breite Palette der Finanzierungsmöglichkeiten im Spannungsfeld zwischen Eigen- und Fremdkapital unter einheitlicher Federführung bereitgestellt werden kann.*" Flach, U. E.: Investment Banking der DG Bank vor neuen Herausforderungen, in: ZfgK, 46. Jg. (1993), S. 1025 f.

[2] Dem ‚Commercial Banking' wird hierbei eine besondere Befähigung zur Analyse des Kreditausfallrisikos zugeschrieben: „*Professionelle Kreditvergabe erfordert eine klare Vorstellung über die Bonität des Kreditnehmers und Methoden zur Bepreisung des Risikos der Zahlungsunfähigkeit dieser Adresse.*" Bräuer, N.; Arlt, U.: Bonitätsderivate werden zu einer Revolution im Bankwesen führen, in: HB v. 25.9.1997, S. B6.

[3] Vgl. hierzu den Financial Services Modernization Act von 1999 (FSA99), welcher auch als ‚Gramm-Leach-Bliley Act' oder ‚Financial Services Reform Act' bezeichnet wird und am 11.3.2000 in Kraft getreten ist. Durch die Section 101 FSA99 wurden die Sections 20 und 32 des Glass-Steagall-Act von 1933 respektive durch die Section 102 FSA99 die Section 4 des Bank Holding Company Act von 1956 dahingehend modifiziert, dass den US-amerikanischen Banken nunmehr auch das Betreiben des Allfinanzgeschäftes erlaubt ist. Vgl. hierzu URL: http://www.senate.gov/~banking/conf/confrpt.htm (Abruf: 23.02.2003).

[4] Mit ‚Seamless Banking' wird ein Universalbankkonzept umschrieben, welches die nahtlose Integration von Investment Banking und Commercial Banking anstrebt. Vgl. Bräuer, N.; Arlt, U.: Banken müssen Methoden zur Risikosteuerung entwickeln, a.a.O., S. 16.

[5] Teilweise wird im Schrifttum als dritte Alternative, die Ausgliederung der Projektfinanzierung in eine Tochtergesellschaft genannt. Vgl. Schmitt, W.: Internationale Projektfinanzierung bei deutschen Banken, a.a.O., S. 242 f., Höpfner, K.-U.: Projektfinanzierung: Erfolgsorientiertes Management einer bankbetrieblichen Leistungsart, a.a.O., S. 120 ff. Zumindest für den Bereich der Kreditleistungen wird dieser Lösungsvorschlag aufgrund der vielfältigen aufsichtsrechtlichen Anforderungen an die Kapitalausstattung und Organisation des Kreditgeschäftes eher theoretischer Natur sein.

[6] Beispielsweise kann die Darstellung eines Lieferantenkredites zwecks Finanzierung einer Anlagenlieferung die Einbindung einer exportkreditversicherten Projektfinanzierung erfordern. Die Abwicklung kann hierbei in einer Organisationseinheit ‚Exportfinanzierung' erfolgen.

der vorhandenen projektfinanzierungsspezifischen Expertise in einer eigenständige Einheit.[1] Voraussetzung hierfür werden jedoch eine produktbezogene Strategie sowie eine Institutsgröße sein, die eine nachhaltige Teilnahme am Markt erwarten lassen können.[2]

2.3.2.1.2 Produktbezogene Aufbauorganisation

2.3.2.1.2.1 Horizontale Dezentralisierung

Erreichen die Projektfinanzierungs-Aktivitäten eines Kreditinstitutes eine kritische Größe, wird die Einführung einer produktbezogenen Aufbauorganisation sinnvoll sein. Ausgehend von der bereits postulierten Notwendigkeit für eine eigenständige übergeordnete Organisationseinheit ‚Projektfinanzierung' sind im Folgenden die Gliederungskriterien bzw. Organisationsprinzipien für den internen Aufbau derselben zu skizzieren. Die nachstehende Abbildung stellt dabei mögliche ‚**idealtypische Grundformen**' einer produktbezogenen Aufbauorganisation für die bankbetriebliche Leistungsart ‚Projektfinanzierung' im Rahmen einer horizontalen Dezentralisierung[3] dar:

Abb. 36: Mögliche Grundformen der produktbezogenen Aufbauorganisation für die bankbetriebliche Leistungsart ‚Projektfinanzierung'

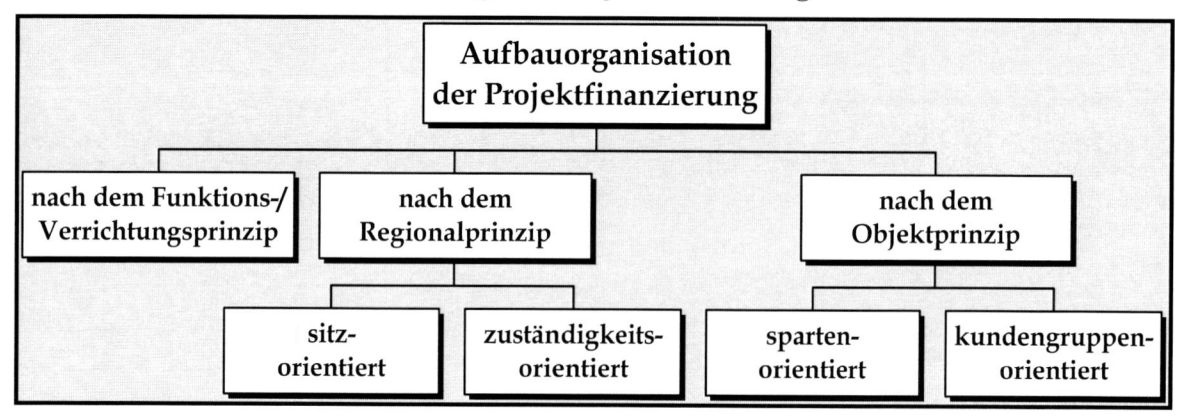

```
                    Aufbauorganisation
                    der Projektfinanzierung
        ┌───────────────────┼───────────────────┐
   nach dem Funktions-/   nach dem           nach dem
   Verrichtungsprinzip    Regionalprinzip    Objektprinzip
                        ┌──────┴──────┐    ┌──────┴──────┐
                        sitz-      zuständigkeits-  sparten-   kundengruppen-
                        orientiert orientiert       orientiert orientiert
```

Quelle: Eigene Darstellung

Die dargestellten Organisationsprinzipien schließen sich nicht gegenseitig aus, sondern können vor dem Hintergrund einer Produktstrategie ‚Projektfinanzierung' zielkonform miteinander kombiniert sein. Die Grundkonzeptionen sowie die inhärenten Vor- und Nachteile der einzelnen Gliederungsprinzipien werden im Folgenden kurz skizziert:

---

[1] Im Schrifttum ist es mittlerweile unbestritten, dass der nachhaltige Aufbau einer produktbezogenen Expertise im Bereich Projektfinanzierung die Schaffung einer eigenständigen Organisationseinheit impliziert. Vgl. Gröhl, M.: Bankpolitische Konsequenzen der Projektfinanzierung, a.a.O., S. 211 f.

[2] Vgl. hierzu auch Dambach, H. T.: Structured Finance als Strategie, a.a.O., S. 532 f.

[3] Von der **horizontalen Dezentralisierung** ist die **vertikale Dezentralisierung** abzugrenzen, welche „*...das Ausmaß der Delegation von Verantwortung und damit die Gliederung des Leitungssystems bzw. der Instanzenhierarchie meint*"; Süchting, J.: Organisations- und Rechnungswesen im Bankbetrieb, Kurseinheit 1: Die Organisation der Bank, Hagen 1992, S. 19. Vgl. zu möglichen Grundformen einer Aufbauorganisation auch Laux, H.: Organisation, in: HdWW, Bd. 6, Stuttgart u.a. 1981, S. 15 ff. und Rühli, E.: Organisationsformen, in: HWB, 5. Aufl., 3. Bd., Stuttgart 1993, Sp. 3031 ff. sowie zur vertikalen Dezentralisierung auch die nachfolgenden Ausführungen unter Gliederungspunkt **Fehler! Verweisquelle konnte nicht gefunden werden. Fehler! Verweisquelle konnte nicht gefunden werden.**, S. **Fehler! Textmarke nicht definiert.** ff.

- **Funktionale Aufbauorganisation**

Eine funktionale Aufbauorganisation für den Bereich Projektfinanzierung gliedert die einzelnen Organisationseinheiten nach unterschiedlichen Verrichtungen bzw. Tätigkeiten. Die nachfolgende Abbildung skizziert eine derartige, nach funktionalen Kriterien gegliederte Aufbauorganisation für die bankbetriebliche Leistungsart ‚Projektfinanzierung', wobei im dargestellten Beispiel auf der ersten Ebene eine grobe Aufteilung in die drei typischen Funktionsgruppen ‚Origination', ‚Syndication' und ‚Administration' erfolgt[1]:

Abb. 37: **Beispiel für eine produktbezogene Aufbauorganisation nach funktionalen Kriterien**

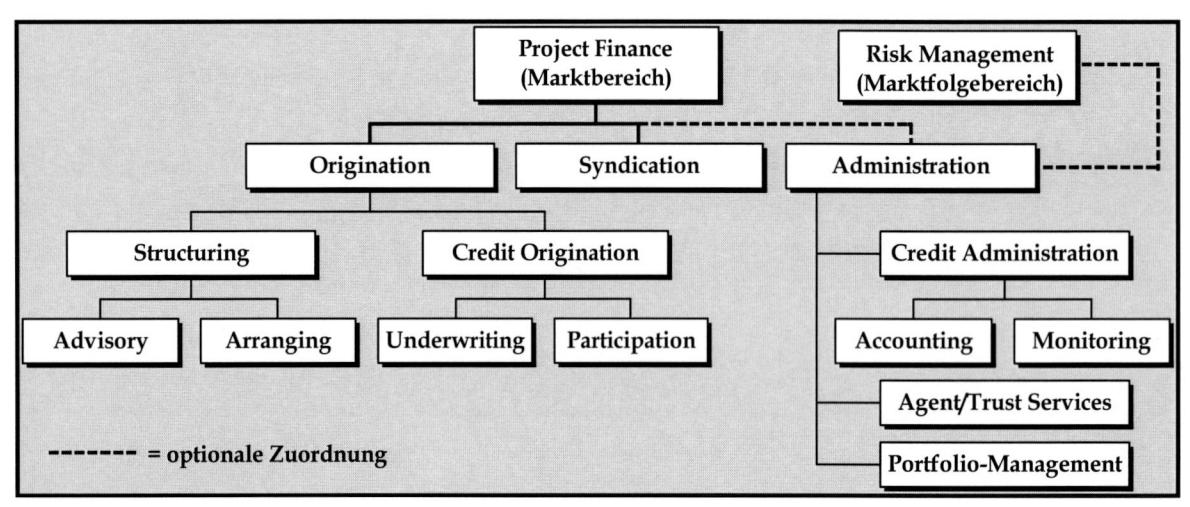

Quelle: Eigene Darstellung

Der Bereich ‚**Origination**' dient der Bündelung aller Aktivitäten, die der Generierung von Neugeschäft dienen. Im ‚**Structuring**' können dabei zum einen die Beratung von Sponsoren bzw. Kreditnehmern (‚**Advisory**') und zum anderen das ‚**Arranging**' von Konsortialkrediten zusammengefasst werden, da beide Funktionen ein ähnliches, von hohem Strukturierungsaufwand geprägtes funktionales Profil aufweisen.[2] Hiervon getrennt können in einem Bereich ‚**Credit Origination**' die Aktivitäten ‚**Underwriting**' und ‚**Participation**' zusammengezogen sein.[3] In diesen Fällen liegt ein bereits strukturiertes Projekt- und Finanzierungskonzept vor, welches regelmäßig nur noch im begrenzten Umfang modifiziert werden kann. Beide Aktivitäten dienen insofern der einzelfallbezogene Prüfung eines bereits im Wesentlichen konkretisierten Kreditgeschäftes.

Der Bereich ‚**Administration**' bündelt alle Aktivitäten, die nach Generierung des Neugeschäftes, d.h. nach Unterzeichnung des Kreditvertrages, im Rahmen der Administration und Abwicklung der einzelnen Engagements anfallen. In der ‚**Credit Administration**' erfolgt dabei zum einen die Ab-

---

[1] Bei der Darstellung der funktionalen Aufbauorganisation für die bankbetriebliche Leistungsart ‚(Internationale) Projektfinanzierung' wird im Folgenden auf die gebräuchlichen angelsächsischen Begrifflichkeiten zurückgegriffen.

[2] Zwecks Vermeidung einer schwankenden Auslastung der Mitarbeiterkapazitäten kann das ‚Advisory' und das ‚Arranging' im Rahmen einer Organisationseinheit gebündelt werden. Vgl. zu den Begriffen ‚Advisory' und ‚Arranging' auch die korrespondierenden Ausführungen zu den Grundfunktionen von Banken in der internationalen Projektfinanzierung unter Gliederungspunkt 2.3.1 Grundfunktionen von Banken in der internationalen Projektfinanzierung, S. 159 ff.

[3] Vgl. zu den Begriffen ‚Underwriting' und ‚Participation' auch die korrespondierenden Ausführungen zu den Grundfunktionen von Banken in der internationalen Projektfinanzierung unter Gliederungspunkt 2.3.1 Grundfunktionen von Banken in der internationalen Projektfinanzierung, S. 159 ff.

wicklung der rein buchungs- und zahlungstechnischen Vorgänge („**Accounting**') und zum anderen die laufende Überwachung des Kreditrisikos („**Monitoring**'). Umfasst das Leistungsangebot der Bank auch die Übernahme von Agentfunktionen im Rahmen von konsortial dargestellten Krediten bzw. von treuhänderischen Aufgaben, so können derartige verwaltungsintensive und mit organisatorischen Risiken behaftete Funktionen in einem eigenständigen Teilbereich „**Agent/Trust Services**' abgewickelt werden.[1] Darüber hinaus kann im Rahmen einer übergeordneten Strategie die Steuerung des Projektfinanzierungs-Portfolios mit Hilfe geeigneter Instrumente in einem Teilbereich „**Portfolio-Management**' erfolgen.[2] Die Aufgaben des Bereiches „Administration' müssen bei deutschen Banken ab dem 1. Juli 2004 aufgrund aufsichtsrechtlich gebotener „Mindestanforderungen an das Kreditgeschäft der Kreditinstitute' vom sogenannten „**Marktbereich**' partiell oder vollständig aufbauorganisatorisch getrennt und einem separaten „**Marktfolgebereich**' (in vorstehender Abbildung mit „**Risk Management**' bezeichnet) zugeordnet sein.[3]

Weiterhin kann ein eigenständiger Funktionsbereich „<u>**Syndication**</u>' zur Unterstützung bei der Platzierung von Konsortialkrediten, Projektanleihen und Asset Backed Securities sowie bei der Anbahnung von bilateralen Transaktionen (Asset Swaps, Ab- und Zukäufe am Sekundärmarkt) sinnvoll sein. Insbesondere die im Rahmen des „Advisory', „Arranging' und „Underwriting' entstehende Erfordernis zur Einschätzung der aktuellen Situation an den Kredit- und Kapitalmärkten kann möglicherweise über die formellen und informellen Kontakte von einer am Markt etablierten Organisationseinheit „Syndication' effektiver wahrgenommen werden als von den übrigen Funktionsbereichen.

---

[1] Vgl. zu den „Agent/Trust Services' auch die Ausführungen im Abschnitt 2.3.1 Grundfunktionen von Banken in der internationalen Projektfinanzierung, S. 159 ff.

[2] Eine Portfolio-Strategie kann beispielsweise bestimmte maximale Anteilsgrößen für einzeln definierte Portfolio-Gruppen vorgeben, welche durch regionale, sektorale und/oder risikoorientierte Ausprägungsmerkmale umschrieben sein können. Weicht das Portfolio von diesen Vorgaben ab, so können im Rahmen des „Portfoliomanagement' verschiedene Instrumente zur Anpassung bzw. Umgewichtung eingesetzt werden: 1.) teilweiser oder vollständiger Abverkauf von Kreditbeteiligungen am Sekundärmarkt, 2.) teilweiser oder vollständiger Tausch von einzelnen Kreditbeteiligungen mit unterschiedlichen Ausprägungsmerkmalen zwischen zwei Banken („Asset Swap'), 3.) teilweise oder vollständige Verbriefung des Kreditportfolios in Form von „Asset Backed Securities' und Platzierung am Kapitalmarkt („Securitisation') sowie 4.) teilweise oder vollständige Abkoppelung des Kreditrisikos durch den Einsatz von Kreditderivaten (z.B. „Credit Default Swaps'). Vgl. hierzu auch Barrat, J.: Selling Loan Assets, London 1997, S. 1 ff., Dambach, H. T.: Securitization von exportversicherten Darlehen, in: Die Bank, o.Jg. (1996), S. 271 ff., Barrat, J.: Securitization and Financing Projects through the Capital Markets: A South-East Asian Perspective, unveröffentlichter Nachdruck eines Artikels aus Butterworths Journal of International Banking and Financial Law, Oktober 1995, S. 1 ff., Barrat, J.: Securitization and Financing Projects through the Capital Markets, in: Norton Rose (Hrsg.), Projects Group Annual Review 1996, London 1997, S. 4, Bindra, B.: Asset Securitisation in the People's Republic of China, in: Wilde Sapte Law, July 1999, S. 8 f., Nonnenmacher, D. J.; Brasch, H.-J.: Kreditderivate, in: HWF, 3. Aufl., Stuttgart 2001, Sp. 1386 ff., Heil, M.: Kreditderivate – Ein Markt der Zukunft?, in: Sparkasse, 114. Jg. (1997), S. 429 ff., Bräuer, N.; Arlt, U.: Bonitätsderivate werden zu einer Revolution im Bankwesen führen, a.a.O., S. B6, Bräuer, N.; Arlt, U.: Banken müssen Methoden zur Risikosteuerung entwickeln, a.a.O., S. 16, Edgar, S.: How credit derivatives can control risk, in: Corporate Finance, o.Jg. (1999), H. 175, S. 38 ff., Fischer, L. H.: Portfolio-Management für Kreditrisiken ermöglicht Pareto-Optimalität, in: ZfgK, 52. Jg. (1999), S. 177 ff.

[3] Dies gilt insbesondere für die Funktion des „Portfoliomanagement'. Das „Monitoring' („Kreditüberwachung') kann weiterhin beim Marktbereich angesiedelt sein, solange eine unabhängige Zweitvotierung des Kreditrisikos durch den Marktfolgebereich gewährleistet ist; vgl. hierzu BAFin: Mindestanforderungen an das Kreditgeschäft der Kreditinstitute, Rundschreiben 34/2002, Tz. 26 und Tz. 31 ff. Im Dezember 2005 wurden diese Regelungen durch die Mindestanforderungen an das Risikomanagement substituiert bzw. inhaltsgleich in diese inkludiert. Vgl. BAFin: Mindestanforderungen an das Risikomanagement, Rundschreiben 18/2005, BTO 1.1, Tz. 1 ff.

Der wesentlichste **Vorteil** einer funktionalisierten Aufbauorganisation dürfte bei Vorliegen eines kapazitätsauslastenden Geschäftsvolumens in der Realisierung von Skaleneffekten liegen. Weiterhin eignet sich die Aufbauorganisation für die Implementierung eines an einzelnen Funktionen orientierten ‚Training on the Job-Konzept' zwecks Heranführung neuer Mitarbeiter an die Bankleistungsart ‚Projektfinanzierung'.

Als wesentliche **Nachteile** einer strikt funktionalisierten Aufbauorganisation kann die Erschwernis von einzelfallbezogenen Lerneffekten der Mitarbeiter angeführt werden.[1] Ferner besteht die Möglichkeit von Auslastungsproblemen im Fall von Nachfrageschwankungen für projektfinanzierungsbezogene Bankleistungen. Als weiterer Nachteil ist das Problem einer optimalen Zuordnung der Bearbeitung von einerseits ausfallgefährdeten Engagements (sogenanntes ‚Work-out Management') und andererseits Refinanzierungen existierender Projektkredite zu nennen.[2]

- **Regionale Aufbauorganisation**

Im Rahmen einer regionalen Aufbauorganisation für den Bereich Projektfinanzierung kann eine Gliederung der Organisationseinheiten nach ihrem regionalen Sitz bzw. Standort oder nach der regionalen Zuständigkeit vorgenommen werden, wobei Sitzorientierung (bzw. Standortorientierung) sowie Zuständigkeitsorientierung häufig zusammenfallen werden. Die nachfolgende Abbildung zeigt ein Beispiel für eine produktbezogene Aufbauorganisation nach dem sitz- bzw. standortorientierten Regionalprinzip, wobei im Folgenden nicht nach der rechtlichen Organisationsform der regionalen Präsenz differenziert wird[3]:

Abb. 38: Beispiel für eine produktbezogene Aufbauorganisation nach dem sitz- bzw. standortorientierten Regionalprinzip

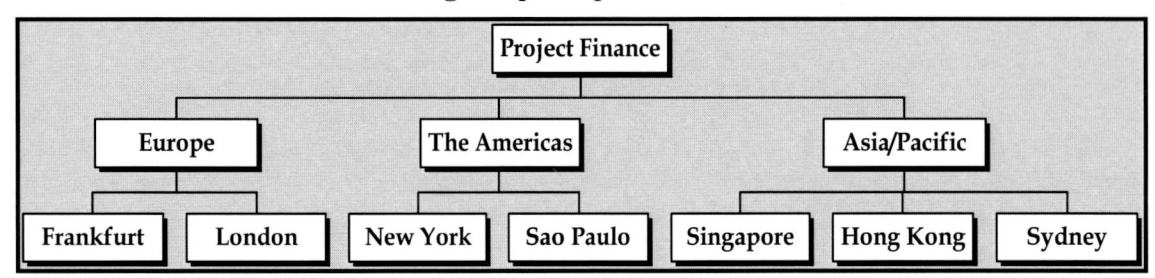

Quelle: Eigene Darstellung

Der **Vorteil** einer sitz- bzw. standortorientierten Aufbauorganisation liegt in der größeren Marktnähe, welche einerseits zu einem besseren Verständnis der regionalen, politisch-soziologischen Rahmenbedingungen führen kann und andererseits - insbesondere bei divergierenden Zeitzonen - eine verbesserte Kommunikation mit regional ansässigen Projektbeteiligten bzw. potentiellen Ge-

---

[1] Der gesamte Bereich ‚Origination' ist abgeschnitten von Erkenntnissen, die im Rahmen der nachgelagerten Funktionen – insbesondere dem ‚Credit Monitoring' – gewonnen werden können und vice versa.

[2] Betrachtet man das ‚Work-out Management' und die Bearbeitung von Refinanzierungen von Projektfinanzierungsfazilitäten als eine Form der strukturierten Problemlösung, so bietet sich eine Zuordnung zum Teilbereich ‚Structuring' an. Andererseits verfügen möglicherweise die zuständigen Projektbetreuer aus dem Bereich ‚Credit Monitoring' über (mehrjährige) detaillierte Kenntnisse des Projektverlaufes ab Unterzeichnung des Kreditvertrages, welches wiederum für eine Zuordnung des ‚Work-out Management' sowie der Bearbeitung von Refinanzierungen zu diesem organisatorischen Teilbereich spricht.

[3] Ein regionaler Standort kann als Repräsentanz, Niederlassung (Branch), Joint Venture oder Tochtergesellschaft betrieben werden, wobei die genannten rechtlichen Organisationsformen - je nach landesspezifischen Regelungen - eine unterschiedliche Teilnahme am Geschäftsverkehr ermöglichen.

schäftspartnern erlauben wird.[1] **Nachteile** können sich aus einer relativen Distanz zur Hauptverwaltung und damit zu den Entscheidungsträgern sowie möglicherweise aus höheren Aufwendungen für den Unterhalt der einzelnen Standorte ergeben.[2]

Die nachfolgende Abbildung zeigt ein Beispiel für eine produktbezogene Aufbauorganisation nach dem zuständigkeitsorientierten Regionalprinzip[3]:

Abb. 39: Beispiel für eine produktbezogene Aufbauorganisation nach dem zuständigkeitsorientierten Regionalprinzip

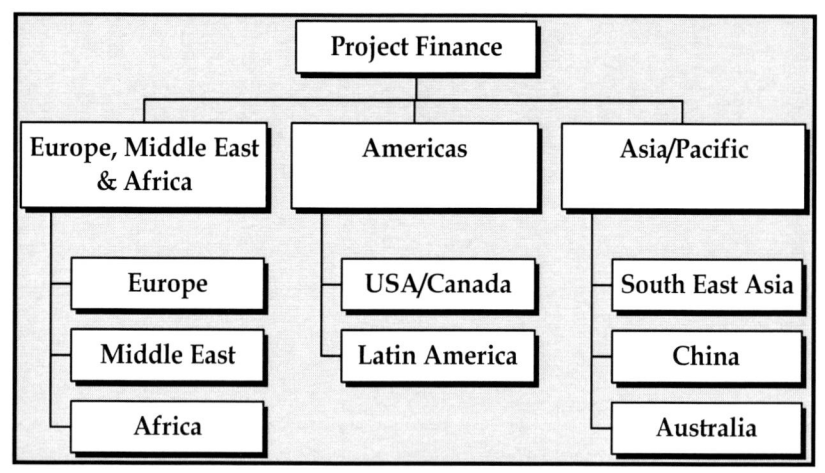

```
                        Project Finance
          ┌──────────────────┼──────────────────┐
   Europe, Middle East    Americas         Asia/Pacific
      & Africa
          │                  │                  │
       Europe           USA/Canada         South East Asia
       Middle East      Latin America      China
       Africa                              Australia
```

Quelle: Eigene Darstellung

Der **Vorteil** eines zuständigkeitsorientierten Regionalprinzips kann in einer fokussierteren Marktbearbeitung unter besonderer Berücksichtigung regionaler Besonderheiten liegen.[4] **Nachteile** können sich dann ergeben, wenn regionale Märkte aufgrund politischer Faktoren (z.B. Krieg, Aufruhr, Revolution) oder wirtschaftlicher Rahmenbedingungen zeitweilig eine reduzierte Nachfrage nach projektfinanzierungsbezogenen Bankleistungen aufweisen.

- **Objektorientierte Aufbauorganisation**

Eine objektorientierte Aufbauorganisation kann sparten- oder kundengruppenorientiert strukturiert sein. Die nachfolgende Abbildung zeigt ein Beispiel für eine produktbezogene Aufbauorganisation nach dem spartenorientierten Objektprinzip[5]:

---

[1] Im Extremfall kann eine regionale Präsenz erforderlich sein, da nationalstaatliche Vorschriften eine Einbuchung der Kredite im Land vorschreiben. Zudem können extrem enge Zeitfenster zwischen einzelnen Regionen (z.B. Europa und Australien) u.U. den Zugang zu den jeweiligen Devisenmärkten erschweren, so dass eine taggenaue Refinanzierung in fremder Währung zum jeweiligen Referenzzinssatz und damit die Teilnahme an einem Konsortialkredit unmöglich werden.

[2] Allerdings sind die höheren Aufwendungen den zusätzlichen Erträgen aus einem regionalen Standort gegenüberzustellen.

[3] Die Einteilung auf der ersten Ebene in die Regionen ‚Europe, Middle East & Africa', ‚Americas' und ‚Asia/Pacific' wurde in Analogie zum internen Aufbau der überregional verbreiteten Fachzeitschrift PROJECT FINANCE INTERNATIONAL gewählt.

[4] Beispielsweise werden Konsortialkredite im Nahen Osten häufig unter Verwendung von ‚islamischen' Finanzierungstranchen gestaltet, wodurch auch ortsansässigen Banken eine Teilnahme an einer Projektfinanzierung ermöglicht werden soll; vgl. Hall, M.: Islamic Finance: Interest free banking comes of age, in: PTF, o.Jg. (1994), Dezember, S. 36 ff.

[5] Für die Umsetzung einer produktbezogenen Aufbauorganisation nach dem spartenorientierten Objektprinzip auf übergeordneter Bankebene vgl. o. V.: Dresdner shake up, in: PFI, o.Jg. (2000), S. 2 f.

Abb. 40: Beispiel für eine produktbezogene Aufbauorganisation nach einem spartenorientierten Objektprinzip

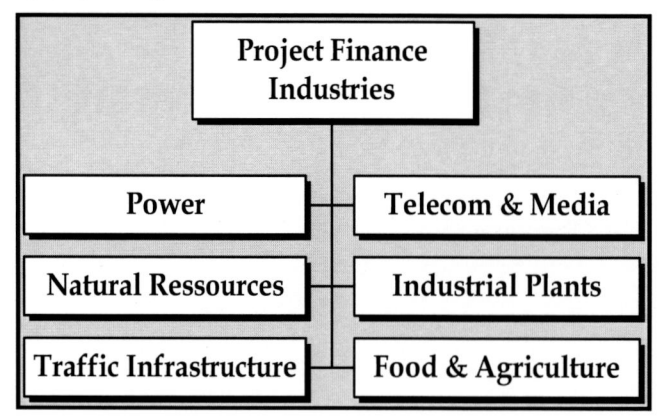

```
                    ┌─────────────────────┐
                    │  Project Finance    │
                    │     Industries      │
                    └─────────────────────┘
            ┌───────────────┬───────────────┐
      ┌─────┴─────┐             ┌───────────┴──────┐
      │   Power   │─────────────│  Telecom & Media │
      └───────────┘             └──────────────────┘
    ┌──────────────────┐        ┌──────────────────┐
    │ Natural Ressources│───────│ Industrial Plants│
    └──────────────────┘        └──────────────────┘
    ┌──────────────────┐        ┌──────────────────┐
    │Traffic Infrastructure│────│ Food & Agriculture│
    └──────────────────┘        └──────────────────┘
```

Quelle: Eigene Darstellung

Der primäre **Vorteil** einer Aufbauorganisation im Rahmen eines spartenorientierten Objektprinzips liegt in der Förderung eines sektorspezifischen Know-how-Aufbaus der Mitarbeiter. Das Verständnis der technisch-produktionswirtschaftlichen Besonderheiten sowie der spezifischen Marktbedingungen einer Sparte wird regelmäßig die Strukturierung und Analyse von Projekt- und Finanzierungskonzepten und damit auch die Akquisition von Finanzierungsmandaten erleichtern. Des Weiteren kann ein spartenorientiertes Objektprinzip die Erschließung von Marktnischen ermöglichen. Ein **Nachteil** des spartenorientierten Objektprinzips liegt in der möglichen Förderung von sektoralen Konzentrationsrisiken (,Klumpenrisiken') im Portfolio der Bank.[1]

Die nachfolgende Abbildung zeigt ein Beispiel für eine produktbezogene Aufbauorganisation nach dem kundengruppenorientierten Objektprinzip:

---

[1] So werden von größeren Marktteilnehmern im Bereich der Projektfinanzierung zwecks Ausweitung der geschäftlichen Aktivitäten gelegentlich branchenfokussierte Mitarbeiter-Teams von Konkurrenzanbietern abgeworben; vgl. hierzu auch die personenbezogenen Mitteilungen in den Fachzeitschriften PROJECT FINANCE INTERNATIONAL und PROJECT FINANCE. Unter Berücksichtigung eines möglichen ‚Time Lags' kann davon ausgegangen werden, dass ceteris paribus ein derartiger Personalaufbau zu einem sprunghaften Anstieg des Kreditvolumens in den korrespondierenden Sparten führt.

Abb. 41: Beispiel für eine produktbezogene Aufbauorganisation nach einem kundengruppenorientierten Objektprinzip

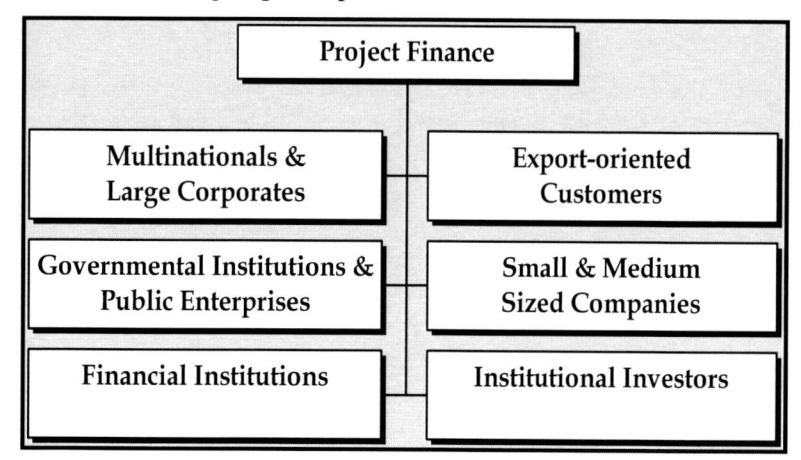

```
                    ┌─────────────────┐
                    │ Project Finance │
                    └────────┬────────┘
         ┌───────────────────┴───────────────────┐
┌──────────────────────┐              ┌──────────────────────┐
│   Multinationals &   │              │   Export-oriented    │
│   Large Corporates   │              │      Customers       │
└──────────────────────┘              └──────────────────────┘
┌──────────────────────┐              ┌──────────────────────┐
│Governmental Institutions &│         │    Small & Medium    │
│   Public Enterprises │              │   Sized Companies    │
└──────────────────────┘              └──────────────────────┘
┌──────────────────────┐              ┌──────────────────────┐
│ Financial Institutions│             │ Institutional Investors│
└──────────────────────┘              └──────────────────────┘
```

Quelle: Eigene Darstellung

Der **Vorteil** einer Aufbauorganisation nach einem kundengruppenorientierten Objektprinzip liegt in der Möglichkeit einer fokussierten Ansprache von einzelnen Zielkundensegmenten einer Bank. Ein **Nachteil** einer derartigen Aufbauorganisation kann darin begründet sein, dass möglicherweise die Implementierung von portfoliodiversifizierenden Strategien sowie risikopolitischer Aktionsparameter dem Postulat einer Kundenorientierung untergeordnet wird.

2.3.2.1.2.2 Vertikale Dezentralisierung

Von den Ausgestaltungsmöglichkeiten einer horizontalen Dezentralisierung ist die aufbauorganisatorische Ausgestaltung der Genehmigungs- und Entscheidungskompetenzen, d.h. die ‚Vertikale Dezentralisierung' des Kreditgeschäftes, abzugrenzen. Regelmäßig wird es sich bei den zu genehmigenden Volumina – auch bei Vorliegen einer konsortialen Kreditgewährung – um Kreditbeteiligungen im Millionenbereich handeln, welche insoweit umfangreiche bankinterne Entscheidungs- bzw. Genehmigungsprozesse implizieren.[1] Unabhängig von der tatsächlichen, institutsindividuellen Ausgestaltung des Kreditgenehmigungsprozesses lassen sich bei Kreditinstituten ähnliche Genehmigungselemente bzw. -instanzen für die Genehmigung von Neugeschäften[2] isolieren:

- **Votierung**

Zur Entscheidungsunterstützung im Genehmigungsprozess eines beantragten Kreditgeschäftes wird die von einer Organisationseinheit ‚Projektfinanzierung' erstellte Genehmigungsvorlage regelmäßig durch sogenannte ‚Voten' von weiteren Fachabteilungen der Bank ergänzt. Dabei können ausgewählte Abteilungen durchaus über ein Vetorecht verfügen und ein beantragtes Kreditgeschäft

---

[1] Im Hinblick auf den Kreditvergabeentscheidungsprozess empfiehlt das BASEL COMMITTEE ON BANKING SUPERVISION in ihren ‚Principles for the Management of Credit Risk': *„Banks should have a clearly-established process in place for approving new credits as well as the amendment, renewal and refinancing of existing credits."*; vgl. Basel Committee on Banking Supervision: Principles for the Management of Credit Risk, BCBS Publication No. 75, Basel September 2000, S. 3.

[2] Nachfolgend wird ausschließlich der Genehmigungsprozess für Neugeschäfte skizziert. Es sei darauf hingewiesen, dass Entscheidungsprozesse im Rahmen der laufenden Kreditüberwachung naturgemäß einen reduzierten Umfang sowie eine abweichende organisatorische Ausgestaltung aufweisen werden. Die größere Bedeutung und Komplexität des Genehmigungsprozesses für Neugeschäfte resultiert einerseits aus eingeschränkten Kündigungstatbeständen nach erfolgter Kreditvertragsunterzeichnung sowie andererseits aus den hohen versunkenen Kosten nach vorgenommener Kreditauszahlung bei projektgebundenen Konsortialkrediten.

stoppen bzw. mittels negativer Votierung die Wahrscheinlichkeit einer Ablehnung im weiteren Genehmigungsprozess erhöhen. Durch ein derartiges Entscheidungsunterstützungssystem kann im Idealfall ein mehrfaches Vier-Augen-Prinzip implementiert, spezifisches Fachwissen und Erfahrungswerte anderer Organisationseinheiten genutzt sowie eine strategiekonforme Geschäftsselektion erleichtert werden. Bei Projektfinanzierungen lassen sich im Wesentlichen folgende Votierungen unterscheiden:

(i) Kreditseitige Votierung dritter Parteien

Im Rahmen einer Projektfinanzierung im engeren Sinne werden in Ergänzung zur Kreditgeber-Kreditnehmer-Beziehung regelmäßig weitere Parteien über vertragliche Verpflichtungen direkt oder indirekt in das Projekt- und Finanzierungskonzept eingebunden sein.[1] Eine Beurteilung des Projekterfolges setzt daher gleichzeitig eine Einschätzung der Erfüllungswahrscheinlichkeit derartiger Vertragspflichten voraus. Eine in diesem Zusammenhang erforderliche Bonitätsanalyse dritter Parteien (z.B. Sponsoren, Abnehmer, Lieferanten, Betreiber, Anlagenbauer) kann von einer Organisationseinheit ‚Projektfinanzierung' vorgenommen werden. Regelmäßig wird es jedoch zweckmäßiger sein, die mit der Betreuung des klassischen Firmenkundenkreditgeschäftes beauftragten Fachabteilungen und deren Kreditanalysten für eine adressenbezogene Kreditwürdigkeitsanalyse einzuschalten, da hier das fachliche Know-how für die Auswertung inländischer sowie insbesondere ausländischer Jahresabschlüsse nach bankeinheitlichen Standards vorgehalten wird. Für den Fall, dass die zu beurteilenden Firmenkunden multiple Geschäftsbeziehungen zum Kreditinstitut unterhalten, können Synergieeffekte durch die Vermeidung von bankinternen Doppel- bzw. Mehrfachanalysen der jeweils involvierten Produktabteilungen realisiert werden.

(ii) Kundenseitige Votierung dritter Parteien

Existieren in einer Bank Organisationseinheiten, deren Aufgaben ausschließlich in der Firmenkundenakquisition und -betreuung liegen,[2] so kann ergänzend zu der vorstehend dargestellten kreditseitigen Votierung von am Projekt- und Finanzierungskonzept beteiligten dritten Parteien eine ‚kundenseitige' Votierung in den Genehmigungsprozess eingebunden sein. Inhaltlich liegt der Schwerpunkt hierbei auf einer allgemeinen Einschätzung der zu votierenden Parteien[3] und des adressenbezogenen Geschäftspotenzials aus Gesamtbanksicht unter besonderer Berücksichtigung etwaiger Erfahrungen aus bereits abgewickelten oder laufenden geschäftlichen Transaktionen.

(iii) Separate Votierung des Kreditrisikos im engeren Sinne[4]

Neben einer kreditseitigen Votierung von dritten Parteien muss das projektfinanzierungsinhärente Kreditrisiko im engeren Sinne einer separaten Beurteilung durch eine hiermit beauftragten bzw. speziell hierfür eingerichtete Organisationseinheit (sogenannte ‚Marktfolge') unterzogen werden.[5] Zielsetzung einer derartigen einzelfallbezogenen Votierung ist insbesondere

---

[1] Vgl. hierzu die Ausführungen unter Gliederungspunkt 2.1.4.1 Risk Sharing, S. 33 ff. sowie 2.1.4.2 Übernahme abstrakter Zahlungspflichten durch Dritte, S. 40 ff.

[2] Z.B. bei Vorliegen einer Matrixorganisation mit einem sowohl produktseitigen als auch kundenseitigen Betreuungsansatz.

[3] Hierbei wird es sich insbesondere um die Sponsoren und/oder die Anlagenlieferanten bzw. -bauer handeln, die regelmäßig ein besonderes Interesse an der Darstellung einer Projektfinanzierung haben werden.

[4] Für einen Überblick über die Erscheinungsformen von Kreditrisiken vgl. Gliederungspunkt 4.1.2.2.1 Zum Erfordernis eines Managements von Kreditrisiken, S. 393 ff.

[5] Vgl. hierzu BaFin: Mindestanforderungen an das Risikomanagement, Rundschreiben 18/2005, BTO 1.1, Tz. 1 f. Denkbar ist beispielsweise, dass die Votierung des Kreditrisikos im engeren Sinne durch eine mit der Kreditadministration und/oder Kreditüberwachung befassten Abteilung erfolgt. Voraussetzung für eine derartige organisatorische Lösung wird jedoch ein ausreichendes Produktverständnis für Projektfinanzierungen auf Seiten der votierenden Organisationseinheit sein.

die unabhängige, d.h. von budgetierten Ertragsvorgaben unbeeinflusste Einschätzung des wirtschaftlichen und politischen (Adressen-) Ausfallrisikos.[1] Daneben können auch Konzentrationsrisiken im Kreditportfolio der Bank[2] sowie eventuelle Besicherungsrisiken[3] Berücksichtigung im Votum finden.

(iv) Kundenseitige Votierung der projektgebundenen Kreditvergabe

Analog zur vorstehend skizzierten kundenseitigen Votierung dritter Parteien kann auch eine Einschätzung des konkreten Einzelgeschäftes durch eine mit der Firmenkundenakquisition und -betreuung beauftragten Organisationseinheit erfolgen.[4] Zielsetzung ist hierbei eine strategiekonforme Geschäftsselektion, insbesondere vor dem Hintergrund knapper Ressourcen[5] und potenzieller Cross-Selling-Effekte. Darüber hinaus kann durch eine kundenseitige Votierung der projektgebundenen Kreditvergabe eine zweite, von der Produktebene aufbauorganisatorisch getrennte, einzelgeschäftsbezogene Ertrags- und Risikoverantwortlichkeit implementiert werden.[6]

(v) Votum zum Länderrisiko

Domiziliert der Kreditnehmer (z.B. eine Projektgesellschaft) im Ausland, so erweitert sich das Spektrum der potenziellen Auslöser von Kreditausfällen um das sogenannte Länderrisiko. Hierbei handelt es sich um eine Begrifflichkeit, die je nach Standpunkt des Betrachters unterschiedlich weit gefasst sein kann. In einem engeren Sinne wird unter dem (politischen) Länderrisiko regelmäßig die Unfähigkeit des Kreditnehmers zur form- und fristgerechten Bedienung, Verzinsung und Tilgung von Auslands- und Fremdwährungsschulden aufgrund nicht

---

[1] Eine derart „objektivierte" Einschätzung des Adressenausfallrisikos (z.B. im Rahmen eines ‚Internen Rating') kann auch den Ausgangspunkt für die Ermittlung von risikoadjustierten Erfolgskennzahlen im Rahmen einer einzelfall- oder segmentbezogenen Risikosteuerung sowie möglicherweise auch einer Gesamtbankrisikosteuerung darstellen. Vgl. hierzu auch Wieandt, P.: Risiko als Faktor für den Ressourcen-Einsatz, in: ZfgK, 46. Jg. (1993), S. 603 ff. Daneben kann ein ‚Internes Rating' Eingang in ein bankinternes Risikomodell finden und somit die Grundlage für die von der Bank für Internationalen Zahlungsausgleich vorgeschlagene und zur Diskussion gestellte, zukünftig risikoorientierte Unterlegung mit aufsichtsrechtlichem Eigenkapital bilden. Zu dem sogenannten ‚Internal Ratings Based Approach' vgl. BIS/Secretary of the Basel Capital Accord: The New Basel Capital Accord: an explanatory note, Basel January 2001, S. 4. Allerdings ist die statistische Ermittlung von standardisierten Ausfallrisikokosten bei großvolumigen Kreditgeschäften aufgrund einer i.d.R. unzureichenden Grundgesamtheit problematisch; vgl. hierzu Villiez, C. v.: Ausfallrisiko-Kosten in der Bankkalkulation, in: ZfgK, 43. Jg. (1990), S. 226.

[2] Die Funktion eines Kreditportfolio-Controllings bzw. Kreditportfolio-Managements kann getrennt neben dem Kreditrisiko-Controlling existieren oder mit diesem zusammenfallen. Zum ‚Kreditportfolio-Management' vgl. Hügle, F.: Klumpenrisiken vermeiden, in: Bank Magazin, 7. Jg. (1999), Nr. 5, S. 34 ff. Zur Abgrenzung zwischen Einzelgeschäftssteuerung und Portfoliosteuerung vgl. Flesch, J. R.; Gerdsmeier, S.: Barwertsteuerung und Allokation von Risikokapital, in: B. Rolfes, H. Schierenbeck, S. Schüller (Hrsg.), Risikomanagement in Kreditinstituten, Frankfurt a.M. 1995., S. 123 passim.

[3] Hierbei wird es sich jedoch primär um ökonomische Besicherungsrisiken handeln. Rechtliche Besicherungsrisiken werden dagegen im Rahmen eines Votums der Rechtsabteilung oder durch Rechtsgutachten externer Anwaltskanzleien zu beurteilen sein.

[4] Da der Kreditnehmer einer Projektfinanzierung vielfach eine neu gegründete Einzweckgesellschaft sein wird, sind hierbei aus geschäftspolitischer Sicht insbesondere die Sponsoren und sonstigen Projektbeteiligten von besonderer Bedeutung. Insofern wird die ‚Kundenseitige Votierung der projektgebundenen Kreditvergabe' häufig mit der bereits skizzierten ‚Kundenseitigen Votierung dritter Parteien' zusammenfallen.

[5] Eine knappe Ressource kann z.B. das für Kreditgeschäfte zur Verfügung stehende Länderlimit sein. Vgl. hierzu auch die nachfolgenden Ausführungen zur Votierung des Länderrisikos.

[6] Im Rahmen einer Matrixorganisation, d.h. einer bankübergreifenden Zweiteilung der Aufbauorganisation in eine Produkt- und eine Kundendimension, kann eine derartige Verantwortungszuweisung zudem durch eine spiegelbildliche Abbildung der Erträge auf Produkt- und Kundenseite (sogenanntes ‚Shadow Accounting') unterstützt werden.

selbst zu verantwortender oder zu beeinflussender nationaler Gegebenheiten verstanden.[1] Im Rahmen eines bankinternen Länderrisikosteuerungssystems kann eine nach Beträgen, Laufzeiten und Produkten gestaffelte Begrenzung des Geschäftsvolumens für einzelne Staaten oder Währungsräume im Rahmen von Länderlimiten existieren.[2] Bei Abweichung eines beantragten Geschäftes von derartigen qualitativen Rahmenvorgaben[3] bzw. bei Ausschöpfung der Belegungsmöglichkeiten für das Sitzland des Kreditnehmers kann eine Kreditherauslegung eventuell nur im Wege einer Ausnahmegenehmigung möglich sein. Hierfür kann im Rahmen des bankinternen Genehmigungsprozesses die Erstellung eines ‚Votums zum Länderrisiko' erforderlich werden. In einer derartigen Stellungnahme können den Entscheidungsträgern unterstützende Informationen zur Struktur des bestehenden Länderrisikos[4] unter Berücksichtigung der Besonderheiten des beantragten Kreditgeschäftes[5] durch eine oder mehrere Organisationseinheiten (z.B. Volkswirtschaft, Kundenbetreuung) zur Verfügung gestellt werden.

(vi)   Syndication Statement

Die Herauslegung eines ‚Syndication Statement' dient der Einschätzung des Syndizierungs- bzw. Platzierungsrisikos von zu zeichnenden Kreditbeträgen im Rahmen eines Arranging oder eines (Sub-)Underwriting. Das Syndication Statement kann dabei als Ergänzung bzw. Anlage zur Genehmigungsvorlage (Kreditvorlage) den Entscheidungsträgern relevante Informationen über die aktuelle Marktsituation an den Kredit- und Kapitalmärkten zur Verfügung stellen, wobei insbesondere auf regionale, sektorale und preispolitische Aspekte des zu votierenden Geschäftes abgestellt wird.[6]

---

[1] Vgl. Abs, H. J.: Länderrisiken im internationalen Kreditgeschäft, in: Die Bank, o.Jg. (1981), S. 590. Daneben werden jedoch z.T. auch weitere politische sowie einzel- und gesamtwirtschaftliche Tatbestände unter dem Begriff des Länderrisikos subsumiert, so weit sie zur partiellen oder totalen Schuldendienstunfähigkeit führen und zum Zeitpunkt der Kreditvergabe nicht erkennbar waren (u.a. Enteignung, Bruch staatlicher Zusagen, sonstige legislative Akte).

[2] Vgl. Clifford Chance (Hrsg.): Project Finance, a.a.O., S. 17.

[3] z.B. im Hinblick auf beantragte Produktart, Kreditlaufzeit und/oder Kreditbetrag

[4] Ist z.B. das Länderlimit im Wesentlichen durch Kreditvergaben mit geringen Restlaufzeiten ausgeschöpft, so kann eine zeitlich befristete Überziehung eher gerechtfertigt erscheinen.

[5] Internationale Projektfinanzierungen werden häufig einen relativ hohen Komplexitätsgrad mit erklärungsbedürftigen, (länder-) risikominimierenden Strukturmerkmalen aufweisen. So können beispielsweise bei Hartwährung generierenden Auslandsprojekten die korrespondierenden Finanzströme über verpfändete Treuhandkonten an Finanzplätzen mit akzeptablem Länderrisiko (z.B. New York, London, Frankfurt) und somit außerhalb des eigentlichen Projektstandortes abgewickelt werden. Hierdurch lassen sich Konvertierungs- und Transferrisiken weitgehend ausschließen. Weiterhin kann sich z.B. eine besondere Länderrisikosituation ergeben, wenn das Sitzland des Kreditnehmers von dem eigentlichen (wirtschaftlichen) Unternehmensstandort abweicht. Als mögliches Beispiel lassen sich hierfür aus steuerlichen Gründen gewählte Firmensitze an Offshore-Finanzplätzen (z.B. Cayman Islands, Bermudas, Liechtenstein, Monaco) anführen, soweit die wirtschaftlichen Aktivitäten im Wesentlichen in anderen Ländern abgewickelt werden.

[6] Für eine Situationsanalyse der Kredit- und Kapitalmärkte im Vorfeld der Finanzierung von Mobilfunklizenzen der dritten Generation vgl. beispielhaft McCrary, E. S.: Oceans of Debt, in: Global Finance, 14. Jg. (2000), Nr. 7, S. 45 f. Im Hinblick auf regionale Aspekte bei der Finanzierung von Explorationsprojekten in Südamerika vgl. List, P.: Latin Oil Lacks Cash, in: Global Finance, 14. Jg. (2000), Nr. 9, S. 63. Als ein Beispiel für die Relevanz von u.a. preispolitischen Gesichtspunkten bei der prospektiven Beurteilung des Syndizierungserfolges kann die Diskussion um die Margen- und Provisionsstruktur im Vorfeld der Projektfinanzierung des neuen Wembley Stadium angeführt werden; vgl. Morrison, R.: Wembley's poor first half, in: PFI, o.Jg. (2000), Nr. 206, S. 31. Für die preispolitisch bedingte Verschiebung eines Sub-Underwriting im Zuge der USD 1,5 Mrd. Projektfinanzierung einer 23.000 km langen submarinen Glasfaserkabelverbindung zwischen Nord- und Südamerika vgl. Gelinas, N.: SAm-1 hit by market conditions, in: PFI, o.Jg. (2000), Nr. 205, S. 10.

- **Kompetenzstufen und Gremien**

Das einzelne Kreditgeschäft durchläuft - nach Vorliegen der erforderlichen Votierungen - einen betragsmäßig gestaffelten Genehmigungsprozess, der eine Zustimmung zur Genehmigungsvorlage auf unterschiedlichen ‚Kompetenzstufen' vorsieht. Im Rahmen der jeweiligen institutsindividuellen Instanzenhierarchie wird insofern eine Genehmigung des beantragten Geschäftes auf Gruppen-, Abteilungs-, Bereichs- und/oder Divisionalleiterebene (‚Organisationshierarchie') sowie bei Überschreiten bestimmter Betragsgrenzen durch kollektiven Beschluss von internen Ausschüssen bzw. Organen erforderlich sein. Es kann davon ausgegangen werden, dass Kreditbeteiligungen an Projektfinanzierungen regelmäßig Volumina erreichen, die eine Vorlage des Einzelgeschäftes zwecks Entscheidung an eines oder mehrere spezielle Gremien erforderlich machen. Hierbei kann es sich um einen oder mehrere Kreditausschüsse[1], einen Bereichsvorstand[2] und/ oder Gesamtvorstand sowie den Kredit- und Beteiligungsausschuss[3] handeln.

Die nachfolgende Abbildung zeigt **beispielhaft** das Zusammenwirken von Votierungs- und Genehmigungsprozess im bankinternen Kreditantragsverfahren für eine Projektfinanzierung im engeren Sinne:

---

[1] So können regionale Niederlassungen über eigene Kreditausschüsse verfügen, die möglicherweise einem Kreditausschuss am Hauptsitz der Bank vorgeschaltet sind.

[2] Ein Bereichsvorstand (‚Management Committee') kann bei einer divisionalen Aufbauorganisation neben dem Gesamtvorstand existieren.

[3] Bei einem Kredit- und Beteiligungsausschuss handelt es sich um ein spezielles Gremium, welches mit Vertretern des Aufsichtsrates besetzt ist und ausgewählte Kontrollfunktionen des Aufsichtsrates ausübt. Zu seinen Aufgabe gehört u.a. die Zustimmung zu Organkrediten im Sinne von § 15 Abs. 1 KWG.

Abb. 42: Votierungs- und Genehmigungsprozess im Rahmen der vertikalen Dezentralisierung für das Kreditprodukt ‚Projektfinanzierung'

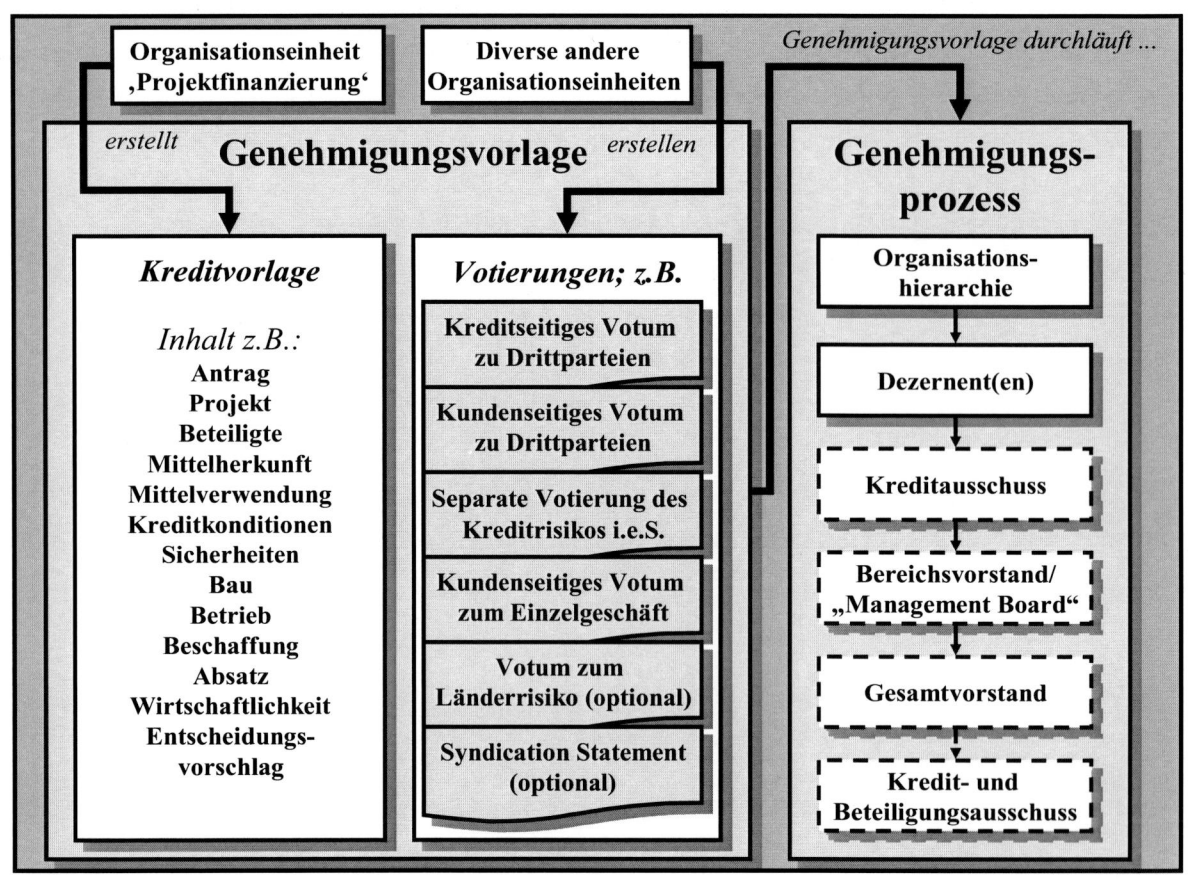

```
┌─────────────────────────────────────────────────────────────────────────────┐
│  ┌──────────────────┐   ┌──────────────────┐   Genehmigungsvorlage durchläuft ... │
│  │ Organisationsein.│   │ Diverse andere   │                                │
│  │ ‚Projektfinanz.' │   │ Organisationsein.│                                │
│  └──────────────────┘   └──────────────────┘                                │
│       erstellt  Genehmigungsvorlage  erstellen     Genehmigungs-            │
│                                                    prozess                  │
│     Kreditvorlage          Votierungen; z.B.                                │
│                                                    Organisations-           │
│     Inhalt z.B.:       Kreditseitiges Votum        hierarchie               │
│     Antrag             zu Drittparteien                                     │
│     Projekt            Kundenseitiges Votum        Dezernent(en)            │
│     Beteiligte         zu Drittparteien                                     │
│     Mittelherkunft                                 Kreditausschuss          │
│     Mittelverwendung   Separate Votierung des                               │
│     Kreditkonditionen  Kreditrisikos i.e.S.                                 │
│     Sicherheiten                                   Bereichsvorstand/        │
│     Bau                Kundenseitiges Votum        „Management Board"       │
│     Betrieb            zum Einzelgeschäft                                   │
│     Beschaffung        Votum zum                   Gesamtvorstand           │
│     Absatz             Länderrisiko (optional)                              │
│     Wirtschaftlichkeit                             Kredit- und              │
│     Entscheidungs-     Syndication Statement       Beteiligungsausschuss    │
│     vorschlag          (optional)                                           │
└─────────────────────────────────────────────────────────────────────────────┘
```

Quelle: Eigene Darstellung

Vor dem Hintergrund eines möglicherweise eng terminierten Zeitrahmens[1] kann sich die Frage nach der Dauer des Votierungs- und Genehmigungsprozesses und den daraus resultierenden Rückwirkungen auf die Produktqualität bzw. den Geschäftserfolg im Bereich der Projektfinanzierung stellen. Effektive Entscheidungsprozesse mit kurzen Durchlaufzeiten von Genehmigungsvorlagen können daher ein wesentliches Element zur Erhöhung der zeitlichen Prüfungsintensität darstellen und damit auch zu einer verbesserten Offenlegung der wirtschaftlichen Verhältnisse führen.[2]

2.3.2.2 Ablauforganisation

Grundsätzlich muss zwischen der Ablauforganisation der übergeordneten Dimension des Projektes und der Ablauforganisation der Projektfinanzierung als Teilkomponente der Projektrealisierung unterschieden werden.[3] Während die Ablauforganisation eines Projektes durch die Phasen Planung

---

[1] Z.B. bei Einladung zur Abgabe eines Finanzierungsangebotes bzw. zur Kreditbeteiligung im Rahmen eines Syndizierungsverfahrens; vgl. hierzu auch die nachfolgenden Ausführungen unter Gliederungspunkt 2.3.2.2 Ablauforganisation, S. 178 ff.

[2] Vgl. zu den verschiedenen Ausprägungsformen des aufsichtsrechtlichen Begriffes ‚Offenlegung' die nachfolgenden Ausführungen unter Gliederungspunkt 3.1.2.2 Methodik der Offenlegung, S. 265 ff.

[3] Vgl. die missverständlichen Darstellungen bei Hupe, M.: Steuerung und Kontrolle internationaler Projektfinanzierungen, a.a.O., S. 35 ff. und Tytko, D.: Grundlagen der Projektfinanzierung, a.a.O., S. 34 ff. Dem steht nicht entgegen, dass sich die Risiken einer Projekt<u>finanzierung</u> durchaus einzelnen Projekt<u>phasen</u> zuordnen lassen; vgl. Nevitt, P. K.; Fabozzi, F.: Project Financing, a.a.O., S. 9.

(‚Planning'), Erstellung (‚Engineering & Construction'), Anlauf (‚Start-up'), Betrieb (‚Operation'), Ausbau (‚Expansion') und Desinvestition (‚Termination', ‚Transfer', ‚Sale') charakterisiert werden kann,[1] lässt sich aus Sicht der Kreditgeber der **mögliche** Ablauf einer Projekt<u>finanzierung</u> im engeren Sinne dagegen eher wie folgt darstellen[2]:

---

[1] Vgl. hierzu beispielsweise die Darstellung bei Horn, N.: Das Vertragsrecht der internationalen Projektfinanzierungen, a.a.O., S. 206 f., die im Wesentlichen auch im nachfolgenden Schrifttum übernommen wurde; vgl. hierzu beispielsweise Reuter, A.; Wecker, C.: Projektfinanzierung; Anwendungsmöglichkeiten, Risikomanagement, Vertragsmanagement, bilanzielle Behandlung, a.a.O., S. 42, Tytko, D.: Grundlagen der Projektfinanzierung, a.a.O., S. 34 ff.

[2] Zu der nachfolgenden Darstellung von möglichen Phasen einer Projekt<u>finanzierung</u> vgl. auch Heintzeler, F.: Projektfinanzierung aus der Sicht der Banken, in: Fachausschuß für Bergtechnik der GDMB (Hrsg.), Projektfinanzierung, Clausthal-Zellerfeld 1985, S. 20 ff., Hinsch, C.L.: Das Vertragsrecht der internationalen Konsortialkredite am Euromarkt, a.a.O., S. 12 ff., Gröhl, M.: Bankpolitische Konsequenzen der Projektfinanzierung, a.a.O., S. 219, Hodgson, S. J.: Rechtliche Strukturen in der Projektfinanzierung: Teil I: Finanzierungsverträge, Vortragsmanuskript, Konferenz: Internationale Projektfinanzierung, Frankfurt 31.5.1995 - 1.6.1995, S. 18 ff., Hodgson, S. J.; Magold, R.: Finanzierungskonstellationen, besicherte/unbesicherte Kredite, Akquisitionskredite, Projektkredite, a.a.O., S. 10 f., Prautzsch, W.-A.: Projektfinanzierung, a.a.O., S. 1486.

Abb. 43: Ablaufplan einer Projektfinanzierung im engeren Sinne

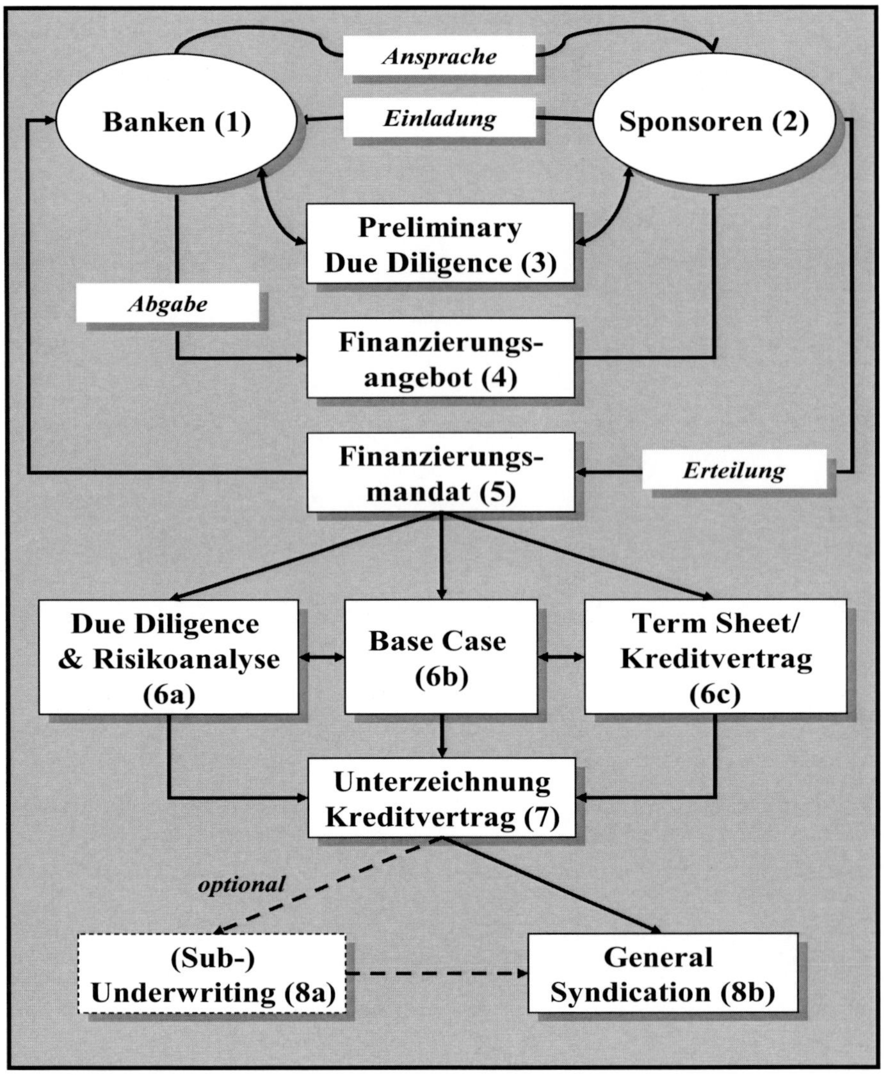

```
                        Ansprache
        Banken (1)  ←  Einladung  →  Sponsoren (2)
              ↓         ↑    ↑         ↓
                    Preliminary
                    Due Diligence (3)
              Abgabe
              ↓    Finanzierungs-
                   angebot (4)
                         ↓
                   Finanzierungs-  ← Erteilung
                   mandat (5)
              ↓          ↓           ↓
        Due Diligence  Base Case   Term Sheet/
        & Risikoanalyse  (6b)      Kreditvertrag
           (6a)                       (6c)
                         ↓
                   Unterzeichnung
                   Kreditvertrag (7)
                  optional ↓
              (Sub-)             General
              Underwriting (8a) - Syndication (8b)
```

Quelle: Eigene Darstellung

Die einzelnen Ablaufphasen aus der vorstehenden Abbildung können wie folgt charakterisiert werden:

- **Akquisitionsphase (1)**

    In der Akquisitionsphase der Kreditgeber erfolgt im Wesentlichen die Marktbeobachtung und darauf aufbauend die Ansprache von ausgewählten Zielkunden[1] im Hinblick auf konkrete oder prospektive Projektvorhaben.[2] Regelmäßig wird dieser Zeitabschnitt mit der Planungsphase der Sponsoren zusammenfallen, wobei für diese nach Identifizierung eines wirtschaftlichen Vorhabens sowie dem Entschluss zu einer isolierten Durchführung im Rahmen eines Projektes insbesondere die Erstellung einer ersten Machbarkeitsstudie[3] – möglicherweise unter Einschaltung

---

[1] Hierbei wird es sich im Wesentlichen um potenzielle Sponsoren, Anlagenbauer, Betreiber oder Abnehmer handeln.

[2] Da Großprojekte durch relativ lange Vorlaufzeiten und eine große Öffentlichwirksamkeit charakterisiert sind, wird eine Ansprache der Kreditgeber durch die Projektinitiatoren bzw. deren Financial Adviser auf ‚unbekannte' oder ‚geheime' Projektvorhaben eher die Ausnahme sein. Zu Verschwiegenheitserklärungen (‚Confidentiality Agreements') von Projektbeteiligten in der Frühphase eines Projektes vgl. Vinter, G. D.: Project Finance: A legal guide, a.a.O., S. 8.

[3] D.h. eine ‚Pre-Feasibility Study' oder ‚Feasibility Study'

von Beratern – im Vordergrund stehen wird. Aus Bankensicht wird in dieser Phase die Akquisition eines Beratungsmandates (Financial Advisory) bzw. die frühzeitige Positionierung für eine Einladung zur Abgabe eines Finanzierungsangebotes (Arranging) anzustreben sein.

- **Einladung von Banken durch Projektinitiatoren (2)**

Nach Abschluss der Planungsphase und dem Vorliegen einer ersten Machbarkeitsstudie werden die Projektsponsoren bzw. ein eventuell mandatierter ‚Financial Adviser' ausgewählte Banken zur Abgabe eines Finanzierungsangebotes für das Arranging der Fremdfinanzierungsfazilitäten einladen. Regelmäßig werden hierbei die Machbarkeitsstudie der Sponsoren und/oder ein vom Financial Adviser erstelltes ‚(Preliminary) Information Memorandum', bereits existierende Vertragsentwürfe bzw. Zusammenfassungen derselben sowie die Ergebnisse der Wirtschaftlichkeitsuntersuchungen (‚Sponsors Case') den eingeladenen Banken zur Verfügung gestellt.

- **(Preliminary) Due Diligence-Phase (3)**

Zeitgleich zur Prüfung der vorgelegten Unterlagen durch die eingeladenen Banken erstellen (unabhängige) externe Berater bzw. Gutachter auf der Basis eigener Untersuchungen sowie der von den Sponsoren vorgelegten Unterlagen (Preliminary) Due Diligence-Reports zu ausgewählten Dimensionen des Projektkonzeptes (z.B. Technik, Umwelt, Markt und Recht), die einer ersten Feststellung bzw. Prognose bedürfen.[1]

- **Finanzierungsangebot (4)**

Die Ergebnisse der Due Diligence-Phase werden von den Banken zur Beurteilung des Projektkonzeptes herangezogen und bei der Erstellung eines Finanzierungsvorschlages berücksichtigt. Das bankseitige (indikative) Finanzierungsangebot enthält als wesentlichen Bestandteil ein ‚Term Sheet', d.h. eine (tabellarische) Zusammenfassung aller wesentlichen (finanzwirtschaftlichen) Parameter sowie ausgewählter rechtlicher Eckpunkte der offerierten Kreditbeziehung.[2]

- **Mandatserteilung (5)**

Nach Eingang der Finanzierungsangebote werden diese durch die Sponsoren und deren Financial Adviser geprüft. Kriterien für die Beurteilung dieser Offerten können u.a. die angebotenen Underwriting-Beträge und Kreditkonditionen sein. Ferner wird der Grad der Akzeptanz des von den Sponsoren vorgelegten Projekt- und Finanzierungskonzeptes durch die eingeladenen Banken für eine Mandatserteilung entscheidend sein. Insbesondere bankseitige Forderungen nach einem (höheren) sponsorseitigen ‚Credit Support' durch Herauslegen etwaiger zeitlich oder der Höhe nach begrenzter Garantien[3], einer zusätzlichen Übernahme abstrakter Zahlungspflichten durch Dritte[4] sowie nach erweiterten projektbezogenen Kreditbedingungen und Verhaltensauflagen[5] werden bei der Ermittlung des optimalen Finanzierungsangebotes zu berück-

---

[1] Vgl. zum Wesen von ‚Feststellungen' die Ausführungen unter Gliederungspunkt 4.1.1.3 Abgrenzung der ‚Prüfung' von ‚Feststellung' und ‚Begutachtung' sowie ‚Beratung', S. 349 ff.

[2] Vgl. Grosse, P. B.: Projektfinanzierung aus Bankensicht, a.a.O., S. 49, Hodgson, S. J.; Magold, R.: Finanzierungskonstellationen, besicherte/unbesicherte Kredite, Akquisitionskredite, Projektkredite, a.a.O., S. 10 f.

[3] Vgl. hierzu Gliederungspunkt 2.1.4.1 Risk Sharing, S. 33 ff.

[4] Vgl. hierzu Gliederungspunkt 2.1.4.2 Übernahme abstrakter Zahlungspflichten durch Dritte, S. 40 ff.

[5] Vgl. hierzu Gliederungspunkt 2.1.4.3 Projektbezogene Kreditbedingungen und Verhaltensauflagen, S. 48 ff.

sichtigen sein. Nach Klassifikation der Angebote wird einer Bank (‚Sole Arranger') oder mehreren Banken (‚Joint Arranger') ein Finanzierungsmandat erteilt.

- **Fortsetzung der Due Diligence sowie der Risikoanalyse (6a)**

Zur Umsetzung des von der mandatierten Bank vorgeschlagenen Projekt- und Finanzierungskonzeptes wird eine vertiefte und zielgerichtete Fortsetzung der Due Diligence durch die Arranger sowie die bereits involvierten oder neuen Gutachter und Berater vorgenommen. Ausgehend von den Ergebnissen der Due Diligence werden die projektinhärenten Risiken weiter isoliert und umschrieben.

- **Erstellung bzw. Weiterentwicklung eines Base Case (6b)**

Parallel zur Due Diligence und der Risikoanalyse erfolgt die Erstellung einer modellgestützten Finanzplanung (Cashflow-Analyse) zwecks Analyse der Schuldendienstkapazität des Projektes unter Abbildung des vorgeschlagenen Finanzierungskonzeptes.[1] Dabei können sowohl die existierende Wirtschaftlichkeitsuntersuchung der Sponsoren bzw. des Financial Adviser (‚Sponsors Case' oder ‚Management Case') weiterentwickelt als auch ein völlig neues bankseitiges Finanzierungsmodell (‚Bank Case') erstellt werden.[2] Ausgehend von einem konservativen Basisfall (‚Base Case') werden verschiedene – aus den Ergebnissen der ‚Due Diligence' und der Risikoanalyse abgeleitete – Risikoszenarien im Rahmen von Sensitivitätsanalysen durchgespielt.[3]

- **Verhandlung des Term Sheet & Umsetzung in den Kreditvertrag (6c)**

Das vorgelegte Term Sheet wird im Rahmen von Verhandlungen zwischen den als Arranger mandatierten Banken und den Sponsoren verhandelt und unter Berücksichtigung der Ergebnisse der Due Diligence sowie der Sensitivitätsanalysen weiter konkretisiert. Regelmäßig erfolgen bereits parallel zu den Verhandlungen die begleitende Umsetzung des Term Sheet in einen Kreditvertragsentwurf (‚Loan Documentation') sowie die Erstellung der Sicherheitendokumentation (‚Security Documentation') durch Rechtsanwälte.

- **Unterzeichnung Kreditvertrag (7)**

Nach Beendigung der Due Diligence und Risikoanalyse, der Fertigstellung des Bank Case sowie dem Abschluss der Verhandlungen zur finalen rechtlichen Dokumentation wird der Kreditvertrag unterzeichnet (‚Financial Closing')[4], wobei eventuell noch ungeklärte Sachverhalte bzw. fehlende Konzeptbestandteile durch die Aufnahme von Auszahlungsvoraussetzungen (Conditions Precedent) berücksichtigt werden. Auch nach dem Financial Closing können noch

---

[1] Möglicherweise existieren bereits erste Versionen einer bankseitigen modellgestützten Finanzplanung, welche im Zuge der Vorbereitung des Finanzierungsangebotes erstellt worden sind. Vgl. hierzu auch die vorstehenden Ausführungen unter Gliederungspunkt 2.2.2 Modellgestützte Finanzplanung (Cashflow-Analyse), S. 60 ff.

[2] Für eine Charakterisierung des „*Bankenfall*" vgl. Schepp, F.: Praxis der Projektfinanzierung, a.a.O., S. 527.

[3] Für eine Erläuterung der genannten Begrifflichkeiten vgl. die vorstehenden Ausführungen unter den Gliederungspunkten 2.2.2.3 Modellcharakter, S. 66 ff. und 2.2.4 Projektbezogene Risikoanalyse, S. 139 ff. sowie insbesondere 2.2.4.3.4.1 Sensitivitätsanalysen, S. 148 ff.

[4] „*Was beim Schiffbau der Stapellauf ist, ist bei der Projektfinanzierung das Closing*". Harries, H.: Rechtliche Aspekte der Projektfinanzierung im Bergbau, a.a.O., S. 34. Vgl. auch Prautzsch, W.-A.: Projektfinanzierung, a.a.O., S. 1490.

weitere Kreditgeber über bereits vorformulierte Übernahmeverträge (sogenannte ‚Novation Agreements' bzw. ‚Transfer Certificates') in das Kreditkonsortium aufgenommen werden.[1]

- **(Sub-)Underwriting[2] (8a) & General Syndication (8b)**

    Nach der Erstellung eines revidierten Information Memorandum[3] durch die Arranger werden weitere Banken zu einem (Sub-)Underwriting (8a) oder zur ‚General Syndication' (8b) eingeladen, d.h. im letzteren Fall bereits zu einer Übernahme von (finalen) Kreditbeteiligungen (‚Final Take').[4] In Abhängigkeit vom Kreditvolumen einer Projektfinanzierung sowie des einzelfall- und zeitpunktbezogenen Bankeninteresses an einer Kreditbeteiligung wird das Platzierungsverfahren möglicherweise in mehreren Stufen ablaufen, wobei – wie die nachfolgende Abbildung verdeutlicht - der Koordinations- und Zeitaufwand einer konsortialen Kreditgewährung tendenziell mit zunehmender Anzahl der Syndizierungsstufen und damit auch der Teilnehmer steigen wird:

---

[1] Vgl. für ein Muster eines ‚Transfer Certificate' beispielhaft LMA; BBA; ACT: Multicurrency Term and Revolving Facilities Agreement, Mustervertrag, Dokument LMA.MTR.01, London o.J., S. 72. Siehe auch die Zusammenfassung bei Magold; vgl. Magold, R.: Abtretungs-/Syndizierungsregelungen, Vortragsmanuskript, Seminar: Dokumentation von Konsortialkrediten - im deutschen und englischen Recht -, Gravenbruch 15.-16.6.2000, S. 66 ff. sowie Trostdorf, S.: Syndizierter Kredit, a.a.O., S. 1865. Im Gegensatz zum Instrument der ‚(Forderungs-) Abtretung', bei der nur die Forderungsansprüche übertragen werden, übernimmt das neue Kreditinstitut bei der ‚Novation' sowohl die Rechte als auch die Pflichten des bestehenden Kreditvertrages; vgl. hierzu auch Büschgen, H. E.: Finanzinnovationen: Neuerungen und Entwicklungen an nationalen und internationalen Finanzmärkten, in: ZfB, 56. Jg. (1986), S. 333.

[2] Ein ‚Sub-Underwriting' bzw. ‚Co-Underwriting' wird in Abgrenzung zu einer ‚General Syndication' teilweise auch als **Primary Syndication'** bezeichnet; vgl. Hodgson, S. J.; Magold, R.: Finanzierungskonstellationen, besicherte/unbesicherte Kredite, Akquisitionskredite, Projektkredite, a.a.O., S. 11.

[3] Vgl. Grosse, P. B.: Projektfinanzierung aus Bankensicht, a.a.O., S. 49, Clifford Chance (Hrsg.): Project Finance, London 1991, S. 13.

[4] Es sei darauf hingewiesen, dass ein ‚Sub-Underwriting' auch schon vor Fertigstellung bzw. Unterzeichnung des Kreditvertrages erfolgen kann.

Abb. 44: Koordinations- und Zeitaufwand verschiedener Platzierungsverfahren bei einer konsortialen Kreditgewährung

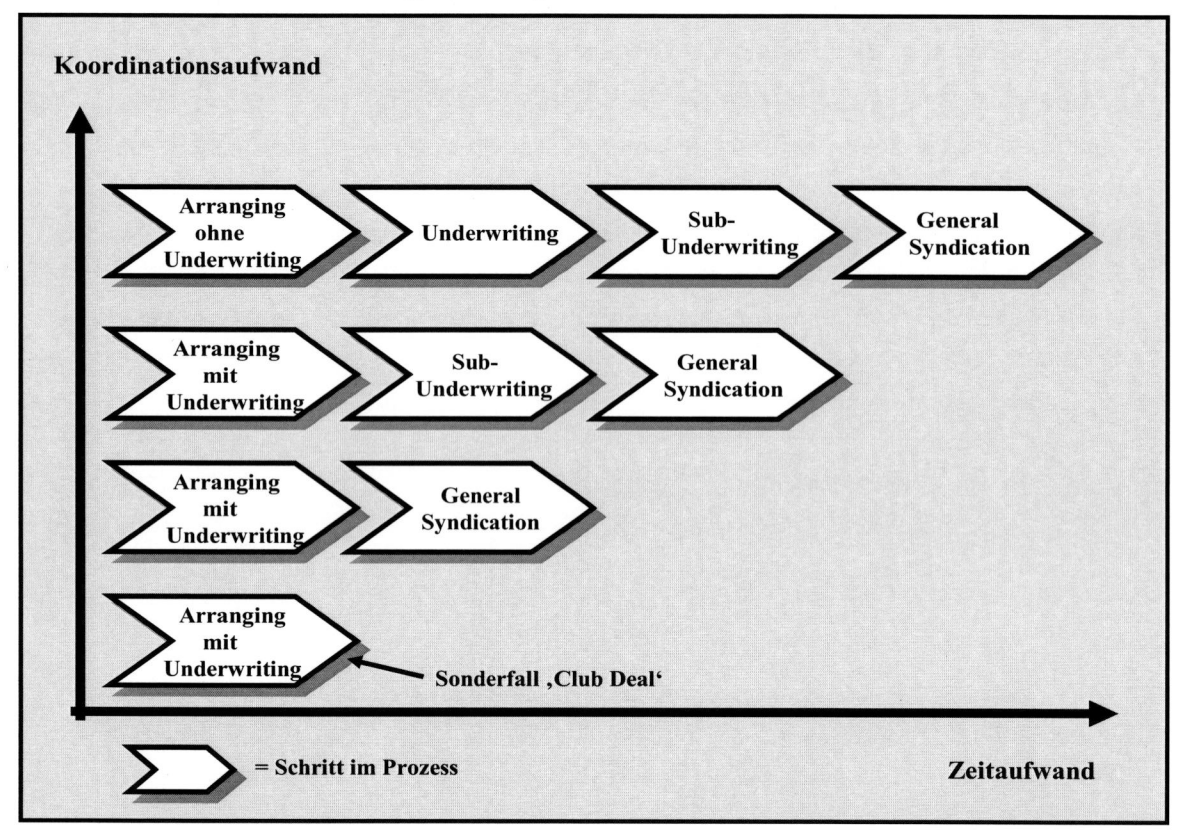

Quelle: Eigene Darstellung

Für das (Sub-)Underwriting werden weitere Banken im Rahmen von regelmäßig individuellen Präsentationen von den Arrangeuren eventuell unter Begleitung der Sponsoren und/oder – soweit bereits etabliert – des Projektmanagements angesprochen. Die Vorstellung des Projekt- und Finanzierungskonzeptes erfolgt dagegen bei einer ‚General Syndication' durch eine Präsentation vor einer größeren Gruppe von Banken[1], in einigen Fällen nur durch Übersendung des ‚Information Memorandum'.

Nach Abschluss des (Sub-)Underwriting und der ‚General Syndication' erfolgt die Feststellung der finalen Zuteilungsquoten für die beteiligten Banken, wobei je nach Erfolg der Syndizierungsbemühungen eine Über- oder Unterzeichnung der Kreditfazilität(en) vorliegen kann.[2] Durch Zeichnung der ‚Novation Agreements' bzw. ‚Transfer Certificates' wird der Beitritt in

---

[1] Bei einer ‚General Syndication' von großen, global gestreuten Konsortialkrediten können auch mehrere Präsentationen an verschiedenen Finanzplätzen (z.B. Hongkong, New York und London) stattfinden, um den eingeladenen Banken eine Teilnahme zu erleichtern und damit eventuell auch die Chancen einer Platzierung von Kreditbeteiligungen zu erhöhen.

[2] Im Falle einer Überzeichnung kommt es zur sogenannten ‚Repartierung', d.h. zu einer quotalen Zuteilung von Kreditbeteiligungen an die existierenden und potenziellen Mitglieder des Bankenkonsortiums. Bei der Berechnung wird die ursprüngliche Höhe des Zeichnungsbetrages berücksichtigt. Regelmäßig behalten sich die Arranger die Art und Weise einer ‚Repartierung' vor, wobei sie jedoch im Hinblick auf zukünftige Geschäftbeziehungen eine ‚faire' Zuteilung anstreben werden.

das Kreditkonsortium vollzogen, eventuell von den bestehenden Mitgliedern des Konsortiums bereits ausgezahlte Kreditbeträge werden anteilig von den neuen Konsorten übernommen.[1]

Die obige Skizzierung stellt eine <u>mögliche</u> Form der Ablauforganisation einer Projektfinanzierung im engeren Sinne dar und kann situationsbedingt um weitere Strukturelemente mit korrespondierenden Ablaufphasen wie z.B. die Platzierung von Projektanleihen am Kapitalmarkt[2], die Einbindung von multilateralen Finanzierungsinstitutionen[3] oder die Darstellung einzelner liefergebundener Finanzierungstranchen durch Einschaltung einer Exportkreditversicherung[4] erweitert sein.

Ferner ist davon auszugehen, dass die Nutzung neuer Kommunikationstechnologien zukünftig verstärkt zu einer Veränderung der Ablauforganisation von konsortial dargestellten Projektfinanzierungen, insbesondere der Arrangierung und Syndizierung, führen wird.[5]

---

[1] Vgl. Hodgson, S. J.; Magold, R.: Finanzierungskonstellationen, besicherte/unbesicherte Kredite, Akquisitionskredite, Projektkredite, a.a.O., S. 11.

[2] Vgl. Dambach, H. T.: 144A - Private Placement in der Projektfinanzierung, Vortragsmanuskript, Konferenz: Internationale Projektfinanzierung, Frankfurt 31.5.-1.6.1995; o.S., Gliederungspunkt 2., Eyers, S.: The Prospects for Capital Availability & Pricing Trends, a.a.O., S. 42.

[3] Vgl. beispielhaft Hellstern, A.: Multilateral Agencies: Instruments for Participation in Private Infrastructure Projects, Arbeitspapier, Konferenz: Managing Government Exposure to Private Infrastructure Projects: Averting a new-style debt crisis, Cartagena/Kolumbien 29.-30.5.1997, S. 1 ff.

[4] Für die Darstellung des Genehmigungs- und Entscheidungsprozesses eines exportkreditversicherten Bestellerkredites auf der Basis einer Projektfinanzierung vgl. Decker, C.; Julius, H.: Project Financing under the German Export Credit Guarantee Programme, in: European Financial Services Law, 6. Jg. (1999), S. 196.

[5] In diesem Zusammenhang ist auf Anbieter hinzuweisen, die unter Nutzung der technischen Möglichkeiten des Internet bereits elektronische Dienstleistungen und/oder Marktplätze für Konsortialkreditfinanzierungen und strukturierte Kreditprodukte anbieten bzw. aufbauen. Vgl. hierzu das US-amerikanische Unternehmen INTRALINKS, New York, welches als Service-Provider sogenannte ‚Business-to-Business'-Plattformen (B2B) zur Abwicklung von Finanztransaktionen unter URL: http://www.intralinks.com (Abruf: 27.7.2008) anbietet. Als Beispiele für zwischenzeitlich gescheiterte Versuche können das von der Weltbanktochter IFC, Washington D.C., sowie dem US-amerikanischen Engineering Unternehmen BECHTEL, San Francisco, geförderte B2B-Portal der INFRASTRUCTUREWORLD.COM INC., San Francisco, welches der branchenübergreifenden Anbahnung und Abwicklung von Geschäften im Bereich Infrastruktur (einschließlich Finanzierungsabwicklung) dienen sollte (vgl. hierzu URL: http://www.infrastructureworld.com, Abruf: 20.1.2001) sowie das britische Unternehmen DELVE CORPORATION LTD., London, welches u.a. Bieterverfahren für Strukturierte Finanzierungen auf einem virtuellen Marktplatz im Internet abwickeln wollte (vgl. URL: http://www.delvecorp.com, Abruf: 20.1.2001), angeführt werden.

3 Die materiell-rechtlichen Rahmenbedingungen des § 18 KWG

3.1 Das Rechtsinstitut des § 18 KWG als Kodifizierung einer banküblichen Sorgfaltspflicht

3.1.1 Die Rechtsnorm des § 18 KWG

3.1.1.1 Die Offenlegungspflicht nach § 18 Satz 1 KWG

Die Rechtsnorm des § 18 Satz 1 KWG lautet:

> *„Ein Kreditinstitut darf einen Kredit, der insgesamt 750.000 Euro oder 10 vom Hundert des haftenden Eigenkapitals des Instituts überschreitet, nur gewähren, wenn es sich von dem Kreditnehmer die wirtschaftlichen Verhältnisse, insbesondere durch Vorlage der Jahresabschlüsse, offenlegen läßt."*

Die im Wesentlichen abstrakt formulierte Vorschrift des § 18 KWG wurde in der Vergangenheit durch mehrere Rundschreiben bzw. Schreiben der Finanzdienstleistungsaufsicht – insbesondere dem BAKRED als vormaligem Träger der Bankenaufsicht – konkretisiert[1]:

---

[1] Die Schreiben und Rundschreiben erläutern die Sichtweise der Bankenaufsicht. Obwohl diese Verlautbarungen nicht den Charakter einer „*...verbindlichen ‚Allgemeinverfügung' oder gar einer Rechtsnorm...*" haben, werden die derart postulierten Kriterien und Anforderungen jedoch „*...erfahrungsgemäß beachtet und befolgt.*" Nirk, R.: Das Kreditwesengesetz, a.a.O., S. 85 f. Die Schreiben und Rundschreiben dürften daher auch im Streitfall von der Verwaltungsgerichtsbarkeit für eine Urteilsfindung herangezogen werden.

Tab. 14: Veröffentlichungen der Bankenaufsicht zum § 18 KWG

Veröffentlichung	Inhalt
Rundschreiben 9/98	Überblick über die grundsätzlichen Anforderungen an die Offenlegung der wirtschaftlichen Verhältnisse nach § 18 KWG
Rundschreiben 16/99	Änderung des Rundschreibens 9/98: Regelung über die Offenlegung bei Krediten an bilanzierende Kreditnehmer
Rundschreiben 20/99	Flexibilisierung der Sicherheitenliste nach § 18 Satz 2 KWG
Schreiben vom 4.10.2000	Anwendung der Offenlegungsvorschriften auf US registered bonds
Rundschreiben 5/2000	Aufhebung des Rundschreibens 20/99: Weitere Flexibilisierung der Sicherheitenliste sowie weitere Detailregelungen
Schreiben vom 11.5. 2001	Unterschrift auf sogenannte „Ersatzunterlagen"
Rundschreiben 1/2002	Keine Erstoffenlegung bei Prolongationen und unwesentlichen Engagementerhöhungen
Schreiben vom 3. 2. 2003	Vorlagefristen bei bilanzierenden und nicht bilanzierenden Kreditnehmern im Rahmen der Offenlegung der wirtschaftlichen Verhältnisse nach § 18 KWG
Schreiben vom 16.2.2005	Übersendung und Erläuterung des Entwurfes eines neuen Rundschreibens (‚Rundschreiben /200. (Entwurf)')
Rundschreiben /200. (Entwurf)	Zusammenfassung der bisherigen Rundschreiben und Schreiben zu § 18 KWG sowie insbesondere Wegfall der Unterschriftspflicht auf einzureichende Unterlagen und ersatzlose Streichung der sogenannten ‚Sicherheitenliste' sowie weitere Erleichterungen und Klarstellungen
Schreiben vom 9.5.2005	Rücknahme des Entwurfes sowie aller bis dato veröffentlichten und geltenden Veröffentlichungen zu § 18 KWG

Quelle: Eigene Darstellung

Durch das umfangreiche **Rundschreiben 9/98**[1] wurden alle vorherigen Verlautbarungen zum Themenkomplex des § 18 KWG gegenstandslos.[2] Die dem Rundschreiben 9/98 nachfolgenden Rundschreiben[3] und Schreiben[1] der Bankenaufsicht dienten der weiteren Konkretisierung bzw. Modifizierung einzelner Teilaspekte der Offenlegungspflicht.[2]

---

[1] BAKred: Überblick über die grundsätzlichen Anforderungen an die Offenlegung der wirtschaftlichen Verhältnisse nach § 18 KWG, Rundschreiben 9/98.

[2] Ausgewählte Teilaspekte des Rundschreibens 9/98 sind dabei von der Praxis kritisch diskutiert worden. Vgl. Brogl, F.; Hambloch-Gesinn, S.: Aufsicht konkretisiert Offenlegungspflicht, a.a.O., S. 36 ff. sowie die nachfolgenden Ausführungen unter Gliederungspunkt 3.1.2.1.3 ‚Zur Betragsgrenze ‚mehr als 750.000 Euro, S. 240.

[3] BAKred: Änderungen der grundsätzlichen Anforderungen an die Offenlegung der wirtschaftlichen Verhältnisse nach § 18 KWG, Änderung des Rundschreibens 9/98 vom 7. Juli 1998 - I 3 - 237 - 2/94, Regelung über die Offenlegung bei Krediten an bilanzierende Kreditnehmer, Rundschreiben 16/99, BAKred: Änderungen der grundsätzlichen Anforderungen an die Offenlegung der wirtschaftlichen Verhältnisse nach § 18 KWG, Flexibilisierung der Sicherheitenliste nach § 18 Satz 2 KWG, Rundschreiben 20/99, BAKred: Offenlegung der wirtschaftlichen Verhältnisse nach § 18 KWG, Weitere Flexibilisierung der Sicherheitenliste; Aufhebung des Rundschreibens 20/99 vom 30. Dezember 1999 – I 3 – 237 – 2/94, Schaffung eines Beurteilungsspielraums bei der Heranziehung von Einkommensteuererklärungen und bei der Angabe der Vermögenspositionen im Rahmen von Vermögensaufstellungen, Fristenangleichung bei der Einreichung von Jahresabschlüssen an das Kapitalgesellschaften- und Co-Richtlinien-Gesetz (KapCoRiLiG), Beachtung der Persönlichkeitsrechte und datenschutzrechtlicher Bestimmungen, Rundschreiben 5/2000, BAKred: Offenlegung der wirtschaftlichen Verhältnisse nach § 18 KWG – Keine Erstoffenlegung bei Prolongationen und unwesentlichen Engagementerhöhungen, Rundschreiben 1/2002.

Mit Schreiben vom 16. Februar 2005[3] legte die BAFIN den Entwurf eines neuen Rundschreibens[4] zur Diskussion und Abstimmung vor, der sich in weiten Teilen am bisherigen Standard des Rundschreibens 9/98 sowie an den nachfolgenden Verlautbarungen orientierte. Nach umfangreicher Diskussion mit Vertretern der Bankenverbände und Kreditinstitute wurde mit **Schreiben vom 9. Mai 2005**[5] sowohl der Entwurf des Rundschreibens zurückgezogen als auch alle bisherigen Veröffentlichungen der Bankenaufsicht zu § 18 KWG zu Gunsten einer eigenverantwortlichen, an den jeweiligen Spezifika des betriebenen Kreditgeschäftes ausgerichteten Offenlegungspraxis aufgehoben. Diese deregulierenden Maßnahmen werden dadurch relativiert, dass die Jahresabschlussprüfer der Kreditinstitute zukünftig zur Angemessenheit der institutsspezifischen Beurteilungssysteme Stellung nehmen und die Einhaltung von § 18 KWG (weiterhin) bestätigen müssen. Darüber hinaus hat die BaFin die Durchführung von Sonderprüfungen zur Beurteilung der Offenlegungspraxis angekündigt.

Das derzeitige Regulierungsvakuum darf nicht dahingehend interpretiert werden, dass sich die Offenlegung der wirtschaftlichen Verhältnisse nach § 18 KWG fortan in einem willkürlichen Rahmen vollziehen kann. Trotz der zu erwartenden formellen Erleichterungen kann eine materielle Orientierung der Aufsichts- und Prüfungsorgane an der bisherigen Verwaltungs- und Auslegungspraxis erwartet werden. Im Folgenden werden daher die bisherigen Veröffentlichungen der Bankenaufsicht, insbesondere das Rundschreiben 9/98, die nachfolgenden Verlautbarungen sowie der Entwurf eines überarbeiteten Rundschreibens aus dem Februar 2005 – ungeachtet einer etwaigen rechtsdogmatisch induzierten Irrelevanz – explizit in die Ausführungen einbezogen. Diese Publikationen stellen – neben fallspezifischen Entscheidungen – die einzige Informationsquelle und damit einen maßgeblichen Indikator für die bisherige Verwaltungspraxis dar.

3.1.1.2 Ausnahmen von der Offenlegungspflicht

3.1.1.2.1 Gestellte Sicherheiten und Mitverpflichtete (§ 18 Satz 2 KWG)

Ausnahmetatbestände von der in § 18 Satz 1 KWG niedergelegten generellen Pflicht zur Offenlegung der wirtschaftlichen Verhältnisse des Kreditnehmers bei der Kreditgewährung hat der Gesetzgeber in § 18 Satz 2 KWG kodifiziert:

„Das Kreditinstitut kann hiervon absehen, wenn das Verlangen nach Offenlegung im Hinblick auf die gestellten Sicherheiten oder auf die Mitverpflichteten offensichtlich unbegründet wäre."

---

[1] BAKred: § 18 Satz 1 KWG, § 21 Abs. 1 Satz 1 Nr. 1 KWG: Anwendung der Offenlegungsvorschriften auf US registered bonds, Schreiben vom 4. Oktober 2000, I3 – 237 – 5/2000, BAKred: § 18 KWG: Unterschrift auf sog. „Ersatzunterlagen", Schreiben vom 11. Mai 2001, I 3 – 2377 – 1/2001, BaFin: Vorlagefristen bei bilanzierenden und nicht bilanzierenden Kreditnehmern im Rahmen der Offenlegung der wirtschaftlichen Verhältnisse nach § 18 KWG, Schreiben vom 3. Februar 2003, I 3 – 2370 – 1/2001. Vgl. zum Charakter von Verlautbarungen des BAKred auch Fischer, R.: § 126. Die Aufsichtsbehörde und ihre Instrumente, a.a.O., S. 3728 f., Tz. 11 f.

[2] Eine Diskussion der Verlautbarungen der Finanzdienstleistungsaufsicht erfolgt – soweit diese für die vorliegende Untersuchung eine Relevanz haben – in den nachfolgenden Gliederungspunkten.

[3] Vgl. BaFin: Offenlegung der wirtschaftlichen Verhältnisse nach § 18 KWG, Schreiben v. 16. Februar 2005 (BA).

[4] Vgl. BaFin: Überblick über die grundsätzlichen Anforderungen an die Offenlegung der wirtschaftlichen Verhältnisse nach § 18 KWG, Entwurf eines Rundschreibens v. 16. Februar 2005.

[5] Vgl. BaFin: Schreiben an den Zentralen Kreditausschuss zu § 18 KWG, Schreiben v. 9. Mai 2005 (BA).

Die Ausnahmeregelung umfasst somit zwei allgemein formulierte Tatbestände, deren Vorliegen für den jeweiligen Sachverhalt zu überprüfen ist:

(i)   Ausnahmetatbestand ‚Gestellte Sicherheiten'

Das Verlangen nach Offenlegung der wirtschaftlichen Verhältnisse des Kreditnehmers ist bei Vorliegen von **gestellten Sicherheiten** dann offensichtlich unbegründet, „*...wenn diese so beschaffen sind, dass ihre Realisierung aller Voraussicht nach das zur Verfügung gestellte Kapital und die Zinsen betragsmäßig voll abdeckt.*"[1] Die Werthaltigkeit etwaiger Sicherheiten ist zum Zeitpunkt der Kreditvergabeentscheidung zu analysieren. Während der Kreditlaufzeit hat das Kreditinstitut die Wertentwicklung der Sicherheiten im Bestand kontinuierlich zu beobachten.[2] Die Ergebnisse von Erstbewertung und laufender Überwachung sind nachvollziehbar zu dokumentieren.[3]

Die Bankenaufsicht hatte in einer Anlage zum **Rundschreiben 9/98** abschließend diejenigen Sicherheiten nebst verbindlichen Bewertungsabschlägen aufgeführt, welche eine Befreiung von der Offenlegungspflicht gem. der Vorschrift des § 18 Satz 2 KWG rechtfertigen sollten.[4] Mit **Rundschreiben 20/99** wurde eine Flexibilisierung dieser Sicherheitenliste dahingehend vorgenommen, dass die Ausschließlichkeit des Kataloges aufgehoben und die Anrechnung weiterer Sicherheiten vorbehaltlich der Zustimmung der Bankenaufsicht ermöglicht wurde.[5] Das Rundschreiben 20/99 wurde wiederum ein knappes Jahr später durch das **Rundschreiben 5/2000**[6] aufgehoben, welches nunmehr die Berücksichtigung von Sicherheiten für Zwecke des § 18 Satz 2 KWG in das ‚pflichtgemäße Ermessen' der Kreditinstitute stellt.[7] Danach sind die in der Anlage zu Rundschreiben 9/98 aufgeführten Sicherheiten als Orientierungshilfe bei der Beurteilung von Verwertbarkeit und Nachhaltigkeit anderer Sicherheiten heranzuziehen. Bei den im Rundschreiben 9/98 angesprochenen Sicherheiten handelt es sich dabei hauptsächlich um Realsicherheiten (Sachsicherheiten).[8]

---

[1] BAKred: Überblick über die grundsätzlichen Anforderungen an die Offenlegung der wirtschaftlichen Verhältnisse nach § 18 KWG, Rundschreiben 9/98, Punkt IV. 1.

[2] Grundpfandrechte sind einmal jährlich, Pfandrechte an beweglichen Sachen und Rechten laufend zu überwachen; vgl. Bock, H.: § 18 Kreditunterlagen, in: K.-H. Boos, R. Fischer, H. Schulte-Mattler (Hrsg.), Kreditwesengesetz: Kommentar zu KWG und Ausführungsvorschriften, München 2000, S. 466, Tz. 74.

[3] Vgl. Nirk, R.: Das Kreditwesengesetz – Einführung und Kommentar, a.a.O., S. 260.

[4] Vgl. BAKred: Überblick über die grundsätzlichen Anforderungen an die Offenlegung der wirtschaftlichen Verhältnisse nach § 18 KWG, Rundschreiben 9/98, Anhang I. Der Text ist im Anhang der vorliegenden Untersuchung wiedergegeben; vgl. Anh. 1:, S. 606.

[5] Vgl. BAKred: Änderungen der grundsätzlichen Anforderungen an die Offenlegung der wirtschaftlichen Verhältnisse nach § 18 KWG, Flexibilisierung der Sicherheitenliste nach § 18 Satz 2 KWG, Rundschreiben 20/99.

[6] Vgl. BAKred: Offenlegung der wirtschaftlichen Verhältnisse nach § 18 KWG, Weitere Flexibilisierung der Sicherheitenliste; Aufhebung des Rundschreibens 20/99 vom 30. Dezember 1999 – I 3 – 237 – 2/94, Schaffung eines Beurteilungsspielraums bei der Heranziehung von Einkommensteuererklärungen und bei der Angabe der Vermögenspositionen im Rahmen von Vermögensaufstellungen, Fristenangleichung bei der Einreichung von Jahresabschlüssen an das Kapitalgesellschaften- und Co-Richtlinien-Gesetz (KapCoRiliG), Beachtung der Persönlichkeitsrechte und datenschutzrechtlicher Bestimmungen, Rundschreiben 5/2000.

[7] Die Aufhebung des Rundschreibens 20/99 ist vermutlich darauf zurückzuführen, dass eine zeitnahe Bearbeitung der Anträge auf Anerkennung ‚Gestellter Sicherheiten' nicht möglich war. Das BAKRED selbst begründete die Aufhebung wie folgt: „*Die Bearbeitung dieser Anträge war streckenweise sehr zeitaufwendig.*" Vgl. BAKred: Jahresbericht 2000, Bonn 2001, S. 16.

[8] Vgl. zum Begriff der Realsicherheiten auch Abb. 4: Übersicht über die typischen Kreditsicherheiten nach deutschem Rechtsverständnis, S. 25. Vgl. zu den im Rundschreiben 9/98 aufgeführten Sicherheiten Anh. 1: ‚Sicherheitenliste gem. § 18 Satz 2 KWG lt. Rundschreiben 9/98', S. 606 f.

Im Hinblick auf den Untersuchungsgegenstand Projektfinanzierung im engeren Sinne kann festgehalten werden, dass ‚gestellte Sicherheiten' regelmäßig keine Befreiung von der Offenlegungspflicht nach § 18 Satz 1 KWG rechtfertigen werden. Im Wesentlichen ist die Irrelevanz des Ausnahmetatbestandes auf einen oder mehreren der folgenden Gründe zurückzuführen:[1]

- **Mangelnde Werthaltigkeit**

    Bereits bei der Diskussion von Kernmerkmalen der Projektfinanzierung im engeren Sinne wurde darauf hingewiesen, das eine Verwertbarkeit dinglicher Sicherheiten in der Mehrzahl der Fälle faktisch nicht gegeben ist.[2] Der Wert ‚gestellter Sicherheiten' ist mit dem Erfolg des Projektes dergestalt verknüpft, dass bei einem Untergang desselben eine Zweitnutzung der physischen Aktiva aufgrund ihres Spezialcharakters regelmäßig ausgeschlossen ist. Zudem können sich Schwierigkeiten bei der rechtlichen Durchsetzung der Sicherheitenverträge an ausländischen Standorten ergeben.[3]

- **Schwierigkeit der betragsmäßigen Quantifizierung**

    Unter der Prämisse einer möglicherweise im Ausnahmefall gegebenen Verwertbarkeit dinglicher Sicherheiten wird eine ex ante betragsmäßige Quantifizierung von Verwertungserlösen in der Regel auf erhebliche Schwierigkeiten stoßen. Ursächlich hierfür sind fehlende transparente Zweitmärkte für Anlagegegenstände, so dass vom Kreditinstitut keine Referenzpreise als Orientierungsmaßstab herangezogen werden können. Dabei wird die Quantifizierung zusätzlich dadurch erschwert, dass die wertmindernd in Ansatz zu bringenden Begleitkosten einer Verwertung zu schätzen sind.[4]

- **Hohe Wertabschläge**

    Für den theoretischen Fall einer Stellung von mit hinreichender Genauigkeit betragsmäßig bestimmbaren Sicherheiten wird sich aufgrund der vom Aufsichtsträger geforderten, ‚sachlich gebotenen' Wertabschläge eine erhebliche Reduzierung des berücksichtigungsfähigen Sicherheitenwertes ergeben.[5] Das zur Verfügung gestellte Kapital sowie die Zinsen können insofern betragsmäßig grundsätzlich nicht vollständig über Sicherheiten aus den Aktiva des Projektes abgedeckt werden.[6] Der verbleibende, d.h. nicht durch ‚gestellte Sicherheiten' abgedeckte, Kreditbetrag wird zudem aufgrund der involvierten Finanzierungsvolumina regelmäßig über der Offenlegungsgrenze liegen.

---

[1] Die theoretische Möglichkeit einer Stellung von vollumfänglichen dinglichen Sicherheiten durch am Projekt beteiligte dritte Parteien (z.B. Sponsoren) wird an dieser Stelle nicht weiter verfolgt, da sie der Intention einer ‚Projektfinanzierung im engeren Sinne' widerspricht.

[2] Vgl. hierzu Gliederungspunkt 2.1.3.3 ‚Kreditsicherheiten aus den Vermögenspositionen des Projektes', S. 24.

[3] Bei einer allgemeinen, krisenartigen Verschlechterung der wirtschaftlichen Rahmenbedingungen an einem ausländischen Projektstandort kann eine Verwertung von veräußerbaren Sicherheiten (z.B. Abbau von Hafenanlagen, Ausbau von Kraftwerksturbinen etc.) den nationalstaatlichen Interessen entgegenstehen.

[4] Hierbei wird es sich u.a. um Rechtsdurchsetzungs-, Versteigerungs-, Demontage- und Transportkosten handeln.

[5] In diesem Zusammenhang sei darauf hingewiesen, dass in der Vergangenheit von der Bankenaufsicht bereits bei Grundpfandrechten ein Abschlag von 50% des ermittelten Verkehrswertes verlangt wurde; vgl. Anh. 1: ‚Sicherheitenliste gem. § 18 Satz 2 KWG lt. Rundschreiben 9/98', Punkt 7., S. 606 f. Allgemein ergibt sich der berücksichtigungsfähige Sicherheitenwert als das Produkt aus Sicherheitenwert und Abschlagsfaktor. Die Entscheidungsregel des § 18 Satz 2 KWG lautet insofern: Sicherheitenwert * Abschlagsfaktor ≥ Kapital + Zinsen.

[6] Dies wäre nämlich aufgrund der Wertabschläge theoretisch nur der Fall, wenn ein überproportional hoher Anteil der Investitionskosten über Eigenkapital finanziert werden würde. Praktisch würde sich in der Mehrzahl der Fälle ein derart niedriger Verschuldungsgrad prohibitiv auf die Projektrealisierung im Rahmen einer ‚Projektfinanzierung im engeren Sinne' auswirken, da er regelmäßig im Widerspruch zu den Sponsoreninteressen stehen dürfte.

(ii)   Ausnahmetatbestand ‚Mitverpflichtete'

Eine Befreiung von der Offenlegung der wirtschaftlichen Verhältnisse nach § 18 Satz 1 KWG kommt auch dann in Betracht, wenn dies „*im Hinblick ... auf die Mitverpflichteten offensichtlich unbegründet wäre.*"[1]

Der **Kreis der Mitverpflichteten** kann dabei aus Personen und/oder Unternehmen bestehen. Jedoch können Personen, die aufgrund einer wirtschaftlichen Identität mit dem Kreditnehmer bereits de facto (Mit-)Kreditnehmer des betrachteten Kreditverhältnisses sind, nicht als Mitverpflichtete im Sinne des § 18 Satz 2 KWG qualifiziert werden.[2] Hierunter fallen die persönlich haftenden Gesellschafter von Unternehmen in den Rechtsformen GbR, OHG, KG und KGaA sowie Partner von Partnergesellschaften. Konzerngesellschaften kommen hingegen grundsätzlich als Mitverpflichtete nach § 18 Satz 2 KWG in Betracht, obwohl sie aufsichtsrechtlich bereits über die Fiktion des § 19 Abs. 2 KWG zusammen mit dem Kreditnehmer eine Kreditnehmereinheit bilden.[3] Qualitativ beschränkend wirkt bei allen Fallkonstellationen, dass ein Kreditnehmer keine „*...wesentliche Bedeutung für die wirtschaftliche Situation des Mitverpflichteten...*" haben darf.[4] D.h., die Bonität des Mitverpflichteten darf nicht von der des Kreditnehmers abhängen, da dies der Intention des § 18 KWG widersprechen würde. Insofern muss die Berücksichtigungsfähigkeit eines Dritten als Mitverpflichteter einer Kreditbeziehung vom Kreditinstitut im konkreten Einzelfall in eigener Verantwortung geprüft und nachvollziehbar dokumentiert werden.[5]

Eine Ausnahme von der Offenlegungspflicht nach § 18 Satz 2 KWG kommt weiterhin nur dann in Betracht, wenn sich die Mitverpflichteten „*... rechtsgeschäftlich neben dem Kreditnehmer für einen bestimmten Kredit verpflichtet haben...*"[6] Befreiende **rechtsgeschäftliche Verpflichtungen** sind die Bürgschaft, die Garantie, der rechtsgeschäftliche Schuldbeitritt, die Wechselausstellung und das Wechselindossament eines Mitverpflichteten.[7] Patronatserklärungen einer Muttergesellschaft für ihre Tochtergesellschaft gegenüber dem Kreditinstitut können nur in Form einer rechtsverbindlichen ‚harten Patronatserklärung' – d.h. bei Vorliegen einer inhaltlich ausreichenden Gewährleistungszusage nebst Verpflichtungserklärung – eine Mitverpflichtung nach § 18 Satz 2 KWG be-

---

[1] § 18 Satz 2 KWG

[2] Vgl. Bock, H.: § 18 Kreditunterlagen, a.a.O., S. 468, Tz. 79.

[3] Die Qualifizierung von Konzerngesellschaften als potenzielle Mitverpflichtete im Sinne von § 18 Satz 2 KWG wurde vom BAKred als vormaligem Träger der Bankenaufsicht mit dem Rundschreiben 9/98 eingeführt; vgl. BAKred: Überblick über die grundsätzlichen Anforderungen an die Offenlegung der wirtschaftlichen Verhältnisse nach § 18 KWG, Rundschreiben 9/98, Punkt IV. 2. Vgl. zur Kreditnehmereinheit nach § 19 Abs. 2 KWG auch die nachfolgenden Ausführungen unter Gliederungspunkt 3.1.2.1.5 Zum Begriff ‚Kreditnehmer', S. 246.

[4] Vgl. BAKred: Überblick über die grundsätzlichen Anforderungen an die Offenlegung der wirtschaftlichen Verhältnisse nach § 18 KWG, Rundschreiben 9/98, Punkt IV. 2.

[5] Vgl. Ebenda sowie Bähre, I. L.; Schneider, M.: KWG-Kommentar: Kreditwesengesetz mit den wichtigsten Ausführungsverordnungen, a.a.O., S. 229 f.

[6] Vgl. BAKred: Überblick über die grundsätzlichen Anforderungen an die Offenlegung der wirtschaftlichen Verhältnisse nach § 18 KWG, Rundschreiben 9/98, Punkt IV. 2. *Beck* konstatiert in diesem Zusammenhang: „*Die Verpflichtung des Dritten muss rechtlich eindeutig und konkret sein.*" Vgl. Beck, H.: Gesetz über das Kreditwesen: Kommentar nebst Materialien und ergänzenden Vorschriften, a.a.O., § 18, S. 28, Tz. 80.

[7] Vgl. Bock, H.: § 18 Kreditunterlagen, a.a.O., S. 467, Tz. 76. Zum Charakter der rechtsgeschäftlichen Verpflichtungen Bürgschaft, Garantie und Schuldbeitritt vgl. auch die nachfolgenden Ausführungen unter Gliederungspunkt 3.1.2.1.2.1.5 ‚Bürgschaften, Garantien und sonstige Gewährleistungen', S. 219.

gründen.[1] Eine ‚weiche Patronatserklärung', bei der eine Muttergesellschaft gegenüber dem Kreditinstitut lediglich das zukünftige Bemühen einer Förderung und Erhaltung der Schuldendienstfähigkeit seiner kreditnehmenden Tochtergesellschaft konstatiert, kann keine Mitverpflichtung begründen.[2]

Offensichtlich unbegründet ist das Verlangen nach Offenlegung der wirtschaftlichen Verhältnisse des Kreditnehmers nur dann, wenn der Mitverpflichtete zweifelsfrei über eine einwandfreie Bonität verfügt und seine Mithaftung weder gesetzlich noch rechtsgeschäftlich beschränkt ist.[3] Das Kreditinstitut hat sich insofern die wirtschaftlichen Verhältnisse des Mitverpflichteten offenlegen zu lassen.[4] Liegen mehrere Mitverpflichtete vor, so reicht der Nachweis einer einwandfreien Bonität bei einem der Mitverpflichteten aus.[5]

Die Ausnahmeregelung des § 18 Satz 2 KWG kann im Hinblick auf ‚Mitverpflichtete' auch bei Projektfinanzierungen im engeren Sinne zum Tragen kommen. Folgende Fallkonstellationen sind denkbar:

- **Mitverpflichtung von Sponsoren**

Bei einer nicht ausreichenden bzw. begrenzten Bonität des zu finanzierenden Projektes kann eine von den Sponsoren <u>gegenüber den Kreditgebern</u> abgegebene **Teilgarantie** für einzelne Kredittranchen dennoch eine Projektfinanzierung im engeren Sinne für die übrigen Kredittranchen ermöglichen.[6] Die nachfolgende Abbildung zeigt beispielhaft eine derartige Fallkonstellation:

---

[1] Vgl. Bock, H.: § 18 Kreditunterlagen, a.a.O., S. 467 f., Tz. 77 f., Nirk, R.: Das Kreditwesengesetz – Einführung und Kommentar, a.a.O., S. 261 f. Anders BECK, der Patronatserklärungen generell als rechtlich unscharfe Verpflichtungen einstuft; vgl. Beck, H.: Gesetz über das Kreditwesen: Kommentar nebst Materialien und ergänzenden Vorschriften, a.a.O., § 18, S. 28, Tz. 81.

[2] Vgl. Bock, H.: § 18 Kreditunterlagen, a.a.O., S. 467 f., Tz. 77 f.

[3] Vgl. BAKred: Überblick über die grundsätzlichen Anforderungen an die Offenlegung der wirtschaftlichen Verhältnisse nach § 18 KWG, Rundschreiben 9/98, Punkt IV. 2, Bähre, I. L.; Schneider, M.: KWG-Kommentar: Kreditwesengesetz mit den wichtigsten Ausführungsverordnungen, a.a.O., S. 230. Der Begriff ‚offensichtlich unbegründet' ist nach Auffassung der Finanzdienstleistungsaufsicht im Sinne von ‚keinerlei Zweifel' zu interpretieren; vgl. hierzu Kerl, J.; Lutz, G.; Schanz, H.-H.: Offenlegung der wirtschaftlichen Verhältnisse der Kreditnehmer nach § 18 des Gesetzes über das Kreditwesen (KWG), a.a.O., S. 67.

[4] Vgl. Bähre, I. L.; Schneider, M.: KWG-Kommentar: Kreditwesengesetz mit den wichtigsten Ausführungsverordnungen, a.a.O., S. 230.

[5] Vgl. Deutscher Sparkassen- und Giroverband (Hrsg.): Leitfaden zur Erfüllung der Anforderungen des § 18 KWG, 2. Aufl., Stuttgart 1994, S. 21, Tz. 39.

[6] Dies kann z.B. dann erforderlich werden, wenn ein relativ hoher Verschuldungsgrad unter den gegebenen Projektrahmenbedingungen zur Prognose von zwar positiven, jedoch für die Kreditgeber nicht mehr akzeptablen, niedrigen Schuldendienstüberdeckungsquoten führt. Die Sponsoren können eine derartige Situation durch die Herauslegung von Teilgarantien verbessern. De facto handelt es sich hierbei um eine indirekte Eigenkapitalvorfinanzierung der Kreditgeber für die Sponsoren. Insofern könnten die Mittel auch direkt von den Sponsoren aufgenommen und in das Projekt eingelegt werden. Jedoch bietet die hier skizzierte Lösung den Vorteil, dass der Schuldendienst direkt von der Projektgesellschaft zu entrichten ist. Neben Liquiditätsvorteilen für die Sponsoren können sich hierbei Vorteile aufgrund der steuermindernden Verrechnung von Zinsaufwand für die Projektgesellschaft ergeben.

Abb. 45: Beispiel für die Mitverpflichtung eines Sponsors im Wege einer Teilgarantie für eine Kredittranche

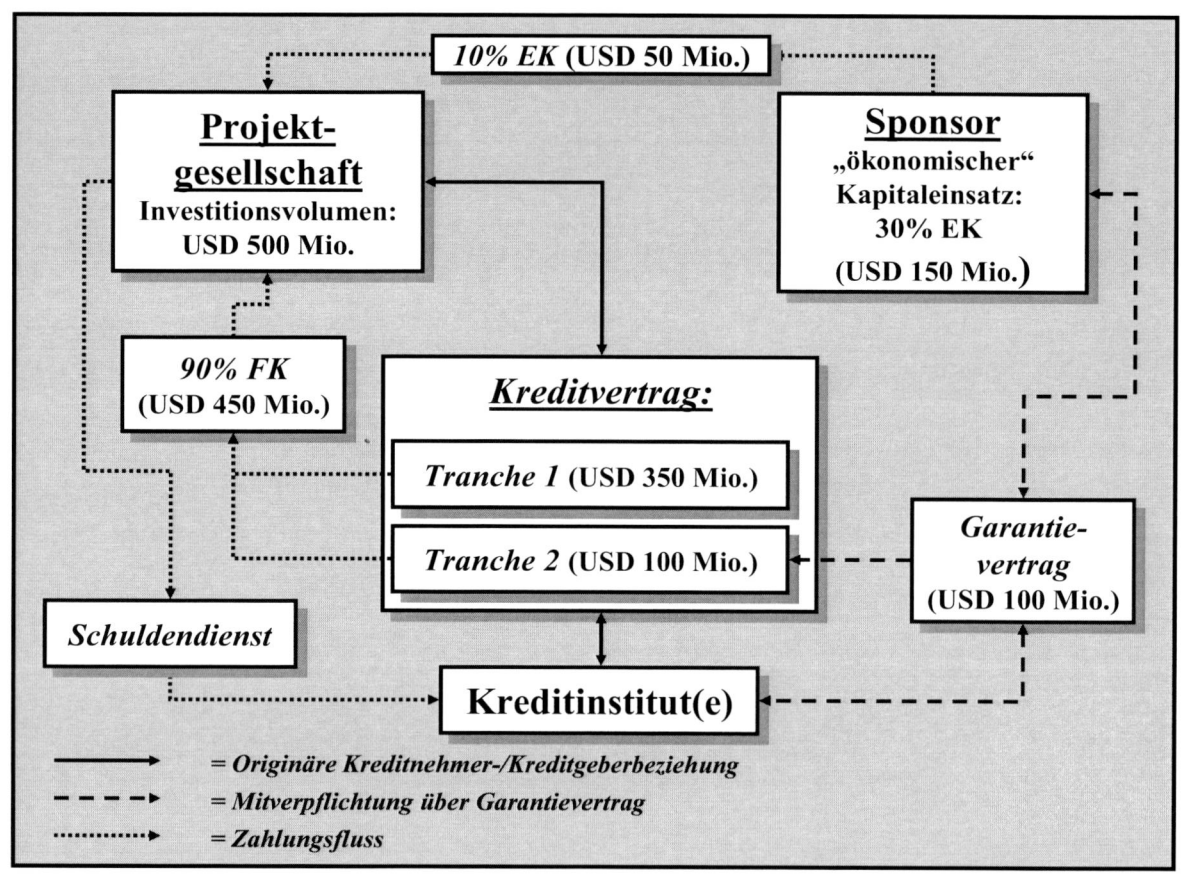

```
                    10% EK (USD 50 Mio.)
    ┌─────────────────┐                    ┌─────────────────┐
    │   Projekt-      │                    │    Sponsor      │
    │  gesellschaft   │                    │  „ökonomischer" │
    │ Investitionsvol.│                    │  Kapitaleinsatz:│
    │  USD 500 Mio.   │                    │     30% EK      │
    └─────────────────┘                    │  (USD 150 Mio.) │
                                            └─────────────────┘
      90% FK         ┌──────────────────┐
    (USD 450 Mio.)   │   Kreditvertrag: │
                     │                  │
                     │ Tranche 1 (USD 350 Mio.) │
                     │                  │       ┌─────────────┐
                     │ Tranche 2 (USD 100 Mio.) │ Garantie-   │
                     └──────────────────┘       │ vertrag     │
    Schuldendienst                              │(USD 100 Mio.)│
                                                 └─────────────┘
                     Kreditinstitut(e)
```

——→ = Originäre Kreditnehmer-/Kreditgeberbeziehung
- - → = Mitverpflichtung über Garantievertrag
······▶ = Zahlungsfluss

Quelle: Eigene Darstellung

Aufgrund der Teilgarantie kann der ‚ökonomische' Verschuldungsgrad auf ein für die Kreditinstitute akzeptables Niveau angehoben werden. Die Teilgarantie des Sponsors kann gezogen werden, wenn der Cashflow aus der operativen Tätigkeit der Projektgesellschaft nicht ausreicht, um den Schuldendienst für alle Kredittranchen zu bedienen. Insofern wird der Sponsor zum partiellen Mitverpflichteten, ohne dass dadurch der grundsätzliche Charakter einer ‚Projektfinanzierung im engeren Sinne' für die nicht garantierten Kredittranchen aufgehoben wird. Eine Offenlegung der wirtschaftlichen Verhältnisse der Projektgesellschaft muss nur noch im Hinblick auf die nicht garantierte(n) Kredittranche(n) erfolgen.[1]

Eine **Nachschussverpflichtung**[2] der Sponsoren gegenüber einer Projektgesellschaft als Kreditnehmerin wird hingegen keine Mitverpflichtung nach § 18 Satz 2 KWG begründen können. Eine derartige Garantie wird im Gegensatz zur oben skizzierten ‚Teilgarantie' sowie der ‚harten Patronatserklärung' nicht gegenüber den Kreditgebern, sondern der Projektgesellschaft abgegeben. Zu-

---

[1] Eine Offenlegung der wirtschaftlichen Verhältnisse der Projektgesellschaft nach § 18 Satz 1 KWG könnte gänzlich unterbleiben, wenn die nicht garantierte(n) Kredittranche(n) insgesamt nicht mehr als € 750.000 oder 10% des haftenden Eigenkapitals beträgt (betragen). Eine derartige betragsmäßige Fallkonstellation hat jedoch vor dem Hintergrund der involvierten Finanzierungsvolumina einen eher theoretischen Charakter.

[2] Z.B. im Rahmen eines ‚Limited Recourse Financing'; vgl. hierzu auch die Ausführungen unter Gliederungspunkt 2.1.4.1 ‚Risk Sharing', S. 33.

dem stehen die hierbei fließenden Mittel nicht ausschließlich oder vorrangig für Zwecke des Schuldendienstes zur Verfügung.[1]

Auch eine Mitverpflichtung im Wege der Herauslegung einer werthaltigen ‚**harten Patronatserklärung**' durch die Sponsoren widerspricht der Grundintention einer Projektfinanzierung im engeren Sinne, insbesondere dem Kernmerkmal ‚Bedienung des Schuldendienstes aus dem Cashflow des Projektes'.[2] Die Fallkonstellation der ‚harten Patronatserklärung' wird daher aufgrund ihres hypothetischen Charakters an dieser Stelle nicht weiter betrachtet.

- **Mitverpflichtung bei Schachtel- und Holding-Strukturen**

Bei der Definition des Untersuchungsgegenstandes Projektfinanzierung im engeren Sinne wurde bereits darauf hingewiesen, dass ein Kernmerkmal derselben das ‚Vorliegen einer abgrenzbaren Wirtschaftseinheit (Projekt)' ist.[3] Die gesellschaftsrechtliche Konkretisierung resultiert aus der Erfordernis einer ökonomischen Isolierung sowie weiterer projektindividueller Zielvorgaben.[4] Insofern können ‚Projekte' aus steuerlichen, haftungs- und/oder konzessionsrechtlichen Gründen die Form von Holding- und/oder Schachtelstrukturen annehmen, bei denen eine Gesellschaft als direkter Kreditnehmer auftritt und andere Gesellschaften als Mitverpflichtete eingebunden werden.[5] Die nachfolgende Abbildung zeigt eine derartige Fallkonstellation, bei der eine nicht-operative Holdinggesellschaft einen projektbezogenen Finanzkredit aufnimmt, um die Mittel über Zwischengesellschaften seinen verschiedenen operativen, mitverpflichteten Untergesellschaften zur Verfügung zu stellen:

---

[1] Der Cashflow des Projektes wird regelmäßig auch bei nachträglichen Einschüssen der Sponsoren vorrangig für Steuer- und Betriebskostenzahlungen zu verwenden sein.

[2] Vgl. hierzu Gliederungspunkt 2.1.3.2 ‚Bedienung des Schuldendienstes aus dem Cashflow des Projektes', S. 22.

[3] Vgl. hierzu die Ausführungen unter Gliederungspunkt 2.1.3.1 ‚Vorliegen einer abgrenzbaren Wirtschaftseinheit (Projekt)', S. 12.

[4] Vgl. den Kriterienkatalog unter Gliederungspunkt 2.1.3.1.2 ‚Rechtliche Isolierung', S. 14.

[5] Als Beispiel sei der Fall eines Telekommunikationsprojektes angeführt, bei dem das Projekt aus mehreren regional gegeneinander abgegrenzten Konzessionen (‚Franchises') besteht, die zudem aus konzessionsrechtlichen Gründen von separaten Gesellschaften gehalten werden müssen. Zwecks Ausnutzung von Skaleneffekten kann hierbei der Bau und Betrieb von mehreren Teilnetzen im Rahmen eines Projektes bzw. einer Projektfinanzierung geboten sein. Zudem können derartige Teilprojekte auch in verschiedenen Nationalstaaten domizilieren; vgl. hierzu das reale Fallbeispiel bei Swann, G.: A Caesar of the cable world, in: R. Morrison (Hrsg.), PFI Yearbook 2000, London 1999, S. 115 f.

Abb. 46: Beispiel für Mitverpflichtete bei Vorliegen einer Holding-Struktur im Rahmen einer Projektfinanzierung i.e.S.

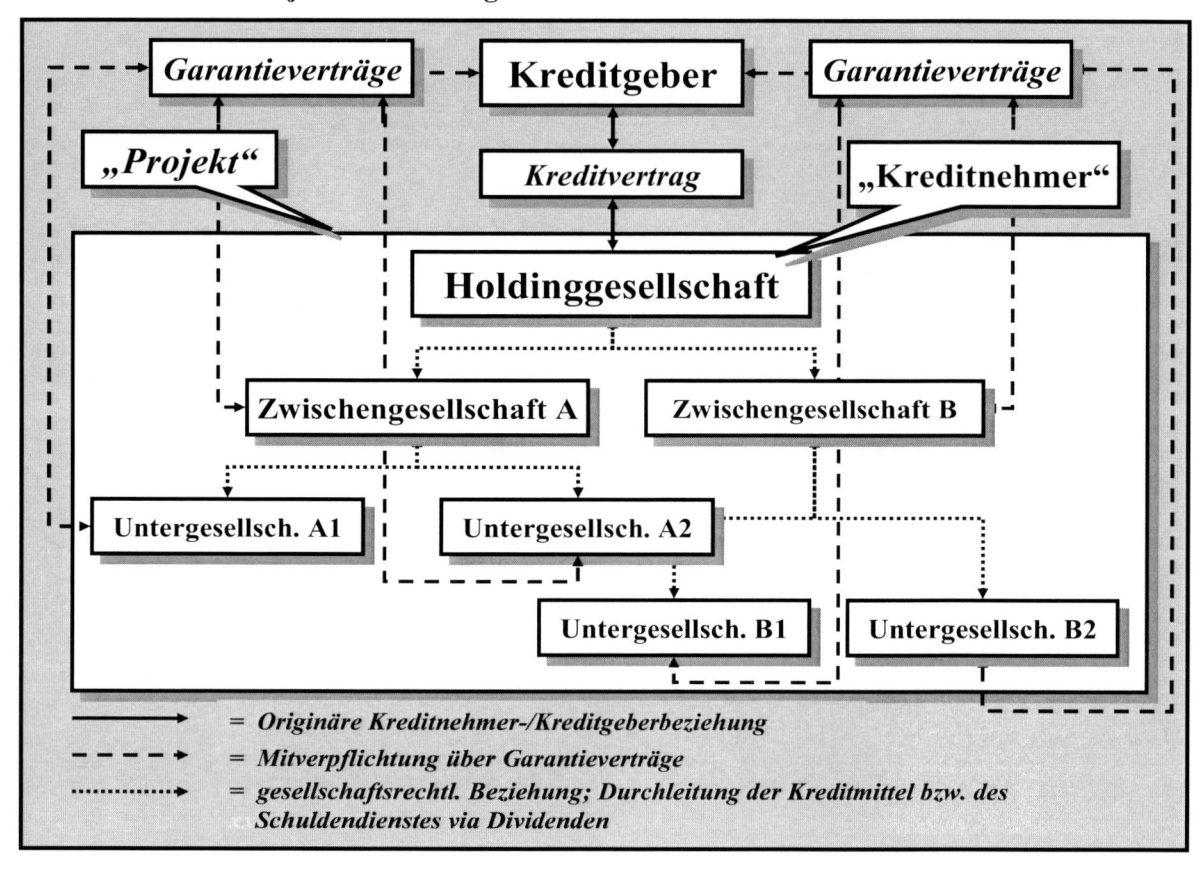

```
        Garantieverträge  →  Kreditgeber  ←  Garantieverträge
           "Projekt"           Kreditvertrag      "Kreditnehmer"
                            Holdinggesellschaft
              Zwischengesellschaft A    Zwischengesellschaft B
          Untergesellsch. A1    Untergesellsch. A2
                          Untergesellsch. B1    Untergesellsch. B2

  ──────→  = Originäre Kreditnehmer-/Kreditgeberbeziehung
  ─ ─ ─→  = Mitverpflichtung über Garantieverträge
  ·······→ = gesellschaftsrechtl. Beziehung; Durchleitung der Kreditmittel bzw. des
             Schuldendienstes via Dividenden
```

Quelle: Eigene Darstellung

Die Holdinggesellschaft muss als direkter Kreditnehmer die Zins- und Tilgungszahlungen an die Kreditgeber entrichten. Sie ist aufgrund ihrer fehlenden operativen Betätigung jedoch nur dann kreditwürdig, wenn durch vertragsrechtliche Instrumente sichergestellt wird, dass die Zwischen- bzw. Untergesellschaften entsprechende Zahlungen „nach oben" durchreichen.[1] Je mehr gesellschaftsrechtliche Stufen zwischen der Holdinggesellschaft und ihren operativ tätigen Untergesellschaften geschaltet werden, desto größer ist das Risiko, dass die rechtlichen Isolierung verwässert wird. Die Kreditgeber werden insofern auf eine Einbindung der Zwischen- und insbesondere Untergesellschaften als Mitverpflichtete in die Kreditbeziehung bestehen. Im Ergebnis müssen die wirtschaftlichen Verhältnisse der Holdinggesellschaft aufgrund der Ausnahmeregelung des § 18 Satz 2 KWG nicht mehr offengelegt werden. Stattdessen besteht die Offenlegungspflicht nach § 18 Satz 1 KWG nunmehr im Hinblick auf die Mitverpflichteten.

- **Mitverpflichtung bei Betriebsaufspaltungen**

Verfolgen zwei (oder mehrere) rechtlich selbständige Gesellschaften im Rahmen einer engen wirtschaftlichen Verknüpfung einen gemeinsamen Zweck, so wird dies gewöhnlich als ‚Betriebsaufspaltung' bzw. ‚Doppelgesellschaft' bezeichnet.[2] Regelmäßig erfolgt dabei eine Aufspaltung in

---

[1] Dies kann z.B. in Form von Kreditverträgen zwischen den einzelnen Gesellschaften der Holdingstruktur erfolgen.

[2] Die ‚Doppelgesellschaft' wird auch als echte oder eigentliche Betriebsaufspaltung bezeichnet, da sie durch Abspaltung einer (Kapital-) Gesellschaft aus einer bestehenden (Personen-) Gesellschaft entsteht. Bei der unechten oder uneigentlichen Betriebsaufspaltung werden von vornherein zwei getrennte Unter-

eine Besitz- und eine Betriebsgesellschaft,[1] die aus zivil- und steuerrechtlicher Sicht als zwei getrennte Wirtschaftssubjekte zu qualifizieren sind.[2] Die Besitzgesellschaft vermietet dabei das produktionsnotwendige Anlagevermögen (Grundstücke, Gebäude, Produktionsanlagen etc.) an die Betriebsgesellschaft, welche die Aufgaben der Produktion und des Vertriebs obliegen. Durch den Einsatz unterschiedlicher Rechtsformen können sich dabei – je nach betrachteter Jurisdiktion - umfangreiche steuerliche Gestaltungsmöglichkeiten ergeben.[3]

Das Instrument der Betriebsaufspaltung kann auch für die steuerliche Gestaltung eines wirtschaftlichen Vorhabens, welches über eine Projektfinanzierung im engeren Sinne realisiert werden soll, herangezogen werden. Dabei wird aus Sicht der Kreditgeber die wirtschaftlich verknüpfte Einheit aus Besitz- und Betriebsgesellschaft als ‚Projekt' zu qualifizieren sein. Da die Besitzgesellschaft als direkter Kreditnehmer nur über Mieteinnahmen aus der Vermietung des Anlagevermögens an die Betriebsgesellschaft verfügt, wird letztere über eine Garantie als Mitverpflichtete in die Finanzierung einzubinden sein. Die nachfolgende Abbildung zeigt beispielhaft eine derartige Konstellation:

---

nehmen gegründet. Zudem sind auch <u>mehrfache</u> Betriebsaufspaltungen mit mehr als zwei Gesellschaften denkbar. Vgl. Haberstock, L: Der Einfluß der Besteuerung auf Rechtsform und Standort, 2. Aufl., Hamburg 1984, S.97. Im deutschen Kontext hat der BFH im Rahmen seiner Rechtsprechung die folgende Charakterisierung vorgenommen: *„Eine Betriebsaufspaltung liegt vor, wenn ein Unternehmen (Besitzunternehmen) eine wesentliche Betriebsgrundlage an eine gewerblich tätige Personen- oder Kapitalgesellschaft (Betriebsunternehmen) zur Nutzung überlässt (sachliche Verflechtung) und eine Person oder mehrere Personen zusammen (Personengruppe) sowohl das Besitzunternehmen als auch das Betriebsunternehmen in dem Sinne beherrschen, dass sie in der Lage sind, in beiden Unternehmen einen einheitlichen geschäftlichen Betätigungswillen durchzusetzen (personelle Verflechtung)."* Vgl. H 137 Abs. 4 Satz 1 EStR.

[1] Denkbar wäre auch die Aufspaltung in eine Produktions- und eine Vertriebsgesellschaft; vgl. Haberstock, L: Der Einfluß der Besteuerung auf Rechtsform und Standort, a.a.O., S.94 u. 98.

[2] Beide Gesellschaften erstellen getrennt Jahresabschlüsse bzw. sonstige Aufzeichnungen und unterliegen der Einkommensteuer respektive Körperschaftssteuer sowie der Gewerbesteuer.

[3] Auf die umfangreichen steuerlichen Gestaltungsmöglichkeiten soll an dieser Stelle nicht weiter eingegangen werden. Vgl. hierzu beispielhaft den – zwischenzeitlich aufgrund steuerrechtlicher Änderungen teilweise überholten – quantitativen steuerlichen Belastungsvergleich bei Haberstock, L: Der Einfluß der Besteuerung auf Rechtsform und Standort, a.a.O., S.120 ff.

Abb. 47: Beispiel für einen Mitverpflichteten bei Vorliegen einer Betriebsaufspaltung im Rahmen einer Projektfinanzierung i.e.S.

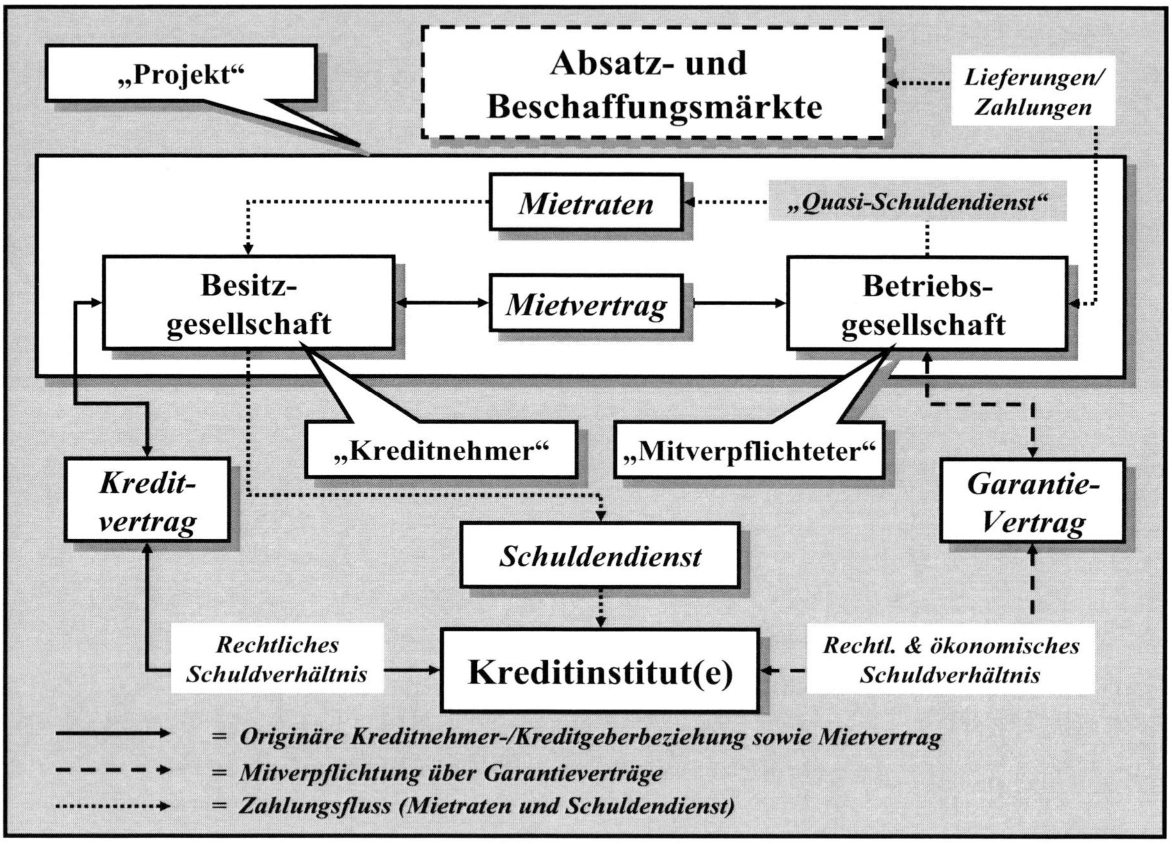

[Diagramm: "Projekt" umfasst Besitzgesellschaft und Betriebsgesellschaft, verbunden durch Mietvertrag (mit Mietraten als "Quasi-Schuldendienst"). Die Betriebsgesellschaft steht mit Absatz- und Beschaffungsmärkten in Verbindung (Lieferungen/Zahlungen). Die Besitzgesellschaft ist "Kreditnehmer" und hat einen Kreditvertrag (Rechtliches Schuldverhältnis) mit dem Kreditinstitut(e). Die Betriebsgesellschaft ist "Mitverpflichteter" über einen Garantie-Vertrag (Rechtl. & ökonomisches Schuldverhältnis). Der Schuldendienst fließt an das Kreditinstitut.

Legende:
— = Originäre Kreditnehmer-/Kreditgeberbeziehung sowie Mietvertrag
---→ = Mitverpflichtung über Garantieverträge
·····→ = Zahlungsfluss (Mietraten und Schuldendienst)]

Quelle: Eigene Darstellung

Im Ergebnis kann festgehalten werden, dass aufgrund der Ausnahmeregelung des § 18 Satz 2 KWG die wirtschaftlichen Verhältnisse der Betriebsgesellschaft anstelle derer der Besitzgesellschaft offengelegt werden müssen.

3.1.1.2.2 Konkrete Ausnahmetatbestände des § 18 Sätze 3 und 4 KWG

Neben den allgemeinen Ausnahmetatbeständen des § 18 Satz 2 KWG hat der Gesetzgeber zwei weitere Ausnahmetatbestände im Wortlaut des Gesetzestextes konkretisiert:

(i) **Finanzierung von Wohneigentum (§ 18 Satz 3 KWG)**

Nach § 18 Satz 3 KWG sind grundpfandrechtlich besicherte Kredite zur Finanzierung von selbstgenutzten Wohneigentum von der laufenden Offenlegungspflicht befreit, sofern der Kredit 80% des Beleihungswertes des Pfandobjektes nicht übersteigt und die geschuldeten Zins- und Tilgungsleistungen störungsfrei erbracht werden. Für die Zwecke der vorliegenden Untersuchung besitzt die Ausnahmeregelung des § 18 Satz 3 KWG jedoch keine Relevanz.[1]

(ii) **Kredite an bestimmte ausländische öffentliche Stellen (§ 18 Satz 4 KWG)**

Aufgrund der Vorschrift des § 18 Satz 4 KWG sind Kredite an bestimmte ausländische öffentliche Stellen sowohl von der erstmaligen als auch von der laufenden Offenlegung aus-

---

[1] Für Begründung und Zwecksetzung dieser Ausnahmeregelung vgl. Bock, H.: § 18 Kreditunterlagen, a.a.O., S. 470 f., Tz. 87.

genommen.¹ Die Regelung wurde im Zuge der 6. KWG-Novelle eingeführt, um eine Gleichbehandlung von ausländischen mit deutschen Staatsadressen zu erreichen. Letztere waren bereits über die Kreditdefinition des § 21 KWG von der Offenlegung ausgenommen. Für den weiteren Gang der Untersuchung ist die Vorschrift des § 18 Satz 4 KWG aufgrund der Begrenzung der Betrachtung auf die Finanzierungsmethode ‚Projektfinanzierung im engeren Sinne' irrelevant. Kredite, die von Staatsadressen als direkte Kreditnehmer aufgenommen werden, können durchaus zur Finanzierung von ‚Projekten' verwendet werden. Solange jedoch die Staatsadresse als direkter Kreditnehmer benannt ist und somit auch für die Kreditverbindlichkeiten haftet, liegt eine projektbezogene Kreditvergabe im Sinne der vorliegenden Untersuchung, d.h. eine auf die Kreditwürdigkeit bzw. Schuldendienstfähigkeit eines ökonomisch bzw. rechtlich isolierten Projektes abstellende Kreditgewährung, nicht vor.

Weitere konkrete Ausnahmen von der Offenlegungspflicht können sich neben den Tatbeständen des § 18 Sätze 3 und 4 KWG implizit ergeben, wenn der spezifische Einzelfall nicht unter den Anwendungsbereich des § 18 Satz 1 KWG subsumiert werden kann.²

3.1.1.3 Rechtsfolgen bei Verstößen

Nach § 56 Abs. 3 Nr. 4 KWG handelt derjenige ordnungswidrig, der vorsätzlich oder fahrlässig entgegen § 18 Satz 1 KWG einen Kredit gewährt. Die Ordnungswidrigkeit kann von der BAFIN mit einer Geldbuße bis zu € 150.000 geahndet werden.³ Das BAFIN kann zudem „*...gegenüber dem Institut und seinen Geschäftsleitern Anordnungen treffen, die geeignet und erforderlich sind, Missstände in dem Institut zu verhindern oder zu beseitigen, welche die Sicherheit der dem Institut anvertrauten Vermögenswerte gefährden können oder die ordnungsgemäße Durchführung der Bankgeschäfte oder Finanzdienstleistungen verhindern.*"⁴ Die konkreten Sanktionsmaßnahmen umfassen neben der Möglichkeit der Verwarnung von Geschäftsleitern auch die Abberufung derselben sowie die Untersagung der Ausübung ihrer Tätigkeit bei fortgesetzten vorsätzlichen oder leichtfertigen Verstößen gegen § 18 Satz 1 KWG.⁵ Das Kreditinstitut kann die aus einem Verstoß gegen die

---

[1] Die Ausnahmeregelung des § 18 Abs. 4 KWG adressiert explizit alle Kredite an Kreditnehmer im Sinne des § 20 Abs. 2 Nr. 1 Buchstabe b) bis d) KWG: „*.... b) die Zentralregierung oder Zentralnotenbank in einem anderen Staat der Zone A, c) die Europäischen Gemeinschaften, d) eine Regionalregierung oder örtliche Gebietskörperschaft in einem anderen Staat des Europäischen Wirtschaftsraums, für die nach Artikel 7 der Solvatibilitätsrichtlinie die Gewichtung Null bekannt gegeben worden ist,...*"

[2] Vgl. hierzu die nachfolgenden Ausführungen und die dort genannten Ausnahmen unter Gliederungspunkt 3.1.2.1 ‚Anwendungsbereich', S. 199.

[3] Vgl. § 56 Abs. 4 KWG

[4] § 6 Abs. 3 KWG.

[5] Vgl. § 36 Abs. 2 KWG sowie Bähre, I. L.; Schneider, M.: KWG-Kommentar: Kreditwesengesetz mit den wichtigsten Ausführungsverordnungen, a.a.O., S. 231 f. Das vormals für die Bankenaufsicht zuständige BAKRED konstatiert in seinem Jahresbericht 1995: „*In 82 Fällen hat das BAKred gegenüber Geschäftsleitern wegen Mängeln in der Geschäftsführung Mißbilligungen bzw. Verwarnungen ausgesprochen oder sogar deren Abberufung durchgesetzt. Anlaß waren überwiegend gravierende Versäumnisse der verantwortlichen Geschäftsleiter bei der Handhabung des Kreditgeschäfts, wie z.B. ernste Verstöße gegen § 18 KWG, wonach sich die Kreditinstitute die wirtschaftlichen Verhältnisse ihrer Kreditnehmer offenlegen lassen müssen, oder sonstige Fälle einer groben Mißachtung bankrechtlicher Sorgfalt.*" BAKred: Jahresbericht 1995, Berlin 1996, S. 20.

Offenlegungspflicht resultierenden Rechtsfolgen im Zweifel nur dadurch vermeiden, dass es einen Kredit nicht gewährt bzw. notfalls kündigt.[1]

Die Vorschrift des § 18 Satz 1 KWG hat einen rein öffentlich-rechtlichen Charakter, so dass ein Verstoß gegen die Offenlegungspflicht keinen Einfluss auf die zivilrechtliche Wirksamkeit des Kreditvertrages hat.[2] Der Tatbestand der Nichtbeachtung von § 18 Satz 1 KWG führt auch nicht zur Nichtigkeit des zugrundeliegenden Rechtsgeschäftes nach § 134 BGB,[3] da die Norm kein gesetzliches Verbot kodifiziert.[4]

3.1.2 Auslegung von § 18 Satz 1 KWG im Hinblick auf eine Kreditvergabe im Rahmen von Projektfinanzierungen im engeren Sinne

3.1.2.1 Anwendungsbereich

3.1.2.1.1 Zum Begriff ‚Kreditinstitut'

Der im § 18 Satz 1 KWG verwendete Begriff ‚Kreditinstitut' ist im § 1 Abs. 1 Satz 1 KWG als Legaldefinition niedergelegt. Demnach sind ‚Kreditinstitute' *„...Unternehmen, die Bankgeschäfte gewerbsmäßig oder in einem Umfang betreiben, der einen in kaufmännischer Weise eingerichteten Geschäftsbetrieb erfordert."*[5] Aus dem Wortlaut der Norm lassen sich drei zwingende Voraussetzungen für die Klassifikation eines Wirtschaftssubjektes als ‚Kreditinstitut'[6] ableiten:

- **Vorliegen eines ‚Unternehmens'**
  Bei dem betrachteten Wirtschaftssubjekt muss es sich um ein ‚Unternehmen' handeln. Bei der Überprüfung dieses Merkmals ist nicht auf einen betriebswirtschaftlichen, sondern auf einen juristischen Unternehmensbegriff abzustellen. In der deutschen Rechtsordnung ist das Merkmal ‚Unternehmen' unterschiedlich definiert, so dass keine einheitliche Begriffsbestimmung für alle Rechtsgebiete existiert.[7] Für die Zwecke des KWG liegt dann ein ‚Unternehmen' vor,

---

[1] Vgl. Bock, H.: § 18 Kreditunterlagen, a.a.O., S. 445, Tz. 3. Jedoch entbindet auch eine Kündigung das Kreditinstitut nur unter eng definierten Umständen von der Offenlegungspflicht; vgl. hierzu die nachfolgenden Ausführungen unter Gliederungspunkt 3.1.2.2.2.1.5 Unterlagen bei Abwicklungskrediten, S. 273.

[2] BOCK weist darauf hin, dass sich Kreditnehmer und Sicherungsgeber im Schadensfall nicht auf einen Verstoß gegen die Offenlegungspflicht durch den Kreditgeber berufen können; vgl. Bock, H.: § 18 Kreditunterlagen, a.a.O., S. 445, Tz. 3. Vgl. zur diesbezüglichen Rechtsprechung auch Reischauer, F.; Kleinhans, J.: Kreditwesengesetz. Loseblattkommentar für die Praxis nebst sonstigen bank- und sparkassenrechtlichen Aufsichtsgesetzen sowie ergänzenden Vorschriften, a.a.O., § 18, S. 3, Tz. 1 m.w.N.

[3] § 134 BGB: *„Ein Rechtsgeschäft, das gegen ein gesetzliches Verbot verstößt, ist nichtig, wenn sich nicht aus dem Gesetz ein anderes ergibt."*

[4] Vgl. Beck, H.: Gesetz über das Kreditwesen: Kommentar nebst Materialien und ergänzenden Vorschriften, a.a.O., § 18, S. 1, Tz. 6 u. S. 32, Tz. 93.

[5] § 1 Abs. 1 Satz 1 KWG

[6] SZAGUNN/HAUG/ERGENZINGER führen zum Begriff ‚Kreditinstitut' aus: *„Das Wort hat sich nicht eingebürgert. Es ist nicht treffend, da es jedenfalls seinem Wortlaut nach Unternehmen nur unter dem Blickwinkel des § 1 Abs. 2 Nr. 2 und 3 KWG (Kredit- und Diskontgeschäft), nicht aber im übrigen erfaßt."* Szagunn, V.; Haug, U.; Ergenzinger W.: Gesetz über das Kreditwesen, Kommentar, a.a.O., S. 76, Tz. 1.

[7] Vgl. Szagunn, V.; Haug, U.; Ergenzinger W.: Gesetz über das Kreditwesen, Kommentar, a.a.O. S. 77 f., Tz. 3 sowie Fülbier, A.: § 1 Begriffsbestimmungen, in: K.-H. Boos, R. Fischer, H. Schulte-Mattler (Hrsg.), Kreditwesengesetz: Kommentar zu KWG und Ausführungsvorschriften, München 2000, S. 130, Tz. 13, welcher beispielhaft auf die Unternehmensbegriffe im Steuerrecht (§ 2 Abs. 1 UStG) sowie im Konzernrecht verweist.

wenn eine gewerbliche Tätigkeit „...*planmäßig und organisatorisch selbständig in einem gewissen Umfang und für einen nicht unerheblichen Zeitraum ausgeübt wird.*"[1]

- **Betrieb von ‚Bankgeschäften'**

Der Gesetzgeber hat im Rahmen eines enumerativen Kataloges abschließend im § 1 Abs. 1 Satz 2 KWG diejenigen wirtschaftlichen Aktivitäten aufgeführt, welche als Bankgeschäfte im Sinne des KWG zu klassifizieren sind:

Tab. 15:   Bankgeschäfte im Sinne des § 1 Abs. 1 Satz 2 Nr. 1 bis 12 KWG

Nr.	Bankgeschäftsart	(Kurz-)Definition
1	Einlagengeschäft	Annahme fremder Gelder als Einlagen oder anderer rückzahlbarer Gelder des Publikums, sofern der Rückzahlungsanspruch nicht in Inhaber- oder Orderschuldverschreibungen verbrieft wird, ohne Rücksicht darauf, ob Zinsen vergütet werden
1a	Pfandbriefgeschäft	Ausgabe von Hypothekenpfandbriefen, Öffentlichen Pfandbriefen und Schiffspfandbriefen
2	Kreditgeschäft	Gewährung von Gelddarlehen und Akzeptkrediten
3	Diskontgeschäft	Ankauf von Wechseln und Schecks
4	Finanzkommissionsgeschäft	Anschaffung und Veräußerung von Finanzinstrumenten im eigenen Namen für fremde Rechnung
5	Depotgeschäft	Verwahrung und Verwaltung von Wertpapieren für andere
6	– aufgehoben –	*Vormals: Investmentgeschäfte gem. § 1 KAGG*
7	*Revolvinggeschäft*	Eingehung der Verpflichtung, Darlehensforderungen vor Fälligkeit zu erwerben
8	Garantiegeschäft	Übernahme von Bürgschaften, Garantien und sonstigen Gewährleistungen für andere
9	Girogeschäft	Durchführung des bargeldlosen Zahlungsverkehrs und des Abrechnungsverkehrs
10	Emissionsgeschäft	Übernahme von Finanzinstrumenten für eigenes Risiko zur Platzierung oder die Übernahme gleichwertiger Garantien
11	Geldkartengeschäft	Ausgabe vorausbezahlter Karten zu Zahlungszwecken
12	*Kontrahentengeschäft*	Tätigkeit als zentraler Kontrahent i.S.v. Abs. 31

Quelle: Eigene Darstellung auf der Basis des § 1 Abs. 1 Satz 2 KWG. Der allgemein übliche Begriff des ‚Revolvinggeschäftes' findet sich nicht im Wortlaut des Gesetzes; vgl. hierzu Fülbier, A.: § 1 Begriffsbestimmungen, a.a.O., S. 149 f., Tz. 73. Gleiches gilt für den Begriff des ‚Kontrahentengeschäftes'.

Das Vorliegen eines der vorstehend genannten Bankgeschäfte ist ausreichend, um die in § 1 Abs. 1 Satz 1 KWG postulierte Anforderung ‚Betrieb von Bankgeschäften'[2] zu erfüllen.[3] Eine allgemeine respektive abstrakte Begriffsbestimmung von ‚Bankgeschäften' findet sich nicht im

---

[1] Schönle: Bank- und Börsenrecht, 2. Aufl., München 1976, S. 3, m.w.N. Vgl. auch Bähre, I. L.; Schneider, M.: KWG-Kommentar: Kreditwesengesetz mit den wichtigsten Ausführungsverordnungen, a.a.O., S. 75.

[2] Der Begriff des ‚Betreibens' knüpft wiederum an die bereits skizzierte Unternehmertätigkeit und ihre ‚Selbständigkeit' an. Ein Betreiber wird selber ‚Berechtigter' und ‚Verpflichteter' der Bankgeschäfte; vgl. Schönle: Bank- und Börsenrecht, a.a.O., S. 4.

[3] Vgl. Fülbier, A.: § 1 Begriffsbestimmungen, a.a.O., S. 129 f., Tz. 9.

Gesetzestext. Sie ist entbehrlich, da letztlich die BAFIN in Zweifelsfällen entscheiden kann, ob ein Wirtschaftssubjekt den Vorschriften des Kreditwesengesetzes unterliegt.[1]

- **‚Notwendigkeit einer kaufmännischen Organisation' oder ‚Gewerbsmäßigkeit'**

  Um nicht jedes Unternehmen, welches nur einmalig oder gelegentlich Bankgeschäfte tätigt, als Kreditinstitut bewerten und damit dem Regelungskreis des KWG unterwerfen zu müssen, hat der Gesetzgeber zusätzlich das Kriterium der ‚Notwendigkeit einer kaufmännischen Organisation' in den Voraussetzungskatalog des § 1 Abs. 1 Satz 1 KWG aufgenommen.[2] Insbesondere das Erfordernis der Einrichtung eines (ordnungsmäßigen) Rechnungswesens sowie die Beschäftigung von angestellten Mitarbeitern aufgrund des mengen- oder stückmäßigen Geschäftsvolumens der betriebenen Bankgeschäfte sollen dabei als Anhaltspunkte für die ‚Notwendigkeit einer kaufmännischen Organisation sprechen'.[3] Der Begriff der ‚Notwendigkeit' weist darauf hin, dass die ‚kaufmännische Organisation' nicht schon faktisch existent sein muss. Vielmehr ist die objektive Erfordernis zu überprüfen.[4] Da diese qualitativen Anforderungen der Gesetzesnorm keine trennscharfe Klassifizierung ermöglichen und dadurch ein Ermessensspielraum für Entscheidungen eröffnet wird, hat die Bankenaufsicht eine quantitative Orientierungsbasis für Zwecke der Auslegung im Aufsichtsalltag entwickelt. Danach ist u.a. bei einem Gesamtkreditvolumen bzw. Haftungsvolumen im Garantiegeschäft von mindestens DM 1 Mio. (bzw. dem entsprechenden Äquivalent in Euro) oder mehr als 100 Einzeldarlehen bzw. -garantien nach Auffassung der Bankenaufsicht ein in kaufmännischer Weise eingerichteter Geschäftsbetrieb erforderlich.[5]

  Im Zuge der 6. KWG-Novelle wurde die bisherige Legaldefinition um das alternative Kriterium der ‚**Gewerbsmäßigkeit**' erweitert, welches dann einschlägig sein soll, wenn „*...Bankgeschäfte mit Gewinnerzielungsabsicht und auf eine gewisse Dauer angelegt (gewerbsmäßig) betrieben werden.*"[6] Konnte der Tatbestand der Gewerbsmäßigkeit schon bisher

---

[1] Vgl. hierzu den Wortlaut des § 4 Abs. 1 KWG sowie für weitere Konkretisierung Fülbier, A.: § 1 Begriffsbestimmungen, a.a.O., S. 129, Tz. 6.

[2] Z.B. wäre hierbei an ein Industrieunternehmen zu denken, welches einem Vertriebspartner ein Gelddarlehen für den Aufbau eines Vertriebsstützpunktes gewährt. Im Zusammenhang mit dem Untersuchungsobjekt ‚Projektfinanzierung i.e.S.' wäre weiterhin an einen Sponsor zu denken, welcher einer Projektgesellschaft neben dem von ihm gezeichneten Eigenkapital ein (nachrangiges) Darlehen gewährt. „*Die wiederholte Vornahme von Bankgeschäften, oder zumindest die Absicht einer wiederholten Vornahme...*" wird hier nicht erkennbar. Auch die Beabsichtigung „*... eine Mehrzahl einzelner Gelegenheitsgeschäfte...*" durchzuführen, steht dem nicht entgegen. Schönle: Bank- und Börsenrecht, a.a.O., S. 3, m.w.N. Auf die Problematik eigenkapitalersetzender Gesellschafterdarlehen im Insolvenzfall im vorgenannten Fallbeispiel soll an dieser Stelle nicht weiter eingegangen werden.

[3] Vgl. Schönle: Bank- und Börsenrecht, a.a.O., S. 3. Fülbier weist darauf hin, dass aus handelsrechtlicher Sicht die Mehrheit der Kreditinstitute ‚Kaufleute kraft Eintragung' (§§ 2, 5 HGB), ‚Formkaufleute' (§ 6 HGB) oder ‚Kaufleute nach widerlegbarer Vermutung' (§ 1 Abs. 2 HGB) sind, wobei die Kaufmannseigenschaft einen kaufmännisch eingerichteten Geschäftsbetrieb voraussetzt; vgl. Fülbier, A.: § 1 Begriffsbestimmungen, a.a.O., S. 132, Tz. 19.

[4] Vgl. Bähre, I. L.; Schneider, M.: KWG-Kommentar: Kreditwesengesetz mit den wichtigsten Ausführungsverordnungen, a.a.O., S. 76 f. sowie Szagunn, V.; Haug, U.; Ergenzinger W.: Gesetz über das Kreditwesen, Kommentar, a.a.O., S. 80 f., Tz. 7. Vice versa wird ein Unternehmen nicht allein dadurch zu einem Kreditinstitut, dass es einen kaufmännischen Geschäftsbetrieb unterhält, obwohl das quantitative Bankgeschäftsvolumen dies nicht erfordert; vgl. Schönle, H.: Bank- und Börsenrecht, a.a.O., S. 3.

[5] Die BAFIN (bzw. das BAKRED als vormaliger Träger der Bankenaufsicht) kann diesen quantitativen Orientierungsrahmen aufgrund seiner in § 4 KWG kodifizierten Entscheidungskompetenz abstecken, welcher zudem von den Gerichten bislang in allen Einzelfällen bestätigt wurde; vgl. Bähre, I. L.; Schneider, M.: KWG-Kommentar: Kreditwesengesetz mit den wichtigsten Ausführungsverordnungen, a.a.O., S. 77 f., Szagunn, V.; Haug, U.; Ergenzinger W.: Gesetz über das Kreditwesen, Kommentar, a.a.O., S. 81, Tz. 8 sowie Fülbier, A.: § 1 Begriffsbestimmungen, a.a.O., S. 132 f., Tz. 20 f. m.w.N.

[6] Vgl. BVR (Hrsg.): Gesetz über das Kreditwesen (KWG) einschließlich 6. KWG-Novelle, 3. Finanzmarktförderungsgesetz, Einlagensicherungs- und Anlegerentschädigungsgesetz sowie Insolvenzordnung, Kurz-

bei einer entsprechenden Auslegung des bereits skizzierten bankaufsichtsrechtlichen Begriffes ‚Unternehmen' unterstellt werden, so wurde er durch die Gesetzesnovellierung explizit in den Wortlaut des § 1 Abs. 1 KWG aufgenommen. Durch das Kriterium ‚Gewerbsmäßigkeit' können nunmehr diejenigen Unternehmen als Kreditinstitut qualifiziert werden, die aufgrund einer zu geringen Anzahl im Geschäftsbestand bisher nicht durch das Schwellenraster der Bankenaufsicht für die ‚Notwendigkeit einer kaufmännischen Organisation' erfasst wurden.[1]

Im Ergebnis kann festgehalten werden, dass unabhängig von Gesellschaftsform[2], quantitativen Maßgrößen[3] sowie Art und Umfang der betriebenen Bankgeschäfte alle, den einzelnen Kreditinstitutsgruppen in nachfolgender Tabelle zugeordneten, Unternehmen als ‚Kreditinstitute' im Sinne des § 1 Abs. 1 KWG zu klassifizieren sind[4]:

Tab. 16: Kreditinstitute unter staatlicher Aufsicht

Anzahl der Banken nach Institutsgruppen	Anzahl	
Per Jahresende	2007	2006
Kreditbanken	204	199
Institute des Sparkassensektors	458	469
Institute des Genossenschaftssektors	1.281	1.306
Sonstige Institute	131	136
Gesamtzahl	**2.074**	**2.110**

Quelle: BaFin: Jahresbericht der Bundesanstalt für Finanzdienstleistungsaufsicht 2007, Bonn/ Frankfurt a.M. 2008, S. 120. Zu den sonstigen Instituten zählen Bausparkassen, Pfandbriefbanken und Wertpapierhandelsbanken sowie Förderbanken des Bundes und der Länder; vgl. Ebenda.

Im Hinblick auf die räumliche Geltung des Kreditwesengesetzes ist festzuhalten, dass der Begriff ‚Kreditinstitut' auch die Zweigstellen bzw. Niederlassungen deutscher Kreditinstitute im Ausland

---

kommentar von RA Lochen Lehnhoff und Dr. Holger Mielk, 3. Aufl., Wiesbaden 1999, Stand: 1. Januar 1999, S. 11 u. 51, Fülbier, A.: § 1 Begriffsbestimmungen, a.a.O., S. 131, Tz. 18.

[1] Insofern dient die Einführung des Kriteriums ‚Gewerbsmäßigkeit' insbesondere „....*der Bekämpfung des grauen Kapitalmarktes*"; Mielk, H.: Die wesentlichen Neuregelungen der 6. KWG-Novelle, in: Zeitschrift für Wirtschafts- und Bankrecht (WM IV), 51. Jg. (1997), S. 2202. Vgl. auch BVR (Hrsg.): Gesetz über das Kreditwesen (KWG) einschließlich 6. KWG-Novelle, 3. Finanzmarktförderungsgesetz, Einlagensicherungs- und Anlegerentschädigungsgesetz sowie Insolvenzordnung, a.a.O. S. 51.

[2] Die Rechtsform des Einzelkaufmanns ist für Kreditinstitute, die eine schriftliche Erlaubnis der BAFIN für das Tätigen von Bankgeschäften benötigen, nicht erlaubt; vgl. § 2 a Abs. 1 KWG i.V.m. § 32 Abs. 1 KWG. Hintergrund für diese Regelung ist die Schwierigkeit einer Trennung von Betriebs- und Privatvermögen beim Einzelkaufmann, so dass bei Kreditinstituten die Gefahr eines unmittelbaren Zugriffs auf das Betriebsvermögen durch potenzielle Privatgläubiger bestehen würde. Des Weiteren ist die Implementierung des seit der 2. KWG-Novelle in § 33 Abs. 1 Nr. 4 KWG kodifizierten ‚Vieraugenprinzips', welches das Vorhandensein von mindestens zwei Geschäftsleitern fordert, bei Einzelkaufleuten unmöglich. Vgl. Fülbier, A.: § 2 a Rechtsform, in: K.-H. Boos, R. Fischer, H. Schulte-Mattler (Hrsg.), Kreditwesengesetz: Kommentar zu KWG und Ausführungsvorschriften, München 2000, S. 209, Tz. 2 ff. sowie Bähre, I. L.; Schneider, M.: KWG-Kommentar: Kreditwesengesetz mit den wichtigsten Ausführungsverordnungen, a.a.O., S. 75.

[3] z.B. Bilanzsumme oder Kreditvolumen

[4] Vgl. BAKred: Überblick über die grundsätzlichen Anforderungen an die Offenlegung der wirtschaftlichen Verhältnisse nach § 18 KWG, Rundschreiben 9/98, S. 1 sowie Bock, H.: § 18 Kreditunterlagen, in: K.-H. Boos, R. Fischer, H. Schulte-Mattler (Hrsg.), Kreditwesengesetz: Kommentar zu KWG und Ausführungsvorschriften, München 2000, S. 446, Tz. 7.

inkludiert.¹ Analog werden Zweigstellen auf deutschem Boden von Unternehmen mit Sitz außerhalb der Bundesrepublik Deutschland – soweit sie Bankgeschäfte betreiben – ebenfalls nach § 53 Abs. 1 KWG grundsätzlich als ‚Kreditinstitut' qualifiziert und somit den hieran anknüpfenden weiteren Regelungen des KWG unterworfen.² Ausnahmen können jedoch insofern existieren, als dass Zweigniederlassungen im Inland von

(i) Unternehmen mit Sitz in einem anderen Staat des Europäischen Wirtschaftsraums unter den Voraussetzungen des § 53 b Abs. 1 KWG³ sowie

(ii) Unternehmen mit Sitz in Drittstaaten unter den Voraussetzungen des § 53 c KWG

weitgehend unter der Aufsicht ihres Herkunftsstaates betreiben dürfen (‚Grundsatz der Heimatlandaufsicht').⁴ EU-Zweigniederlassungen sind gem. § 53 b Abs. 3 Satz 1 KWG grundsätzlich von der Vorschrift des § 18 KWG ausgenommen. Zweigniederlassungen von Unternehmen aus Drittstaaten können gem. § 53 c Nr. 2 KWG von der Anwendung des § 18 KWG befreit sein.⁵

Explizit ausgenommen vom Adressatenkreis der ‚Kreditinstitute' sind weiterhin die DEUTSCHE BUNDESBANK (§ 2 Abs. 1 Nr. 1 KWG), die KREDITANSTALT FÜR WIEDERAUFBAU (§ 2 Abs. 1 Nr. 2 KWG)⁶, die Sozialversicherungsträger und die BUNDESANSTALT FÜR ARBEIT (§ 2 Abs. 1 Nr. 3

---

[1] Vgl. Szagunn, V.; Haug, U.; Ergenzinger W.: Gesetz über das Kreditwesen, Kommentar, a.a.O., S. 672, Tz. 2 und 2a, Früh, A.: Die Bonitätsprüfung nach § 18 Kreditwesengesetz (neu), in: Zeitschrift für Wirtschafts- und Bankrecht (WM IV), 49. Jg. (1995), S. 1703.

[2] Vgl. Szagunn, V.; Haug, U.; Ergenzinger W.: Gesetz über das Kreditwesen, Kommentar, a.a.O., S. 672 f., Tz. 2 und 2 b. Hiervon abzugrenzen sind **Repräsentanzen**' von Instituten mit Sitz im Ausland, welche nach § 53 a KWG - soweit sie keine bankgeschäftliche Tätigkeit i.S.v. § 1 Abs. 1 KWG ausüben und sich nur der Kontaktpflege sowie der Geschäftsvermittlung für Niederlassungen in anderen Staaten widmen - nicht als ‚Kreditinstitute' qualifiziert werden.

[3] Hierbei handelt es sich um den sogenannten ‚**Europäischen Pass**', welcher durch die 4. bzw. 6. KWG-Novelle – zwecks Umsetzung der Niederlassungs- und Dienstleistungsfreiheit des europäischen Binnenmarktkonzeptes – in das deutsche Bankaufsichtsrecht eingeführt wurde; vgl. Szagunn, V.; Haug, U.; Ergenzinger W.: Gesetz über das Kreditwesen, Kommentar, a.a.O., S. 692 f., Tz. 1 ff. sowie Nirk, R.: Das Kreditwesengesetz – Einführung und Kommentar, a.a.O., S. 58 f.

[4] Vgl. BAKred: Jahresbericht 1995, Berlin 1996, S. 17 ff. sowie S. 24 ff.

[5] Insofern bedeutet eine Subsumption unter die ‚Drittstaatenregelung' im Gegensatz zur Sachverhaltsgestaltung ‚Europäischer Pass' noch keinen Automatismus hinsichtlich einer Nicht-Anwendung der Offenlegungspflichten des § 18 Abs. 1 KWG. Vgl. zu dem Problem der ‚partiellen Anerkennung der Heimatlandaufsicht' Szagunn, V.; Haug, U.; Ergenzinger W.: Gesetz über das Kreditwesen, Kommentar, a.a.O., S. 707, Tz. 18.

[6] Diese Fiktion des § 2 Abs. 1 Nr. 2 KWG beruht darauf, dass der Gesetzgeber die Durchführung der Geschäfte der KfW bereits in einem eigenständigen Gesetz geregelt hat, so dass „...*praktisch kein Raum mehr ist für die Anwendung der KWG-Vorschriften.*" Bähre, I. L.; Schneider, M.: KWG-Kommentar: Kreditwesengesetz mit den wichtigsten Ausführungsverordnungen, a.a.O., S. 94, vgl. hierzu auch § 3 des Gesetzes über die Kreditanstalt für Wiederaufbau sowie Fülbier, A.: § 2 Ausnahmen, in: K.-H. Boos, R. Fischer, H. Schulte-Mattler (Hrsg.), Kreditwesengesetz: Kommentar zu KWG und Ausführungsvorschriften, München 2000, S. 189 f., Tz. 3 f. Vor dem Hintergrund des Untersuchungsgegenstandes der vorliegenden Arbeit ist darauf hinzuweisen, dass die Kreditanstalt für Wiederaufbau in nicht unerheblichem Umfang Kreditgeschäfte im Zusammenhang mit Projektfinanzierungen tätigt. So betrugen die Kreditzusagen für Export- und Projektfinanzierungen im Geschäftsjahr 2000 rd. Euro 10,9 Mrd. (Vorjahr: Euro 9,3 Mrd.); vgl. KfW: Geschäftsbericht 2000, S. 40. Zu den angebotenen Produkten vgl. KfW (Hrsg.): Langfristige Exportfinanzierung der Kreditanstalt für Wiederaufbau: Ein Leitfaden für die Praxis, Frankfurt a.M. 1994, S. 33 f. Nach § 2 Abs. 2 KWG gelten für die KfW nur die Vorschriften des § 14 KWG (Millionenkreditanzeige) sowie des § 47 Abs. 1 Nr. 2 KWG (Moratorium, Einstellung des Bank- und Börsenverkehrs) und des § 48 KWG (Wiederaufnahme des Bank- und Börsenverkehrs).

KWG), private- und öffentlich-rechtliche Versicherungsunternehmen (§ 2 Abs. 1 Nr. 4 KWG)[1], Unternehmen des Pfandleihgewerbes (§ 2 Abs. 1 Nr. 5 KWG), Unternehmensbeteiligungsgesellschaften (§ 2 Abs. 1 Nr. 6 KWG), Bankgeschäfte mit Mutter- und Tochterunternehmen (§ 2 Abs. 1 Nr. 7 KWG), sowie Unternehmen, die bestimmte Formen von Finanzkommissionsgeschäften tätigen (§ 2 Abs. 1 Nr. 8 KWG).

Darüber hinaus kann eine ergänzende Negativeingrenzung des Begriffes ‚Kreditinstitut' aufgrund weiterer Legaldefinitionen des § 1 KWG vorgenommen werden. Die nachfolgende Abbildung gibt einen Überblick über die wesentlichen unternehmensbezogenen Begriffsbestimmungen des KWG[2]:

---

[1] Versicherungen unterliegen der Aufsicht durch den Sektor Versicherungsaufsicht der BaFin gemäß den Vorschriften des Versicherungsaufsichtsgesetz; vgl. Fischer, R.: Einführung, a.a.O., S. 120, Tz. 73. Einzelne Vorschriften des KWG können jedoch durchaus Gültigkeit für Versicherungen besitzen, und zwar insoweit, als diese ihnen nicht eigentümliche Bankgeschäfte betreiben; vgl. § 2 Abs. 3 KWG sowie Bähre, I. L.; Schneider, M.: KWG-Kommentar: Kreditwesengesetz mit den wichtigsten Ausführungsverordnungen, a.a.O., S. 96. Insoweit gilt § 18 KWG – bei entsprechender Kreditgewährung – auch für Versicherungsunternehmen; vgl. hierzu Reischauer, F.; Kleinhans, J.: Kreditwesengesetz. Loseblattkommentar für die Praxis nebst sonstigen bank- und sparkassenrechtlichen Aufsichtsgesetzen sowie ergänzenden Vorschriften, a.a.O., § 18, S. 7, Tz. 4a m.w.N.

[2] Im Wesentlichen handelt es sich hierbei um diejenigen untersuchungsrelevanten Begrifflichkeiten, die seit dem 1. Januar 1998 – dem Inkrafttreten der sechsten KWG-Novelle – im deutschen Rechtsraum Gültigkeit besitzen. Für weitere Begrifflichkeiten und Kritik an den verwendeten Legaldefinitionen sowie der zugrundeliegenden Klassifizierung von Geschäftsarten vgl. Weber, C.; Nägele, P.: „Babylonische Begriffsverwirrung": 6. KWG-Novelle in Kraft, in: ZfgK, 51. Jg. (1998), S. 753 ff.

Abb. 48: Unternehmensbezogene Begriffsbestimmungen im KWG

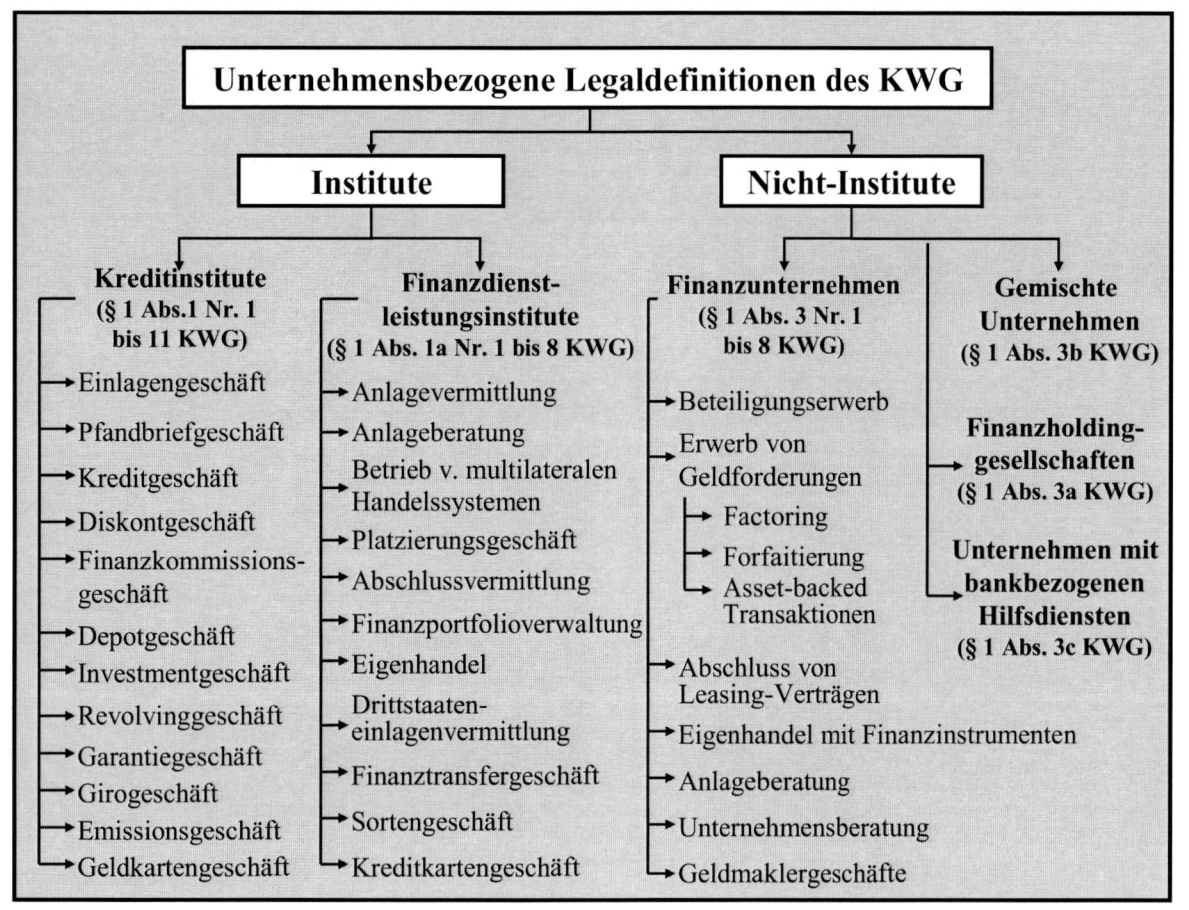

```
                    Unternehmensbezogene Legaldefinitionen des KWG
                    ┌──────────────────────┴──────────────────────┐
                 Institute                                   Nicht-Institute
```

Kreditinstitute (§ 1 Abs.1 Nr. 1 bis 11 KWG)	Finanzdienstleistungsinstitute (§ 1 Abs. 1a Nr. 1 bis 8 KWG)	Finanzunternehmen (§ 1 Abs. 3 Nr. 1 bis 8 KWG)	Gemischte Unternehmen (§ 1 Abs. 3b KWG)
→ Einlagengeschäft	→ Anlagevermittlung	→ Beteiligungserwerb	**Finanzholdinggesellschaften** (§ 1 Abs. 3a KWG)
→ Pfandbriefgeschäft	→ Anlageberatung	→ Erwerb von Geldforderungen	
→ Kreditgeschäft	→ Betrieb v. multilateralen Handelssystemen	↳ Factoring	**Unternehmen mit bankbezogenen Hilfsdiensten** (§ 1 Abs. 3c KWG)
→ Diskontgeschäft	→ Platzierungsgeschäft	↳ Forfaitierung	
→ Finanzkommissionsgeschäft	→ Abschlussvermittlung	↳ Asset-backed Transaktionen	
→ Depotgeschäft	→ Finanzportfolioverwaltung	→ Abschluss von Leasing-Verträgen	
→ Investmentgeschäft	→ Eigenhandel	→ Eigenhandel mit Finanzinstrumenten	
→ Revolvinggeschäft	→ Drittstaateneinlagenvermittlung	→ Anlageberatung	
→ Garantiegeschäft	→ Finanztransfergeschäft	→ Unternehmensberatung	
→ Girogeschäft	→ Sortengeschäft	→ Geldmaklergeschäfte	
→ Emissionsgeschäft	→ Kreditkartengeschäft		
→ Geldkartengeschäft			

Quelle: Eigene Darstellung

Insbesondere ‚Finanzdienstleistungsinstitute' und ‚Finanzunternehmen'[1] gehören, – soweit keine Bankgeschäfte nach § 1 Abs. 1 KWG betrieben werden – nicht zu den ‚Kreditinstituten'. Im Hinblick auf den Untersuchungsgegenstand ‚Projektfinanzierung i.e.S.' ist insbesondere auf die Kreditsubstitute **Forfaitierung** und **Leasing** hinzuweisen. Die isolierte Ausübung dieser beiden Geschäftsarten wird zwar nicht unter die Bankgeschäfte subsumiert und begründet daher auch keine Kreditinstitutseigenschaft, doch die von Kreditinstituten betriebenen Forfaitierungen und Leasinggeschäfte werden unter den Voraussetzungen des § 21 Abs. 1 KWG als Kredit für die Zwecke des § 18 Satz 1 KWG qualifiziert.[2]

3.1.2.1.2 Zum Begriff ‚Kredit'

3.1.2.1.2.1 Positive Eingrenzung

3.1.2.1.2.1.1 Kreditbegriffe des KWG

Das Kreditwesengesetz verfügt seit der 5. KWG-Novelle über einen gespaltenen Kreditbegriff. Während § 19 Abs. 1 KWG eine Legaldefinition für Zwecke der Großkredit- und Millionenkredit-

---

[1] Die Gruppe der ‚Finanzunternehmen' kann auch „... *als Restgröße für Unternehmen des Finanzsektors (ausgenommen Versicherungen)* ..." interpretiert werden; C&L Deutsche Revision (Hrsg.): 6. KWG-Novelle und neuer Grundsatz I – Kommentierung, Originaltexte, a.a.O., S. 47.

[2] Vgl. Fülbier, A.: § 1 Begriffsbestimmungen, a.a.O., S. 142 f., Tz. 51 sowie die nachfolgenden Ausführungen im Abschnitt 3.1.2.1.2.

vorschriften vorgibt, ist im § 21 Abs. 1 KWG der Kreditbegriff für die Anwendungsbereiche ‚Organkreditvergabe' und ‚Offenlegung der wirtschaftlichen Verhältnisse' definiert:[1]

Abb. 49: **Kreditbegriffe im KWG und ihre Anwendungsbereiche**

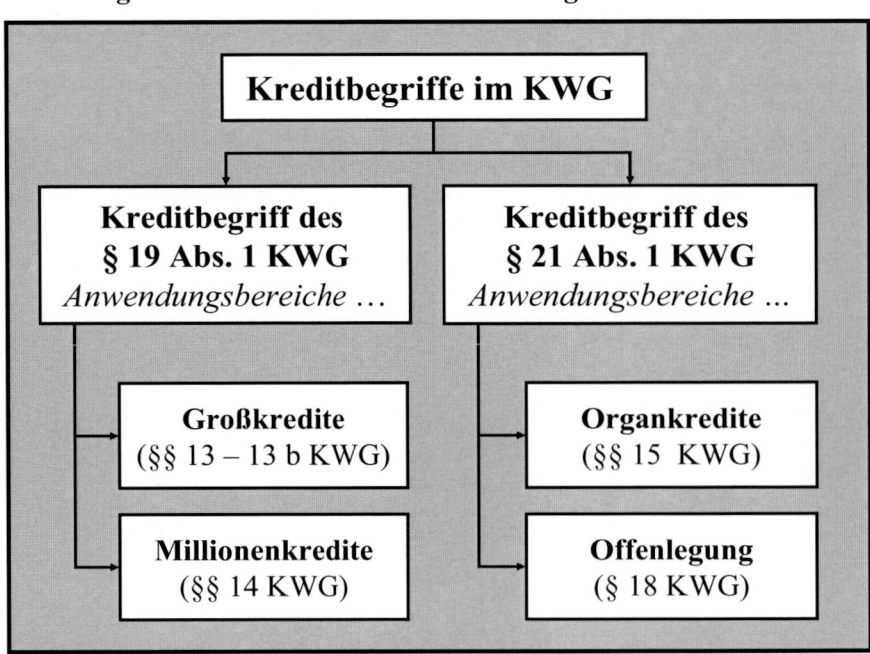

```
                    Kreditbegriffe im KWG
                    ┌──────────┴──────────┐
         Kreditbegriff des            Kreditbegriff des
         § 19 Abs. 1 KWG              § 21 Abs. 1 KWG
         Anwendungsbereiche ...       Anwendungsbereiche ...

         Großkredite                  Organkredite
         (§§ 13 – 13 b KWG)           (§§ 15 KWG)

         Millionenkredite             Offenlegung
         (§§ 14 KWG)                  (§ 18 KWG)
```

Quelle: Eigene Darstellung

Der Gesetzgeber hat im § 21 Abs. 1 KWG im Wege eines enumerativen Kataloges eine positive Abgrenzung des Kreditbegriffes für die Anwendungsbereiche der §§ 15 bis 18 KWG vorgenommen.[2] Die nachfolgende Tabelle gibt einen Überblick über die derart kodifizierten Kreditarten bzw. -gruppen des § 21 Abs. 1 KWG:

---

[1] Die Spaltung erfolgte im Zuge der Umsetzung der sogenannten ‚EU-Großkreditrichtlinie' und der ‚Solvatibilitätsrichtlinie' in das deutsche Recht. Da der Regelungsbereich der §§ 15 bis 18 KWG von den Änderungen dieser beiden Richtlinien unbeeinflusst blieb, konnte der bisherige Kreditbegriff des § 19 KWG a.F. in einen neuen § 21 Abs. 1 KWG übernommen und fortgeführt werden; vgl. Bock, H.: § 21 Begriff des Kredits für die §§ 15 bis 18, in: K.-H. Boos, R. Fischer, H. Schulte-Mattler (Hrsg.), Kreditwesengesetz: Kommentar zu KWG und Ausführungsvorschriften, München 2000, S. 534, Tz. 1 sowie Bock, H.: § 19 Begriff des Kredits für die §§ 13 bis 14 und des Kreditnehmers, in: K.-H. Boos, R. Fischer, H. Schulte-Mattler (Hrsg.), Kreditwesengesetz: Kommentar zu KWG und Ausführungsvorschriften, München 2000, S. 475, Tz. 1 ff.

[2] Für die Zwecke der vorliegenden Untersuchung erfolgt im weiteren eine Erörterung des Kreditbegriffes des § 21 Abs. 1 KWG nur insoweit, als dieser Relevanz für den § 18 KWG sowie insbesondere den Untersuchungsgegenstand ‚Projektfinanzierung i.e.S.' besitzt.

Tab. 17: Kreditarten bzw. -gruppen des § 21 Abs. 1 KWG

Nr.	Kreditarten/-gruppen
1	(1) Gelddarlehen jeder Art
1	(2) Entgeltlich erworbene Geldforderungen
1	(3) Akzeptkredite
1	(4) Forderungen aus Namensschuldverschreibungen
2	Diskontierung von Wechseln und Schecks
3	Geldforderungen aus sonstigen Handelsgeschäften eines Kreditinstitutes
4	Bürgschaften, Garantien und sonstige Gewährleistungen eines Instituts sowie die Haftung eines Instituts aus der Bestellung von Sicherheiten für fremde Verbindlichkeiten
5	Verpflichtung, für die Erfüllung entgeltlich übertragener Geldforderungen einzustehen oder sie auf Verlangen des Erwerbers zurückzuerwerben
6	Besitz eines Institutes an Aktien oder Geschäftsanteilen eines anderen Unternehmens
7	Leasing-Gegenstände

Quelle: Eigene Darstellung auf der Basis des § 21 Abs. 1 KWG

Bei Projektfinanzierungen im engeren Sinne werden in erster Linie die nachfolgend skizzierten Kreditarten bzw. -gruppen Verwendung finden.

3.1.2.1.2.1.2 Gelddarlehen jeder Art

Der Begriff ‚Gelddarlehen' knüpft im deutschen Rechtsraum an die schuldrechtlichen Regelungen der §§ 607 bis 610 des Bürgerlichen Gesetzbuches an:

„Wer Geld oder andere vertretbare Sachen als Darlehen empfangen hat, ist verpflichtet, dem Darleiher das Empfangene in Sachen von gleicher Art, Güte und Menge zurückzuerstatten."[1]

Während der schuldrechtliche Darlehensbegriff weiter gefasst ist, schränkt § 21 Abs. 1 KWG den Fokus auf ‚Gelddarlehen' ein, wobei jedoch der Zusatz ‚jeder Art' eine weite Auslegung des Begriffes ‚Gelddarlehen' implizieren soll.[2] Im Rahmen von Projektfinanzierungen werden Gelddarlehen insbesondere in Form mittel- und langfristiger Kredite vorliegen.[3] Die nachfolgende Abbildung zeigt die wesentlichen Erscheinungsformen von für Zwecke der Projektfinanzierung eingesetzten Gelddarlehen:[4]

---

[1] § 607 Abs. 1 BGB

[2] Vgl. Bock, H.: § 21 Begriff des Kredits für die §§ 15 bis 18, a.a.O., S. 535, Tz. 2.

[3] BOCK nennt als sonstige Formen von Gelddarlehen die folgenden Geschäftsvorgänge: (1) Einlagen eines Kreditinstitutes bei anderen Kreditinstituten (Nostro-Guthaben), (2) Festgeldanlagen bei Kreditinstituten, (3) Wechseldiskont-Sonderkredite, (4) Soll-Salden aufgrund von Clearing im beleglosen Datenträgeraustausch, sofern der Soll-Saldo über den 2. Vorlegungstag hinaus bestehen bleibt, (5) Vorschussweise Übertragung noch nicht gutgeschriebener Überweisungsbeträge bei Entstehung eines Soll-Saldos, (6) Postlauf- und Usance-Kredite, (7) Forderungen an Bausparkassen; vgl. Bock, H.: § 21 Begriff des Kredits für die §§ 15 bis 18, a.a.O., S. 535, Tz. 2.

[4] Es sei darauf hingewiesen, dass Gelddarlehen auch (a) nach ihrer Haftungsstellung in *Vorrangdarlehen (Senior Loans)* und *Nachrangdarlehen (Subordinated Loans)* sowie (b) nach Kreditgebergruppen z.B. in *Geschäftsbankendarlehen (Commercial Loans)*, staatliche Exportkredite *(Export Credit Loans)*, Lieferan-

Abb. 50: Erscheinungsformen von Gelddarlehen bei Projektfinanzierungen

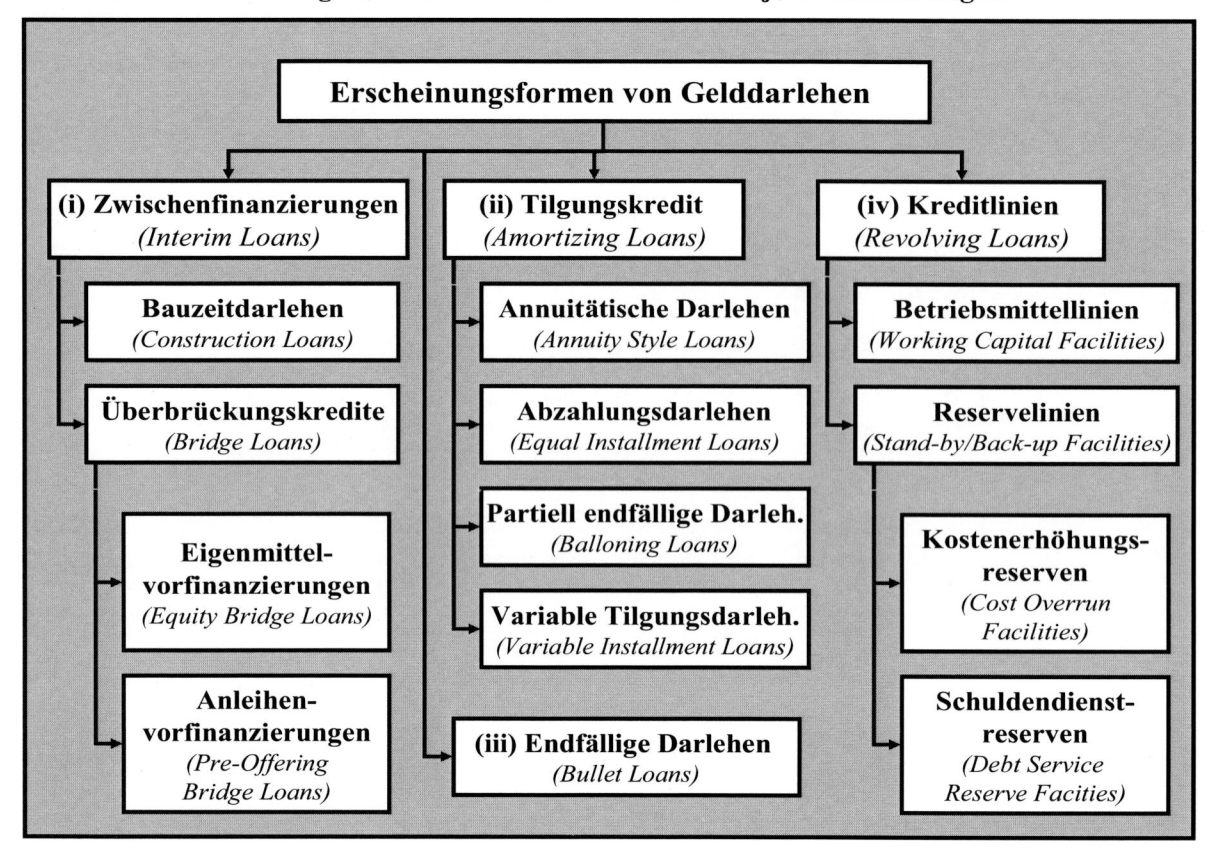

```
                    Erscheinungsformen von Gelddarlehen
      ┌──────────────────────────┼──────────────────────────┐
(i) Zwischenfinanzierungen   (ii) Tilgungskredit        (iv) Kreditlinien
    (Interim Loans)             (Amortizing Loans)         (Revolving Loans)

  Bauzeitdarlehen           Annuitätische Darlehen      Betriebsmittellinien
  (Construction Loans)      (Annuity Style Loans)       (Working Capital Facilities)

  Überbrückungskredite      Abzahlungsdarlehen          Reservelinien
  (Bridge Loans)            (Equal Installment Loans)   (Stand-by/Back-up Facilities)

                            Partiell endfällige Darleh.
                            (Balloning Loans)           Kostenerhöhungs-
  Eigenmittel-                                          reserven
  vorfinanzierungen                                     (Cost Overrun
  (Equity Bridge Loans)     Variable Tilgungsdarleh.    Facilities)
                            (Variable Installment Loans)

                                                        Schuldendienst-
  Anleihen-                                             reserven
  vorfinanzierungen         (iii) Endfällige Darlehen   (Debt Service
  (Pre-Offering             (Bullet Loans)              Reserve Facities)
  Bridge Loans)
```

Quelle: Eigene Darstellung

(i) Zwischenfinanzierungen (Interim Loans)

Eine bei Projektfinanzierungen häufig anzutreffende Erscheinungsform der Zwischenfinanzierung ist das tilgungsfreie **Bauzeitdarlehen (Construction Loan)**, welches zur Errichtung des Projektes nach Baufortschritt herausgelegt wird, bis zur technischen bzw. wirtschaftlichen Fertigstellung valutiert und anschließend über ein Tilgungsdarlehen, ein Endfälliges Darlehen und/oder eine Projektanleihe abgelöst wird.[1]

---

tendarlehen (Supplier Finance) sowie *Entwicklungs(hilfe)darlehen (Development Finance)* eingeteilt werden können.

[1] Der Grund für eine getrennte Finanzierung der Bau- und Betriebsphase ist i.d.R. eine variierende Bereitschaft zur Übernahme von Bauzeitrisiken bei den beteiligten Finanzierungsparteien. So war es beispielsweise der US-amerikanischen Exportfinanzierungsagentur EX-IM BANK, Washington D.C., in der Vergangenheit aufgrund ihrer Statuten nicht erlaubt, das (wirtschaftliche) Fertigstellungsrisiko (Construction Risk) zu übernehmen. Ein von Geschäftsbanken herausgelegtes, an US-amerikanische Lieferungen und Leistungen gebundenes Bauzeitdarlehen diente hier regelmäßig dazu, projektgebundene Exportkredite und/oder -garantien während der Bauphase bis zum Erreichen der Betriebsbereitschaft vorzufinanzieren. Zur aktuellen Deckungs- bzw. Finanzierungspolitik vgl. Ex-Im Bank: Project Finance Comprehensive Cover During Construction, Fact Sheet, EBD-P-05, May 2001. Für eine allgemeine Charakterisierung der Bau- und Betriebsphase vgl. Gliederungspunkt 2.1.4.2, insbesondere Abb. 7: ‚Übersicht über wesentliche Individualverträge bzw. Vertragsbestandteile mit impliziten abstrakten Zahlungsverpflichtungen' sowie die korrespondierenden Ausführungen. Darüber hinaus kann das Projektkonzept auch die grundsätzliche zeitliche Trennung der Finanzierung in eine sponsorengarantierte Bauzeitfinanzierung (‚Full Recourse Financing' bzw. ‚Corporate Loan') und eine Projektfinanzierung mittels Tilgungsdarlehen während der Betriebsphase vorsehen. Unter der Voraussetzung einer werthaltigen Sponsorengarantie lassen sich die Finanzierungskosten hierdurch möglicherweise erheblich senken. Vgl. zum ‚Full Recourse Financing' die Ausführungen unter Gliederungspunkt 2.1.4.1.

Daneben können **Überbrückungskredite (Bridge Loans)** in Form von *Eigenkapitalvorfinanzierungen (Equity Bridge Loans)*[1] zwecks Lösung sponsoreninduzierter Finanzierungsnebenbedingungen sowie *Anleihenvorfinanzierungen (Pre-Offering Bridge Loans)* zwecks Ausschaltung von Platzierungsrisiken[2] und Losgrößenproblemen[3] bei der Emission von Projektanleihen (Project Bonds) weitere Ausprägungen von Zwischenfinanzierungen sein.[4]

(ii) Tilgungskredite (Amortizing Loans)

Tilgungskredite werden - soweit kein Bauzeitdarlehen vorgeschaltet ist - regelmäßig nach Baufortschritt in der Errichtungsphase ausgezahlt, wobei Bauzeitzinsen i.d.R. kapitalisiert werden. Nach dem Erreichen der Betriebsbereitschaft oder nach Ablauf eventueller weiterer Tilgungsfreijahre beginnt die Rückzahlungsphase, wobei je nach Finanzierungskonzept unterschiedliche Tilgungsmodalitäten vereinbart sein können. Gängige Erscheinungsformen sind *annuitätische Darlehen (Annuity Style Loans)*[5] und *Abzahlungsdarlehen (Equal Installment Loans)*[6]. Daneben ermöglichen insbesondere *partiell endfällige Darlehen (Ballooning Loans)*[7] und *variable Tilgungsdarlehen (Variable Installment Loans)*[1] eine Anpas-

---

[1] Die hier angesprochene projektgebundene Eigenkapitalvorfinanzierung ist i.d.R. als eigenständige Kredittranche Bestandteil der Projektfinanzierung eines konkreten Projektvorhabens und wird vom Finanzierungskonsortium im Rahmen der Gesamtfinanzierung herausgelegt. Hiervon abzugrenzen ist eine kreditfinanzierte Eigenkapitalaufbringung der Sponsoren, welche losgelöst vom Projektvorhaben von (Haus-)Banken im Zuge der allgemeinen Kreditfinanzierung des (Sponsor-)Unternehmens dargestellt wird. Der wesentliche Vorteil einer projektgebundenen Eigenkapitalvorfinanzierung gegenüber der zweitgenannten kreditfinanzierten Eigenkapitalaufbringung liegt für den Sponsor darin, dass er die Finanzierungskosten für seine Eigenmittel temporär und partiell auf die Projektgesellschaft abwälzen kann. Es sei darauf hingewiesen, dass derartige projektgebundene Eigenkapitalvorfinanzierungen eher den Ausnahmefall darstellen und nur unter engen Voraussetzungen – u.a. bonitätsmäßig einwandfreie(r) Sponsor(en), Stellung projektexterner Sicherheiten (Garantien), weitreichende Absicherung der Projektrisiken in der Bauphase, nachfragedominierter Kapitalmarkt sowie geringes politisch/wirtschaftliches Länderrisiko am Projektstandort – anzutreffen sein werden.

[2] Der Erfolg einer Anleiheplatzierung ist von der allgemeinen Kapitalmarktlage sowie dem jeweils aktuellen Rating der Projektanleihe abhängig. Das Erreichen der kommerziellen Betriebsbereitschaft und/oder ein über mehrere Perioden erfolgreicher Betrieb des Projektes erhöhen ceteris paribus das Rating und verbessern somit auch die Platzierbarkeit der Projektanleihen.

[3] Der Zufluss von Finanzierungsmitteln aus der Emission von Projektanleihen erfolgt als Block in einer Summe zu einem Zeitpunkt bzw. innerhalb eines relativ kurzen Zeitraums. Weicht der aktuelle Finanzierungsbedarf des Projektes hiervon ab (z.B. in der Bauphase), so ergibt sich die Erfordernis, die überschüssigen Mittel zwischenzeitlich zu kurzfristigen Zinssätzen anzulegen. Aufgrund einer i.d.R. anzutreffenden Differenz zwischen Soll- und Habenzinssatz können sich negative Effekte aus der Anleiheemission einstellen. Zur Vermeidung derartiger Zinsdifferenzen kann eine Anleihenvorfinanzierung zwecks Fristentransformation der Emission vorgeschaltet werden.

[4] Es sei darauf hingewiesen, dass eine trennscharfe Abgrenzung zwischen den skizzierten Bauzeitdarlehen und den sonstigen Zwischenfinanzierungen nicht möglich ist. So kann beispielsweise ein Bauzeitdarlehen gleichzeitig partiell oder vollständig als Anleihen- und/oder Eigenkapitalvorfinanzierung dienen und vice versa.

[5] Bei dem *annuitätischen Darlehen* fallen die Schuldendienstraten in gleicher Höhe an (Annuitäten), wobei sich diese jeweils aus einem Zins- und einen Tilgungsanteil zusammensetzen. Aufgrund einer im Zeitablauf abnehmenden Restschuld sinkt der Zinsanteil während der Tilgungsanteil ansteigt. Da Zinsen steuerlich abzugsfähige Betriebsausgaben darstellen, kann der Einsatz annuitätischer Darlehen auch steuerinduziert sein.

[6] Aufgrund gleicher Tilgungsraten während der Rückführungsphase des Kredites verringert sich der periodisch zu entrichtende Zinsdienst im Zeitablauf, so dass es insgesamt zu einem degressiven Schuldendienstverlauf kommt. Auch das Abzahlungsdarlehen kann aus steuerlichen Gründen gewählt werden; vgl. hierzu die analogen Ausführungen in der vorstehenden Fußnote.

[7] Bei einem *partiell endfälligen Darlehen* wird ein Teilbetrag der Kreditschuld als annuitätisches Darlehen oder als Abzahlungsdarlehen strukturiert. Ein weiterer Teilbetrag ist am Ende der Kreditlaufzeit als Blocktilgung zurückzuführen. Partiell endfällige Darlehen sind häufig dann anzutreffen, wenn Kreditinstitute aufgrund interner oder externer Rahmenbedingungen die Kreditmittel nur zeitlich befristet zur

sung des Kapitaldienstes an die Schuldendienstkapazität des konkreten Projektvorhabens sowie die Erfüllung möglicher weiterer Finanzierungsnebenbedingungen.

(iii) Endfällige Darlehen (Bullet Loans)

Endfällige Darlehen (Bullet Loans), welche auch als ‚Festdarlehen' bzw. ‚Zinsdarlehen' bezeichnet werden[2], weisen keine Tilgungen während einer zumeist mehrjährigen Kreditlaufzeit auf.[3] Der ausstehende Kreditbetrag ist bei Fälligkeit in einer Summe, d.h. als Blockzahlung[4], aus den Erlösen eines neuen Gelddarlehens und/oder einer Anleiheplatzierung zurückzuführen. Möglicherweise kann auch eine Rückführung des *endfälligen Darlehens* in einer Summe aus angesparten Liquiditätsreserven des Projektes erfolgen.[5]

(iv) Kreditlinien (Revolving Loans)

Die Herauslegung von Gelddarlehen als Kreditlinien (Revolving Loans) erfolgt i.d.R. dann, wenn ein im Zeitablauf variierender Finanzierungsbedarf vorliegt oder die tatsächliche Erfordernis der Inanspruchnahme nicht prognostizierbar ist (Garantiefunktion).

Je nach Art und Ausgestaltung des betrieblichen Umsatz- und Leistungserstellungsprozesses kann sich die Notwendigkeit zur Vorfinanzierung von Betriebsmitteln (Working Capital) ergeben.[6] Sowohl die mengenmäßigen Parameter als auch die preislichen Einflussgrößen einer absatz-, beschaffungs- und produktionsbedingten Kapitalbindung lassen sich hierbei z.T. nicht mit hinreichender Genauigkeit für zukünftige Perioden ex ante bestimmen, so dass die Finanzierung über eine variabel nutzbare **Betriebsmittellinie (Working Capital Facility)** sinnvoll sein kann, welche entweder eine vorab begrenzte Laufzeit auf-

---

Verfügung stellen können. So werden beispielsweise in den USA insbesondere Kraftwerksfinanzierungen über sogenannte ‚Mini Perm Loans', d.h. partiell endfälligen Darlehen mit einer Laufzeit von i.d.R. 5 Jahren ab Betriebsbereitschaft, dargestellt. Da die ökonomische Schuldendienstkapazität des Projektes regelmäßig nicht mit der vertraglich vereinbarten Kreditlaufzeit korrespondiert, muss ein Teil des Kreditbetrages am Ende der Laufzeit durch neue Bankkredite oder eine Anleiheplatzierung abgelöst werden. Die beteiligten Banken tragen insofern ein Anschlussfinanzierungsrisiko, da sie eventuell die ausstehenden Kredite selber prolongieren bzw. restrukturieren müssen.

[1] Die einzelnen Tilgungszahlungen werden bei *variablen Tilgungsdarlehen* in einem ‚Fixed Repayment Schedule' als Betrag bzw. Prozentsatz ex ante festgelegt. Alternativ kann die Höhe einer Tilgungsrate während der aktuellen Tilgungsperiode bzw. am Ende derselben auf der Basis der tatsächlichen Schuldendienstkapazität des Projektes bzw. des aktuellen Projektbudgets ex post bestimmt werden. Darüber hinaus können ein annuitätisches Darlehen oder ein Abzahlungsdarlehens zuzüglich kreditvertraglich vereinbarter Sondertilgungen herausgelegt werden. Die Sondertilgungen können dabei an ökonomische Kennziffern oder andere quantitative respektive qualitative Merkmale geknüpft sein.

[2] Der Begriff ‚Festdarlehen' stellt darauf ab, dass der zugrundeliegende Darlehensbetrag während der Kreditlaufzeit festgeschrieben ist. Die alternative Bezeichnung ‚Zinsdarlehen' weist darauf hin, dass bis zum Rückzahlungszeitpunkt nur der Zinsdienst zu entrichten ist.

[3] Vgl. Gräfer, H.; Beike, R.; Scheld, G. A.: Finanzierung: Grundlagen, Institutionen, Instrumente und Kapitalmarkttheorie, a.a.O., S. 200 f.

[4] Endfällige Darlehen werden daher teilweise auch als ‚Blockkredite' bezeichnet.

[5] Es sei darauf hingewiesen, dass sich *endfällige Darlehen* nicht immer trennscharf von anderen Gelddarlehensformen abgrenzen lassen. So kann beispielsweise ein *partiell endfälliges Darlehen* in zwei Tranchen, d.h. einerseits in ein *annuitätisches Darlehen* bzw. *Abzahlungsdarlehen* bzw. *variables Tilgungsdarlehen* sowie andererseits in ein *endfälliges Darlehen* aufgeteilt sein. Aus einer wirtschaftlichen Perspektive ergibt sich bei einer entsprechend korrespondierenden kreditvertraglichen Ausgestaltung kein Unterschied für Kreditgeber bzw. -nehmer.

[6] Für Definition und Erörterung der Begrifflichkeit ‚Working Capital' vgl. die nachfolgenden Ausführungen unter 5.4.1.

weist oder solange prolongiert wird, bis das Projekt die Betriebsmittel aus überschüssiger Liquidität selbst finanzieren kann.[1]

Eine weitere Erscheinungsform von Kreditlinien (Revolving Loans) sind für Absicherungszwecke herausgelegte **Reservelinien (Stand-by/Back-up Facilities)**, welche nur unter bestimmten Bedingungen liquiditätswirksam in Anspruch genommen werden können. Dies können z.B. *Kostenerhöhungsreserven (Cost Overrun Facilities)* zur partiellen Abdeckung eines Kostenerhöhungsrisikos[2] oder *Schuldendienstreserven (Debt Service Reserve Facilities)* zur Absicherung der Zins- und Tilgungsansprüche spezieller Gläubigergruppen sein.[3]

3.1.2.1.2.1.3 Entgeltlich erworbene Geldforderungen

Nach § 21 Abs. 1 Nr. 1 KWG fallen auch entgeltlich erworbene Geldforderungen unter die Offenlegungspflicht des § 18 Abs. 1 KWG. Die Vorschrift stellt nicht auf das jeweils der Forderung zugrundeliegende Rechtsgeschäft ab und ist insofern weit gefasst.[4] Insbesondere die nachfolgenden Geschäftsarten werden unter die Regelung zu subsumieren sein:

(i) Factoring

Unter Factoring wird der Ankauf von i.d.R. kurzfristigen Forderungen aus Warenlieferungen und/oder Dienstleistungen durch eine spezialisierte Finanzierungsgesellschaft bzw. ein Kreditinstitut („Factor') im Wege eines Rahmenvertrages verstanden.[5] Bei dem sogenannten echten Factoring wird das Risiko eines Forderungsausfall vom Factor übernommen, bei dem unechten Factoring verbleibt diese Delkrederefunktion dagegen beim Forderungsverkäufer. Für bestimmte Formen des echten Factoring besteht nach § 21 Abs. 4 KWG eine Ausnahme von der

---

[1] Die Betriebsmittellinie wird auch bei Vorliegen eines Kreditkonsortiums regelmäßig nur von einer Bank (Working Capital Bank) herausgelegt, da die laufend variierende Inanspruchnahme der Fazilität bei quotaler Umlegung auf die übrigen Konsorten zu einem ökonomisch nicht vertretbaren Bearbeitungs-, Refinanzierungs- und Zahlungsverkehrsaufwand führen würde. Anders als bei den im Firmenkundenkreditgeschäft üblichen Kontokorrentlinien erfolgt eine Freigabe und ein engeres Monitoring der jeweiligen Inanspruchnahme der Betriebsmittellinie sowie ein mehr oder weniger detaillierter Abgleich mit den vom Kreditkonsortium genehmigten Projektbudgets auf Monats-, Quartals- oder Halbjahresbasis durch die Working Capital Bank. Insofern kann es sinnvoll sein, die Kreditgeberfunktion bei einer Betriebsmittellinie zusammen mit der Agentfunktion für das Kreditkonsortium auszuüben. Vgl. zum ‚Kontokorrentkredit' Nirk, R.: Das Kreditwesengesetz – Einführung und Kommentar, a.a.O., S. 28.

[2] Grundsätzlich wird zunächst das Kostenerhöhungsrisiko im Wege eines ‚Lump Sum Contract Contract' auf den Anlagenerrichter und/oder durch eine ‚Cost Overrun Guarantee' auf die Sponsoren überwälzt. Vgl. hierzu die Ausführungen unter Gliederungspunkt 2.1.4.2 Übernahme abstrakter Zahlungspflichten durch Dritte, S. 40 ff. Das Kostenerhöhungsrisiko wird nur dann über eine von den Kreditgebern finanzierte *Kostenerhöhungsreserve (Cost Overrun Facilities)* partiell bzw. betragsmäßig begrenzt mitgetragen, wenn projektspezifische Rahmenbedingungen (z.B. Gleitpreisregelungen in den Bauverträgen, nicht überwälzbare Force Majeure Risiken, unklare Zoll- und Einfuhrsteuerregelungen für die zu importierenden Investitionsgüter etc.) dies erfordern bzw. sinnvoll erscheinen lassen.

[3] Derartige spezielle Gläubigergruppen können z.B. Anleiheinvestoren sein. Endfällige Project Bonds weisen i.d.R. eine wesentlich höhere Laufzeit auf, als die für Zwecke der Projektfinanzierung herausgelegten Tilgungsdarlehen. Unter dem Postulat der Gleichstellung von Anleiheinvestoren und Kreditinstituten als ‚Senior Lender' wird eine Platzierung nur dann möglich sein, wenn die am Kreditkonsortium partizipierenden Banken zur zumindest partiellen Absicherung des Anleihezinsdienstes während der Kreditlaufzeit bereit sind. Eine derartige *Debt Service Reserve Facility* wird daher betragsmäßig und zeitlich begrenzt sein.

[4] Vgl. Szagunn, V.; Haug, U.; Ergenzinger W.: Gesetz über das Kreditwesen, Kommentar, a.a.O., S. 418, Tz. 6, Kümpel, S.: Bank- und Kapitalmarktrecht, 2. Aufl., Köln 2000, S. 1118 f.

[5] Vgl. hierzu ausführlicher Gräfer, H.; Beike, R.; Scheld, G. A.: Finanzierung: Grundlagen, Institutionen, Instrumente und Kapitalmarkttheorie, a.a.O., S. 282 ff., Wöhe, G.; Bilstein, J.: Grundzüge der Unternehmensfinanzierung, a.a.O., S. 237 ff.

Offenlegungspflicht des § 18 Satz 1 KWG,[1] um Kreditinstitute im Wettbewerb mit spezialisierten Finanzierungsgesellschaften gleichzustellen.

Da das Factoring nicht zur Investitionsfinanzierung in der Bauzeit- bzw. Errichtungsphase herangezogen werden kann, hat es als Kreditart i.S.d. § 21 Abs. 1 Nr. 1 KWG nur eine untergeordnete Bedeutung für den Untersuchungsgegenstand ‚Projektfinanzierung i.e.S.'. Denkbar ist jedoch der Einsatz des Factoring als Alternative zu einer Betriebsmittellinie (Working Capital Facility) während der Betriebsphase eines Projektes.[2]

(ii) Forfaitierung

Bei der Forfaitierung handelt es sich um den regresslosen Ankauf von einzelnen Forderungen aus Exportgeschäften durch einen ‚Forfaiteur'.[3] Während der Verkäufer nur für den rechtlichen Bestand der Forderung einzustehen hat, übernimmt das Kreditinstitut als Käufer alle wirtschaftlichen und politischen Risiken der Forderung sowie insbesondere auch das Risiko eines Kursverfalls der Forderungswährung.[4]

Für Zwecke einer Projektfinanzierung i.e.S. wird das Instrument der Forfaitierung nur in Ausnahmefällen heranzuziehen sein, da eine (Export-)Finanzierung von Lieferungen und Leistungen regelmäßig in ein projektbezogenes Gelddarlehen inkludiert bzw. als solches ausgestaltet werden kann.[5]

(iii) Unechtes Pensionsgeschäft mit Geldforderungen

Unter einem ‚**Pensionsgeschäft**' kann allgemein ein Vertrag verstanden werden, unter dem ein Pensions<u>nehmer</u> (Kreditinstitut oder Kunde eines Kreditinstituts) einen Vermögensgegenstand (Geldforderung, Wertpapiere etc.) von einem Pensions<u>geber</u> (Kunde eines Kreditinstituts oder Kreditinstitut) gegen Zahlung eines Geldbetrages und unter der Vereinbarung übernimmt, dass der Vermögensgegenstand zu einem späteren Zeitpunkt gegen Zahlung eines Geldbetrages zurückübertragen werden muss oder kann.[6] Insofern eignen sich Pensionsgeschäfte zur zeitlich

---

[1] Für eine Befreiung von der Offenlegungspflicht müssen die drei kodifizierten Anforderungen des § 21 Abs. 4 KWG erfüllt sein: 1. Forderungen werden gegen den jeweiligen Schuldner laufend erworben, 2. Übernahme der Delkrederefunktion durch das Kreditinstitut, 3. Forderungsfälligkeit innerhalb von drei Monaten ab Forderungsankauf. Grundsätzlich umfasst die Befreiungsvorschrift des § 21 Abs. 4 KWG nicht nur das Factoring, sondern auch andere Kredite aufgrund des entgeltlichen Erwerbs einer Forderung aus nicht bankmäßigen Handelsgeschäften, soweit sie die drei genannten Voraussetzungen erfüllen.

[2] Man denke z.B. an ein Telekommunikationsprojekt, welches permanent hohe kurzfristige Forderungsbestände gegenüber einer Vielzahl von Einzelkunden aufweist. Neben dem Einsatz des Factoring für Zwecke eines Working Capital Management können hierbei u.U. auch EDV- und personalintensive Neben- und Serviceleistungen (z.B. Inkasso- und Mahnwesen, Fakturierung, Debitorenbuchhaltung) eines Factor in Anspruch genommen werden.

[3] Obwohl die Forfaitierung von dem Kreditbegriff des § 21 Abs. 1 Nr. 1 KWG erfasst wird, handelt es sich nicht um ein Kreditgeschäft i.S.d. § 1 Abs. 1 Nr. 2 KWG; vgl. Fülbier, A.: § 1 Begriffsbestimmungen, a.a.O., S. 143, Tz. 51.

[4] Vgl. Kümpel, S.: Bank- und Kapitalmarktrecht, 2. Aufl., Köln 2000, S. 1118, Häberle, S. G.: Handbuch der Außenhandelsfinanzierung, München 1994, S. 684 ff., Voigt, H.; Müller, D.: Handbuch der Exportfinanzierung, 4. Aufl., Frankfurt a.M. 1996, S. 194 ff., Grafers, H. W.: Einführung in die Betriebliche Aussenwirtschaft, Stuttgart 1999, S. 274 f.

[5] Denkbar ist eine Fallkonstellation, bei der aufgrund übergeordneter Rahmenbedingungen (z.B. Einhaltung von vertraglich vereinbarten Konzessionsfristen, Nutzung von engen Baufenstern zwischen Schlechtwetterperioden etc.) mit der Projekterrichtung bereits vor Arrangierung und Syndizierung der langfristigen Projektfinanzierung begonnen werden muss. Ein Exporteur kann in einer derartigen Situation ein Anlagengeschäft im Wege eines Lieferantenkredites mit vereinbarter Ratenzahlung abschließen. Durch Forfaitierung kann die Forderung dann zu einem nachgelagerten Zeitpunkt auf eine Bank oder ein Bankenkonsortium übertragen werden.

[6] Vgl. § 340 b Abs. 1 HGB

befristeten Freisetzung von in Vermögensgegenständen gebundener Liquidität, wobei Kreditinstitute sowohl Pensionsnehmer als auch Pensionsgeber sein können.

Bei dem sogenannten ‚**Echten Pensionsgeschäft**' übernimmt der Pensionsnehmer die Verpflichtung, den Vermögensgegenstand zu einem vorab bestimmten oder vom Pensionsgeber zu bestimmenden Zeitpunkt zurückzuübertragen.[1] Hierdurch gewinnen Transaktionen mit Vermögensgegenständen in Form von Geldforderungen den Charakter eines Gelddarlehens gegen Stellung von Sicherheiten.[2] Hiervon abzugrenzen ist das ‚**Unechte Pensionsgeschäft**', bei dem der Pensionsnehmer lediglich eine Option auf Rückübertragung der Vermögensgegenstände zu einem vorab bestimmten oder von ihm noch zu bestimmenden Zeitpunkt hat.[3] Aufgrund des Optionscharakters wird das ‚Unechte Pensionsgeschäft' mit Geldforderungen innerhalb des Regelungskreises des § 21 Abs. 1 Nr. 1 KWG nicht unter die Teilmenge ‚Gelddarlehen aller Art', sondern unter die ‚Entgeltlich erworbenen Geldforderungen' subsumiert. Die nachfolgende Abbildung zeigt die Funktionsweise eines ‚Unechten Pensionsgeschäftes' mit Geldforderungen, wobei der Pensionsnehmer hier als Kreditgeber auftritt:

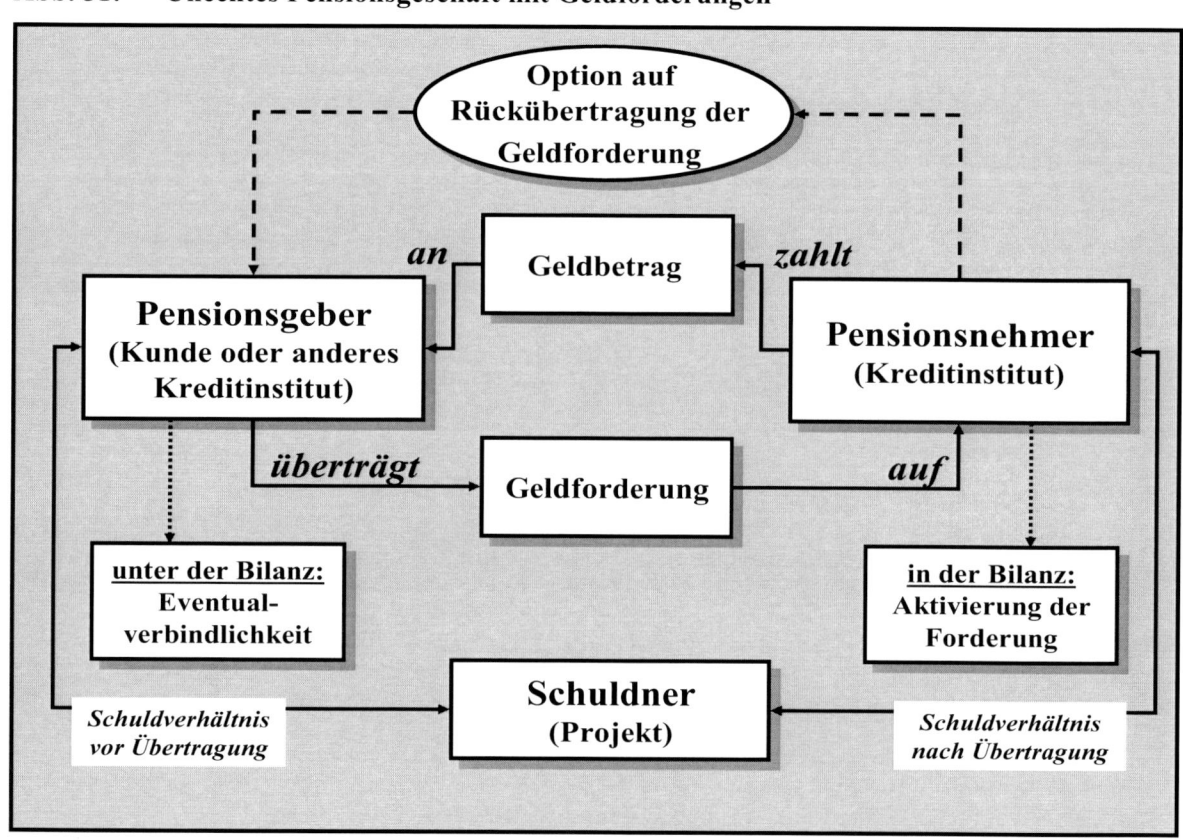

Abb. 51: Unechtes Pensionsgeschäft mit Geldforderungen

Quelle: Eigene Darstellung

Die übertragene Geldforderung kann dabei ihren Ursprung in einer projektbezogenen Kreditvergabe, z.B. einem Tilgungsdarlehen, haben. Bei dem ‚Unechten Pensionsgeschäft mit Geldforderungen' tritt jedoch nach dem Willen des Gesetzgebers der Pensionsnehmer als Kreditge-

---

[1] Vgl. § 340 b Abs. 2 HGB

[2] Das ‚Echte Pensionsgeschäft' wird daher als Teilmenge der ‚Gelddarlehen aller Art' unter den Kreditbegriff des § 21 Abs. 1 Nr. 1 KWG subsumiert; vgl. Bock, H.: § 21 Begriff des Kredits für die §§ 15 bis 18, a.a.O., S. 541, Tz. 28.

[3] Vgl. § 340 b Abs. 3 HGB

ber und der Pensionsgeber als Kreditnehmer auf.[1] Die Option auf Rückübertragung der Geldforderung stellt eine Quasi-Garantie des Pensionsgebers dar, wodurch dieser aus einer **rechtlichen Perspektive** zum Kreditnehmer und somit auch zum Adressaten einer Offenlegung der wirtschaftlichen Verhältnisse respektive Kreditrisikoeinschätzung wird.[2] Das zugrundeliegende Schuldverhältnis mit dem Projekt gewinnt hingegen für den Pensionsnehmer (Kreditgeber) mehr den Charakter einer weiteren (Kredit-) Sicherheit, wobei für ihn aus einer **ökonomischen Perspektive** eine zusätzliche Offenlegung der wirtschaftlichen Verhältnisse des Projektes zur Einschätzung der Werthaltigkeit der projektbezogenen Geldforderung angezeigt sein wird.[3]

(iv)   Refinanzierung von Leasingforderungen

Auch die Refinanzierung von Geldforderungen aus Leasinggeschäften Dritter durch Kreditinstitute kann unter die in § 21 Abs. 1 Nr. 1 KWG kodifizierte Gruppe der ‚entgeltlich erworbenen Geldforderungen' subsumiert werden.[4] In Analogie zum bereits skizzierten Factoring ist dabei eine Ausgestaltung mit oder ohne Übernahme der Delkrederefunktion durch das ankaufende Kreditinstitut möglich.[5] Der regresslose Ankauf von einzelnen Leasingforderungen wird aufgrund der Ähnlichkeit zum bereits skizzierten regresslosen Ankauf von einzelnen Forderungen aus Exportgeschäften auch als ‚Forfaitierung' bezeichnet.

Unabhängig von der Übernahme der Delkrederefunktion werden Leasing-Refinanzierungen immer als Kredit i.S.d. § 21 Abs. 1 Nr. 1 KWG zu qualifizieren sein.[6] Im Zusammenhang mit dem Untersuchungsgegenstand ‚Projektfinanzierung i.e.S.' ist insbesondere der regresslose Ankauf von Leasingforderungen relevant, da hier das Projekt (Leasingnehmer) und nicht der Forderungsverkäufer (Leasinggeber) zum rechtlichen und wirtschaftlichen Schuldner der Refinanzierung wird.[7] Die nachfolgende Abbildung zeigt das Grundprinzip einer derartigen Leasing-Refinanzierung auf der Basis einer projektbezogenen Kreditwürdigkeit:

---

[1] Vgl. hierzu die gesetzliche Fiktion des § 19 Abs. 5 KWG

[2] Der Pensionsgeber könnte hierbei auch aus einer wirtschaftlichen Perspektive als Kreditnehmer angesehen werden, da letztlich sein Liquiditätsbedürfnis ursächlich für die Vornahme des Pensionsgeschäftes ist.

[3] Dem steht auch nicht die abweichende bilanzielle Behandlung im Rahmen des § 340 b Abs. 5 KWG entgegen, unter der ein Pensionsnehmer als Kreditgeber die Forderung gegenüber dem Projekt in seiner Bilanz zu aktivieren hat; vgl. hierzu auch Bock, H.: § 21 Begriff des Kredits für die §§ 15 bis 18, a.a.O., S. 541, Tz. 27.

[4] Vgl. Szagunn, V.; Haug, U.; Ergenzinger W.: Gesetz über das Kreditwesen, Kommentar, a.a.O., S. 418, Tz. 6.

[5] Eine weitere Form der Refinanzierung von Leasingforderungen ohne Übernahme der Delkrederefunktion durch das Kreditinstitut ist der Abschluss eines Rahmenvertrages mit der Leasinggesellschaft über die Herauslegung eines Darlehens, welches über einen definierten Bestand von zugrundeliegenden Leasinggeschäften besichert wird. Hierbei handelt es sich jedoch nicht um den ‚*entgeltlichen Erwerb von Forderungen*', sondern um ein über feste oder variierende Forderungsbestände besichertes ‚*Gelddarlehen*'.

[6] Analog zu anderen Formen des entgeltlichen Forderungserwerbs liegt jedoch auch bei der Leasing-Refinanzierung kein Kredit im Sinne des § 18 KWG vor, soweit die Ausnahmeregelungen des § 21 Abs. 4 KWG erfüllt sind: 1. Forderungen werden gegen den jeweiligen Schuldner laufend erworben, 2. Übernahme der Delkrederefunktion durch das Kreditinstitut, 3. Forderungsfälligkeit innerhalb von drei Monaten ab Forderungsankauf. Vor dem Hintergrund des Untersuchungsgegenstandes ‚Projektfinanzierung i.e.S.' kann diese Ausnahmeregelung jedoch nachfolgend vernachlässigt werden.

[7] Zu den vielfältigen Erscheinungsformen des Leasing als Instrument zur Projektfinanzierung vgl. Nevitt, P. K.; Fabozzi, F.: Project Financing, a.a.O., S. 95-160. Regelmäßig handelt es sich hierbei um langfristiges Spezial-Leasing mit großen Finanzierungsvolumina (‚Big-ticket Leasing'), wobei zudem der Geschäftssitz von Leasinggeber und Leasingnehmer zwecks Ausnutzung steuerrechtlicher Gestaltungsspielräume auseinanderfallen können (‚Cross-Border Leasing'); vgl. Kümpel, S.: Bank- und Kapitalmarktrecht, a.a.O., S. 1119, Tz. 7.256 f. Vgl. auch Feinen, K.: Leasing kann einen Beitrag zur Exportförderung leisten, in: BB, 41. Jg. (1986), Supplement Leasing, S. 1 ff., Schneider-Lenné, E.-R.; Ungern-Sternberg, A. v.: Leasing, in: K. Backhaus, H.M. Siepert (Hrsg.), Auftragsfinanzierung im industriellen Anlagenge-

Abb. 52: Leasing-Refinanzierung auf der Basis einer projektbezogenen Kreditwürdigkeit

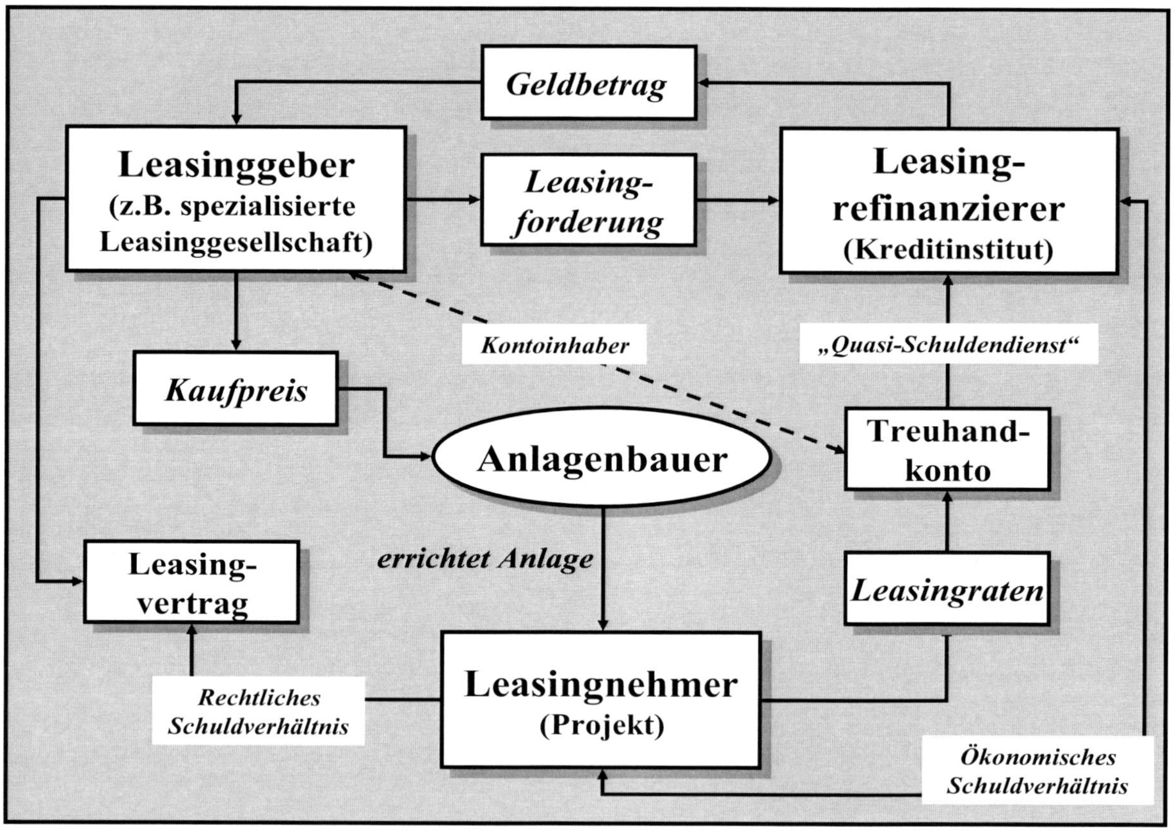

Quelle: Eigene Darstellung

Eine Bedienung der an das Kreditinstitut abgetretenen Leasingraten muss aus dem Cashflow des Projektes erfolgen, wobei nur der Leasinggegenstand als dingliche Sicherheit zur Verfügung steht.[1] Insofern hat sich das refinanzierende Kreditinstitut die wirtschaftlichen Verhältnisse des Projektes offenlegen zu lassen.

3.1.2.1.2.1.4 Forderungen aus Namensschuldverschreibungen

Forderungen aus Namensschuldverschreibungen werden ebenfalls unter den Kreditbegriff des § 21 Abs. 1 KWG subsumiert, weil die temporäre Überlassung von Geldmitteln in Form eines derart verbrieften Krediertes nach dem Willen des Gesetzgebers grundsätzlich nicht anders als die Gewährung eines Gelddarlehens zu qualifizieren sein soll.[2]

---

schäft, Stuttgart 1987, S. 247 ff., Goergen, H.: Crossborder Leasing, in: RIW, 33. Jg. (1987), Supplement Leasing-Berater zu Heft 5, S. 17 ff., Büschgen, H. E.: Grundzüge des internationalen Leasing, in: ÖBA, 42. Jg. (1994), S. 25 ff., Douglas, L.: Cross-Border Leasing: Financing of Infrastructure Projects, in: Infrastructure Journal, November 1997, S. 69 ff., Engert, P.; Fuchs, R.: Exportleasing nach Osteuropa, in: ZfgK, 50. Jg. (1997), S. 573 ff. Das Spezial-Leasing wird jedoch nicht nur grenzüberschreitend, sondern auch im Inland zur Finanzierung von Infrastrukturinvestitionen herangezogen; vgl. Riener, H.: Kommunalleasing auf dem Vormarsch, in: ZfgK, 50. Jg. (1997), S. 558 ff.

[1] Vgl. hierzu die Ausführungen unter den Gliederungspunkten 2.1.3.2 Bedienung des Schuldendienstes aus dem Cashflow des Projektes (S. 22 ff.) sowie 2.1.3.3 Kreditsicherheiten aus den Vermögenspositionen des Projektes (S. 24 ff.)

[2] Vgl. Bähre, I. L.; Schneider, M.: KWG-Kommentar: Kreditwesengesetz mit den wichtigsten Ausführungsverordnungen, a.a.O., S. 238 f.

Folgende rechtliche Erscheinungsformen von Schuldverschreibungen[1] lassen sich unterscheiden:

Abb. 53: Rechtliche Erscheinungsformen von Schuldverschreibungen

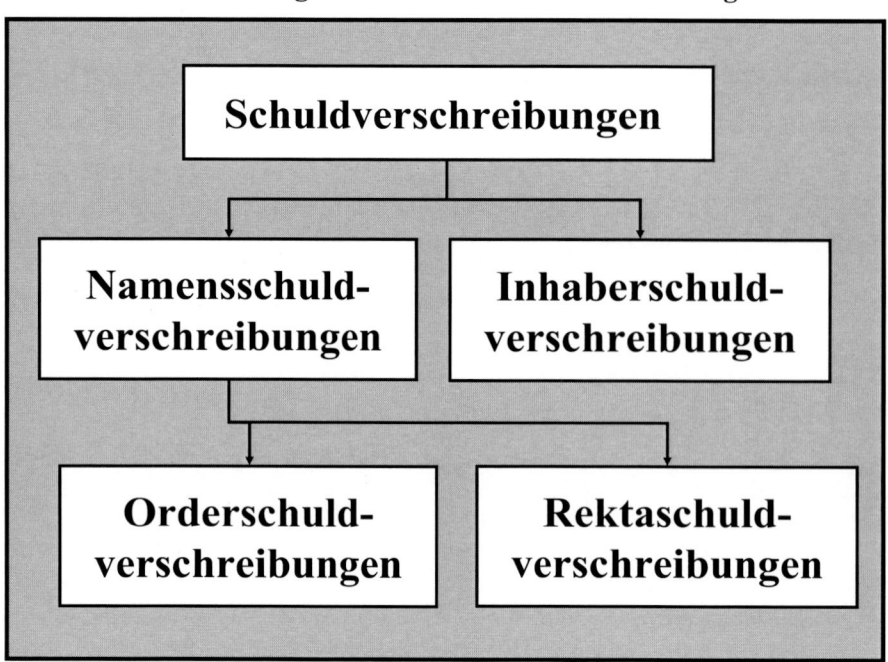

```
                    Schuldverschreibungen
                   /                    \
      Namensschuld-              Inhaberschuld-
      verschreibungen            verschreibungen
             |                          |
      Orderschuld-              Rektaschuld-
      verschreibungen            verschreibungen
```

Quelle: Eigene Darstellung

Eine **Namensschuldverschreibung**[2] ist eine Schuldverschreibung, bei der sich der Emittent das Recht vorbehält, nur an den im Wertpapier namentlich Benannten Zins- und Tilgungszahlungen zu leisten. Durch explizite Nennung der Namensschuldverschreibungen werden implizit Inhaberschuldverschreibungen von den Regelungen der §§ 15 bis 18 KWG ausgenommen.[3] Bei einer **Inhaberschuldverschreibung**[4] reicht allein der Besitz derselben aus, um in den Genuss von Zins- und Tilgungszahlungen zu gelangen.[5] Durch die Koppelung der verbrieften Rechte an das Wertpapier ist grundsätzlich die Fungibilität bzw. Handelbarkeit von Inhaberschuldverschreibungen durch einfache Veräußerung bzw. Übertragung gegeben. Die Funktionsfähigkeit des Kapitalmarktes wäre stark eingeschränkt, wenn Kreditinstitute vor dem jeweiligen Erwerb einer Inhaberschuldverschrei-

---

[1] Mittel- und langfristige Schuldverschreibungen werden auch als Anleihen, Obligationen oder Rentenpapiere bezeichnet; vgl. Gräfer, H.; Beike, R.; Scheld, G. A.: Finanzierung: Grundlagen, Institutionen, Instrumente und Kapitalmarkttheorie, a.a.O., S. 201 ff., Wöhe, G.; Bilstein, J.: Grundzüge der Unternehmensfinanzierung, a.a.O., S. 172. Vgl. zu den gesetzlichen Grundlagen von Schuldverschreibungen auch die §§ 793 – 808 BGB.

[2] Im angelsächsischen Sprachraum werden Namensschuldverschreibungen als *Registered Debentures* bzw. *Registered Bonds* bezeichnet.

[3] Vgl. Szagunn, V.; Haug, U.; Ergenzinger W.: Gesetz über das Kreditwesen, Kommentar, a.a.O., S. 418 f., Tz. 8 sowie Keller, E.: Die Offenlegung der wirtschaftlichen Verhältnisse nach § 18 KWG, Köln 2000, S. 16.

[4] Im angelsächsischen Sprachraum werden Inhaberschuldverschreibungen als *Bearer Debentures* bzw. *Bearer Bonds* bezeichnet.

[5] § 793 Abs. 1 BGB: „*Hat jemand eine Urkunde ausgestellt, in der er dem Inhaber der Urkunde eine Leistung verspricht (Schuldverschreibung auf den Inhaber), so kann der Inhaber von ihm die Leistung nach Maßgabe des Versprechens verlangen, es sei denn, daß er zur Verfügung über die Urkunde nicht berechtigt ist. Der Aussteller wird jedoch auch durch die Leistung an einen nicht zur Verfügung berechtigten Inhaber befreit.*"

bung sowie während deren Haltedauer sich die wirtschaftlichen Verhältnisse offenlegen lassen müssten.[1]

Eine ähnliche Fungibilität kann bei Namensschuldverschreibungen in Form von **Orderschuldverschreibungen** durch Übertragung aller Ansprüche des namentlich Benannten per *Blankoindossament* auf dem Rücken der Urkunde auf dritte, namentlich Unbenannte erreicht werden.[2] Im Schrifttum wird daher die Auffassung vertreten, dass derart fungible Orderschuldverschreibungen ebenfalls nicht als offenlegungspflichtige Kreditform zu qualifizieren sind.[3] Insofern würde sich die Vorschrift des § 21 Abs. 1 Nr. 1 KWG nur auf Namensschuldverschreibungen in Form von **Rektaschuldverschreibungen** erstrecken, bei denen eine Übertragung nicht bzw. nur im aufwendigen Wege einer Abtretung aller Ansprüche des namentlich Benannten per *Blankozession* auf dritte, namentlich Unbenannte möglich ist.[4] Die Rektaschuldverschreibung wird regelmäßig keine gleichwertige Alternative zur Inhaberschuldverschreibung sowie zur Orderschuldverschreibung darstellen, da es einerseits keinen Übertragungsautomatismus gibt sowie andererseits die Wirksamkeit derartiger Übertragungstechniken unter dem Aspekt der Sorgfaltspflicht des Erwerbers einer juristischen Überprüfung bedarf. Insofern sowie vor dem Hintergrund einer mangelnden Börsenfähigkeit bzw. eines stark limitierten Zweitmarktes ist eine Subsumption unter den Kreditbegriff des § 21 Abs. 1 Nr. 1 KWG gerechtfertigt.

Für Zwecke der Projektfinanzierung eingesetzte Schuldverschreibungen, sogenannte **Projektanleihen** bzw. **Project Bonds** werden – unabhängig vom Projektstandort – aufgrund der Markttiefe und des Entwicklungsstandes bislang primär am US-amerikanischen Kapitalmarkt und in einem geringeren Umfang am Eurobond-Markt platziert.[5] In den USA sind öffentlich emittierte, börsennotierte Anleihen aus steuerlichen Gründen fast ausschließlich als Namensschuldverschreibungen (Registered Bonds) ausgestaltet.[6] Derartige Wertpapiere unterliegen in den USA den umfangreichen Vorschriften und Restriktionen des Securities Act von 1933[7] sowie einer Registrierungs-

---

[1] Kreditinstitute tätigem im erheblichen Umfang Käufe und Verkäufe im sogenannten ‚Eigenhandel', d.h. für und auf eigene Rechnung. Handelspositionen werden häufig innerhalb eines Tages auf- und abgebaut. Für eine substantiierte Offenlegung unbekannter Emittenten verbleibt insofern keine Zeit.

[2] Bei einem Indossament reicht nur die Unterschrift des bisherigen namentlich benannten Inhabers (Indossant) aus, um die Rechte aus dem Papier auf einen Dritten (Indossat oder Indossatar) zu übertragen. Bleibt der Empfänger namentlich unbenannt, spricht man von einem Blankoindossament.

[3] Vgl. Keller, E.: Die Offenlegung der wirtschaftlichen Verhältnisse nach § 18 KWG, a.a.O., S. 16.

[4] Bei einer (Blanko)Zession ist vor Veräußerung zunächst eine (Blanko)Abtretungserklärung vom Emittenten anzufordern. Der Schuldner behält sich insofern das Recht zur Ablehnung einer Übertragung der Ansprüche auf einen neuen (namentlich unbenannten) Gläubiger vor.

[5] Vgl. Moody's Investor Service (Hrsg.): The Outlook for Project Finance in the Asia Pacific: Bond Financing Opportunities and Credit Risks, o.O., 1994, S. 1 ff., Dambach, H. T.: 144A - Private Placement in der Projektfinanzierung, Vortragsmanuskript, Konferenz: Internationale Projektfinanzierung, Frankfurt 31.5.-1.6.1995, Boland, V.: Sutton Bridge IPP: The financing of a UK IPP using 144A bonds, in: Infrastructure Journal, o.Jg. (1997), November, S. 60 ff., Kisielewski-Dunbar, L.: Bond Market Solutions for PFI, Vortragsmanuskript, Konferenz: The increasing role of Capital Markets in Project Finance, London 11.-12.12.1997, Kahn, S.: Bonds are back, in: Global Finance, 12. Jg (1998), Nr. 6, S. 6 ff., Vinter, G.: Project Finance: A Legal Guide, a.a.O., S. 273 ff., Willms, W. H.: Die Rolle der Euro-Kapitalmärkte bei der Projektfinanzierung, in: WM, 55. Jg. (2001), S. 1485 ff.

[6] Vgl. Brealy, R. A.; Myers, S. C.: Principals of Corporate Finance, a.a.O., S. 684.

[7] Vgl. Securities Act of 1933, URL: http://www.law.uc.edu/CCL/33Act/index.html (Abruf: 27.7.2001). Bestimmte Versorgungsunternehmen unterliegen darüber hinaus den ergänzenden Regelungen des Public

pflicht[1] bei der US-amerikanischen Wertpapieraufsichtsbehörde SEC,[2] wodurch der Einsatz für Zwecke der Projektfinanzierung jedoch i.d.R. sehr stark eingeschränkt wird.[3] Daher verbleibt für Projektgesellschaften häufig nur der indirekte Zugang zum Kapitalmarkt im Wege einer Privatplatzierung (Private Placement), welche nicht bei der SEC registriert werden muss.[4] Derart emittierte Wertpapiere unterliegen jedoch einer generellen Haltefrist von mindestens zwei Jahren, mit einer entsprechend negativen Rückwirkung auf die Liquidität am Sekundärmarkt.[5] Die festgeschriebene temporäre Haltedauer führt einerseits zu Preisaufschlägen gegenüber liquiden Wertpapieren und andererseits zu einer erschwerten Platzierbarkeit der Anleihen.[6] Um die Emission von nicht börsennotierten, privat platzierten Anleihen und Aktien zu erleichtern, wurde im April 1990 unter dem US-Securities Act von 1933 die Rule 144A eingeführt,[7] welche die Mindesthaltefrist für bestimmte Investorengruppen[8] aufhob und dadurch die Entwicklung eines liquiden *‚Quasi Public Markets'* initiierte.[9]

Utility Holding Company Act of 1935, URL: http://liiwarwick.warwick.ac.uk/uscode/15/ch2C.html (Abruf: 27.7.2001).

[1] Die Schuldverschreibungen sind in der Mehrzahl der Fälle in zweifachem Sinne *„registriert (registered)"*: (a) im Sinne von *„Registered Bonds"*, d.h. die Wertpapiere sind als Namensschuldverschreibung ausgestaltet und (b) im Sinne von *„registered with the SEC"*, d.h. die Wertpapiere sind bei der Wertpapieraufsichtsbehörde *SEC* registriert worden.

[2] Zu den gesetzlichen Grundlagen der SEC vgl. Securities Exchange Act of 1934, URL: http://www.law.uc.edu/CCL/34Act/index.html (Abruf: 27.7.2001) sowie General Rules and Regulations promulgated under Securities Exchange Act of 1934, URL: http://www.law.uc. edu/CCL/34ActRls/index.html, (Abruf: 27.7.2001).

[3] Vgl. Nevitt, P. K.; Fabozzi, F.: Project Financing, a.a.O., S. 67. Ein seltenes Beispiel für eine bei der SEC registrierte Projektanleihe ist die Platzierung einer Schuldverschreibung im Umfang von USD 215 Mio. für das Quezon-Kraftwerksprojekt auf den Philippinnen im Jahre 1997; vgl. Zimmermann, R.: A Project Sponsor's Experience of Capital Markets Project Financing, Vortragsmanuskript, Konferenz: The increasing role of Capital Markets in Project Finance, London 11.-12.12.1997, S. 1 ff. Ursächlich für die Registrierung bei der *SEC* waren hierbei im Wesentlichen steuerliche Erwägungen; vgl. Ebenda, S. 17.

[4] Vgl. Finnerty, J. D.: Project Financing: Asset-Based Financial Engineering, a.a.O., S. 171 und 174.

[5] Vgl. Nevitt, P. K.; Fabozzi, F.: Project Financing, a.a.O., S. 68, Finnerty, J. D.: Project Financing: Asset-Based Financial Engineering, a.a.O., S. 174.

[6] Vgl. Dambach, H. T.: 144A - Private Placement in der Projektfinanzierung, a.a.O., Gliederungspunkt 1. B.

[7] Vgl. General Rules and Regulations promulgated under Securities Act of 1933, URL: http://www.law.uc.edu/CCL/33ActRls/index.html, (Abruf: 27.7.2001), hier: Rule 144A – Private Resales of Securities to Institutions.

[8] Bei den sogenannten *Qualified Institutional Buyer (QIBs)* handelt es sich im Wesentlichen um Versicherungsgesellschaften, Investment- und Pensionsfonds sowie Banken, soweit sie die qualitativen und quantitativen Anforderungen der Rule 144A erfüllen; vgl. Ebenda: Abschnitt 7. a. *Definitions*.

[9] Teilweise wird Rule 144A als *„Platzierungsmethodik"*, bei der *„... die zur Projektabwicklung benötigten Kapitalbeträge über die Börse akquiriert werden können"*, missinterpretiert; vgl. Tytko, D.: Grundlagen der Projektfinanzierung, a.a.O., S. 117. Rule 144A bezieht sich jedoch ausschließlich auf den Sekundärmarkthandel nach Erstplatzierung im Wege einer Privatplatzierung; vgl. Brealy, R. A.; Myers, S. C.: Principals of Corporate Finance, a.a.O., S. 399 und 401. Zu den Implikationen eines Private Placement bei der Begebung von Rule 144A Bonds vgl. Eyers, S.: The Prospects for Capital Availability & Pricing Trends, Vortragsmanuskript, Konferenz: The increasing role of Capital Markets in Project Finance, London 11.-12.12.1997.

Für eine Befreiung von der Offenlegungspflicht bei Namensschuldverschreibungen in Form von ‚US registered bonds' müssen nach Auffassung der deutschen Bankenaufsicht die folgenden Voraussetzungen erfüllt sein:[1]

(i) Die Namensschuldverschreibungen werden zu Handelszwecken gehalten und sind insoweit dem Handelsbuch zugeordnet.

(ii) Die jederzeitige Liquidierbarkeit der Positionen kann von der Bank dargelegt werden.

(iii) Das Engagement hält sich eindeutig in Größenordnungen, die bei einem plötzlichen Ausfall des Emittenten keine Gefahr für die Solvenz der Bank befürchten lassen.

Ob Projektanleihen bzw. Project Bonds einer Offenlegungspflicht nach § 18 Abs. 1 KWG i.V.m. § 21 Abs. 1 Nr. 1 KWG unterliegen, hängt somit von den vorstehenden Kriterien als auch von der konkreten rechtlichen Ausgestaltung der Schuldverschreibungen sowie den Veräußerungsmöglichkeiten auf dem jeweils benutzten Marktsegment ab. Die nachfolgende Tabelle gibt einen – größenordnungsunabhängigen – Überblick über die Offenlegungspflicht bei Project Bonds auf dem US-amerikanischen Kapitalmarkt:

Tab. 18: Offenlegungspflicht bei Project Bonds

Art der Schuldverschreibung	Public Bond Market	Private Placement Market	Rule 144A Quasi-Public Market
Inhaberpapier	nicht offenlegungspflichtig	temporär offenlegungspflichtig[*]	nicht offenlegungspflichtig
Orderpapier	nicht offenlegungspflichtig	temporär offenlegungspflichtig[*]	nicht offenlegungspflichtig
Rektapapier	nicht anwendbar[**]	offenlegungspflichtig	offenlegungspflichtig[***]

Quelle: Eigene Darstellung. Anmerkungen: [*] Die temporäre Offenlegungspflicht beschränkt sich auf die ersten zwei Jahre der vorgeschriebenen Haltedauer und resultiert aus der Überlegung, dass die Wertpapiere in diesem Zeitraum de facto den Charakter einer Rektaschuldverschreibung aufweisen. [**] Ein nicht veräußerbares Rektapapier kann insofern auch nicht an einer Wertpapierbörse notiert sein bzw. gehandelt werden. [***] Hierbei handelt es sich um einen hypothetischen Fall, der keine Praxisrelevanz besitzt.

Die Ergebnisse für Orderpapiere sind in einem weiteren Schritt nochmals bezüglich der Größenordnung eines konkreten Engagements und dessen Auswirkungen auf die Solvenz des Instituts zu überprüfen. Für Project Bonds, welche außerhalb des US-amerikanischen Kapitalmarktes emittiert werden, wird eine Offenlegungspflicht nach § 18 Satz 1 KWG i.V.m. § 21 Abs. 1 Nr. 1 KWG analog den vorstehenden Ausführungen zu prüfen sein.[2]

3.1.2.1.2.1.5 Bürgschaften, Garantien und sonstige Gewährleistungen

Nach § 21 Abs. 1 Nr. 4 KWG fallen auch Bürgschaften, Garantien und sonstige Gewährleistungen eines Instituts unter den Begriff des Kredits für die §§ 15 bis 18 KWG. Die Regelung erfasst alle Kreditgeschäfte, bei denen die Mittel nicht in Form von Geld als ‚Geldleihe', sondern durch zeitlich und betragsmäßig begrenzte Überlassung der institutseigenen Kreditwürdigkeit als ‚Kreditlei-

---

[1] Vgl. BAKred: § 18 Satz 1 KWG, § 21 Abs. 1 Satz 1 Nr. 1 KWG: Anwendung der Offenlegungsvorschriften auf US registered bonds, Schreiben vom 4. Oktober 2000.

[2] Vgl. Bartlam, M.: Project Eurobonds, in: Infrastructure Finance, o.Jg. (1997), Nr. 9, S. 107 ff. sowie allgemeiner Cardin, A.; Hurstel, D.: Towards the Global Securities Market - Particularly in Europe, Vortragsmanuskript, Konferenz: 12. SBL Biennial Conference, Paris 17. - 22.09.1995.

he' zur Verfügung gestellt werden.[1] Derartige durch Stellung von Bürgschaften oder Garantien abgegebene bedingte Zahlungsversprechen, für die Verpflichtung eines Kunden gegenüber dritte Parteien einzustehen, werden auch als ‚Avalkredite' bezeichnet.[2] Die Kreditleihgeschäfte lassen sich nach der Art der zugrundeliegenden Verpflichtung grundsätzlich in zwei Gruppen einteilen:

Abb. 54: Erscheinungsformen von Avalkrediten

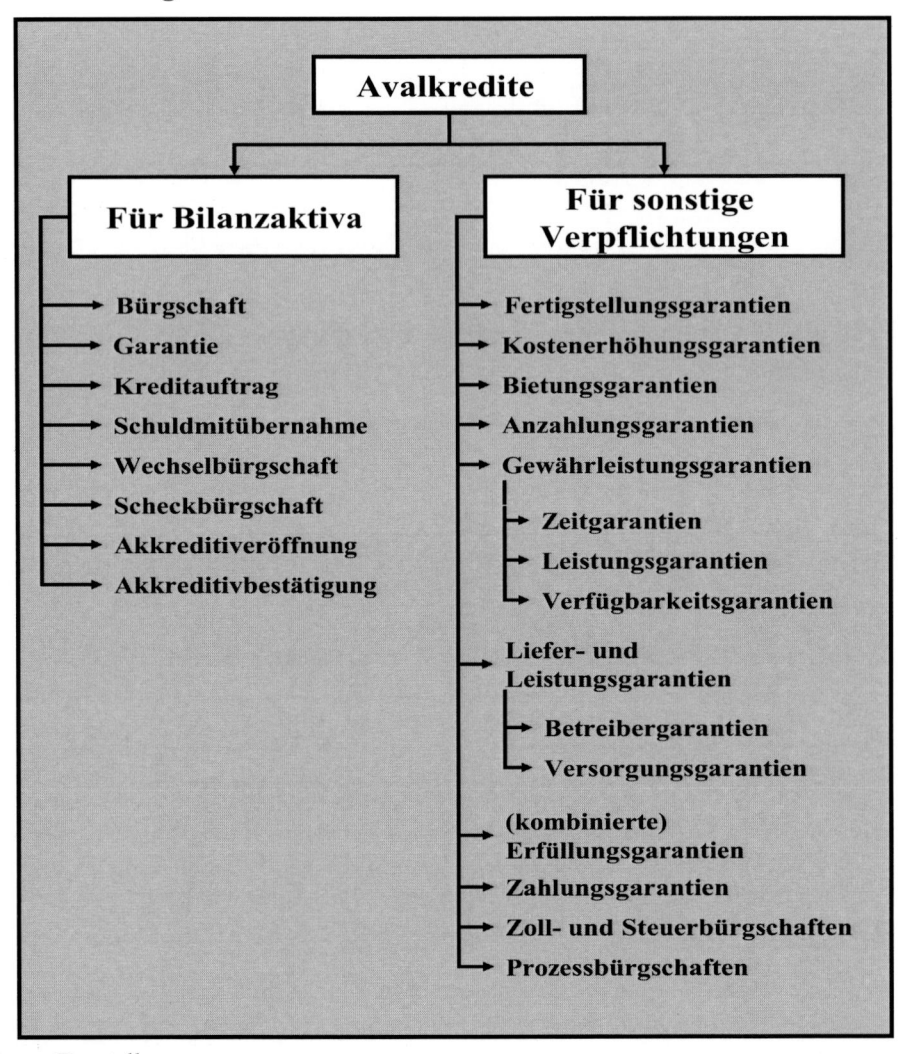

```
                           Avalkredite
                    ┌──────────┴──────────┐
            Für Bilanzaktiva         Für sonstige
                                     Verpflichtungen

            → Bürgschaft              → Fertigstellungsgarantien
            → Garantie                → Kostenerhöhungsgarantien
            → Kreditauftrag           → Bietungsgarantien
            → Schuldmitübernahme      → Anzahlungsgarantien
            → Wechselbürgschaft       → Gewährleistungsgarantien
            → Scheckbürgschaft           → Zeitgarantien
            → Akkreditiveröffnung        → Leistungsgarantien
            → Akkreditivbestätigung      → Verfügbarkeitsgarantien

                                      → Liefer- und
                                        Leistungsgarantien
                                         → Betreibergarantien
                                         → Versorgungsgarantien

                                      → (kombinierte)
                                        Erfüllungsgarantien
                                      → Zahlungsgarantien
                                      → Zoll- und Steuerbürgschaften
                                      → Prozessbürgschaften
```

Quelle: Eigene Darstellung

- **Avalkredite für Bilanzaktiva**

Durch die Stellung von Avalkrediten für Bilanzaktiva ergeben sich für Kreditinstitute die gleichen ‚Kreditrisiken im engeren Sinne'[3], wie bei einem Halten der zugrundeliegenden Aktiva im eigenen

---

[1] Zur Abgrenzung von ‚Geldleihe' und ‚Kreditleihe' vgl. Drukarczyk, J.: Finanzierung, a.a.O., S. 490 u. 495.

[2] Vgl. Szagunn, V.; Haug, U.; Ergenzinger W.: Gesetz über das Kreditwesen, a.a.O., S. 420, Tz. 11, Bock, H.: § 21 Begriff des Kredits für die §§ 15 bis 18, a.a.O., S. 539, Tz. 21, Bähre, I. L.; Schneider, M.: KWG-Kommentar: Kreditwesengesetz mit den wichtigsten Ausführungsverordnungen, a.a.O., S. 85, Wöhe, G.; Bilstein, J.: Grundzüge der Unternehmensfinanzierung, a.a.O., S. 261, Drukarczyk, J.: Finanzierung, a.a.O., S. 495, Gräfer, H.; Beike, R.; Scheld, G. A.: Finanzierung: Grundlagen, Institutionen, Instrumente und Kapitalmarkttheorie, a.a.O., S. 185 f.

[3] Für eine Differenzierung des Begriffes ‚Kreditrisikos' vgl. auch die nachfolgende Abb. 94: ‚Systematisierung bankseitiger Kreditrisiken im weitesten Sinne, S. 394 sowie die korrespondierenden Ausführungen.

Bestand.[1] Im Zusammenhang mit ‚Projektfinanzierungen i.e.S.' ist im Wesentlichen der Einsatz der nachfolgenden Erscheinungsformen möglich:

➤ **Bürgschaft**

„Durch den Bürgschaftsvertrag verpflichtet sich der Bürge gegenüber dem Gläubiger eines Dritten, für die Erfüllung der Verbindlichkeit des Dritten einzustehen."[2] Nach deutschem Rechtsverständnis handelt es sich bei der Bürgschaft um eine akzessorische Sicherheit. Die Haftung des Bürgen ist hierbei grundsätzlich vom rechtswirksamen Bestehen sowie dem betragsmäßigen Umfang der Hauptforderung abhängig.[3] Die Bürgschaft findet als Grundform der Kreditsicherung im deutschen Schuldrecht kein entsprechendes Rechtsinstitut im angelsächsischen Rechtsraum, so dass ihre Verwendung in der Regel nur bei einer Dokumentation von Kredit- bzw. Sicherheitenverträgen nach deutschem Recht (z.B. im Rahmen inländischer Projektfinanzierungen) relevant sein wird.[4]

➤ **Garantie**

Die Garantie stellt einen einseitig verpflichtenden Vertrag eigener Art nach § 305 BGB dar, in dem sich ein Garant verpflichtet, dem Garantienehmer für einen bestimmten Erfolg einzustehen oder einen Schaden zu ersetzen.[5] Bei der Garantie handelt es sich um eine fiduziarische Sicherheit, d.h. eine Verwertung kann unabhängig vom Bestehen der Hauptforderung erfolgen.[6] Die Garantie bietet daher einen größeren Gestaltungsspielraum als die Bürgschaft, so dass aus Sicht des Garanten auf eine gegen Missbrauch schützende Ausgestaltung des Garantievertrages zu achten sein wird.[7]

➤ **Kreditauftrag**

Der Kreditauftrag ist ein mit der Bürgschaft verwandtes Sicherungsinstrument, bei dem ein Auftraggeber (z.B. ein Kreditinstitut) einem Kreditinstitut den Auftrag erteilt, einem Kredit-

---

[1] Vgl. C&L Deutsche Revision (Hrsg.): 6. KWG-Novelle und neuer Grundsatz I – Kommentierung, Originaltexte, a.a.O., S. 166 f. Unter dem ‚Kreditrisiko im engeren Sinne' sollen für die Zwecke der vorliegenden Untersuchung die Teilrisiken (i) Ausfallrisiko (Kreditrisiko im engsten Sinne), (ii) Besicherungsrisiko und (iii) Konzentrationsrisiko subsumiert werden.

[2] § 765 Abs. 1 BGB

[3] Vgl. § 767 Abs. 1 Satz 1 BGB: *„Für die Verpflichtung des Bürgen ist der Bestand der jeweiligen Hauptverbindlichkeit maßgebend."* Ein Gläubiger muss zunächst die Zwangsvollstreckung gegen den Hauptschuldner betreiben. Erst wenn diese erfolglos bleibt, kann er sich an den Bürgen wenden. Versucht der Gläubiger hingegen nicht zuerst seine Ansprüche im Wege der Zwangsvollstreckung zu befriedigen, so kann der Bürge die ‚Einrede der Vorausklage' geltend machen (vgl. § 771 BGB). Bei einer Ausgestaltung als selbstschuldnerische Bürgschaft verzichtet der Bürge ex ante auf sein Einrederecht (vgl. § 773 Abs. 1 Nr. 1 BGB). Betreibt der Bürge das Herauslegen von Bürgschaften als Handelsgeschäft, so steht ihm die Einrede der Vorausklage nicht zu (vgl. § 349 HGB).

[4] Vgl. Löwenstein, Prinz M. z.: Garantien und Sicherungsrechte im Projektgeschäft, in: U. R. Siebel (Hrsg.), Handbuch Projekte und Projektfinanzierung München 2001, S. 252, Tz. 6.

[5] Vgl. Ebenda, S. 253 f., Tz. 15.

[6] Vgl. Wöhe, G.; Bilstein, J.: Grundzüge der Unternehmensfinanzierung, a.a.O., S. 280.

[7] Vgl. Gräfer, H.; Beike, R.; Scheld, G. A.: Finanzierung: Grundlagen, Institutionen, Instrumente und Kapitalmarkttheorie, a.a.O., S. 177, Wöhe, G.; Bilstein, J.: Grundzüge der Unternehmensfinanzierung, a.a.O., S. 280 u. 283, Drukarczyk, J.: Finanzierung, a.a.O., S. 501 f.

nehmer im eigenen Namen und auf eigene Rechnung einen Kredit zu gewähren.[1] Der Kreditgeber hat somit einerseits einen Anspruch gegenüber dem Kreditnehmer aus dem Kreditvertrag und andererseits einen Anspruch gegenüber dem Auftraggeber als Bürgen aus dem Kreditauftrag.[2]

Im Rahmen des Untersuchungsgegenstandes ‚Projektfinanzierung im engeren Sinne' erlangen Avalkredite für Bilanzaktiva – unabhängig von der jeweiligen rechtlichen Ausgestaltung – eine besondere Bedeutung bei der Zusammenstellung von Kreditkonsortien unter Verwendung von Risikobeteiligungen (‚Risk Participations') sowie insbesondere auch bei der Ausplatzierung von Ausfallrisiken aus existierenden Kreditbeziehungen im Wege von Risikounterbeteiligungen (‚Risk Sub-Participations').[3] Die nachfolgende Abbildung gibt einen Überblick über verschiedene Formen der Beteiligung mehrerer Kreditgeber an einer konsortialen Kreditgewährung:

Abb. 55: Formen der Beteiligung mehrerer Kreditgeber an einer konsortialen Kreditgewährung (Kreditsyndizierung)

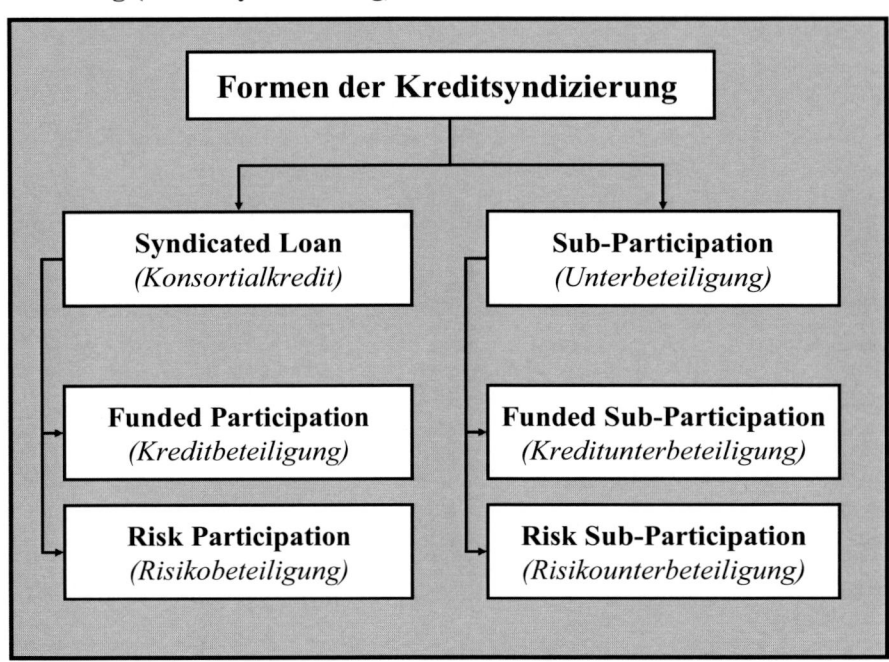

```
                  Formen der Kreditsyndizierung
                   /                          \
        Syndicated Loan              Sub-Participation
        (Konsortialkredit)           (Unterbeteiligung)

        Funded Participation         Funded Sub-Participation
        (Kreditbeteiligung)          (Kreditunterbeteiligung)

        Risk Participation           Risk Sub-Participation
        (Risikobeteiligung)          (Risikounterbeteiligung)
```

Quelle: Eigene Darstellung

- Nimmt ein Kreditinstitut im Rahmen eines Konsortialkredits (‚Syndicated Loan') an der Gewährung eines Gelddarlehens teil, so wird es im Konsortialkreditvertrag explizit als Kreditgeber benannt.[4] Die Teilnahme kann dabei sowohl liquiditätsmäßig im Wege einer Kreditbeteili-

---

[1] § 778 BGB: „*Wer einen anderen beauftragt, im eigenen Namen und auf eigene Rechnung einem Dritten Kredit zu geben, haftet dem Beauftragten für die aus der Kreditgewährung entstehende Verbindlichkeit des Dritten als Bürge.*"

[2] Vgl. Wöhe, G.; Bilstein, J.: Grundzüge der Unternehmensfinanzierung, a.a.O., S. 280 u. 283, Drukarczyk, J.: Finanzierung, a.a.O., S. 283.

[3] Vgl. hierzu wie auch für die nachfolgenden Ausführungen Röver, J.-H-: Projektfinanzierung, a.a.O., S. 230 ff., Tz. 134 ff.

[4] Im Folgenden wird ausschließlich der Fall unterstellt, dass die Konsortialbildung im Wege eines sogenannten ‚**Außenkonsortiums**' erfolgt. D.h. der Konsortialführer respektive der Arranger sowie die übrigen Konsorten schließen im Außenverhältnis zum Kreditnehmer den Kreditvertrag im Namen aller Beteiligten ab; vgl. hierzu Hadding, W.: § 87. Konsortialkredit, in: H. Schimansky, H.-J. Bunte, H.-J. Lwowski

gung (‚Funded Participation') als auch risikomäßig über eine **Risikobeteiligung (‚Risk Participation')** erfolgen.[1] Im letzteren Fall werden die Geldmittel von einer anderen Bank aus dem Konsortium (sogenannte ‚Fronting Bank') zur Verfügung gestellt, ohne dass hierdurch der direkte Anspruch des ‚Risk Participants' gegenüber dem Kreditnehmer verloren gehen würde.[2]

- Bei Teilnahme im Rahmen einer <u>Unterbeteiligung (‚Sub-Participation')</u> wird kein direktes Vertragsverhältnis zwischen dem unterbeteiligten Kreditinstitut (‚Sub Participant') und dem Kreditnehmer begründet.[3] Vielmehr erfolgt eine Unterbeteiligung liquiditätsmäßig über eine Kreditunterbeteiligung (‚Funded Sub-Participation') oder risikomäßig über eine **Risikounterbeteiligung (‚Risk Sub-Participation')** an einem bereits existierenden Kreditverhältnis. Auch bei der Risikounterbeteiligung werden im Außenverhältnis zwischen den Kreditgebern und dem Kreditnehmer – in Analogie zur Risikobeteiligung – die Geldmittel von einer anderen Bank des Konsortiums (‚Fronting Bank') für den ‚Risk Sub-Participant' herausgelegt. Im Innenverhältnis des Konsortiums übernimmt der ‚Risk Sub-Participant' eine Risikounterbeteiligung durch das Herauslegen eines Avalkredites zu Gunsten der ‚Fronting Bank'. Da kein direktes Schuldverhältnis zwischen dem Kreditnehmer des Gelddarlehens und dem ‚Risk Sub-Participant' besteht, eignet sich diese Form der Kreditleihe insbesondere für nicht publizitätswirksame Ausplatzierungen.

Eine Beteiligung als ‚Risk Participant' oder ‚Risk Sub-Participant' kann z.B. in folgenden Fällen erforderlich sein:

- Eine Bank kann sich nicht oder nur zu ungünstigeren Bedingungen in der vorgesehenen Kreditwährung refinanzieren.[4]

- Quellensteuerliche Regelungen würden zu einer Doppelbesteuerung von Zinszahlungen führen.[1]

(Hrsg.), Bankrechts-Handbuch, München 1997, S. 1999, Tz. 43. Für eine Abgrenzung des bei ‚Projektfinanzierungen im engeren Sinne' regelmäßig irrelevanten ‚Innenkonsortiums' vgl. Fn. 4, S. 298.

[1] Teilweise wird die Kreditbeteiligung auch als ‚Konsortialbarkredit' oder ‚Konsortialkredit mit Bareinschuss' und die Risikobeteiligung als ‚Konsortialkredit ohne Bareinschuss' bezeichnet; vgl. Hadding, W.: § 87. Konsortialkredit, a.a.O., S. 1988 f., Tz. 7.

[2] Die Beziehung zwischen dem ‚Risk Participant' und der ‚Fronting Bank' können – unsichtbar für den Kreditnehmer – im Rahmen eines ‚Funding Agreement' geregelt werden. Die ‚Fronting Bank' wird hierbei zu den vereinbarten Ziehungsterminen die Darlehensmittel an den ‚Administration Agent' weiterleiten, welcher diese an den Kreditnehmer weiterleitet. Aus Gründen der Praktikabilität sowie der Komplexitätsreduktion wird die ‚Fronting Bank' regelmäßig mit dem ‚Administration Agent' identisch sein.

[3] Vgl. zur ‚Unterbeteiligung' auch Hadding, W.: § 87. Konsortialkredit, a.a.O., S. 1990, Tz. 13, Trostdorf, S.: Syndizierter Kredit, a.a.O., S. 1865 f.

[4] Dies kann der Fall sein, wenn der Kredit auf der Basis eines Roll-over-Kredites herausgelegt wird. Das Zinsfixing erfolgt hierbei tag- bzw. stundengenau am Roll-over-Termin zu einem kreditvertraglich definierten Referenzzinssatz, welcher an einem ex ante bestimmten Bankenplatz quotiert wird (z.B. London: LIBOR, Sydney: BBSY). Domiziliert der Kreditgeber in einer Zeitzone, die kein ausreichendes Zeitfenster zu diesem Finanzmarkt aufweist, so kann er sich möglicherweise nicht zeitgenau in der ausländischen Kreditwährung refinanzieren. Eine <u>liquiditätsmäßige</u> Teilnahme am Konsortialkredit wird aufgrund des inhärenten Refinanzierungsrisikos, d.h. der Gefahr eines betragsmäßigen Auseinanderfallens des für das Kreditkonsortium festgelegten Referenzzinssatzes und des Einstandszinssatzes des zeitzonenfremden Kreditinstitutes, unterbleiben. Als Beispiel sei ein deutsches Kreditinstitut ohne eigenen Zugang zum australischen Kapitalmarkt angeführt. Aufgrund des Zeitunterschiedes zwischen Deutschland und Australien kann keine liquiditätsmäßige Teilnahme an einer Kreditherauslegung in australischen Dollar auf der Basis des Referenzzinssatzes BBSY (‚Bank Bills Quoted Sydney') erfolgen.

- Die bankaufsichtsrechtlichen Rahmenbedingungen am Sitz des Kreditnehmers lassen eine direkte Kreditvergabe durch das Kreditinstitut nicht zu.[2]

Die nachfolgende Abbildung zeigt die Funktionsweise einer Avalstellung, wenn ein Kreditinstitut an einer konsortial dargestellten ‚Projektfinanzierung im engeren Sinne' im Wege einer Risikounterbeteiligung (‚Risk Sub-Participation') teilnimmt:

---

[1] Das Entgelt für ein Aval wird regelmäßig nicht unter den Begriff der Zinsen subsumiert, sondern als Provision klassifiziert. Die in den zwischenstaatlich vereinbarten Doppelbesteuerungsabkommen niedergelegten Regelungen zu Zinsen sind insofern nicht einschlägig. Zur Problematik der Doppelbesteuerung von Bruttozinsen vgl. Ammelung, U.: Steuerliche Gestaltungsmöglichkeiten bei der Vergabe von Auslandskrediten, in: Die Bank, o.Jg., (1999), S. 341 ff.

[2] Dies kann z.B. der Fall sein, wenn das Betreiben des Kreditgeschäftes im Land des Kreditnehmers eine Niederlassung des ausländischen Kreditgebers erfordert.

Abb. 56: Funktionsweise einer Avalstellung bei Risikounterbeteiligung

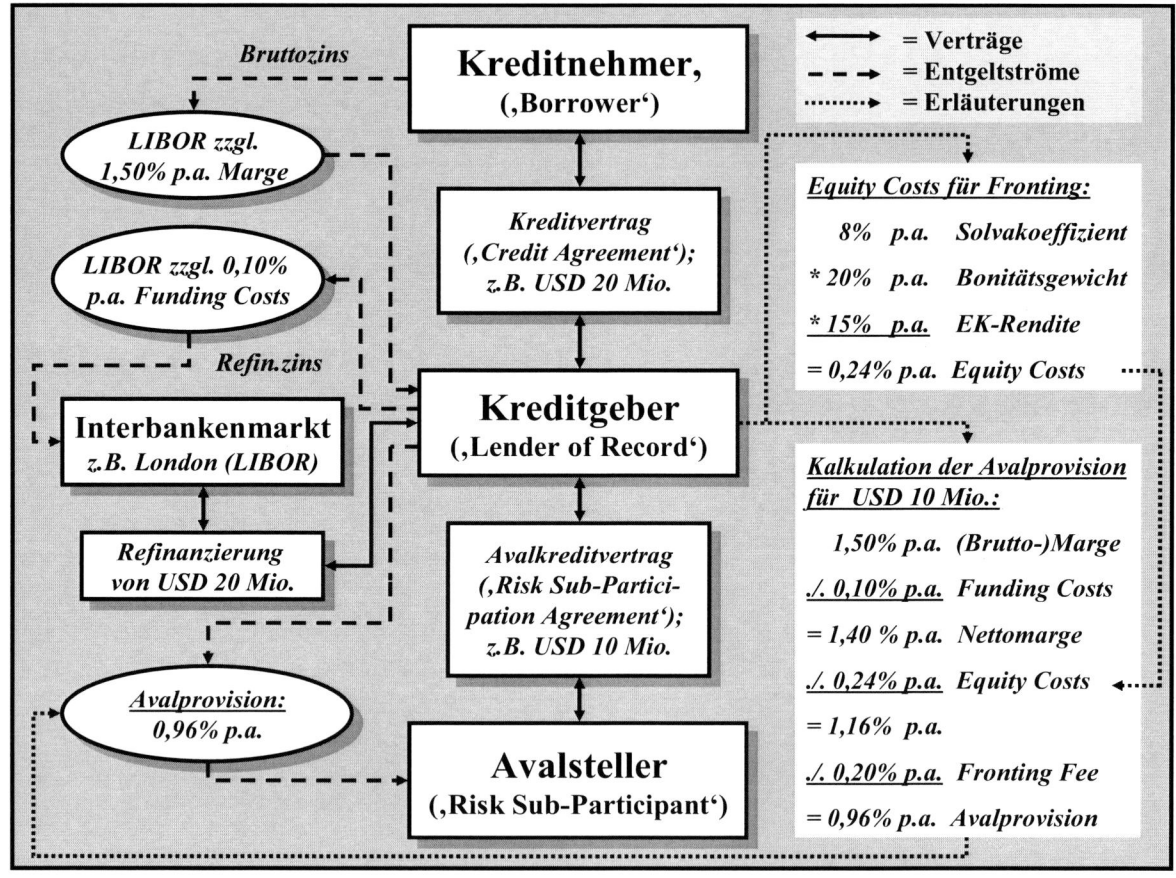

```
         Bruttozins          Kreditnehmer,              ←——→  = Verträge
    ┌─ ─ ─ ─ ─ ─ ─ ─ ─ ─ ─   („Borrower")              - - →  = Entgeltströme
    ↓                                                  ······►  = Erläuterungen
  ╱ LIBOR zzgl. ╲                   ↕
 │ 1,50% p.a. Marge │                                  Equity Costs für Fronting:
  ╲             ╱            Kreditvertrag
                             („Credit Agreement');        8% p.a.  Solvakoeffizient
  ╱ LIBOR zzgl. 0,10% ╲      z.B. USD 20 Mio.           * 20% p.a. Bonitätsgewicht
 │ p.a. Funding Costs │                                 * 15% p.a. EK-Rendite
  ╲                 ╱                ↕
      ─ ─ ─ Refin.zins                                  = 0,24% p.a. Equity Costs
 ┌──────────────────┐        Kreditgeber
 │ Interbankenmarkt │←─ ─ ─  („Lender of Record")       Kalkulation der Avalprovision
 │ z.B. London (LIBOR)│                                 für USD 10 Mio.:
 └──────────────────┘                ↕
         ↕                                                1,50% p.a. (Brutto-)Marge
 ┌──────────────────┐        Avalkreditvertrag          ./. 0,10% p.a. Funding Costs
 │ Refinanzierung   │←─ ─ ─  („Risk Sub-Partici-
 │ von USD 20 Mio.  │        pation Agreement');       = 1,40 % p.a. Nettomarge
 └──────────────────┘        z.B. USD 10 Mio.          ./. 0,24% p.a. Equity Costs
  ╱ Avalprovision: ╲                                   = 1,16% p.a.
 │ 0,96% p.a.       │               ↕                  ./. 0,20% p.a. Fronting Fee
  ╲               ╱           Avalsteller              = 0,96% p.a. Avalprovision
                             („Risk Sub-Participant")
```

Quelle: Eigene Darstellung. <u>Erläuterungen</u>: Die im Wege eines externen Rating festgelegte Kreditwürdigkeit des im Kreditvertrag benannten Kreditgebers („Lender of Record') führt dazu, dass dieser bei der Refinanzierung des Gelddarlehens zusätzlich zum Refinanzierungszinssatz (hier: USD LIBOR) einen Aufschlag in Form von Liquiditätskosten („Funding Costs') zu zahlen hat. Es wird unterstellt, dass der Kreditgeber („Fronting Bank') den Avalkredit bei der Ermittlung der zu unterlegenden Eigenmittel mit einem Risiko- bzw. Bonitätsgewicht von 20% ansetzen muss (vgl. zum Begriff der Eigenmittel auch die nachfolgende Abb. 61: Überblick über den aufsichtsrechtlichen Eigenmittelbegriff, S. 242 ff.). Bei einer bankintern vorgegebenen (regulatorischen) Eigenkapitalrendite von angenommenen 15% ergeben sich für die ‚Fronting Bank' somit kalkulatorische Eigenkapitalkosten („Equity Costs') von 0,24 % p.a., die neben den ‚Funding Costs' sowie einer ‚Fronting Fee' bei der Ermittlung der Avalprovision von der Bruttomarge abgezogen werden müssen. Im obigen Beispiel wurden Bearbeitungs- und Risikokosten aus Vereinfachungsgründen nicht betrachtet.

- **Avalkredite für sonstige Verpflichtungen**

Die Stellung von Avalkrediten für sonstige Verpflichtungen ist für die Zwecke der vorliegenden Untersuchung nur dann relevant, wenn die Kreditleihe – d.h. die Kreditvergabe – auf der Basis einer <u>projektbezogenen</u> Kreditwürdigkeit erfolgt. Die Unterlegung von Verpflichtungen dritter Parteien durch eine ‚Garantie' oder einen ‚Standby Letter of Credit'[1] eines Kreditinstitutes kann

---

[1] NIELSEN weist darauf hin, dass es sich bei dem im Rahmen eines ‚Standby Letter of Credit' abgegebenen Zahlungsversprechen de facto um Garantien handelt, die aus Gründen des US-amerikanischen Bankaufsichtsrechts in Akkreditivform erstellt werden müssen. Während der ‚Standby Letter of Credit' dabei im Wesentlichen der europäischen Garantie entspricht, gleicht die US-amerikanische Garantie eher dem Instrument der Bürgschaft. Der ‚Standby Letter of Credit' darf dabei nicht mit dem ‚Letter of Credit' (deutsch: ‚Akkreditiv') verwechselt werden. Letzteres Instrument dient primär der Zahlungsabwicklung, der ‚Standby Letter of Credit' wird hingegen „...*als Sicherungsmittel zum Schutz vor Nichterfüllung vertraglicher Pflichten eingesetzt...*"; vgl. Nielsen, J.: § 120. Bankgarantien bei Außenhandelsgeschäften, in:

zwar Bestandteil von Projekt- und Finanzierungskonzepten sein, jedoch sind die Kreditnehmer derartiger Avale nicht identisch mit dem Schuldner der korrespondierenden Projektfinanzierung im engeren Sinne. Die nachfolgende Abbildung zeigt die Kreditnehmer- und Kreditgeberbeziehung in einem derartigen – nicht einen Kredit im Sinne des § 18 Satz 1 KWG begründenden – Kreditleihgeschäft mit einem Projekt als Begünstigten:

Abb. 57: Avalkredit für sonstige Verpflichtung mit einem Kreditinstitut als Kreditgeber und einer dritten Partei als Kreditnehmer

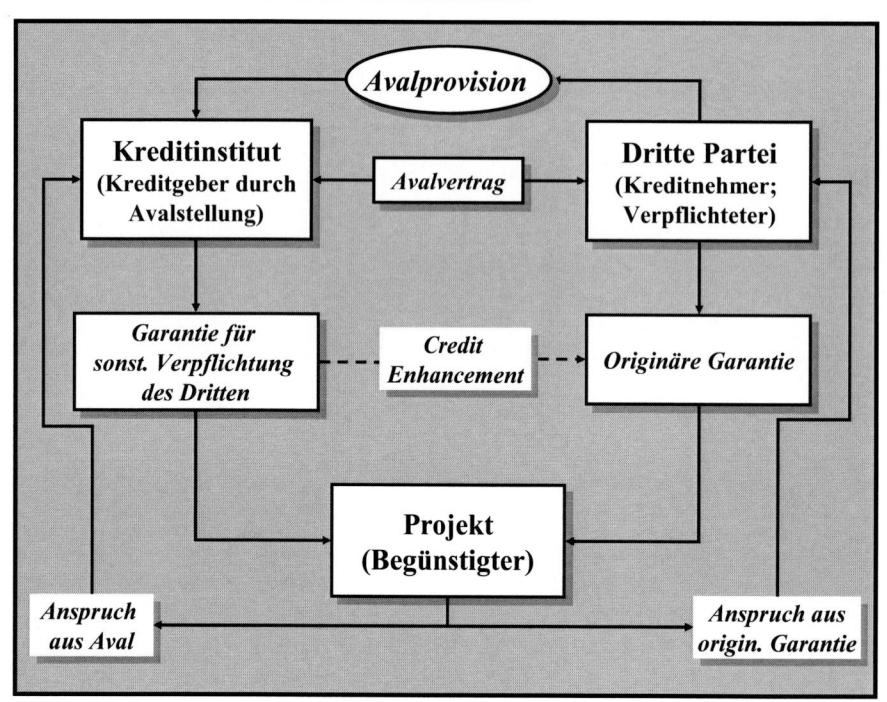

Quelle: Eigene Darstellung

Im Zusammenhang mit dem Untersuchungsgegenstand ‚Projektfinanzierung im engeren Sinne' sind hier insbesondere die nachfolgenden, <u>möglicherweise</u> über bankseitige Avale zu unterlegenden Verpflichtungen dritter Parteien zu nennen:[1]

- **Fertigstellungsgarantien** (‚Completion Guarantees') und **Kostenerhöhungsgarantien** (‚Cost Overrun Guarantees') von Sponsoren,

- **Bietungsgarantien** (‚Bid Bonds') von Anlagenbauern bei Ausschreibungsverfahren,

- **Anzahlungsgarantien** (‚Advance Payment Guarantees') von Anlagenbauern zur Absicherung von erhaltenen Anzahlungen des Bestellers,

- **Gewährleistungsgarantien** (‚Guarantees for Warranty Obligations') in Form von **Zeit-, Leistungs- und Verfügbarkeitsgarantien** (‚Performance Bonds') der Anlagenbauer und/oder Betreiber im Rahmen von Anlagenerrichtungs-, Betreiber- und/oder Betriebsführungsverträgen,

---

H. Schimansky, H.-J. Bunte, H.-J. Lwowski (Hrsg.), Bankrechts-Handbuch, München 1997, S. 3541, Tz. 10 m.w.N.

[1] Vgl. zu den nachfolgenden Beispielen auch die korrespondierenden Ausführungen unter Gliederungspunkt 2.1.4.2 ‚Übernahme abstrakter Zahlungspflichten durch Dritte', S. 40 ff. Die skizzierten Garantiearten lassen sich nicht immer eindeutig voneinander abgrenzen. Für eine Klassifizierung von Bankgarantien und Deskription einzelner Garantiearten vgl. Nielsen, J.: § 120. Bankgarantien bei Außenhandelsgeschäften, a.a.O., S. 3544 ff., Tz. 22 ff.

- **Lieferungs- und Leistungsgarantien** ('Delivery Guarantees', 'Performance Guarantees') in Form von z.B. **Betreibergarantien** ('Operation Guarantees') der Abnehmer bzw. **Versorgungsgarantien** ('Supply Guarantees') der Lieferanten eines Projektes,

- **Erfüllungsgarantien** ('Performance Bonds') von Anlagenbauern, Betreibern und/oder Lieferanten, die mehrere der vorstehend genannten Einzelgarantien in sich vereinigen können (z.B. in Form von kombinierten Anzahlungs-, Gewährleistungs-, Lieferungs- und Leistungsgarantien).

Hiervon abzugrenzen sind Avalkredite für sonstige Verpflichtungen bei denen die Verpflichtung eines Projektes gegenüber einer dritten Partei durch eine Avalstellung zu unterlegen ist:

Abb. 58: Avalkredit für sonstige Verpflichtung mit einem Kreditinstitut als Kreditgeber und einem Projekt als Kreditnehmer

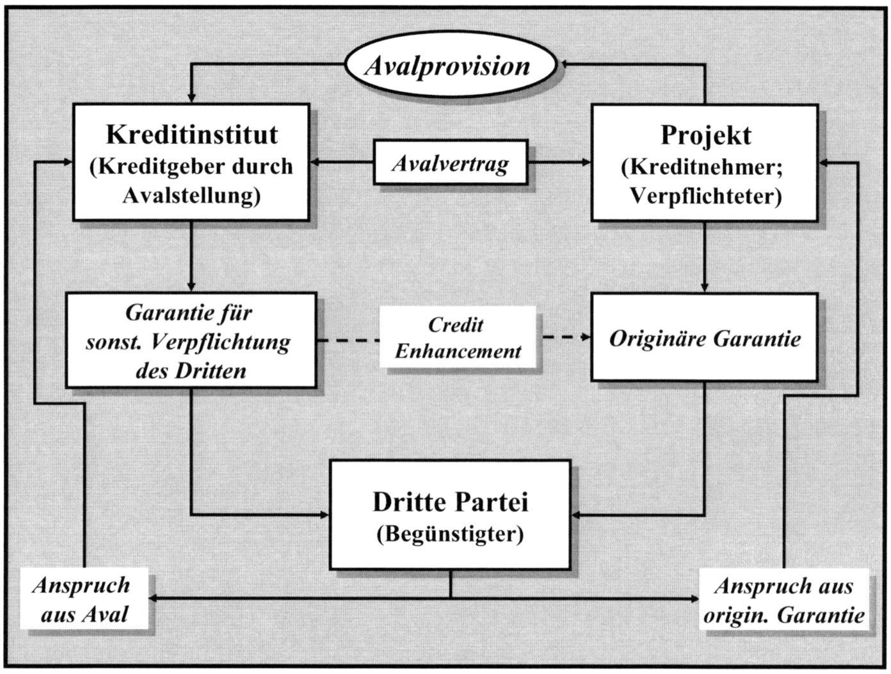

Quelle: Eigene Darstellung

Aufgrund der verschiedenen wirtschaftlichen Aktivitäten eines Projektes kann die Stellung von – in der vorstehenden Abbildung skizzierten – Avalkrediten für sonstige Verpflichtungen mit einem Kreditinstitut als Kreditgeber sowie einem Projekt als Kreditnehmer notwendig sein. Im Wesentlichen wird es sich dabei um die nachfolgenden Erscheinungsformen handeln:

- **Zahlungsgarantien** zur Absicherung der (Rest-)Kaufpreisforderungen von Anlagenbauern bzw. -lieferanten,

- **Zoll- und Steuerbürgschaften** einer (oder mehrerer) Bank(en) gegenüber der lokalen Finanzverwaltung zwecks Stundung von Abgaben,[1]

- **Lieferungs- und Leistungsgarantien** ('Delivery Guarantees', 'Performance Guarantees') in Form von **Abnahmegarantien** ('Offtake Guarantees') bzw. **Versorgungsgarantien** ('Supply Guarantees') des Projektes gegenüber Dritten (Lieferanten bzw. Abnehmer).[1]

---

[1] Vgl. hierzu allgemein Wöhe, G.; Bilstein, J.: Grundzüge der Unternehmensfinanzierung, a.a.O., S. 262, Drukarzcyk, J.: Finanzierung, a.a.O., S. 495. Der Import von Anlage- und Ausrüstungsgegenständen während der Bauphase sowie von Roh-, Hilfs- und Betriebsstoffen während der Betriebsphase eines Projektes kann die Zahlung von Einfuhrzöllen bzw. -steuern am Projektstandort implizieren.

Es sei darauf hingewiesen, dass das Herauslegen von Avalkrediten für sonstige Verpflichtungen mit einem Kreditinstitut als Kreditgeber und einem Projekt als Kreditnehmer auch konsortial erfolgen kann.[2]

3.1.2.1.2.1.6 Sicherheiten für fremde Verbindlichkeiten

Gemäß § 21 Abs. 1 Nr. 4 2. Halbsatz KWG ist ebenfalls „...*die Haftung eines Instituts aus der Bestellung von Sicherheiten für fremde Verbindlichkeiten...*" als Kredit im Sinne der §§ 15 bis 18 KWG zu qualifizieren. Obwohl der Wortlaut der Vorschrift allgemein von ‚Sicherheiten' spricht, zielt die Norm primär auf die Stellung von dinglichen Sicherheiten ab.[3] Für den Untersuchungsgegenstand ‚Projektfinanzierung im engeren Sinne' hat die Vorschrift des § 21 Abs. 1 Nr. 4 2. Halbsatz KWG keine erkennbare praktische Bedeutung.[4] Die Regelung wäre theoretisch nur dann relevant, wenn die Teilnahme eines Kreditinstitutes an einem grenzüberschreitenden Konsortialkredit im Wege eines Gelddarlehens oder einer Personalsicherheit aufgrund aufsichtsrechtlicher oder steuerlicher Rahmenbedingungen unmöglich wäre.

3.1.2.1.2.1.7 Verpflichtung gem. § 21 Abs. 1 Nr. 5 KWG

Nach § 21 Abs. 1 Nr. 5 KWG sind auch ‚Verpflichtungen, für die Erfüllung entgeltlich übertragener Geldforderungen einzustehen oder sie auf Verlangen des Erwerbers zurückzuerwerben' als Kredit zu qualifizieren und somit der Offenlegungspflicht des § 18 KWG zu unterwerfen. Die Vorschrift zielt auf den Pensionsgeber im Falle des ‚Unechten Pensionsgeschäftes mit Geldforderungen' ab,[5] welcher zum einen durch der Verpensionierung der Geldforderung zum Kreditnehmer des Pensionsnehmers (Kreditgeber) wird und zum anderen aufgrund der Rücknahmeoption möglicher Ersatzschuldner des Hauptschuldners ist. Das Kreditrisiko des Hauptschuldner verbleibt daher bei dem Pensionsgeber.[6]

Im Zusammenhang mit dem Untersuchungsgegenstand ‚Projektfinanzierung i.e.S.' ist die Vorschrift bei einem Abverkauf von Forderungen aus projektbezogenen Gelddarlehen bei gleichzeitiger Gewährung einer Rücknahmeoption durch das verkaufende Kreditinstitut (Pensionsgeber) gegenüber dem kaufenden Kreditinstitut (Pensionsnehmer) von Bedeutung. Zum einen wird die Tätigung eines derartigen ‚Unechten Pensionsgeschäftes' zu einer möglicherweise geschäftspolitisch

---

[1] Es wurde bereits darauf hingewiesen, dass die Übernahme abstrakter Zahlungspflichten durch Dritte im Rahmen von Abnahme- und/oder Lieferverpflichtungen spiegelbildliche Zusicherungen des Projektes erforderlich machen können. Vgl. hierzu auch Gliederungspunkt 2.1.4.2 ‚Übernahme abstrakter Zahlungspflichten durch Dritte', S. 40 ff.

[2] In diesem Zusammenhang wird auch der Begriff ‚Konsortialavalkredit' verwendet; vgl. Hadding, W.: § 87. Konsortialkredit, a.a.O., S. 1989 f., Tz. 12.

[3] Diese Schlussfolgerung resultiert daraus, dass der Gesetzgeber die Personalsicherheiten bereits explizit durch § 21 Abs. 1 Nr. 4 1. Halbsatz KWG erfasst hat; vgl. hierzu Gliederungspunkt 3.1.2.1.2.1.5 ‚Bürgschaften, Garantien und sonstige Gewährleistungen', S. 219 ff. sowie Bock, H.: § 21 Begriff des Kredits für die §§ 15 bis 18, a.a.O., S. 540, Tz. 24.

[4] Zumindest lässt sich nichts Gegenteiliges aus dem Schrifttum oder den branchenspezifischen Informationsquellen (Fachzeitschriften, Datenbanken) ableiten.

[5] Die Stellung des Pensionsnehmers als Kreditgeber des Pensionsgebers wird durch § 21 Abs. 1 Nr. 1 KWG erfasst. Vgl. zu diesem Aspekt des ‚Unechten Pensionsgeschäftes' nochmals die Ausführungen auf S. 212 ff. sowie insbesondere Abb. 51: Unechtes Pensionsgeschäft mit Geldforderungen.

[6] Vgl. Bock, H.: § 21 Begriff des Kredits für die §§ 15 bis 18, a.a.O., S. 541, Tz. 27.

gewünschten Liquiditätsfreisetzung bei dem Pensionsgeber führen.[1] Zum anderen kann in diesem Zusammenhang die Motivation in einer strategisch motivierten Involvierung anderer Kreditinstitute unter Verlagerung von Ertragspotenzialen aus dem zugrundeliegenden Kreditgeschäft begründet sein.[2]

3.1.2.1.2.1.8 Aktien oder Geschäftsanteile

Nach § 21 Abs. 1 Nr. 6 KWG ist auch *„der Besitz eines Institutes an Aktien oder Geschäftsanteilen eines anderen Unternehmens, der mindestens ein Viertel des Kapitals (Nennkapital, Summe der Kapitalanteile) des Beteiligungsunternehmens erreicht, ohne dass es auf die Dauer des Besitzes ankommt"* als Kredit im Sinne der §§ 15 bis 18 KWG zu qualifizieren. Der Begriff des ‚Unternehmens' ist dabei weit ausgelegt und umfasst jegliche unternehmensrechtliche Form der wirtschaftlichen Betätigung, so dass neben den Kapitalgesellschaften (z.B. AG, KGaA, GmbH) auch die Personengesellschaften (OHG, KG) sowie die Rechtsform des Einzelkaufmanns erfasst werden.[3] Maßgeblich ist dabei der ‚Besitz' von mindestens 25% des Kapitals,[4] wobei nach dem Wortlaut explizit die Irrelevanz des zeitlichen Bestandes hervorgehoben wird.

Im Zusammenhang mit dem Untersuchungsgegenstand ‚Projektfinanzierung i.e.S.' ist die Regelung des § 21 Abs. 1 Nr. 6 KWG insbesondere bei den drei nachfolgenden Fallkonstellationen von Bedeutung:

(i) Equity-Participation

Eine Bank kann anstelle der Kreditgeberfunktion auch als Projektsponsor auftreten (sogenannte ‚Equity-Participation'). Die Begleitung eines Vorhabens im Wege einer derartigen

---

[1] Aufgrund des § 19 Abs. 5 KWG hat der Pensionsgeber die dem Pensionsgeschäft zugrundeliegende Geldforderung den Groß-, Millionen- und Organkreditvorschriften zu unterwerfen. Eine Umgehung der §§ 13 – 15 KWG scheidet insofern als Motivation aus.

[2] Denkbar ist hier zum Beispiel die Einbindung lokaler bzw. regional tätiger Kreditinstitute als Pensionsnehmer, welche nicht über das erforderliche Know-how zur Offenlegung der wirtschaftlichen Verhältnisse des zugrundeliegenden projektbezogenen Kreditgeschäftes verfügen, aber eine Bonitätseinschätzung des Pensionsgebers vornehmen können. Aufgrund ihrer Kontakte zu projektexternen Entscheidungsträgern (Regierungsstellen, Gebietskörperschaften, Behörden, lokalen Unternehmen, Sponsoren etc.) können derartige Kreditinstitute möglicherweise einen wichtigen Beitrag zur erfolgreichen Umsetzung und Durchführung des Projekt- und Finanzierungskonzeptes leisten, so dass ein Anreiz in Form einer Ertragsbeteiligung aus Sicht der übrigen Kreditgeber sinnvoll sein kann.

[3] Vgl. Beck, H.: Gesetz über das Kreditwesen: Kommentar nebst Materialien und ergänzenden Vorschriften, a.a.O., § 19, Tz. 54, S. 23 sowie Bock, H.: § 21 Begriff des Kredits für die §§ 15 bis 18, a.a.O., S. 542, Tz. 30, welche explizit die Unternehmensform ‚Einzelkaufmann' nennen. Ein Besitz von Geschäftsanteilen am Kapital des Einzelkaufmanns kann in Form einer Beteiligung als ‚Stiller Gesellschafter' vorliegen; vgl. hierzu auch die gesetzlichen Regelungen der §§ 230 - 236 HGB zur ‚Stillen Gesellschaft'. Hiervon abzugrenzen ist das ‚Partiarische Darlehen', d.h. ein Darlehen mit Gewinnbeteiligung, bei dem keine gesellschaftsrechtliche Bindung besteht. Das partiarische Darlehen wird jedoch über § 21 Abs. 1 Nr. 1 KWG als ‚Gelddarlehen' erfasst und unterliegt insoweit ebenfalls der Offenlegungspflicht nach § 18 Abs. 1 KWG; vgl. Beck, H.: Gesetz über das Kreditwesen: Kommentar nebst Materialien und ergänzenden Vorschriften, a.a.O., § 19, Tz. 55, S. 24.

[4] Bis zur 6. KWG-Novelle wurde anstelle des Begriffes ‚Besitz' von ‚Beteiligung' gesprochen. Der handelsrechtliche Beteiligungsbegriff stellt nach dem Wortlaut des § 271 Abs. 1 HGB auf eine dauernde Verbindung ab und greift bei Kapitalgesellschaften bereits ab einem 20%igen Anteilsbesitz. Insofern stand der Begriff ‚Beteiligung' im Gegensatz zu der vom Gesetzgeber intendierten zeitlichen Irrelevanz des Anteilsbesitzes sowie der 25%-Regelung. Vgl. hierzu ausführlich Bock, H.: § 21 Begriff des Kredits für die §§ 15 bis 18, a.a.O., S. 542 ff., Tz. 31 ff., C&L Deutsche Revision (Hrsg.): 6. KWG-Novelle und neuer Grundsatz I – Kommentierung, Originaltexte, a.a.O., S. 168.

Beteiligungsfinanzierung kann dabei sowohl politisch[1] als auch ökonomisch[2] motiviert sein.

(ii) Equity-Kicker

Fällt eine Equity-Participation mit einer Darlehensvergabe zusammen, so wird erstere als ‚Equity-Kicker' bezeichnet.[3] Eine derartige Beteiligung am Eigenkapital eines Projektvorhabens kann aus zwei Gründen erfolgen:

- Eine ‚Equity-Participation' kann für ein Kreditinstitut die Voraussetzung bilden, um an der korrespondierenden Fremdfinanzierung überhaupt erst bzw. in hervorgehobener Position teilnehmen zu können.

- Die erwartete Rendite einer isolierten Kreditvergabe kann vor dem Hintergrund der aktuell marktgängigen Finanzierungskonditionen, eines transaktionsspezifischen Chancen-/Risikoprofils und/oder der prognostizierten Eigenkapitalrendite der Sponsoren von einem Kreditinstitut als zu niedrig eingestuft werden. Eine zusätzliche ‚Equity-Participation' in Form eines ‚Equity-Kicker' kann daher aus Sicht der Bank als potenzieller Renditehebel erstrebenswert sein.[4]

(iii) Equity-for-Debt-Swap

Im Falle der Restrukturierung von Projektfinanzierungen können sogenannte ‚**Equity-for-Debt-Swaps**' eingesetzt werden, um Kreditforderungen teilweise oder vollständig in Eigenkapital umzuwandeln.[5] Zwecksetzung des Instrumentes ist die Anpassung des Verschuldungsgrades an eine aufgrund veränderter Rahmenbedingungen reduzierte Schuldendienstkapazität des Projektes. Bei einer wirtschaftlichen Betrachtungsweise handelt es sich um eine unbefristete Tilgungsstundung mit gleichzeitigem Zinsverzicht. Der Verzicht auf Schuldendienstzahlungen erfolgt hierbei unter der Annahme, dass zumindest der Nominalbetrag der Kreditforderung durch zukünftige Gewinnausschüttungen zurückgewonnen werden kann.

Die drei vorstehend skizzierten Fallgruppen können zu einer Qualifizierung als Kredit im Sinne der §§ 15 bis 18 KWG führen, soweit die 25%-Grenze des § 21 Abs. 1 Nr. 6 KWG erreicht wird. Für

---

[1] Denkbar wäre hier z.B., dass sich eine Bank aus politischen Gründen an einem regional bedeutsamen Infrastrukturvorhaben als Sponsor beteiligt.

[2] Erlangt eine Bank Kenntnis von einem Projektvorhaben mit einem attraktiven Chancen-/Risikoprofil, so kann aus ihrer Sicht eine Beteiligung als Sponsor gegenüber einer Darlehensfinanzierung vorzuziehen sein.

[3] NEVITT/FABOZZI definieren den Equity-Kicker als „*A share of ownership interest in a company, a project or property, or a potential ownership interest in a company project or property in consideration for making a loan*"; vgl. Nevitt, P. K.; Fabozzi, F.: Project Financing, a.a.O., S. 345.

[4] Verläuft ein Projekt entgegen den Prognosen schlechter als erwartet, so kann sich der ‚Equity-Kicker' möglicherweise auch zu einem negativen Renditehebel entwickeln.

[5] Der hier angesprochene ‚Equity-for-Debt-Swap' ist nicht deckungsgleich mit einem ‚Debt-for-Equity-Swap'. Bei beiden Instrumenten wird Fremdkapital in Eigenkapital umgewandelt. Jedoch zielt letzteres Instrument primär darauf ab, zunächst den Verschuldungsgrad eines stehenden Unternehmens zu verbessern, um danach neue Fremdmittel aufnehmen zu können; vgl. hierzu das Beispiel bei Nevitt, P. K.; Fabozzi, F.: Project Financing, a.a.O., S. 221. Bei dem hier angesprochenen ‚Equity-for-Debt-Swap' handelt es sich um ein Instrument zur Sanierung bzw. Fortführung eines Projektes im Falle oder im Vorwege einer drohenden Insolvenz. Vgl. hierzu auch Plender, J.: Needed: equity-for-debt-swap, in: FT v. 8.4.1998, S. 13.

eine Qualifizierung eines Besitzes an Aktien oder Geschäftsanteilen als Kredit ist es unbedeutend, ob weitere Kreditbeziehungen (z.B. in Form von Gelddarlehen) bestehen.[1]

3.1.2.1.2.1.9 Leasing

Nach § 21 Abs. 1 Nr. 7 KWG sind Gegenstände, über die ein Institut als Leasing<u>geber</u> Leasingverträge abgeschlossen hat, als Kredit im Sinne der §§ 15 bis 18 KWG zu qualifizieren.[2] Während derartige Verträge zivilrechtlich den Vorschriften der §§ 535-580a BGB zur Miete unterliegen, kann Leasing bei einer ökonomischen Betrachtung häufig als Kreditgeschäft qualifiziert werden.[3] Dies ist insbesondere bei dem sogenannten Finanzierungsleasing (Finance Leasing) der Fall, bei dem die während einer unkündbaren „... *Grundmietzeit zu entrichtenden Leasing-Raten die Anschaffungs- oder Herstellungskosten sowie alle Nebenkosten einschließlich der Finanzierungskosten und des Gewinnzuschlags des Leasing-Gebers decken.*"[4] Eine Verpflichtung zur Weiterzahlung der Leasingraten während der Grundmietzeit besteht auch, wenn der Leasinggegenstand infolge Untergangs, Beschädigung oder technischen Fortschritts nicht mehr genutzt werden kann.[5] Das volle Investitionsrisiko verbleibt daher bei dem Leasingnehmer.[6] Insofern ist § 21 Abs. 1 Nr. 7 KWG als Auffangvorschrift zur Abwehr einer Umgehung der Vorschriften der §§ 15 bis 18 KWG durch Herauslegen eines „Quasi-Kredites" im Mantel eines Leasinggeschäftes in der Form des Finanzierungsleasing zu werten.[7] Die Vorschrift ist nur dann einschlägig, wenn das Institut als

---

[1] Vgl. Beck, H.: Gesetz über das Kreditwesen: Kommentar nebst Materialien und ergänzenden Vorschriften, a.a.O., § 19, Tz. 54, S. 23 m.w.N. Insofern muss für eine Überprüfung der 25%-Schwelle des § 21 Abs. 1 Nr. 6 KWG der Anteilsbesitz nicht mit etwaigen anderen Kreditforderungen zusammengerechnet werden.

[2] Kreditinstitute und Leasinggesellschaften werden insoweit ungleich behandelt, da letztere aufgrund des § 1 Abs. 1 b KWG (analog) als Nicht-Institute gelten. Eine Anwendung des § 21 Abs. 1 Nr. 7 KWG und des § 18 Abs. 1 KWG entfällt somit. Die Problematik einer möglichen aufsichtsrechtlichen Wettbewerbsverzerrung soll hier nicht weiter untersucht werden; vgl. hierzu Wielens, H.: Muß das Leasinggeschäft vom KWG erfasst werden?, in: B. Rudolph (Hrsg.), Bankpolitik nach der KWG-Novelle, Frankfurt a.M. 1986, S. 95 ff.

[3] Vgl. Bähre, I. L.; Schneider, M.: KWG-Kommentar: Kreditwesengesetz mit den wichtigsten Ausführungsverordnungen, a.a.O., S. 76 u. 243. Dieser wirtschaftlichen Betrachtungsweise steht nicht entgegen, dass das Leasing kein Kreditgeschäft im aufsichtsrechtlichen Sinne des § 1 Abs. 1 Nr. 2 KWG ist; vgl. Fülbier, A.: § 1 Begriffsbestimmungen, a.a.O., S. 142 f., Tz. 51.

[4] Wöhe, G.; Bilstein, J.: Grundzüge der Unternehmensfinanzierung, a.a.O., S. 218. Vgl. auch C&L Deutsche Revision (Hrsg.): 6. KWG-Novelle und neuer Grundsatz I – Kommentierung, Originaltexte, a.a.O., S. 169, Büschgen, H. E.: Finanzleasing als Finanzierungsalternative. Eine kritische Würdigung unter betriebswirtschaftlichen Aspekten, in: ZfB, 50. Jg. (1980), S. 1028 ff., Ernst, D.: Leasing als Finanzierungsalternative, in: VDI – Gesellschaft Energietechnik (Hrsg.), Energietechnische Investitionen: Wirtschaftlichkeit und Finanzierung, Düsseldorf 1988, S. 163 ff.

[5] Vgl. Claussen, C. P.: Bank- und Börsenrecht, 2. Aufl., München 2000, S. 371, Tz. 111, Szagunn, V.; Haug, U.; Ergenzinger W.: Gesetz über das Kreditwesen, Kommentar, a.a.O., S. 84 , Tz. 15.

[6] Vgl. Gräfer, H.; Beike, R.; Scheld, G. A.: Finanzierung: Grundlagen, Institutionen, Instrumente und Kapitalmarkttheorie, a.a.O., S. 275, Wöhe, G.; Bilstein, J.: Grundzüge der Unternehmensfinanzierung, a.a.O., S. 219.

[7] Vgl. Bähre, I. L.; Schneider, M.: KWG-Kommentar: Kreditwesengesetz mit den wichtigsten Ausführungsverordnungen, a.a.O., S. 243. Die sich nach herrschender Meinung ergebende Beschränkung der Vorschrift auf das Finanzierungsleasing resultiert aus der in den Materialien zur 3. KWG-Novelle dokumentierten Intention des Gesetzgebers respektive aus der historisch-teleologischen Auslegung. Zur Regierungsbegründung vgl. Beck, H.: Gesetz über das Kreditwesen: Kommentar nebst Materialien und ergänzenden Vorschriften, a.a.O., § 19, Tz. 56, S. 24. Nicht erfasst von § 21 Abs. 1 Nr. 7 KWG sind insofern reine Mietgeschäfte in der Form des ‚Operate-Leasing' (sogenanntes ‚Unechtes Leasing'); vgl. Szagunn, V.; Haug, U.; Ergenzinger W.: Gesetz über das Kreditwesen, Kommentar, a.a.O., S. 422 , Tz. 16, C&L

Leasinggeber den Leasinggegenstand in seiner Bilanz ausweisen muss.[1] Erfolgt dagegen die Bilanzierung des Leasinggegenstandes beim Leasingnehmer, so muss das Institut die korrespondierende Forderung an den Leasingnehmer aus dem Leasinggeschäft aktivieren. In diesem Fall würde ein Kredit im Sinne des § 21 Abs. Nr. 1 oder 3 KWG vorliegen.[2]

Im Hinblick auf den Untersuchungsgegenstand ‚Projektfinanzierung i.e.S.' kann festgehalten werden, dass die Pflicht zur Offenlegung der wirtschaftlichen Verhältnisse nach § 18 Abs. 1 KWG nicht im Wege einer Substitution von Gelddarlehen respektive Leasingrefinanzierungen durch direkte Leasinggeschäfte umgangen werden kann.[3]

3.1.2.1.2.2 Negative Eingrenzung

Zusätzlich zu der positiven Eingrenzung des Kreditbegriffes im § 21 Abs. 1 KWG hat der Gesetzgeber eine negative Abgrenzung in Form von Ausnahmetatbeständen kodifiziert:

Deutsche Revision (Hrsg.): 6. KWG-Novelle und neuer Grundsatz I – Kommentierung, Originaltexte, a.a.O., S. 169.

[1] Die handelsrechtliche Bilanzierungspraxis nach HGB orientiert sich an den von Rechtsprechung und Finanzverwaltung entwickelten Zuordnungskriterien; vgl. Coenenberg, A. G.: Jahresabschluß und Jahresabschlußanalyse, a.a.O., S. 103. Grundlage für die bilanzsteuerrechtliche Behandlung des Leasing ist hierbei der sogenannte ‚Leasing-Erlass' des BUNDESMINISTERIUMS FÜR FINANZEN; vgl. hierzu Schreiben betr. ertragsteuerliche Behandlung von Leasing-Verträgen über bewegliche Wirtschaftsgüter vom 19. April 1971, BMF IV B/2 – S 2170 – 31/71 (BStBl. I 1971, S. 264), Spezifika unbeweglicher Wirtschaftsgüter sowie des Teilamortisationsleasings werden durch den ‚Immobilienleasingerlass' sowie die ‚Teilamortisationsleasingerlasse' geregelt; vgl. Schreiben betr. ertragsteuerliche Behandlung von Finanzierungs-Leasing-Verträgen über unbewegliche Wirtschaftsgüter vom 21. März 1972, BMWF F/IV B/2 – S 2170 – 11/72 (BStBl. I 1972, S. 188), Schreiben betr. steuerrechtliche Zurechnung des Leasing-Gegenstandes bei Teilamortisations-Leasing-Verträgen über bewegliche Wirtschaftsgüter vom 22. Dezember 1975, BMF IV B/2 – S 2170 – 161/75, Schreiben betr. ertragsteuerliche Behandlung von Teilamortisations-Leasing-Verträgen über unbewegliche Wirtschaftsgüter vom 23. Dezember 1991, BMF IV B/2 – S 2170 – 115/91 (BStBl. 1992 I, S. 13).

[2] Vgl. Szagunn, V.; Haug, U.; Ergenzinger W.: Gesetz über das Kreditwesen, Kommentar, a.a.O., S. 422, Tz. 16, C&L Deutsche Revision (Hrsg.): 6. KWG-Novelle und neuer Grundsatz I – Kommentierung, Originaltexte, a.a.O., S. 169.

[3] Ferner findet sich im Schrifttum keine Evidenz für eine Betätigung von deutschen Kreditinstituten als Leasinggeber zwecks Darstellung einer Projektfinanzierung im engeren Sinne. Es kann vermutet werden, dass Leasinggeschäfte mehrheitlich eher von den spezialisierten Leasinggesellschaften aus dem jeweiligen Konsolidierungskreis der Geschäftsbanken abgewickelt werden. Auf mögliche Probleme bei der Evaluierung der steuerlichen Auswirkungen von langfristigen und komplexen Spezialleasingverträgen im Zuge der bankinternen Steuerplanung sei an dieser Stelle hingewiesen.

Abb. 59: Negativabgrenzung des § 21 Abs. 2 bis 4 KWG

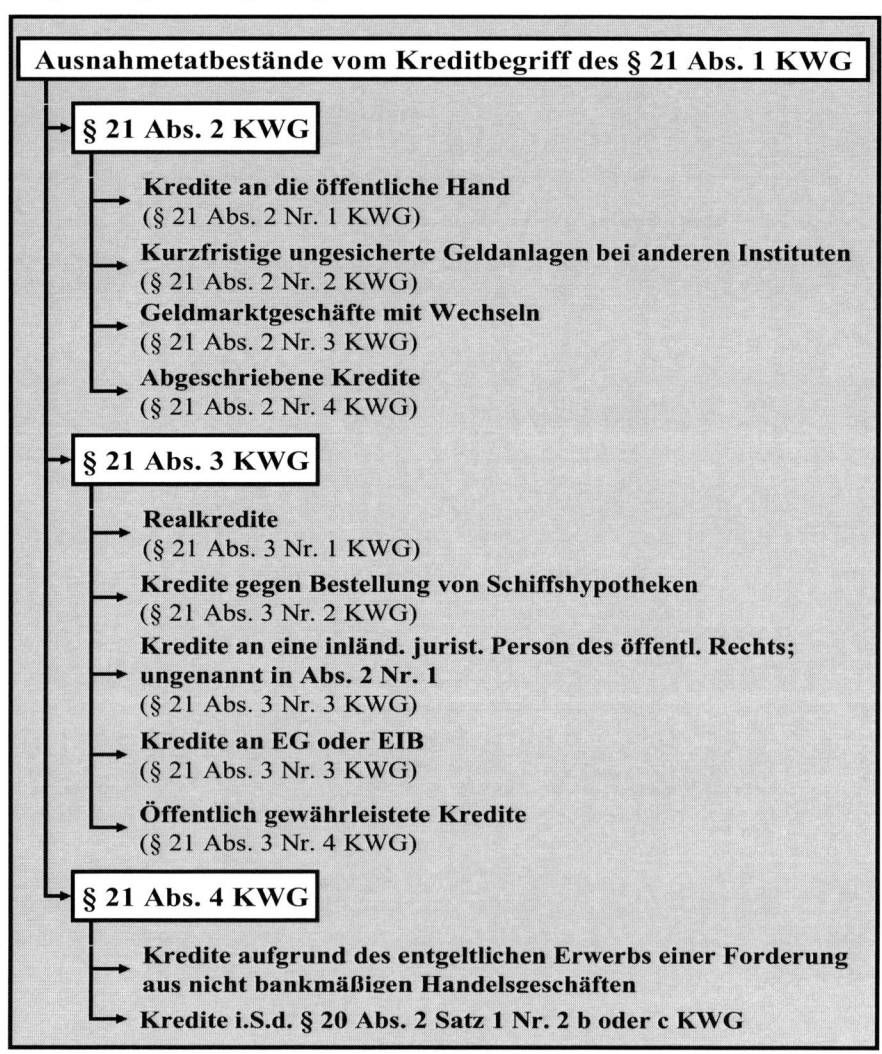

```
Ausnahmetatbestände vom Kreditbegriff des § 21 Abs. 1 KWG
  → § 21 Abs. 2 KWG
      → Kredite an die öffentliche Hand
        (§ 21 Abs. 2 Nr. 1 KWG)
      → Kurzfristige ungesicherte Geldanlagen bei anderen Instituten
        (§ 21 Abs. 2 Nr. 2 KWG)
      → Geldmarktgeschäfte mit Wechseln
        (§ 21 Abs. 2 Nr. 3 KWG)
      → Abgeschriebene Kredite
        (§ 21 Abs. 2 Nr. 4 KWG)
  → § 21 Abs. 3 KWG
      → Realkredite
        (§ 21 Abs. 3 Nr. 1 KWG)
      → Kredite gegen Bestellung von Schiffshypotheken
        (§ 21 Abs. 3 Nr. 2 KWG)
      → Kredite an eine inländ. jurist. Person des öffentl. Rechts;
        ungenannt in Abs. 2 Nr. 1
        (§ 21 Abs. 3 Nr. 3 KWG)
      → Kredite an EG oder EIB
        (§ 21 Abs. 3 Nr. 3 KWG)
      → Öffentlich gewährleistete Kredite
        (§ 21 Abs. 3 Nr. 4 KWG)
  → § 21 Abs. 4 KWG
      → Kredite aufgrund des entgeltlichen Erwerbs einer Forderung
        aus nicht bankmäßigen Handelsgeschäften
      → Kredite i.S.d. § 20 Abs. 2 Satz 1 Nr. 2 b oder c KWG
```

Quelle: Eigene Darstellung

Im Hinblick auf den Untersuchungsgegenstand Projektfinanzierung im engeren Sinne ist insbesondere die Relevanz der nachfolgenden Ausnahmetatbestände vom Kreditbegriff des § 21 Abs. 1 KWG kurz zu erörtern:

(i) Kredite an die öffentliche Hand

Kredite an die (inländische) öffentliche Hand[1] zählen gem. § 21 Abs. 2 Nr. 1 KWG nicht zum Kreditbegriff für Zwecke der §§ 15 bis 18 KWG, da der Gesetzgeber die für eine Kreditvergabe erforderliche Bonität bei dieser Gruppe von Kreditnehmern unterstellt hat. Der Ausnahmetatbestand ist für den Untersuchungsgegenstand ‚Projektfinanzierung im engeren Sinne' irrelevant, da bei der hier skizzierten Ausnahmeregelung nicht auf die Kreditwürdigkeit eines isolierten wirtschaftlichen

---

[1] Unter den Begriff ‚öffentliche Hand' fallen hier der Bund, die rechtlich unselbständigen Sondervermögen des Bundes oder der Länder (z.B. das ERP-Sondervermögen, der Fonds ‚Deutsche Einheit', der Kreditabwicklungsfonds, der Erblasttilgungsfonds, der Entschädigungsfonds, der Ausgleichsfonds), die Länder und Gemeinden sowie die Gemeindeverbände. Rechtlich selbständige Unternehmen der öffentlichen Hand werden hingegen von der Vorschrift des § 21 Abs. 2 Nr. 1 KWG nicht erfasst; vgl. den Wortlaut des Gesetzestextes sowie Bock, H.: § 21 Begriff des Kredits für die §§ 15 bis 18, a.a.O., S. 545 f., Tz. 43 f.

Vorhabens, d.h. auf eine Bedienung des Schuldendienstes aus dem Cashflow eines Projekt, abgestellt werden muss.[1]

(ii)　　Abgeschriebene Kredite

‚Abgeschriebene' Kredite sind von den Vorschriften der §§ 15 bis 18 KWG befreit.[2] Unter diese Ausnahmeregelung können jedoch nur ausgebuchte, nicht aber wertberichtigte Kredite subsumiert werden.[3] Grundsätzlich ist die Vorschrift auch auf den Untersuchungsgegenstand ‚Projektfinanzierung im engeren Sinne' anwendbar. Jedoch ist die Ausnahmeregelung zum Zeitpunkt der Kreditvergabeentscheidung bedeutungslos.[4]

(iii)　　Realkredite und Kredite gegen Bestellung von Schiffshypotheken

Sowohl ‚Realkredite' als auch bestimmte ‚Kredite gegen Bestellung von Schiffshypotheken' sind von der Offenlegungspflicht ausgenommen.[5] Die beiden Ausnahmetatbestände sind jedoch für den Untersuchungsgegenstand unerheblich. Zum einen werden nach aufsichtsrechtlichem Verständnis unter den Begriff ‚Realkredit' nur solche Kredite subsumiert, die der Finanzierung von <u>Grundstücken, Wohneigentum und grundstücksgleichen Rechten (z.B. Erbbaurecht)</u> dienen und dabei 60% des Beleihungswertes nicht übersteigen.[6] Zum anderen wurde bereits bei der Diskussion der für die Zwecke der vorliegenden Untersuchung gewählten Definition einer ‚Projektfinanzierung im engeren Sinne' sowie den daraus resultierenden Kernmerkmalen darauf hingewiesen, dass eine <u>werthaltige</u> dingliche Besicherung gerade nicht vorliegt bzw. per definitionem ausgeschlossen sein soll.[7]

(iv)　　Öffentlich gewährleistete Kredite

Nach § 21 Abs. 3 Nr. 4 KWG sind von der öffentlichen Hand gewährleistete Kredite von der Offenlegungspflicht des § 18 Satz 1 KWG ausgenommen. Die gewährleistenden Institutionen der öffentlichen Hand, die unter diesen Ausnahmetatbestand subsumiert werden können, bestimmen

---

[1]　Die Regelung des § 21 Abs. 2 Nr. 1 KWG wäre im Hinblick auf den Untersuchungsgegenstand theoretisch nur dann relevant, wenn eine <u>partielle</u> Fremdfinanzierung eines privatwirtschaftlichen Vorhabens über eine einzelne, vertraglich eindeutig abgegrenzte Kredittranche, welche von der öffentlichen Hand als Kreditnehmer direkt aufgenommen und an ein Projekt durchgeleitet wird, simultan neben ‚kommerziellen' Kredittranchen, welche auf der Basis einer ‚Projektfinanzierung im engeren Sinne' herausgelegt werden, dargestellt werden würde. Praktikabler wäre hier jedoch die Herauslegung einer betragsmäßig begrenzten Garantie durch die öffentliche Hand. Eine derartige Gewährleistung fällt allerdings unter den Ausnahmetatbestand des § 21 Abs. 3 Nr. 4 KWG. Vgl. hierzu die nachfolgenden Ausführungen.

[2]　§ 21 Abs. 2 Nr. 4 KWG

[3]　Vgl. Bock, H.: § 21 Begriff des Kredits für die §§ 15 bis 18, a.a.O., S. 549, Tz. 61 f. m.w.N., welcher zudem darauf hinweist, dass sich die Regelung auch auf Teilausbuchungen erstrecken kann.

[4]　Insofern kann sich aus der Regelung des § 21 Abs. 2 Nr. 4 KWG nur eine Befreiung von der laufenden Offenlegungspflicht, d.h. von der Überwachung, ergeben.

[5]　Vgl. § 21 Abs. 3 Nr. 1 und 2 KWG.

[6]　Für Zwecke der Bankaufsicht wird der ‚Realkredit' im § 14 Abs. 2 Nr. 5 KWG als ein Kredit definiert, der den Erfordernissen der §§ 11, 12 Abs. 1 und 2 HBG (Hypothekenbankgesetz vom 9. September 1998 (BGBl. I S. 2674); zuletzt geändert am 5.10.1994 mit Wirkung vom 1.1.1999) entspricht; vgl. auch Bock, H.: § 21 Begriff des Kredits für die §§ 15 bis 18, a.a.O., S. 550, Tz. 61 ff.

[7]　Vgl. hierzu die Ausführungen unter Gliederungspunkt 2.1.3.3 ‚Kreditsicherheiten aus den Vermögenspositionen des Projektes', S. 24. Im Rahmen des dort skizzierten Verständnisses ist das Realkreditgeschäft als ‚Real Estate Finance' bzw. ‚Property Lending' und das hypothekenbesicherte Schiffskreditgeschäft als ‚Asset Finance' bzw. ‚Asset Lending' zu qualifizieren. Vgl. auch nochmals die analogen Ausführungen unter Gliederungspunkt 3.1.1.2.1 ‚Gestellte Sicherheiten und Mitverpflichtete (§ 18 Satz 2 KWG)': (i) Ausnahmetatbestand ‚Gestellte Sicherheiten' S. 189 ff.

sich nach dem enumerativen Katalog des § 21 Abs. 2 Nr. 1 KWG.[1] Der Begriff der ‚Gewährleistung' umfasst im Wesentlichen Garantien und Bürgschaften.[2]

- **Ausfuhrgewährleistungen des Bundes (‚Hermes-Deckung')**

Für den Untersuchungsgegenstand ‚Projektfinanzierung im engeren Sinne' stellt die sogenannte ‚Hermes-Deckung', d.h. die Herauslegung einer Ausfuhrgewährleistung des Bundes in Form einer Finanzkreditdeckung zu Gunsten eines oder mehrerer Kreditinstitute, die wichtigste Erscheinungsform des öffentlich gewährleisteten Kredites dar. Die Ausfuhrgewährleistungen des Bundes werden im Auftrag und für Rechnung des Bundes treuhänderisch durch ein Mandatarkonsortium, bestehend aus der HERMES KREDITVERSICHERUNGS-AG, Hamburg, sowie der PWC DEUTSCHEN REVISION AG, Hamburg, administriert.[3]

In Abhängigkeit u.a. von Zielland und Besteller, d.h. dem Kreditnehmer, kann die Finanzierung eines Exportgeschäftes im Wege eines (projektgebundenen) Bestellerkredites[4] aus Sicht des Kredit-

---

[1] Vgl. hierzu die vorstehenden Ausführungen zum Ausnahmetatbestand des § 21 Abs. 2 Nr. 1 KWG (‚Kredite an die öffentliche Hand'). Gewährleistende staatliche Institutionen können somit der Bund, die rechtlich unselbständigen Sondervermögen des Bundes oder der Länder, die Länder und Gemeinden sowie die Gemeindeverbände sein.

[2] Für weitere aufsichtsrechtlich akzeptierte Gewährleistungsinstrumente staatlicher Institutionen vgl. Bock, H.: § 21 Begriff des Kredits für die §§ 15 bis 18, a.a.O., S. 554 f., Tz. 90 ff.

[3] Vgl. Janus, H.: § 122. Ausfuhrgarantien und Ausfuhrbürgschaften des Bundes, in: H. Schimansky, H.-J. Bunte, H.-J. Lwowski (Hrsg.), Bankrechts-Handbuch, München 1997, S. 3635, Tz. 32 sowie Kümpel. S.: Bank- und Kapitalmarktrecht, a.a.O., S. 1120, Tz. 7.259. Die Federführung für der Bereich der Ausfuhrgewährleistungen obliegt im Mandatarkonsortium der HERMES KREDITVERSICHERUNGS-AG, so dass umgangssprachlich häufig der juristisch inkorrekte Begriff ‚Hermes-Deckung' Verwendung findet. Die HERMES KREDITVERSICHERUNGS-AG betreibt neben dem treuhänderischen Mandatargeschäft auch das Geschäft mit Kreditversicherungen im eigenen Namen und auf eigene Rechnung. Derartige Kreditversicherungen fallen jedoch nicht unter die Ausnahmeregelung des § 21 Abs. 3 Nr. 4 KWG; vgl. Keller, E.: Die Offenlegung der wirtschaftlichen Verhältnisse nach § 18 KWG, a.a.O., S. 17. Öffentliche Exportkreditversicherungsprogramme werden auch von ausländischen Staaten unterhalten; vgl. hierzu Bödeker, V.: Staatliche Exportkreditversicherungssysteme: Ihre Rechtsgrundlagen, Vertragsbedingungen und Funktionsweisen in Deutschland, Frankreich, Großbritannien, den USA und Japan, Berlin, New York 1992, S. 1 ff., Dieckmann, N.: Das Britische Exportfinanzierungssystem: Eine landeskundliche Untersuchung, Hamburg 1985, S. 1 ff., Schünemann, C.: Das amerikanische Exportfinanzierungssystem - Eine landeskundliche Untersuchung, Hamburg 1991, S. 1 ff., Project & Trade Finance; Bank of America (Hrsg.): World Export Credit Guide 1997-98, London 1997, S. 1 ff. Derartige ausländische, staatliche Exportkreditversicherungen werden ebenfalls nicht durch § 21 Abs. 3 Nr. 4 KWG erfasst.

[4] Im Bereich der Exportfinanzierung ist der ‚Bestellerkredit' (synonym: ‚Käuferkredit') von der ‚Forfaitierung', dem ‚Liefervertragskredit' und dem ‚Lieferantenkredit' abzugrenzen. Bei einem **Liefervertragskredit** erfolgt die Kreditgewährung innerhalb des Liefervertrages durch Einräumung entsprechender, zeitlich gestaffelter Zahlungstermine durch den Lieferanten/Exporteur (Kreditgeber) gegenüber dem Kunden/Importeur (Kreditnehmer). Die Forderung aus dem Exportgeschäft verbleibt in der Bilanz des Lieferanten und reduziert sich im Zeitablauf in Höhe der in den Zahlungsraten enthaltenen Tilgungsanteile. Neben der Bilanzbelastung impliziert der Liefervertragskredit – insbesondere bei mittel- und langfristig eingeräumten Zahlungszielen – eine entsprechende Liquiditätsbindung. Der Liefervertragskredit kann insofern durch einen **Lieferantenkredit** (synonym: Refinanzierungskredit), welcher dem Lieferanten (Kreditnehmer) von einem Kreditinstitut (Kreditgeber) gewährt wird, refinanziert werden. Eine Bilanzentlastung ist durch eine **Forfaitierung**, d.h. einen Forderungsankauf durch eine Bank möglich. Alternativ zur Geschäftsabwicklung im Rahmen der Kombinationen Liefervertragskredit und Lieferantenkredit bzw. Liefervertragskredit und Forfaitierung kann das Instrument des (liefergebundenen) **Bestellerkredites** eingesetzt werden, bei dem parallel zum Liefervertrag ein Kreditvertrag zwischen einem Kreditinstitut (Kreditgeber) und einem Besteller (Kreditnehmer) zwecks Finanzierung des Exportgeschäftes abgeschlossen wird. Im Gegensatz zu den Instrumenten ‚Lieferantenkredit' und ‚Forfaitierung' gewährleistet der Bestellerkredit dem Exporteur von vornherein eine bilanz- und liquiditätsschonende Geschäftsabwicklung. Zum Bestellerkredit allgemein sowie insbesondere seinen Vorteilen gegenüber einem (gedeckten) Lieferanten-

institutes die Existenz einer Ausfuhrgewährleistung voraussetzen. Das Kreditinstitut wird hierfür einen Antrag auf die Gewährung einer ‚Garantie für einen gebundenen Finanzkredit' stellen.[1] Unter dem Primat der risikomäßigen Vertretbarkeit des in Deckung zu nehmenden Geschäftes erfordert eine positive Antragsentscheidung die Unterlegung des Finanzkredites mit akzeptablen Sicherheiten. Im Normalfall wird es sich dabei, soweit verfügbar und werthaltig, um Staats- und Bankgarantien handeln.[2] Alternativ kann unter bestimmten Voraussetzungen ein bundesgedeckter Bestellerkredit auf der Basis einer Projektfinanzierung herausgelegt werden.[3] Die an die Kreditgeber abgetretenen zukünftigen Einzahlungsüberschüsse eines Projektes werden hier als Sicherheit für den Bestellerkredit herangezogen. Die nachfolgende Abbildung demonstriert an einem Zahlenbeispiel die Funktionsweise einer derartigen bundesgedeckten Projektfinanzierung:

---

kredit vgl. Schwanfelder, W.: Exportgeschäfte - ihre Risikoabsicherung und Finanzierung, Frankfurt a.M. 1984, S. 68, Kossmann, T. R.: Eine Analyse von Entscheidungsprozessen zur langfristigen Exportfinanzierung im industriellen Anlagengeschäft, Essen 1985, S. 159 ff. Kuttner, K.: Mittel- und langfristige Exportfinanzierung: besondere Erscheinungsformen in der Außenhandelsfinanzierung, 2. Aufl., Wiesbaden 1995, S. 4, Keßler, H. J.: Internationale Handelsfinanzierungen: Strategien für Auslandsinvestitionen und Handel, a.a.O., S. 185, Wittenzellner, H.: Sicherungsinstrumente gegen Exportrisiken, Frankfurt a.M., Berlin, Bern u.a. 1997, S. 163 f. sowie Ziegler, M.: Finanzierungsmodelle im Anlagenbau: Konsequenzen und Gestaltungsmöglichkeiten auf der Grundlage risikopolitischer, agency-theoretischer sowie handels- und steuerrechtlicher Implikationen, Frankfurt a.M. u.a. 1997, S. 61 ff.

[1] Im Rahmen der Ausfuhrgewährleistungen des Bundes wird zwischen ‚Garantien' und ‚Bürgschaften' differenziert. Abweichend vom zivilrechtlichen Verständnis werden hierbei Finanzkreditdeckungen für an deutsche Exporte gebundene Kreditverträge mit privaten ausländischen Darlehensnehmern als Finanzkreditgarantien, Finanzkreditdeckungen für an deutsche Exporte gebundene Kreditverträge mit öffentlichen Darlehensnehmern/Garanten als Finanzkreditbürgschaften bezeichnet. Vgl. Janus, H.: § 122. Ausfuhrgarantien und Ausfuhrbürgschaften des Bundes, a.a.O., S. 3640 f., Tz. 61 sowie Menichetti, M.: Außenhandelsfinanzierung, in: Knapps Enzyklopädisches Lexikon des Geld-, Bank- und Börsenwesens, 4. Aufl., Frankfurt a.M. 1999, S. 76.

[2] Vgl. hierzu allgemein Kuttner, K.: Mittel- und langfristige Exportfinanzierung: besondere Erscheinungsformen in der Außenhandelsfinanzierung, a.a.O., S. 39 sowie Schwab, S.: Risiko-Management durch staatliche Exportkreditversicherung: Eine versicherungswirtschaftliche Analyse der Hermes-Deckungen, Frankfurt a.M. u.a. 1989, S. 85 ff.

[3] Zu den Voraussetzungen der ‚bundesgedeckten Projektfinanzierung' vgl. Hermes Kreditversicherungs-AG (Hrsg.): Projektfinanzierungen, in: AGA-Report Nr. 61, (1996), S. 7 ff. Vgl. auch Meyer-Reim, U.: Projektfinanzierungen im Außenhandel, in: WISU, 24. Jg. (1995), S. 583, derselbe: Neue Wege zur Deckung von Kreditrisiken, in: HB v. 23.4.1996, S. B4, derselbe, U.: Project finance under export credit agency cover, in: European Financial Services Law, 3. Jg. (1996), S. 78 ff., Decker, C.; Julius, H.: Project Financing under the German Export Credit Guarantee Programme, a.a.O., S. 192 ff. Ein weiteres alternatives Absicherungsinstrument stellt das Instrument des ‚Gegengeschäftes' dar; vgl. Hermes Kreditversicherungs-AG (Hrsg.): Gegengeschäfte, in: AGA-Report Nr. 60, (1996), S. 2 ff. sowie Julius, H.; Decker, C.: Forderungsabsicherung in der Exportfinanzierung durch Gegengeschäfte, a.a.O., S. 598 f.

Abb. 60: Beispiel für eine (partiell) bundesgedeckte Projektfinanzierung

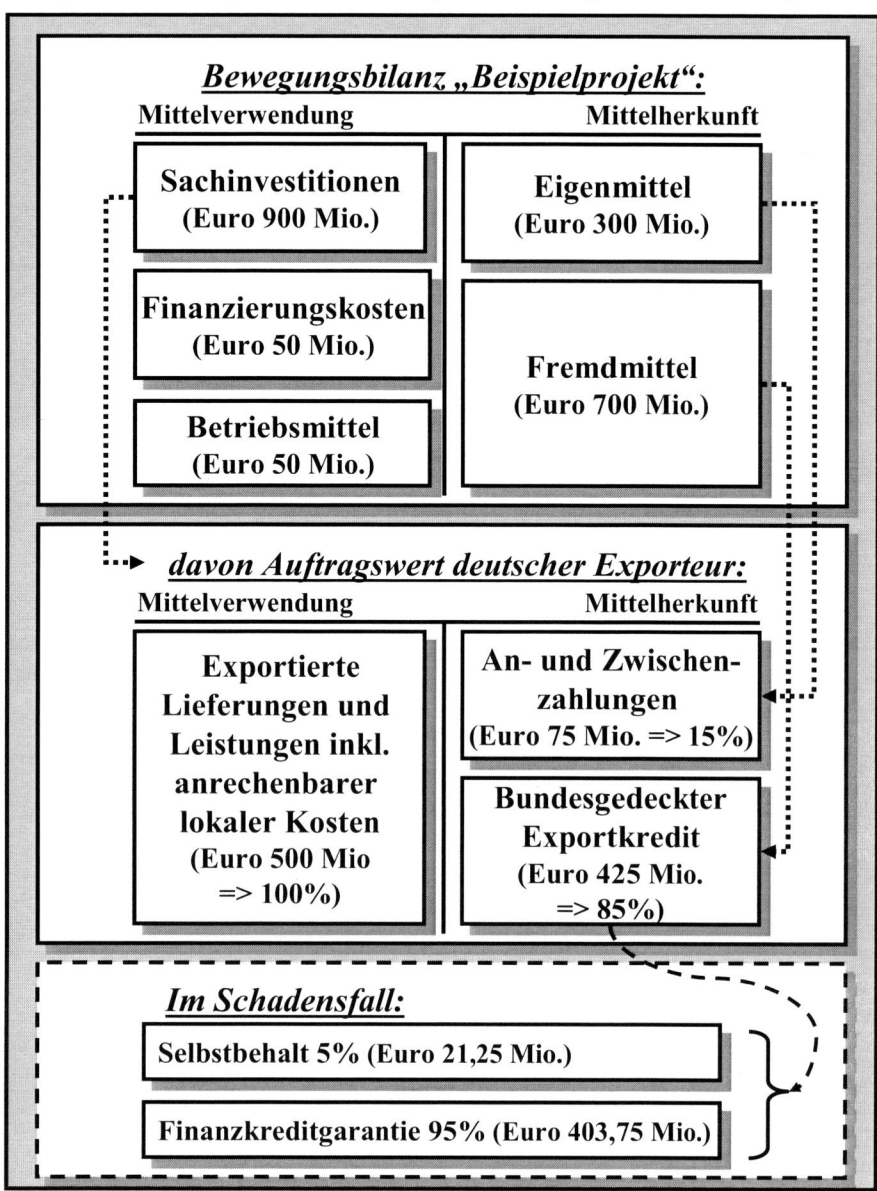

Bewegungsbilanz „Beispielprojekt":

Mittelverwendung	Mittelherkunft
Sachinvestitionen (Euro 900 Mio.)	Eigenmittel (Euro 300 Mio.)
Finanzierungskosten (Euro 50 Mio.)	Fremdmittel (Euro 700 Mio.)
Betriebsmittel (Euro 50 Mio.)	

davon Auftragswert deutscher Exporteur:

Mittelverwendung	Mittelherkunft
Exportierte Lieferungen und Leistungen inkl. anrechenbarer lokaler Kosten (Euro 500 Mio => 100%)	An- und Zwischenzahlungen (Euro 75 Mio. => 15%)
	Bundesgedeckter Exportkredit (Euro 425 Mio. => 85%)

Im Schadensfall:

Selbstbehalt 5% (Euro 21,25 Mio.)

Finanzkreditgarantie 95% (Euro 403,75 Mio.)

Quelle: Eigene Darstellung

Die ‚Allgemeinen Bedingungen für Garantien für gebundene Finanzkredite' sehen im Schadensfall eine nicht anderweitig abzusichernde Selbstbeteiligung des Garantienehmers in Höhe von 5% des garantierten Forderungsbetrages vor.[1] Bei einer Offenlegungsgrenze von mehr als Euro 750.000 bedeutet dies, dass sich das Kreditinstitut erst bei einer (anteiligen) Deckungssumme von über Euro 15 Mio. die wirtschaftlichen Verhältnisse des Kreditnehmers nach § 18 Satz 1 KWG offenlegen lassen muss.[2] Unabhängig von der aufsichtsrechtlich kodifizierten Betragsgrenze impliziert die

---

[1] Vgl. § 6 AB FKG. Die gleiche prozentuale Selbstbeteiligungsquote gilt auch bei Finanzkreditbürgschaften; vgl. § 6 AB FKB.

[2] Aufgrund der Höhe der zu finanzierenden Investitionsvolumina erfolgt bei Projektfinanzierungen die Herauslegung (projekt-)gebundener Finanzkredite im Normalfall im Rahmen von Kreditkonsortien; vgl. hierzu auch die Ausführungen unter Gliederungspunkt 2.3.1 ‚Grundfunktionen von Banken in der internationalen Projektfinanzierung', S. 159. Da im Wesentlichen nur die auf deutsche Lieferungen und Leistungen entfallenden Finanzierungsteile deckungsfähig sind, gibt es weitere projektbezogene Kredittranchen. Soweit möglich erfolgt eine quotale Beteiligung der finanzierenden Kreditinstitute an allen Kredittranchen, um den partizipierenden Konsortialmitgliedern die gleiche Anreiz-/Beitragsstruktur zu bieten.

Herauslegung einer Finanzkreditgarantie aufgrund des speziellen Prüfungsverfahrens bei ‚bundesgedeckten Projektfinanzierungen' sowohl im Antragsstadium als auch während der Garantielaufzeit eine weitreichende Offenlegung der wirtschaftlichen Verhältnisse des Kreditnehmers respektive eine Plausibilisierung des Projekt- und Finanzierungskonzeptes gegenüber den Mandataren durch das antragstellende Kreditinstitut.[1] De facto existiert somit neben der gesetzlichen Offenlegungspflicht des § 18 Satz 1 KWG parallel eine ‚versicherungstechnische Offenlegungspflicht'.[2]

- **Garantien und Bürgschaften für ungebundene Finanzkredite an das Ausland (‚UFK-Deckung')**

Eine weitere Erscheinungsform des öffentlich gewährleisteten Kredites sind die sogenannten ‚Garantien und Bürgschaften für ungebundene Finanzkredite an das Ausland', welche im Auftrag und für Rechnung des Bundes treuhänderisch durch ein Mandatarkonsortium, bestehend aus der PWC DEUTSCHEN REVISION AG, Hamburg, sowie der HERMES KREDITVERSICHERUNGS-AG, Hamburg, verwaltet werden.[3] Das Deckungsinstrument dient der Absicherung ‚Ungebundener Finanzkredite'[4] inländischer Kreditinstitute, welche zur Finanzierung förderungswürdiger Vorhaben im Ausland herausgelegt werden. Als förderungswürdig gelten Projekte u.a. dann, wenn sie eine positive Auswirkung auf die wirtschaftliche Entwicklung des Empfängerlandes haben sowie der deutschen Rohstoffversorgung dienen.[5]

Dabei wird auch der gedeckte Finanzkredit bzw. die Finanzkreditdeckung anteilig auf die einzelnen Kreditgeber umgelegt. Insoweit wird es zum einen von dem absoluten Finanzierungsvolumen und zum anderen von der Anzahl der Konsortialbeteiligten abhängen, ob die Offenlegungsgrenze von Euro 750.000 überschritten wird. Im skizzierten Fallbeispiel (vgl. Abb. 60: ‚Beispiel für eine (partiell) bundesgedeckte Projektfinanzierung', S. 237) werden <u>bei ausschließlicher Betrachtung der bundesgedeckten Kredittranche sowie gleichverteilten Konsortialanteilen</u> rein rechnerisch mehr als 28 Konsortialbanken benötigt, um eine Befreiung von der Offenlegungspflicht im Rahmen der Ausnahmeregelung des § 21 Abs. 3 Nr. 4 KWG zu erreichen (Selbstbehalt i.H.v. Euro 21,25 Mio. geteilt durch die Offenlegungsgrenze i.H.v. Euro 0,75 Mio.).

[1] Zu dem umfangreichen Prüfungsverfahren bei Deckungsanträgen im Zusammenhang mit bundesgedeckten Projektfinanzierungen vgl. Decker, C.; Julius, H.: Project Financing under the German Export Credit Guarantee Programme, a.a.O., S. 192 ff., Behm, G.: Gutachtliche Stellungnahmen zur wirtschaftlichen Tragfähigkeit von Projektfinanzierungen, Vortragsmanuskript, Konferenz: Internationale Projektfinanzierung, Frankfurt 31.5.-1.6.1995, S. 1 ff., Allwörden, J. v.: Understanding Hermes' Risk Analysis and Due Diligence Procedures for Emerging Market Projects, Vortragsmanuskript, Konferenz: Emerging Markets Projects, Paris 22.-24.1.1997, S. 1 ff.

[2] Ein einzelnes Kreditinstitut kann sich von der ‚deckungstechnischen Offenlegungspflicht' nur dann befreien, wenn diese im Rahmen eines Kreditkonsortiums, d.h. bei anteiliger Umlegung der Finanzkreditdeckung auf mehrere Kreditgeber, an eine andere Konsortialbank delegiert wird. Vgl. hierzu die Ausführungen zu den Funktionen ‚Agent/Trustee' (hier: ‚Hermes Agent') unter Gliederungspunkt 2.3.1 ‚Grundfunktionen von Banken in der internationalen Projektfinanzierung', S. 159 ff.

[3] Die Federführung für den Bereich ‚Garantien und Bürgschaften für ungebundene Finanzkredite an das Ausland' obliegt im Mandatarkonsortium der PWC DEUTSCHE REVISION AG, Hamburg. „*Garantien werden für Ungebundene Finanzkredite an private ausländische Schuldner, Bürgschaften für Ungebundene Finanzkredite an Regierungen und Körperschaften des öffentlichen Rechts im Ausland übernommen.*" Merkblatt über die Gewährung von Garantien und Bürgschaften für Ungebundene Finanzkredite im Ausland, Mai 1993, S. 2.

[4] „*Ungebundene Finanzkredite sind Darlehen, die für ein bestimmtes kommerzielles Vorhaben (Grundsatz der Projektbindung) gegeben werden, nicht im Zusammenhang mit deutschen Lieferungen und Leistungen stehen und nicht der Ablösung von Verpflichtungen aus in- oder ausländischen Liefer- und Leistungsgeschäften (Umschuldung) dienen.*" Merkblatt über die Gewährung von Garantien und Bürgschaften für Ungebundene Finanzkredite im Ausland, Mai 1993, S. 2.

[5] Vgl. hierzu allgemein Löwenstein, Prinz M. z.: Garantien und Sicherungsrechte im Projektgeschäft, a.a.O., S. 257 f., Tz. 35. Eine UFK-Deckung wurde beispielsweise von der Kreditanstalt für Wiederauf-

Auch bei den ‚Garantien und Bürgschaften für ungebundene Finanzkredite an das Ausland' richtet sich die Offenlegung nach § 18 Satz 1 KWG grundsätzlich nach der maximalen, absoluten Höhe der vom Deckungsnehmer zu tragenden Selbstbeteiligung. Die nachfolgende Tabelle stellt die Mindestselbstbeteiligungen in Abhängigkeit von den gedeckten Risiken bzw. der Schadensursache dar:

Tab. 19: Mindestselbstbeteiligungen bei UFK-Deckungen

Gedeckte Risiken bzw. Schadensursache	Mindestselbstbeteiligung in %
Wirtschaftliche Risiken (inkl. Risiko der Nichtzahlung bei Bürgschaften)	20
Konvertierungs- und Transferrisiken	15
Sonstige politische Risiken	10

Quelle: Merkblatt über die Gewährung von Garantien und Bürgschaften für Ungebundene Finanzkredite im Ausland, Mai 1993, S. 4.

Bei den in der vorstehenden Tabelle skizzierten Selbstbeteiligungen handelt es sich um Mindestquoten, welche im Einzelfall durchaus höher sein können.[1] Insofern ist in Analogie zu den Ausführungen über die ‚Ausfuhrgewährleistungen des Bundes' zu überprüfen, ob durch die maximal mögliche Selbstbeteiligungsquote die Offenlegungsgrenze von Euro 750.000 oder 10% vom haftenden Eigenkapital überschritten wird.[2] Aufgrund der relativ hohen Mindestselbstbeteiligungsquote von 20 von Hundert wird somit die Ausnahmeregelung des § 21 Abs. 3 Nr. 4 KWG auch bei Vorliegen einer UFK-Deckung regelmäßig nicht anwendbar sein. Daneben ist auf die ‚versicherungstechnische Offenlegungspflicht' hinzuweisen.[3]

- **Bürgschaftsprogramme der Bundesländer**

Zu den verschiedenen Ausprägungsformen des öffentlich gewährleisteten Kredites gehören auch die Bürgschaftsprogramme der Bundesländer dar.[4] Hierbei handelt es sich um Ausfallbürgschaften, die direkt von den Bundesländern als Gebietskörperschaften herausgelegt werden.[5] Die Offenle-

---

bau bei der Projektfinanzierung des Gold- und Kupferprojektes BAJO DE ALUMBRERA in Argentinien benutzt. Der Bezug zur inländischen Rohstoffversorgung ist durch den Abschluss von langfristigen Verträgen über den Import von Kupferkonzentrat durch die NORDDEUTSCHE AFFINERIE AG, Hamburg, gegeben; vgl. Watkins, M.: Gold Standard, in: PTF, o.Jg. (1997), Nr. 172, S. 10.

[1] Vgl. § 7 AB GUFK: *„Der Garantienehmer ist an jedem Ausfall selbst beteiligt. Die Einzelheiten werden in der Garantieerklärung festgelegt."* Die Selbstbeteiligung ist analog für den Bereich der Bürgschaften geregelt; vgl. § 7 AB BUFK.

[2] Bei einer Offenlegungsgrenze von mehr als Euro 750.000 und einer Selbstbeteiligungsquote von 20 von Hundert bedeutet dies, dass sich das Kreditinstitut bei einer (anteiligen) Deckungssumme von über Euro 3.750.000 die wirtschaftlichen Verhältnisse des Kreditnehmers nach § 18 Satz 1 KWG offenlegen lassen muss.

[3] Vgl. Merkblatt über die Gewährung von Garantien und Bürgschaften für Ungebundene Finanzkredite im Ausland, Mai 1993, S. 2.

[4] Vgl. Bähre, I. L.; Schneider, M.: KWG-Kommentar: Kreditwesengesetz mit den wichtigsten Ausführungsverordnungen, a.a.O., S. 259.

[5] Gebietskörperschaften sind Adressaten des § 21 Abs. 2 Nr. 1 KWG. Die Ausfallbürgschaften der rechtlich selbständigen Bürgschaftsbanken der Länder (z.B. in der Rechtsform einer GmbH) können jedoch nicht unter die § 21 Abs. 2 Nr. 1 KWG subsumiert werden. Bei letztgenannten Gewährleistungen ist auch nicht die Ausnahmeregelung des § 21 Abs. 3 Nr. 3 anwendbar; vgl. Bock, H.: § 21 Begriff des Kredits für die §§ 15 bis 18, a.a.O., S. 546, Tz. 44.

gungspflicht hängt auch hier von der absoluten Höhe der Selbstbeteiligung des Deckungsnehmers bzw. von dem Überschreiten der Offenlegungsgrenze des § 18 Satz 1 KWG ab.[1]

3.1.2.1.3 Zur Betragsgrenze ‚mehr als 750.000 Euro oder mehr als 10% vom haftenden Eigenkapital'

Im Zuge der 6. KWG-Novelle (1997/98) wurde die Offenlegungsgrenze von 250.000 Deutsche Mark auf 500.000 Deutsche Mark verdoppelt.[2] Mit Einführung des Euro als gesetzliches Zahlungsmittel wurde dieser Betrag auf 250.000 Euro abgerundet. Im Jahr 2005 erfolgte die erneute Anpassung der <u>absoluten</u> Höhe sowie die Ergänzung um eine – auf kleinere Institute abzielende – <u>relative</u> Auffanggrenze.[3] Eine Offenlegung der wirtschaftlichen Verhältnisse ist nach § 18 Satz 1 KWG nunmehr erforderlich, wenn der Kredit einen der folgenden Schwellenwerte überschreitet:

---

[1] So sieht beispielsweise das Bürgschaftsprogramm des Landes Sachsen-Anhalt eine maximale Bürgschaftshöhe von 80 v.H. des Ausfalls vor; vgl. Bürgschaftsrichtlinien des Landes Sachsen-Anhalt, Beschluss der Landesregierung vom 4. April 2000, Ministerialblatt für das Land Sachsen-Anhalt v. 26. Juli 2000, Nr. 23, S. 5, Gliederungspunkt I. 10.

[2] Mit der Anhebung der Betragsgrenze des § 18 Abs. 1 KWG wollte der Gesetzgeber dabei u.a. „*der nachhaltigen Forderung der Kreditwirtschaft nach einer Entschlackung und Deregulierung*" des KWG nachkommen; vgl. Fischer, R.: Einführung, a.a.O., S. 106, Tz. 45. Mit Ausnahme der Anhebung der Offenlegungsgrenze erfolgte im Zuge der **sechsten KWG-Novelle von 1997/98** keine materielle Änderung des § 18 Satz 1 KWG. Vgl. Bundesregierung: Entwurf eines Gesetzes zur Umsetzung von EG-Richtlinien zur Harmonisierung bank- und wertpapieraufsichtsrechtlicher Vorschriften, in: Bundestags-Drucksache 13/7142 v. 6.3.1997, S. 85 sowie Bundesrat: Stellungnahme zu dem Entwurf eines Gesetzes zur Umsetzung von EG-Richtlinien zur Harmonisierung bank- und wertpapieraufsichtsrechtlicher Vorschriften, in: Bundestags-Drucksache 13/7142 v. 6.3.1997, S. 119. Die sechste KWG-Novelle diente insbesondere der Umsetzung verschiedener EG-Richtlinien (u.a. Wertpapierdienstleistungsrichtlinie, Kapitaladäquanzrichtlinie, BCCI-Folgerichtlinie) in das deutsche Recht; vgl. hierzu im Detail Lehnhoff, J.: 6. KWG-Novelle verabschiedet, a.a.O., S. 2 f., Boos, K.-H.: Entwurf einer 6. KWG-Novelle, in: Die Bank, o.Jg. (1997), S. 119 ff., Mielk, H.: Die wesentlichen Neuregelungen der 6. KWG-Novelle, in: Zeitschrift für Wirtschafts- und Bankrecht (WM IV), 51. Jg. (1997), S. 2200 ff. u. 2243 ff., Mielk, H.: Wichtige Neuregelungen des Diskussionsentwurfes zur 6. KWG-Novelle, in: BI, 23. Jg. (1996), H. 12, S. 35 ff., Schiller, B.; Wiedemeier, I.: Chronologie der Bankenaufsicht, in: ZfgK, 51. Jg. (1998), S. 757 ff. Vgl. zur Fortentwicklung des Bankaufsichtsrechts nach der sechsten KWG-Novelle Artopoeus, W.: Aktuelle Entwicklungen in der Bankenaufsicht, Vortragsmanuskript, Jahresversammlung des Hessischen Bankenverbandes, Frankfurt a.M. 4.3.1999, URL: http://bakred.de/texte/praes/r_040399.htm (Abruf: 12.12.00). Bereits Im Rahmen der **fünften KWG-Novelle von 1995** wurde die Offenlegungsgrenze des § 18 Satz 1 KWG von DM 100.000 auf DM 250.000 angehoben. Darüber hinaus diente die fünfte KWG-Novelle im Wesentlichen der Umsetzung der Zweiten EG-Konsolidierungsrichtlinie und der EG-Großkredit-Richtlinie in das deutsche Aufsichtsrecht; vgl. Göttgens, M.; Karg, M.: Grundzüge des Entwurfs einer Fünften KWG-Novelle, in: WPg, 47. Jg. (1994), S. 197 ff., Boos, K.-H., Klein, U.: Die neuen Großkredit- und Millionenkreditbestimmungen, in: Die Bank, o.Jg. (1995), S. 535 ff., Fischer, R.: § 125. Grundlagen, a.a.O., S. 3723 f., Tz. 26.

[3] Vgl. Gesetz zur Neuordnung des Pfandbriefrechts in der Fassung der Bekanntmachung vom 21.5.2005 (BGBl. I 2005, S. 1373). Die Anpassung des § 18 Satz 1 KWG wurde aus Gründen der Beschleunigung in das Gesetzgebungsvorhaben zur Erneuerung des Pfandbriefrechtes eingebracht. Die Gesetzesänderung wurde durch den damaligen bayerischen Wirtschaftsminister OTTO WIESHEU initiiert, der den damaligen Bundesfinanzminister HANS EICHEL per Brief auf Wettbewerbsverzerrungen im grenzüberschreitenden Kreditgeschäft hingewiesen hatte. Vgl. o.V. Eichel will Hürden bei Kreditprüfung senken, in: BZ v. 29.01.2005, Nr. 20, S. 5, Lang, C.: Flexibilität für § 18 KWG, in: BZ v. 29.01.2005, Nr. 20, S. 1, o.V.: Koalition lockert Regeln für Kreditvergabe, in: FAZ v. 9.2.2005, Nr. 33, S. 9. Hierbei wurde u.a. auf die für österreichische Kreditinstitute geltende Offenlegungsgrenze des § 27 Abs. 8 (österreichisches) Bankwesengesetz verwiesen. Im Zuge der nachfolgenden Diskussion kam es nicht nur zur Anpassung der Offenlegungsgrenze, sondern auch zur Aufhebung aller Verlautbarungen zu § 18 KWG seitens der BAFIN. Vgl. Früh, A.: Die Prüfpflichten für Kredite sollen gelockert werden, in: FAZ v. 9.2.2005, Nr. 33, S. 9, o.V.: ZKA hält an der Bonitätsprüfung fest, in: BZ v. 15.02.2005, Nr. 31, S. 6, Schackmann-Fallis, K.-P.: Anforderungen nach § 18 KWG grundlegend überarbeiten, in: BZ v. 15.02.2005, Nr. 31, S. 8, o.V.: BaFin

- **Absolute Betragsgrenze**

Die kodifizierte absolute Betragsgrenze ‚**mehr als Euro 750.000**' erscheint für die vorliegende Untersuchung irrelevant, da aufgrund der Komplexität von ‚Projektfinanzierungen im engeren Sinne' und eines daraus resultierenden erhöhten Strukturierungs- und Prüfungsaufwandes das bankseitig zu übernehmende Kreditvolumen – auch bei Aufteilung im Zuge einer konsortialen Kreditgewährung – regelmäßig ein Vielfaches von 750.000 Euro betragen wird.[1] Darüber hinaus wird aufgrund einer im Gesetzestext nicht explizit ausgesprochenen ‚banküblichen Sorgfaltspflicht' jedwede Kreditvergabe an Firmenkunden ein Mindestmaß an Offenlegung implizieren.[2]

- **Relative Auffanggrenze**

Für die Explikation der relativen Auffanggrenze ‚**mehr als 10 vom Hundert des haftenden Eigenkapitals des Instituts**' bedarf es einer Betrachtung des Begriffes ‚haftendes Eigenkapital'. In den Vorschriften der §§ 10, 10 a KWG erfolgt im Wesentlichen die Definition regulatorischer Eigenkapitalgrößen, deren Beziehungen in der nachfolgenden Abbildung in einem zusammenfassenden und vereinfachten Überblick wiedergegeben sind:

---

klärt Praxis zur Kreditprüfung, in: BZ v. 17.02.2005, Nr. 33, S. 6, o.V.: Bundestag billigt neues Pfandbriefgesetz, in: BZ v. 19.02.2005, Nr. 35, S. 4, Kenne, U. v.: Die Kreditvergabe muss unbürokratischer werden, BZ v. 5.04.2005, Nr. 64, S. 8. sowie die vorstehenden Ausführungen zur Rücknahme der entsprechenden Veröffentlichungen unter Gliederungspunkt 3.1.1.1 Die Offenlegungspflicht nach § 18 Satz 1 KWG, S. 186 ff.

[1] Vgl. hierzu nochmals die Ausführungen bzgl. möglicher Projektvolumina und daraus resultierender Losgrößen unter Gliederungspunkt 2.1.1. Vgl. auch die vorstehenden Ausführungen zum Zusammenhang zwischen den Selbstbeteiligungsquoten bei öffentlich gewährleisteten Krediten einerseits und der Offenlegungsgrenze des § 18 Satz 1 KWG andererseits unter Gliederungspunkt 3.1.2.1.2.2 ‚Negative Eingrenzung', Unterpunkt (iv) ‚Öffentlich gewährleistete Kredite', S. 234.

[2] Vgl. BAKred: Überblick über die grundsätzlichen Anforderungen an die Offenlegung der wirtschaftlichen Verhältnisse nach § 18 KWG, Rundschreiben 9/98 S. 1 sowie insbesondere Fn. 1, wobei hier auf die ‚Grundsätze ordnungsmäßiger Geschäftsführung' abgestellt wird. Vgl. hierzu auch die nachfolgenden Ausführungen unter Gliederungspunkt 3.1.2.2.2.2. Für formaljuristische Kritik an den Konkretisierungen des BAKred vgl. Brogl, F.; Hambloch-Gesinn, S.: Aufsicht konkretisiert Offenlegungspflicht, in: Bank Magazin, o.Jg. (1998), Nr. 8, S. 36. Die Sichtweise des BAKred wird jedoch materiell auch durch das Schrifttum bestätigt; vgl. BVR (Hrsg.): Gesetz über das Kreditwesen (KWG) einschließlich 6. KWG-Novelle, 3. Finanzmarktförderungsgesetz, Einlagensicherungs- und Anlegerentschädigungsgesetz sowie Insolvenzordnung, a.a.O., S. 143, Kerl, J.; Lutz, G.; Schanz, H.-H.: Offenlegung der wirtschaftlichen Verhältnisse der Kreditnehmer nach § 18 des Gesetzes über das Kreditwesen (KWG), a.a.O., S. 7, Lehnhoff, J.: 6. KWG-Novelle verabschiedet, in: BI, 24. Jg. (1997), H. 7, S. 3, Brinkmann, J.: Die Offenlegung der wirtschaftlichen Verhältnisse nach § 18 KWG, in: BI, 13. Jg. (1986), Nr. 4, S. 58. Für eine differenzierte Auseinandersetzung mit der Betragsgrenze des § 18 Satz 1 KWG aus einer rechtswissenschaftlichen Perspektive vgl. Beck, H.: Gesetz über das Kreditwesen: Kommentar nebst Materialien und ergänzenden Vorschriften, a.a.O., § 18, S. 13 ff., Tz. 38 ff. o.V.: ZKA warnt vor Fehlschlüssen, BZ v. 23.02.2005, Nr. 37, S. 3.

Abb. 61:   Überblick über den aufsichtsrechtlichen Eigenmittelbegriff

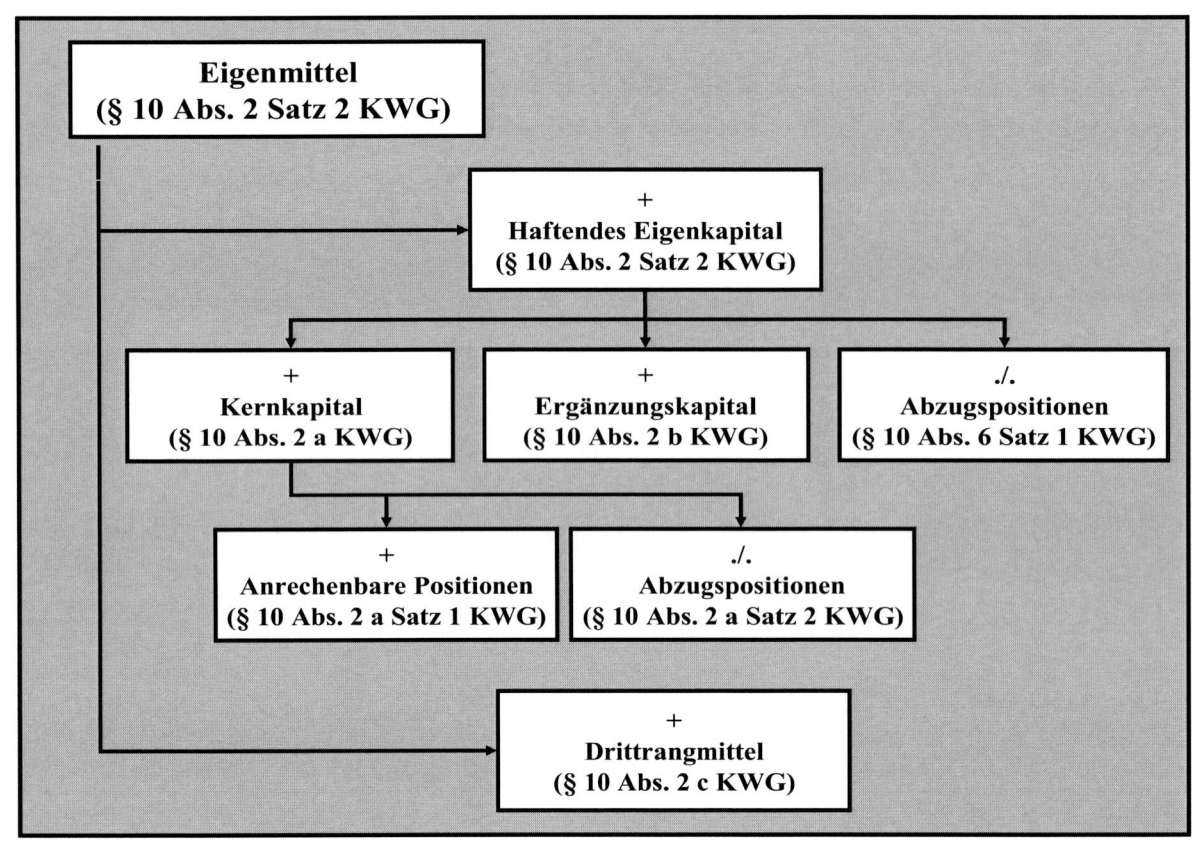

```
                    Eigenmittel
                (§ 10 Abs. 2 Satz 2 KWG)
                          │
                          │           +
                          └──→  Haftendes Eigenkapital
                                (§ 10 Abs. 2 Satz 2 KWG)
                                          │
                    ┌─────────────────────┼─────────────────────┐
                    │ +                   │ +                   │ ./.
              Kernkapital          Ergänzungskapital       Abzugspositionen
           (§ 10 Abs. 2 a KWG)    (§ 10 Abs. 2 b KWG)    (§ 10 Abs. 6 Satz 1 KWG)
                    │
          ┌─────────┴─────────┐
          │ +                 │ ./.
    Anrechenbare Positionen   Abzugspositionen
    (§ 10 Abs. 2 a Satz 1 KWG) (§ 10 Abs. 2 a Satz 2 KWG)

                          +
                    Drittrangmittel
                 (§ 10 Abs. 2 c KWG)
```

Quelle: Eigene Darstellung

Der regulatorische Begriff der **Eigenmittel** setzt sich aus den Größen ‚Haftendes Eigenkapital' und ‚Drittrangmittel' zusammen. Das **Haftende Eigenkapital** ergibt sich wiederum aus den drei Komponenten (a) Kernkapital, (b) Ergänzungskapital und (c) Abzugspositionen:

(a) Das **Kernkapital** wird in der Vorschrift des § 10 Abs. 2 a KWG für verschiedene gesellschaftsrechtliche Unternehmensformen definiert.[1] Im Fall der Aktiengesellschaft kann z.B. als **anrechenbare Position** im Wesentlichen das eingezahlte Grundkapital ohne Berücksichtigung von Vorzugsaktien sowie unter Hinzurechnung von Rücklagen angesetzt werden.[2] **Abzugspositionen** bei der Berechnung des Kernkapitals sind (1.) Bilanzverluste, (2.) immaterielle Vermögensgegenstände, (3.) von der BaFin festgesetzte Korrekturposten, (4.) bestimmte Kredite an ausgewählte Gesellschaftergruppen sowie (5.) bestimmte Kredite an stille Gesellschafter.[3]

---

[1] Die Unternehmens- bzw. Gesellschaftsformen werden nach den folgenden Fallgruppen unterschieden: (1.) Einzelkaufmann, OHG, KG; (2.) AG, KGaA, GmbH; (3.) eingetragene Genossenschaft; (4.) öffentlich-rechtliche Sparkasse, Sparkasse des privaten Rechts, die als öffentliche Sparkasse anerkannt ist (5.) Kreditinstitute des öffentlichen Rechts, die nicht unter Nr. 4 fallen; (6.) Kreditinstitut in einer anderen Rechtsform. Vgl. § 10 Abs. 2 a Satz 1 Nr. 1-6 KWG.

[2] Daneben sind Sonderposten für allgemeine Bankrisiken nach § 340g HGB sowie Vermögenseinlagen stiller Gesellschafter i.S.v. § 10 Abs. 4 KWG dem Kernkapital hinzuzurechnen; vgl. § 10 Abs. 2 a Satz 1 Nr. 7 und Nr. 8 KWG.

[3] Vgl. hierzu die ausführlichen Regelungen des § 10 (2a) Satz 2 KWG.

(b) Als **Ergänzungskapital** können nach § 10 Abs. 2 b KWG u.a. Vorsorgereserven nach § 340 f HGB, Vorzugsaktien, Genussrechtsverbindlichkeiten und bestimmte längerfristige nachrangige Verbindlichkeiten angesetzt werden.

(c) Bei der Ermittlung des ‚Haftenden Eigenkapitals' sind von der Summe aus Kernkapital und Ergänzungskapital bestimmte **Abzugspositionen** nach § 10 Abs. 6 Satz 1 KWG abzuziehen.[1]

Als sogenannte **Drittrangmittel** können (1.) der korrigierte[2], anteilige Gewinn, der bei einer Glattstellung aller Handelsbuchpositionen entstünde (sogenannter ‚Nettogewinn') sowie (2.) bestimmte kurzfristige nachrangige Verbindlichkeiten angesetzt werden.[3]

Die relative Auffanggrenze des § 18 Satz 1 KWG setzt am haftenden Eigenkapital de individuellen Institutes an. Rein rechnerisch muss sich diese Größe bei einem prozentualen Schwellenwert von 10% unter einem Betrag von Euro 7,5 Mio. belaufen, damit die absolute Betragsgrenze von Euro 750.000 irrelevant wird. Im Umkehrschluss bedeutet dies, dass nur sehr kleine Institute von der relativen Auffanggrenze erfasst werden.[4]

3.1.2.1.4 Zum Begriff ‚Kreditgewährung'

Der Gesetzgeber hat im Wortlaut des § 18 Satz 1 KWG indirekt und ohne weitere Definition den Terminus der ‚Kreditgewährung' eingeführt.[5] Das BAKRED hat als bisheriger Träger der Bankenaufsicht in seinem Rundschreiben 8/98 eine Konkretisierung dieser Begrifflichkeit vorgenommen. Eine ‚Kreditgewährung' liegt demnach immer dann vor, wenn ein Kredit rechtlich bindend durch ein Kreditinstitut *„...schriftlich oder mündlich zugesagt oder ohne vorherige Bewilligung als Überziehung zugelassen wird."*[6]

---

[1] Bei den Abzugspositionen handelt es sich im Wesentlichen um 1. Beteiligungen an anderen Instituten von mehr als 10% des Kapitals dieser Unternehmen, 2. Forderungen aus längerfristigen nachrangigen Verbindlichkeiten an Institute, an denen das Institut zu mehr als 10% beteiligt ist, 3. Forderungen aus Genussrechten an Unternehmen nach Nummer 2, 4. Vermögenseinlagen als stiller Gesellschafter bei Unternehmen nach Nummer 2, 5. eine Mischgröße aus den Beträgen, die noch nicht durch die Nummern 1 und 2 erfasst wurden zuzüglich der Beträge nach Nummern 3 und 4; vgl. hierzu im Detail die Vorschrift des § 10 Abs. 6 Satz 1 Nr. 1 bis 5 KWG.

[2] Bei den Korrekturposten handelt es sich im Wesentlichen um vorhersehbare Ausschüttungen und Aufwendungen sowie die bei einer Liquidation des Unternehmens voraussichtlich entstehenden Verluste aus dem Anlagebuch.

[3] Vgl. hierzu im einzelnen § 10 Abs. 2 c Satz 1 Nr. 1 und Nr. 2 KWG. Für die Drittrangmittel existiert zudem eine Kappungsgrenze; vgl. § 10 Abs. 2 c Satz 2 KWG.

[4] So belief sich bei der Bremischen Volksbank e.G., Bremen, das bilanziell ausgewiesene Eigenkapital bei einer Bilanzsummen von Euro 629,8 Mio. per 31.12.2004 allein bereits auf rd. Euro 33,4 Mio. Vgl. Bremische Volksbank e.G.: Jahresbericht 2004, S. 25.

[5] Vgl. hierzu nochmals den Wortlaut des § 18 Satz 1 KWG: *„Ein Kreditinstitut darf einen **Kredit**, der insgesamt mehr als 750.000 Euro oder 10 vom Hundert des haftenden Eigenkapitals des Intituts überschreitet, nur **gewähren**, wenn es sich von dem Kreditnehmer die wirtschaftlichen Verhältnisse, insbesondere durch Vorlage der Jahresabschlüsse, offenlegen läßt."*

[6] BAKred: Überblick über die grundsätzlichen Anforderungen an die Offenlegung der wirtschaftlichen Verhältnisse nach § 18 KWG, Rundschreiben 9/98, Gliederungspunkt II. Diese Sichtweise ist Ausfluss der herrschenden Meinung, der sogenannten ‚Konsensualvertragstheorie', nach der ein Kreditvertrag dann zustande gekommen ist, wenn ein gültiger Schuldvertrag begründet worden ist. Insoweit wird der konkurrierenden ‚Realvertragstheorie', bei der das wesentliche Kriterium für das Zustandekommen eines Kreditvertrages die Auszahlung der Geldmittel ist, nicht gefolgt; vgl. hierzu Beck, H.: Gesetz über das Kreditwesen: Kommentar nebst Materialien und ergänzenden Vorschriften, a.a.O., § 18, S. 16, Tz. 45,

Grundsätzlich kann die Kreditzusage dabei auch an Bedingungen geknüpft sein.[1] Im Zusammenhang mit dem Untersuchungsgegenstand ‚Projektfinanzierung im engeren Sinne' lassen sich die folgenden **bedingten Kreditzusagen** unterscheiden, bei denen eine Kreditgewährung im Sinne des § 18 Satz 1 KWG vorliegt:

- **Kreditzusage unter Dokumentationsvorbehalt**

    Erfolgt die Darstellung einer Projektfinanzierung im engeren Sinne konsortial, d.h. durch mehrere Banken gemeinsam, so impliziert dies in der Mehrzahl der Fälle eine Kreditsyndizierung im Wege einer ‚General Syndication' und eines möglicherweise vorgeschalteten ‚(Sub-)Underwriting'.[2] Aufgrund der Usancen im Konsortialkreditgeschäft legt die arrangierende Bank hierbei den eingeladenen Banken einen Prospekt in Form eines ‚Information Memorandum' vor, welcher entweder die wesentlichen rechtlichen Eckpunkte der offerierten Kreditbeziehung in Form eines Term Sheet bzw. einer Vertragszusammenfassung (‚*Summary of Loan Agreement*') oder seltener den bereits vor- bzw. endverhandelten Kreditvertrag enthält. Da ein eingeladenes Kreditinstitut bei seiner Kreditentscheidung neben den wirtschaftlichen Gesichtspunkten eines Projekt- und Finanzierungskonzeptes auch die korrespondierende vertragsrechtliche Dokumentation berücksichtigen wird, muss es bei einer Kreditzusage eine hinreichende Sicherheit bezüglich des Eintritts der im Information Memorandum dargestellten rechtlichen Rahmenbedingungen haben.[3] Eine Finanzierungszusage (‚*Commitment*') wird daher regelmäßig unter einem Dokumentationsvorbehalt (‚*Subject to satisfactory documentation*') stehen, so dass ein Kreditinstitut bei Vorliegen der zu unterzeichnenden Kreditverträge zu einem späteren Zeitpunkt die Möglichkeit zum Abgleich derselben mit dem im Information Memorandum dokumentierten Vertragskonzept hat. Die Erfüllung dieser Bedingung liegt nunmehr ausschließlich in der Sphäre des Kreditnehmers. Legt dieser einen Kreditvertrag vor, welcher im Wesentlichen dem im Information Memorandum niedergelegten materiell-rechtlichen Eckpunkten des Projekt- und Finanzierungskonzeptes entspricht, so kann das Kreditinstitut seine bedingte Kreditzusage nicht mehr unter dem Hinweis auf den Dokumentationsvorbehalt zurückziehen.[4] Insofern ist eine Kreditzusage unter Dokumentationsvorbehalt als Kreditgewährung im Sinne des § 18 Satz 1 KWG zu qualifizieren.

- **Kreditzusage unter Gremienvorbehalt**

    In der Regel implizieren projektgebundene Kredite aufgrund vergleichsweise hoher Volumina sowie langer Laufzeiten umfangreiche Entscheidungs- und Genehmigungsprozesse unter In-

---

sowie grundsätzlich zu den Kredittheorien Claussen, C. P.: Bank- und Börsenrecht, a.a.O., S. 304, Tz. 7 ff. Auf die Problematik einer Beweisführung im Falle eines mündlich zugesagten Kredites sei an dieser Stelle hingewiesen.

[1] Vgl. Ebenda

[2] Vgl. hierzu die Ausführungen unter Gliederungspunkt 2.3.2.2 ‚Ablauforganisation', S. 178 ff., insbesondere Abb. 43: ‚Ablaufplan einer Projektfinanzierung im engeren Sinne', S. 180 sowie die korrespondierenden Erläuterungen zu den Ablaufschritten ‚*(Sub-)Underwriting*' (8a) und ‚*General Syndication*' (8b).

[3] Vgl. zu wichtigen rechtlichen Rahmenbedingungen bei Projektfinanzierungen im engeren Sinne insbesondere die Ausführungen unter Gliederungspunkt 2.1.4.3 ‚Projektbezogene Kreditbedingungen und Verhaltensauflagen', S. 48 ff.

[4] Zur rechtlichen Bindungswirkung einer Kreditzusage unter Dokumentationsvorbehalt vgl. Hinsch, C. L.: Das Vertragsrecht der internationalen Konsortialkredite am Euromarkt, a.a.O., S. 46 ff. Für eine allgemeine Darstellung von Vertragsnachverhandlungen nach Abgabe einer Kreditzusage unter Dokumentationsvorbehalt vgl. Trostdorf, S.: Syndizierter Kredit, a.a.O., S. 1864.

volvierung unterschiedlicher bankinterner Gremien.[1] Aus geschäftspolitischen Erwägungen kann das Herauslegen einer externen Kreditzusage noch während des Durchlaufens der Instanzenhierarchie unter der Bedingung eines Gremienvorbehalts erforderlich sein. Obwohl eine schuldrechtlich verbindliche Zusage hier zwar nicht vorliegen soll, qualifiziert die Bankenaufsicht diesen Sachverhalt als Kreditgewährung im Sinne des § 18 Satz 1 KWG.[2]

- **Kreditzusage unter Syndizierungsvorbehalt**

  Es wurde bereits darauf hingewiesen, dass der Kreditvertrag in der Regel durch die als ‚Arranger' mandatierten Banken vor der Syndizierung unterzeichnet wird.[3] In der Mehrzahl der Fälle werden die arrangierenden Banken auch das Syndizierungsrisiko bzw. Platzierungsrisiko des Konsortialkredites durch ein korrespondierendes, vollständiges ‚Underwriting' der Kreditbeträge übernehmen.[4] In einigen Fällen werden die Arrangeure jedoch nur zur partiellen Übernahme des Syndizierungsrisikos bereit sein bzw. nur dann an der Projektfinanzierung teilnehmen, wenn der gesamte Konsortialkredit durch Einwerbung weiterer Kreditgeber platziert werden kann.[5] Um nicht durch die Kreditvertragsunterzeichnung an eine nicht syndizierbare Projektfinanzierung gebunden zu sein, kann eine derartige „Kreditzusage" unter Syndizierungsvorbehalt abgegeben werden. Auch diese Fallkonstellation ist als eine Kreditgewährung im Sinne des § 18 Satz 1 KWG zu qualifizieren, da der Eintritt dieser Bedingung, d.h. der ‚Syndizierungserfolg', außerhalb der Sphäre des Kreditgebers liegt.[6]

Im Ergebnis ist festzuhalten, dass bei den vorgenannten ‚bedingten Kreditzusagen' eine Offenlegung der wirtschaftlichen Verhältnisse vor der externen Kreditzusage gegenüber dem Kreditnehmer erfolgen muss.[7]

Nach Auffassung der Bankenaufsicht liegt **keine Kreditgewährung** bei Herauslegung von ‚*rechtlich unverbindlichen Absichtserklärungen*' vor, die noch zu einem späteren Zeitpunkt eine Verwei-

---

[1] Z.B. Kreditausschuss bzw. Kreditkomitee, Vorstand, Kredit- und Beteiligungsausschuss; vgl. hierzu die Ausführungen unter Gliederungspunkt 2.3.2.1 Aufbauorganisation, S. 165 ff.

[2] Der Eintritt der Bedingung (hier: positive Kreditzusage) und damit die schuldrechtliche Bindungswirkung liegt bei dieser Sachverhaltsgestaltung ausschließlich in der Sphäre des Kreditgebers; vgl. hierzu Bock, H.: § 18 Kreditunterlagen, a.a.O., S. 447, Tz. 9. Allerdings ist der Auffassung der Bankenaufsicht insoweit zu folgen, als dass eine Produktabteilung nach Anstoß des Genehmigungsverfahrens eine positive Entscheidung der involvierten Gremien sowie eine Kommunikation dieses Ergebnisses durch dritte Organisationseinheiten (z.B. Kundenbetreuer) gegenüber dem Kunden (Kreditnehmer) im Zweifel nicht verhindern können wird.

[3] Vgl. hierzu Gliederungspunkt 2.3.2.2 ‚Ablauforganisation', S. 178 ff.

[4] Vgl. hierzu die Deskription der Grundfunktionen ‚Arranger' und ‚Underwriter' unter Gliederungspunkt 2.3.1 ‚Grundfunktionen von Banken in der internationalen Projektfinanzierung' S. 159 ff.

[5] Ein derartiger Absicherungswunsch des arrangierenden Kreditinstitutes ist z.B. dann möglich, wenn eine zeitweilige ‚Verstopfung' bzw. ‚Überschwemmung' des Kreditmarktes durch die Syndizierung einer Vielzahl gleichartiger Projektfinanzierungen innerhalb eines relativ kurzen Zeitraums erwartet wird.

[6] Theoretisch kann eine arrangierende Bank auf die Bedingung des Syndizierungsvorbehaltes dadurch Einfluss nehmen, dass sie durch ein entsprechendes Verhalten gegenüber den eingeladenen Banken ein Scheitern der Syndizierung bewirkt. Ein Arranger wird jedoch ausreichende Bemühungen bei der Syndizierung demonstrieren müssen, um nicht Haftungsansprüche seines Auftraggebers zu begründen. Zur quasi-vertraglichen Haftung einer arrangierenden Bank vgl. Hinsch, C. L.: Das Vertragsrecht der internationalen Konsortialkredite am Euromarkt, a.a.O., S. 47 f.

[7] Vgl. hierzu auch Deutscher Sparkassen- und Giroverband (Hrsg.): Leitfaden zur Erfüllung der Anforderungen des § 18 KWG, S. 23, Tz. 44.

gerung der Kreditauszahlung seitens des Kreditinstitutes ermöglichen.[1] Ebenfalls nicht als Kreditgewährung im Sinne des § 18 Satz 1 KWG zu qualifizieren sind Finanzierungsangebote, Finanzierungsvorschläge oder Finanzierungsbereitschaftserklärungen, welche unter dem Vorbehalt eines positiven Ergebnisses einer (weiteren) Prüfung des Projekt- und Finanzierungskonzeptes abgegeben werden – jedoch nur unter der Bedingung, dass noch keine Kreditauszahlung vorgenommen wurde.[2] Zwar handelt es sich hierbei um eine rechtlich prinzipiell bindende Zusage, so dass de facto ein Kredit im Sinne des § 21 KWG begründet wird, jedoch wird der Vorschrift des § 18 Satz 1 KWG durch die aufschiebende Bedingung einer ‚Kreditwürdigkeitsprüfung mit positivem Ergebnis' Rechnung getragen.[3]

3.1.2.1.5 Zum Begriff ‚Kreditnehmer'

3.1.2.1.5.1 Das Grundkonzept der Kreditnehmereinheit nach § 19 Abs. 2 KWG

Der Gesetzgeber hat den Begriff des Kreditnehmers nicht im Wege einer Legaldefinition im KWG konkretisiert. Vielmehr soll sich die Kreditnehmereigenschaft unter Berücksichtigung der einschlägigen zivil-, handels- und bilanzrechtlichen Vorschriften aus dem konkreten Sachverhalt ergeben.[4] Für Zwecke des Aufsichtsrechtes sind hingegen einzelne direkt oder indirekt am Kreditgeschäft beteiligte natürliche oder juristische Personen unter bestimmten Voraussetzungen <u>gemeinsam</u> als Kreditnehmer anzusehen.[5] Für die Ermittlung derartiger ‚Kreditnehmereinheiten' hat der Gesetzgeber im § 19 Abs. 2 Satz 1 KWG zwei generalklauselartige Tatbestände sowie im § 19 Abs. 2 Satz 2 KWG mehrere konkrete, unwiderlegbare Fallgruppen kodifiziert.[6] Nach Auffassung

---

[1] Vgl. BAKred: Überblick über die grundsätzlichen Anforderungen an die Offenlegung der wirtschaftlichen Verhältnisse nach § 18 KWG, Rundschreiben 9/98, Gliederungspunkt II. sowie Beck, H.: Gesetz über das Kreditwesen: Kommentar nebst Materialien und ergänzenden Vorschriften, a.a.O., § 18, S. 12, Tz. 34.

[2] Zur Bedeutung von Finanzierungsangeboten, Finanzierungsvorschlägen oder Finanzierungsbereitschaftserklärungen vgl. nochmals die vorstehenden Ausführungen unter Gliederungspunkt 2.3.2.2 ‚Ablauforganisation', S. 178 ff.

[3] Eine andere Auslegung würde nach Auffassung der Bankenaufsicht dem Sinn und Zweck des § 18 KWG, nämlich der Offenlegung vor einer unwiderruflichen Kreditgewährung, widersprechen; vgl. BAKred: Überblick über die grundsätzlichen Anforderungen an die Offenlegung der wirtschaftlichen Verhältnisse nach § 18 KWG, Rundschreiben 9/98, Gliederungspunkt II. Des Weiteren stellt sich die Frage, was unter einer ‚Bonitätsprüfung bzw. Kreditwürdigkeitsprüfung mit positivem Ergebnis' im konkreten Einzelfall zu verstehen ist. Mit der Behauptung, dass sich ein negatives Prüfungsergebnis eingestellt hat, wird ein Kreditinstitut eine bedingte Kreditzusage in der Regel zu seinen Gunsten auslegen bzw. ausüben können. Der Kreditnehmer wird ihm nur schwer ein anderes beweisen können, da es im Ermessen des Kreditinstitutes stehen dürfte, was es als ‚positives Ergebnis' einer Prüfung definiert. Andererseits weist NIRK auf potenzielle haftungsrechtliche Ansprüche aus ‚Culpa in Contrahendo' (§§ 242, 276 BGB) desjenigen Kunden hin, der zunächst auf die Kreditzusage vertraut hat; vgl. Nirk, R.: Das Kreditwesengesetz, a.a.O., S. 238.

[4] Vgl. Reischauer, F.; Kleinhans, J.: Kreditwesengesetz. Loseblattkommentar für die Praxis nebst sonstigen bank- und sparkassenrechtlichen Aufsichtsgesetzen sowie ergänzenden Vorschriften, a.a.O., § 19, S. 42 f., Tz. 65, Vgl. Szagunn, V.; Haug, U.; Ergenzinger W.: Gesetz über das Kreditwesen, Kommentar, a.a.O., S. 403, Tz. 10, Bock, H.: § 19 Begriff des Kredits für die §§ 13 bis 14 und des Kreditnehmers, in: K.-H. Boos, R. Fischer, H. Schulte-Mattler (Hrsg.), Kreditwesengesetz: Kommentar zu KWG und Ausführungsvorschriften, München 2000, S. 494, Tz. 65 m.w.N.

[5] Vgl. § 19 Abs. 2 Satz 1 KWG

[6] Für den vollständigen Wortlaut der Vorschrift vgl. Anh. 2: ‚§ 19 Abs. 2 KWG: Begriff des Kreditnehmers', S. 608. Das BAKRED spricht in diesem Zusammenhang von ‚unwiderlegbaren Rechtsvermutungen'; vgl. BAKred: Kreditnehmereinheiten nach § 19 Abs. 2 Satz 1 KWG, Rundschreiben 3/97, S. 1. Die konzeptionelle Zweiteilung der definitorischen Umschreibung der ‚Kreditnehmereinheit' erfolgte durch

der Bankenaufsicht reicht es dabei aus, dass sich ein konkreter Sachverhalt entweder unter eine der beiden Generalklauseln oder unter eine der Fallgruppen subsumieren lässt.[1]

Nach dem Wortlaut dient die Vorschrift insbesondere der Ermittlung von Kreditnehmereinheiten für die folgenden Zwecke:

- Eigenmittelausstattung (§ 10 KWG)
- Großkreditbegrenzungen (§§ 13 – 13 b KWG)
- Millionenkreditmeldungen und -begrenzungen (§ 14 KWG)
- Organkreditregelungen (§ 15 KWG)
- Offenlegungsgrenze und Offenlegungsadressat (§ 18 Satz 1 KWG)[2]

Die aufsichtsrechtliche Zwecksetzung einer Bildung von Kreditnehmereinheiten liegt primär in der mittelbaren Begrenzung von Konzentrationsrisiken im Kreditportfolio eines Institutes, welche sich aus einer engen rechtlichen oder wirtschaftlichen Verflechtung von ansonsten rechtlich selbständigen Kreditnehmern ergeben kann.[3]

Im Hinblick auf den Untersuchungsgegenstand ‚Projektfinanzierung im engeren Sinne' erscheint eine Unterscheidung in eine formelle Kreditnehmereinheit und eine materielle Kreditnehmereinheit im Rahmen der nachfolgenden Ausführungen sinnvoll. Unter einer **formellen Kreditnehmereinheit** soll die aufsichtsrechtlich gebotene Zusammenfassung einzelner Kreditnehmer eines Kreditinstitutes in einer Einheit aufgrund der Regelungen des § 19 Abs. 2 KWG verstanden werden. Voraussetzung für die Berücksichtigung in einer Kreditnehmereinheit ist nicht notwendigerweise das Bestehen von Kreditbeziehungen zu allen inkludierten Parteien.[4] Hat ein Kreditinstitut jedoch unterschiedlichen Kreditnehmern einer Kreditnehmereinheit jeweils Kredit gewährt, so sind die jeweiligen Kreditbeträge zusammenzurechnen.[5] Bei Vorliegen einer formellen Kreditnehmereinheit

---

die Umsetzung der EWG-Großkreditrichtlinie im Rahmen der 5. KWG-Novelle und ist darauf zurückzuführen, dass einerseits die neuen EWG-rechtlichen Generalklauseln in das KWG einzufügen waren und andererseits die bis dato in der gesetzlichen Aufsichtspraxis bewährten enumerativen Fallgruppen beibehalten werden sollten; vgl. Bock, H.: § 19 Begriff des Kredits für die §§ 13 bis 14 und des Kreditnehmers, a.a.O., S. 480 f., Tz. 5 u. S. 495, Tz. 71 m.w.N. Durch die Beibehaltung der bisherigen Regelfälle im § 19 Abs. 2 Satz 2 KWG konnte eine Umstellung der EDV-Systeme – u.a. für Zwecke der Evidenzmeldungen – bei den vom KWG erfassten Kreditinstituten vermieden werden; vgl. Nirk, R.: Das Kreditwesengesetz, a.a.O., S. 232.

[1] Vgl. BAKred: Kreditnehmereinheiten nach § 19 Abs. 2 Satz 1 KWG, Rundschreiben 3/97, S. 1.

[2] So werden aufgrund der Zusammenfassungstatbestände des § 19 Abs. 2 KWG möglicherweise weitere natürliche und/oder juristische Personen offenlegungspflichtig, obwohl ihnen kein Kredit vom Kreditinstitut gewährt wurde; vgl. Beck, H.: Gesetz über das Kreditwesen: Kommentar nebst Materialien und ergänzenden Vorschriften, a.a.O., § 18, S. 12, Tz. 35 sowie die nachfolgenden Ausführungen.

[3] Vgl. Beck, H.: Gesetz über das Kreditwesen: Kommentar nebst Materialien und ergänzenden Vorschriften, a.a.O., § 19, S. 26 f., Tz. 61 f., Bähre, I. L.; Schneider, M.: KWG-Kommentar: Kreditwesengesetz mit den wichtigsten Ausführungsverordnungen, a.a.O., S. 243 f., Bock, H.: § 19 Begriff des Kredits für die §§ 13 bis 14 und des Kreditnehmers, a.a.O., S. 480, Tz. 3 sowie S. 495, Tz. 68, Fischer, R.: § 130. Beschränkungen und Kontrollen des Kreditgeschäfts, a.a.O., S, 3759, Tz. 12.

[4] Vgl. Buchmann, P.: Die Offenlegung der wirtschaftlichen Verhältnisse nach § 18 KWG, in: Sparkasse, 117. Jg. (2000), S. 228.

[5] Vgl. Bähre, I. L.; Schneider, M.: KWG-Kommentar: Kreditwesengesetz mit den wichtigsten Ausführungsverordnungen, a.a.O., S. 227, Beck, H.: Gesetz über das Kreditwesen: Kommentar nebst Materialien und ergänzenden Vorschriften, a.a.O., § 18, S. 11, Tz. 30.

hat das Kreditinstitut, die daran anknüpfenden aufsichtsrechtlichen Vorschriften zu beachten.[1] Darüber hinaus sind die formellen Zusammenfassungstatbestände auch für die im Rahmen der Kreditbeschlusserstellung erforderliche Kreditkompetenzermittlung, d.h. die Festlegung und Bestimmung des jeweils zuständigen Entscheidungsträgers respektive Entscheidungsgremiums, relevant.[2]

Hiervon abzugrenzen ist die **materielle Kreditnehmereinheit**, die bei wirtschaftlicher Betrachtungsweise aus einer faktisch gebotenen Zusammenfassung für Zwecke der Kreditvergabeentscheidung resultieren soll. Auch für das Bestehen einer materiellen Kreditnehmereinheit ist das Bestehen von Kreditbeziehungen mit allen Parteien irrelevant. Entscheidend ist vielmehr, dass eine Partei als Kreditnehmer einer ‚Projektfinanzierung im engeren Sinne' auftritt, und das zu finanzierende Vorhaben mit den übrigen Beteiligten eine wechselseitige wirtschaftliche Verflechtung aufweist, die zu einer qualitativen Veränderung des Kreditrisikos führt.[3]

3.1.2.1.5.2 Kreditnehmereinheit aufgrund eines beherrschenden Einflusses

Nach der Generalklausel des § 19 Abs. 2 Satz 1 Alternative 1 KWG gelten als ein Kreditnehmer ...

„... zwei oder mehr natürliche oder juristische Personen oder Personenhandelsgesellschaften, die insofern eine Einheit bilden, als eine von ihnen unmittelbar oder mittelbar beherrschenden Einfluß auf die andere oder anderen ausüben kann, ..."

Der Begriff ‚beherrschender Einfluss' ist über den identischen konzernrechtlichen Begriff des § 17 Abs. 1 AktG zu konkretisieren:[4] *„Abhängige Unternehmen sind rechtlich selbständige Unternehmen, auf die ein anderes Unternehmen (herrschendes Unternehmen) unmittelbar oder mittelbar einen beherrschenden Einfluss ausüben kann."*[5] Ein Beherrschungsverhältnis impliziert einen entscheidenden Einfluss einer Person mit der Möglichkeit der Willensdurchsetzung bzw. der Sanktionierung für den Fall der Nichtbefolgung, wobei bereits die theoretische Möglichkeit der beständi-

---

[1] Vgl. hierzu die vorstehende Aufzählung
[2] Vgl. Bisani, H. P.: Bildung von Kreditnehmereinheiten nach § 19 Abs. 2 KWG, Berlin 1998, S. 17, Buchmann, P.: Die Kreditnehmereinheit gem. § 19 II KWG, in: ZfgK, 50. Jg. (1997), S. 1225. Vgl. hierzu auch die Ausführungen zum Kreditgenehmigungsprozess unter Gliederungspunkt 2.3.2.1 Aufbauorganisation, S. 165 ff.
[3] Grundsätzlich weisen die risikomäßigen Verflechtungen respektive Wechselwirkungen zwischen den einzelnen in einer Kreditnehmereinheit zusammengefassten Unternehmen bei dem Untersuchungsgegenstand ‚Projektfinanzierung im engeren Sinne' eine andere Qualität als im klassischen Firmenkundenkreditgeschäft auf. Dies resultiert im Wesentlichen aus einer regelmäßig zweckgebundenen Kreditverwendung sowie einer mehr oder weniger starken Risikoeinbindung von Sponsoren und dritten Parteien bei ‚Projektfinanzierungen im engeren Sinne'. Vgl. zu den risikomäßigen Verflechtungen im klassischen Firmenkundenkreditgeschäft auch Bernhofer, C.: Bildung von Kreditnehmereinheiten gemäß § 19 Abs. 2 KWG - Auswirkungen auf die Bonitätsprüfung, Wiesbaden 1997, S. 140 ff. sowie Vgl. Szagunn, V.; Haug, U.; Ergenzinger W.: Gesetz über das Kreditwesen, Kommentar, a.a.O., S. 405, Tz. 13. Vgl. zur zweckgebundenen Kreditverwendung bei ‚Projektfinanzierungen im engeren Sinne' die Ausführungen unter Gliederungspunkt 2.1.4.3 ‚Projektbezogene Kreditbedingungen und Verhaltensauflagen', S. 48 ff. Vgl. zur Risikoeinbindung von Sponsoren und dritten Parteien bei ‚Projektfinanzierungen im engeren Sinne' die Ausführungen unter den Gliederungspunkten 2.1.4.1 ‚Risk Sharing', S. 33 ff. sowie 2.1.4.2 ‚Übernahme abstrakter Zahlungspflichten durch Dritte', S. 40 ff.
[4] Vgl. BAKred: Kreditnehmereinheiten nach § 19 Abs. 2 Satz 1 KWG, Rundschreiben 3/97, S. 1.
[5] § 17 Abs. 1 AktG

gen und umfassenden Einflussnahme und nicht die tatsächliche Ausübung derselben ausreichen soll.[1]

Der wichtigste Anwendungstatbestand der Generalklausel des § 19 Abs. 2 Satz 1 Alternative 1 KWG ist somit der Unterordnungskonzern, welcher jedoch bereits durch die unwiderlegbare Fallgruppe des § 19 Abs. 2 Satz 2 Nr. 1 KWG erfasst ist.[2] Eine selbständige Bedeutung als Auffangtatbestand soll dem Sachverhalt des ‚beherrschenden Einflusses' nach § 19 Abs. 2 Satz 1 Alternative 1 KWG dann zukommen, wenn

- eine Person unmittelbar oder mittelbar beherrschenden Einfluss über eine juristische Person oder einen Personenzusammenschluss ausüben kann und
- nicht die Mehrheit der Anteile oder Stimmrechte hält und
- selbst **kein Unternehmen** ist.[3]

Insofern ist die Unternehmenseigenschaft seit der 5. KWG-Novelle keine Voraussetzung mehr für die Bildung von Kreditnehmereinheiten bei Beherrschungsverhältnissen. Das BAKRED hat als vormaliger Träger der Bankenaufsicht in seinem Rundschreiben 3/97 zwei Fallbeispiele für Gemeinschaftsunternehmen unter paritätischer Beteiligung eines Unternehmens und eines Nichtunternehmens bzw. zweier Nicht-Unternehmen skizziert, bei denen ‚Indizien für eine gemeinsame Herrschaft'[4] vorliegen und insofern der vorstehend skizzierte Auffangtatbestand für die Bildung von Kreditnehmereinheiten an Bedeutung gewinnt:

---

[1] Vgl. Bock, H.: § 19 Begriff des Kredits für die §§ 13 bis 14 und des Kreditnehmers, a.a.O., S. 496, Tz. 75 m.w.N.

[2] Vgl. BAKred: Kreditnehmereinheiten nach § 19 Abs. 2 Satz 1 KWG, Rundschreiben 3/97, S. 1. Vgl. zur Fallgruppe des Unterordnungskonzerns die nachfolgenden Ausführungen unter Gliederungspunkt 3.1.2.1.5.4 ‚Kreditnehmereinheiten aufgrund der unwiderlegbaren Fallgruppen des § 19 Abs. 2 Satz 2 KWG', S. 253 ff.

[3] Vgl. BAKred: Kreditnehmereinheiten nach § 19 Abs. 2 Satz 1 KWG, Rundschreiben 3/97, S. 1, Bisani, H. P.: Bildung von Kreditnehmereinheiten nach § 19 Abs. 2 KWG, a.a.O., S. 45 f. u. 72.

[4] Indizien für eine dauerhafte Ausübung einer gemeinsamen Herrschaft liegen dann vor, wenn **vertragliche Vereinbarungen** im Hinblick auf wesentliche betriebliche Teilfunktionen (u.a. Finanz- und Investitionsplanung) zwischen dem Gemeinschaftsunternehmen und den beiden paritätisch beteiligten Gesellschaftern bestehen oder eine **faktische Koordination** (u.a. aufgrund einer einheitlichen beständigen Abstimmung in der Vergangenheit) unterstellt werden kann; vgl. Bock, H.: § 19 Begriff des Kredits für die §§ 13 bis 14 und des Kreditnehmers, a.a.O., S. 497 f., Tz. 77 ff.

Abb. 62: Kreditnehmereinheiten nach § 19 Abs. 2 Satz 1 <u>Alternative 1</u> KWG bei Vorliegen eines Gemeinschaftsunternehmens unter Beteiligung eines oder mehrerer Nicht-Unternehmen

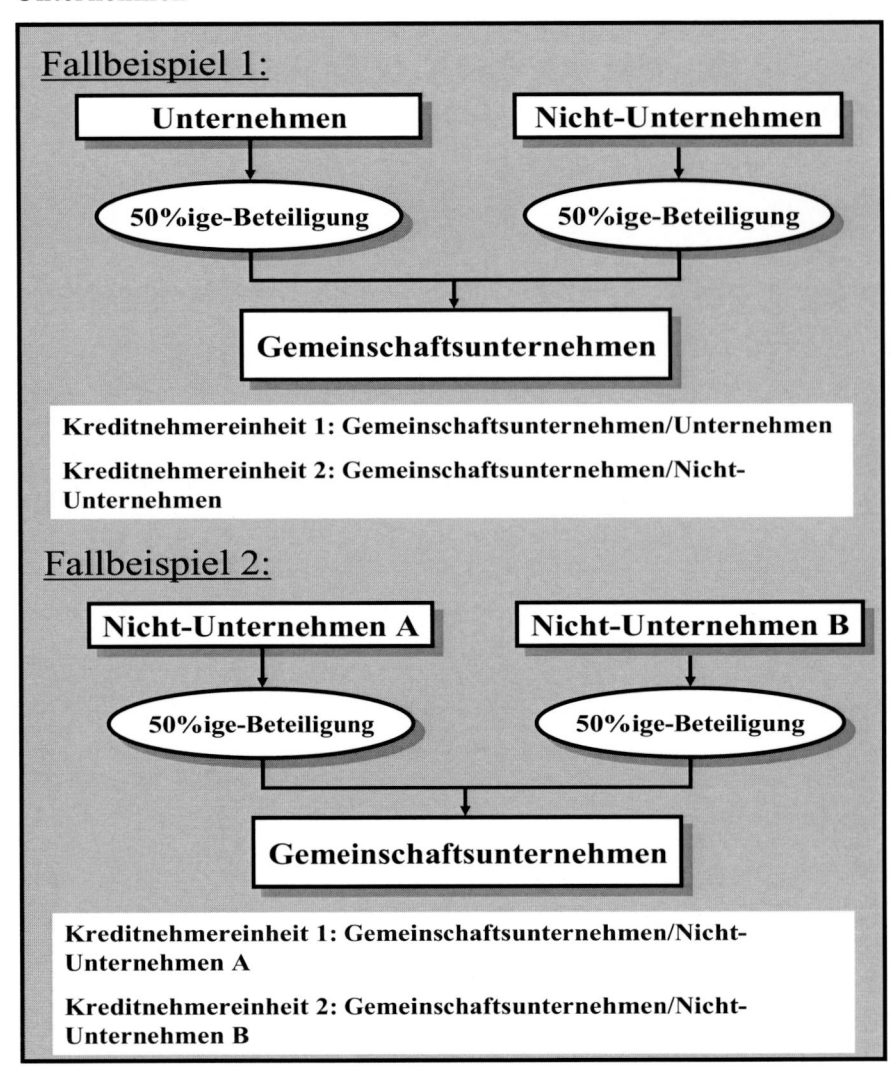

<u>Fallbeispiel 1:</u>

```
    Unternehmen                    Nicht-Unternehmen
         │                                │
    50%ige-Beteiligung            50%ige-Beteiligung
                    │        │
              Gemeinschaftsunternehmen
```

Kreditnehmereinheit 1: Gemeinschaftsunternehmen/Unternehmen
Kreditnehmereinheit 2: Gemeinschaftsunternehmen/Nicht-Unternehmen

<u>Fallbeispiel 2:</u>

```
   Nicht-Unternehmen A            Nicht-Unternehmen B
         │                                │
    50%ige-Beteiligung            50%ige-Beteiligung
                    │        │
              Gemeinschaftsunternehmen
```

Kreditnehmereinheit 1: Gemeinschaftsunternehmen/Nicht-Unternehmen A
Kreditnehmereinheit 2: Gemeinschaftsunternehmen/Nicht-Unternehmen B

Quelle: Eigene Darstellung auf der Basis von BAKred: Kreditnehmereinheiten nach § 19 Abs. 2 Satz 1 KWG, Rundschreiben 3/97, S. 1 f.

Im vorstehenden <u>Fallbeispiel 1</u> hätte vor der 5. KWG-Novelle nur die Kreditnehmereinheit 1 (Gemeinschaftsunternehmen und Nicht-Unternehmen) und im <u>Fallbeispiel 2</u> keine Kreditnehmereinheit gebildet werden müssen.

Für die Offenlegung der wirtschaftlichen Verhältnisse bei dem Untersuchungsgegenstand ‚Projektfinanzierung im engeren Sinne' haben die vorstehend skizzierten Tatbestände und die daraus resultierenden Kreditnehmereinheiten eher eine formelle Bedeutung. Zwar können sich die dargestellten Beteiligungskonstellationen durchaus einstellen, jedoch ergeben sich dadurch keine <u>zusätzlichen</u> materiellen Implikationen für die Kreditvergabeentscheidung des Kreditinstitutes. Dies wäre erst der Fall, wenn die aufsichtsrechtliche definierte zugleich auch eine <u>faktische</u> Kreditnehmereinheit wäre, d.h. dass eine – zumindest partielle – Mithaftung der paritätischen Gesellschafter für die

Kreditverbindlichkeiten des Gemeinschaftsunternehmens per Gesetz oder Vertrag gegeben sein müsste.[1]

Insofern kommt den obigen Fallbeispielen im Hinblick auf § 18 Satz 1 KWG primär eine formelle Bedeutung zu:

- Für die Überprüfung, ob das Kreditvolumen die Offenlegungsgrenze überschreitet, sind alle im Rahmen der jeweiligen Kreditnehmereinheit herausgelegten Kredite zu berücksichtigen.[2]
- Es sind Unterlagen zu den wirtschaftlichen Verhältnissen der paritätisch beteiligten Gesellschafter anzufordern, um diese pro forma auszuwerten und zu dokumentieren.[3]

3.1.2.1.5.3 Kreditnehmereinheit aufgrund der Existenz einer Risikoeinheit

Nach der Generalklausel des § 19 Abs. 2 Satz 1 <u>Alternative 2</u> KWG gelten als ein Kreditnehmer ...

„... zwei oder mehr natürliche oder juristische Personen oder Personenhandelsgesellschaften, ... die ohne Vorliegen eines ... Beherrschungsverhältnisses als eine Risikoeinheit anzusehen sind, da die zwischen ihnen bestehenden Abhängigkeiten es wahrscheinlich erscheinen lassen, daß, wenn einer dieser Kreditnehmer in finanzielle Schwierigkeiten gerät, dies auch bei den anderen zu Zahlungsschwierigkeiten führt."

Grundsätzliche Voraussetzung für die Anwendung des § 19 Abs. 2 Satz 1 <u>Alternative 2</u> KWG ist, dass <u>kein</u> Beherrschungsverhältnis im konzernrechtlichen Sinne vorliegt.[4] Die ‚Abhängigkeiten' müssen vielmehr ‚wirtschaftlicher' Natur sein.[5] Da im AktG kein Sachverhalt der ‚Abhängigkeit ohne Vorliegen eines Beherrschungsverhältnisses' definiert ist, kann bei der Auslegung dieses Zusammenfassungstatbestands nicht auf das Konzernrecht zurückgegriffen werden.[6] Nach dem Wortlaut des Gesetzes sowie der Auffassung der Bankenaufsicht müssen sich die wirtschaftlichen Abhängigkeiten in ‚finanziellen Schwierigkeiten' konkretisieren.[7] ‚Finanzielle Schwierigkeiten'

---

[1] Eine vollständige <u>werthaltige</u> Mithaftung würde jedoch dem Grundkonzept der ‚Projektfinanzierung im engeren Sinne' widersprechen; vgl. hierzu die vorstehenden Ausführungen unter den Gliederungspunkten 2.1.3.2 ‚Bedienung des Schuldendienstes aus dem Cashflow des Projektes', S. 22 ff. und 2.1.4.1 ‚Risk Sharing', S. 33 ff. sowie auch Gliederungspunkt 3.1.1.2.1 ‚Gestellte Sicherheiten und Mitverpflichtete (§ 18 Satz 2 KWG)', S. 188 ff.

[2] Vgl. Keller, E.: Die Offenlegung der wirtschaftlichen Verhältnisse nach § 18 KWG, a.a.O., S. 24 f. Es wurde bereits ausgeführt, dass die Offenlegungsgrenze für den Untersuchungsgegenstand ‚Projektfinanzierung im engeren Sinne' in der Regel ohne Bedeutung ist; vgl. Gliederungspunkt 3.1.2.1.3 Zur Betragsgrenze ‚mehr als 750.000 Euro, S. 240.

[3] Aus einer im Rahmen dieser Auswertungen festgestellten mangelhaften Sponsorenbonität werden sich – soweit die Verpflichtungen im Hinblick auf die in Rede stehende Projektfinanzierung erfüllt sind (z.B. durch ex ante Einzahlung der Eigenmittelverpflichtungen) – nicht notwendigerweise weitere Auswirkungen auf die Kreditvergabeentscheidung ergeben. Ausnahmen werden nur dort bestehen, wo elementare Aufgaben während der Bauphase (z.B. Anlagenerrichtung) oder des Betriebes (z.B. Produktabnahme, Rohstoffversorgung, Anlagenbetrieb) im Verantwortungsbereich eines Sponsors liegen <u>oder</u> die Kreditpolitik einer Bank – auch bei schuldrechtlicher Irrelevanz – per se eine ausreichende Sponsorenbonität bei Kreditherauslegungen im Rahmen von ‚Projektfinanzierungen im engeren Sinne' fordert.

[4] Zusammenfassungstatbestände aufgrund des Vorliegens von Beherrschungsverhältnissen werden durch die Generalklausel des § 19 Abs. 2 Satz 1 Alternative 1 KWG bzw. durch die unwiderlegbare Fallgruppe des § 19 Abs. 2 Satz 2 Nr. 1 KWG erfasst.

[5] Vgl. BAKred: Kreditnehmereinheiten nach § 19 Abs. 2 Satz 1 KWG, Rundschreiben 3/97, S. 2 sowie Bisani, H. P.: Bildung von Kreditnehmereinheiten nach § 19 Abs. 2 KWG, a.a.O., S. 50.

[6] Vgl. Bock, H.: § 19 Begriff des Kredits für die §§ 13 bis 14 und des Kreditnehmers, a.a.O., S. 499, Tz. 83.

[7] Vgl. BAKred: Kreditnehmereinheiten nach § 19 Abs. 2 Satz 1 KWG, Rundschreiben 3/97, S. 2.

sollen dann vorliegen, „...*wenn ein Kreditnehmer seinen Zahlungsverpflichtungen nicht nachkommen kann.*"[1] Für den Kreditnehmer muss die Höhe dieser Verbindlichkeiten einen erheblichen Umfang aufweisen, so dass eine Nichterfüllung seinen Fortbestand potenziell gefährden würde.[2] Eine nur kurzfristig auftretende Zahlungsschwierigkeit ist nicht ausreichend.[3] Die im Wortlaut des Gesetzes geforderte ‚Wahrscheinlichkeit' bezüglich der Übertragung von Zahlungsschwierigkeiten muss ‚in hohem Maße' gegeben sein.[4] Eine Entscheidung über die Zusammenfassung zu einer Kreditnehmereinheit aufgrund der Existenz einer Risikoeinheit ist nach Verlautbarung des vormaligen Trägers der Bankenaufsicht, dem BAKRED, auf eine **Prognoseentscheidung** zu stützen.[5] Die hinreichende Prognose finanzieller Schwierigkeiten eines Kreditnehmers ist nicht ausreichend. Insofern müssen Lieferanten und Zulieferer nicht zwangsläufig mit ihren Hauptabnehmern zusammengefasst werden.[6] Vielmehr muss eine ‚wechselseitige Abhängigkeit' für die Bildung einer Kreditnehmereinheit gegeben sein, die zu einer Übertragung der finanziellen Schwierigkeiten auf die jeweils andere Partei führt (sogenannter ‚Domino-Effekt').[7]

Das BAKRED hat ausgeführt, dass **keine kumulative Anwendung** der Vorschrift des § 19 Abs. 2 Satz 1 Alternative 2 KWG (‚Existenz einer Risikoeinheit') mit anderen Kreditnehmereinheiten, die aufgrund der Generalklausel des § 19 Abs. 2 Satz 1 Alternative 1 KWG (‚Beherrschungsverhältnis') bzw. der unwiderlegbaren Fallgruppen des § 19 Abs. 2 Satz 2 KWG gebildet werden, zu er-

---

[1] BAKred: Kreditnehmereinheiten nach § 19 Abs. 2 Satz 1 KWG, Rundschreiben 3/97, S. 2.

[2] Vgl. BAKred: Kreditnehmereinheiten nach § 19 Abs. 2 Satz 1 KWG, Rundschreiben 3/97, S. 2. Der nachhaltige Rückstand bei den Tilgungsraten des Kreditnehmers ist nach Auffassung der Bankenaufsicht ein mögliches Indiz für Zahlungsverpflichtungen, deren Nichterfüllung den wirtschaftlichen Fortbestand des Kreditnehmers fraglich erscheinen lassen.

[3] So soll z.B. die vorübergehende unfreiwillige Inanspruchnahme von Lieferantenkrediten nicht ausreichend sein, um ‚finanzielle Schwierigkeiten' im Sinne des § 19 Abs. 2 Satz 1 Alternative 2 KWG zu begründen; vgl. Ebenda.

[4] *„Die bestehenden Abhängigkeiten müssen nicht mit absoluter Sicherheit zur Übertragung von Zahlungsschwierigkeiten führen, sondern sie lediglich wahrscheinlich erscheinen lassen. Die entfernte Möglichkeit einer Übertragung genügt indessen nicht; sie muß vielmehr bei normalem Lauf der Dinge nahe liegen."* BAKred: Kreditnehmereinheiten nach § 19 Abs. 2 Satz 1 KWG, Rundschreiben 3/97, S. 2. Es wird insofern keine „*absolute Sicherheit*" gefordert; vgl. Bisani, H. P.: Bildung von Kreditnehmereinheiten nach § 19 Abs. 2 KWG, a.a.O., S. 51, Bock, H.: § 19 Begriff des Kredits für die §§ 13 bis 14 und des Kreditnehmers, a.a.O., S. 499, Tz. 84, Buchmann, P.: Die Kreditnehmereinheit gem. § 19 II KWG, a.a.O., S. 1225.

[5] Vgl. BAKred: Kreditnehmereinheiten nach § 19 Abs. 2 Satz 1 KWG, Rundschreiben 3/97, S. 2. Anforderungen an die Art und Form der Prognoseentscheidung werden von der Bankenaufsicht nicht näher erläutert. Im Hinblick auf den Untersuchungsgegenstand ‚Projektfinanzierung im engeren Sinne' und die dort anzutreffenden zukunftsorientierten Kreditvergabeentscheidungen kann daher auf die nachfolgenden Ausführungen verwiesen werden; vgl. Gliederungspunkt 5 Operationalisierung durch Postulierung von Ordnungsmäßigkeitsgrundsätzen, S. 457 ff.

[6] Hierauf wird in der Begründung des Regierungsentwurfes zur 5. KWG-Novelle explizit hingewiesen; vgl. Bundesregierung: Entwurf eines Fünften Gesetzes zur Änderung des Gesetzes über das Kreditwesen und anderer Vorschriften über Kreditinstitute nebst Begründung, in: Bundestags-Drucksache 12/6957 v. 4.3.1994, S. 31.

[7] Vgl. BAKred: Kreditnehmereinheiten nach § 19 Abs. 2 Satz 1 KWG, Rundschreiben 3/97, S. 2, Reischauer, F.; Kleinhans, J.: Kreditwesengesetz. Loseblattkommentar für die Praxis nebst sonstigen bank- und sparkassenrechtlichen Aufsichtsgesetzen sowie ergänzenden Vorschriften, a.a.O., § 19, S. 47 f., Tz. 68, Bisani, H. P.: Bildung von Kreditnehmereinheiten nach § 19 Abs. 2 KWG, a.a.O., S. 90, Bock, H.: § 19 Begriff des Kredits für die §§ 13 bis 14 und des Kreditnehmers, a.a.O., S. 499, Tz. 83, Buchmann, P.: Die Kreditnehmereinheit gem. § 19 II KWG, a.a.O., S. 1225.

folgen hat.¹ Die Zuordnung eines Kreditnehmers zu zwei oder mehreren verschiedenen Kreditnehmereinheiten aufgrund des Vorliegens verschiedener Zusammenfassungstatbestände, von denen einer oder mehrere auf der Annahme einer Risikoeinheit basieren, wird hingegen ausdrücklich als mögliche Fallkonstellation adressiert.²

Für den Untersuchungsgegenstand ‚Projektfinanzierung im engeren Sinne' wird eine Zusammenfassung zu einer Kreditnehmereinheit aufgrund der ‚Existenz einer Risikoeinheit' immer dann geboten sein, wenn separate Finanzierungen zweier oder mehrerer, gesellschaftsrechtlich voneinander unabhängiger Projekte vorliegen, die über Abnahme-, Liefer-, Transport- und/oder sonstige Besorgungsbeziehungen wechselseitig eng miteinander verflochten sind und nur simultan erfolgreich durchgeführt werden können. Dabei muss nicht notwendigerweise eine vertraglich fixierte Beziehung gegeben sein. Entscheidend ist vielmehr, dass der jeweilige Geschäftspartner in angemessener Zeit durch Dritte oder Eigenleistungen nicht substituiert werden kann.³ Für die Offenlegung der wirtschaftlichen Verhältnisse nach § 18 Abs. 1 KWG entfaltet der Zusammenfassungstatbestand ‚Existenz einer Risikoeinheit' somit nicht nur eine formelle, sondern auch eine materielle Relevanz. Die aufsichtsrechtliche Kreditnehmereinheit wird insoweit zur faktischen Kreditnehmereinheit, als dass bei einer Kreditvergabeentscheidung die tatsächlich gegebenen wechselseitigen Abhängigkeiten bzw. daraus resultierende finanziellen Schwierigkeiten zu berücksichtigen sind.⁴

3.1.2.1.5.4 Kreditnehmereinheiten aufgrund der unwiderlegbaren Fallgruppen des § 19 Abs. 2 Satz 2 KWG

Neben den vorstehend dargestellten generalklauselartigen Tatbeständen des § 19 Abs. 2 Satz 1 KWG hat der Gesetzgeber im § 19 Abs. 2 Satz 2 KWG mehrere konkrete, unwiderlegbare Fall-

---

[1] Vgl. BAKred: Kreditnehmereinheiten nach § 19 Abs. 2 Satz 1 KWG, Rundschreiben 3/97, S. 2. Diese Sichtweise erscheint insoweit sachgerecht, als dass eine kumulative Anwendung der Zusammenfassungstatbestände möglicherweise in einzelnen Fallkonstellationen zu einer unendlichen Verkettung von Unternehmen (und Nicht-Unternehmen) zu einer ‚Mega-Kreditnehmereinheit' führen könnte.

[2] Vgl. BAKred: Kreditnehmereinheiten nach § 19 Abs. 2 Satz 1 KWG, Rundschreiben 3/97, S. 2.

[3] Die nachfolgende Fallkonstellation konkretisiert beispielhaft die Anwendung des § 19 Abs. 2 Satz 1 Alternative 2 KWG: Separate Realisierung von a) einem Gaskraftwerk und b) einem Flüssiggastanker zur Belieferung des Gaskraftwerkes im Rahmen zweier Projektfinanzierungen. Beide Projekte lassen sich nur simultan erfolgreich realisieren. Das Gaskraftwerk ist auf die Flüssiggaslieferung angewiesen, da keine alternativen Gasquellen zur Verfügung stehen und Ersatzbrennstoff keinen dauerhaft wirtschaftlichen Betrieb der Anlage zulässt (hohe Brennstoffkosten bei erhöhtem Wartungsaufwand). Der Flüssiggastanker ist wiederum eine Spezialinvestition mit einem sehr engen Einsatzgebiet. Das Schiff kann somit anders als bei herkömmlichen Schiffsfinanzierungen je nach Marktlage nur eingeschränkt oder gar nicht als verwertbare dingliche Sicherheit (Schiffshypothek) für die Kreditgeber herangezogen werden. Insofern kann die Finanzierung nur auf der Basis eines langfristigen Chartervertrages mit dem Kraftwerk als (Schiffs-) Projektfinanzierung dargestellt werden. Vgl. zu diesem vereinfachenden Beispiel das reale Vorbild des Kraftwerksprojektes „DABHOL" im indischen Bundesstaat Maharashtra; Yusof, S.: Dabbling in Dabhol, in: PFI Asia Pacific Review, o.Jg., July 1999, S. 32 ff. Ähnliche wechselseitige Abhängigkeiten können auch bei folgenden Konstellationen vorliegen: Gaskraftwerk & Gaspipeline, Kohlekraftwerk & Kohlehafen, Kraftwerk & Stromnetz, ‚Upstream Phase' eines Gasfeldes & ‚Downstream Phase' zur Gasverflüssigung auf dem Festland, Industriebetrieb & Industriekraftwerk, Mautstrasse & vor-, nach oder zwischengeschalteter Mauttunnel.

[4] Teilweise können Projektsponsoren bei derartigen Projektverkettungen zur Übernahme eines korrespondierenden Projektes bzw. seiner Projektfinanzierung gezwungen sein, um den Erfolg des eigenen Projektes sicherzustellen. Vgl. hierzu beispielsweise die Übernahme eines Gas- und Dampfkraftwerkes in der Errichtungsphase durch die Sponsoren einer ebenfalls im Bau befindlichen Zeitungspapierfabrik in Malaysia; o. V.: MNI solves power issue, in: PFI, o.Jg. (1998), Nr. 150, S. 18.

gruppen von Zusammenfassungstatbeständen kodifiziert,[1] welche in der nachfolgenden Abbildung im Überblick dargestellt sind:

Abb. 63:   Unwiderlegbare Fallgruppen des § 19 Abs. 2 Satz 2 KWG

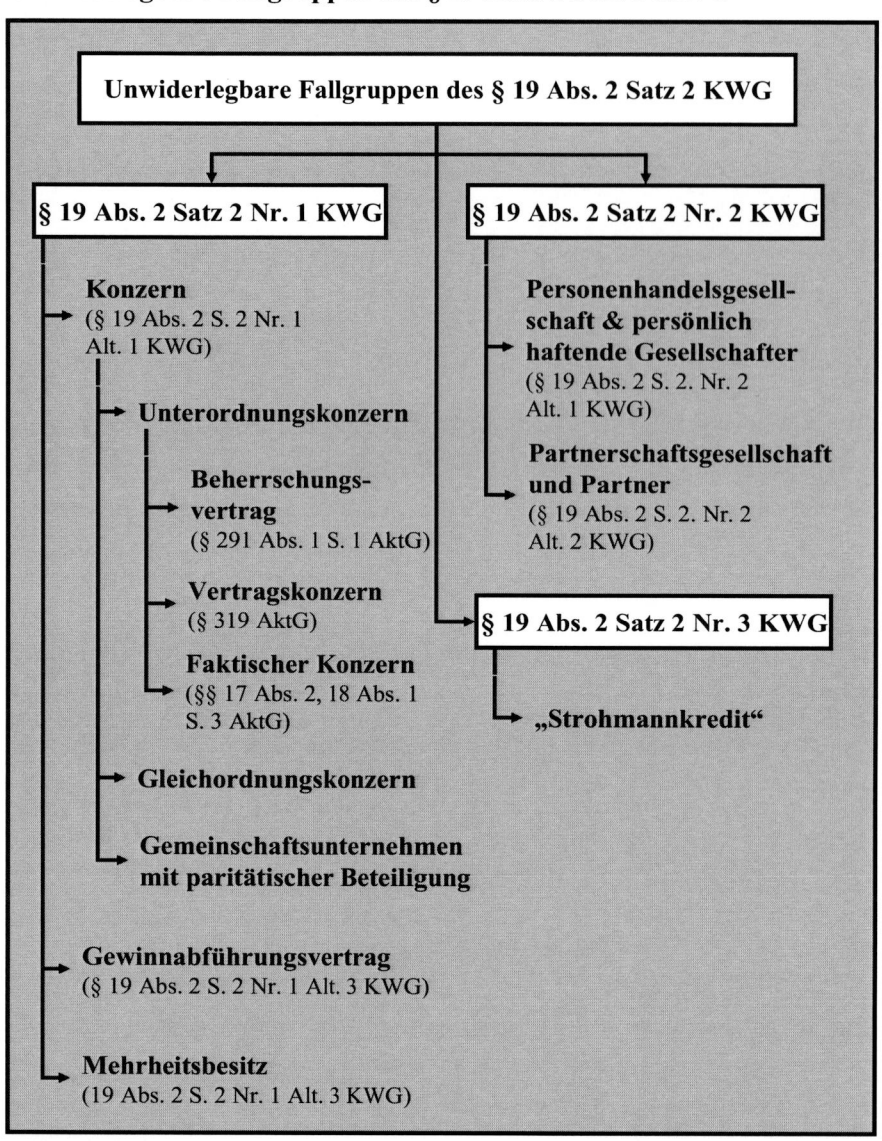

```
                    Unwiderlegbare Fallgruppen des § 19 Abs. 2 Satz 2 KWG
                                    │
                    ┌───────────────┴───────────────┐
                    ▼                               ▼
        § 19 Abs. 2 Satz 2 Nr. 1 KWG      § 19 Abs. 2 Satz 2 Nr. 2 KWG
                    │                               │
                    ├─ Konzern                      ├─ Personenhandelsgesell-
                    │  (§ 19 Abs. 2 S. 2 Nr. 1         schaft & persönlich
                    │   Alt. 1 KWG)                    haftende Gesellschafter
                    │      │                           (§ 19 Abs. 2 S. 2. Nr. 2
                    │      ├─ Unterordnungskonzern     Alt. 1 KWG)
                    │      │      │
                    │      │      ├─ Beherrschungs-  ├─ Partnerschaftsgesellschaft
                    │      │      │  vertrag            und Partner
                    │      │      │  (§ 291 Abs. 1     (§ 19 Abs. 2 S. 2. Nr. 2
                    │      │      │   S. 1 AktG)        Alt. 2 KWG)
                    │      │      │
                    │      │      ├─ Vertragskonzern      § 19 Abs. 2 Satz 2 Nr. 3 KWG
                    │      │      │  (§ 319 AktG)                 │
                    │      │      │                               └─ „Strohmannkredit"
                    │      │      └─ Faktischer Konzern
                    │      │         (§§ 17 Abs. 2, 18 Abs. 1
                    │      │          S. 3 AktG)
                    │      │
                    │      ├─ Gleichordnungskonzern
                    │      │
                    │      └─ Gemeinschaftsunternehmen
                    │         mit paritätischer Beteiligung
                    │
                    ├─ Gewinnabführungsvertrag
                    │  (§ 19 Abs. 2 S. 2 Nr. 1 Alt. 3 KWG)
                    │
                    └─ Mehrheitsbesitz
                       (19 Abs. 2 S. 2 Nr. 1 Alt. 3 KWG)
```

Quelle: Eigene Darstellung

Nachfolgend sollen die untersuchungsrelevanten Zusammenfassungstatbestände des § 19 Abs. 2 Satz 2 KWG kurz skizziert und ihre Bedeutung im Hinblick auf ‚Projektfinanzierungen im engeren Sinne' untersucht werden:

- **Kreditnehmereinheiten gem. § 19 Abs. 2 Satz 2 Nr. 1 KWG**

Grundsätzlich adressiert die Regelung des § 19 Abs. 2 Satz 2 Nr. 1 KWG ‚**Unternehmen**'. Aufgrund einer fehlenden bankaufsichtsrechtlichen Legaldefinition des Begriffes ist dieser nach dem Sinn und Zweck der aktien- bzw. konzernrechtlichen Vorschriften der §§ 15 ff. AktG auszulegen.[2]

---

[1] Für den vollständigen Wortlaut der Vorschrift vgl. Anh. 2: ‚§ 19 Abs. 2 KWG: Begriff des Kreditnehmers', S. 608.

[2] Vgl. Reischauer, F.; Kleinhans, J.: Kreditwesengesetz. Loseblattkommentar für die Praxis nebst sonstigen bank- und sparkassenrechtlichen Aufsichtsgesetzen sowie ergänzenden Vorschriften, a.a.O., § 19, S. 49 ff., Tz. 72, Beck, H.: Gesetz über das Kreditwesen: Kommentar nebst Materialien und ergänzenden Vorschriften, a.a.O., § 19, S. 28 f., Tz. 64 f., Bähre, I. L.; Schneider, M.: KWG-Kommentar: Kreditwesenge-

Primärer Schutzzweck des Konzernrechts ist danach die Wahrung der Interessen von außenstehenden Aktionären und Gläubigern, weshalb der Unternehmensbegriff weit ausgelegt wird. Der Begriff des ‚Unternehmens' konkretisiert sich dabei in der Ausübung ‚einer auf Dauer angelegten wirtschaftlichen Tätigkeit' durch eine Person.[1]

Bei Vorliegen der nachfolgenden Fallgruppen sind Kreditnehmereinheiten gem. § 19 Abs. 2 Satz 2 Nr. 1 KWG zu bilden:

(i) Konzern

Nach § 19 Abs. 2 Satz 2 Nr. 1 Alt. 1 KWG sind Kredite von Unternehmen zusammenzufassen, die demselben ‚Konzern' angehören. Für die Überprüfung der Konzerneigenschaft ist nach herrschender Meinung auf § 18 Abs. 1 Satz 1 AktG abzustellen, wonach ein ‚Zusammenschluss selbständiger Unternehmen unter einheitlicher Leitung' vorliegen muss.[2] Das Aktienrecht unterscheidet die nachfolgenden Konzernierungsformen:

(a) Unterordnungskonzern

„*Sind ein herrschendes und ein oder mehrere **abhängige Unternehmen** unter der **einheitlichen Leitung** des herrschenden Unternehmens zusammengefasst, so bilden sie einen (Unterordnungs-) Konzern...*"[3] Eine ‚einheitliche Leitung' liegt dann vor, wenn die betrieblichen Grundfunktionen, d.h. die Geschäftspolitik und Geschäftsführung, in wesentlichen Punkten koordiniert werden.[4] Ein ‚Abhängigkeitsverhältnis' konkretisiert sich entweder im Vorliegen eines ‚Beherrschungsvertrages', eines ‚Vertragskonzerns' oder eines ‚Faktischen Konzerns'.[5]

---

setz mit den wichtigsten Ausführungsverordnungen, a.a.O., S. 244, Bisani, H. P.: Bildung von Kreditnehmereinheiten nach § 19 Abs. 2 KWG, a.a.O., S. 40 ff., Bock, H.: § 19 Begriff des Kredits für die §§ 13 bis 14 und des Kreditnehmers, a.a.O., S. 500, Tz. 89.

[1] Die Unternehmenseigenschaft ist unabhängig von der konkreten Rechtsform, so dass auch natürliche Person als ‚Unternehmen' angesehen werden können. Voraussetzung hierfür ist jedoch, dass eine natürliche Personen neben der Gesellschafterfunktion auch eigene unternehmerische Interessen verfolgt. Das ausschließliche Halten einer Beteiligung durch eine natürliche Person soll hingegen noch keine Unternehmenseigenschaft konstituieren. Aus der Kaufmannseigenschaft folgt immer eine Klassifizierung als ‚Unternehmen'. Vgl. Bock, H.: § 19 Begriff des Kredits für die §§ 13 bis 14 und des Kreditnehmers, a.a.O., S. 500, Tz. 89. Vgl. auch die abweichende, enger gefasste Auslegung des Begriffes ‚Unternehmen' für Zweck der Definition des Begriffes ‚Kreditinstitut' im § 1 Abs. 1 Satz 1 KWG unter Gliederungspunkt 3.1.2.1.1 Zum Begriff ‚Kreditinstitut', S. 199 ff.

[2] Vgl. Beck, H.: Gesetz über das Kreditwesen: Kommentar nebst Materialien und ergänzenden Vorschriften, a.a.O., § 19, S. 29 f., Tz. 68, Bock, H.: § 19 Begriff des Kredits für die §§ 13 bis 14 und des Kreditnehmers, a.a.O., S. 501, Tz. 91.

[3] Vgl. § 18 Abs. 1 Satz 1 AktG; ohne Hervorhebungen und Einfügung im Wortlaut der Vorschrift.

[4] Vgl. Reischauer, F.; Kleinhans, J.: Kreditwesengesetz. Loseblattkommentar für die Praxis nebst sonstigen bank- und sparkassenrechtlichen Aufsichtsgesetzen sowie ergänzenden Vorschriften, a.a.O., § 19, S. 52 f., Tz. 74, Bock, H.: § 19 Begriff des Kredits für die §§ 13 bis 14 und des Kreditnehmers, a.a.O., S. 501, Tz. 91.

[5] Grundsätzlich kann ein ‚Abhängigkeitsverhältnis' in Form eines Rechtsverhältnisses (§ 17 Abs. 1 AktG) oder aufgrund tatsächlicher Abhängigkeit (§ 17 Abs. 2 AktG) vorliegen; vgl. Bock, H.: § 19 Begriff des Kredits für die §§ 13 bis 14 und des Kreditnehmers, a.a.O., S. 501, Tz. 92. Auf das Abhängigkeitsverhältnis gem. § 17 Abs. 1 AktG wurde bereits bei der Auslegung des Begriffes ‚Beherrschungsverhältnis' im Rahmen des Zusammenfassungstatbestandes des § 19 Abs. 2 Satz 1 Alt. 1 KWG eingegangen; vgl. hierzu die vorstehenden Ausführungen unter Gliederungspunkt 3.1.2.1.5.2 ‚Kreditnehmereinheit aufgrund eines beherrschenden Einflusses', S. 248 ff.

- Ein **Beherrschungsvertrag** liegt dann vor, wenn eine vertragliche Vereinbarung gem. § 291 AktG geschlossen worden ist.[1]

- Ein **Vertragskonzern** wird durch die Eingliederung einer Aktiengesellschaft in eine andere Aktiengesellschaft nach den Vorschriften des § 319 AktG begründet.

- Ein **Faktischer Konzern** liegt aufgrund der ‚Abhängigkeitsvermutung' des § 17 Abs. 2 AktG immer dann vor, wenn ein Unternehmen mehr als 50% des Kapitals oder der Stimmrechte an einem anderen Unternehmen hält (sogenannter ‚Mehrheitsbesitz'), und daran anknüpfend die sogenannte ‚Konzernvermutung' des § 18 Abs. 1 Satz 3 AktG greift.[2]

Für den Untersuchungsgegenstand ‚Projektfinanzierung im engeren Sinne' sind insbesondere die Fallgruppen ‚Beherrschungsvertrag' und ‚Faktischer Konzern' relevant. Die nachfolgende Abbildung zeigt beispielhaft die Bildung von Kreditnehmereinheiten bei diesen Konzernierungsformen:

---

[1] § 291 Abs. 1 Satz 1 AktG: „*Unternehmensverträge sind Verträge, durch die eine Aktiengesellschaft oder Kommanditgesellschaft auf Aktien die Leitung ihrer Gesellschaft einem anderen Unternehmen unterstellt (Beherrschungsvertrag)...*". Die aktienrechtlichen Konzernierungsvorschriften sind analog auch für andere Rechtsformen anzuwenden; vgl. Bähre, I. L.; Schneider, M.: KWG-Kommentar: Kreditwesengesetz mit den wichtigsten Ausführungsverordnungen, a.a.O., S. 246, Beck, H.: Gesetz über das Kreditwesen: Kommentar nebst Materialien und ergänzenden Vorschriften, a.a.O., § 19, S. 32, Tz. 74.

[2] § 18 Abs. 1 Satz 3 AktG: „*Von einem abhängigen Unternehmen wird vermutet, dass es mit dem herrschenden Unternehmen einen Konzern bildet.*" BOCK weist darauf hin, dass auch ohne Kapital- und Stimmenmehrheit ein faktischer Konzern vorliegen kann. Voraussetzung hierfür ist, dass der Hauptgesellschafter die Gesellschafterversammlung so dominieren kann, dass daraus ein Abhängigkeitsverhältnisverhältnis abzuleiten ist; vgl. Bock, H.: § 19 Begriff des Kredits für die §§ 13 bis 14 und des Kreditnehmers, a.a.O., S. 502, Tz. 93. Vgl. auch Beck, H.: Gesetz über das Kreditwesen: Kommentar nebst Materialien und ergänzenden Vorschriften, a.a.O., § 19, S. 30 f., Tz. 71, Bähre, I. L.; Schneider, M.: KWG-Kommentar: Kreditwesengesetz mit den wichtigsten Ausführungsverordnungen, a.a.O., S. 246, Buchmann, P.: Die Kreditnehmereinheit gem. § 19 II KWG, a.a.O., S. 1227 f.

Abb. 64: Beispiele für Kreditnehmereinheiten nach § 19 Abs. 2 Satz 2 Nr. 1 Alt. 1 KWG bei Vorliegen eines Unterordnungskonzerns (Beherrschungsvertrag, Faktischer Konzern)

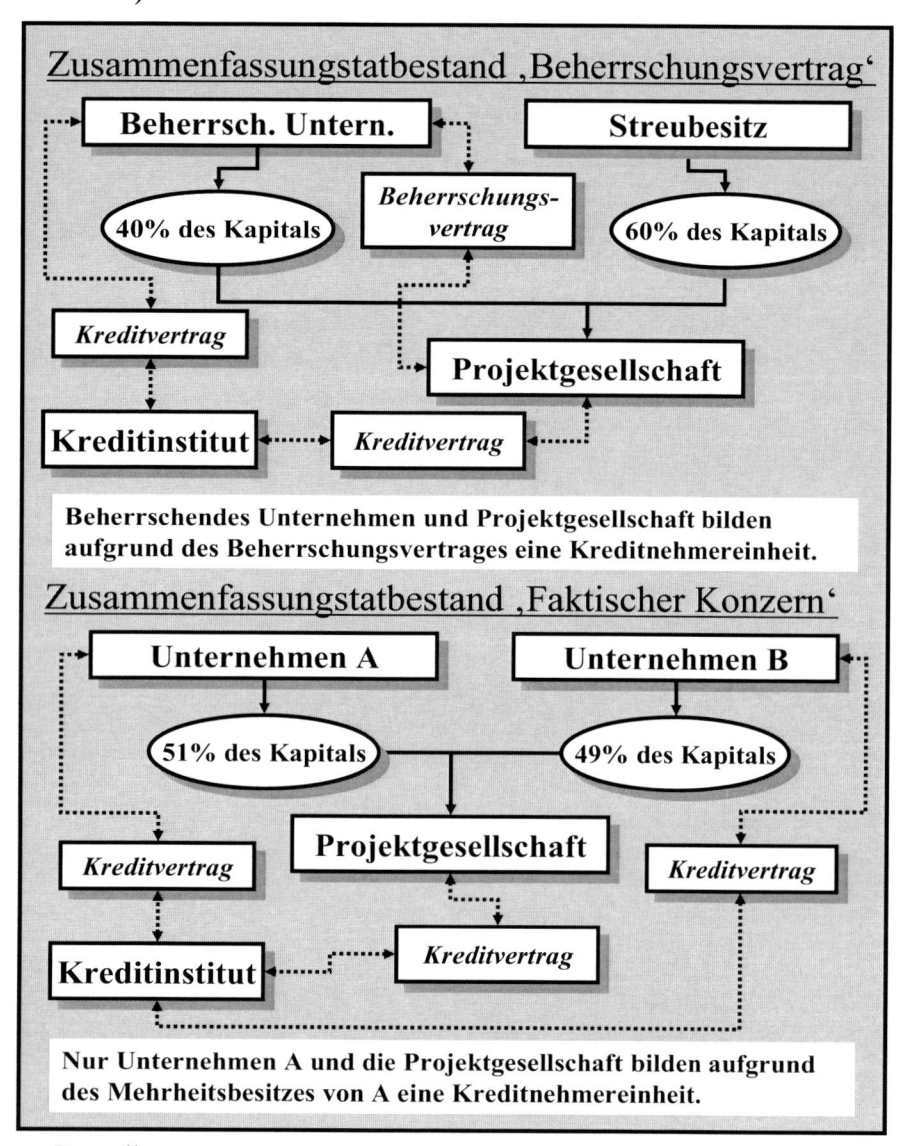

```
Zusammenfassungstatbestand ‚Beherrschungsvertrag'
```
[Beherrsch. Untern. — 40% des Kapitals — Beherrschungsvertrag — 60% des Kapitals — Streubesitz; Projektgesellschaft; Kreditvertrag; Kreditinstitut ↔ Kreditvertrag]

Beherrschendes Unternehmen und Projektgesellschaft bilden aufgrund des Beherrschungsvertrages eine Kreditnehmereinheit.

```
Zusammenfassungstatbestand ‚Faktischer Konzern'
```
[Unternehmen A — 51% des Kapitals; Unternehmen B — 49% des Kapitals; Projektgesellschaft; Kreditvertrag; Kreditinstitut ↔ Kreditvertrag]

Nur Unternehmen A und die Projektgesellschaft bilden aufgrund des Mehrheitsbesitzes von A eine Kreditnehmereinheit.

Quelle: Eigene Darstellung

Für die Offenlegung der wirtschaftlichen Verhältnisse nach § 18 Abs. 1 KWG entfaltet der Zusammenfassungstatbestand des Unterordnungskonzerns nach § 19 Abs. 2 Satz 2 Nr. 1 Alt. 1 KWG primär eine formelle und weniger eine materielle Relevanz. Die aufsichtsrechtliche Kreditnehmereinheit wird nur dann zu einer faktischen Kreditnehmereinheit, wenn die tatsächlich gegebenen wechselseitigen Abhängigkeiten bzw. daraus resultierende finanzielle Schwierigkeiten im Rahmen der Kreditvergabeentscheidung zu berücksichtigen sind.[1]

---

[1] Die vorstehenden Ausführungen zur Offenlegung der wirtschaftlichen Verhältnisse im Rahmen des Zusammenfassungstatbestandes des § 19 Abs. 2 Satz 1 Alt. 1 KWG gelten daher analog; vgl. Gliederungspunkt 3.1.2.1.5.2 ‚Kreditnehmereinheit aufgrund eines beherrschenden Einflusses', S. 248 ff. In diesem Zusammenhang hat das BAKRED als vormaliger Träger der Bankenaufsicht darauf hingewiesen, dass sich ein Kreditinstitut grundsätzlich die Jahresabschlussunterlagen des Gesamtkonzerns sowie gegebenenfalls – unter Nutzung eines Beurteilungsspielraums – der einzelnen Konzernunternehmen offenlegen zu lassen hat. Jedoch soll die Bonitätsprüfung des unmittelbaren Kreditnehmers im Vordergrund stehen; vgl. BAKred: Überblick über die grundsätzlichen Anforderungen an die Offenlegung der wirtschaftlichen Verhältnisse nach § 18 KWG, Rundschreiben 9/98, Gliederungspunkt II. BOCK weist darauf hin, dass das

(b) Gleichordnungskonzern

Ein Gleichordnungskonzern liegt vor, wenn *"...rechtlich selbständige Unternehmen, ohne dass das eine Unternehmen von dem anderen abhängig ist, unter einheitlicher Leitung zusammengefasst..."* sind.[1] Wesentliche Merkmale des Gleichordnungskonzerns sind:[2]

➢ Es liegt eine Zusammenfassung unter – faktisch gegebener oder aus vertraglichen Vereinbarungen resultierender – **einheitlicher Leitung** vor, welche tatsächlich ausgeübt werden muss. Anhaltspunkte für die Ausübung ist die Abstimmung der Geschäftsführung und die Festlegung der Geschäftspolitik in bezug auf materielle Unternehmensentscheidungen.

➢ Es liegt **kein Abhängigkeitsverhältnis** nach § 17 Abs. 1 AktG (Abhängigkeit aufgrund eines Rechtsverhältnisses: Beherrschungsvertrag, Vertragskonzern) oder § 17 Abs. 2 AktG (Faktische Abhängigkeit aufgrund eines Mehrheitsbesitzes) vor.

Für den Untersuchungsgegenstand ‚Projektfinanzierung im engeren Sinne' ist festzuhalten, dass die konkreten steuerlichen, regulatorischen[3], haftungsrechtlichen[4] und/oder politischen[5] Rahmenbedingungen die Strukturierung eines Projektes als Gleichordnungskonzern bedingen kön-

---

Kreditinstitut insoweit die Bedeutung der Vermögens-, Finanz- und Ertragslage der einzelnen Konzerngesellschaften für die wirtschaftlichen Verhältnisse des unmittelbaren Kreditnehmers einzuschätzen hat; vgl. auch Bock, H.: § 18 Kreditunterlagen, a.a.O., S, 455 f., Tz. 39.

[1] Vgl. § 18 Abs. 2 AktG

[2] Vgl. hierzu Reischauer, F.; Kleinhans, J.: Kreditwesengesetz. Loseblattkommentar für die Praxis nebst sonstigen bank- und sparkassenrechtlichen Aufsichtsgesetzen sowie ergänzenden Vorschriften, a.a.O., § 19, S. 54 f., Tz. 77, Beck, H.: Gesetz über das Kreditwesen: Kommentar nebst Materialien und ergänzenden Vorschriften, a.a.O., § 19, S. 29 f., Tz. 68, Bähre, I. L.; Schneider, M.: KWG-Kommentar: Kreditwesengesetz mit den wichtigsten Ausführungsverordnungen, a.a.O., S. 244, Bisani, H. P.: Bildung von Kreditnehmereinheiten nach § 19 Abs. 2 KWG, a.a.O., S. 47 ff. u, 68, Bock, H.: § 19 Begriff des Kredits für die §§ 13 bis 14 und des Kreditnehmers, a.a.O., S. 502, Tz. 96, Buchmann, P.: Die Kreditnehmereinheit gem. § 19 II KWG, a.a.O., S. 1226.

[3] Die Deregulierung von netzgebundenen natürlichen Monopolen (Strom-, Gas-, Wasserversorgung, Telekommunikation) kann im Zuge der Privatisierung existierender bzw. der Gründung neuer Versorgungsunternehmen eine Abtrennung der Distributionsfunktion von der Vertriebsfunktion bedingen. Dabei werden die Funktionen des Netzaufbaus bzw. der Netzrehabilitierung sowie des Netzbetriebs, d.h. die reine Durchleitungsfunktion, einem ‚Distributor' übertragen. Der Vertrieb an den Endkunden erfolgt dagegen durch einen ‚Retailer', welcher die notwendigen Durchleitungskapazitäten von dem ‚Distributor' kontrahiert. Zu einem späteren, ex ante festgelegten Zeitpunkt können weitere ‚Distributor' eine Vertriebskonzession von der Regulierungsbehörde erhalten, um das Vertriebsmonopol in ein Vertriebsoligopol zu überführen. Sofern beiden Unternehmen von einem Kreditinstitut Kredite gewährt werden, bilden der ‚Distributor' und der ‚Retailer' in der Übergangsphase eine Kreditnehmereinheit aufgrund des Vorliegens eines Gleichordnungskonzerns. Voraussetzung ist jedoch, dass Geschäftsführung und Geschäftspolitik beider Unternehmen in wesentlichen Grundzügen aufeinander abgestimmt werden.

[4] Ein Gleichordnungskonzern eignet sich aufgrund der rechtlichen Unabhängigkeit der beteiligten Unternehmen zur Isolierung bzw. Konzentration von Vermögensgegenständen in einem nicht am Markt auftretenden Unternehmen, welches nur Geschäftsbeziehungen innerhalb des Gleichordnungskonzerns unterhält. Resultiert die Einzel- oder Gesamtvollstreckung von Ansprüchen gegen ein am Markt auftretendes Unternehmen des Gleichordnungskonzerns in einer Liquidation desselben, so sind die Vermögensgegenstände in dem rechtlich unabhängigen Unternehmen weiterhin geschützt.

[5] Beispielsweise können nationalstaatliche Interessen die Vergabe von Konzessionen (z.B. Schürfrechte, Telekommunikationslizenzen) an ausschließlich von Inländern oder Staatsunternehmen gehaltene, neu gegründete Einzweckgesellschaften bedingen. Die zur Umsetzung der Konzession erforderlichen Aufgaben der Planung, Errichtung und Betrieb können wiederum an die Einzweckgesellschaft eines ausländischen Unternehmens vergeben werden. Beide Einzweckgesellschaften können durch vertragliche Vereinbarungen miteinander verknüpft werden. Daneben sind sie aufgrund der gemeinsamen wirtschaftlichen Zielverfolgung faktisch als ‚Projekt' miteinander verknüpft.

nen. Die nachfolgende Abbildung zeigt beispielhaft eine derartige Fallkonstellation, bei der die Bildung einer aufsichtsrechtlichen Kreditnehmereinheit aufgrund des Zusammenfassungstatbestands ‚Unterordnungskonzern' in Erscheinungsform eines ‚Gleichordnungskonzern' gem. § 19 Abs. 2 Satz 2 Nr. 1 Alt. 1 KWG erforderlich wird:

Abb. 65: Beispiel für Kreditnehmereinheiten nach § 19 Abs. 2 Satz 2 Nr. 1 Alt. 1 KWG bei Vorliegen eines Unterordnungskonzerns (Gleichordnungskonzern)

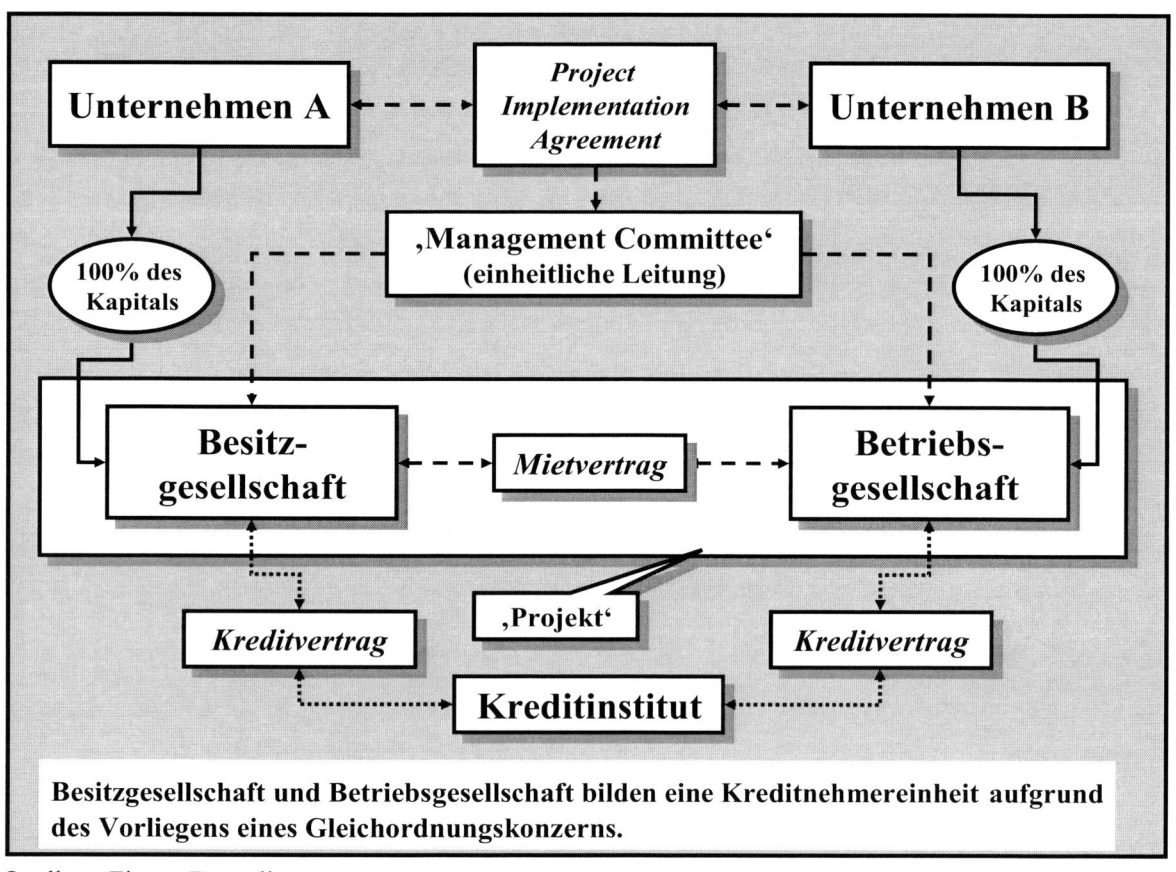

[Diagramm: Unternehmen A und Unternehmen B sind durch ein *Project Implementation Agreement* verbunden. Beide halten 100% des Kapitals an einer Besitzgesellschaft bzw. Betriebsgesellschaft. Ein ‚Management Committee' (einheitliche Leitung) steht zwischen ihnen. Besitz- und Betriebsgesellschaft sind durch einen *Mietvertrag* verbunden und bilden gemeinsam ein ‚Projekt'. Beide haben jeweils einen *Kreditvertrag* mit dem Kreditinstitut.]

Besitzgesellschaft und Betriebsgesellschaft bilden eine Kreditnehmereinheit aufgrund des Vorliegens eines Gleichordnungskonzerns.

Quelle: Eigene Darstellung

Das vorstehende Beispiel verdeutlicht, dass das Vorliegen einer Kreditnehmereinheit aufgrund der Existenz eines Gleichordnungskonzerns neben einer formellen, aufsichtsrechtlich bedingten auch eine materielle Relevanz für die Kreditvergabeentscheidung eines Kreditinstitutes und somit für die Offenlegungspflicht nach § 18 Satz 1 KWG besitzen kann: Beide Kreditnehmer sind aufgrund der gemeinsamen Einbindung in ein Projekt de facto wirtschaftlich voneinander abhängig, obwohl keine Abhängigkeitsverhältnisse im konzernrechtlichen Sinne des § 17 AktG vorliegen.

Es sei darauf hingewiesen, dass bei einem Nichtgreifen der unwiderlegbaren Fallgruppe des ‚Gleichordnungskonzerns' der vorstehend skizzierte, subsidiäre (Auffang-) Tatbestand der *Kreditnehmereinheit aufgrund der Existenz einer Risikoeinheit*' zu prüfen wäre.[1]

(c) Gemeinschaftsunternehmen mit paritätischer Beteiligung

Bei einem ‚Gemeinschaftsunternehmen mit paritätischer Beteiligung' handelt es sich um eine Gesellschaft, deren Anteile zu jeweils gleichen Teilen von zwei Mutterunternehmen gehalten

---

[1] Vgl. hierzu Gliederungspunkt 3.1.2.1.5.3 ‚Kreditnehmereinheit aufgrund der Existenz einer Risikoeinheit', S. 251 ff.

werden. In diesen Fällen kann eine sogenannte ‚Mehrmütterherrschaft' vorliegen, wenn die folgenden Voraussetzungen erfüllt sind:[1]

> Die Mutterunternehmen müssen gemeinsam einen **beherrschenden Einfluss** auf das Gemeinschaftsunternehmen ausüben können.

> Die gemeinsame Beherrschung durch die Mutterunternehmen muss **auf Dauer gesichert** sein bzw. erscheinen.

Nach Auffassung der Bankenaufsicht können sich die vorgenannten Voraussetzungen in **vertraglichen Vereinbarungen**[2] oder **faktischen Koordinationsmaßnahmen**[3] konkretisieren.[4] Erfüllt ein konkreter Sachverhalt die Voraussetzungen für eine ‚Mehrmütterherrschaft', so bildet das Gemeinschaftsunternehmen mit jedem Mutterunternehmen eine Kreditnehmereinheit. Die nachfolgende Abbildung zeigt beispielhaft eine derartige Fallkonstellation, bei der die Bildung einer aufsichtsrechtlichen Kreditnehmereinheit aufgrund des Zusammenfassungstatbestands ‚Mehrmütterherrschaft' gegeben ist. Die Koordination der gemeinsamen Herrschaftsausübung erfolgt hier über vertragliche Vereinbarungen im Wege eines ‚Shareholder's Agreement':

---

[1] Vgl. hierzu Reischauer, F.; Kleinhans, J.: Kreditwesengesetz. Loseblattkommentar für die Praxis nebst sonstigen bank- und sparkassenrechtlichen Aufsichtsgesetzen sowie ergänzenden Vorschriften, a.a.O., § 19, S. 55 f., Tz. 79, Bock, H.: § 19 Begriff des Kredits für die §§ 13 bis 14 und des Kreditnehmers, a.a.O., S. 502 f., Tz. 98 m.w.N.

[2] Bei der Gründung von Gemeinschaftsunternehmen zum Zwecke der Projektrealisierung kann in der Vorgründungsphase eine vertragliche Fixierung wesentlicher, projektrelevanter Sachverhalte im Rahmen eines Kooperations- bzw. Konsortialvertrages, welcher im angelsächsischen Sprachraum auch als ‚Shareholder's Agreement' bezeichnet wird, erfolgen; vgl. hierzu Horn, N.: Das Vertragsrecht der internationalen Projektfinanzierungen, a.a.O., S. 224 f. Bei entsprechender Ausgestaltung kann ein derartiges Dokument eine vertraglich vereinbarte Mehrmütterherrschaft begründen. *Bock* nennt (i) das Vorliegen von Vereinbarungen zur Bildung eines Gesamtwillens in einem Leitungsgremium, (ii) die Festlegung einer inhaltlich identischen Stimmabgabe sowie (iii) den Einsatz eines Schiedsgerichtes bei Patt-Situationen als Anhaltspunkte für eine vertragliche Koordination der paritätischen Herrschaftsausübung; vgl. Bock, H.: § 19 Begriff des Kredits für die §§ 13 bis 14 und des Kreditnehmers, a.a.O., S. 503, Tz. 99. Vgl. auch Buchmann, P.: Die Kreditnehmereinheit gem. § 19 II KWG, a.a.O., S. 1227.

[3] Nach Auffassung der Bankenaufsicht soll sich eine faktische Koordination u.a. in einer beständigen einheitlichen Abstimmung in der Vergangenheit, in übereinstimmenden Interessen der Mutterunternehmen und/oder ausgewogenen tatsächlichen Einflussmöglichkeiten aufgrund des ausgeglichenen Kräfteverhältnisses konkretisieren können; vgl. BAKred: Bildung von Kreditnehmereinheiten bei paritätischer Beteiligung (Gemeinschaftsunternehmen), Schreiben an die Spitzenverbände des Kreditgewerbes vom 20.1.1992, S. 2.

[4] Vgl. Bisani, H. P.: Bildung von Kreditnehmereinheiten nach § 19 Abs. 2 KWG, a.a.O., S. 70 f. Im Schrifttum wird teilweise die Begründung einer ‚Mehrmütterherrschaft' aufgrund des Vorliegens ‚Faktischer Koordinationsmaßnahmen' abgelehnt; vgl. hierzu Bock, H.: § 19 Begriff des Kredits für die §§ 13 bis 14 und des Kreditnehmers, a.a.O., S. 503 f., Tz. 101 f.

Abb. 66: Beispiel für Kreditnehmereinheiten nach § 19 Abs. 2 Satz 2 Nr. 1 Alt. 1 KWG bei Vorliegen einer vertraglich koordinierten Mehrmütterherrschaft

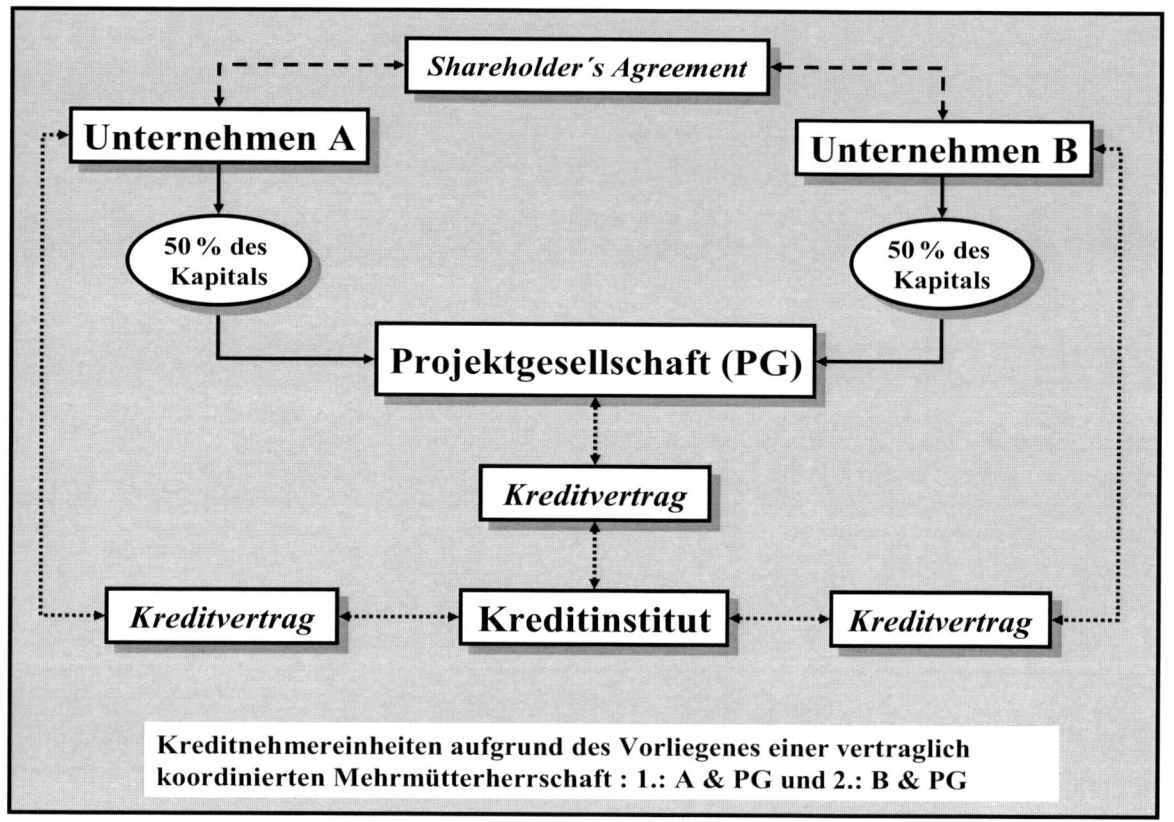

```
         ┌──────── Shareholder's Agreement ────────┐
         ↓                                         ↓
   ┌─────────────┐                         ┌─────────────┐
   │ Unternehmen A│                         │ Unternehmen B│
   └─────────────┘                         └─────────────┘
          │                                        │
      ( 50 % des                              ( 50 % des
        Kapitals )                              Kapitals )
          │                                        │
          └──────────→ Projektgesellschaft (PG) ←──┘
                              ↕
                         Kreditvertrag
                              ↕
   Kreditvertrag ←──── Kreditinstitut ────→ Kreditvertrag
```

Kreditnehmereinheiten aufgrund des Vorliegenes einer vertraglich koordinierten Mehrmütterherrschaft : 1.: A & PG und 2.: B & PG

Quelle: Eigene Darstellung

Im Hinblick auf den Untersuchungsgegenstand ‚Projektfinanzierung im engeren Sinne' gelten die Ausführungen zur Bildung von Kreditnehmereinheiten bei Vorliegen eines Gemeinschaftsunternehmens unter Beteiligung eines oder mehrerer Nicht-Unternehmen analog.[1] Insofern hat der Zusammenfassungstatbestand des ‚Gemeinschaftsunternehmens mit paritätischer Beteiligung' primär eine aufsichtsrechtliche Relevanz. Nur bei Vorliegen einer (partiellen) direkten oder indirekten Mitverpflichtung der Gesellschafter für die Kreditverbindlichkeiten des Gemeinschaftsunternehmens ergibt sich dagegen auch eine faktische Relevanz für die Offenlegung der wirtschaftlichen Verhältnisse nach § 18 Satz 1 KWG.

(ii) Gewinnabführungsvertrag

Nach § 19 Abs. 2 Satz 2 Nr. 1 Alt. 2 KWG sind Kredite von Unternehmen zusammenzufassen, zwischen denen ein Gewinnabführungsvertrag abgeschlossen wurde.[2] Eine derartige Verpflichtung wird jedoch im Normalfall mit der Existenz eines der vorstehend skizzierten Konzernierungsverhältnisse einhergehen, so dass diesem Zusammenfassungstatbestand regelmäßig keine eigenständige Bedeutung zukommt.[3]

---

[1] Vgl. hierzu Abb. 62: ‚Kreditnehmereinheiten nach § 19 Abs. 2 Satz 1 Alternative 1 KWG bei Vorliegen eines Gemeinschaftsunternehmens unter Beteiligung eines oder mehrerer Nicht-Unternehmen', S. 250 sowie die korrespondierenden Ausführungen.

[2] Zur aktienrechtlichen Definition des ‚Gewinnabführungsvertrages' vgl. § 291 Abs. 1 AktG

[3] Vgl. hierzu Reischauer, F.; Kleinhans, J.: Kreditwesengesetz. Loseblattkommentar für die Praxis nebst sonstigen bank- und sparkassenrechtlichen Aufsichtsgesetzen sowie ergänzenden Vorschriften, a.a.O., § 19, S. 57, Tz. 81, Bock, H.: § 19 Begriff des Kredits für die §§ 13 bis 14 und des Kreditnehmers, a.a.O.,

(iii) Mehrheitsbesitz

In Mehrheitsbesitz stehende Unternehmen und die an ihnen beteiligten Unternehmen oder Personen bilden gem. § 19 Abs. 2 Satz 2 Nr. 1 Alt. 3 KWG eine Kreditnehmereinheit, wobei bestimmte öffentliche Rechtspersonen explizit von diesem Zusammenfassungstatbestand ausgenommen sind.[1] Der Begriff des ‚Mehrheitsbesitzes' ist aufgrund einer fehlenden Legaldefinition im KWG in Analogie zu den aktienrechtlichen Vorschriften auszulegen.[2] Nach § 16 Abs. 1 AktG liegt ein Mehrheitsbesitz dann vor, wenn einem Unternehmen bzw. einer Person die **Mehrheit der Anteile** oder die **Mehrheit der Stimmrechte** zustehen.[3] Dabei sind auch Anteile zu berücksichtigen, die mittelbar über ein abhängiges Unternehmen oder über einen Treuhänder gehalten werden.[4]

Die nachfolgende Abbildung zeigt beispielhaft die Bildung einer Kreditnehmereinheit aufgrund des Vorliegens des Zusammenfassungstatbestands ‚Mehrheitsbesitz' im Wege einer kumulativen, unmittelbaren und mittelbaren Mehrheitsbeteiligung an einer Projektgesellschaft:

S. 505, Tz. 107. Eine (scheinbar) andere Auffassung vertreten BÄHRE/SCHNEIDER, welche jedoch ihre Aussage dadurch einschränken, dass ein Gewinnabführungsvertrag ohne Konzernierungsverhältnis als „...denkbar..." erachtet wird; vgl. Bähre, I. L.; Schneider, M.: KWG-Kommentar: Kreditwesengesetz mit den wichtigsten Ausführungsverordnungen, a.a.O., S. 248. Ebenso Beck, H.: Gesetz über das Kreditwesen: Kommentar nebst Materialien und ergänzenden Vorschriften, a.a.O., § 19, S. 34 f., Tz. 79.

[1] Hierbei handelt es sich um den Bund, Sondervermögen des Bundes, Länder, Gemeinden oder Gemeindeverbände, die Europäische Gemeinschaften, ausländische Zentralregierungen sowie bestimmte Regionalregierungen und örtliche Gebietskörperschaften in anderen Staaten des Europäischen Wirtschaftsraumes; vgl. § 19 Abs. 2 Satz 2 Nr. 1 a) bis d) KWG.

[2] Vgl. Bock, H.: § 19 Begriff des Kredits für die §§ 13 bis 14 und des Kreditnehmers, a.a.O., S. 506, Tz. 108.

[3] Vgl. Beck, H.: Gesetz über das Kreditwesen: Kommentar nebst Materialien und ergänzenden Vorschriften, a.a.O., § 19, S. 35 f., Tz. 80 f. Die Vorschrift des § 16 Abs. 1 AktG verwendet nur den Begriff des ‚Unternehmens'. Da § 19 Abs. 2 Satz 2 Nr. 1 Alt. 3 KWG jedoch ausdrücklich auch auf ‚Personen' abstellt, erscheint es gerechtfertigt, den Adressatenkreis des § 16 Abs. 1 AktG für die Definition des aufsichtsrechtlichen Begriffes ‚Mehrheitsbesitz' entsprechend auszuweiten. Hierdurch ergibt sich ein umfassenderes Anwendungsspektrum als bei dem Zusammenfassungstatbestand ‚Konzern' des § 19 Abs. 2 Satz 2 Nr. 1 Alt. 1 KWG, der die Unternehmenseigenschaft des ‚Mehrheitseigners' im konzernrechtlichen Sinne voraussetzt. Trotz Widerlegung der Konzernvermutung kann somit bei Vorliegen des Zusammenfassungstatbestandes ‚Mehrheitsbesitz' die Bildung einer Kreditnehmereinheit erforderlich sein; vgl. Reischauer, F.; Kleinhans, J.: Kreditwesengesetz. Loseblattkommentar für die Praxis nebst sonstigen bank- und sparkassenrechtlichen Aufsichtsgesetzen sowie ergänzenden Vorschriften, a.a.O., § 19, S. 58, Tz. 82, Bähre, I. L.; Schneider, M.: KWG-Kommentar: Kreditwesengesetz mit den wichtigsten Ausführungsverordnungen, a.a.O., S. 248, Bock, H.: § 19 Begriff des Kredits für die §§ 13 bis 14 und des Kreditnehmers, a.a.O., S. 506, Tz. 108 f.

[4] Vgl. § 16 Abs. 4 AktG sowie Bisani, H. P.: Bildung von Kreditnehmereinheiten nach § 19 Abs. 2 KWG, a.a.O., S. 60 ff.

Abb. 67: **Beispiel für eine Kreditnehmereinheit nach § 19 Abs. 2 Satz 2 Nr. 1 Alt. 3 KWG bei Vorliegen eines Mehrheitsbesitzes**

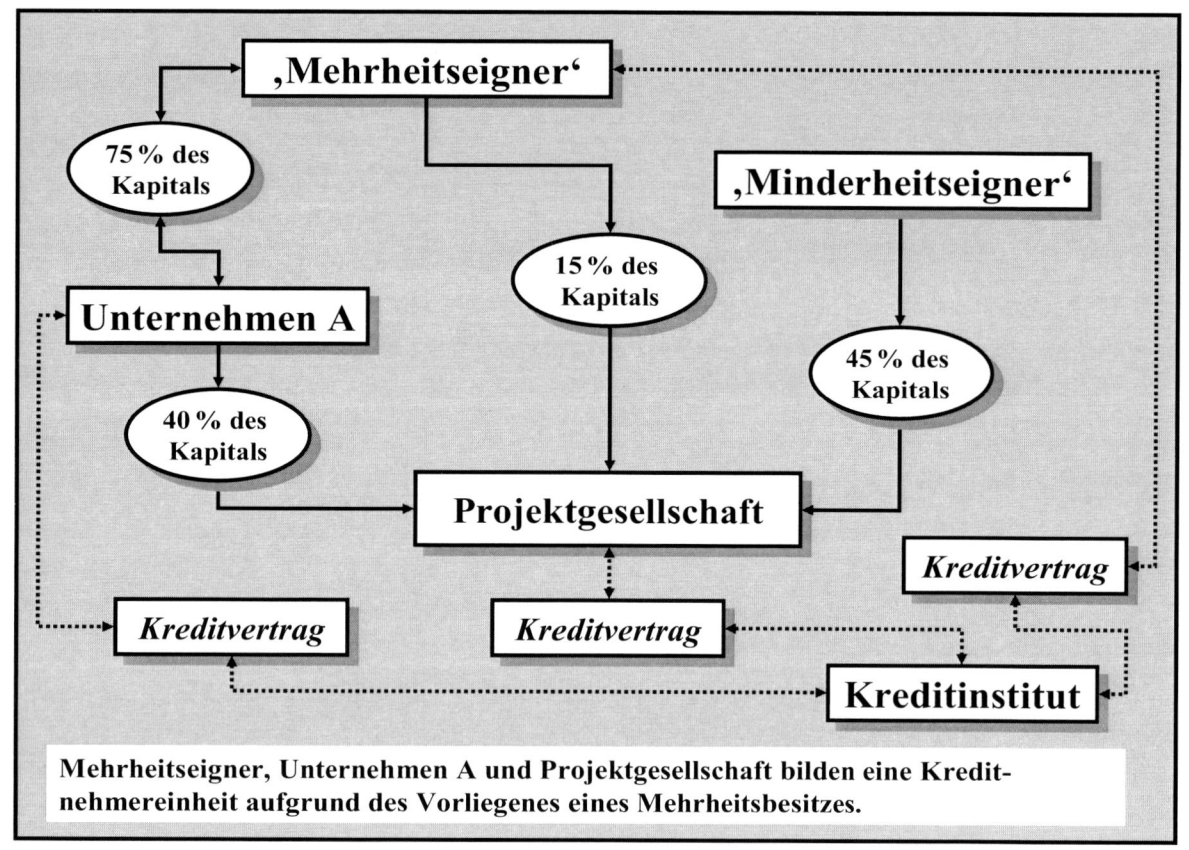

```
        ,Mehrheitseigner'  ┄┄┄┄┄┄┄┄┄┄┄┄┄┄┄┄┄┄┐
   ↙        ↓                                         ┆
 75% des                          ,Minderheitseigner' ┆
 Kapitals                                             ┆
   ↓                ↓                                 ┆
                 15% des                              ┆
Unternehmen A    Kapitals                             ┆
                                   45% des            ┆
   ↓                                Kapitals          ┆
 40% des                              ↓               ┆
 Kapitals                                             ┆
   ↓                                                  ┆
            Projektgesellschaft                       ┆
                                           Kreditvertrag ┄┄┐
 Kreditvertrag    Kreditvertrag                            ┆
                                          Kreditinstitut ┄┄┘
```

Mehrheitseigner, Unternehmen A und Projektgesellschaft bilden eine Kreditnehmereinheit aufgrund des Vorliegenes eines Mehrheitsbesitzes.

Quelle: Eigene Darstellung

Für den Untersuchungsgegenstand ‚Projektfinanzierung im engeren Sinne' hat der Zusammenfassungstatbestand ‚Mehrheitsbesitz' gem. § 19 Abs. 2 Satz 2 Nr. 1 Alt. 3 KWG primär eine <u>aufsichtsrechtliche</u> Relevanz. Nur bei Vorliegen einer (partiellen) direkten oder indirekten Mitverpflichtung des Mehrheitseigners für die Kreditverbindlichkeiten der Projektgesellschaft ergibt sich dagegen auch eine <u>faktische</u> Relevanz für die Offenlegung der wirtschaftlichen Verhältnisse nach § 18 Satz 1 KWG.

- **Kreditnehmereinheiten gem. § 19 Abs. 2 Satz 2 Nr. 2 KWG**

Nach § 19 Abs. 2 Satz 2 Nr. 2 KWG sind **Personenhandelsgesellschaften und ihre persönlich haftenden Gesellschafter** zusammenzufassen.[1] Bei Zugrundelegung der deutschen gesellschaftsrechtlichen Organisationsformen bedeutet dies, dass die OHG mit ihren Gesellschaftern und die KG mit ihren Komplementären <u>jeweils</u> zu einer Kreditnehmereinheit zusammenzufassen sind.[2]

---

[1] Die Vorschrift des § 19 Abs. 2 Satz 2 Nr. 2 KWG erstreckt sich auch auf Partnerschaftsgesellschaften und ihre Partnergesellschafter. Diese Fallkonstellation soll im Folgenden nicht näher betrachtet werden, da diese Rechtsform ausschließlich Angehörige ‚Freier Berufe' adressiert; vgl. § 1 Abs. 1 Satz 1 PartGG. Die Ausübung eines Handelsgewerbes ist mit dieser Gesellschaftsform unvereinbar; vgl. § 1 Abs. 1 Satz 2 PartGG.

[2] Existieren mehrere Vollhafter, so bilden diese <u>jeweils</u> eine Kreditnehmereinheit mit der Personenhandelsgesellschaft; vgl. Bisani, H. P.: Bildung von Kreditnehmereinheiten nach § 19 Abs. 2 KWG, a.a.O., S. 73 ff., Bock, H.: § 19 Begriff des Kredits für die §§ 13 bis 14 und des Kreditnehmers, a.a.O., S. 508 f., Tz. 120, Buchmann, P.: Die Kreditnehmereinheit gem. § 19 II KWG, a.a.O., S. 1228 f. Eine Zusammenfassung zu einer einzigen Kreditnehmereinheit soll nicht erfolgen; vgl. Bock, H.: § 19 Begriff des Kredits für die §§ 13 bis 14 und des Kreditnehmers, a.a.O., S. 508 f., Tz. 120.

Tritt ein Vollhafter, d.h. ein OHG-Gesellschafter oder der Komplementär einer KG, als Gesellschafter mehrerer Personenhandelsgesellschaften auf, so bilden diese Gesellschaften zusammen keine Gesamt-Kreditnehmereinheit.[1] Die Vorschrift erstreckt sich auch auf persönlich haftende Gesellschafter in den Rechtsformen der AG und der GmbH, so dass auch Vollhafter in gesellschaftsrechtlichen Mischformen (u.a. GmbH & Co KG, AG & Co KG) unter den Zusammenfassungstatbestand subsumiert werden.[2]

Im Zusammenhang mit dem Untersuchungsgegenstand ‚Projektfinanzierung im engeren Sinne' ergibt sich neben einer aufsichtsrechtlichen[3] auch eine faktische Relevanz für die Offenlegung der wirtschaftlichen Verhältnisse. Da der persönlich haftende Gesellschafter dem Kreditinstitut als Ersatzschuldner zur Verfügung steht, bildet er zusammen mit der Personenhandelsgesellschaft eine materielle Kreditnehmereinheit.[4] Die wirtschaftlichen Verhältnisse von Vollhaftern sind somit im Rahmen einer Kreditvergabeentscheidung simultan mit denen des Erstschuldners, d.h. der Personenhandelsgesellschaft, offen zu legen.[5]

- **Kreditnehmereinheiten gem. § 19 Abs. 2 Satz 2 Nr. 3 KWG**

Die Regelung des § 19 Abs. 2 Satz 2 Nr. 3 KWG adressiert den sogenannten ‚**Strohmannkredit**'. Danach sind Personen und Unternehmen, für deren Rechnung Kredit aufgenommen wird, und diejenigen, die diesen Kredit im eigenen Namen aufnehmen, zu einer Kreditnehmereinheit zusammenzufassen. Der Zusammenfassungstatbestand setzt voraus, dass das Kreditinstitut von dem

---

[1] Eine Ausnahme besteht dann, wenn andere Zusammenfassungstatbestände des § 19 Abs. 2 KWG vorliegen; vgl. Beck, H.: Gesetz über das Kreditwesen: Kommentar nebst Materialien und ergänzenden Vorschriften, a.a.O., § 19, S. 36 f., Tz. 83, Bähre, I. L.; Schneider, M.: KWG-Kommentar: Kreditwesengesetz mit den wichtigsten Ausführungsverordnungen, a.a.O., S. 249, Bock, H.: § 19 Begriff des Kredits für die §§ 13 bis 14 und des Kreditnehmers, a.a.O., S. 508 f., Tz. 120.

[2] Vgl. Reischauer, F.; Kleinhans, J.: Kreditwesengesetz. Loseblattkommentar für die Praxis nebst sonstigen bank- und sparkassenrechtlichen Aufsichtsgesetzen sowie ergänzenden Vorschriften, a.a.O., § 19, S. 62 Tz. 89, Beck, H.: Gesetz über das Kreditwesen: Kommentar nebst Materialien und ergänzenden Vorschriften, a.a.O., § 19, S. 34 f., Tz. 84, Bock, H.: § 19 Begriff des Kredits für die §§ 13 bis 14 und des Kreditnehmers, a.a.O., S. 509, Tz. 121.

[3] Das BAKRED hat als vormaliger Träger der Bankenaufsicht darauf hingewiesen, dass die Offenlegung der wirtschaftlichen Verhältnisse regelmäßig auch die Vollhafter inkludiert. Hiervon kann nur dann abgesehen werden, wenn sich aus den offengelegten Jahresabschlüssen und aus weiteren Erkenntnissen des Kreditinstitutes eine unzweifelhafte Bonität der Personenhandelsgesellschaft ableiten lässt; vgl. BAKred: Überblick über die grundsätzlichen Anforderungen an die Offenlegung der wirtschaftlichen Verhältnisse nach § 18 KWG, Rundschreiben 9/98, Gliederungspunkt II. Bei ‚Projektfinanzierungen im engeren Sinne' wird zum Zeitpunkt der Kreditvergabeentscheidung regelmäßig noch kein Jahresabschluss vorliegen respektive wird dieser keine Aussagekraft besitzen. Insoweit wird aus formellen Gründen auf die Offenlegung der wirtschaftlichen Verhältnisse der Vollhafter zu achten sein.

[4] Vgl. zur unbeschränkten Haftung des OHG-Gesellschafters § 105 Abs. 1 HGB bzw. des Komplementärs § 161 Abs. 1 HGB.

[5] Dies gilt bei einer projektbezogenen, zukunftsorientierten Kreditvergabeentscheidung unabhängig von der tatsächlichen bzw. erwarteten Bonität der Vollhafter. Insofern kann das Ergebnis einer Offenlegung der wirtschaftlichen Verhältnisse eines persönlich haftenden Gesellschafters durchaus zu einem negativen Resultat, d.h. einer bei isolierter Betrachtung mangelhaften Kreditwürdigkeit, führen, ohne dass hierdurch eine ‚Projektfinanzierung im engeren Sinne' ausgeschlossen wäre. Im Umkehrschluss bedeutet dies aus einer materiellen Perspektive nur, dass die Personenhandelsgesellschaft als ‚Projekt' eine ausreichend stabile (zukunftsorientierte) Kreditwürdigkeit aufweisen muss.

Strohmannverhältnis Kenntnis hat bzw. bei Verdachtsmomenten weitere Nachforschungen anstellt.[1]

Für den Untersuchungsgegenstand ‚Projektfinanzierung im engeren Sinne' ist der Zusammenfassungstatbestand ‚Strohmannkredit' meist bedeutungslos, da es im Wesen dieser Finanzierungskonzeption liegt, dass die Kreditmittel projektbezogen, d.h. zweckgebunden, herausgelegt werden.[2] Daneben erfolgt i.d.R. eine strikte Kontrolle der Mittelverwendung durch die Kreditinstitute selbst bzw. durch mandatierte (technische) Berater respektive Gutachter.

3.1.2.2 Methodik der Offenlegung

3.1.2.2.1 Offenlegung und amtliches Schrittverfahren

Bei einer reinen Auslegung vom Wortsinn her impliziert der Begriff ‚Offenlegung' zunächst nur die bereits skizzierte physische Vorlage von Informationsunterlagen bei dem Kreditgeber. Das BAKRED hat jedoch als vormaliger Träger der Bankenaufsicht in seinem (aufgehobenen) Rundschreiben 9/98 das Offenlegungsverfahren nach § 18 KWG dahingehend konkretisiert, dass es ein rechtsverpflichtendes **Schrittverfahren** vorgegeben hat.[3] Demnach ist eine Offenlegung in drei Schritten vorzunehmen:

1. Vorlage der erforderlichen Unterlagen
2. Auswertung
3. Dokumentation

Während die erste und die dritte Stufe Form und Art der Offenlegung beschreiben, stellt die zweite Stufe den eigentlichen Kern des Schrittverfahrens, die Auswertung unter Berücksichtigung der Zwecksetzung des § 18 KWG, dar.

Obwohl das Rundschreiben 9/98 zwischenzeitlich aufgehoben wurde,[4] wird die dort skizzierte Vorgehensweise den folgenden Überlegungen zugrunde gelegt, da sie derzeit den einzigen Anhaltspunkt für die Auslegungs- und Verwaltungspraxis der Bankenaufsicht bietet.

---

[1] Vgl. Reischauer, F.; Kleinhans, J.: Kreditwesengesetz. Loseblattkommentar für die Praxis nebst sonstigen bank- und sparkassenrechtlichen Aufsichtsgesetzen sowie ergänzenden Vorschriften, a.a.O., § 19, S. 63 f., Tz. 91, Bähre, I. L.; Schneider, M.: KWG-Kommentar: Kreditwesengesetz mit den wichtigsten Ausführungsverordnungen, a.a.O., S. 249, Bisani, H. P.: Bildung von Kreditnehmereinheiten nach § 19 Abs. 2 KWG, a.a.O., S. 83 ff., Bock, H.: § 19 Begriff des Kredits für die §§ 13 bis 14 und des Kreditnehmers, a.a.O., S. 510, Tz. 126, Buchmann, P.: Die Kreditnehmereinheit gem. § 19 II KWG, a.a.O., S. 1228.

[2] Vgl. hierzu Gliederungspunkt 2.1.3.1 ‚Vorliegen einer abgrenzbaren Wirtschaftseinheit (Projekt)', S. 12 ff.

[3] Vgl. BAKred: Überblick über die grundsätzlichen Anforderungen an die Offenlegung der wirtschaftlichen Verhältnisse nach § 18 KWG, Rundschreiben 9/98, Gliederungspunkt III. vor 1.

[4] Vgl. hierzu die vorstehenden Ausführungen unter Gliederungspunkt 3.1.1.1 Die Offenlegungspflicht nach § 18 Satz 1 KWG, S. 186 ff.

3.1.2.2.2 Schritt 1: Vorlage der erforderlichen Unterlagen

3.1.2.2.2.1 Normenwortlaut und amtliche Verlautbarungen der Bankenaufsicht

3.1.2.2.2.1.1 Grundsätzliches

In der ersten Phase des rechtsverpflichtenden Schrittverfahrens hat sich ein Kreditinstitut die wirtschaftlichen Verhältnisse des Kreditnehmers durch die Vorlage von erforderlichen Unterlagen <u>tatsächlich</u> offenlegen zu lassen. Das reine Verlangen nach einer Vorlage von Unterlagen reicht nicht aus.[1] Der Begriff ‚Vorlage' ist dahingehend zu verstehen, dass der Kreditnehmer dem Kreditinstitut alle Unterlagen in **physischer Form** zu übergeben hat.[2] Im Umkehrschluss bedeutet dies, dass ein reines Vorlegen im Sinne eines ‚*Einblick nehmen*' oder mündliche Auskünfte nicht ausreichend sind.[3] Eine vollständige Kopie der Unterlagen auf Papier oder auch auf einem elektronischen Da-

---

[1] Diese ‚Pflicht zur Offenlegung' folgt aus dem zur Zeit geltenden Wortlaut des § 18 Satz 1 KWG, welcher sich auf der Basis der historischen Erfahrungen der Bankenaufsicht in Deutschland herausgebildet hat. In der Begründung zum § 13 des **Reichsgesetz über das Kreditwesen von 1934** (RKWG), d.h. der erstmaligen Regelung eines Offenlegungs<u>verlangens</u>, heißt es: „*In der zurückliegenden Zeit verzichteten die Kreditinstitute bei der Gewährung von ungedeckten Krediten vielfach lediglich infolge der scharfen Konkurrenz auf eine genaue Einsicht in die Vermögens- und Rentabilitätsverhältnisse ihrer Kreditnehmer. Ein gesetzlicher Zwang hierzu wird die Gewährung von einwandfreien Personalkrediten und damit die Gesundung des gesamten Kreditwesens nur fördern.*" Tröller, M.: Zielsetzung des § 18 KWG und seine Umsetzung in die Praxis, a.a.O., S. 195. Insofern ging es dem Gesetzgeber bei der erstmaligen Kodifizierung von Vorschriften zur Offenlegung der wirtschaftlichen Verhältnisse der Kreditnehmer zwar um eine „*...Unterstützung der Kreditinstitute bei der Durchsetzung ihrer Informationsansprüche...*" Ebenda) Jedoch wurde diese Intention durch den tatsächlich kodifizierten Wortlaut ‚verwässert', welcher Kreditinstitute nur dazu verpflichtete, „*...von dem Kreditnehmer die Offenlegung seiner wirtschaftlichen Verhältnisse zu verlangen.*" (§ 13 RKWG zitiert nach Hein, M.: Die gesetzlichen Anforderungen an Kreditprüfung und Kreditüberwachung in Bankbetrieben, a.a.O., S. 16.) Nach dem Krieg erfolgte eine Neuordnung und Zentralisierung der deutschen Bankenaufsicht durch das **KWG von 1961**. Vgl. hierzu Alsheimer, C.: Die Entwicklung des Kreditwesengesetzes, in: Die Bank, o.Jg. (1997), S. 28 ff. Erneut wurde hierbei ein gesetzliches Offenlegungs<u>verlangen</u> in einem § 17 KWG kodifiziert. Die Intension des Gesetzgebers war dabei im Wesentlichen identisch mit derjenigen, die bereits dem § 13 RKWG zugrunde lag. Vgl. Bundesregierung: Entwurf eines Gesetzes über das Kreditwesen nebst Begründung, in: Bundestags-Drucksache 3/1114 v. 25.5.1959, S. 35. Trotz umfangreicher grundsätzlicher Einwendungen des Bundesrates zu dem damaligen Gesetzesentwurf fanden sich keine kritischen Anmerkungen zu dem geplanten § 17 KWG. Vgl. Bundesrat: Stellungnahme zu dem Entwurf eines Gesetzes über das Kreditwesen, in: Bundestags-Drucksache 3/1114 v. 25.5.1959, S. 48 ff. sowie Bundesregierung: Stellungnahme zu den Einwendungen des Bundesrates gegen den Entwurf eines Gesetzes über das Kreditwesen, in: Bundestags-Drucksache 3/1114 v. 25.5.1959, S. 65 ff. Erst mit der **zweiten KWG-Novelle von 1976** wurde unter dem Eindruck des Zusammenbruchs der HERSTATT-BANK im Jahre 1974 sowie einer anschließenden, kontrovers geführten Diskussion das Offenlegungsverlangen in eine Offenlegungs<u>pflicht</u> umgeändert. Vgl. Bundesregierung: Entwurf eines Zweiten Gesetzes zur Änderung des Gesetzes über das Kreditwesen nebst Begründung, in: Bundestags-Drucksache 7/3657 v. 20.5.1975, S. 1 ff., Bundesregierung: Gegenäußerung zur Stellungnahme des Bundesrates zu dem Entwurf eines Zweiten Gesetzes zur Änderung des Gesetzes über das Kreditwesen nebst Begründung, in: Bundestags-Drucksache 7/3657 v. 20.5.1975, S. 23 f. sowie Kuntze, W.: Zur Entwicklung des Kreditwesengesetzes aus der Sicht der Bankenaufsicht, in: B. Rudolph (Hrsg.), Bankpolitik nach der KWG-Novelle, Frankfurt a.M. 1986, S. 12, Lehnhoff, J.: Offenlegung der wirtschaftlichen Verhältnisse – stets aktuell, in: BI, 23. Jg. (1996), H. 7, S. 2., Früh, A.: Die Bonitätsprüfung nach § 18 Kreditwesengesetz (neu), in: Zeitschrift für Wirtschafts- und Bankrecht (WM IV), 49. Jg. (1995), S. 1704.

[2] Vgl. Keller, E.: Die Offenlegung der wirtschaftlichen Verhältnisse nach § 18 KWG, a.a.O., S. 31.

[3] Insoweit kann ein Kreditinstitut eine positive Kreditvergabeentscheidung nicht auf materielle Erkenntnisse stützen, die es im Rahmen eines sogenannten ‚Data-Room' gewonnen hat. Dabei handelt es sich um eine unter Aufsicht stehende Örtlichkeit, in der transaktionsrelevante Unterlagen aufbewahrt und dem Kreditinstitut für einen begrenzten Zeitraum zugänglich gemacht werden. Regelmäßig dürfen Notizen nur in handschriftlicher Form, per Diktiergerät oder durch Nutzung eines tragbaren Personal Computer fest-

tenträger soll dagegen der Mindestanforderung an die physische Form genügen, so dass nicht notwendigerweise Originale vorzulegen sind bzw. in den Besitz des Kreditinstituts übergehen müssen.[1]

Nach dem Wortlaut des § 18 Satz 1 KWG hat die Offenlegung der wirtschaftlichen Verhältnisse „*...insbesondere durch Vorlage der Jahresabschlüsse...*" zu erfolgen. In diesem Zusammenhang stellt sich die Frage nach der Auslegung des Adverbs ‚**insbesondere**'. Gemäß der hermeneutischen Auslegung sind grundsätzlich zwei verschiedene Interpretationen denkbar:

> ➢ Die Offenlegung der wirtschaftlichen Verhältnisse ist in erster Linie, d.h. hauptsächlich, auf die Jahresabschlüsse zu stützen. Daneben können, soweit erforderlich, ergänzend weitere Unterlagen herangezogen werden.

> ➢ Die Offenlegung der wirtschaftlichen Verhältnisse ist insbesondere, d.h. dort, wo es möglich und/oder sinnvoll ist, auf die Jahresabschlüsse zu stützen. In allen anderen Sachverhaltsgestaltungen muss die Bonitätsprüfung ersatzweise auf andere offenlegungsrelevante Unterlagen basiert werden.

Die erste Interpretation erscheint zunächst aus der Perspektive des Firmenkundenkreditgeschäftes – ausgehend vom Wortlaut der Vorschrift – gerechtfertigt. Berücksichtigt man jedoch, dass bei nicht bilanzierungspflichtigen Kreditnehmern bzw. bei bestimmten anderen Sachverhaltsgestaltungen Jahresabschlüsse für die Kreditvergabeentscheidung irrelevant sein können, so muss diese Möglichkeit der engen Auslegung vor dem Hintergrund der ökonomischen Realität verworfen werden.[2]

---

gehalten werden. Der Einsatz eines Kopierers oder die Vervielfältigung über andere technische Geräte ist ausgeschlossen. Ein Data-Room kann beispielsweise im Rahmen einer ‚Projektfinanzierung im engeren Sinne' eingesetzt werden, um den durch die Projektinitiatoren zur Abgabe eines Finanzierungsangebotes eingeladenen Kreditinstituten den Zugang zu umfangreichen vertraglichen und technischen Dokumentationen bzw. Hintergrundmaterialien zu ermöglichen. Vgl. zu dieser Phase der Ablauforganisation einer ‚Projektfinanzierung im engeren Sinne' auch die Ausführungen unter Gliederungspunkt 2.3.2.2 ‚Ablauforganisation', S. 178 ff. Vgl. zur Unvereinbarkeit **mündlicher Auskünfte** mit § 18 Satz 1 KWG auch Bock, H.: § 18 Kreditunterlagen, a.a.O., S. 453, Tz. 28.

[1] Vgl. BAKred: Überblick über die grundsätzlichen Anforderungen an die Offenlegung der wirtschaftlichen Verhältnisse nach § 18 KWG, Rundschreiben 9/98, Gliederungspunkt III. 1. Bei einer genauen Auslegung des Wortlauts dürfen elektronische Dateien, die per Email übermittelt oder aus dem Internet von speziellen Datenplattformen heruntergeladen werden, nicht für die Offenlegung der wirtschaftlichen Verhältnisse des Kreditnehmers verwendet werden. Dies erscheint jedoch sachlich nicht gerechtfertigt, da Dateien auf wiederbeschreibbaren und damit manipulierbaren Datenträgern (Diskette, Magnetband, CD RW etc.) ceteris paribus die gleiche Dokumentenqualität aufweisen wie auf einem direkten elektronischen Weg übermittelte Dateien. Insofern wäre bei elektronischen Dateien weniger auf den Übermittlungsweg als auf deren nachträgliche Manipulierbarkeit abzustellen. Denkbare Lösungsmöglichkeiten sind (i) die parallele Übersendung der Unterlagen in gedruckter Form, (ii) die Übersendung elektronischer Dateien in nicht manipulierbaren Formaten (z.B. geschützten PDF-Dateien) und, soweit technisch möglich, (iii) die Ausstattung elektronischer Dateien mit elektronischen Sicherheits-Zertifikaten. Vgl. zur Unvereinbarkeit von Dokumenten aus dem Internet mit § 18 Satz 1 KWG auch Bock, H.: § 18 Kreditunterlagen, a.a.O., S. 452 f., Tz. 27 m.w.N.

[2] In der Regierungsbegründung zum KWG von 1961 heißt es hierzu: „*Soweit Kreditnehmer üblicherweise keine Jahresabschlüsse erstellen, können solche auch nicht verlangt werden; das Kreditinstitut muß sich in solchen Fällen auf andere Weise Gewißheit über die wirtschaftliche Lage des Kreditnehmers verschaffen.*" Bundesregierung: Entwurf eines Gesetzes über das Kreditwesen nebst Begründung, in: Bundestags-Drucksache 3/1114 v. 25.5.1959, S. 35. Vgl. auch *Bähre/Schneider*: „*Ist der Kreditnehmer nicht bilanzierungspflichtig ..., so hat das KI an Stelle von Jahresabschlüssen Vermögensübersichten, Steuererklärungen oder ähnliches zu verlangen.*" Bähre, I. L.; Schneider, M.: KWG-Kommentar: Kreditwesengesetz mit den wichtigsten Ausführungsverordnungen, a.a.O., S. 229. Vgl. auch *Brinkmann*, der zum Wortlaut des § 18 KWG einschränkend ausführt, „*...daß zur Einhaltung des § 18 KWG Jahresabschlüsse stets dann vor-*

Folgt man dagegen der zweiten Interpretation, so muss eine Offenlegung der wirtschaftlichen Verhältnisse neben Jahresabschlüssen auch durch andere Unterlagen möglich sein, soweit dies aufgrund des Sachverhalts sinnvoll ist.[1]

Die Bankenaufsicht folgt im Rundschreiben 9/98 der skizzierten Logik der zweiten Interpretation, indem sie fünf unterschiedliche Sachverhaltsgestaltungen unterscheidet und für diese jeweils unterschiedliche Anforderungen an die vorzulegenden Unterlagen postuliert. In diesem Zusammenhang werden die folgenden Fallgruppen unterschieden:[2] Kredite an bilanzierende Kreditnehmer, Kredite an Objektgesellschaften, Kredite an nicht bilanzierende Kreditnehmer, Abwicklungskredite und Existenzgründungsdarlehen. Die jeweiligen Anforderungen der Bankenaufsicht an die vorzulegenden Unterlagen werden nachfolgend skizziert.[3]

3.1.2.2.2.1.2 Unterlagen bei Krediten an bilanzierende Kreditnehmer

Kreditnehmer, die nach den Vorschriften des dritten Buches des HGB der Buchführungspflicht (§ 238 HGB) und der Pflicht zur Jahresabschlusserstellung (§ 242 HGB) unterliegen, müssen dem Kreditinstitut „*...mindestens den zeitlich letzten Jahresabschluss (Bilanz mit Gewinn- und Verlustrechnung), möglichst aber* (die Jahresabschlüsse) *der letzten drei Jahre vorlegen...*".[4] Kapitalgesellschaften, die nach §§ 264 Abs. 1, 284 HGB einen Anhang aufstellen müssen, haben diesen ebenfalls vorzulegen. Unterliegt ein Kreditnehmer der Pflicht zur Prüfung des Jahresabschusses nach § 316 HGB, so muss sich das Kreditinstitut den testierten Jahresabschluss vorlegen lassen. Das Gleiche gilt für die Fälle, dass sich (a) ein Kreditnehmer freiwillig einer nach Art und Umfang der handelsrechtlichen Pflichtprüfung entsprechenden Jahresabschlussprüfung unterzieht[5] oder (b)

---

gelegt werden müssen, wenn solche aufgestellt werden." Brinkmann, J.: Die Offenlegung der wirtschaftlichen Verhältnisse nach § 18 KWG, a.a.O., S. 59.

[1] Jedoch verbleibt die Frage, warum der Gesetzgeber eine Offenlegung der wirtschaftlichen Verhältnisse ‚insbesondere durch Vorlage der Jahresabschlüsse' verlangt hat. Hierfür könnten historische Rahmenbedingungen zum Zeitpunkt der erstmaligen Kodifizierung bzw. der nachfolgenden Novellierungen ursächlich sein. Der Gesetzgeber wollte möglicherweise die ordnungspolitisch relevanten Transaktionen aus dem Bereich des Firmenkundenkreditgeschäftes adressieren. In diesem Sinne argumentieren wohl auch SZAGUNN/HAUG/ERGENZINGER, welche hierzu ausführen: „*In der Vorschrift selbst ist die Vorlage der **Jahresabschlüsse** ausdrücklich als Regelfall genannt, weil diese bei Kaufleuten und Unternehmen die wichtigsten Unterlagen zur Analyse ihrer Situation sind.*" Szagunn, V.; Haug, U.; Ergenzinger W.: Gesetz über das Kreditwesen, a.a.O., S. 359, Tz. 4; Anmerkung: Hervorhebung auch im Original.

[2] Vgl. BAKred: Überblick über die grundsätzlichen Anforderungen an die Offenlegung der wirtschaftlichen Verhältnisse nach § 18 KWG, Rundschreiben 9/98, Gliederungspunkt III. 1. In Teilaspekten wurde das Rundschreiben 9/98 durch Rundschreiben 16/99 geändert; vgl. BAKred: Änderungen der grundsätzlichen Anforderungen an die Offenlegung der wirtschaftlichen Verhältnisse nach § 18 KWG, Änderung des Rundschreibens 9/98 vom 7. Juli 1998 - I 3 - 237 - 2/94, Regelung über die Offenlegung bei Krediten an bilanzierende Kreditnehmer, Rundschreiben 16/99.

[3] Für die nachfolgenden Ausführungen vgl. BAKred: Überblick über die grundsätzlichen Anforderungen an die Offenlegung der wirtschaftlichen Verhältnisse nach § 18 KWG, Rundschreiben 9/98, Gliederungspunkt III. 1.

[4] BAKred: Überblick über die grundsätzlichen Anforderungen an die Offenlegung der wirtschaftlichen Verhältnisse nach § 18 KWG, Rundschreiben 9/98, Gliederungspunkt III. 1. Alternativ zur direkten Vorlage der Jahresabschlüsse kann das Kreditinstitut die Offenlegung auf gedruckte, veröffentlichte Geschäftsberichte oder bei Offenlegung des vollständigen Jahresabschlusses nach § 325 ff. HGB bzw. §§ 9, 15 PublG auf die entsprechende Ausgabe des Bundesanzeigers stützen; vgl. Bock, H.: § 18 Kreditunterlagen, a.a.O., S. 453, Tz. 28.

[5] Vgl. BAKred: Änderungen der grundsätzlichen Anforderungen an die Offenlegung der wirtschaftlichen Verhältnisse nach § 18 KWG, Änderung des Rundschreibens 9/98 vom 7. Juli 1998 - I 3 - 237 - 2/94, Regelung über die Offenlegung bei Krediten an bilanzierende Kreditnehmer, Rundschreiben 16/99. Bis zur

aufgrund anderer gesetzlicher Verpflichtungen zu einer Jahresabschlussprüfung verpflichtet ist. Kreditnehmer in der Rechtsform der mittelgroßen und großen Kapitalgesellschaften müssen dem Kreditinstitut zudem ihren Lagebericht (§ 289 HGB) vorlegen.[1]

Unabhängig von einer möglicherweise erleichterten Publizitätspflicht müssen die Jahresabschlüsse dem Kreditinstitut **vollständig** vorgelegt werden.[2] Die vorzulegenden Jahresabschlüsse können unter Ausnutzung der kodifizierten Erleichterungsmöglichkeiten aufgestellt worden sein.[3] Jedoch hat das Kreditinstitut, soweit erforderlichen, im Rahmen der Kreditwürdigkeitsprüfung weitere Unterlagen anzufordern und auszuwerten.[4]

Da Jahresabschlüsse eine ex post Betrachtung der wirtschaftlichen Verhältnisse für einen Zeitpunkt (Bilanz) bzw. einen Zeitraum (GuV) darstellen, nimmt deren Aussagekraft für Zwecke der Kreditvergabeentscheidung bzw. Kreditüberwachung mit zunehmender Zeitdifferenz zum Bilanzstichtag ab. Einerseits bedeutet dies, dass die Erstoffenlegung der wirtschaftlichen Verhältnisse eines Kreditnehmers auf der Basis eines zeitnahen Jahresabschlusses vorgenommen wird. Andererseits müssen Kreditinstitute für Zwecke der Kreditüberwachung durch Auflagen im Kreditvertrag sowie durch angemessene organisatorische Maßnahmen sicherstellen, dass eine **zeitnahe Vorlage** der – für die jeweils nachfolgenden Wirtschaftsjahre zu erstellenden – Jahresabschlüsse durch die Kreditnehmer innerhalb einer Frist von 12 Monaten[5] nach dem Bilanzstichtag erfolgt.[1]

Änderung durch das Rundschreiben 16/99 forderte die Bankenaufsicht im vorhergehenden Rundschreiben 9/98, dass freiwillige Jahresabschlussprüfungen durch einen Abschlussprüfer im Sinne des § 319 HGB vorgenommen werden; vgl. BAKred: Überblick über die grundsätzlichen Anforderungen an die Offenlegung der wirtschaftlichen Verhältnisse nach § 18 KWG, Rundschreiben 9/98, Gliederungspunkt III. 1.

[1] Kleine Kapitalgesellschaften im Sinne des § 267 Abs. 1 HGB müssen den Lagebericht nicht aufstellen; vgl. § 264 Abs. 1 Satz 3 HGB.

[2] In diesem Zusammenhang verweist das BAKred als vormaliger Träger der Bankenaufsicht beispielhaft auf § 5 Abs. 5 PublG, welcher den durch § 1 PublG erfassten Personenhandelsgesellschaften und Einzelkaufleuten unter bestimmten Bedingungen die Möglichkeit eröffnet, die Gewinn- und Verlustrechnung nicht durch Einreichung zu einem Handelsregister sowie Bekanntmachung im Bundesanzeiger (§ 9 PublG i.V.m. §§ 325 Abs. 1, 2, 4 und 5, 328 HGB analog) offen zu legen; BAKred: Überblick über die grundsätzlichen Anforderungen an die Offenlegung der wirtschaftlichen Verhältnisse nach § 18 KWG, Rundschreiben 9/98, Gliederungspunkt III. 1. Die Kreditinstitute sind zur Verschwiegenheit verpflichtet, so dass sich die Beschränkung der Publizitätspflicht nicht auf das Kreditnehmer/Kreditgeber-Verhältnis erstreckt; vgl. Bock, H.: § 18 Kreditunterlagen, a.a.O., S. 454, Tz. 33.

[3] Vgl. hierzu beispielsweise die größenabhängigen Erleichterungen bei der Aufgliederung und Erläuterung der Gewinn- und Verlustrechnung nach § 276 HGB.

[4] Das BAKRED führte hierzu exemplarisch aus, dass bei Ausnutzung der größenabhängigen Erleichterungen der §§ 267, 276, 288 HGB die Vorlage des Jahresabschlusses allein regelmäßig nicht den Anforderungen des § 18 Satz 1 KWG genügen soll. Insoweit müssen in diesen Fällen weitere Informationen bzw. Aufgliederungen angefordert werden; BAKred: Überblick über die grundsätzlichen Anforderungen an die Offenlegung der wirtschaftlichen Verhältnisse nach § 18 KWG, Rundschreiben 9/98, Gliederungspunkt III. 1.

[5] Die Vorlagefristen wurden mit Rundschreiben 05/2000 an die – durch das Kapitalgesellschaften- und Co-Richtlinien-Gesetz geänderten – handelsrechtlichen Einreichungs- und Veröffentlichungsfristen angepasst; vgl. BAKred: Offenlegung der wirtschaftlichen Verhältnisse nach § 18 KWG, Weitere Flexibilisierung der Sicherheitenliste; Aufhebung des Rundschreibens 20/99 vom 30. Dezember 1999 – I 3 – 237 – 2/94, Schaffung eines Beurteilungsspielraums bei der Heranziehung von Einkommensteuererklärungen und bei der Angabe der Vermögenspositionen im Rahmen von Vermögensaufstellungen, Fristenangleichung bei der Einreichung von Jahresabschlüssen an das Kapitalgesellschaften- und Co-Richtlinien-Gesetz (KapCoRiliG), Beachtung der Persönlichkeitsrechte und datenschutzrechtlicher Bestimmungen, Rundschreiben 5/2000, Gliederungspunkt III.

Bei Nichteinhaltung der Frist oder bei Fehlen des gesetzlich vorgeschriebenen Testats sowie bei Anlässen zu Zweifeln im Hinblick auf die Verlässlichkeit des Jahresabschlusses sowie der Qualifikation bzw. Person des Prüfers muss sich das Kreditinstitut weitere ergänzende bzw. aktuellere Unterlagen über Liquidität, Substanz und Erfolg des Kreditnehmers vorlegen lassen.[2] Auch bei Fehlen eines freiwilligen Testats eines ansonsten nicht prüfungspflichtigen Kreditnehmers muss das Kreditinstitut einzelfallbezogen entscheiden, ob weitere Unterlagen für die Offenlegung der wirtschaftlichen Verhältnisse erforderlich sind.[3] Werden alle formellen Vorschriften zur Vorlage von Jahresabschlüssen von bilanzierenden Kreditnehmern eingehalten, so hat das Kreditinstitut trotzdem weitere Unterlagen anzufordern, „...*wenn die Jahresabschlüsse allein **kein** klares, hinreichend verlässliches Urteil über die wirtschaftlichen Verhältnisse des Kreditnehmers ermöglichen.*"[4]

Als Beispiele für derartige ergänzende Unterlagen nennt die Bankenaufsicht:[5] Nachweise über Auftragsbestände, Umsatzzahlen, betriebswirtschaftliche Auswertungen, Umsatzsteueranmeldun-

---

[1] Das Kreditinstitut hat im Kreditvertrag die zivilrechtlichen Voraussetzungen für eine Kündigung des Kreditverhältnisses für den Fall zu schaffen, dass der Kreditnehmer in nachfolgenden Perioden nicht die erforderlichen Unterlagen (z.B. Jahresabschlüsse) vorlegt; vgl. Bock, H.: § 18 Kreditunterlagen, a.a.O., S. 453, Tz. 29.

[2] Mit dem Rundschreiben 16/99 hat die Bankenaufsicht ihre Haltung gegenüber dem Rundschreiben 9/98 verschärft und fordert nunmehr auch die Vorlage weiterer Unterlagen, wenn Anlässe zu Zweifeln an der Verlässlichkeit des Jahresabschlusses sowie der Qualifikation bzw. Person des Prüfers bestehen; vgl. BAKred: Änderungen der grundsätzlichen Anforderungen an die Offenlegung der wirtschaftlichen Verhältnisse nach § 18 KWG, Änderung des Rundschreibens 9/98 vom 7. Juli 1998 - I 3 - 237 - 2/94, Regelung über die Offenlegung bei Krediten an bilanzierende Kreditnehmer, Rundschreiben 16/99. BOCK führt hierzu aus, dass in derartigen Fällen zwecks Erfüllung von § 18 Satz 1 KWG auch auf Informationen von Dritten, z.B. von Rating-Agenturen, zurückgegriffen werden kann; vgl. Bock, H.: § 18 Kreditunterlagen, a.a.O., S. 455, Tz. 37.

[3] In der Vergangenheit sollte das Kreditinstitut auf die Vorlage weiterer Unterlagen in derartigen Fällen u.a. dann verzichten können, wenn Angehörige der wirtschaftsprüfenden oder geeigneter steuerberatender Berufe die Verlässlichkeit des Jahresabschlusses ‚untermauerten'. Vgl. BAKred: Überblick über die grundsätzlichen Anforderungen an die Offenlegung der wirtschaftlichen Verhältnisse nach § 18 KWG, Rundschreiben 9/98, Gliederungspunkt III. 1. Die Bankenaufsicht ließ hierbei offen, was unter dem Begriff ‚untermauern' zu verstehen sein sollte. Da das Testat nach § 322 HGB als Bestätigungsvermerk ausgestaltet ist, hatte es sich bei einer ‚Untermauerung' mehr um eine Plausibilisierung im Sinne eines Abbaus von Informationsasymmetrien durch eine dritte, mehr oder weniger unabhängige Partei gehandelt. Mit Rundschreiben 16/99 hat die Bankenaufsicht ihre Position geändert: „*Auf die Heranziehung weiterer Unterlagen wird das Kreditinstitut dabei selbst dann nicht verzichten können, wenn der Jahresabschluß ungeprüft aus den zur Verfügung gestellten Unterlagen erstellt worden ist oder Anlass besteht, die Verlässlichkeit des Jahresabschlusses insbesondere im Hinblick auf die Person des Mitwirkenden oder die im Jahresabschluß enthaltenen Angaben in Zweifel zu ziehen.*" Eine weitergehende ‚Untermauerung' reicht somit allein nicht mehr aus; vgl. BAKred: Änderungen der grundsätzlichen Anforderungen an die Offenlegung der wirtschaftlichen Verhältnisse nach § 18 KWG, Änderung des Rundschreibens 9/98 vom 7. Juli 1998 - I 3 - 237 - 2/94, Regelung über die Offenlegung bei Krediten an bilanzierende Kreditnehmer, Rundschreiben 16/99.

[4] BAKred: Überblick über die grundsätzlichen Anforderungen an die Offenlegung der wirtschaftlichen Verhältnisse nach § 18 KWG, Rundschreiben 9/98, Gliederungspunkt III. 1.

[5] Vgl. hierzu auch mit weiteren Beispielen Beck, H.: Gesetz über das Kreditwesen: Kommentar nebst Materialien und ergänzenden Vorschriften, a.a.O., § 18, S. 20 f., Tz. 59 sowie Deutscher Sparkassen- und Giroverband (Hrsg.): Leitfaden zur Erfüllung der Anforderungen des § 18 KWG, a.a.O., S. 17 f., Tz. 27 ff., Reischauer, F.; Kleinhans, J.: Kreditwesengesetz. Loseblattkommentar für die Praxis nebst sonstigen bank- und sparkassenrechtlichen Aufsichtsgesetzen sowie ergänzenden Vorschriften, a.a.O., § 18, S. 30, Tz. 19.

gen, Erfolgs- und Liquiditätspläne, Einkommensnachweise, Wirtschaftlichkeitsberechnungen von zu finanzierenden Vorhaben und Prüfungsberichte[1].

Die nachfolgende Abbildung fasst die komplexen Konkretisierungen der Bankenaufsicht zur Vorlage von Unterlagen bei Krediten an bilanzierende Kreditnehmer anhand eines Entscheidungsbaums zusammen:

Abb. 68: Entscheidungsbaum zur Vorlage von Unterlagen bei Krediten an bilanzierende Kreditnehmer

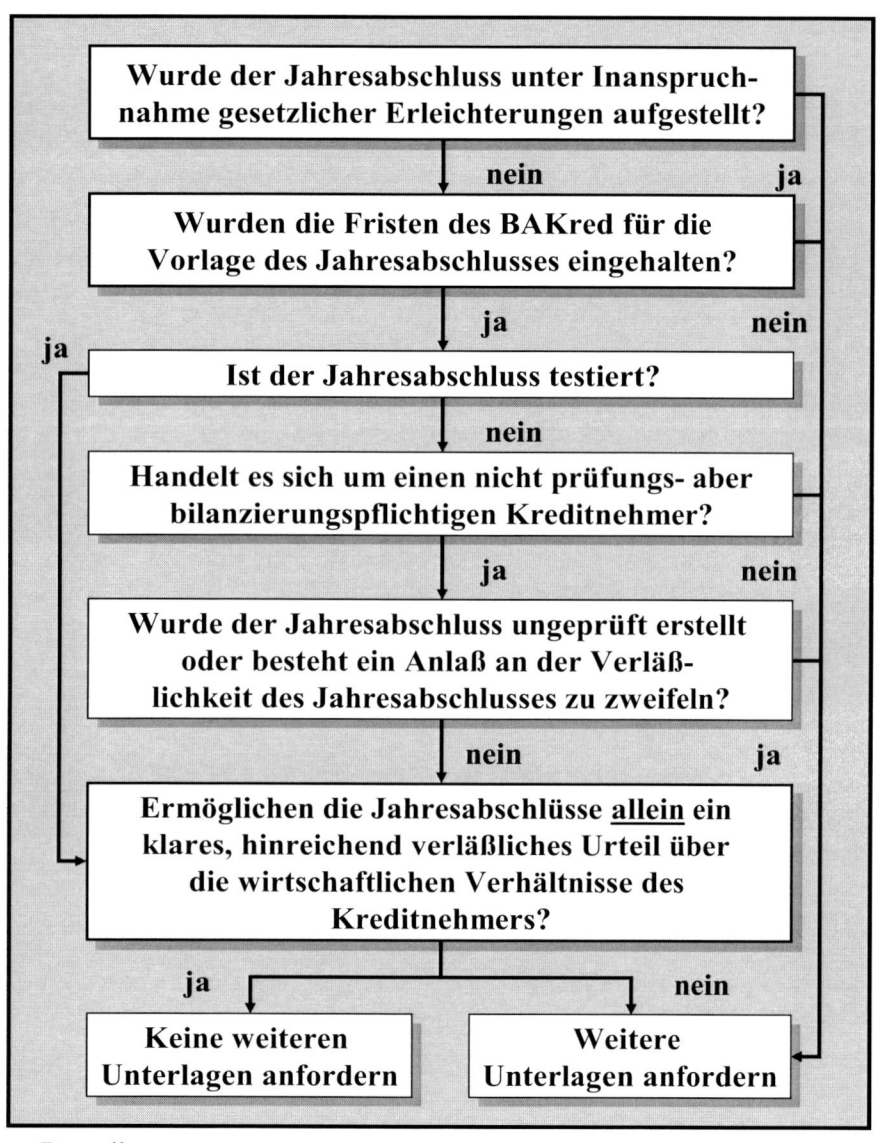

```
                    Wurde der Jahresabschluss unter Inanspruch-
                    nahme gesetzlicher Erleichterungen aufgestellt?
                                    │ nein                    ja
                    Wurden die Fristen des BAKred für die
                    Vorlage des Jahresabschlusses eingehalten?
                                    │ ja                      nein
            ja      Ist der Jahresabschluss testiert?
                                    │ nein
                    Handelt es sich um einen nicht prüfungs- aber
                    bilanzierungspflichtigen Kreditnehmer?
                                    │ ja                      nein
                    Wurde der Jahresabschluss ungeprüft erstellt
                    oder besteht ein Anlaß an der Verläß-
                    lichkeit des Jahresabschlusses zu zweifeln?
                                    │ nein                    ja
                    Ermöglichen die Jahresabschlüsse allein ein
                    klares, hinreichend verläßliches Urteil über
                    die wirtschaftlichen Verhältnisse des
                    Kreditnehmers?
                            ja                         nein
                    Keine weiteren              Weitere
                    Unterlagen anfordern        Unterlagen anfordern
```

Quelle: Eigene Darstellung

Die detaillierten Ausführungen der Bankenaufsicht orientieren sich in hohem Maße an den Gegebenheiten und Rahmenbedingungen des inländischen Kreditgeschäftes und spiegeln insoweit das deutsche Verständnis der handelsrechtlichen Rechnungslegungs- und Prüfungsvorschriften wider. In diesem Zusammenhang stellt sich die Frage nach der Behandlung ausländischer Kreditnehmer,

---

[1] Insbesondere bei zweifelhaften Wertansätzen in Jahresabschlüssen soll eine Auswertung des Prüfungsberichtes stattfinden, um Klarheit über die Bewertungsmaßnahmen und damit der wirtschaftlichen Verhältnisse des Kreditnehmers zu erlangen.

die möglicherweise ihr externes Berichtswesen nach anderen institutionellen Rahmenbedingungen ausrichten müssen.[1]

3.1.2.2.2.1.3 Unterlagen bei Krediten an Objektgesellschaften

Die Fallgruppe der ‚Kredite an Objektgesellschaften' stellt eine Untergruppe bzw. Sonderform der ‚Kredite an bilanzierende Kreditnehmer' dar.[2] Nach dem Wortlaut des Rundschreibens 9/98 adressiert die Bankenaufsicht hier Immobilienkredite, die an Objektgesellschaften, d.h. Einzweckgesellschaften zur Finanzierung eines Immobilienprojektes, herausgelegt werden. Neben den Jahresabschlussunterlagen, die auch im Rahmen von ‚Krediten an bilanzierende Kreditnehmer' vom Kreditnehmer abgefordert werden müssen, sind weitere Unterlagen für eine Offenlegung der wirtschaftlichen Verhältnisse anzufordern.[3] Eine ausschließliche Ergänzung der Jahresabschlussunterlagen durch eine ‚Kapitaldienstrechnung' soll nach Auffassung der Bankenaufsicht den erweiterten Offenlegungsanforderungen bei einer Objektgesellschaft nicht genügen. Vielmehr sind auch Unterlagen über alle maßgeblich am Immobilienobjekt beteiligten Parteien, gegebenenfalls der (zukünftigen) Mieter, einzuholen. In diesem Zusammenhang ist primär auf die Vermietbarkeit des Objektes, insbesondere auf die bereits abgeschlossenen oder vorgesehenen Mietverträge, abzustellen.[4] Nach Auffassung der Bankenaufsicht soll dies jedoch nicht die Offenlegung der wirtschaftlichen Verhältnisse eines jeden einzelnen Mieters implizieren. Vielmehr soll es ausreichen, dass das Kreditinstitut einen Überblick über die Mieterschaft als solche, d.h. in ihrer Gesamtheit, erhält.

3.1.2.2.2.1.4 Unterlagen bei Krediten an nicht bilanzierende Kreditnehmer

Kreditinstitute haben sich Unterlagen vorlegen zu lassen, die *„...auf ähnlich sicherer Grundlage wie bei den bilanzierenden Kreditnehmern ein klares zeitnahes Bild von den wirtschaftlichen Verhältnissen des Kreditnehmers..."* verschaffen.[5] Im Mittelpunkt steht hierbei die Offenlegung der Vermögensverhältnisse im Rahmen einer aktuellen Vermögensaufstellung, die sämtliche Vermögenswerte und Verbindlichkeiten des Kreditnehmers erfasst, sowie die Offenlegung der Einkommensverhältnisse, die bei Gewerbekrediten und Freiberuflern über eine Einnahmen- und Ausgabenrechnung (Überschussrechnung) nach § 4 Abs. 3 EStG zu erfolgen hat.[6] Ergänzend sind Nach-

---

[1] BECK weist in diesem Zusammenhang auf die auch nach den europäischen Harmonisierungsbemühungen weiterhin bestehenden unterschiedlichen Rechnungslegungsgrundsätze sowie den aktuellen Trend zu einer (parallelen) Rechnungslegung nach internationalen Standards (US-GAAP, IAS) hin; vgl. Beck, H.: Gesetz über das Kreditwesen: Kommentar nebst Materialien und ergänzenden Vorschriften, a.a.O., § 18, S. 19, Tz. 55 f.

[2] Vgl. Szagunn, V.; Haug, U.; Ergenzinger W.: Gesetz über das Kreditwesen, a.a.O., S. 360, Tz. 5.

[3] Insoweit gelten prinzipiell die gleichen Grundsätze, die auch für bilanzierende Kreditnehmer gelten; vgl. Bock, H.: § 18 Kreditunterlagen, a.a.O., S. 457, Tz. 45, o. V.: Anmerkungen zur BAKred-Verlautbarung zu § 18 KWG, in: FN-IDW, o. Jg. (1995), Nr. 12, S. 522.

[4] Zwecks Offenlegung der **Werthaltigkeit des Objektes** sind insbesondere Unterlagen zu Objektstandort, Vermietungsstand und Mieterstruktur vorzulegen; vgl. Bock, H.: § 18 Kreditunterlagen, a.a.O., S. 457, Tz. 45.

[5] BAKred: Überblick über die grundsätzlichen Anforderungen an die Offenlegung der wirtschaftlichen Verhältnisse nach § 18 KWG, Rundschreiben 9/98, Gliederungspunkt III. 1.

[6] Mit Rundschreiben 5/2000 hat die Bankenaufsicht ihre Position dahingehend geändert, dass von einem Ausweis einzelner Vermögensgegenstände in der Vermögensaufstellung abgesehen werden kann, sofern sämtliche Verbindlichkeiten und alle Gesellschaftsbeteiligungen in derselben aufgeführt sind. Ferner muss sich ein hinreichend verlässliches Bild über die Vermögenssituation des Kreditnehmers ergeben; vgl. BAKred: Offenlegung der wirtschaftlichen Verhältnisse nach § 18 KWG, Weitere Flexibilisierung

weise zur Absicherung der Informationen (z.B. Grundbuchauszüge, Einkommensteuerbescheide[1]) vorzulegen. Eine Wirtschaftlichkeitsberechnung des zu finanzierenden Vorhabens muss durchgeführt werden.[2] Wird der für die Beurteilung des Vorhabens erforderliche Sachverstand nicht im Kreditinstitut vorgehalten, so sind Gutachten unabhängiger Sachverständiger einzuholen.[3] Die vorgelegten Unterlagen, insbesondere die Vermögensaufstellung und die Überschussrechnung, *„...müssen aus sich heraus ein schlüssiges Bild der wirtschaftlichen Verhältnisse des Kreditnehmers vermitteln."* Die Überschussrechnung soll dabei eine Informationstiefe aufweisen, die einer ungekürzten Gewinn- und Verlustrechnung entspricht. Werden die Vermögensaufstellung und die Überschussrechnung nicht zeitnah, d.h. binnen zwölf Monaten ab Veranlagungszeitraum, vorgelegt, so sind weitere Unterlagen anzufordern und auszuwerten.[4]

3.1.2.2.2.1.5 Unterlagen bei Abwicklungskrediten

Befindet sich ein Unternehmen in Abwicklung, so entbindet dies nicht von der Pflicht zur Offenlegung der wirtschaftlichen Verhältnisse.[5] Insoweit muss ein Kreditinstitut „...*alle nach den Umständen zumutbaren Anstrengungen...*"[6] unternehmen, um die hierfür erforderlichen Unterlagen zu erhalten. Erst bei nachweislicher Nichtvorlage durch den in Abwicklung befindlichen Kreditnehmer soll kein Verstoß gegen § 18 Satz 1 KWG vorliegen.[7]

---

der Sicherheitenliste; Aufhebung des Rundschreibens 20/99 vom 30. Dezember 1999 – I 3 – 237 – 2/94, Schaffung eines Beurteilungsspielraums bei der Heranziehung von Einkommensteuererklärungen und bei der Angabe der Vermögenspositionen im Rahmen von Vermögensaufstellungen, Fristenangleichung bei der Einreichung von Jahresabschlüssen an das Kapitalgesellschaften- und Co-Richtlinien-Gesetz (KapCoRiliG), Beachtung der Persönlichkeitsrechte und datenschutzrechtlicher Bestimmungen, Rundschreiben 5/2000. Vgl. hierzu auch Gschrey, E.: Kreditwürdigkeitsprüfung und Arbeitsmarkt-/Wirtschaftskrise, in: BI, 23. Jg. (1996), H. 7, S. 7 f.

[1] Die Bankenaufsicht hat im Rundschreiben 5/2000 ausgeführt, dass in Einzelfällen auf die Einkommensteuererklärung verzichtet werden kann, wenn diese keine Beurteilungsrelevanz erwarten lässt und andere aktuelle Unterlagen über die wesentlichen Einkünfte des Kreditnehmers vorliegen (z.B. Überschussrechnungen, Gehaltsnachweise, Nachweise über Miet- und Pachteinkünfte); vgl. BAKred Offenlegung der wirtschaftlichen Verhältnisse nach § 18 KWG, Weitere Flexibilisierung der Sicherheitenliste; Aufhebung des Rundschreibens 20/99 vom 30. Dezember 1999 – I 3 – 237 – 2/94, Schaffung eines Beurteilungsspielraums bei der Heranziehung von Einkommensteuererklärungen und bei der Angabe der Vermögenspositionen im Rahmen von Vermögensaufstellungen, Fristenangleichung bei der Einreichung von Jahresabschlüssen an das Kapitalgesellschaften- und Co-Richtlinien-Gesetz (KapCoRiliG), Beachtung der Persönlichkeitsrechte und datenschutzrechtlicher Bestimmungen, Rundschreiben 5/2000.

[2] Die Bankenaufsicht lässt an dieser Stelle offen, wer die Wirtschaftlichkeitsberechnung zu erstellen hat; vgl. BAKred: Überblick über die grundsätzlichen Anforderungen an die Offenlegung der wirtschaftlichen Verhältnisse nach § 18 KWG, Rundschreiben 9/98, Gliederungspunkt III. 1.

[3] Das alleinige Einholen von Auskünften bei Dritten (z.B. Auskunfteien) soll jedoch nicht ausreichend sein; vgl. Ebenda.

[4] Die vom Kreditinstitut anzufordernden ‚weiteren Unterlagen' orientieren sich dabei an dem vorstehend skizzierten Katalog für bilanzierende Kreditnehmer.

[5] Gleiches soll bei gekündigten Krediten gelten; vgl. hierzu auch Bock, H.: § 18 Kreditunterlagen, a.a.O., S. 453, Tz. 30 u. S. 458 f., Tz. 50, Keller, E.: Die Offenlegung der wirtschaftlichen Verhältnisse nach § 18 KWG, a.a.O., S. 52. Bereits abgeschriebene Kredite werden hierdurch nicht erfasst, weil diese gem. § 21 Abs. 2 Nr. 4 KWG nicht als ‚Kredit' im Sinne des § 18 Satz 1 KWG gelten; vgl. hierzu auch die vorstehenden Ausführungen unter Gliederungspunkt 3.1.2.1.2.2 ‚Negative Eingrenzung', S. 232 ff.

[6] BAKred: Überblick über die grundsätzlichen Anforderungen an die Offenlegung der wirtschaftlichen Verhältnisse nach § 18 KWG, Rundschreiben 9/98, Gliederungspunkt III. 1.

[7] Vgl. Bock, H.: § 18 Kreditunterlagen, a.a.O., S. 453 f., Tz. 30.

3.1.2.2.2.1.6 Unterlagen bei Existenzgründungsdarlehen

Auch die Fallgruppe der ‚Existenzgründungsdarlehen' stellt eine Untergruppe bzw. Sonderform sowohl der ‚Kredite an nicht bilanzierende Kreditnehmer' als auch der ‚Kredite an bilanzierende Kreditnehmer' dar.[1] Die Bankenaufsicht versteht hierbei unter einem ‚Existenzgründungsdarlehen' die „*...Vergabe von Darlehen zur Gründung mittelständischer Vollexistenzen, für die Finanzierungshilfen des Bundes oder der Länder nach den jeweiligen Förderrichtlinien gewährt werden oder gewährt werden sollen.*"[2] Charakteristisch für diese Fallgruppe ist, dass das zu finanzierende Gründungsvorhaben zum Zeitpunkt der Kreditvergabeentscheidung noch nicht existiert. Bei einer rein formellen Betrachtung wäre daher auf die Person des Gründers als Kreditnehmer im zivilrechtlichen Sinne abzustellen bzw. wären seine wirtschaftlichen Verhältnisse offen zu legen. Die Bankenaufsicht hat hierzu jedoch ausgeführt, dass § 18 Satz 1 KWG auch dann erfüllt sein soll, wenn sich das Kreditinstitut davon überzeugt hat, dass das zu finanzierende Vorhaben nachhaltig tragfähig ist. Hierfür sind vom Kreditnehmer ‚geeignete Unterlagen' vorzulegen, die insbesondere die ‚Risikostruktur des zu finanzierenden Vorhabens' schlüssig belegen. Darüber hinaus sind sämtliche ‚notwendigen Unterlagen' vorzulegen, wobei eine Konkretisierung des Begriffes ‚notwendig' ausbleibt. Diese materielle Sichtweise erscheint aufgrund der Rahmenbedingungen des Sachverhaltes ‚Existenzgründung' gerechtfertigt. Bei einer ausschließlichen Betrachtung der wirtschaftlichen Verhältnisse des Gründers würde sich im Ergebnis immer dann eine nicht ausreichende Kreditwürdigkeit ergeben, wenn das zu finanzierende Vorhaben die historischen bzw. aktuellen Vermögens- und Einkommensverhältnisse des Gründers übersteigen würde.[3] Regelmäßig werden sich jedoch durch eine Existenzgründung gerade diese Bonitätsparameter verändern bzw. maßgeblich von dem Erfolg des Vorhabens abhängen. „*Eine anfänglich nicht zweifelsfrei zu beurteilende Bonität des Kreditnehmers steht insofern einer Kreditvergabe nicht im Wege.*"[4] Die modifizierten Anforderungen an die Offenlegung der wirtschaftlichen Verhältnisse bei Existenzgründungen beziehen sich nur auf die Kreditvergabeentscheidung. Für die Phase der Kreditüberwachung gelten die Ausführungen für ‚Kredite an bilanzierende Kreditnehmer'.

3.1.2.2.2.1.7 Schlussfolgerungen für den Untersuchungsgegenstand

Im Rahmen der vorliegenden Untersuchung stellt sich die Frage, welche Implikationen die Konkretisierungen der Bankenaufsicht für die Bankleistungsart ‚Projektfinanzierung im engeren Sinne' zur Folge haben. Hierbei kann zunächst festgestellt werden, dass eine derartige ausschließlich zukunftsorientierte Finanzierungskonzeption weder ausdrücklich im Wortlaut des Gesetzes noch im

---

[1] Vor der Kreditvergabeentscheidung stellt das für den Existenzgründer, d.h. dem Kreditnehmer im zivilrechtlichen Sinne, herausgelegte Existenzgründungsdarlehen eine Untergruppe bzw. Sonderform der Fallgruppe ‚Kredite an nicht bilanzierende Kreditnehmer' dar. Bei einer Mittelverwendung zur Errichtung eines Handelsgewerbes im Sinne des § 1 Abs. 2 HGB ist das Existenzgründungsdarlehen nach der Kreditvergabe der Fallgruppe ‚Kredite an bilanzierende Kreditnehmer' zuzuordnen.

[2] BAKred: Überblick über die grundsätzlichen Anforderungen an die Offenlegung der wirtschaftlichen Verhältnisse nach § 18 KWG, Rundschreiben 9/98, Gliederungspunkt III. 1. Die Ausführungen der Bankenaufsicht gelten dabei nicht bei Inanspruchnahme anderer Fördermittel als der des Bundes oder der Länder. Für berechtigte Kritik an dieser Einschränkung vgl. Bock, H.: § 18 Kreditunterlagen, a.a.O., S, 459, Tz. 51.

[3] Dies schließt jedoch nicht die Prüfung der persönlichen und fachlichen Eignung des Antragsstellers aus; vgl. Bock, H.: § 18 Kreditunterlagen, a.a.O., S. 459, Tz. 51.

[4] BAKred: Überblick über die grundsätzlichen Anforderungen an die Offenlegung der wirtschaftlichen Verhältnisse nach § 18 KWG, Rundschreiben 9/98, Gliederungspunkt III. 1.

zwischenzeitlich aufgehobenem Rundschreiben 9/98 des BAKred als vormaligem Träger der Bankenaufsicht adressiert wurde.[1] Obwohl sich der Untersuchungsgegenstand partiell, d.h. in Teilaspekten, unter mehrere der vorgenannten Sachverhaltsgestaltungen im Wege einer direkten Auslegung oder über Analogiebildung subsumieren lässt,[2] werden bei ‚Projektfinanzierungen im engeren Sinne' weitere Unterlagen vorzulegen bzw. andere Anforderungen an dieselben zu stellen sein. Auch die von BECK vertretene Auffassung, dass jeweils diejenigen „...*Kreditunterlagen anzufordern seien, die ein **genügend fundiertes Urteil** über die Kreditwürdigkeit des Kreditnehmers und über die Vertretbarkeit des Kreditnehmers und über die Vertretbarkeit des Kredites ermöglichen*"[3], erscheint zumindest bei komplexen strukturierten Finanzierungskonzeptionen aufgrund ihrer Unbestimmtheit als nicht zielführend im Kreditalltag. Zwar können die Vorschrift des § 18 Satz 1 KWG sowie die konkretisierenden Ausführungen der Bankenaufsicht aufgrund der Vielfalt möglicher Sachverhaltsgestaltungen nicht abschließend Art und Umfang der im Einzelfall erforderlichen Unterlagen adressieren.[4] Es erscheint jedoch fraglich, ob erforderliche weitergehende Konkretisierungen der Norm für alle Erscheinungsformen des Kreditgeschäftes „...*grundsätzlich im **Ermessen** der Kreditinstitute*..."[5] liegen können bzw. sollten.[6] BECK schränkt in diesem Zusammenhang seine Aussage selber dahingehend ein, dass das Vorgehen des Kreditinstitutes „...***fachüblich** und das*

---

[1] SCHMIDT-LADEMANN konstatiert hierzu allgemein: „*Die Berechtigten Interessen der Beteiligten sind aber in Detailfragen (noch) nicht in dem Maße berücksichtigt, wie dies für alle Beteiligten wünschenswert wäre.*" Die Vorschrift des § 18 Satz 1 KWG sei daher „...*eine Last für die Schuldner, nicht zuletzt aber auch für die Kreditinstitute, die (z.T. materiell unberechtigte) Offenlegungspflichten durchsetzen sollen.*" Schmidt-Lademann, W.: Die gesetzliche Pflicht zur Offenlegung der wirtschaftlichen Verhältnisse gegenüber den Banken, in: BB, 42. Jg. (1987), Beilage 19, S. 14.

[2] Eine derartige Subsumption kann im Wege einer objektiv-teleologischen Auslegung erfolgen; vgl. hierzu auch die Ausführungen unter Gliederungspunkt 3.1.2.2.2.2 Auslegung im Hinblick auf ‚Projektfinanzierungen im engeren Sinne', S. 277 ff.

[3] Beck, H.: Gesetz über das Kreditwesen: Kommentar nebst Materialien und ergänzenden Vorschriften, a.a.O., § 18, S. 17, Tz. 49 (Anmerkung: Hervorhebung auch im Original).

[4] So auch HEIN, welcher in diesem Zusammenhang zudem feststellt, dass „...*sich im Einzelfall nicht immer mit Sicherheit sagen lässt, ob die Vorschriften erfüllt werden oder nicht*"; vgl. Hein, M.: Die gesetzlichen Anforderungen an Kreditprüfung und Kreditüberwachung in Bankbetrieben, a.a.O., S. 16.

[5] Ebenda. In diesem Zusammenhang wird auch von einer Offenlegung „...*nach pflichtgemäßem Ermessen im jeweiligen Einzelfall...*" gesprochen; vgl. Alsheimer, C.: Die Offenlegung der wirtschaftlichen Verhältnisse nach § 18 Kreditwesengesetz, in: ZfgK, 50. Jg. (1997), S. 464. Auch HEIN sieht hier einen „...*erheblichen Ermessensspielraum...*" des einzelnen Kreditinstituts; vgl. Hein, M.: Die gesetzlichen Anforderungen an Kreditprüfung und Kreditüberwachung in Bankbetrieben, in: WiSt, 15. Jg. (1986), S. 18.

[6] Dies kommt auch im Wortlaut des Übersendungsschreibens der Bankenaufsicht zum zwischenzeitlich durch das Rundschreiben 9/98 ersetzten Schreiben vom 8. August 1995 ‚Überblick über die grundsätzlichen Anforderungen an die wirtschaftlichen Verhältnisse nach § 18 KWG' (zitiert bei: Reischauer, F.; Kleinhans, J.: Kreditwesengesetz. Loseblattkommentar für die Praxis nebst sonstigen bank- und sparkassenrechtlichen Aufsichtsgesetzen sowie ergänzenden Vorschriften, a.a.O., § 18, S. 5 f., Tz. 3) zum Ausdruck: „*Die bankaufsichtliche Aufarbeitung der sog. Schneider-Affäre hat deutlich werden lassen, daß trotz zahlreicher Verlautbarungen des Bundesaufsichtsamtes für das Kreditwesen zur Auslegung des § 18 KWG bei den Kreditinstituten falsche Vorstellungen über die Anwendung dieser Vorschrift bestanden.*" Diese Feststellung muss umso schwerer wiegen, als dass nach Aussage von ARTOPOEUS, dem ehemaligen Präsidenten des vormaligen Trägers der Bankenaufsicht, dem BAKRED, „...*bei der Mehrzahl der Universalbanken die Kreditrisiken nach wie vor das dominierende Gefährdungspotential darstellen...*" und „...*Erfolg und Schicksal der meisten Banken doch immer noch von der Bonität ihres Kreditportefeuilles ab*(hängen)." Artopoeus, W.: Kreditrisiken aus bankaufsichtlicher Sicht, a.a.O., S. 14. I.d.S. auch das BCBS, welches konstatiert: „*For most banks, loans are the largest and most obvious source of credit risk;...*" Basel Committee on Banking Supervision: Principles for the Management of Credit Risk, a.a.O., S. 1, Tz. 3.

*gefundene Krediturteil **plausibel, genügend einsichtig** und auch von Dritten in vernünftiger Weise **nachvollziehbar** sein"* muss.[1] Wann ein Kreditinstitut sein konkretes Vorgehen bei einer ‚Projektfinanzierung im engeren Sinne' selber als ‚fachüblich' einstuft, wird jedoch im Wesentlichen von der konkreten Erfahrung der Mitarbeiter, von der Institutsgröße sowie von der Art der mehrheitlich betriebenen Kreditgeschäfte abhängen.[2]

Da die vorzulegenden Unterlagen bei der Fallgruppe ‚Kredite an bilanzierende Kreditnehmer' insbesondere aus Jahresabschlüssen bzw. weiteren zugrundeliegenden Materialien und Daten des externen (und internen) Rechnungswesens bestehen werden, kann bei einer ‚fachüblichen' Festlegung des Offenlegungsumfangs einerseits sowie einer ‚fachüblichen' Beurteilung der Qualität der vorgelegten Unterlagen andererseits auf die kodifizierten Vorschriften zur handelsrechtlichen Rechnungslegung bzw. die Grundsätze ordnungsmäßiger Buchführung und Bilanzierung zurückgegriffen werden. Insoweit besteht ein stabiles Fundament für ein allgemeines Verständnis einer ‚fachüblichen' Offenlegung der wirtschaftlichen Verhältnisse bei der Fallgruppe ‚Kredite an bilanzierende Kreditnehmer', welches im Regelfall das konkrete Vorgehen eines Kreditinstitutes bei der Vorlage von Unterlagen auch für sachkundige Dritte nachvollziehbar machen sollte. Gerade eine derartige allgemein anerkannte Basis fehlt jedoch bei komplexen strukturierten Finanzierungskonzeptionen, die anderen Rahmenbedingungen als das klassische Firmenkundenkreditgeschäft unterliegen.[3]

Es verbleiben daher nach der hermeneutischen Auslegung die folgenden Fragen:

- Welche <u>konkreten</u> Unterlagen müssen bei ‚Projektfinanzierungen im engeren Sinne' vorgelegt werden?

- Welche <u>Qualität</u> bzw. <u>Beschaffenheit</u> müssen die vorzulegenden Unterlagen bei ‚Projektfinanzierungen im engeren Sinne' haben?

Ein Klärungsversuch vorstehender Fragen muss im Rahmen einer objektiv-teleologischen Auslegung erfolgen.

---

[1] Beck, H.: Gesetz über das Kreditwesen: Kommentar nebst Materialien und ergänzenden Vorschriften, a.a.O., § 18, S. 17, Tz. 49 (Anmerkung: Hervorhebung auch im Original).

[2] Die drei genannten Faktoren Mitarbeiter, Institutsgröße und betriebene Kreditgeschäfte sind interdependent. Ein relativ kleines Kreditinstitut wird nur das Personal vorhalten können, welches es für die in der Regel betriebenen Kreditgeschäfte benötigt und vice versa. Handelt es sich hierbei ausschließlich um das inländische Firmenkundenkreditgeschäft mit Kreditnehmern aus dem Mittelstand, so kann vermutet werden, dass qualifizierte Mitarbeiter für eine ‚fachübliche' Abwicklung, d.h. eine den internationalen Gepflogenheiten und Standards entsprechende Transaktionsbearbeitung, von strukturierten Finanzierungen mit ausländischen Kreditnehmern fehlen. Des Weiteren können die finanziellen Ressourcen kleinere Institute von einer Teilnahme am Markt für <u>internationale</u> ‚Projektfinanzierungen im engeren Sinne' per se ausschließen (z.B. aufgrund eines zu niedrigen regulatorischen Eigenkapitals respektive unzureichender Großkreditgrenzen). Möglicherweise fehlt auch ein adäquater Zugang zu den internationalen Kapitalmärkten, um Kredittransaktionen in Fremdwährung abwickeln zu können. Jedoch nehmen auch kleinere Institute (z.B. Sparkassen, Genossenschaftsbanken) an inländischen ‚Projektfinanzierungen im engeren Sinne' (z.B. Windkraftanlagen und -parks, Biomassekraftwerke) im Sinne der vorliegenden Untersuchung teil. Trotz einer möglicherweise fehlenden internationalen Dimension sowie vergleichsweise geringerer Finanzierungsvolumina stellt sich die Frage, ob das Kriterium ‚fachüblich' bei derartigen Kredittransaktionen von allen Marktteilnehmern gleich ausgelegt wird.

[3] Vgl. zu den Rahmenbedingungen einer ‚Projektfinanzierung im engeren Sinne' die grundlegenden Ausführungen unter Gliederungspunkt 2.1 ‚Abgrenzung des Untersuchungsobjektes ‚Internationale Projektfinanzierung', S. 7 ff.

3.1.2.2.2.2 Auslegung im Hinblick auf ‚Projektfinanzierungen im engeren Sinne'

3.1.2.2.2.2.1 Ansatzpunkte für eine objektiv-teleologische Auslegung

Eine objektiv-teleologische Auslegung der Rechtsnorm des § 18 Satz 1 KWG bzw. der ergänzenden amtlichen Verlautbarungen im Hinblick auf den Untersuchungsgegenstand ‚Projektfinanzierungen im engeren Sinne' muss einerseits unter Berücksichtigung der tatsächlichen Gegebenheiten des zu regelnden Sachbereiches erfolgen und andererseits einen Bezug zur Rechtsidee aufweisen. Daneben hat eine derartige Interpretation das Postulat der Gerechtigkeit zu beachten, d.h. Wertungswidersprüche dahingehend zu vermeiden, das Gleiches gleich und Ungleiches ungleich zu werten ist.[1]

In diesem Sinne sollen zunächst im Wege einer Analogiebildung zu den – durch die Bankenaufsicht konkretisierten – Fallgruppen des Kreditgeschäftes Erkenntnisse über die bei ‚Projektfinanzierung im engeren Sinne' vorzulegenden Unterlagen abgeleitet werden. Ergänzend kann diese analoge Betrachtungsweise auf ausgewählte sonstige Regelungen der Bankenaufsicht ausgedehnt werden.

3.1.2.2.2.2.2 Analogiebildung innerhalb der Norm

3.1.2.2.2.2.2.1 Vorüberlegungen

Eine Analogiebildung innerhalb der Norm des § 18 Satz 1 KWG bzw. der ergänzenden amtlichen Verlautbarungen setzt zunächst eine Analyse von Gemeinsamkeiten und Unterschieden in der konzeptionellen Sachverhaltsgestaltung zwischen einer ‚Projektfinanzierung im engeren Sinne' und den Fallgruppen im Rundschreiben 9/98 voraus. Die nachfolgende Tabelle gibt eine derartige vergleichende Zusammenfassung, in dem sie die Kernmerkmale einer ‚Projektfinanzierung im engeren Sinne' abgleicht:

---

[1] Vgl. Larenz, K.; Canaris, C.-W.: Methodenlehre der Rechtswissenschaft, a.a.O., S. 153 f. u. 165. Wohl anders Tipke, K.: Auslegung unbestimmter Rechtsbegriffe, a.a.O., S. 6 f.

Tab. 20: **Abgleich der Kernmerkmale einer ‚Projektfinanzierung im engeren Sinne' mit den Fallgruppen im Rundschreiben 9/98**

Kernmerkmal erfüllt?	Vorliegen einer abgrenzbaren Wirtschaftseinheit	Bedienung des Schuldendienstes aus dem Cashflow	Sicherheiten aus den Aktiva des Projektes
Projektfinanzierung i.e.S.	Ja	Ja	Ja
Bilanzierende Kreditnehmer	Nein	Möglich	Möglich
Nichtbilanzierende Kreditnehmer	Nein	Möglich	Möglich
Objektgesellschaften	Ja	Ja	Ja
Existenzgründungsdarlehen	Möglich	Ja	Möglich

Quelle: Eigene Darstellung

Die vorstehende Tabelle zeigt, dass sich bei einem Abgleich der Kernmerkmale einer ‚Projektfinanzierung im engeren Sinne' mit den Fallgruppen des Rundschreibens 9/98 durchaus partielle Ähnlichkeiten isolieren lassen. Insofern soll im Folgenden die analoge Anwendbarkeit der fallgruppenspezifischen Regelungen der Bankenaufsicht bei Projektfinanzierungen im engeren Sinne überprüft werden.

3.1.2.2.2.2.2.2 Bilanzierende Kreditnehmer

Die Fallgruppe ‚Kredite an bilanzierende Kreditnehmer' setzt implizit die Existenz eines stehenden Unternehmens mit wirtschaftlichen Aktivitäten voraus, welche zu einer korrespondierenden Abbildung in den Jahresabschlüssen des Unternehmens führen. Diese Schlussfolgerung kann aus der Forderung der Bankenaufsicht an die Kreditinstitute, sich Jahresabschlüsse für „*...möglichst ... (die) letzten drei Jahre vorlegen...*" zu lassen, abgeleitet werden.[1] Insofern adressiert die Fallgruppe primär das klassische Firmenkundenkreditgeschäft der Kreditinstitute. Zwar können bei einer ‚hypothetischen' Unterfallgruppe ‚Kredite an bilanzierungspflichtige, neu gegründete Einzweckgesellschaften' bereits eine Gründungsbilanz oder möglicherweise sogar ein erster Jahresabschluss vorgelegt werden, jedoch sind diese Unterlagen aus den vorgenannten aufsichtsrechtlichen Gründen sowie aufgrund mangelnder ökonomischer Aussagekraft für die Kreditvergabeentscheidung irrelevant.[2] Auch eine Kreditvergabe, die zwecks Refinanzierung einer bilanzierungspflichtigen, bereits drei Jahre operativ tätigen und zuvor über eine ‚Projektfinanzierung im engeren Sinne' realisierten Einzweckgesellschaft erfolgt, soll hier ausgeklammert werden, da sie den Ausnahmefall

---

[1] BAKred: Überblick über die grundsätzlichen Anforderungen an die Offenlegung der wirtschaftlichen Verhältnisse nach § 18 KWG, Rundschreiben 9/98, Gliederungspunkt III. 1. Vgl. hierzu auch die vorstehenden Ausführungen unter Gliederungspunkt 3.1.2.2.2.1 ‚Normenwortlaut und amtliche Verlautbarungen der Bankenaufsicht' insbesondere Unterpunkt 3.1.2.2.2.1.2 ‚Unterlagen bei Krediten an bilanzierende Kreditnehmer', S. 268 ff.

[2] Vgl. zur ökonomischen Aussagekraft derartiger Rechenwerke auch die nachfolgenden Ausführungen unter Gliederungspunkt 3.1.2.3 ‚Zeitliche Dimension', S. 296 ff.

darstellen und damit keinen repräsentativen Charakter für den Untersuchungsgegenstand besitzen dürfte.[1]

In der Fallgruppe ‚Kredite an bilanzierende Kreditnehmer' kann per definitionem das Kernmerkmal ‚Vorliegen einer abgrenzbaren Wirtschaftseinheit' nicht erfüllt sein, da dies das Vorhandensein eines ‚Ring-Fencing' bzw. eines ‚Contractual Joint Venture' bedeuten und damit die Existenz einer ‚Projektfinanzierung im engeren Sinne' implizieren würde.[2] Andererseits ist es möglich, dass eine ‚Bedienung des Schuldendienstes aus dem Cashflow' der im stehenden Unternehmen zu finanzierenden Investition erfolgt. Aufgrund des Nicht-Vorliegens einer abgrenzbaren Wirtschaftseinheit wird jedoch keine ökonomisch sinnvolle und rechtlich wirksame Isolierung investitionsbasierter zukünftiger Zahlungsströme möglich sein.[3] Ferner können bei einer zweckgebundenen Kreditvergabe ‚Sicherheiten aus den Aktiva des (Investitions-) Projektes' bestellt werden. Ein Kontrolleffekt über die Fähigkeit zur Generierung eines Cashflow wird hierdurch jedoch nicht implementiert, da keine klare Abgrenzung zu den übrigen Aktivitäten des Unternehmens existiert. Eine isolierte Schuldendienstfähigkeit der finanzierten und zu Sicherungszwecken herangezogenen Aktiva wäre nur dann gegeben, wenn die derart kontrollierten Vermögensgegenstände für sich genommen bereits eine getrennt funktionsfähige Wirtschaftseinheit darstellen würden.

Insoweit unterscheidet sich die Fallgruppe ‚Kredite an bilanzierende Kreditnehmer' vom Untersuchungsgegenstand, so dass nur begrenzt bzw. unter Einschränkungen Erkenntnisse aus den Verlautbarungen der Bankenaufsicht über die Art und Beschaffenheit der bei ‚Projektfinanzierungen im engeren Sinne' einzureichenden Unterlagen abgeleitet werden können. Hinweise ergeben sich hier insbesondere aus der expliziten Nennung weiterer vorzulegender sonstiger Unterlagen (u.a. Nachweise über Auftragsbestände, betriebswirtschaftliche Auswertungen, Erfolgs- und Liquiditätspläne, Wirtschaftlichkeitsberechnungen von zu finanzierenden Vorhaben, Prüfungsberichte),[4] wobei in diesem Zusammenhang insbesondere auf die Bedeutung der **Finanzplanung** bei der Kreditwürdigkeitsprüfung von Investitionskrediten im Firmenkundenkreditgeschäft verwiesen wird.[5]

Weiterhin implizieren die umfangreichen Ausführungen der Bankenaufsicht zur Fallgruppe ‚Kredite an bilanzierende Kreditnehmer' **grundsätzliche Anforderungen an die Qualität der vorzulegenden Unterlagen** (hier: Jahresabschlüsse), wobei insbesondere die qualitativen Attribute respek-

---

[1] Des Weiteren dürfte vor dem Hintergrund des komplexen strukturierten Charakters einer ‚Projektfinanzierung im engeren Sinne' eine ausschließlich jahresabschlussbasierte Offenlegung ohne ergänzende modellgestützte Finanzplanung auch in dieser Fallkonstellation nur eine mangelnde ökonomische Aussagekraft besitzen.

[2] Vgl. hierzu die Ausführungen unter Gliederungspunkt 2.1.3.1 ‚Vorliegen einer abgrenzbaren Wirtschaftseinheit (Projekt)', S. 12 ff.

[3] Vgl. hierzu auch Gliederungspunkt 2.1.3.4 ‚Interdependenzen zwischen den Kernmerkmalen', S. 31 f.

[4] Vgl. Gliederungspunkt 3.1.2.2.2.1.2 ‚Unterlagen bei Krediten an bilanzierende Kreditnehmer', S. 268 ff.

[5] „*Gerade bei langfristigen Finanzierungen von Firmenkunden sollten daher im Zweifel die Finanzpläne und Investitionsrechnungen ebenso selbstverständlich verlangt und ausgewertet werden wie Bilanzen, Einkommensnachweise, Vermögensaufstellungen und andere eher vergangenheitsbezogene Unterlagen.*" Artopoeus, W.: Kreditrisiken aus bankaufsichtlicher Sicht, a.a.O., S. 18. Vgl. auch das betriebswirtschaftliche Schrifttum zum Firmenkundenkreditgeschäft: Kreim, E.: Finanzplanung und Kreditentscheidung, Wiesbaden 1977, Kreim, E.: Zukunftsorientierte Kreditentscheidung, Wiesbaden 1988.

tive Grundsätze der Wahrheit, Vollständigkeit, Klarheit, Vergleichbarkeit und Wirtschaftlichkeit direkt bzw. indirekt hervorgehoben werden:[1]

- Der ‚**Grundsatz der Wahrheit**' kommt in zweierlei Hinsicht in den Ausführungen der Bankenaufsicht zum Ausdruck: Zum einen werden ‚zuverlässige' und zum anderen ‚aktuelle' Unterlagen gefordert. Eine ‚zuverlässige' Kreditvergabeentscheidung kann nur auf der Basis von ‚wahren' Unterlagen getroffen werden und vice versa.[2] Der ‚(Unter-) Grundsatz der Aktualität' hat insofern eine Bedeutung für die Wahrheit der vorgelegten Unterlagen, als bei einer mangelnden Zeitnähe kein ‚wahres' Bild von der aktuellen, d.h. tatsächlichen, Schuldendienstfähigkeit gezeichnet werden kann.

- Der ‚**Grundsatz der Vollständigkeit**' ergibt sich aus der direkten Forderung der Bankenaufsicht nach vollständiger Vorlage der einzureichenden Vorlagen, d.h. für die Fallgruppe ‚Kredite an bilanzierende Kreditnehmer' von Jahresabschlüssen, die ohne Ausnutzung von Aufstellungs- und Publizitätserleichterungen aufgestellt wurden.

- Der ‚**Grundsatz der Klarheit**' konkretisiert sich in der expliziten Anforderung, Kreditentscheidungen auf Unterlagen basieren zu lassen, die ein ‚klares Urteil' über die wirtschaftlichen Verhältnisse des Kreditnehmers ermöglichen.[3]

- Der ‚**Grundsatz der Vergleichbarkeit**' hat zwei Aspekte, welche indirekt aus den Ausführungen der Bankenaufsicht abgeleitet werden können: (i) Der ‚Grundsatz der interperiodischen Vergleichbarkeit' ergibt sich aus der Forderung nach Vorlage der Jahresabschlüsse möglichst der letzten drei Jahre. (ii) Der ‚Grundsatz der interbetrieblichen Vergleichbarkeit' kommt in den umfangreichen Ausführungen zu den Anforderungen an eine Jahresabschlussaufstellung zum Ausdruck, welche eine Orientierung an den kodifizierten Vorschriften und den allgemeinen Rechnungslegungsgrundsätzen fordern. Unter Berücksichtigung dieser Vorschriften und Grundsätze bzw. einer identischen Ausübung von möglichen Wahlrechten müssen gleiche Sachverhalte in verschiedenen Betrieben der gleichen Branche und vergleichbarer Betriebsgröße zu einem numerischen Ausweis führen, der zwar nicht betragsmäßig, aber dem Grunde nach vergleichbar ist.[4]

- Der ‚**Grundsatz der Wirtschaftlichkeit**' ergibt sich indirekt aus der Forderung nach Unterlagen, die ein ‚hinreichend verlässliches' Urteil ermöglichen. Es wird insoweit kein <u>absolut</u> zuverlässiges Urteil verlangt, welches sich möglicherweise gar nicht oder nur durch einen unverhältnismäßig hohen Ressourcenaufwand ermitteln lassen würde.

---

[1] Vgl. hierzu nochmals Gliederungspunkt 3.1.2.2.2.1.2 ‚Unterlagen bei Krediten an bilanzierende Kreditnehmer', S. 268 ff.

[2] Insofern könnte auch von einem ‚(Unter-) Grundsatz der Zuverlässigkeit' gesprochen werden. Vgl. Reischauer, F.; Kleinhans, J.: Kreditwesengesetz. Loseblattkommentar für die Praxis nebst sonstigen bank- und sparkassenrechtlichen Aufsichtsgesetzen sowie ergänzenden Vorschriften, a.a.O., § 18, S. 25 ff., Tz. 18.

[3] Die Kreditinstitute haben weitere Unterlagen anzufordern, „...*wenn die Jahresabschlüsse allein* **kein** *klares, hinreichend verlässliches Urteil über die wirtschaftlichen Verhältnisse des Kreditnehmers ermöglichen.*" BAKred: Überblick über die grundsätzlichen Anforderungen an die Offenlegung der wirtschaftlichen Verhältnisse nach § 18 KWG, Rundschreiben 9/98, Gliederungspunkt III. 1.

[4] D.h., dass nach einer Aufbereitung von vorgelegten Jahresabschlussunterlagen ermittelte bilanzanalytische Kennziffern (z.B. Eigenkapitalquoten) grundsätzlich eine interbetriebliche Vergleichbarkeit von (potenziellen) Kreditnehmern gleicher Branchen und Betriebsgrößen erlauben müssen.

Jedoch bleiben die detaillierte Bedeutung dieser einzelnen Grundsätze und damit die konkreten Anforderungen an Qualität bzw. Beschaffenheit von vorzulegenden Unterlagen bei ‚Projektfinanzierungen im engeren Sinne' weiterhin unklar.

3.1.2.2.2.2.2.2.3   Nicht bilanzierende Kreditnehmer

Für eine Abgrenzung der Kernmerkmale kann analog auf die vorstehenden Ausführungen zur Fallgruppe ‚Kredite an bilanzierende Kreditnehmer' verwiesen werden.

Die Fallgruppe ‚Kredite an nicht bilanzierende Kreditnehmer' und der Untersuchungsgegenstand ‚Projektfinanzierungen im engeren Sinne' weisen aufgrund der fehlenden Möglichkeit, Jahresabschlüsse für Zwecke der Kreditwürdigkeitsprüfung bzw. -überwachung heranzuziehen, eine entscheidende Parallelität auf. Daher haben die von der Bankenaufsicht verlautbarten fallgruppenbezogenen Beispiele für weiterführende Informationsquellen sowie die korrespondierenden Ausführungen zur Qualität derartiger vorzulegender Unterlagen eine besondere Bedeutung für eine Analogiebildung:

Unter den möglichen weiteren vom Kreditnehmer vorzulegenden Unterlagen sind insbesondere **‚Wirtschaftlichkeitsberechnungen des zu finanzierenden Vorhabens'** sowie **‚Gutachten unabhängiger Sachverständiger soweit der Sachverstand nicht im Hause vorgehalten wird'** hervorzuheben. Auch wenn eine weitere Erläuterung der Begrifflichkeiten ‚Wirtschaftlichkeitsberechnung' und ‚Gutachten' unterbleibt, kann hier ein konkreter Hinweis auf alternative kreditentscheidungsrelevante Unterlagen bei fehlenden Jahresabschlüssen abgeleitet werden.

Hinsichtlich der **grundsätzlichen Anforderungen an die Qualität der vorzulegenden Unterlagen** verweist die Bankenaufsicht auf die Fallgruppe ‚Bilanzierende Kreditnehmer'.[1] Insoweit kann auf die vorstehenden Ausführungen zu den Grundsätzen der Wahrheit, Vollständigkeit, Klarheit Vergleichbarkeit und Wirtschaftlichkeit zurückgegriffen werden.[2]

3.1.2.2.2.2.2.2.4   Objektgesellschaften

Der Objektbezug eines Immobilienkredites ermöglicht die ökonomische Isolierung von einzelnen (Bau-) Vorhaben. Aufgrund dieser potenziellen Abgrenzbarkeit kann auch von ‚(Immobilien-) Projekten' gesprochen werden.[3] Daher kann bei Krediten an (Immobilien-) Objektgesellschaften in Analogie zu ‚Projektfinanzierung im engeren Sinne' das Kernmerkmal ‚Vorliegen einer abgrenzbaren Wirtschaftseinheit' erfüllt sein.[4] Der Projektcharakter erleichtert neben der ökonomischen auch die rechtliche Isolierung im Rahmen einer ‚(Einzweck-) Objektgesellschaft'. Regelmäßig

---

[1] *„Stellt der Kreditnehmer keine Bilanz auf, so hat sich das Kreditinstitut an Stelle von Jahresabschlüssen von dem Kreditnehmer die Vermögens- (inkl. Verbindlichkeiten) und Einkommensverhältnisse offenlegen zu lassen, um sich **auf ähnlich sicherer Grundlage wie bei den bilanzierenden Kreditnehmern** ein klares zeitnahes Bild von den wirtschaftlichen Verhältnissen des Kreditnehmers zu verschaffen."* BAKred: Überblick über die grundsätzlichen Anforderungen an die Offenlegung der wirtschaftlichen Verhältnisse nach § 18 KWG, Rundschreiben 9/98, Gliederungspunkt III. 1. (Anmerkung: Hervorhebungen auch im Original).

[2] Vgl. Gliederungspunkt 3.1.2.2.2.2.2.2.2 ‚Bilanzierende Kreditnehmer', S. 278 ff.

[3] Es handelt sich um eine potenzielle Abgrenzbarkeit, weil nicht notwendigerweise jedes Immobilienvorhaben im Rahmen einer Objektgesellschaft realisiert werden muss.

[4] Das Kernmerkmal kann vorliegen, weil eine Objektgesellschaft auch mehrere getrennt finanzierte Immobilienobjekte im Bestand halten kann.

wird zudem eine ‚Bedienung des Schuldendienstes aus dem Cashflow' des Immobilienobjektes erfolgen.[1] Auch das Kernmerkmal ‚Sicherheiten aus den Aktiva des (Immobilien-) Projektes' wird erfüllt sein, wobei in Abgrenzung zum Untersuchungsgegenstand ‚Projektfinanzierung im engeren Sinne' die dinglichen Sicherheiten in der Mehrzahl der Fälle eine werthaltige Besicherung des Immobilienkredites darstellen dürften.[2]

Aufgrund der vorstehend skizzierten weitgehenden Übereinstimmungen von Kernmerkmalen zwischen der Fallgruppe ‚Kredite an Objektgesellschaften' und dem Untersuchungsgegenstand ‚Projektfinanzierung im engeren Sinne' gewinnen die fallgruppenbezogenen Ausführungen der Bankenaufsicht eine besondere Bedeutung für eine Analogiebildung. Darüber hinaus wird sich in der überwiegenden Zahl der Fälle die geforderte Vorlage von Jahresabschlussunterlagen der Objektgesellschaft parallel zum Untersuchungsgegenstand als für die Kreditvergabeentscheidung irrelevant herausstellen.[3] Insbesondere die explizite Nennung von vorzulegenden Unterlagen sowie das Verhältnis dieser Dokumente zueinander ermöglichen analoge Schlussfolgerungen für ‚Projektfinanzierungen im engeren Sinne':

- Aus dem Hinweis der Bankenaufsicht, dass eine ‚**Kapitaldienstrechnung**' für die Offenlegung der wirtschaftlichen Verhältnisse bei Krediten an Objektgesellschaften allein nicht ausreichend sein soll, kann im Umkehrschluss gefolgert werden, dass diese auf jeden Fall vorzulegen ist und damit als ‚Mindestunterlage' sowohl die Basis als auch den Ausgangspunkt für eine Kreditvergabeentscheidung darstellt.[4] Da jedoch der Begriff der ‚Kapitaldienstrechnung' nicht definiert wird bzw. weitergehende qualitative Anforderungen an ein derartiges Rechenwerk nicht genannt werden, fehlt eine operationalisierbare Konkretisierung dieses Instrumentes für den bankbetrieblichen Kreditprozess.[5] Ausgehend vom Wortsinn sowie von der Zwecksetzung der Begrifflichkeit muss es sich um eine zahlungsstromorientierte Vorschaurechnung, d.h. einen Finanzplan, handeln.[6] Bei dem Untersuchungsgegenstand ‚Projektfinanzierungen im

---

[1] Ausnahmen sind theoretisch dort denkbar, wo mehrere Objektgesellschaften zwecks gegenseitiger Besicherung durch vertragliche Verpflichtungen miteinander verknüpft werden. Hier können beispielsweise die Cashflows der einzelnen Objekte für Zwecke des Schuldendienstes in einem gemeinsamen Pool zusammengeführt werden. Weiterhin ist es möglich, dass bei der Kreditvergabe an Objektgesellschaften auch auf Konzernobergesellschaften als vertraglich Mitverpflichtete abgestellt wird.

[2] Vgl. zur Verwertung dinglicher Sicherheiten die vorstehenden Ausführungen unter Gliederungspunkt 2.1.3.3 ‚Kreditsicherheiten aus den Vermögenspositionen des Projektes', S. 24 ff. Ausnahmen werden nur dort bestehen, wo Spezialimmobilien mit extrem engen Einsatz- bzw. Zweitverwertungsmöglichkeiten (z.B. Gefängnisse, Schulen, Krankenhäuser, Logistikzentren, Kühlhäuser) finanziert werden. Der Grad der tatsächlichen Besicherung dürfte zudem vom Verhältnis zwischen dem Beleihungswert des Objektes sowie der Kreditverbindlichkeiten der Objektgesellschaft abhängen.

[3] Eine Ausnahme wäre dann gegeben, wenn sich bereits eine werthaltige, d.h. fertiggestellte und vermietete, Immobilie im Bestand der Objektgesellschaft befände, welche über Eigenmittel und/oder Überbrückungskrediten vorfinanziert wurde und nunmehr über einen langfristigen Immobilienkredit refinanziert werden soll.

[4] Vgl. die Ausführungen unter Gliederungspunkt 3.1.2.2.2.1.3 ‚Unterlagen bei Krediten an Objektgesellschaften', S. 272 ff.

[5] Über das Wesen einer ‚Kapitaldienstrechnung' besteht auch im Schrifttum Unklarheit: SAUTER sieht beispielsweise in diesem Instrument „...*die Gegenüberstellung von Erträgen und Belastungen*...", welche auf eine – zumindest partiell – erfolgsorientierte anstelle einer zahlungs- bzw. liquiditätsorientierten Perspektive hinweist; vgl. Sauter, W.: Offenlegung der wirtschaftlichen Verhältnisse von Kreditnehmern – Probleme in der praktischen Umsetzung, in: ZfgK, 31. Jg. (1996), S. 136.

[6] Bei hermeneutischer Auslegung, d.h. vom Wortsinn her, impliziert der Begriff ‚Kapitaldienstrechnung' zunächst nur die Ermittlung der vom Kreditnehmer in einzelnen Perioden zu leistenden Zahlungen für

engeren Sinne' wird eine derartige ‚Kapitaldienstrechnung' ihre analoge Entsprechung in der bereits erwähnten ‚modellgestützten Finanzplanung' finden.[1]

- In Ergänzung zur Kapitaldienstrechnung verlangt die Bankenaufsicht ‚**Unterlagen über die maßgeblich Beteiligten**', wobei Art und Qualität derartiger Dokumente nicht näher erläutert werden und die ‚maßgeblich Beteiligten' ungenannt bleiben. Der Zusatz, dass Unterlagen ‚gegebenenfalls auch über Mieter des Objektes' erforderlich sein können, lässt die Schlussfolgerung zu, dass Mieter in diesem Kontext nicht adressiert werden. Wer als ‚maßgeblich Beteiligter' zu gelten hat, wird somit von der Sachverhaltsgestaltung des konkreten Einzelfalls abhängen. Zu denken wäre hier u.a. an Projektträger bzw. Projektentwickler, General- bzw. Bauunternehmer, Eigenkapitalinvestoren, Verwaltungsgesellschaften und Makler.[2] Eine analoge Übertragung dieser Auslegung auf den Untersuchungsgegenstand ‚Projektfinanzierung im engeren Sinne' impliziert insoweit die Vorlage von Unterlagen über Sponsoren, Anlagenbauer, Lieferanten, Betreiber u.a.

- Die vorstehend erwähnte Forderung der Bankenaufsicht, ‚**gegebenenfalls auch Unterlagen über Mieter des Objektes**' anzufordern, adressiert die absatzseitig Beteiligten des (Immobilien-) Projektes. Der Zusatz ‚gegebenenfalls' kann zum einen im Sinne des Wortlauts als ‚soweit bereits vorhanden' interpretiert werden, da bei einer Kreditvergabeentscheidung vor Baubeginn häufig noch keine Mieter bzw. abgeschlossene Mietverträge vorhanden sein werden. Zum anderen kann der Ausdruck ‚gegebenenfalls' bei einer nach den tatsächlichen Gegebenheiten des zu regelnden Sachbereiches erfolgenden Interpretation als ‚soweit sinnvoll' ausgelegt werden, da bei einer Vielzahl von Mietern in einem Objekt die Offenlegung der einzelnen wirtschaftlichen Verhältnisse nicht praktikabel sein wird bzw. sich möglicherweise sogar aus Kosten- und Zeitgründen prohibitiv auf die Kreditvergabe auswirken würde.[3] Bei einer analogen Anwendung auf den Untersuchungsgegenstand ‚Projektfinanzierung im engeren Sinne' bedeutet dies, dass Unterlagen von bzw. über potenzielle Abnehmer nur dann anzufordern sind, soweit diese bereits kontrahiert, identifizierbar und/oder für die Kreditvergabeentscheidung relevant sind.[4]

- In Fortsetzung der vorstehenden Ausführungen hält die Bankenaufsicht fest, dass bei einer Mehrzahl von Mietern (Mieterschaft) keine Offenlegung der wirtschaftlichen Verhältnisse jedes einzelnen Mieters, sondern der ‚**Mieterschaft als Gesamtheit (Marktanalyse)**' erfolgen

---

den Zins- und Tilgungsdienst sowie für Finanzierungsnebenkosten (Bearbeitungsgebühren, Bereitstellungsprovisionen etc.). Im Rahmen einer objektiv-teleologischen Auslegung wird unter Berücksichtigung der Zwecksetzung des § 18 Satz 1 KWG die Ermittlung der Kapitaldienstfähigkeit das entscheidende Wesensmerkmal einer ‚Kapitaldienstrechnung' sein, welche insofern alle weiteren objekt- bzw. projektbezogenen Ein- und Auszahlungen beinhalten muss, um die für Zwecke des Schuldendienstes verfügbaren Mittel dem zu leistenden Kapitaldienst gegenüberstellen zu können.

[1] Vgl. zur ‚modellgestützten Finanzplanung' die vorstehenden Ausführungen unter Gliederungspunkt 2.1.3.2 ‚Bedienung des Schuldendienstes aus dem Cashflow des Projektes', S. 22 ff.

[2] Vgl. hierzu auch o. V.: Anmerkungen zur BAKred-Verlautbarung zu § 18 KWG, in: FN-IDW, o.Jg. (1995), S. 522.

[3] Man denke beispielsweise an den Offenlegungsaufwand bei einem Mietobjekt mit mehreren hundert Wohneinheiten.

[4] So auch KELLER, welcher zu ähnlichen Schlussfolgerungen für die Fallgruppe ‚Kredite an Objektgesellschaften' kommt; vgl. Keller, E.: Die Offenlegung der wirtschaftlichen Verhältnisse nach § 18 KWG, a.a.O., S. 51.

muss. Ähnlich wie bei der Fallgruppe ‚Kredite an Objektgesellschaften' liegen auch bei ‚Projektfinanzierungen i.e.S.' regelmäßig abgrenzbare Märkte oder bereits identifizierbare bzw. vertraglich gebundene Abnehmer vor.[1] In diesem Zusammenhang weist die Bankenaufsicht auf die Notwendigkeit einer Prüfung der ‚Werthaltigkeit des Objektes (Projektes)' hin, welche sich in der ‚**Vermietbarkeit (Marktfähigkeit)**', d.h. insbesondere in den Mietverträgen (Abnahmeverträgen), konkretisieren soll. Im Vordergrund steht hierbei die Frage, ob dauerhaft kostendeckende ‚Mieten (Absatzpreise)' erzielt werden können.[2] Eine analoge Übertragung auf den Untersuchungsgegenstand ‚Projektfinanzierung im engeren Sinne' impliziert – insbesondere bei atomisierten Nachfragestrukturen – eine Marktanalyse.[3]

3.1.2.2.2.2.2.5 Existenzgründungsdarlehen

Auch bei der Fallgruppe ‚Existenzgründungsdarlehen' wird möglicherweise das Kernmerkmal ‚Vorliegen einer abgrenzbaren Wirtschaftseinheit' erfüllt sein, soweit sich die Neugründung bzw. das zu realisierende Vorhaben (‚Projekt') von der Privatsphäre des Existenzgründers und seinen sonstigen wirtschaftlichen Aktivitäten trennen lässt.[4] Das Kernmerkmal ‚Bedienung des Schuldendienstes aus dem Cashflow' des zu gründenden Vorhabens muss zwingend erfüllt sein. Zwar können die Einkommens- und Vermögensverhältnisse des Gründers eine zusätzliche Sicherheit für das Existenzgründungsdarlehen bilden, jedoch wird eine Kreditvergabe bei rationaler Entscheidung eines Kreditinstitutes nur bei einer nachgewiesenen wirtschaftlichen Tragfähigkeit des Gründungsvorhabens erfolgen.[5] Je nach Art der zu finanzierenden Wirtschaftsgüter kann auch das Kernmerkmal ‚Sicherheiten aus den Aktiva des (Investitions-) Projektes' vorliegen. Inwieweit hierdurch eine Kontrolle über die Fähigkeit zur Generierung eines Cashflow ausgeübt werden kann, wird davon abhängen, ob das Vorhaben von der Privatsphäre des Gründers abgrenzbar und als separate Wirtschaftseinheit funktionsfähig ist.

Trotz der eingeschränkten Kernmerkmalsübereinstimmungen hat die Fallgruppe ‚Existenzgründungsdarlehen' eine besondere Relevanz bei der analogen Auslegung der Offenlegungsvorschriften für den Untersuchungsgegenstand ‚Projektfinanzierung im engeren Sinne', da in beiden Fällen die Finanzierung eines neuen unternehmerischen Vorhabens erfolgt.[6] Aus den Verlautbarungen der Bankenaufsicht lassen sich insbesondere die nachfolgenden Schlussfolgerungen ziehen:

- Die Offenlegungsvorschrift des § 18 Satz 1 KWG soll auch dann erfüllt sein, wenn sich das Kreditinstitut von der ‚**nachhaltigen Tragfähigkeit des zu finanzierenden Vorhabens**' überzeugt hat. Insofern tritt die anfängliche Bonität des zivilrechtlichen Kreditnehmers, d.h. des

---

[1] Bei Großimmobilienprojekten ergeben sich ähnliche Prognoseprobleme. Vgl. Hoffmann, W.-D.: Im Rahmen des Vertretbaren ist jede Bilanz zutreffend, a.a.O., S. 22.

[2] Vgl. Tröller, M.: Zielsetzung des § 18 KWG und seine Umsetzung in die Praxis, a.a.O., S. 203.

[3] Derartige ‚atomisierte' Marktstrukturen sind durch eine Vielzahl von Nachfragern gekennzeichnet. Als für den Untersuchungsgegenstand relevante Beispiele lassen sich u.a. Telekommunikationsprojekte (z.B. Mobilfunknetze) und Verkehrsprojekte (z.B. Mautstraßen) anführen.

[4] Häufig wird gerade die Anforderung einer ‚Abgrenzbarkeit' zunächst nicht erfüllbar sein, da der Erfolg einer Existenzgründung zumindest in der Gründungs- bzw. Anlaufphase eng mit der Person des Existenzgründers verknüpft sein wird.

[5] In diesem Sinne wohl auch Keller, E.: Die Offenlegung der wirtschaftlichen Verhältnisse nach § 18 KWG, a.a.O., S. 51.

[6] Vgl. hierzu im Detail die vorstehenden Ausführungen unter Gliederungspunkt 3.1.2.2.2.2.1.6 ‚Unterlagen bei Existenzgründungsdarlehen', S. 274 f.

Existenzgründers, zugunsten einer ausschließlich zukunftsorientierten Kreditvergabeentscheidung in den Hintergrund. Bei einer analogen Übertragung auf den Untersuchungsgegenstand ‚Projektfinanzierung im engeren Sinne' bedeutet dies, dass nicht die Kreditwürdigkeit der Sponsoren, sondern die des zu finanzierenden Vorhabens (‚Projekt') zu analysieren ist.[1] Unklar bleibt, ob nach Auffassung der Bankenaufsicht das Kriterium ‚nachhaltige Tragfähigkeit' nur qualitativ oder auch quantitativ, d.h. durch eine Finanzplanung, nachgewiesen werden soll.

- Zur Beurteilung der nachhaltigen Tragfähigkeit sind insbesondere geeignete Unterlagen heranzuziehen, die schlüssig die **‚Risikostruktur des zu finanzierenden Vorhabens'** belegen. Aus dieser impliziten Forderung der Bankenaufsicht nach einer risikoorientierten Offenlegung der wirtschaftlichen Verhältnisse bei ausschließlich oder primär zukunftsorientierten Kreditvergabeentscheidungen kann ein **‚Grundsatz der Gefahrenorientierung'** abgeleitet werden. Für den Untersuchungsgegenstand kann analog geschlossen werden, dass für die Erfüllung des § 18 Satz 1 KWG eine Analyse der konkreten Risiken einer ‚Projektfinanzierung im engeren Sinne' vorzunehmen ist. Aus der Formulierung ‚die Risikostruktur' kann zudem abgeleitet werden, dass eine derartige Risikoanalyse ‚vollständig' zu erfolgen hat. Des Weiteren weist das Adjektiv ‚schlüssig' auf den ‚Grundsatz der Klarheit' als weiteren zu beachtenden Maßstab für die Risikoanalyse hin.[2]

- Neben den Unterlagen zur Risikostruktur hat sich das Kreditinstitut **‚schließlich sämtliche notwendigen Unterlagen'** vorlegen zu lassen, welches auf einer übergeordneten abstrakten Betrachtungsebene durch die Bezeichnung ‚sämtliche' direkt auf den **‚Grundsatz der Vollständigkeit'** sowie durch das Wort ‚notwendige' indirekt auf den **‚Grundsatz der Wirtschaftlichkeit'** verweist. Eine weitere Konkretisierung der Bankenaufsicht im Hinblick auf Art und Qualität derartiger Unterlagen unterbleibt.

3.1.2.2.2.2.3 Analogiebildung zu den Mindestanforderungen an das Risikomanagement (MaRisk)

Im Dezember 2005 wurden die ‚Mindestanforderungen an das Kreditgeschäft der Kreditinstitute (MaK)'[3] zusammen mit den ‚Mindestanforderungen an das Betreiben von Handelsgeschäften der

---

[1] Davon unberührt bleibt die Notwendigkeit die Werthaltigkeit von projektbezogenen Sponsorenverpflichtungen zu analysieren.

[2] ARTOPOEUS spricht in diesem Zusammenhang auch von „...*umfassender Transparenz über die jeweilige Finanz- und Risikosituation*..."; Artopoeus, W.: Kreditrisiko - Erfahrungen und Ansichten eines Aufsehers, Vortragsmanuskript, Konferenz: Symposium "Kreditrisiko" der Deutschen Bundesbank, o.O., 24.11.1998, URL: http://bakred.de/texte/praes/r_241198.htm (Abruf: 12.12.2000), S. 4.

[3] Die deutsche Bankenaufsicht hatte im Februar 2002 den Entwurf eines Rundschreibens unter dem Titel ‚Mindestanforderungen an das Kreditgeschäft der Kreditinstitute (MaK)' veröffentlicht. Vgl. BAKred: Mindestanforderungen an das Kreditgeschäft der Kreditinstitute, Entwurf eines Rundschreibens v. 20. Februar 2002, URL: http://www.bakred.de/texte/weiter/t280202.htm (Abruf: 1.5.2002). Nach einer insbesondere mit den Bankenverbänden geführten ersten Konsultationsrunde wurde im Oktober 2002 eine überarbeitete zweite Entwurfsfassung vorgelegt. Vgl. BaFin: Mindestanforderungen an das Kreditgeschäft der Kreditinstitute, Zweiter Entwurf eines Rundschreibens v. 8. Oktober 2002. Im Hinblick auf die erste Konsultationsrunde mit den Bankenverbänden vgl. VÖB: Mindestanforderungen an das Kreditgeschäft (MaK), in: URL: www.voeb.de/news/aktuellesII02.htm#2 (Abruf: 13.5.2002). Vgl. auch o. V.: Mehr Spielraum für Kreditgeschäfte, in: HB v. 4.6.2002, S. 36, Rathmann, C.: Die BaFin schmiedet mit den „MaK" ein heißes Eisen, in: Börsen-Zeitung v. 25.7.2002, S. 17. Zur zweiten Entwurfsfassung vgl. o. V.: BaFin kommt kleinen Kreditinstituten bei Mindestanforderungen entgegen, in: Börsen-Zeitung v. 8. Oktober 2002, S. 6, o. V.: Finanzaufsicht regelt Kreditgeschäft neu – Risikovorsorge sinkt, in: FAZ v.

Kreditinstitute (MaH)'[1] und den ‚Mindestanforderungen an die Ausgestaltung der Internen Revision der Kreditinstitute (MaIR)' in überarbeiteter und zusammengefasster Form zu den ‚**Mindestanforderungen an das Risikomanagement (MaRisk)**'[2] veröffentlicht. In dem sogenannten besonderen Teil der MaRisk finden sich u.a. ‚*Besondere Anforderungen an das interne Kontrollsystem*' des ‚*Kreditgeschäftes*'. Die BAFIN konkretisiert hier ihre Auffassung zu den Themenkomplexen ‚*Funktionstrennung und Votierung*', ‚*Anforderungen an die Prozesse im Kreditgeschäft*', ‚*Verfahren zur Früherkennung von Risiken*' und ‚*Risikoklassifizierungsverfahren*'.[3] Hervorzuheben ist dabei, dass die Bankaufsicht im Gegensatz zu früheren Verlautbarungen erstmalig ‚Projektfinanzierungen' als besondere Erscheinungsform des Kreditgeschäftes explizit adressiert und somit den Besonderheiten dieser Bankleistungsart Rechnung trägt.

Für die Offenlegung der wirtschaftlichen Verhältnisse bei ‚Projektfinanzierungen im engeren Sinne' zum Zeitpunkt der Kreditvergabeentscheidung sind insbesondere die Verlautbarungen zu den ‚**Anforderungen an die Prozesse im Kreditgeschäft**' relevant.[4] Die Bankenaufsicht unterscheidet bei Projekt- und Objektfinanzierungen zunächst drei Betrachtungsebenen, aus denen implizit Rückschlüsse über die Art der vorzulegenden bzw. heranzuziehenden Unterlagen abgeleitet werden können:[5]

11.12.2002, S. 23. Nach einer abschließenden zweiten Besprechung mit den Bankenverbänden und Implementierung kleinerer Modifikationen wurde die zum Zwecke der Konkretisierung des § 25 a Abs. 1 KWG verfasste Stellungnahme in ihrer endgültigen Form als Rundschreiben 34/2002 im Dezember 2002 verlautbart und gab Rahmenbedingungen für alle Kreditinstitute im Sinne der §§ 1 Abs. 1, 53 Abs. 1 KWG sowie alle Kreditgeschäfte im Sinne des § 19 Abs. 1 KWG vor. Vgl. BaFin: Mindestanforderungen an das Kreditgeschäft der Kreditinstitute, Rundschreiben 34/2002, Tz. 5 f. sowie zum Begriff des Kreditinstitutes im Sinne der §§ 1 Abs. 1, 53 Abs. 1 KWG die vorstehenden Ausführungen unter Gliederungspunkt 3.1.2.1.1 Zum Begriff ‚Kreditinstitut', S. 199 ff. Der Kreditbegriff des § 19 Abs. 1 KWG ist weiter gefasst, als der für die Offenlegungspflicht des § 18 Satz 1 KWG maßgebliche Kreditbegriff des § 21 Abs. 1 KWG. Insoweit werden alle vorstehend skizzierten, projektfinanzierungsrelevanten Krediterscheinungsformen (vgl. Gliederungspunkt 3.1.2.1.2 Zum Begriff ‚Kredit', S. 205 ff.) durch die MaK erfasst; vgl. hierzu den Wortlaut des § 19 Abs. 1 KWG.

[1] Bereits im Jahr 1995 wurden für das interne Kontrollsystem im Bereich der Handelsgeschäfte die sogenannten ‚Mindestanforderungen an das Betreiben von Handelsgeschäften der Kreditinstitute (MaH)' und im Januar 2000 für die Innenrevision der Institute die sogenannten ‚Mindestanforderungen an die Ausgestaltung der Internen Revision der Kreditinstitute (MaIR)' als verbindliche Standards von der Bankenaufsicht veröffentlicht. Vgl. BAKred: Jahresbericht 2000, Bonn 2001, S. 13 f. Zu den MaH vgl. BAKred: Mindestanforderungen an das Betreiben von Handelsgeschäften der Kreditinstitute, Verlautbarung v. 23. Oktober 1995. Zu den MaIR vgl. BAKred: Mindestanforderungen an die Ausgestaltung der Internen Revision der Kreditinstitute, Rundschreiben 1/2000.

[2] Vgl. BaFin: Mindestanforderungen an das Risikomanagement, Rundschreiben 18/2005.

[3] Vgl. hierzu die korrespondierenden Kapitelüberschriften im Abschnitt BTO des Rundschreibens 18/2005.

[4] Daneben werden die MaRisk im Rahmen der vorliegenden Untersuchung insbesondere bei der Skizzierung der Aufbau- und Ablauforganisation (vgl. hierzu Gliederungspunkt 2.3.2 Aufbau- und Ablauforganisation des Kreditgeschäftes im Bankbetrieb bei internationalen Projektfinanzierungen, S. 165 ff.) sowie von Ratingverfahren (vgl. hierzu Gliederungspunkt 4.1.2.1.2.5 Ergebnis der Kreditwürdigkeitsprüfung, S. 387 ff.) berücksichtigt. Für eine kurze Zusammenfassung von projektfinanzierungsrelevanten Regelungen der MaK als Vorläufer der MaRisk vgl. Becker, A.; Ossang, S.: Auswirkungen der neuen MaK auf Projektfinanzierungen, in: ZfgK, 56. Jg. (2003), S. 222 ff.

[5] Zu den genannten Prüfungsebenen vgl. BaFin: Mindestanforderungen an das Risikomanagement, Rundschreiben 18/2005, BTO 1.2, Tz. 4 sowie Groß, C.: Die neuen Mindestanforderungen an das Kreditgeschäft der Kreditinstitute, in: Die Bank, o.Jg. (2003), S. 96.

- **Wirtschaftliche Betrachtung**

  Als Bestandteile der wirtschaftlichen Betrachtungsebene wurden in den MaK als Vorläufer der MaRisk beispielhaft und ohne konkretisierende Erläuterungen die Felder ‚Projektanalyse', ‚Finanzierungsstruktur/Eigenkapitalquote', ‚Sicherheitenkonzept' sowie ‚Vor- und Nachkalkulation' genannt.[1] Insoweit kann zunächst nur davon ausgegangen werden, dass Unterlagen zu diesen Themenkomplexen vorliegen müssen. Qualitative Anforderungen an dieselben lassen sich für den Bereich der wirtschaftlichen Ebene aus den bisherigen Verlautbarungen jedoch nicht isolieren. In den MaRisk wurde auf die exemplarische Nennung von Themenkomplexen verzichtet.

- **Technische Machbarkeit und Entwicklung**

  Aus den von der Bankenaufsicht verwendeten Begrifflichkeiten kann implizit geschlossen werden, dass Unterlagen vorzulegen respektive Informationen einzuholen sind, die eine Aussage über die ‚technische Machbarkeit' zu finanzierender Projekte ermöglichen. Als konkretisierende Beispiele führte die Bankenaufsicht in den MaK als Vorläufer der MaRisk nur ‚Besichtigungen' und ‚Bautenstandskontrollen' an, d.h. Tätigkeiten, die in der Mehrzahl der Fälle erst nach einer zeitlich vorgelagerten Kreditvergabeentscheidung oder Kreditauszahlung durchgeführt werden und damit der Überprüfung der technischen Entwicklung eines bereits in der Errichtung bzw. fertiggestellten Projektes dienen.[2]

- **Rechtliche Risiken**

  Die Bankenaufsicht weist explizit auf die Bedeutung einer Analyse von rechtlichen Risiken im Rahmen der Kreditbearbeitung hin. Obgleich möglicherweise die <u>rechtlichen</u> Aspekte eines Projekt- und Finanzierungskonzeptes zunächst für die Offenlegung der <u>wirtschaftlichen</u> Verhältnisse desselben irrelevant erscheinen, wird die rechtliche Risikoanalyse, d.h. die Urteilsbildung über Rechtsbeständigkeit und Durchsetzbarkeit konkreter vertraglicher Vereinbarungen, Vorbedingung für eine positive Kreditvergabeentscheidung sein.[3] Insoweit sind für eine rechtliche Prognose geeignete Unterlagen, z.B. in Form von Verträgen und insbesondere Rechtsgutachten, vorzulegen.

Für die skizzierten Prüfungsebenen gelten zudem die nachfolgenden Anforderungen:

- **Vollständigkeit**

  In den MaRisk wird konstatiert: „*Die für das Adressenausfallrisiko eines Kreditengagements bedeutsamen Aspekte sind herauszuarbeiten und zu beurteilen, wobei die Intensität dieser Tä-*

---

[1] Vgl. BaFin: Mindestanforderungen an das Kreditgeschäft der Kreditinstitute, Rundschreiben 34/2002, Tz. 40.

[2] Vgl. Ebenda

[3] Man denke in diesem Zusammenhang insbesondere an die vielschichtigen Probleme einer rechtlich haltbaren Umsetzung der Kernmerkmale ‚Vorliegen einer abgrenzbaren Wirtschaftseinheit', ‚Bedienung des Schuldendienstes aus dem Cashflow des Projektes' sowie ‚Kreditsicherheiten aus den Vermögenspositionen des Projektes'; vgl. hierzu die Ausführungen unter dem Gliederungspunkt 2.1.3 Kernmerkmale der Projektfinanzierung im engeren Sinne, S. 12 ff. Ferner ist die Schwierigkeit einer rechtsbeständigen und durchsetzbaren Umsetzung des Projekt- und Finanzierungskonzeptes in den Projektverträgen sowie der Kreditvertragsdokumentation hervorzuheben; vgl. hierzu die vorstehenden Ausführungen unter den Gliederungspunkten 2.1.4.2 Übernahme abstrakter Zahlungspflichten durch Dritte, S. 40 ff. sowie 2.1.4.3 Projektbezogene Kreditbedingungen und Verhaltensauflagen, S. 48 ff.

tigkeiten vom Risikogehalt der Engagements abhängt."[1] Die Verwendung des Wortes ‚die' impliziert, dass alle entscheidungsrelevanten Informationen bei der Offenlegung der wirtschaftlichen Verhältnisse heranzuziehen sind. Die geforderte lückenlose ‚Herausarbeitung' derartiger ‚Aspekte' wird jedoch nur auf der Grundlage vollständig vorliegender Unterlagen möglich sein, so dass sich hieraus ein ‚**Grundsatz der Vollständigkeit**' ableiten lässt.[2] Relativierend wird sich in der banbkbetrieblichen Praxis der Hinweis auf eine in Abhängigkeit vom inhärenten Risiko der Engagements mögliche Anpassung der Prüfungsintensität auswirken.

- **Wahrheit**

  *„Im Hinblick auf die erforderlichen Kreditunterlagen ist ein Verfahren einzurichten, das deren **zeitnahe Einreichung** überwacht und eine **zeitnahe Auswertung** gewährleistet.*"[3] Nicht zeitnah eingereichte Unterlagen werden kein aktuelles und damit in der Regel auch kein wahres Bild von den wirtschaftlichen Verhältnissen eines potenziellen bzw. existenten Kreditnehmers abgeben können. Insoweit reflektieren die Ausführungen der Bankenaufsicht an dieser Stelle den ‚**Grundsatz der Wahrheit**' in Form eines ‚**(Unter-) Grundsatzes der Aktualität**'. Daneben konkretisiert sich der ‚**Grundsatz der Wahrheit**' auch in der Forderung nach einer zeitnahen Auswertung der eingereichten Unterlagen.

- **Kreditnehmerunabhängige Expertisen**

  Bei der Bearbeitung der drei vorgenannten Prüfungsebenen *„...kann auch auf die Expertise vom Kreditnehmer unabhängigen sach- und fachkundiger Organisationseinheit zurückgegriffen werden.*"[4] Die Verwendung des Wortes ‚kann' impliziert, dass eine verpflichtende Einschaltung von Gutachtern nicht vorgesehen ist. Dies könnte zum einen daran liegen, dass die Bankenaufsicht Projekt- und Objektfinanzierungen unabhängig von ihrem Transaktionsvolumen adressiert hat. Die verpflichtende Einschaltung von externen Gutachtern würde – ausgehend von der Annahme einer Kostenüberwälzung auf den Kreditnehmer – möglicherweise bei kleineren Projekt- bzw. Objektvolumina zu einer prohibitiven Erhöhung der Investitionsvolumina führen. Zum anderen verfügen Kreditinstitute teilweise über ausreichende eigene Fach- und Sachkenntnis,[5] so dass eine generelle Verpflichtung zur Heranziehung von kreditnehmerunabhängigen Expertisen eine Überregulierung der Kreditwirtschaft und damit möglicherweise auch einen erdrosselnden Eingriff in die Kreditversorgung bedeutet hätte.

  Die Bankenaufsicht führt explizit aus, dass bei einer Verwendung von Expertisen externer Sachverständiger deren Eignung ex ante zu verifizieren ist. Dabei wurden in den MaK für die

---

[1] BaFin: Mindestanforderungen an das Risikomanagement, Rundschreiben 18/2005, BTO 1.2, Tz. 3.

[2] Der ‚Grundsatz der Vollständigkeit' wird in den MaRisk noch ein zweites Mal angesprochen, wenn die Bankenaufsicht fordert, dass „*...die für die Beurteilung des Risikos wichtigen Faktoren ... zu analysieren und zu beurteilen*" (BaFin: Mindestanforderungen an das Risikomanagement, Rundschreiben 18/2005, BTO 1.2.1, Tz. 1) sind.

[3] BaFin: Mindestanforderungen an das Risikomanagement, Rundschreiben 18/2005, BTO 1.2, Tz. 8 (ohne Hervorhebung im Original).

[4] BaFin: Mindestanforderungen an das Risikomanagement, Rundschreiben 18/2005, BTO 1.2, Tz. 4.

[5] So können beispielsweise Rechtsgutachten von der Rechtsabteilung eines Kreditinstitutes erstellt werden, soweit Expertenwissen für die zu untersuchenden Fragestellungen und das im konkreten Sachverhalt anzuwendende Landesrecht zur Verfügung steht.

Überprüfung eines potenziellen Gutachters (Prognosestellers)[1] beispielhaft, jedoch ohne konkretisierende Erläuterungen die Soll-Kriterien ‚Qualifikation', ‚Referenzen', ‚Ruf', ‚Erfahrungen' sowie ‚Standortkenntnisse' genannt.[2] Bei der Berücksichtigung von Unterlagen externer Sach- und Fachverständiger wäre insoweit der ‚**Grundsatz der Kompetenz des Gutachters (Prognosestellers)**' zu beachten. Aus dem Hinweis auf die ‚Kreditnehmerunabhängigkeit' der heranzuziehenden Expertisen kann zudem ein ‚**Grundsatz der Neutralität des Gutachters (Prognosestellers)**' abgeleitet werden.

- Risikoanalyse

Die Bankenaufsicht führt aus: „*Kritische Punkte eines Engagements sind hervorzuheben und gegebenenfalls unter der Annahme verschiedener Szenarien darzustellen.*"[3] Hierdurch wird zunächst ein allgemeiner, übergeordneter ‚**(Kern-)Grundsatz der Gefahrenorientierung (Risikoanalyse)**' postuliert. Durch den Hinweis auf die Möglichkeit einer ‚Annahme' von ‚verschiedenen Szenarien' lässt sich dieser allgemeine Kerngrundsatz weiter in einen ‚**(Spezial-)Grundsatz der Risikoantizipation**' sowie einen ‚**(Spezial-)Grundsatz der szenarioorientierten Risikoanalyse**' differenzieren. Im Hinblick auf die Bankleistungsart ‚Projektfinanzierung im engeren Sinne' müsste eine ‚szenarioorientierte Darstellung' zudem ihren Niederschlag im Rahmen der modellgestützten Finanzplanung (Cashflow-Analyse) finden. Der ‚(Kern-)Grundsatz der Gefahrenorientierung' muss insoweit auch durch einen ‚**(Spezial-)Grundsatz der szenarioorientierten Finanzplanung (Cashflow-Analyse)**' konkretisiert werden.

Für die vom Kreditnehmer vorzulegenden Unterlagen respektive vom Kreditinstitut anderweitig heranzuziehenden Informationen bedeutet dies, dass sie die Erfüllung der vorgenannten Grundsätze ermöglichen müssen.

3.1.2.2.3 Schritt 2: Auswertung

3.1.2.2.3.1 Anforderungen an die Auswertung

Die Pflicht zur Offenlegung der wirtschaftlichen Verhältnisse nach § 18 Satz 1 KWG beschränkt sich nicht nur auf die Vorlage von Unterlagen durch den Kreditnehmer sowie die Dokumentation derselben durch das Kreditinstitut:

„*Eine Offenlegung der wirtschaftlichen Verhältnisse ist ohne eine **Auswertung** der vorgelegten Unterlagen nicht erfolgt. Erst wenn das Kreditinstitut die Unterlagen ausgewertet und sich die Anforderung weiterer Unterlagen aufgrund der Auswertung als entbehr-*

---

[1] Bei ‚Projektfinanzierungen im engeren Sinne' werden Gutachter in der Phase der Kreditvergabeentscheidung mehrheitlich als ‚Prognosesteller' auftreten, da von ihnen zu diesem Zeitpunkt – unabhängig von ihrem Sachgebiet (Technik, Markt, Recht etc.) – im Wesentlichen Voraussagen über zukünftige Umweltzustände erwartet werden. Vgl. zum Wesen einer ‚Begutachtung' den nachfolgenden Gliederungspunkt 4.1.1.3 Abgrenzung der ‚Prüfung' von ‚Feststellung' und ‚Begutachtung' sowie ‚Beratung, S. 349 ff. sowie zu den Prognosebereichen bei ‚Projektfinanzierungen im engeren Sinne' Gliederungspunkt 2.2.3 Prognose, S. 123 ff.

[2] Vgl. BaFin: Mindestanforderungen an das Kreditgeschäft der Kreditinstitute, Rundschreiben 34/2002, Tz. 40.

[3] BaFin: Mindestanforderungen an das Risikomanagement, Rundschreiben 18/2005, BTO 1.2, Tz. 3.

lich erwiesen hat, liegen dem Kreditinstitut die wirtschaftlichen Verhältnisse des Kreditnehmers offen."[1]

Der Begriff ‚Auswertung' lässt bei einer Auslegung vom Wortsinn zunächst zwei Interpretationsmöglichkeiten zu:

(i) Auswertung im Sinne von <u>Überprüfung</u> der vorgelegten Unterlagen

(ii) Auswertung im Sinne von <u>Weiterverarbeitung</u> der vorgelegten Unterlagen

Darüber hinaus postulierte die Bankenaufsicht in der Vergangenheit die folgenden konkretisierenden Anforderungen an eine ‚**Auswertung**' von vorgelegten Unterlagen:

- **Zukunftsorientierung**

Das Kreditinstitut hat die vorgelegten Unterlagen ‚zukunftsgerichtet' auszuwerten. Weitergehende, konkretisierende Anforderungen an eine derartige zukunftsorientierte Auswertung wurden von der Bankenaufsicht nicht postuliert.[2] Im Schrifttum wird die Auffassung vertreten, dass die ‚zukunftsorientierte Auswertung der Unterlagen' dahingehend zu interpretieren ist, dass ein hinreichender Nachweis über die zukünftige Schuldendienstfähigkeit des Kreditnehmers erbracht werden soll.[3]

Einzelne Verlautbarungen der Bankenaufsicht geben Anlass zu der Vermutung, dass gerade die Einschätzung der antizipierten Schuldendienstfähigkeit, d.h. der ‚Kreditwürdigkeit im engeren Sinne', zu erheblichen Problemen in der Kreditpraxis führen kann:

„Die "Schneider-Affäre" von 1994 hat zum Teil erhebliche Mängel bei der korrekten Anwendung des § 18 KWG, der die Banken zur Prüfung der Kreditwürdigkeit ihrer Kreditnehmer verpflichtet, ebenso erkennen lassen wie die unterschiedliche Auslegung durch Wirtschaftsprüfer."[4]

Bei der Antizipierung der zukünftigen Schuldendienstfähigkeit ergeben sich insbesondere bei ‚Krediten an bilanzierende Kreditnehmer' Probleme, da hier im Wesentlichen nur auf Jahresabschlüsse für vergangene Perioden zurückgegriffen werden kann. Aufgrund einer häufig fehlenden Finanzplanung müssen diese historischen Rechenwerke unter Zuhilfenahme weiterer Unterlagen und Informationen aufbereitet und ‚fortgeschrieben' werden.[5] Die von der Bankenaufsicht gefor-

---

[1] BAKred: Überblick über die grundsätzlichen Anforderungen an die Offenlegung der wirtschaftlichen Verhältnisse nach § 18 KWG, Rundschreiben 9/98, Gliederungspunkt III. vor 1.; ohne Hervorhebung im Original.

[2] Der Aspekt der ‚Zukunftsorientierung' wird auch im Schrifttum als Anforderung an die Auswertung von Unterlagen im Rahmen einer Kreditwürdigkeitsprüfung genannt; vgl. Claussen, C. P.: Bank- und Börsenrecht, a.a.O., S 303, Tz 5., Bock, H.: § 18 Kreditunterlagen, a.a.O., S. 459, Tz. 52.

[3] *„Die Bewilligung von neuen Krediten ist grundsätzlich davon abhängig zu machen, dass nachgewiesen oder glaubhaft dargelegt wird, dass der Kreditnehmer zur ordnungs- und vertragsgemäßen Bedienung der beantragten und bereits bestehenden Kredite in der Lage ist."* Deutscher Sparkassen- und Giroverband (Hrsg.): Leitfaden zur Erfüllung der Anforderungen des § 18 KWG, S. 23, Tz. 44. in diesem Sinne auch Bock, H.: § 18 Kreditunterlagen, a.a.O., S. 459, Tz. 52, Keller, E.: Die Offenlegung der wirtschaftlichen Verhältnisse nach § 18 KWG, a.a.O., S. 55 u. 58 f., Hein, M.: Die gesetzlichen Anforderungen an Kreditprüfung und Kreditüberwachung in Bankbetrieben, a.a.O., S. 17.

[4] BAKred: Jahresbericht 1995, a.a.O., S. 12.

[5] Vgl. Keller, E.: Die Offenlegung der wirtschaftlichen Verhältnisse nach § 18 KWG, a.a.O., S. 55 ff., welcher ausgehend vom ordentlichen Betriebserfolg des Kreditnehmers vergangener Perioden die *„...tatsächliche Entwicklung der Einnahmeüberschüsse in den letzten Jahren..."* zwecks Analyse der zukünftigen Kapitaldienstfähigkeit fortschreiben möchte.

derte Auswertung von vorgelegten Unterlagen hat somit bei der Fallgruppe ‚Kredite an bilanzierende Kreditnehmer' ihren Schwerpunkt in der <u>Weiterverarbeitung</u> der vorgelegten Unterlagen zum Zwecke einer <u>indirekten</u>[1] Beurteilung der zukünftigen Zahlungs- bzw. Kapitaldienstfähigkeit, d.h. durch eine ‚statische' Offenlegung der wirtschaftlichen Verhältnisse im Wege einer Analyse der historischen Vermögens-, Finanz- und Ertragslage (‚Grundsatz der bisherigen Nachhaltigkeit').[2]

Demgegenüber bieten ‚Projektfinanzierungen im engeren Sinne' den Vorteil, dass zum Zeitpunkt der Kreditvergabeentscheidung noch keine bzw. keine aussagefähigen Jahresabschlüsse vorliegen. Daher muss sich die von der Bankenaufsicht geforderte Auswertung in Ermangelung historischer Rechenwerke von vornherein auf zukunftsorientierte Unterlagen (Planungsrechnungen, Prognosen etc.) beschränken, welche im Ergebnis einen direkten Ausweis der zukünftigen Schuldendienstfähigkeit ermöglichen sollten. Andererseits fehlen kodifizierte oder anderweitig konkretisierte Standards für die Beurteilung derartiger alternativer Unterlagen. Darüber hinaus müssen als ‚Arranger'[3] auftretende Kreditinstitute die erforderliche Finanzplanung[4] sowie korrespondierende Prognosen häufig aus vorgelegten Informationen selbst oder durch Dritte (z.B. Beratungsunternehmen) anfertigen lassen, wobei sich auch hier die Frage nach den zu beachtenden Standards für derartige Modellierungen stellt. Die nachfolgende Abbildung fasst die möglichen Schwerpunkte einer <u>zukunftsorientierten</u> Auswertung zusammen:

---

[1] Zur Unterscheidung zwischen ‚direkter' und ‚indirekter' Beurteilung der zukünftigen Zahlungsfähigkeit des Kreditnehmers vgl. Hein, M.: Die gesetzlichen Anforderungen an Kreditprüfung und Kreditüberwachung in Bankbetrieben, a.a.O., S. 17.

[2] Diese statische Sichtweise findet sich teilweise auch im rechtswissenschaftlichen Schrifttum, welches im Jahresabschluss per se das am besten geeignete Informationsinstrument zur Darstellung von Vermögensverhältnissen sieht; vgl. Beck, H.: Gesetz über das Kreditwesen: Kommentar nebst Materialien und ergänzenden Vorschriften, a.a.O., § 18, S. 18, Tz. 53. Vgl. zum ‚Grundsatz der bisherigen Nachhaltigkeit' die vorstehenden Ausführungen unter Gliederungspunkt 2.2.1 Vergangenheits- versus zukunftsorientierte Kreditvergabeentscheidung, S. 57 ff.

[3] Vgl. zum Begriff des ‚Arranger' die vorstehenden Ausführungen unter Gliederungspunkt 2.3.1 ‚Grundfunktionen von Banken in der internationalen Projektfinanzierung', S. 159 ff.

[4] D.h. ein bankseitiges Finanzierungsmodell bzw. eine modellgestützte Finanzplanung in Form eines ‚Bank Case' bzw. ‚Base Case'; vgl. hierzu auch die vorstehenden Ausführungen unter Gliederungspunkt 2.3.2.2 ‚Ablauforganisation', S. 178 ff.

Abb. 69: Schwerpunkte der zukunftsorientierten Auswertung

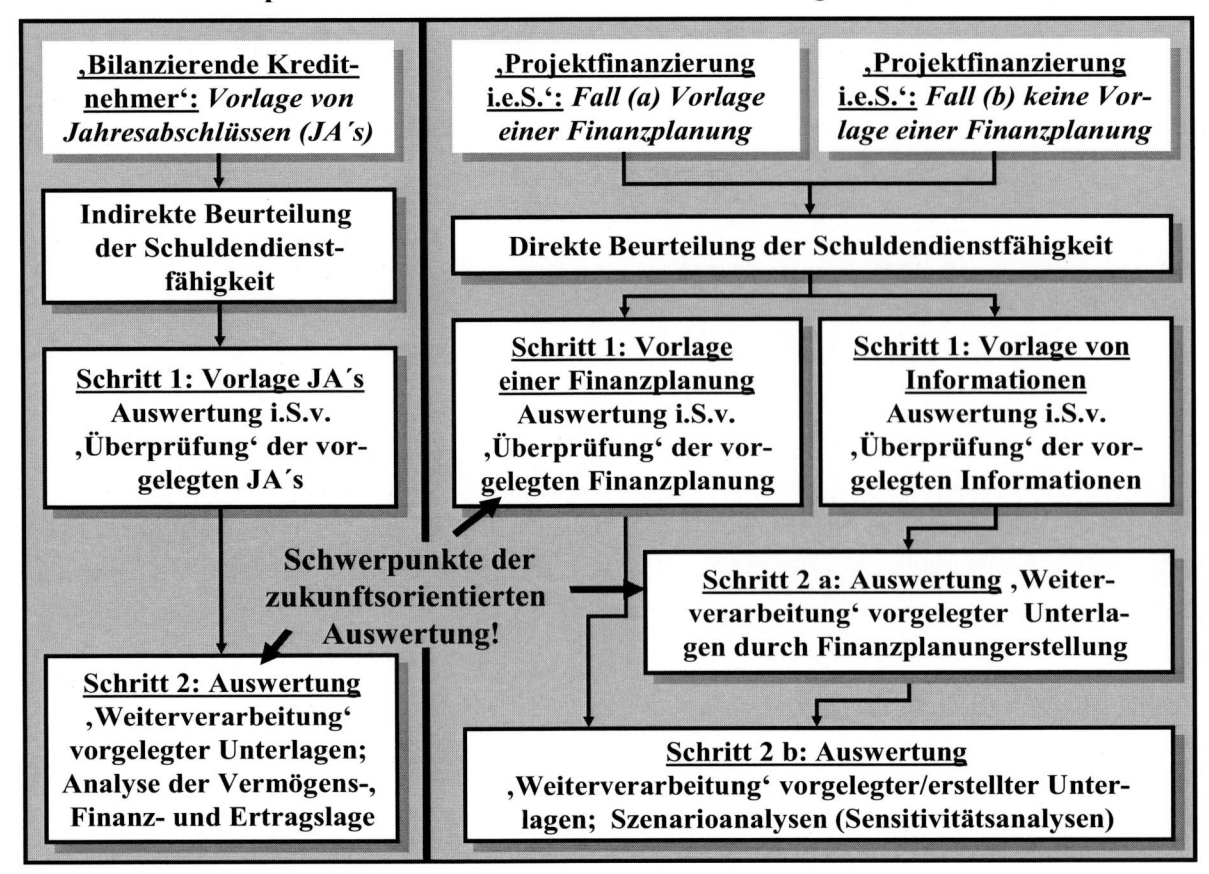

‚Bilanzierende Kreditnehmer': *Vorlage von Jahresabschlüssen (JA's)*	‚Projektfinanzierung i.e.S.': *Fall (a) Vorlage einer Finanzplanung*	‚Projektfinanzierung i.e.S.': *Fall (b) keine Vorlage einer Finanzplanung*
Indirekte Beurteilung der Schuldendienstfähigkeit	**Direkte Beurteilung der Schuldendienstfähigkeit**	
Schritt 1: Vorlage JA's Auswertung i.S.v. ‚Überprüfung' der vorgelegten JA's	**Schritt 1: Vorlage einer Finanzplanung** Auswertung i.S.v. ‚Überprüfung' der vorgelegten Finanzplanung	**Schritt 1: Vorlage von Informationen** Auswertung i.S.v. ‚Überprüfung' der vorgelegten Informationen
Schwerpunkte der zukunftsorientierten Auswertung! →		**Schritt 2 a: Auswertung** ‚Weiterverarbeitung' vorgelegter Unterlagen durch Finanzplanungerstellung
Schritt 2: Auswertung ‚Weiterverarbeitung' vorgelegter Unterlagen; Analyse der Vermögens-, Finanz- und Ertragslage	**Schritt 2 b: Auswertung** ‚Weiterverarbeitung' vorgelegter/erstellter Unterlagen; Szenarioanalysen (Sensitivitätsanalysen)	

Quelle: Eigene Darstellung

Die von der Bankenaufsicht geforderte Auswertung von vorgelegten Unterlagen findet somit bei ‚Projektfinanzierungen im engeren Sinne' ihren Schwerpunkt entweder im Fall (a) in der Überprüfung von vorgelegten Finanzplanung und Prognosen (Schritt 1) oder im Fall (b) in der Weiterverarbeitung von vorgelegten Informationen (Schritt 2 a).[1] In beiden Fällen erfolgt eine direkte Beurteilung der zukünftigen Zahlungs- bzw. Kapitaldienstfähigkeit, d.h. eine ‚dynamische' Offenlegung der wirtschaftlichen Verhältnisse auf der Basis einer Finanzplanung und korrespondierender Prognosen. Bei ‚Projektfinanzierungen im engeren Sinne' wird die Auswertung um eine Weiterverarbeitung der Unterlagen durch Szenarioanalysen zu ergänzen sein (Schritt 2 b).[2]

Die Forderung der Bankenaufsicht nach einer zukunftsorientierten Offenlegung der wirtschaftlichen Verhältnisse impliziert, dass bei der Auswertung von vorgelegten Unterlagen der ‚**Grundsatz der Kapitaldienstfähigkeit**' zu beachten ist, welcher sich bei der Bankleistungsart ‚Projektfinanzierungen im engeren Sinne' ausschließlich in einem ‚**Grundsatz der zukünftigen Nachhaltigkeit**' konkretisieren wird.[3]

---

[1] In der Regel wird Fall (a) vorliegen, wenn Kreditinstitutionen die Grundfunktionen des ‚Sub-Underwriter' und/oder des ‚Participant' übernehmen. Dagegen wird Fall (b) bei der Übernahme der Grundfunktionen ‚Arranger' und/oder ‚Underwriter' vorliegen; vgl. die vorstehenden Ausführungen unter Gliederungspunkt 2.3.1 ‚Grundfunktionen von Banken in der internationalen Projektfinanzierung', S. 159 ff.

[2] Vgl. hierzu Gliederungspunkt 3.1.2.2.2.2.3 ‚Analogiebildung zu ', S. 285 ff.

[3] Die genannten Grundsätze spiegeln sich auch in den MaK wider, wenn die Bankenaufsicht fordert, dass „...*alle für die Beurteilung des Risikos wichtigen Faktoren bei der Kreditgewährung unter besonderer*

- **Überprüfung auf Plausibilität**

Die vorgelegten Unterlagen sind auf ‚Plausibilität' zu überprüfen. Verbindliche Handlungen werden von der Bankenaufsicht für eine derartige ‚Plausibilitätsprüfung' nicht vorgegeben. Eine Auslegung vom Wortlaut impliziert eine Überprüfung der Glaubhaftigkeit bzw. Stichhaltigkeit der vorgelegten Unterlagen. Es bleibt jedoch unklar, wann vorgelegte Unterlagen das Prüfungsergebnis ‚glaubhaft' und ‚stichhaltig' rechtfertigen und welche konkreten Methoden für eine Plausibilitätsprüfung einzusetzen sind. Insofern fehlt ein aufsichtsrechtlicher Prüfungsrahmen für eine Plausibilitätsprüfung eines Projekt- und Finanzierungskonzeptes.[1]

- **Prüfung auf innere Widersprüche**

Weiterhin sind die eingereichten Unterlagen nach Auffassung der Bankenaufsicht einer ‚Prüfung auf innere Widersprüche' zu unterziehen. Bei ‚Projektfinanzierungen im engeren Sinne' kann z.B. im Rahmen einer Querverprobung (‚Cross-Check') der vorgelegten Unterlagen die Widerspruchsfreiheit überprüft werden. Die tatsächliche Aufdeckung derartiger potenzieller ‚Unstimmigkeiten'[2] wird jedoch vom quantitativen und qualitativen Prüfungsumfang abhängen.[3]

Aus den Forderungen der Bankenaufsicht kann ein ‚**Grundsatz der Widerspruchsfreiheit**' abgeleitet werden, welcher als Teilmenge respektive Konkretisierung des ‚Grundsatzes der Wahrheit' zu qualifizieren ist.

- **Abgleich mit anderen Erkenntnissen der Bank**

Die vorgelegten Unterlagen sind <u>gegebenenfalls</u> mit anderen Erkenntnissen der Bank abzugleichen. Der Bedeutungsumfang des Adverbs ‚gegebenenfalls' wird von der Bankenaufsicht nicht weiter konkretisiert. Legt man das Wort ‚gegebenenfalls' im Sinne von ‚soweit vorhanden' aus, so stellt sich die Frage nach dem Bezugsrahmen einer derartigen Anforderung. Dabei kann – entgegen dem Wortlaut der Bankenaufsicht – die ‚Bank' nicht per se adressiert sein, da nicht ohne weiteres ein bankübergreifendes, d.h. vollumfängliches, ‚Wissensmanagement' unterstellt werden kann.[4] Vielmehr wird es auf die Art ‚anderer Erkenntnisse der Bank' ankommen müssen. Während Informationen über die direkt bzw. indirekt Beteiligten[5] eines (potenziellen) Kreditgeschäftes bei existieren-

---

*Berücksichtigung der **Kapitaldienstfähigkeit** des ... Projektes zu analysieren und zu beurteilen ...*" sind; vgl. BaFin: Mindestanforderungen an das Kreditgeschäft der Kreditinstitute, Rundschreiben 34/2002, Tz. 45 (ohne Hervorhebungen im Original). Vgl. zum ‚Grundsatz der zukünftigen Nachhaltigkeit' die vorstehenden Ausführungen unter Gliederungspunkt 2.2.1 Vergangenheits- versus zukunftsorientierte Kreditvergabeentscheidung, S. 57 ff.

[1] Auch die MaK tragen nicht zu einer Konkretisierung bei, wenn dort allgemein gefordert wird: „*Die zur Beurteilung* (eines Kreditengagements) *herangezogenen Unterlagen sind von den für die Beurteilung zuständigen Mitarbeitern zu überprüfen.*" BaFin: Mindestanforderungen an das Kreditgeschäft der Kreditinstitute, Rundschreiben 34/2002, Tz. 38. Für eine mutmaßliche Auslegung vgl. Buchmann, P.: Die Offenlegung der wirtschaftlichen Verhältnisse nach § 18 KWG, a.a.O., S. 284.

[2] Keller, E.: Die Offenlegung der wirtschaftlichen Verhältnisse nach § 18 KWG, a.a.O., S. 55.

[3] Vgl. hierzu im Detail die nachfolgenden Ausführungen unter Gliederungspunkt 4.1.2 ‚Kreditwürdigkeitsprüfung', S. 353 ff.

[4] Innerhalb von großen Instituten sind ‚Erkenntnisse' im Zweifel auf Dutzende oder Hunderte von räumlich bzw. regional getrennten Organisationseinheiten verteilt. Nimmt man als kleinste ‚Erkenntniseinheit' den einzelnen Mitarbeiter an, so kann zudem die Problematik der Informationsstreuung durch Tausende von Mitarbeitern charakterisiert sein.

[5] Bei ‚Projektfinanzierungen im engeren Sinne' z.B. Kreditnehmer, Sponsoren, Lieferanten, Abnehmer, Betreiber und Anlagenerrichter. Neben quantitativen ‚Hard Facts' zur Bonität beteiligter Parteien sind

den Kundenbeziehungen zugänglich sein sollten,[1] werden sich institutsinterne Erkenntnisse zu anderen spezifischen Themengebieten (z.B. Technik, Sektor/Branche, Standort etc.) möglicherweise nur schwer recherchieren lassen.[2]

Der von der Bankenaufsicht geforderte ‚**Grundsatz des bankinternen Erkenntnisabgleichs**' kann letztlich als eine weitere mögliche prüfungstechnische Operationalisierung des ‚Grundsatzes der Wahrheit' aufgefasst werden.

3.1.2.2.3.2 Zwecksetzung der Auswertung

Die Auswertung der vorgelegten Unterlagen erfolgt dabei mit der **Zwecksetzung**, die wirtschaftlichen Verhältnisse des Kreditnehmers offen zu legen, so dass den Entscheidungsträgern des Kreditinstituts „...*eine abschließende Entscheidung über die Kreditgewährung...*" ermöglicht wird.[3] Um diese Zwecksetzung zu erfüllen, muss das **Auswertungsergebnis** ein ‚klares Bild' der wirtschaftlichen Verhältnisse des Kreditnehmers ermöglichen. Ist dies auf der Basis der vorgelegten Unterlagen nicht möglich, so sind weitere Unterlagen[4] vom Kreditnehmer vorzulegen sowie in Zweifelsfällen ergänzende, eigene Ermittlungen[5] durchzuführen.[6] Ein verbindliches Soll-Ergebnis wird vom Gesetzgeber im Wortlaut des § 18 KWG nicht vorgegeben.[7] Die Bankenaufsicht konkretisiert die Norm insofern, als sie in ihrem Rundschreiben 9/98 postuliert:

> „*Einer im Einzelfall nicht risikofreien Kreditvergabe steht die Vorschrift des § 18 KWG jedoch nicht entgegen, sofern sich das kreditgewährende Institut über die aus der Kreditvergabe herrührenden Risiken ein klares Bild verschafft und sie als verkraftbar beurteilt.*"[8]

---

möglicherweise weitere qualitative ‚Soft Facts' abrufbar (z.B. Managementqualität); vgl. hierzu Keller, E.: Die Offenlegung der wirtschaftlichen Verhältnisse nach § 18 KWG, a.a.O., S. 58.

[1] Im Rahmen eines funktionsfähigen Rechnungswesens sollten bestehende Geschäftsbeziehungen, insbesondere valutierende Kredittransaktionen, sowie die Namen der zuständigen Produkt- bzw. Kundenbetreuer abrufbar sein. Zudem können bei Existenz eines EDV-gestützten Kundeninformationssystems weitere Daten vom Sachbearbeiter abrufbar sein.

[2] Zwar werden bei größeren Kreditinstituten durch zentralisierte Fachabteilungen Informationen zu Technik (z.B. durch eigene Ingenieure), Sektoren/Branchen (z.B. durch volkswirtschaftliche Branchenspezialisten) und Standorten (z.B. durch volkswirtschaftliche Analysten) gesammelt, aufbereitet und für einen Abruf durch interessierte Organisationseinheiten vorgehalten. Jedoch können hierbei naturgemäß nicht alle einzelgeschäftsbezogenen Erkenntnisse der Bank berücksichtigt werden.

[3] BAKred: Überblick über die grundsätzlichen Anforderungen an die Offenlegung der wirtschaftlichen Verhältnisse nach § 18 KWG, Rundschreiben 9/98, Gliederungspunkt III. 2.

[4] Der vormalige Träger der Bankenaufsicht, das BAKred, weist in diesem Zusammenhang auf mögliche weitere Erkenntnisse aus der Analyse des Prüfungsberichtes des Abschlussprüfers hin.

[5] Die Bankenaufsicht hebt hier die Problematik der Bewertung von Vermögensgegenständen im Jahresabschluss des Kreditnehmers als Ansatzpunkt für eigene Ermittlungen besonders hervor.

[6] Die Ausführungen der Bankenaufsicht richten sich stark an der Fallgruppe ‚Kredite an bilanzierende Kreditnehmer' aus; vgl. BAKred: Überblick über die grundsätzlichen Anforderungen an die Offenlegung der wirtschaftlichen Verhältnisse nach § 18 KWG, Rundschreiben 9/98, Gliederungspunkt III. 2. Vgl. hierzu auch die vorstehenden Ausführungen unter Gliederungspunkt 3.1.2.2.2 ‚Schritt 1: Vorlage der erforderlichen Unterlagen', S. 266 ff. sowie insbesondere Abb. 68: ‚Entscheidungsbaum zur Vorlage von Unterlagen bei Krediten an bilanzierende Kreditnehmer', S. 271.

[7] Vgl. hierzu auch Tröller, M.: Zielsetzung des § 18 KWG und seine Umsetzung in die Praxis, a.a.O., S. 194 u. 197 f., 206 sowie Schmidt-Lademann, W.: Die gesetzliche Pflicht zur Offenlegung der wirtschaftlichen Verhältnisse gegenüber den Banken, a.a.O., S. 13.

[8] BAKred: Überblick über die grundsätzlichen Anforderungen an die Offenlegung der wirtschaftlichen Verhältnisse nach § 18 KWG, Rundschreiben 9/98, Gliederungspunkt I. In diesem Sinne auch ARTO-

Es ist offensichtlich, dass die von der Bankenaufsicht angesprochene ‚Risikoverkraftbarkeit', d.h. die **Risikoabsorptionsfähigkeit** einer Gesamtbank, im Regelfall nicht im Zuge der Beurteilung einer individuellen Kredittransaktion bestimmt werden kann. Insofern kann der originäre Zweck einer Offenlegung der wirtschaftlichen Verhältnisse nach § 18 Satz 1 KWG nur in der Ermittlung der antizipierten Schuldendienstfähigkeit eines Kreditnehmers unter Berücksichtigung verschiedener Risikoszenarien liegen (einzelgeschäftsbezogene ‚Kreditwürdigkeit im engeren Sinne'). Erst im Kreditgenehmigungsprozess werden die derart gewonnenen Erkenntnisse von den Entscheidungsträgern vor dem Hintergrund der Risikoabsorptionsfähigkeit zu beurteilen sein (gesamtbankbezogene ‚Kreditwürdigkeit im weiteren Sinne').[1] Aus den Verlautbarungen der Bankenaufsicht können insoweit zwei aufsichtsrechtliche Dimensionen einer ‚Kreditwürdigkeit' abgeleitet werden:

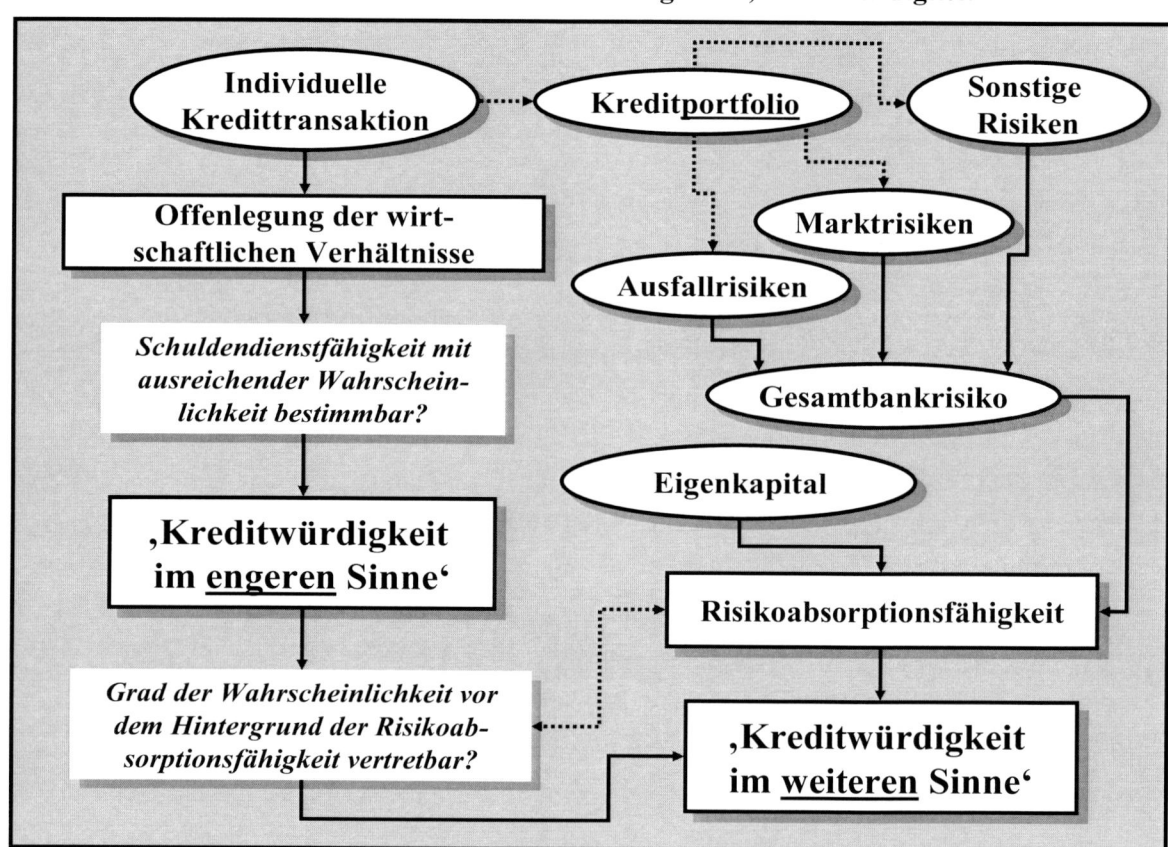

Abb. 70: Aufsichtsrechtliche Dimensionen des Begriffes ‚Kreditwürdigkeit'

Quelle: Eigene Darstellung

Auch die Frage nach der risikoadäquaten Konditionierung (‚Pricing') bzw. der risikoadjustierten Rendite einer konkreten Transaktion kann nicht der originäre Zweck einer Auswertung respektive einer Offenlegung der wirtschaftlichen Verhältnisse nach § 18 Satz 1 KWG sein, sondern wird vielmehr unter Berücksichtigung weiterer institutsindividueller Faktoren zu bestimmen sein.[2] Dem

---

POEUS: „*Das Eingehen von Risiken gehört zur „raison d'être" von Kreditinstituten und ist ihr eigentliches Geschäft*"; Artopoeus, W.: Kreditrisiken aus bankaufsichtlicher Sicht, a.a.O., S. 16.

[1] Insofern kann ein bei isolierter Betrachtung als ‚kreditwürdig im engeren Sinne', d.h. kapitaldienstfähig, eingestuftes Kreditgeschäft vor dem Hintergrund des bestehenden Kreditportfolios sowie der Risikoabsorptionsfähigkeit der Gesamtbank abgelehnt werden.

[2] Anderes würde theoretisch nur dann gelten, wenn alle Kreditrisiken identische Ausfallwahrscheinlichkeiten und Ausfallursachen aufweisen würden; vgl. Bitz, M.: Erscheinungsformen und Funktionen von Finanzintermediären, a.a.O., S. 434.

steht nicht entgegen, dass im Zuge einer Offenlegung der wirtschaftlichen Verhältnisse nach § 18 Satz 1 KWG wichtige Input-Daten für die zusammenfassende Beurteilung einer Projektfinanzierung mit Hilfe eines Risikoklassifizierungsverfahrens (‚Rating') und damit auch für die Berechnung risikoadjustierter Steuerungsgrößen gewonnen werden können.[1]

3.1.2.2.4 Schritt 3: Dokumentation

Die Bankenaufsicht hat in ihrem Rundschreiben 9/98 ausgeführt, dass alle für Zwecke der Kreditvergabeentscheidung und Kreditüberwachung im Original oder ersatzweise in vollständigen Kopien vorgelegten Unterlagen abzulegen sowie die daraus gewonnenen Erkenntnisse, d.h. insbesondere die Auswertung sowie die Ergebnisse derselben, in den Kreditakten zu dokumentieren sind. Die Dokumentation muss dabei eine ex post Überprüfung der Kreditentscheidung sowie der Erfüllung der Offenlegungspflicht nach § 18 Satz 1 KWG durch Geschäftsleitung[2], Innenrevision, Abschlussprüfer und/oder Bankenaufsicht ermöglichen. Für alle vom Kreditnehmer vorgelegten (originären) Unterlagen sowie vom Kreditinstitut angefertigte (derivative) Auswertungsergebnisse gilt eine Aufbewahrungspflicht von sechs Jahren.[3]

3.1.2.3 Zeitliche Dimension

Ausgehend vom reinen Wortlaut des § 18 Satz 1 KWG wäre die Offenlegung der wirtschaftlichen Verhältnisse des Kreditnehmers zunächst nur im Rahmen der Kreditgewährung zu betreiben.[4] Eine derartige Auslegung würde jedoch unberücksichtigt lassen, dass ein Kreditinstitut bei einer Verschlechterung der wirtschaftlichen Verhältnisse des Kreditnehmers – unabhängig von dessen tatsächlicher Fähigkeit zur Rückführung seiner Kreditverbindlichkeiten – aufgrund kreditvertraglicher Vereinbarungen eventuell noch vorzunehmende Kreditauszahlungen stoppen, die vertragliche Kreditbeziehung kündigen sowie die daraus resultierenden Kreditforderungen fällig stellen kann.[5] Die Bankenaufsicht hat daher in ihrem Rundschreiben 9/98 ausgeführt, dass sich die Offenlegungspflicht auf den Zeitraum nicht nur vor einer Kreditgewährung, d.h. auf die Kreditwürdigkeitsprüfung', sondern auch nach der Kreditvergabeentscheidung erstreckt:[6]

- **Kreditwürdigkeitsprüfung vor Kreditvergabeentscheidung**

    Positive Kreditvergabeentscheidungen führen bei normalem Geschäftsgang zu rechtlich bindenden, externen Kreditzusagen, welche möglicherweise nur noch unter der aufschiebenden

---

[1] Vgl. hierzu die nachfolgenden Ausführungen unter den Gliederungspunkten 4.1.2.2 Kreditrisikomanagemen, S. 393 ff. sowie 4.1.2.2.3 ‚Quantitative Kreditrisikoanalyse', S. 399 ff. Zur verpflichtenden Anwendung eines Risikoklassifizierungsverfahrens vgl. BaFin: Mindestanforderungen an das Kreditgeschäft der Kreditinstitute, Rundschreiben 34/2002, Tz. 41 u. Tz. 67 ff.

[2] Die Nichtbefolgung der Dokumentationspflichten im Rahmen der Offenlegung nach § 18 Satz 1 KWG kann im Zweifel die Abberufung des Geschäftsleiters durch das *BaFin* als Träger der Bankenaufsicht nach sich ziehen; vgl. hierzu auch OVG Berlin: Urteil v. 5.3.1986, OVG 1 B 52/83, in: K. Beckmann; J. Bauer (Hrsg.), BAR, Nr. 3 zu § 18, S. 3 ff.

[3] KELLER weist darauf hin, dass der Aufbewahrungszeitraum mit der Regelung des § 257 HGB für Handelsbriefe übereinstimmt; Keller, E.: Die Offenlegung der wirtschaftlichen Verhältnisse nach § 18 KWG, a.a.O., S. 59.

[4] Vgl. hierzu den Wortlaut des § 18 Satz 1 KWG

[5] Vgl. zur Relevanz der laufenden Kontrolle von Kreditrisiken auch Artopoeus, W.: Kreditrisiko - Erfahrungen und Ansichten eines Aufsehers, a.a.O., S. 2 f.

[6] Vgl. BAKred: Überblick über die grundsätzlichen Anforderungen an die Offenlegung der wirtschaftlichen Verhältnisse nach § 18 KWG, Rundschreiben 9/98, Gliederungspunkt III. 1.

Bedingung eines Dokumentations-, Gremien- oder Konsortialvorbehalts stehen.[1] Eine Kreditvergabeentscheidung impliziert demzufolge eine abgeschlossene Kreditwürdigkeitsprüfung, da bei einer Erfüllung der Bedingungen durch den Kreditnehmer regelmäßig mit einer Auszahlung der zugesagten Geldmittel begonnen werden muss.[2]

Für den Untersuchungsgegenstand ‚Projektfinanzierung im engeren Sinne' kann festgehalten werden, dass in der Phase vor der Kreditvergabeentscheidung trotz eines potenziell bilanzierungspflichtigen Kreditnehmers regelmäßig (noch) keine – für Zwecke der Kreditwürdigkeitsprüfung – aussagefähigen Jahresabschlussunterlagen vorliegen:

- Erfolgt die Projektrealisierung im Rahmen einer neugegründeten, rechtlich selbständigen Projektgesellschaft (‚**Single Purpose Company**'), so liegt entweder keine[3] oder nur eine für die Bonität des Projektes irrelevante Gründungsbilanz[4] vor.[5]

- Bei Vorliegen eines ‚**Unincorporated Joint Ventures**' werden die Kreditmittel zweckgebunden von einem oder mehreren bilanzierungspflichtigen Sponsoren aufgenommen und für die Projektrealisierung verwendet.[6] Für die Kreditwürdigkeitsprüfung sind die Jahresabschlüsse der Sponsoren von untergeordneter Bedeutung, da entweder die gesamtschuldnerische Haftung der Sponsoren ausgeschlossen bzw. der Höhe nach begrenzt oder grundsätzlich kreditvertraglich ausgeschlossen ist. Zudem kann die Bonität der Sponsoren per se eine unzureichende Haftungsbasis für die Kreditverbindlichkeiten des Projektes darstellen.[7]

- Bei einer Projektrealisierung in einem stehenden Unternehmen im Wege eines ‚**Ring-Fencing**' liegen Jahresabschlussunterlagen des Kreditnehmers vor, welche jedoch für die Kreditvergabeentscheidung von untergeordneter Bedeutung sind. Ursächlich für diese Irrelevanz ist, dass entweder das geplante Projekt bzw. die korrespondierende Projektfinanzie-

---

[1] Vgl. hierzu die vorstehenden Ausführungen unter Gliederungspunkt 3.1.2.1.4 Zum Begriff ‚Kreditgewährung', S. 243 ff.

[2] Die besondere Relevanz der Kreditwürdigkeitsprüfung vor Kreditvergabeentscheidung spiegelt sich auch im Schrifttum wieder: „*Bei der **ersten Kreditgewährung** sind unter Berücksichtigung der Größe des Engagements und des Risikogrades an die Offenlegungs-Unterlagen **besonders strenge Anforderungen** – auch bei nicht bilanzierenden Antragstellern – zu stellen.*" Deutscher Sparkassen- und Giroverband (Hrsg.): Leitfaden zur Erfüllung der Anforderungen des § 18 KWG, a.a.O., S. 23 f., Tz. 47 (Anmerkung: Hervorhebungen auch im Original).

[3] Möglicherweise existiert zum Zeitpunkt der Kreditvergabeentscheidung noch keine Projektgesellschaft. Hier kann die Kreditgewährung unter einer aufschiebenden Finanzierungsbedingung, d.h. der kreditvertraglichen Festlegung einer ‚Auszahlungsvoraussetzung vor erster Auszahlung' (Condition Precedent Prior to First Drawdown'), erfolgen; vgl. hierzu auch die vorstehenden Ausführungen unter Gliederungspunkt 2.1.4.3 ‚Projektbezogene Kreditbedingungen und Verhaltensauflagen', S. 48 ff.

[4] Die Gründungsbilanz wird zum Zeitpunkt der Kreditvergabeentscheidung auf der Passivseite i.d.R. nur das gesetzlich vorgeschriebene Mindestkapital ausweisen. Die Aktivseite wird in einer Kassen- bzw. Bankguthabenposition die korrespondierenden Geldmittel widerspiegeln. Weitere, von den Sponsoren einzubringende Eigenmittel werden häufig erst vor erster Kreditauszahlung bzw. parallel zu den während der Bauphase eines Projektes nach Baufortschritt erfolgenden Kreditauszahlungen in die Projektgesellschaft eingebracht. Anderes kann gelten, wenn Sponsoren ihre Kapitalbeteiligung bereits bei Gründung vollständig in Form einer Sacheinlage (z.B. Grundstücke) einbringen. Jedoch wird auch in diesen Fällen eine Gründungsbilanz allein kein positives Bonitätsurteil begründen können.

[5] Vgl. zum Wesen der ‚Single Purpose Company' die grundlegenden Ausführungen unter Gliederungspunkt 2.1.3.1.2 ‚Rechtliche Isolierung', S. 14 ff.

[6] Vgl. zum Wesen des ‚Unincorporated Joint Venture' die grundlegenden Ausführungen unter Gliederungspunkt 2.1.3.1.2 ‚Rechtliche Isolierung', S. 14 ff.

[7] Dies wird insbesondere bei einem volumenmäßig stark disproportionalen Verhältnis zwischen dem zu finanzierenden Vorhaben sowie der bisherigen Investitionstätigkeit der Sponsoren der Fall sein.

rung die aus der externen Rechnungslegung ableitbare Verschuldungsmöglichkeit übersteigt <u>oder</u> die Haftung für die Projektverbindlichkeiten auf das zu finanzierende Vorhaben beschränkt ist.[1]

- **Kreditüberwachung <u>nach</u> Kreditvergabeentscheidung**

    Die Offenlegung der wirtschaftlichen Verhältnisse des Kreditgebers ist nach der Kreditvergabeentscheidung fortzusetzen. Insofern sind die für die Offenlegung der wirtschaftlichen Verhältnisse des Kreditnehmers erforderlichen Unterlagen „*...während der gesamten Dauer des Engagements...*"[2] vorzulegen. Im Rahmen der sogenannten ‚Kreditüberwachung', welche sich über die gesamte Kreditlaufzeit erstreckt, hat das Kreditinstitut auf der Basis der vorgelegten Unterlagen sowie möglicherweise weiterer Informationen die Entwicklung des Kreditnehmers kontinuierlich zu beobachten und zu analysieren.[3]

    Eine Ausnahme von der Pflicht zur laufenden Offenlegung der wirtschaftlichen Verhältnisse besteht bei **Konsortialkrediten** insoweit, als ein Innenkonsorte[4] die Kreditüberwachung an den Konsortialführer übertragen kann.[5] Voraussetzung hierfür ist jedoch, dass der Innenkon-

---

[1] Vgl. zum Wesen eines ‚Ring-Fencing' die grundlegenden Ausführungen unter Gliederungspunkt 2.1.3.1.2 ‚Rechtliche Isolierung', S. 14 ff.

[2] BAKred: Überblick über die grundsätzlichen Anforderungen an die Offenlegung der wirtschaftlichen Verhältnisse nach § 18 KWG, Rundschreiben 9/98, Gliederungspunkt III. 1. Legt der Kreditnehmer die erforderlichen Kreditunterlagen nicht vor, so muss das Kreditinstitut den Kredit **notfalls** kündigen. Jedoch soll dies keinen Kündigungsautomatismus implizieren; vgl. Ebenda. Das Kreditinstitut hat am konkreten Einzelfall zu entscheiden, ob es das Kreditverhältnis kündigt oder fortführt. Gründe für eine Fortführung können u.a. die tatsächliche Erbringung des vereinbarten Schuldendienstes, eine ausreichend unbelastete Haftungsmasse sowie eine relativ kurze Restlaufzeit sein. Bei sachlich gerechtfertigtem Verzicht auf die Kündigung liegt kein vorsätzlicher oder fahrlässiger Verstoß gegen § 56 Abs. 3 Nr. 4 KWG vor. Eine Prolongation oder Erhöhung des Kreditbetrages darf jedoch ohne Offenlegung nicht erfolgen; vgl. Bock, H.: § 18 Kreditunterlagen, a.a.O., S. 452, Tz. 25 f., Keller, E.: Die Offenlegung der wirtschaftlichen Verhältnisse nach § 18 KWG, a.a.O., S. 37. Vgl. zu § 56 Abs. 3 Nr. 4 KWG auch die Ausführungen unter Gliederungspunkt 3.1.1.3 ‚Rechtsfolgen bei Verstößen', S. 198 f. Das Kreditinstitut sollte durch (ergänzende) vertragliche Vereinbarungen sicherstellen, dass auch während der Kreditlaufzeit eventuell ‚Mitverpflichtete' sowie die einer ‚Kreditnehmereinheit' zuzurechnenden Personen Unterlagen für eine Offenlegung ihrer wirtschaftlichen Verhältnisse vorlegen; vgl. Keller, E.: Die Offenlegung der wirtschaftlichen Verhältnisse nach § 18 KWG, a.a.O., S. 36. Vgl. zu ‚Mitverpflichteten' die Ausführungen unter Gliederungspunkt 3.1.1.2.1 ‚Gestellte Sicherheiten und Mitverpflichtete (§ 18 Satz 2 KWG)', S. 188 ff. sowie zu den ‚Kreditnehmereinheiten' auch Gliederungspunkt 3.1.2.1.5 Zum Begriff ‚Kreditnehmer', S. 246 ff.

[3] Vgl. BAKred: Überblick über die grundsätzlichen Anforderungen an die Offenlegung der wirtschaftlichen Verhältnisse nach § 18 KWG, Rundschreiben 9/98, Gliederungspunkt III. 1.

[4] Die Verwendung des Begriffes ‚Innenkonsorte' impliziert, dass die Bankenaufsicht hier ausschließlich die Fallgestaltung eines ‚Innenkonsortiums' adressiert. Hierbei tritt der Konsortialführer im Außenverhältnis gegenüber dem Kreditnehmer auf und schließt den Kreditvertrag ausschließlich in seinem Namen ab. Da eine Benennung der übrigen Kreditgeber, d.h. der Innenkonsorten, im Kreditvertrag unterbleibt, stehen die Rechte und Pflichten aus diesem allein dem Konsortialführer zu. Die Beteiligung der Innenkonsorten im Innenverhältnis kann dabei dem Kreditnehmer bekannt (‚offenes Innenkonsortium') oder unbekannt (‚verdecktes Innenkonsortium') sein; vgl. Hadding, W.: § 87. Konsortialkredit, a.a.O., S. 1999, Tz. 43, Brandt, S.; Sonnenhol, J.: Verträge für Konsortialkredite, in: WM, 55. Jg. (2001), S. 2331. Anders wohl HAMBLOCH-GESINN/BROGL, welche die von der Bankenaufsicht angesprochenen ‚Innenkonsortien' mit ‚verdeckten Konsortien' gleichsetzen; vgl. Hambloch-Gesinn, S.; Brogl, F.: BAKred konkretisiert erneut § 18 KWG, in: BI, 25. Jg. (1998), Nr. 10, S. 26.

[5] Die Ausnahmeregelung bezieht sich nach dem Wortlaut des Rundschreibens 9/98 nur auf „*...bereits ausgereichte Kredite...*", so dass eine Befreiung von der Erstoffenlegung nicht in Frage kommt; vgl. BAKred: Überblick über die grundsätzlichen Anforderungen an die Offenlegung der wirtschaftlichen

sorte die ordnungsgemäße Erfüllung der laufenden Offenlegungspflicht nach § 18 Satz 1 KWG durch den Konsortialführer, d.h. dem gegenüber dem Kreditnehmer direkt auftretenden Konsorten, sicherstellt. Nach Auffassung der Bankenaufsicht ist dies dann gewährleistet, wenn der Innenkonsorte sich regelmäßig von den Ergebnissen der Kreditüberwachung unterrichten lässt. Verstöße des Konsortialführers gegen die Offenlegungspflicht begründen gleichzeitig eine identische Pflichtverletzung des Innenkonsorten. Auch bei einer Überlassung der Überwachung bzw. Delegation der laufenden Offenlegung an einen Konsortialführer muss der Innenkonsorte die Erstoffenlegung, d.h. die Kreditwürdigkeitsprüfung vor Kreditvergabeentscheidung, weiterhin selber vornehmen.[1]

Bei ‚Projektfinanzierung im engeren Sinne' werden grundsätzlich – in den der Kreditvergabeentscheidung nachfolgenden Wirtschaftsjahren – die Jahresabschlüsse des (formellen) Kreditnehmers verfügbar sein. In den Fällen des ‚**Unincorporated Joint Ventures**' sowie des ‚**Ring-Fencing**' werden sich jedoch wiederum die gleichen Zuordnungs- und Separationsprobleme zwischen Sponsoren- und Projektbonität ergeben, die auch in der Phase vor Kreditvergabeentscheidung zu Problemen bei einer jahresabschlussbasierten Kreditwürdigkeitsprüfung führen.[2] Anderes wird für die Fallgestaltung einer ‚**Single Purpose Company**' gelten, welche nach dem Erreichen der technischen und kommerziellen Betriebsbereitschaft sowie dem Abschluss einer ersten Berichtsperiode für eine ex post Betrachtung geeignete Monats-, Quartals-, Halbjahres- oder Jahresabschlüsse vorlegen können wird. Als Problem für die Kreditüberwachung erweist sich im Falle einer derartigen, rechtlich selbständigen Projektgesellschaft jedoch eine u.U. mehrjährige Bau- bzw. Errichtungsphase, in der eine ausschließlich abschlussbasierte bzw. rechnungslegungsorientierte Analyse keine ausreichenden Erkenntnisse über den Projektfortschritt und damit der zukünftigen Schuldendienstfähigkeit liefern kann.[3]

Die vorstehenden Ausführungen zeigen, dass sich bei ‚Projektfinanzierung im engeren Sinne' die vom Kreditnehmer vorzulegenden Unterlagen sowie die Auswertungen derselben nicht nur von anderen Formen der Kreditfinanzierung unterscheiden. Vielmehr muss die gesetzliche Pflicht zur Offenlegung der wirtschaftlichen Verhältnisse nach § 18 Satz 1 KWG bei ‚Projektfinanzierung im engeren Sinne' differenziert für die Phasen vor und nach Kreditvergabeentscheidung betrachtet werden.

Im Rahmen der vorliegenden Untersuchung erfolgt eine Konzentration auf die erstgenannte Phase, d.h. auf die Kreditwürdigkeitsprüfung <u>vor</u> Kreditvergabeentscheidung.

Verhältnisse nach § 18 KWG, Rundschreiben 9/98, Gliederungspunkt II. Es handelt sich hierbei um ein nicht den Formvorschriften des § 25 a Abs. 2 KWG unterliegendes Outsourcing; vgl. auch Nirk, R.: Das Kreditwesengesetz – Einführung und Kommentar, a.a.O., S. 75 u. S. 252.

[1] Vgl. Nirk, R.: Das Kreditwesengesetz – Einführung und Kommentar, a.a.O., S. 252.

[2] Insofern wird bereits im Kreditvertrag ein isoliertes Berichtswesen, d.h. eine ‚Segmentberichterstattung' für das zu finanzierende Projekt, zu vereinbaren sein.

[3] Vgl. zur Kreditüberwachung bei ‚Projektfinanzierungen im engeren Sinne' auch Prautzsch, W.-A.: Projektfinanzierung, a.a.O., S. 1490.

3.2 Zusammenfassende Schlussfolgerungen für die bankbetriebliche Operationalisierung von § 18 Satz 1 KWG bei Projektfinanzierungen im engeren Sinne

Im Rahmen der hermeneutischen Auslegung konnte der Begriff ‚**Kreditinstitut**', d.h. der Normadressat, eingegrenzt (Abschnitt 3.1.2.1.1) und der ‚**Kreditbegriff**' des § 18 Satz 1 KWG durch eine positive und negative Abgrenzung sowie eine Auslegung der einzelnen Krediterscheinungsformen bei internationalen Projektfinanzierungen konkretisiert werden (Abschnitt 3.1.2.1.2). Die faktische Offenlegungsrelevanz der kodifizierten Betragsgrenze ‚**mehr als 750.000 Euro oder mehr als 10% vom haftenden Eigenkapital**' wurde relativiert (Abschnitt 3.1.2.1.3) und der Terminus ‚**Kreditgewährung**' durch Diskussion praxisrelevanter Erscheinungsformen von bedingten Kreditzusagen abgegrenzt (Abschnitt 3.1.2.1.4). Der Begriff des ‚**Kreditnehmers**' bzw. die daran anknüpfende aufsichtsrechtliche Fiktion einer ‚**Kreditnehmereinheit**' wurden durch Diskussion der gesetzlich kodifizierten Zusammenfassungstatbestände sowie einer daran anknüpfenden Bildung von abstrakten Fallbeispielen für den Untersuchungsgegenstand ‚Projektfinanzierung im engeren Sinne' konkretisiert (Abschnitt 3.1.2.1.5). Auch die beiden ‚**zeitlichen Dimensionen**' einer Offenlegung der wirtschaftlichen Verhältnisse nach § 18 Satz 1 KWG, d.h. einerseits die Kreditwürdigkeitsprüfung vor Kreditvergabeentscheidung und andererseits die Kreditüberwachung nach Kreditvergabeentscheidung, konnten im Hinblick auf den Untersuchungsgegenstand verdeutlicht werden (Abschnitt 3.1.2.3).

Ein anderes, uneinheitliches Bild zeigt die Auslegung des Komplexes ‚**Methodik der Offenlegung**' (Abschnitt 3.1.2.2). Der Begriff der ‚Offenlegung' konnte zwar aufgrund des amtliche Schrittverfahrens in die drei Handlungssegmente ‚1. Vorlage von erforderlichen Unterlagen', ‚2. Auswertung', und ‚3. Dokumentation' zergliedert werden (Abschnitt 3.1.2.2.1), wobei insbesondere die Anforderungen von ‚**Schritt 3: Dokumentation**' eindeutig aus den Verlautbarungen der Bankenaufsicht abgeleitet wurden (Abschnitt 3.1.2.2.4). Jedoch ergaben sich aus der hermeneutischen Interpretation für den ‚**Schritt 1: Vorlage von erforderlichen Unterlagen**' keine operationalisierbaren Erkenntnisse für den Untersuchungsgegenstand (Abschnitt 3.1.2.2.2.1), so dass ergänzend eine ‚**Auslegung im Hinblick auf Projektfinanzierungen im engeren Sinne**' durch objektiv-teleologische Deutung (Abschnitt 3.1.2.2.2.2) im Wege einer ‚**Analogiebildung innerhalb der Norm**' (Abschnitt 3.1.2.2.2.2.2) bzw. einer ‚**Analogiebildung zu sonstigen Regelungen der Bankenaufsicht**' (Abschnitt 3.1.2.2.2.2.3) vorgenommen wurde. Bei einer Verdichtung der hierbei gewonnenen Erkenntnisse können die folgenden Schlussfolgerungen für den Untersuchungsgegenstand abgeleitet werden:

- **Art der vorzulegenden bzw. heranzuziehenden Unterlagen**
  - Der Kreditnehmer muss eine ‚**(modellgestützte) Finanzplanung**'[1] zum Nachweis der nachhaltigen Tragfähigkeit respektive Kapitaldienstfähigkeit des Projektes, alternativ Informationen, aus denen das Kreditinstitut oder eine damit beauftragte dritte Partei selbst eine derartige Vorschaurechnung erstellen kann, vorlegen.[2]

---

[1] Die Bankenaufsicht verwendet u.a. die Begrifflichkeiten Finanzplanung, Wirtschaftlichkeitsberechnung und Kapitaldienstrechnung.

[2] Vgl. Abschnitte 3.1.2.2.2.2.2.2 ‚Bilanzierende Kreditnehmer', S. 278 ff., 3.1.2.2.2.2.2.3 ‚Nicht bilanzierende Kreditnehmer', S. 281 ff., 3.1.2.2.2.2.2.4 ‚Objektgesellschaften', S. 281 ff., 3.1.2.2.2.2.2.5 ‚Existenzgründungsdarlehen', S. 284 ff. und 3.1.2.2.2.2.3 ‚Analogiebildung zu ', S. 285 ff.

- Der Kreditnehmer muss Unterlagen vorlegen bzw. das Kreditinstitut muss aus weiteren Quellen Informationen einholen, die eine Beurteilung bzw. ‚**Prognose**' einzelner entscheidungsrelevanter Teilaspekte des Vorhabens durch Gutachten unabhängiger Sachverständiger bzw. eigener kompetenter Sachverständiger ermöglicht, wobei insbesondere die Prognosebereiche ‚**Markt**' (Marktanalyse bzw. Marktfähigkeit der Produkte/Dienstleistungen), ‚**wesentliche Beteiligte**' und ‚**technische Machbarkeit**' zu berücksichtigen sind.[1]

- Es müssen vom Kreditinstitut Unterlagen herangezogen werden, welche schlüssig die ‚**Risikostruktur des zu finanzierenden Vorhabens**' belegen.[2]

• **Qualität der Unterlagen**

- Alle durch den Kreditnehmer oder durch beauftragte dritte Parteien (z.B. Gutachter) vorzulegenden Unterlagen müssen zunächst den allgemeinen ‚**(Rahmen-) Grundsätzen der Wahrheit, Vollständigkeit, Klarheit, Vergleichbarkeit und Wirtschaftlichkeit**' genügen.[3]

- Die vom Kreditnehmer vorgelegten Finanzplanungsunterlagen bzw. Informationen zur Erstellung eines derartigen Rechenwerkes müssen eine Umsetzung des ‚**(Spezial-) Grundsatzes der szenarioorientierten Finanzplanung respektive Cashflow-Analyse**' ermöglichen.[4]

- Prognosen zu einzelnen Teilaspekten des zu finanzierenden Vorhabens, welche vom Kreditinstitut für die Fundierung einer Kreditvergabeentscheidung herangezogen werden, müssen die ‚**(Spezial-) Grundsätze der Kompetenz des Prognosestellers sowie der Neutralität des Prognosestellers**' erfüllen.[5]

- Die vorgelegten Unterlagen bzw. Informationen müssen eine Erfüllung des ‚**(Kern-) Grundsatzes der Gefahrenorientierung**', d.h. die Durchführung einer Risikoanalyse, ermöglichen.[6] Eine derartige Risikoanalyse muss neben den vorstehend skizzierten ‚**(Rahmen-) Grundsätzen der Wahrheit, Klarheit, Vollständigkeit, Vergleichbarkeit und Wirtschaftlichkeit**' auch den ‚**(Spezial-) Grundsätzen der Risikoantizipation, der interdependenten Risikoanalyse sowie der szenarioorientierten Risikoanalyse**' genügen.[7]

Im Rahmen einer objektiv-teleologischen Auslegung konnten insoweit erste Erkenntnisse über die Art und Qualität der bei ‚Projektfinanzierungen im engeren Sinne' vorzulegenden bzw. heranzu-

---

[1] Vgl. Abschnitt 3.1.2.2.2.2.2.3 ‚Nicht bilanzierende Kreditnehmer', S. 281 ff., Abschnitt 3.1.2.2.2.2.2.4 ‚Objektgesellschaften', S. 281 ff. sowie Abschnitt 3.1.2.2.2.2.3 Mindestanforderungen an das Risikomanagement (MaRisk), S. 285 ff.

[2] Vgl. Abschnitt 3.1.2.2.2.2.2.5 ‚Existenzgründungsdarlehen', S. 284 ff. sowie Abschnitt 3.1.2.2.2.2.3 Mindestanforderungen an das Risikomanagement (MaRisk), S. 285 ff.

[3] Vgl. Abschnitt 3.1.2.2.2.2.2 ‚Bilanzierende Kreditnehmer', S. 278 ff. Abschnitt 3.1.2.2.2.2.3 Mindestanforderungen an das Risikomanagement (MaRisk), S. 285 ff.

[4] Vgl. Abschnitt 3.1.2.2.2.2.3 ‚Analogiebildung zu ', S. 285 ff. Abschnitt 3.1.2.2.2.2.3 Mindestanforderungen an das Risikomanagement (MaRisk), S. 285 ff.

[5] Ebenda

[6] Vgl. Abschnitt 3.1.2.2.2.2.2.5 ‚Existenzgründungsdarlehen', S. 284 ff. Abschnitt 3.1.2.2.2.2.3 Mindestanforderungen an das Risikomanagement (MaRisk), S. 285 ff.

[7] Vgl. Abschnitte 3.1.2.2.2.2.2.5 ‚Existenzgründungsdarlehen', S. 284 ff. sowie 3.1.2.2.2.2.3 ‚Analogiebildung zu ', S. 285 ff.

ziehenden Unterlagen gewonnen werden. Jedoch bleibt unklar, ob die genannten Unterlagen zu den Komplexen ‚(Modellgestützte) Finanzplanung', ‚Prognose' und ‚Risikostruktur' sowie die korrespondierenden Grundsätze einen enumerativen Charakter haben oder einer weiteren Ergänzung bzw. Detaillierung bedürfen. Im Hinblick auf den bankbetrieblichen Alltag wird sich zudem die Abstraktheit der Ausführungen als problematisch erweisen, so dass für eine praxistaugliche Operationalisierung weitere konkretisierende Erläuterungen zu den Unterlagenkomplexen und den Grundsätzen erforderlich sein dürften.

Auch für den ‚**Schritt 2: Auswertung**', d.h. die zweite Stufe des amtlichen Schrittverfahrens, konnte keine eindeutige respektive abschließende Konkretisierung der Auswertungsmethodik durch hermeneutische Auslegung der bankaufsichtlichen Verlautbarungen im Hinblick auf den Untersuchungsgegenstand erreicht werden. Zwar wurden im Rahmen einer Interpretation von ‚**Anforderungen an die Auswertung**' (Abschnitt 3.1.2.2.3.1) zunächst die zwei grundsätzlichen Interpretationsmöglichkeiten ‚Überprüfung von vorgelegten Unterlagen' und ‚Weiterverarbeitung von vorgelegten Informationen' isoliert und für die von der Bankenaufsicht geforderte ‚**Zukunftsorientierung**' der Auswertung am Beispiel der (modellgestützten) Finanzplanung durch Ableitung des allgemeinen ‚**Grundsatzes der Kapitaldienstfähigkeit**' sowie des projektfinanzierungsspezifischen ‚**Grundsatzes der zukünftigen Nachhaltigkeit**' konkretisiert. Auch konnten allgemeine ‚**Grundsätze der Widerspruchsfreiheit und des bankinternen Erkenntnisabgleichs**' als Teilelemente des ‚(Rahmen-) Grundsatzes der Wahrheit' und damit als weitere Anforderungen an die Auswertung isoliert werden. Jedoch ergaben sich Fragen im Hinblick auf die ‚methodisch-operationale' Umsetzung bei der von der Bankenaufsicht geforderten ‚**Überprüfung auf Plausibilität**' von vorgelegten Unterlagen, die nicht im Wege einer hermeneutischen Auslegung gelöst werden konnten. Insofern bedarf es einer prüfungstheoretischen Fundierung, aus der Umfang und Charakter der Plausibilitätsprüfung bzw. konkrete Prüfungshandlungen unter Berücksichtigung der Spezifika von ‚Projektfinanzierungen im engeren Sinne' abgeleitet werden können.

Im Rahmen einer hermeneutischen Interpretation der ‚**Zwecksetzung der Auswertung**' (Abschnitt 3.1.2.2.3.2) konnten zunächst zwei weitere ‚**(Kern-) Grundsätze der Adressatenorientierung und Entscheidungsorientierung**' isoliert werden. Zwecks Erfüllung dieser (Kern-) Grundsätze soll das von der Bankenaufsicht geforderte Auswertungsergebnis ein ‚**klares Bild von den wirtschaftlichen Verhältnissen**' wiedergeben. Daneben konnte auf Basis der amtlichen Verlautbarungen eine Differenzierung in eine einzelgeschäftsbezogene ‚**Kreditwürdigkeit im engeren Sinne**' und eine gesamtbankbezogene ‚**Kreditwürdigkeit im weiteren Sinne**' vorgenommen werden. Es stellt sich jedoch die Frage, wann bei ‚Projektfinanzierungen im engeren Sinne' die Auswertung der vorgelegten Unterlagen ein klares Bild von den wirtschaftlichen Verhältnissen eines Kreditnehmers vermittelt, so dass hierauf aufbauend mit ausreichender Wahrscheinlichkeit die Schuldendienstfähigkeit eines Kreditnehmers, d.h. seine ‚Kreditwürdigkeit im engeren Sinne', bestimmt werden kann.[1]

---

[1] Zur (straf-) rechtlichen Problematik einer Bestimmung des ‚erlaubten (kaufmännischen) Risikos' bei Kreditgeschäften vgl. auch Prost, G.: Die Offenlegung und Prüfung der wirtschaftlichen Verhältnisse, in: DB, 29. Jg. (1976), S. 1854.

Im Ergebnis ergibt sich trotz der gewonnenen Erkenntnisse ein aufsichtsrechtliches ‚Grey Box'- bzw. ‚Black Box'-Problem bei der **methodisch-operationalen Umsetzung** von § 18 Satz 1 KWG für ‚Projektfinanzierungen im engeren Sinne':

Abb. 71: Methodisch-operationales ‚Grey Box'- bzw. ‚Black Box'-Problem

Fallgruppe ‚Bilanzierende Kreditnehmer': Vorlage von Jahresabschlüssen

Unterlagen → Auswertung → Ergebnis

Rahmen: Handelsrecht, GoB, Ausführungen der Bankenaufsicht etc. → ‚Black Box' → Schuldendienstfähigkeit

‚Projektfinanzierung im engeren Sinne':

Unterlagen → Auswertung → Ergebnis

‚Grey Box' → ‚Black Box' → Schuldendienstfähigkeit

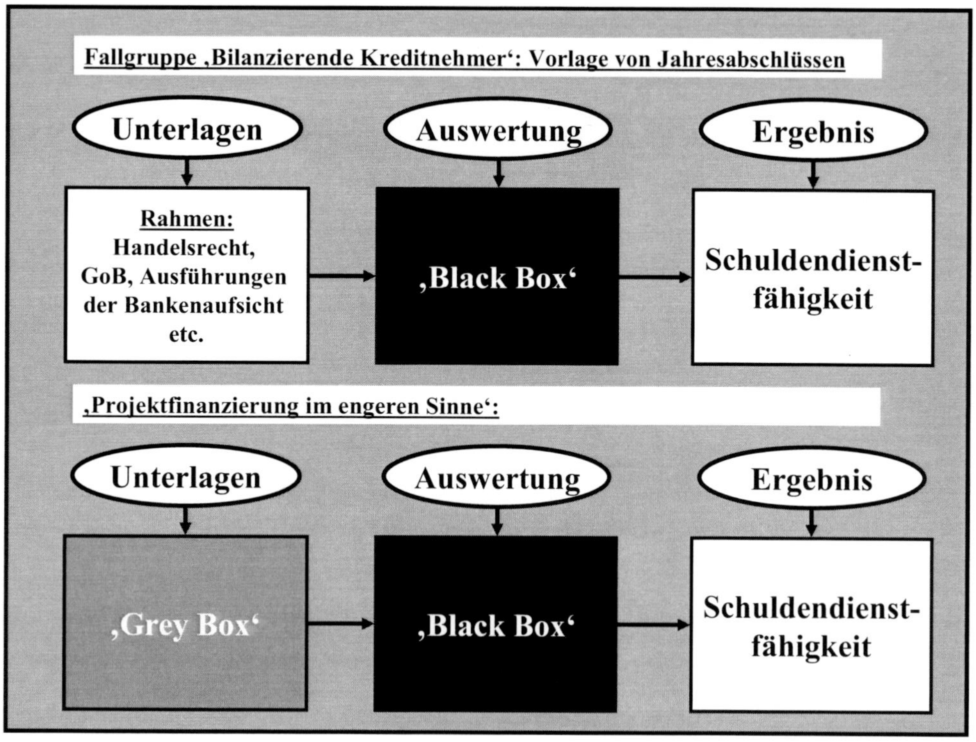

Quelle: Eigene Darstellung

Als problematisch erweist sich insbesondere, dass bei ‚Projektfinanzierungen im engeren Sinne' im Gegensatz zur Fallgruppe ‚Bilanzierende Kreditnehmer' ein kodifizierter oder anderweitig konkretisierter Rahmen für vorzulegende respektive heranzuziehende Unterlagen fehlt (‚Grey Box').[1] Sieht man von den vorstehend skizzierten abstrakten Ausführungen der Bankenaufsicht zur ‚Auswertung' ab, so wird die methodisch-operationale Konkretisierung dieser Stufe des amtlichen Schrittverfahrens scheinbar der Bankenpraxis bzw. dem Schrifttum überlassen (‚Black Box').[2]

---

[1] In diesem Sinne auch HEIN; vgl. Hein, M.: Die gesetzlichen Anforderungen an Kreditprüfung und Kreditüberwachung in Bankbetrieben, a.a.O., S. 17.

[2] „*Die Risikoeinschätzung und Kreditentscheidung verbleibt allein in der Eigenverantwortung der kreditgebenden Bank.*" Bock, H.: § 18 Kreditunterlagen, a.a.O., S. 445, Tz. 4. Es mag insoweit nicht verwundern, wenn ARTOPOEUS entsprechend konstatiert: „*Oft fehlt es an einer gründlichen Prüfung der Kreditwürdigkeit des individuellen Kreditnehmers und der Qualität der gegebenen Sicherheiten oder – bei Projektfinanzierungen – der längerfristigen Ertragsperspektive des Vorhabens.*" Artopoeus, W.: Kreditrisiko - Erfahrungen und Ansichten eines Aufsehers, a.a.O., S. 2.

4 Prüfungstheoretische Fundierung und methodische Ansätze für eine Offenlegung der wirtschaftlichen Verhältnisse

4.1 Theoretische Fundierung von Kreditwürdigkeitsprüfungen

4.1.1 Prüfungstheoretische Grundlagen

4.1.1.1 Betriebswirtschaftliche Prüfungen

4.1.1.1.1 Zum Begriff ‚Prüfung'

Bei der Deskription von betriebswirtschaftlichen Prüfungen soll im Folgenden auf die Erkenntnisse der ‚Betriebswirtschaftlichen Prüfungslehre' respektive des ‚(Betriebs-) Wirtschaftlichen Prüfungswesens' zurückgegriffen werden.[1] Die Entwicklung dieses Teilgebiets der Betriebswirtschaftlehre ist wesentlich durch die Jahresabschlussprüfung als Archetypus einer betriebswirtschaftlichen Prüfung geprägt, jedoch sind die prüfungsbezogenen Aussagen und Erkenntnisse des Fachgebietes zunächst von einer allgemeinen, vom Prüfungsobjekt ‚Jahresabschluss' abstrahierenden Natur und erstrecken sich insoweit auch auf andere betriebswirtschaftliche Prüfungen.[2]

Bei einer **terminologischen Einordnung** des Begriffs ‚Prüfung' kann festgehalten werden, dass dieser – ebenso wie der Begriff der ‚Kontrolle' – als Teilmenge des übergeordneten Oberbegriffes ‚Überwachung' verstanden wird.[3] Die ‚Überwachung' kann in diesem Zusammenhang als ein „*mehrstufiger Informations- und Entscheidungsprozeß*"[4] zur Ermittlung von möglichen Normabweichungen begriffen werden. Die Überwachungsmaßnahmen werden bei ‚Prüfungen' durch <u>prozessunabhängige</u> und bei ‚Kontrollen' durch <u>prozessabhängige</u> Personen durchgeführt:

- Die **Prozess<u>un</u>abhängigkeit** von Prüfungen resultiert daraus, dass die Prüfungsträger (Personen, Organe) nicht in den Prozessablauf der zu prüfenden Sachverhalte (Zustände, Vorgänge)

---

[1] Vgl. zu den genannten Begrifflichkeiten Leffson, U.: Wirtschaftsprüfung, 4. Aufl., Wiesbaden 1988, S. 9 ff., Lück, W.: Wirtschaftsprüfung und Treuhandwesen. Institutionelle und funktionale Aspekte der Betriebswirtschaftlichen Prüfungslehre, 2. Aufl., Stuttgart 1991, S. 18 ff., Lück, W.: Prüfungslehre, in: W. Lück (Hrsg.), Lexikon der Betriebswirtschaft, 5. Aufl., Landsberg am Lech 1993, S. 1016.

[2] Vgl. hierzu Egner, H.: Betriebswirtschaftliche Prüfungslehre. Eine Einführung, Berlin, New York 1980, S. 19, Lück, W.: Wirtschaftsprüfung und Treuhandwesen. Institutionelle und funktionale Aspekte der Betriebswirtschaftlichen Prüfungslehre, a.a.O., S. 18, Buchner, R.: Wirtschaftliches Prüfungswesen, 2. Aufl., München 1997, S. 251 ff. sowie insbesondere auch die nachfolgenden untersuchungsspezifischen Ausführungen unter Gliederungspunkt 4.1.2 Kreditwürdigkeitsprüfung, S. 353 ff. Wysocki führt hierzu aus: „*Eine allgemeine Lehre des betriebswirtschaftlichen Prüfungswesens kann ihre Aussagen weder auf bestimmte Prüfungsorgane noch auf bestimmte Prüfungsarten beschränken.*" Wysocki, K. v.: Grundlagen des betriebswirtschaftlichen Prüfungswesens: Prüfungsordnungen, Prüfungsorgane, Prüfungsverfahren, Prüfungsplanung und Prüfungsbericht, 3. Aufl., München 1988, S. V (Vorwort zur ersten Auflage).

[3] Vgl. Leffson, U.: Wirtschaftsprüfung, a.a.O., S. 9 ff., Wysocki, K. v.: Grundlagen des betriebswirtschaftlichen Prüfungswesens: Prüfungsordnungen, Prüfungsorgane, Prüfungsverfahren, Prüfungsplanung und Prüfungsbericht, a.a.O., S. 1 f. Die Begriffe ‚Prüfung' und ‚Revision' werden in diesem Kontext synonym verwendet. Vgl. Hagen, K.: Revisions- und Treuhandwesen, Stuttgart u.a. 1978., S. 17, Lück, W.: Prüfung, in: W. Lück (Hrsg.), Lexikon der Betriebswirtschaft, 5. Aufl., Landsberg am Lech 1993, S. 1007.

[4] Ebenda, S. 1008. Vgl. auch die nachfolgenden Ausführungen unter Gliederungspunkt 4.1.1.2.1 ‚Prüfungsprozess', S. 307 ff.

integriert und somit nicht für das Prozessergebnis verantwortlich sind, sondern nur das Überwachungs- bzw. Prüfungsergebnis zu vertreten haben.[1]

- Bei Kontrollen liegt eine **Prozessabhängigkeit** dahingehend vor, dass die Kontrollträger (Personen, automatische Einrichtungen) in den Prozessablauf eingebunden sind und somit nicht nur das Überwachungs- bzw. Kontrollergebnis rechtfertigen müssen, sondern auch eine mittelbare oder unmittelbare Verantwortung für das Prozessergebnis tragen.[2]

Die prozessunabhängige Ermittlung von Normabweichungen im Rahmen der Prüfung erfolgt durch den Vergleich von einem Ist-Objekt mit einem Soll-Objekt. Dieser sogenannte ‚**Soll-Ist-Vergleich**' stellt nach allgemeiner Auffassung das entscheidende Wesensmerkmal (betriebswirtschaftlicher) Prüfungen dar.[3] Nach LEFFSON kann die ‚betriebswirtschaftlichen Prüfung' wie folgt definiert werden:

„...ein Prozeß zur Gewinnung eines vertrauenswürdigen Urteils über gegebene wirtschaftliche Sachverhalte durch Vergleich eines vom Prüfer nicht selbst herbeigeführten Istobjektes mit einem vorgegebenen oder zu ermittelnden Sollobjekt und anschließender

---

[1] Vgl. Hagen, K.: Revisions- und Treuhandwesen, a.a.O., S. 17, Lück, W.: Prüfung, a.a.O., S. 1008, Lück, W.: Wirtschaftsprüfung und Treuhandwesen. Institutionelle und funktionale Aspekte der Betriebswirtschaftlichen Prüfungslehre, a.a.O., S. 24.

[2] Vgl. Sieben, G.; Bretzke, W.-R.: Zur Typologie betriebswirtschaftlicher Prüfungssysteme, in: BFuP, 25. Jg. (1973), S. 625, Lück, W.: Prüfung, a.a.O., S. 1008, Lück, W.: Wirtschaftsprüfung und Treuhandwesen. Institutionelle und funktionale Aspekte der Betriebswirtschaftlichen Prüfungslehre, a.a.O., S. 24 f.

[3] Vgl. Leffson, U.: Wirtschaftsprüfung, a.a.O., S. 13, Hagen, K.: Revisions- und Treuhandwesen, a.a.O., S. 17, Wysocki, K. v.: Soll-Ist-Vergleich bei der Revision, in: HWRev, 2. Aufl., Stuttgart 1992, Sp. 1763. Insoweit erfolgt im Rahmen der vorliegenden Untersuchung eine Darstellung der ‚prüfungstheoretischen Grundlagen' im Wesentlichen auf Basis des prüfungsarten- und prüfungsobjektunabhängigen ‚**messtheoretischen Ansatzes**'; vgl. hierzu Wysocki, K. v.: Prüfungstheorie, meßtheoretischer Ansatz, in: HWRev, 2. Aufl., Stuttgart 1992, Sp. 1545 ff. Im Hinblick auf weitere Prüfungstheorien sei auf den ‚**empirisch-kognitiven Ansatz**' (vgl. Fischer-Winkelmann, W. F.: Entscheidungsorientierte Prüfungslehre, Berlin 1975, Fischer-Winkelmann, W. F.: Prüfungstheorie, empirisch-kognitiver Ansatz, in: HWRev, 2. Aufl., Stuttgart 1992, Sp. 1532 ff., Fischer-Winkelmann, W. F.: Prüfungstheorie, in: W. Lück (Hrsg.), Lexikon der Betriebswirtschaft, 5. Aufl., Landsberg am Lech 1993, S. 1024 ff.), den ‚**spieltheoretischen Ansatz**' (vgl. Loitlsberger, E.: Prüfungstheorie, spieltheoretischer Ansatz, in: HWRev, 2. Aufl., Stuttgart 1992, Sp. 1558 ff.), den ‚**systemtheoretischen Ansatz**' (vgl. Baetge, J.: Überwachungstheorie, kybernetische, in: HWRev, 2. Aufl., Stuttgart 1992, Sp. 2038 ff.), den ‚**verhaltensorientierten Ansatz (Syllogistischer Ansatz)**' (vgl. Egner, H.: Prüfungstheorie, verhaltensorientierter Ansatz (Syllogistischer Ansatz), in: HWRev, 2. Aufl., Stuttgart 1992, Sp. 1566 ff., Egner, H.: Betriebswirtschaftliche Prüfungslehre. Eine Einführung, Berlin, New York 1980) sowie den ‚**produktionstheoretischer Ansatz**' (vgl. Wulf, K.: Die Planung der Prüfung des Jahresabschlusses am Beispiel einer Fertigungs-Aktiengesellschaft mittlerer Größe, in: WPg, 12. Jg. (1959), S. 509 ff., Schettler, K.: Planung der Jahresabschlussprüfung, ein Beitrag zur Theorie der Prüfung, Wiesbaden 1971, Sieben, G.; Bretzke, W.-R.: Zur Frage der Automatisierbarkeit von Beurteilungsprozessen bei der Jahresabschlussprüfung, in: WPg, 25. Jg. (1972), S. 321 ff.) hingewiesen. Für eine Diskussion der vorstehend genannten Theorieansätze des Schrifttums vgl. Ballwieser, W.: Prüfungslehre, in: DBW, 45. Jg., 1985, S. 322 ff., Kupsch, P.: Zum gegenwärtigen Stand des betriebswirtschaftlichen Prüfungswesens, in: ZfB, 55. Jg. (1985), S. 1139 ff., Huber, H.: Wissenschaftstheoretische Möglichkeiten der Erforschung der Ziele der Prüfungen, Begutachtungen und Beratungen, in: K. Lechner u.a. (Hrsg.), Treuhandwesen: Prüfung, Begutachtung, Beratung, Wien 1978, S. 661 ff. sowie auch Drexl, A.: Planung des Ablaufs von Unternehmensprüfungen, Darmstadt 1988, S. 25 ff. Für einen weiteren Beitrag zur Theoriebildung vgl. Gans, C.: Betriebswirtschaftliche Prüfungen als heuristische Suchprozesse: Der Entwurf einer pragmatisch orientierten Prüfungstheorie auf der Grundlage der angelsächsischen empirischen Prüfungsforschung, Bergisch Gladbach u.a. 1986. Für Kritik am ‚messtheoretischen Ansatz' im Hinblick auf die Jahresabschlussprüfung vgl. Otte, A.: Prüfungstheorie und Grundsätze ordnungsmäßiger Abschlußprüfung, Aachen 1996, S. 96 ff.

Urteilsbildung und der Urteilsmitteilung an diejenigen, die aufgrund der Prüfung Entscheidungen fällen"[1]

4.1.1.1.2 Prüfungsfunktionen

Die Funktionen einer Prüfung (,**Prüfungsfunktionen**') sind die ,Informationsfunktion' (,Detektivfunktion') und die ,Sicherungsfunktion'.[2]

- Die **Informationsfunktion** dient der Ermittlung von bzw. der Bestätigung des Nichtvorliegens von Normabweichungen, wobei einerseits die zu Prüfenden ihre Handlungen rechtfertigen müssen (,Rechenschaftsfunktion'),[3] und andererseits die Prüfungshandlungen und -ergebnisse für eine Einsicht durch sachverständige Dritte zu dokumentieren sind (,Dokumentationsfunktion').

- Dagegen zielt die **Sicherungsfunktion** auf die vorbeugende Verhinderung von potenziellen Normabweichungen durch die von der Überwachungsmaßnahme erfassten Subjekte ab (,Präventivfunktion', ,Prophylaktische Funktion') sowie die nachträgliche Richtigstellung von Fehlern bzw. die Eliminierung von Fehlerquellen (,Korrekturfunktion').[4]

Die nachfolgende Abbildung fasst die Prüfungsfunktionen hierarchisch gegliedert zusammen:

---

[1] Leffson, U.: Wirtschaftsprüfung, a.a.O., S. 13.

[2] Vgl. Lück, W.: Prüfungsfunktionen, in: W. Lück (Hrsg.), Lexikon der Betriebswirtschaft, 5. Aufl., Landsberg am Lech 1993, S. 1014 f.

[3] Teilweise wird die ,Rechenschaftsfunktion' auch als die primäre Aufgabe angesehen, da das Ziel einer Prüfung darin liegt, „...*dem Urteilsempfänger Auskunft über die formelle und materielle Ordnungsmäßigkeit von Handlungen und Aufzeichnungen zu geben.*" (Bönkhoff, F. J.: Beurteilungsprozeß bei der Revision, in: a.a.O., Sp. 263.)

[4] Vgl. Lück, W.: Wirtschaftsprüfung und Treuhandwesen. Institutionelle und funktionale Aspekte der Betriebswirtschaftlichen Prüfungslehre, a.a.O., S. 18.

Abb. 72: Prüfungsfunktionen

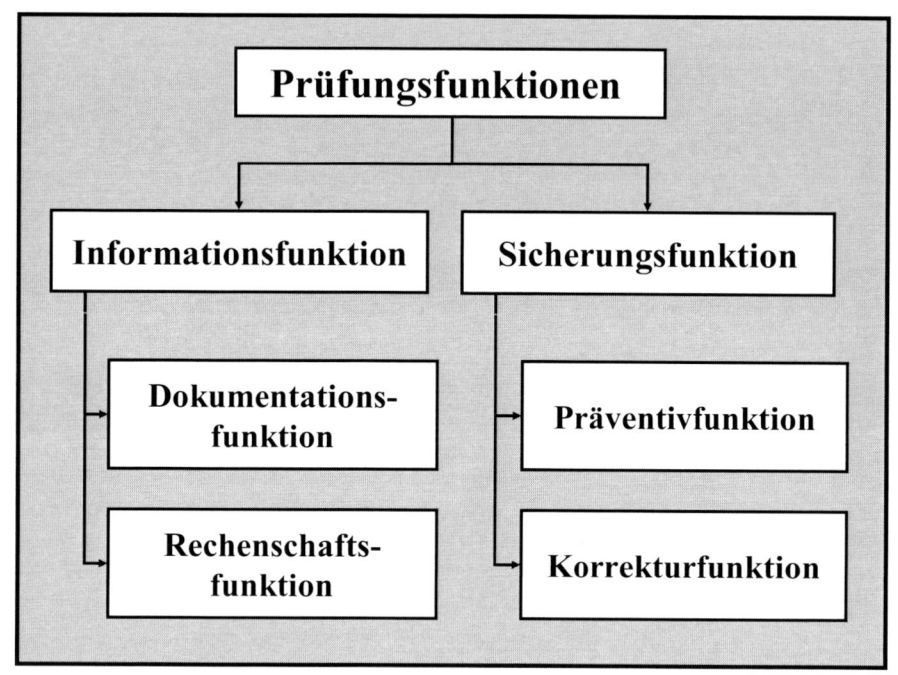

```
                    Prüfungsfunktionen
                    /                \
        Informationsfunktion      Sicherungsfunktion
           /          \               /         \
    Dokumentations-  Rechenschafts-  Präventiv-  Korrektur-
    funktion         funktion        funktion    funktion
```

Quelle: Lück, W.: Wirtschaftsprüfung und Treuhandwesen. Institutionelle und funktionale Aspekte der Betriebswirtschaftlichen Prüfungslehre, 2. Aufl., Stuttgart 1991, S. 18.

4.1.1.2 Funktionale Aspekte betriebswirtschaftlicher Prüfungen

4.1.1.2.1 Prüfungsprozess

4.1.1.2.1.1 Idealtypische Prozessgliederung

Der im Rahmen betriebswirtschaftlicher Prüfungen durchzuführende Soll-Ist-Vergleich lässt sich bei einer idealtypischen Betrachtung in die folgenden Prozessschritte zergliedern:[1]

(a) Ist-Objekt-Ermittlungsprozess
(b) Soll-Objekt-Ermittlungsprozess
(c) Vergleichsprozess
(d) Beurteilungsprozess
(e) Dokumentationsprozess
(f) Mitteilungsprozess

Die nachfolgende Abbildung zeigt die idealtypische Abfolge der einzelnen Prozessschritte im gesamten Prüfungsprozess:

---

[1] Vgl. Lück, W.: Prüfungsprozeß, in: W. Lück (Hrsg.), Lexikon der Betriebswirtschaft, 5. Aufl., Landsberg am Lech 1993, S. 1023, Lück, W.: Wirtschaftsprüfung und Treuhandwesen. Institutionelle und funktionale Aspekte der Betriebswirtschaftlichen Prüfungslehre, a.a.O., S. 125, Korndörfer, W.: Einführung in das Prüfungs- und Revisionswesen, 3. Aufl., Wiesbaden 1993, S. 21 f. u. 97., Bönkhoff, F. J.: Beurteilungsprozeß bei der Revision, in: HWRev, 2. Aufl., Stuttgart 1992, Sp. 262.

Abb. 73: Prüfungsprozess

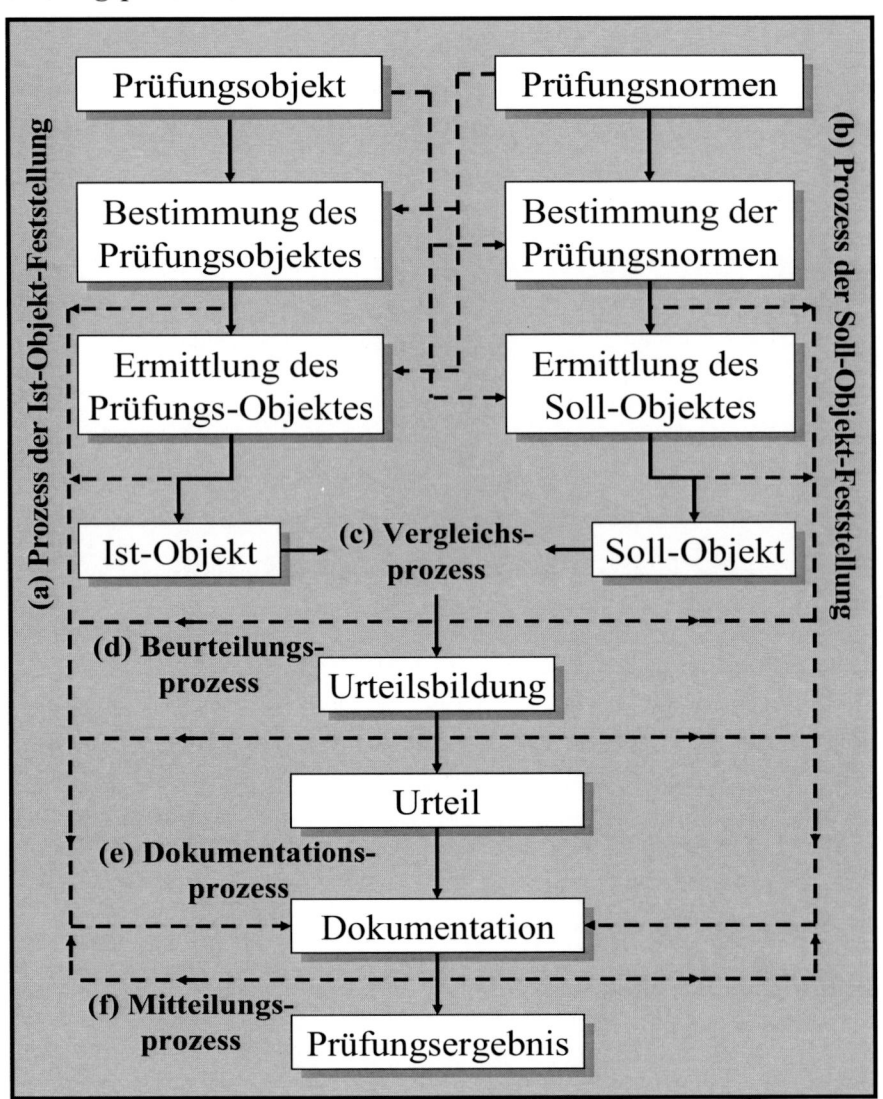

```
                    Prüfungsobjekt          Prüfungsnormen

  (a) Prozess der Ist-Objekt-Feststellung        (b) Prozess der Soll-Objekt-Feststellung

                Bestimmung des            Bestimmung der
                Prüfungsobjektes          Prüfungsnormen

                Ermittlung des            Ermittlung des
                Prüfungs-Objektes         Soll-Objektes

                Ist-Objekt    (c) Vergleichs-    Soll-Objekt
                                prozess

                    (d) Beurteilungs-
                        prozess       Urteilsbildung

                                      Urteil

                    (e) Dokumentations-
                        prozess       Dokumentation

                    (f) Mitteilungs-
                        prozess       Prüfungsergebnis
```

Quelle: Eigene Darstellung in Anlehnung an Lück, W.: Prüfungsprozeß, in: W. Lück (Hrsg.), Lexikon der Betriebswirtschaft, 5. Aufl., Landsberg am Lech 1993, S. 1023.

Die Prozessschritte können wie folgt charakterisiert werden:

Ad (a)   Ist-Objekt-Ermittlungsprozess

Der Ist-Objekt-Ermittlungsprozess dient der Festlegung eines vergleichsfähigen Ist-Objektes, welches nicht mit dem Prüfungsobjekt verwechselt werden darf. Vielmehr muss der Prüfer unter Berücksichtigung der jeweils anzuwendenden Prüfungsnormen[1] zunächst vergleichsfähige Merkmale aus einem realen Prüfungsgegenstand isolieren und damit das Prüfungsobjekt bestimmbar machen (‚Bestimmung des Prüfungsobjektes').[2] Darauf aufbauend erfolgt die ‚Er-

---

[1] Die anzuwendenden Prüfungsnormen sind aus den Umständen des konkreten Einzelfalls, d.h. der Prüfungsart bzw. des Prüfungsgegenstands, abzuleiten. Vgl. zu den ‚Prüfungsnormen' auch die nachfolgenden Ausführungen unter Gliederungspunkt 4.1.1.2.2.1 ‚Prüfungsnormen', S. 311 f. Der Begriff ‚Prüfungsnorm' wird hier im Sinne von ‚Abbildungsnorm' (‚Planungsnorm', ‚Rechnungslegungsnorm') verstanden. Es sei darauf hingewiesen, dass teilweise im Schrifttum der Begriff ‚Prüfungsnorm' im Sinne von ‚Prüfungsdurchführungsnorm' verwendet wird; vgl. Ruhnke, K.: Prüfungsnormen, in: HWRP, 3. Aufl., Stuttgart 2002, Sp. 1841 ff.

[2] Vgl. Wysocki, K. v.: Soll-Ist-Vergleich bei der Revision, in: HWRev, 2. Aufl., Stuttgart 1992, Sp. 1764.

mittlung des Prüfungsobjektes',[1] d.h. die Feststellung der tatsächlichen Umsetzung der Prüfungsnormen bzw. die Ausprägung der Merkmale.[2]

Ad (b)   Soll-Objekt-Ermittlungsprozess

Im Rahmen des Soll-Objekt-Ermittlungsprozesses erfolgt ausgehend von den anzuwendenden Prüfungsnormen sowie unter Berücksichtigung des Prüfungsobjektes die ‚Bestimmung der Prüfungsnormen', d.h. die Isolierung von normgerechten Soll-Merkmalen. Bei der anschließenden ‚Ermittlung des Soll-Objektes' werden hierauf aufbauend gedanklich vergleichsfähige Soll-Merkmalsausprägungen konstruiert.[3]

Ad (c)   Vergleichsprozess

Nach Abschluss des Ist-Objekt- bzw. Soll-Objekt-Ermittlungsprozesses werden Ist- und Soll-Objekt miteinander verglichen. Das konstruierte Soll-Merkmal muss dabei eine auf der gleichen Skala messbare Gegenüberstellung mit dem Ist-Merkmal ermöglichen.[4]

Ad (d)   Beurteilungsprozess

Die Ergebnisse aus dem Vergleichsprozess sind im Rahmen des Beurteilungsprozesses im Wege der ‚Urteilsbildung' zu einem ‚Urteil' zu verdichten.[5] Der Prüfer kann von der Normgerechtigkeit und damit auch der Ordnungsmäßigkeit des Beurteilungsobjektes ausgehen, wenn keine Soll-Ist-Merkmalsabwiechung (‚Fehler') festgestellt werden konnte.[6]

Ad (e)   Dokumentationsprozess

Um ein späteres Nachvollziehen durch den Prüfer oder sachverständige Dritte zu ermöglichen sowie eine ordnungsgemäße Prüfungsdurchführung zu belegen, muss der gesamte Prüfungsprozess inklusive des ‚Prüfungsergebnisses' dokumentiert werden.[7]

---

[1] Vgl. Lück, W.: Wirtschaftsprüfung und Treuhandwesen. Institutionelle und funktionale Aspekte der Betriebswirtschaftlichen Prüfungslehre, a.a.O., S. 127.

[2] Zur Erläuterung kann hier das Beispiel einer einfachen, d.h. nicht komplexen, Belegprüfung angeführt werden: Das ‚Prüfungsobjekt' wäre hier ein konkreter Beleg. Die ‚Bestimmung des Prüfungsobjektes' erfolgt durch die Festlegung eines (Beleg-) Merkmals (z.B. Belegunterschrift, Datumsangabe, Betrag, Kontierung, Belegnummer). Erst im Zuge der ‚Ermittlung des Prüfungsobjektes' wird die tatsächliche Ausprägung des Merkmals erhoben (z.B. das Vorhandensein einer Unterschrift auf dem Beleg); vgl. hierzu auch Wysocki, K. v.: Soll-Ist-Vergleich bei der Revision, a.a.O., Sp. 1764. Vgl. zur Unterscheidung von ‚einfachen' und ‚komplexen' Prüfungen die nachfolgenden Ausführungen unter Gliederungspunkt 4.1.1.2.1.2 ‚Einfache versus komplexe Prüfungen', S. 310 f.

[3] Vgl. Wysocki, K. v.: Soll-Ist-Vergleich bei der Revision, a.a.O., Sp. 1764, Bönkhoff, F. J.: Beurteilungsprozeß bei der Revision, a.a.O., Sp. 263 f.

[4] Vgl. Ebenda, Sp. 1765.

[5] „Das Urteilsprädikat gibt jedoch nicht die Ist-Ausprägungen der prüfungsrelevanten Merkmale wieder, sondern die Beziehung der Ist-Ausprägung zu der normgerechten Ausprägung, der Soll-Ausprägung des Prüfungsobjektes." (Wysocki, K. v.: Soll-Ist-Vergleich bei der Revision, a.a.O., Sp. 1765.) Vgl. zur Urteilsbildung auch die nachfolgenden Ausführungen unter Gliederungspunkt 4.1.1.2.6 Prüfungsergebnis, S. 347 f.

[6] Vgl. Bönkhoff, F. J.: Beurteilungsprozeß bei der Revision, a.a.O., Sp. 264, Wysocki, K. v.: Das Wesen der Beurteilungsmaßstäbe bei betriebswirtschaftlichen Prüfungen, in: ZfB, 33. Jg. (1963), S. 211

[7] Vgl. Lück, W.: Wirtschaftsprüfung und Treuhandwesen. Institutionelle und funktionale Aspekte der Betriebswirtschaftlichen Prüfungslehre, a.a.O., S. 126 f. Zu den einzelnen Aspekten der Dokumentation vgl. Mayer, L.: Die Gestaltung von Prüfungs-, Begutachtungs- und Beratungs-Arbeitspapieren und -behelfen, in: K. Lechner u.a. (Hrsg.), Treuhandwesen: Prüfung, Begutachtung, Beratung, Wien 1978, S. 693 ff.

Ad (f) Mitteilungsprozess

Der Mitteilungsprozess stellt den letzten Teilschritt des Prüfungsprozesses dar und dient der Übermittlung des Prüfungsergebnisses an die Auftraggeber und/ oder Adressaten der Prüfung.[1]

4.1.1.2.1.2 Einfache versus komplexe Prüfungen

Die vorstehend skizzierte idealtypische Gliederung des Prüfungsprozesses[2] bezieht sich zunächst nur auf sogenannte ‚einfache Prüfungen', bei denen nur ein Soll-Ist-Vergleich für ein einzelnes Merkmal und ein Prüfungsobjekt (‚Untersuchungseinheit') vorgenommen wird. Regelmäßig werden jedoch bei betriebswirtschaftlichen Prüfungen mehrere Soll-Ist-Vergleiche durchzuführen sein, um zu einem Prüfungsurteil zu gelangen.[3] Diese sogenannten ‚komplexen Prüfungen' sind dadurch charakterisiert, dass mehrere Merkmale bzw. Merkmalsausprägungen bei einem Prüfungsobjekt (‚Beurteilungsobjekt', ‚Untersuchungseinheit') und/oder ein aus mehreren Untersuchungseinheiten bestehendes Prüfungsobjekt mehreren Soll-Ist-Vergleichen unterzogen werden.[4] Je nach konkretem Prüfungsauftrag lassen sich verschiedene Komplexitätsgrade bei derartigen Prüfungen unterscheiden:

Tab. 21: Ausprägungen von komplexen Prüfungen

	Anzahl der Untersuchungseinheiten	Anzahl der Merkmale	Art des Gesamturteils
Komplexitätsgrad 1	eine Untersuchungseinheit	mehrere Merkmale	singulär und mehrdimensional
Komplexitätsgrad 2	mehrere Untersuchungseinheiten	ein Merkmal	plural und eindimensional
Komplexitätsgrad 3	mehrere Untersuchungseinheiten	mehrere Merkmale	plural und mehrdimensional

Quelle: Eigene Darstellung

Bei komplexen Prüfungen sind die Ergebnisse aus den einzelnen Soll-Ist-Vergleichen zu Vor- und Zwischenurteilen (Teilurteile) und diese zu einem Gesamturteil zu verdichten.[5] Der Komplexitätsgrad der Urteilsbildung ist dabei von der Anzahl der Untersuchungseinheiten respektive der Anzahl der zu vergleichenden Merkmale abhängig. Bei sogenannten ‚singulären' Gesamturteilen liegt nur eine, bei ‚pluralen' liegen mehrere Untersuchungseinheiten vor. Eindimensionale Gesamturteile

---

[1] Vgl. Lück, W.: Wirtschaftsprüfung und Treuhandwesen. Institutionelle und funktionale Aspekte der Betriebswirtschaftlichen Prüfungslehre, a.a.O., S. 126 f.

[2] Vgl. Abb. 73: ‚Prüfungsprozess', S. 308.

[3] Vgl. Korndörfer, W.: Einführung in das Prüfungs- und Revisionswesen, a.a.O., S. 98.

[4] Vgl. Wysocki, K. v.: Grundlagen des betriebswirtschaftlichen Prüfungswesens: Prüfungsordnungen, Prüfungsorgane, Prüfungsverfahren, Prüfungsplanung und Prüfungsbericht, a.a.O., S. 145 ff., Korndörfer, W.: Einführung in das Prüfungs- und Revisionswesen, a.a.O., S. 98, Bönkhoff, F. J.: Beurteilungsprozeß bei der Revision, a.a.O., Sp. 262.

[5] Vgl. Korndörfer, W.: Einführung in das Prüfungs- und Revisionswesen, a.a.O., S. 98. Bönkhoff weist darauf hin, dass möglicherweise ‚Teilurteile' von anderen Urteilspersonen übernommen werden müssen; vgl. Bönkhoff, F. J.: Beurteilungsprozeß bei der Revision, a.a.O., Sp. 262.

berücksichtigen nur ein einzelnes Merkmal, mehrdimensionale Gesamturteile verdichten mehrere Merkmale.¹

Im Rahmen von komplexen Prüfungen kann es zudem zur Notwendigkeit einer Verkettung von Einzelvergleichen kommen, wenn das Prüfungsurteil eines Soll-Ist-Vergleiches die erforderliche Voraussetzung für den nächsten, darauf aufbauenden Soll-Ist-Vergleich darstellt. Die Aneinanderreihung von Einzelvergleichen wird auch als ‚**Prüfungskette**' bezeichnet, wobei diese in einfacher (linearer) oder verzweigter Form vorliegen kann.²

4.1.1.2.2 Prüfungsinstrumentarium

4.1.1.2.2.1 Prüfungsnormen

4.1.1.2.2.1.1 Quellen von Prüfungsnormen

Es wurde bereits ausgeführt, dass die Festlegung von ‚Prüfungsnormen' den notwendigen Ausgangspunkt für die Soll-Objekt-Konstruktion darstellt sowie den Rahmen für die Ist-Objekt-Ermittlung und -Bestimmung vorgibt.³ Die im Einzelfall anwendbaren Prüfungsnormen ergeben sich einerseits aus dem konkreten Prüfungsauftrag⁴ sowie andererseits aus Gesetzen, Verordnungen, Erlassen, Verträgen, betrieblichen Anweisungen, aufsichtsrechtlichen und berufsspezifischen Vorschriften sowie den allgemeinen Grundsätzen für die Gestaltung eines ordnungsgemäßen Prüfungsobjektes etc.⁵ Allgemein formuliert handelt es sich um Regeln und Vorschriften, durch die „*...gesollte Merkmalsausprägungen von (Prüfungs-)Objekten*"⁶ vorgegeben werden. Die Qualifizierung als ‚Prüfungsnorm' setzt zwingend voraus, dass die folgenden drei Bedingungen erfüllt sind:⁷

---

¹ Vgl. Wysocki, K. v.: Grundlagen des betriebswirtschaftlichen Prüfungswesens: Prüfungsordnungen, Prüfungsorgane, Prüfungsverfahren, Prüfungsplanung und Prüfungsbericht, a.a.O., S. 10 ff.

² WYSOCKI führt hierzu aus: „*Unter einer Prüfungskette wird eine Aneinanderreihung von Soll-Ist-Vergleichen verstanden, die dadurch miteinander verkettet sind, daß das Soll-Objekt des nachfolgenden Soll-Ist-Vergleiches nach bestimmten Regeln aus dem Ist-Objekt des vorhergehenden Soll-Ist-Vergleichs abgeleitet wird.*" Wysocki, K. v.: Grundlagen des betriebswirtschaftlichen Prüfungswesens: Prüfungsordnungen, Prüfungsorgane, Prüfungsverfahren, Prüfungsplanung und Prüfungsbericht, a.a.O., S. 155. Vgl. zur weiteren Unterscheidung in ‚**progressive Prüfungsketten**' und ‚**retrograde Prüfungsketten**' die nachfolgenden Ausführungen unter Gliederungspunkt 4.1.1.2.2.2 Prüfungsmethoden, S. 316 ff.

³ Vgl. hierzu nochmals Abb. 73: ‚Prüfungsprozess', S. 308.

⁴ Ein Prüfungsauftrag kann in expliziter Form (z.B. als schriftliches Auftragsschreiben bei einer Jahresabschlussprüfung) vorliegen oder sich implizit aus dem Sachzusammenhang ergeben (z.B. bei Kreditwürdigkeitsprüfungen).

⁵ Vgl. Lück, W.: Wirtschaftsprüfung und Treuhandwesen. Institutionelle und funktionale Aspekte der Betriebswirtschaftlichen Prüfungslehre, a.a.O., S. 135 m.w.N., Bönkhoff, F. J.: Beurteilungsprozeß bei der Revision, a.a.O., Sp. 264. Insoweit werden im Folgenden ‚Prüfungsnormen' im Sinne von ‚Abbildungsnormen' (z.B. Finanzplanungs- oder Rechnungslegungsnormen) verstanden. Daneben werden ‚Prüfungsnormen' teilweise auch in einem engeren Sinne als „*...Maßstäbe hinsichtlich Art und Umfang der Prüfung nebst der zu gewährenden Prüfungssicherheit...*" aufgefasst. In diesem Sinne wird „*...eine Prüfungsnorm als Regel definiert, die den Anspruch erhebt, das Verhalten des Prüfers zu steuern...*" Ruhnke, K.: Prüfungsnormen, a.a.O., Sp. 1841. u. Sp. 1842 f.

⁶ Wysocki, K. v.: Soll-Ist-Vergleich bei der Revision, a.a.O., Sp. 1765. In diesem Sinne auch RUHNKE, der ausführt: „*Normen drücken nicht das aus, was ist, sondern was sein soll und beinhalten insofern eine Wertung.*" Ruhnke, K.: Prüfungsnormen, a.a.O., Sp. 1841.

⁷ Vgl. hierzu Wysocki, K. v.: Soll-Ist-Vergleich bei der Revision, a.a.O., Sp. 1765, Wysocki, K. v.: Das Wesen der Beurteilungsmaßstäbe bei betriebswirtschaftlichen Prüfungen, a.a.O., S. 212.

- **Abgrenzbarkeit des Anwendungsbereiches**

  Der Anwendungsbereich einer Prüfungsnorm, d.h. die hieraus abgeleitete(n) und zu vergleichende(n) Merkmalsausprägung(en), muss (müssen) im Hinblick auf das Prüfungsobjekt einschlägig, klar abgegrenzt und umschrieben sein.

- **Eignung als Sollvorgabe**

  Aus einer Prüfungsnorm müssen vergleichsfähige Soll-Merkmalsausprägungen abgeleitet werden können.

- **Verbindlichkeitscharakter**

  Prüfungsnormen müssen für das Prüfungsobjekt verbindlich sein, d.h. sie müssen den Charakter von Regeln und Vorschriften aufweisen.

Die nachfolgende Abbildung systematisiert die möglichen Quellen von Prüfungsnormen:

Abb. 74: Quellen von Prüfungsnormen

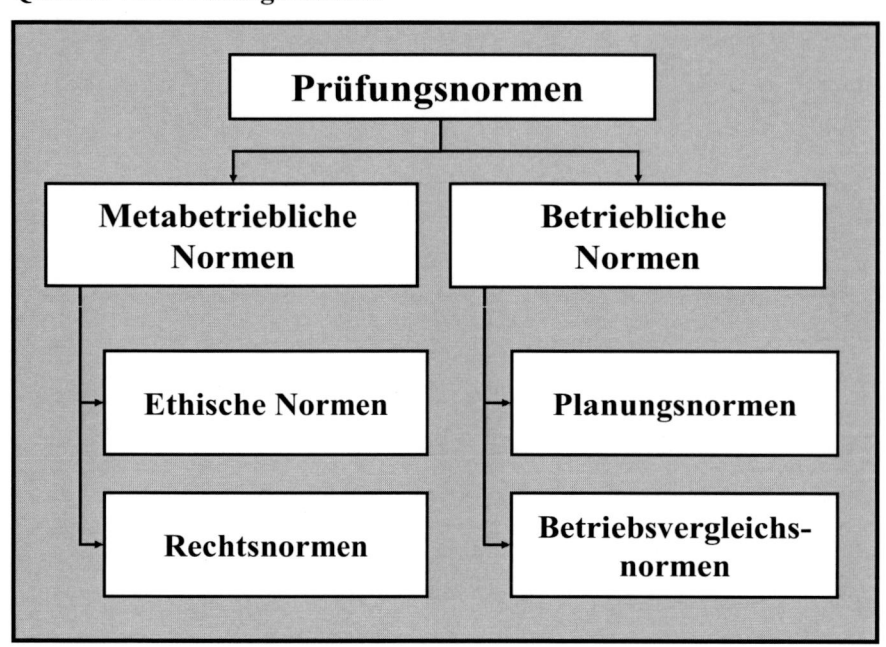

```
                    Prüfungsnormen
                   /             \
         Metabetriebliche      Betriebliche
             Normen               Normen
              |                     |
        → Ethische Normen      → Planungsnormen
              |                     |
        → Rechtsnormen         → Betriebsvergleichs-
                                    normen
```

Quelle: Lück, W.: Wirtschaftsprüfung und Treuhandwesen. Institutionelle und funktionale Aspekte der Betriebswirtschaftlichen Prüfungslehre, 2. Aufl., Stuttgart 1991, S. 136.

Bei ‚**metabetrieblichen Normen**' handelt es sich um externe Normen, die von außerhalb des Unternehmens[1] stehenden Instanzen initiiert und sanktioniert werden.[2] Das zu prüfende Unternehmen kann insoweit keinen unmittelbaren Einfluss auf derartige Normen ausüben.[3] Metabetriebliche Normen können weiter in ‚ethische Normen' und ‚Rechtsnormen' differenziert werden.

---

[1] Der Begriff der ‚Unternehmung' soll hier nach GUTENBERG als ein ‚Betrieb' in einem Marktwirtschaftssystem (im Gegensatz zum ‚Staatsbetrieb' als ‚Betrieb' in einer Zentralverwaltungswirtschaft) verstanden werden. Insoweit können im Rahmen der vorliegenden Untersuchung die Begrifflichkeiten ‚Unternehmung' und ‚Betrieb' synonym benutzt werden. Vgl. hierzu auch Gutenberg, E.: Grundlagen der Betriebswirtschaftslehre, Bd. I: Die Produktion, 23. Aufl. Berlin u.a. 1979, S. 457 ff.

[2] Vgl. Lück, W.: Wirtschaftsprüfung und Treuhandwesen. Institutionelle und funktionale Aspekte der Betriebswirtschaftlichen Prüfungslehre, a.a.O., S. 136, Wysocki, K. v.: Soll-Ist-Vergleich bei der Revision, a.a.O., Sp. 1766.

[3] Ein mittelbarer Einfluss auf ‚Rechtsnormen' ist möglicherweise durch Lobbyistenarbeit möglich. ‚Ethische Normen' im hier verstandenen Sinne können u.a. durch wissenschaftliche Lehr- und Publikationsbe-

,**Ethische Normen**' beschreiben die allgemeinen Grundvorstellungen über Ziele und Mittel des menschlichen Handelns.[1] Der hier verwendete Ethik-Begriff wird somit nicht mit dem philosophischen deckungsgleich sein, da dieser als Sittenlehre mit moraltheoretischer Ausrichtung für Zwecke der Prüfungsnormableitung zunächst zu unbestimmt und zu allgemein ausgerichtet wäre.[2] ,Ethische Normen' im Sinne der betriebswirtschaftlichen Prüfungslehre werden sich zum einen aus der jeweiligen ,Natur der Sache' eines Prüfungsobjektes und zum anderen aus dem allgemein anerkannten Wissens- und Erkenntnisstand einer Gesellschaft ergeben. Letzterer Aspekt impliziert, dass die Gesamtheit ,ethischer Normen' nicht konstant gesetzt werden kann, sondern aufgrund von Fortentwicklungen einer permanenten Veränderung unterworfen ist. Ferner kann selbst zu einem bestimmten Zeitpunkt nicht von einem allgemeingültigen wissenschaftlichen Konsens über anzuwendende ethische Normen ausgegangen werden. Im Zusammenhang mit betriebswirtschaftlichen Prüfungen gewinnen primär diejenigen ,ethischen Normen' an Relevanz, welche das wirtschaftliche Handeln adressieren.[3] Für den Prüfer können sich in diesem Zusammenhang – soweit nicht im Prüfungsauftrag mit eindeutigem Verbindlichkeitscharakter festgelegt – Probleme bei der Isolierung von derartigen ,ethischen Normen' aufgrund wirtschaftswissenschaftlicher Theoriestreitigkeiten respektive uneinheitlicher Fortentwicklungen des Fachgebietes ergeben.

,**Rechtsnormen**' sind die durch Kodifizierung in Form von Gesetzen, Verordnungen und Erlassen respektive durch Rechtsprechung vorgegebenen Regeln einer Rechtsordnung. Derartige Regeln stellen nicht nur ,Entscheidungsnormen' für die Judikative und die Exekutive, sondern auch ,Verhaltensnormen' für natürliche und juristische Personen dar.[4] Rechtsnormen sollen gewährleisten, dass einzelne Wirtschaftssubjekte ihre individuellen Interessen dann zurückstellen, wenn diese den über- und außerbetrieblichen Zielsetzungen einer Gesellschaft entgegenstehen.

Unter den ,**betrieblichen Normen**' werden diejenigen ,Gestaltungsmaximen' verstanden, welche sich unmittelbar oder mittelbar aus den einzelwirtschaftlichen Zielsetzungen von Wirtschaftssubjekten, d.h. Personen oder Institutionen, ergeben. Aus derartigen ,**Zielnormen**'[5] lassen sich Merk-

---

    tätigung, Mitwirken in Sachverständigenkommissionen (z.B. Rechnungslegungsstandardsetzungskomitees, Fachvertreterbeiräte in Ministerien) etc. mittelbar beeinflusst werden.

[1] Vgl. Wysocki, K. v.: Soll-Ist-Vergleich bei der Revision, a.a.O., Sp. 1766, Lück, W.: Wirtschaftsprüfung und Treuhandwesen. Institutionelle und funktionale Aspekte der Betriebswirtschaftlichen Prüfungslehre, a.a.O., S. 136.

[2] Dies wird zumindest dann gelten, wenn man unter ,**Ethik**' die „*Gesamtheit der sittlichen und moralischen Grundsätze einer Gesellschaft*" (Dudenredaktion (Hrsg.): Duden, Die deutsche Rechtschreibung, Bd. 1, 21. Aufl., Mannheim u.a. 1996, S. 264.) versteht. ,Ethische Normen' stellen im prüfungstheoretischen Sinne somit keine ,primären (echten) Werturteile' über ethische Werte – wie z.B. Gerechtigkeit oder soziales Verhalten – dar, sondern ,sekundäre Werturteile' i.S.v. Feststellungen über Wertbeziehungen über Zweck-Mittelverhältnisse; vgl. hierzu Wöhe, G.: Einführung in die allgemeine Betriebswirtschaftslehre, a.a.O., S. 53 f. sowie Wysocki, K. v.: Das Wesen der Beurteilungsmaßstäbe bei betriebswirtschaftlichen Prüfungen, a.a.O., S. 218. Anders RUHNKE, welcher – in Übereinstimmung mit den internationalen Usancen – unter den ,ethischen Normen' moralische Wertvorstellungen zur Steuerung des Verhaltens von Prüfern versteht; Ruhnke, K.: Prüfungsnormen, a.a.O., Sp. 1848 f.

[3] Vgl. Lück, W.: Wirtschaftsprüfung und Treuhandwesen. Institutionelle und funktionale Aspekte der Betriebswirtschaftlichen Prüfungslehre, a.a.O., S. 136, Wysocki, K. v.: Soll-Ist-Vergleich bei der Revision, a.a.O., Sp. 1766.

[4] Vgl. zur Unterscheidung von ,Entscheidungsnormen' und ,Verhaltensnormen' auch Larenz, K.; Canaris, C.-W.: Methodenlehre der Rechtswissenschaft, a.a.O., S. 71 ff.

[5] WYSOCKI spricht von ,betrieblichen Zielnormen'; vgl. Wysocki, K. v.: Soll-Ist-Vergleich bei der Revision, a.a.O., Sp. 1766. *Lück* verwendet den Begriff ,einzelwirtschaftliche Zielnorm'; vgl. Lück, W.: Wirt-

male für die Konstruktion von Soll-Objekten ableiten, wobei betriebliche Normen weiter in ‚Planungsnormen' und ‚Betriebsvergleichsnormen' unterschieden werden können.

‚**Planungsnormen**', d.h. zum Planungszeitpunkt fixierte Planvorgaben, können nach Ablauf des Planungszeitraums als gesollte Merkmalsausprägungen für einen Vergleich mit den korrespondierenden Ist-Objekten herangezogen werden. Als problematisch für eine derartige Soll-Objekt-Gewinnung kann sich eine möglicherweise mangelnde Objektivität der Planungsträger herausstellen, wenn diese zu einer manipulierenden, eine erwartete oder mögliche Prüfung antizipierenden, Planung von Sollansätzen führt. Regelmäßig erfordern zudem im Zeitablauf variierende Umweltbedingungen Plananpassungen (z.B. in institutionalisierter Form einer ‚rollierenden' oder ‚revolvierenden' Planung),[1] so dass der für Prüfungsnormen geforderte Verbindlichkeitscharakter bei der Verwendung von Planungsnormen stark eingeschränkt sein kann.[2]

Bei Verwendung von ‚**Betriebsvergleichsnormen**' werden Soll-Objekte aus Ist-Objekten gewonnen, d.h. der Prüfer setzt betriebsextern respektive betriebsintern realisierte Tatbestände als gesollte Merkmalsausprägungen fest. Dabei kann bei einem entsprechenden Datenzugang auf die Ist-Situation anderer Betriebe (‚zwischenbetrieblicher Vergleich') abgestellt werden. Die Aussagefähigkeit derartiger zwischenbetrieblicher Vergleiche wird jedoch regelmäßig dadurch eingeschränkt sein, dass aufgrund der nicht gegebenen Identität der verglichenen Betriebe Unterschiede in sachlicher Hinsicht vorliegen.[3] Alternativ können für vergangene Zeiträume oder Zeitpunkte ermittelte Merkmalsausprägungen desselben Betriebes für einen Soll-Ist-Vergleich herangezogen werden (‚interperiodischer Vergleich'). Auch die Verwendungsfähigkeit von zeitbasierten ‚Betriebsvergleichsnormen' wird eingeschränkt sein, da betriebliche Umweltbedingungen in den seltensten Fällen als im Zeitablauf konstante Parameter vorliegen.

4.1.1.2.2.1.2 Normenkonkurrenz

Bei der Durchführung von Soll-Ist-Vergleichen können sich dann Probleme ergeben, wenn aus verschiedenen Prüfungsnormen mehrere gesollte Merkmalsausprägungen für ein Ist-Objekt-Merkmal abgeleitet werden können. Eine ‚**unmittelbare Normenkonkurrenz**' führt zu einem ‚Normenkonflikt', wenn die Prüfungsnormen aufgrund unterschiedlicher Soll-Objekt-Vorgaben miteinander unvereinbar sind. Ein derartiger ‚Normenkonflikt' kann entweder durch Vorrang einer Norm gegenüber der (oder den) konkurrierenden Norm(en) (sogenannte ‚Normendominanz'[4]) oder durch einen ‚Normenkompromiss' gelöst werden, d.h. es erfolgt eine Gewichtung oder Bewertung

---

schaftsprüfung und Treuhandwesen. Institutionelle und funktionale Aspekte der Betriebswirtschaftlichen Prüfungslehre, a.a.O., S. 136.

[1] Vgl. hierzu Ehrmann, H.: Unternehmensplanung, 3. Aufl., Ludwigshafen 1993, S. 244 f.

[2] Vgl. Lück, W.: Wirtschaftsprüfung und Treuhandwesen. Institutionelle und funktionale Aspekte der Betriebswirtschaftlichen Prüfungslehre, a.a.O., S. 137.

[3] Sachliche Unterschiede beziehen sich in diesem Zusammenhang auch auf die Managementqualitäten. WYSOCKI und LÜCK weisen in diesem Zusammenhang auf die bereits von SCHMALENBACH postulierte Aussage hin: „*Schlendrian darf nicht mit Schlendrian verglichen werden.*" (Schmalenbach, E.: Selbstkostenrechnung und Preispolitik, 6. Aufl., Leipzig 1934, S. 263.) Vgl. auch Lück, W.: Wirtschaftsprüfung und Treuhandwesen. Institutionelle und funktionale Aspekte der Betriebswirtschaftlichen Prüfungslehre, a.a.O., S. 137 sowie Wysocki, K. v.: Soll-Ist-Vergleich bei der Revision, a.a.O., Sp. 1767.

[4] So kann bei konkurrierenden Rechtsnormen möglicherweise eine Normendominanz durch den Auslegungsgrundsatz ‚lex specialis derogat legi generali' ermittelt werden; vgl. hierzu Wysocki, K. v.: Grundlagen des betriebswirtschaftlichen Prüfungswesens: Prüfungsordnungen, Prüfungsorgane, Prüfungsverfahren, Prüfungsplanung und Prüfungsbericht, a.a.O., S. 126 f.

der divergierenden Merkmalsausprägungen.[1] Eine ‚Normenidentität', d.h. das Vorliegen von zusammen kompatiblen Soll-Merkmalsausprägungen für ein Prüfungsobjekt-Merkmal, wirft dagegen keine Probleme auf. Die nachfolgende Abbildung verdeutlicht das Problem der unmittelbaren Normenkonkurrenz:

Abb. 75: Unmittelbare Normenkonkurrenz

[Abbildung: Norm$_1$, Norm$_2$, Norm$_3$ → Soll-Objekt (-Merkmalsausprägung)$_1$ ≠ Soll-Objekt (-Merkmalsausprägung)$_2$ ≠ Soll-Objekt (-Merkmalsausprägung)$_3$; Soll-Ist-Vergleich$_1$, Soll-Ist-Vergleich$_2$, Soll-Ist-Vergleich$_3$ → Ist-Objekt (-Merkmalsausprägung)]

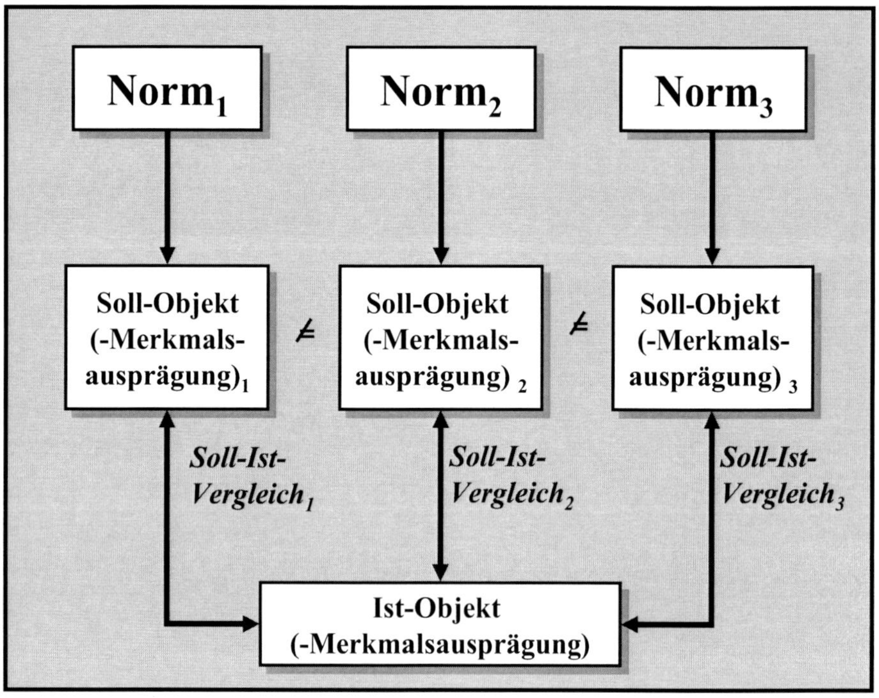

Quelle: Eigene Darstellung

Neben der ‚unmittelbaren Normenkonkurrenz' kann sich auch eine ‚**mittelbare Normenkonkurrenz**' einstellen, „...*wenn die normgemäßen Gestaltungen verschiedener Ist-Objekte sich entweder gegenseitig ausschließen (substitutive mittelbare Normenkonkurrenz) oder sich gegenseitig ergänzen (komplementäre Normenkonkurrenz)*...".[2] Die zielgerichtete Berücksichtigung von komplementären Normenkonkurrenzen wird auch als ‚indirekte Prüfung' bezeichnet, da der Prüfende nach direkter Prüfung eines Ist-Objektes sein Prüfungsurteil indirekt auf das (oder die) komplementären Ist-Objekt(e) erstrecken kann.[3]

Die nachfolgende Abbildung verdeutlicht den Zusammenhang zwischen direkten und indirekten Prüfungshandlungen bei Ausnutzung von mittelbaren, komplementären Normenkonkurrenzen:

---

[1] WYSOCKI weist darauf hin, dass das Erreichen eines ‚Normenkompromisses' in hohem Maße vom individuellen Einzelfall abhängen wird; vgl. Wysocki, K. v.: Soll-Ist-Vergleich bei der Revision, a.a.O., Sp. 1768.

[2] Ebenda (ohne Unterstreichungen im Original)

[3] Vgl. Wysocki, K. v.: Grundlagen des betriebswirtschaftlichen Prüfungswesens: Prüfungsordnungen, Prüfungsorgane, Prüfungsverfahren, Prüfungsplanung und Prüfungsbericht, a.a.O., S. 127. Vgl. zur Methodik von ‚indirekten Prüfungen' die nachfolgenden Ausführungen unter Gliederungspunkt 4.1.1.2.2.2.3 Kriterium ‚Art der Vergleichshandlung', S. 324 ff.

Abb. 76: Mittelbare, komplementäre Normenkonkurrenz

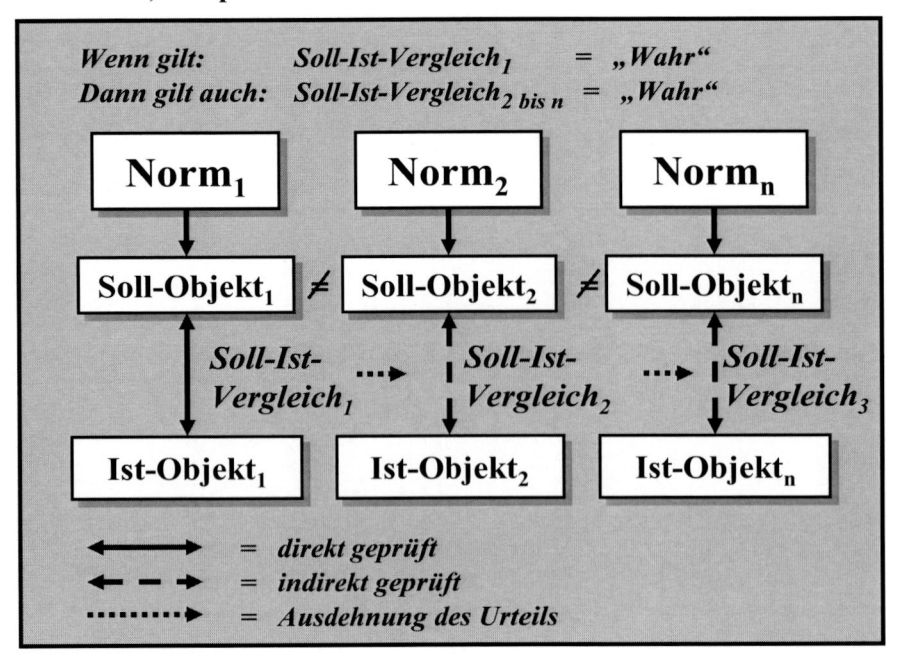

Wenn gilt: *Soll-Ist-Vergleich$_1$*   =   „Wahr"
Dann gilt auch: *Soll-Ist-Vergleich$_{2\,bis\,n}$*   =   „Wahr"

Norm$_1$ Norm$_2$ Norm$_n$

Soll-Objekt$_1$ ≠ Soll-Objekt$_2$ ≠ Soll-Objekt$_n$

Soll-Ist-Vergleich$_1$ *Soll-Ist-Vergleich$_2$*   *Soll-Ist-Vergleich$_3$*

Ist-Objekt$_1$ Ist-Objekt$_2$ Ist-Objekt$_n$

⟷ = *direkt geprüft*
⟵ ─ ⟶ = *indirekt geprüft*
······▶ = *Ausdehnung des Urteils*

Quelle: Eigene Darstellung

Indirekte Prüfungshandlungen unter Nutzung von komplementären Normenkonkurrenzen gewinnen insbesondere bei Systemprüfungen eine große Bedeutung.[1]

4.1.1.2.2.2 Prüfungsmethoden

4.1.1.2.2.2.1 Überblick

Bei ‚Prüfungsmethoden' handelt es sich um Verfahren, mit deren Hilfe Soll-Ist-Vergleiche durchgeführt werden. Die Prüfungsmethode umschreibt somit die konkrete Art des Vorgehens eines Prüfers, wobei unter einer ‚Methode' ein ‚wissenschaftlich planmäßiges und folgerichtiges Verfahren' verstanden werden kann.[2] Grundsätzlich können Prüfungsmethoden nach verschiedenen Unterscheidungskriterien systematisiert werden:

---

[1] Vgl. hierzu im Detail die nachfolgenden Ausführungen unter Gliederungspunkt 4.1.1.2.2.2 ‚Prüfungsmethoden', S. 316 ff.

[2] Vgl. Dudenredaktion (Hrsg.): Duden, Die deutsche Rechtschreibung, Bd. 1, 21. Aufl., Mannheim u.a. 1996, S. 490. Das Wort Methode leitet sich aus dem griechischen ‚méthodos' ab; vgl. Lück, W.: Prüfungsmethoden, in: W. Lück (Hrsg.), Lexikon der Betriebswirtschaft, 5. Aufl., Landsberg am Lech 1993, S. 1017. Für eine detaillierte Auseinandersetzung mit dem Begriff ‚Prüfungsmethode' vgl. Gans, C.: Was bringt eine Systematik der Prüfungsmethoden?, in: DB, 38. Jg. (1985), S. 2630 ff. RÜCKLE spricht von ‚Prüfungswegen', wobei er neben einigen der hier genannten Prüfungsmethoden auch die formellen und materiellen Prüfungshandlungen unter diesen Begriff subsumiert; vgl. Rückle, D.: Prüfungswege, in: K. Lechner u.a. (Hrsg.), Treuhandwesen: Prüfung, Begutachtung, Beratung, Wien 1978, S. 798. Vgl. hierzu auch die nachfolgenden Ausführungen unter Gliederungspunkt 4.1.1.2.2.3 Prüfungshandlungen, S. 332 ff.

Abb. 77: Prüfungsmethoden im Überblick

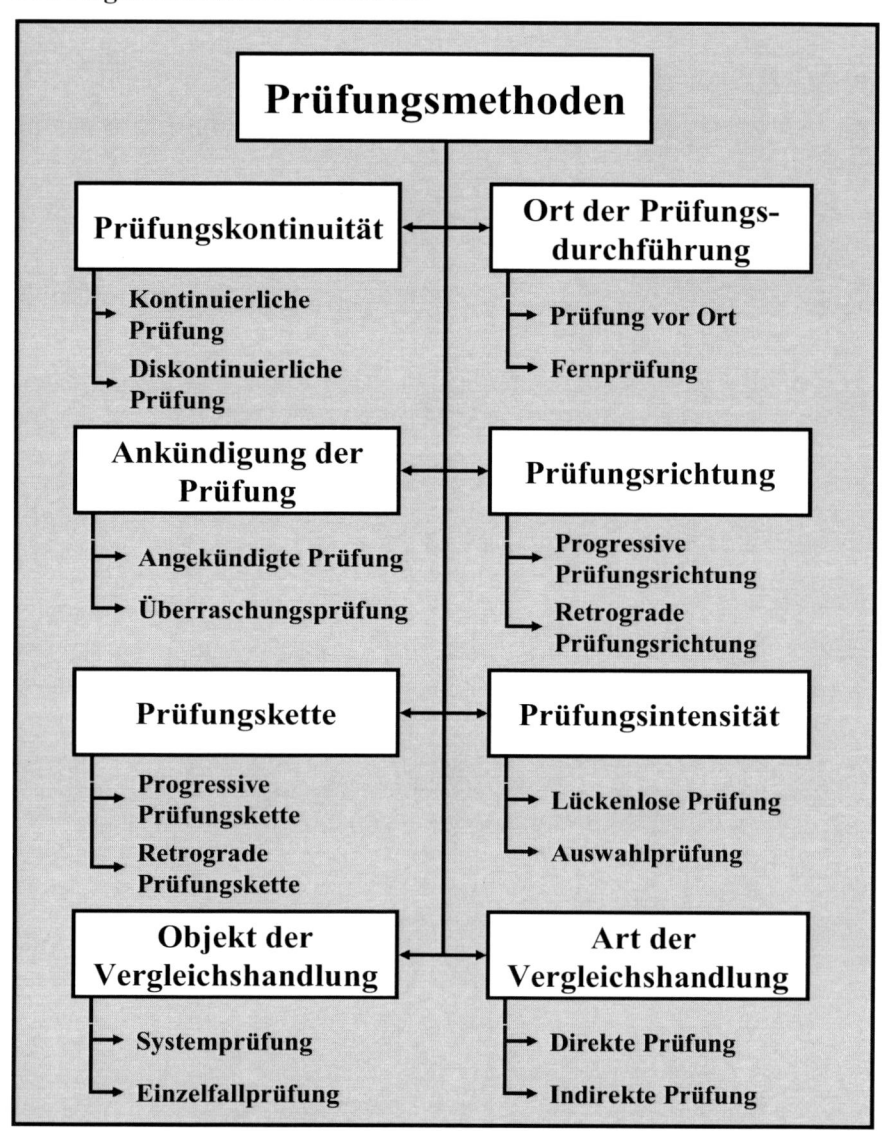

```
                        Prüfungsmethoden

        Prüfungskontinuität  ←→  Ort der Prüfungs-
                                  durchführung
          → Kontinuierliche
            Prüfung              → Prüfung vor Ort
          → Diskontinuierliche   → Fernprüfung
            Prüfung

        Ankündigung der      ←→  Prüfungsrichtung
        Prüfung
                                  → Progressive
          → Angekündigte Prüfung    Prüfungsrichtung
          → Überraschungsprüfung  → Retrograde
                                    Prüfungsrichtung

        Prüfungskette        ←→  Prüfungsintensität

          → Progressive           → Lückenlose Prüfung
            Prüfungskette
          → Retrograde            → Auswahlprüfung
            Prüfungskette

        Objekt der           ←→  Art der
        Vergleichshandlung       Vergleichshandlung

          → Systemprüfung         → Direkte Prüfung
          → Einzelfallprüfung     → Indirekte Prüfung
```

Quelle: Eigene erweiterte und modifizierte Darstellung auf der Basis von Lück, W.: Wirtschaftsprüfung und Treuhandwesen. Institutionelle und funktionale Aspekte der Betriebswirtschaftlichen Prüfungslehre, 2. Aufl., Stuttgart 1991, S. 139.

Nachfolgend sollen die Prüfungsmethoden aus der vorstehenden Abbildung kurz skizziert werden, wobei die Unterscheidungskriterien ‚Prüfungsintensität', ‚Art der Vergleichshandlung' und ‚Objekt der Vergleichshandlung' aufgrund ihrer Relevanz für die vorliegende Untersuchung in gesonderten Gliederungspunkten ausführlich diskutiert werden:[1]

- **Prüfungskontinuität**

    Bei Verwendung des Unterscheidungskriteriums ‚Prüfungskontinuität' kann zwischen ‚kontinuierlichen Prüfungen' und ‚diskontinuierlichen Prüfungen' differenziert werden. ‚**Kontinuierliche Prüfungen**' sind dadurch gekennzeichnet, dass sich die Folgeprüfung unmittelbar an die vorangegangene Prüfung anschließt. Dabei muss in zeitlicher Hinsicht keine absolute ‚Unmittelbarkeit' gegeben sein. Vielmehr ist entscheidend, dass eine sachlich gleichartige Prüfung mehrfach im Zeitablauf hintereinander vorgenommen wird (z.B. Jahresabschlussprüfungen).

---

[1] Vgl. hierzu die nachfolgenden Gliederungspunkte 4.1.1.2.2.2.2 Kriterium ‚Prüfungsintensität', S. 319 ff., 4.1.1.2.2.2.3 Kriterium ‚Art der Vergleichshandlung', S. 324 ff. sowie 4.1.1.2.2.2.4 Kriterium ‚Objekt der Vergleichshandlung', S. 329 ff.

‚**Diskontinuierliche Prüfungen**' stellen keine Anschlussprüfungen an Vorgängerprüfungen dar, sondern werden nur zu speziellen Anlässen durchgeführt (z.B. Sanierungsprüfungen).[1]

- **Ort der Prüfungsdurchführung**

  Bei Differenzierung nach dem Kriterium ‚Ort der Prüfungsdurchführung' kann nach ‚**Prüfungen vor Ort**' und ‚**Fernprüfungen**' unterschieden werden.[2]

- **Ankündigung der Prüfung**

  Prüfungen können als ‚**angekündigte Prüfung**' (z.B. Jahresabschlussprüfungen) oder als ‚**Überraschungsprüfung**' (z.B. Unterschlagungsprüfungen[3]) durchgeführt werden.[4]

- **Prüfungsrichtung**

  Bei Verwendung des Unterscheidungskriteriums ‚Prüfungsrichtung' kann zwischen ‚progressiver Prüfungsrichtung' und ‚retrograder Prüfungsrichtung' differenziert werden.[5] Bei ‚**progressiver Prüfungsrichtung**' wird zunächst ein Soll-Objekt konstruiert und daran anschließend das Ist-Objekt betrachtet. Dem hingegen wird bei ‚**retrograder Prüfungsrichtung**' in einem ersten Schritt das Ist-Objekt aufgenommen und in einem zweiten Schritt das anzuwendende Soll-Objekt abgeleitet.[6]

- **Prüfungskette**

  In Abhängigkeit vom Kriterium ‚Prüfungskette' lassen sich bei komplexen Prüfungen ‚progressive Prüfungsketten' und ‚retrograde Prüfungsketten' unterscheiden.[7] Im Rahmen einer ‚**progressiven Prüfungskette**' wird ein wirtschaftlicher Vorgang ausgehend von seiner Entstehung (‚Wurzel') zeitlich und/oder sachlich <u>voranschreitend</u> bis hin zu seinem Endpunkt respektive Endergebnis nachvollzogen. Bei einer ‚**retrograden Prüfungskette**' wird ein wirtschaftlicher Vorgang hingegen in entgegengesetzter Richtung, d.h. ausgehend von seinem Endzustand <u>rückwärtsschreitend</u> bis zu seiner Wurzel, geprüft. Die retrograde Prüfung wird

---

[1] Vgl. Lück, W.: Wirtschaftsprüfung und Treuhandwesen. Institutionelle und funktionale Aspekte der Betriebswirtschaftlichen Prüfungslehre, a.a.O., S. 138. EGNER unterscheidet in diesem Zusammenhang periodische und aperiodische Prüfungen; vgl. Egner, H.: Betriebswirtschaftliche Prüfungslehre. Eine Einführung, a.a.O., S. 23.

[2] Vgl. Lück, W.: Wirtschaftsprüfung und Treuhandwesen. Institutionelle und funktionale Aspekte der Betriebswirtschaftlichen Prüfungslehre, a.a.O., S. 140.

[3] Zur ‚Unterschlagungsprüfung' vgl. Leffson, U.: Wirtschaftsprüfung, a.a.O., S. 381 ff.

[4] Vgl. Lück, W.: Wirtschaftsprüfung und Treuhandwesen. Institutionelle und funktionale Aspekte der Betriebswirtschaftlichen Prüfungslehre, a.a.O., S. 140.

[5] Nach BUCHNER kann das Unterscheidungskriterium ‚Prüfungsrichtung' in dem hier skizzierten Sinne auf LOITLSBERGER zurückgeführt werden; vgl. Buchner, R.: Wirtschaftliches Prüfungswesen, a.a.O., S. 235 m.w.N. LÜCK spricht ebenfalls von der ‚Prüfungsrichtung', verwendet das Unterscheidungskriterium jedoch im Sinne des nachfolgend skizzierten Merkmals ‚Prüfungskette'; vgl. Lück, W.: Wirtschaftsprüfung und Treuhandwesen. Institutionelle und funktionale Aspekte der Betriebswirtschaftlichen Prüfungslehre, a.a.O., S. 143 f. Ebenso Hagen, K.: Revisions- und Treuhandwesen, a.a.O., S. 42 ff. Zum besseren Verständnis wird daher in der vorliegenden Untersuchung dem Vorschlag von BUCHNER folgend zwischen progressiver und retrograder Prüfungs<u>richtung</u> einerseits sowie progressiven und retrograden Prüfungs<u>ketten</u> andererseits unterschieden; vgl. Buchner, R.: Wirtschaftliches Prüfungswesen, a.a.O., S. 238, Fn. 1.

[6] Vgl. Leffson, U.: Wirtschaftsprüfung, a.a.O., S. 15 ff.

[7] Vgl. Buchner, R.: Wirtschaftliches Prüfungswesen, a.a.O., S. 235 ff. sowie insbesondere S. 238, Fn. 1. Vgl. zum Begriff der ‚Prüfungskette' die vorstehenden Ausführungen unter Gliederungspunkt 4.1.1.2.1.2 Einfache versus komplexe Prüfungen, S. 310 ff. Im älteren Schrifttum finden sich im hier skizzierten Sinne auch die Begriffe ‚progressive Prüfung' und ‚retrograde Prüfung'; vgl. Becker, W.; Petersen, H.: Entwicklungstendenzen auf dem Gebiet der Prüfungsmethoden, in: WPg, 17. Jg. (1964), S. 409.

daher in Abhängigkeit von der Prüfungsintensität auch als ‚Wurzelprobe' respektive ‚Wurzelstichprobe' bezeichnet.[1]

4.1.1.2.2.2.2 Kriterium ‚Prüfungsintensität'

Unter Verwendung des Kriteriums ‚Prüfungsintensität' sollen – wie bereits vorstehend skizziert – ‚lückenlose Prüfungen' (Vollprüfungen) von ‚Auswahlprüfungen' (stichprobenweise Prüfungen) abgegrenzt werden. Bei der ‚**lückenlosen Prüfung**' wird ein Prüfungsobjekt (z.B. Finanzplanung, Jahresabschluss, Kaufvertrag etc.) oder werden Teile eines Prüfungsobjektes (z.B. im Rahmen des Prüfungsobjektes Jahresabschluss die Position Rückstellungen) in seiner bzw. ihrer Gesamtheit geprüft, wobei sich die ‚Lückenlosigkeit' der Prüfung auf ein nach zeitlichen, sachlichen, räumlichen und personellen Kriterien klar umrissenes Gebiet erstreckt.[2] Aufgrund des Umfangs von Prüfungsobjekten sowie zeitlicher und wirtschaftlicher Restriktionen ist häufig keine lückenlose Prüfung möglich, so dass der Prüfer seine Handlungen im Rahmen einer ‚**Auswahlprüfung**' auf ausgewählte Vorgänge und Tatbestände beschränken muss.[3] Dabei werden „...*Teilbereiche einer statistischen Grundgesamtheit*" ausgewählt und von dem „...*erzielten Urteil über Teilbereiche auf ein Urteil über die Grundgesamtheit geschlossen.*"[4] Es lassen sich verschiedene Methoden der Auswahl von Elementen aus einer Grundgesamtheit respektive Stichprobenerhebung unterscheiden:

---

[1] Vgl. Wysocki, K. v.: Grundlagen des betriebswirtschaftlichen Prüfungswesens: Prüfungsordnungen, Prüfungsorgane, Prüfungsverfahren, Prüfungsplanung und Prüfungsbericht, a.a.O., S. 155 ff., Knoth, J.: Progressive und retrograde Prüfung, in: HWRev, 2. Aufl., Stuttgart 1992, Sp. 1462 f., Lück, W.: Wirtschaftsprüfung und Treuhandwesen. Institutionelle und funktionale Aspekte der Betriebswirtschaftlichen Prüfungslehre, a.a.O., S. 143 f., Vgl. zur ‚Prüfungsintensität' den nachfolgenden Absatz sowie die Ausführungen unter Gliederungspunkt 4.1.1.2.2.2.2 Kriterium ‚Prüfungsintensität', S. 319 ff.

[2] Vgl. Lück, W.: Prüfungsmethoden, a.a.O., Sp. 1018.

[3] Vgl. Schmidt, G.: Stichprobenprüfung mit bewusster Auswahl, in: HWRP, 3. Aufl., Stuttgart 2002, Sp. 2279. Insoweit können bei einer ‚Auswahlprüfung' eines komplexen Prüfungsobjektes einzelne prüfungsfähige Teile (Vorgänge, Tatbestände) desselben einer ‚Vollprüfung' unterzogen werden.

[4] Lück, W.: Wirtschaftsprüfung und Treuhandwesen. Institutionelle und funktionale Aspekte der Betriebswirtschaftlichen Prüfungslehre, a.a.O., S. 141. Insoweit besteht bei der Auswahlprüfung eine (Rest)Wahrscheinlichkeit, dass der Prüfer ein Fehlurteil abgibt; Schmidt, G.: Stichprobenprüfung mit bewusster Auswahl, a.a.O., Sp. 2279 f.

Abb. 78:   Methoden der Stichprobenerhebung bei Auswahlprüfungen

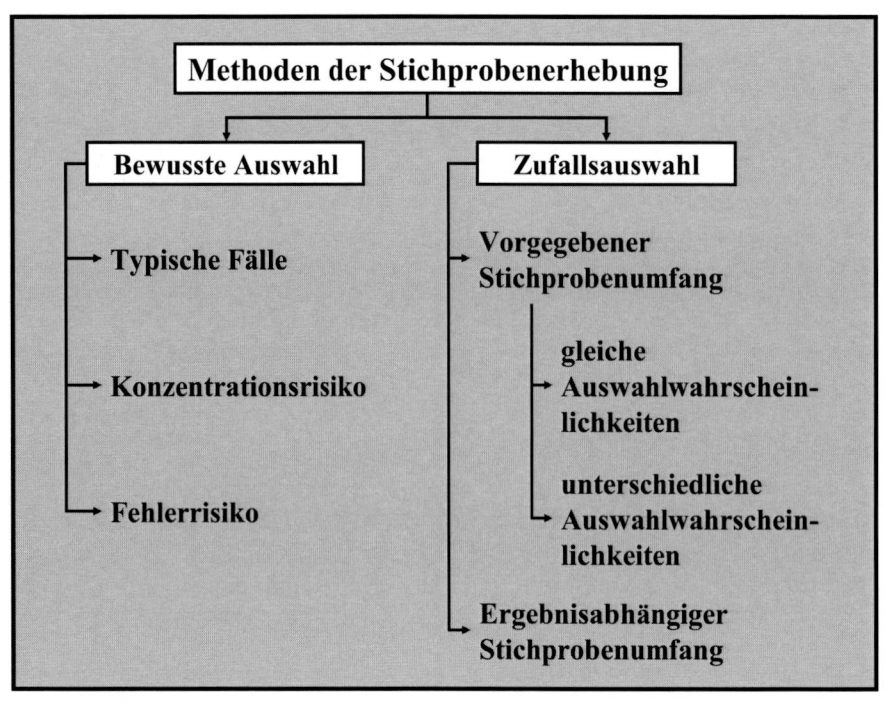

```
                    Methoden der Stichprobenerhebung
                    ┌──────────────┴──────────────┐
              Bewusste Auswahl              Zufallsauswahl
                    │                              │
              → Typische Fälle              → Vorgegebener
                                              Stichprobenumfang

                                                   gleiche
              → Konzentrationsrisiko         → Auswahlwahrschein-
                                                   lichkeiten

                                                   unterschiedliche
              → Fehlerrisiko                 → Auswahlwahrschein-
                                                   lichkeiten

                                             → Ergebnisabhängiger
                                                Stichprobenumfang
```

Quelle: Eigene Darstellung

Bei der **bewussten Auswahl** (‚Non Statistical Sampling', ‚Judgemental Sampling') von Elementen einer Grundgesamtheit bestimmt ein Prüfer die Stichprobe unter Verwendung subjektiver Kriterien nach ‚pflichtgemäßem Ermessen' (‚Professional Judgment') und formt aufgrund primär logischer Überlegungen ein Urteil über das betrachtete Prüffeld.[1] Folgende Prinzipien der bewussten Auswahl lassen sich unterscheiden:

- **Auswahl typischer Fälle**

    Bei der ‚Auswahl typischer Fälle' werden diejenigen Elemente einer Grundgesamtheit ausgewählt, welche subjektiv als repräsentativ (,typisch') für das Prüffeld angesehen werden. Das Ergebnis der Stichprobe wird dann im Rahmen eines nicht wahrscheinlichkeitstheoretisch belegbaren Repräsentationsschlusses auf die Grundgesamtheit ausgedehnt. Voraussetzung für die sinnvolle Anwendung einer stichprobenweisen Prüfung unter Verwendung des Selektionskriteriums ‚Auswahl typischer Fälle' ist die Fähigkeit zur Isolierung repräsentativer Teilmengen. Die Bestimmung typischer Fälle wird dem Prüfer bei kontinuierlichen Prüfungen möglicherweise dadurch erleichtert, dass er auf der Basis mehrperiodischer Prüfungserfahrungen repräsentative Elemente identifizieren kann.[2] Ferner kann bei erstmaliger Prüfung eines Prüfungsobjektes eine Vollprüfung durchgeführt werden, welche die Basis für die Ableitung typischer Fälle für zukünftige Anschlussprüfungen bildet. Bei diskontinuierlichen Prüfungen können möglicherweise Erfahrungen aus anderen, vergleichbaren Prüfungsobjekten herangezogen werden.[3]

---

[1] Vgl. Schmidt, G.: Stichprobenprüfung mit bewusster Auswahl, a.a.O., Sp. 2281 u. 2284. Insoweit wird im Folgenden die sogenannte ‚**Auswahl aufs Geratewohl**' (,**Willkürauswahl**') nicht näher betrachtet, da sie nach allgemeiner Auffassung kein ordnungsgemäßes Urteil begründen kann. Vgl. hierzu Ebenda, Sp. 2283 f.

[2] Voraussetzung hierfür ist jedoch, dass entweder im Zeitablauf kein Prüferwechsel stattfindet oder die individuellen Erfahrungen ausreichend für nachfolgende Prüfer dokumentiert werden.

[3] Vgl. zur Unterscheidung in ‚kontinuierliche Prüfungen' und ‚diskontinuierliche Prüfungen' die vorstehenden Ausführungen unter Gliederungspunkt 4.1.1.2.2.2.1 Überblick, S. 316 ff.

- **Auswahl nach dem Konzentrationsprinzip**

  Erfolgt eine Auswahl nach der absoluten und/oder relativen Bedeutung der Stichprobenelemente, so wird diese Vorgehensweise auch als ‚Auswahl nach dem Konzentrationsprinzip' oder als ‚Cut-Off-Verfahren' bezeichnet.[1] Ursächlich für die Selektion ist die subjektive Annahme des Prüfers, dass die Prüfungsgegenstände in wert-, mengen- oder risikomäßiger Hinsicht einen entscheidenden Einfluss auf das zu fällende Gesamturteil haben. Im Umkehrschluss bedeutet dies, dass Fehler in den nicht erfassten Elementen der Grundgesamtheit unwesentlich für das Prüfungsurteil sind, daher nicht geprüft werden müssen und unentdeckt bleiben (können). Die Güte eines Prüfungsergebnisses bei ‚Auswahl nach dem Konzentrationsprinzip' ist davon abhängig, dass ein Prüfer über eine hinreichende Qualifikation sowie die erforderlichen Informationen verfügt, um die tatsächliche Bedeutung eines Stichprobenelementes für das Gesamturteil zu erkennen.[2]

- **Auswahl nach dem Fehlerrisiko**

  Bei einer ‚Auswahl nach dem Fehlerrisiko' werden die Stichprobenelemente nach dem Kriterium der (subjektiven) Fehlererwartung des Prüfers selektiert. Diese Methode der Stichprobenerhebung wird auch als ‚detektivische Auswahl' bezeichnet,[3] da sie auf Seiten des Prüfers zunächst die Analyse des konkreten Prüfungsobjektes und daraus resultierend die Ableitung möglicher Fehlerquellen voraussetzt. Anhaltspunkte für Prüffelder mit erwarteten Fehlern können sich u.a. aus den Ergebnissen einer Systemprüfung[4], potenziellen zeitlich bzw. sachlich bedingten Fehlerquellen[5] sowie aus sogenannten ‚Globalabstimmungen' und ‚Verprobungen'[6] ergeben. Damit ein hinreichend verlässliches Gesamturteil gebildet werden kann, setzt die ‚Auswahl nach dem Fehlerrisiko' – analog zur ‚Auswahl nach dem Konzentrationsprinzip' – eine fachliche Mindestqualifikation des Prüfers voraus.

Durch eine **Zufallsauswahl** (‚**Statistical Sampling**') soll gewährleistet werden, dass keine willkürliche, von subjektiven Einschätzungen des Prüfers beeinflusste Stichprobenerhebung erfolgt.[7] Das

---

[1] Der Begriff ‚Cut-Off-Methode' resultiert daher, dass die als unbedeutend angenommenen Elemente einer Grundgesamtheit nicht in die Stichprobe gelangen, d.h. ‚abgeschnitten' werden; vgl. Wysocki, K. v.: Grundlagen des betriebswirtschaftlichen Prüfungswesens: Prüfungsordnungen, Prüfungsorgane, Prüfungsverfahren, Prüfungsplanung und Prüfungsbericht, a.a.O., S. 176 m.w.N. Eine relative Bedeutung von Stichprobenelementen ist beispielsweise dann gegeben, wenn zwar eine große Anzahl homogener Elemente mit isoliert betrachtet unbedeutenden quantitativen Wertausprägungen (z.B. Kleinbeträgen) vorliegt, diese jedoch auf einige wenige qualitativ bedeutsame Ursachen zurückzuführen sind (z.B. regelmäßig wiederkehrende Geschäftsvorfälle mit einem gleichen, nicht substituierbaren Transaktionspartner); vgl. hierzu auch Schmidt, G.: Stichprobenprüfung mit bewusster Auswahl, a.a.O., Sp. 2282.

[2] Es kann vermutet werden, dass eine rein wert- oder mengenmäßig begründete Stichprobenerhebung in der Mehrzahl der Fälle unproblematisch sein dürfte. Eine risikoantizipierende respektive qualitativ risikobasierte Auswahl von Prüfungselementen aus einer Grundgesamtheit wird in Abhängigkeit von der Komplexität eines Prüfungsobjektes hohe Anforderungen an den Prüfer stellen.

[3] Vgl. Lück, W.: Wirtschaftsprüfung und Treuhandwesen. Institutionelle und funktionale Aspekte der Betriebswirtschaftlichen Prüfungslehre, a.a.O., S. 142, Schmidt, G.: Stichprobenprüfung mit bewusster Auswahl, a.a.O., Sp. 2282.

[4] Vgl. zur Systemprüfung die nachfolgenden Ausführungen unter Gliederungspunkt 4.1.1.2.2.2.4 Kriterium ‚Objekt der Vergleichshandlung', S. 329 ff. Ergänzend sei angemerkt, dass auch ‚Systemprüfungen' im Wege einer Auswahlprüfung durchgeführt werden können.

[5] Als Beispiele für zeitlich bedingte Fehlerquellen lassen sich aus dem Bereich der Jahresabschlussprüfung die sogenannten ‚Montagsbuchungen' sowie die buchhalterische Verarbeitung von Geschäftsvorfällen kurz vor dem – der Jahresabschussaufstellung vorangehenden – ‚Buchungsschluss' anführen.

[6] Vgl. hierzu die nachfolgenden Ausführungen unter Gliederungspunkt 4.1.1.2.2.2.3 Kriterium ‚Art der Vergleichshandlung', S. 324 ff.

[7] LÜCK führt hierzu aus: „*Für die Zufallsauswahl ist kennzeichnend, daß jedes Element im Prüffeld eine bestimmte, berechenbare, von Null verschiedene Wahrscheinlichkeit hat, ausgewählt zu werden;*" Lück, W.: Wirtschaftsprüfung und Treuhandwesen. Institutionelle und funktionale Aspekte der Betriebswirt-

stichprobenbasierte Prüfungsergebnis wird durch einen ‚Repräsentationsschluss', d.h. unter Verwendung von Verfahren der Wahrscheinlichkeitsrechnung, auf die Grundgesamtheit ausgedehnt.[1]
Bei einer groben Differenzierung der Zufallsauswahl lassen sich zwei Gruppen unterscheiden:

- **Zufallsauswahl mit vorgegebenem Stichprobenumfang**

    Die ‚Zufallsauswahl mit vorgegebenem Stichprobenumfang' kann zunächst in ‚**Auswahlverfahren mit gleichen Auswahlwahrscheinlichkeiten**' sowie ‚**Auswahlverfahren mit unterschiedlichen Auswahlwahrscheinlichkeiten**' differenziert werden:

    ‚Auswahlverfahren mit gleichen Auswahlwahrscheinlichkeiten' können als ‚**echte Zufallsauswahl**' (‚Urnenmodell', ‚Zufallszahlentabelle')[2] sowie ‚**unechte (systematische) Zufallsauswahl**' (z.B. ‚systematische Auswahl mit Zufallsstart', ‚Schlussziffernverfahren', ‚Buchstabenauswahl', ‚Geburtstagsverfahren', ‚Datumsauswahl')[3] durchgeführt werden. Wäh-

---

schaftlichen Prüfungslehre, a.a.O., S. 142 m.w.N. Vgl. auch Hömberg, R.: Stichprobenprüfung mit Zufallsauswahl, in: HWRP, 3. Aufl., Stuttgart 2002, Sp. 2288, Baetge, J.: Auswahlprüfungen auf der Basis der Systemprüfung, in: H. Albach u.a. (Hrsg.), Wirtschaft und Wissenschaft im Wandel, Frankfurt am Main 1986, S. 47.

[1] Zu den umfangreichen stochastischen Verfahren, die im wirtschaftlichen Prüfungswesen Anwendung finden, vgl. Leffson, U.; Lippmann, K.; Baetge, J.: Zur Sicherheit und Wirtschaftlichkeit der Urteilsbildung bei Prüfungen, Düsseldorf 1969, S. 26 ff., Wysocki, K. v.: Grundlagen des betriebswirtschaftlichen Prüfungswesens: Prüfungsordnungen, Prüfungsorgane, Prüfungsverfahren, Prüfungsplanung und Prüfungsbericht, a.a.O., S. 181 ff., Buchner, R.: Wirtschaftliches Prüfungswesen, a.a.O., S. 339 ff., Leffson, U.: Wirtschaftsprüfung, a.a.O., S. 174 ff.

[2] Das **Urnenmodell** bezeichnet eine Form der Zufallsauswahl, bei der die Erhebung der Stichprobe durch Ziehen von Losen aus einer Urne erfolgt. Aufgrund der erforderlichen Arbeitsschritte bei einer derartigen Stichprobenerhebung (Bestimmung der Anzahl von Elementen in der Grundgesamtheit, Erstellung einer entsprechenden Anzahl von Losen, Zuordnung aller Elemente zu den einzelnen Losen, Losmischung, Losziehung) wird das Urnenmodell in der Mehrzahl der Fälle mit dem ‚Grundsatz der Wirtschaftlichkeit' unvereinbar sein. Die **Zufallszahlentabelle** versucht die Nachteile des Urnenmodells dadurch auszugleichen, dass vorhandene numerische Zuordnungskriterien (z.B. fortlaufende Nummerierungen in Form von Vorgangs-, Beleg- oder Positionsnummern) für die Stichprobenerhebung herangezogen werden. Mittels einer rechnergestützt ermittelten Zufallszahlentabelle erfolgt dann die Erhebung der Stichprobenelemente aus der Grundgesamtheit unter Verwendung der Zufallszahlen. Je nach der festgelegten Zuordnungsmethode kann sich dabei das Problem wiederkehrender Ziffernfolgen ergeben, so dass möglicherweise auch bei einem ‚Ziehen ohne Zurücklegen' einzelne Zufallszahlen übersprungen werden müssen, um die Problematik einer Zweifach- oder Mehrfachprüfung einzelner Elemente der Grundgesamtheit zu vermeiden. Des Weiteren ist zu beachten, dass bei einem ‚Ziehen mit Zurücklegen' die Auswahlwahrscheinlichkeit während des Ziehungsvorgangs konstant bleibt. Bei einem ‚Ziehen ohne Zurücklegen' verändert sich dagegen die Auswahlwahrscheinlichkeit mit jeder einzelnen Ziehung, so dass ein größerer Rechenaufwand bei der Auswertung der Stichprobe erforderlich wird. Vgl. Wysocki, K. v.: Grundlagen des betriebswirtschaftlichen Prüfungswesens: Prüfungsordnungen, Prüfungsorgane, Prüfungsverfahren, Prüfungsplanung und Prüfungsbericht, a.a.O., S. 182 ff. Die im älteren Schrifttum beschriebenen rechentechnischen Nachteile eines ‚Ziehens ohne Zurücklegen' dürften bei Verwendung zwischenzeitlich verfügbarer statistischer Standardsoftware unerheblich geworden sein.

[3] Bei der ‚**systematischen Auswahl mit Zufallsstart**' gelangt jedes k-te Element der Grundgesamtheit in die Stichprobe, wobei k = N/n ist und das erste gezogene Element zufällig ausgewählt wird. D.h., dass bei einer Grundgesamtheit von N = 100 Elementen und einem Stichprobenumfang von n = 10 Elementen jedes 10 Element in die Stichprobe gelangt, und das erste zufällig gezogene Element in dem Ziffernbereich 1 bis 10 liegen muss. Das ‚**Schlussziffernverfahren**' kann auf durchnummerierte Grundgesamtheiten angewendet werden. Dabei wird zunächst eine Auswahlquote für die Stichprobengröße festgelegt. Darauf aufbauend wird die Anzahl der erforderlichen Schlussziffern festgelegt sowie die einzubeziehenden Schlussziffern – willkürlich oder per Urnenwahl – bestimmt. Liegt die Auswahlquote bei 20% so sind zwei Schlussziffern erforderlich, welche beispielsweise durch die Ziffern ‚3' und ‚7' bestimmt werden können. Bei einer Auswahlquote von 1% wäre eine zweistellige Schlussziffer (z.B. ‚35'), bei einer Auswahlquote von 3% wären drei zweistellige Schlussziffern (z.B. ‚21', ‚45', ‚97') erforderlich. Eine sinnvolle Anwendung des Schlussziffernverfahrens setzt die annähernde Gleichverteilung der Schlussziffern über die Grundgesamtheit voraus. Die ‚**Buchstabenauswahl**' und das ‚**Geburtstagsverfahren**' sind wei-

rend bei der ‚echten Zufallsauswahl' jedes Element der Grundgesamtheit die gleiche oder eine berechenbare Auswahlwahrscheinlichkeit hat, ist dies bei der ‚unechten Zufallsauswahl' nur approximativ der Fall.

Als ‚Auswahlverfahren mit unterschiedlichen Auswahlwahrscheinlichkeiten' stehen die ‚**Zufallsauswahl mit größenabhängigen Auswahlwahrscheinlichkeiten**' sowie die ‚**geschichtete Stichprobenauswahl**' zur Verfügung.[1]

- **Zufallsauswahl mit ergebnisabhängigem Stichprobenumfang**

    Bei der ‚Zufallsauswahl mit ergebnisabhängigem Stichprobenumfang' erfolgt die Stichprobenerhebung möglicherweise in mehreren Stufen, wobei die Ausdehnung der Stichprobe durch Erhebung weiterer Elemente einer Grundgesamtheit solange fortgesetzt wird, bis sich der Prüfer ein hinreichend verlässliches Bild über die Grundgesamtheit verschafft hat.[2] Im Extremfall, d.h. bei einem fortgesetzt hohen Fehleranteil in den einzelnen Stichproben, kann sich die ‚Zufallsauswahl mit ergebnisabhängigem Stichprobenumfang' einer Vollprüfung der Grundgesamtheit annähern.

Die Entscheidung, ob in einem konkreten Fall eine Vollprüfung oder eine Auswahlprüfung eines Prüfungsobjektes und/oder eines Prüffeldes vorzunehmen ist, erfolgt im Idealfall unter Beachtung der Grundsätze der Wesentlichkeit (Materiality) und der Wirtschaftlichkeit.[3] Im Rahmen von komplexen Prüfungen wird bei ausreichend großen Grundgesamtheiten mit homogenen Untersu-

---

tere Zufallsauswahlverfahren, welche speziell bei der Auswahl aus Personengesamtheiten angewendet werden. WYSOCKI weist darauf hin, dass auch bei diesen beiden Verfahren dadurch Schwierigkeiten entstehen können, dass nicht notwendigerweise eine Gleichverteilung der Anfangsbuchstaben oder der Geburtstage über die Grundgesamtheit angenommen werden kann; vgl. Wysocki, K. v.: Grundlagen des betriebswirtschaftlichen Prüfungswesens: Prüfungsordnungen, Prüfungsorgane, Prüfungsverfahren, Prüfungsplanung und Prüfungsbericht, a.a.O., S. 184. Im Rahmen der ‚**Datumsauswahl**' gelangen alle Geschäftsvorfälle, die innerhalb von bestimmten Zeitabschnitten oder an einzelnen Tagen angefallen sind, in eine Stichprobe.

[1] Bei der ‚**Zufallsauswahl mit größenabhängigen Auswahlwahrscheinlichkeiten**' (auch ‚**(buch)wertproportionale Auswahl**' oder ‚**Dollar-Unit-Sampling**') wird die Auswahlwahrscheinlichkeit einzelner Elemente mit Hilfe ihres (Geld-, oder Buch-) Wertes gewichtet ermittelt, wodurch eine intensivere Prüfung höherwertiger Positionen gewährleistet werden soll. Das Verfahren führt jedoch dann zu falschen Ergebnissen, wenn die Ist-Zahlen zum Zeitpunkt der Auswahl von den Soll-Zahlen abweichen und insoweit eine falsche Gewichtung einzelner Elemente der Stichprobe erfolgt. Im Rahmen der ‚**geschichteten Stichprobenauswahl**' wird eine inhomogene Grundgesamtheit im mehrere homogene Teilgrundgesamtheiten (‚Schichten') zerlegt, welche dann mit verschiedenen Zufallsauswahlverfahren durch die Erhebung von repräsentativen Stichproben getrennt geprüft werden können. Auch die vollständige Prüfung einzelner Schichten wird durch dieses Verfahren ermöglicht. Die Schichtenbildung erfolgt i.d.R. unter Zuhilfenahme von wertmäßigen Größen (z.B. Schicht 1: Anschaffungskosten bis Euro 1.000, Schicht 2: Anschaffungskosten über Euro 1.000 bis Euro 10.000 etc.). Vgl. Wysocki, K. v.: Grundlagen des betriebswirtschaftlichen Prüfungswesens: Prüfungsordnungen, Prüfungsorgane, Prüfungsverfahren, Prüfungsplanung und Prüfungsbericht, a.a.O., S. 185 ff., Hömberg, R.: Stichprobenprüfung mit Zufallsauswahl, a.a.O., Sp. 2296.

[2] Vgl. Wysocki, K. v.: Grundlagen des betriebswirtschaftlichen Prüfungswesens: Prüfungsordnungen, Prüfungsorgane, Prüfungsverfahren, Prüfungsplanung und Prüfungsbericht, a.a.O., S. 187 f.

[3] Vgl. Lück, W.: Wirtschaftsprüfung und Treuhandwesen. Institutionelle und funktionale Aspekte der Betriebswirtschaftlichen Prüfungslehre, a.a.O., S. 141, Wysocki, K. v.: Wirtschaftlichkeit von Prüfungen, in: HWRev, 2. Aufl., Stuttgart 1992, Sp. 2173 ff. LEFFSON/LIPPMANN/BAETGE weisen darauf hin, dass eine Auswahlprüfung bei vorgegebenen respektive einzuhaltenden Prüfungskosten zu einem besseren Prüfungsergebnis als eine Totalprüfung führen kann, weil Prüfer möglicherweise mehr Zeit auf die ausgewählten Teilbereiche verwenden können; vgl. Leffson, U.; Lippmann, K.; Baetge, J.: Zur Sicherheit und Wirtschaftlichkeit der Urteilsbildung bei Prüfungen, a.a.O., S. 25. Vgl. zu den genannten Grundsätzen auch die nachfolgenden Ausführungen unter den Gliederungspunkten 4.1.1.2.4 Prüfungsplanung, S. 339 ff. und 4.1.1.2.6 Prüfungsergebnis, S. 347 ff.

chungseinheiten/Merkmalsausprägungen ausschließlich eine Durchführung der Auswahlprüfung auf Basis der Zufallsauswahl geeignet sein, während eine Auswahlprüfung auf Basis der bewussten Auswahl eher bei unzureichenden Grundgesamtheiten und/oder starker Heterogenität der Untersuchungseinheiten/Merkmalsausprägungen angezeigt ist.[1]

4.1.1.2.2.2.3 Kriterium ‚Art der Vergleichshandlung'

Eine Differenzierung von Prüfungsmethoden in ‚direkte Prüfungen' und ‚indirekte Prüfungen' kann – wie vorstehend ausgeführt – nach dem Kriterium ‚Art der Vergleichshandlung' erfolgen, wobei zudem die Systematisierung von weiteren Detailmethoden der Prüfungspraxis erleichtert wird:[2]

Abb. 79: Systematisierung von Prüfungsmethoden nach Art der Vergleichshandlung

```
                Prüfungsmethoden nach Art der Vergleichshandlung
                     │                              │
              Direkte Prüfungen              Indirekte Prüfungen
                     │                              │
              Richtigkeit der              → Indirekte Datenprüfung
           →  Darstellung                          │
              betrieblicher                       → Abstimmungsprüfung
              Sachverhalte                          (Globalabstimmung)
                                                   │
              Unmittelbares                      → Plausibilitätsprüfung
           →  Nachvollziehen                       (Verprobung)
              einzelner Vorgänge
                                           → Verfahrensprüfung
                                              (Systemprüfung)
```

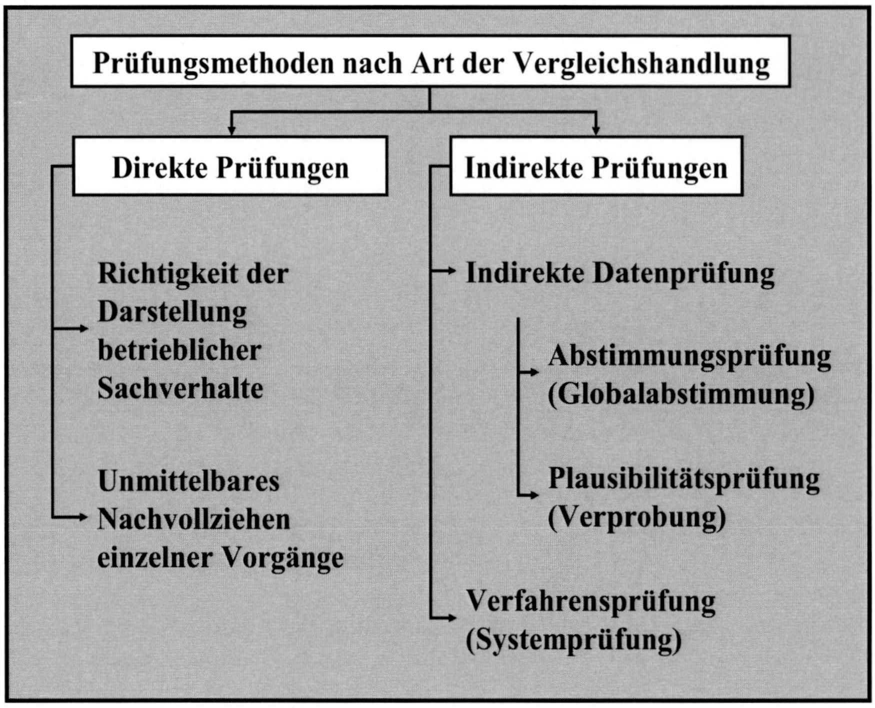

Quelle: Eigene Darstellung

‚**Direkte Prüfungen**' dienen der Urteilsbildung über Merkmalsausprägungen von Prüfungsobjekten im Wege des unmittelbaren Vergleiches eines Ist-Objektes mit einem Soll-Objekt.[3] Die Unmittelbarkeit des Soll-Ist-Vergleiches bezieht sich dabei auf die Möglichkeit der direkten Ableitung des Sollobjektes durch Anwendung einer vorgegebenen Prüfungsnorm.[4] Die tatsächlichen Merkmalsausprägungen von Prüfungsobjekten werden bei direkten Prüfungen im Wege des ‚unmittelbaren Nachvollziehens der einzelnen Vorgänge', d.h. durch Messen, Wiegen, Zählen, Abstimmen

---

[1] Vgl. Schmidt, G.: Stichprobenprüfung mit bewusster Auswahl, a.a.O., Sp. 2287, welcher zudem darauf hinweist, dass sich die Auswahlprüfung auf Basis der bewussten Auswahl insoweit bei Systemprüfungen und der Prüfung von Prüffeldern mit systematischer Fehlerbehaftung bewährt hat.

[2] Für eine alternative Darstellung vgl. Müller, C.; Kropp, M.: Die Überprüfung der Plausibilität von Jahresabschlüssen, in: DB, 45. Jg. (1992), S. 152.

[3] Vgl. Peemöller, V. H.: Direkte und indirekte Prüfung, in: HWRev, 2. Aufl., Stuttgart 1992, Sp. 344, Lück, W.: Prüfungsmethoden, a.a.O., S. 1017 f.

[4] Vgl. hierzu die vorstehenden Ausführungen zur Abgrenzbarkeit von des Anwendungsbereiches von Prüfungsnormen unter Gliederungspunkt 4.1.1.2.2.1 Prüfungsnormen, S. 311 ff.

und Nachrechnen, sowie kritisches Beurteilen der ‚Richtigkeit der Darstellung der betrieblichen Sachverhalte' aufgenommen bzw. bestimmt.[1] Bei Vorliegen von ‚Prüffeldern' mit umfangreichen Grundgesamtheiten von homogenen Prüfungsobjekten werden Prüfungsurteile nicht im Wege einer beweiskräftigen ‚direkten lückenlosen Prüfung', sondern aus Gründen der Praktikabilität und Wirtschaftlichkeit sowie zeitlichen und sachlichen Kapazitätsrestriktionen durch Verfahren der Auswahlprüfung abzuleiten sein.[2]

‚**Indirekte Prüfungen**' ermöglichen die Urteilsbildung über ein Prüfungsobjekt oder über Prüffelder unter Verwendung von Ersatztatbeständen, wobei mit der ‚indirekten Datenprüfung' sowie der ‚Verfahrensprüfung' zwei grundsätzlich verschiedene methodische Vorgehensweisen unterschieden werden können:[3]

- ‚**Indirekte Datenprüfung' (Indirekte Soll-Objekt-Ermittlung)**

    Bei der ‚indirekten Datenprüfung' wird das Ist-Objekt auf direktem Wege, jedoch das Soll-Objekt auf indirektem Wege ermittelt. Das als Vergleichsgröße konzipierte ‚Ersatz-Soll-Objekt' ist eine globale quantitativ verdichtete Maßgröße (z.B. Summen, Salden, Produkte), die in einem rechnerischen oder funktionalen Zusammenhang mit dem Ist-Objekt steht.[4]

- ‚**Verfahrensprüfung' (Indirekte Ermittlung von Soll-Ist-Abweichungen)**

    Bei der ‚Verfahrensprüfung' erfolgt der Vergleich eines repräsentativen Ersatz-Ist-Objektes mit einem Ersatz-Soll-Objekt, wobei aus dem derart gewonnenen Ersatz-Urteil auf die Normgerechtigkeit der Prüfungsobjekte oder der Prüffelder geschlossen wird (‚Ersatz-Soll-Ist-Vergleich').[5]

Das bei indirekten Prüfungen angewendete prüferisches Schlussverfahren entstammt der Schlusslehre der Logik und wird auch als (statistischer) ‚Syllogismus' bezeichnet. Der Aufbau eines Syllogismus kann wie folgt dargestellt werden:[6]

---

[1] Vgl. Peemöller, V. H.: Direkte und indirekte Prüfung, in: HWRev, 2. Aufl., Stuttgart 1992, Sp. 345.

[2] Vgl. Becker, W.; Petersen, H.: Entwicklungstendenzen auf dem Gebiet der Prüfungsmethoden, a.a.O., S. 409, Peemöller, V. H.: Direkte und indirekte Prüfung, a.a.O., Sp. 344 passim sowie die vorstehenden Ausführungen unter Gliederungspunkt 4.1.1.2.2.2.2 Kriterium ‚Prüfungsintensität', S. 319 ff.

[3] Zur methodischen Differenzierung indirekter Prüfverfahren vgl. Wysocki, K. v.: Grundlagen des betriebswirtschaftlichen Prüfungswesens: Prüfungsordnungen, Prüfungsorgane, Prüfungsverfahren, Prüfungsplanung und Prüfungsbericht, a.a.O., S. 161.

[4] Vgl. Peemöller, V. H.: Direkte und indirekte Prüfung, a.a.O., Sp. 344., Lachnit, L.: Globalabstimmung und Verprobung, in: HWRev., 2. Aufl., Stuttgart 1992, Sp. 719, Lenz, H.: Urteilsbegründung bei betriebswirtschaftlichen Prüfungen: Indirekte Prüfungen als statistische Begründung rationaler Erwartungen, in: ZfB, 59. Jg. (1989), S. 1356.

[5] Vgl. Lück, W.: Wirtschaftsprüfung und Treuhandwesen. Institutionelle und funktionale Aspekte der Betriebswirtschaftlichen Prüfungslehre, a.a.O., S. 143, Lenz, H.: Urteilsbegründung bei betriebswirtschaftlichen Prüfungen: Indirekte Prüfungen als statistische Begründung rationaler Erwartungen, a.a.O., S. 1356.

[6] Vgl. hierzu die analogen Ausführungen unter Gliederungspunkt 2.2.3.1.2.5.2 Logisch vollständige Prognosen, S. 128 ff. insbesondere Abb. 25: Syllogismus logisch vollständiger Prognosen, S. 129.

Abb. 80: Syllogismus

> *Majorprämisse (Obersatz):*
>
> Erfahrungssätze, theoretische Annahmen, Gesetzmäßigkeiten (in Form statistischer Hypothesen) etc.
>
> *Minorprämisse (Untersatz):*
>
> Prüferfeststellung, Prüfungsinformation, unmittelbare Aussage über die untersuchten Sachverhalte
>
> (r) ═══════════════════════════════
>
> *Konklusion (Schlussfolgerung):*
>
> Vertretenes Urteil

Quelle: Hagest, J.: Zur Logik der prüferischen Überzeugungsbildung bei betriebswirtschaftlichen Prüfungen, München 1975, S. 66 ff.[1]

Durch das Symbol (r) wird die Beziehung (Relation) zwischen der Major- und der Minorprämisse einerseits sowie der Konklusion andererseits im Rahmen eines induktiv-statistischen Schlusses angezeigt.[2] Die Konklusion ermöglicht – in Abhängigkeit von der absoluten oder relativen Repräsentativität bzw. Genauigkeit des Ersatz-Soll-Objektes bzw. des Ersatz-Soll-Ist-Vergleiches – eine Aussage über die induktive Wahrscheinlichkeit der Normentsprechung einzelner Prüfungsobjekte, d.h. den Grad ihrer Ordnungs- oder Zweckmäßigkeit.[3] Da nur indirekte Soll-Ist-Vergleiche durchgeführt werden, erlaubt die Schlussfolgerung kein finales Urteil im Sinne einer ‚Rektifikation' des Prüfungsobjektes.[4] Vielmehr stellt das indirekt ermittelte Prüfungsurteil eine widerlegbare Vermutung dar, die im Zweifel durch ‚direkte (Auswahl-) Prüfungen' zu falsifizieren wäre. Der Vorteil der ‚indirekten Prüfung' liegt dabei in der zeitlichen und sachlichen Effektivität, mit der (potenzielle) Normabweichungen isoliert werden können. Bei der Ermittlung und Anwendung von Ersatz-Soll-Objekten bzw. Ersatz-Soll-Ist-Vergleichen gewinnt der Prüfer zudem ein Verständnis für

---

[1] Vgl. auch Wysocki, K. v.: Grundlagen des betriebswirtschaftlichen Prüfungswesens: Prüfungsordnungen, Prüfungsorgane, Prüfungsverfahren, Prüfungsplanung und Prüfungsbericht, a.a.O., S. 161, Egner, H.: Betriebswirtschaftliche Prüfungslehre. Eine Einführung, a.a.O., S. 31, Egner, H.: Prüfungstheorie, verhaltensorientierter Ansatz (Syllogistischer Ansatz), a.a.O., Sp. 1570.

[2] „r kann auch verbal als „praktisch sicher" oder mit „hoher Wahrscheinlichkeit" umschrieben werden." Lenz, H.: Urteilsbegründung bei betriebswirtschaftlichen Prüfungen: Indirekte Prüfungen als statistische Begründung rationaler Erwartungen, a.a.O., S. 1356.

[3] Vgl. Peemöller, V. H.: Direkte und indirekte Prüfung, a.a.O., Sp. 345 sowie auch Lenz, H.: Urteilsbegründung bei betriebswirtschaftlichen Prüfungen: Indirekte Prüfungen als statistische Begründung rationaler Erwartungen, a.a.O., S. 1356, Quick, R.: Plausibilitätsbeurteilungen, in: HWRP, 3. Aufl., Stuttgart 2002, Sp. 1686.

[4] Das Vorliegen einer induktiven anstelle einer deduktiven Konklusion soll in der vorstehenden Graphik durch den Doppelstrich symbolisiert werden; vgl. Lenz, H.: Urteilsbegründung bei betriebswirtschaftlichen Prüfungen: Indirekte Prüfungen als statistische Begründung rationaler Erwartungen, a.a.O., S. 1356.

übergeordnete Zusammenhänge in Form von Verknüpfungen und Abhängigkeiten zwischen den einzelnen Prüfungsobjekten und/oder Prüffeldern.[1]

‚Indirekte Datenprüfungen' lassen sich weiter in ‚Abstimmungsprüfungen' und ‚Plausibilitätsprüfungen' differenzieren:[2]

- **‚Abstimmungsprüfung' (‚Globalabstimmung')**

    Bei Abstimmungsprüfungen besteht ein rechnerischer Zusammenhang zwischen dem Ist-Objekt sowie dem Ersatz-Soll-Objekt, welcher sich zwangsläufig aus den Rechenregeln des betrachteten Abbildungssystems (z.B. Finanzplanung, Buchhaltung) ergibt.[3] Da häufig quantitativ verdichtete Maßgrößen, d.h. aggregierte Zahlen, für Zwecke des Soll-Ist-Vergleiches verwendet werden, wird die Abstimmungsprüfung auch als ‚Globalabstimmung' bezeichnet.[4]

    Abstimmungsprüfungen (Globalabstimmungen) können weiter in ‚Gesamtabstimmungen', ‚Teilabstimmungen' und ‚Einzelabstimmungen' unterschieden werden.[5] ‚**Gesamtabstimmungen**' dienen der Abstimmung der Gesamtheit aller innerhalb einer Planungs- oder Berichtsperiode zu berücksichtigenden Einzelfälle.[6] Im Rahmen von ‚**Teilabstimmungen**' und ‚**Einzelabstimmungen**' werden dagegen rechnerisch zusammenhängende Datenfelder aus unterschiedlichen Bereichen des Abbildungssystems bzw. aus verschiedenen Abbildungssystemen miteinander verglichen.[7]

    Abstimmungsprüfungen dienen der Ermittlung von Rechenfehlern, wobei jedoch keine Aussage über die inhaltliche (materielle) Richtigkeit des betrachteten Abbildungssystems getroffen wird.[8] Aufgrund dieses ‚formellen' Charakters ist die Abstimmungsprüfung bei EDV-gestützten, in sich geschlossenen Abbildungssystemen von geringerer Bedeutung, da hier die rechnerische Richtigkeit regelmäßig durch separate Programmprüfungen zu verifizieren ist.[9] Bei aperiodisch erstellten, in hohem Maße individualisierten Rechen- und Abbildungswerken, welche dem Prüfer zudem nur in Papier- bzw. Dateiform eines Tabellenkalkulations- oder Datenbankprogramms vorgelegt werden, kann die Globalabstimmung ein sinnvoller formal-rechnerischer Prüfungsbestandteil sein.

---

[1] Vgl. Peemöller, V. H.: Direkte und indirekte Prüfung, a.a.O., Sp. 346.

[2] Vgl. Lachnit, L.: Globalabstimmung und Verprobung, a.a.O., Sp. 719 f. passim sowie Becker, W.; Petersen, H.: Entwicklungstendenzen auf dem Gebiet der Prüfungsmethoden, a.a.O., S. 410, welche zwischen ‚*Globalabstimmungen*' und ‚*Prüfungen nach dem wirtschaftlichen Verhältnis der Abschlusszahlen zueinander*' differenzieren.

[3] Vgl. Lachnit, L.: Globalabstimmung und Verprobung, a.a.O., Sp. 719 f.

[4] Anders Lück, W.: Wirtschaftsprüfung und Treuhandwesen. Institutionelle und funktionale Aspekte der Betriebswirtschaftlichen Prüfungslehre, a.a.O., S. 146, welcher die Globalabstimmung als Teilmenge der Abstimmungsprüfungen sieht. LACHNIT weist jedoch darauf hin, dass im Schrifttum z.T. keine eindeutige Unterscheidung zwischen der ‚Globalabstimmung' und der ‚Verprobung erfolgt; Lachnit, L.: Globalabstimmung und Verprobung, a.a.O., Sp. 720.

[5] Vgl. Falkenberg, H.; Egger, A.: Prüfungshandlungen, in: K. Lechner u.a. (Hrsg.), Treuhandwesen: Prüfung, Begutachtung, Beratung, Wien 1978, S. 844, Lachnit, L.: Globalabstimmung und Verprobung, a.a.O., Sp. 721.

[6] Beispielsweise kann bei Planbilanzen, die nicht in bzw. mit geschlossenen EDV-Systemen erstellt werden, ein betragsmäßiger Abgleich der Aktivseite mit der Passivseite vorgenommen werden.

[7] Bei Jahresabschlussprüfungen kann z.B. die Höhe des abnutzbaren Anlagevermögens durch Abstimmung von Einzelwerten in Anlagekartei, Anlagebuchhaltung und Anlagekonten des Hauptbuches erfolgen; vgl. Lachnit, L.: Globalabstimmung und Verprobung, a.a.O., Sp. 721.

[8] Mit Hilfe der Abstimmungsprüfung kann u.a. keine Aussage über die Vollständigkeit des Abbildungssystems, d.h. über die Erfassung aller Einzelfälle, getroffen werden.

[9] Vgl. hierzu Nagel, K.: Programmprüfung, in: HWRev, 2. Aufl., Stuttgart 1992, Sp. 1443 ff.

- **‚Plausibilitätsprüfung' (‚Verprobung')**

  Bei Plausibilitätsprüfungen (Verprobungen) werden <u>inhaltliche (sachlogische, kausale) Zusammenhänge</u> zwischen Ist-Objekten sowie Ersatz-Soll-Objekten dahingehend genutzt, dass Soll-Ist-Vergleiche auf der Basis von funktionalen oder relationalen Beziehungen durchgeführt werden.[1] Verprobungen dienen der Plausibilisierung von Ergebniswerten, d.h. einer Beurteilung unter dem Gesichtspunkt der Glaubwürdigkeit (‚Wahrheitsmöglichkeit').[2] Die hierbei erzielten Ergebnisse unterstützen die Lokalisierung von potenziellen Fehlerfeldern, welche in einem zweiten Schritt durch direkte Prüfungshandlungen unmittelbar zu beurteilen sind. Plausibilitätsprüfungen können zur Rationalisierung von betriebswirtschaftlichen Prüfungen beitragen, wenn hierdurch knappe Prüfungsressourcen fokussiert eingesetzt werden.[3]

  Für Zwecke der vorliegenden Untersuchung sind als anwendbare Verprobungsarten die ‚Verprobung mit Input-Output-Relationen' sowie die ‚Verprobung mit betriebswirtschaftlichen Vergleichen' hervorzuheben.[4] Bei der **‚Verprobung mit Input-Output-Relationen'** werden bekannte branchen- oder firmenspezifische Beziehungen zwischen Einsatz- und Ausbringungsfaktoren für die Plausibilisierung von Ist-Objekten herangezogen. Unter Verwendung von ‚<u>mengenmäßigen Input-Output-Relationen</u>', d.h. Wirkungsgrad-, Ausbeute- oder Produktivitätskennzahlen, können beispielsweise Produktionsmengen (Ist-Objekt) durch Gegenüberstellung mit Faktoreinsatzmengen (Ersatz-Soll-Objekt) geprüft werden und vice versa.[5] Verprobungen mit ‚<u>wertmäßigen Input-Output-Relationen</u>' folgen dem gleichen Prinzip, wobei jedoch mit Geldeinheiten bewertete Größen verwendet werden. Auch ‚<u>Umschlagshäufigkeiten des Lagerbestandes</u>' können zur Plausibilisierung des Umsatzes und umgekehrt herangezogen werden, soweit Umschlagshäufigkeit und Gewinnaufschläge bekannt sind. Die **‚Verprobung mit betriebswirtschaftlichen Vergleichen'** erfolgt unter Verwendung von innerbetrieblich

---

[1] Vgl. Lachnit, L.: Globalabstimmung und Verprobung, a.a.O., Sp. 721 f., Lück, W.: Prüfungsmethoden, a.a.O., Sp. 1017, Quick, R.: Plausibilitätsbeurteilungen, a.a.O., Sp. 1686. ‚Plausibilitätsprüfungen' werden im jahresabschlussspezifischen Schrifttum auch als ‚analytische Prüfungshandlungen' bezeichnet; vgl. Biggs, S. F.; Mock, T. J.; Quick, R.: Das Prüfungsurteil bei analytischen Prüfungshandlungen – Praktische Implikationen von Forschungsergebnissen, in: WPg, 53. Jg. (2000), S. 169, sowie Gärtner, M.: Die Anwendung von analytischen Prüfungshandlungen: Ein Grundsatz ordnungsmäßiger Abschlußprüfung im Spannungsfeld zwischen Wirtschaftlichkeit und Qualität der Jahresabschlußprüfung, in: DB, 47. Jg. (1994), S. 950 f., welcher darauf hinweist, dass nach dem Verständnis des deutschsprachigen Schrifttums unter den ‚(Prüfungs-) Handlungen' die Tätigkeiten des Prüfers im Rahmen der gewählten ‚(Prüfungs-) Methode' verstanden werden.

[2] Vgl. Becker, W.; Petersen, H.: Entwicklungstendenzen auf dem Gebiet der Prüfungsmethoden, a.a.O., S. 412, Lück, W.: Wirtschaftsprüfung und Treuhandwesen. Institutionelle und funktionale Aspekte der Betriebswirtschaftlichen Prüfungslehre, a.a.O., S. 143, Quick, R.: Plausibilitätsbeurteilungen, a.a.O., Sp. 1685.

[3] Vgl. Lachnit, L.: Globalabstimmung und Verprobung, a.a.O., Sp. 739 f.

[4] LACHNIT differenziert die Plausibilitätsprüfungen in fünf verschiedene Verprobungsarten: (1) ‚Verprobung mit Kontenformeln', (2) ‚Verprobung mit Input-Output-Relationen', (3) ‚Verprobung mit betriebswirtschaftlichen Vergleichen', (4) ‚Verprobung mit kalkulationsmäßigen Rechnungen' sowie (5) ‚Verprobung durch Gesamtvermögensvergleich und Gesamtgeldverkehrsrechnung', wobei die beiden letztgenannten Verprobungsarten primär in der Jahresabschluss- bzw. Betriebsprüfung verwendet werden; vgl. Ebenda, Sp. 722 ff. QUICK nennt zudem die speziell für periodisch wiederkehrende Prüfungen (z.B. Jahresabschlussprüfungen) geeigneten Verfahren der ‚Trendanalyse' sowie der ‚Regressionsanalyse', mit denen eine periodenübergreifende Plausibilitätsprüfung vorgenommen werden kann; vgl. Quick, R.: Plausibilitätsbeurteilungen, a.a.O., Sp. 1691 ff.

[5] Mengenmäßige Input-Output-Relationen finden u.a. in der steuerlichen Betriebsprüfung Anwendung. So kann beispielsweise aus dem Wasserverbrauch eines Friseurgeschäftes innerhalb einer Periode auf die Anzahl der Haarwäschen respektive die Anzahl der Kunden einer Periode geschlossen werden, soweit durch statistische Erhebungen der durchschnittliche Wasserverbrauch je Kundenbesuch bekannt ist. Zum Zusammenhang zwischen derartigen Verprobungsmethoden und steuerlichen Aufzeichnungspflichten vgl. Haberstock, L: Steuerbilanz und Vermögensaufstellung, 3. Aufl., Hamburg 1991, S. 30 sowie Schmitz, K.-J.: Richtsatz- und Kennziffernprüfung, a.a.O., Sp. 2037 f. u. 2040 ff.

oder überbetrieblich ermittelten Betriebsvergleichsnormen, d.h. durch die bereits skizzierten ‚interperiodischen Vergleiche' bzw. ‚zwischenbetrieblichen Vergleiche'.[1]

Die indirekte Prüfungsmethode der ‚**Verfahrensprüfung**' (‚**Systemprüfung**') wird im nachfolgenden Abschnitt gesondert dargestellt.

4.1.1.2.2.2.4   Kriterium ‚Objekt der Vergleichshandlung'

Es wurde bereits ausgeführt, dass sich nach dem Unterscheidungskriterium ‚Objekt der Vergleichshandlung' die ‚Einzelfallprüfung' von der ‚Systemprüfung' unterscheiden lässt. Bei der ‚**Einzelfallprüfung**' (auch ‚**Einzelwertprüfung**', ‚**Ergebnisprüfung**', ‚**Detailprüfung**', ‚**Kontenprüfung**'[2], ‚**substantielle Prüfung**'[3]) werden einzelne Geschäftsvorfälle bzw. einzelne wirtschaftliche Tatbestände (‚Einzelwerte', ‚Risiken') dadurch isoliert überprüft, dass sie von ihrer tatsächlichen oder geplanten Entstehung bis zu ihrer Erfassung, Verarbeitung und Abbildung mit Hilfe eines oder mehrer Soll-Ist-Vergleiche nachvollzogen werden.[4] Bei großen Mengen homogener Einzelfälle wird die Einzelfallprüfung im Rahmen von Stichprobenerhebungen unter Verwendung von Methoden der Zufallsauswahl durchzuführen sein.[5]

‚**Systemprüfungen**' dienen der Urteilsbildung über Erfassungs-, Verarbeitungs- und Kontrollprozesse in ‚Systemen'.[6] Dabei können einerseits Unternehmen respektive Projekte als ‚Gesamtsysteme' (‚Supersysteme') verstanden werden, welche andererseits ihre Entsprechung in ‚Systemen'[7], d.h. ex post in Abrechnungs- und Abbildungssystemen oder ex ante in Kontroll- und Genehmi-

---

[1] Die ‚Verprobung mit betriebswirtschaftlichen Vergleichen' wird auch als ‚wirtschaftliche Verprobung' bzw. ‚Kennziffernprüfung' bezeichnet; vgl. Wysocki, K. v.: Grundlagen des betriebswirtschaftlichen Prüfungswesens: Prüfungsordnungen, Prüfungsorgane, Prüfungsverfahren, Prüfungsplanung und Prüfungsbericht, a.a.O., S. 163. Vgl. hierzu auch Schmidt, R.: Quantitative Ansätze zur Beurteilung der wirtschaftlichen Lage von Unternehmen, in: BFuP, 32. Jg. (1980), S. 544 ff. Vgl. zur ‚Kennziffernprüfung' Schmitz, K.-J.: Richtsatz- und Kennziffernprüfung, in: HWRP, 3. Aufl., Stuttgart 2002, Sp. 2037 ff. Siehe auch die vorstehenden Ausführungen zu ‚Betriebsvergleichsnormen' in Form von ‚interperiodischen Vergleichen' bzw. ‚zwischenbetrieblichen Vergleichen' unter Gliederungspunkt 4.1.1.2.2.1 Prüfungsnormen, S. 311 ff.

[2] LEFFSON verwendet im Hinblick auf die Jahresabschlussprüfung den Begriff ‚Kontenprüfung', da wirtschaftliche Sachverhalte im betrieblichen Rechnungswesen überwiegend auf ‚Konten' erfasst werden; vgl. Leffson, U.: Systemprüfung, in: HWRev, 2. Aufl., Stuttgart 1992, Sp. 1928, Leffson, U.: Wirtschaftsprüfung, a.a.O., S. 264.

[3] Vgl. Rückle, D.: Prüfungswege, a.a.O., S. 801 ff.

[4] Vgl. Lück, W.: Wirtschaftsprüfung und Treuhandwesen. Institutionelle und funktionale Aspekte der Betriebswirtschaftlichen Prüfungslehre, a.a.O., S. 143. Vgl. hierzu auch die vorstehenden Ausführungen unter Gliederungspunkt 4.1.1.2.2.2 Prüfungsmethoden, S. 316 ff. zur Bildung von ‚retrograden und/oder progressiven Prüfungsketten' zum Nachvollziehen von Geschäftsvorfällen im Rahmen von komplexen Prüfungen.

[5] Vgl. hierzu die vorstehenden Ausführungen unter Gliederungspunkt 4.1.1.2.2.2.2 Kriterium ‚Prüfungsintensität', S. 319 ff.

[6] Vgl. Lück, W.: Wirtschaftsprüfung und Treuhandwesen. Institutionelle und funktionale Aspekte der Betriebswirtschaftlichen Prüfungslehre, a.a.O., S. 143, Baetge, J.: Auswahlprüfungen auf der Basis der Systemprüfung, a.a.O., S. 53. *„Ein System ist ganz allgemein betrachtet eine Gesamtheit von Elementen, die miteinander in wechselseitiger Beziehung stehen und gegenüber einer Umwelt in einer bestimmten Ordnung abgegrenzt sind."* Leffson, U.: Wirtschaftsprüfung, a.a.O., S. 226 f., Fn. 184. Teilweise wird der Begriff ‚System' fälschlicherweise mit ‚EDV-System' gleichgesetzt. Letzterer Begriff bezeichnet jedoch nur eine Möglichkeit der technischen Umsetzung respektive Abbildung der Gesamtsysteme ‚Unternehmung' oder ‚Projekt'.

[7] ‚Systeme' können sich wiederum in ‚Subsysteme' (‚Teilsysteme') zergliedern. Vgl. Mayer, H. J.: Begriff und Methodik der Systemprüfung, in: WPg, 27. Jg. (1974), S. 347 m.w.N.

gungssystemen sowie Planungssystemen, finden.[1] Bei der Prüfung eines Systems ist zu beachten, dass Schnittstellen und damit Interdependenzen zu den übrigen Systemen des Gesamtsystems existieren (sogenannte ‚Vermaschung').[2] Derartige Interdependenzen können zudem für die indirekte Prüfung eines Systems herangezogen werden:[3]

- Die zwischen dem zu prüfenden System und anderen Systemen bestehenden Schnittstellen können im Rahmen von ‚**Globalabstimmungen**' geprüft werden.

- Da sich das System als Teilmenge widerspruchsfrei in das Gesamtsystem einfügen muss, können Unstimmigkeiten durch ‚**Plausibilitätsprüfungen**' aufgedeckt werden.

Das logische Schlussverfahren bei Systemprüfungen erlaubt zunächst nur die widerlegbare Vermutung, dass ein System die einzelnen wirtschaftlichen Tatbestände fehlerfrei erfasst und verarbeitet:

---

[1] Zu den Begrifflichkeiten ‚Gesamtsystem' bzw. ‚Supersystem' und ‚Subsystem' vgl. Leffson, U.: Wirtschaftsprüfung, a.a.O., S. 227, Leffson, U.: Systemprüfung, a.a.O., Sp. 1926 f., Pfitzer, N.; Schmidt, G.: Systemprüfung, in: HWRP, 3. Aufl., Stuttgart 2002, Sp. 2336 sowie Mayer, H. J.: Begriff und Methodik der Systemprüfung, in: WPg, 27. Jg. (1974), S. 347. Als Beispiele für die Prüfung von ‚*Subsystemen*' lassen sich die ‚Prüfung des Internen Kontrollsystems' (sogenannte ‚IKS-Prüfung') bei Jahresabschlussprüfungen und Unterschlagungsprüfungen, die Prüfung des ‚Ablauf- und Entscheidungssystems' bei Geschäftsführungsprüfungen sowie die Prüfung von ‚Erfassungs-, Verarbeitungs- und Kontrollsystemen' bei der Prüfung von Plänen und Prognosen anführen. Vgl. auch Hömberg, R.: Internes Kontrollsystem, in: HWRP, 3. Aufl., Stuttgart 2002, Sp. 1228 ff., Horváth, P.: Internes Kontrollsystem, allgemein, in: HWRev, 2. Aufl., Stuttgart 1992, Sp. 882 ff., Wanik, O.: Internes Kontrollsystem, Prüfung, in: HWRev, 2. Aufl., Stuttgart 1992, Sp. 896 ff., Leopold, H.: Effektivität und Effizienz der Jahresabschlußprüfung: Ausbau und Stand des Internen Kontrollsystems als Maßstab für die Bemessung des Prüfungsumfangs, in: BFuP, 37. Jg. (1985), S. 308 ff., Knop, W.: Eine Prüfungsstrategie zur Prüfung des Internen Kontrollsystems (IKS) einer Unternehmung durch den Abschlussprüfer, in: WPg, 37. Jg. (1984), S. 313 ff. u. S. 348 ff., Wiedmann, H.: Die Prüfung des internen Kontrollsystems, in: WPg, 34. Jg. (1981), S. 705 ff., Maul, K.-H.: Grundlagen eines Internen Kontrollsystems, in: WPg, 30. Jg. (1977), S. 229 ff.

[2] Der Begriff ‚Vermaschung' entstammt der Terminologie der Systemtheorie; vgl. Leffson, U.: Wirtschaftsprüfung, a.a.O., S. 226.

[3] Vgl. zu den Methoden der indirekten Prüfung auch die vorstehenden Ausführungen unter Gliederungspunkt 4.1.1.2.2.2.3 Kriterium ‚Art der Vergleichshandlung', S. 324 ff. Zwar handelt es sich bei den hier genannten ‚Globalabstimmungen' und ‚Plausibilitätsprüfungen' zunächst um Methoden der ‚indirekten Datenprüfung'. Jedoch können im Rahmen der Systemprüfung derartige ‚Verprobungen' und ‚Abstimmungen' von einzelnen oder aggregierten Ergebniswerten zur Aufdeckung von Systembrüchen und/oder Unstimmigkeiten zwischen Subsystemen und dem Gesamtsystem beitragen. Insofern liegt hier eine ‚doppelt indirekte Prüfung' vor: Zum einen stellt die Systemprüfung per se eine indirekte Prüfung der Prüfungsobjekte und/oder Prüffelder dar. Zum anderen kann das Subsystem selbst einer indirekten Prüfung unterzogen werden.

Abb. 81: Syllogismus bei Systemprüfungen

> *Majorprämisse:*
>
> In ordnungsmäßigen Systemen ist mit hoher Wahrscheinlichkeit nicht mit fehlerhaften Ergebniswerten zu rechnen.
>
> *Minorprämisse:*
>
> Im Bereich der Finanzplanung existiert ein ordnungsmäßiges Planungssystem.
>
> *(r)* ─────────────────────────────
>
> *Konklusion:*
>
> In der Finanzplanung werden wahrscheinlich keine oder wenige Fehler enthalten sein.

Quelle: Eigene Darstellung in Anlehnung an Wysocki, K. v.: Grundlagen des betriebswirtschaftlichen Prüfungswesens: Prüfungsordnungen, Prüfungsorgane, Prüfungsverfahren, Prüfungsplanung und Prüfungsbericht, a.a.O., S. 165.

Obige Konklusion wäre bereits dann als abschließendes Urteil (Prüfungsergebnis) anzusehen, wenn ein System derart konzipiert wurde, dass es ‚**deterministische Kontrollprozesse**' in die Erfassungs- und Verarbeitungsprozesse integriert.[1] Eine derartige Systemkonzeption kann z.B. bei einem EDV-System vorliegen. Regelmäßig sind betriebliche Systeme aufgrund der unvermeidbaren Involvierung von Personen mit ‚**stochastischen Kontrollprozessen**' ausgestattet, so dass mit zufälliger Fehlerhaftigkeit oder sogar Manipulation der Erfassungs- und/oder Verarbeitungsergebnisse gerechnet werden muss.[2] Die Schlussfolgerung aus einer Systemprüfung besitzt bei Vorliegen eines stochastisch bedingten Kontrollprozesses nur solange Gültigkeit, bis sie durch Falsifikation widerlegt wurde. Die Konklusion ist insoweit eine widerlegbare Vermutung, die im Regelfall durch Einzelfallprüfungen weiter zu fundieren ist. Daneben kann das Auffinden von Schwachstellen oder Fehlerquellen innerhalb von Systemen die zusätzliche Notwendigkeit der Prüfung von einzelnen wirtschaftlichen Tatbeständen aufzeigen sowie den Umfang derselben bestimmen. Es erscheint daher sinnvoll, die Systemprüfung grundsätzlich etwaigen Einzelfallprüfungen voranzustellen.[3]

---

[1] Unter ‚**Determinismus**' kann in diesem Zusammenhang die „*Lehre von der kausalen Vorbestimmtheit allen Geschehens*" (Dudenredaktion (Hrsg.): Duden, Das Fremdwörterbuch, Bd. 5, 3. Aufl., Mannheim u.a. 1974, S. 170) verstanden werden.

[2] Vgl. Leffson, U.: Systemprüfung, a.a.O., Sp. 1928. „*Jede durch menschliches Handeln gestaltete Treuhandtätigkeit muß die Invarianten im menschlichen Verhalten berücksichtigen.*" Himmelmayer, F. E.: Die Prüfungs-, Begutachtungs- und Beratungsvorbereitung, in: K. Lechner u.a. (Hrsg.), Treuhandwesen: Prüfung, Begutachtung, Beratung, Wien 1978, S. 688, welcher unter den Begriff ‚Treuhandtätigkeiten' die Teilaufgaben der ‚Prüfung', ‚Begutachtung' und ‚Beratung' subsumiert; vgl. Ebenda, S. 682.

[3] Vgl. Leffson, U.: Systemprüfung, a.a.O., Sp. 1925 u. 1928, Baetge, J.: Auswahlprüfungen auf der Basis der Systemprüfung, a.a.O., S. 52 f. sowie für den Bereich der Jahresabschlussprüfung Wittmann, A.: Systemprüfung und ergebnisorientierte Prüfung, Berlin 1981.

4.1.1.2.2.3 Prüfungshandlungen

In der Literatur zum betriebswirtschaftlichen Prüfungswesen wird zwischen formellen und materiellen Prüfungshandlungen unterschieden:[1]

‚**Formelle Prüfungshandlungen**' dienen der Generierung eines Prüfungsurteils über die Form eines Prüfungsobjektes, d.h. über die äußere Ordnungsmäßigkeit sowie die rechnerische Richtigkeit eines Abbildungssystems (z.B. Finanzplanung, Kostenrechnung etc.).[2] Bei einer nicht prüfungsobjektspezifischen abstrakten Betrachtung lassen sich die folgenden Anforderungen an die äußere Ordnungsmäßigkeit eines Prüfungsobjektes differenzieren:

- Ordnungsmäßige Dokumentation aller berücksichtigten Einzelfälle (Einzelwerte, Geschäftsvorfälle, Risiken) in den zugrundeliegenden Unterlagen des betrachteten Abbildungssystems.

- Abbildungssystemadäquate und richtige rechnerische Verarbeitung des Zahlenmaterials auf allen Ebenen des Abbildungssystems.

- Einhaltung der formalen Ordnungsprinzipien, welche durch die jeweils einschlägigen Prüfungsnormen vorgegeben werden.

Eine Prüfung der vorstehenden Anforderungen an die formelle bzw. äußere Ordnungsmäßigkeit eines Prüfungsobjektes kann über die nachfolgenden Prüfungshandlungen vorgenommen werden:

- ‚**Abstimmungsprüfungen**'

    Mittels der bereits skizzierten ‚Abstimmungsprüfungen' können Hinweise über die korrekte rechnerische Verarbeitung sowie über die Einhaltung von formalen Ordnungsprinzipien durch eine indirekte Datenprüfung gewonnen werden.[3]

- ‚**Rechnerische Prüfungen**'

    Durch ‚Rechnerische Prüfungen' kann eine fehlerhafte rechnerische Verarbeitung des Zahlenmaterials – z.B. im Wege der Addition, Subtraktion, Multiplikation, Division oder anderweitiger Algorithmenbildung – direkt aufgedeckt werden. Der erforderliche Umfang der rechnerischen Prüfungshandlungen wird dabei u.a. durch die technische Umsetzung des Abbildungssystems bestimmt sein.[4] Im Extremfall kann bei Vorliegen einer elektronischen Datenverarbei-

---

[1] Vgl. Lück, W.: Wirtschaftsprüfung und Treuhandwesen. Institutionelle und funktionale Aspekte der Betriebswirtschaftlichen Prüfungslehre, a.a.O., S. 144, Buchner, R.: Wirtschaftliches Prüfungswesen, a.a.O., S. 236, Korndörfer, W.: Einführung in das Prüfungs- und Revisionswesen, a.a.O., S. 195 ff., Hagen, K.: Revisions- und Treuhandwesen, a.a.O., S. 38 ff. SEICHT weist darauf hin, dass die Begrifflichkeiten ‚formelle Prüfung' und ‚materielle Prüfung' zwar in der Mehrzahl der Fälle im Zusammenhang mit der Jahresabschlussprüfung diskutiert werden, eine Verwendung jedoch auch im Rahmen anderer betriebswirtschaftlicher Prüfungen (z.B. von Planungsrechnungen) erfolgen kann; vgl. Seicht, G.: Formelle und materielle Prüfung, in: HWRev, 2. Aufl., Stuttgart 1992, Sp. 562.

[2] Vgl. Lück, W.: Wirtschaftsprüfung und Treuhandwesen. Institutionelle und funktionale Aspekte der Betriebswirtschaftlichen Prüfungslehre, a.a.O., S. 144, Korndörfer, W.: Einführung in das Prüfungs- und Revisionswesen, a.a.O., S. 196. Im Hinblick auf die ‚Buchführung' auch Rückle, D.: Prüfungswege, a.a.O., S. 799.

[3] Vgl. hierzu die vorstehenden Ausführungen unter Gliederungspunkt 4.1.1.2.2.2.3 Kriterium ‚Art der Vergleichshandlung', S. 324 ff.

[4] So kann das Abbildungssystem bei Planungsrechnungen z.B. auf der Basis einer individuell programmierten Spreadsheet-Datei basieren, welche auf der Basis einer marktüblichen Tabellenkalkulationssoftware entwickelt wurde.

tungsanlage sowie Verwendung einer auf Ordnungsmäßigkeit geprüften Software auf die ‚Rechnerische Prüfung' verzichtet werden.[1]

- **‚Übertragungsprüfungen'**

  Im Rahmen von ‚Übertragungsprüfungen' wird die korrekte Übertragung von Einzelwerten aus Belegen und Dokumenten in das Abbildungssystem geprüft. Daneben kann eine Übertragungsprüfung auch innerhalb eines Abbildungssystems erfolgen, wenn Einzelwerte aus einzelnen Datenfeldern aufgrund der inneren Abbildungslogik betragsgleich in Datenfelder anderer Bereiche zu übernehmen sind.[2]

- **‚Beleg- bzw. Dokumentenprüfungen'**

  Die korrekte Übernahme von Einzelwerten in das Abbildungssystem kann nur durch eine ‚Beleg- bzw. Dokumentenprüfung' verifiziert werden. Hierbei handelt es sich zunächst um eine ‚Übertragungsprüfung' im vorstehend skizzierten Sinne, d.h. um eine Abstimmung von Einzelwerten und Tatbeständen in den Belegen und Dokumenten mit den korrespondierenden Eintragungen des Abbildungssystems. Des Weiteren sind die Belege bzw. Dokumente selbst einer formellen und materiellen Prüfung zu unterziehen, um ein Prüfungsurteil über Form und Inhalt derselben zu gewinnen.[3]

SEICHT zählt zu den formellen Prüfungshandlungen zudem die direkte ‚**Prüfung der äußeren Ordnungsmäßigkeit des Abbildungssystems nebst zugrundeliegender Belege und Dokumente**' und die ‚**Systemprüfung**', welche ebenfalls Hinweise auf eine fehlerhafte rechnerische Verarbeitung des Zahlenmaterials sowie die Nichteinhaltung von formalen Ordnungsprinzipien im Abbildungssystem geben kann.[4]

‚**Materielle Prüfungshandlungen**' dienen der Generierung eines Prüfungsurteils über die „*...inhaltliche Richtigkeit und wirtschaftliche Berechtigung...*" eines Prüfungsobjektes.[5] Hierzu zählen die Überprüfung der mengenmäßigen und rechtsbeständigen Existenz von Prüfungspositionen (Tatbeständen) sowie der richtigen Bewertung von korrespondierenden Eintragungen im Abbildungssystem, wobei hierfür im Regelfall auch die zugrundeliegenden Belege und Dokumente einer materiellen Prüfung zu unterziehen wären.[6] ‚Materielle Prüfungen' sollen auf den Ergebnissen von ‚formellen Prüfungen' aufbauen, so dass es sinnvoll erscheint, die materiellen erst nach Durchführung der formellen Prüfungshandlungen vorzunehmen.[7] In der Praxis werden sich jedoch

---

[1] Vgl. Falkenberg, H.; Egger, A.: Prüfungshandlungen, a.a.O., S. 850 ff., Lück, W.: Wirtschaftsprüfung und Treuhandwesen. Institutionelle und funktionale Aspekte der Betriebswirtschaftlichen Prüfungslehre, a.a.O., S. 146.

[2] Vgl. Falkenberg, H.; Egger, A.: Prüfungshandlungen, a.a.O, S. 849 f., Hagen, K.: Revisions- und Treuhandwesen, a.a.O., S. 44.

[3] Vgl. Falkenberg, H.; Egger, A.: Prüfungshandlungen, a.a.O, S. 852 f. *Hagen* spricht in diesem Zusammenhang von ‚Beurteilungsprüfungen'; vgl. Hagen, K.: Revisions- und Treuhandwesen, a.a.O., S. 46 f.

[4] Vgl. Seicht, G.: Formelle und materielle Prüfung, a.a.O., Sp. 565. Vgl. zur ‚Systemprüfung' die vorstehenden Ausführungen unter Gliederungspunkt 4.1.1.2.2.2.4 Kriterium ‚Objekt der Vergleichshandlung', S. 329 ff.

[5] Lück, W.: Wirtschaftsprüfung und Treuhandwesen. Institutionelle und funktionale Aspekte der Betriebswirtschaftlichen Prüfungslehre, a.a.O., S. 147. Im Hinblick auf die ‚Buchführung' auch Rückle, D.: Prüfungswege, a.a.O., S. 799.

[6] Vgl. Seicht, G.: Formelle und materielle Prüfung, a.a.O., Sp. 565.

[7] Zu dieser Auffassung vgl. Lück, W.: Wirtschaftsprüfung und Treuhandwesen. Institutionelle und funktionale Aspekte der Betriebswirtschaftlichen Prüfungslehre, a.a.O., S. 145.

materielle und formelle Prüfungshandlungen häufig vermischen, so dass keine eindeutige Abgrenzung möglich sein wird.[1]

4.1.1.2.3 Prüfungsrisiko und Prüfungsrisikomodell

Unter dem ‚Prüfungsrisiko' (‚Audit Risk') wird die Wahrscheinlichkeit verstanden, dass ein Prüfer ein Prüfungsobjekt bzw. ein Prüffeld akzeptiert, obwohl es wesentliche Fehler enthält (‚Irrtumswahrscheinlichkeit').[2] Das (Prüfungs-) Risiko einer irrtümlichen Annahme existiert grundsätzlich auch bei einer Prüfungsdurchführung im Rahmen einer ‚lückenlosen Prüfung' (‚Vollprüfung'), es wird jedoch bei Reduktion der Prüfungsintensität aufgrund der Vornahme einer ‚Auswahlprüfung' tendenziell zunehmen.[3] Das Prüfungsrisiko kann dabei zunächst in zwei Teilaspekte zergliedert werden:

- Das Risiko, dass ein Prüfungsobjekt bzw. ein Prüffeld wesentliche Fehler enthält (‚Fehlerrisiko').

- Das Risiko, dass der Prüfer vorhandene wesentliche Fehler nicht entdeckt (‚Entdeckungsrisiko', ‚Aufdeckungsrisiko').

Der Zusammenhang zwischen Fehlerrisiko und Entdeckungsrisiko wird in der jüngeren Literatur zum betriebswirtschaftlichen Prüfungswesen durch Prüfungsrisikomodelle beschrieben.[4] Zentraler Bestandteil ist dabei die Verwendung einer Prüfungsrisikogleichung, welche sich in ihrer Grundkonzeption wie folgt darstellen lässt:

Prüfungsrisikogleichung

$$PR = IR * KR * ER$$

wobei:
IR * KR = Fehlerrisiko

mit:
PR   =   Prüfungsrisiko (Audit Risk)
IR   =   Inhärentes Risiko (Inherent Risk)
KR   =   Kontrollrisiko (Control Risk)
ER   =   Entdeckungsrisiko, Aufdeckungsrisiko (Detection Risk)

---

[1] So kann vermutet werden, dass beispielsweise ein Prüfer die formelle und materielle Prüfung eines Belegs (Dokuments) in einem Arbeitsgang durchführen wird. Für eine ausführliche Diskussion der Vermischung von formellen und materiellen Prüfungshandlungen auf der Basis verschiedener Auffassungen des Schrifttums vgl. Vodrazka, K.: Ist die Unterscheidung zwischen formeller und materieller Prüfung noch aktuell?, in: G. Seicht (Hrsg.), Management und Kontrolle, Berlin 1981, S. 97 ff. sowie Seicht, G.: Formelle und materielle Prüfung, a.a.O., Sp. 562 ff.

[2] Vgl. Buchner, R.: Wirtschaftliches Prüfungswesen, a.a.O., S. 162, Quick, R.: Prüfungsrisikomodelle, in: WiSt, 27. Jg. (1998), S. 244, Dörner, D.: Prüfungsansatz, risikoorientierter, in: HWRP, 3. Aufl., Stuttgart 2002, Sp. 1744.

[3] Vgl. zu ‚lückenlosen Prüfungen und ‚Auswahlprüfungen' die vorstehenden Ausführungen unter Gliederungspunkt 4.1.1.2.2.2.2 Kriterium ‚Prüfungsintensität', S. 319 ff.

[4] Vgl. Dörner, D.: Prüfungsansatz, risikoorientierter, a.a.O., Sp. 1747 sowie die dort angegebenen Literaturnachweise in Sp. 1761 f. Zum Einsatz in der Abschlussprüfung vgl. Schmidt, S.: Geschäftsverständnis, Risikobeurteilungen und Prüfungshandlungen des Abschlussprüfers als Reaktion auf beurteilte Risiken, in: WPg, 58. Jg. (2005), S. 873 ff.

Die Prüfungsrisikogleichung soll die multiplikative Verknüpfung der einzelnen Komponenten des Prüfungsrisikos aufgrund des Multiplikationssatzes der Wahrscheinlichkeitsrechnung zum Ausdruck bringen.[1] Die formelmäßig erfassten Komponenten des Prüfungsrisikos können wie folgt beschrieben werden:

- **Inhärentes Risiko**

    Das ‚inhärente Risiko' beschreibt die Wahrscheinlichkeit, dass wesentliche Fehler auftreten.[2] Die (mögliche) Existenz von Kontrollen, welche wesentliche Fehler verhindern oder aufdecken könnten, bleibt bei der Bestimmung des inhärenten Risikos unberücksichtigt.[3] Das inhärente Risiko beschreibt insoweit die Fehlerwahrscheinlichkeit, die sich aus der Eigenart eines konkreten Prüfungsobjektes sowie seiner konkreten Umfeldbedingungen ergibt. Dabei gilt: Je komplexer und/oder höherwertiger das zu prüfende System bzw. der zu prüfende Sachverhalt, desto größer ist die Wahrscheinlichkeit, dass wesentliche Fehler auftreten.[4]

    Für den Erklärungsgehalt des Prüfungsmodells ist es von Bedeutung, dass das inhärente Risiko als gegebene, vom Prüfer nicht beeinflussbare Größe vorliegt. Vielmehr muss er eine Beurteilung respektive Schätzung der Fehlerwahrscheinlichkeit vornehmen.[5]

- **Kontrollrisiko**

    Das ‚Kontrollrisiko' beschreibt die Wahrscheinlichkeit, dass systemimmanente Kontrollen nicht in der Lage sind, wesentliche Fehler rechtzeitig zu verhindern bzw. aufzudecken.[6] Auf-

---

[1] Nach dem Multiplikationssatz bzw. Multiplikationsregel der Wahrscheinlichkeitsrechnung ist die Wahrscheinlichkeit, dass zwei oder mehrere voneinander unabhängige Ereignisse eintreten, gleich dem Produkt ihrer (Einzel-) Wahrscheinlichkeiten; vgl. Bronstein, I. N.; Semendjajew, K. A.: Taschenbuch der Mathematik, 24. Aufl., Leipzig 1989, S. 659. Das folgende Beispiel verdeutlicht die Grundidee der Prüfungsrisikogleichung: Auf zwei Maschinen wurde innerhalb einer Periode das gleiche Vorprodukt gefertigt und anschließend eingelagert. Ex post wird festgestellt, dass eine Maschine aufgrund eines technischen Defekts nur Ausschuss produziert hat. Unter der Annahme, dass beide Maschinen die gleiche Stückzahl produziert haben, kann von einem fehlerbehafteten Vorproduktanteil von 50% ausgegangen werden. Das ‚inhärente Risiko', d.h. die Wahrscheinlichkeit für das Auftreten von Produktionsfehlern, beträgt damit 50% (IR = 0,5). Während der zweiten Hälfte der betrachteten Periode hat ein Arbeiter fehlerhafte Vorprodukte aussortiert. Unter der Annahme, dass er seine Kontrollaufgabe fehlerfrei bewältigt hat, kann geschlossen werden, dass innerhalb der zu betrachtenden Periode die Hälfte aller fehlerbehafteten Vorprodukte nicht durch Kontrollen entdeckt wurden. Das ‚Kontrollrisiko', d.h. die Wahrscheinlichkeit für die Nichtentdeckung von Fehlern, beträgt somit ebenfalls 50% (KR = 0,5). Hieraus ergibt sich ein Fehlerrisiko von 25% (FR = IR * KR = 0,5 * 0,5 = 0,25). Anders ausgedrückt: Jedes vierte Vorprodukt im Lager ist fehlerbehaftet. Ein Prüfer wird beauftragt, die eingelagerten Vorprodukte einer Auswahlprüfung zu unterziehen. Hierfür zieht er im Lager eine Stichprobe, indem er jedes zweite Vorprodukt einem Soll-/Ist-Vergleich unterzieht. Unter der Annahme, dass der Prüfer selbst seine Aufgabe 100% fehlerfrei bewältigt und die Fehler im Lagerbestand gleichverteilt sind, beträgt das ‚Entdeckungsrisiko', d.h. die Wahrscheinlichkeit der Nichtentdeckung von fehlerbehafteten Vorprodukten, somit 50% (ER = 0,5). Das ‚Prüfungsrisiko' beläuft sich damit auf PR = IR * KR * ER = 0,5 * 0,5 * 0,5 = 0,125, d.h. auch nach Abschluss der Prüfung ist eines von acht Vorprodukten im Lager weiterhin fehlerhaft.

[2] Vgl. Dörner, D.: Prüfungsansatz, risikoorientierter, a.a.O., Sp. 1745.

[3] Vgl. Peemöller, V. H.: Entwicklung von Prüfungsstrategien, in: WISU, 22. Jg. (1993), S. 707.

[4] Vgl. Dörner, D.: Audit Risk, in: HWRev., 2. Aufl., Stuttgart 1992, Sp. 83, Buchner, R.: Wirtschaftliches Prüfungswesen, a.a.O., S. 162, Wiedmann, H.: Der risikoorientierte Prüfungsansatz, a.a.O., S. 17.

[5] Vgl. Quick, R.: Prüfungsrisikomodelle, a.a.O., S. 244, Buchner, R.: Wirtschaftliches Prüfungswesen, a.a.O., S. 162.

[6] Vgl. Dörner, D.: Prüfungsansatz, risikoorientierter, a.a.O., Sp. 1746. Das relevante Kontrollsystem ist bei Jahresabschlussprüfungen und Unterschlagungsprüfungen das ‚Interne Kontrollsystem', bei Geschäftsführungsprüfungen das ‚Ablauf- und Entscheidungssystem' sowie bei der Prüfung von Plänen und Prognosen das ‚Erfassungs-, Verarbeitungs- und Kontrollsystem'. Vgl. zu ‚Systemprüfungen' die vorstehen-

gabe des Prüfers ist somit u.a. die Identifikation und Bewertung von (internen) Kontrollen. Für die Fälle, dass ein vorgefundenes Kontrollsystem explizit bei der Prüfung unberücksichtigt bleiben soll oder keine (wirksamen) Kontrollen existieren, beträgt das Kontrollrisiko grundsätzlich 100% (KR = 1,0).[1] In allen anderen Fällen ist durch systemorientierte Prüfungshandlungen das Ausmaß und die Wirksamkeit von systemimmanenten Kontrollen zu beurteilen. Das Kontrollrisiko ist ebenso wie das inhärente Risiko eine vom Prüfer (kurzfristig) nicht beeinflussbare, sondern ausschließlich schätzbare Größe.[2] Es kann nur bei deterministischen Kontrollprozessen eine Wahrscheinlichkeit von Null annehmen.[3] Bei stochastischen Kontrollprozessen gilt grundsätzlich, dass das Kontrollrisiko aufgrund inhärenter Systembeschränkungen größer als Null ist (KR > 0).[4]

Die Durchführung einer Systemprüfung kann selbst zu einer Fehleinschätzung des Kontrollrisikos beitragen (sogenanntes ‚Systemprüfungsrisiko', ‚Compliance Test Risk'), wenn ein Prüfer irrtümlicherweise die systemimmanenten Kontrollen als zuverlässig annimmt (‚Risk of Over-reliance') oder fälschlicherweise als unzuverlässig ablehnt (‚Risk of Under-reliance').[5]

- **Entdeckungsrisiko**

  Das ‚Entdeckungsrisiko' beschreibt die Wahrscheinlichkeit, dass wesentliche Fehler vom Prüfer nicht entdeckt werden.[6] Es stellt die einzige vom Prüfer beeinflussbare Komponente des Prüfungsrisikos dar.[7] Hat ein Prüfer ein maximal akzeptables Prüfungsrisiko für ein konkretes Prüffeld einzuhalten, so kann er nach Schätzung des Fehlerrisikos (IR * KR) das korrespondierende Entdeckungsrisiko durch Umformung der Prüfungsrisikogleichung in eine Entdeckungsrisikogleichung und Einsetzen der Werte ermitteln:

---

den Ausführungen unter Gliederungspunkt 4.1.1.2.2.2.4 Kriterium ‚Objekt der Vergleichshandlung', S. 329 ff.

[1] Für das Zahlenbeispiel aus der Fußnote auf S. 334 bedeutet dies, dass das Kontrollrisiko auf 100% heraufgesetzt werden muss (KR = 1,0). Das Fehlerrisiko erhöht sich damit auf 50% (FR = IR * KR = 0,5 * 1,0 = 0,5). Bei einem unveränderten Stichprobenumfang beträgt das Entdeckungsrisiko weiterhin 50% (ER = 0,5). Das Prüfungsrisiko steigt nunmehr auf 25% (PR = IR * KR * ER = 0,5 * 1,0 * 0,5 = 0,25), d.h. nach Abschluss der Prüfung ist eines von vier Vorprodukten im Lager fehlerhaft. Um das gleiche Prüfungsrisiko wie im Ausgangsbeispiel zu erreichen (PR = 0,125), müsste der Prüfer sein Entdeckungsrisiko auf 25% senken (ER = 0,25), d.h. seine Stichprobe müsste nunmehr drei von vier Vorprodukten aus dem Lager umfassen.

[2] Mittel- bis langfristig kann ein Prüfer bei periodisch wiederkehrenden Prüfungsarten (z.B. bei Jahresabschlussprüfungen) das Kontrollrisiko durch Empfehlungen hinsichtlich der Ausgestaltung des internen Kontrollsystems modifizieren; vgl. Wiedmann, H.: Der risikoorientierte Prüfungsansatz, in: WPg, 46. Jg. (1993), S. 17 m.w.N.

[3] Vgl. zur Abgrenzung von ‚deterministischen Kontrollprozessen' und ‚stochastischen Kontrollprozessen' die vorstehenden Ausführungen unter Gliederungspunkt 4.1.1.2.2.2.4 Kriterium ‚Objekt der Vergleichshandlung', S. 329 ff.

[4] Die inhärenten Systembeschränkungen werden in der Mehrzahl der Fälle daraus resultieren, dass die Wirksamkeit von Kontrollprozessen durch die unvermeidbare Involvierung von Personen und damit potenziell durch menschliches Versagen und vorsätzliches Fehlverhalten gefährdet wird; vgl. hierzu Quick, R.: Prüfungsrisikomodelle, a.a.O., S. 245, Buchner, R.: Wirtschaftliches Prüfungswesen, a.a.O., S. 162.

[5] Vgl. Buchner, R.: Wirtschaftliches Prüfungswesen, a.a.O., S. 163, Dörner, D.: Audit Risk, a.a.O., Sp. 83.

[6] Vgl. Dörner, D.: Prüfungsansatz, risikoorientierter, a.a.O., Sp. 1746 sowie Wiedmann, H.: Der risikoorientierte Prüfungsansatz, a.a.O., S. 18, welcher zudem (im Hinblick auf die Jahresabschlussprüfung) ausführt: *„Aufgabe der Revision ist es, Risiken im Wirtschaftsleben zu verringern. Dies erfordert im Rahmen von Beurteilungsprozessen durch den Wirtschaftsprüfer/Revisor, daß er Risiken bei der Bewertung von Soll-Istabweichung(en) eines Beurteilungsobjektes so gering wie möglich hält."* (Ebenda, S. 13.)

[7] Vgl. Quick, R.: Prüfungsrisikomodelle, a.a.O., S. 245, Buchner, R.: Wirtschaftliches Prüfungswesen, a.a.O., S. 163.

Entdeckungsrisikogleichung

$$ER = \frac{PR}{(IR * KR)}$$

Die vorstehende Gleichung zeigt, dass sich bei vorgegebenem Prüfungsrisiko die Höhe des Fehlerrisikos und des Entdeckungsrisikos umgekehrt zueinander verhalten.[1] Folglich muss der Prüfer ein hohes Fehlerrisiko durch ein geringes Entdeckungsrisiko ausgleichen. Ist ein maximal akzeptables Prüfungsrisiko vorgegeben (z.B. PR = 0,05) und liegt ein als sehr hoch eingeschätztes Fehlerrisiko vor (z.B. IR = KR = 1,0), so nähert sich das Entdeckungsrisiko tendenziell dem Prüfungsrisiko an.[2] Der Prüfer muss in diesen Fällen seinen Prüfungsumfang erheblich intensivieren, um sein Entdeckungsrisiko auf das erforderliche Niveau zu senken. Ein niedriges Fehlerrisiko ermöglicht ihm hingegen, ein hohes Entdeckungsrisiko einzugehen.[3]

Die vorstehenden Ausführungen zeigen die Bedeutung der Bestimmung des inhärenten Risikos und des Kontrollrisikos für das Entdeckungsrisiko. Insbesondere die Systemprüfung dient somit nicht nur der Einschätzung des Kontrollrisikos, sondern auch der Entdeckung von potenziellen Fehlerfeldern und damit der zielgerichteten Fokussierung von weiteren Prüfungshandlungen, wodurch sich wiederum das Entdeckungsrisiko bei reduzierten Einzelfallprüfungen senken lässt.

Die Zielsetzung einer Verwendung von Prüfungsrisikomodellen besteht zum einen in der Verbesserung der Wirtschaftlichkeit sowie zum anderen in der Hebung der Prüfungsqualität durch Identifikation von Prüffeldern mit hohem Fehlerrisiko.[4] Im Schrifttum werden u.a. die folgenden Argumente für eine Verwendung von Prüfungsrisikomodellen in der Prüfungspraxis angeführt:[5]

- Möglichkeit der konzeptionellen Trennung von im Prüfungsprozess gewonnenen Informationen

- Analyse des Zusammenwirkens der einzelnen Prüfungsrisikokomponenten im Hinblick auf die zu erreichende Prüfungsqualität

- Zerlegung eines komplexen Beurteilungsprozesses in überschaubarere Teilelemente

- Zwang des Prüfers zur expliziten Berücksichtigung aller Bestandteile der Prüfungsrisikogleichung

---

[1] Bei Fortsetzung des Zahlenbeispiels aus der Fußnote auf S. 334 bedeutet dies, dass ein Prüfungsrisiko von 5% (PR =0,05) zu einem Entdeckungsrisiko von 20% führt (ER = PR / (IR * KR) = 0,05 / (0,5 * 0,5) = 0,2). D.h., der Prüfer muss 80% der Vorprodukte im Lager in seine Stichprobe einbeziehen, um das vorgegebene Prüfungsrisiko einzuhalten.

[2] In einer derartigen Fallkonstellation könnte sowohl das inhärente Risiko als auch das Kontrollrisiko einen Wert von 100% annehmen. Ist ein Prüfungsrisiko in Höhe von 5% einzuhalten, so muss der Prüfer das Entdeckungsrisiko durch geeignete Prüfungshandlungen auf 5% reduzieren: ER = PR / (IR * KR) = 0,05 / (1,0 * 1,0) = 0,05. Bei Vorliegen eines derart (unakzeptablen) Fehlerrisikos sollte der Prüfer den Prüfungsauftrag zurückgeben (z.B. bei Jahresabschlussprüfungen) respektive das Geschäft ablehnen (z.B. bei Kreditwürdigkeitsprüfungen oder Sorgfältigkeitsprüfungen im Rahmen von Unternehmenskäufen); vgl. Wiedmann, H.: Der risikoorientierte Prüfungsansatz, a.a.O., S. 18.

[3] Vgl. Quick, R.: Prüfungsrisikomodelle, a.a.O., S. 245, Buchner, R.: Wirtschaftliches Prüfungswesen, a.a.O., S. 163, Wiedmann, H.: Der risikoorientierte Prüfungsansatz, a.a.O., S. 18.

[4] Vgl. Quick, R.: Prüfungsrisikomodelle, a.a.O., S. 244.

[5] Vgl. Ebenda, S. 246.

Den skizzierten Argumenten werden in der Literatur verschiedene Kritikpunkte entgegengebracht, die eine Verwendung von Prüfungsrisikomodellen einschränken und/oder in Frage stellen sollen. Im Wesentlichen werden die folgenden Nachteile genannt:[1]

- **Mangelnde Unabhängigkeit**

    Die durch Verwendung des Multiplikationssatzes der Wahrscheinlichkeitsrechnung implizit unterstellte Unabhängigkeit der Prüfungsrisikokomponenten soll nicht gegeben sein, da sich einzelne Risikokomponenten gegenseitig beeinflussen. Fehlende oder mangelhafte Kontrollsysteme fördern beispielsweise das Auftreten von Fehlern, wodurch sich wiederum das inhärente Risiko erhöht. QUICK vertritt jedoch die Auffassung, dass durch eine Interpretation der Teilrisiken als ‚bedingte Wahrscheinlichkeiten' per definitionem weiterhin mit dem Multiplikationssatz der Wahrscheinlichkeitsrechnung gerechnet werden kann.[2]

- **Mangelnde Objektivität**

    Die Bewertung des Fehlerrisikos ist im hohen Maße durch die fachliche Qualifikation, die persönlichen Erfahrungswerte sowie die momentane Leistungsfähigkeit und Leistungswilligkeit (Integrität) des Prüfers beeinflusst, so dass verschiedene Prüfer durchaus zu unterschiedlichen subjektiven Einschätzungen gelangen können.[3] Inhärentes Risiko und Kontrollrisiko können somit nicht durch objektiv abgeleitete Wahrscheinlichkeiten beschrieben werden. Eine Möglichkeit zur partiellen Objektivierung der Fehlerrisikobestimmung liegt in der Verwendung von Checklisten oder Ratingbögen, in denen statistisch ermittelte Erfahrungswerte einer größeren Anzahl von Experten zu konkreten Handlungsanweisungen verdichtet werden.[4]

- **Mangelnde Gewichtung**

    Die Gleichgewichtung der einzelnen Prüfungsgleichungsbestandteile kann in einigen Fällen zu einer gegenseitigen Aufhebung von Risikokomponenten führen. Bei Ergebnissen für das Entdeckungsrisiko von größer[5] oder gleich 100% kann dem Prüfer hierdurch die vermeintliche Unnötigkeit von Prüfungshandlungen angezeigt werden.[6] Aufgrund der vorstehend skizzierten subjektiven Schätzwerte für das inhärente Risiko und das Kontrollrisiko würde eine derartige Schlussfolgerung möglicherweise zu einem falschen bzw. ungerechtfertigten Prüfungsergebnis führen. Daneben widerspricht ein derartiges Vorgehen den Grundintentionen von Prüfungen.[7] Eine quantitative Lösungsmöglichkeit dieses Problems liegt in einer (extern vorgegebenen)

---

[1] Vgl. hierzu insbesondere Quick, R.: Prüfungsrisikomodelle, a.a.O., S. 246 ff. ORTH nennt weitere Kritikpunkte, wobei u.a. die Nichteignung des risikoorientierten Prüfungsansatzes für Zwecke der Beratung im Zuge der Prüfung postuliert wird; vgl. Orth, T. M.: Überlegungen zu einem prozeßorientierten Prüfungsansatz, in: WPg, 52. Jg. (1999), S. 525 f. Da im Rahmen der vorliegenden Arbeit eine strenge Abgrenzung der Begrifflichkeiten ‚Prüfung' und ‚Beratung' erfolgt, werden derartige ‚Nachteile' nicht weiter vertieft; vgl. hierzu auch die nachfolgenden Ausführungen unter Gliederungspunkt 4.1.1.3 Abgrenzung der ‚Prüfung' von ‚Feststellung' und ‚Begutachtung' sowie ‚Beratung, S. 349 ff.

[2] Vgl. Quick, R.: Prüfungsrisikomodelle, a.a.O., S. 246 m.w.N. sowie auch Buchner, R.: Wirtschaftliches Prüfungswesen, a.a.O., S. 163.

[3] Vgl. Buchner, R.: Wirtschaftliches Prüfungswesen, a.a.O., S. 163.

[4] Die Objektivität derartiger Instrumente kann möglicherweise, d.h. in Abhängigkeit von der Prüfungsart bzw. des Prüfungsobjektes, durch empirische Untersuchungen validiert werden.

[5] Ein Ergebnis von größer 100% ist zwar rechnerisch möglich, aber nicht wahrscheinlichkeitstheoretisch respektive logisch interpretierbar. Das Entdeckungsrisiko kann maximal 100% betragen, da der Prüfer nicht mehr als alle vorhandenen Fehler nicht entdecken kann.

[6] So erlaubt ein vorgegebenes Prüfungsrisiko von 10% sowie ein geschätztes inhärentes Risiko von 50% bei einem Kontrollrisiko von 20% im Ergebnis ein Entdeckungsrisiko von 100% (ER = PR / (IR * CR) = 0,1 / (0,5 * 0,2) = 1,0).

[7] Vgl. hierzu die Ausführungen unter Gliederungspunkt 4.1.1.1.2 Prüfungsfunktionen, S. 306 ff.

Gewichtung der einzelnen Prüfungsrisikokomponenten.[1] Eine pragmatischere Lösungsmöglichkeit stellt die Einhaltung eines verbindlich vorgegebenen Mindestmaßes an Prüfungshandlungen durch den Prüfer dar.[2]

- **Mangelnde deskriptive Eignung**

    Empirische Untersuchungen für den Bereich der Jahresabschlussprüfung deuten darauf hin, dass Prüfungsrisikogleichungen mit multiplikativer Verknüpfung der einzelnen Prüfungsrisikokomponenten die tatsächliche Informationsverarbeitung von individuell unterschiedlich vorgehenden Prüfern inkorrekt abbilden.[3] Damit wären Prüfungsrisikomodelle für eine quantitative Deskription des Prüfungsrisikos ungeeignet. Die Bedeutung liegt vielmehr in der Präskription, d.h. einer Normen folgenden, auf konkreten Vorschriften und Handlungsanweisungen beruhenden Vorgehensweise des Prüfers bei der Einschätzung des Prüfungsrisikos und damit auch der Bestimmung des Prüfungsumfangs.

Die Mängel von Prüfungsrisikomodellen zeigen zugleich die Grenzen für eine objektive Beschreibung des Prüfungsrisikos auf. Der Problematik einer quantitativ exakten Umsetzung steht jedoch nicht die grundsätzliche Verwendbarkeit der Prüfungsrisikogleichung als Denk- und Erklärungsmodell entgegen.[4] Insoweit sind die skizzierten Nachteile vor dem Hintergrund der Vorteile für Zwecke einer risikoorientierten Prüfungsplanung abzuwägen.

4.1.1.2.4 Prüfungsplanung

Gesetzlich vorgeschriebene Prüfungen sind ordnungsgemäß, d.h. unter Beachtung von kodifizierten oder anderweitig verbindlich respektive implizit vorgegebenen Normen, durchzuführen.[5] Daneben ist bei allen Prüfungen, unabhängig davon, ob es sich um Pflichtprüfungen oder freiwillige Prüfungen handelt, sicherzustellen, dass eine zweckmäßige Prüfungsdurchführung gewährleistet ist.[6] Die Zweckmäßigkeit einer Prüfung soll dann gegeben sein, wenn ein hinreichend sicheres Prüfungsurteil innerhalb der gegebenen zeitlichen Restriktionen und zu vertretbaren Prüfungskosten getroffen werden kann.[7] Insbesondere bei komplexen Prüfungen wird das Einhalten der Haupt-

---

[1] Nach QUICK kann die Prüfungsrisikogleichung bei Verwendung eines Gewichtungsschemas die folgende Form annehmen: $PR = IR^x * KR^y * ER^z$, wobei $x \neq y$, $x \neq z$, $y \neq z$ sowie $x, y, z \neq 1$ sein müssen, um eine Gleichgewichtung zu verhindern; vgl. hierzu Quick, R.: Prüfungsrisikomodelle, a.a.O., S. 247 f.

[2] Vgl. Wiedmann, H.: Der risikoorientierte Prüfungsansatz, a.a.O., S. 17.

[3] Vgl. hierzu Quick, R.: Prüfungsrisikomodelle, a.a.O., S. 248 m.w.N. sowie Buchner, R.: Wirtschaftliches Prüfungswesen, a.a.O., S. 163.

[4] „Das Prüfungsrisikomodell erhebt nicht den Anspruch einer vollständigen Lösung, gibt aber Hilfestellung bei der Organisation von Prüfungshandlungen in einfachen und komplexen Situationen." Wiedmann, H.: Der risikoorientierte Prüfungsansatz, a.a.O., S. 25. I.d.S. auch Zaeh, P. E.: Prüfungsrisikomodelle: Eine Systematische Analyse unter besonderer Würdigung des Bayesschen Theorems, in: WiSt, 29. Jg. (2000), S. 212. So werden die Prüfungsrisikokomponenten in der Praxis nicht exakt quantifiziert, sondern im Rahmen einer Ordinalskala (Rangskala) mit den Qualitätsausprägungen ‚hoch', ‚mittel' und ‚niedrig' bewertet; vgl. Peemöller, V. H.: Entwicklung von Prüfungsstrategien, a.a.O., S. 701 u. 707.

[5] Vgl. hierzu die Ausführungen unter Gliederungspunkt 4.1.1.2.2.1 Prüfungsnormen, S. 311 ff.

[6] Vgl. für eine Abgrenzung von Ordnungsmäßigkeits- und Zweckmäßigkeits- bzw. Wirtschaftlichkeitsprüfungen die nachfolgenden Ausführungen unter Gliederungspunkt 4.1.2.1.2.2 Prüfungsnormen der Kreditwürdigkeitsprüfung, S. 362 ff.

[7] Vgl. Kupsch, P.: Prüfungsplanung, in: W. Lück (Hrsg.), Lexikon der Betriebswirtschaft, 5. Aufl., Landsberg am Lech 1993, S. 1019, Mayer, L.: Die Prüfungs-, Begutachtungs- und Beratungsplanung, in: K. Lechner u.a. (Hrsg.), Treuhandwesen: Prüfung, Begutachtung, Beratung, Wien 1978, S. 701 sowie speziell für den Anwendungsbereich der Jahresabschlussprüfung Hömberg, R.: Prüfungsplanung, in: HWRP, 3. Aufl., Stuttgart 2002, Sp. 1852. In diesem Zusammenhang wird auch von der ‚**Effektivität**', d.h. dem

bedingung ‚Urteilssicherheit' bei gleichzeitiger Beachtung der Nebenbedingungen ‚Terminierung' und ‚Wirtschaftlichkeit' nur im Wege einer ‚**Prüfungsplanung**' zu erreichen sein.[1] Das hierbei zu lösende Optimierungsproblem erfordert im theoretischen Ideal eine Simultanplanung, welche in der Mehrzahl der Fälle aufgrund komplexer Interdependenzen zwischen den Bedingungen entweder nicht operationalisierbar oder mit prohibitiven Kosten verbunden sein dürfte.[2] Insoweit erfolgt die Prüfungsplanung bei komplexen Prüfungsaufträgen im Wege einer Partialplanung, bei der sukzessive ein Prüfungsplan unter Berücksichtigung der Bereiche ‚Sachplanung', ‚Personalplanung' und ‚Zeitplanung' erarbeitet wird:[3]

- **Sachplanung**

  Den Ausgangspunkt bei der Prüfungsplanung bildet regelmäßig die ‚**Sachplanung**' (‚**Prüfungsprogrammplanung**'), welche „*...Art und Umfang der Prüfungshandlungen für abgegrenzte Prüfungsobjekte unter Beachtung von Reihenfolgebedingungen...*"[4] in einem ‚**Prüfungsprogramm**' festlegt.[5] In einem ersten Schritt wird hierbei das Prüfungsobjekt nach sachlichen Kriterien vollständig in einzelne ‚**Prüffelder**' aufgeteilt, um den Prüfungsauftrag überschaubar zu strukturieren respektive zum Zwecke der Arbeitsteilung in Teilaufgaben zu zerlegen.[6] Die einzelnen Prüffelder können wiederum zu ‚**Prüffelder-Gruppen**' zusammengefasst

---

Grad der Sicherheit, und der ‚**Effizienz**', d.h. der Wirtschaftlichkeit, von betriebswirtschaftlichen Prüfungen gesprochen, wobei der Aspekt der Terminierung mit beiden Kriterien interdependent verknüpft ist; vgl. Wiedmann, H.: Der risikoorientierte Prüfungsansatz, a.a.O., S. 14. Zur ‚Wirtschaftlichkeit' vgl. Wysocki, K. v.: Wirtschaftlichkeit von Prüfungen, in: HWRev, 2. Aufl., Stuttgart 1992, Sp. 2171 ff., Kassebohm, M.: Lean Auditing, in: BB, 49. Jg. (1994), S. 2171 sowie Baetge, J.: Eine Zielvorschrift für Rationalisierungsansätze bei der Prüfung, in: BFuP, 37. Jg. (1985), S. 277 ff.

[1] Vgl. zum Charakter von ‚komplexen Prüfungen' die vorstehenden Ausführungen unter Gliederungspunkt 4.1.1.2.1.2 Einfache versus komplexe Prüfungen, S. 310 ff.

[2] Vgl. hierzu Bönkhoff, F. J.: Prüfungsplanung, in: HWRev, 2. Aufl., Stuttgart 1992, Sp. 1520, Kupsch, P.: Prüfungsplanung, a.a.O., S. 1019, Hömberg, R.: Prüfungsplanung, a.a.O., Sp. 1852 u. 1860. Für eine Darstellung quantitativer Prüfungsplanungsmodelle vgl. insbesondere Drexl, A.: Planung des Ablaufs von Unternehmensprüfungen, Darmstadt 1988 sowie auch Leffson, U.; Lippmann, K.; Baetge, J.: Zur Sicherheit und Wirtschaftlichkeit der Urteilsbildung bei Prüfungen, a.a.O., S. 1 ff. und Buchner, R.; Breith, E.: Das Problem der optimalen Allokation von Urteilsbildungsbeiträgen unter Kostenaspekt im Rahmen einer Buchprüfung, in: G. Seicht (Hrsg.), Management und Kontrolle, Berlin 1981, S. 13 ff.

[3] Vgl. Bönkhoff, F. J.: Prüfungsplanung, a.a.O., Sp. 1520.

[4] Kupsch, P.: Prüfungsplanung, a.a.O., S. 1019. Im Zusammenhang mit Reihenfolgebedingungen wird im Schrifttum in Analogie zur Überprüfung der Belastbarkeit einer Treppe auch vom sogenannten ‚Stufengesetz der Prüfung' gesprochen: Ein Handwerker prüft die erste Stufe einer Treppe. Nach erfolgreicher Überprüfung besteigt er die geprüfte Stufe, um die zweite Stufe zu prüfen. Diese Vorgehensweise vollzieht sich bis zur obersten Treppenstufe. Ähnliche Reihenfolgebedingungen können sich auch bei betriebswirtschaftlichen Prüfungen ergeben, wenn ein erfolgreicher Soll-/Ist-Vergleich die Voraussetzung für die nachfolgenden Soll-/Ist-Vergleiche darstellt; vgl. Wysocki, K. v.: Grundlagen des betriebswirtschaftlichen Prüfungswesens: Prüfungsordnungen, Prüfungsorgane, Prüfungsverfahren, Prüfungsplanung und Prüfungsbericht, a.a.O., S. 158 u. 278 m.w.N., Korndörfer, W.: Einführung in das Prüfungs- und Revisionswesen, a.a.O., S. 99 sowie die vorstehenden Ausführungen zu progressiven Prüfungsketten unter Gliederungspunkt 4.1.1.2.1.2 Einfache versus komplexe Prüfungen, S. 310 ff. und Gliederungspunkt 4.1.1.2.2.2 Prüfungsmethoden, S. 316 ff.

[5] Vgl. Bönkhoff, F. J.: Prüfungsplanung, a.a.O., Sp. 1520.

[6] Vgl. Mayer, L.: Die Prüfungs-, Begutachtungs- und Beratungsplanung, a.a.O., S. 703 f., Bönkhoff, F. J.: Prüfungsplanung, a.a.O., Sp. 1521. Es sei darauf hingewiesen, dass der Begriff ‚Prüffeld' nicht nur für die Sachplanung, sondern auch für Zwecke der Personal- und Zeitplanung das relevante Gliederungskriterium darstellt. LÜCK definiert in diesem Sinne ‚Prüffelder' als: „*Die Aufteilung und Gruppierung von Prüfungsgegenständen bzw. des Prüfungsstoffes in präzise abgegrenzte Teilbereiche eines Prüfungsgebietes nach sachlichen, zeitlichen und personellen Gesichtspunkten zwecks Vereinfachung und Erleichterung einer komplexen Prüfung.*" Lück, W.: Prüffelder, in: W. Lück (Hrsg.), Lexikon der Betriebswirtschaft, 5. Aufl., Landsberg am Lech 1993, S. 1007.

werden, soweit einzelne Prüffelder thematisch oder aus Zweckmäßigkeitsgründen gemeinsam zu bearbeiten sind.[1]

Prüfungsprogramme können als ‚**Gesamtprüfungsprogramme**' für eine Prüfung oder als ‚**spezielle Prüfungsprogramme**' auf der Ebene von Prüffeldern bzw. Prüffelder-Gruppen erstellt werden. Des Weiteren wird zwischen allgemein gehaltenen ‚**Grobprogrammen**' und ‚**Detailprogrammen**' in Form von schriftlich fixierten Prüfungsrichtlinien, -fragebögen und -anweisungen unterschieden, wobei letztere dem Prüfer die zu verwendende Prüfungsmethodik, die heranzuziehenden Prüfungsunterlagen, Art und Umfang der durchzuführenden Prüfungshandlungen sowie die Vorgehensweise bei der Bildung von Prüfungsurteilen weitgehend vorschreiben. Statt für einzelne Prüfungsaufträge erstellten ‚**individualisierte Prüfungsprogramme**' können bei wiederkehrenden, homogenen Prüfungsaufträgen ‚**standardisierte Prüfungsprogramme**' verwendet werden. Ein hohes Maß an Standardisierung dürfte tendenziell zu einer Objektivierung und zur Transparenz von gleichartigen Prüfungsaufgaben beitragen. Bei aperiodischen Prüfungen mit heterogenen Prüfungsobjekten besteht jedoch die Gefahr, dass die Spezifika eines Prüfungsobjektes durch die standardisierten Vorgaben nicht ausreichend erfasst werden können. Das skizzierte Problem dürfte sich zudem mit zunehmenden Detaillierungsgrad von standardisierten Prüfungsprogrammen vergrößern.[2]

Für die vorliegende Untersuchung ist insbesondere die Erstellung von individualisierten Detailprogrammen von Bedeutung. Hierbei werden für die einzelnen Prüffelder mögliche ‚**Fehlerkategorien**' identifiziert (z.B. bei Prüfung eines Finanzplanes die Fehlerkategorie ‚*Ungenauigkeit*'), aus denen der Prüfer jeweils korrespondierende ‚**Prüfkategorien**' ableitet (z.B. ‚*Genauigkeit*' des Finanzplans). Jeder Prüfkategorie werden ein oder mehrere ‚**Prüfungsziele**' zugeordnet (z.B. ‚*Betragsgenauigkeit*' und ‚*Zeitpunktgenauigkeit*' der Finanzplanwerte).[3] Die nachfolgende Abbildung gibt den Aufbau eines derart detaillierten Prüfungsprogramms in abstrakter Form wieder:

---

[1] Vgl. Lück, W.: Prüffelder-Gruppen, in: W. Lück (Hrsg.), Lexikon der Betriebswirtschaft, 5. Aufl., Landsberg am Lech 1993, S. 1007.

[2] Vgl. Kupsch, P.: Prüfungsprogramm, in: W. Lück (Hrsg.), Lexikon der Betriebswirtschaft, 5. Aufl., Landsberg am Lech 1993, S. 1020-1021.

[3] Vgl. Hömberg, R.: Prüfungsplanung, a.a.O., Sp. 1856.

Abb. 82: Schematischer Aufbau eines detaillierten Prüfungsprogramms

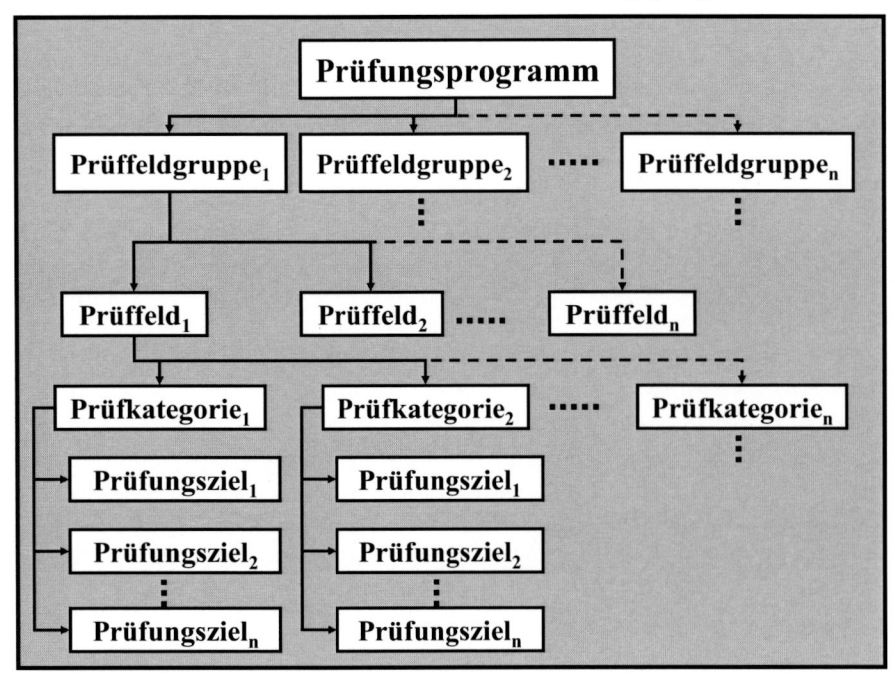

```
                        Prüfungsprogramm
          ┌───────────────────┼─────────────────┐
    Prüffeldgruppe₁      Prüffeldgruppe₂  ·····  Prüffeldgruppeₙ
          │
    ┌─────┼──────────────┐
  Prüffeld₁    Prüffeld₂  ·····  Prüffeldₙ
    │
  ┌─┼──────────────┐
 Prüfkategorie₁  Prüfkategorie₂ ····· Prüfkategorieₙ
  │               │
  → Prüfungsziel₁  → Prüfungsziel₁
  → Prüfungsziel₂  → Prüfungsziel₂
       ⋮                ⋮
  → Prüfungszielₙ  → Prüfungszielₙ
```

Quelle: Eigene Darstellung

Erst die Postulierung von Prüfungszielen und daran anknüpfend die Auswahl und Festlegung adäquater Prüfungsmethoden, (einer Vielzahl) korrespondierender Prüfungshandlungen sowie der Art der Prüfungsurteilsbildung ermöglicht eine Operationalisierung und intersubjektive Verifikation des Prüfungsprogramms und damit auch des Ziels ‚Urteilssicherheit'.[1]

- **Personalplanung**

  Im Rahmen der ‚**Personalplanung**' (‚**Personenplanung**') werden die für den Prüfungsauftrag zur Verfügung stehenden Prüfer den einzelnen im Prüfungsprogramm festgelegten Prüfungsaufgaben zugeordnet.[2] Die Erfordernis für eine Personalplanung ergibt sich aus mehreren Gründen:[3]

  - Prüfer verfügen in Abhängigkeit von Berufserfahrung und Ausbildungsstand über ein unterschiedliches Einsatzspektrum.

  - Prüfer müssen zu Ausbildungszwecken – sowie idealerweise unter Begleitung durch erfahrenere Prüfer – gezielt mit Teilaufgaben betraut werden, in denen noch keine ausreichenden Vorkenntnisse bestehen bzw. Erfahrungen aufzubauen sind.

  - Prüfer verursachen unterschiedlich hohe Kosten, so dass zwecks Optimierung der Wirtschaftlichkeit ein geplanter Einsatz der zur Verfügung stehenden Personalressourcen geboten ist.

  - Ein oder mehrere Prüfer müssen mehrere Prüfungen gleichzeitig bzw. zeitlich überlappend durchführen und stehen insoweit nicht uneingeschränkt zur Verfügung.

---

[1] Vgl. Ebenda, S. 1856 f. u. 1859.

[2] Vgl. Kupsch, P.: Prüfungsplanung, a.a.O., S. 1019, Mayer, L.: Die Prüfungs-, Begutachtungs- und Beratungsplanung, a.a.O., S. 707.

[3] Zu den nachfolgend skizzierten Aspekten der Personalplanung vgl. Bönkhoff, F. J.: Prüfungsplanung, a.a.O., Sp. 1524 f., Kupsch, P.: Prüfungsplanung, a.a.O., S. 1020, Hömberg, R.: Prüfungsplanung, a.a.O., Sp. 1860.

- Die Unabhängigkeit und Unbefangenheit der potenziellen Prüfer muss überprüft und sichergestellt werden.[1]

- **Zeitplanung**

  Im Rahmen der ‚Zeitplanung' werden unter Beachtung von Reihenfolgebedingungen und Personalverfügbarkeit die Zeiträume festgelegt, die für die Bearbeitung der einzelnen im Prüfungsprogramm festgelegten (Teil-) Prüfungsaufgaben zur Verfügung stehen.[2] Die Eckpunkte der Zeitplanung werden dabei einerseits durch die sogenannte ‚Prüfungsbereitschaft' als (frühestmöglichen) Startpunkt sowie dem vereinbarten oder vorgegebenen Zeitpunkt für die Abgabe des Prüfungsurteils bestimmt sein. Im Rahmen der Zeitplanung werden auch zeitliche Reserven für unvorhergesehene zusätzliche Prüfungshandlungen einzuplanen sein.[3]

Die Komplexität der Prüfungsplanung variiert in Abhängigkeit davon, ob periodisch wiederkehrende oder aperiodische Prüfungen mit einmaligem Charakter zu planen sind. Des Weiteren können Kapazitätsrestriktionen aufgrund simultan abzuwickelnder Prüfungen die Planung restringieren. Zusätzlich können sachliche, personelle und/oder zeitliche Anpassungen der Prüfungsplanung erforderlich werden, soweit sich neue Erkenntnisse im Prüfungsverlauf ergeben.[4]

4.1.1.2.5 Prüfungsstrategie

Im Rahmen der vorstehenden Ausführungen zur ‚Prüfungsplanung' wurde festgehalten, dass das ‚Prüfungsprogramm' als Ergebnis der ‚Sachplanung' prüfzielbezogen die anzuwendende Prüfungsmethodik, die heranzuziehenden Prüfungsunterlagen, Art und Umfang der durchzuführenden Prüfungshandlungen sowie die Vorgehensweise bei der Bildung von Prüfungsurteilen festlegt.[5] Insoweit sind vor Erstellung der Prüfungsplanung aus den alternativen methodischen Vorgehensweisen diejenigen auszuwählen, welche den höchsten Zielerreichungsgrad unter dem ‚Zweckmäßigkeitspostulat der Prüfung', d.h. unter Beachtung der Hauptbedingung ‚Urteilssicherheit' mit den Nebenbedingungen ‚Terminierung' und ‚Wirtschaftlichkeit', ermöglichen.[6] Die Lösung dieses Auswahlproblems erfolgt durch die Entwicklung einer ‚**Prüfungsstrategie**', wobei hierunter die zieladäquate Auswahl und Kombination von Prüfungsmethoden verstanden wird.[7]

Während im Schrifttum verschiedene Ansätze zur Entwicklung von Prüfungsstrategien vorgeschlagen werden,[8] hat sich in der Praxis des wirtschaftlichen Prüfungswesens der auf dem Prü-

---

[1] Vgl. hierzu ausführlich die nachfolgenden Ausführungen unter Gliederungspunkt 4.1.2.1.2.3 Träger der Kreditwürdigkeitsprüfun, S. 364 ff.

[2] Vgl. Kupsch, P.: Prüfungsplanung, a.a.O., S. 1019, Hömberg, R.: Prüfungsplanung, a.a.O., Sp. 1859, Mayer, L.: Die Prüfungs-, Begutachtungs- und Beratungsplanung, a.a.O., S. 706.

[3] Vgl. Hagen, K.: Revisions- und Treuhandwesen, a.a.O., S. 54, Korndörfer, W.: Einführung in das Prüfungs- und Revisionswesen, a.a.O., S. 85, Bönkhoff, F. J.: Prüfungsplanung, a.a.O., Sp. 1521 u. 1524, Mayer, L.: Die Prüfungs-, Begutachtungs- und Beratungsplanung, a.a.O., S. 706.

[4] Vgl. Kupsch, P.: Prüfungsplanung, a.a.O., S. 1020, Tichy, G. E.: Revisionstechnik, in: K. Lechner u.a. (Hrsg.), Treuhandwesen: Prüfung, Begutachtung, Beratung, Wien 1978, S. 891 f.

[5] Vgl. hierzu Gliederungspunkt 4.1.1.2.4 Prüfungsplanung, S. 339 ff.

[6] Vgl. zu den methodischen Vorgehensweisen Gliederungspunkt 4.1.1.2.2.2 Prüfungsmethoden, S. 316 ff.

[7] Die Definition der Begrifflichkeit ‚Prüfungsstrategie' sowie die Abgrenzung derselben von der ‚Prüfungsplanung' erfolgt im Schrifttum nicht immer trennscharf. Dies mag u.a. darauf zurückzuführen sein, dass beide Teilaufgaben eng miteinander verknüpft sind bzw. ineinander übergehen. Vgl. Peemöller, V. H.: Entwicklung von Prüfungsstrategien, a.a.O., S. 701 f.

[8] Vgl. hierzu Peemöller, V. H.: Entwicklung von Prüfungsstrategien, a.a.O., S. 701 ff., welcher das ‚Entscheidungsbaumverfahren', die ‚Spieltheorie' und das ‚Nutzwertverfahren' als ältere Ansätze aus den

fungsrisikomodell basierende ‚risikoorientierte Prüfungsansatz' als grundsätzliches und leicht operationalisierbares Denk- und Handlungsmodell durchgesetzt.[1] Konzeptionell intendiert der strategische Ansatz die Kontrolle respektive Minimierung des Prüfungsrisikos.[2] Dabei werden die zur Verfügung stehenden Prüfungsmethoden wie folgt eingeteilt:

Abb. 83: Prüfungsmethoden im Rahmen des risikoorientierten Prüfungsansatzes

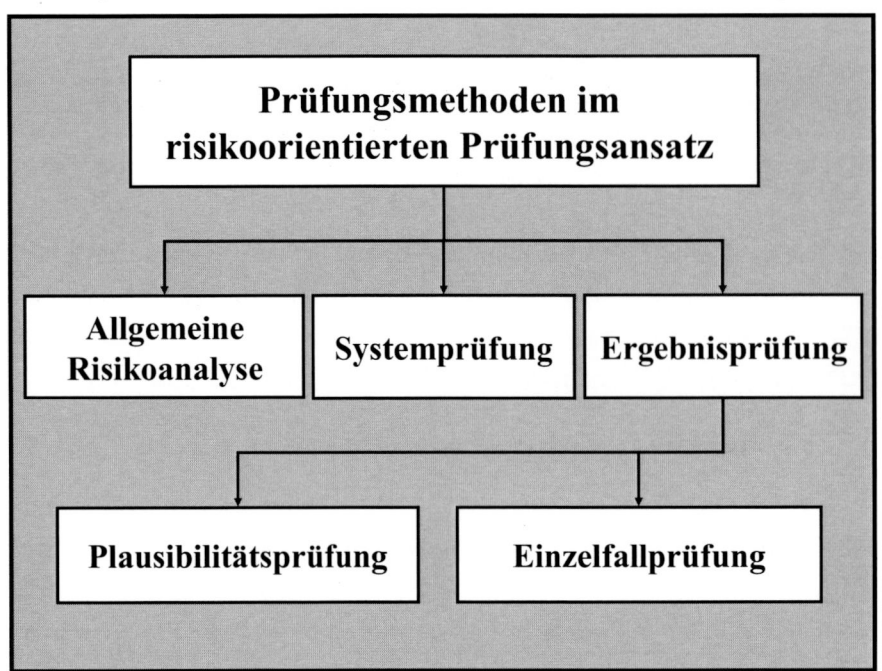

```
                    Prüfungsmethoden im
                risikoorientierten Prüfungsansatz
                              |
        ┌─────────────────────┼─────────────────────┐
        ▼                     ▼                     ▼
   Allgemeine            Systemprüfung        Ergebnisprüfung
   Risikoanalyse                                    │
                              ┌───────────────┬─────┘
                              ▼               ▼
                     Plausibilitätsprüfung  Einzelfallprüfung
```

Quelle: Eigene Darstellung

Die Prüfungsmethoden der ‚**Systemprüfung**' (systemorientierte Prüfungshandlungen), der ‚**Plausibilitätsprüfung**' (Verprobung, analytische Prüfungshandlungen) sowie der ‚**Einzelfallprüfung**' wurden bereits im Abschnitt 4.1.1.2.2.2 (S. 316 ff.) skizziert.[3] Als ‚Quasi-Prüfungsmethode' wird der risikoorientierte Prüfungsansatz um die ‚**(allgemeine) Risikoanalyse**' erweitert, welche auch als ‚allgemeine oder vorläufige Risikobeurteilung' bezeichnet wird. Hierbei erfolgt auf der Basis einer Analyse des Kontrollumfeldes, der vom Prüfungsobjekt verfolgten (Unternehmens-) Strategie sowie der bestehenden und/oder geplanten wesentlichen Geschäftsprozesse eine Einschätzung des ‚inhärenten Risikos' sowie des ‚Kontrollrisikos'.[4] Das erwartete Fehlerrisiko als Produkt aus ‚inhä-

---

60er Jahren sowie die ‚Portfolio-Analyse' und das ‚Prüfungsrisikomodell' als neuere Verfahren aus den 80er und 90er Jahren des letzten Jahrhunderts nennt.

[1] Vgl. Hömberg, R.: Prüfungsplanung, a.a.O., Sp. 1859 und wohl auch Schiffer, T.: Risikoorientierte Prüfungsplanung, in: ZIR, 36. Jg. (2001), S. 132 ff.

[2] Vgl. hierzu Gliederungspunkt 4.1.1.2.3 Prüfungsrisiko und Prüfungsrisikomodell, S. 334 ff. sowie Dörner, D.: Prüfungsansatz, risikoorientierter, a.a.O., Sp. 1744.

[3] WIEDMANN schlägt vor, dass andere – im Rahmen des risikoorientierten Prüfungsansatzes nicht explizit genannte – ergebnisorientierte Prüfungsmethoden entweder unter die Gruppe der ‚Plausibilitätsprüfungen' oder unter die Gruppe der ‚Einzelfallprüfungen' subsumiert werden; vgl. Wiedmann, H.: Der risikoorientierte Prüfungsansatz, a.a.O., S. 18. Im Rahmen der vorliegenden Untersuchung könnte insoweit die ‚Abstimmungsprüfung' als weitere relevante Prüfungsmethode unter die Gruppe der Plausibilitätsprüfungen subsumiert werden.

[4] Vgl. Dörner, D.: Prüfungsansatz, risikoorientierter, a.a.O., Sp. 1752 ff. Vgl. zum ‚inhärenten Risiko' bzw. dem ‚Kontrollrisiko' die vorstehenden Ausführungen unter Gliederungspunkt 4.1.1.2.3 Prüfungsrisiko und Prüfungsrisikomodell, S. 334 ff.

rentem Risiko' und ‚Kontrollrisiko' bestimmt Art und Umfang der nachfolgenden Prüfungsmethoden bzw. -handlungen.[1]

Die im risikoorientierten Prüfungsansatz betrachteten Prüfungsmethoden weisen eine unterschiedliche ‚**Sicherheitsintensität**', d.h. einen variierenden Sicherheitsgewinn pro Prüfungszeiteinheit, auf. Darüber hinaus liefern die einzelnen Prüfungsmethoden unterschiedliche Beiträge zur Urteilsbildung (‚**Sicherheitsbeitrag**'). Der Zusammenhang zwischen den Sicherheitsbeiträgen und -intensitäten der einzelnen Prüfungsmethoden kann beispielhaft grafisch dargestellt werden:

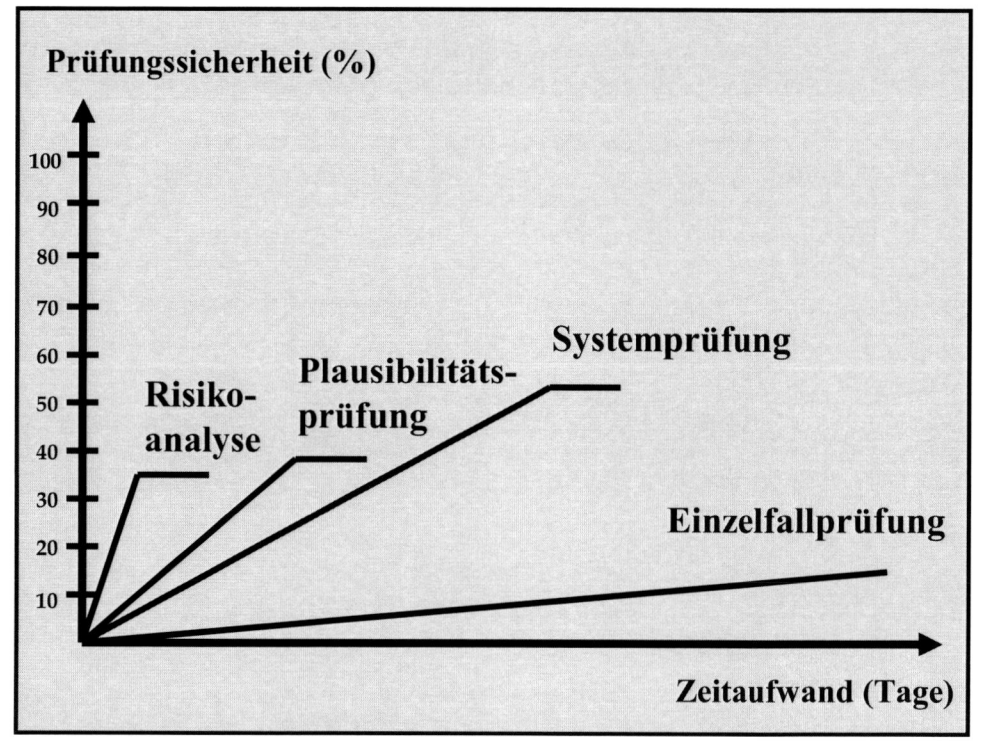

Abb. 84: **Sicherheitsbeiträge und –intensitäten von Prüfungsmethoden**

Quelle: Eigene Darstellung in Anlehnung an Dörner, D.: Prüfungsansatz, risikoorientierter, in: HWRP, 3. Aufl., Stuttgart 2002, Sp. 1758.

Das vorstehende Beispiel zeigt, dass mit zunehmenden Sicherheitsbeiträgen zugleich die korrespondierenden Sicherheitsintensitäten der Prüfungsmethoden abnehmen. Theoretisch kann nur durch eine (fehlerfrei durchgeführte) vollumfängliche Einzelfallprüfung eine 100%ige Prüfungssicherheit erreicht werden. Da eine derartige ‚lückenlose Prüfung' bei der Mehrzahl von betriebswirtschaftlichen Prüfungen aufgrund der zu beachtenden Nebenbedingungen ‚Terminierung' und ‚Wirtschaftlichkeit' nicht realisiert werden kann, muss das Restrisiko, d.h. das vorgegebene Prüfungsrisiko, durch adäquate Kombination der zur Verfügung stehenden Prüfungsmethoden minimiert werden.[2] Zur Einhaltung der gegebenen zeitlichen Restriktionen sind die Prüfungsmethoden

---

[1] Vgl. Kupsch, P.: Prüfungsplanung, a.a.O., S. 1020 sowie auch Mayer, L.: Die Prüfungs-, Begutachtungs- und Beratungsplanung, a.a.O., S. 704. Teilweise wird in diesem Zusammenhang auch von ‚sachlicher Ausgangsplanung' gesprochen; vgl. Hömberg, R.: Prüfungsplanung, a.a.O., Sp. 1856. Vgl. hierzu auch Demmel, H. J.: Auswahl von Prüfungsgegenständen aufgrund von Vorinformationen, Frankfurt a.M. u.a. 1989, S. 21 ff.

[2] Vgl. Dörner, D.: Prüfungsansatz, risikoorientierter, a.a.O., Sp. 1758. Zudem merkt WIEDMANN an, dass „*...eine Irrtumswahrscheinlichkeit von 0% ... bei komplexen Entscheidungsproblemen ... aufgrund inhärenter Restriktionen des menschlichen Denkapparates im Prinzip ausgeschlossen* (ist)." Wiedmann, H.: Der risikoorientierte Prüfungsansatz, a.a.O., S. 16.

in der Reihenfolge abnehmender Sicherheitsintensitäten auszuwählen.[1] Grafisch lässt sich ein derartig optimierter ‚risikoorientierter Prüfungsmethoden-Mix' wie folgt darstellen:

Abb. 85: **Risikoorientierte Auswahl von Prüfungsmethoden**

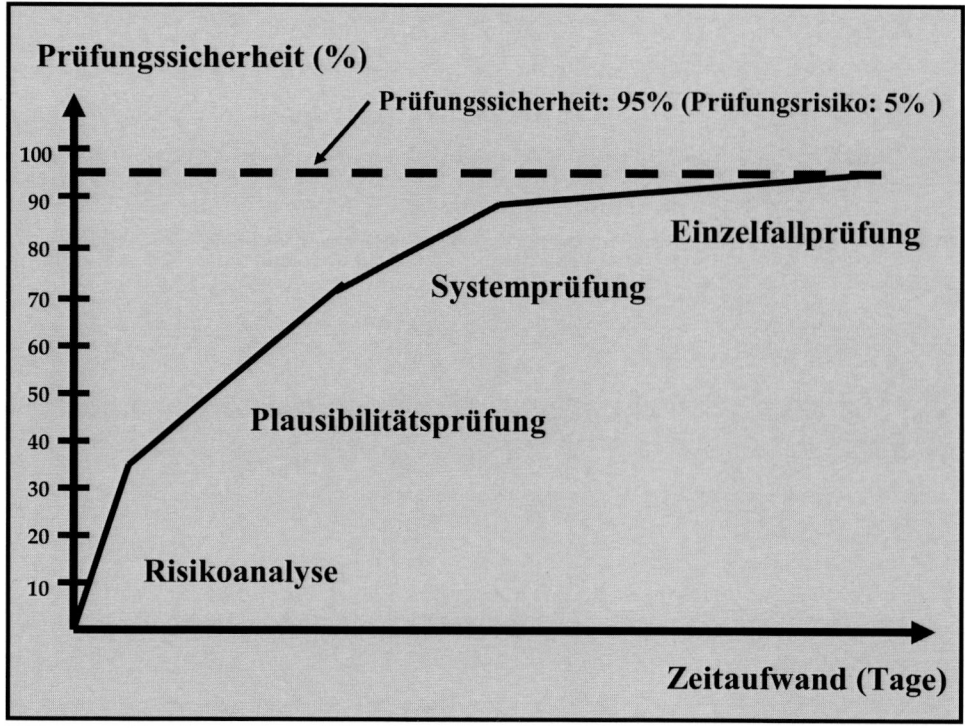

Quelle: Eigene Darstellung in Anlehnung an Dörner, D.: Prüfungsansatz, risikoorientierter, in: HWRP, 3. Aufl., Stuttgart 2002, Sp. 1759.

Im Rahmen des risikoorientierten Prüfungsansatzes werden immer einzelne Prüffelder respektive einzelne Prüfungsziele[2] und nicht das Prüfungsobjekt als Ganzes betrachtet, so dass der ‚risikoorientierte Prüfungsmethoden-Mix' individuell zusammengestellt werden muss. In Abhängigkeit vom jeweils betrachteten Prüffeld werden sich zudem unterschiedliche Sicherheitsintensitäten und -beiträge für die einzelnen zur Verfügung stehenden Prüfungsmethoden ergeben.

Während das vom Prüfer vorgefundene Fehlerrisiko durch Modifikation des Prüfungsprogramms, d.h. durch die Verwendung eines ‚risikoorientierten Prüfungsmethoden-Mix', berücksichtigt werden kann, setzt eine Kontrolle des Entdeckungsrisikos – als einzige vom Prüfer beeinflussbare Teilkomponente des Prüfungsrisikos – die weitgehend fehlerfreie Anwendung der ausgewählten Prüfungsmethoden voraus. Der Prüfer kann die Prüfungsqualität nur dann aufrechterhalten, wenn er die Fehlerpotenziale der eingesetzten Prüfungsmethoden kennt und durch entsprechende Überwachungsmaßnahmen kontrolliert.[3] Eine Zerlegung des Entdeckungsrisikos in seine einzelnen Be-

---

[1] Vgl. Dörner, D.: Audit Risk, a.a.O., Sp. 88.

[2] HÖMBERG führt (im Hinblick auf die Jahresabschlussprüfung) aus, dass eine Risikoidentifizierung im Rahmen des risikoorientierten Prüfungsansatzes auf der Ebene von Prüfungszielen erfolgen muss; vgl. Hömberg, R.: Prüfungsplanung, a.a.O., Sp. 1859. Inwieweit sich ein derartiges idealtypisches Vorgehen sinnvoll umsetzen lässt, wird jedoch von der jeweils zu planenden Prüfungsart abhängen; vgl. hierzu auch die nachfolgenden Ausführungen unter Gliederungspunkt 4.1.2.1.2 Charakterisierung als betriebswirtschaftliche Prüfung, S. 360 ff.

[3] Vgl. Wiedmann, H.: Der risikoorientierte Prüfungsansatz, a.a.O., S. 18, Dörner, D.: Entwicklungstendenzen in der Qualitätssicherung von Abschlussprüfungen, in: WPg, 44. Jg. (1991), S. 655 ff., Zaeh, P. E.:

standteile ermöglicht dabei eine differenzierte Betrachtung der impliziten Risiken der eingesetzten Prüfungsmethoden:

Erweiterte Entdeckungsrisikogleichung

$$ER = PLR * EPR = PLR * SPR * NSPR$$

mit:

ER	=	*Entdeckungsrisiko*
PLR	=	*Plausibilitätsprüfungsrisiko*
EPR	=	*Einzelfallprüfungsrisiko*
STPR	=	*Stichprobenrisiko*
NSTPR	=	*Nichtstichprobenrisiko*

Das ‚**Plausibilitätsprüfungsrisiko**' beschreibt die Wahrscheinlichkeit, dass der Prüfer aus den Ergebnissen seiner Plausibilitätsprüfung falsche Rückschlüsse auf die Fehlerwahrscheinlichkeit des Prüffeldes zieht und damit auch einen zielgerichteten Einsatz der nachfolgend vorzunehmenden Einzelfallprüfungen verhindert.[1] Das ‚**Einzelfallprüfungsrisiko**' ergibt sich als Produkt aus den Wahrscheinlichkeiten für das ‚Stichprobenrisiko' und das ‚Nichtstichprobenrisiko'. Das ‚**Stichprobenrisiko**' existiert unabhängig davon, ob eine ‚Stichprobenerhebung mit bewusster Auswahl' oder eine ‚Stichprobenerhebung mit Zufallsauswahl' erfolgt.[2] Das Stichprobenrisiko resultiert aus für das Prüffeld ungeeigneten Stichprobenmethoden, aus Fehlern bei der praktischen Stichprobenerhebung sowie aus einer ungerechtfertigten Ausdehnung fehlerhafter und/oder nicht repräsentativer Stichprobenergebnisse auf die Grundgesamtheit des Prüffeldes.[3] Das ‚**Nichtstichprobenrisiko**' umfasst alle nicht dem Stichprobenrisiko zugehörigen Einzelfallprüfungsrisiken. Im Wesentlichen handelt es sich um das Risiko der falschen Auswahl von Prüfungshandlungen und/oder ihrer fehlerhaften Anwendung auf die Einzelfälle der gezogenen Stichprobe.[4]

Abschließend sei darauf hingewiesen, dass das Problem der Verdichtung einzelner prüffeldbezogener Teilergebnisse zu einem prüfungsobjektbezogenen Gesamtergebnis trotz Verwendung des ‚risikoorientierten Prüfungsansatzes' zunächst ungelöst bleibt.[5]

4.1.1.2.6 Prüfungsergebnis

Es wurde bereits darauf hingewiesen, dass im Regelfall der ‚komplexen Prüfung' eine Urteilsverdichtung von Teilurteilen über einzelne Prüffelder bzw. -ziele zu einem Gesamturteil über das Prüfungsobjekt notwendig wird.[6] In diesem Zusammenhang stellt sich insbesondere die Frage, wann

---

Das Entdeckungsrisiko im Kontext der Risikoorientierten Abschlussprüfung – Operationalisierung anhand ausgewählter Verfahren der Zufallsauswahl, in: ZIR, 36. Jg. (2001), S. 78 ff.

[1] Vgl. Quick, R.: Plausibilitätsbeurteilungen, a.a.O., Sp. 1686.

[2] Vgl. zu den genannten Methoden die vorstehenden Ausführungen unter Gliederungspunkt 4.1.1.2.2.2.2 Kriterium ‚Prüfungsintensität', S. 319 ff.

[3] Vgl. Dörner, D.: Prüfungsansatz, risikoorientierter, a.a.O., Sp. 1747.

[4] Vgl. Ebenda

[5] Vgl. Dörner, D.: Prüfungsansatz, risikoorientierter, a.a.O., Sp. 1748 sowie die Ausführungen im nachfolgenden Gliederungspunkt. Für eine mögliche Lösung im Hinblick auf stichprobengeeignete Prüffelder im Rahmen der Jahresabschlussprüfung vgl. Ibert, W.: Risikoaggregation im Rahmen des risikoorientierten Prüfungsansatzes, in: WPg, 51. Jg. (1998), S. 998 ff.

[6] Vgl. hierzu die vorstehenden Ausführungen unter Gliederungspunkt 4.1.1.2.1.2 Einfache versus komplexe Prüfungen, S. 310 ff. sowie Bönkhoff, F. J.: Beurteilungsprozeß bei der Revision, a.a.O., Sp. 263 f.,

einzelne Soll-Ist-Abweichungen (‚Fehler') zu einem negativen Gesamturteil über das Prüfungsobjekt führen. Dabei wird ein geringfügiger Fehler im Rahmen einer aggregierten Betrachtung möglicherweise anders zu qualifizieren sein als bei einer isolierten Beurteilung.[1]

Vor diesem Hintergrund muss die Urteilsbildung bei festgestellten ‚**quantitativen Normabweichungen**' in zwei Teilschritten erfolgen:[2]

- Der Prüfer entscheidet zunächst, ob ein einzelner Fehler dahingehend eine ‚Wesentlichkeit' besitzt, dass er unmittelbar die Ordnungsmäßigkeit des Prüfungsobjektes negativ beeinflusst. Ist dies der Fall, so darf die Normabweichung nicht durch Gewichtung oder anderweitige Kompensationsmaßnahmen im Rahmen der Prüfungsurteilsbildung ausgeglichen werden, sondern determiniert das Prüfungsurteil unmittelbar.

- Danach muss der Prüfer untersuchen, ob eine Anzahl von unwesentlichen Fehlern zusammengenommen die Ordnungsmäßigkeit des Prüfungsobjektes negativ beeinflusst. Bei Vorliegen von eindeutig quantifizierbaren Prüfungsnormen kann hierbei eine Bewertung der einzelnen Soll-Ist-Abweichungen nach der Fehlerhöhe, d.h. zu Geldeinheiten, erfolgen, so dass nach additiver Aggregation ein Abgleich mit einer vorgegebenen Wesentlichkeitsgrenze möglich wird.[3]

Problematischer stellt sich die Gewinnung eines aggregierten Prüfungsurteils bei Vorliegen von ‚**qualitativen Normabweichungen**', d.h. insbesondere von Systemfehlern, dar. Während die relative Häufigkeit des Auftretens bestimmter qualitativer Soll-Ist-Abweichungen berechnet werden kann, erweist sich die rechnerische Zusammenfassung mit weiteren qualitativen und quantitativen Fehlern zwecks Ermittlung eines Gesamturteils über die Ordnungsmäßigkeit des Prüfungsobjektes als ein komplexes Problem.[4] Insoweit muss sich die Urteilsbildung bei ‚**qualitativen Normabweichungen**' wiederum in zwei Teilschritten vollziehen:

- Die Urteilsbildung des Prüfers erfolgt aus einer zeitlichen Perspektive nicht (nur) am Ende einer Prüfung, sondern während des gesamten Prüfungsprozesses.[5] Insoweit können im Rahmen der Systemprüfung festgestellte qualitative Normabweichungen Hinweise auf das Kontrollrisiko und damit auf potenzielle quantitative Fehlerfelder geben, die anschließend durch Einzelfallprüfungen zu plausibilisieren sind.[6] Die hierbei gefundenen Fehler können im Rahmen der vorstehend skizzierten additiven Aggregation zu einem Gesamturteil verdichtet werden.

- Darüber hinaus muss der Prüfer entscheiden, ob ein einzelner qualitativer (System-) Fehler dahingehend eine ‚Wesentlichkeit' besitzt, dass er unmittelbar die Ordnungsmäßigkeit des Prüfungsobjektes in Frage stellt. Führt dies dazu, dass der Prüfer als prozessunabhängige Person

---

Bönkhoff, F. J.: Prüfungsplanung, a.a.O., Sp. 1521, Wiedmann, H.: Der risikoorientierte Prüfungsansatz, a.a.O., S. 14 u. 19.

[1] Vgl. Bönkhoff, F. J.: Beurteilungsprozeß bei der Revision, a.a.O., Sp. 264.

[2] Vgl. Buchner, R.: Wirtschaftliches Prüfungswesen, a.a.O., S. 243 u. 248, Bönkhoff, F. J.: Beurteilungsprozeß bei der Revision, a.a.O., Sp. 265.

[3] Vgl. Leffson, U., Bönkhoff, F. J.: Zu Materiality-Entscheidungen bei Jahresabschlußprüfungen, in: WPg, 35. Jg. (1982), S. 391.

[4] Vgl. Bönkhoff, F. J.: Beurteilungsprozeß bei der Revision, a.a.O., Sp. 266.

[5] Vgl. Hömberg, R.: Prüfungsplanung, a.a.O., Sp. 1855.

[6] Vgl. hierzu Bönkhoff, F. J.: Beurteilungsprozeß bei der Revision, a.a.O., Sp. 266 sowie die vorstehenden Ausführungen unter den Gliederungspunkten 4.1.1.2.3 Prüfungsrisiko und Prüfungsrisikomodell, S. 334 ff. und 4.1.1.2.5 Prüfungsstrategie, S. 343 ff.

die Erfassungs-, Verarbeitungs- und Kontrollprozesse des betrachteten Abbildungssystems nicht in angemessener Zeit nachprüfen kann, muss er ein negatives Gesamturteil treffen.[1]

Bei Vorliegen von quantitativen und/oder qualitativen Normabweichungen hat der ‚**Grundsatz der Wesentlichkeit**' (‚**Materiality**') insoweit eine erhebliche Bedeutung für die Operationalisierung der Urteilsbildung, als hierdurch determiniert wird, welche Fehler in das Gesamturteil eingehen und damit dem Urteilsempfänger zu übermitteln sind.[2] Problematisch für den Prüfer ist hierbei, dass derzeit noch keine akzeptierten allgemeingültigen Grundsätze zur Bildung von quantitativen Wesentlichkeitsgrenzen (‚Materiality-Grenzen', ‚Materiality-Richtgrößen') sowie deren Aufteilung auf einzelne Prüfziele, Prüffelder bzw. Prüffeldergruppen existieren.[3] Der Prüfer muss daher – soweit möglich und bekannt – den konkreten Informationsbedarf des Urteilsempfängers vor dem Hintergrund seiner individuellen Entscheidungssituation berücksichtigen. Kann die ‚Wesentlichkeit' nicht empfängerspezifisch ermittelt werden, muss der Prüfer den ‚typischen Informationsbedarf' eines ‚typisierten Urteilsempfängers' unterstellen.[4]

Aufbauend auf einem konkreten oder typisierten Informationsbedarf muss der Prüfer tolerable Fehlergrenzen für einzelne Prüfungsziele und/oder Prüfungsfelder sowie für das Prüfungsobjekt insgesamt ermitteln, deren Einhaltung unter Beachtung eines Sicherheitsgrades gerade noch zu einem positiven Gesamt- bzw. Teilurteil führen.[5] Für die quantitative Ermittlung derartiger Fehlergrenzen können in Abhängigkeit von der Prüfungsart (z.B. Jahresabschlussprüfung, Kreditwürdigkeitsprüfung) geeignete Bezugsgrößen (z.B. Umsatz, Eigenkapital, Betriebsergebnis, Cashflow, Verbindlichkeiten bzw. Schuldendienst etc.) herangezogen werden, welche zudem nach Branchen, Standorten, Gesellschaftern etc. weiter differenziert werden können.

Abschließend ist darauf hinzuweisen, dass vom Prüfer geformte Urteile als ‚**Kollektivurteile**', d.h. in Form von Einzel-, Teil- und Zwischenurteilen über Prüfziele, Prüffelder und Prüffeldergruppen, und/oder als ‚**Gesamturteile**' über das Prüfungsobjekt abgegeben werden können.[6]

4.1.1.3 Abgrenzung der ‚Prüfung' von ‚Feststellung' und ‚Begutachtung' sowie ‚Beratung'

Prüfungsaufgaben sind von Feststellungs- und Begutachtungs- sowie Beratungsaufgaben abzugrenzen:[7]

---

[1] Vgl. hierzu Leffson, U., Bönkhoff, F. J.: Zu Materiality-Entscheidungen bei Jahresabschlußprüfungen, a.a.O., S. 392, Bönkhoff, F. J.: Beurteilungsprozeß bei der Revision, a.a.O., Sp. 266.

[2] Vgl. hierzu Bönkhoff, F. J.: Beurteilungsprozeß bei der Revision, a.a.O., Sp. 267, Buchner, R.: Wirtschaftliches Prüfungswesen, a.a.O., S. 243 ff.

[3] Vgl. Hömberg, R.: Prüfungsplanung, a.a.O., Sp. 1857, Wiedmann, H.: Der risikoorientierte Prüfungsansatz, a.a.O., S. 20.

[4] Vgl. hierzu Leffson, U., Bönkhoff, F. J.: Zu Materiality-Entscheidungen bei Jahresabschlußprüfungen, a.a.O., S. 389 f. In diesem Zusammenhang wird auch der Begriff des ‚Average Prudent Investor' verwendet ; vgl. Buchner, R.: Wirtschaftliches Prüfungswesen, a.a.O., S. 244.

[5] Vgl. Wiedmann, H.: Der risikoorientierte Prüfungsansatz, a.a.O., S. 19. Zum Verhältnis zwischen Prüfungsrisiko und Wesentlichkeit vgl. Zaeh, P. E.: Das Spannungsfeld von Prüfungsrisiko und Wesentlichkeit – Unter Würdigung des BAYESSCHEN Theorems, in: ZIR, 36. Jg. (2001), S. 291.

[6] Vgl. Korndörfer, W.: Einführung in das Prüfungs- und Revisionswesen, a.a.O., S. 100. Vgl. im Hinblick auf die ‚Kreditwürdigkeitsprüfung' auch die nachfolgenden Ausführungen unter Gliederungspunkt 4.1.2.1.2.5 Ergebnis der Kreditwürdigkeitsprüfung, S. 387 ff.

[7] Vgl. Leffson, U.: Wirtschaftsprüfung, a.a.O., S. 11 ff.

- **Feststellung**

Bei Feststellungen handelt es ich sich um die Ermittlung von vertrauenswürdigen Urteilen über gegebene Sachverhalte. LEFFSON unterscheidet zwei Formen der Feststellung von Sachverhalten:

(a) Direkte Feststellung von Sachverhalten durch die Anwendung von Maßstäben auf reale Tatbestände.

(b) Indirekte Feststellung durch Einsichtnahme in Dokumente (Belege, Verträge, Aufzeichnungen etc.) zwecks Ableitung von zugrundeliegenden Sachverhalten.

Im Gegensatz zur Prüfung erfolgt bei einer Feststellung kein Soll-Ist-Vergleich. Die nachfolgende Abbildung gibt die beiden alternativen Prozessstrukturen einer Feststellungsaufgabe wieder:

Abb. 86: Prozessstruktur von Feststellungen

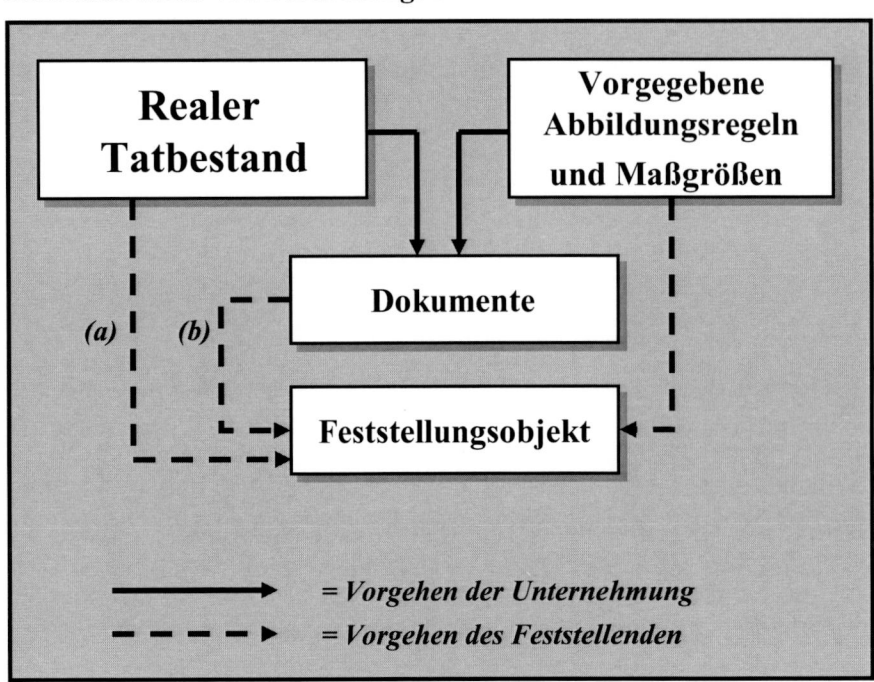

Quelle: Leffson, U.: Wirtschaftsprüfung, 4. Aufl., Wiesbaden 1988, S. 12.

Mit der Feststellungsaufgabe können externe Sachverständige (z.B. Wirtschaftsprüfer, Steuerberater, Rechtsanwälte, Ingenieure, Versicherungsfachleute) oder eigene Experten beauftragt werden. Auftraggeber für Feststellungen sind alle Parteien, die unter den jeweils gegebenen Umständen auf die Feststellung von Sachverhalten angewiesen sind. Folgende Beispiele verdeutlichen den Charakter von Feststellungsaufgaben:

- Ein **Kreditinstitut** erteilt einem Wirtschaftsprüfer den (direkten) Feststellungsauftrag: *„Ermitteln Sie bei unserem Kreditnehmer, dem Bohrgeräteherstseller F., die Anzahl der Bohrgeräte im Lager."*[1]

- Eine typische, durch einen potenziellen **Unternehmenskäufer** an einen externen Sachverständigen delegierte (indirekte) Feststellungsaufgabe könnte z.B. lauten: *„Ermitteln Sie in der Per-*

---

[1] Der Feststellungsauftrag wird dann zum Prüfungsauftrag, wenn er wie folgt formuliert wird: *„Prüfen Sie bei unserem Kreditnehmer, dem Bohrgeräteherstseller F., die Ordnungsmäßigkeit der Bestandsbuchhaltung unter besonderer Berücksichtigung der Bohrgeräte."*

sonalabteilung des Kaufobjektes K. die Anzahl der Arbeitnehmer anhand der Arbeitsverträge."[1]

- **Begutachtung**

Begutachtungen dienen der Analyse von Sachverhalten durch hinreichend fachlich qualifizierte, dritte Personen zwecks Gewinnung eines theoretisch fundierten Urteils über gegebene oder zukünftige Tatbestände. Jenseits eines möglicherweise umgangssprachlich oder anderweitig determinierten Verständnisses des Begriffes ‚Gutachten' soll für die Zwecke der vorliegenden Untersuchung eine Analyse dann als ‚Gutachten' eingestuft werden, wenn die folgenden Voraussetzungen erfüllt sind:[2]

- **‚Prämisse der theoretischen Fundierung'**: Ein theoretisch fundiertes Urteil impliziert die Vorgabe, Ableitung oder Auswahl von ‚Beurteilungskriterien' aus der Gesamtheit der wissenschaftlichen Erkenntnisse sowie die Anwendung derselben im Rahmen einer sachgerechten ‚Beurteilungsmethode'.[3]

- **‚Prämisse der Methoden- und Kriterienklarheit'**: Der Gutachter muss in seinem Gutachten verdeutlichen, welche Beurteilungsmethoden und Beurteilungskriterien (Prämissen, Hypothesen und Normen) seinem Urteil zugrunde liegen.

- **‚Kompetenzprämisse'**: Die Anwendung wissenschaftlicher Erkenntnisse setzt ausreichende Sachkenntnis und -verständnis auf Seiten des Gutachters voraus, damit dieser die auftragsgemäß vereinbarten Beurteilungsmethoden und –kriterien korrekt anwenden respektive selber aus der Gesamtheit der wissenschaftlichen Erkenntnisse eine sachgerechte Methoden- und Kriterienauswahl treffen kann.[4]

- **‚Neutralitätsprämisse'**: Neben der erforderlichen fachlichen Qualifikation müssen Auftragnehmer von Begutachtungsaufgaben, gegenüber dem Beurteilungsobjekt eine neutrale Position einnehmen, um ein glaub- und vertrauenswürdiges Urteil abgeben zu können.[5] Richtet sich das Gutachten an dritte Parteien, werden regelmäßig externe Sachverständige beauftragt, um diese Vorbedingung zu erfüllen.[6] Bei Begutachtungsaufgaben deren Ergebnisse für eigene Zwecke

---

[1] Auch dieser Feststellungsauftrag kann durch entsprechende Umformulierung zum Prüfungsauftrag weiterentwickelt werden: *„Prüfen Sie in der Personalabteilung des Kaufobjektes K., ob die Arbeitsverträge sowie insbesondere die darin vereinbarten, jeweiligen Kündigungsfristen den arbeitsrechtlichen Formvorschriften genügen."*

[2] Für mögliche Zielsetzungen derartiger ‚Gutachten' vgl. Knolmayer, G.: Begutachtungs- und Beratungsverfahren, in: K. Lechner u.a. (Hrsg.), Treuhandwesen: Prüfung, Begutachtung, Beratung, Wien 1978, S. 865 m.w.N.

[3] „*Für die Erfüllung einer Begutachtungsaufgabe reicht es also nicht aus, einfache faktische Bestandsaufnahmen oder Beschreibungen anzufertigen oder sich in mehr oder weniger ad hoc gewonnenen Meinungen und persönlichen Auffassungen zu erschöpfen.*" Grünefeld, K.-P.: Das betriebswirtschaftliche Gutachten, Düsseldorf 1972, S. 23.

[4] Vgl. Grünefeld, K.-P.: Das betriebswirtschaftliche Gutachten, a.a.O., S. 24. Es soll darauf hingewiesen werden, dass Sachkenntnis und Sachverständnis nicht zwangsläufig miteinander einhergehen müssen. So kann ein Gutachter durchaus fachlich qualifiziert sein, um eine Unternehmensbewertung nach dem Ertragswertverfahren durchzuführen (‚Sachkenntnis'). Dies muss jedoch noch nicht bedeuten, dass er vor dem Hintergrund der konkreten Sachverhaltsgestaltung aus der Gesamtheit der möglichen Unternehmensbewertungsverfahren (z.B. Substanzwertverfahren, DCF-Methode, Multiplikatorverfahren etc.) selbst die adäquate Methode auszuwählen vermag (‚Sachverständnis').

[5] Vgl. Leffson, U.: Wirtschaftsprüfung, a.a.O., S. 18 f.

[6] Es sei darauf hingewiesen, dass die Neutralitätsprämisse zunächst nur im Hinblick auf das Verhältnis zwischen Gutachter und Beurteilungsobjekt überprüfbar ist. Inwieweit sich ein externer Gutachter tatsächlich neutral gegenüber seinem Auftraggeber verhalten wird bzw. verhalten hat, kann nur – soweit vorhanden – unter Berücksichtigung weiterer Informationen (z.B. Vorhandensein und Ausmaß wirtschaft-

benötigt werden, können auch unternehmensinterne Gutachter (z.B. aus Stabs- oder Serviceabteilungen) herangezogen werden, soweit diese die Neutralitätsprämisse im Hinblick auf die konkrete Fraugestellung erfüllen.[1]

- **‚Prämisse der Objektklarheit'**: Anders als bei der Prüfung erfolgt bei der Begutachtung kein Soll-Ist-Vergleich.[2] Vielmehr ist der zu begutachtende Sachverhalt auf der Basis von realen Tatbeständen und/oder Dokumenten, welche durch den Gutachter oder den Auftraggeber ausgewählt wurden, zu einem Beurteilungsobjekt zu verdichten, auf das die ausgewählten Methoden und Kriterien angewendet werden können.[3] Urteilsempfänger können daher die Aussagen des Gutachtens erst dann einordnen, wenn Klarheit über Qualität und Umfang des Beurteilungsobjektes besteht.

Die folgende Abbildung zeigt die (vereinfachte) Prozessstruktur einer Begutachtungsaufgabe:

Abb. 87: Prozessstruktur von Begutachtungen

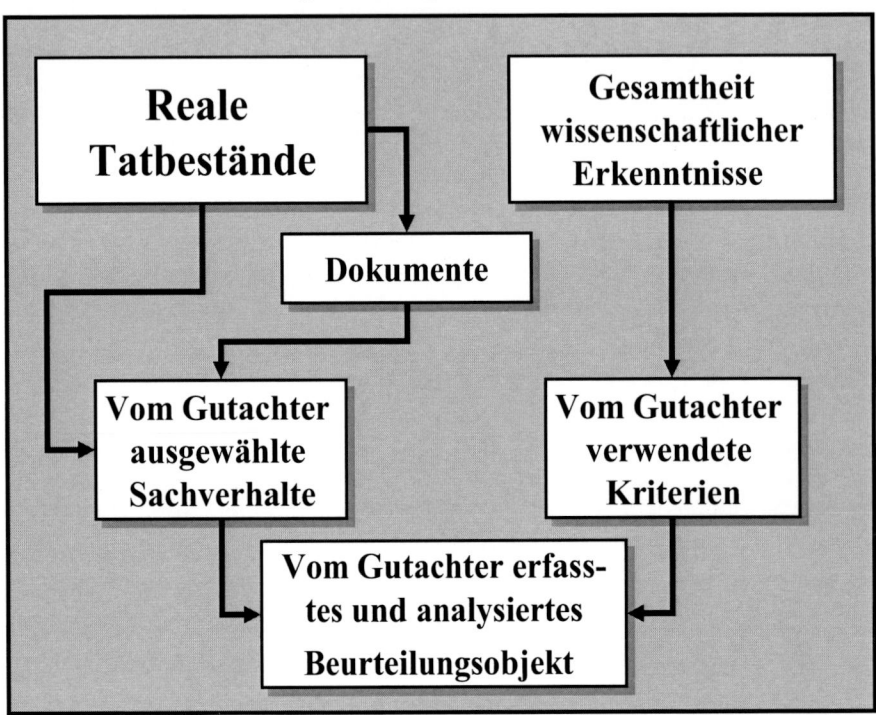

Quelle: Leffson, U.: Wirtschaftsprüfung, 4. Aufl., Wiesbaden 1988, S. 20.

In Fortsetzung der vorstehenden Beispiele für Feststellungs- und Prüfungsaufgaben kann der Charakter von Begutachtungsaufgaben wie folgt exemplarisch verdeutlicht werden:

---

licher Abhängigkeit des Auftragnehmers vom Auftraggeber aufgrund regelmäßiger Auftragserteilung) eingeschätzt werden.

[1] So kann beispielsweise der Vorstand eines Kreditinstituts die hauseigene Rechtsabteilung mit der Ausarbeitung eines Gutachtens zu der Fragestellung „*Potenzielle Haftungsrisiken bei der Verbriefung von institutseigenen Forderungen*" beauftragen, da hier sowohl die Kompetenz- als auch die Neutralitätsprämisse eingehalten sein dürfte. Andererseits wäre die Rechtsabteilung als Auftragnehmer des Gutachtenauftrags „*Aufsichtsrechtliche Möglichkeiten und Grenzen eines Outsourcing der Rechtsabteilung*" ungeeignet, da hier trotz ausreichender Kompetenz keine neutrale Position gegenüber dem Beurteilungsobjekt unterstellt werden kann.

[2] Es sei darauf hingewiesen, dass ein Gutachten auf festgestellten und/oder geprüften Tatbeständen bzw. Dokumenten basiert werden kann. Anders wohl Lechner, K.: In der Literatur unterstellte Ziele der Prüfung, Begutachtung und Beratung, in: K. Lechner u.a. (Hrsg.), Treuhandwesen: Prüfung, Begutachtung, Beratung, Wien 1978, S. 624.

[3] Vgl. Leffson, U.: Wirtschaftsprüfung, a.a.O., S. 20 f. *Himmelmayer* spricht von ‚kritischer Sachklärung'; vgl. Himmelmayer, F. E.: Die Prüfungs-, Begutachtungs- und Beratungsvorbereitung, a.a.O., S. 685.

- Ein **Kreditinstitut** beauftragt ein Marktforschungsinstitut mit folgendem (Gutachten-)Auftrag: *„Prognostizieren Sie das voraussichtliche Marktpotenzial für die Bohrgeräte des Herstellers F. innerhalb der nächsten 10 Jahre."*

- Ein potenzieller **Unternehmenskäufer** erteilt einem externen Sachverständigen die (Begutachtungs-)Aufgabe: *„Ermitteln Sie für das Kaufobjekt B. die voraussichtlichen Kosten, welche bei einem Abbau von 50% der Arbeitsplätze entstehen."*

- **Beratung**

Bei einer Beratung werden durch einen (sachverständigen) Berater potenzielle Handlungsmöglichkeiten unter Berücksichtigung der spezifischen Situation des Auftraggebers ermittelt, erörtert ('passive Beratung') sowie eine oder mehrere Alternativen empfohlen ('aktive Beratung').[1] Im Gegensatz zu Begutachtungen implizieren Beratungen somit grundsätzlich die Abgabe von Handlungsempfehlungen, welche entweder offen durch aktive Beratung oder versteckt durch passive Beratung im Wege einer entsprechenden Alternativendarstellung übermittelt werden.[2]

In erneuter Fortführung der bisherigen Beispielkette kann der Charakter von Beratungsaufgaben wie folgt veranschaulicht werden:

- Der Vorstand eines **Kreditinstituts** beauftragt eine externe Unternehmensberatung mit folgender Beratungsaufgabe: *„Erörtern Sie potenzielle Handlungsmöglichkeiten für das Kreditgeschäftsfeld 'Herstellergetriebenes Leasing-Refinanzierungsgeschäft' unter besonderer Berücksichtigung unserer Geschäftsbeziehungen mit dem Hersteller F."*

- Ein potenzieller **Unternehmenskäufer** erteilt einer Unternehmensberatung die Beratungsaufgabe: *„Erarbeiten Sie mögliche Handlungsalternativen für den Abbau von 50% der Arbeitsplätze beim Kaufobjekt K."*

4.1.2 Kreditwürdigkeitsprüfung

4.1.2.1 Positive Abgrenzung

4.1.2.1.1 Begriffliche Grundlegung

Die positive Kreditvergabeentscheidung eines rational handelnden Kreditgebers setzt eine ausreichende '**Kreditwürdigkeit**' ('**Bonität**') des Kreditnehmers bzw. der Kredittransaktion voraus.[3]

---

[1] Vgl. Böcking, H.-J.; Orth, C.: Beratung und Prüfung, Vereinbarkeit von, in: HWRP, 3. Aufl., Stuttgart 2002, Sp. 257. Ähnlich wohl auch Korndörfer, W.: Einführung in das Prüfungs- und Revisionswesen, a.a.O., S. 38 HIMMELMAYER weist darauf hin, dass die Beratung nicht die Entscheidung des Beratenen ersetzen, sondern nur unterstützen kann. Liegt dagegen eine Verlagerung der Entscheidung vor, so wird de jure oder de facto anstelle eines Beratungs- ein Treuhandverhältnis begründet; vgl. Himmelmayer, F. E.: Die Prüfungs-, Begutachtungs- und Beratungsvorbereitung, a.a.O., S. 685 f. LECHNER wiederum will unter 'Beratung' eine Verfahrensanweisung bzw. Verfahrensempfehlung verstanden wissen; vgl. Lechner, K.: In der Literatur unterstellte Ziele der Prüfung, Begutachtung und Beratung, a.a.O., S. 630.

[2] Vgl. Grünefeld, K.-P.: Das betriebswirtschaftliche Gutachten, a.a.O., S. 18, Leffson, U.: Wirtschaftsprüfung, a.a.O., S. 21, Böcking, H.-J.; Orth, C.: Beratung und Prüfung, Vereinbarkeit von, a.a.O., Sp. 258 f.

[3] Das Wort 'Kredit' leitet sich aus dem lateinischen 'credere' (glauben, [an]vertrauen) ab; vgl. Leitschuh, M.; Hoffmann, J. B.: Lateinische Wortkunde, a.a.O., S. 26. Die Begriffe 'Kreditwürdigkeit' und 'Bonität' werden im Folgenden synonym benutzt. Vgl. Gräfer, H.; Beike, R.; Scheld, G. A.: Finanzierung: Grundlagen, Institutionen, Instrumente und Kapitalmarkttheorie, a.a.O., S. 171, Büschgen, H.-E.: Bankbetriebslehre: Bankgeschäfte und Bankmanagement, a.a.O., S. 939. Unter dem Begriff 'Bonität' kann umgangssprachlich der *"...Ruf einer Person oder Firma in Bezug auf ihre Zahlungsfähigkeit"* verstanden werden (Dudenredaktion (Hrsg.): Duden, Die deutsche Rechtschreibung, Bd. 1, a.a.O., S. 173.) Das Wort leitet

Die ‚Kreditwürdigkeit' ist zunächst durch die antizipierte Fähigkeit zur termin- und betragsgerechten Leistung der vereinbarten zukünftigen Zins- und Tilgungs- sowie Provisionsleistungen determiniert.[1] Neben der ‚Kapitaldienstfähigkeit' des potenziellen Kreditnehmers können jedoch auch weitere Kriterien, wie z.B. seine ‚Kapitaldienstwilligkeit' sowie die antizipierte Bereitschaft zur Einhaltung weiterer kreditvertraglicher Regelungen (z.B. Verhaltensauflagen), wichtige Nebenbedingungen der ‚Kreditwürdigkeit' darstellen. Die der Kreditvergabe vorgelagerte Urteilsbildung über dieses Entscheidungskriterium wird regelmäßig als **‚Kreditwürdigkeitsprüfung'**[2] (**‚Bonitätsprüfung'**)[3] bezeichnet.[4] Teilweise werden in diesem Zusammenhang im Schrifttum auch die Begriffe **‚Kreditwürdigkeitsanalyse'**[5] (**‚Bonitätsanalyse'**)[6] bzw. **‚Kreditwürdigkeitsprognose'**[7] (**‚Bonitätsprognose'**) sowie **‚Kreditprüfung'**[8] verwendet:

---

sich aus dem lateinischen ‚bonus' (gut) bzw. ‚bonitas' (Güte) ab; vgl. Leitschuh, M.; Hoffmann, J. B.: Lateinische Wortkunde, a.a.O., S. 15.

[1] Die antizipierte Fähigkeit zur Bedienung zukünftiger Provisionsleistungen bleibt im Schrifttum regelmäßig unerwähnt; vgl. beispielsweise Büschgen, H.-E.: Bankbetriebslehre: Bankgeschäfte und Bankmanagement, a.a.O., S. 939, Drukarczyk, J.: Finanzierung, a.a.O., S. 32, Wöhe, G.; Bilstein, J.: Grundzüge der Unternehmensfinanzierung, a.a.O., S. 277. Es sollte jedoch festgehalten werden, dass bei eingeräumten Kreditlinien mit wechselnder Ausnutzung durch den Kreditnehmer (z.B. Betriebsmittellinien) oder bei einer im Zeitablauf ansteigenden Inanspruchnahme von zugesagten Zwischenfinanzierungen und Tilgungskrediten (z.B. Bauzeitdarlehen, Abzahlungsdarlehen) vom Kreditnehmer Bereitstellungsprovisionen (‚Commitment Fees') zu zahlen sind, welche unter anderem der Vergütung von (regulatorischen) Eigenkapitalkosten dienen, da gem. § 8 Nr. 2 d) Grundsatz I noch nicht in Anspruch genommene Kreditzusagen mit einer Ursprungslaufzeit von mehr als einem Jahr mit 50% in die Bemessungsgrundlage für die Eigenmittelausstattung einzubeziehen sind. Vgl. zu den genannten Erscheinungsformen von Gelddarlehen die vorstehenden Ausführungen unter Gliederungspunkt 3.1.2.1.2.1.2 Gelddarlehen jeder Art, S. 207 ff.

[2] Vgl. Hagenmüller, K. F.: Kreditwürdigkeitsprüfung, a.a.O., Sp. 1224 ff., Hielscher, U.: Instrumente der Kreditwürdigkeitsprüfung, in: WiSt, 8. Jg. (1979), S. 308, Zellweger, B.: Kreditwürdigkeitsprüfung in Theorie und Praxis, 2. Aufl., Bern u.a. 1994, S. 1 ff., Oser, P.: Kreditwürdigkeitsprüfung, in: WISU, 24. Jg. (1995), S. 784, Eilenberger, G.: Bankbetriebswirtschaftslehre, 7. Aufl., München, Wien 1997, S. 207, Steinmetz, O.: Kreditwürdigkeitsprüfung, in: Knapps Enzyklopädisches Lexikon des Geld-, Bank- und Börsenwesens, 4. Aufl., Frankfurt a.M. 1999, S. 1215 ff., Dicken, A.: Kreditwürdigkeitsprüfung: Kreditwürdigkeitsprüfung auf der Basis des betrieblichen Leistungsvermögens, 2. Aufl., Berlin 1999, Mrzyk, A. P.: Kreditwürdigkeitsprüfung, in: WISU, 28. Jg. (1999), S. 1469, Hauschildt, J.: Kreditwürdigkeitsprüfung (inkl. Automatisierte), in: HWF, 3. Aufl., Stuttgart 2001, Sp. 1460 ff.

[3] Vgl. Schieble, M.: Bonitätsprüfung im Firmenkundengeschäft: Maschinelle Bilanzanalyse und Bewertung durch Kreditsachbearbeiter, Wiesbaden 2000, S. 9.

[4] Vgl. Büschgen, H.-E.: Bankbetriebslehre: Bankgeschäfte und Bankmanagement, a.a.O., S. 939. So auch DRUKARZCYK, welcher unter der Kreditwürdigkeitsprüfung die „...*Prüfung der künftigen Zahlungsfähigkeit von Kreditnehmern ...*" versteht; Drukarczyk, J.: Finanzierung, a.a.O., S. 32.

[5] Vgl. Buchner, R.: Kreditwürdigkeit und bonitätsbezogene Kreditwürdigkeitsanalyse, in: WISU, 15. Jg. (1986), S. 179 ff., Beyel, J.: Kreditwürdigkeitsanalyse, in: WISU, 16. Jg. (1987), S. 418 f.

[6] Vgl. Grunwald, E.; Grunwald, S.: Bonitätsanalyse im Firmenkundengeschäft: Ein Handbuch für Mitarbeiter von Banken im Kreditgeschäft und Führungskräfte mittelständischer Unternehmen, Stuttgart 1999, S. 4 passim, Schiller, B.; Tytko, D.: Risikomanagement im Kreditgeschäft: Grundlagen, neuere Entwicklungen und Anwendungsbeispiele, Stuttgart 2001, S. 68, Berblinger, J.: Bonitätsanalyse internationaler Konzerne, in: IDW (Hrsg.), Neuorientierung der Rechenschaftslegung, Düsseldorf 1995, S. 55 ff., Dombert, A.; Robens, B. H., Bonitätsanalyse bei Großkrediten, a.a.O., S. 527 ff.

[7] Vgl. Weinrich, G.: Kreditwürdigkeitsprognosen: Steuerung des Kreditgeschäftes durch Risikoklassen, a.a.O.

[8] Vgl. Hein, M.: Einführung in die Bankbetriebslehre, 2. Aufl., München 1993, S. 174, Lück, W.: Kreditprüfung, in: W. Lück (Hrsg.), Lexikon der Betriebswirtschaft, 5. Aufl., Landsberg am Lech 1993, S. 728 f., Schiller, B.; Tytko, D.: Risikomanagement im Kreditgeschäft: Grundlagen, neuere Entwicklungen und Anwendungsbeispiele, a.a.O., S. 66 ff., Böcker, M.: Die strategische Bonität: Ein Ansatz zur ganzheitlichen prospektiven Kreditprüfung im Firmenkundengeschäft, Frankfurt a.M. 2000, S. 8, Büschgen, H.-E.:

- Versteht man unter einer ‚**Analyse**' die „*systematische Untersuchung eines Gegenstandes oder Sachverhaltes hinsichtlich aller einzelnen Komponenten oder Faktoren, die ihn bestimmen*",[1] so würde sich eine Kreditwürdigkeits<u>analyse</u> bei einer prüfungstheoretischen Betrachtung ausschließlich auf die Bestimmung eines Ist-Objektes bzw. seiner Teilkomponenten beschränken.[2] In diesem Sinne kann zwar eine Aussage über die antizipierte Schuldendienst<u>kapazität</u> getroffen werden, es liegt damit jedoch noch kein Urteil über die Schuldendienst<u>fähigkeit</u> im konkreten Sachverhalt vor.[3] Anders ausgedrückt, erfolgt keine Bestimmung des Soll-Objektes, so dass auch kein abschließendes, im Wege eines Soll-Ist-Vergleiches herbeigeführtes Prüfungsurteil abgegeben wird.[4] Jenseits eines möglicherweise umgangssprachlichen Wortgebrauchs dürfte (sollte) daher bei Verwendung der Terminologie des wirtschaftlichen Prüfungswesens im Kreditgeschäft regelmäßig eine Kreditwürdigkeits<u>prüfung</u> und keine Kreditwürdigkeits<u>analyse</u>[5] vorliegen.[6]

- Terminologische Probleme ergeben sich ebenfalls bei Verwendung des Wortbestandteils ‚**Prognose**', soweit hierunter die „*Vorhersage einer zukünftigen Entwicklung ... auf Grund kritischer Beurteilung des Gegenwärtigen*"[7] verstanden wird. Eine derartige Auslegung des Terminus technicus ‚Prognose' würde eine sachlogisch begründete Fortschreibung der für vergangene Perioden beobachteten Schuldendienstkapazität implizieren.[8] Die durch eine potenzielle Kreditvergabe erst ausgelösten liquiditätsmäßigen Veränderungen bleiben in Abhängigkeit vom verwendeten Prognoseinstrumentarium dabei möglicherweise unberücksichtigt.[9] Die Fortschreibung einer aktuellen Kreditwürdigkeit setzt zudem einen Mindestumfang an wirtschaftlicher Historie voraus, so dass die Bonität ausschließlich zukunftsorientierter Kreditvergaben bei einer engen begrifflichem Auslegung nicht ‚prognostizierbar' ist.[10]

Kreditprüfung, in: HWRev, 2. Aufl., Stuttgart 1992, Sp. 1143 ff. sowie Büschgen, H.-E.: Kreditprüfung, in: HWRP, 3. Aufl., Stuttgart 2002, Sp. 1410 ff.

[1] Dudenredaktion (Hrsg.): Duden, Das Fremdwörterbuch, Bd. 5, a.a.O., S. 58. Das Wort ‚Analyse' stammt aus dem griechischen bzw. mittellateinischen ‚Analysis' und bedeutet ‚Auflösung'; vgl. Ebenda.

[2] Vgl. hierzu die vorstehenden Ausführungen unter Gliederungspunkt 4.1.1.3 Abgrenzung der ‚Prüfung' von ‚Feststellung' und ‚Begutachtung' sowie ‚Beratung, S. 349 ff.

[3] So fordert die Bankenaufsicht von den Kreditinstituten, die „*...Kapitaldienstfähigkeit des Kreditnehmers bzw. des Objektes/Projektes zu analysieren und zu beurteilen*"; BaFin: Mindestanforderungen an das Kreditgeschäft der Kreditinstitute, Rundschreiben 34/2002, Tz. 45. Die Verwendung des Begriffes ‚Beurteilung' kann auch als Hinweis auf ein Prüfungsurteil interpretiert werden.

[4] Vgl. hierzu die vorstehenden Ausführungen unter Gliederungspunkt 4.1.1.1.1 Zum Begriff ‚Prüfung', S. 304 ff.

[5] Es sei darauf hingewiesen, dass im angelsächsischen Sprachraum der Begriff ‚Credit Analysis' verwendet wird; vgl. Brealy, R. A.; Myers, S. C.: Principals of Corporate Finance, a.a.O., S. 852.

[6] Ausnahmen können dort bestehen, wo ohne Festlegung eines konkreten Kreditvolumens bzw. einer Schuldendienststruktur die liquiditätsmäßige Kapazität abstrakt analysiert wird (z.B. bei der Festlegung eines adressenbezogenen Limits für das Handels- oder Anlagenbuch eines Kreditinstituts). Bei einer derartigen Vorgehensweise kann beispielsweise auch die Wechselwirkung zwischen einer zusätzlichen Kreditaufnahme und der daraus resultierenden Änderung der Schuldendienstkapazität analysiert werden. Im Rahmen einer iterativen Annäherung kann hierbei möglicherweise ein aus Sicht des Kreditinstituts ideales Fremdfinanzierungsvolumen ermittelt werden.

[7] Dudenredaktion (Hrsg.): Duden, Das Fremdwörterbuch, Bd. 5, a.a.O., S. 592. Das Wort ‚Prognose' stammt aus dem griechischen bzw. lateinischen und bedeutet ‚Vorherwissen'; vgl. Ebenda.

[8] In diesem Sinne wohl auch STEINMETZ, welcher die Kreditwürdigkeitsprüfung als ‚Prognose zur Bonitätsentwicklung' charakterisiert; vgl. Steinmetz, O.: Kreditwürdigkeitsprüfung, a.a.O., S. 1216. Zur sachlogischen Begründung von Prognosen vgl. Hansmann, K.-W.: Prognoseverfahren, in: HWB, 2. Aufl., Stuttgart 1995, Sp. 2172 sowie die Ausführungen unter Gliederungspunkt 2.2.3 Prognose, S. 123 ff.

[9] Vgl. hierzu die Ausführungen unter Gliederungspunkt 4.1.2.1.2.4 Durchführung, S. 369 ff.

[10] Dem soll nicht entgegenstehen, dass ‚Prognosen' in vielfältiger Form u.a. die ‚Kreditwürdigkeit' derartiger Transaktionen determinieren und insoweit selbst einer Prüfung unterzogen werden müssen. Vgl. im

- Der teilweise im Schrifttum verwendete Begriff der ‚**Kreditprüfung**' ist ebenfalls zweideutig, da er auch im Zusammenhang mit der Prüfung des Kreditgeschäftes eines Kreditinstitutes, d.h. einzelner Kreditengagements sowie des Kreditportfolios, durch den Jahresabschlussprüfer bzw. die interne Revision (sogenannte ‚**Engagementprüfung**'[1]) gebraucht wird.

Für Zwecke der vorliegenden Untersuchung werden die Zusammenhänge zwischen den vorstehend diskutierten sowie weiteren Begrifflichkeiten nachfolgend in einem terminologischen Ordnungssystem hierarchisch gegliedert:

Abb. 88: Bestandteile der Kreditwürdigkeitsprüfung i.w.S.

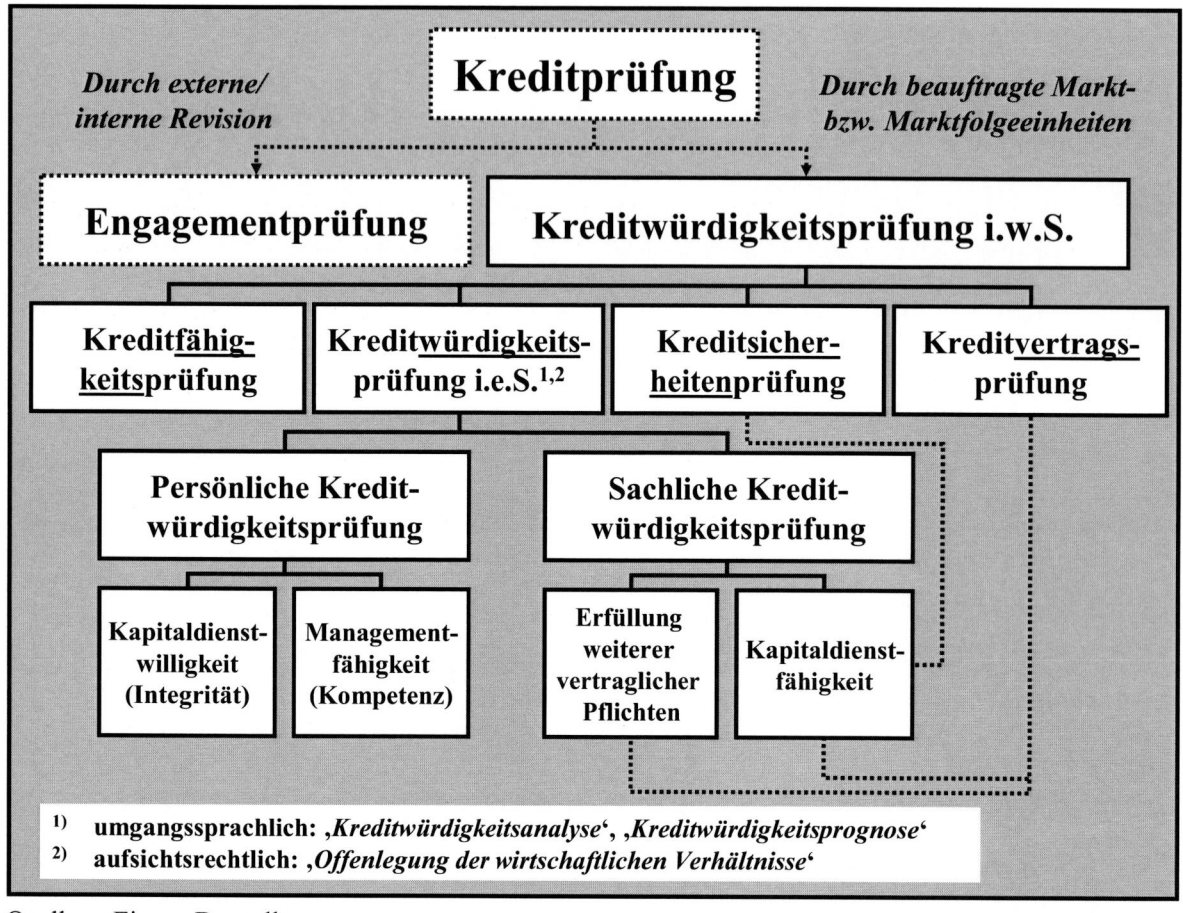

```
                    Kreditprüfung
Durch externe/                        Durch beauftragte Markt-
interne Revision                      bzw. Marktfolgeeinheiten

  Engagementprüfung        Kreditwürdigkeitsprüfung i.w.S.

  Kreditfähig-   Kreditwürdigkeits-   Kreditsicher-   Kreditvertrags-
  keitsprüfung   prüfung i.e.S.[1,2]  heitenprüfung   prüfung

       Persönliche Kredit-        Sachliche Kredit-
       würdigkeitsprüfung         würdigkeitsprüfung

  Kapitaldienst-  Management-   Erfüllung
  willigkeit      fähigkeit     weiterer       Kapitaldienst-
  (Integrität)    (Kompetenz)   vertraglicher  fähigkeit
                                Pflichten
```

[1]) umgangssprachlich: ‚*Kreditwürdigkeitsanalyse*', ‚*Kreditwürdigkeitsprognose*'
[2]) aufsichtsrechtlich: ‚*Offenlegung der wirtschaftlichen Verhältnisse*'

Quelle: Eigene Darstellung

Im Vorfeld von insbesondere langfristigen Kreditvergabeentscheidungen lassen sich neben der ‚Kreditfähigkeitsprüfung' und der ‚Kreditwürdigkeitsprüfung i.e.S.', welche sich wiederum in eine Prüfung der ‚persönlichen Kreditwürdigkeit' und der ‚sachlichen Kreditwürdigkeit' gliedern lässt, auch die ‚Kreditsicherheitenprüfung' (‚Sicherheiten- und Beleihungsgrenzenprüfung') sowie die ‚Kreditvertragsprüfung' als weitere Bestandteile der bankseitig vorzunehmenden ‚Kreditwürdigkeitsprüfung i.w.S.' isolieren:[2]

Hinblick auf den Untersuchungsgegenstand ‚Projektfinanzierung im engeren Sinne' die Ausführungen unter Gliederungspunkt 2.2.3 Prognose, S. 123 ff.

[1] Vgl. Spieth, E.; Schauss, P.: Engagementprüfung, in: HWRev, 2. Aufl., Stuttgart 1992, Sp. 426 ff., Breisch, J.: Engagementprüfung, in: HWRP, 3. Aufl., Stuttgart 2002, Sp. 650 ff.

[2] Vgl. Drukarczyk, J.: Finanzierung, a.a.O., S. 412. Es sei darauf hingewiesen, dass im Schrifttum teilweise abweichende Begriffsdefinitionen verwendet werden. So verstehen einige Autoren unter der ‚Kreditfähigkeitsprüfung' eine – im hier skizzierten Sinne – (partiell) ‚sachliche Kreditwürdigkeitsprüfung' und unter einer ‚Kreditwürdigkeitsprüfung (i.e.S.)' eine – im hier skizzierten Sinne – ‚persönliche Kredit-

- Im Rahmen der ‚**Kreditfähigkeitsprüfung**' wird ein Urteil über die Fähigkeit eines potenziellen Kreditnehmers zum Abschluss eines rechtswirksamen Kreditvertrages generiert.[1] Im Firmenkundengeschäft mit Einzelkaufleuten sowie Personen- und Kapitalgesellschaften ist hierfür zunächst die Existenz des Kreditnehmers zu prüfen.[2] Im inländischen sowie im grenzüberschreitenden Kreditgeschäft mit in entwickelten Jurisdiktionen domizilierenden Kontraktpartnern kann dies im Regelfall durch Einsichtnahme in ein öffentlich zugängliches Register erfolgen.[3] Bei Neugründungen sowie im internationalen Kreditgeschäft wird die tatsächliche Existenz des Kreditnehmers alternativ oder ergänzend durch Einholung eines Rechtsgutachtens (‚Legal Opinion') zu bestätigen sein.[4] Des Weiteren ist die Befugnis der Unternehmensvertreter zum Abschluss des Geschäftes, d.h. zur Unterzeichnung des Kreditvertrages, zu prüfen. Die Vertretungsmacht ergibt sich wiederum aus den einschlägigen gesetzlichen Regelungen, registergerichtlichen Eintragungen und/oder durch schriftliche Handlungsvollmacht (‚Power of Attorney').[5]

- Die ‚**persönliche Kreditwürdigkeitsprüfung**' dient der Urteilsbildung über die sogenannte ‚subjektive Kreditwürdigkeit'[6], welche durch die fachlichen und charakterlichen Eigenschaften des dispositiven Faktors determiniert ist.[7] Im Rahmen der Ist-Objekt-Ermittlung werden prioritär die Qualifikationen (u.a. Art der Ausbildung, kaufmännischer und/oder technischer Wissensstand) sowie die bisherigen beruflichen Werdegänge (u.a. Branchen-, Länder-, Markt-, Führungserfahrung) der wesentlichen Entscheidungsträger festgestellt, um diese mit den gewünschten Soll-Merkmalsausprägungen des Beurteilungskomplexes ‚*Managementfähigkeit*' (‚*Kompetenz*') abzugleichen. Bei langfristigen Kreditvergaben wird eine derartige Urteilsbildung über Sachkenntnis und -verständnis des aktuell tätigen dispositiven Faktors durch die spezifische Möglichkeit zum Ersatz von möglicherweise im Zeitablauf ausscheidenden Kompetenzträgern zu ergänzen sein. Neben den fachlichen Eigenschaften des Managements wird

---

würdigkeitsprüfung'. Vgl. für derartige Begriffsverständnisse exemplarisch Lück, W.: Kreditprüfung, a.a.O., S. 728, Zellweger, B.: Kreditwürdigkeitsprüfung in Theorie und Praxis, 2. Aufl., Bern u.a. 1994, S. 15.

[1] Vgl. Büschgen, H.-E.: Bankbetriebslehre: Bankgeschäfte und Bankmanagement, a.a.O., S. 940, Wöhe, G.; Bilstein, J.: Grundzüge der Unternehmensfinanzierung, a.a.O., S. 277, Steinmetz, O.: Kreditwürdigkeitsprüfung, a.a.O., S. 1216, Schiller, B.; Tytko, D.: Risikomanagement im Kreditgeschäft: Grundlagen, neuere Entwicklungen und Anwendungsbeispiele, a.a.O., S. 66 ff.

[2] Das Kreditgeschäft mit Privatkunden wird im Folgenden nicht weiter betrachtet.

[3] In Deutschland sind Einzelkaufleute und Personengesellschaften in den Rechtsformen der OHG oder der KG gem. § 29 HGB sowie Kapitalgesellschaften gem. § 33 Abs. 1 HGB zur Eintragung in das Handelsregister anzumelden.

[4] Vgl. Bernstorff, C. Gr. v.: Die Bedeutung der Legal Opinion in der Außenhandelsfinanzierung, in: RIW, 34. Jg. (1988), S. 682. Dies gilt insbesondere auch für noch zu gründende Einzweckgesellschaften; vgl. hierzu die vorstehenden Ausführungen unter Gliederungspunkt 2.1.3.1.2 Rechtliche Isolierung, S. 14 ff. Der Nachweis der erfolgreichen Gründung wird regelmäßig als Auszahlungsvoraussetzung bzw. Finanzierungsbedingung in den Kreditvertrag aufgenommen; vgl. hierzu Gliederungspunkt 2.1.4.3 Projektbezogene Kreditbedingungen und Verhaltensauflagen, S. 48 ff.

[5] Vgl. zu den einschlägigen Regelungen im deutschen Rechtsraum für Einzelkaufleute und Personengesellschaften §§ 49, 54, 125, 170 HGB sowie für Kapitalgesellschaften §§ 78-82, 278 Abs. 2 AktG, §§ 35-39 GmbHG.

[6] Vgl. Gindel, F.: Einführung in die Beurteilungskriterien im Rahmen der Bilanzanalyse, in: W. Wiesinger (Hrsg.), Handbuch der Kreditprüfung, Wien 1987, S. 1.

[7] Bei Kreditvergaben an Einzelunternehmer oder an durch einzelne Manager dominierte Personen- und Kapitalgesellschaften wird in der Literatur zudem die physische Konstitution (Alter, Gesundheit, Lebensweise etc.) der primären Entscheidungsträger als Kriterium der ‚persönlichen Kreditwürdigkeit' angeführt; vgl. Schiller, B.; Tytko, D.: Risikomanagement im Kreditgeschäft: Grundlagen, neuere Entwicklungen und Anwendungsbeispiele, a.a.O., S. 71. Im Hinblick auf den Untersuchungsgegenstand ‚Projektfinanzierung im engeren Sinne' bleibt dieses Kriterium nachfolgend unberücksichtigt, da der in Projekt(gesellschaft)en eingesetzte dispositive Faktor mehrheitlich aus dem Managementreservoir der Sponsorunternehmen bzw. des Arbeitsmarktes ersetzbar sein dürfte.

auch die ‚*Kapitaldienstwilligkeit'* (‚*Integrität'*) zu qualifizieren sein, wobei das Spektrum der möglichen Verhaltensweisen von mangelnder geschäftlicher Fairness bis zu dolosen Handlungen reichen kann.[1] Die Kreditsachbearbeiter müssen sich hierfür zunächst vor dem Hintergrund der aktuellen Kreditantragsstellung auf der Basis von persönlichen Kreditgesprächen und – soweit vorhanden und zugänglich – aus dritten Quellen von der gegenwärtigen charakterlichen Integrität der Entscheidungsträger überzeugen.[2] Daneben wird jedoch auch ein Urteil darüber zu formen sein, wie sich die Kapitaldienstwilligkeit bei einer etwaigen Verschlechterung der wirtschaftlichen Verhältnisse in zukünftigen Perioden entwickeln wird.[3]

- Die ‚**sachliche Kreditwürdigkeitsprüfung**' dient der Urteilsbildung über die ‚wirtschaftliche Kreditwürdigkeit' (‚objektive Kreditwürdigkeit') eines potenziellen Kreditnehmers, welche durch die zu Beginn des Abschnitts angeführte ‚*Kapitaldienstfähigkeit'* sowie die ‚*Einhaltung weiterer vertraglicher Pflichten'* bestimmt wird. Im Rahmen einer ‚Kreditbedarfs- und Kreditverwendungsprüfung' sollten hierfür vor dem Hintergrund des Finanzierungszwecks die ausreichende Höhe des angestrebten Kreditvolumens sowie der Einfluss auf die zukünftige Schuldendienstkapazität beurteilt werden.[4] Die im Zuge der sachlichen Kreditwürdigkeitsprüfung festgestellten bzw. ermittelten Ergebnisse können zur Einstufung des Adressenausfallrisikos der (zukünftigen) Kreditbeziehung als Input-Daten in ein Risikoklassifizierungssystem (‚Kredit-Scoring', ‚Rating') eingegeben werden, welches bei entsprechender Ausgestaltung zudem für eine risikoorientierte Preisstellung bzw. Preisprüfung herangezogen werden kann.[5] Ein Nebenaspekt der sachlichen Kreditwürdigkeitsprüfung kann in der Gewinnung von Informationen zwecks allgemeiner oder finanzierungsspezifischer Beratung des Kreditnehmers liegen.[6]

- Die ‚**Kreditsicherheitenprüfung**' dient der Urteilsbildung über die ökonomische Werthaltigkeit sowie der rechtlichen Durchsetzbarkeit von eingeräumten Kreditsicherheiten. Das Vorhandensein von derartigen werthaltigen Personal- und/oder Realsicherheiten kann je nach Kreditart und konkreter Sachverhaltsgestaltung Voraussetzung für eine Kreditvergabe sein.[7] Ein potenzieller, rational handelnder Kreditgeber wird jedoch keine positive Kreditvergabeentscheidung treffen, wenn bereits bei Geschäftsanbahnung bzw. Kreditantragsstellung die Notwendigkeit einer Sicherheitenverwertung zwecks Befriedigung der eigenen Ansprüche auf Zins-, Tilgungs- und Provisionszahlungen mit hinreichender Wahrscheinlichkeit erwartet wer-

---

[1] HARTMANN-WENDELS/PFINGSTEN/WEBER, umschreiben die ‚Kapitaldienstwilligkeit' als „*mutmaßliche Bereitschaft zur Vertragstreue*"; vgl. Hartmann-Wendels, T.; Pfingsten, A.; Weber, M.: Bankbetriebslehre, a.a.O., S. 586. Für prominente Fallbeispiele ‚doloser Handlungen' vgl. Everding, S.: Früherkennung von Kreditbetrug mit Hilfe bankmäßiger Kreditwürdigkeitsprüfungen, Hamburg 1996, S. 12 ff.

[2] Vgl. Schmoll, A.: Kreditbeziehungen in sozialpsychologischer Sicht, in: Die Bank, o.Jg. (1990), S. 548 ff.

[3] Starke politische Einflussmöglichkeiten und/oder Kapitalmarktabhängigkeiten können beispielsweise mögliche Anhaltspunkte für eine potenzielle zukünftige Integritätsverschlechterung und damit Prüfungskriterien der Kapitaldienstwilligkeit sein, wenn vermutet werden kann, dass das kreditnehmende Unternehmen im Zweifel derartige Beziehungen zu Drittparteien über das Kreditverhältnis stellen wird bzw. stellen muss. Relativierend sei darauf hingewiesen, dass in praxi Urteile über die Integrität des Managements wohl mehrheitlich nicht im Rahmen derartiger objektiv nachvollziehbarer Soll-Ist-Vergleiche, sondern eher auf Basis einer ‚intuitiven Prognose' geformt werden.

[4] Inwieweit eine derartige ‚Kreditbedarfs- und Kreditverwendungsprüfung' tatsächlich stattfindet, wird u.a. von der Art und Höhe des betriebenen Kreditgeschäftes sowie der dabei herangezogenen Prüfungsunterlagen bzw. eingesetzten Prüfungsinstrumente abhängen. Vgl. hierzu auch die nachfolgenden Ausführungen unter Gliederungspunkt 4.1.2.1.2.4 Durchführung der Kreditwürdigkeitsprüfung, S. 369 ff.

[5] Vgl. BaFin: Mindestanforderungen an das Kreditgeschäft der Kreditinstitute, Rundschreiben 34/2002, Tz. 67 ff. Vgl. hierzu auch die nachfolgenden Ausführungen unter den Gliederungspunkten 4.1.2.1.2.5 Ergebnis der Kreditwürdigkeitsprüfung, S. 387 ff. sowie 4.1.2.2 Kreditrisikomanagement, S. 393 ff.

[6] Beachte hierzu die einschränkenden Ausführungen unter Gliederungspunkt 4.1.2.1.2.3.1 Verhältnis des Prüfers zum Prüfungsobjekt, S. 364 ff.

[7] Für eine kurze Skizzierung der genannten Kreditsicherheiten vgl. die vorstehenden Ausführungen unter Gliederungspunkt 2.1.3.3 Kreditsicherheiten aus den Vermögenspositionen des Projektes, S. 24 ff. sowie auch Gliederungspunkt 3.1.2.1.2.1.5 Bürgschaften, Garantien und sonstige Gewährleistungen, S. 219 ff.

den kann.¹ Insoweit ist die Liquidierung von Kreditsicherheiten regelmäßig ultima ratio und ihre ex ante Prüfung damit auch nicht originärer Bestandteil der ‚Kreditwürdigkeitsprüfung i.e.S.'. Die ‚Kreditsicherheitenprüfung' kann jedoch dann eine Relevanz für die materielle Kreditwürdigkeitsprüfung entfalten bzw. Bestandteil derselben sein, wenn die Bestellung dinglicher Sicherheiten den Kreditnehmer vor dem Zugriff Dritter schützen (‚Abwehreffekt', ‚Abschirmeffekt') bzw. die Kontrolle über den Darlehensnehmer gewährleisten (‚Kontrolleffekt') soll. Die Sicherheitenbestellung zielt hierbei auf die Aufrechterhaltung der originären Schuldendienstkapazität ab und ist insoweit eine direkte Determinante der ‚Kreditwürdigkeit i.e.S.'.²

- Insbesondere im großvolumigen und/oder strukturierten (Konsortial-) Kreditgeschäft erfolgt eine Abbildung der Gläubiger-/Schuldnerbeziehung nicht durch standardisierte, sondern zum Teil stark individualisierte Kreditverträge. Im Rahmen der ‚**Kreditvertragsprüfung**' erstreckt sich die Urteilsbildung nicht nur auf die rechtliche Halt- und Durchsetzbarkeit, sondern auch auf die adäquate Abbildung des aus einer wirtschaftlichen Perspektive entwickelten (Projekt- und) Finanzierungskonzeptes.³ Insbesondere bei ökonomisch induziertem Einsatz von (umfangreichen) Kreditbedingungen und Verhaltensauflagen wird jedoch eine Urteilsbildung über den geplanten Umfang und materiellen Gehalt derartiger Konzeptbestandteile bereits vor Erstellung bzw. Vorlage des Kreditvertrages erfolgen und insoweit wichtiger Bestandteil der materiellen Kreditwürdigkeitsprüfung sein.⁴

Der im § 18 Satz 1 KWG verwendete Terminus ‚**Offenlegung der wirtschaftlichen Verhältnisse**' impliziert über seine Wortbedeutung hinaus u.a. eine ‚zukunftsorientierte Auswertung', d.h. eine Auswertung der vorgelegten Unterlagen sowie weiterer herangezogener Informationen im Hinblick auf die Kapitaldienstfähigkeit, damit eine abschließende Kreditvergabeentscheidung ermöglicht wird.⁵ Insoweit kann die gesetzliche Terminologie des § 18 Satz 1 KWG für den Zeitpunkt vor Kreditvergabeentscheidung aus einer prüfungstheoretischen Perspektive als synonym für den Begriff ‚Kreditwürdigkeitsprüfung i.e.S.', insbesondere der sachlichen Kreditwürdigkeitsprüfung angesehen werden.⁶ Ausnahmen können dort bestehen, wo die Kreditwürdigkeitsprüfung um unternehmensindividuelle Ziel- und Ergebnisnormen erweitert ist.⁷

---

¹ Vgl. Müller, A.; Müller, D.: Bilanzierung und Kreditvergabe, 2. Aufl., Herne, Berlin 2000, S. 3.

² Zu den genannten Motivationen für die Bestellung von dinglichen Sicherheiten (‚Abwehreffekt'/‚Abschirmeffekt' und ‚Kontrolleffekt') insbesondere im Hinblick auf den Untersuchungsgegenstand ‚Projektfinanzierungen im engeren Sinne' vgl. die vorstehenden Ausführungen unter Gliederungspunkt 2.1.3.3 Kreditsicherheiten aus den Vermögenspositionen des Projektes, S. 24 ff.

³ Die ‚rechtliche Kreditvertragsprüfung' liegt regelmäßig in der Verantwortung institutsinterner Juristen (z.B. Rechtsabteilung) und/oder mandatierter externer Anwaltsfirmen. Die ‚wirtschaftliche Kreditvertragsprüfung' erfolgt dagegen je nach Ausgestaltung der Aufbau- und Ablauforganisation durch die zuständigen Markt- und/oder Marktfolgeeinheiten des Kreditinstitutes.

⁴ Vgl. hierzu die vorstehenden Ausführungen unter Gliederungspunkt 2.1.4.3 Projektbezogene Kreditbedingungen und Verhaltensauflagen, S. 48 ff. Soweit bereits ein ‚Term Sheet' vorliegt, welches die wesentlichen Eckpunkte des geplanten Kreditgeschäfts enthält, kann dieses für Zwecke der ‚sachlichen Kreditwürdigkeitsprüfung' herangezogen werden; vgl. hierzu auch Gliederungspunkt 2.3.2.2 Ablauforganisation, S. 178 ff.

⁵ Vgl. zur ‚zukunftsorientierten Auswertung' die vorstehenden Ausführungen unter Gliederungspunkt 3.1.2.2.3.1 Anforderungen an die Auswertung, S. 289 ff. sowie zur Entscheidungsfundierung Gliederungspunkt 3.1.2.2.3.2 Zwecksetzung der Auswertung, S. 294.

⁶ Vgl. für eine Diskussion der einzelnen zeitlichen Phasen der kodifizierten Offenlegungspflicht die Ausführungen unter Gliederungspunkt 3.1.2.3 Zeitliche Dimension, S. 296 ff.

⁷ Vgl. hierzu die Ausführungen unter Gliederungspunkt 4.1.2.1.2.2 Prüfungsnormen der Kreditwürdigkeitsprüfung, S. 362 ff.

Die laufende bzw. periodische Bonitätsanalyse nach Kreditvergabe wird traditionell als ‚**Kreditüberwachung**' (‚Credit Monitoring') bezeichnet.[1] Der Wortbestandteil ‚Überwachung' ist insoweit gerechtfertigt, als dass die Überwachungsfunktion in Abhängigkeit von der konkreten Ausgestaltung eines Kreditverhältnisses sowohl den Charakter einer prozessunabhängigen ‚Prüfung' als auch einer prozessabhängigen ‚Kontrolle' annehmen kann. Durch den zunehmenden Einsatz von Kreditbedingungen und Verhaltensauflagen im Firmenkundenkredit- und Spezialfinanzierungsgeschäft kommt es auch nach Kreditvergabeentscheidung regelmäßig zu einer Involvierung der Kreditgeber in die wirtschaftlichen Determinanten von Kredittransaktionen, so dass aufgrund der hier fehlenden Prozessunabhängigkeit häufig eher von einer ‚Kreditwürdigkeits<u>kontrolle</u> nach Kreditvertragsabschluss'[2] gesprochen werden müsste.[3]

4.1.2.1.2 Charakterisierung als betriebswirtschaftliche Prüfung

4.1.2.1.2.1 Prüfungsobjekt ‚Kreditwürdigkeit'

Im Fokus von betriebswirtschaftlichen Prüfungen stehen einzelne oder mehrere Prüfungsgegenstände (Prüfungsobjekte), welche durch Isolierung von einem oder mehreren vergleichsfähigen Ist-Objekten bestimmbar sind.[4] Das Prüfungsobjekt ist bei Kreditwürdigkeitsprüfungen die ‚*Kreditwürdigkeit eines Kreditnehmers bzw. einer konkreten Kredittransaktion*'.[5] Es handelt sich hierbei

---

[1] Vgl. Buchner, R.: Wirtschaftliches Prüfungswesen, a.a.O., S. 293. HAGENMÜLLER vertritt die Auffassung, dass anstelle der Bezeichnung ‚Kreditüberwachung' die (genauere) Begrifflichkeit ‚Kreditwürdigkeitsüberwachung' verwendet werden sollte; vgl. Hagenmüller, K. F.: Kreditwürdigkeitsprüfung, a.a.O., Sp. 1225. BÜSCHGEN subsumiert unter dem Begriff ‚Kreditüberwachung' auch die Analyse des Portfoliorisikos; vgl. Büschgen, H.-E.: Bankbetriebslehre: Bankgeschäfte und Bankmanagement, a.a.O., S. 939. Vgl. zur Phase der ‚Kreditüberwachung nach Kreditvergabeentscheidung' auch die vorstehenden Ausführungen zu den materiell-rechtlichen Rahmenbedingungen des § 18 Satz 1 KWG unter Gliederungspunkt 3.1.2.3 Zeitliche Dimension, S. 296 ff.

[2] Der Zusatz ‚vor Kreditvertragsabschluss' ist insoweit erforderlich, als die Urteilsbildung über die Kreditwürdigkeit bereits <u>vor</u> Kreditvergabeentscheidung den Charakter einer ‚Kontrolle' und nicht einer ‚Prüfung' annehmen kann; vgl. hierzu die nachfolgenden Ausführungen unter Gliederungspunkt 4.1.2.1.2 Charakterisierung als betriebswirtschaftliche Prüfung, S. 360 ff.

[3] Kann ein Kreditnehmer den im Kreditvertrag niedergelegten Kreditbedingungen und Verhaltensauflagen nicht nachkommen, führt dies regelmäßig zu einer Vertragsverletzung (‚Event of Default'). In einer derartigen Situation kann an die Kreditgeber die Bitte gerichtet werden, auf die Erfüllung respektive Einhaltung der entsprechenden Vereinbarungen zu verzichten (‚Waiver Request'). Die Kreditgeber werden nach einer Analyse der Gesamtumstände möglicherweise ihre Ansprüche aus der Einhaltung bzw. Erfüllung einzelner Vertragsklauseln im Wege einer Verzichterklärung (‚Waiver') aufgeben. In diesem Zusammenhang ist darauf hinzuweisen, dass derartige Vertragsverletzungen häufig formeller Art sind (‚Technical Default') und insoweit nicht notwendigerweise zu einer Verschlechterung der Kreditwürdigkeit führen müssen. Mit zunehmender Anzahl und/oder Komplexität von Kreditbedingungen und Verhaltensauflagen steigt jedoch die Wahrscheinlichkeit, dass derartige ‚Waiver' abgegeben werden müssen. Durch häufige Abgabe formeller Verzichterklärungen können sich u.U. weitreichende Änderungen des Finanzierungskonzeptes ergeben, die im Zusammenwirken zu einer unbeabsichtigten bzw. unvermeidbaren Veränderung der materiellen Kreditwürdigkeit und damit möglicherweise auch einem Kreditausfall führen können (‚Payment Default'). Von einer ‚Prozessunabhängigkeit' der Kreditgeber kann hierbei nicht mehr gesprochen werden. Vgl. hierzu auch die vorstehenden Ausführungen unter Gliederungspunkt 2.1.4.3 Projektbezogene Kreditbedingungen und Verhaltensauflagen, S. 48 ff. sowie zur Abgrenzung der Begriffe ‚Überwachung', ‚Prüfung' und ‚Kontrolle' die Ausführungen unter Gliederungspunkt 4.1.1.1.1 Zum Begriff ‚Prüfung', S. 304 ff.

[4] Vgl. hierzu die vorstehenden Ausführungen unter Gliederungspunkt 4.1.1.2.1.1 Idealtypische Prozessgliederung insbesondere Unterpunkt (a) Ist-Objekt-Ermittlungsprozess S. 307.

[5] Das Prüfungsobjekt ist bei Jahresabschlussprüfungen die ‚*Gesetzes-, Satzungs- und Ordnungsmäßigkeit des Jahresabschlusses*' (vgl. §§ 317 Abs. 1 Satz 2 u. 3 HGB i.V.m. § 264 Abs. 2 Satz 1 HGB), bei Ge-

um eine komplexe Prüfung, da das Prüfungsobjekt durch eine Vielzahl von zu isolierenden Ist-Objekten respektive Ist-Merkmalen bestimmbar ist.[1] Als Ist-Objekte können alle – sowohl vergangenen (realisierten) als auch zukünftigen (geplanten) – Handlungen und Zustände eines Unternehmens oder einer wirtschaftlichen Transaktion herangezogen werden.[2] Häufig finden die Ist-Objekte ihren Niederschlag in einem quantitativ geprägtem Abbildungs-, Erfassungs- oder Verarbeitungssystem (z.B. Jahresabschluss, Finanzplanung, Unternehmensbewertung, Steuererklärung, Prognose).[3] Daneben sind jedoch u.U. auch Handlungen und Zustände zu prüfen, die einen eher qualitativen Charakter aufweisen, sich nur bedingt oder gar nicht durch quantitative Systeme abbilden lassen und insoweit einer Bestandsaufnahme durch den Prüfer selber oder weiterer Sachverständiger (Gutachter) bedürfen (z.B. Verträge, Managementleistung, Integrität der Entscheidungsträger).[4]

Im Hinblick auf das im Rahmen der ‚Kreditwürdigkeitsprüfung' zu betrachtende Prüfungsobjekt ‚Kreditwürdigkeit' wurde bereits ausgeführt,[5] dass es durch die antizipierte Fähigkeit und Willigkeit zur termin- und betragsgerechten Leistung der vereinbarten zukünftigen Zins- und Tilgungs- sowie Provisionsleistungen determiniert ist.[6] Ein aggregiertes Gesamturteil über die Schuldendienstfähigkeit setzt daher eine Prüfung der ‚wirtschaftlichen Verhältnisse' des Kreditnehmers bzw. der Kredittransaktion durch Auswahl geeigneter quantitativer und qualitativer Ist-Objekte und Ist-Merkmalsausprägungen voraus. Für das Prüfungsobjekt ‚Kreditwürdigkeit' ergibt sich das Problem, dass wesentliche Ist-Objekte bzw. Ist-Merkmalsausprägungen noch nicht realisiert sind, sondern einen Plan- oder Prognose- und damit auch einen Unsicherheitscharakter aufweisen. Da eine Kreditvergabe bei rationalem Entscheidungsverhalten nur bei hinreichend sicher erwarteter zukünftiger Leistung des Kapitaldienstes erfolgen wird, müssen sämtliche ausfallrisikoerhöhenden

---

schäftsführungsprüfungen die ‚*Ordnungsmäßigkeit der Geschäftsführung*' (vgl. als gesetzlich vorgesehene Beispiele für eine Prüfung der Ordnungsmäßigkeit der Geschäftsführung die Regelungen der § 53 Abs. 1 Satz 1 GenG sowie § 53 Abs. 1 Nr. 1 HGrG sowie auch Pauli, H.: Probleme der Feststellung der wirtschaftlichen Verhältnisse der Genossenschaft durch die Prüfung, in: BFuP, 32. Jg. (1980), S. 533 ff.), bei Organisationsprüfungen die ‚*Zweckmäßigkeit und Wirtschaftlichkeit der Aufbau- und Ablauforganisation im Geschäftsbetrieb*' (vgl. Wysocki, K. v.: Grundlagen des betriebswirtschaftlichen Prüfungswesens, a.a.O., S. 54) sowie bei Investitionsprüfungen die ‚*Wirtschaftlichkeit einer Investition oder eines Investitionsprogramms*' (vgl. Blohm, H.: Investitionsprüfung, in: HWRev., 2. Aufl., Stuttgart 1992, Sp. 918 ff.).

[1] Vgl. hierzu die vorstehenden Ausführungen unter Gliederungspunkt 4.1.1.2.1.2 Einfache versus komplexe Prüfungen, S. 310 ff.

[2] Vgl. Wysocki, K. v.: Grundlagen des betriebswirtschaftlichen Prüfungswesens, a.a.O., S. 20.

[3] Es liegt im Wesen einiger Ist-Objekte, dass sie entweder keinen oder einen falschen Niederschlag im Erfassungs- und Verarbeitungssystem finden. Hingewiesen sei in diesem Zusammenhang auf im Rahmen von Unterschlagungsprüfungen zu identifizierende dolose Handlungen oder vorsätzliche Falschdarstellungen der wirtschaftlichen Lage bei anstehenden Kreditwürdigkeitsprüfungen.

[4] Vgl. Sieben, G.; Bretzke, W.-R.; Raulwing, H.: Zur Problematik einer Prüfung von Managementleistungen, in: BFuP, 28. Jg. (1976), S. 181 ff. HAGEN unterscheidet im Zusammenhang mit Prüfungsobjekten zwischen ‚Sachobjekten' und ‚Personen(-gruppen)'; vgl. Hagen, K.: Revision und Treuhandwesen, a.a.O., S. 21.

[5] An dieser Stelle wird nur das Prüfungsobjekt ‚Kreditwürdigkeit' betrachtet. Daneben wird nachfolgend die ‚Kreditwürdigkeit' (respektive die ‚Kreditunwürdigkeit') auch als mögliches Prüfungsergebnis diskutiert; vgl. 4.1.2.1.2.5 Ergebnis, S. 387 ff.

[6] Vgl. zu dieser Zweiteilung in ‚Fähigkeit' und ‚Willigkeit' auch Buchner, R.: Wirtschaftliches Prüfungswesen, a.a.O., S. 289.

potenziellen Zukunftsentwicklungen als weitere Ist-Objekte identifiziert und in die Kreditwürdigkeitsprüfung inkludiert werden.[1]

4.1.2.1.2.2 Prüfungsnormen der Kreditwürdigkeitsprüfung

Für Zwecke der Ist-Objekt-Ermittlung und -Bestimmung einerseits sowie der Soll-Objekt-Konstruktion andererseits sind geeignete Prüfungsnormen heranzuziehen,[2] welche aus dem rechtlichen Charakter respektive aus den Zielen der Prüfung abzuleiten sind. Die Kreditwürdigkeitsprüfung stellt je nach Betrachtungsperspektive eine Mischform aus gesetzlich vorgeschriebener und freiwilliger sowie im Regelfall auch vertraglich ausbedungener Prüfung dar.[3] Die aufsichtsrechtlichen Grundlagen manifestieren sich in der Rechtsnorm des § 18 Satz 1 KWG sowie den dazugehörigen Ausführungsvorschriften der Bankenaufsicht aus denen sich – wie bereits aufgezeigt wurde – nur im begrenzten Umfang kreditartenübergreifende Prüfungsnormen für eine ‚Offenlegung der wirtschaftlichen Verhältnisse' ableiten lassen.[4] Potenzielle Kreditnehmer werden sich aufgrund ihres Kreditbegehrens jedoch „freiwillig" einer Kreditwürdigkeitsprüfung unterziehen (müssen),[5] da sich Kreditgeber auch ohne gesetzliche Normierung das Recht auf eine Kreditwürdigkeitsprüfung – soweit rechtlich möglich – ‚vertraglich ausbedingen'.[6] Insoweit sind ergänzend Prüfungsnormen aus den kreditgeberseitigen Zielsetzungen der Prüfung abzuleiten. Diese liegen nach der bereits vorgenommenen Abgrenzung der Kreditwürdigkeitsprüfung in der Urteilsbildung über die Schuldendienstfähigkeit und Schuldendienstwilligkeit des Kreditnehmers bzw. einer Kredittransaktion, d.h. in der Prüfung der ‚Zweckmäßigkeit' einer beabsichtigten Kreditvergabe.

Im Rahmen einer derartigen ‚Zweckmäßigkeitsprüfung'[7] stellt sich jedoch das grundsätzliche Problem einer Isolierung von generalisierten, d.h. unternehmensübergreifend gültigen, Prüfungsnormen. Anders als bei Ordnungsmäßigkeitsprüfungen kann gar nicht oder nur bedingt auf existente, eindeutig fixierte Normenkreise in Form von rechtlichen oder durch Grundsätze determinierten

---

[1] Vgl. hierzu im Hinblick auf den Untersuchungsgegenstand ‚Projektfinanzierung im engeren Sinne' die Ausführungen unter Gliederungspunkt 2.2.4 Projektbezogene Risikoanalyse, S. 139 ff.

[2] Vgl. hierzu auch die grundsätzlichen Ausführungen unter dem Gliederungspunkt 4.1.1.2.2.1 Prüfungsnormen, S. 311 ff.

[3] Grundsätzlich lassen sich betriebswirtschaftliche Prüfungen in ‚gesetzlich vorgeschriebene Prüfungen', ‚gesetzlich vorgesehene Prüfungen', ‚vertraglich ausbedungene Prüfungen' sowie ‚freie Prüfungen' differenzieren; vgl. hierzu Wysocki, K. v.: Grundlagen des betriebswirtschaftlichen Prüfungswesens, a.a.O., S. 27 ff.

[4] Vgl. hierzu die vorstehenden Ausführungen unter Gliederungspunkt 3.2 Zusammenfassende Schlussfolgerungen für die bankbetriebliche Operationalisierung von § 18 Satz 1 KWG bei Projektfinanzierungen, S. 300 ff.

[5] Vgl. Friede, G.: Ergebnisse von freiwilligen Prüfungen, in: K. Lechner u.a. (Hrsg.), Treuhandwesen: Prüfung, Begutachtung, Beratung, Wien 1978, S. 943.

[6] Für die Kreditwürdigkeitsprüfung vor Kreditvergabeentscheidung kann bei komplexen bzw. strukturierten Finanzierungsformen (wie z.B. ‚Projektfinanzierungen im engeren Sinne') eine derartige vertragliche Bedingung möglicherweise bereits als Auflage in ein Finanzierungsangebot, einen Finanzierungsvorschlag oder eine Finanzierungsbereitschaftserklärung aufgenommen werden; vgl. hierzu die vorstehenden Ausführungen unter den Gliederungspunkten 2.3.2.2 Ablauforganisation, S. 178 ff. und 3.1.2.1.4 Zum Begriff ‚Kreditgewährung', S. 243 ff.

[7] Neben den Zweckmäßigkeitsprüfungen wird im betriebswirtschaftlichen Prüfungswesen zwischen Rechtmäßigkeits- und Ordnungsmäßigkeitsprüfungen, Wirtschaftlichkeits- und Geschäftsführungsprüfungen sowie Aufdeckungs- und Unterschlagungsprüfungen differenziert; vgl. Wysocki, K. v.: Grundlagen des betriebswirtschaftlichen Prüfungswesens: Prüfungsordnungen, Prüfungsorgane, Prüfungsverfahren, Prüfungsplanung und Prüfungsbericht, a.a.O., S. 27.

Sollvorgaben (z.B. Gesetz, GoB) zurückgegriffen werden.[1] Die Prüfung der ‚Zweckmäßigkeit' einer Kreditvergabe wird vielmehr auf der Basis allgemein anerkannter Prüfungsnormen, d.h. sogenannter ‚ethischer Normen', sowie – daraus abgeleitet respektive aufbauend – auf Basis unternehmensindividuell konkretisierter Optimalitätskriterien[2] als Ziel- bzw. Ergebnisnormen durchzuführen sein.[3] Aufgrund der bereits skizzierten Prüfungsobjektidentität einer betriebswirtschaftlich begründeten ‚Kreditwürdigkeitsprüfung' einerseits sowie einer aufsichtsrechtlich gebotenen ‚Offenlegung der wirtschaftlichen Verhältnisse' andererseits können <u>allgemeinverbindliche, nicht unternehmensbezogene Zweckmäßigkeitsnormen</u> zugleich als <u>Ordnungsmäßigkeitsnormen im bankaufsichtsrechtlichen Sinne</u> aufgefasst werden.[4] Die nachfolgende Abbildung soll den Zusammenhang zwischen den verschiedenen Normenspektren im Kreditgeschäft verdeutlichen:

Abb. 89: Normenspektren im Kreditgeschäft

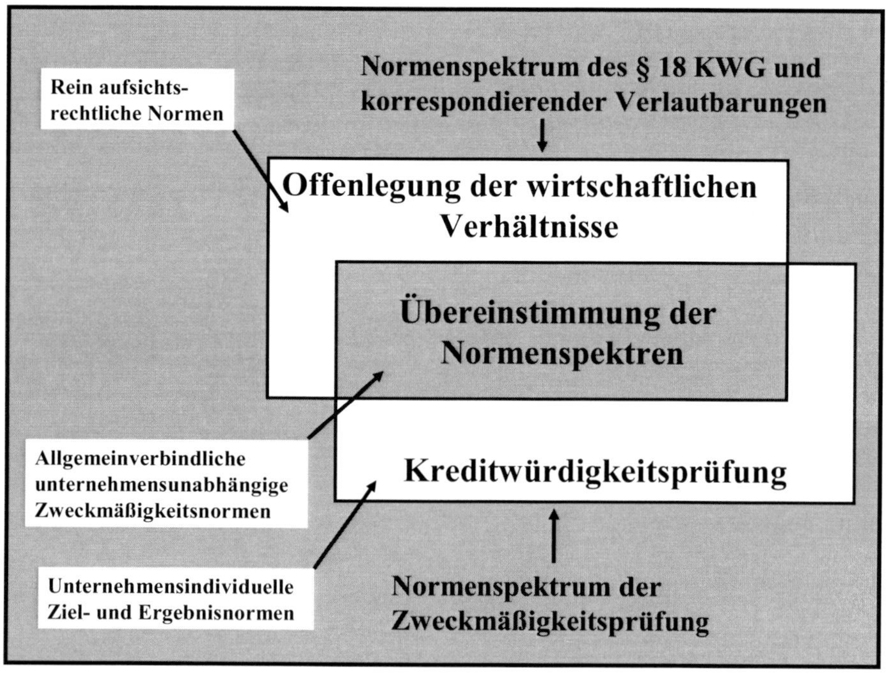

Quelle: Eigene Darstellung

Die kreditartenindividuelle Identifizierung von institutsübergreifend gültigen Prüfungsnormen aus dem Segment der – durch einen unscharfen Verbindlichkeitscharakter gekennzeichneten – ‚ethischen Normen' ist neben der Auswahl einer adäquaten Prüfungsmethodik die zentrale Herausforderung bei der Operationalisierung einer betriebswirtschaftlich sinnvollen ‚Kreditwürdigkeitsprü-

---

[1] Vgl. Selchert, F. W.: Prüfungen, freiwillige und vertragliche, in: HWRP, 3. Aufl., Stuttgart 2002, Sp. 1738.

[2] Vgl. Egner, H.: Betriebswirtschaftliche Prüfungslehre. Eine Einführung, a.a.O., S. 23.

[3] Vgl. hierzu die vorstehende Diskussion von ‚ethischen Normen' und ‚betrieblichen (Ziel-) Normen' unter dem Gliederungspunkt 4.1.1.2.2.1 Prüfungsnormen, S. 311 ff.

[4] Die Bankenaufsicht normiert nicht das Prüfungsergebnis. Die Festlegung der Determinanten des Prüfungsobjektes ‚Kreditwürdigkeit' bleibt vielmehr den Kreditinstituten überlassen, die auf der Basis ihrer unternehmensindividuellen Risikoabsorptionsfähigkeit eine Kreditvergabeentscheidung im Einzelfall treffen müssen. Vgl. hierzu die vorstehenden Ausführungen unter Gliederungspunkt 3.1.2.2.3.2 Zwecksetzung der Auswertung, S. 294 ff.

fung' respektive einer aufsichtsrechtlich gebotenen ‚Offenlegung der wirtschaftlichen Verhältnisse'.[1]

Die hier abstrakt diskutierten Prüfungsnormen adressieren ‚Abbildungs- und Ergebnisnormen' und sind abzugrenzen von den nachfolgend aufzuzeigenden etwaigen ‚Verhaltensnormen' des Prüfungssubjektes sowie ‚Prüfungsdurchführungsnormen' für die Prüfungsdurchführung.[2]

4.1.2.1.2.3 Träger der Kreditwürdigkeitsprüfung

4.1.2.1.2.3.1 Verhältnis des Prüfers zum Prüfungsobjekt

Prüfungen implizieren die intellektuelle Abwicklung der Prüfungsaufgabe durch Menschen, die aufgrund ihres Verhältnisses zum Prüfungsobjekt sowie ihrer Qualifikation und Integrität ausgewählt werden müssen. Im Hinblick auf das Verhältnis des Prüfers zum Prüfungsobjekt kann zunächst auf der Basis der Betriebszugehörigkeit des Prüfungsorgans zwischen ‚internen Prüfungen' und ‚externen Prüfungen' differenziert werden. Diese klassische Zweiteilung kann für die meisten Erscheinungsformen von Prüfungen bereits aufgrund der Betriebszugehörigkeit des Prüfers zweifelsfrei bestimmt werden.[3] Bei ‚Kreditwürdigkeitsprüfungen' wird es jedoch zweckmäßiger sein, die Unterscheidung auf der Basis des ‚Verhältnisses des Prüfers zum Prüfungsobjekt' vorzunehmen. Ausgehend von den bereits skizzierten Besonderheiten von strukturierten Finanzierungen sowie insbesondere der Ablauforganisation bei konsortialen Formen der Kreditgewährung zeigt die nachfolgende Abbildung ein differenziertes Bild von Prüfungs- und Kontrollaufgaben im Kreditentscheidungsprozess:

---

[1] Es sei darauf hingewiesen, dass Kreditinstitute durch die im Rahmen der 6. KWG-Novelle eingeführte Vorschrift des § 25 a Abs. 1 Nr. 2 KWG zu einer ‚ordnungsgemäßen Geschäftsorganisation' verpflichtet werden. Zur Ordnungsmäßigkeit im hier verwendeten aufsichtsrechtlichen Kontext gehört auch die schriftliche Fixierung und Einhaltung von Geschäftsstrategien, d.h. von unternehmensspezifischen Ziel- und Ergebnisnormen; vgl. Braun, U.: § 25 a Besondere organisatorische Pflichten von Instituten, in: K.-H. Boos, R. Fischer, H. Schulte-Mattler (Hrsg.), Kreditwesengesetz: Kommentar zu KWG und Ausführungsvorschriften, München 2000, S. 670 f., Tz. 69 ff. insbesondere Tz. 73. Die Festlegung von Prüfungsnormen in Form von konkretisierten Optimalitätskriterien ist eine originäre Steuerungsaufgabe und muss unternehmensindividuell durch die Geschäftsleitung respektive die jeweiligen mit der Unternehmenssteuerung beauftragten Organisationseinheiten vorgenommen werden. Aufgrund der Unmöglichkeit einer allgemeingültigen Konkretisierung derartiger Ziel- und Ergebnisnormen wird der Themenkomplex nachfolgend nur im Rahmen der negativen Abgrenzung des Begriffes ‚Kreditwürdigkeitsprüfung' kurz umrissen. Vgl. hierzu die Ausführungen unter Gliederungspunkt 4.1.2.2 Kreditrisikomanagemen, S. 393 ff.

[2] Vgl. hierzu die nachfolgenden Ausführungen unter den Gliederungspunkten 4.1.2.1.2.3 Träger der Kreditwürdigkeitsprüfung, S. 364 ff. sowie 4.1.2.1.2.4 Durchführung, S. 369 ff. Es sei auf eine von diesem klassischen Begriffsverständnis abweichende Begriffsverwendung im jüngeren Schrifttum hingewiesen; vgl. Ruhnke, K.: Prüfungsnormen, a.a.O., Sp. 1841 ff.

[3] Beispielsweise können Buchprüfungen – soweit es sich nicht um Vorbehaltsprüfungen handelt – durch das externe Prüfungssubjekt ‚Wirtschaftsprüfer' und/oder durch die ‚Interne Revision' durchgeführt werden.

Abb. 90: Prüfungs- und Kontrollaufgaben im Kreditentscheidungsprozess

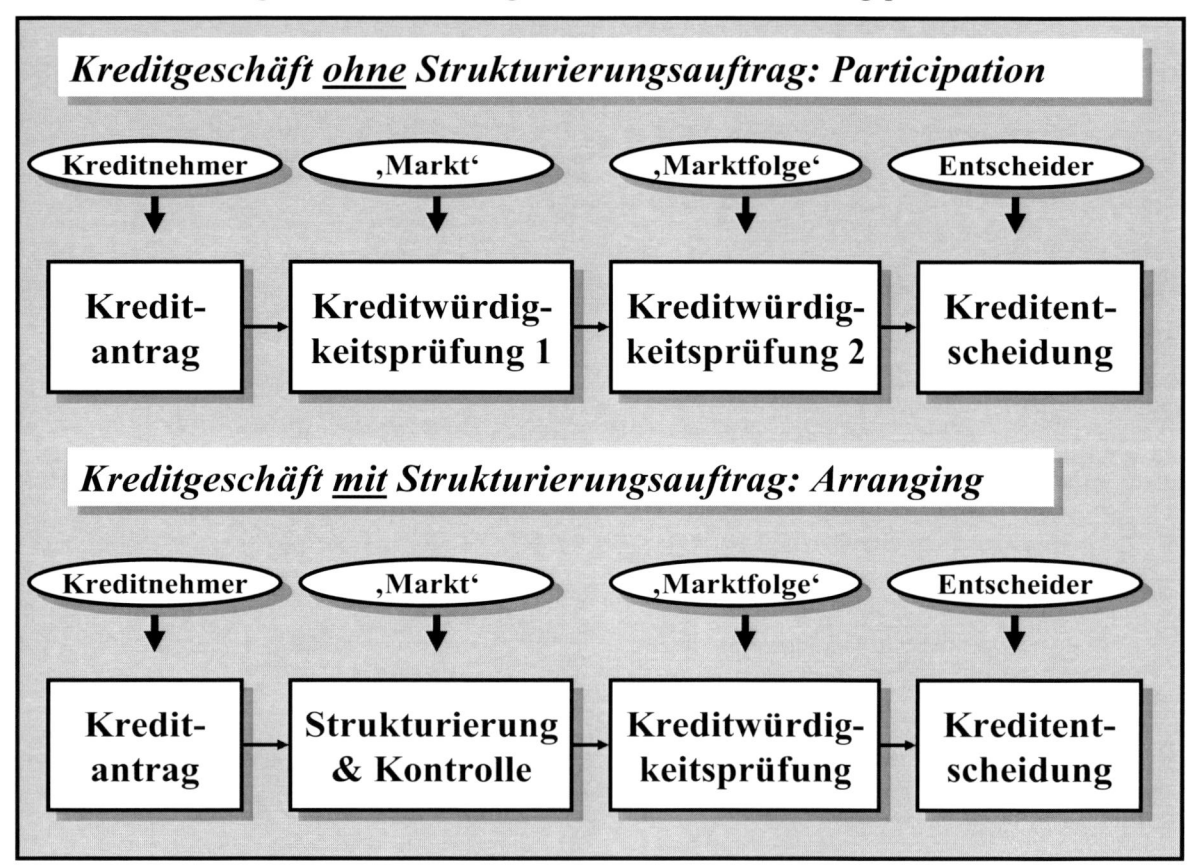

```
┌─────────────────────────────────────────────────────────────────────┐
│   Kreditgeschäft ohne Strukturierungsauftrag: Participation         │
│                                                                     │
│   (Kreditnehmer)   ('Markt')    ('Marktfolge')    (Entscheider)     │
│         ↓              ↓              ↓                ↓            │
│   ┌─────────┐  ┌──────────────┐ ┌──────────────┐ ┌────────────┐     │
│   │ Kredit- │→ │ Kreditwürdig-│→│ Kreditwürdig-│→│ Kreditent- │     │
│   │ antrag  │  │ keitsprüfung1│ │ keitsprüfung2│ │ scheidung  │     │
│   └─────────┘  └──────────────┘ └──────────────┘ └────────────┘     │
│                                                                     │
│   Kreditgeschäft mit Strukturierungsauftrag: Arranging              │
│                                                                     │
│   (Kreditnehmer)   ('Markt')    ('Marktfolge')    (Entscheider)     │
│         ↓              ↓              ↓                ↓            │
│   ┌─────────┐  ┌──────────────┐ ┌──────────────┐ ┌────────────┐     │
│   │ Kredit- │→ │ Strukturierung│→│Kreditwürdig-│→│ Kreditent- │     │
│   │ antrag  │  │  & Kontrolle  │ │keitsprüfung │ │ scheidung  │     │
│   └─────────┘  └──────────────┘ └──────────────┘ └────────────┘     │
└─────────────────────────────────────────────────────────────────────┘
```

Quelle: Eigene Darstellung

Im Rahmen der vorstehend skizzierten Fallgestaltung eines ‚**Kreditgeschäftes ohne Strukturierungsauftrag**' erhält ein Kreditinstitut die Einladung (‚Kreditantrag'), sich an einer – bereits durch einen Arranger oder Financial Adviser – vorstrukturierten Transaktion im Wege einer Participation zu beteiligen.[1] Der Kreditantrag wird durch eine mit der Geschäftsbearbeitung beauftragten Organisationseinheit (‚Markt') geprüft, und die Unterlagen sowie das Ergebnis werden zur Zweitprüfung an eine mit der separaten Votierung des Kreditrisikos beauftragten Organisationseinheit (‚Marktfolge') weitergereicht.[2] Aufgrund der nicht gegebenen Involvierung in die Strukturierung des Prüfungsobjektes liegt eine Prozessunabhängigkeit sowohl des Bereiches Marktfolge als auch des Bereiches Markt vor. Die in beiden Organisationseinheiten vorzunehmenden Handlungen sind insoweit nicht nur umgangssprachlich, sondern auch aus einer prüfungstheoretischen Perspektive als ‚Prüfung' zu charakterisieren.

Anderes gilt bei der Fallgestaltung eines ‚**Kreditgeschäftes mit Strukturierungsauftrag**', da es hier dem angesprochenen Kreditinstitut obliegt, eine finanzierungsfähige Lösung im Wege des Arranging zu strukturieren. Die als Arranger mandatierte Organisationseinheit (‚Markt') ist an der Herbeiführung des Prüfungsobjektes direkt beteiligt, so dass unabhängig von etwaigen umgangs-

---

[1] Vgl. zu den verwendeten Begrifflichkeiten ‚Arranger', ‚Financial Adviser' und ‚Participation' die vorstehenden Ausführungen unter Gliederungspunkt 2.3.1 Grundfunktionen von Banken in der internationalen Projektfinanzierung, S. 159 ff.

[2] In dem Fall einer ‚Participation' kann die mit der Zweitvotierung beauftragte Organisationseinheit ihre Prüfungshandlungen auch zeitgleich mit der ‚Markteinheit' durchführen, um die für das Konsortialkreditgeschäft typischen Fristen für eine Kreditzusage einhalten zu können.

sprachlichen Usancen nicht mehr von einer ‚Kreditwürdigkeitsprüfung' gesprochen werden kann.[1] Dies bedeutet jedoch nicht, dass der Prozess der Arrangierung losgelöst von Zweckmäßigkeits- und Ordnungsmäßigkeitsnormen stattfinden kann. Die im Rahmen der Strukturierung herbeizuführenden Prozessergebnisse werden vielmehr darauf zu kontrollieren sein, ob sie den im Rahmen einer Kreditwürdigkeitsprüfung anzulegenden Prüfungsnormen entsprechen. Insoweit wäre eine derartige prozessabhängige respektive prozessintegrierte Überwachung der Strukturierungsergebnisse prüfungstheoretisch als ‚Kreditwürdigkeitskontrolle' zu klassifizieren. Die hierbei anzuwendenden ‚Kontrollnormen' sind identisch mit den ‚Prüfungsnormen'.[2] Die Kreditwürdigkeitsprüfung als prozessunabhängige Überwachungsfunktion wird bei dieser Fallgestaltung ausschließlich durch die mit der Zweitvotierung des Kreditrisikos beauftragte Organisationseinheit (‚Marktfolge') wahrgenommen.

4.1.2.1.2.3.2 Materielle Qualifikation des Prüfers

Bei der Kreditwürdigkeitsprüfung handelt es sich zunächst um eine sogenannte ‚freie Prüfung'. Hiervon abzugrenzen sind ‚Vorbehaltsprüfungen', welche aufgrund gesetzlicher Vorschriften nur durch ordentlich bestellte Berufsträger (z.B. Wirtschaftsprüfer, vereidigte Buchprüfer, Prüfungsverbände) vorgenommen werden dürfen (‚**formale Qualifikation**').[3] Der tatsächliche Freiheitsgrad von Kreditwürdigkeitsprüfungen wird bei Kreditinstituten jedoch durch die aufsichtsrechtliche Verpflichtung zu einer ‚ordnungsmäßigen Geschäftsorganisation', d.h. zur Beachtung allgemein anerkannter kreditwirtschaftlicher Grundsätze, insbesondere der banküblichen Sorgfaltspflicht, begrenzt.[4] Die mit der Durchführung von Kreditwürdigkeitsprüfungen beauftragten Mitarbeiter müssen als ‚Prüfungsträger' über eine ausreichende ‚**materielle Qualifikation**' verfügen.[5] Dieses konstitutive Merkmal von betriebswirtschaftlichen Prüfungen konkretisiert sich auch in den Ausführungen der Bankenaufsicht, wenn von den im Kreditgeschäft eingesetzten Mitarbeitern „*...erforderliche Kenntnisse zur Beurteilung der Risiken der Geschäfte*"[6] verlangt und von den Kreditinstituten geeignete Aus- und Weiterbildungsmaßnahmen zur Aufrechterhaltung des Qualifikationsniveaus auf aktuellem Stand gefordert werden.[7]

---

[1] Insoweit sei auf den umgangssprachlich bekannten Grundsatz „*Kein Prüfer in eigener Sache!*" verwiesen. LEFFSON spricht in diesem Zusammenhang davon, dass der Prüfer als ‚Dritter' „*...gegenüber dem zu untersuchenden Sachverhalt und den Personen, die ihn herbeigeführt haben, unbefangen...*" sein muss; Leffson, U.: Wirtschaftsprüfung, a.a.O., S. 8 m.w.N.

[2] Vgl. zum Wesen des Soll-Ist-Vergleiches bei ‚Kontrollen' Schewe, G.; Littkemann, J.; Beckemeier, P. O.: Interne Kontrollsysteme – Verhaltenswirkungen und organisatorische Gestaltung, in: WISU, 28. Jg. (1999), S. 1484.

[3] Vgl. §§ 319 Abs. 1 HGB und 55 Abs. 1 GenG als Beispiele für gesetzliche Vorschriften, die Vorbehaltsprüfungen konstituieren. Zu der hier verwendeten Begrifflichkeit der ‚Vorbehaltsprüfung' vgl. Wysocki, K. v.: Grundlagen des betriebswirtschaftlichen Prüfungswesens: Prüfungsordnungen, Prüfungsorgane, Prüfungsverfahren, Prüfungsplanung und Prüfungsbericht, a.a.O., S. 27.

[4] Vgl. § 25 a Abs. 1 Nr. 2 KWG

[5] Vgl. hierzu auch Gliederungspunkt 4.1.1.2.4 Prüfungsplanung, S. 339 ff, insbesondere die Ausführungen zum Unterpunkt ‚Personalplanung'.

[6] BaFin: Mindestanforderungen an das Kreditgeschäft der Kreditinstitute, Rundschreiben 34/2002, Tz. 17.

[7] Vgl. Ebenda. Zum Teil wird der Versuch unternommen, Mitarbeiterqualifikationsprofile für im Bereich des Untersuchungsgegenstandes ‚Projektfinanzierung im engeren Sinne' tätige Mitarbeiter abzuleiten; vgl. Schmitt, W.: Internationale Projektfinanzierung bei deutschen Banken, a.a.O., S. 246 ff, Gröhl, M.: Bankpolitische Konsequenzen der Projektfinanzierung, a.a.O., S. 219 ff., Höpfner, K.-U.: Projektfinanzierung: Ertragsorientiertes Management einer bankbetrieblichen Leistungsart, a.a.O., S. 144 ff.

4.1.2.1.2.3.3 ‚Verhaltensnormen' des Prüfers

Die materielle Qualifikation des Prüfungssubjektes ist allein nicht ausreichend, wenn eine mangelnde Integrität des Prüfers in einer unzureichenden Prüfungsdurchführung resultiert. Anders als bei Vorbehaltsprüfungen lassen sich jedoch nur bedingt gesetzliche oder gar berufsständische Vorgaben für ein normadäquates Verhalten bei Kreditwürdigkeitsprüfungen ableiten.[1] Aus den jüngeren Verlautbarungen der Bankenaufsicht können zunächst die beiden Normen ‚Eigenständigkeit' und ‚Unabhängigkeit' als generelle Sollmaßstäbe für das Verhalten der Mitarbeiter isoliert werden:[2]

- Die institutsinternen Kreditgeschäftsprozessregelungen sowie deren faktische Umsetzung im Rahmen der Durchführung von Kreditwürdigkeitsprüfungen müssen die **‚Eigenständigkeit'** der Prüfungsträger gewährleisten. Diese an das Kreditinstitut gerichtete Forderung ist zugleich Verhaltensnorm für die mit der Kreditwürdigkeitsprüfung betrauten Mitarbeiter, da sie einerseits – unter Beachtung der einschlägigen intern und extern vorgegebenen Prüfungsdurchführungsnormen – eine eigenständige Entscheidung über Art und Umfang der Prüfungsdurchführung sowie andererseits eine eigene Prüfungsurteilsbildung auf der Basis der dabei gewonnenen Erkenntnisse impliziert.[3] Eine derart definierte ‚Eigenständigkeit' ist dann gefährdet, wenn die Prüfungsträger der Kreditwürdigkeitsprüfung durch Weisungen Dritter (z.B. anderer Fachbereiche, leitender Angestellter oder Geschäftsleiter) gebunden sind oder einen zu umfangreichen Aufgabenbereich betreuen müssen. Insoweit darf ein Mitarbeiter nur dann eine Kreditvorlage bzw. ein Kreditvotum unterschreiben, wenn er die darin skizzierten Sachverhalte und getroffenen Schlussfolgerungen aufgrund persönlicher Urteilsbildung vertreten kann.

- Unter ‚Abhängigkeit' werden diejenigen Verhältnisse subsumiert, bei denen eine ‚Befangenheit' nach außen erkennbar in Erscheinung tritt und unwiderlegbar vermutet werden kann. Die ‚Abhängigkeit' ist in diesem Sinne nur eine Ausprägungsform der ‚Befangenheit'. Daher ist von der ‚(Un-) Abhängigkeit' die innere Einstellung des Prüfers zum Prüfungsobjekt abzugrenzen, welche sich der Erkenntnis durch Dritte entzieht und damit als überprüfbare Verhaltensnorm ungeeignet sein soll.[4] Eine **‚Unabhängigkeit'** wäre bei einem derartigen Begriffsverständnis dann nicht gegeben, wenn ein Prüfer oder ein ihm nahestehender Angehöriger direkt oder indirekt rechtliche und/oder wirtschaftliche Verflechtungen mit dem Prüfungsobjekt aufweisen (z.B. als Aktionär oder Mitarbeiter) oder die Höhe seines Gehaltes bzw. von Gehaltsbestandteilen (Bonus, Tantieme) mit dem Prüfungsergebnis positiv korrelieren würde. Des Weiteren liegt eine ‚Unabhängigkeit'nicht vor, wenn ein Prüfer an der Erstellung des Prüfungsobjektes mitgewirkt hat bzw. für die Ausprägungen des Prüfungsobjektes verantwortlich ist. In diesen Fällen kann – wie bereits vorstehend für die Fallgestaltung des Arranging exemplarisch

---

[1] Vgl. zu den gesetzlichen respektive berufständischen Vorgaben für die Berufsträger von ‚Vorbehaltsprüfungen' Wysocki, K. v.: Grundlagen des betriebswirtschaftlichen Prüfungswesens: Prüfungsordnungen, Prüfungsorgane, Prüfungsverfahren, Prüfungsplanung und Prüfungsbericht, a.a.O., S. 62 f.

[2] Im Hinblick auf die Prüfungsträger der Kreditwürdigkeitsprüfung führt die Bankenaufsicht aus: „*Diese Mitarbeiter haben zu den einzelnen Sachverhalten in der Kreditvorlage **eigenständig** und **unabhängig** Stellung zu nehmen.*" BaFin: Mindestanforderungen an das Kreditgeschäft der Kreditinstitute, Rundschreiben 34/2002, Tz. 38 (ohne Hervorhebungen im Original).

[3] Insoweit besteht eine Analogie zum Berufsgrundsatz der ‚Eigenverantwortung' der Wirtschaftsprüfer; vgl. § 44 WPO sowie Wysocki, K. v.: Grundlagen des betriebswirtschaftlichen Prüfungswesens: Prüfungsordnungen, Prüfungsorgane, Prüfungsverfahren, Prüfungsplanung und Prüfungsbericht, a.a.O., S. 70 f.

[4] Vgl. Wysocki, K. v.: Grundlagen des betriebswirtschaftlichen Prüfungswesens: Prüfungsordnungen, Prüfungsorgane, Prüfungsverfahren, Prüfungsplanung und Prüfungsbericht, a.a.O., S. 64 f. m.w.N. Vgl. zur ‚inneren Unabhängigkeit' auch Hagel, J.: Unabhängigkeit als ethisch-moralische Herausforderung, in: WPg, 55. Jg. (2002), S. 1355 ff.

skizziert – per definitionem keine prozessunabhängige ‚Prüfung', sondern nur eine prozessabhängige ‚Kontrolle' durchgeführt werden. Für den Prüfungsträger impliziert die Verhaltensnorm, dass er auf die nicht gegebene ‚Unabhängigkeit' aufmerksam machen und sich einer Beteiligung an der Prüfungsdurchführung enthalten muss.

Aus dem Schrifttum zum betriebswirtschaftlichen Prüfungswesen lassen sich zudem die (Berufs-) Grundsätze ‚Verschwiegenheit', ‚Unparteilichkeit', ‚Gewissenhaftigkeit' und ‚berufswürdiges Verhalten' als weitere potenzielle Verhaltensnormen für Prüfungsträger anführen:[1]

- Eine Verpflichtung zur **Verschwiegenheit**' gegenüber institutsexternen Personengruppen wird sich regelmäßig bereits aus den arbeitsrechtlichen Grundlagen des Beschäftigungsverhältnisses sowie den konkreten Umfeldbedingungen von Kreditwürdigkeitsprüfungen ergeben.[2] Das Vertrauen des potenziellen Kreditnehmers auf die Verschwiegenheit der Prüfungsträger dürfte – soweit keine dolosen Handlungen intendiert werden – die grundsätzliche Bereitschaft zur Offenlegung der wirtschaftlichen Verhältnisse fördern. Insoweit wird die ‚Verschwiegenheit' selbstverständlicher Bestandteil eines Kanons von Verhaltensnormen für Kreditwürdigkeitsprüfungen sein.

- Bei Kreditwürdigkeitsprüfungen kann die ‚**Unparteilichkeit**' im Regelfall aufgrund des Beschäftigungs- und damit verbunden auch des Treueverhältnisses zwischen dem Mitarbeiter und dem Kreditinstitut als gesollte Verhaltensnorm des Prüfungsträgers entfallen. Gerade die Parteinahme für das eigene Kreditinstitut entspricht dem Wesen der Kreditwürdigkeitsprüfung und dürfte vor dem Hintergrund der Schadensabwehr auch im eigenen Interesse des Prüfungsträgers liegen. Der Grundsatz der ‚Unparteilichkeit' wird nur dann eine Bedeutung gewinnen, wenn die ‚Kreditwürdigkeitsprüfung' im Wege eines ‚Outsourcing' auf ein drittes Unternehmen ausgelagert wird.[3]

- Die Beachtung des Grundsatzes der ‚**Gewissenhaftigkeit**', d.h. die Verpflichtung zu einer sorgfältigen Prüfungsdurchführung, wird sich für die Prüfungsträger zunächst aus den arbeitsrechtlichen Pflichten ihres Beschäftigungsverhältnisses ergeben. Gleichzeitig ist die Einhaltung dieser Verhaltensnorm unabdingbare Voraussetzung für die Abgabe eines hinreichend sicheren Prüfungsteils über die Zweckmäßigkeit einer Kreditvergabe im konkreten Sachverhalt. Gewissenhaft handelt ein Mitarbeiter dann, wenn er alle gesetzlichen, vertraglichen, gewohnheitsrechtlichen und auch institutsinternen Sollvorgaben beachtet. Hierunter lassen sich neben den hier skizzierten Verhaltensnormen des Prüfers auch Prüfungsdurchführungsnormen sowie Abbildungs- und Ergebnisnormen subsumieren.[4]

- Das Gebot eines ‚**berufswürdigen Verhaltens**' wird für die Prüfungsträger von Kreditwürdigkeitsprüfungen nur schwer zu konkretisieren respektive zu sanktionieren sein. Eine derartige Verhaltensnorm stellt zudem eine weitreichende Intervention in die Persönlichkeitsrechte des Mitarbeiters dar. Ob ein derartiger Eingriff durch einen Schutzzweck gerechtfertigt werden kann, muss bezweifelt werden. Anders als bei Berufsträgern von Vorbehaltsprüfungen fehlt bislang ein klar abgegrenzter Berufsstand mit gesetzlich definierten Zugangsanforderungen

---

[1] Vgl. Wysocki, K. v.: Grundlagen des betriebswirtschaftlichen Prüfungswesens: Prüfungsordnungen, Prüfungsorgane, Prüfungsverfahren, Prüfungsplanung und Prüfungsbericht, a.a.O., S. 63.

[2] So gehört es beispielsweise zu den Usancen des internationalen Konsortialkreditgeschäftes, dass im Zuge der Syndizierung weitreichende Vertraulichkeitserklärungen (‚Confidentiality Agreements') durch die eingeladenen Kreditinstitute unterzeichnet werden müssen. Hierdurch wird der Informationszugang in der Regel auf die direkt am Kreditbearbeitungsprozess beteiligten Mitarbeiter beschränkt.

[3] Vgl. zu den aufsichtsrechtlichen Rahmenbedingungen des ‚Outsourcing' § 25 a Abs. 2 KWG.

[4] Vgl. zu den ‚Prüfungsdurchführungsnormen' die nachfolgenden Ausführungen unter Gliederungspunkt 4.1.2.1.2.4 Durchführung, S. 369 ff. sowie zu den ‚Abbildungs- und Ergebnisnormen' den vorstehenden Gliederungspunkt 4.1.2.1.2.2 Prüfungsnormen der Kreditwürdigkeitsprüfung, S. 362 ff.

sowie einer eigenen Standesorganisation.[1] Insoweit ist es fraglich, ob ein – wie auch immer definiertes – ‚berufsunwürdiges Verhalten' eines Einzelnen eine negative Rückwirkung auf das Ansehen der übrigen Prüfungsträger entfaltet.

4.1.2.1.2.4 Durchführung der Kreditwürdigkeitsprüfung

4.1.2.1.2.4.1 Prüfungsdurchführungsnormen

Die aufsichtsrechtliche Vorschrift des § 18 Satz 1 KWG enthält keine Bestimmungen über Art und Umfang der Durchführung einer ‚Offenlegung der wirtschaftlichen Verhältnisse'. Zudem können auch aus den korrespondierenden Verlautbarungen der Bankenaufsicht nur vage Hinweise auf mögliche methodische Bestandteile einer ‚Kreditwürdigkeitsprüfung' abgeleitet werden.[2] Der begrenzte Umfang von Vorgaben für das prüferische Vorgehen in der Rechtsordnung ergibt sich aus der Natur der Sache: Aufgrund der Vielfalt der im Rahmen des Kreditgeschäftes angebotenen Bankleistungsarten sowie der Heterogenität einzelner Transaktionen würde der Versuch einer kasuistischen Kodifizierung, d.h. einer weitgehend vollständigen rechtlichen Normierung, die weitere Aufblähung der aufsichtsrechtlichen Vorschriften sowie den Zwang zur permanenten Anpassung derselben an den jeweiligen Entwicklungsstand der Kreditwirtschaft implizieren.[3]

Der Prüfungsträger verfügt daher über einen Ermessensspielraum, um unter Berücksichtigung der von ihm explizit bzw. implizit zu beachtenden Verhaltensnormen, insbesondere des ‚Grundsatzes der Gewissenhaftigkeit', die Art und den Umfang der Prüfungsdurchführung für den Einzelfall selbständig festzulegen.[4] Diese Freiheit des Prüfers wird durch ein System überindividueller Normen, die ‚Grundsätze ordnungsmäßiger Prüfung', begrenzt, welche sich aus der herrschenden Meinung induzieren und/oder aus der Sache selbst deduzieren lassen.[5] Derartige **Prüfungsdurchfüh-**

---

[1] In diesem Zusammenhang sei auf die Versuche der DEUTSCHE VEREINIGUNG FÜR FINANZANALYSE UND ASSET MANAGEMENT, Dreieich (DVFA), sowie des VEREIN CREDIT MANAGEMENT E.V., Kleve (VCM), hingewiesen, welche derzeit unabhängig voneinander in Deutschland einen eigenen Berufsstand respektive ein eigenes Berufsbild mit korrespondierenden Berufsexamina zum Certified Credit Analyst® bzw. zum Certified Credit Manager® etablieren möchten; vgl. hierzu DVFA: Certified Credit Analyst/DVFA-Credit-Analyst, in: URL: http://www.dvfa.de/ (Abruf: 4.1.05) bzw. VCM: Certified Credit Manager, in: URL: http://www.credit-manager.de/aktuell/index.cfm?ID=151 (Abruf: 4.1.05).

[2] Vgl. hierzu vorstehenden Gliederungspunkt 3.2 Zusammenfassende Schlussfolgerungen für die bankbetriebliche Operationalisierung von § 18 Satz 1 KWG bei Projektfinanzierungen, S. 300 ff.

[3] Im Hinblick auf die ebenfalls unzureichend kodifizierten Grundsätze ordnungsmäßiger Buchführung (GoB) und Grundsätze ordnungsmäßiger Abschlussprüfung (GoA) kommt RÜCKLE zu den gleichen Schlussfolgerungen; vgl. Rückle, D.: Interessenausgleich und wirtschaftliche Aufgabenteilung bei der Entwicklung von Grundsätzen ordnungsmäßiger Abschlußprüfung, in: ZfbF, 27. Jg. (1975), S. 518.

[4] Vgl. hierzu den vorstehenden Gliederungspunkt 4.1.2.1.2.3.3 ‚Verhaltensnormen' des Prüfers, S. 367 ff.

[5] Auf die umfangreiche Diskussion im älteren und jüngeren Schrifttum über mögliche Methoden zur Ermittlung von Prüfungsgrundsätzen sei an dieser Stelle hingewiesen; vgl. hierzu Rückle, D.: Interessenausgleich und wirtschaftliche Aufgabenteilung bei der Entwicklung von Grundsätzen ordnungsmäßiger Abschlußprüfung, a.a.O., S. 517 ff., Wysocki, K. v.: Grundsätze ordnungsmäßiger Bilanzierung und Prüfung, in: W. Busse v. Colbe, M. Lutter (Hrsg.), Wirtschaftsprüfung heute: Entwicklung oder Reform? Ein Bochumer Symposion, Wiesbaden 1977, S. 176 ff., Rückle, D.: Zur Diskussion um systemkonforme Prüfungsgrundsätze, in: BFuP, 32. Jg. (1980), S. 54 ff., Wysocki, K. v.: Grundlagen des betriebswirtschaftlichen Prüfungswesens: Prüfungsordnungen, Prüfungsorgane, Prüfungsverfahren, Prüfungsplanung und Prüfungsbericht, a.a.O., S. 24 ff. sowie insbesondere auch die Arbeiten von OTTE (Otte, A.: Prüfungstheorie und Grundsätze ordnungsmäßiger Abschlußprüfung, Aachen 1996) und KICHERER (Kicherer, H.-P.: Grundsätze ordnungsmäßiger Abschlußprüfung, Berlin 1970). Vgl. zu KICHERER auch Niehus, R. J.: Die Entwicklung von Prüfungsgrundsätzen und die Unabhängigkeit des Abschlußprüfers, in: BFuP, 25. Jg. (1973), S. 27 ff. Vgl. auch die nachfolgenden Ausführungen unter Gliederungspunkt 5.1.3.1 Induktive

rungsnormen' liegen für einzelne Erscheinungsformen von betriebswirtschaftlichen Prüfungen in schriftlich niedergelegter Form, z.B. als Gesetz oder berufsständische Verlautbarung, vor.[1] Für andere Anwendungsbereiche (z.B. Zweckmäßigkeitsprüfungen) müssen prüferische Grundsätze bei fehlender Kodifizierung und/oder anderweitig verbindlicher Fixierung analog[2] bzw. direkt aus den Zielsetzungen und Funktionen der konkreten Prüfungsart abgeleitet werden. In diesem Sinne existieren auch für den Bereich der Kreditwürdigkeitsprüfung (partiell) ungeschriebene ‚**Grundsätze ordnungsmäßiger Kreditwürdigkeitsprüfung**', welche einen Orientierungsrahmen für die Bestimmung von Art und Umfang der Prüfungsdurchführung im konkreten Einzelfall vorgeben (‚präskriptive Intention').[3] Zudem ermöglicht die konsequente Einhaltung und Kommunikation von Prüfungsdurchführungsnormen durch den Prüfungsträger dem Urteilsempfänger die sachgerechte Interpretation des Prüfungsergebnisses sowie die Korrektur etwaiger Fehlinterpretationen desselben respektive die Vermeidung einer übersteigerten Erwartungshaltung im Hinblick auf die Urteilsgenauigkeit (‚deskriptive Intention').[4]

Das Fehlen von gesetzlichen oder berufsständischen Vorgaben verdeutlicht die Relevanz der grundsätzlichen Anforderungen, die an Prüfungsdurchführungsnormen für Zwecke der Kreditwürdigkeitsprüfung zu stellen sind:[5]

- Die ‚**Verbindlichkeit**' überindividueller Normen muss aus sich selbst heraus erkennbar sein, d.h., dass sich die Erfordernis zur Berücksichtigung derselben implizit aus den Zielsetzungen bzw. den Funktionen der Kreditwürdigkeitsprüfung ergeben muss.[6]

- Die ‚**Praxistauglichkeit**' von Grundsätzen ordnungsmäßiger Kreditwürdigkeitsprüfung muss in dem Sinne gewährleistet sein, dass sich die Prüfungsdurchführungsnormen als Sollvorgaben für das prüferische Vorgehen im Tagesgeschäft eignen müssen.[7]

---

und deduktive Ableitung, S. 461 ff. für eine Darstellung der hier angesprochenen Methoden der ‚Induktion' und ‚Deduktion'.

[1] Vgl. beispielsweise die ‚Grundsätze ordnungsmäßiger Abschlussprüfung' für Zwecke der ‚Jahresabschlussprüfung'. Vgl. hierzu Hömberg, R.: Das IDW-Fachgutachten über die „Grundsätze ordnungsmäßiger Durchführung von Abschlußprüfungen" – Kritische Analyse wichtiger Prüfungsnormen und Vergleich mit amerikanischen Prüfungsgrundsätzen, in: DB, 42. Jg. (1989), S. 1781 ff. Teilweise werden die ‚Prüfungsdurchführungsnormen' im Schrifttum auch als ‚Prüfungsnormen bezeichnet; vgl. Ruhnke, K.: Prüfungsnormen, a.a.O., Sp. 1841 ff.

[2] So führt RÜCKLE aus: „*Die für diese Prüfungen* (Anmerkung des Verfassers: Gemeint sind hier Pflichtprüfungen von Konzern- und Jahresabschlüssen) *abgeleiteten Grundsätze werden auch sinngemäß auf andere Prüfungen und sonstige Aufgaben der Prüfer angewendet*"; Rückle, D.: Grundsätze ordnungsmäßiger Abschlussprüfung, in: HWRP, 3. Aufl., Stuttgart 2002, Sp. 1027. Vgl. sinngemäß auch Derselbe: Grundsätze ordnungsmäßiger Abschlußprüfung, in: HWRev., 2. Aufl., Stuttgart 1992, Sp. 753.

[3] Vgl. Rückle, D.: Zur Diskussion um systemkonforme Prüfungsgrundsätze, a.a.O., S. 57 f.

[4] Ebenda. RUHNKE weist zudem auf die ‚prophylaktische Funktion' zwecks einer Fehlervermeidung durch den Adressaten der Prüfung hin. Darüber hinaus ergibt sich auch eine ‚Schutzfunktion' für den Prüfungsträger, da die Durchsetzbarkeit von Prüfungsmaßnahmen gegenüber dem Geprüften (hier: Kreditantragsteller) gefördert und legitimiert wird; vgl. Ruhnke, K.: Prüfungsnormen, a.a.O., Sp. 1842.

[5] Insoweit besteht eine partielle Analogie zu den Anforderungen an ‚Prüfungsnormen' für Zwecke der Ermittlung von gesollten Merkmalsausprägungen von Prüfungsobjekten; vgl. hierzu die vorstehenden Ausführungen unter Gliederungspunkt 4.1.1.2.2.1 Prüfungsnormen, S. 311 f.

[6] Ansonsten besteht die Gefahr, dass „*...die Informationsvermittlung über den jeweils gültigen Inhalt der >>Grundsätze<< erschwert...*" wird. Rückle, D.: Interessenausgleich und wirtschaftliche Aufgabenteilung bei der Entwicklung von Grundsätzen ordnungsmäßiger Abschlußprüfung, a.a.O., S. 518.

[7] Diese Grundanforderung darf nicht dahingehend interpretiert werden, dass Prüfungsdurchführungsnormen für Zwecke der Kreditwürdigkeitsprüfung nur durch die Kreditwirtschaft selbst entwickelt werden

Ausgehend von diesen Grundanforderungen sowie der Zielsetzung und Funktion von Kreditwürdigkeitsprüfungen lassen sich zunächst die beiden Generalnormen ‚Urteilssicherheit' und ‚Wirtschaftlichkeit' als Basis für die weiteren Überlegungen ableiten:[1]

- **Grundsatz der Urteilssicherheit (Effektivität)**

    Primäres Ziel der Kreditwürdigkeitsprüfung ist die ‚Gewinnung eines vertrauenswürdigen Urteils' über das Prüfungsobjekt ‚Kreditwürdigkeit', d.h. über die antizipierte Fähigkeit und Willigkeit zur termin- und betragsgerechten Leistung der vereinbarten zukünftigen Zins- und Tilgungs- sowie Provisionsleistungen. Vertrauenswürdig ist ein prüferisches Urteil, wenn es mit Sicherheit abgegeben wird. Der Prüfungsträger muss Art und Umfang der Prüfungsdurchführung danach ausrichten, dass die durch die Generalnorm geforderte ‚Urteilssicherheit' erreicht wird. Bei ‚Kreditwürdigkeitsprüfungen' kann es sich dabei nur um eine ‚relative (Urteils-)Sicherheit' handeln, da mit der ‚antizipierten Schuldendienstfähigkeit' letztlich zukünftige, d.h. nicht mit abschließender Sicherheit zu beurteilende, Sachverhalte betrachtet werden.

- **Grundsatz der Wirtschaftlichkeit (Effizienz)**

    Im theoretischen Ideal wäre die Voraussetzung für das Erreichen einer <u>relativen</u> Urteilssicherheit im Rahmen einer Kreditwürdigkeitsprüfung mit einer hohen Wahrscheinlichkeit immer dann gegeben, wenn die Prüfungsdurchführung ohne Zeit- und Kostenrestriktionen erfolgen könnte. In der Praxis wird die Hauptbedingung ‚Effektivität' jedoch unter gleichzeitiger Wahrung der Nebenbedingung ‚Effizienz', d.h. unter Einhaltung von Terminvorgaben sowie unter Berücksichtigung von personellen Ressourcen und budgetierten Kostenvorgaben, zu erfüllen sein.[2] Der Prüfungsträger muss daher Art und Umfang der Prüfungsdurchführung derart gestalten, dass er mit <u>hinreichender</u> Sicherheit ein Prüfungsurteil abgeben kann.

Zwischen den Polen ‚Effektivität' und ‚Effizienz' entsteht also ein Spannungsfeld, das im konkreten Anwendungsfall nur durch die Beachtung weiterer Prüfungsdurchführungsnormen neutralisiert werden kann:

- **Grundsatz der Planung**

    Das Erreichen der Prüfungseffektivität bei gleichzeitiger Wahrung der Prüfungseffizienz kann nur durch ein planmäßiges Vorgehen, welches die Kreditwürdigkeitsprüfung in sachlicher, personeller und zeitlicher Sicht strukturiert, gewährleistet werden. Insoweit kann an dieser Stelle auf die bereits aus einer prüfungstheoretischen Perspektive getroffenen allgemeingültigen Ausführungen zur ‚Prüfungsplanung' verwiesen werden (vgl. hierzu Gliederungspunkt 4.1.1.2.4, S. 339 ff.). Die konkrete Ausgestaltung der Sachplanung wird bei der Kreditwürdigkeitsprüfung von der Art des jeweils betrachteten Kreditgeschäftes abhängen. Im homogenen Massengeschäft (u.a. Konsumentenkredite) können im Regelfall ‚standardisierte Prüfungsprogramme' verwendet werden. Im Spezialfinanzierungsgeschäft mit komplexen Formen von strukturierten Finanzierungen (u.a. Projektfinanzierungen im engeren Sinne) wird hingegen für eine effektive und effiziente Durchführung der Kreditwürdigkeitsprüfung die Aufstellung von ‚individualisierten Prüfungsprogrammen' zweckmäßig sein.

---

    können und somit der ‚Praxis' vorbehalten bleiben sollten: „*Die Unterschiede zwischen Wissenschaft und Praxis sind häufig nur in einem unterschiedlichen Abstraktionsgrad begründet, wobei sowohl ein hoher als auch ein niedriger Abstraktionsgrad wertvolle Erkenntnisse liefern kann.*" Rückle, D.: Interessenausgleich und wirtschaftliche Aufgabenteilung bei der Entwicklung von Grundsätzen ordnungsmäßiger Abschlußprüfung, a.a.O., S. 525.

[1] RÜCKLE verwendet an Stelle der Bezeichnung ‚Generalnorm' die Begriffe ‚Sachziel' und ‚Restriktion', vgl. Rückle, D.: Zur Diskussion um systemkonforme Prüfungsgrundsätze, in: BFuP, 32. Jg. (1980), S. 57.

[2] Vgl. Rückle, D.: Grundsätze ordnungsmäßiger Abschlußprüfung, a.a.O., Sp. 754.

- **Grundsatz der risikoorientierten Prüfung (Risikoorientierung)**

    Im Zuge der Prüfungsprogrammerstellung ergibt sich das Problem einer an den Generalnormen ‚Urteilssicherheit' und ‚Wirtschaftlichkeit' orientierten Auswahl der im konkreten Einzelfall anzuwendenden Prüfungsmethoden (‚Prüfungsmethoden-Mix'). Das Zielkriterium ‚Urteilssicherheit' impliziert hierbei eine explizite Berücksichtigung des ‚Prüfungsrisikos', d.h. die Vermeidung der Gefahr einer Akzeptanz einzelner Prüffelder trotz Vorliegens wesentlicher Normabweichungen (‚Fehler'). Unter Beachtung des Postulats der Praxistauglichkeit wird auch für die Kreditwürdigkeitsprüfung die Verwendung des risikoorientierten Prüfungsansatzes zwecks Festlegung eines ‚risikoorientierten Prüfungsmethoden-Mix' sinnvoll sein. Es kann daher auf die vorstehenden – aus einer prüfungstheoretischen Perspektive dargestellten – allgemeinverbindlichen Ausführungen zum ‚Prüfungsrisiko und Prüfungsrisikomodell' sowie zur ‚Prüfungsstrategie' verwiesen werden (vgl. Gliederungspunkt 4.1.1.2.3, S. 334 ff. bzw. Gliederungspunkt 4.1.1.2.5, S. 343 ff.).

- **Grundsatz der Dokumentation**

    Die Abgabe vertrauenswürdiger, d.h. willkürfreier, Urteile impliziert die Nachvollziehbarkeit der Kreditwürdigkeitsprüfung durch sachverständige Dritte innerhalb einer angemessenen Zeit.[1] Es wird daher im Regelfall nicht ausreichen können, die Dokumentation der Prüfungsdurchführung sowie der Prüfungsergebnisse ausschließlich im Rahmen der Kreditvorlage bzw. eines Kreditvotums vorzunehmen.[2] Vielmehr werden in der Kreditakte die Arbeitspapiere der am Prüfungsprozess beteiligten Prüfungssubjekte abzulegen sein, so dass prüfungsbegleitend sowie ex post die Qualität der Urteilsbildung nachvollzogen werden kann.[3]

Die nachfolgende Abbildung zeigt das Zusammenwirken der vorstehenden Grundsätze:

---

[1] Unter ‚sachverständige Dritte' werden insbesondere die fachlich Vorgesetzten, die Entscheidungsträger der Instanzenhierarchie sowie die Interne Revision und der Jahresabschlussprüfer zu subsumieren sein.

[2] Ausnahmen dürften nur bei Verwendung von standardisierten Prüfungsprogrammen im homogenen Massengeschäft sinnvoll sein.

[3] In diesem Sinne wohl auch die Bankenaufsicht, wenn sie im Hinblick auf die Aufbau- und Ablauforganisation des Kreditgeschäftes fordert: „*Alle wesentlichen Handlungen und Festlegungen ... sind in systematischer und nachvollziehbarer Weise zu dokumentieren.*" BaFin: Mindestanforderungen an das Kreditgeschäft der Kreditinstitute, Rundschreiben 34/2002, Tz. 23.

Abb. 91: Interdependenz ausgewählter Prüfungsdurchführungsnormen

```
         Grundsatz der                              Grundsatz der
         Urteilssicherheit                          Wirtschaftlichkeit
              │                                          │
         erfordert                                  Beachtung von
              ↓                                          ↓
    ┌──────────────────┐    ┌─────────────┐    ┌──────────────────┐
    │ Vertrauenswürdigkeit │──│ Widerspruch │──│ Termin- und       │
    │                      │    └─────────────┘    │ Kostenrestriktionen│
    └──────────────────┘                          └──────────────────┘
         impliziert           erfordert                implizieren
              ↓                   ↓                         ↓
    ┌──────────────────┐    ┌─────────────┐    ┌──────────────────┐
    │ Vollprüfung,     │    │ Kompromiss  │    │ Auswahlprüfung,  │
    │ direkte Prüfung, │────│             │────│ indirekte Prüfung,│
    │ Einzelfallprüfung│    └─────────────┘    │ Systemprüfung    │
    └──────────────────┘                       └──────────────────┘

         Grundsatz der                              Grundsatz der
         Risikoorientierung                         Planung
                    │                                   │
                    └──────→  Risikoorientierter ←──────┘
                              Prüfungsmethoden-Mix
```

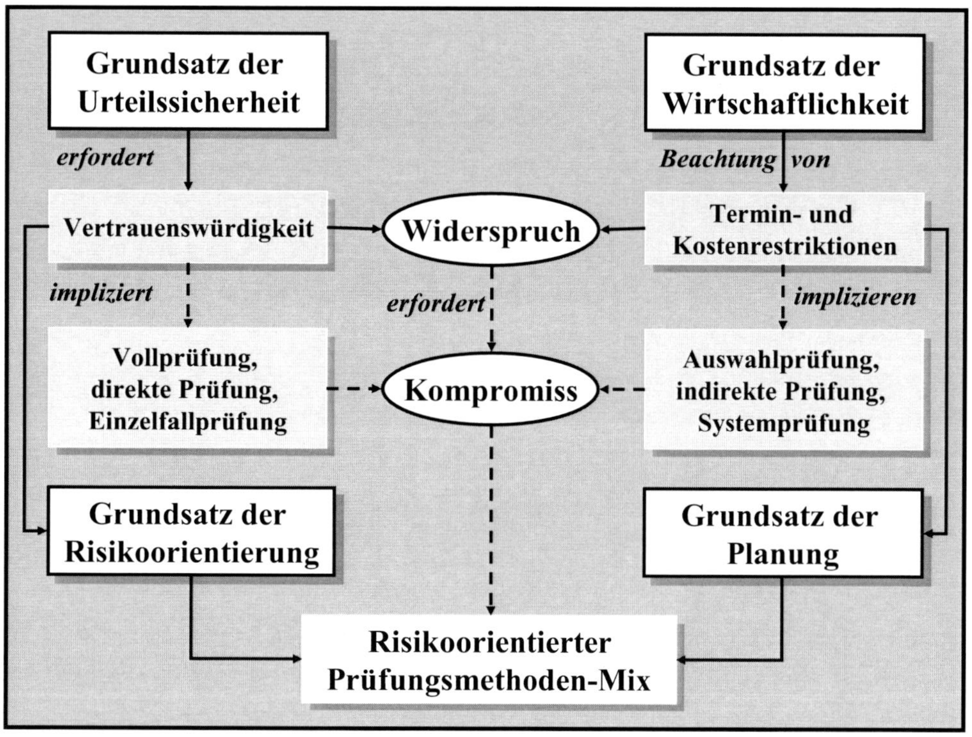

Quelle: Eigene Darstellung

Auf eine weitere Untergliederung und/oder Detaillierung respektive Konkretisierung der vorstehend skizzierten Prüfungsdurchführungsnormen für Kreditwürdigkeitsprüfungen durch ‚Spezialnormen' (‚Spezialgrundsätze') soll an dieser Stelle zugunsten einer untersuchungsobjektspezifischen Darstellung in den nachfolgenden Abschnitten verzichtet werden.[1]

4.1.2.1.2.4.2 Methoden der Kreditwürdigkeitsprüfung

4.1.2.1.2.4.2.1 Ausgangssituation

Das bankmäßige Kreditgeschäft weist neben den regelmäßig für die Mehrzahl von betriebswirtschaftlichen Prüfungen zu beachtenden wirtschaftlichen, zeitlichen und personellen Restriktionen eine Reihe von Spezifika auf, welche die Abgabe vertrauenswürdiger Urteile im Rahmen von Kreditwürdigkeitsprüfungen erschweren:

- Es wird ein zukunftsgerichtetes Prüfungsobjekt mit diversen, noch nicht realisierten quantitativen und qualitativen Ist-Objekten betrachtet (Ex ante-Betrachtung). Alternative Ausprägungen von zukünftigen Umweltzuständen müssen antizipiert und in die Urteilsbildung inkludiert werden.

- Die dem Krediturteil zugrundeliegenden Informationen respektive Unterlagen, d.h. insbesondere quantitative Abbildungssysteme (Jahresabschluss, Finanzplanung, Prognosen etc.), müssen – soweit möglich – zunächst auf ihre Qualität, d.h. ihre Gesetzes- respektive Ordnungsmäßigkeit, beurteilt werden.[2]

---

[1] Vgl. hierzu die Ausführungen unter dem nachfolgenden Gliederungspunkt 4.2 Methodische Grundlagen für eine zukunftsorientierte Kreditwürdigkeitsprüfung bei Projektfinanzierungen, S. 418 ff.

[2] Vgl. hierzu auch die zusammenfassenden Ausführungen unter dem vorstehenden Gliederungspunkt 3.2 Zusammenfassende Schlussfolgerungen für die bankbetriebliche Operationalisierung von § 18 Satz 1 KWG bei Projektfinanzierungen, S. 300 ff.

- Es ist sowohl ein Urteil über die grundsätzliche Zweckmäßigkeit einer Kreditvergabe als auch über den Grad der Wirtschaftlichkeit abzugeben.

In der Theorie und Praxis des Kreditgeschäftes wurden verschiedene methodische Ansätze entwickelt, welche die vorstehenden Anforderungen in unterschiedlichem Maße berücksichtigen. Es lassen sich mit den ‚logisch-deduktiven' und den ‚empirisch-induktiven' zwei Gruppen von ‚Instrumenten' (‚Verfahren') der Kreditwürdigkeitsprüfung unterscheiden, deren konzeptionelle Struktur und wichtigsten Ausprägungsformen im Folgenden kurz zu skizzieren und aus prüfungsmethodischer Sicht einzuordnen sind.

4.1.2.1.2.4.2.2 Logisch-deduktive Verfahren

Bei den **logisch-deduktiven Verfahren**'[1], welche zum Teil auch als ‚traditionelle Verfahren'[2] bezeichnet werden, erfolgt eine Beurteilung der Kreditwürdigkeit auf der Basis von ‚**Kausalhypothesen**'. Das prüferindividuelle respektive institutsseitig vorhandene Wissen über tatsächliche oder vermeintliche Ursache-Wirkungs-Beziehungen wird hierbei explizit oder implizit (intuitiv) für die Gewinnung von Prüfungsnormen in Form von Ziel- und Ergebnisnormen sowie Abbildungsnormen eingesetzt, welche bei der Durchführung von Soll-Ist-Vergleichen für die Soll-Objekt-Konstruktion herangezogen werden. Aufgrund der Verwendung von nicht statistisch ermittelten Erklärungszusammenhängen werden die ‚logisch-deduktiven Verfahren' auch als ‚**qualitative Präskription**' bezeichnet.[3] Art und Umfang der Aufstellung und Verarbeitung von Kausalhypothesen reicht von stark subjektiv geprägten Formen der (willkürlichen) Urteilsbildung (‚**Intuitive Verfahren**') bis zu technisch komplexen Prüfungsansätzen (‚**qualitative Insolvenzursachenforschung**', ‚**Expertenverfahren**'). Zum Teil werden ‚logisch-deduktive Verfahren' auch als ‚**Fundamentalanalysen**' bezeichnet, wenn der Versuch unternommen wird, sämtliche im Rahmen der Kausalhypothesen angenommenen relevanten Bestimmungsfaktoren in die Kreditwürdigkeitsprüfung einzubeziehen.[4] Im Wesentlichen lassen sich die folgenden Verfahren unterscheiden:

- **Traditionelle Jahresabschlussanalyse**

    Das klassische Instrument einer logisch-deduktiv fundierten Kreditwürdigkeitsprüfung im Firmenkundenkreditgeschäft ist die sogenannte ‚traditionelle Jahresabschlussanalyse'.[5] Dies wird

---

[1] Vgl. Buchner, R.: Wirtschaftliches Prüfungswesen, a.a.O., S. 289.

[2] Vgl. Hauschildt, J.: Kreditwürdigkeitsprüfung (inkl. Automatisierte), a.a.O., Sp. 1468.

[3] Vgl. Oehler, A.; Unser, M.: Finanzwirtschaftliches Risikomanagement, a.a.O., S. 209.

[4] Vgl. Buchner, R.: Wirtschaftliches Prüfungswesen, a.a.O., S. 289.

[5] Teilweise findet sich im Schrifttum auch der tradierte Begriff der ‚Bilanzanalyse'; vgl. Gräfer, H.: Bilanzanalyse, 8. Aufl., Herne, Berlin 2001, Riebell, C.: Kreditaufnahme und Bilanzanalyse, Erläuterungen und Hilfen für Firmenkunden, 5. Aufl., Stuttgart 2001, Biegert, W.; Gönnert, M.: Die Bilanzanalyse in der Firmenkundenberatung genossenschaftlicher Banken, 4. Aufl., Wiesbaden 2002. Die Begriffsreduzierung auf den Wortbestandteil ‚Bilanz' erklärt sich daraus, dass die Gewinn- und Verlustrechnung letztlich nur eine zeitraumbezogene Nebenrechnung (‚Erfolgssammelkonto') zur Bestimmung des zeitpunktbezogenen Eigenkapitalausweises in der Bilanz darstellt; vgl. hierzu Hahn, H.; Wilkens, K.: Buchhaltung und Bilanz: Teil A. Grundlagen der Buchhaltung, 4. Aufl., München, Wien 1993, S. 25 ff. Da jedoch Kapitalgesellschaften gem. § 264 Abs. 1 Satz 1 HGB einen Anhang nach den Vorschriften der §§ 284 bis 288 HGB erstellen müssen, der zusammen mit der Bilanz sowie der Gewinn- und Verlustrechnung den ‚Jahresabschluss' bildet, erscheint der weitergefasste Begriff der ‚Jahresabschlussanalyse' bei globaler Betrachtung sachgerechter. Der Begriff der ‚Bilanzanalyse' könnte insoweit nur bei Bilanzierenden in den Rechtsformen des Einzelkaufmanns und der Personenhandelsgesellschaften synonym mit dem der ‚Jahresabschlussanalyse'' verwendet werden, da sich bei diesen Wirtschaftssubjekten der Jahresabschluss nur aus der Bilanz sowie der Gewinn- und Verlustrechnung zusammensetzt; vgl. § 242 Abs. 3 HGB.

zunächst an der Verfügbarkeit des Informationsinstrumentes ‚Jahresabschluss' liegen, da nach inländischem Handelsrecht alle Kaufleute zur permanenten Führung von Büchern und zur periodischen Erstellung eines Abschlusses in Form einer Bilanz nebst korrespondierender Gewinn- und Verlustrechnung gesetzlich verpflichtet sind.[1] Darüber hinaus besteht aufgrund gesetzlicher oder anderweitig festgelegter Konventionen zur Buchhaltung und Bilanzierung (relative) Klarheit über Art, Umfang und Aussagekraft des Jahresabschlusses.[2] Bei prüfungspflichtigen Unternehmen kommt es zudem zu einer – weitgehend standardisierten – Absicherung dieser Informationsbasis durch externe Prüfungsorgane.[3]

Aufgrund der Möglichkeit zur Ausübung von legalen Ansatz- und Bewertungswahlrechten durch den Rechnungslegenden (‚Jahresabschlusspolitik') müssen die vorgelegten Unterlagen für Zwecke der Kreditwürdigkeitsprüfung durch Überleitung in institutsindividuell vorgegebene Gliederungsschemata[4] aufbereitet (z.B. Struktur- bzw. Analysebilanzen, bereinigte GuV), zu spezielleren Darstellungsformen weiterverarbeitet (Bewegungsbilanzen, Kapitalflussrechnungen, Erfolgsspaltungen etc.) und darauf aufbauend für Zwecke der Finanz-, Vermögens- sowie Erfolgsanalyse zu Kennzahlen in Form von Absolut- und Relationszahlen verdichtet werden.[5] Aus einer prüfungstheoretischen Perspektive wird die ‚traditionelle Jahresabschlussanalyse' erst dann zu einem Prüfungsinstrument, wenn die Ermittlung derartiger Kennzahlen (‚Ist-Objekt-Ermittlung') um einen oder mehrere Soll-Ist-Vergleiche erweitert wird.[6] Dies setzt die Vorgabe normgerechter Soll-Merkmale respektive vergleichsfähiger Soll-Merkmalsausprägungen in Form von Mindestwerten durch das Prüfungssubjekt oder das Kreditinstitut voraus.[7]

---

[1] Vgl. §§ 238 Abs. 1 Satz 1 sowie 242 Abs. 1 Satz 1 und 242 Abs. 2 HGB. Auch bei einer noch nicht aufgestellten Bilanz können durch entsprechende Software-Lösungen analysefähige Zahlen aus der Buchhaltung generiert werden; vgl. Knief, § 18 KWG ohne Bilanz erfüllen - Ein EDV-gestützter Lösungsansatz zur zeitnahen Analyse der aktuellen wirtschaftlichen Lage -, B. Bl. 1984, S. 42 ff.

[2] Vgl. zu den rechtlichen Grundlagen der handelsrechtlichen Rechnungslegung Hahn, H.; Wilkens, K.: Buchhaltung und Bilanz: Teil B. Bilanzierung, München, Wien 1993, S. 21 ff.

[3] Für im Inland domizilierende Unternehmen gilt gem. § 316 Abs. 1 HGB, dass der Jahresabschluss und der Lagebericht von Kapitalgesellschaften, die nicht kleine im Sinne des § 267 Abs. 1 HGB sind, durch einen Abschlussprüfer zu prüfen sind. Zudem werden gem. § 6 PublG bestimmte Unternehmen und Konzerne, die nicht durch die handelsrechtlichen Vorschriften erfasst sind, ebenfalls einer analogen Prüfungspflicht unterworfen. Für eingetragene Genossenschaften ergibt sich eine Pflicht zur Prüfung aus § 53 Abs. 1 und 2 GenG. In entwickelten ausländischen Jurisdiktionen existieren i.d.R. Vorschriften, welche ebenfalls (handelsrechtliche) Pflichtprüfungen konstituieren.

[4] Vgl. Beyel, J.: Kreditwürdigkeitsanalyse, a.a.O., S. 418 f.

[5] Zur Technik der Jahresabschlussanalyse vgl. Hahn, H.; Wilkens, K.: Buchhaltung und Bilanz: Teil B. Bilanzierung, a.a.O., S. 329 ff., Coenenberg, A. G.: Jahresabschluß und Jahresabschlußanalyse, a.a.O., S. 871 ff., Dicken, A.: Kreditwürdigkeitsprüfung: Kreditwürdigkeitsprüfung auf der Basis des betrieblichen Leistungsvermögens, a.a.O., S. 22 ff.

[6] Vgl. hierzu auch die vorstehenden Ausführungen unter Gliederungspunkt 4.1.1.2.1.1 Idealtypische Prozessgliederung, S. 307 ff.

[7] „Aufgabe der Kreditwürdigkeitsprüfung ist also festzustellen, ob die vom Kreditinstitut vorgegebenen Mindestwerte der einzelnen Maßgrößen (der Vermögens-, Ertrags- und Liquiditätslage) durch die kreditsuchende Unternehmung über- oder unterboten werden." Egner, H.: Betriebswirtschaftliche Prüfungslehre. Eine Einführung, a.a.O., S. 22 (Anmerkung: Im Original ohne Klammereinschub). Derartige Mindestwerte können nicht nur als absolute Werte, sondern auch in relativer Form vorgegeben werden. So könnte beispielsweise bei einer Auswertung der Jahresabschlüsse der letzten drei Jahre eine Soll-Vorgabe dahingehend postuliert werden, dass es zu keiner Verschlechterung von (ausgewählten) Kennzahlen im fortschreitenden Periodenvergleich kommen darf. Des Weiteren können – soweit bekannt – Branchendurchschnittswerte als Soll-Vorgaben dienen. Vgl. hierzu Beyel, J.: Kreditwürdigkeitsanalyse, a.a.O., S.

Neben der Problematik einer Gewinnung derartiger Prüfungsnormen stellt sich auch die Verdichtung von einzelnen Vor- und Zwischenurteilen zu einem ausschließlich sachlogisch begründeten, intersubjektiv nachvollziehbaren Gesamturteil über die Kreditwürdigkeit als schwierig respektive unmöglich dar.[1]

Zudem steht die Vorgehensweise unter der impliziten, nicht unbedingt der allgemeinen Lebenserfahrung entsprechenden Annahme, dass die Vergangenheit mit hoher Wahrscheinlichkeit maßgeblich für die Zukunft und insoweit duplizierbar ist (sogenannte ‚Zeitstabilitätshypothese'[2]). Daher kann aus den Kennzahlen einer vergangenheitsorientierten Rechnungslegung nicht per se auf die Zweckmäßigkeit einer Kreditvergabe, d.h. auf die Schuldendienstfähigkeit des Kreditnehmers in zukünftigen Perioden, geschlossen werden.[3] Vielmehr erfordert eine Kreditwürdigkeitsprüfung auf der Basis der Ergebnisse einer traditionellen Jahresabschlussanalyse eine Transferleistung seitens des Entscheidungsträgers, welcher ein Urteil über die Nachhaltigkeit des Prüfungsurteils unter Berücksichtigung weiterer potenzieller Umweltbedingungen (Konjunktur, Markt- und Konkurrenzsituation, technischer Fortschritt etc.) sowie des im konkreten Sachverhaltes zu leistenden Schuldendienstes bilden muss.[4] Eine Rückkoppelung zwischen den Ergebnissen der retrograd ausgerichteten traditionellen Jahresabschlussanalyse sowie des prospektiv ermittelten Datenkranzes dürfte hierbei mit zunehmenden Prognosehorizont, d.h. insbesondere bei einer mittel- bis langfristigen Kreditvergabe, schwieriger werden. Zudem handelt es sich bei der GuV um eine periodisierte Darstellung auf Basis der Erfolgswirksamkeit, welche auf Ertrags- und Aufwandsgrößen und nicht auf die für eine kausal fundierte Beurteilung der Schuldendienstfähigkeit originär maßgeblichen Zahlungsgrößen (Ein- und Auszahlungen) abstellt.

Offensichtlich ungeeignet ist das Instrument der traditionellen Jahresabschlussanalyse bei ‚Existenzgründungen'[5] sowie bei der Mehrzahl von ‚Strukturierten Finanzierungen'[1], soweit

---

419. Für Kritik an derartigen interperiodischen und zwischenbetrieblichen Vergleichen mit ‚Betriebsvergleichsnormen' vgl. die vorstehenden Ausführungen unter Gliederungspunkt 4.1.1.2.2.1 Prüfungsnormen, S. 311 ff. sowie Nonnenmacher, R.: Finanzielle Lage der Unternehmung, Darstellung und Prüfung, in: HWF, 3. Aufl., Stuttgart 2001, Sp. 749.

[1] *„Dabei stoßen wir im Rahmen der traditionellen Jahresabschlußanalyse stets auf das Problem, daß wir den Sollwert bzw. die Sollwerte der Jahresabschlußkennzahlen für ein gesundes Unternehmen nicht kennen."* Baetge, J.; Niehaus, H.-J.: Moderne Verfahren der Jahresabschlussanalyse, in: J. Baetge (Hrsg.), Bilanzanalyse und Bilanzpolitik, Düsseldorf 1989, S. 145 f., Baetge, J.: Rating von Unternehmen anhand von Bilanzen, in: WPg, 47. Jg. (1994), S. 2, Baetge, J.; Baetge, K.; Kruse, A.: Insolvenzgefährdung, Früherkennung, in: HWRP, 3. Aufl., Stuttgart 2002, Sp. 1165. Vgl. zur Bildung von Gesamturteilen die vorstehenden Ausführungen unter Gliederungspunkt 4.1.1.2.1.2 Einfache versus komplexe Prüfungen, S. 310 ff. Vgl. für empirische Ansätze einer objektivierten Bildung von Gesamturteilen die nachfolgen Ausführungen unter Gliederungspunkt 4.1.2.1.2.4.2.3 Empirisch-induktive Verfahren, S. 382 ff.

[2] Vgl. Bea, F. X.; Haas, J.: Möglichkeiten und Grenzen der Früherkennung von Unternehmenskrisen, a.a.O., S. 488 sowie im Detail zur ‚Zeitstabilitätshypothese' Wild, J.: Grundlagen der Unternehmungsplanung, a.a.O., S. 93 f.

[3] So auch Thomas, K.: Aussagen quantitativer Kreditnehmeranalysen, in: H. J. Krümmel, B. Rudolph, Innovation im Kreditmanagement, Frankfurt a.M. 1984, S. 197, Grunwald, E.; Grunwald, S.: Bonitätsanalyse im Firmenkundengeschäft, a.a.O, S. 5.

[4] Prüfungstheoretisch betrachtet müssen wiederum Soll-Ist-Vergleiche für die prognostizierten Umweltbedingungen (Ist-Objekt-Merkmale) sowie die kreditgeberseitig geforderten Prognosewerte (Soll-Objekt-Merkmale) durchgeführt werden.

[5] Vgl. hierzu auch die Ausführungen unter Gliederungspunkt 3.1.2.2.2.2.1.6 Unterlagen bei Existenzgründungsdarlehen, S. 274 ff.

diese im Wege der Neuaufnahme eines wirtschaftlichen Vorhabens realisiert werden und das Nichtvorliegen von (aussagekräftigen) Jahresabschlüssen implizieren. In diesen Fällen kann die traditionelle Jahresabschlussanalyse jedoch – bei Akzeptanz respektive Berücksichtigung der eingeschränkten Urteilssicherheit – für die (ergänzende) ‚Prüfung' der Werthaltigkeit von konkreten sowie abstrakten Zahlungsverpflichtungen von dritten Parteien herangezogen werden.[2]

- **Finanzplanorientierte Verfahren**

  Insbesondere die Kritik an der mangelnden Zukunftsorientierung einer retrograd ausgerichteten Jahresabschlussanalyse sowie die Verwendung von periodisierten Erfolgsgrößen anstelle von schuldendienstrelevanten originären Zahlungsgrößen haben zur Entwicklung und Verwendung von finanzplanorientierten Verfahren für die Kreditwürdigkeitsprüfung im Rahmen des Firmenkundenkreditgeschäftes geführt.[3] Für Existenzgründungen sowie bestimmte Formen ‚Strukturierter Finanzierungen' stellen derartige Ansätze zudem die einzige Möglichkeit einer kausalhypothetisch fundierten quantitativen Kreditwürdigkeitsprüfung dar.[4] Zu Aufbau und Technik von (modellgestützten) Finanzplanungen sei an dieser Stelle auf die vorstehenden Ausführungen verwiesen.[5]

  Finanzplanorientierte Verfahren der Kreditwürdigkeitsprüfung lösen das Problem der Verdichtung von Vor- und Zwischenurteilen zu einem Gesamturteil über die zukünftige Schuldendienstfähigkeit dadurch, dass für jede Periode der für Zwecke des Schuldendienstes verfügbare Cashflow explizit im Finanzplan ausgewiesen und somit eine Aussage über die grundsätzliche Zweckmäßigkeit einer Kreditvergabe ermöglicht wird. Zudem können durch Bildung von periodenbezogenen Kennzahlen (z.B. SADSCR, ADSCR, ICR) und/oder periodenübergreifenden

---

[1] Vgl. hierzu die Ausführungen unter Gliederungspunkt 2.1.5 Finanzierungstheoretische Klassifikation und bankbetriebliche Einordnung der Projektfinanzierung im engeren Sinne, S. 52 ff.

[2] Vgl. im Hinblick auf konkrete (u.a. sponsorseitige Eigenmitteleinbringung) sowie abstrakte Zahlungsverpflichtungen beim Untersuchungsgegenstand ‚Projektfinanzierung im engeren Sinne' die vorstehenden Ausführungen unter den Gliederungspunkten 2.1.4.1 Risk Sharing, S. 33 ff. sowie 2.1.4.2 Übernahme abstrakter Zahlungspflichten durch Dritte, S. 40 ff.

[3] Vgl. Kreim, E.: Finanzplanung und Kreditentscheidung, Wiesbaden 1977, S. 83 ff. u. S. 91 ff., Knief, P.: Die Finanzplanung im Rahmen des § 18 KWG, in: DB, 34. Jg. (1981), S. 2337 ff., Bönkhoff, F. J.: Die Kreditwürdigkeitsprüfung: zugleich ein Beitrag zur Prüfung von Plänen und Prognosen, Düsseldorf 1983, S. 75 ff. u. S. 65 ff., Kreim, E.: Zukunftsorientierte Kreditentscheidung, Wiesbaden 1988, S. 116 f., Binhold, E.: Computergestützte finanzplanorientierte Kreditwürdigkeitsprüfung, Bergisch Gladbach, Köln 1991, S. 33 ff. Für BUCHNER ist das Vorliegen eines ‚Finanzplans' Voraussetzung für die logisch-deduktive Kreditwürdigkeitsprüfung; vgl. Buchner, R.: Kreditwürdigkeit und bonitätsbezogene Kreditwürdigkeitsanalyse, a.a.O., S. 183.

[4] Vgl. Mrzyk, A. P.: Die konzeptionelle Eignung des Ertragswertkonzeptes für die Kreditvergabe an neu gegründete Unternehmen, in: ZfB, 71. Jg. (2001), S. 443 passim, Mrzyk, A. P.: Ertragswertorientierte Kreditwürdigkeitsprüfung bei Existenzgründungen, Wiesbaden 1999, S. 142 ff. passim sowie im Hinblick auf den Untersuchungsgegenstand ‚Projektfinanzierung im engeren Sinne' als Archetypus einer ‚Strukturierten Finanzierung' die vorstehenden Ausführungen unter den Gliederungspunkten 2.1.3.2 Bedienung des Schuldendienstes aus dem Cashflow des Projektes, S. 22 ff. und 2.2.1, S. 57 ff. Eine Ausnahme stellen insoweit nur ‚Projektfinanzierungen im engeren Sinne' dar, die im Wege von rechtlich selbständigen und somit isoliert bilanzierungspflichtigen Projektgesellschaften realisiert sowie während der Betriebsphase refinanziert werden. Bei derartigen Fallkonstellationen könnte für die Zwecke einer Kreditwürdigkeitsprüfung auf bereits erstellte Jahresabschlüsse zurückgegriffen werden.

[5] Vgl. Gliederungspunkt 2.2.2 Modellgestützte Finanzplanung (Cashflow-Analyse), S. 60 ff. Für eine auf das (mittelständische) Firmenkundenkreditgeschäft abstellende Betrachtung der Finanzplanung vgl. Grunwald, E.; Grunwald, S.: Bonitätsanalyse im Firmenkundengeschäft, a.a.O, S. 111 ff.

Kennzahlen (z.B. LLCR, LPCR) erste Aussagen über den Grad der Zweckmäßigkeit einer Kreditvergabe getroffen werden.[1]

Diesen Vorteilen finanzplanorientierter Verfahren der Kreditwürdigkeitsprüfung stehen eine Reihe von grundsätzlichen Problemen gegenüber. Aufgrund der mangelnden respektive nicht gegebenen Kodifizierung oder anderweitigen Normierung der Abbildungsmethodik ergibt sich zunächst die zusätzliche Notwendigkeit einer Prüfung des Abbildungssystems ‚Finanzplanung'.[2] Speziell die Auswahl geeigneter Soll-Objekte in Form von sachverhaltsgerechten Abbildungsnormen wird sich hierbei als schwierig erweisen. Bei stehenden Kreditnehmern, welche sich aus einer Vielzahl von ‚Einzelprojekten' respektive einzelner investiver Maßnahmen (Projektportfolio) zusammensetzen, wird sich mit zunehmender Unternehmensgröße weiterhin ein Komplexitätsproblem ergeben, welches regelmäßig eine vollumfänglich logisch-deduktiv fundierte Beurteilung der zu finanzierenden Investitionen erschweren dürfte.[3] Insbesondere das bei allen Formen der modellgestützten Finanzplanung auftretende und mit zunehmendem Planungshorizont an Bedeutung gewinnende Problem einer Prognose der im Finanzplan verarbeiteten Datengrundlage ist zu lösen. Dies kann im Idealfall durch Heranziehen von weiteren prüfungsfähigen Ist-Objekten in Form von Gutachten, Studien und Verträgen oder – soweit sinnvoll – durch direkte Feststellung im Wege einer ‚Due Diligence' erfolgen.[4] Da die Anfertigung respektive Beschaffung von aussagekräftigen Informationen die Transaktionskosten der Kreditaufnahme erhöht und zunächst nur bei einer weitgehend abgrenzbaren wirtschaftlichen Betätigung des Kreditnehmers sinnvoll erscheint, werden derartige Unterlagen primär bei isoliert finanzierbaren Vorhaben mit einem entsprechend hohen Finanzierungsvolumen verfügbar sein. In den übrigen Fällen muss die Datengrundlage auf Basis vereinfachter Prognoseverfahren, d.h. unter Akzeptanz einer weitergehenden Komplexitätsreduktion, ermittelt werden.[5] Für die Kreditinstitute ergibt sich damit in beiden Fällen nicht nur die Notwendigkeit zu einer Prüfung des Abbildungssystems ‚Finanzplanung', sondern auch der korrespondierenden Abbildungs-, Erfassungs- und Verarbeitungssysteme sowie den darin generierten Ist-Objekten als Inputparameter.

Für Kreditinstitute, die im Rahmen ihrer Kreditwürdigkeitsprüfung auf finanzplanorientierte Verfahren zurückgreifen möchten, stellt sich zudem die Frage nach der Verfügbarkeit einer vorzulegenden Finanzplanung.[6] Die generelle Existenz sowie die uneingeschränkte Einsicht-

---

[1] Vgl. hierzu auch die Ausführungen unter Gliederungspunkt 2.2.2 Modellgestützte Finanzplanung (Cash-flow-Analyse), S. 60 ff.

[2] Zu den „...*fehlenden einheitlichen (gesetzlichen) Grundlagen*..." der Finanzplanung vgl. Hein, M.: Die gesetzlichen Anforderungen an Kreditprüfung und Kreditüberwachung in Bankbetrieben, a.a.O., S. 17.

[3] Teilweise wird dieses Problem als ursächlich für die vorherrschende Fokussierung auf die Werthaltigkeit von Sicherheiten im klassischen Firmenkundengeschäft angesehen; vgl. Prautzsch, W.-A.: Projektfinanzierung, a.a.O., S. 1485.

[4] Vgl. zu den genannten ‚Ist-Objekten' die vorstehenden Ausführungen unter den Gliederungspunkten 2.2.3 Prognose, S. 123 ff.

[5] Zu nennen sind hier insbesondere pragmatisch-intuitive oder systematisch-mathematische Verfahren (Mittelwert-Verfahren, Trendextrapolationen, Regressionsanalysen etc.); vgl. Ehrmann, H.: Unternehmensplanung, a.a.O., S. 399 ff.

[6] Die Kriterien der ‚Verfügbarkeit' und der ‚Prüfbarkeit' von Finanzplänen werden regelmäßig von den Verfechtern einer eher bilanzanalytisch orientierten Prüfungsmethodik als Kritikpunkte an den finanzplanorientierten Verfahren der Kreditwürdigkeitsprüfung angeführt; vgl. Dicken, A.: Kreditwürdigkeits-

nahme in eine derartige liquiditätsorientierte Planungsrechnung kann zunächst nur für ‚Existenzgründungen', ‚Objektfinanzierungen' (‚Asset Finance') und ‚Projektfinanzierungen im engeren Sinne' angenommen werden, da hier die Vorlage und Prüfung von ‚Geschäftsplänen', ‚Kapitaldienstrechnungen' und ‚modellgestützten Finanzplanungen' regelmäßig unverzichtbarer Bestandteil einer positiven Kreditvergabeentscheidung sein dürfte und damit zu den Usancen derartiger Kreditgeschäfte zählt.[1] Inwieweit Großunternehmen zu einer Herausgabe entsprechender Unterlagen für die Gesamtunternehmung bereit sind, wird vom Einzelfall abhängen.[2] Bei kleineren und mittelgroßen Unternehmen kann sich das Problem ergeben, dass entweder keine oder nur kurzfristige, d.h. unterjährige, Finanzpläne erstellt werden.[3]

Da Banken i.d.R. nur in Ausnahmefällen und gegen eine entsprechende Vergütung die zeitintensive Erstellung von komplexen, mittel- bis langfristigen modellgestützten Finanzplanungen übernehmen werden,[4] stellt sich regelmäßig die Frage nach der erstellenden Partei. Insoweit müssen potenzielle Kreditnehmer die Planungsrechnung selber oder durch eine beauftragte Drittpartei (Steuerberater, Wirtschaftsprüfer, Unternehmensberater etc.) aufstellen lassen.[5] Dies setzt eine entsprechende Fachkenntnis oder die Bereitschaft zur Kostenübernahme bei einem Outsourcing der Erstellung voraus.

- **Expertensysteme**

  Das im Rahmen logisch-deduktiver Verfahren auftretende Problem einer intersubjektiv variierenden Durchführung von Soll-Ist-Vergleichen, insbesondere der abweichenden Ableitung von normgerechten Soll-Merkmalen und vergleichsfähigen Soll-Merkmalsausprägungen sowie auch der uneinheitlichen Verdichtung von einzelnen Vor- bzw. Zwischenurteilen zu Gesamturteilen, haben zur (Weiter-) Entwicklung von sogenannten ‚Expertensystemen' (‚Wissensbasierte Systeme') für Zwecke der Kreditwürdigkeitsprüfung geführt.[6] Derartige Systeme beinhalten die als relevant klassifizierten Kausalhypothesen (‚ontologische Komponente') sowie das methodische Wissen über Prüfungsdurchführung und Prüfungsurteilsbildung (‚nomo-

---

prüfung: Kreditwürdigkeitsprüfung auf der Basis des betrieblichen Leistungsvermögens, a.a.O., S, 78 ff. m.w.N. Die Notwendigkeit und Bedeutung der Finanzplanung für Kreditvergabeentscheidungen wird jedoch auch von Bankpraktikern hervorgehoben; vgl. Liebknecht, P.: Finanzplanung als Instrument der Bonitätsprüfung: Mit Planzahlen Risikopotentiale erkennen, in: Kreditpraxis, 22. Jg. (1996), S. 410 ff.

[1] Dies resultiert daraus, dass in diesen Fällen keine unternehmensbezogene, sondern eine „*projektbezogene Bonität*" ermittelt werden muss; vgl. Prautzsch, W.-A.: Projektfinanzierung, a.a.O., S. 1490.

[2] HEIN geht von einer regelmäßigen Nichtverfügbarkeit aus; vgl. Hein, M.: Die gesetzlichen Anforderungen an Kreditprüfung und Kreditüberwachung in Bankbetrieben, a.a.O., S. 17. Andere Quellen unterstellen scheinbar die Verfügbarkeit der relevanten Informationen; vgl. Dombert, A.; Robens, B. H., Bonitätsanalyse bei Großkrediten, a.a.O., S. 527 ff.

[3] Vgl. Bieg, H.: Kann der Bankenprüfer die Bonität gewerblicher Bankkreditnehmer beurteilen?, in: ZfbF, 36. Jg. (1984), S. 512, Hein, M.: Die gesetzlichen Anforderungen an Kreditprüfung und Kreditüberwachung in Bankbetrieben, a.a.O., S. 17.

[4] Eine derartige Ausnahme liegt mit dem Untersuchungsgegenstand ‚Projektfinanzierung im engeren Sinne' dann vor, wenn ein Kreditinstitut die Funktion des ‚*Financial Adviser*', des ‚*Arranger*' oder einer ‚*Modelling Bank*' übernimmt und in diesem Rahmen die Aufgabe der Erstellung einer modellgestützten Finanzplanung übernimmt; vgl. hierzu die vorstehenden Ausführungen unter Gliederungspunkt 2.3.1 Grundfunktionen von Banken in der internationalen Projektfinanzierung, S. 159 ff.

[5] Vgl. Knief, P.: Die Bestätigung von Finanzplanungen als Aufgabe der wirtschaftsprüfenden und steuerberatenden Berufe, in: WPg, 36. Jg. (1983), S. 300 ff.

[6] Vgl. Glasen, F.: Wissensbasierte Systeme für die Kreditwürdigkeitsprüfung, in: KuK, 27. Jg. (1994), S. 100 ff.

logische Komponente') von ‚Experten', d.h. im Idealfall des oder der besten Kreditsachbearbeiter eines Kreditinstituts, und stellen sie systematisiert und einheitlich allen Prüfungsträgern zur Verfügung.[1] Der Nutzer wird im Rahmen eines Frage-Antwort-Dialogs mit einer EDV-basierten Anwendung, d.h. dem ‚Expertensystem', durch den Prüfungsprozess geleitet. Unterschiedliche Antworten auf die gleiche Frage können zu unterschiedlichen Prüfungsabläufen und –umfängen, d.h. zu einer sachverhaltsspezifischen Kreditwürdigkeitsprüfung, führen. ‚Expertensysteme' verarbeiten sowohl qualitative als auch quantitative ‚Kausalhypothesen' und verdichten diese zu einem Gesamturteil. Dabei ist es auch möglich, einzelne Elemente von anderen logisch-deduktiven Verfahren (z.B. Kennziffern der ‚traditionellen Jahresabschlussanalyse', Ergebnisse von ‚finanzplanorientierten Verfahren') zu inkludieren.[2]

Die Leistungsfähigkeit von ‚Expertensystemen' hängt offensichtlich davon ab, welche Person(en) unter den Terminus technicus ‚Experte' subsumiert werden und damit maßgeblichen Einfluss auf die Wissensbasis (‚Wissensbank'[3]) und damit auf zukünftige Kreditentscheidungen gewinnen. So kann sich das Problem ergeben, dass ein Kreditinstitut über keine ausreichend kompetenten Kreditsachbearbeiter für einzelne im System abzubildende Kreditarten und/ oder Kundensegmente verfügt.[4] Daneben birgt die Bestimmung von ‚Experten' respektive die Auswahl von ‚Kausalhypothesen' bei divergierenden ‚Expertenmeinungen' ein erhebliches Konfliktpotenzial und kann in Folge auch zu Akzeptanzproblemen bei einzelnen Anwendern und Entscheidungsträgern führen. Mit steigender Komplexität der abzubildenden Bankleistungsarten dürfte sich auch die Wissensakquisition bzw. -verarbeitung schwieriger und damit zeit- und kostenintensiver gestalten.[5] Zudem unterliegt das ‚Expertenwissen' naturgemäß einer stetigen Veränderung, so dass es einer institutionalisierten Wissensbasisrevision (sogenannte ‚Wissenserwerbskomponente') bedarf.[6]

Expertensysteme scheinen zunächst einen empirisch-induktiven Charakter zu haben, da die jeweilige Wissensbasis auf der Grundlage einer Erhebung gewonnen wird. Es werden jedoch nur die ‚Kausalhypothesen' eines oder einiger weniger Experten ermittelt. ‚Wissensbasierte Systeme' werden dann zu einem empirisch-induktiv fundierten Instrument, wenn die Generierung statistisch-valider Prüfungsergebnisse, d.h. die Urteilssicherheit, auf der Basis einer ausrei-

---

[1] Vgl. Hauschildt, J.: Methodische Anforderungen an die Ermittlung der Wissensbasis von Expertensystemen, in: DBW, 50. Jg. (1990), S. 525, Hauschildt, J.; Leker, J.: Kreditwürdigkeitsprüfung (inkl. Automatisierte), a.a.O., Sp. 1468, Schwarze, J.; Rosenhagen, K.: Expertensysteme in der Kreditwürdigkeitsprüfung, in: WiSt, 22. Jg. (1993), S. 292, Steinmetz, O.: Kreditwürdigkeitsprüfung, a.a.O., S. 1222.

[2] Vgl. hierzu beispielsweise Neibecker, B.: Jahresabschlußanalyse mit Expertensystemen, in: WiSt, 19. Jg. (1990), S. 550 ff., Derselbe: Implementierung eines Expertensystem-Prototyps zur Jahresabschlußanalyse, in: WiSt, 19. Jg. (1990), S. 584 ff.

[3] Vgl. Zahn, E.; Kleinhans, A.: Systeme zur Entscheidungsunterstützung, a.a.O., S. 562.

[4] Dies kann z.B. dann der Fall sein, wenn ein Kreditinstitut seine Aktivitäten um bislang nicht bearbeitete Branchen erweitert bzw. auf neue Regionen ausdehnt.

[5] Vgl. Schwarze, J.; Rosenhagen, K.: Expertensysteme in der Kreditwürdigkeitsprüfung, a.a.O., S. 292 u. S. 295.

[6] So wird beispielsweise die Wissensbasis durch Zu- und Abgänge von ‚Experten' verändert. Daneben implizieren im Regelfall kreditportfolioindividuell gewonnene Erkenntnisse über Kausalhypothesen sowie allgemeine Umweltveränderungen eine Wissensbasisrevision. Die Institutionalisierung derselben ist eine Conditio sine qua non, da Expertensysteme keine ‚lernenden Systeme' sind; vgl. Hauschildt, J.: Methodische Anforderungen an die Ermittlung der Wissensbasis von Expertensystemen, a.a.O., S. 526.

chend großen Stichprobe von Kreditfällen nachgewiesen wurde.[1] Denkbar ist auch, dass die ‚Kausalhypothesen' durch empirisch-induktiv ermittelte ‚Indikatorhypothesen' ersetzt werden. Ohne eine derartig herbeigeführte quantitativ-objektivierte ‚Repräsentativität' stellen Expertensysteme nur eine strukturierte Zusammenfassung einzelner logisch-deduktiver Verfahren der Kreditwürdigkeitsprüfung dar, bei der zwar die Urteilsbildung intersubjektiv nachvollziehbar wird, nicht aber die zugrundeliegenden ‚Kausalhypothesen'.[2] Daher stellen aus Sicht des betriebswirtschaftlichen Prüfungswesens ‚wissensbasierte Systeme' mehrheitlich keine eigenständige Prüfungsmethode, sondern lediglich ein ‚Prüfungshilfsmittel' in Form eines EDV-basierten ‚Prüfungsfragebogens' (intelligente ‚Prüfungs-Checkliste') dar,[3] welcher ein ‚standardisiertes Prüfungsprogramm' beinhaltet und um eine Erklärungs- und Dialog- sowie eine Urteilsbildungskomponente erweitert ist.[4]

Neben den bereits verfahrensindividuell skizzierten Nachteilen implizieren logisch-deduktive Verfahren der Kreditwürdigkeitsprüfung in der Regel die folgenden Probleme:

- Die unterstellten Ursache-Wirkungs-Beziehungen beziehen sich – mit Ausnahme der finanzplanorientierten Verfahren – auf einzelne Soll-Ist-Vergleiche und die daraus resultierenden Vor- und Zwischenurteile, so dass sich das Problem der kausalen Fundierung der Gesamturteilsbildung ergibt.[5]

- Die stark individuelle Prägung der Kausalhypothesengenerierung kann in einer mangelnden oder unmöglichen intersubjektiven Nachvollziehbarkeit derselben und damit der daraus abgeleiteten Prüfungsurteile resultieren.[6]

- Je nach Umfang der unterstellten Ursache-Wirkungs-Beziehungen setzt eine logisch-deduktive Prüfungsmethodik einen adäquaten Informationszugang sowie entsprechende wirtschaftliche, personelle und zeitliche Ressourcen zur Verarbeitung derselben voraus.

---

[1] KULMANN/REUCHER stellen ein Expertensystem mit Wissensverarbeitung auf der Basis historischen Datenmaterials für das Konsumentenkreditgeschäft vor; vgl. Kulmann, F.; Reucher, E.: Computergestützte Bonitätsprüfung bei Banken und Handel, in: DBW, 60. Jg. (2000), S. 113 ff. Zu möglichen Formen einer empirischen Absicherung von Expertensystemen, vgl. Hauschildt, J.: Methodische Anforderungen an die Ermittlung der Wissensbasis von Expertensystemen, a.a.O., S. 532 f.

[2] BEA/HAAS konstatieren, dass die aus der Befragung von Experten oder der Analyse von individuellen Krisenfällen gewonnene Wissensbasis aufgrund der fehlenden theoretischen Fundierung zu Ergebnissen führt, die überwiegend spekulativer Natur sind; vgl. Bea, F. X.; Haas, J.: Möglichkeiten und Grenzen der Früherkennung von Unternehmenskrisen, a.a.O., S. 487.

[3] Vgl. Neibecker, B.: Jahresabschlußanalyse mit Expertensystemen, a.a.O., S. 553.

[4] Vgl. Hagen, K.: Revisions- und Treuhandwesen, a.a.O., S. 68, Lück, W.: Wirtschaftsprüfung und Treuhandwesen. Institutionelle und funktionale Aspekte der Betriebswirtschaftlichen Prüfungslehre, a.a.O., S. 148 f. u. S. 233 ff., Lück, W.: Prüfungsfragebogen, in: W. Lück (Hrsg.), Lexikon der Betriebswirtschaft, 5. Aufl., Landsberg am Lech 1993, S. 1014, Zahn, E.; Kleinhans, A.: Systeme zur Entscheidungsunterstützung, a.a.O., S. 562. Vgl. zu ‚standardisierten Prüfungsprogrammen' auch die vorstehenden Ausführungen unter Gliederungspunkt 4.1.1.2.4 Prüfungsplanung, S. 339 ff. ‚Standardisiertes Prüfungsprogramm' und ‚Urteilsbildungskomponente' werden im allgemeinen als ‚Problemlösungskomponente' bezeichnet; vgl. Schwarze, J.; Rosenhagen, K.: Expertensysteme in der Kreditwürdigkeitsprüfung, a.a.O., S. 292.

[5] Teilweise wird das Problem der Gesamturteilsbildung im Schrifttum zu den logisch-deduktiven Verfahren lapidar umgangen: *„Diese Fülle von Eindrücken und Einzelinformationen fügt sich schließlich wie bei einem Mosaik zu einem Gesamtbild zusammen, welches bei der Bank entweder Zustimmung oder Ablehnung hervorruft."* Beyel, J.: Kreditwürdigkeitsanalyse, a.a.O., S. 419. Vgl. auch die Ausführungen zu den generellen Problemen einer Urteilsverdichtung bei ‚betriebswirtschaftlichen Prüfungen' unter Gliederungspunkt 4.1.1.2.6 Prüfungsergebnis, S. 347 ff.

[6] Vgl. Hauschildt, J.; Leker, J.: Kreditwürdigkeitsprüfung (inkl. Automatisierte), a.a.O., Sp. 1468.

Diese Einschränkungen müssen vor dem Hintergrund der folgenden Vorteile von logisch-deduktiven Verfahren abgewogen werden:

- Produkt- und Schuldnergruppen, die aufgrund einer kleinen Grundgesamtheit und/oder Heterogenität einer sinnvollen empirisch-statistischen Analyse nicht zugänglich sind, können dennoch geprüft werden.

- Neuartige Risiken, die in der Vergangenheit noch nicht aufgetreten und somit durch die empirisch-induktiven Verfahren noch nicht erfasst sind, können – in Abhängigkeit von der Qualifikation des Prüfers – identifiziert werden.

- Logisch-deduktive Verfahren eignen sich insbesondere für komplexe Formen der Kreditfinanzierung, bei denen über individuelle Vertragsdesigns, d.h. durch die Übernahme abstrakter Zahlungspflichten durch Dritte sowie den Einsatz transaktionsbezogener Kreditbedingungen und Verhaltensauflagen, ein sachlogisch begründeter Einfluss auf die transaktionsspezifische Kreditwürdigkeit genommen werden soll.[1]

4.1.2.1.2.4.2.3 Empirisch-induktive Verfahren

Bei den ‚**empirisch-induktiven Verfahren**' (‚empirisch-statistische Verfahren'[2]) erfolgt eine Urteilsbildung über die Kreditwürdigkeit auf der Basis ausgewählter, statistisch beobachtbarer Informationen.[3] Anders als bei den logisch-deduktiven Verfahren werden keine Kausalhypothesen, sondern ‚**Indikatorhypothesen**' aufgestellt,[4] welche bei der Durchführung von Soll-Ist-Vergleichen als Prüfungsnormen in Form von Ziel- und Ergebnisnormen für die (Ersatz-) Soll-Objekt-Konstruktion herangezogen werden. Die empirisch-induktiven Verfahren zielen daher auf eine objektivierte, d.h. intersubjektiv nachprüfbare, Urteilsbildung auf der Basis extern zugänglicher Daten (z.B. Jahresabschlüsse, Lebensverhältnisse) ab. Aufgrund der Substitution kausal fundierter ‚subjektiver' Soll-Objekte durch statistisch erhobene ‚objektivierte' werden die empirisch-induktiven Verfahren auch als ‚**quantitative Deskription**' bezeichnet.[5] Für die Aufstellung und Verarbeitung von Indikatorhypothesen wurde eine Reihe von statistischen Verfahren entwickelt.[6] Im Folgenden sollen Funktionsweise, Anwendungsvoraussetzungen und Probleme derartiger Verfahren am Beispiel der ‚Diskriminanzanalyse' exemplarisch dargestellt werden:

---

[1] Vgl. hierzu die vorstehenden Ausführungen unter den Gliederungspunkten 2.1.4.2 Übernahme abstrakter Zahlungspflichten durch Dritte, S. 40 ff. sowie 2.1.4.3 Projektbezogene Kreditbedingungen und Verhaltensauflagen, S. 48 ff.

[2] Vgl. Buchner, R.: Wirtschaftliches Prüfungswesen, a.a.O., S. 289.

[3] Vgl. Buchner, R.: Kreditwürdigkeit und bonitätsbezogene Kreditwürdigkeitsanalyse, a.a.O., S. 183, Derselbe: Wirtschaftliches Prüfungswesen, a.a.O., S. 289.

[4] Vgl. Lenz, H.: Urteilsbegründung bei betriebswirtschaftlichen Prüfungen: Indirekte Prüfungen als statistische Begründung rationaler Erwartungen, a.a.O., S. 1358.

[5] Vgl. Oehler, A.; Unser, M.: Finanzwirtschaftliches Risikomanagement, a.a.O., S. 209.

[6] HAUSCHILDT/LEKER nennen Diskriminanzanalysen, Logit- und Probitanalysen, Mustererkennungen (Nächste-Nachbar-Regeln), Hazard-Funktionen, Fuzzy-Logik-Verfahren und Neuronale Netze als Beispiele für empirisch-induktive Verfahren; vgl. Hauschildt, J.; Leker, J.: Kreditwürdigkeitsprüfung (inkl. Automatisierte), a.a.O., Sp. 1470. Vgl. hierzu auch Rehkugler, H.; Kerling, M.: Einsatz Neuronaler Netze für Analyse- und Prognose-Zwecke, in: BFuP, 47. Jg. (1995), S. 307 ff.

Bei (uni-, bi- oder multivariaten) **Diskriminanzanalysen** handelt es sich um Verfahren der Insolvenzdiagnose und -prognose auf der Basis von ‚dichotomischen Klassifikationen'.[1] Die methodische Vorgehensweise ergibt sich aus dem folgenden idealtypischen Ablaufschema:[2]

- Aus einer hinreichend großen und homogenen Grundgesamtheit von Kreditnehmern wird eine Stichprobe von Unternehmen gezogen, bei denen eine Insolvenz aufgetreten ist (‚Testgruppe').[3] Bei einer geringen Anzahl von insolventen Kreditnehmern kann alternativ eine Vollerhebung stattfinden.

- Aus der gleichen Grundgesamtheit wird eine zweite Stichprobe mit Kreditnehmern gezogen, bei denen keine Insolvenz aufgetreten ist (‚Kontrollgruppe'). Die Stichprobenerhebung wird in Form einer ‚bewussten Auswahl' derart durchgeführt, dass zu jedem Element aus der Testgruppe ein unter sektoralen, regionalen, größenmäßigen und/oder weiteren Gesichtspunkten ähnlicher Kreditnehmer bestimmt wird (‚Pärchenbildung').

- Für die Test- und die Kontrollgruppe werden ausgewählte Klassifikationsmerkmalsausprägungen (i.d.R. Jahresabschlusskennzahlen) für eine oder mehrere Perioden ermittelt.

- Mit Hilfe eines heuristischen Suchprogramms werden die Test- und die Kontrollgruppe daraufhin untersucht, ob eine weitgehend trennscharfe Aufteilung in solvente und insolvente Kreditnehmer unter Verwendung eines (‚univariat'), zweier (‚bivariat') oder mehrerer (‚multivariat') Klassifikationsmerkmale möglich ist.

- Als Ergebnis des Suchprozesses ergibt sich eine lineare ‚Diskriminanzfunktion' (‚Trennfunktion'),[4] welche die als relevant identifizierten Klassifikationsmerkmale mit statistisch ermittelten ‚Diskriminanzkoeffizienten' gewichtet und als Ergebnis einen repräsentativen ‚Diskriminanzwert' (‚Trennwert') ermittelt:

Multivariate Diskriminanzfunktion[5]

$$D = a_o + a_1 X_1 + a_2 X_2 + \ldots + a_J X_J$$

mit:

D	=	*Diskriminanzwert (Trennwert, Diskriminanzvariable, Cut-off-Point)*
X_j	=	*(Klassifikations-) Merkmalsvariable j (j = 1,2, ... J)*
a_0	=	*konstantes Glied*
a_j	=	*Diskriminanzkoeffizient für Merkmalsvariable j*

---

[1] Im hier verwendeten Sinne kann unter einer ‚Dichotomie' die Zweiteilung einer Grundgesamtheit verstanden werden; vgl. Dudenredaktion (Hrsg.): Duden, Das Fremdwörterbuch, Bd. 5, a.a.O., S. 176.

[2] Vgl. beispielhaft auch das detailliertere Schema eines konkreten Fallbeispiels bei Baetge, J.: Früherkennung von Kreditrisiken, in: B. Rolfes, H. Schierenbeck, S. Schüller (Hrsg.), Risikomanagement in Kreditinstituten, Frankfurt a.M. 1995, S. 198.

[3] Alternativ zum zivilrechtlichen Tatbestand ‚Insolvenz' kann die Auswahl auch nach anderen Selektionskriterien (z.B. Erfordernis zur Bildung von Einzelwertberichtigungen, Notwendigkeit einer antizipativen Restrukturierung oder Prolongation, Auftreten eines Payment Default unter dem Kreditvertrag, Anhalten eines Zahlungsverzuges über einen Zeitraum von 90 Tagen etc.) erfolgen.

[4] Zu den Nachteilen möglicher anderer Trennfunktionstypen (z.B. ‚Quadratische Diskriminanzfunktion', ‚Parameterfreie Diskriminanzfunktion') vgl. Baetge, J.; Beuter, H. B.; Feidicker, M.: Kreditwürdigkeitsprüfung mit Diskriminanzanalyse, in: WPg, 45. Jg. (1992), S. 751 f. m.w.N.

[5] Vgl. hierzu beispielsweise Oehler, A.; Unser, M.: Finanzwirtschaftliches Risikomanagement, a.a.O., S. 221, Baetge, J.; Baetge, K.; Kruse, A.: Insolvenzgefährdung, Früherkennung, a.a.O., Sp. 1167.

- Der Diskriminanzwert trennt optimal oder näherungsweise die Test- von der Kontrollgruppe. Durch entsprechende Wahl des konstanten Gliedes a_0 kann dieser Trennwert zwecks besserer Übersichtlichkeit bzw. Verdeutlichung auf Null gesetzt werden.

- Im Rahmen der Kreditwürdigkeitsprüfung eines potenziellen Kreditnehmers werden die Klassifikationsmerkmalsausprägungen erhoben und zwecks Berechnung eines individuellen Diskriminanzwerts in die Diskriminanzfunktion eingesetzt. Liegt dieser Wert unter (über) dem Trennwert, führt dies zu dem Urteilsprädikat ‚kreditunwürdig' (‚kreditwürdig') und damit zur Ablehnung (Annahme) des Kreditantrags.[1]

Im Schrifttum werden verschiedene Variationen bzw. Verfeinerungen des vorstehend skizzierten Grundschemas diskutiert. Die Weiterentwicklungen adressieren im Wesentlichen die Trennschärfe der Diskriminanzfunktion und intendieren damit eine Verbesserung der Prognosegüte, d.h. eine Reduktion von Fehlklassifizierungen.[2]

Bei der Diskriminanzanalyse handelt es sich prüfungstheoretisch gesehen um eine indirekte Datenprüfung in Form einer Plausibilitätsprüfung (‚Verprobung') unter Verwendung von überbetrieblichen Betriebsvergleichsnormen. Für den durchzuführenden Soll-Ist-Vergleich wird ein direkt ermitteltes Ist-Objekt (individueller Diskriminanzwert auf der Basis kreditnehmerbezogener Merkmalsausprägungen) sowie ein indirekt aus empirischen Untersuchungen abgeleitetes Ersatz-Soll-Objekt (repräsentativer Diskriminanzwert auf der Basis der Merkmalsausprägungen einer Gruppe) herangezogen.[3] Die nachfolgende Abbildung zeigt das hierbei (implizit) angewendete prüferische Schlussverfahren:

---

[1] Alternativ können Korridore für die Bildung von Urteilsprädikaten vorgegeben werden.

[2] Die Fehlklassifizierungen können weiter in Alpha-Fehler (ex post betrachtet insolvente Unternehmen, die fälschlicherweise ex ante als potenziell solvent klassifiziert wurden) und Beta-Fehler (ex post betrachtet solvente Unternehmen, die fälschlicherweise ex ante als potenziell insolvent klassifiziert wurden) unterteilt werden; vgl. Oehler, A.; Unser, M.: Finanzwirtschaftliches Risikomanagement, a.a.O., S. 224 passim., Baetge, J.; Baetge, K.; Kruse, A.: Insolvenzgefährdung, Früherkennung, a.a.O., Sp. 1172 ff. Zu den allgemeinen mathematisch-statistischen Anwendungsvoraussetzungen der Diskriminanzanalyse vgl. Baetge, J.; Beuter, H. B.; Feidicker, M.: Kreditwürdigkeitsprüfung mit Diskriminanzanalyse, a.a.O., S. 751 f.

[3] Vgl. Baetge, J.; Niehaus, H.-J.: Moderne Verfahren der Jahresabschlussanalyse, in: J. Baetge (Hrsg.), Bilanzanalyse und Bilanzpolitik, Düsseldorf 1989, S. 160.

Abb. 92: Syllogismus bei multivariaten Diskriminanzanalysen

Majorprämisse:

Im Land L gilt für Unternehmen der Branche B, der Größe G, der Rechtsform R sowie für einen Zeitpunkt ZP im Zeitraum ZR: Wenn $D < 0$ mit $D = a_0 + a_1x_1 - a_2x_2 + a_3x_3 + a_4x_4$ ist, dann tritt mit einer Wahrscheinlichkeit von 95% in den nächsten drei Jahren ein Kreditausfall auf.

Minorprämisse:

Für den potentiellen Kreditnehmer K gilt aktuell: $D < 0$.

(r) ═══════════════════════════════════

Konklusion:

Mit einer Wahrscheinlichkeit von 95% wird in den nächsten drei Jahren ein Kreditausfall bei K auftreten.

Quelle: Eigene Darstellung in Anlehnung an Lenz, H.: Urteilsbegründung bei betriebswirtschaftlichen Prüfungen: Indirekte Prüfungen als statistische Begründung rationaler Erwartungen, in: ZfB, 59. Jg. (1989), S. 1359.

Die Diskriminanzanalyse verwendet Indikatorhypothesen an Stelle von Kausalhypothesen. Es wird daher keine Aussage darüber getroffen, ob die Kreditausfälle tatsächlich durch die wirtschaftlichen Verhältnisse bedingt waren, welche durch die empirisch ermittelten Kennzahlen der Diskriminanzfunktion angezeigt werden („fehlende Inhaltsbestimmung").[1] Ein positives (negatives) Ergebnis kann somit nicht automatisch zum Urteilsprädikat ‚Kreditwürdigkeit' (‚Kreditunwürdigkeit') führen, sondern nur zur Plausibilisierung desselben eingesetzt werden. Daher darf die ‚multivariate Diskriminanzanalyse' nicht per se mit der ‚Kreditwürdigkeitsprüfung' gleichgesetzt werden. Vielmehr ist sie als indirekte Prüfungsmethode nur ein möglicher Bestandteil des Prüfungsprozesses.

Für eine (ausschließliche) Verwendung von empirisch-induktiven Verfahren der Kreditwürdigkeitsprüfung lassen sich die folgenden Argumente aufführen:

- Eine möglicherweise kreditanalystenindividuell variierende Ableitung von Kausalhypothesen wird durch eine ‚objektivierte Erfahrungsbildung' auf der Basis von Indikatorhypothesen substituiert.[2]

---

[1] Es fehlt an einem Erklärungsmodell, dass in einer beobachtbaren und wiederkehrenden empirischen Gesetzmäßigkeit resultiert; vgl. Schneider, D.: Eine Warnung vor Frühwarnsystemen – Statistische Jahresabschlußanalysen als Prognosen zur finanziellen Gefährdung einer Unternehmung? –, in: DB, 38. Jg. (1985), S. 1492 f. Dies erkennen auch die Vertreter der empirisch-induktiven Verfahren an; vgl. Baetge, J.; Niehaus, H.-J.: Moderne Verfahren der Jahresabschlussanalyse, a.a.O., S. 160. Für eine Interpretation von Diskriminanzwerten vgl. Baetge, J.; Beuter, H. B.; Feidicker, M.: Kreditwürdigkeitsprüfung mit Diskriminanzanalyse, a.a.O., S. 753.

[2] Vgl. Gebhard, G.: Die Eignung empirischer Untersuchungen als Grundlage für Kreditwürdigkeitsprüfungen, in: DBW, 41. Jg. (1981), S. 223.

- Eine intersubjektiv variierende Verdichtung von Vor- und Zwischenurteilen zu einem Gesamturteil über die Kreditwürdigkeit eines Kreditnehmers wird ausgeschlossen (‚Standardisierung der Urteilsbildung').

- Die Wirtschaftlichkeit wird insbesondere im Massengeschäft aufgrund eines geringeren Schulungs- und Qualifikationsaufwands der Sachbearbeiter (‚Prüfungssubjekte') erhöht.

Die Vorteile müssen jedoch u.a. vor dem Hintergrund der folgenden Nachteile relativiert werden:

- Es wird unterstellt, dass die in der Vergangenheit beobachteten Indikatoren auch zukünftig gelten, d.h. im Zeitablauf stabil sind (‚Zeitstabilitätshypothese').[1] Die allgemeine Lebenserfahrung, d.h. das Wissen über die Existenz konjunktureller Zyklen, eines technischen Fortschritts, der Möglichkeit externer Schocks und regional divergierender Umfeldbedingungen, steht zu dieser Annahme diametral im Gegensatz.[2]

- Die Indikatorhypothesen werden auf der Basis einer repräsentativen statistischen Grundgesamtheit, d.h. einer ausreichend großen, homogenen und damit vergleichbaren Gruppe von Kreditnehmern ermittelt (‚Homogenitätsbedingung').[3] Diese Voraussetzungen werden im Firmenkundenkreditgeschäft nur bei wenigen Kreditinstituten gegeben sein, so dass die Stichproben bzw. Testgruppen mit insolventen Kreditnehmern häufig entsprechend klein ausfallen.

- Die Verfahren sind nur bedingt einsetzbar im Bereich stark heterogener Teilportfolien mit entsprechend geringen Grundgesamtheiten (im Extremfall: $N = 1$), und damit bislang ungeeignet für den Einsatz in den Bereichen ‚Existenzgründungsfinanzierung', ‚Großkreditgeschäft' und ‚Strukturierte Finanzierungen' sowie insbesondere ‚Projektfinanzierungen im engeren Sinne'.[4]

- Die zugrundeliegende quantitative Datenbasis des Einzelfalls, d.h. das zugrundeliegende Informations- und Abbildungssystem, muss auch bei Anwendung der empirisch-induktiven Verfahren auf der Basis logisch-deduktiver Überlegungen durch den ‚Prüfungsträger' verifiziert und möglicherweise aufbereitet werden.

- Nicht quantifizierbare Merkmalsausprägungen des Kreditnehmers, d.h. qualitative Informationen, können entweder nicht oder nur durch spezielle empirisch-induktive Verfahren (‚Mustererkennung', ‚Clusteranalyse') verarbeitet werden.[5]

---

[1] Vgl. hierzu Baetge, J.; Beuter, H. B.; Feidicker, M.: Kreditwürdigkeitsprüfung mit Diskriminanzanalyse, a.a.O., S. 753.

[2] „...obwohl doch jeder Zusammenbruch insofern einmalig ist, als hierzu eine inhaltlich, umfangmäßig und zeitlich spezifische Konstellation der unterschiedlichsten Unternehmungs- und Umweltfaktoren beigetragen hat." Bieg, H.: Kann der Bankenprüfer die Bonität gewerblicher Bankkreditnehmer beurteilen?, a.a.O., S. 504. Zur Relevanz der gesamtwirtschaftlichen Rahmenbedingungen für das Kreditgeschäft vgl. Gschrey, E.: Kreditwürdigkeitsprüfung und Arbeitsmarkt-/Wirtschaftskrise, a.a.O., S. 4 ff.

[3] Vgl. Strack, H.: Beurteilung des Kreditrisikos – Erweiterung der traditionellen Kreditbewertung durch prognoseorientierte Entscheidungshilfen, 2. Aufl., Berlin 1977, S. 81 f. SCHNEIDER lehnt selbst bei Vorliegen einer ausreichend großen Stichprobe eine empirisch-induktive Insolvenzprognose aufgrund einer fehlenden zugrundeliegenden Gesetzmäßigkeit ab; vgl. Schneider, D.: Eine Warnung vor Frühwarnsystemen – Statistische Jahresabschlußanalysen als Prognosen zur finanziellen Gefährdung einer Unternehmung? –, a.a.O., S. 1494.

[4] Im Hinblick auf Existenzgründungsfinanzierungen und Großkreditgeschäfte vgl. Mrzyk, A. P.: Kreditwürdigkeitsprüfung, in: WISU, 28. Jg. (1999), S. 1469.

[5] Vgl. Fritz, M. G.; Wandel, T.: Qualitatives Kreditrisikomanagement, in: Die Bank, o.Jg. (1991), S. 621 ff. Ausnahmen können dann bestehen, wenn qualitative Merkmale genau zwei Ausprägungen (z.B. ja/nein) annehmen oder eindeutig nominal bzw. kardinal skalierbar sind; vgl. Gebhard, G.: Die Eignung empirischer Untersuchungen als Grundlage für Kreditwürdigkeitsprüfungen, a.a.O., S. 225.

- Für die Prüfungssubjekte (Kreditsachbearbeiter) und die Entscheidungsträger werden die Verarbeitungsalgorithmen der eingesetzten mathematisch-statistischen Verfahren mehrheitlich unsichtbar sein und damit eine ‚Black-Box' darstellen. Als mögliche negative Folgen können sich Akzeptanz-Probleme (z.B. ‚Overruling'), eine Distanzierung von der Arbeit sowie die Delegation der Verantwortlichkeit auf das ‚System' ergeben.[1]

- Der Einsatz von empirisch-induktiven Verfahren erfordert regelmäßig eine adäquate (kostenintensive) EDV-Infrastruktur zur Schaffung einer entsprechenden Datenbasis.

Festzuhalten bleibt, dass die empirisch-induktiven Verfahren zwar Instrumente oder Methoden der Kreditwürdigkeitsprüfung sein können, aber zumindest im mittel- und langfristigen Kreditgeschäft nicht mit der Kreditwürdigkeitsprüfung als solcher gleichgesetzt werden sollten.[2]

4.1.2.1.2.5 Ergebnis der Kreditwürdigkeitsprüfung

Die Verdichtung von Vor- und Zwischenurteilen zu einem abschließenden Prüfungsergebnis über die Bonität eines potenziellen Kreditnehmers respektive einer Kredittransaktion stellt neben der zieladäquaten Auswahl von Prüfungsinstrumenten die zweite methodische Herausforderung bei Kreditwürdigkeitsprüfungen dar. Die theoretischen Möglichkeiten einer Berücksichtigung von quantitativen und qualitativen Normabweichungen bei der Urteilsbildung wurden bereits aus einer allgemeinen prüfungsobjektunabhängigen Perspektive dargestellt (vgl. Abschnitt 4.1.1.2.6), so dass an dieser Stelle an die vorstehenden Ausführungen angeknüpft werden kann. Für die Operationalisierung der Urteilsbildung soll dabei ausgehend vom ‚Grundsatz der Wesentlichkeit' (‚Materiality') insbesondere das Informationsbedürfnis des Urteilsempfängers vor dem Hintergrund seiner konkreten Entscheidungssituation als Leitmotiv dienen. Betrachtet man die Entscheidungsträger auf den einzelnen Kompetenzstufen des institutsinternen Kreditgenehmigungsprozesses als Urteilsadressaten von Kreditwürdigkeitsprüfungen,[3] werden diese Personen – rationales Entscheidungsverhalten vorausgesetzt – sowohl eine Aussage über die grundsätzliche Zweckmäßigkeit einer Kreditvergabe als auch über den Grad der Wirtschaftlichkeit eines konkreten Geschäftes benötigen.[4]

Je nach bankinterner Ausgestaltung der Votierungs- und Genehmigungsprozesse können bei Kreditwürdigkeitsprüfungen ‚**Kollektivurteile**' im Wege von ‚Kreditvorlagen' sowie ‚**Gesamturteile**' in Form von ‚Entscheidungsvorschlägen' ‚(Kreditvoten)' und/oder ‚Risikoklassifizierungen' sowie eventuell daran anknüpfender bankbetrieblicher Steuerungsgrößen abgegeben werden.[5] Dabei be-

---

[1] Vgl. Weibel, P. F.: Die Bonitätsbeurteilung im Kreditgeschäft der Banken, 2. Aufl., Bern, Stuttgart 1978, S. 238 f.

[2] In diesem Sinne wohl auch Baetge, J.; Baetge, K.; Kruse, A.: Insolvenzgefährdung, Früherkennung, a.a.O., Sp. 1178.

[3] Vgl. hierzu die vorstehenden Ausführungen unter Gliederungspunkt 2.3.2.1 Aufbauorganisation, S. 165 ff.

[4] Vgl. hierzu die vorstehenden Ausführungen unter Gliederungspunkt 4.1.2.1.2.2 Prüfungsnormen der Kreditwürdigkeitsprüfung, S. 362 ff.

[5] Vgl. zu den Begrifflichkeiten ‚Entscheidungsvorschlag' und ‚(Kredit) Votum' die vorstehenden Ausführungen unter Gliederungspunkt 2.3.2.1 Aufbauorganisation, S. 165 ff. sowie zu Gesamturteilen in Form von ‚Rating-Noten' und bankbetrieblicher Steuerungsgrößen die nachfolgenden Ausführung unter Gliederungspunkt 4.1.2.2 Kreditrisikomanagement, S. 393 ff. Bei Jahresabschlussprüfungen stellen ‚Prüfungsberichte' die Kollektivurteile und ‚Bestätigungsvermerke' die Gesamturteile dar; vgl. Korndörfer, W.: Einführung in das Prüfungs- und Revisionswesen, a.a.O., S. 100 ff.

steht für den Prüfungsträger die Möglichkeit, im Rahmen von Kollektivurteilen gesondert über wesentliche Vor- und Zwischenurteile zu berichten, die möglicherweise in einem qualitativen Gesamturteil unerwähnt bleiben bzw. sich bei der Bildung eines quantitativen Gesamturteils gegenseitig aufheben.[1] Das im Rahmen einer ‚Kreditvorlage' abzugebende Kollektivurteil kann daher auch als mehrdimensionales Qualitätsurteil charakterisiert werden. Anderes gilt für die Gesamturteile: ‚Entscheidungsvorschläge' (‚Kreditvoten') beinhalten eine Aussage über die grundsätzliche Zweckmäßigkeit eines Kreditgeschäftes, d.h. explizit oder implizit über die ‚Kreditwürdigkeit' respektive ‚Kreditunwürdigkeit', und stellen insoweit nominalskalierte ‚**Alternativurteile**' dar.[2] ‚Risikoklassifizierungen' (‚Kredit-Scores', ‚Rating-Noten') erlauben eine Angabe der Merkmalsintensität ‚Kreditwürdigkeit' auf der Basis von reellen Zahlen, so dass die Bildung kardinalskalierter ‚**Quantitätsurteile**' und damit eine Vergleichbarkeit von mehreren kreditwürdigen Kreditgeschäften ermöglicht wird.[3] Für Zwecke der Veranschaulichung bzw. der besseren Vergleichbarkeit werden kardinalskalierte ‚Kredit-Scores' bzw. ‚Rating-Noten' regelmäßig in ordinalskalierte ‚**Gradurteile**' (‚**Rangurteile**') überführt, welche einzelnen Intervallen der Kardinalskala Begriffe oder Bezeichnungen zuordnen.[4] Die nachfolgende Abbildung zeigt die möglichen Urteilsübermittlungsformen bei Kreditwürdigkeitsprüfungen:

---

[1] In diesem Sinne auch die Bankenaufsicht, wenn sie fordert: „*Diese Mitarbeiter haben zu den einzelnen Sachverhalten in der Kreditvorlage eigenständig und unabhängig Stellung zu nehmen*"; vgl. BaFin: Mindestanforderungen an das Kreditgeschäft der Kreditinstitute, Rundschreiben 34/2002, Tz. 38.

[2] Weitere denkbare Alternativurteile sind z.B. falsch/richtig, wahr/unwahr, ja/nein etc.; vgl. Buchner, R.: Wirtschaftliches Prüfungswesen, a.a.O., S. 242.

[3] Ein kardinalskaliertes Quantitätsurteil könnte z.B. wie folgt lauten: „*Auf einer Skala von 0,00 bis 20,00 Punkten erreicht das beantragte Kreditgeschäft eine Rating-Note von 14,37 Punkten.*" Zu Quantitätsurteilen; vgl. Buchner, R.: Wirtschaftliches Prüfungswesen, a.a.O., S. 242.

[4] Vgl. hierzu die Rating-Skalen der international tätigen Rating-Agenturen STANDARD & POOR'S, MOODY'S INVESTOR SERVICE und FITCH IBCA, die auf der Basis von alphabetischen oder alphanumerischen Bezeichnungen traditionell ordinal eingeteilt werden, zwischenzeitlich aber kardinalskalierte Ausfallwahrscheinlichkeiten implizieren; vgl. hierzu die nachfolgenden Ausführungen unter Gliederungspunkt 4.1.2.2 Kreditrisikomanagement, S. 393 ff. Bekannte ordinalskalierte Gradurteile sind Schulnoten (sehr gut, gut, befriedigend etc.); vgl. Buchner, R.: Wirtschaftliches Prüfungswesen, a.a.O., S. 242, Wysocki, K. v.: Grundlagen des betriebswirtschaftlichen Prüfungswesens: Prüfungsordnungen, Prüfungsorgane, Prüfungsverfahren, Prüfungsplanung und Prüfungsbericht, a.a.O., S. 150 ff.

Abb. 93: Urteilsübermittlung bei Kreditwürdigkeitsprüfungen

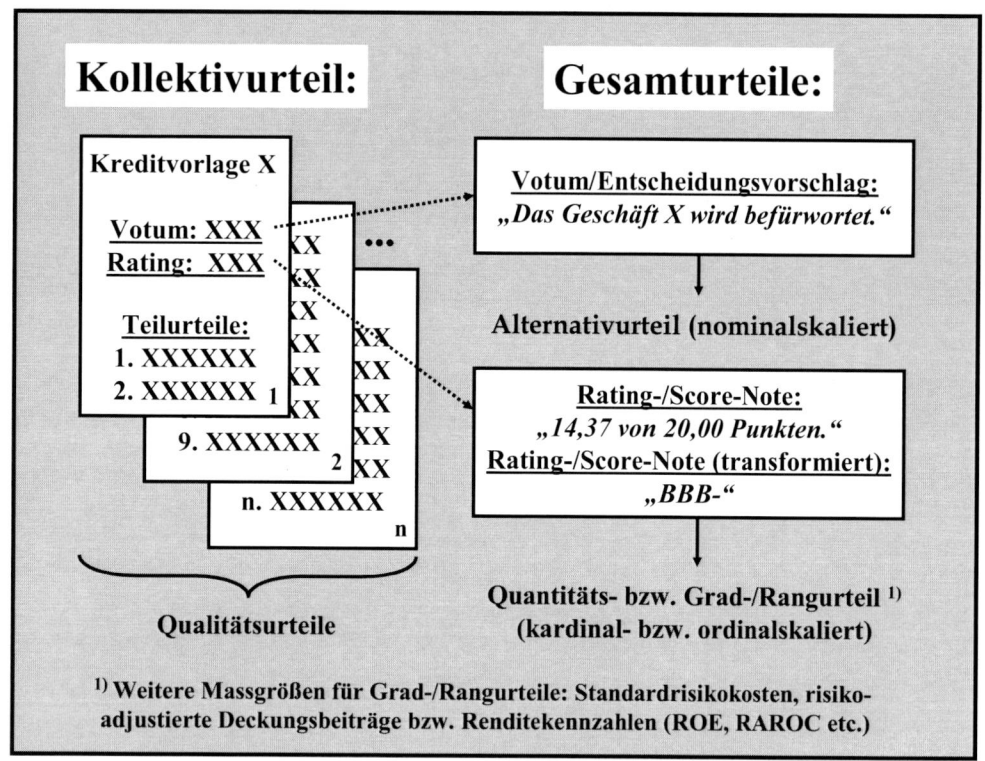

```
┌─────────────────────────────────────────────────────────────────────┐
│   Kollektivurteil:              Gesamturteile:                       │
│                                                                       │
│   ┌─────────────────┐          ┌──────────────────────────────┐     │
│   │ Kreditvorlage X │          │ Votum/Entscheidungsvorschlag:│     │
│   │                 │ ········>│ „Das Geschäft X wird         │     │
│   │ Votum: XXX      │          │   befürwortet."              │     │
│   │ Rating: XXX     │          └──────────────────────────────┘     │
│   │                 │                      │                         │
│   │ Teilurteile:    │          Alternativurteil (nominalskaliert)    │
│   │ 1. XXXXXX       │                                                │
│   │ 2. XXXXXX       │          ┌──────────────────────────────┐     │
│   │    ...          │ ········>│ Rating-/Score-Note:          │     │
│   │ 9. XXXXXX       │          │ „14,37 von 20,00 Punkten."   │     │
│   │ n. XXXXXX       │          │ Rating-/Score-Note           │     │
│   └─────────────────┘          │   (transformiert): „BBB-"    │     │
│                                 └──────────────────────────────┘     │
│          ⎫                                  │                        │
│   Qualitätsurteile              Quantitäts- bzw. Grad-/Rangurteil ¹)│
│                                 (kardinal- bzw. ordinalskaliert)     │
│                                                                       │
│   ¹⁾ Weitere Massgrößen für Grad-/Rangurteile: Standardrisikokosten,│
│      risikoadjustierte Deckungsbeiträge bzw. Renditekennzahlen       │
│      (ROE, RAROC etc.)                                                │
└─────────────────────────────────────────────────────────────────────┘
```

Quelle: Eigene Darstellung

Aufgrund der Darstellungsform besteht bei ‚Kollektivurteilen' keine Notwendigkeit zu einer Synthese einzelner Teilurteile. Dagegen impliziert die Ableitung von ‚Gesamturteilen' in Form von Alternativ- und Gradurteilen die Verdichtung von Vor- und Zwischenurteilen, welche in Abhängigkeit vom eingesetzten Prüfungsinstrumentarium die Gefahr einer intersubjektiv variierenden Urteilsbildung bergen kann.[1] Regelmäßig wird daher das Prüfungsergebnis auf der Basis von institutsindividuell standardisierten ‚Risikoklassifizierungsverfahren' mit kardinal- und/oder ordinalskalierten Rangurteilen ermittelt.[2] Darauf aufbauend kann eine Bestimmung des nominalskalierten Alternativurteils erfolgen, wobei für das Urteilsprädikat ‚kreditwürdig' eine ex ante definierte Mindestmerkmalsausprägung auf der Beurteilungsskala erreicht werden muss (‚Grenzwert').[3] Die Festlegung eines derartigen Schwellenwertes sowie die generelle Urteilsverdichtung im Rahmen des Risikoklassifizierungsverfahrens kann auf der Basis von subjektiv postulierten Kausalhypothesen oder empirisch abgeleiteten Indikatorhypothesen erfolgen:

- **Subjektive Punktebewertungsverfahren**

    Bei einem Punktebewertungsverfahren (‚Kredit-Scoring', ‚Nutzwertanalyse') handelt es sich um eine Methode zur Bildung eines Gesamturteils, bei der sowohl qualitative als auch quanti-

---

[1] Vgl. hierzu die vorstehenden Ausführungen unter Gliederungspunkt 4.1.2.1.2.4.2 Methoden der Kreditwürdigkeitsprüfung, S. 373 ff. „In vielen Fällen ist dabei festzustellen, dss das Votum nicht widerspruchsfrei aus den verfügbaren Informationen abgeleitet ist oder – im schlimmsten Fall – nicht objektiv ist." Kütter, G.: Anforderungen an das Management bankbetrieblicher Kreditrisiken aus Sicht der Wirtschaftsprüfung, in: U. G. Baxmann, Kreditrisikomanagement im Bankwesen, Frankfurt a.M. 2001, S. 90.

[2] Die Verwendung derartiger Risikoklassifizierungsverfahren wird auch durch die Bankenaufsicht gefordert; vgl. BaFin: Mindestanforderungen an das Kreditgeschäft der Kreditinstitute, Rundschreiben 34/2002, Tz. 41 u. 67 ff.

[3] Vgl. Hauschildt, J.; Leker, J.: Kreditwürdigkeitsprüfung (inkl. Automatisierte), a.a.O., Sp. 1460.

tative Teilurteile durch Transformation in eine gleiche Beurteilungsdimension, dem ‚Nutzen', vergleichbar gemacht werden sollen.[1] Die Präferenz(teil)urteile eines Entscheidungsträgers werden dabei zu Ziel- bzw. Ergebnisnormen erhoben, so dass der Gesamt-Score als seine individuelle Präferenzfunktion interpretiert werden kann:[2]

Gesamtnutzenfunktion der Nutzwertanalyse

$$N(a) = \sum_{i=1}^{n} g_i * n_i(a_i)$$

mit:

$N(a)$	=	Gesamtnutzen der Alternative a
n	=	Anzahl der Ziele
a_i	=	Beitrag der Alternative a zur Erreichung des Ziels i
$n_i(a_i)$	=	Teilnutzen des Ziels i bei der Alternative a
g_i	=	Gewichtung des Ziels i

Punktebewertungsverfahren verhindern eine intuitiv-zufällige und damit sowohl intrasubjektiv als auch intersubjektiv variierende Urteilsverdichtung von Teilergebnissen der Kreditwürdigkeitsprüfung durch Objektivierung der Urteils<u>bildung</u> (‚prozedurale Rationalität').[3] Da nur eine individuelle Gesamtnutzenfunktion abgebildet wird, bleibt das Urteil des Kredit-Scoring selbst jedoch subjektiv. Die Gewichtung der einzelnen Teilurteile sowie die Interpretation des Gesamtergebnisses erfolgen auf der Basis von unterstellten, aber nicht empirisch belegten Kausalhypothesen des Entscheidungsträgers. Die Ermittlung eines objektiv richtigen Ergebnisses wäre daher zufälliger Natur und darf insoweit nicht unterstellt werden.

- **Statistisch-objektiviertes Rating**

Das vorstehend skizzierte Verfahren des ‚Kredit-Scoring' kann zu einem ‚statistisch-objektivierten Rating' weiterentwickelt werden, wenn sowohl die Auswahl der zu verarbeitenden Teilurteile als auch deren Gewichtung auf der Basis einer empirischen Auswertung von historischen Datenreihen erfolgt.[4] Zielsetzung einer derartigen ‚Kalibrierung' ist eine möglichst trennscharfe Zuordnung von einzelnen Engagements zu ordinal skalierten Rating-

---

[1] Vgl. Weber, M.; Krahnen, J. P.; Weber, A.: Scoring-Verfahren – häufige Anwendungsfehler und ihre Vermeidung, in: DB 48. Jg. (1995), S. 1621 sowie Lackes, R.: Die Nutzwertanalyse zur Beurteilung qualitativer Investitionseigenschaften, in: WISU, 17. Jg. (1988), S. 385 ff. Teilweise wird der Terminus technicus ‚Kredit-Scoring' im Zusammenhang mit der Kreditwürdigkeitsprüfung von Konsumentenkrediten oder Kreditversicherungen (‚Massengeschäft') benutzt, wobei der Begriff hier regelmäßig ein statistisch-objektiviertes Rating impliziert; vgl. Büschgen, H.-E.: Kreditprüfung, in: HWRev, a.a.O., Sp. 1151, Hauschildt, J.; Leker, J.: Kreditwürdigkeitsprüfung (inkl. Automatisierte), a.a.O., Sp. 1469. Teilweise wird im Schrifttum die Bezeichnung ‚Rating' für nutzwertbasierte Punktebewertungsverfahren verwendet; vgl. Grunwald, E.; Grunwald, S.: Bonitätsanalyse im Firmenkundengeschäft, a.a.O, S. 261 ff.

[2] Zum technischen Aufbau sowie den prozessualen Anwendungsvoraussetzungen von Punktebewertungsverfahren vgl. Weber, M.; Krahnen, J. P.; Weber, A.: Scoring-Verfahren – häufige Anwendungsfehler und ihre Vermeidung, in: DB 48. Jg. (1995), S. 1621.

[3] Vgl. Büschgen, H.-E.: Kreditprüfung, in: HWRP, a.a.O., Sp. 1417; Weber, M.; Krahnen, J. P.; Weber, A.: Scoring-Verfahren – häufige Anwendungsfehler und ihre Vermeidung, in: DB 48. Jg. (1995), S. 1621, Baetge, J.; Baetge, K.; Kruse, A.: Insolvenzgefährdung, Früherkennung, a.a.O., Sp. 1166.

[4] Vgl. Weinrich, G.: Kreditwürdigkeitsprognosen: Steuerung des Kreditgeschäftes durch Risikoklassen, a.a.O., S. 27 passim., Weinrich, G.; Jacobs, J.: Elemente eine betriebswirtschaftlich orientierten Ratings im Rahmen von Basel II, in: Die Bank, o.Jg. (2003), S. 114 ff.

Klassen, denen jeweils eine korrespondierende Ausfallwahrscheinlichkeit (‚Probability of Default') zugeordnet ist. Ein derartig ‚statistisch-objektiviertes Rating' impliziert einen Repräsentationsschluss, welcher bei einem Neugeschäft nicht als absolutes Urteil, sondern als gruppenbezogene Prognose (‚Indikatorhypothesen') zu interpretieren ist.[1] Durch die Ausfallwahrscheinlichkeit allein kann noch keine Aussage über die Höhe des erwarteten Verlustes (‚Expected Loss') getroffen werden, da hierfür weitere Annahmen bzw. Schätzungen über die Höhe des Engagements zum Ausfallzeitpunkt (‚Exposure at Default') sowie über die aufgrund von Sicherheitenverwertung und/oder Restrukturierungsmaßnahmen erwartete Wiedereinbringungsrate (‚Recovery Rate') erforderlich sind.[2] Zudem erweist sich die Ermittlung eines ‚statistisch-objektivierten Rating' insbesondere bei heterogenen Teilportfolien mit geringen Grundgesamtheiten (Kreditnehmer bzw. Transaktionen) sowie auch bei langen Transaktionslaufzeiten als problematisch.[3]

- **Simulationsbasiertes Rating**

Eine Sonderform der Urteilsverdichtung bei finanzplanorientierten Verfahren der Kreditwürdigkeitsprüfung stellt das ‚simulationsbasierte Rating' dar, welches die durch die Verarbeitungsalgorithmen der modellgestützten Finanzplanung repräsentierten logisch-deduktiven Kausalhypothesen um eine stochastische Simulation für unsichere Variablen (mehrwertige Daten) erweitert.[4] Bei einem ‚vollständigen Simulationsmodell' werden auf der Basis historisch beobachteter oder subjektiv geschätzter Volatilitäten <u>alle</u> Risikotreiber (z.B. technische Ausbringungsmengen, Absatzpreise, Absatzmengen, Zinssätze, Wechselkurse, Inflationsraten etc.) und damit mögliche Cashflow-Szenarien auf der Basis von Zufallszahlen modelliert (‚**Monte-Carlo-Simulation**', ‚**Historische Simulation**').[5] Das Ergebnis ist eine kardinalskalierte Rating-Note in Form einer bereits kalibrierten Ausfallwahrscheinlichkeit, welche aus den Ergebnissen aller Simulationsläufe abgeleitet wird:

<u>Ausfallwahrscheinlichkeit bei simulationsbasiertem Rating</u>

$$PD = \frac{l}{L}$$

mit:

PD	=	*Probability of Default (Ausfallwahrscheinlichkeit)*
l	=	*Anzahl der Simulationsläufe, bei denen eine Schuldendienstunterdeckung auftritt*
L	=	*Gesamtzahl der Simulationsläufe*

---

[1] Beispielsweise bedeutet eine Ein-Jahres-Ausfallwahrscheinlichkeit von X % für die Rating-Klasse Y, dass bei X % der Y zugeordneten Kreditnehmer innerhalb eines Jahres ein Ausfallereignis eintritt.

[2] Vgl. hierzu im Detail die nachfolgenden Ausführungen unter Gliederungspunkt 4.1.2.2 Kreditrisikomanagement, S. 393 ff.

[3] Dies gilt insbesondere auch für den Untersuchungsgegenstand ‚Projektfinanzierung im engeren Sinne'; vgl. Beale, C.; Chatain, M.; Fox, N. u.a.: Credit Attributes of Project Finance, in: JSPF, 8. Jg. (2002), Nr. 3, S. 5 ff.

[4] Vgl. hierzu die vorstehenden Ausführungen unter Gliederungspunkt 2.2.4.3.4.3 Simulationsbasierte Risikoanalysen, S. 152 ff.

[5] Vgl. exemplarisch Prätsch, J.: Langfristige Finanzplanung und Simulationsmodelle: Methodologische Grundlegung sowie Beurteilung der Eignung der Simulation für die langfristige Finanzplanungspraxis, a.a.O., S. 57 f., Sell, A.: Investitionen in Entwicklungsländern: Einzel- und gesamtwirtschaftliche Analysen, a.a.O., S. 148, Dombret, A. R.; Thiede, J.: Risikomanagement in Kreditinstituten, in: HWF, 3. Aufl., Stuttgart 2001, Sp. 1859.

Die ‚**vollständige Simulation**' setzt voraus, dass alle im Rahmen der qualitativen Risikoanalyse identifizierten Risiken quantitativ dargestellt und qualitative Faktoren vernachlässigt werden können. Zudem sollten die Volatilitäten der Risikotreiber zwecks Objektivierung der Ergebnisse – soweit möglich – nicht subjektiv geschätzt, sondern aus historischen Datenreihen abgeleitet werden. Alternativ kann auch eine ‚**partielle Simulation**' durchgeführt werden, bei der ausgewählte Variablen – wie vorstehend skizziert – stochastisch modelliert werden. Die hierbei erzielten vorläufigen Ergebnisse werden durch Integration von (Ausfall-) Wahrscheinlichkeiten für qualitative und/oder nicht simulierbare quantitative Risiken modifiziert. Neben methodischen Schwierigkeiten bei der Zusammenführung zu einem Gesamtergebnis stellt sich hierbei jedoch das Problem, dass nur in Ausnahmefällen (interne) Datenhistorien für die Gewinnung entsprechender Erwartungswerte vorliegen dürften.[1]

Ein simulationsbasiertes Rating kann auch für individuelle Kredittransaktionen erstellt werden. Aufgrund der involvierten Entwicklungs- und Anwendungskosten respektive der erforderlichen zeitlichen und personellen Ressourcen dürften Implementierung und Einsatz im bankbetrieblichen Alltag jedoch nur in standardisierter Form und bei ausreichend großen und homogenen Produktfeldern mit generischen Risiken sinnvoll sein.[2]

Bei der vorstehenden Darstellung von Formen der Urteilsübermittlung bzw. Urteilsverdichtung wurde bislang implizit unterstellt, dass die herangezogene Informationsbasis in qualitativer und quantitativer Hinsicht ein vertrauenswürdiges Urteil ermöglicht. Für die Generierung von hinreichend sicheren sowie konsistenten Alternativ- und/oder Gradurteilen wird jedoch ein kreditartenindividueller Mindeststandard für die im Rahmen der Kreditwürdigkeitsprüfung zu verarbeitenden Unterlagen sicherzustellen sein. Eine Beurteilung der Informationsbasis auf ihre Vertrauenswürdigkeit sollte insoweit vor der Ableitung von Kollektiv- und/oder Gesamturteilen erfolgen. Dies impliziert eine Zweistufigkeit des Prüfungsergebnisses:

- **Konformität des Prüfungsobjektes mit allgemeinen ‚ethischen Normen'**

    Zunächst ist ein Urteil darüber abzugeben, ob wesentliche, d.h. die Aussagefähigkeit der Informationsbasis in Frage stellende, Fehler in den vorgelegten Unterlagen existieren. Hierdurch wird der Ordnungsmäßigkeitsaspekt der Kreditwürdigkeitsprüfung adressiert, welcher sich explizit aus den aufsichtsrechtlichen Vorgaben des § 18 Satz 1 KWG sowie implizit aus anzulegenden allgemeinverbindlichen und nicht unternehmensbezogenen ‚ethischen Normen' ergibt.[3] Nicht korrigierbare Fehler resultieren in einer unzuverlässigen Datengrundlage, aus der sich wiederum keine vertrauenswürdigen Kollektiv-, Alternativ- oder Gradurteile ableiten lassen. Nur bei Konformität des Prüfungsobjektes mit den zugrundezulegenden Prüfungsnormen darf der zweite Urteilsbildungsschritt eingeleitet werden.

---

[1] Dies dürfte zumindest dann gelten, wenn man die Heterogenität und den absoluten Umfang der Bankleistungsarten (u.a. Projektfinanzierungen im engeren Sinne, Akquisitionsfinanzierungen und Objektfinanzierungen) betrachtet, bei denen eine finanzplanorientierte Kreditwürdigkeitsprüfung möglich ist bzw. im Regelfall durchgeführt wird.

[2] Simulationsbasierte Rating-Verfahren eignen sich u.a. für Objektfinanzierungen (Schiffe, Flugzeuge, gewerbliche Immobilien), bei denen insbesondere auf Zeitreihen für Charter-, Fracht- und Mietraten sowie Auslastungszahlen als relevante quantitative Risikotreiber zurückgegriffen werden kann, sowie für ausgewählte Segmente von Projektfinanzierungen (Windenergie).

[3] Vgl. hierzu nochmals die vorstehenden Ausführungen unter Gliederungspunkt 4.1.2.1.2.2 Prüfungsnormen der Kreditwürdigkeitsprüfung, S. 362 ff. sowie insbesondere Abb. 89: Normenspektren im Kreditgeschäft, S. 363.

- **Konformität des Prüfungsobjektes mit individuellen Zielnormen**

    In einem zweiten Schritt ist zu prüfen, ob die auf der Grundlage eines ordnungsmäßigen Abbildungssystems ermittelten Ergebnisgrößen den unternehmensindividuell festgelegten gesollten Ziel- und Ergebnisnormen entsprechen. Erst durch derart abgeleitete Teil-, Kollektiv-, Alternativ- und Gradurteile kann ein abschließendes Urteil über die grundsätzliche Zweckmäßigkeit einer Kreditvergabe als auch über den Grad der Wirtschaftlichkeit getroffen werden, welches zudem weitere portfolioübergreifende Gesichtspunkte umfassen kann.[1]

4.1.2.2 Abgrenzung zum Kreditrisikomanagement

4.1.2.2.1 Zum Erfordernis eines Managements von Kreditrisiken

Das Herauslegen eines Kredites impliziert das Eingehen von Risiken in verschiedenen Erscheinungsformen, von denen die vorstehend diskutierte potenzielle Unfähigkeit des Kreditnehmers zur Bedienung des Schuldendienstes (‚Ausfallrisiko') nur eine Ausprägungsform darstellt.[2] Bei einem sehr weit gefassten Begriffsverständnis kann vielmehr jedwede Unsicherheit, die einem Kreditinstitut durch das Betreiben von bankmäßigen Kreditgeschäften entsteht, unter dem Begriff ‚Kreditrisiko' subsumiert werden.[3] Je nach Perspektive des Betrachters lassen sich daher neben dem Ausfallrisiko alle oder einige der folgenden „Risiken" als mögliche weitere bankseitige Kreditrisiken qualifizieren:[4]

---

[1] Vgl. hierzu Abb. 70: Aufsichtsrechtliche Dimensionen des Begriffes ‚Kreditwürdigkeit', S. 295 sowie die korrespondierenden Ausführungen.

[2] Vgl. hierzu die Ausführungen unter Gliederungspunkt 4.1.2.1.2.1 Prüfungsobjekt ‚Kreditwürdigkeit', S. 360 ff. Das bei Handelsgeschäften als spezielle Ausprägungsform des Ausfallrisikos auftretende ‚Kontrahentenrisiko', d.h. die Gefahr des Ausfalls eines Kontraktpartners sowie der daraus resultierenden Notwendigkeit zur Eindeckung bei einem anderen Marktteilnehmer, wird nachfolgend nicht weiter betrachtet; vgl. Krumnow, J.: Risikomanagement bei Kreditinstituten, in: HWRP, 3. Aufl., Stuttgart 2002, Sp. 2047.

[3] Insoweit wird hier der Begriff ‚Risiko' nicht im entscheidungstheoretischen Sinne, sondern umgangssprachlich und somit auch für nicht durch Beilegung einer Wahrscheinlichkeitsverteilung quantifizierbare ‚Unsicherheiten', d.h. für ‚Ungewissheiten', verwendet; vgl. hierzu auch die grundsätzlichen Ausführungen zum Risikobegriff unter Gliederungspunkt 2.2.4 Projektbezogene Risikoanalyse, S. 139 ff.

[4] Im Schrifttum werden die Darstellungen der möglichen Risiken von Kreditgeschäften regelmäßig unterschiedlich gegliedert; vgl. hierzu Strack, H.: Beurteilung des Kreditrisikos – Erweiterung der traditionellen Kreditbewertung durch prognoseorientierte Entscheidungshilfen, a.a.O., S. 23 m.w.N., Priewasser, E.: Bankbetriebslehre, 7. Aufl., München, Wien 2001, S. 210 f., Büschgen, H.-E.: Bankbetriebslehre: Bankgeschäfte und Bankmanagement, a.a.O., S. 920 ff., Hein, M.: Einführung in die Bankbetriebslehre, a.a.O., S. 172 f., Eilenberger, G.: Bankbetriebswirtschaftslehre, a.a.O., S. 209.

Abb. 94: Systematisierung bankseitiger Kreditrisiken im weitesten Sinne

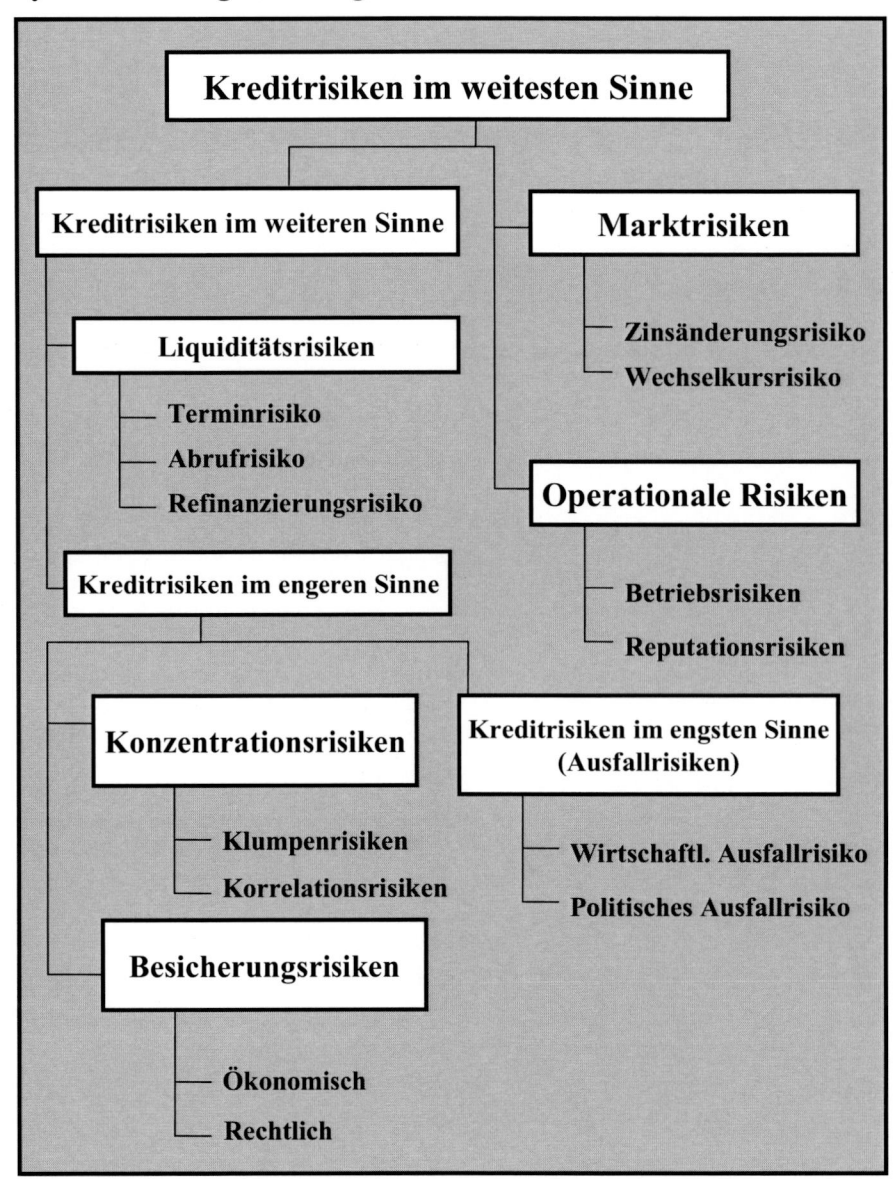

```
                    Kreditrisiken im weitesten Sinne
                    ┌──────────────┴──────────────┐
        Kreditrisiken im weiteren Sinne       Marktrisiken
                                                ├─ Zinsänderungsrisiko
            ├─ Liquiditätsrisiken               └─ Wechselkursrisiko
            │    ├─ Terminrisiko
            │    ├─ Abrufrisiko              Operationale Risiken
            │    └─ Refinanzierungsrisiko       ├─ Betriebsrisiken
            │                                   └─ Reputationsrisiken
            └─ Kreditrisiken im engeren Sinne
                 ├─ Konzentrationsrisiken    Kreditrisiken im engsten Sinne
                 │    ├─ Klumpenrisiken              (Ausfallrisiken)
                 │    └─ Korrelationsrisiken    ├─ Wirtschaftl. Ausfallrisiko
                 └─ Besicherungsrisiken         └─ Politisches Ausfallrisiko
                      ├─ Ökonomisch
                      └─ Rechtlich
```

Quelle: Eigene Darstellung[1]

Die nachfolgende Tabelle beinhaltet kurze deskriptive Definitionen von einzelnen möglichen bankseitigen Kreditrisiken:

---

[1] Zur Vermeidung vom Missverständnissen sei darauf hingewiesen, dass die Abbildung ausschließlich bankbezogene Kreditrisiken adressiert. Teilweise werden namensgleiche, aber inhaltsverschiedene Risiken („z.B. Refinanzierungsrisiko', ‚Zinsänderungsrisiko', ‚Wechselkursrisiko') auf der Transaktionsebene von ‚Projektfinanzierungen im engeren Sinne' beschrieben. Vgl. hierzu Tab. 13: Generische Risikostruktur von ‚Projektfinanzierungen i.e.S.', S. 145 ff.

Tab. 22: **Deskriptive Definition bankseitiger Kreditrisiken**

Risiko	Inhalt
Ausfallrisiken	
Wirtschaftliches Ausfallrisiko	Wirtschaftlich begründete Unfähigkeit des Kreditnehmers zur termin- und betragsgerechten Leistung des Schuldendienstes
Politisches Ausfallrisiko	Politisch begründete Unfähigkeit zur termin- und betragsgerechten Leistung des Schuldendienstes (z.B. KTZM-Risiken, Enteignungsrisiko)
Konzentrationsrisiken	
Klumpenrisiko	Unzureichende adressenbezogene, sektorale und /oder regionale Streuung der Kreditengagements
Korrelationsrisiko	Statist. gemessene, Korrelation von Risikotreibern im Kreditportfolio
Besicherungsrisiken	
Ökonomisch	Falsch taxierte eingeräumte Sicherheiten bzw. Verfall ihrer Werthaltigkeit
Rechtlich	Unzureichende Dokumentation der Besicherung bzw. Unmöglichkeit der Durchsetzung von Ansprüchen im Verwertungsfall
Liquiditätsrisiken	
Terminrisiko	Erhöhung der durchschnittlichen Kreditlaufzeit (Kapitalbindungsdauer) aufgrund eines Abweichens vom ursprünglichen Tilgungsplan
Abrufrisiko	Unerwartete bzw. nicht antizipierte Inanspruchnahme von Kreditlinien (z.B. Betriebsmittellinien, Reservelinien)
Refinanzierungsrisiko	Unmöglichkeit einer fristenkongruenten Refinanzierung von gewährten/ausgezahlten Kreditmitteln, d.h. Auseinanderfallen der Kapitalbindungsfristen von Kreditforderungen (Aktivseite) und Verbindlichkeiten (Passivseite)
Marktrisiken	
Zinsänderungsrisiko	Festzinsrisiko: Offene Festzinspositionen aufgrund des Auseinanderfallens von Festzinsblöcken auf der Aktiv- und Passivseite. Variables Zinsänderungsrisiko: Refinanzierung von voll zinsreagiblen Aktiva mit nur teilweise zinsreagiblen Passiva.
Wechselkursrisiko	Bei Auseinanderfallen von Kredit- und Refinanzierungswährung variieren die Zahlungsströme in Abhängigkeit vom Wechselkurs. Bei Zusammenfallen von Kredit- und Refinanzierungswährung variieren die Nettozinserträge in Abhängigkeit vom Wechselkurs.
Operationale Risiken	
Betriebsrisiken	Fehler bei der technisch-organisatorischen Abwicklung des Kreditgeschäftes (z.B. Ausfall der Datenverarbeitung und von Kommunikationswegen, hoher Krankheitsstand, Personalfluktuation), Auftreten doloser Handlungen (z.B. Geldwäsche, Unterschlagungen, Kreditbetrug) sowie unerwartete Erhöhung der Administrationskosten
Reputationsrisiken	Teilnahme an Kredittransaktionen, aus denen eine negative Öffentlichkeitswirksamkeit erwachsen kann (z.B. Kreditgewährungen an totalitäre Staaten, Finanzierung von ökologisch fragwürdigen Projekten)

Quelle: Eigene Darstellung

Die vorstehend skizzierten Risiken, insbesondere die Liquiditäts-, Markt- und operationalen Risiken, treten nicht ausschließlich im Zusammenhang mit der Gewährung von Krediten auf, sondern können auch inhärenter Bestandteil anderer Bankgeschäfte sein.[1] Weiterhin existieren in unterschiedlichen Geschäftsbereichen Risikoabsorptionspotenziale, welche sowohl geschäftsfeldinterne als auch geschäftsfeldexterne Risiken ausgleichen können. Insofern ergibt sich die betriebswirtschaftliche Erfordernis zu einem bankübergreifenden ‚**Risikomanagement**' (‚Risk Management', ‚Risikopolitik'), wobei hierunter „*...sämtliche Maßnahmen zur planmäßigen und zielgerichteten Analyse, Beeinflussung (Steuerung) und Kontrolle der Risikopositionen*"[2] verstanden werden können.[3] Die Zielsetzungen des Risikomanagements liegen insbesondere in der Sicherung der Existenz und des Erfolges, wobei letzterer eine Minimierung der institutsseitig zu tragenden Risikokosten impliziert.[4]

Die Notwendigkeit, ein bankübergreifendes Risikomanagementsystem zu etablieren, wird zudem vom Gesetzgeber in der aufsichtsrechtlichen Norm des § 25 a Abs. 1 Nr. 1 Hs. 1 KWG herausgestellt, welche von den Instituten „*...geeignete Regelungen zur Steuerung, Überwachung und Kontrolle der Risiken...*" fordert.[5]

4.1.2.2.2 Prozessphasen und korrespondierende Maßnahmen

Der Prozess des Risikomanagements im Kreditgeschäft kann nach zeitlichen bzw. sachlogischen Kriterien in verschiedene (idealtypische) Phasen mit korrespondierenden Maßnahmen gegliedert werden:

---

[1] Vgl. zu möglichen Erscheinungsformen von Bankgeschäften die vorstehenden Ausführungen unter Gliederungspunkt 3.1.2.1.1 Zum Begriff ‚Kreditinstitut', S. 199 ff. KRUMNOW postuliert in diesem Zusammenhang: „*Weite Teile der bankbetrieblichen Geschäfte sind als Risikomanagement zu verstehen.*" Krumnow, J.: Risikomanagement bei Kreditinstituten, a.a.O., Sp. 2048. Zum ‚operationalen Risiko' vgl. Füser, K.; Rödel, K.; Kang, D.: Identifizierung und Quantifizierung von „Operational Risk", in: Finanz Betrieb, 4. Jg. (2002), S. 495 ff.

[2] Schulte, M.: Bank-Controlling II: Risikopolitik in Kreditinstituten, a.a.O., S. 13.

[3] Vgl. zum Begriff des ‚Risk Management' auch Karten, W.: Risk Management, in: HWB, 5. Aufl., Stuttgart 1993, Sp. 3825.

[4] Vgl Dombret, A. R.; Thiede, J.: Risikomanagement in Kreditinstituten, a.a.O., Sp. 1856.

[5] Vgl. hierzu ausführlich Braun, U.: § 25 a Besondere organisatorische Pflichten von Instituten, a.a.O., S. 658 ff., Tz. 20 ff. Kütter, G.: Anforderungen an das Management bankbetrieblicher Kreditrisiken aus Sicht der Wirtschaftsprüfung, a.a.O., S. 91 ff. Die Vorschrift des § 25 a Nr. 1 KWG postuliert Anforderungen an die Kreditwirtschaft, die teilweise mit Umsetzung des KonTraG branchenübergreifend auf alle Aktiengesellschaften und implizit auf weitere Rechtsformen (GmbH, KGaA) ausgedehnt wurden. Der § 91 Abs. 2 AktG fordert: „*Der Vorstand hat geeignete Maßnahmen zu treffen, insbesondere ein Überwachungssystem einzurichten, damit den Fortbestand der Unternehmung gefährdende Entwicklungen früh erkannt werden.*" Die Vorschrift wird im Schrifttum dahingehend ausgelegt, dass kein vollständiges Risikomanagementsystem, sondern nur ein Risikofrüherkennungssystem von den Normadressaten einzurichten ist; vgl. Oehler, A.; Unser, M.: Finanzwirtschaftliches Risikomanagement, a.a.O., S. 2. Vgl. auch Kromschröder, B.; Lück, W.: Grundsätze risikoorientierter Unternehmensüberwachung, in: DB, 51. Jg. (1998), S. 1573 ff., Hornung, K.; Reichmann, T.; Diederichs, M.: Risikomanagement – Teil I: Konzeptionelle Ansätze zur pragmatischen Realisierung gesetzlicher Anforderungen, in: Controlling, 11. Jg. (1999), S. 317 ff., Bitz, H.: Risikomanagement nach KonTraG: Einrichtung von Frühwarnsystemen zur Effizienzsteigerung und zur Vermeidung persönlicher Haftung, Stuttgart 2000, S. 1 ff., Keitsch, D.: Risikomanagement, Stuttgart 2000, S. 1 ff., Graf, W.: Neue Strafbarkeitsrisiken für den Wirtschaftsprüfer durch das KonTraG, in: BB, 56. Jg. (2001), S. 562 ff., Brebeck, F.: Risikomanagementsystem, Prüfung, in: HWRP, 3. Aufl., Stuttgart 2002, Sp. 2071 ff.

Abb. 95: **Risikomanagement im Kreditgeschäft**

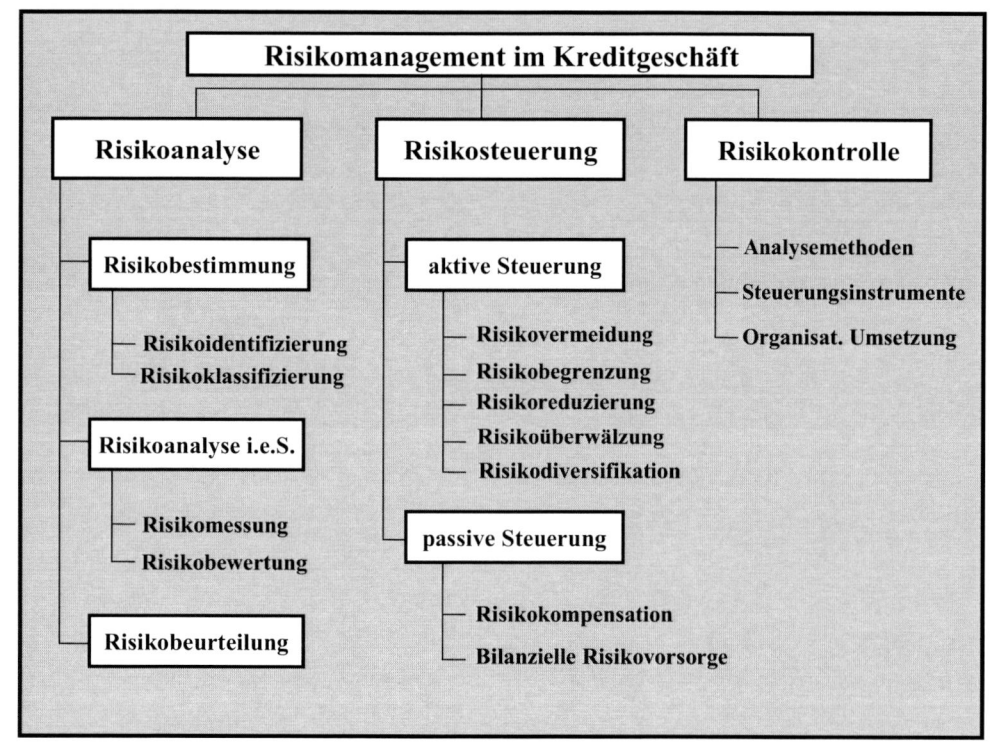

```
                    Risikomanagement im Kreditgeschäft
          ┌──────────────────────┼──────────────────────┐
      Risikoanalyse         Risikosteuerung         Risikokontrolle
          │                      │                      │
     Risikobestimmung        aktive Steuerung      ─ Analysemethoden
          │                      │                  ─ Steuerungsinstrumente
       ─ Risikoidentifizierung   ─ Risikovermeidung ─ Organisat. Umsetzung
       ─ Risikoklassifizierung   ─ Risikobegrenzung
                                 ─ Risikoreduzierung
     Risikoanalyse i.e.S.        ─ Risikoüberwälzung
          │                      ─ Risikodiversifikation
       ─ Risikomessung       passive Steuerung
       ─ Risikobewertung         │
                                 ─ Risikokompensation
     Risikobeurteilung           ─ Bilanzielle Risikovorsorge
```

Quelle: Eigene erweiterte Darstellung in Anlehnung an Schulte, M.: Bank-Controlling II: Risikopolitik in Kreditinstituten, 3. Aufl., Frankfurt am Main 1998, S. 14.

Vorstehendes Schema ist auf die Risiken des Kreditgeschäftes in ihrer Gesamtheit, d.h. die ‚Kreditrisiken im weitesten Sinne', anwendbar.[1] Die nachfolgende deskriptive Darstellung der einzelnen Maßnahmen des Kreditrisikomanagements adressiert im Hinblick auf die vorliegenden Untersuchung die ‚Kreditrisiken im engeren Sinne':

- **Risikoanalyse**

Die einzelnen Maßnahmen der ‚Risikobestimmung' (qualitative Risikoanalyse) sowie der ‚Risikoanalyse i.e.S.' (quantitative Risikoanalyse) wurden bereits bei der Diskussion der Zukunftsorientierung des Untersuchungsgegenstandes ‚Projektfinanzierung im engeren Sinne' exemplarisch dargestellt und lassen sich abstrakt wie folgt charakterisieren:[2]

---

[1] Vgl. hierzu Abb. 94: Systematisierung bankseitiger Kreditrisiken im weitesten Sinne, S. 394.

[2] Vgl. hierzu die vorstehenden Ausführungen unter Gliederungspunkt 2.2.4.3 Zum Begriff ‚Risikoanalyse', S. 142 ff.

Tab. 23: Qualitative und quantitative Risikoanalyse im Kreditgeschäft

Maßnahmen	Inhalt
Risikoidentifizierung	Identifikation von Risikoquellen im konkreten Einzelgeschäft bzw. für Teilportfolien mit neuen Produkten und unbekannten Kundengruppen sowie in neuen Branchen und Märkten
Risikoklassifizierung	Ursachenbezogene Klassifizierung von Ausfallrisiken (technisches, politisches und finanzwirtschaftliches Risiko, Marktrisiko etc.)
Risikomessung	Quantitative Ermittlung des erwarteten Verlustes aus einem Geschäft
Risikobewertung	Bewertung des Risikos durch Weiterverarbeitung des quantifizierten erwarteten Verlustes zu risikoadjustierten Erfolgs- und Renditegrößen
Risikobeurteilung	Urteilsbildung über das bewertete Risiko eines Kreditgeschäftes vor dem Hintergrund der Präferenzfunktion des Entscheidungsträgers

Quelle: Eigene Darstellung

Die Maßnahmen der Risikoanalyse dienen der Erfassung des gegenwärtigen oder antizipierten Status quo des einzelgeschäftsbezogenen Kreditrisikos.

- **Risikosteuerung**

Die Ergebnisse der Risikoanalyse können die Basis für eine aktive und passive Risikosteuerung des Kreditgeschäftes bilden:

Tab. 24: Aktive und passive Risikosteuerung im Kreditgeschäft

Maßnahmen	Inhalt
Risikovermeidung	Ablehnung von Geschäften, die ex ante festgelegte Mindestanforderungen der bankinternen Kreditrisikostrategie nach MaK nicht erfüllen
Risikobegrenzung	Begrenzung der Risiken durch Vorgabe von Höchstbetragsgrenzen (Limiten) für einzelne Transaktionen, Adressen, Branchen und Länder
Risikoreduzierung (Risikoverminderung)	Ursachenorientierte Reduzierung durch Strukturierung des Grundgeschäftes und/oder wirkungsbezogene Verringerung des Ausfallpotenzials durch Stellung von Personal- bzw. Sachsicherheiten
Risikoüberwälzung	(Partielle) Überwälzung des Kreditrisikos auf Dritte durch Syndizierung, Einsatz von Kreditderivaten und/oder Forderungsverbriefungen
Risikodiversifikation (Risikostreuung)	Qualitative Streuung über Regionen, Branchen, Adressen und/oder quantitative unter Verwendung von Korrelationskoeffizienten (Portfoliomodellen)
Risikokompensation	Passive Berücksichtigung des Kreditrisikos durch risikoadjustierte Bepreisung (Risikoprämien)
Bilanzielle Risikovorsorge	Passive Berücksichtigung des Kreditrisikos durch bilanzielle Risikovorsorge (Einzel- und Pauschalwertberichtigungen)

Quelle: Eigene Darstellung

Erst durch die einzelnen Maßnahmen der Risikosteuerung wird eine proaktive Gestaltung der aus dem Kreditgeschäft resultierenden Risikoposition des Kreditinstitutes ermöglicht.

- **Risikokontrolle**

Die Kreditrisikokontrolle ist ein der Risikoanalyse und -steuerung nachgelagerter Teilschritt im Prozess des Kreditrisikomanagements, welcher jedoch bei permanenter Neugeschäftsgenerierung einen fortlaufenden Charakter gewinnt. Die Kreditrisikokontrolle umfasst die folgenden Maßnahmen:

Tab. 25: Kontrolle im Kreditrisikomanagement

Maßnahmen	Inhalt
Kontrolle der Kreditanalysemethoden	Kontrolle der verwendeten quantitativen Analysemethoden auf Urteilssicherheit sowie Fortentwicklung bei Bedarf
Kontrolle der Kreditsteuerungsinstrumente	Kontrolle der Zweckmäßigkeit von eingesetzten Steuerungsinstrumenten
Kontrolle der organisatorischen Umsetzung	Kontrolle der Funktionsweise von Risikoanalyse- und Risikosteuerungsmethoden in der Praxis des Bankbetriebes

Quelle: Eigene Darstellung

Nur die institutionalisierte Risikokontrolle ermöglicht eine im Zeitablauf nachhaltig wirksame Beeinflussung der Kreditrisikoposition durch entsprechende Analyse- und Steuerungsmaßnahmen, wobei explizit die Wirtschaftlichkeit der Prozesse betrachtet werden muss. Zweckmäßigerweise ist der jeweils erzielbare Grenznutzen vor einer zumeist kostenintensiven Einführung, Umgestaltung und/oder Erweiterung von risikopolitischen Instrumenten abzuwägen.[1]

4.1.2.2.3 Quantitative Kreditrisikoanalyse

4.1.2.2.3.1 Kreditrisikomessung

Aus den vorstehend skizzierten risikopolitischen Maßnahmen ist der Komplex der ‚Kreditrisikoanalyse' hervorzuheben, da diese Prozessphase die größten Überschneidungen mit der untersuchungsrelevanten ‚Kreditwürdigkeitsprüfung i.w.S.' aufweist. Dabei wurden die qualitativen Aspekte der ‚(Kredit-) Risikoidentifizierung' und der ‚(Kredit-) Risikoklassifikation' bereits an anderer Stelle diskutiert,[2] so dass sich die folgenden Ausführungen zunächst auf die quantitativ ausgerichteten Prozessschritte der ‚Kreditrisikomessung' sowie der ‚Kreditrisikobewertung' konzentrieren.[3]

Es wurde vorstehend ausgeführt, dass ein Risikoklassifizierungsverfahren in Form eines ‚statistisch-objektivierten Rating' oder eines ‚simulationsbasierten Rating' eine Möglichkeit zur Bildung eines Gesamturteils über die Kreditwürdigkeit darstellt.[4] Die Kreditrisikomessung im Wege der

---

[1] Vgl. Dombret, A. R.; Thiede, J.: Risikomanagement in Kreditinstituten, a.a.O., Sp. 1856. BÜSCHGEN weist mit Blick auf die Kreditrisikoanalyse darauf hin, dass ein derartiges ‚marginalanalytisches Optimum', bei dem die ‚Grenzersparnis aus der Reduzierung der Kreditausfälle' den ‚Grenzkosten der Informationsbeschaffung' entspricht, zwar theoretisch plausibel sei, jedoch in praxi derzeit noch nicht nachgewiesen werden könne; vgl. Büschgen, H.-E.: Kreditprüfung, in: HWRev, 2. Aufl., Stuttgart 1992, Sp. 1145.

[2] Vgl. hierzu die vorstehenden Ausführungen unter Gliederungspunkt 2.2.4 Projektbezogene Risikoanalyse, S. 139 ff.

[3] Vgl. den nachfolgenden Gliederungspunkt 4.1.2.2.3.2 Kreditrisikobewertung, S. 404 ff.

[4] Vgl. hierzu die vorstehenden Ausführungen unter Gliederungspunkt 4.1.2.1.2.5 Ergebnis der Kreditwürdigkeitsprüfung, S. 387 ff. Bei den hier genannten Risikoklassifizierungsverfahren handelt es sich um ‚interne Ratingansätze', die von öffentlich publizierten ‚externen Ratings' abzugrenzen sind. Letztere werden regelmäßig von den zu beurteilenden Unternehmen (i.d.R. Emittenten) bei Ratingagenturen in Auftrag gegeben, um eine Platzierung von (zumeist verbrieften) Finanzierungstiteln an den Kapitalmärkten zu erleichtern. Vgl. Krahnen, J. P.: Rating, internes, in: HWF, 3. Aufl., Stuttgart 2001, Sp. 1767 ff., Ever-

quantitativen Ermittlung des erwarteten Verlustes aus einem Geschäft knüpft ebenfalls an ein derartiges Risikoklassifizierungsverfahren an, wobei die folgenden gleichungsmäßigen Beziehungen unterstellt werden:

Erwarteter Verlust

$$EL = PD * LGD$$

wobei:

$$LGD = LS * EAD$$
$$LS = (1 - RR)$$

damit gilt:

$$EL = PD * (1 - RR) * EAD$$

mit:

EL	=	*Expected Loss (Erwarteter Verlust)*
PD	=	*Probability of Default (Ausfallwahrscheinlichkeit)*
LGD	=	*Loss Given Default (Verlust bei Ausfall)*
LS	=	*Loss Severity (Verlustquote, Verlustschwere)*
EAD	=	*Exposure at Default (Erwartete Inanspruchnahme zum Ausfallzeitpunkt)*
RR	=	*Recovery Rate (Wiedereinbringungsrate, Befriedigungsquote)*

Die umgeformte Gleichung *EL=PD*(1-RR)*EAD* zeigt, dass der ‚Erwartete Verlust' durch die folgenden drei Komponenten determiniert ist:

Die ‚**Probability of Default (PD)**' ist ein prozentuales Wahrscheinlichkeitsmaß für das Auftreten eines Ausfallereignisses. Entscheidend bei der Messung des Ausfallrisikos ist zunächst die Definition des Tatbestandes ‚Ausfall'. Folgende Sachverhalte <u>können</u> als zu prognostizierende ‚Default-Ereignisse' festgelegt werden:[1]

- Auftreten eines Zahlungsverzugs von mehr als 90 Tagen[2]

- Erfordernis der Bildung von Einzelwertberichtigungen und/oder der vollständigen oder partiellen Abschreibung von Kreditforderungen

---

ling, O.: Rating, externes, in: HWF, 3. Aufl., Stuttgart 2001, Sp. 1755 ff., Everling, O.: Werben mit Ratings, in: HB v. 21.1.1999, S. 25, Everling, O.: Das Rating, in: WISU, 29. Jg. (2000), S. 673 ff.

[1] Ähnliche Deskriptionen von Ausfalltatbeständen wurden im Zuge der Überarbeitung des Basler Akkords (‚Basel II') entwickelt; vgl. hierzu Basel Committee on Banking Supervision: The Internal Ratings-Based Approach, Supporting Document to the New Basel Capital Accord, Basel January 2001, S. 30, Tz. 146, Basel Committee on Banking Supervision: The New Basel Capital Accord, Basel January 2001, S. 52, Tz. 272, Elsas, R.; Krahnen, J. P.: Grundsätze ordnungsgemäßen Ratings: Anmerkungen zu Basel II, in: Die Bank, o.Jg. (2001), S. 300.

[2] Teilweise wird von dem Ausfallrisiko ein Verzögerungsrisiko (Prolongationsrisiko) abgegrenzt, welches die Gefahr eines zeitlich abweichenden Zahlungseingangs adressiert. Vgl. Buchner, R.: Wirtschaftliches Prüfungswesen, a.a.O., S. 288. Dieser Terminus technicus wird hier nicht weiter betrachtet, da er ‚Probability of Default' und ‚Recovery Rate' miteinander vermischt.

- Auftreten eines gesetzlich definierten Insolvenzereignisses (Zahlungsunfähigkeit, Überschuldung) beim Schuldner bzw. Eröffnung eines entsprechenden gerichtlichen Verfahrens (Konkurs, Vergleich, Zwangsverwaltung, Administration, Receivership etc.)

- Erkennbare Unfähigkeit des Schuldners, seinen zukünftigen Zahlungsverpflichtungen vollumfänglich und fristgerecht nachzukommen

- Restrukturierung des Schuldverhältnisses aufgrund Antizipation eines potenziellen Ausfalls durch partiellen Forderungsverzicht, Rangrücktritt (z.B. Debt-to-Equity Swap, Subordination) und/oder Prolongation

Diese möglichen Definitionen des Ausfalltatbestandes adressieren sogenannte ‚Credit Events' und sind von kreditvertraglich definierten ‚Events of Default' abzugrenzen, welche insbesondere bei strukturierten Kreditfinanzierungen wesentlich weitergefasst sein dürften.[1] Die Ein- und Ausgrenzung möglicher Ausfallereignisse zum Zwecke einer operationalisierten Kreditrisikomessung ist mit einem wesentlich höheren Detaillierungsgrad vorzunehmen, als dies bei einer allgemeinen Umschreibung des Begriffs ‚Ausfallrisiko' erforderlich ist:[2]

- Die Kalibrierung von Risikoklassifizierungsverfahren durch Verknüpfung von Rating-Noten mit Ausfallwahrscheinlichkeiten erfordert bei einem ‚statistisch-objektivierten Rating' eindeutig abgegrenzte historische Ausfallzeitreihen (indirekte Kalibrierung) und bei einem ‚simulationsbasierten Rating' die vollumfängliche Modellierung aller potenziellen Ausfallereignisse (direkte Kalibrierung).

- Je weniger Sachverhalte als Ausfall qualifiziert werden, desto leichter lässt sich ex post die Prognosegüte des verwendeten Risikoklassifizierungsverfahrens verifizieren.[3]

- Mit zunehmender Anzahl von potenziellen Ausfalltatbeständen werden im Regelfall die prognostizierten Ausfallwahrscheinlichkeiten ansteigen.

Ferner ist für die Höhe der Ausfallwahrscheinlichkeit der betrachtete Zeithorizont von entscheidender Bedeutung, da mit zunehmender Kreditlaufzeit tendenziell die Ausfallwahrscheinlichkeit ansteigen und Veränderungen der Kreditqualität im Zeitablauf (sogenannte ‚Migrationen') auftre-

---

[1] So kann bereits die Verletzung formeller Vertragsbedingungen (z.B. Berichtspflichten) einen ‚Event of Default' konstituieren, ohne dass hiermit eine materielle Veränderung der Kreditrisikoqualität einhergehen muss. Vgl. hierzu die nachfolgenden Ausführungen unter Gliederungspunkt 5.4.1.2.2.4.3 Grundsatz der Berücksichtigung kreditvertraglicher Strukturelemente, S. 510 ff.

[2] Eine derartige, allgemein gehaltene Definition findet sich beispielsweise bei SCHULTE: „*Unter Ausfallrisiko wird die Gefahr des vollständigen oder teilweisen Ausfalls von Zins- und Tilgungsleistungen oder anderer vertraglich zugesicherter Leistungen durch einen Vertragspartner verstanden.*" Schulte, M.: Bank-Controlling II: Risikopolitik in Kreditinstituten, 3. Aufl., Frankfurt am Main 1998, S. 55.

[3] Insbesondere bei großen Kreditportfolien werden sich die Ausfalltatbestände ‚Bildung einer Einzelwertberichtigung' und ‚Vornahme einer Abschreibung' besonders gut für eine nachgelagerte Kontrolle eignen, da sich die entsprechenden Daten mittels EDV-Abfragen relativ einfach aus dem Rechnungswesen extrahieren lassen. So liegt dem neu entwickelten Rating-Verfahren des genossenschaftlichen Verbundes für mittelständische Firmenkunden das Ausfallereignis ‚Erstmalige Bildung einer EWB' zugrunde; vgl. Nowak, H.: Ratings für alle Segmente: Der genossenschaftliche Verbund ist für die Zukunft gewappnet, in: BI, 29. Jg. (2002), Nr. 5, S. 22. Zu den Problemen einer derartigen, auf den Ausfalltatbestand ‚EWB-Bildung' reduzierten Ausfalldefinition vgl. Cluse, M.; Kalhoff, A.; Peukert, T.: Einführung eines Kreditrisikomanagementsystems – Erfahrungen aus der Praxis, in: Die Bank, o.Jg. (2001), S. 113.

ten können.[1] Dies kann insbesondere im langfristigen sowie im strukturierten Kreditgeschäft erhebliche Probleme aufwerfen, da die für ein ‚statistisch-objektiviertes Rating' erforderlichen mehrperiodigen bankinternen Ausfallhistorien häufig fehlen und aufgrund stark heterogener Teilportfolien mit entsprechend geringen Grundgesamtheiten möglicherweise auch in der Zukunft nicht verfügbar sein dürften.[2] Daneben impliziert ein langer Prognosehorizont generell eine hohe Messunsicherheit, so dass auch mehrperiodige Ergebnisse eines ‚simulationsbasierten Rating' zu relativieren sind.

Die ‚**Recovery Rate (RR)**' ist ein prozentuales Maß für die Wiedereinbringung einer Forderung nach Auftreten eines Ausfallereignisses. Die ‚Recovery' ist zum einen durch die etwaige Stellung von zu verwertenden Sicherheiten (‚Befriedigung') sowie zum anderen durch die Möglichkeit zur Restrukturierung bzw. Umschuldung einer ausgefallenen oder ausfallgefährdeten Forderung (‚Rückzahlung') determiniert. Darüber hinaus können in Abhängigkeit von der Refinanzierung auch Zinsverluste bei der Ermittlung der ‚Recovery Rate' negativ in Abzug gebracht werden.[3]

Die Höhe der zu prognostizierenden ‚Recovery Rate' wird für den Fall der Stellung von Sicherheiten u.a. durch die folgenden Faktoren getrieben:

- Art der Sicherheiten[4]

- Dauer des Verwertungsprozesses

- Kosten der Verwertung von Sicherheiten

- Seniorität der Forderung (Gläubigerstellung)

- Faktische Möglichkeit zur Durchsetzung von Sicherheiten[5]

---

[1] Für Zwecke des neuen Basler Akkords (Basel II) wird im Rahmen des IRB-Ansatzes die Prognose einer 1-Jahres-Ausfallwahrscheinlichkeiten vorgeschlagen; vgl. Basel Committee on Banking Supervision: The New Basel Capital Accord, Basel January 2001, S. 50, Tz. 263 u. S. 51, Tz. 270.

[2] Eine Lösungsmöglichkeit stellt das Pooling von Daten mehrerer Kreditinstitute dar, wobei die hieraus abgeleiteten Datenhistorien nicht notwendigerweise für die einzelnen partizipierenden Banken repräsentativ sein müssen. Dies wäre nur dann der Fall, wenn das einzelne beigesteuerte Teilportfolio von der Art und den Ausprägungen her mit dem gesamten Datenpool vergleichbar ist. Des Weiteren wäre ein homogener Standard bei der Kreditrisikoidentifizierung bzw. bei der Kreditwürdigkeitsprüfung Voraussetzung für eine interinstitutionelle Repräsentativität der Ergebnisse.

[3] Die ausgefallenen Kreditbeträge müssen solange weiter am Interbankenmarkt bzw. durch eingelegte Kundengelder refinanziert werden, bis der Work-out-Prozess abgeschlossen ist, d.h. die ausgefallenen Beträge als ‚Recovery' zurückgeflossen bzw. die uneinbringlichen, abzuschreibenden Differenzbeträge über laufende Risikoprämien zurückverdient worden sind. Da die zwischenzeitlich vom Kreditinstitut am Kapitalmarkt zu entrichtenden Refinanzierungskosten (z.B. Euribor zzgl. Spread) nicht durch Zinszahlungen des ausgefallenen Kunden gedeckt sind, reduziert sich die eingehende Recovery Rate faktisch um diesen zusätzlich aufzuwendenden Betrag.

[4] So dürften beispielsweise die Forderungsdeckungen staatlicher sowie erstklassiger privater Kreditversicherungen anders zu qualifizieren sein, als Pfandrechte an Gegenständen des Umlaufvermögens. Vgl. zum Charakter von Sicherheiten die vorstehenden Ausführungen unter den Gliederungspunkten 2.1.3.3 Kreditsicherheiten aus den Vermögenspositionen des Projektes, S. 24 ff., 3.1.1.2.1 Gestellte Sicherheiten und Mitverpflichtete (§ 18 Satz 2 KWG), S. 188 ff., sowie 3.1.2.1.2.2 Negative Eingrenzung, S. 232 ff. insbesondere Unterpunkt (iv) Öffentlich gewährleistete Kredite, S. 234 ff.

[5] Insbesondere im internationalen Kreditgeschäft können in Abhängigkeit vom Rechtssystem des Sitzlandes eines Kreditnehmers Probleme bei der Durchsetzung von Kreditsicherheiten auftreten. Dies ist u.a. dadurch bedingt, dass Sicherheitenverträge häufig – anders als die korrespondierenden Kreditverträge –

- Umfang und Ablauf eines – gesetzlich geregelten – Insolvenzverfahrens

- Korrelation von Ausfallwahrscheinlichkeit und Sicherheitenwert[1]

Im Fall von Restrukturierungen beziehungsweise Umschuldungen ist die ‚Recovery Rate' u.a. durch die folgenden Faktoren bestimmt:

- Zeitpunkt der Restrukturierung

- Art des betrachteten Kreditgeschäftes[2]

- Dauer des Work-Out-Prozesses

- Umfang und Zusammensetzung des Gläubigerkreises[3]

- Korrelation von Ausfallwahrscheinlichkeit und Restrukturierungspotenzial[4]

Besonderheiten weisen ‚Strukturierte Finanzierungen', vor allem ‚Projektfinanzierungen i.e.S.', auf, da sich nach ersten empirischen Untersuchungen derartige Bankleistungsarten durch hohe Ausfallwahrscheinlichkeiten bei gleichzeitig hohen Recovery Rates auszeichnen.[5]

---

dem örtlichen Recht unterliegen bzw. im Fall eines abweichend vereinbarten Rechts- und Gerichtsstandortes (z.B. englisches Recht) unter den Rahmenbedingungen des örtlichen Rechtes durchgesetzt werden müssen; vgl. Westphalen, F. Gr. v.: Fallstricke bei Verträgen und Prozessen mit Auslandsberührung, in: NJW, 47. Jg. (1994), S. 2113 ff.

[1] Sind negative makroökonomische Rahmenbedingungen ursächlich für ein Ausfallereignis, so kann sich die Problemlage auf eine ganze Branche (Sektor) beziehen. Bei einer derartigen Fallkonstellation dürften dingliche Sicherheiten an branchenspezifischen Vermögensgegenständen tendenziell ebenfalls an Wert verlieren. Als Beispiele lassen sich fallende Sicherheitenwerte von Flugzeugen bei einem Rückgang der Luftverkehrsbewegungen oder sinkende Verkaufserlöse von Gewerbeimmobilien bei einem regionalen Verfall der Büromieten anführen.

[2] Geschäfte, bei denen Kreditverträge unter Einsatz von Kreditbedingungen und Verhaltensauflagen abgeschlossen werden, dürften sich mehrheitlich durch eine höhere Recovery Rate auszeichnen, da Krisen bei einem engen Monitoring von ‚Lending Conditions' und ‚Covenants' eher erkannt bzw. regelmäßig vertragliche Vorkehrungen für eine Restrukturierung bestehen werden. Vgl. hierzu auch die vorstehenden Ausführungen unter Gliederungspunkt 2.1.4.3 Projektbezogene Kreditbedingungen und Verhaltensauflagen, S. 48 ff.

[3] Große und/oder heterogene Gläubigerkreise erschweren die Verhandlungen über eine Umschuldung. Da Restrukturierungslösungen im Regelfall eine einheitliche Zustimmung, zumindest aber eine qualifizierte Mehrheit erfordern, sinkt die Wahrscheinlichkeit einer einvernehmlichen Lösung mit zunehmender Anzahl involvierter Parteien. Bei großen Gläubigergruppen werden daher häufig ‚Steering Committees' (Gläubigerausschüsse) organisiert, um den Restrukturierungsprozess effizient und effektiv zu gestalten.

[4] Einzelwirtschaftliche Probleme (Missmanagement, dolose Handlungen etc.) lassen sich möglicherweise leichter lösen (Austausch des dispositiven Faktors, Einsatz eines Interim-Managements etc.) als marktinduzierte, nicht direkt beeinflussbare Ausfallursachen.

[5] Hierbei handelt es sich um die Ergebnisse einer von STANDARD & POOR'S RISK SOLUTION im Auftrag der Banken ABN AMRO, CITIBANK, DEUTSCHE BANK und SOCIETE GENERALE im Jahr 2002 durchgeführten Erhebung, bei der die Kreditportfolien der Auftraggeber, welche angabegemäß 24% des globalen Marktes für Projektfinanzierungen der letzten fünf Jahre repräsentieren sollen, erfasst und ausgewertet wurden. Die durchschnittliche ‚Recovery Rate' betrug für Projektkredite mit Ausfallereignis rd. 75%. Bei allen Banken konnten für die jeweiligen Teilportfolien durchschnittliche ‚Recovery Rates' von mehr als 50% nachgewiesen werden. Die ermittelten Wiedereinbringungsraten sollen damit weit über den Werten für andere Kreditarten (z.B. Leveraged Loans, Unsecured Bank Loans, Bonds) liegen. Die 10-Jahres-Ausfallwahrscheinlichkeit wurde mit 7,5%, entsprechend einem ‚Corporate Unsecured Long-Term Loan-Rating' von ‚BBB+' (sogenanntes ‚Investment Grade Rating'), ermittelt. Die durchschnittliche 1-Jahres-Ausfallwahrscheinlichkeit lag bei 1,5%, entsprechend einem ‚Corporate Unsecured Short-Term Loan-Rating'

Das ‚**Exposure at Default (EAD)**' beschreibt die erwartete Inanspruchnahme zum Zeitpunkt des Credit Events und ist im Wesentlichen durch die Höhe des zum Ausfallzeitpunkt ausstehenden Kreditbetrages (‚Outstanding') determiniert.[1] Daneben ist bei der Bestimmung des ‚Exposure at Default' auch die Möglichkeit einer Ausschöpfung von noch nicht gezogenen Kreditlinien (‚Commitments') kurz vor Auftreten des Ausfallereignisses (‚Usage Given Default') zu berücksichtigen.[2] Der Zusammenhang lässt sich wie folgt darstellen:[3]

Exposure at Default

$$EAD = OS + (COM - OS) * UGD$$

mit:

OS	=	*Outstanding (Ausstehender Kreditbetrag)*
COM	=	*Commitment (Unausgenutzte verbindliche Zusagen, ungezogenes Limit)*
UGD	=	*Usage Given Default (Erwartete Ausnutzung gegenwärtig ungezogener Limits im Ausfallzeitpunkt in %)*

Problematisch erweist sich die Schätzung des ‚Exposure at Default' bei Teilportfolien, für die keine aussagefähigen historischen Datensammlungen zur Verfügung stehen. Bei Projektfinanzierungen i.e.S. kann die erwartete Inanspruchnahme zum Ausfallzeitpunkt auf der Basis eines ‚simulationsbasierten Rating' oder ersatzweise auf der Grundlage des in der modellgestützten Finanzplanung angenommenen erwarteten Tilgungsverlaufes (‚Base Case') ermittelt werden.[4]

4.1.2.2.3.2 Kreditrisikobewertung

Es wurde bereits ausgeführt, dass unter der Maßnahme ‚**Kreditrisikobewertung**' die Bewertung des (Ausfall-)Risikos durch Weiterverarbeitung des im Rahmen der ‚Kreditrisikomessung' quantifizierten erwarteten Verlustes zu risikoadjustierten Erfolgs- und Renditegrößen verstanden werden soll. Das (bilanzielle) Eigenkapital steht dem Kreditinstitut als Geschäftsgrundlage für die wirtschaftliche Betätigung nicht kostenlos zur Verfügung. Vielmehr verlangen die Eigenkapitalgeber – rationales Entscheidungsverhalten vorausgesetzt – eine adäquate Entlohnung, welche sich für das Kreditinstitut in einem zu erwirtschaftenden positiven Ergebnisbeitrag bzw. einer Mindest-

---

von ‚BB+' (sogenanntes ‚Sub-Investment Grade Rating'). Die unterschiedlichen Ergebnisse bei langfristiger und kurzfristiger Betrachtung werden mit einer im Zeitablauf abnehmenden Ausfallwahrscheinlichkeit begründet. Die Studie soll um die Daten anderer Banken erweitert werden und die Grundlage für eine industrieweite Datenbank bilden. Vgl. hierzu Beale, C.; Chatain, M.; Fox, N. u.a.: Credit Attributes of Project Finance, in: JSPF, 8. Jg. (2002), Nr. 3, S. 5 ff.

[1] Teilweise wird der EAD im Schrifttum auch als ‚Credit Exposure' bezeichnet; vgl. Oehler, A.; Unser, M.: Finanzwirtschaftliches Risikomanagement, a.a.O., S. 313 ff. EAD kann alternativ auch in Prozenten angegeben werden. Bei voller Inanspruchnahme zum Ausfallzeitpunkt (100%iger EAD) und Unmöglichkeit der Wiedereinbringung (Recovery Rate = 0%, Loss Severity = 100%) gilt Loss Given Default (LGD) = Exposure at Default (EAD).

[2] Diese Gefahr besteht insbesondere bei nicht zeitnah überwachten ‚Working Capital Facilities'. Vgl. hierzu die vorstehenden Ausführungen unter Gliederungspunkt 3.1.2.1.2.1.2 Gelddarlehen jeder Art, S. 207 ff. Der Einsatz von Kreditbedingungen und Verhaltensauflagen bei gleichzeitig engem Monitoring des Engagements kann im Idealfall ein ungewolltes Ausschöpfen von unausgenutzten Kreditlinien verhindern.

[3] Vgl. Oehler, A.; Unser, M.: Finanzwirtschaftliches Risikomanagement, a.a.O., S. 325.

[4] Vgl. zur Bedeutung des ‚Base Case' die vorstehenden Ausführungen unter den Gliederungspunkten 2.2.2.3 Modellcharakter, S. 66 ff. sowie 2.3.2.2 Ablauforganisation, S. 178 ff.

Zielrendite (‚Hurdle Rate', ‚Benchmark') konkretisiert. Im Umkehrschluss setzt daher ein Neugeschäftsabschluss das Erreichen bzw. Überschreiten dieser Hurdle Rate durch die transaktionsindividuell ermittelte Rendite voraus.[1] Da das Eigenkapital insbesondere bei Kreditinstituten als regulatorisch verbindlich gefordertes sowie ökonomisch notwendiges Risikoabsorptionspotenzial benötigt wird, müssen für Zwecke der Kreditrisikobewertung eingesetzte Erfolgs- und Renditegrößen explizit das geschäftsinhärente Risiko berücksichtigen. Ein derartiges ‚Risk Adjusted Performance Measurement' (‚RAPM') kann in mehrfacher Hinsicht verwendet werden:[2]

- <u>Reporting, Budgetierung und/oder Entscheidungsunterstützung</u>: Die Ermittlung von risikoadjustierten Erfolgs- und Renditegrößen kann ex post zur Ist-Ergebnisermittlung sowie ex ante zur Budgetierung und/oder zur Unterstützung von Kreditvergabeentscheidungen eingesetzt werden.[3]

- <u>Einzelgeschäfts-, Profit-Center- oder Gesamtbankbezogenheit</u>: Das RAPM kann zunächst zur Bewertung einzelner Kredittransaktionen herangezogen werden. Daneben können sich risikoadjustierte Erfolgs- und Renditegrößen auf einer aggregierten Ebene auch auf Kunden-, Produkt- und/oder Organisationseinheiten sowie auf die Gesamtbank beziehen.[4]

- <u>Barwertige oder periodische Betrachtung</u>: Die verschiedenen Erfolgs- und Renditegrößen sowie die zu ihrer Ermittlung eingesetzten Bestandteile können entweder barwertig (‚Net Present Value Concept'), d.h. als Gegenwartswert bezogen auf den Zeitpunkt t_0 vor Kreditgewährung, oder individuell für jede einzelne Periode der Kreditausreichung (‚Accrual Accounting') ermittelt werden.[5]

---

[1] Ausnahmen können dort bestehen, wo nicht kostendeckende bzw. nicht die Zielrendite erreichende Geschäfte (Bereitstellung von Kredit- und/oder Avallinien zu niedrigen Margen, kostenlose Rating-Beratung etc.) zwecks Akquisition profitabler Bankgeschäfte (Arrangierung einer Projektfinanzierung, Begleitung eines Börsengangs, Beratungsmandat im Zuge eines Unternehmenskaufes bzw. -verkaufes etc.) getätigt werden (sogenanntes ‚Cross Selling'). Bei einer derartigen Vorgehensweise muss die auf Kundenebene gebildete Rendite aus der Summe der aggregierten Einzelgeschäfte die vorgegebene Zielrendite überschreiten.

[2] Vgl. hierzu Willinsky, C.: Rentabilitätsmaße, risikobereinigte, in: HWF, 3. Aufl., Stuttgart 2001, Sp. 1804 m.w.N.

[3] Insoweit lassen sich risikoadjustierte Erfolgs- und Renditegrößen auch zur Kapitalallokation oder im Rahmen eines Bonussystems einsetzen. Vgl. Hille, C. T.; Burmester, C.; Otto, M.: Modelle zur risikoadjustierten Kapitalallokation, in: Die Bank, o.Jg. (2000), S. 190.

[4] Vgl. Lehar, A.; Welt, F.; Wiemayr, C.; Zechner, J.: Risikoadjustierte Performancemessung in Banken: Konzepte zur Risiko-Ertragssteuerung, in: ÖBA, 46. Jg. (1998), S. 857, Hille, C. T.; Burmester, C.; Otto, M.: Modelle zur risikoadjustierten Kapitalallokation, a.a.O., S. 190 passim Willinsky, C.: Rentabilitätsmaße, risikobereinigte, a.a.O., Sp. 1806, Dietrich, R.; Kremar, H.: Portfolio-orientierte Kreditentscheidung im Firmenkundengeschäft, in: ZfgK, 52. Jg. (1999), S. 1187 ff.

[5] Vgl. Flesch, J. R.; Gerdsmeier, S.: Barwertsteuerung und Allokation von Risikokapital, in: B. Rolfes, H. Schierenbeck, S. Schüller (Hrsg.), Risikomanagement in Kreditinstituten, Frankfurt a.M. 1995, S. 125 f., Brüning, J.-B.; Hoffjahn, A.: Gesamtbanksteuerung mit Risk-Return-Kennzahlen, in: Die Bank, o.Jg. (1997), S. 363, Flesch, J. R.; Kutscher, R.; Lichtenberg, M.: Das Barwertkonzept in der Unternehmenssteuerung, in: H. Schierenbeck, B. Rudolph, S. Schüller (Hrsg.), Handbuch Bankcontrolling, 2. Aufl., Wiesbaden 2001, S. 701 ff. Eine barwertige Erfolgsrechnung eignet sich, um das Ausmaß der Neugeschäftsakquisition in der jeweils betrachteten Periode zu ermitteln. Als problematisch erweist sich hierbei, dass insbesondere durch die Verbarwertung von langlaufenden Kreditgeschäften verhältnismäßig hohe Deckungsbeiträge entstehen, die keinen Bezug zur aktuellen Gewinn- und Verlustrechnung der externen Rechnungslegung aufweisen. Zudem ergeben sich konzeptionelle Probleme, wenn langfristige Kreditgeschäfte in späteren Perioden vorzeitig zurückgezahlt oder zu schlechteren Konditionen refinanziert werden. Konzeptionell erfordern derartige Vorgänge eine Berücksichtigung in der Periode ihres Auftretens durch Bildung eines negativen Barwertes. Die periodengerechte Darstellung des barwertigen Erfolges einzelner Organisationseinheiten wird damit durchbrochen. Um den tatsächlichen Erfolg der betrach-

Als (absolute) Erfolgsgrößen lassen sich unter anderem verschiedene (risikoadjustierte) Deckungsbeiträge berechnen:[1]

Tab. 26: Deckungsbeitragsermittlung im Kreditgeschäft

Bestandteile	Erläuterung
Bruttozinsmarge	Aus dem Kreditgeschäft vereinnahmte Zinsen in Form eines Festzinssatzes oder variablen Zinssatzes (Referenzzinssatz zuzüglich Marge). Teilweise auch inklusive laufzeitanteilig umgelegter Provisionseinnahmen (sogenannte ‚All-in-Margin')
- Liquiditätskosten	Bankindividuelle Kosten der Refinanzierung (z.B. variabler Referenzzinssatz zuzüglich eines bonitätsabhängigen Aufschlags)
= *Deckungsbeitrag I*	*Nettozinsmarge*
- Standardbetriebskosten ([variable] Stückkosten)	Standardisierte Einzelkosten der Sachbearbeitung (bei komplexen Formen von strukturierten Finanzierungen u.U. transaktionsindividuell („variabel") zu ermitteln [z.B. Standardbetriebskosten pro Mitarbeiter und Zeiteinheit * eingesetzen Mitarbeitern * Transaktionsdauer)
= *Deckungsbeitrag II*	*Traditioneller Bruttogewinn*
- Risikokosten	Kosten für den erwarteten Verlust
= *Deckungsbeitrag III*	*Risikoadjustierter Deckungsbeitrag*
- Eigenkapitalkosten	Transaktionsindividuelle Kosten der Vergütung für benötigtes Eigenkapital zur Abdeckung etwaiger unerwarteter Verluste
= *Deckungsbeitrag IV*	*Risikoadjustierter Deckungsbeitrag unter Berücksichtigung von kalkulatorischen Kosten der Eigenkapitalverzinsung*
- Overheadkosten	Anteilige indirekte Kosten des Bankbetriebs (Verwaltung)
= *Deckungsbeitrag V*	*Generierter Wertbeitrag nach Abdeckung sämtlicher direkter sowie anteiliger indirekter Kosten*

Quelle: Eigene Darstellung

Der vorstehend skizzierte ‚Deckungsbeitrag V' entspricht dem klassischerweise im Wege der ‚stufenweisen Fixkostendeckungsbeitragsrechnung' ermittelten kalkulatorischen Betriebserfolg.[2] Die Risikoadjustierung erfolgt zum einen durch den Ansatz von Risikokosten zur Abdeckung erwarteter Verluste sowie zum anderen durch die Verrechnung von Eigenkapitalkosten, d.h. von kalkulatorischen Kosten für das transaktionsindividuell vorzuhaltende Risikokapital zur Abdeckung unerwarteter Verluste.[3]

---

teten Periode widerzuspiegeln kann bzw. sollte alternativ oder ergänzend eine periodenbezogene Erfolgsrechnung erstellt werden.

[1] Vgl. zu den nachfolgend diskutierten Kostenpositionen Schmeisser, W.; Mauksch, C.: Kalkulation des Risikos nach Basel II, in: FB, 7. Jg. (2005), S. 296 ff., Schierenbeck, H.: Risk-Controlling in der Praxis, 2. Aufl., Stuttgart 2006, S. 17. Teilweise finden sich abweichende Aufgliederungen zur stufenweisen Ermittlung des Deckungsbeitrags. So zieht SCHIERENBECK zunächst die Risikokosten vom Deckungsbeitrag I ab, um zum Deckungsbeitrag II zu gelangen. Vgl. Ebenda.

[2] Vgl. Freidank, C.-C.: Kostenrechnung, 5. Aufl., München, Wien 1994, S. 282. Vgl. zu den genannten Kostenpositionen Baxmann, U. G.: Entwicklungstendenzen im Kreditrisikomanagement, in: U. G. Baxmann, Kreditrisikomanagement im Bankwesen, Frankfurt a.M. 2001, S. 31 ff.

[3] Vgl. hierzu die nachfolgenden Ausführungen zum Begriff des ‚ökonomischen Eigenkapitals'.

Im Rahmen der Kreditrisikobewertung wurden zudem verschiedene Konzepte für die Ermittlung von risikoadjustierten Renditegrößen entwickelt. In diesem Zusammenhang können drei verschiedene Eigenkapitalbegriffe unterschieden werden:[1]

Das ‚**bilanzielle Eigenkapital**' setzt sich formal aus dem gezeichneten Kapital, den Kapital- und Gewinnrücklagen[2], dem Bilanzgewinn/Bilanzverlust[3] sowie dem Fonds für allgemeine Bankrisiken nach § 340 g HGB zusammen.[4] Die Bildung von Renditekennzahlen mit dem bilanziellen Eigenkapital als Nenner ist jedoch problematisch, da Eigenkapitalgeber je nach individueller Präferenzlage sowohl das gezeichnete als auch das bilanzielle Eigenkapital sowie den Marktwert des Eigenkapitals (Börsenkurs) als Bezugsgröße für ihre individuellen Renditeerwägungen ansetzen können.

Das ‚**aufsichtsrechtliche bzw. regulatorische (Eigen-)Kapital**' weicht vom bilanziellen Eigenkapital ab, da es aufgrund gesetzlicher Konventionen weitere Hinzurechnungs- und Abzugsposten berücksichtigt.[5] Problematisch erweist sich u.a. die Berücksichtigung von bestimmten Positionen des zu verzinsenden Kern- bzw. Ergänzungskapitals (Vermögenseinlagen stiller Gesellschafter, Genussrechtsverbindlichkeiten, längerfristige nachrangige Verbindlichkeiten), da diese Bestandteile nur zeitlich begrenzt als Risikokapital zur Verfügung stehen, der Renditeanspruch der entsprechenden Kapitalgebergruppen nicht mit demjenigen der Gesellschafter übereinstimmen muss und aufgrund des Fremdkapitalcharakters die korrespondierenden Kosten im Regelfall bereits durch das Treasury des Kreditinstituts in den zu verrechnenden Liquiditäts- bzw. Refinanzierungskosten berücksichtigt werden.[6]

Das ‚**ökonomische Eigenkapital**' resultiert aus der Überlegung, dass neben dem erwarteten Verlust (Expected Loss) auch ein unerwarteter Verlust (Unexpected Loss, UL) auftreten kann. Für die aus den Kreditgeschäften erwarteten Verluste wird im Wege der Kalkulation von (Standard-) Risikokosten sowie bei deren Inkludierung in die Kreditmarge der annahmegemäß nicht ausfallenden Engagements ein (fiktionaler) Deckungsstock aufgebaut.[7] Unerwartete Verluste müssen hingegen als negative Abweichung vom erwarteten Verlust durch (Kredit-

---

[1] Vgl. Lutz, A.; Herzog, W.: Kapitalsteuerung in der Finanzwirtschaft: Aufsichtsrechtliche Anforderungen und wertorientierte Unternehmenssteuerung, in: FB, 7. Jg. (2005), S. 765 ff.

[2] Die Gewinnrücklage beinhaltet die gesetzliche Rücklage, die Rücklage für eigene Anteile, die satzungsmäßigen Rücklagen sowie andere Gewinnrücklagen.

[3] Die Verwendung der Begriffe Bilanzgewinn/Bilanzverlust impliziert, dass Klarheit über die Verwendung des Jahresergebnisses sowie eines etwaigen Gewinn- bzw. Verlustvortrags analog der Vorschrift des § 268 Abs. 1 HGB besteht.

[4] Der ‚**Fonds für allgemeine Bankrisiken nach § 340 g Satz 1 HGB**' ermöglicht Kreditinstituten die Bildung einer offenen, d.h. in der Bilanz ausgewiesenen, Vorsorgereserve für etwaige Verluste in der Zukunft, deren Zuführung und Auflösung gem. § 340 g Satz 2 HGB über die Gewinn- und Verlustrechnung erfolgt. Faktisch unterscheidet sich die Vorsorgereserve nicht von den Gewinnrücklagen, so dass sie als Eigenkapital qualifiziert werden kann. Die Vorsorgereserve ist von den (versteckten) ‚**Bewertungsreserven gem. § 340 f HGB**' abzugrenzen, welche zusätzlich zu den Einzel- und Pauschalwertberichtigungen gem. § 253 Abs. 1 Satz 1 und Abs. 3 HGB im begrenzten Umfang durch Unterbewertung von Forderungen und Wertpapieren gebildet werden darf.

[5] Vgl. hierzu die Ausführungen im Gliederungspunkt 3.1.2.1.3 Zur Betragsgrenze ‚mehr als 750.000 Euro oder mehr als 10% vom haftenden Eigenkapital', S. 240 ff., insbesondere Abb. 61: Überblick über den aufsichtsrechtlichen Eigenmittelbegriff, S. 242.

[6] Vgl. hierzu auch § 10 Abs. 4, Abs. 5 und Abs. 5 a KWG

[7] Zur Kalkulation von Standardrisikokosten vgl. Brakensiek, T.: Die Kalkulation und Steuerung von Ausfallrisiken im Kreditgeschäft der Banken, Frankfurt a.M. 1991, S. 116 ff. sowie Pawlowski, N.; Burmester, C.: Ableitung von Standardrisikokosten auf der Basis von Expected-Loss-Kalkulationen, in: H. Schierenbeck, B. Rudolph, S. Schüller (Hrsg.), Handbuch Bankcontrolling, 2. Aufl., Wiesbaden 2001, S. 345 ff.

)Risikokapital, d.h. durch Eigenkapital, abgedeckt werden.[1] Das ‚ökonomische Eigenkapital' bezeichnet den Betrag an bilanziellem und/oder regulatorischem Eigenkapital, der aus einer finanzwirtschaftlichen Perspektive vorgehalten werden muss, um etwaige unerwartete Verluste mit einer hohen Wahrscheinlichkeit abdecken zu können.[2] Der kalkulierte Betrag ist nur fiktiv und nicht tatsächlich mit dem betrachteten Kreditgeschäft verbunden.[3] Die nachfolgende Abbildung zeigt den Zusammenhang von erwarteten und unerwarteten Verlusten im Kreditgeschäft:

Abb. 96: Zusammenhang von erwarteten und unerwarteten Verlusten

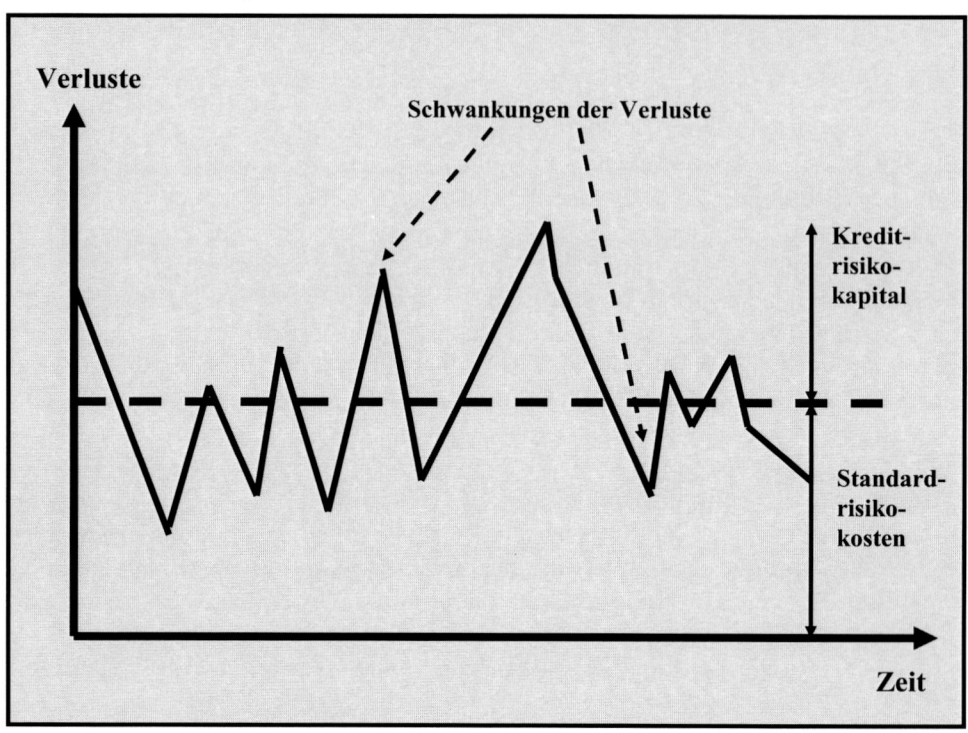

Quelle: Darstellung in Anlehnung an Oehler, A.; Unser, M.: Finanzwirtschaftliches Risikomanagement, Heidelberg u.a. 2001, S. 340 m.w.N. Vgl. auch Büschgen, H.-E.: Bankbetriebslehre, 5. Aufl., Wiesbaden 1998, S. 932.

Die vorstehende Abbildung zeigt, dass sowohl negative Abweichungen (Chance) als auch positive Abweichungen (Risiko) von den erwarteten Verlusten auftreten können:

- Negative Abweichungen stellen zunächst kurzfristig ein zusätzliches Ertragspotenzial dar. Mittel- bis langfristig bedeuten gehäufte negative Abweichungen dagegen eine Gefahr für ein Kreditinstitut, da es faktisch Kredite zu teuer bepreist, d.h. zu hohe (Standard-) Risiko-

---

[1] Vgl. Oehler, A.; Unser, M.: Finanzwirtschaftliches Risikomanagement, a.a.O., S. 338, Krumnow, J.: Risikomanagement bei Kreditinstituten, a.a.O., Sp. 2053.

[2] ANDERS führt aus, dass das ökonomische Kapital nicht tatsächlich im (betrachteten) Kreditgeschäft investiert sein müsse, sondern aufgrund der überwiegenden Fremdfinanzierung von Kreditforderungen nur kalkulatorisch mit diesem verbunden sei. Vgl. Anders, U.: RaRoC – ein Begriff, viel Verwirrung, in: Die Bank, o.Jg. (2000), S. 314.

[3] Das ‚ökonomische Kapital' in Form von bilanziellem und/oder regulatorischem Eigenkapital wird vielmehr vom Treasury oder anderen Organisationseinheiten des Kreditinstitutes am Kapitalmarkt angelegt. Ein sich hieraus ergebender (kalkulatorischer) Zinsertrag kann als Korrekturbetrag bei der Ermittlung der Eigenkapitalkosten (vgl. hierzu nochmals vorstehend Tab. 26: Deckungsbeitragsermittlung im Kreditgeschäft, S. 406) berücksichtigt werden. Vgl. Duhnkrack, T.: Wertorientierte Steuerung des Firmenkundengeschäftes, in: K. Juncker, E. Priewasser (Hrsg.), Handbuch Firmenkundengeschäft, 2. Aufl., Frankfurt a.M. 2001, S. 158.

kosten in die Kreditmarge inkludiert, und damit möglicherweise nicht mehr konkurrenzfähige Konditionen anbieten kann.[1]

- Positive Abweichungen stellen die größere Gefahr für ein Kreditinstitut dar. Das hierfür vorzuhaltende Eigenkapital, d.h. Risikokapital, muss – wie vorstehend ausgeführt wurde – adäquat verzinst und die derart ermittelten Eigenkapitalkosten bei der Kalkulation der Kreditmarge berücksichtigt werden.[2]

Bei isolierter Betrachtung des unerwarteten Verlustes kann dieser symmetrisch, d.h. mit den Streuungsmaßen der Varianz bzw. der Standardabweichung, oder asymmetrisch mit den Shortfall- bzw. Downside-Maßen des ‚Credit Value at Risk' (CVaR) oder des ‚Expected Shortfalls' (‚Lower Partial Moments ersten Grades', ‚Conditional Value at Risk') gemessen werden.[3] Da die Verluste im Kreditgeschäft regelmäßig nicht normalverteilt (symmetrisch) sind, werden meist asymmetrische Risikomaße verwendet. Die nachfolgende Abbildung zeigt eine für das Kreditgeschäft typisch schiefe Verlustverteilungsfunktion mit einem langen Verteilungsende:[4]

---

[1] Vgl. hierzu auch Dambach, H. T.: Der institutionelle Kreditmarkt wächst dynamisch, in: Die Bank, o.Jg. (2000), S. 138.

[2] OEHLER/UNSER bezeichnen die ermittelten Eigenkapitalkosten als eigentliche ‚Risikoprämie'. Vgl. Oehler, A.; Unser, M.: Finanzwirtschaftliches Risikomanagement, a.a.O., S. 338. Ebenso Hille, C. T.; Burmester, C.; Otto, M.: Modelle zur risikoadjustierten Kapitalallokation, a.a.O., S. 191.

[3] Vgl. Kirmße, S.: Gesamtbankorientierte Kreditrisikosteuerung, in: H. Schierenbeck, B. Rudolph, S. Schüller (Hrsg.), Handbuch Bankcontrolling, 2. Aufl., Wiesbaden 2001, S. 1023 f, Wehrspohn, U.: Standardabweichung und Value at Risk als Maße für das Kreditrisiko, in: Die Bank, o.Jg. (2001), S. 582 ff., Studer, G.; Steiger, G.: Strategische Optimierung des Kreditportfolios, in: Die Bank, o.Jg. (2001), S. 215 f., Oehler, A.; Unser, M.: Finanzwirtschaftliches Risikomanagement, a.a.O., S. 338, Brüning, J.-B.; Hoffjahn, A.: Gesamtbanksteuerung mit Risk-Return-Kennzahlen, a.a.O., S. 365 f. Zu den Problemen der Ermittlung eines (Credit) Value at Risk im Kreditgeschäft der Banken vgl. Rudolph, B.: Ansätze zur Kreditnehmerbeurteilung: Theoretische Analyse und Würdigung, in: ZfgK, 52. Jg. (1999), S. 116, Lehrbaß, F. B.: Risikomessung für ein Kreditportfolio – ein Methodenvergleich, in: Die Bank, o.Jg. (1999), S. 130 ff., Horn, C.; Küchle, O.: Implementierung von Value-at-Risk-Methoden im Kreditbereich, in: ZfgK, 53. Jg. (2000), S. 244 ff., Krumnow, J.: Risikomanagement bei Kreditinstituten, a.a.O., Sp. 2051 sowie insbesondere Heri, E. W.; Zimmermann, H.: Grenzen statistischer Messkonzepte für die Risikosteuerung, in: H. Schierenbeck, B. Rudolph, S. Schüller (Hrsg.), Handbuch Bankcontrolling, 2. Aufl., Wiesbaden 2001, S. 1004 ff. Zur Anwendung des Value at Risk-Ansatzes für Zwecke der Bestimmung von marktrisikoinduzierten Verlustpotenzialen vgl. Locarek-Junge, H.; Stahl, G.: Value-at-Risk, in: HWF, 3. Aufl., Stuttgart 2001, Sp. 2120 ff.

[4] Vgl. Theiler, U.-A.: Herausforderungen der Kreditrisikomodellierung, in: ZfgK, 52. Jg. (2000), S. 468. BRÖKER/LEHRBASS führen aus, dass die Rechtsschiefe im Wesentlichen darauf zurückzuführen sei, dass der Expected Loss mehrheitlich unterschritten, jedoch in Ausnahmejahren deutlich überschritten wird; vgl. Bröker, F.; Lehrbasss, F. B.: Kreditportfoliomodelle in der Praxis, in: H. Schierenbeck, B. Rudolph, S. Schüller (Hrsg.), Handbuch Bankcontrolling, 2. Aufl., Wiesbaden 2001, S. 776.

Abb. 97: Verlustverteilung

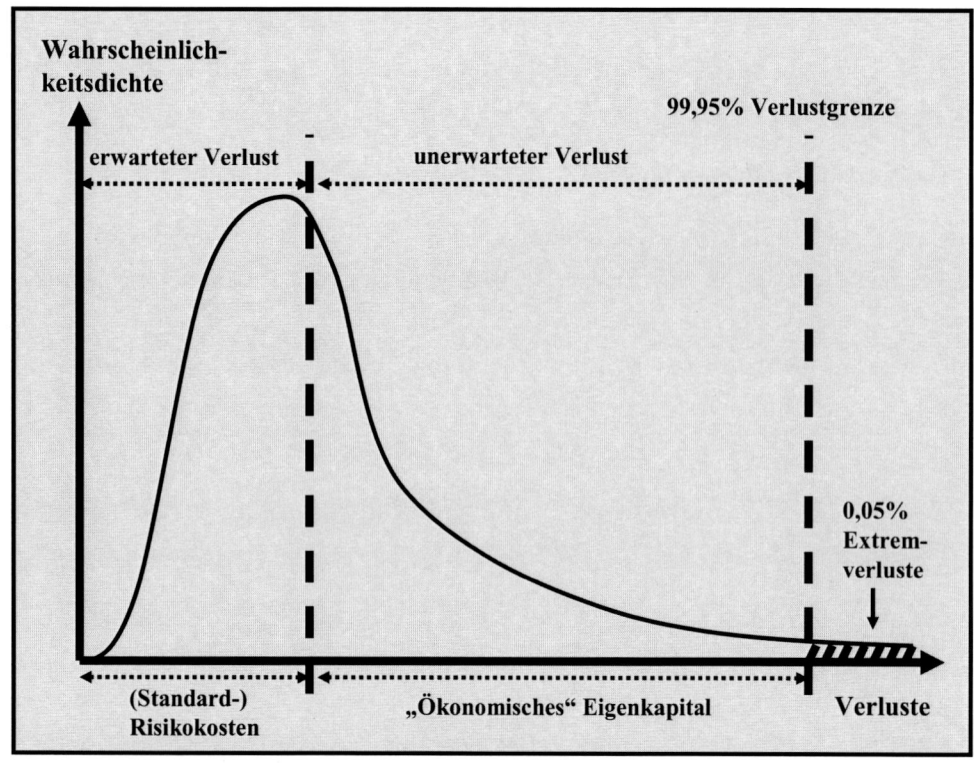

```
Wahrscheinlich-
keitsdichte
                                           99,95% Verlustgrenze
    erwarteter Verlust    unerwarteter Verlust

                                              0,05%
                                              Extrem-
                                              verluste

                                              Verluste
   (Standard-)    „Ökonomisches" Eigenkapital
   Risikokosten
```

Quelle: Eigene Darstellung in Anlehnung an Oehler, A.; Unser, M.: Finanzwirtschaftliches Risikomanagement, Heidelberg u.a. 2001, S. 343 f. m.w.N.

Die in der vorstehenden Abbildung dargestellte Verlustgrenze kann als das unter Berücksichtigung eines vorgegebenen Konfidenzniveaus bzw. Prognoseintervalls (hier: 99,95%) maximal wahrscheinliche Verlustpotenzial interpretiert werden, welches zwecks Existenzsicherung des Kreditinstitutes durch Eigenkapital zu decken ist.[1]

Der unerwartete Verlust erfährt eine erweiterte Bedeutung, wenn dieser auf einer Portfolioebene ermittelt wird, da Korrelationen zwischen einzelnen Engagements bzw. sich partiell neutralisierende „*gegenläufige Bewegungen in einzelnen Branchen oder Regionen*"[2] berücksichtigt werden können.

Ausgehend von den tradierten Begrifflichkeiten des ‚Return on Investment (ROI)' bzw. des ‚Return on Equity (ROE)'[3] sowie den vorstehend skizzierten Eigenkapitalbegriffen können verschiedene Renditekennzahlen für die risikoadjustierte Performancemessung im Geschäft der Kreditinstitute unterschieden werden:[4]

---

[1] Vgl. Büschgen, H.-E.: Bankbetriebslehre, a.a.O., S. 932.

[2] Guthoff, A.; Pfingsten, A.; Schuermann, T.: Die Zukunft des Kreditgeschäftes, in: ZfgK, 52. Jg. (1999), Nr. 21, S. 1183.

[3] Teilweise wird im Schrifttum der Begriff des ‚Return on Capital' (ROC) synonym verwendet. Vgl. Lehar, A.; Welt, F.; Wiemayr, C.; Zechner, J.: Risikoadjustierte Performancemessung in Banken: Konzepte zur Risiko-Ertragssteuerung, a.a.O., S. 860.

[4] Kreditinstitute refinanzieren ihre Kreditgeschäfte im Wesentlichen mit Fremdgeldern (Kundeneinlagen oder Kapitalmarktrefinanzierungen). Daher eignet sich im Kreditgeschäft die Investitionssumme, d.h. der ausgereichte Kredit, nicht als Nenner einer Renditekennzahl, so dass der ROI für Zwecke der Bewertung ausscheidet. Auch die Renditekennzahl ROE, erweist sich als problematisch, da – wie bereits skizziert – der Begriff des bilanziellen Eigenkapitals neben dem des regulatorischen und dem des ökonomischen Eigenkapitals verwendet wird. Vgl. Anders, U.: RaRoC – ein Begriff, viel Verwirrung, a.a.O., S. 314 u.

Return on Solvency (ROS)

$$ROS = \frac{(Risikoadjustiertes)Nettoergebnis}{AufsichtsrechtlichesKapital}$$

Der ROS stellt ein (risikoadjustiertes) Maß für die Rendite auf die regulatorisch vorzunehmende Eigenkapitalunterlegung des betrachteten Kreditgeschäftes dar.[1] Das Nettoergebnis ergibt sich durch Subtraktion der Liquiditätskosten und Stückkosten von der Bruttozinsmarge. Eine Risikoadjustierung des Nettoergebnisses kann durch Abzug der einzelgeschäftsbezogenen (Standard-)Risikokosten[2] vorgenommen werden.[3]

Return on Risk adjusted Capital (RORAC)

$$RORAC = \frac{Nettoergebnis}{ÖkonomischesKapital}$$

Im Rahmen der Renditekennzahl RORAC erfolgt die Risikoadjustierung nicht im Zähler, sondern im Nenner durch Verwendung des ökonomischen Eigenkapitals anstelle des bilanziellen oder aufsichtsrechtlichen Eigenkapitals.[4] Aufgrund der Vernachlässigung von erwarteten Verlusten bei der Ermittlung des Nettoergebnisses besitzt die Kennzahl nur eingeschränkte Aussagekraft. Eine Verwendung dürfte nur im risikoarmen Kredit- und Anleihegeschäft mit erstklassigen Bonitäten, d.h. im Staatsfinanzierungsgeschäft, angezeigt sein, da hier einerseits die Risikokosten eine zu vernachlässigende Größe darstellen und andererseits der Ansatz von regulatorischem Eigenkapital aufgrund eines Bonitätsgewichtes von 0% ungeeignet ist.

Risk adjusted Return on Capital $_{alt}$ (RAROC$_{alt}$)

$$RAROC_{alt} = \frac{RisikoadjustiertesNettoergebnis}{(Bilanzielles)Eigenkapital}$$

Der RAROC stellt in seiner ursprünglichen Konzeption (hier: RAROC$_{alt}$) auf das nicht risikoadjustierte Eigenkapital ab, wobei dessen Höhe zwischen dem gezeichneten Kapital als Minimalgröße und dem regulatorischen Kapital als Maximalgröße bankindividuell festgelegt werden kann. Bei Verwendung eines aufsichtsrechtlichen Eigenkapitalbegriffes kann die Renditekennzahl identisch mit dem vorstehend skizzierten ROS sein, wenn letzterer auf der Basis eines risikoadjustierten Nettoergebnisses ermittelt wurde. Probleme können sich bei der Ermitt-

---

317. Zudem berücksichtigen weder der ROI noch der ROE das (Ausfall-)Risiko. Vgl. auch Hille, C. T.; Burmester, C.; Otto, M.: Modelle zur risikoadjustierten Kapitalallokation, a.a.O., S. 190. DUHNKRACK definiert den ROE hingegen als ex post ermittelte buchhalterische Größe auf der Basis des regulatorischen Eigenkapitals; vgl. Vgl. Duhnkrack, T.: Wertorientierte Steuerung des Firmenkundengeschäftes, a.a.O., S. 158 f. Dieser Auffassung wird im Rahmen der vorliegenden Untersuchung nicht gefolgt.

[1] Teilweise wird der ROS auch als ‚Return on Regulatory Capital' (RORC) bezeichnet. Vgl. Lehar, A.; Welt, F.; Wiemayr, C.; Zechner, J.: Risikoadjustierte Performancemessung in Banken: Konzepte zur Risiko-Ertragssteuerung, a.a.O., S. 860.

[2] Der Begriff der ‚Standardkosten' ist identisch mit dem der ‚Normalkosten'. Die ‚Normalkostenrechnung' basiert auf Durchschnittskosten, die aus den Istkosten abgelaufener Berichtsperioden ermittelt wurden. Vgl. Freidank, C.-C.: Kostenrechnung, a.a.O., S. 189 ff.

[3] Teilweise wird im Schrifttum unter einer ‚Risikoadjustierung' ausschließlich der Abzug von Eigenkapitalkosten im Zähler verstanden; vgl. Guthoff, A.; Homölle, S.; Pfingsten, A.: Banksteuerung mit RAROC und anderen risikoadjustierten Performancemaßen, in: K. Juncker, E. Priewasser (Hrsg.), Handbuch Firmenkundengeschäft, 2. Aufl., Frankfurt a.M. 2001, S. 367. Dieser Auffassung wird hier nicht gefolgt. Vgl. hierzu auch die nachfolgenden Ausführungen zum RARORAC$_{HR}$.

[4] Vgl. Brüning, J.-B.; Hoffjahn, A.: Gesamtbanksteuerung mit Risk-Return-Kennzahlen, in: a.a.O., S. 362.

lung des RAROC$_{alt}$ dann ergeben, wenn die Kennzahl einzelgeschäftsbezogen und ex ante, d.h. vor Geschäftsabschluss, sowie unter Verwendung einer bilanziellen Eigenkapitalgröße erfolgen soll. Eine derartige Vorgehensweise setzt zugleich eine Kenntnis über das dem Einzelgeschäft zurechenbare bilanzielle Eigenkapital voraus.[1]

Risk adjusted Return on Risk adjusted Capital (RARORAC) / RAROC$_{neu}$

$$RARORAC = RAROC_{neu} = \frac{RisikoadjustiertesNettoergebnis}{ÖkonomischesKapital}$$

Nur der RARORAC berücksichtigt bei der Risikoadjustierung sowohl die erwarteten Verluste (Zähler) als auch die unerwarteten Verluste (Nenner) und stellt insoweit eine vollumfänglich risikoadjustierte Renditegröße dar.[2] In der bankbetrieblichen Praxis bzw. im Schrifttum wird der RARORAC häufig auch als RAROC (hier: RAROC$_{neu}$) bezeichnet.[3]

Alle vorstehend skizzierten mehr oder weniger risikoadjustierten Renditekennziffern bzw. Risk adjusted Performance Measurements (RAPM) müssen für Zwecke der Entscheidungsfindung mit der Mindest-Zielrendite der Eigenkapitalgeber (Hurdle Rate) verglichen werden.[4] Das Entscheidungskriterium lautet RAPM > Hurdle Rate. Alternativ kann diese Hurdle Rate auch im risikoadjustierten Renditemaß selbst berücksichtigt werden. Das Entscheidungskriterium lautet dann RAPM > 0. Die nachfolgende Abbildung zeigt beispielhaft die Ermittlung des einzelgeschäftsbezogenen RARO(RA)C$_{HR}$ unter Berücksichtigung der Hurdle Rate (HR):

---

[1] Vor dem Hintergrund von unterjährig ständig variierender und mit regulatorischem Eigenkapital zu unterlegender Risikoaktiva, einer nicht konstanten Zusammensetzung des regulatorischen Eigenkapitals sowie eines kurz- bis mittelfristig konstanten bilanziellen Eigenkapitals setzt diese Vorgehensweise ein hochentwickeltes und leistungsfähiges Rechnungswesen respektive eine bankübergreifende Eigenkapitalsteuerung voraus.

[2] Vgl. Hille, C. T.; Burmester, C.; Otto, M.: Modelle zur risikoadjustierten Kapitalallokation, a.a.O., S. 191.

[3] Vgl. Willinsky, C.: Rentabilitätsmaße, risikobereinigte, a.a.O., Sp. 1809 m.w.N., Anders, U.: RaRoC – ein Begriff, viel Verwirrung, a.a.O., S. 314.

[4] Für eine Diskussion der Vor- und Nachteile von geschäftsfeldindividuell festgelegten Hurdle Rates vgl. Lehar, A.; Welt, F.; Wiemayr, C.; Zechner, J.: Risikoadjustierte Performancemessung in Banken: Konzepte zur Risiko-Ertragssteuerung, a.a.O., S. 949 ff. Einer Untersuchung der Deutschen Bank zufolge lagen die Margen im US-amerikanischen Konsortialkreditgeschäft für gezogene und ungezogene Kreditlinien fast durchgängig bei allen Rating-Klassen unter einer zum Zwecke der Untersuchung festgelegten ‚Hurdle Rate' von 20%. Vgl. Tierney, J.; Misra, R.: The driving force of credit, in: Risk, 14. Jg. (2001), Nr. 3, Beilage: Credit Risk Special Report March 2001, S. S24.

Abb. 98: Ermittlung des einzelgeschäftsbezogenen RARO(RA)C$_{HR}$

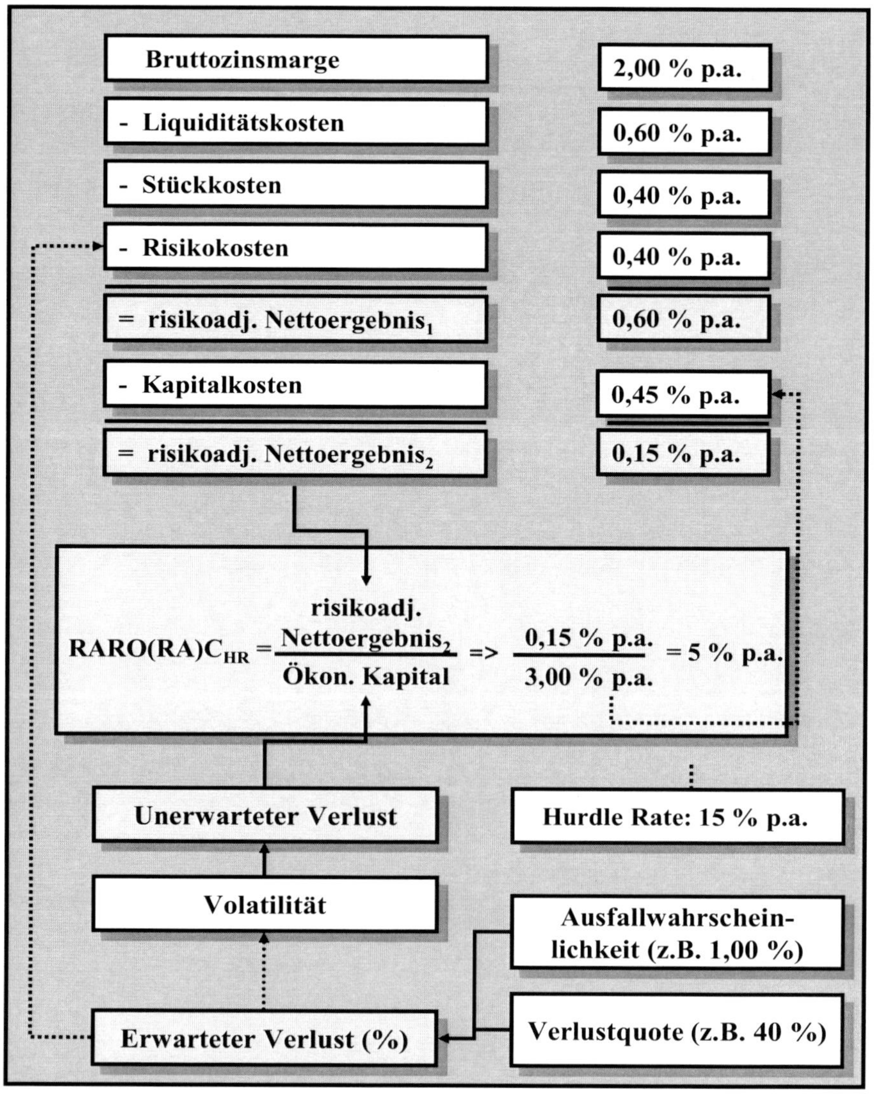

Bruttozinsmarge	2,00 % p.a.
- Liquiditätskosten	0,60 % p.a.
- Stückkosten	0,40 % p.a.
- Risikokosten	0,40 % p.a.
= risikoadj. Nettoergebnis$_1$	0,60 % p.a.
- Kapitalkosten	0,45 % p.a.
= risikoadj. Nettoergebnis$_2$	0,15 % p.a.

$$\text{RARO(RA)C}_{HR} = \frac{\text{risikoadj. Nettoergebnis}_2}{\text{Ökon. Kapital}} \Rightarrow \frac{0{,}15\ \%\ p.a.}{3{,}00\ \%\ p.a.} = 5\ \%\ p.a.$$

- Unerwarteter Verlust
- Volatilität
- Erwarteter Verlust (%)
- Hurdle Rate: 15 % p.a.
- Ausfallwahrscheinlichkeit (z.B. 1,00 %)
- Verlustquote (z.B. 40 %)

Quelle: Eigene Darstellung

Das obige Rechenschema kann zudem für Steuerungszwecke bzw. für die Kalkulation von Mindestmargen verwendet werden.[1] Zu beachten ist jedoch, dass bei der Verwendung von risikoadjustierten Renditekennzahlen auf der Ebene der Gesamtbank bzw. einzelner Profit Center zwei Situationen möglich sind, die zu Fehlsteuerungen bzw. zu einem Unterinvestitionsproblem führen können:

- Geschäfte mit einem positiven RARORAC$_{HR}$ können nicht in ausreichendem Maße am Markt akquiriert werden, so dass das zur Verfügung stehende Risikokapital nicht vollständig in neues Geschäftsvolumen investiert wird.[2]

---

[1] Fordert die Bank beispielsweise einen Ziel-RARO(RA)C (= RARORAC$_{HR}$) von 15%, so muss die Bruttozinsmarge um 30 Basispunkte auf 2,30% p.a. erhöht werden. Vgl. hierzu auch Kirmße, S.: Die Ermittlung von Risikoprämien im Firmenkreditgeschäft, in: K. Juncker, E. Priewasser (Hrsg.), Handbuch Firmenkundengeschäft, 2. Aufl., Frankfurt a.M. 2001, S. 380 ff. Vgl. allgemein zur Problematik eines Preiswettbewerbs Stein, D.: Risiken beim Auslandskredit, speziell am Euromarkt, in: Die Bank, o.Jg. (1982), S. 510.

[2] Vgl. Guthoff, A.; Homölle, S.; Pfingsten, A.: Banksteuerung mit RAROC und anderen risikoadjustierten Performancemaßen, a.a.O., S. 376 f.

- Es werden Geschäfte bevorzugt, die aufgrund eines sehr geringen assoziierten Risikokapitals tendenziell zu einem vergleichsweise hohen $\text{RARORAC}_{\text{HR}}$ führen,[1] deren Neugeschäftsvolumen jedoch vergleichsweise gering ist oder in einzelnen Jahren starken Schwankungen unterliegt.

In beiden Situationen kann sich im Ergebnis ein – relativ gesehen – geringerer absoluter risikoadjustierter Erfolg einstellen. Ergänzend ist insoweit auch das <u>absolute</u> risikoadjustierte, d.h. unter zusätzlicher Berücksichtigung von Eigenkapitalkosten (Hurdle Rate) ermittelte, Nettoergebnis$_2$ für die Geschäftssteuerung heranzuziehen. Das periodische risikoadjustierte Nettoergebnis$_2$ wird auch als ‚Economic Value Added' (EVA) bezeichnet.[2] Die barwertige Summe der ex ante für zukünftige Perioden erwarteten EVA bildet den ‚Market Value Added' (MVA).[3]

4.1.2.2.4 Prüfungstheoretische Einordnung

Aufgrund der Inkludierung der Prozessphasen ‚Kreditrisikosteuerung' und ‚Kreditrisikokontrolle' ist der Aufgabenkomplex des ‚Kreditrisikomanagements' per definitionem weiter gefasst als derjenige der ‚Kreditwürdigkeitsprüfung i.w.S.':[4]

- Die Ergebnisse der Kreditwürdigkeitsprüfung können zwar als Inputdaten für eine aktive bzw. passive Beeinflussung des Kreditrisikos verwendet werden, die Kreditwürdigkeitsprüfung stellt jedoch selbst keine Steuerungsmaßnahme dar.[5]

- Die Kreditrisikokontrolle ist ein übergeordneter ‚Metaprozess', welcher im Idealfall fortlaufend und parallel die Funktions- und Zweckmäßigkeit der einzelnen Analyse- und Steuerungsmaßnahmen überwacht. Analog können auch die Urteilssicherheit und Wirtschaftlichkeit der ‚Kreditwürdigkeitsprüfung i.w.S.' einer begleitenden und/oder nachgelagerten ‚Kontrolle' unterzogen werden, wobei diese jedoch kein originärer Bestandteil derselben ist.

Die prüfungstheoretische Diskussion des Aufgabenkomplexes ‚Kreditrisikomanagement' kann sich daher auf die Prozessphase der ‚Kreditrisikoanalyse' beschränken. Die nachfolgende Abbildung zeigt Ansatzpunkte für eine prüfungstheoretische Einordnung der einzelnen Maßnahmen der ‚Kreditrisikoanalyse' auf:

---

[1] Eine derartige Situation kann beispielsweise im Kontext von Exportfinanzierungen auftreten, wenn das aus sowohl regulatorischer als auch ökonomischer Perspektive vorzuhaltende Risikokapital vor dem Hintergrund staatlicher Finanzkreditdeckungen (z.B. Ausfuhrgewährleistungen der Bundesrepublik Deutschland) sowie geringer deckungstechnischer Selbstbehalte vergleichsweise gering ist.

[2] Vgl. Böcking, H.-J.; Nowak, K.: Das Konzept des Economic Value Added, in: FB, 1. Jg. (1999), S. 281 ff., Guthoff, A.; Homölle, S.; Pfingsten, A.: Banksteuerung mit RAROC und anderen risikoadjustierten Performancemaßen, a.a.O., S. 368 u. 377.

[3] Vgl. Weber, M.-W.: EVA – Management- und Vergütungssystem für Banken, in: Die Bank, o.Jg. (2000), S. 466 f.

[4] Vgl. hierzu die vorstehenden Ausführungen unter den Gliederungspunkten 4.1.2.2.1 Zum Erfordernis eines Managements von Kreditrisiken, S. 393 ff. sowie 4.1.2.1.1 Begriffliche Grundlegung, S. 353 ff.

[5] Dies wird zumindest dann gelten, wenn die Urteilsübermittlung in Form von Kollektiv- (Qualitäts-), Grad- und/oder Rangurteilen erfolgt. Ein Gesamturteil in Form eines die Kreditwürdigkeit verneinenden Alternativurteils dagegen dürfte regelmäßig bereits einen eigenständigen Steuerungscharakter im Sinne einer ‚Risikovermeidung' entfalten. Vgl. zu den hier genannten Formen der Urteilsübermittlung die vorstehenden Ausführungen unter Gliederungspunkt 4.1.2.1.2.5 Ergebnis der Kreditwürdigkeitsprüfung, S. 387 ff. Ein Alternativurteil kann vielmehr erst nach Kreditrisikobewertung gefällt werden, wenn eine risikoadäquate Bepreisung durch den Kreditnehmer angenommen oder abgelehnt wird. Vgl. Peil, P.; Egger, E.: Portfoliosteuerung im Kreditgeschäft, in: Die Bank, o.Jg. (2000), S. 416.

Abb. 99: Prüfungstheoretische Einordnung der Kreditrisikoanalyse

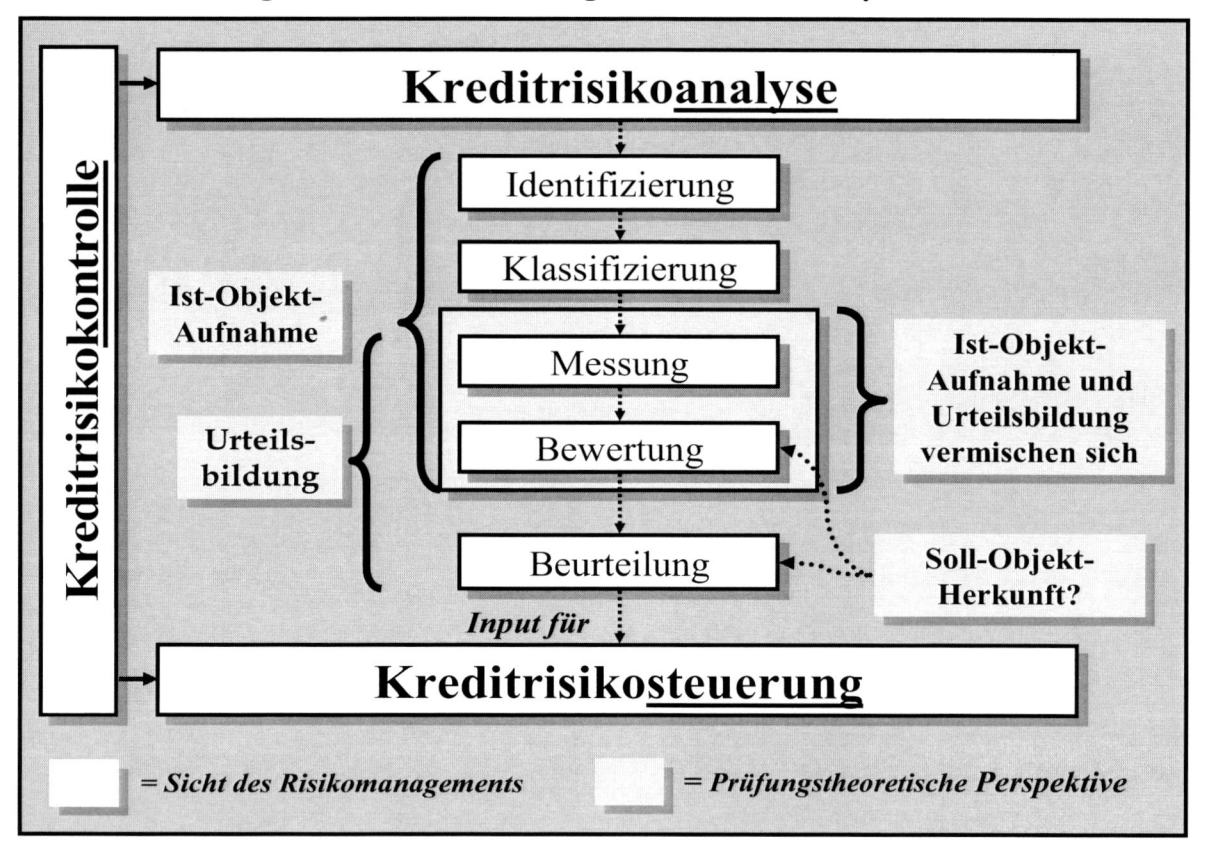

Kreditrisikoanalyse
- Identifizierung
- Klassifizierung
- Messung
- Bewertung
- Beurteilung

Kreditrisikosteuerung (Input für)

Kreditrisikokontrolle

Ist-Objekt-Aufnahme / Urteilsbildung

Ist-Objekt-Aufnahme und Urteilsbildung vermischen sich

Soll-Objekt-Herkunft?

☐ = Sicht des Risikomanagements   ☐ = Prüfungstheoretische Perspektive

Quelle: Eigene Darstellung

Die einzelnen Bestandteile der Kreditrisikoanalyse können aus einer prüfungstheoretischen Perpektive wie folgt eingeordnet werden:

- Die ‚**Identifizierung**' von Risikoquellen im konkreten Einzelgeschäft bzw. für Teilportfolien mit neuen Produkten und/oder unbekannten Kundengruppen sowie in neuen Branchen und Märkten kann als eine Form der Ist-Objekt-Aufnahme qualifiziert werden. Eine Formulierung von vergleichsfähigen Soll-Merkmalsausprägungen für die identifizierten Risiken unterbleibt.

- Die ursachenbezogene ‚**Klassifizierung**' von Ausfallrisiken stellt aus einer prüfungstheoretischen Perspektive ausschließlich eine (standardisierte) sachliche Gliederung in einzelne Prüffelder dar.[1]

- Die ‚**Messung**' von Ausfallrisiken, d.h. die quantitative Ermittlung des erwarteten Verlustes aus einem Kreditgeschäft, kann als eine Form der indirekten (Daten-)Prüfung charakterisiert werden. Ein aus den vorliegenden Informationen abgeleitetes und zu einem aggregierten (Ersatz-)Ist-Objekt verdichtetes Rating-Ergebnis (z.B. kardinal- oder ordinalskalierte Rating-Note) wird mit einem Ersatz-Soll-Objekt (kardinal- oder ordinalskalierte Rating-Note einer Rating-Skala) verglichen.[2] Das Ergebnis dieses Soll-Ist-Vergleiches repräsentiert zugleich eine Ausfallwahrscheinlichkeit bzw. einen erwarteten Verlust (EL). Das hierbei angewandte Schlussverfahren basiert aufgrund der Beschaffenheit des Ersatz-Soll-Objektes ausschließlich auf empirisch-induktiv oder stochastisch-simulativen Indikatorhypothesen, so dass das Rating-Ergebnis nicht mit einem eindeutigen und abschließenden Prüfungsurteil gleichgesetzt werden darf.

---

[1] Vgl. hierzu die vorstehenden Ausführungen unter Gliederungspunkt 4.1.1.2.4 Prüfungsplanung, S. 339 ff.
[2] Vgl. hierzu die vorstehenden Ausführungen unter Gliederungspunkt 4.1.1.2.2.2.3 Kriterium ‚Art der Vergleichshandlung', S. 324 ff.

- Eine ‚**Bewertung**' des Risikos durch Weiterverarbeitung des quantifizierten erwarteten Verlustes zu risikoadjustierten Erfolgs- und Renditegrößen kann eine Form der Urteilsbildung über die Zweckmäßigkeit einer Kreditvergabe darstellen:[1] Risikoadjustierte Erfolgsgrößen (z.B. EVA) bzw. risikoadjustierte Renditekennzahlen unter Berücksichtigung einer Hurdle Rate (z.B. RARORAC$_{HR}$) können als hochverdichtetes kardinalskaliertes Quantitätsurteil über ‚unternehmensindividuelle Ziel- und Ergebnisnormen'[2] interpretiert werden.[3] Das Soll-Objekt wird hierbei implizit durch die Hurdle Rate repräsentiert. Ein Urteil über ‚rein aufsichtsrechtliche Normen' sowie ‚allgemeinverbindliche, unternehmensunabhängige Zweckmäßigkeitsnormen' wird jedoch nicht abgegeben.[4]

- Die ‚**Beurteilung**' über das bewertete Risiko eines Kreditgeschäftes vor dem Hintergrund der Präferenzfunktion des Entscheidungsträgers kann als Urteilsbildung im Sinne einer betriebswirtschaftlichen Prüfung ausgestaltet sein. Voraussetzung hierfür dürfte jedoch die Basierung der (subjektiven) Präferenzfunktion auf einem personen- respektive institutsindividuellen Normenkanon (z.B. im Rahmen einer schriftlich fixierten Kreditrisikostrategie) sein, welcher die Ableitung von vergleichsfähigen Soll-Merkmalsausprägungen erlaubt. Dies darf jedoch nicht dahingehend interpretiert werden, dass ein derartiger Normenkanon bei der Urteilsbildung neben ‚personenindividuelle Ziel- und Ergebnisnormen des Entscheidungsträgers' zwangsläufig auch ‚unternehmensindividuelle Ziel- und Ergebnisnormen' bzw. ‚rein aufsichtsrechtliche Normen' sowie ‚allgemeinverbindliche, unternehmensunabhängige Zweckmäßigkeitsnormen' berücksichtigt.

Im Hinblick auf die Messung von Kreditrisiken ist ergänzend darauf hinzuweisen, dass der Begriff ‚**Rating**' im Geschäft mit Firmenkunden nicht mit der Kreditwürdigkeitsprüfung gleichgesetzt werden darf. Soll-Rating-Noten können zwar als unternehmensindividuell konkretisierte Optimalitätskriterien, d.h. Ziel- bzw. Ergebnisnormen, interpretiert werden. Aufsichtsrechtlich stellt ein Rating jedoch nur eine Ausprägungsform des ‚**Schrittes 2: Auswertung**' in der Ausprägungsform ‚**Weiterverarbeitung von vorgelegten Informationen**' dar.[5] Auch aus einer prüfungstheoretischen Perspektive kann ein Rating weder eine Kreditwürdigkeitsprüfung ersetzen, noch ist es die Kreditwürdigkeitsprüfung.[6] Das Rating stellt letztlich nur eine im Zuge einer Kreditwürdigkeitsprüfung eingesetzte Prüfungsmethode respektive Ergebnisverdichtung zu einem Gesamturteil in Form einer Rating-Note dar.[7] Die hierfür notwendige und vorhergehende Prüfung der vorgelegten Unterlagen und Informationen kann durch das Rating selbst nicht ersetzt werden. Anderenfalls

---

[1] So wohl auch die Sichtweise der Bankenaufsicht: „*Zwischen der Einstufung im Risikoklassifizierungsverfahren und der Konditionengestaltung sollte ein sachlich nachvollziehbarer Zusammenhang bestehen.*" BaFin: Mindestanforderungen an das Kreditgeschäft der Kreditinstitute, Rundschreiben 34/2002, Tz. 42.

[2] Vgl. zu den ‚unternehmensindividuellen Ziel- und Ergebnisnormen' die vorstehenden Ausführungen unter Gliederungspunkt 4.1.2.1.2.2 Prüfungsnormen der Kreditwürdigkeitsprüfung, S. 362 ff.

[3] Risikoadjustierte Renditekennzahlen ohne implizite Berücksichtigung einer Hurdle Rate (z.B. RARORAC) stellen hingegen ein hochverdichtetes Ist-Objekt dar, welches noch mit dem Soll-Objekt ‚Hurdle Rate' zu vergleichen ist.

[4] Vgl. zu den genannten Begrifflichkeiten nochmals die vorstehenden Ausführungen unter Gliederungspunkt 4.1.2.1.2.2 Prüfungsnormen der Kreditwürdigkeitsprüfung, S. 362 ff.

[5] Vgl. hierzu die vorstehenden Ausführungen unter Gliederungspunkt 3.1.2.2.3 Schritt 2: Auswertung, S. 289 ff.

[6] So wohl auch die Sichtweise der Bankenaufsicht, welche zwischen der ‚Kreditwürdigkeitsprüfung' und dem ‚Risikoklassifizierungsverfahren' (Rating), differenziert; vgl BaFin: Mindestanforderungen an das Kreditgeschäft der Kreditinstitute, Rundschreiben 34/2002, Tz. 45.

[7] „*Eine moderne Form der Gesamt-Bonitätsbeurteilung von Kreditnehmern stellt das bankinterne Kreditrating dar.*" Reischauer, F.; Kleinhans, J.: Kreditwesengesetz. Loseblattkommentar für die Praxis nebst sonstigen bank- und sparkassenrechtlichen Aufsichtsgesetzen sowie ergänzenden Vorschriften, Berlin 1963, Stand: Erg. Lfg. 02/02, § 18, S. 41, Tz. 29 sowie auch S. 31, Tz. 19.

würde die Gefahr bestehen, dass nur noch diejenigen Informationen durch das Kreditinstitut vom Kreditnehmer abgerufen werden, die von den jeweiligen Rating-Systemen als Eingabewerte benötigt werden bzw. in der Vergangenheit vor dem Hintergrund der damaligen Kreditportfoliozusammensetzung als relevante Parameter bzw. Variablen eingestuft wurden.[1] Daneben besteht die latente Gefahr eines „strategischen Kreditnehmerverhaltens" durch manipulative und/oder taktische Maßnahmen, die auf eine Beeinflussung der Rating-Noten abzielen.[2] Bei einer prüfungstheoretischen Betrachtung stellt das Rating somit eine Urteilsbildung unter Verwendung statistisch ermittelter bzw. stochastisch simulierter Gewichtungsfaktoren dar. Die Folge ist, dass einzelne – für den konkreten Sachverhalt – wesentliche Fehler im Gesamtergebnis neutralisiert werden können, da die Gewichtungsfaktoren vergangenheitsorientiert sind und/oder durch subjektive Intervallsetzungen bei Simulationsläufen beeinflusst werden.[3]

Die nachfolgende Abbildung zeigt abschließend die Stellung von Kreditwürdigkeitsprüfung bzw. -überwachung sowie des Rating im Rahmen eines vollintegrierten Kreditmanagements:

---

[1] Eine Ausnahme kann im Rahmen des Massengeschäftes mit Privatkunden (z.B. Teilzahlungsgeschäft, Konsumentenleasing) gegeben sein, da hier eine derartige Vorgehensweise aufgrund geringer, unterhalb der Betragsgrenze des § 18 Satz 1 KWG liegender Kreditvolumina nicht im Widerspruch zu den gesetzlichen Regelungen steht. Vgl. hierzu die vorstehenden Ausführungen unter Gliederungspunkt 3.1.2.1.3 Zur Betragsgrenze ‚mehr als 750.000 Euro, S. 240.

[2] Vgl. Thießen, F.: Rating im Kreditgeschäft und strategisches Kreditnehmerverhalten, in: ZfgK, 57. Jg. (2004), S. 572 ff.

[3] Vgl. Bönkhoff, F. J.: Beurteilungsprozeß bei der Revision, a.a.O., Sp. 265 sowie die Ausführungen unter Gliederungspunkt 2.2.4.3.4.3 Simulationsbasierte Risikoanalysen, S. 152 ff.

Abb. 100: Bedeutung von Kreditwürdigkeitsprüfung und -überwachung für ein vollintegriertes Kreditmanagement

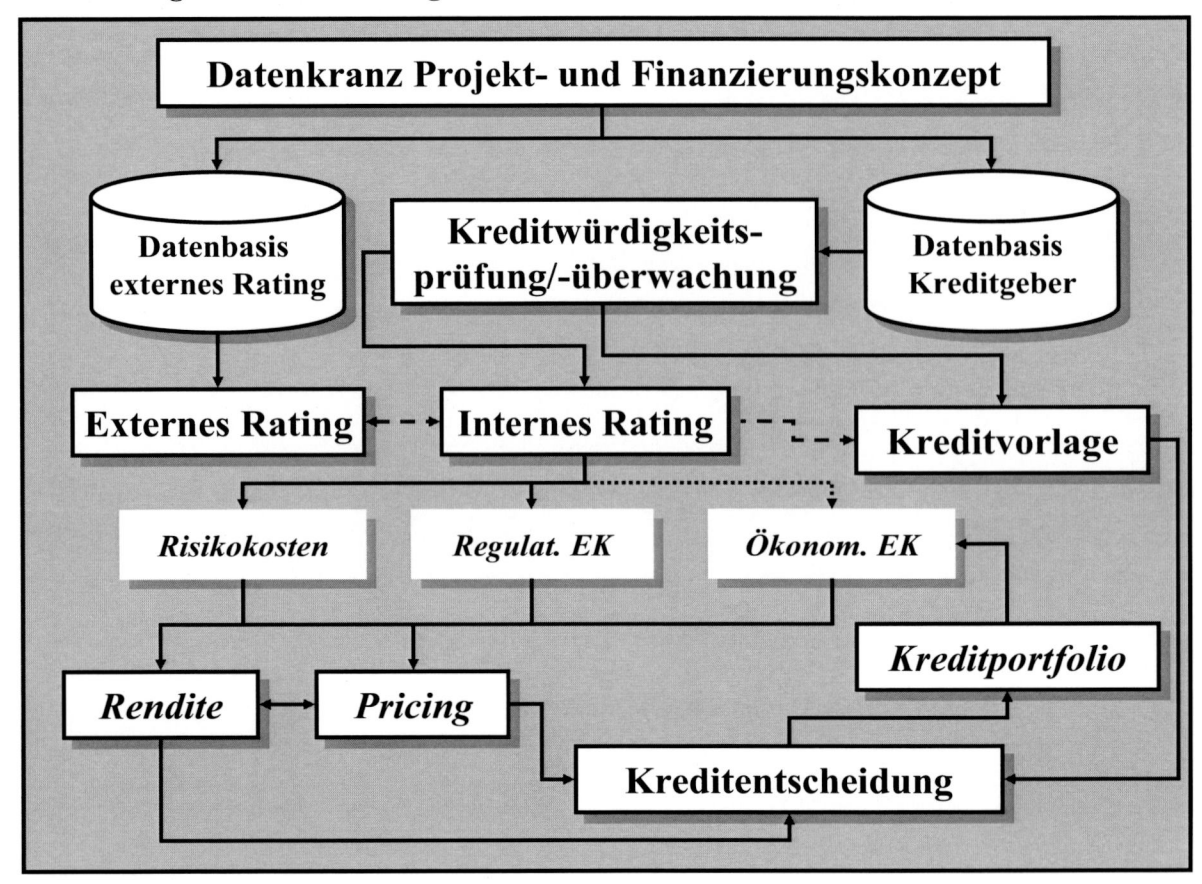

```
                    Datenkranz Projekt- und Finanzierungskonzept

      Datenbasis          Kreditwürdigkeits-          Datenbasis
    externes Rating      prüfung/-überwachung         Kreditgeber

    Externes Rating  ---  Internes Rating  ---  Kreditvorlage

              Risikokosten   Regulat. EK   Ökonom. EK

                                                    Kreditportfolio
         Rendite  ←→  Pricing
                                Kreditentscheidung
```

Quelle: Eigene Darstellung

4.2 Methodische Grundlagen für eine zukunftsorientierte Kreditwürdigkeitsprüfung bei Projektfinanzierungen im engeren Sinne

4.2.1 Grundsätzliche methodische Vorgehensweisen

4.2.1.1 Risikoorientierter Prüfungsmethoden-Mix

Bei der Darstellung von allgemeinen, kreditartenübergreifenden Prüfungsdurchführungsnormen für Kreditwürdigkeitsprüfungen wurde bereits auf die Relevanz des ‚Grundsatzes der risikoorientierten Prüfung' hingewiesen, welcher die Verwendung eines situationsadäquat zusammengestellten ‚risikoorientierten Prüfungsmethoden-Mix' impliziert.[1] Basierend auf dem vorstehend skizzierten ‚risikoorientierten Prüfungsansatz'[2] werden hierbei die folgenden methodischen Vorgehensweisen kombiniert eingesetzt:

- Allgemeine Risikobeurteilung
- Ergebnisprüfung
- Systemprüfung

---

[1] Vgl. hierzu die vorstehenden Ausführungen unter Gliederungspunkt 4.1.2.1.2.4.1 Prüfungsdurchführungsnormen, S. 369 ff.

[2] Vgl. hierzu die vorstehenden Ausführungen unter den Gliederungspunkten 4.1.1.2.3 Prüfungsrisiko und Prüfungsrisikomodell, S. 334 ff. sowie 4.1.1.2.5 Prüfungsstrategie, S. 343 ff.

Nachfolgend werden die verfügbaren Prüfungsmethoden im Hinblick auf ihre Verwendbarkeit für eine zukunftsorientierte Kreditwürdigkeitsprüfung bei Projektfinanzierungen im engeren Sinne dargestellt und die jeweiligen Sicherheitsbeiträge und Sicherheitsintensitäten vor dem Hintergrund des Untersuchungsgegenstandes relativiert.

4.2.1.2 Allgemeine Risikobeurteilung

4.2.1.2.1 Prinzip der allgemeinen Risikobeurteilung

Ergibt sich im Rahmen des Kreditentscheidungsprozesses für eine Organisationseinheit die implizite Erfordernis (Einheit ‚Markt') oder der explizite Auftrag (Einheit ‚Marktfolge') zur Durchführung einer Kreditwürdigkeitprüfung,[1] so hat diese bei individuell strukturierten Finanzierungen vor Aufnahme von konkreten Prüfungshandlungen zunächst eine allgemeine Beurteilung des Fehlerrisikos vorzunehmen. Für den Untersuchungsgegenstand ‚Projektfinanzierung im engeren Sinne' bedeutet dies, dass ausgehend vom ‚Grundsatz der Risikoorientierung' zunächst eine (qualitative) Einschätzung von Risiken im vorliegenden Informationssystem erfolgen muss. Diese ‚prüfungsbezogene Risikoanalyse' ist von der ‚projektbezogenen Risikoanalyse'[2] zu differenzieren, wobei sich aus der letzteren während der gesamten Phase der Kreditwürdigkeitsprüfung Anhaltspunkte für eine detailliertere Einschätzung des Fehlerrisikos ergeben können:

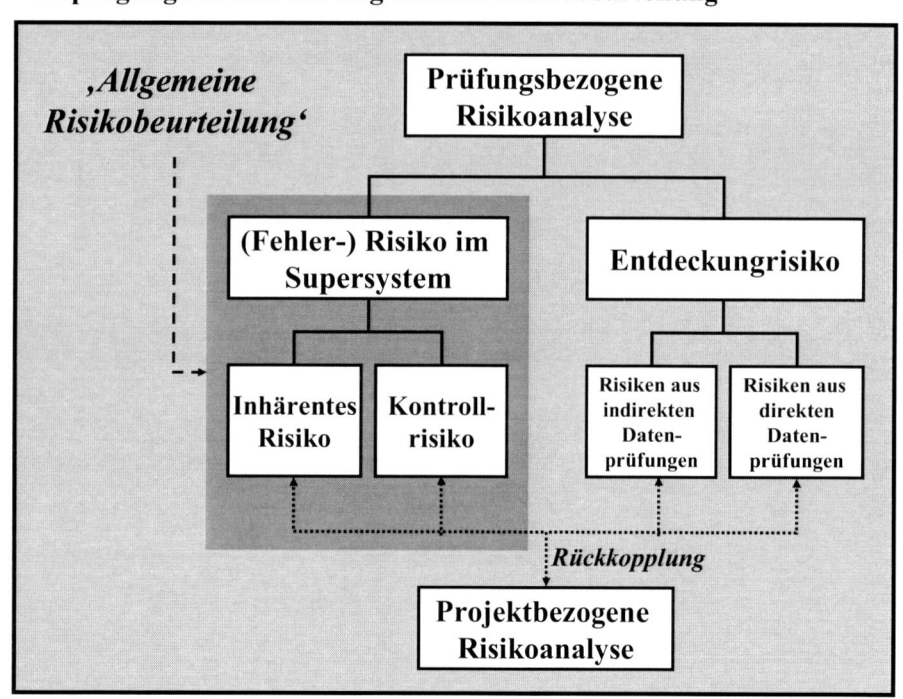

Abb. 101: Ausprägungsformen der allgemeinen Risikobeurteilung

Quelle: Eigene Darstellung

Unter dem **‚Supersystem'** ist die geplante Struktur bzw. das Modell einer ‚Projektfinanzierung im engeren Sinne' zu verstehen, welches sich für den Prüfungsträger aus der Gesamtheit aller im Rah-

---

[1] Vgl. zu den Begriffen ‚Markt' und ‚Marktfolge' im Kontext des Kreditentscheidungsprozesses die vorstehenden Ausführungen unter Gliederungspunkt 4.1.2.1.2.3.1 Verhältnis des Prüfers zum Prüfungsobjekt, S. 364 ff.

[2] Vgl. hierzu die vorstehenden Ausführungen unter Gliederungspunkt 2.2.4 Projektbezogene Risikoanalyse, S. 139 ff.

men der Kreditwürdigkeitsprüfung vorgelegten respektive herangezogenen Informationen ergibt. Im Rahmen des Konsortialkreditgeschäfts wird das Supersystem primär durch ein von den Sponsoren, ihrem ‚Financial Adviser' und/oder einer als ‚Arranger' mandatierten Bank strukturiertes Projekt- und Finanzierungskonzept repräsentiert,[1] welches sich je nach Planungsstand bzw. Umsetzungsphase in verschiedenen vorzulegenden Unterlagen (u.a. Machbarkeitsstudie, Information Memorandum, modellgestützte Finanzplanung, Studien, Gutachten, Verträge, Jahresabschlüsse und Geschäftsberichte von Drittparteien etc.) konkretisiert (‚**Informationssystem**').[2] Unabhängig von seiner konkreten physischen (formellen) Erscheinungsform[3] lässt sich das Supersystem in abstrakter/virtueller (materieller) Hinsicht wiederum in verschiedene ‚Systeme' und ‚Subsysteme' unterteilen:[4]

---

[1] Vgl. zum Konsortialkreditgeschäft sowie zu den Begrifflichkeiten ‚Financial Adviser' und ‚Arranger' die vorstehenden Ausführungen unter Gliederungspunkt 2.3.1 Grundfunktionen von Banken in der internationalen Projektfinanzierung, S. 159 ff.

[2] Vgl. zu den Phasen einer Projektfinanzierung die vorstehenden Ausführungen unter Gliederungspunkt 2.3.2.2 Ablauforganisation, S. 178 ff.

[3] Vgl. hierzu die vorstehenden Ausführungen unter Gliederungspunkt 3.1.2.2.2.1.1 Grundsätzliches, S. 266 ff.

[4] Vgl. zu den genannten Subsystemen auch die vorstehenden Ausführungen unter den Gliederungspunkten 2.2.2 Modellgestützte Finanzplanung (Cashflow-Analyse), S. 60 ff., 2.2.3 Prognosen, S. 123 ff. sowie 2.2.4 Projektbezogene Risikoanalyse, S. 139 ff.

Abb. 102: Das Supersystem ‚Projekt- und Finanzierungskonzept' und seine Systeme bzw. Subsysteme

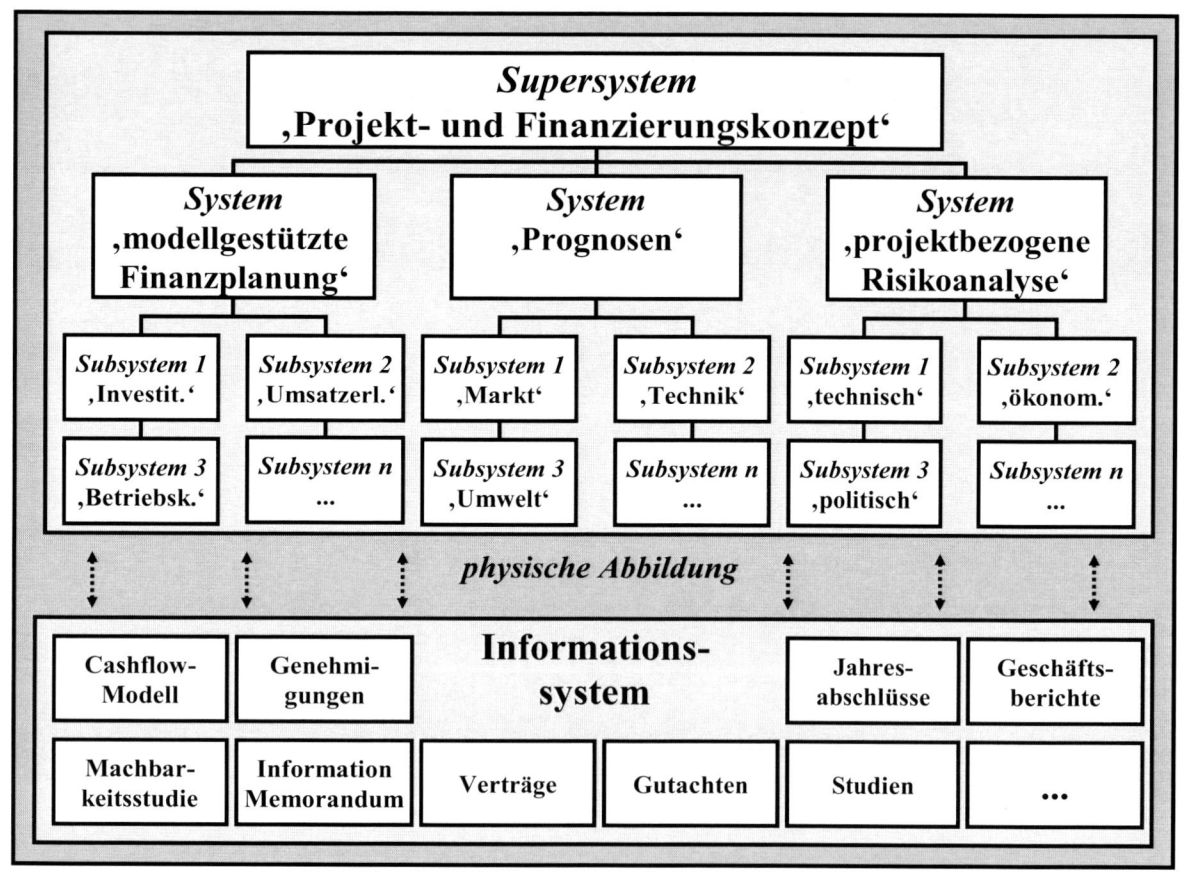

	Supersystem ‚Projekt- und Finanzierungskonzept'				
\multicolumn{2}{System ‚modellgestützte Finanzplanung'}	\multicolumn{2}{System ‚Prognosen'}	\multicolumn{2}{System ‚projektbezogene Risikoanalyse'}
Subsystem 1 ‚Investit.'	Subsystem 2 ‚Umsatzerl.'	Subsystem 1 ‚Markt'	Subsystem 2 ‚Technik'	Subsystem 1 ‚technisch'	Subsystem 2 ‚ökonom.'
Subsystem 3 ‚Betriebsk.'	Subsystem n ...	Subsystem 3 ‚Umwelt'	Subsystem n ...	Subsystem 3 ‚politisch'	Subsystem n ...

physische Abbildung

		Informationssystem		
Cashflow-Modell	Genehmigungen		Jahresabschlüsse	Geschäftsberichte
Machbarkeitsstudie	Information Memorandum	Verträge	Gutachten	Studien	...

Quelle: Eigene Darstellung

Auf der Basis des vorgelegten Informationssystems sowie unter Berücksichtigung der projektspezifischen Rahmenbedingungen ist für jedes Prüffeld bzw. dessen korrespondierende Prüfungsziele vor Aufnahme konkreter Prüfungshandlungen eine Beurteilung des ‚Fehlerrisikos' durch Analyse seiner Komponenten ‚Inhärentes Risiko' sowie ‚Kontrollrisiko' vorzunehmen:

- **Inhärentes Risiko**

Das ‚inhärente Risiko' wird durch die internen Spezifika und die externen Rahmenbedingungen des Projektes sowie die involvierten Planungsträger determiniert.[1] Die nachfolgende Abbildung zeigt verschiedene Determinanten des ‚inhärenten Risikos' bei ‚Projektfinanzierungen im engeren Sinne':

---

[1] Vgl. für eine abstrakte Darstellung des ‚inhärenten Risikos' als Bestandteil des ‚Fehlerrisikos' respektive des ‚Prüfungsrisikos' die vorstehenden Ausführungen unter Gliederungspunkt 4.1.1.2.3 Prüfungsrisiko und Prüfungsrisikomodell, S. 334 ff. Vgl. hierzu auch analog Zaeh, P. E.: Die Operationalisierung des Fehlerrisikos im Kontext der Risikoorientierten Abschlussprüfung – Unter besonderer Würdigung der multivariaten linearen Diskriminanzanalyse, in: ZIR, 35. Jg. (2000), S. 20 ff.

Abb. 103: Systematisierung der Determinanten des ‚inhärenten Risikos' bei Projektfinanzierungen i.e.S.'

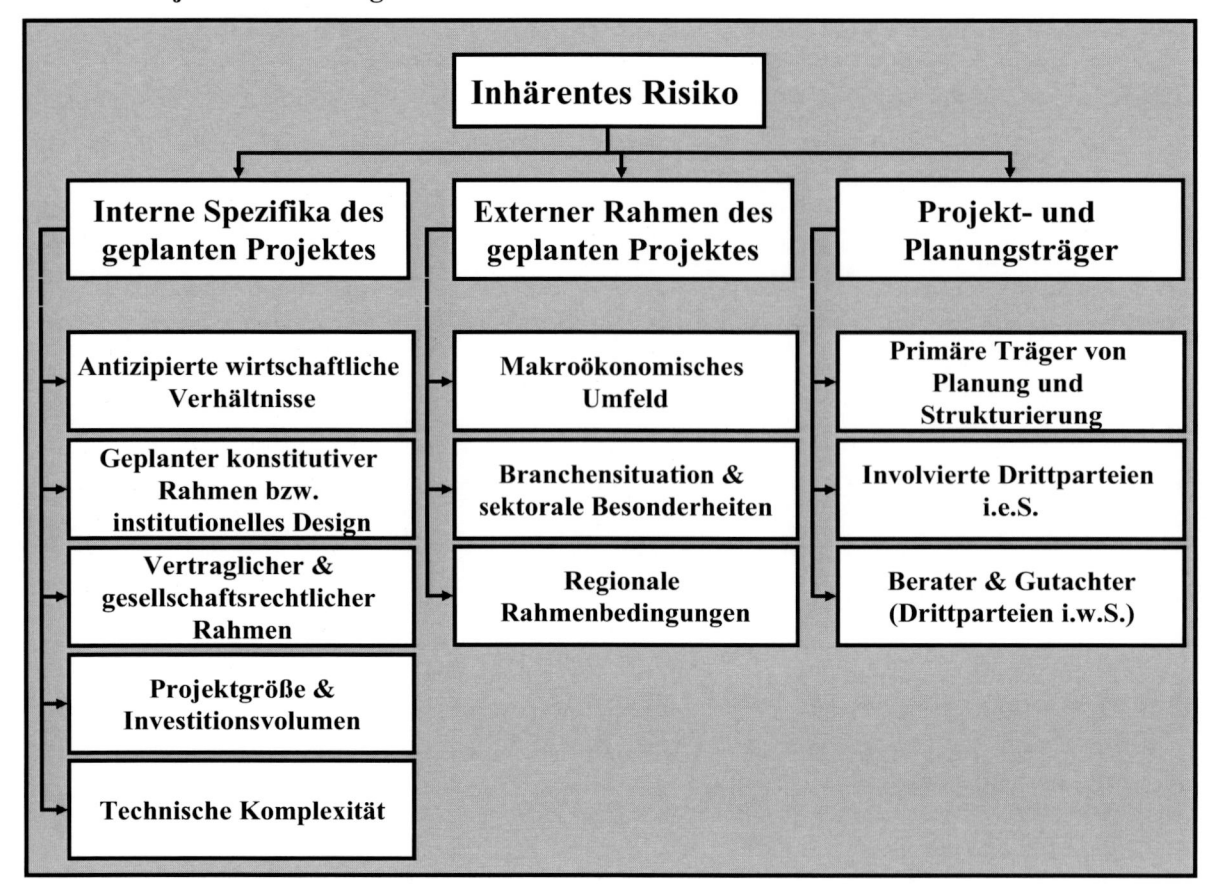

```
                            ┌─────────────────────┐
                            │  Inhärentes Risiko  │
                            └──────────┬──────────┘
         ┌─────────────────────────────┼─────────────────────────────┐
         ▼                             ▼                             ▼
┌──────────────────────┐   ┌──────────────────────┐   ┌──────────────────────┐
│ Interne Spezifika des│   │  Externer Rahmen des │   │     Projekt- und     │
│  geplanten Projektes │   │  geplanten Projektes │   │   Planungsträger     │
└──────────────────────┘   └──────────────────────┘   └──────────────────────┘
```

Interne Spezifika des geplanten Projektes	Externer Rahmen des geplanten Projektes	Projekt- und Planungsträger
Antizipierte wirtschaftliche Verhältnisse	Makroökonomisches Umfeld	Primäre Träger von Planung und Strukturierung
Geplanter konstitutiver Rahmen bzw. institutionelles Design	Branchensituation & sektorale Besonderheiten	Involvierte Drittparteien i.e.S.
Vertraglicher & gesellschaftsrechtlicher Rahmen	Regionale Rahmenbedingungen	Berater & Gutachter (Drittparteien i.w.S.)
Projektgröße & Investitionsvolumen		
Technische Komplexität		

Quelle: Eigene Darstellung

Die vorstehend genannten Determinanten des ‚inhärenten Risikos' lassen sich wie folgt begründen:

- **Interne Spezifika des geplanten Projektes**

    - Im Zuge der allgemeinen Risikobeurteilung lassen sich auf der Basis der vorgelegten und noch nicht im Detail geprüften Unterlagen Tendenzaussagen zu den **antizipierten wirtschaftlichen Verhältnissen** ableiten. Im Rahmen einer ersten <u>kursorischen Durchsicht</u> von Annahmen, Modellalgorithmen und Ergebniswerten des ‚Base Case' sowie etwaiger ‚Sensitivitätsanalysen' können Erkenntnisse zur Beurteilung des ‚inhärenten Risikos' gewonnen werden.[1] Derartige Feststellungen sind von einer zweidimensionalen Natur, da sie einerseits auf mögliche grundsätzliche ‚Struktur- bzw. Konzeptionsmängel' des ihm zugrundeliegenden ‚Projekt- und Finanzierungskonzeptes' und andererseits auf potenzielle Defizite des Informationssystems (‚Erfassungs- und Verarbeitungsmängel', ‚Konstruktionsmängel') hinweisen können.[2]

---

[1] Vgl. zu den Begrifflichkeiten ‚Base Case' und ‚Sensitivitätsanalyse' die vorstehenden Ausführungen unter den Gliederungspunkten 2.2.4.3.4 Quantitative (projektbezogene) Risikoanalyse, S. 148 ff. sowie 2.3.2.2 Ablauforganisation, S. 178 ff.

[2] Beispielsweise können bei einem Projekt- und Finanzierungskonzept bereits im Base Case unzureichende Cashflows respektive knappe Schuldendienstdeckungsraten festgestellt werden (‚Struktur- und Konzeptionsmängel'). Das Fehlerpotenzial und damit die Wahrscheinlichkeit einer Falschdarstellung der Bonität dürfte – soweit nicht durch ein entsprechend reduziertes ‚Kontrollrisiko' kompensiert – in diesem Fall relativ hoch sein, da bereits das Vorliegen von kleinen Abweichungen die Unfähigkeit zur Bedienung des Schuldendienstes bedeuten kann.

- Des Weiteren ist der **geplante konstitutive Rahmen bzw. das institutionelle Design** in die allgemeine Risikobeurteilung einzubeziehen. Eine erkennbar ungeeignete Projektabgrenzung[1] kann ebenso wie die vorgesehene projektinterne Aufbau- und Ablauforganisation wichtige Hinweise auf ein potenziell erhöhtes ‚inhärentes Risiko' geben. Auch die geplante institutionelle Ausgestaltung der Unternehmensführung und -überwachung im Zusammenspiel von Geschäftsleitung (Vorstand, Geschäftsführung etc.) und Aufsichtsorganen (Aufsichtsrat, Verwaltungsrat, Fachbeiräte etc.) sowie von Drittparteien (z.B. Banken) unter Berücksichtigung von Principal-Agent-Beziehungen und asymmetrischen Informationsverteilungen ist (in diesem Kontext) in die Analyse einzubeziehen (‚Corporate Governance').[2]

- Eine <u>kursorische</u> Bestandsaufnahme der **vertraglichen und gesellschaftsrechtlichen Rahmenbedingungen** dürfte bei ‚Projektfinanzierungen im engeren Sinne' einen besonders effektiven und effizienten Weg für eine erste allgemeine Risikobeurteilung darstellen. Die Übernahme von vertraglich unterlegten, abstrakten Zahlungspflichten durch Drittparteien beeinflusst direkt die Qualität des ‚inhärenten Risikos'.[3] Insbesondere das Vorhandensein bzw. die Ausgestaltung von verbindlichen Vereinbarungen über den Bau und Betrieb des Projektes sowie auch für die betrieblichen Teilfunktionen Absatz und Beschaffung sind hierbei zu betrachten. Daneben sind die kodifizierten gesellschaftsrechtlichen Rahmenbedingungen (z.B. Haftung, Mindestkapitalausstattung)[4] und darüber hinausgehende vertragliche Vereinbarungen der Gesellschafter (z.B. Nachschussverpflichtungen)[5] zu analysieren.

- Die absolute **Projektgröße und das korrespondierende Investitionsvolumen** stellen ebenfalls wichtige Anhaltspunkte für die Bestimmung des ‚inhärenten Risikos' dar. Das Kriterium ‚Größe' ist dabei sowohl monetär als auch kapazitätsmäßig zu betrachten, da in beiden Fällen regelmäßig mit zunehmender Dimensionierung die Komplexität[6] der zugrundeliegenden Sachverhalte bzw. deren Ausgestaltung steigt.[7]

- Eine Analyse der **technischen Komplexität** kann u.a. dann auf ein erhöhtes ‚inhärentes Risiko' hinweisen, wenn neuartige Technologien (z.B. satellitengestützte Mobilfunksysteme) zum Einsatz kommen, die Technologie erstmals in der Region des geplanten Projektstandortes realisiert wird oder Projektfinanzierungen für untypische Branchen (z.B. land- und fischereiwirtschaftliche Großprojekte) vorliegen.

- **Externer Rahmen des geplanten Projektes**

---

[1] Vgl. hierzu auch die vorstehenden Ausführungen unter Gliederungspunkt 2.1.3.1.1 Ökonomische Isolierung, S. 12 ff.

[2] Vgl. hierzu auch die vorstehenden Ausführungen unter Gliederungspunkt 2.1.4.1 Risk Sharing, S. 33 ff. Zum Begriff ‚Corporate Governance' vgl. Sell, A.: Die Genesis von Corporate Governance, Berichte aus dem Weltwirtschaftlichen Colloquium der Universität Bremen, Dezember 2004 Nr. 94, S. 2 ff.

[3] Vgl. hierzu auch die vorstehenden Ausführungen unter Gliederungspunkt 2.1.4.2 Übernahme abstrakter Zahlungspflichten durch Dritte, S. 40 ff.

[4] Vgl. hierzu die vorstehenden Ausführungen unter Gliederungspunkt 2.1.3.1.2 Rechtliche Isolierung, S. 14 ff.

[5] Vgl. hierzu die vorstehenden Ausführungen unter Gliederungspunkt 2.1.4.1 Risk Sharing, S. 33 ff.

[6] Vgl. analog Wiedmann, H.: Der risikoorientierte Prüfungsansatz, a.a.O., S. 22.

[7] Dies lässt sich an einem trivialen Beispiel verdeutlichen: Bei einem kleinen Windkraftprojekt mit einem Investitionsvolumen von Euro 10 Mio. bedeutet eine 5%ige Investitionskostenerhöhung eine absolute Steigerung von Euro 500.000. Andererseits impliziert die gleiche prozentuale Zunahme bei einem großen Kohlekraftwerk mit ca. 2.000 MW und einem Investitionsvolumen von Euro 1 Mrd. eine Kostenüberschreitung von Euro 50 Mio. Obwohl die Fehlerauswirkungen in relativer Sicht jeweils gleich hoch sind, ist der absolute Schaden im zweitgenannten Fall wesentlich höher. Wichtiger ist jedoch, dass die Wahrscheinlichkeit für das Auftreten einer Abweichung im Fall des Kohlekraftwerks aufgrund der technischen und ökonomischen Komplexität sowie der damit einhergehenden Dimensionierung der Planungs- und Umsetzungsmaßnahmen ceteris paribus wesentlich größer sein dürfte.

- Eine Analyse des **makroökonomischen Umfelds** kann ebenfalls Hinweise auf ein erhöhtes ‚inhärentes Risiko' geben. Entsprechende Indikatoren sind beispielsweise stark schwankende Devisenkurse, Zinssätze und Inflationsraten sowie eine instabile konjunkturelle Lage, hohe Arbeitslosigkeitszahlen und eine reduzierte Binnennachfrage.

- Die **Branchensituation und die sektoralen Besonderheiten** sind unabhängig von der angestrebten bzw. im vorgelegten Projekt- und Finanzierungskonzept dargestellten Sachverhaltsgestaltung zu beurteilen. Beispielsweise können erkennbare Tendenzen für eine Regulierung oder Deregulierung des Sektors auf ein erhöhtes ‚inhärentes Risiko' hindeuten. Daneben sind die typischen, d.h. von der Mehrzahl der Marktteilnehmer nachgefragten, Kontrahierungsverhältnisse (Spotmarkt, Börsen, langfristige Vertragsbindungen etc.) zu analysieren.

- Von erheblicher Bedeutung sind letztlich auch die **regionalen Rahmenbedingungen** am Projektstandort. Hierfür ist unter anderem der Komplex des Länderrisikos mit seinen Subkategorien ‚politisches Risiko' und ‚wirtschaftliches Länderrisiko' sowie mit deren entsprechende Risikoarten zu analysieren.[1] Daneben können andere Charakteristika des Projektstandortes auf ein erhöhtes ‚inhärentes Risiko' hinweisen (z.B. klimatische Verhältnisse, infrastrukturelle Erschließung, regelmäßiges Auftreten von Naturkatastrophen etc.).

- **Projekt- und Planungsträger**

    - Das ‚inhärente Risiko' im Informationssystem wird u.a. durch Qualität und Quantität der **primären Träger von Planung und Strukturierung**, d.h. den in das Projektmanagement involvierten Personen, beeinflusst.[2] Im Rahmen von gemeinsamen Besprechungen, Präsentationen sowie schriftlichen und mündlichen Rückfragen kann ein erster Eindruck der individuellen Fachkompetenz gewonnen werden. Im Idealfall werden Lebensläufe bzw. Listen mit persönlichen Referenzprojekten (‚Track Record') vorgelegt.

    - Regelmäßig müssen **involvierte Drittparteien i.e.S.**, d.h. Sponsoren, Anlagenbauer, Abnehmer, Lieferanten bzw. deren Mitarbeiter, wesentliche Teilaufgaben bei der Strukturierung des Projekt- und Finanzierungskonzeptes übernehmen. Auch hier können die Qualität und Quantität der involvierten Personenkreise einen erheblichen Einfluss auf das ‚inhärente Risiko' des Informationssystems ausüben.[3]

    - Wesentliche Bestandteile des Informationssystems werden von **Beratern und Gutachtern (Drittparteien i.e.S.)** generiert bzw. im Wege von Analysen plausibilisiert. Die fachliche Kompetenz, d.h. der vermutete Grad von Sachkenntnis und -verständnis der mandatierten Dienstleister, kann wiederum Anhaltspunkte für die Schätzung des ‚inhärenten Risikos' geben.

Möglicherweise können für die genannten Determinanten Vergleichsgrößen (‚Benchmarks') respektive Erfahrungswerte aus vergleichbaren Projekt- und Finanzierungskonzepten herangezogen werden. Im Idealfall lassen sich hierbei ähnliche ‚inhärente Risiken' identifizieren, die bereits zu einem ‚Event of Default' bzw. ‚Credit Event' geführt haben. Derartige Erfahrungswerte dürfen jedoch noch nicht per se zu einem negativen Prüfungsurteil führen.[4]

---

[1] Vgl. hierzu die exemplarische Aufzählung einzelner Risikoarten in Tab. 13: Generische Risikostruktur von ‚Projektfinanzierungen i.e.S.', S. 145 ff.

[2] Vgl. analog Wiedmann, H.: Der risikoorientierte Prüfungsansatz, a.a.O., S. 22.

[3] Ein Sonderfall liegt z.B. dann vor, wenn Einzelpersonen (z.B. Privatinvestoren) oder strategisch desinteressierte bzw. rein renditeorientierte Finanzinvestoren (z.B. Spezialfonds) als Sponsoren in ein Projekt involviert werden sollen.

[4] Prüfungs- respektive Entscheidungsträger können aufgrund eigener negativer Erfahrungen aus anderen Geschäftsvorfällen („Konditionierung") dazu neigen, ähnlich gelagerte Sachverhalte pauschal zu disqualifizieren. Dieses sozialpsychologische Phänomen kann dadurch verhindert werden, dass die involvierten

- **Kontrollrisiko**

Nach Analyse des ‚inhärenten Risikos' auf der Ebene einzelner Prüffelder respektive korrespondierender Prüfungsziele ist zu untersuchen, inwieweit es durch wirksame Kontrollen während der Konzeption des Supersystems bzw. durch die Konstruktion der Informationserfassung und -verarbeitung auf der Ebene einzelner Systeme und Subsysteme berücksichtigt wird. Das sich hieraus ergebende ‚Kontrollrisiko' entscheidet darüber, ob das dem Prüfungsobjekt innewohnende Risiko auf ein akzeptables Niveau reduziert wird. ‚Inhärentes Risiko' und ‚Kontrollrisiko' determinieren somit gemeinsam das ‚Fehlerrisiko' eines vorgelegten Projekt- und Finanzierungskonzeptes. Der Begriff ‚Kontrolle' impliziert die Betrachtung von Prozessen auf einer Systemebene, wobei verschiedene Dimensionen des System- und Kontrollbegriffes unterschieden werden können:

Abb. 104: Differenzierung der System- und Kontrolldimensionen bei ‚Projektfinanzierungen i.e.S.'

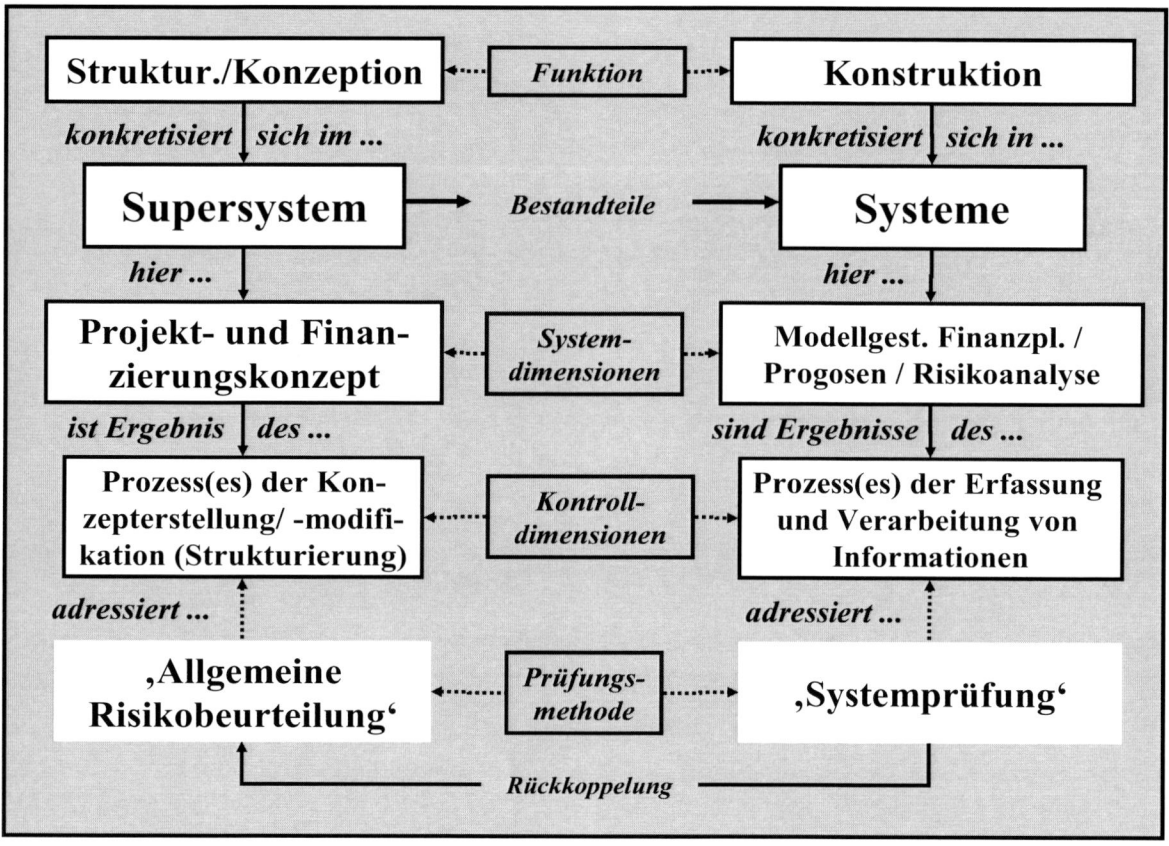

```
        Struktur./Konzeption  ←··· Funktion ···→   Konstruktion
         konkretisiert sich im ...                  konkretisiert sich in ...
             Supersystem       → Bestandteile →        Systeme
              hier ...                                  hier ...
        Projekt- und Finan-    ←··· System-  ···→   Modellgest. Finanzpl. /
        zierungskonzept            dimensionen      Progosen / Risikoanalyse
         ist Ergebnis des ...                      sind Ergebnisse des ...
        Prozess(es) der Kon-   ←··· Kontroll-  ···→  Prozess(es) der Erfassung
        zepterstellung/ -modifi-    dimensionen       und Verarbeitung von
        kation (Strukturierung)                        Informationen
         adressiert ...                            adressiert ...
         ‚Allgemeine           ←··· Prüfungs- ···→   ‚Systemprüfung'
         Risikobeurteilung'         methode
              ↑───────────────── Rückkoppelung ─────────────────
```

Quelle: Eigene Darstellung

Die Kontrolldimensionen lassen sich wie folgt skizzieren bzw. voneinander differenzieren:

- **Prozess der Kontrolle im Rahmen der Konzepterstellung/-modifikation**

Der Prozess der Kontrolle im Rahmen der Konzepterstellung/-modifikation soll das Auftreten von ‚Struktur- und Konzeptionsmängeln' im Projekt- und Finanzierungskonzept verhindern. Der Vor-

---

Individuen explizit den institutionalisierten Auftrag zur Untersuchung und Umschreibung des Kontroll- und Entdeckungsrisikos erhalten. Die hierbei gewonnenen Erkenntnisse sollten zu einer „objektivierten" und für Dritte nachvollziehbaren Auseinandersetzung mit dem konkreten Sachverhalt führen. Andernfalls besteht die Gefahr, das Geschäftspotenzial nicht ausgenutzt wird.

gang der Strukturierung bzw. Konzeption kann selbst als ein System aufgefasst werden, an dem verschiedene Kreditinstitute teilnehmen:

Abb. 105: Idealtypisches Kontrollrisiko bei der Konzepterstellung/-modifikation in Abhängigkeit von ausgeübten Grundfunktionen

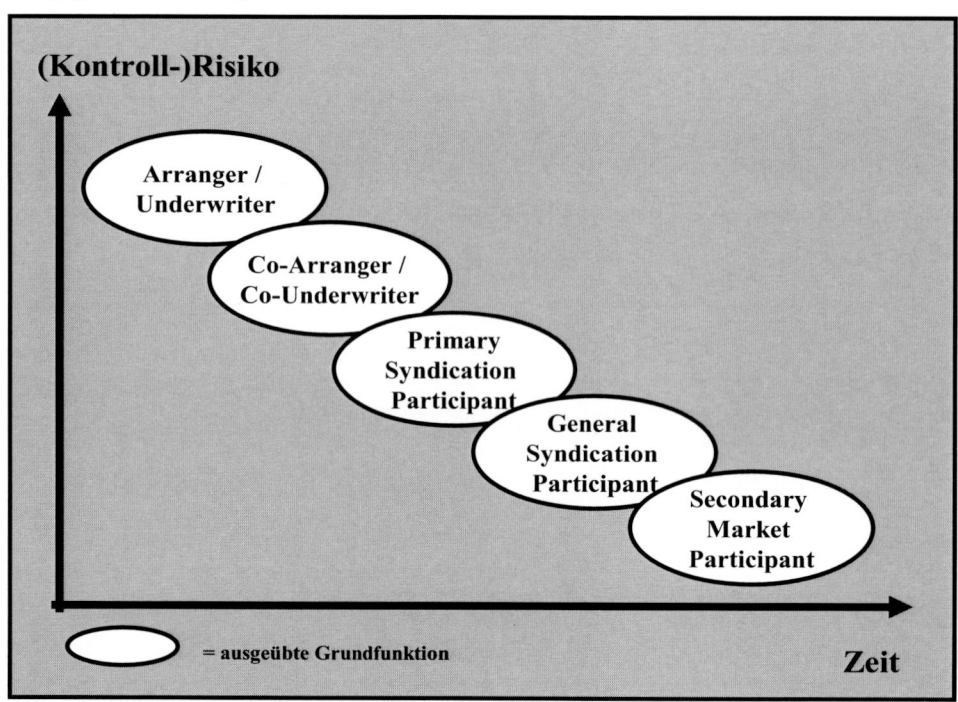

Quelle: Eigene Darstellung

Mit zunehmender Anzahl der beteiligten Kreditinstitute bzw. der von Ihnen wahrgenommenen Grundfunktionen[1] dürfte sich tendenziell das ‚Kontrollrisiko' reduzieren.[2] Dies ist darauf zurückzuführen, dass bei ‚Projektfinanzierungen im engeren Sinne' die Kreditgewährung typischerweise konsortial und in mehreren Stufen (Arranging, Underwriting, Sub-Underwriting, General Syndication etc.) erfolgt.[3] Hierdurch erhöht sich im Zeitablauf, d.h. im Zuge der Weiterplatzierung von Kreditbeteiligungen an einer konkreten Transaktion, die Anzahl der beteiligten Banken und damit der durchgeführten Kontroll- respektive Prüfungshandlungen.[4] Auf den oberen Stufen können möglicherweise noch Konzeptionsmängel im Supersystem nachverhandelt und Konstruktionsmängel in den Systemen bzw. Subsystemen im Rahmen des Strukturierungsprozesses behoben werden. Im weiteren Zeitverlauf dürfte dies tendenziell schwieriger bis unmöglich sein, so dass Kreditinstitute zu diesen Zeitpunkten nur dann in den Kreis der Fremdkapitalgeber eintreten dürften, wenn diese aufgrund ihrer Kreditwürdigkeitsprüfung eine hinreichende Sicherheit über die zukünftige Schuldendienstfähigkeit des Projektes gewonnen haben.

---

[1] Vgl. hierzu Gliederungspunkt 2.3.1 Grundfunktionen von Banken in der internationalen Projektfinanzierung, S. 159 ff.

[2] Wir unterstellen hierbei implizit, dass die Mehrzahl der beteiligten Banken mit hinreichender Sorgfalt das vorgelegte ‚Projekt- und Finanzierungskonzept' prüft.

[3] Vgl. hierzu Gliederungspunkt 2.3.2.2 Ablauforganisation, S. 178 ff.

[4] Aus einer institutionenökonomischen Perspektive können insbesondere die Zwischenschritte des ‚Underwriting' und ‚Co-Underwriting' als ‚Signalling' von Kreditwürdigkeit, d.h. zur Behebung bzw. Abmilderung von Informationsasymmetrien, gedeutet werden.

Für die Einschätzung des Fehlerrisikos aller Prüffelder bzw. der korrespondierenden Prüfungsziele bedeutet dies, dass sich mit abnehmender Rangigkeit der ausgeübten Grundfunktion auch das ‚Kontrollrisiko' reduziert.[1] Kreditinstitute, die Funktionen auf höheren Stufen übernehmen, müssen hingegen ihre Kontroll- bzw. Prüfungshandlungen auf der Ebene der Subsysteme intensivieren, um – soweit möglich – deren Erfassungs- und Verarbeitungsprozesse zu optimieren. Ausnahmsweise können die Markteinheiten[2] der Kreditinstitute in höherrangigen Funktionen, d.h. ‚Arranger' und ‚Underwriter', so das ‚Kontrollrisiko' beeinflussen.[3]

Im engen Zusammenhang mit der von einem Kreditinstitut ausgeübten Grundfunktion und mit dem Eintrittszeitpunkt in die Kreditwürdigkeitsprüfung steht auch die Anzahl der jeweils involvierten Drittparteien. Insbesondere Berater und Gutachter (z.B. Rechtsanwälte, Wirtschaftsprüfer und Steuerberater sowie Experten für die Bereiche Markt, Technik, Versicherungen etc.) werden in der Regel zu verschiedenen Zeitpunkten in die Strukturierung und Prüfung einzelner Aspekte des Projekt- und Finanzierungskonzeptes eingebunden, wobei unter Umständen die selben Sachverhalte mehrfach parallel oder hintereinander untersucht werden.[4] Derartige Doppelt- oder Mehrfachbeurteilungen einzelner Aspekte durch Drittparteien lassen ebenfalls das ‚Kontrollrisiko' im Zeitablauf bzw. mit abnehmender Rangigkeit der vom Kreditinstitut ausgeübten Grundfunktion tendenziell sinken.

- **Prozess der Erfassung und Verarbeitung von Informationen in den Systemen bzw. Subsystemen**

Die Beurteilung des ‚Kontrollrisikos', welches aus den Erfassungs- und Verarbeitungsprozessen, d.h. der Konstruktion des Supersystems, resultiert, kann nur auf der Ebene der einzelnen Systeme bzw. Subsysteme im Rahmen einer Systemprüfung erfolgen. Zum Zeitpunkt der ersten allgemeinen Risikobeurteilung liegen die Ergebnisse einer derartiger Prüfungshandlungen jedoch noch nicht vor, so dass diese nachträglich bzw. während der gesamten Prüfungsphase im Rahmen einer erneuten allgemeinen Risikobeurteilung zu berücksichtigen sind (‚Rückkoppelung'). Die Systemprüfung wird als eigenständige Methode des ‚risikoorientierten Prüfungsmethoden-Mix' nachfolgend separat diskutiert (vgl. hierzu Abschnitt 4.2.1.3).

4.2.1.2.2 Grenzen der allgemeinen Risikobeurteilung

Die ‚allgemeine Risikobeurteilung' kann nur generalisierte Anhaltspunkte für die Bestimmung des Fehlerrisikos und seiner Teilkomponenten auf der Ebene einzelner Prüffelder respektive der korrespondierenden Prüfungsziele liefern. Betrachtet man die Komplexität der zugrundeliegenden Kausalzusammenhänge eines konkreten Projekt- und Finanzierungskonzeptes,

---

[1] Dies erklärt aus einer prüfungstheoretischen Perspektive, warum sich mit abnehmender Rangigkeit der Grundfunktion die Provisionserträge tendenziell reduzieren.

[2] Vgl. hierzu die vorstehenden Ausführungen zum ‚Kreditgeschäft mit Strukturierungsauftrag' unter Gliederungspunkt 4.1.2.1.2.3.1 Verhältnis des Prüfers zum Prüfungsobjekt, S. 364 ff.

[3] Typischerweise ist eine Beeinflussung des Kontrollrisikos durch den Prüfer ausgeschlossen. Vgl. hierzu die vorstehenden Ausführungen unter den Gliederungspunkten 4.1.1.2.3 Prüfungsrisiko und Prüfungsrisikomodell, S. 334 ff. und 4.1.1.2.5 Prüfungsstrategie, S. 343 ff.

[4] Dies ist z.B. der Fall, wenn die Sponsoren im Zuge der Projektplanung einzelne Aspekte durch Berater und Gutachter untersuchen lassen und zu einem späteren Zeitpunkt die gleichen Sachverhalte durch neu bestellte Berater und Gutachter der arrangierenden Banken nochmals beurteilt werden. Vgl. hierzu auch Gliederungspunkt 2.3.2.2 Ablauforganisation, S. 178 ff.

darf auch keine objektivierte Quantifizierung des ‚inhärenten Risikos' sowie des ‚Kontrollrisikos' erwartet werden. Die Zielsetzung liegt vielmehr in der Generierung von Tendenzaussagen (z.B. „kein", „geringes", „mittleres", „hohes" oder „sehr hohes" Fehlerrisiko), welche – soweit durch die Entscheidungsträger gewünscht – zur Illustration mit geschätzten Näherungswerten (z.B. 0%, 25%, 50%, 75%, 100%) unterlegt werden können. Zudem werden die Ergebnisse der ‚allgemeinen Risikobeurteilung' stark subjektiv, d.h. von der individuellen Kompetenz und Erfahrung der involvierten Prüfungsträger, geprägt sein. Insoweit handelt es sich letztlich um eine zwar individuell-qualitative, jedoch idealerweise intersubjektiv-nachvollziehbare Einschätzung des Fehlerrisikos für sachgerechte Kombination der nachfolgend skizzierten Ergebnis- bzw. Systemprüfungshandlungen.

In der Regel dürfte bei dem Untersuchungsgegenstand ‚Projektfinanzierung im engeren Sinne' ein erhöhtes ‚inhärentes Risiko' für die einzelnen Prüffelder bzw. Prüfungsziele vorliegen, da es sich regelmäßig um für die Prüfungs- und Entscheidungsträger neue Vorhaben handelt, die zudem im Rahmen einer hochgradig individualisierten und komplexen Struktur abgewickelt bzw. durchgeführt werden sollen.[1] Das Fehlerrisiko kann daher nur durch ein entsprechend reduziertes ‚Kontrollrisiko' verringert werden. Dies unterstreicht die Bedeutung der nachfolgend dargestellten Systemprüfung, d.h. der Durchführung von Soll-Ist-Vergleichen unter Heranziehung von Systemnormen als Soll-Objekte.

4.2.1.3 Systemprüfung

4.2.1.3.1 Prinzip der Systemprüfung

Die Ergebnisprüfung von noch nicht realisierten Einzelwerten oder -sachverhalten, welche sich im Informationssystem eines Projekt- und Finanzierungskonzeptes dokumentieren, ist hinsichtlich der Unbestimmtheit von ebenfalls in der Zukunft liegenden Sollobjekten in der Mehrzahl der Fälle erschwert bzw. <u>objektiv</u> unmöglich.[2] Bei der (zukunftsorientierten) Kreditwürdigkeitsprüfung von ‚Projektfinanzierungen im engeren Sinne' gewinnt vielmehr die ‚Systemprüfung' eine besondere Bedeutung, da diese Prüfungsmethode eine indirekte Urteilsbildung über geplante bzw. erwartete Parameter, Variablen und Ergebnisse des Gesamtsystems ‚Projekt- und Finanzierungskonzept' bzw. der zugrundeliegenden Erfassungs- und Verarbeitungssysteme (modellgestützte Finanzplanung, Prognosen, projektbezogene Risikoanalyse) ermöglicht.

Der ‚Systemprüfung' liegt die Hypothese zugrunde, dass in fehlerfreien Systemen mit hoher Wahrscheinlichkeit auch fehlerfreie Ergebnisse produziert werden.[3] Andererseits führt das Auffinden

---

[1] Dies dürfte zugleich die Ursache für die im Vergleich zum klassischen Firmenkundenkreditgeschäft teureren Finanzierungskosten von ‚Projektfinanzierungen im engeren Sinne' sein. LEEPER führt hierzu aus: „*...the complicated nature of the deal implies greater scope of error; and this will have its effect on the actual terms of the loan.*" Leeper, R.: Project Finance – a term to conjure with, a.a.O., S. 69. Ausnahmen können dann bestehen, wenn ein Kreditinstitut vor dem Hintergrund einer existierenden Kreditbeziehung an der Refinanzierung einer ‚Projektfinanzierung im engeren Sinne' teilnimmt, wodurch sich in der Regel die Informations- und Risikokosten erheblich reduzieren lassen.

[2] Vgl. hierzu die nachfolgenden Ausführungen unter Gliederungspunkt 4.2.1.4.1 Prinzip der Ergebnisprüfung, S. 437 ff. sowie auch Bönkhoff, F. J.: Die Kreditwürdigkeitsprüfung: zugleich ein Beitrag zur Prüfung von Plänen und Prognosen, Düsseldorf 1983, S. 78 m.w.N.

[3] Vgl. zum Wesen der ‚Systemprüfung' die vorstehenden Ausführungen unter Gliederungspunkt 4.1.1.2.2.2.4 Kriterium ‚Objekt der Vergleichshandlung', S. 329 ff.

von Systemfehlern dann zu einem negativen Prüfungsurteil, wenn diese offensichtlich in einer wesentlichen oder materiellen Falschdarstellung der Ergebniswerte resultieren.[1] Derartige Erfassungs-, Verarbeitungs- und Kontrollfehler entstehen durch konzeptionelle Schwächen der Erfassungs-, Verarbeitungs- und Kontrollprozesse des betrachteten Systems sowie durch bewusstes oder unbeabsichtigtes Abweichen von der Systemkonzeption bzw. -konstruktion.[2] Durch Systemprüfungen sollen Ergebnisprüfungen – soweit möglich und sinnvoll – reduziert bzw. gesteuert werden.[3] Die Ziele der Systemprüfung liegen somit in der Risikobegrenzung (‚Grundsatz der Urteilssicherheit', ‚Effektivität') und Rationalisierung (‚Grundsatz der Wirtschaftlichkeit', ‚Effizienz') der Prüfungshandlungen.[4]

Für das Supersystem ‚Projekt- und Finanzierungskonzept' lassen sich die Ansatzpunkte für eine ‚Systemprüfung' bei ‚Projektfinanzierungen im engeren Sinne' aufzeigen:

---

[1] Vgl. hierzu die vorstehenden Ausführungen unter Gliederungspunkt 4.1.1.2.6 Prüfungsergebnis, S. 347 ff. sowie analog Leffson, U., Bönkhoff, F. J.: Zu Materiality-Entscheidungen bei Jahresabschlussprüfungen, a.a.O., S. 392.

[2] Vgl. Bönkhoff, F. J.: Die Kreditwürdigkeitsprüfung: zugleich ein Beitrag zur Prüfung von Plänen und Prognosen, a.a.O., S. 86. Im Hinblick auf die Jahresabschlussprüfung vgl. hierzu Leffson, U., Bönkhoff, F. J.: Zu Materiality-Entscheidungen bei Jahresabschlussprüfungen, a.a.O., S. 392.

[3] Vgl. Hömberg, R.: Prüfungsplanung, a.a.O., Sp. 1852.

[4] Vgl. zu den genannten Grundsätzen die vorstehenden Ausführungen unter Gliederungspunkt 4.1.2.1.2.4.1 Prüfungsdurchführungsnormen, S. 369 ff. sowie Dörner, D.: Audit Risk, a.a.O., Sp. 86.

Abb. 106: Ansatzpunkte für eine Systemprüfung bei ‚Projektfinanzierungen i.e.S.'

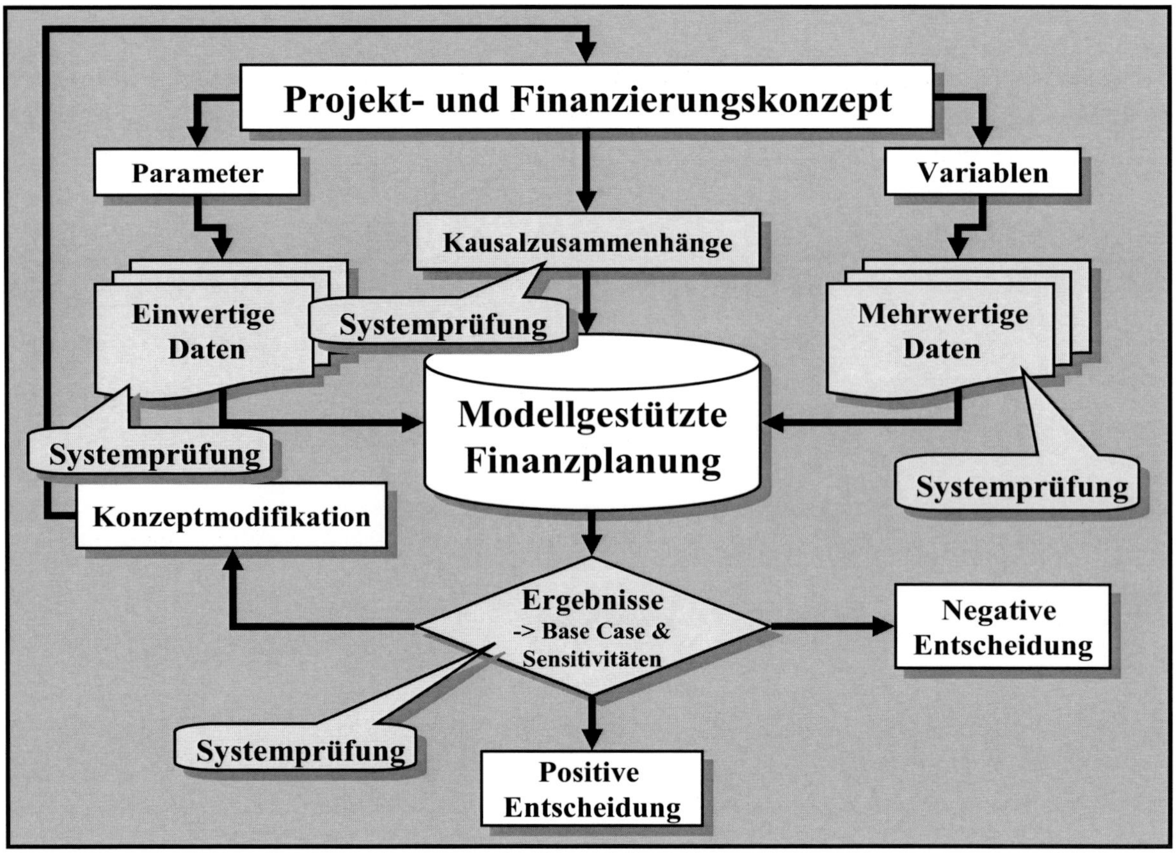

Quelle: Eigene Darstellung

Im Mittelpunkt der Betrachtung steht zunächst das System der modellgestützten Finanzplanung.[1] Nach LEFFSON ist „...*bei der* (System-) *Prüfung von Finanzplänen das System der Beschaffung und Verarbeitung der entsprechenden relevanten Planungsdaten*"[2] zu untersuchen:

- **Systemprüfung der Kausalzusammenhänge**

    Die Verarbeitung von Einzelwerten (‚Planungsdaten', ‚Planwerten') in Form von Parametern und Variablen erfolgt in der modellgestützten Finanzplanung durch Algorithmen, welche die Kausalzusammenhänge des Projekt- und Finanzierungskonzeptes widerspiegeln sollen. Die Systemkonstruktion muss – unabhängig von der tatsächlichen Ausprägung der verwendeten ein- und mehrwertigen (Input-) Daten – eine sachlogisch begründete und nachvollziehbare Verarbeitung der Daten gewährleisten. Das System der modellgestützten Finanzplanung kann insoweit einer Systemprüfung unterzogen werden, als seine Konstruktion allgemeingültigen und sachverhaltsspezifischen (System-) Normen folgen muss.[3]

---

[1] Vgl. hierzu die vorstehenden Ausführungen unter Gliederungspunkt 2.2.2.3 Modellcharakter, S. 66 ff. sowie insbesondere Abb. 12: Zusammenhang zwischen Projekt- und Finanzierungskonzept sowie modellgestützter Finanzplanung, S. 68 und die korrespondierenden Erläuterungen.

[2] Leffson, U.: Systemprüfung, a.a.O., Sp. 1926.

[3] Vgl. hierzu die nachfolgenden Ausführungen unter Gliederungspunkt 5.4.1 Grundsätze einer ordnungsmäßigen modellgestützten Finanzplanung, S. 492 ff.

- **Systemprüfung von ein- und mehrwertigen Daten**

    Die Beschaffung der in Form von Parametern und Variablen in der modellgestützten Finanzplanung verarbeiteten Einzelwerte (‚Planungsdaten', ‚Planwerten') erfolgt über das System ‚Prognosen' bzw. die dazugehörigen Subsysteme. Wesensmerkmal einer Prognose und damit auch der herangezogenen ein- und mehrwertigen Daten ist deren theoretisch begründete und rational nachvollziehbare Ermittlung.[1] Die Konstruktion des Systems bzw. der jeweiligen Einzelprognosen erfolgt somit nicht willkürlich, sondern auf der Basis entsprechender (System-) Normen, deren Beachtung wiederum im Wege einer Systemprüfung beurteilt werden kann.

- **Systemprüfung der Risikoberücksichtigung**

    Die Zukunftsorientierung eines konkreten Projekt- und Finanzierungskonzeptes macht die explizite Berücksichtigung der fallspezifischen Unsicherheitenstruktur im Rahmen eines institutionalisierten Systems ‚projektbezogene Risikoanalyse' erforderlich. Die hierbei gewonnenen Erkenntnisse und deren quantitative Verarbeitung in Form von ‚Sensitivitäten' im Rahmen der modellgestützten Finanzplanung kann zu neuen Ergebnissen und damit zur Modifikation des Projekt- und Finanzierungskonzeptes führen.[2] Die projektbezogene Risikoanalyse muss dabei dergestalt konstruiert sein, dass im Wege eines iterativen Prozesses die angestrebte Optimierung des Projekt- und Finanzierungskonzeptes weitestgehend gewährleistet ist sowie im finalen Konzept verbleibende Unsicherheiten aufgedeckt werden. Unabhängig von den konkreten Ergebnissen im Einzelfall existieren somit Soll-Anforderungen für die Konstruktion des Systems ‚projektbezogene Risikoanalyse', die im Rahmen einer Systemprüfung bewertet werden können.

Die Systemprüfung kann zum einen in die Prüfung von Aufbau und Wirkungsweise des Systems, d.h. der Erfassungs- und Verarbeitungsprozesse, und zum anderen in die Prüfung der systemimmanenten Kontrollen, d.h. der ‚Kontrollprozesse', welche die Produktion von (z.B. aufgrund paradoxer Datenkonstellationen) widersinnigen oder manipulierten Ergebnissen verhindern sollen, unterteilt werden.[3] Für die Beurteilung beider Aspekte können bei ‚Projektfinanzierungen im engeren Sinne' grundsätzlich die nachfolgend skizzierten Prüfungstechniken eingesetzt werden:

- **Sachlogische (Detail-) Prüfung**

    Im Rahmen einer sachlogischen (Detail-) Prüfung soll der Aufbau des Systems bzw. einzelner Subsysteme im Einzelnen nachvollzogen und dabei auf Richtigkeit, Vollständigkeit, Klarheit und Vergleichbarkeit unter Berücksichtigung des einschränkenden Kriteriums der Wirtschaftlichkeit beurteilt werden.[4] Für das System der ‚modellgestützten Finanzplanung' impliziert dies eine Programmprüfung, d.h. ein umfassendes Nachvollziehen aller im vorgelegten Spreadsheet (formelmäßig) kodierten Kausalbeziehungen. Die sachlogische Detailprüfung er-

---

[1] Vgl. hierzu die Ausführungen unter Gliederungspunkt 2.2.3 Prognosen, S. 123 ff.

[2] Vgl. hierzu Gliederungspunkt 2.2.4.3.4.1 Sensitivitätsanalysen, S. 148 ff.

[3] Vgl. zu dieser Zweiteilung auch Rückle, D.: Prüfungswege, a.a.O., S. 803.

[4] Vgl. zu den genannten Systemkriterien die nachfolgenden Ausführungen unter Gliederungspunkt 5.2 Allgemeine Rahmengrundsätze für die Offenlegung von wirtschaftlichen Verhältnissen, S. 465 ff.

folgt in den Systemen ‚Prognosen' und ‚projektbezogene Risikoanalyse' durch Analyse der heuristisch bzw. quantitativ ermittelten Argumentations- und/oder Wirkungsketten.

- **Indirekte (System-) Prüfung unter Verwendung von Systemnormen**

  Zeitliche Restriktionen[1] und die eingeschränkte Verfügbarkeit einer prüfungsfähigen Systemdokumentation[2] können die Möglichkeit einer vollumfänglichen sachlogischen (Detail-) Prüfung von Systemen einschränken. Daher wird bei ‚Projektfinanzierungen im engeren Sinne' der Schwerpunkt primär auf eine indirekte (System-) Prüfung unter Verwendung von Systemnormen zu legen sein. Die hierfür heranzuziehenden Ersatz-Soll-Objekte ergeben sich bei objektiver Betrachtung aus der Sache selbst und/oder aus allgemein anerkannten (Ordnungsmäßigkeits-) Grundsätzen, deren Einhaltung ohne eine Detailprüfung beurteilt werden kann.[3]

- **Funktionsprüfung mit Testfällen**

  Die Durchführung von indirekten (System-) Prüfungen unter Verwendung von Systemnormen und sachlogischen (Detail-) Prüfungen bietet noch keine absolute Sicherheit dafür, dass das betrachtete System zu keiner wesentlichen Falschdarstellung der Ergebniswerte führt. Eine weitere Erhöhung des Sicherheitsbeitrages der Systemprüfung kann durch eine Funktionsprüfung des Systems mit Hilfe von Testfällen erreicht werden.[4] Speziell im System ‚modellgestützte Finanzplanung' lässt sich die Plausibilität der Auswirkungen einer Veränderungen von ausgewählten Input-Daten analysieren. Insbesondere Extremwertszenarien und paradoxe Datenkonstellationen ermöglichen Rückschlüsse über die Funktionsfähigkeit der Verarbeitungs- und Kontrollprozesse.

Voraussetzung für die Anwendung der vorstehenden Prüfungstechniken dürfte als prüfungsvorbereitende Maßnahme (Prüfungsschritt, Arbeitsvorgang) regelmäßig eine ‚Erfassung des Systems', d.h. eine Aufnahme der Systemkonstruktion durch Erstellen von Aufbau- und Ablaufdiagrammen sowie Sichten und Zusammenstellen von relevanten Informationen und Dokumenten, sein.[5] Die nachfolgende Abbildung zeigt abstrakt den möglichen Ablauf einer Systemprüfung durch Kombination der vorstehend skizzierten Systemprüfungstechniken:[6]

---

[1] Beispielsweise ist die vollumfängliche Detailprüfung der einzelnen Algorithmen der modellgestützten Finanzplanung sehr zeitintensiv.

[2] Möglicherweise stehen modellgestützte Finanzplanungen oder (quantitative) Prognosen nur als Papierausdruck (Hardcopy) und nicht als Dateiversion (Softcopy) zur Verfügung, so dass die programmierten Algorithmen bzw. die postulierten Argumentationsketten für den Prüfer nicht oder nur eingeschränkt erkenntlich werden.

[3] Vgl. hierzu die nachfolgenden Ausführungen unter Gliederungspunkt 5.1.1 Begriff und Konzept von Ordnungsmäßigkeitsgrundsätzen, S. 457 ff. sowie im Hinblick auf die Systeme ‚modellgestützte Finanzplanung', ‚Prognosen', ‚Risikoanalyse' auch Gliederungspunkt 5.4 Spezialgrundsätze für die Offenlegung der wirtschaftlichen Verhältnisse bei Projektfinanzierungen, S. 492 ff. Für eine indirekte Systemprüfung der ‚modellgestützten Finanzplanung' eignen sich beispielsweise die (Spezial-) Grundsätze Richtigkeit, Vergleichbarkeit, Klarheit, und Vollständigkeit.

[4] Vgl. Wiedmann, H.: Die Prüfung des internen Kontrollsystems, in: WPg, 34. Jg. (1981), S. 710.

[5] Vgl. Egner, H.: Betriebswirtschaftliche Prüfungslehre: Eine Einführung, a.a.O., S. 147 ff.

[6] Für eine abstrakte grafische Darstellung des Ablaufs einer Systemprüfung bei Jahresabschlussprüfungen vgl. Leffson, U.: Systemprüfung, a.a.O., Sp. 1928 f., Leffson, U.: Wirtschaftsprüfung, a.a.O., S. 231 ff.

Abb. 107: Ablauf einer Systemprüfung

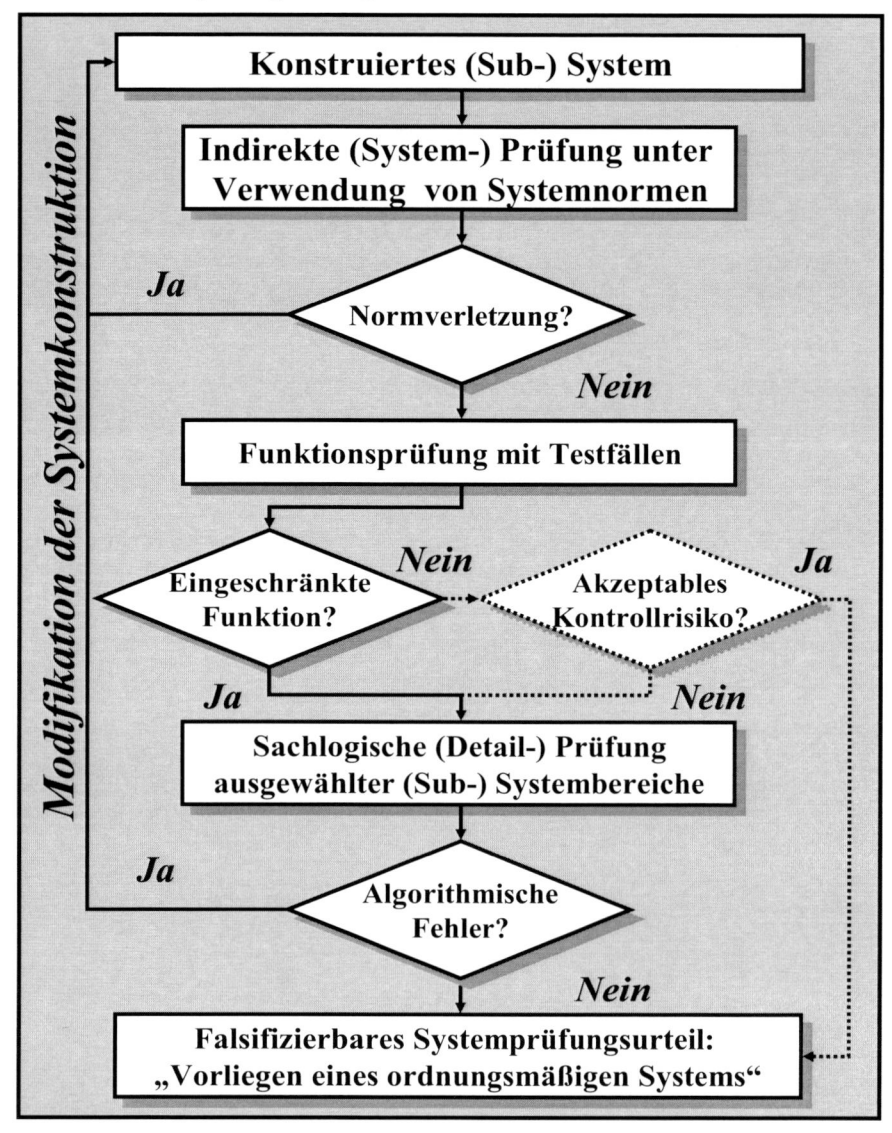

```
Modifikation der Systemkonstruktion
    ┌──────────────────────────────────────────────┐
    │         Konstruiertes (Sub-) System          │
    │                    ↓                         │
    │    Indirekte (System-) Prüfung unter         │
    │       Verwendung von Systemnormen            │
    │                    ↓                         │
    │  Ja ←──────── Normverletzung? ────→ Nein     │
    │                    ↓                         │
    │      Funktionsprüfung mit Testfällen         │
    │                    ↓                         │
    │   Eingeschränkte  Nein    Akzeptables   Ja   │
    │      Funktion? ·······→ Kontrollrisiko? ···  │
    │       Ja ↓                  ↓ Nein           │
    │   Sachlogische (Detail-) Prüfung             │
    │     ausgewählter (Sub-) Systembereiche       │
    │                    ↓                         │
    │   Ja ←──── Algorithmische Fehler?            │
    │                    ↓ Nein                    │
    │   Falsifizierbares Systemprüfungsurteil:     │
    │   „Vorliegen eines ordnungsmäßigen Systems"  │
    └──────────────────────────────────────────────┘
```

Quelle: Eigene Darstellung

Ob ein positives Gesamturteil über die Ordnungsmäßigkeit des betrachteten Systems bereits auf der Basis jeweils positiver Teilurteile der ‚indirekten (System-) Prüfung unter Verwendung von Systemnormen' sowie der ‚Funktionsprüfung mit Testfällen' abgeleitet werden kann, dürfte insbesondere von der Stellung des Kreditinstitutes im Rahmen einer konsortialen Kreditgewährung und dem daraus resultierenden ‚Kontrollrisiko' abhängen.[1] Eine etwaige ergänzende ‚sachlogische (Detail-) Prüfung ausgewählter (Sub-) Systembereiche' muss nicht als personal- und/oder zeitintensive ‚lückenlose Prüfung' durchgeführt werden, sondern kann auch in Form einer ‚Auswahlprüfung' erfolgen.[2]

---

[1] Vgl. hierzu die vorstehenden Ausführungen zum ‚Kontrollrisiko' unter Gliederungspunkt 4.2.1.2.1 Prinzip der allgemeinen Risikobeurteilung, S. 419 ff. sowie insbesondere Abb. 105: Idealtypisches Kontrollrisiko bei der Konzepterstellung/-modifikation in Abhängigkeit von ausgeübten Grundfunktionen, S. 426.

[2] Vgl. zur ‚lückenlosen Prüfung' und zur ‚Auswahlprüfung' die vorstehenden Ausführungen unter Gliederungspunkt 4.1.1.2.2.2.2 Kriterium ‚Prüfungsintensität', S. 319 ff. Vor dem Hintergrund einer projektspezifischen Sachverhaltsgestaltung könnten beispielsweise im System der ‚modellgestützten Finanzplanung' die folgenden Subsysteme (Prüffelder) als besonders relevant für den Sicherheitsgrad des Systemprüfungsurteils definiert und damit für eine Detailprüfung der kodierten Algorithmen ausgewählt werden:

4.2.1.3.2 Grenzen der Systemprüfung und Ansätze zu deren Überwindung

Es wurde bereits ausgeführt, dass Urteile aus Systemprüfungen keine verifizierten, sondern falsifizierbare Konklusionen darstellen.[1] Bei ‚Projekt- und Finanzierungskonzepten' kann aus einer jeweils <u>isolierten</u> Systemprüfung der stochastischen Systeme ‚modellgestützte Finanzplanung', ‚Prognosen' und ‚projektbezogenen Risikoanalysen' noch nicht auf die absolute Fehlerfreiheit des Supersystems geschlossen werden, da weiterhin unbewusste oder bewusste Systemabweichungen möglich sind.[2] Im Rahmen der Kreditwürdigkeitsprüfung einer ‚Projektfinanzierung im engeren Sinne' bietet jedoch das Vorliegen von mehreren ‚gekoppelten Systemen' respektive ‚vermaschten Subsystemen' die zusätzliche Möglichkeit einer indirekten Prüfung durch ‚Globalabstimmungen' und ‚Plausibilitätsprüfungen' von Systemschnittstellen:[3]

Modul ‚Working Capital', Modul ‚Cashflow', Modul ‚Steuern & Abgaben', Modul ‚Kennziffern'. Vgl. hierzu Gliederungspunkt 2.2.2.4.2.2 Modularisierte Programmierung, S. 78 ff.

[1] Vgl. hierzu die vorstehenden Ausführungen unter den Gliederungspunkten 4.1.1.2.2.2.3 Kriterium ‚Art der Vergleichshandlung', S. 324 ff. sowie insbesondere 4.1.1.2.2.2.4 Kriterium ‚Objekt der Vergleichshandlung', S. 329 ff.

[2] Vgl. Bönkhoff, F. J.: Die Kreditwürdigkeitsprüfung: zugleich ein Beitrag zur Prüfung von Plänen und Prognosen, a.a.O., S. 106.

[3] Vgl. hierzu nochmals die vorstehenden Ausführungen unter den Gliederungspunkten 4.1.1.2.2.2.3 Kriterium ‚Art der Vergleichshandlung', S. 324 ff.

Abb. 108: Gekoppelte Systeme

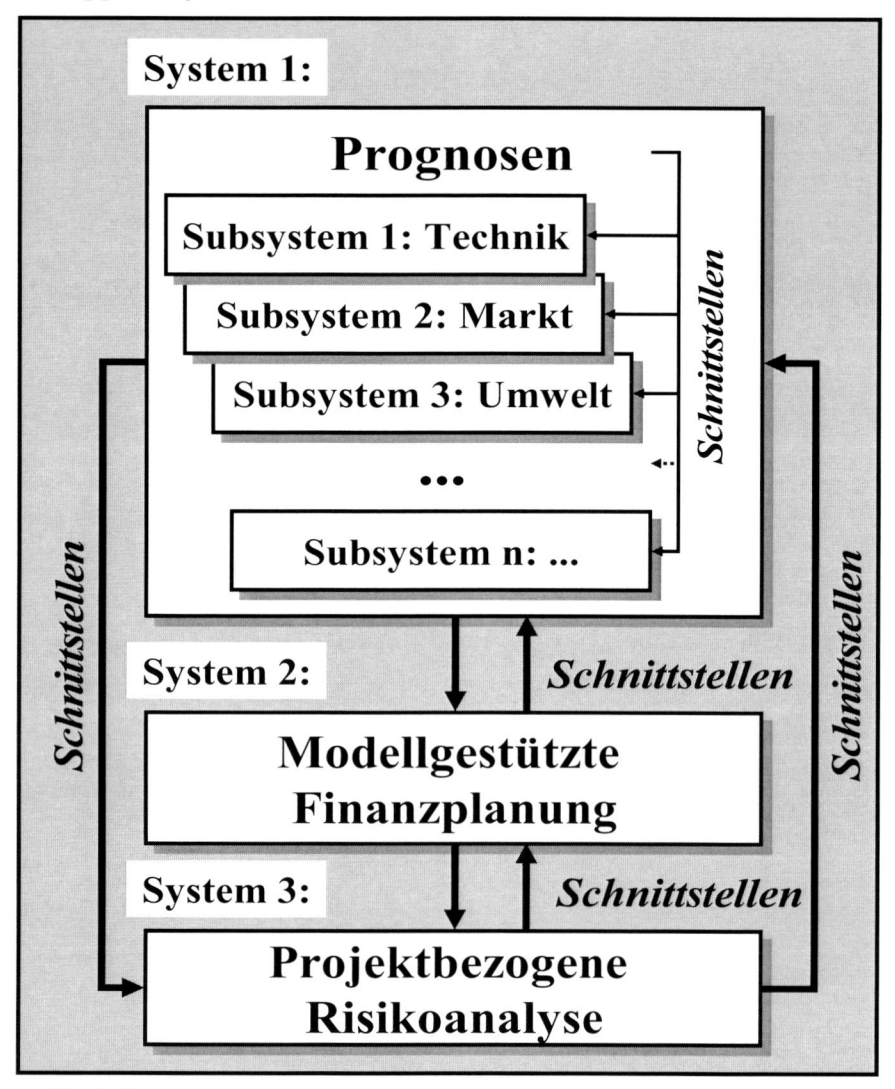

```
System 1:
  Prognosen
    Subsystem 1: Technik
    Subsystem 2: Markt
    Subsystem 3: Umwelt
    ...
    Subsystem n: ...
                                    Schnittstellen
System 2:                  Schnittstellen
  Modellgestützte
  Finanzplanung
System 3:                  Schnittstellen
  Projektbezogene
  Risikoanalyse
```
(Schnittstellen umlaufend)

Quelle: Eigene Darstellung

Durch die Option einer Beurteilung von – in der vorstehenden Abbildung stark vereinfacht dargestellten – Systemschnittstellen (sogenannter ‚**Cross Check**') dürfte sich regelmäßig der Sicherheitsbeitrag von Systemprüfungen deutlich erhöhen lassen. Die folgenden nicht-enumerativen Beispiele sollen die Möglichkeiten von Schnittstellenprüfungen verdeutlichen:

- Abstimmung der Ergebnisse der technischen Prognose (Gutachten) mit den in der modellgestützten Finanzplanung verwendeten Parametern und Variablen

- Gegenüberstellung von Absatzpreisen und -mengen der Marktprognose (Studie, Gutachten) mit den korrespondierenden Annahmen der Finanzplanung

- Abgleich von im Rahmen der projektbezogenen Risikoanalyse identifizierten potenziellen Schwachstellen mit den in der ‚modellgestützten Finanzplanung' gerechneten Sensitivitäten und vice versa

- Plausibilisierung vertraglich unterlegter Zahlungsströme in den Modulen ‚Umsatzerlöse' und ‚Betriebskosten' durch Abgleich mit den Ergebnissen der Bonitätsprognosen für die jeweiligen Vertragsparteien

- Vergleich der Aussagen des Umweltgutachtens mit den Schlussfolgerungen aus der Analyse des Umweltrisikos

- Plausibilisierung der Ergebnisse des Moduls ‚Steuern & Abgaben' vor dem Hintergrund der Aussagen des korrespondierenden Prognosebereiches

- Abstimmung der Ergebnisse der gesamtwirtschaftlichen Prognose mit einerseits der qualitativen bzw. quantitativen projektbezogenen Risikoanalyse von potenziellen Inflationsraten-, Wechselkurs- und Zinsänderungen sowie andererseits der algorithmischen Umsetzung in den entsprechenden Modulen der modellgestützten Finanzplanung

Der Umfang von prüfbaren Schnittstellen im Supersystem ‚Projekt- und Finanzierungskonzept' wirft die Frage nach einer effektiven und dennoch effizienten Prüfungsplanung auf. Obwohl eine Postulierung von standardisierten Prüfungsprogrammen bei der Kreditwürdigkeitsprüfung von individuell strukturierten Finanzierungen regelmäßig nicht sinnvoll sein dürfte, erfordern sachlogische Reihenfolgebedingungen eine grundsätzliche Zweiteilung des Systemprüfungsplans bei ‚Projektfinanzierungen im engeren Sinne'.[1] Analog dem aus der Jahresabschlussprüfung bekannten ‚Stufengesetz der Prüfung'[2] sollte zunächst eine getrennte Beurteilung der Systeme ‚modellgestützte Finanzplanung', ‚Prognosen' und ‚projektbezogene Risikoanalyse' durchgeführt werden. Erst in einem zweiten Schritt dürfte es sinnvoll sein, auf der Grundlage der isoliert als ordnungsmäßig klassifizierten Systeme eine Prüfung von Systemschnittstellen vorzunehmen. Dies impliziert eine zweidimensionale Bildung von Prüffeldgruppen nach vertikal-hierarchischen Kriterien einerseits und nach horizontal-funktionalen Kriterien andererseits:

---

[1] Dies sei an dem folgenden simplen Sachverhalt verdeutlicht: Das vorstehende Beispiel eines Abgleichs von im Rahmen der Risikoanalyse identifizierten potenziellen Schwachstellen mit den gerechneten Sensitivitäten und vice versa ist nicht sinnvoll, wenn noch keine isolierte Beurteilung der Ordnungsmäßigkeit und Funktionsfähigkeit des Systems ‚modellgestützte Finanzplanung' stattgefunden hat.

[2] Vgl. hierzu die vorstehenden Ausführungen unter Gliederungspunkt 4.1.1.2.4 Prüfungsplanung, S. 339 ff., insbesondere die Ausführungen im Unterpunkt ‚Sachplanung' und das dort zitierte Schrifttum.

Abb. 109: Bildung von Prüffelder-Gruppen bei gekoppelten Systemen

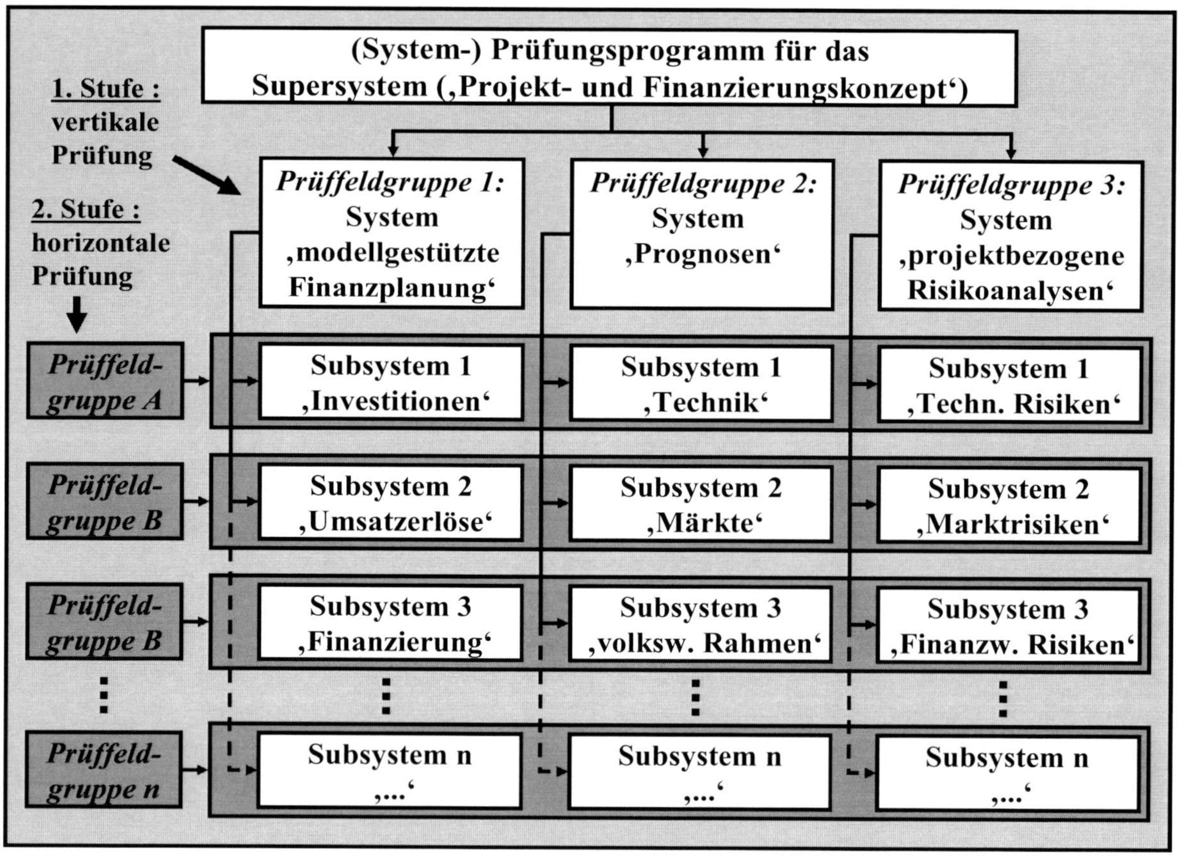

	(System-) Prüfungsprogramm für das Supersystem ('Projekt- und Finanzierungskonzept')		
1. Stufe: vertikale Prüfung 2. Stufe: horizontale Prüfung	*Prüffeldgruppe 1:* System 'modellgestützte Finanzplanung'	*Prüffeldgruppe 2:* System 'Prognosen'	*Prüffeldgruppe 3:* System 'projektbezogene Risikoanalysen'
Prüffeldgruppe A	Subsystem 1 'Investitionen'	Subsystem 1 'Technik'	Subsystem 1 'Techn. Risiken'
Prüffeldgruppe B	Subsystem 2 'Umsatzerlöse'	Subsystem 2 'Märkte'	Subsystem 2 'Marktrisiken'
Prüffeldgruppe B	Subsystem 3 'Finanzierung'	Subsystem 3 'volksw. Rahmen'	Subsystem 3 'Finanzw. Risiken'
⋮	⋮	⋮	⋮
Prüffeldgruppe n	Subsystem n '...'	Subsystem n '...'	Subsystem n '...'

Quelle: Eigene Darstellung

Die nach horizontal-funktionalen Kriterien durchgeführten Schnittstellenprüfungen lassen sich nicht immer trennscharf dem Bereich der Systemprüfung zuordnen, sondern können teilweise den Charakter von – nachfolgend dargestellten – Ergebnisprüfungen aufweisen. Die Schnittstellenprüfung sollte jedoch im Rahmen der Systemprüfung durchgeführt werden, da sie eine Urteilsbildung über die Ordnungsmäßigkeit und Funktionsfähigkeit des Supersystems 'Projekt- und Finanzierungskonzept' ermöglicht.

4.2.1.4 Ergebnisprüfung

4.2.1.4.1 Prinzip der Ergebnisprüfung

Für die Durchführung ergebnisbezogener Prüfungshandlungen können die folgenden Methoden herangezogen werden:

- Direkte Datenprüfung (Einzelfall- bzw. Einzelwertprüfung)[1]
- Indirekte Datenprüfung (Plausibilitäts- und Abstimmungsprüfungen)[2]

Es wurde bereits darauf hingewiesen, dass bei 'Projektfinanzierungen im engeren Sinne' die Möglichkeit einer direkten Verifikation von Einzelwerten oder -sachverhalten objektiv unmöglich oder stark eingeschränkt ist.[1] Hierfür lassen sich zwei ursächliche Gründe anführen:

---

[1] Vgl. hierzu die vorstehenden Ausführungen unter Gliederungspunkt 4.1.1.2.2.2.4 Kriterium 'Objekt der Vergleichshandlung', S. 329 ff.

[2] Vgl. hierzu die vorstehenden Ausführungen unter Gliederungspunkt 4.1.1.2.2.2.3 Kriterium 'Art der Vergleichshandlung', S. 324 ff.

- Nur in Ausnahmefällen kann auf die Ebene einzelner, einer direkten (Einzelfall-) Prüfung zugänglicher Geschäftsvorfälle vorgedrungen werden.[2] Mehrheitlich wird in den Systemen ‚modellgestützte Finanzplanung', ‚Prognosen' und ‚projektbezogene Risikoanalyse' mit aggregierten Größen gearbeitet,[3] welche nur durch eine ‚Prüfung' der zugrundeliegenden Erfassungs-, Verarbeitungs- und Kontrollprozesse beurteilbar sind.

- Die Verwendung eines <u>zukunftsorientierten</u> Entscheidungsinstrumentariums, d.h. von Systemen, deren Ausprägungsmerkmale und Ergebnisgrößen zum Zeitpunkt der Beurteilung überwiegend unrealisiert sind, erschwert zudem die Konstruktion eines prüfungsfähigen Soll-Objektes.

Die nachfolgende Abbildung soll die letztgenannte Problematik, d.h. die Möglichkeit einer Durchführung von objektiven Soll-Ist-Vergleichen auf der Ebene einzelner Planwerte in Abhängigkeit von der zeitlichen Perspektive der Prüfungsdurchführung, verdeutlichen:

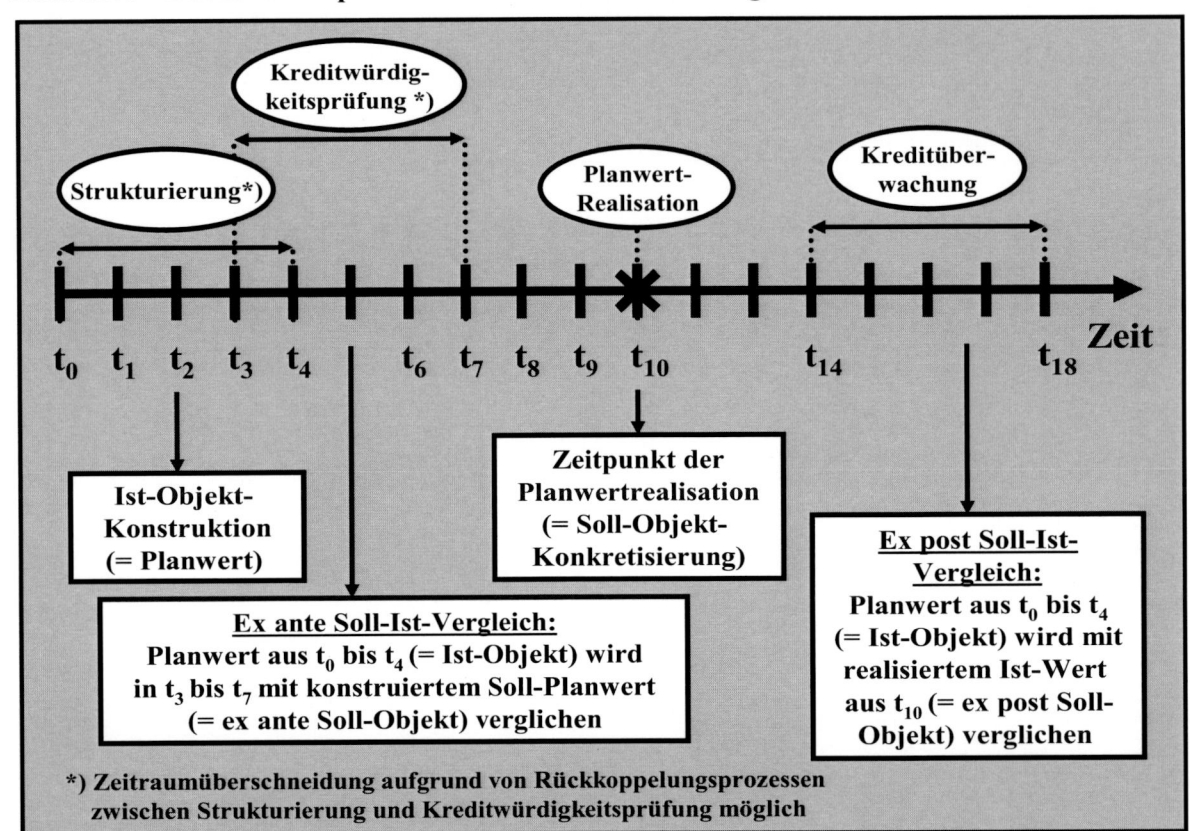

Abb. 110: Zeitliche Perspektiven bei der direkten Prüfung von Planwerten

Quelle: Eigene Darstellung

Da keine vollkommene Voraussicht über die Zukunft besteht, kann in der Phase der Strukturierung (t_0 bis t_4) keine sichere Aussage über die Ausprägung eines (Plan-) Wertes in t_{10} getroffen werden. Das Problem setzt sich im Rahmen der Kreditwürdigkeitsprüfung in t_3 bis t_7 fort, weil in diesem

---

[1] Vgl. Gliederungspunkt 4.2.1.3 Systemprüfung, S. 428. Insoweit unterscheidet sich die Kreditwürdigkeitsprüfung bei ‚Projektfinanzierungen im engeren Sinne' von anderen Erscheinungsformen betriebswirtschaftlicher Prüfungen (z.B. Jahresabschlussprüfungen).

[2] Ein weitgehend planungs- und damit prüfungsfähiger Geschäftsvorfall wäre z.B. eine bereits vor Planungsbeginn vertraglich unterlegte Anlageninvestition zum Festpreis.

[3] So werden beispielsweise in der modellgestützten Finanzplanung nicht einzelne Verkaufsvorgänge, sondern periodische Umsatzsummen ausgewiesen.

Zeitraum die für einen Soll-Ist-Vergleich objektive Konstruktion eines Soll-Planwertes ebenfalls unmöglich ist. Alternativ können zwar als wahrscheinlich angenommene Planwerte, d.h. ‚subjektive Sollwerte'[1] oder unter Setzung von Prämissen abgeleitete ‚bedingte Soll-Objekte' verwendet werden. Allerdings dürfte bei einer derartigen Vorgehensweise die ‚Vertrauenswürdigkeit' und ‚Sicherheit' eines Prüfungsurteils aufgrund mangelnder Willkürfreiheit und fehlender Eindeutigkeit von für die Soll-Objekt-Konstruktion zugrundegelegten Prüfungsnormen erheblich beeinträchtigt bzw. nicht gegeben sein.[2]

Trotz der Schwierigkeit einer Konstruktion von in der Zukunft liegenden Soll-Objekten können **‚Ergebnisprüfungen'**[3] einen eigenständigen Beitrag zur Erhöhung der Prüfungssicherheit bei ‚Projektfinanzierungen im engeren Sinne' leisten, wenn aus einer Gegenwartsperspektive der Fokus auf die Beurteilung von im Zeitablauf unveränderlichen Parametern (‚Einzelfallprüfung') sowie auf die Eintritts- bzw. Wahrheitsmöglichkeit von Variablen, Kausalzusammenhängen und (End- bzw. Zwischen-) Ergebnissen (‚indirekte Datenprüfung') gelegt wird.

Die nachfolgende Abbildung zeigt mögliche Ansatzpunkte für eine derartige ‚Ergebnisprüfung' bei ‚Projektfinanzierungen im engeren Sinne':

---

[1] Vgl. hierzu die nachfolgenden Ausführungen unter Gliederungspunkt 4.2.2.2.2.1 Subjektive (Ersatz-)Soll-Objekte, S. 448 ff. Denkbar sind auch subjektiv gesetzte Bandbreiten bzw. Intervalle, innerhalb derer das Soll-Objekt angenommen wird. Vgl. hierzu die vorstehenden Ausführungen unter Gliederungspunkt 2.2.4.3.4.3 Simulationsbasierte Risikoanalysen, S. 152 ff.

[2] So wohl auch WIEDMANN, der ausführt, dass Prüfungsnormen fehlerfrei zu gewinnen und zu interpretieren seien. Vgl. Wiedmann, H.: Der risikoorientierte Prüfungsansatz, a.a.O., S. 14.

[3] Vgl. zum Begriff der ‚Ergebnisprüfung' nochmals die vorstehenden Ausführungen unter Gliederungspunkt 4.1.1.2.5 Prüfungsstrategie, S. 343 ff. (insbesondere Abb. 83: Prüfungsmethoden im Rahmen des risikoorientierten Prüfungsansatzes, S. 344).

Abb. 111: Ansatzpunkte für eine Ergebnisprüfung bei ‚Projektfinanzierungen i.e.S.'

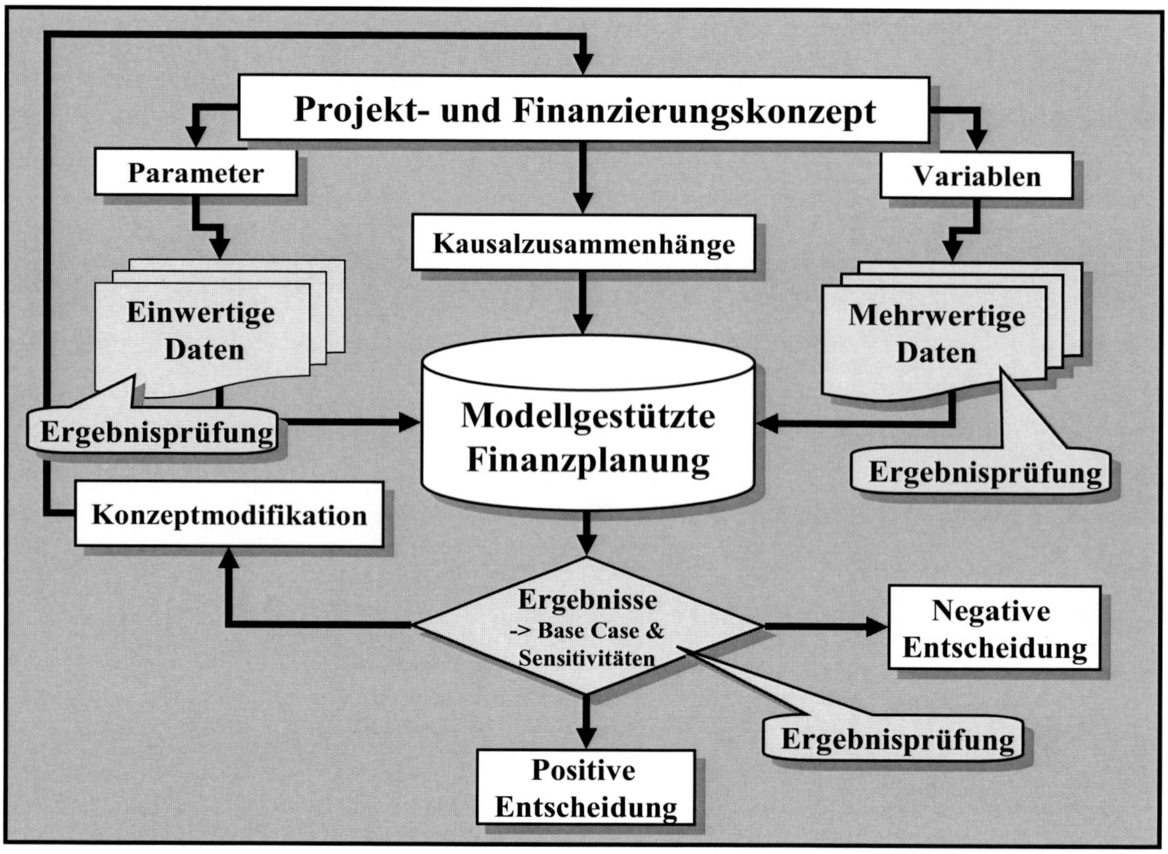

[Diagramm: Projekt- und Finanzierungskonzept mit Parameter → Einwertige Daten (Ergebnisprüfung, Konzeptmodifikation), Kausalzusammenhänge → Modellgestützte Finanzplanung, Variablen → Mehrwertige Daten (Ergebnisprüfung); Ergebnisse → Base Case & Sensitivitäten → Positive Entscheidung / Negative Entscheidung (Ergebnisprüfung)]

Quelle: Eigene Darstellung

Am Beispiel des Supersystems ‚Projekt- und Finanzierungskonzept' lassen sich die Ansatzpunkte für eine ‚Ergebnisprüfung' wie folgt charakterisieren:

- **Ergebnisprüfung einwertiger Daten**

  In den Systemen ‚modellgestützte Finanzplanung' (Datenmodul), ‚Prognosen' und ‚Risikoanalyse' werden Annahmen in Form von Parametern verarbeitet, welche aufgrund naturwissenschaftlich-technischer Gesetzmäßigkeiten, vertraglicher Vereinbarungen und/oder des kodifizierten Rechtsrahmens nur eine Ausprägung annehmen dürfen. Diese einwertigen Daten können wegen der eindeutigen Bestimmbarkeit des Soll-Objektes einem direkten Soll-Ist-Vergleich, d.h. einer (Einzelwert-) Prüfung, unterzogen werden.

- **Ergebnisprüfung mehrwertiger Daten**

  Ex ante nicht eindeutig bestimmbare Daten, d.h. Variablen, sind vor dem Hintergrund der Unbestimmbarkeit eines vergleichsfähigen Soll-Objektes keiner direkten (Einzelfall-) Prüfung zugänglich. Stattdessen können die Variablenausprägungen in den einzelnen Systemen im Wege der Plausibilitätsprüfung (z.B. durch Verprobung mit betriebswirtschaftlichen Vergleichen) auf ihre Wahrheitsmöglichkeit beurteilt werden.

- **Ergebnisprüfung von Ergebnissen**

  Grundsätzlich werden im Supersystem ‚Projekt- und Finanzierungskonzept' sowohl Zwischenergebnisse (z.B. prognostizierte Absatzpreise und -mengen, Wartungsintervalle etc.) als auch Endergebnisse in Form von absoluten Größen und relativen Kennzahlen (z.B. Kapitalwert,

CFADS, DSCR etc.)[1] ermittelt. Derartige Ergebnisse können theoretisch bei einer ‚direkten (Einzelfall-) Prüfung' mit – intern vorgegebenen – ‚subjektiven Soll-Objekten' verglichen werden.[2] Vor dem Hintergrund der hierbei auftretenden praktischen Probleme einer intersubjektiv nachvollziehbaren Normsetzung dürften jedoch eher Plausibilitätsprüfungen (z.B. durch Verprobung mit Input-Output-Relationen) zur Beurteilung von Zwischen- und Endergebnissen geeignet sein.[3]

Nachfolgend sollen die vorstehenden abstrakten Ausführungen zur Ergebnisprüfung in Abgrenzung zur Systemprüfung an einem einfachen Beispiel (‚Zeitverfügbarkeit eines technischen Aggregates') operationalisiert werden:

Abb. 112: Prüfung der Zeitverfügbarkeit eines technischen Aggregates

	Jährliche Zeitverfügbarkeit in Stunden			
Parameter	Tage pro Jahr	t	365	Einzelfallprüfung
Parameter	Stunden pro Tag	h	24	Einzelfallprüfung
Variable	Stillstandszeit (%)	st	20%	Plausibilitätsprüfung
Kausalzusammenhang	Zeitverfügbarkeit	t * h * (1 - st)	7.008 h/p.a.	Plausibilitätsprüfung

Systemprüfung (!) → auf Formel
Ergebnis → auf 7.008 h/p.a.

Legende: ⬭ = Ergebnisprüfungen

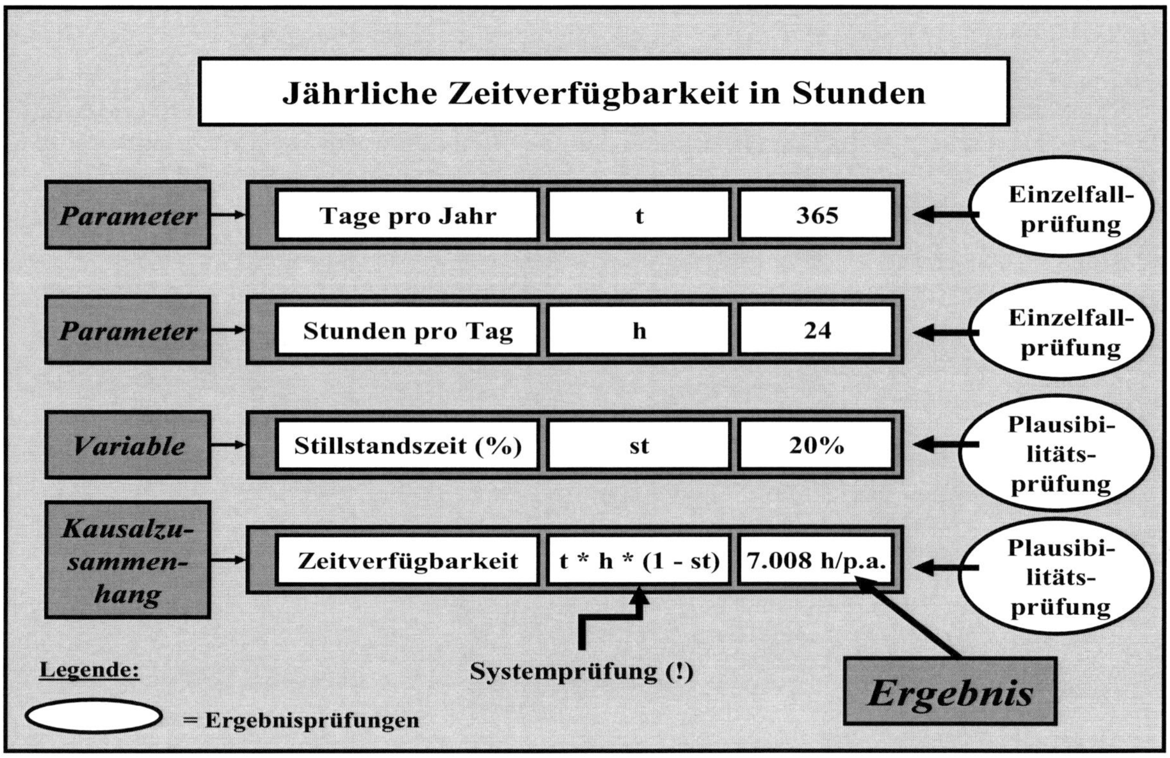

Quelle: Eigene Darstellung

Die Einsatzmöglichkeiten der einzelnen Prüfungsmethoden lassen sich wie folgt beschreiben:

- Die in der ‚modellgestützten Finanzplanung' verarbeiteten **Parameter** ‚Tage pro Jahr' und ‚Stunden pro Tag' können aufgrund der unproblematischen Konstruktion bzw. der naturwissenschaftlichen Determiniertheit der jeweiligen Soll-Objekte im Wege einer <u>Einzelfallprüfung</u> beurteilt werden.

---

[1] Vgl. zu den genannten Kennzahlen die vorstehenden Ausführungen unter Gliederungspunkt 2.2.2.4.2.2.2 Module, S. 79 ff.

[2] Ein derartiges ‚subjektives Soll-Objekt' könnte z.B. im Rahmen einer institutsinternen Kreditrisikostrategie in folgender Form gegeben sein: Minimale DSCR bei Windkraftprojekten mindestens > 1,3.

[3] Vgl. hierzu die nachfolgenden Ausführungen unter Gliederungspunkt 4.2.2.2.2.1 Subjektive (Ersatz-)Soll-Objekte, S. 448 ff.

- Für die **Variable** ‚Stillstandszeit' ist vor dem Hintergrund ihrer Mehrwertigkeit kein eindeutiges Soll-Objekt bestimmbar.[1] Alternativ kann eine Betriebsvergleichsnorm als Ersatz-Soll-Objekt ermittelt und für einen interperiodischen respektive zwischenbetrieblichen Vergleich herangezogen werden (Plausibilitätsprüfung).

- Der dem Ergebnis zugrundeliegende **Kausalzusammenhang**, d.h. der Algorithmus, ist nicht Gegenstand der in diesem Abschnitt diskutierten Ergebnisprüfungshandlungen, sondern vielmehr das Prüfungsobjekt der bereits diskutierten Systemprüfung.[2]

- Das numerische **Ergebnis** (hier: 7.008 h/p.a.) kann wiederum im Wege einer Plausibilitätsprüfung durch Heranziehen inner- und/oder überbetrieblich ermittelter Betriebsvergleichsnormen beurteilt werden.[3]

Das vorstehende Beispiel adressiert einen Detailaspekt der ‚modellgestützten Finanzplanung'. Entsprechende Prüfungshandlungen können ebenfalls in den Systemen ‚Prognosen' und ‚prpjektbezogene Risikoanalysen' vorgenommen werden.

4.2.1.4.2 Grenzen der Ergebnisprüfung und Ansätze zu deren Überwindung

Neben den bereits skizzierten grundsätzlichen Problemen des eingeschränkten Zugriffs auf einzelne Geschäftsvorfälle, d.h. der Isolierung von prüfungsfähigen Einzelwerten/-fällen, sowie der objektiven Konstruktion von Soll-Objekten für zukünftige, d.h. noch nicht realisierte, Tatbestände ergeben sich bei ‚Projektfinanzierungen im engeren Sinne' weitere Grenzen für Ergebnisprüfungshandlungen:

- Im (internationalen) Konsortialkreditgeschäft dürfte eine lückenlose direkte Beurteilung aller prüfbaren Einzelwerte bzw. -fälle durch jede der teilnehmenden Konsortialbanken regelmäßig nicht möglich sein.[4] Insbesondere bei der Prüfung von umfangreichen Detailaspekten der ‚modellgestützten Finanzplanungen' sowie bei ‚Prognosen' (z.B. Markt, Technik) würde sich ein **Prüfungsumfang** ergeben, welcher vor dem Hintergrund der erforderlichen Prüfungskosten sowie etwaiger zeitlicher und personeller Restriktionen nicht zu bewältigen wäre.[5]

---

[1] In Ausnahmefällen kann auf eine für das technische Aggregat vertraglich zugesicherte Maximalstillstandszeit (Soll-Objekt) zurückgegriffen werden.

[2] Vgl. hierzu die vorstehenden Ausführungen unter Gliederungspunkt 4.2.1.3 Systemprüfung, S. 428 ff.

[3] Im gewählten Beispiel, d.h. bei Vorliegen von nur einer Variablen, reicht eine Plausibilitätsprüfung mittels überbetrieblich ermittelter Betriebsvergleichsnormen von wahlweise der Variablen ‚Stillstandszeit' oder des Ergebnisses aus, um ein hinreichend sicheres Prüfungsurteil abgeben zu können (vgl. hierzu Abb. 76: Mittelbare, komplementäre Normenkonkurrenz, S. 316). Die Durchführung beider Plausibilitätsprüfungen bringt keinen Erkenntnisgewinn. Liegen mehrere Variablen vor, so kann es durchaus sinnvoll sein zunächst das Ergebnis einer Plausibilitätsprüfung zu unterziehen, um darauf aufbauend ausgewählte Variablen ebenfalls durch indirekte Prüfungshandlungen zu plausibilisieren. Die Logik dieser Vorgehensweise liegt darin, dass sich zwei oder mehrere falsche Variablenausprägungen gegenseitig kompensieren können, so dass sich ein scheinbar plausibles (Gesamt-)Ergebnis einstellt.

[4] In einer Sondersituation befinden sich möglicherweise arrangierende Banken, da diese bei Vorliegen eines hinlänglich bemessenen zeitlichen Vorlaufs sowie ausreichender personeller Ressourcen zumindest theoretisch eine lückenlose Prüfung durchführen könnten.

[5] Man denke beispielsweise an ein Marktgutachten, in dem ausgehend von historischen Zeitreihen sowie darauf angewendeter mathematisch-statistischer Verfahren zukünftige Absatzpreise und -mengen prognostiziert werden. Eine Ergebnisprüfung in Form einer lückenlosen Einzelfallprüfung würde zunächst eine Beurteilung aller einwertigen Daten im Wege direkter Soll-Ist-Vergleiche implizieren. Je nach Anzahl und Umfang der historischen Zeitreihen würden hierbei mehrere hundert bis tausend Parameter zu prüfen sein.

- Bei der Isolierung von Parametern, Variablen und Kausalzusammenhängen, d.h. der **Beschaffung von prüfungsfähigen Ist-Objekten**, können sich dann erhebliche Schwierigkeiten ergeben, wenn die Systeme sowie die damit verarbeiteten Daten und produzierten Ergebnisse nicht ausreichend dokumentiert sind oder die Prüfungsträger keinen oder nur einen eingeschränkten direkten Informationszugang besitzen.[1]

- Den Prüfungsträgern der Kreditwürdigkeitsprüfung dürfte regelmäßig ein vollumfängliches technisches sowie länder- und branchenspezifisches Fachwissen bzw. der erforderliche Informationszugang fehlen ('asymmetrische Informationsverteilung'). Hierdurch kann die Ermittlung von Betriebsvergleichsnormen für eine Plausibilitätsprüfung bzw. von Soll-Merkmalsausprägungen von Einzelwerten für direkte (Einzelfall-) Prüfungen, d.h. die **Konstruktion von (Ersatz-) Soll-Objekten**, erheblich erschwert werden.

Die vorstehend aufgezeigten Grenzen von Ergebnisprüfungen lassen sich partiell durch die nachfolgenden Handlungsoptionen überwinden:

- Anstelle einer lückenlosen Einzelfall- bzw. Einzelwertprüfung kann eine **Auswahlprüfung** erfolgen, der ein ausgewählter Kanon von Plausibilitätsprüfungshandlungen vorgeschaltet wird. Ergeben sich Inkonsistenzen aus der Verprobung, so können diese die nachfolgenden Detailprüfungshandlungen lenken.

- Ein zunächst fehlendes Fachwissen auf Seiten der Prüfungsträger bzw. eine asymmetrische Informationsverteilung kann mittelfristig durch eine **geschäftspolitische Fokussierung** auf ausgewählte Branchen, Regionen und Technologien (teilweise) kompensiert werden. Alternativ kann ein Kreditinstitut versuchen, das Problem kurzfristig durch Akquisition von qualifiziertem Personal zu adressieren. Allerdings kann sich wiederum eine asymmetrische Informationsverteilung im Hinblick auf die tatsächliche Kompetenz der angeworbenen Mitarbeiter ergeben.

- Die **Delegation der Konstruktion von (Ersatz-) Soll-Objekten** auf externe Experten (unabhängige Gutachter, institutsseitige Berater) oder interne Organisationseinheiten (Research, Volkswirtschaft, Kreditanalyse etc.) kann eine weitere Lösung zum Abbau von Informationsasymmetrien darstellen. Bei einer derartigen Vorgehensweise werden beispielsweise komplette Subsysteme (z.B. Marktprognose) durch eine externe Drittpartei neu erstellt und die Parameter, Variablen und Ergebnisse des ursprünglich vorgelegten Sub-Systems (Ist-Objekte) mit denen des neu konstruierten Sub-Systems (Soll-Objekt) verglichen.[2] Jedoch dürfte eine klare Abgrenzung von Ergebnisprüfung und Systemprüfung hierbei regelmäßig nicht mehr möglich sein.[3]

---

[1] Dies kann beispielsweise dann der Fall sein, wenn durch externe Parteien erstellte Prognosen nur in verdichteter Form (z.B. als ‚Executive Summary' oder ‚Exzerpt') zur Verfügung stehen (Endergebnisse) und/oder wesentliche Grundlagen (Parameter, Variablen, Zwischenergebnisse) zum Schutze des geistigen Eigentums bzw. der Betriebsgrundlage nicht zugänglich gemacht werden.

[2] Bei quantitativen Prognosen, die mit Hilfe univariater Verfahren (Trendextrapolationen) oder heuristischen Verfahren (insbesondere Expertenbefragungen) erstellt wurden, ist die Plausibilitätsprüfung mit Hilfe von Ersatz-Soll-Objekten zudem der einzig gangbare Weg einer Beurteilung. Das zugrunde liegende „Prognosesystem" ist aufgrund mangelnder kausaler Fundierung per se gar keiner oder nur einer deutlich eingeschränkten Systemprüfung zugänglich. Allenfalls könnte bei Trendextrapolationen der Algorithmus auf rechnerische Richtigkeit oder der Prognoseersteller auf Vertrauenswürdigkeit sowie Sachkompetenz und Sachverständnis geprüft werden. Sowohl auch Bretzke, W.-R.: Prognoseprüfung, a.a.O., Sp. 1441 f.

[3] Da die Soll-Objekt-Konstruktion (und nicht der nachgelagerte Soll-Ist-Vergleich) den wesentlichen Kern des Prüfungsvorgangs darstellt, werden hiermit zugleich Teile der Kreditwürdigkeitsprüfung ausgelagert (‚Outsourcing').

Die vorstehend skizzierten Grenzen der Ergebnisprüfung sowie die Ansätze zu deren Überwindung unterstreichen die enorme Bedeutung einer risikoorientierten Kombination der verfügbaren Prüfungsmethoden sowie die Beachtung von Reihenfolgebedingungen bei der Prüfungsplanung. Plausibilitätsprüfungen können beispielsweise nur dann zu sinnvollen Urteilen führen, wenn die zugrundeliegenden (Sub-) Systeme sowie die darin verarbeiteten Parameter und Variablen bereits geprüft sind.[1]

4.2.2 Ansätze zur Bestimmung von Prüfungsnormen

4.2.2.1 Soll-Objekte bei der Systemprüfung

Unabhängig davon, ob eine Systemprüfung im Wege einer sachlogischen (Detail-) Prüfung oder einer indirekten (System-)Prüfung durchgeführt wird, lassen sich zwei verschiedene Normkategorien für die Soll-Objekt-Konstruktion unterscheiden:

- **Sachverhaltsspezifische Systemnormen (Konzeptionsnormen)**

  ‚Projekt- und Finanzierungskonzepte' implizieren regelmäßig individuell strukturierte Vereinbarungen zwischen den beteiligten Projektparteien, welche sich wiederum in einem komplexen Netzwerk aus (Langzeit-)Verträgen dokumentieren. Diese sachverhaltsspezifischen Regelungen stellen häufig zugleich Wirkungsmechanismen dar, die sich im System ‚modellgestützte Finanzplanung' u.a. in Form von Algorithmen sowie in den Systemen ‚Prognosen' und ‚projektbezogene Risikoanalyse' in Argumentations- und/oder Wirkungsketten konkretisieren. Bei der Systemprüfung derartig modellierter Kausalbeziehungen müssen für die Konstruktion von Soll-Objekten sachverhaltsspezifische (System-)Normen aus dem ‚Projekt- und Finanzierungskonzept', d.h. aus den geplanten oder vereinbarten Regelungen, isoliert werden. Hierbei handelt es sich um ‚Wenn/Dann-Beziehungen', die für den Fall, dass ein definiertes Ereignis eintritt, eine bestimmte Handlungsfolge vorsehen. Nachfolgend sind wesentliche Fallgruppen aufgeführt, aus denen sich regelmäßig Vorgaben für sachverhaltsspezifische Systemnormen ableiten lassen:

  - Abstrakte Zahlungspflichten[2]

  - Kreditbedingungen, Verhaltensauflagen und sonstige kreditvertragliche Strukturelemente[3]

  - Sponsorseitige Nachschussverpflichtungen[4]

  Im Folgenden werden sachverhaltsspezifische Systemnormen mit dem Synonym ‚**Konzeptionsnormen**' belegt, da sie Ausfluss des gedanklichen Entwurfes bzw. der konzeptionellen Struktur einer ‚Projektfinanzierung im engeren Sinne' sind.

---

[1] Vgl. Dörner, D.: Prüfungsansatz, risikoorientierter, a.a.O., Sp. 1760.

[2] Vgl. hierzu die vorstehenden Ausführungen unter Gliederungspunkt 2.1.4.2 Übernahme abstrakter Zahlungspflichten durch Dritte, S. 40 ff. Abstrakte Zahlungspflichten können sich u.a. in Form von Preisgleitklauseln, -formeln etc. konkretisieren.

[3] Vgl. hierzu die vorstehenden Ausführungen unter Gliederungspunkt 2.1.4.3 Projektbezogene Kreditbedingungen und Verhaltensauflagen, S. 48 ff. Im Kreditvertrag bzw. im Term Sheet können derartige Regelungen z.B. in Form von kennzahlenbasierten Auflagen (‚Financial Covenants'), Schuldendienstreservekonten (‚Debt Service Reserve Accounts'), Ausschüttungssperren (‚Lock-in Clauses') und Sondertilgungen (‚Cash Sweeps') paraphiert sein.

[4] Vgl. hierzu die vorstehenden Ausführungen unter Gliederungspunkt 2.1.4.1 Risk Sharing, S. 33 ff. Beispielsweise kann in einem sogenannten ‚Sponsors Support Agreement' für den Fall des Überschreitens der geplanten Bauzeit ein betragsmäßig bzw. formelmäßig festgelegter Liquiditätsnachschuss der Sponsoren vorgesehen sein (‚Cash Deficiency Support').

- **Allgemeinverbindliche Systemnormen (Konstruktionsnormen)**

    Die den Systemen ‚modellgestützte Finanzplanung', ‚Prognosen' und ‚projektbezogene Risikoanalyse' zugrundegelegten Kausalzusammenhänge sind regelmäßig nicht willkürlicher Natur, sondern ergeben sich aus ‚metabetrieblichen Normen'.[1] Soweit es sich hierbei um ‚**Rechtsnormen**' (z.B. Vorschriften zur Rechnungslegung und/oder zur steuerlichen Gewinnermittlung) handelt, stehen Normenquelle und -verbindlichkeit fest. Anderes gilt für die sogenannten ‚**ethischen Normen**',[2] die sich für die Systeme des Untersuchungsgegenstands ‚Projektfinanzierung im engeren Sinne' im Wesentlichen aus der inneren Logik der betrachteten Sachverhalte, ökonomischen Gesetzmäßigkeiten sowie der Zweck- bzw. Zielsetzung des jeweils betrachteten Abbildungs-, Erfassungs-, Planungs- und/oder Kontrollsystems ergeben.

Nachfolgend werden allgemeinverbindliche Systemnormen auch als ‚**Konstruktionsnormen**' bezeichnet, da sie die konkrete Bauart eines Systems adressieren.

Unabhängig davon, ob Soll-Objekte aus Konstruktions- oder Konzeptionsnormen abgeleitet werden, bedarf es in der bankbetrieblichen Realität für eine Systemprüfung eines einheitlichen, d.h. übergreifenden, Kanons von Systemnormen. Vor dem Hintergrund der Verschiedenartigkeit der bei ‚Projektfinanzierungen im engeren Sinne' zu prüfenden Systeme ‚modellgestützte Finanzplanung', ‚Prognosen' und ‚projektbezogene Risikoanalyse' sind differenzierte, systemspezifische Normenbündel für die Beurteilung heranzuziehen:

- **Systemnormen der ‚modellgestützten Finanzplanung'**

    Im Schrifttum werden für die Finanzplanung Mindestanforderungen in Form von Grundsätzen diskutiert.[3] Mehrheitlich beziehen sich die hierbei postulierten Systemnormen auf die Sachverhaltsgestaltungen bei existierenden Unternehmen, welche über Datenhistorien sowie diversifizierte Cashflow-Quellen verfügen, und nicht notwendigerweise auf die Erfordernisse bei der Finanzierung neuer, rechtlich und ökonomisch abgegrenzter Vorhaben.[4] Zudem werden im Schrifttum häufig kurz- bis mittelfristige und im geringeren Umfang langfristige Planungshorizonte adressiert.[5]

---

[1] Vgl. zum Begriff der ‚metabetrieblichen Normen' die vorstehenden Ausführungen unter Gliederungspunkt 4.1.1.2.2.1.1 Quellen, S. 311 ff. sowie insbesondere Abb. 74: Quellen von Prüfungsnormen, S. 312 und die korrespondierenden Ausführungen.

[2] Vgl. Ebenda

[3] Vgl. Krümmel, H.-J.: Grundsätze der Finanzplanung, a.a.O., S. 228 ff., Eggers, T.: Grundsätze für die Gestaltung der Finanzplanung, in: BFuP, 23. Jg. (1971), S. 257 ff., Büschgen, H. E.: Grundzüge betrieblicher Finanzwirtschaft, a.a.O., S. 346 f., Günther, T.: Computergestützte Finanzplanung: Ein Überblick zu verschiedenen Vorschlägen des Schrifttums, in: DBW, 48. Jg. (1988), S. 112, Amann, K.: Finanzwirtschaft: Finanzierung, Investition, Finanzplanung, Stuttgart, Berlin, Köln 1993, S. 144 sowie Ehrmann, H.: Unternehmensplanung, 3. Aufl., Ludwigshafen (Rhein) 1999, S. 390. PERRIDON/STEINER sprechen in diesem Zusammenhang von ‚*Planungs- und Budgetierungsgrundsätzen*'; vgl. Perridon, L.; Steiner, M.: Finanzwirtschaft der Unternehmung, 11. Aufl., München 2002, S. 618 f.

[4] Vgl. hierzu die vorstehenden Ausführungen unter den Gliederungspunkten 2.2.2.4.1.1 Prozess der Finanzplanung im existierenden Unternehmen, S. 70 ff. sowie 2.2.2.4.1.2 Prozess der modellgestützten Finanzplanung bei Projektfinanzierungen im engeren Sinne, S. 71 ff.

[5] Vgl. hierzu die vorstehenden Ausführungen unter Gliederungspunkt 2.2.2.2.2 Zeitliche Grundkonzeptionen, S. 65 ff. Für eine explizite Adressierung der langfristigen Finanzplanung vgl. Hielscher, U.; Lehner, U.: Langfristige Finanzplanungsmodelle, in: WiSt, 4. Jg. (1975), S. 453 ff., Prätsch, J.: Langfristige Finanzplanung und Simulationsmodelle: Methodologische Grundlegung sowie Beurteilung der Eignung der Simulation für die langfristige Finanzplanungspraxis, Frankfurt a.M. u.a. 1986, Sell, A.: Investitionen in Entwicklungsländern: Einzel- und gesamtwirtschaftliche Analysen, a.a.O., Fugmann, O.: Instrumente zur langfristigen Finanzplanung – ein Vergleich unter besonderer Berücksichtigung von Koordinationsaspekten, Bayreuth 2000, S. 24 ff.

Prinzipiell dürfte jedoch auch bei ‚Projektfinanzierungen im engeren Sinne' für eine Systemprüfung respektive die hierfür erforderliche Soll-Objekt-Gewinnung ein Rückgriff auf die im Schrifttum postulierten Mindestanforderungen an Finanzplanungen induziert sein. Diskutiert werden u.a. die Grundsätze der Wahrheit, Klarheit (Transparenz), Durchsichtigkeit, Bruttobetrachtung, Vollständigkeit, Genauigkeit, Flexibilität, Zentralisation, Wirtschaftlichkeit und Kompetenz der Planer. Diese Mindestanforderungen könnten zusammen mit etwaigen anderen noch zu identifizierenden Systemnormen einen im Hinblick auf die spezifischen Erfordernisse und Rahmenbedingungen bei ‚Projektfinanzierungen im engeren Sinne' modifizierten Kanon von ‚Grundsätzen ordnungsmäßiger modellgestützter Finanzplanung' bilden.[1]

- **Systemnormen für ‚Prognosen'**

In einem geringeren Umfang finden sich im Schrifttum auch für das System ‚Prognosen' Ansätze für Systemnormen,[2] welche im Rahmen einer Systemprüfung für die Ableitung von Sollobjekten herangezogen werden könnten. Diskutiert werden u.a. die Grundsätze der Vollständigkeit, Richtigkeit, Klarheit und Kontinuität (Vergleichbarkeit).[3] Obwohl überwiegend vor dem Hintergrund anderer Anwendungsbereiche (Prognosen in Geschäfts- bzw. Lageberichten, Prospekte über öffentlich angebotene Kapitalanlagen) postuliert,[4] dürften sich derartige Mindestanforderungen aufgrund der Ähnlichkeit der zugrunde liegenden Sachverhaltsgestaltungen ebenfalls zu einem Kanon von ‚Grundsätzen einer ordnungsmäßigen Prognosebildung (bei Projektfinanzierungen im engeren Sinne)' weiterentwickeln lassen.[5] Zusätzlich wären – soweit erforderlich – die Spezifika der hier betrachteten Finanzierungskonzeption, d.h. insbesondere Art und Umfang der bei Projektfinanzierungen aufgestellten und für eine Kreditwürdigkeitsprüfung herangezogenen Prognosen, zu berücksichtigen.[6]

Einschränkend muss festgehalten werden, dass sich Ansätze zu Systemnormen in Form von ‚Grundsätzen ordnungsmäßiger Prognosebildung' bislang nur für logisch vollständige, d.h. kausal fundierte, Prognosen herausgebildet haben.[7] Logisch unvollständige Prognoseaussagen, die z.B. mit Hilfe von univariaten Verfahren (Trendextrapolationen) oder heuristischen Verfahren (z.B. Expertenbefragungen) gewonnen wurden, sind aufgrund mangelnder kausaler Fundierung und/oder intransparenter Methodik keiner oder keiner vollumfänglichen Systemprüfung

---

[1] Vgl. hierzu die nachfolgenden Ausführungen unter Gliederungspunkt 5.4.1 Grundsätze einer ordnungsmäßigen modellgestützten Finanzplanung, S. 492 ff.

[2] Vgl. beispielsweise Mandl, G.; Jung, M.: Prognose- und Schätzprüfung, a.a.O., Sp. 1698, Hagest, J., Kellinghusen, G.: Zur Problematik der Prognoseprüfung und der Entwicklung von Grundsätzen ordnungsmäßiger Prognosebildung, a.a.O., S. 412 ff., Rückle, D.: Gestaltung und Prüfung externer Prognosen, in: G. Seicht (Hrsg.), Management und Kontrolle, Berlin 1981, S. 431 ff., Rückle, D.: Externe Prognosen und Prognoseprüfung, in: DB, 34. Jg. (1984), S. 57 ff.

[3] Vgl. Hagest, J., Kellinghusen, G.: Zur Problematik der Prognoseprüfung und der Entwicklung von Grundsätzen ordnungsmäßiger Prognosebildung, a.a.O., S. 412 ff. Kritisch in diesem Zusammenhang Bretzke, W.-R.: Prognoseprüfung, a.a.O., Sp. 1441.

[4] Vgl. exemplarisch Wanik, O.: Probleme der Aufstellung und Prüfung von Prognosen über die Entwicklung der Unternehmung in der nächsten Zukunft, in: IDW (Hrsg.), Bericht über die Fachtagung des IDW 1974, 1975, S. 45 ff., Bretzke, W.-R.: Inhalt und Prüfung des Lageberichtes: Anmerkungen zur gegenwärtigen und zukünftigen Praxis der Prognosepublizität, in: WPg, 32. Jg. (1979), S. 337 ff., Drobeck, J.: Die Prognosepublizität im Prospekt über öffentlich angebotene Kapitalanlagen und deren Beurteilung nach IDW S 4, a.a.O., S. 1223 ff.

[5] Vgl. hierzu die nachfolgenden Ausführungen unter Gliederungspunkt 5.4.2 Grundsätze einer ordnungsmäßigen Prognosebildung, S. 535 ff.

[6] Zu den bei ‚Projektfinanzierungen im engeren Sinne' herangezogenen Prognosen vgl. die vorstehenden Ausführungen unter Gliederungspunkt 2.2.3 Prognosen, S. 123 ff.

[7] Vgl. hierzu die vorstehenden Ausführungen unter Gliederungspunkt 2.2.3.1.2.5.2 Logisch vollständige Prognosen, S. 128 ff.

zugänglich. Hier sind lediglich eine grundsätzliche Ablehnung derartiger Prognoseaussagen oder eine Ergebnisprüfung in Form von Plausibilitätsprüfungen möglich.[1]

- **Systemnormen der ‚projektbezogenen Risikoanalyse'**

  Für das System der ‚projektbezogenen Risikoanalyse' finden sich im Schrifttum zunächst keine direkt verwendbaren Vorgaben oder Ansätze für Systemnormen.[2] Dem steht nicht entgegen, dass grundsätzlich ein Kanon von ‚Grundsätzen einer ordnungsmäßigen projektbezogenen Risikoanalyse' erforderlich ist. Im Zuge einer Prüfung des Systems ‚projektbezogene Risikoanalyse' benötigen die Prüfungsträger der Kreditwürdigkeitsprüfung eine Grundlage für die Sollobjektgewinnung. Ohne Postulierung und Beachtung von Systemnormen besteht die Gefahr, dass Systemprüfungshandlungen nach intersubjektiv nicht nachvollziehbaren Kriterien erfolgen oder unvollständig bleiben und damit letztlich die Einhaltung des ‚Grundsatzes der Urteilssicherheit (Effektivität)'[3] – als eine der beiden Generalnormen für die Prüfungsdurchführung bei Kreditwürdigkeitsprüfungen – nicht mehr gewährleistet ist.[4]

4.2.2.2 Soll-Objekte bei der Ergebnisprüfung

4.2.2.2.1 Externe Normvorgaben

Es wurde bereits ausgeführt, dass bei der ‚**direkten (Daten-) Prüfung**' von einwertigen Daten (‚Parametern') auf naturwissenschaftlich-technische Gesetzmäßigkeiten, vertragliche Vereinbarungen und/oder den kodifizierten Rechtsrahmen zurückgegriffen werden kann.[5] Der zwangsläufig externe Charakter der herangezogenen Soll-Objekte ist hierbei offenkundig.

Anderes gilt bei der ‚**indirekten Datenprüfung**' von mehrwertigen Daten (‚Variablen') sowie Zwischen- und Endergebnissen im Wege von Plausibilitätsprüfungen.[6] Die hierbei herangezogenen Ersatz-Soll-Objekte (‚Betriebsvergleichsnormen'[7]) stammen idealiter aus repräsentativen externen Quellen oder wurden daraus abgeleitet. Alternativ können sie in Form von institutsintern ermittelten Ersatz-Soll-Objekten vorliegen,[8] denen jedoch bei willkürlicher interner Postulierung der Charakter einer objektiven Normvorgabe fehlen kann.[9] Betriebsintern ermittelte „externe" Ersatz-Soll-Objekte dürften nur dann zu einer ausreichenden Urteilssicherheit führen, wenn diese auf Basis einer hinreichenden Grundgesamtheit ermittelt oder aus repräsentativen Fallgestaltungen abgeleitet wurden. Das nachfolgende Beispiel soll die vorstehenden Überlegungen verdeutlichen:

---

[1] Vgl. hierzu die vorstehenden Ausführungen unter Gliederungspunkt 4.2.1.4 Ergebnisprüfung, S. 437 ff.

[2] Gedankliche Parallelen finden sich im Schrifttum zur Einrichtung eines Risikofrüherkennungssystems nach § 91 Abs. 2 AktG, wobei hier die Implementierung eines permanenten Systems in einem existierenden Unternehmen adressiert wird. Vgl. hierzu Lück, W.: Grundsätze risikoorientierter Unternehmensüberwachung, a.a.O., S. 1573 ff.

[3] Vgl. zum ‚Grundsatz der Urteilssicherheit (Effektivität)' die vorstehenden Ausführungen unter Gliederungspunkt 4.1.2.1.2.4.1 Prüfungsdurchführungsnormen, S. 369 ff.

[4] Vgl. hierzu die nachfolgenden Ausführungen unter Gliederungspunkt 5.4.3 Grundsätze einer ordnungsmäßigen Risikoanalyse, S. 563 ff.

[5] Vgl. hierzu die vorstehenden Ausführungen unter Gliederungspunkt 4.2.1.4.1 Prinzip der Ergebnisprüfung, S. 437 ff.

[6] Vgl. Ebenda

[7] Vgl. hierzu die vorstehenden Ausführungen unter Gliederungspunkt 4.1.1.2.2.1 Prüfungsnormen, S. 311 ff., insbesondere Abb. 74: Quellen von Prüfungsnormen, S. 312.

[8] Vgl. hierzu Gliederungspunkt 4.2.2.2.2.2 „Objektivierte" (Ersatz-)Soll-Objekte, S. 452 f.

[9] Vgl. zum Problem subjektiver Normvorgaben auch die nachfolgenden Ausführungen unter Gliederungspunkt 4.2.2.2.2.1 Subjektive (Ersatz-)Soll-Objekte, S. 448 ff.

Die noch nicht durch vertragliche Vereinbarungen eindeutig determinierten Investitionskosten für ein thermisches Kraftwerk können dadurch verprobt werden, dass die prognostizierte Anschaffungsauszahlung durch die Kapazität – gemessen in MW – der Anlage geteilt wird (= ‚Ist-Objekt'). Das Ergebnis (‚Investitionskosten pro MW') lässt sich nun im Wege eines ‚zwischenbetrieblichen Vergleichs' mit den entsprechenden Werten anderer Kraftwerksprojekte (= Ersatz-Soll-Objekt) plausibilisieren. Die nachfolgende Abbildung zeigt das hierbei angewandte prüferische Schlussverfahren[1]:

Abb. 113: Syllogismus bei der indirekten (Daten-)Prüfung der Investitionskosten eines Kraftwerkprojektes

Majorprämisse:

Die durchschnittlichen Investitionskosten je installierter Kapazitätseinheit betrugen bei den von uns in der Vergangenheit finanzierten und technisch vergleichbaren Kraftwerken Euro/MW 0,55 Mio. (Streuung: +/- 0,2 Mio.).

Minorprämisse:

Für das vorliegende Projekt ergeben sich angenommene Investitionskosten von Euro/MW 0,56 Mio. je installierter Kapazitätseinheit.

(r)

Konklusion:

Die für das vorliegende Projekt geplanten Investitionskosten erscheinen plausibel bzw. bieten keine Anhaltspunkte für eine Normabweichung.

Quelle: Eigene Darstellung

Der vorstehend skizzierte Syllogismus macht deutlich, dass die Sicherheit der Konklusion direkt von der Qualität der Majorprämisse (= ‚Ersatz-Soll-Objekt') abhängt. Ob ein Kreditinstitut intern über adäquate Informationen verfügt, muss im jeweiligen Einzelfall individuell beurteilt werden. Für den Fall, dass keine ausreichende Wissensbasis für eine Ersatz-Soll-Objekt-Konstruktion vorliegt, wären Betriebsvergleichsnormen aus externen Quellen (z.B. Gutachten, Studien, Branchenstatistiken etc.) zu bevorzugen.[2]

4.2.2.2.2 Institutsinterne Normvorgaben

4.2.2.2.2.1 Subjektive (Ersatz-)Soll-Objekte

Bei dem Versuch, mehrwertige Daten (‚Variablen') sowie Zwischen- und Endergebnisse im Rahmen einer direkten Datenprüfung zu beurteilen, ergibt sich das Problem von in Bandbreiten vorlie-

---

[1] Vgl. zur grundsätzlichen Funktionsweise des hier angewandten Schlussverfahrens die vorstehenden Ausführungen unter Gliederungspunkt 4.1.1.2.2.2.3 Kriterium ‚Art der Vergleichshandlung', S. 324 ff. insbesondere Abb. 80: Syllogismus, S. 326.

[2] Andernfalls besteht die Gefahr, dass ‚subjektive Soll-Objekte' anstelle von ‚(repräsentativen) Ersatz-Soll-Objekten' verwendet werden. Vgl. hierzu auch die nachfolgenden Ausführungen unter Gliederungspunkt 4.2.2.2.2.1 Subjektive (Ersatz-)Soll-Objekte, S. 448 ff.

genden, d.h. nicht eindeutigen, Soll-Objekten. Eine Identifizierung von wesentlichen Normabweichungen ist hierdurch stark erschwert bzw. unmöglich. Teilweise wird der Versuch unternommen, durch die Postulierung von ‚**subjektiven Soll-Objekten**' das Erreichen von eindeutigen Prüfungsergebnissen zu ermöglichen. Derartige subjektive Prüfungsnormen können sowohl qualitative als auch quantitative Aspekte adressieren, wobei häufig ein fließender Übergang zwischen diesen Normkategorien besteht. Die nachfolgenden, willkürlich ausgewählten Beispiele demonstrieren das Spektrum derartiger ‚subjektiver Soll-Objekte':

- Alle am Projekt beteiligten Sponsoren, Anlagenbauer, Lieferanten oder Abnehmer müssen inländische Zielkunden des Kreditinstituts sein.

- Das Sitzland des Projektes bzw. der Projektgesellschaft muss mindestens ein Sovereign Rating von A aufweisen.

- Projektstandort und Geschäftssitze aller beteiligten Parteien müssen sich in der Europäischen Union oder in den USA befinden.

- Es muss sich um ein Projekt aus den Branchen Energie, Verkehrsinfrastruktur oder Industrie handeln.

- Die vorzulegenden Unterlagen müssen immer eine Marktstudie und ein technisches Gutachten enthalten.

- Bei Windkraftprojekten müssen grundsätzlich zwei verschiedene Windgutachten vorgelegt werden.

- Bei Kraftwerksprojekten stellen Turbinen des Hersteller X und der Baureihe Y ein Ausschlusskriterium dar.

- Die vorgelegte ‚modellgestützte Finanzplanung' (das „Cashflow-Modell") muss immer im Rahmen eines ‚Model Audit' durch einen öffentlich akkreditierten Wirtschaftsprüfer testiert sein.

- Die im Projekt- und Finanzierungskonzept unterstellten steuerlichen Rahmenbedingungen sind durch einen am Projektstandort zugelassenen Steuerberater mittels eines ‚Tax Audit' bzw. einer ‚Tax Opinion' zu bestätigen.

- Keine Finanzierung von Projekten, an denen Finanzinvestoren oder Privatpersonen als Sponsoren beteiligt sind.

- Jedes Projekt muss mindestens zu x % über Eigenkapital finanziert werden.

- Keine Finanzierung von Projekten, die noch nicht errichtet sind bzw. sich noch im Bau befinden.

- Der Absatz des Projektes muss während der Kreditlaufzeit in Höhe von 100% durch einen oder mehrere langfristige Abnahmeverträge in Form von ‚Take-or-Pay Sales Agreements' gewährleistet sein.[1]

- In der Branche A darf die Kreditlaufzeit in der Bauphase maximal y Jahre und in der Betriebsphase maximal z Jahre betragen.

---

[1] Vgl. hierzu die vorstehenden Ausführungen unter Gliederungspunkt 2.1.4.2 Übernahme abstrakter Zahlungspflichten durch Dritte, S. 40 ff.

- Das Projekt- und Finanzierungskonzept muss im Basisfall („Base Case") mindestens eine DSCR von x und eine LLCR von y aufweisen.[1]

Am Beispiel der letztgenannten Normvorgabe soll die grundlegende Problematik von ‚subjektiven Soll-Objekten' verdeutlicht werden:

Teilweise werden im projektfinanzierungsspezifischen Schrifttum Mindestbeträge für angeblich von Banken akzeptierte bzw. geforderte Deckungsrelationen (DSCR, LLCR, LPCR etc.) genannt.[2] Es muss zumindest fraglich erscheinen, inwieweit bei einem regelmäßig stark ausgeprägten Individualcharakter von ‚Projektfinanzierungen im engeren Sinne' ein genereller Zusammenhang zwischen derartigen Normvorgaben und dem Urteilsprädikat ‚kreditwürdig' aufgestellt werden kann. Vielmehr werden die konkret erreichten Deckungsrelationen vor dem Hintergrund des zugrundeliegenden Projekt- und Finanzierungskonzeptes, d.h. insbesondere den impliziten politischen, technischen und wirtschaftlichen Risiken des Individualfalles, zu beurteilen sein.[3] Selbst wenn sich bestimmte Mindestwerte durch empirische Untersuchungen als allgemeingültige Geschäftsusance bestätigen ließen, ergäben sich damit noch keine für Zwecke der Kreditwürdigkeitsprüfung verwendbaren Kausal- oder Indikatorhypothesen.[4] Hierfür wäre vielmehr ein direkter Zusammenhang zwischen dem geforderten Mindestwert (= Ausprägung des Soll-Objektes) und der Fähigkeit zur termin- und betragsgerechten Leistung der vereinbarten zukünftigen Zins-, Tilgungs- und Provisionsleistungen bzw. der Ausfallwahrscheinlichkeit logisch-deduktiv oder empirisch-induktiv nachzuweisen.[5] Zudem stellen die angeführten Kennziffern keine Einzelwerte, sondern verdichtete Ergebnisgrößen des Systems ‚modellgestützte Finanzplanung' dar. Der Hinweis auf den Basisfall („Base Case") im obigen Beispiel verdeutlicht, dass die Aussagekraft von Deckungsrelationen ohne eine vorherige (System-)Prüfung der zugrundeliegenden Erfassungs-, Verarbeitungs- und Kontrollsysteme relativ gering ist. Zu welchen Ergebnissen die Annahmen des Basisfalles führen, hängt im Wesentlichen auch von der Ausgestaltung der Systeme ‚modellgestützte Finanzplanung', ‚Prognosen' und ‚projektbezogene Risikoanalyse' ab. Eine die jeweilige Systemqualität vernachlässigende Postulierung von Mindestwerten kann daher keinen Anspruch auf Allgemeingültigkeit erheben.

Letztlich bleiben ‚subjektive Soll-Objekte' ein Ausdruck der individuellen Präferenzfunktion des Entscheidungsträgers respektive einer institutsinternen Kreditrisikostrategie. Dabei können derartige Normvorstellungen scheinbar kausal (*„Ein Windgutachten hat einen geringeren Informationsgehalt als zwei Windgutachten."*) oder empirisch (*„Die Turbinen des Herstellers X und der Baureihe Y haben sich bei anderen Projekten als störanfällig erwiesen."*) begründet sein. Bei näherer Betrachtung sind derartige ‚subjektive Soll-Objekte' mehrheitlich intersubjektiv nicht nachvoll-

---

[1] Vgl. hierzu die vorstehenden Ausführungen unter Gliederungspunkt 2.2.2.4.2.2.2.11 Module ‚Kennzahlen' und ‚Ausgabe', S. 110 ff.

[2] Vgl. beispielsweise Schmitt, W.: Internationale Projektfinanzierung bei deutschen Banken; a.a.O., S. 165 ff. m.w.N., Tytko, D.: Grundlagen der Projektfinanzierung, a.a.O., S. 155 f., Wolf, B.: Projektfinanzierung – die klassische Variante der Cash-Flow-Finanzierung, in: B. Wolf, M. Hill, M. Pfaue (Hrsg.), Strukturierte Finanzierungen, Stuttgart 2003, S. 85 m.w.N.

[3] Vgl. auch Schepp, F.: Praxis der Projektfinanzierung, a.a.O., S. 527.

[4] Dies wäre nur dann der Fall, wenn entweder aufgrund einer belastbaren ökonomischen Theorie eine Kausalität deduziert oder der Indikator im Wege einer statistisch-objektivierten Untersuchung bestimmt wurde. Vgl. hierzu die vorstehenden Ausführungen unter den Gliederungspunkten 4.1.2.1.2.4.2.2 Logisch-deduktive Verfahren, S. 374 ff. und 4.1.2.1.2.4.2.3 Empirisch-induktive Verfahren, S. 382 ff.

[5] Ein derartiger direkter Zusammenhang wäre nur bei einer geforderten Schuldendienstdeckungsquote (DSCR) in Höhe von mindestens 1,0 (= ‚subjektives Soll-Objekt') argumentativ vertretbar, da hier der Kapitaldienst jederzeit gewährleistet erscheint. Bei einem subjektiven Mindestwert von 1,5 wäre dies zwar auch der Fall, jedoch ist die Frage aufzuwerfen, wodurch sich die willkürlich höher gesetzte Normvorgabe bzw. die 50%ige Sicherheitsreserve intersubjektiv nachvollziehbar begründen lassen.

ziehbar und bergen die Gefahr von nicht differenzierenden Pauschalurteilen.[1] Interne Normvorgaben in Form von ‚subjektiven Soll-Objekten' können aufgrund eines regelmäßig fehlenden theoretischen oder empirisch belastbaren Fundaments somit in keinerlei Weise den Anspruch auf eine Erfüllung der Anforderungen des § 18 Satz 1 KWG erheben bzw. als allgemeinverbindliche, unternehmensunabhängige Zweckmäßigkeitsnormen qualifiziert werden. Weitere ‚unternehmensindividuelle Ziel- und Ergebnisnormen',[2] wie z.B. Konditionen (Margen, Provisionen),[3] (risikoadjustierte) Deckungsbeiträge und Renditekennzahlen,[4] sind für die grundsätzliche Prüfung der Kreditwürdigkeit im Sinne von ‚Schuldendienstfähigkeit' somit ebenfalls irrelevant.

Zudem werfen ‚subjektive Soll-Objekte' die Frage nach der Motivation und/oder der Anreiz-Beitrags-Funktion der jeweiligen mit der Normpostulierung beauftragten Organisationseinheiten auf:

- Die Führungsgremien (u.a. die Geschäftsleitung) respektive die Entscheidungsinstanzen könnten in Abhängigkeit davon, ob eine restriktive oder eine aggressive Geschäftsfeldstrategie verfolgt werden soll, versucht sein, über eine entsprechende Postulierung von ‚subjektiven Soll-Objekten' das Neugeschäftsvolumen zu steuern. Die Zwecksetzung einer weitestgehend objektiven, d.h. intersubjektiv nachvollziehbaren, ‚Offenlegung der wirtschaftlichen Verhältnisse' dürfte hierbei mit allgemeinen bankpolitischen Zielsetzungen konkurrieren bzw. durch diese überlagert werden.

- Eine mit dem Erstvotum beauftragte Organisationseinheit ‚Markt'[5] hat u.a. die Erfüllung der budgetierten Ertragsvorgaben bzw. den Abschluss des hierzu erforderlichen Neugeschäftsvolumens zu verfolgen. Insoweit kann bei Delegation der Normpostulierung an diese „Prüfungsträger" zunächst ein Anreiz bestehen, die ‚subjektiven Soll-Objekte' im eigenen Interesse flexibel und nicht einschränkend auszugestalten. Die Existenz eines erfolgsabhängigen Vergütungssystems, welches die Zahlung eines Bonus, (bzw. Tantieme, Gratifikation etc.) vorsieht, dürfte bei falscher Ausgestaltung, d.h. ohne Berücksichtigung von Risikokomponenten, die skizzierte Gefahr zusätzlich erhöhen.

- Eine mit dem Zweitvotum beauftragte Organisationseinheit ‚Marktfolge'[6] dürfte an einer weitgehenden Absicherung gegen Fehlurteile respektive an der Verhinderung von Kreditausfällen interessiert sein, um nicht ex post die eigene Kompetenz und Existenz gegenüber der Geschäftsleitung rechtfertigen zu müssen. Kurzfristig kann die Postulierung von ‚subjektiven Soll-Objekten', d.h. die Formulierung von umfangreichen Mindestanforderungen, durch die

---

[1] Ein kritischer Prüfungsträger könnte z.B. folgende Fragen stellen: *Warum werden nicht drei oder mehr statt zwei Windgutachten abgefordert? Ist nicht die Qualität eines Gutachtens wichtiger, als die absolute Anzahl der vorgelegten Gutachten? Ist die Störanfälligkeit der Turbinenbaureihe Y tatsächlich auf Konstruktionsmängel oder eher auf einen falschen Betrieb zurückzuführen? Wurden etwaige Konstruktionsmängel zwischenzeitlich glaubhaft und nachweisbar behoben? Welche Leistungs- und Verfügbarkeitsgarantien übernimmt der Hersteller X und wie sind diese abgesichert?*

[2] Vgl. hierzu die vorstehenden Ausführungen unter Gliederungspunkt 4.1.2.1.2.2 Prüfungsnormen der Kreditwürdigkeitsprüfung, S. 362 ff.

[3] So stellt die Risikovergütung nur eine Teilkomponente der Marge dar; vgl. Schepp, F.: Praxis der Projektfinanzierung, a.a.O., S. 529.

[4] Vgl. hierzu die vorstehenden Ausführungen unter Gliederungspunkt 4.1.2.2.3.2 Kreditrisikobewertung, S. 404 ff.

[5] Vgl. zu den Begriffen ‚Markt' und ‚Marktfolge' die vorstehenden Ausführungen unter Gliederungspunkt 4.1.2.1.2.3.1 Verhältnis des Prüfers zum Prüfungsobjekt, S. 364 ff.

[6] Vgl. Ebenda

Prüfungsträger der Marktfolge zwecks Begrenzung von Neugeschäften eine Strategie zur vermeintlichen Erreichung dieser Ziele darstellen.[1]

Ferner dürfen sozial- und betriebspsychologische Aspekte bei der Verwendung von ‚subjektiven Soll-Objekten' nicht vernachlässigt werden. Insbesondere eine Demonstration der eigenen Kompetenz und Erfahrung zum Zwecke der Selbstdarstellung innerhalb der Organisationsstrukturen sowie auch die Möglichkeit der Selbstüberschätzung bergen die Gefahr, dass externe oder „objektivierte" interne Normvorgaben von Prüfungsträgern pauschal abgelehnt und durch willkürlich postulierte ‚subjektive Soll-Objekte' ersetzt werden.[2]

4.2.2.2.2.2 „Objektivierte" (Ersatz-)Soll-Objekte

Die vorstehend diskutierten ‚subjektiven Soll-Objekte' können mehrheitlich nicht intersubjektiv nachvollziehbar ausgestaltet werden. Alternativ wäre ein Rückgriff auf ‚objektivierte' (Ersatz-)Soll-Objekte als Normvorgaben bei der Beurteilung von mehrwertigen Daten bzw. Ergebnissen anzustreben. Bei ‚Projektfinanzierungen im engeren Sinne' stellt sich jedoch das Problem vergleichsweise niedriger Stückzahlen von Projekten je Kreditinstitut. Daher dürften sich mit Hilfe von empirischen Erhebungen regelmäßig keine statistisch validen Aussagen für Variablen oder Zwischen- und Endergebnisse auf einer institutsindividuellen Basis ableiten lassen. Es verbleibt die bereits skizzierte (theoretische) Lösung eines überbetrieblichen Vergleichs auf der Basis bank- bzw. sektorübergreifender Erhebungen (‚Benchmarking'), welche jedoch nicht den an dieser Stelle zu diskutierenden ‚internen Normvorgaben' für Ergebnisprüfungen zuzuordnen ist.[3]

Ein weitere Möglichkeit zur Ermittlung ‚statistisch objektivierter (Ersatz-)Soll-Objekte' ist die <u>betriebsinterne</u> Ermittlung von Wahrscheinlichkeitsverteilungen für die zu beurteilenden Variablen bzw. von daraus abgeleiteten Verteilungsfunktionen und Risikoprofilen für Zwischen- bzw. Endergebnisse.[4] Aufgrund der zumeist erforderlichen subjektiven Komponente bei der Postulierung von Wahrscheinlichkeitsverteilungen und Korrelationen kann bei ‚Monte-Carlo-Simulationen' keine trennscharfe Klassifikation als ‚subjektives Soll-Objekt' oder ‚objektiviertes Soll-Objekt' erfolgen.[5] Nur im Wege der ‚historischen Simulation' können – unter der Annahme, dass die ‚Zeitstabilitätshypothese' gilt – weitgehend ‚objektivierte' (Ersatz-)Soll-Objekte' gewonnen werden. Als nachteilig erweist sich bei allen Simulationsverfahren, dass die gewonnenen (Ersatz-)Sollobjekte in Form von Verteilungen vorliegen. Aufgrund dieser fehlenden Einwertigkeit hat der Prüfungsträger einen mehr oder weniger großen Ermessensspielraum bei der Verwendung simulationsbasierter Risikoanalysen im Rahmen der von ihm durchzuführenden Soll-Ist-Vergleiche. Der Urteilsbildungsprozess erhält hierdurch eine zumindest partiell subjektive Komponente. Die Eig-

---

[1] Mittel- bis langfristig kann dies zu einem Unterinvestitionsproblem führen, so dass ein Kreditinstitut möglicherweise die betreffenden Geschäftsfelder aufgibt oder personalpolitische Konsequenzen trifft bzw. die Produkt- und Risikoverantwortungen reorganisiert.

[2] Zudem kann der Versuch unternommen werden, derartige ‚subjektive Soll-Objekte' durch das Prädikat „Praktikerwissen" gegen Kritik zu immunisieren.

[3] Vgl. hierzu den vorstehenden Gliederungspunkt 4.2.2.2.1 Externe Normvorgaben, S. 447 ff.

[4] Vgl. hierzu Gliederungspunkt 2.2.4.3.4.3 Simulationsbasierte Risikoanalysen, S. 152 ff.

[5] Zur Technik der Ermittlung von Wahrscheinlichkeitsverteilungen für Variablen im Rahmen der ‚Monte-Carlo-Simulation' vgl. Ebenda.

nung von wahrscheinlichkeitsverteilten (Ersatz-)Sollobjekten könnte bei Anlegen eines strengen prüfungstheoretischen Maßstabs aufgrund ihrer mangelnden Eindeutigkeit verneint werden.[1]

4.3 Zusammenfassende Schlussfolgerungen aus der prüfungstheoretischen Fundierung und methodischen Konkretisierung

Im Abschnitt 3 konnte aufgezeigt werden, dass sich aus der Vorschrift des § 18 Satz 1 KWG sowie aus den korrespondierenden Verlautbarungen der Bankenaufsicht keine ausreichenden Hinweise für die methodisch-operationale Konkretisierung der Offenlegungspflicht im Hinblick auf ‚Projektfinanzierungen im engeren Sinne' ableiten lassen. Dies gilt einerseits für Art und Beschaffenheit der vorzulegenden bzw. heranzuziehenden Unterlagen (‚Grey Box'-Problem) sowie andererseits für deren Auswertung (‚Black Box'-Problem).[2] Im Abschnitt 4 sollte der Versuch unternommen werden, auf der Basis eines prüfungstheoretischen Fundaments operationalisierbare methodische Ansätze für eine Offenlegung der wirtschaftlichen Verhältnisse bzw. einer Kreditwürdigkeitsprüfung bei ‚Projektfinanzierungen im engeren Sinne' zu gewinnen.

Im Rahmen einer allgemeinen ‚**prüfungstheoretischen Grundlegung**' (Abschnitt 4.1.1) wurde im Sinne des messtheoretischen Prüfungsansatzes der ‚**Soll-Ist-Vergleich**' als zentrales Wesensmerkmal des (betriebswirtschaftlichen) ‚**Prüfungsbegriffes**' definiert (Abschnitt 4.1.1.1.1) sowie die korrespondierenden ‚**Prüfungsfunktionen**' vorgestellt (Abschnitt 4.1.1.1.2). Der sich bei formal-theoretischer Betrachtung ergebende ‚**Prüfungsprozess**' (Abschnitt 4.1.1.2.1) wurde in seinem Ablauf abstrakt skizziert und das für die praktische Durchführung von betriebswirtschaftlichen Prüfungen zur Verfügung stehende ‚**Prüfungsinstrumentarium**' (Abschnitt 4.1.1.2.2) diskutiert. Zur Detaillierung des letztgenannten Aspektes wurden der Charakter und mögliche Arten von ‚**Prüfungsnormen**' (Abschnitt 4.1.1.2.2.1) dargestellt sowie **Prüfungsmethoden**' nach unterschiedlichen Gliederungs- bzw. Systematisierungskriterien differenziert (Abschnitt 4.1.1.2.2.2) und hiervon formelle und materielle ‚**Prüfungshandlungen**' abgegrenzt (Abschnitt 4.1.1.2.2.3).

Als Grundlage für die nachfolgenden methodischen Diskussionen wurde das Denk- und Erklärungsmodell des ‚**Prüfungsrisikos**' bzw. des ‚**Prüfungsrisikomodells**' vorgestellt (Abschnitt 4.1.1.2.3) sowie die Notwendigkeit einer ‚**Prüfungsplanung**' im Spannungsfeld zwischen der Hauptbedingung ‚Urteilssicherheit' und den Nebenbedingungen ‚Terminierung' bzw. ‚Wirtschaftlichkeit' hervorgehoben (Abschnitt 4.1.1.2.4). Die Relevanz einer zieladäquaten Auswahl und Kombination von Prüfungsmethoden im Rahmen einer (risikoorientierten) ‚**Prüfungsstrategie**' wurde im Abschnitt 4.1.1.2.5 erläutert. Das im Rahmen von komplexen Prüfungen auftretende zentrale Problem der Verdichtung von Teilurteilen zu einem Gesamturteil, d.h. die Gewinnung eines ‚**Prüfungsergebnisses**', wurde für die Fälle quantitativer und qualitativer Normabweichungen abstrakt-theoretisch umrissen (Abschnitt 4.1.1.2.6). Ergänzend wurde der Begriff der ‚Prüfung' von den Begriffen ‚**Feststellung**' und ‚**Begutachtung**' sowie ‚**Beratung**' abgegrenzt (Abschnitt 4.1.1.3).

---

[1] Vgl. hierzu 4.1.1.2.2.1.1 Quellen, S. 311 ff.

[2] Vgl. hierzu die vorstehenden Ausführungen unter Gliederungspunkt 3.2 Zusammenfassende Schlussfolgerungen für die bankbetriebliche Operationalisierung von § 18 Satz 1 KWG bei Projektfinanzierungen, S. 300 ff.

Auf der Basis der allgemeinen prüfungstheoretischen Ausführungen wurde der Begriff der ‚**Kreditwürdigkeitsprüfung**' näher konkretisiert (Abschnitt 4.1.2): Nach einer ‚**begrifflichen Grundlegung**' (Abschnitt 4.1.2.1.1) erfolgte die ‚**Charakterisierung als betriebswirtschaftliche Prüfung**' (Abschnitt 4.1.2.1.2) zunächst durch Erläuterung des ‚**Prüfungsobjektes Kreditwürdigkeit**' (Abschnitt 4.1.2.1.2.1) und Diskussion potenzieller ‚**Prüfungsnormen der Kreditwürdigkeitsprüfung**' (Abschnitt 4.1.2.1.2.2). Ergänzend konnten die ‚**Träger der Kreditwürdigkeitsprüfung**' (Abschnitt 4.1.2.1.2.3) durch ihr situationsbedingt variierendes ‚**Verhältnis zum Prüfungsobjekt**' (Abschnitt 4.1.2.1.2.3.1), die für die Übernahme und Ausübung der Prüfungsaufgabe erforderliche ‚**materielle Qualifikation**' (Abschnitt 4.1.2.1.2.3.2) und die von den Prüfungsträgern zu beachtenden ‚**Verhaltensnormen**' (Abschnitt 4.1.2.1.2.3.3) charakterisiert werden. Des Weiteren wurde die ‚**Durchführung der Kreditwürdigkeitsprüfung**' (Abschnitt 4.1.2.1.2.4) durch Skizzierung von zu beachtenden ‚**Prüfungsdurchführungsnormen**' (Abschnitt 4.1.2.1.2.4.1) sowie in praxi zur Verfügung stehenden ‚**Methoden der Kreditwürdigkeitsprüfung**' (Abschnitt 4.1.2.1.2.4.2) untersucht, wobei auf die differenzierte Darstellung von ‚**logisch-deduktiven Verfahren**' einerseits (Abschnitt 4.1.2.1.2.4.2.2) und ‚**empirisch-induktiven Verfahren**' andererseits (Abschnitt 4.1.2.1.2.4.2.3) unter Berücksichtigung ihrer Anwendbarkeit bei verschiedenen Erscheinungsformen des Kreditgeschäftes, insbesondere ‚Projektfinanzierungen im engeren Sinne', Wert gelegt wurde. Das Problem einer Verdichtung von Teil- und Zwischenurteilen zu einem abschließenden ‚**Ergebnis der Kreditwürdigkeitsprüfung**' sollte durch die Vorstellung von Kollektivurteilen (Qualitätsurteilen) sowie Gesamturteilen (nominalskalierte Alternativ- bzw. kardinal- oder ordinalskalierte Grad-/Rangurteile) als verschiedene Formen der Urteilsübermittlung verdeutlicht werden (Abschnitt 4.1.2.1.2.5). In diesem Zusammenhang waren aus einem prüfungstheoretischen Blickwinkel insbesondere die grundsätzlichen Möglichkeiten zur Ermittlung eines ‚**Rating**' als finales Prüfungsergebnis zu diskutieren.

Ergänzend wurde die Kreditwürdigkeitsprüfung einer ‚**negativen Abgrenzung**' durch vergleichende Gegenüberstellung mit inhaltlich artverwandten Aufgaben- und Themengebieten (Abschnitt 4.1.2.2) unterzogen. In diesem Zusammenhang konnte die aus einer prüfungstheoretischen Perspektive im (strukturierten) Konsortialkreditgeschäft von einer Führungsbank (‚Arranger') vorzunehmende ‚**Due Diligence**' als Feststellungshandlung identifiziert werden (Abschnitt **Fehler! Verweisquelle konnte nicht gefunden werden.**). Weiterhin wurde besonderer Wert auf eine Abgrenzung der Kreditwürdigkeitsprüfung vom umfangreichen Komplex des ‚**Kreditrisikomanagements**' gelegt (Abschnitt 4.1.2.2). Hierfür musste zunächst das grundsätzliche ‚**Erfordernis eines Managements von Kreditrisiken**' durch Systematisierung und Deskription bankseitiger Kreditrisiken aufgezeigt (Abschnitt 4.1.2.2.1), darauf aufbauend die ‚**Prozessphasen und korrespondierenden Maßnahmen**' (Abschnitt 4.1.2.2.2) vorgestellt sowie der für eine Abgrenzung zur Kreditwürdigkeitsprüfung besonders relevante Teilaspekt der ‚**quantitativen Kreditrisikoanalyse**' (Abschnitt 4.1.2.2.3) erörtert werden. Für letzteres wurde die Prozessphase der ‚**Kreditrisikomessung**' durch Vorstellung des Konzeptes des erwarteten Verlustes und seiner Teilkomponenten (Abschnitt 4.1.2.2.3.1) sowie die Prozessphase der ‚**Kreditrisikobewertung**' durch Herleitung von typischen risikoadjustierten Erfolgs- und Renditemaßen (Abschnitt 4.1.2.2.3.2) dargelegt. Auf diesen Grundlagen erfolgte eine zusammenfassende ‚**prüfungstheoretische Einordnung**' der Kreditwürdigkeitsprüfung in den Komplex des Kreditrisikomanagements, wobei wesentliche Unterschiede und Überschneidungen herausgearbeitet werden konnten (Abschnitt 4.1.2.2.4).

Auf der Basis des allgemeinen und spezifischen prüfungstheoretischen Fundaments sollte im weiteren Untersuchungsverlauf eine ‚**methodische Grundlage für eine zukunftsorientierte Kreditwürdigkeitsprüfung bei Projektfinanzierungen im engeren Sinne**' erarbeitet werden (Abschnitt 4.2). Die hierfür dargestellten ‚**grundsätzlichen methodischen Vorgehensweisen**' (Abschnitt 4.2.1) basieren auf dem ‚Grundsatz der risikoorientierten Prüfung (Risikoorientierung)', so dass zunächst das Konzept eines ‚**risikoorientierten Prüfungsmethoden-Mix**' (Abschnitt 4.2.1.1) skizziert wurde. Die Operationalisierung durch Darstellung und untersuchungsobjektspezifische Diskussion der Prinzipien und Grenzen der korrespondierenden methodischen Vorgehensweisen erfolgte durch Diskussion der ‚**allgemeinen Risikobeurteilung**' (Abschnitt 4.2.1.2), der ‚**Systemprüfung**' (Abschnitt 4.2.1.3) und der ‚**Ergebnisprüfung**' (Abschnitt 4.2.1.4). Durch die Ergebnisprüfung konnte auch die vom Regulator geforderte Plausibilitätsprüfung konkretisiert respektive die aufsichtsrechtliche Dimension der ‚Auswertung' im Sinne von Weiterverarbeitung der vorgelegten Unterlagen adressiert werden.[1]

Jeder Versuch, eine operationalisierbare Methodik für zukunftsorientierte Kreditwürdigkeitsprüfungen bei ‚Projektfinanzierungen im engeren Sinne' zu entwickeln, muss als zentralen Aspekt das Problem der Soll-Objekt-Gewinnung adressieren. Hierfür wurden in einem separaten Unterabschnitt verschiedene ‚**Ansätze zur Bestimmung von Prüfungsnormen**' (Abschnitt 4.2.2) aufgezeigt. Dabei wurden zunächst ‚**Soll-Objekte bei der Systemprüfung**' (Abschnitt 4.2.2.1) erörtert, wobei eine Differenzierung in Konzeptions- und Konstruktionsnormen erfolgte sowie daraus abgeleitet das Erfordernis zur Generierung und Verwendung systemspezifischer Normenbündel für die Systeme ‚modellgestützte Finanzplanung', ‚Prognosen' und ‚Risikoanalyse' dargelegt wurde. In diesem Zusammenhang wurde auf partiell existierende (analoge) Normenansätze im Schrifttum und auf die Notwendigkeit zu einer untersuchungsobjektspezifischen Vervollständigung hingewiesen. Die Möglichkeiten zur Generierung von ‚**Soll-Objekten bei der Ergebnisprüfung**' (Abschnitt 4.2.2.2) konnten durch eine mit Beispielen unterlegte, differenzierende Erläuterung von ‚**Externen Normvorgaben**' (Abschnitt 4.2.2.2.1) und ‚**Institutsinternen Normvorgaben**' (Abschnitt 4.2.2.2.2) konkretisiert werden, wobei die prüfungstheoretische Verwendbarkeit für letzteren Normenkreis aufgrund subjektiver Prozesskomponenten verneint werden musste.

Die nachfolgende Abbildung gibt einen Überblick über die bei betriebswirtschaftlichen Prüfungen verwendeten Normen:

---

[1] Vgl. hierzu die vorstehenden Ausführungen unter Gliederungspunkt 3.1.2.2.3.1 Anforderungen an die Auswertung, S. 289 ff.

Abb. 114: Normen betriebswirtschaftlicher Prüfungen

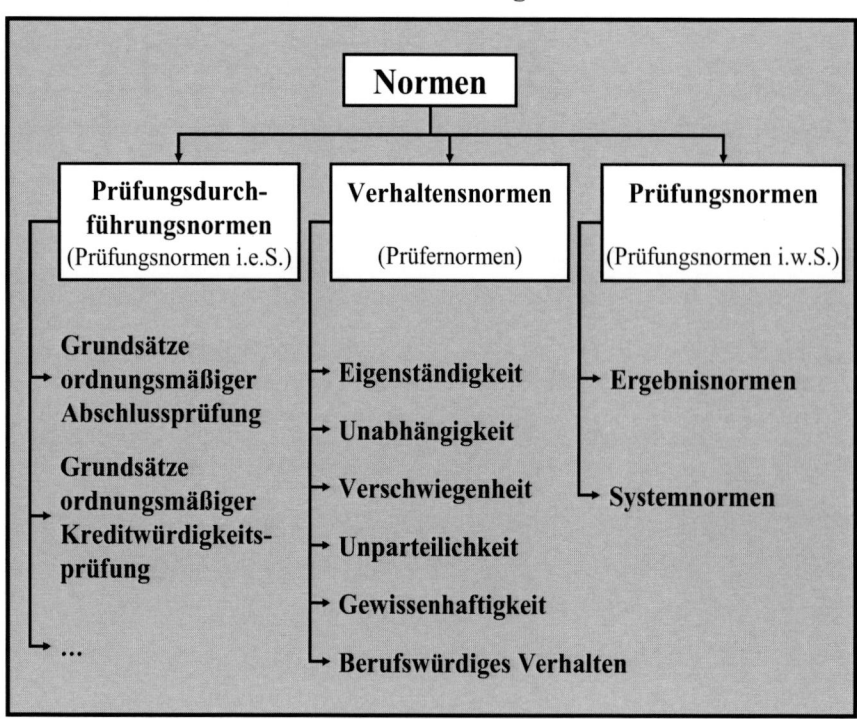

```
                              Normen
         ┌───────────────────────┼───────────────────────┐
         ▼                       ▼                       ▼
  Prüfungsdurch-          Verhaltensnormen         Prüfungsnormen
  führungsnormen            (Prüfernormen)         (Prüfungsnormen i.w.S.)
  (Prüfungsnormen i.e.S.)

  → Grundsätze            → Eigenständigkeit       → Ergebnisnormen
    ordnungsmäßiger
    Abschlussprüfung      → Unabhängigkeit

  → Grundsätze            → Verschwiegenheit       → Systemnormen
    ordnungsmäßiger
    Kreditwürdigkeits-    → Unparteilichkeit
    prüfung
                          → Gewissenhaftigkeit
  → ...
                          → Berufswürdiges Verhalten
```

Quelle: Eigene Darstellung

Die Bereiche ‚Prüfungsdurchführungsnormen' sowie ‚Verhaltensnormen' konnten im Rahmen des 4. Abschnitts im Hinblick auf ‚Projektfinanzierungen im engeren Sinne' hinreichend präzisiert werden. Für den Komplex der Prüfungsnormen war dies nur für den Teilbereich ‚Ergebnisnormen' möglich. Es verbleibt das Erfordernis zu einer untersuchungsobjektspezifischen Konkretisierung von ‚Systemnormen' durch Ableitung eines Kanons von Prüfungsnormen für Art und Beschaffenheit der vom Kreditnehmer vorzulegenden Unterlagen bzw. der vom Kreditgeber abzufordernden Informationen sowie deren Verdichtung, d.h. für Abbildungs-, Erfassungs-, Planungs- und/oder Kontrollsysteme.

5 Operationalisierung durch Postulierung von Ordnungsmäßigkeitsgrundsätzen

5.1 Grundlagen für eine Ableitung von Ordnungsmäßigkeitsgrundsätzen

5.1.1 Begriff und Konzept von Ordnungsmäßigkeitsgrundsätzen

Ein im Rahmen einer betriebswirtschaftlichen Prüfung durchgeführter Beurteilungsprozess soll eine Aussage darüber ermöglichen, „*ob das Beurteilungsobjekt einer vorgegebenen Ordnung entspricht.*"[1] Die ‚**Ordnung**' kann explizit durch normierende Instanzen (Gesetzgeber, Expertengremien etc.) oder durch subjektive Postulate vorgegeben sein. Im (theoretischen) Ideal basiert sie implizit auf der Logik eines Sachverhaltes. In allen Fällen ergibt sich, ausgehend von einem normativen Wissenschaftsverständnis, eine legitime Ordnung nur dann, wenn sie aus den Zielen der Gesellschaft, der Legislative und/oder des einzelnen Individuums abgeleitet wird.[2]

In diesem Kontext wird häufig das Substantiv ‚**Ordnungsmäßigkeit**' oder das Adjektiv ‚**ordnungsmäßig**' verwendet, um einen Zustand der Übereinstimmung zwischen Ist- und Soll-Objekt vor dem Hintergrund einer gegebenen Ordnung zu charakterisieren. Da das Suffix ‚mäßig' seinen sprachlichen Ursprung in den Wörtern ‚Maß' und ‚messen' hat, soll das Wort ‚ordnungsmäßig' grundsätzlich sinnwidrig zusammengesetzt sein.[3] Jedoch kann bei einer Interpretation des Wortbestandteils ‚mäßig' im Sinne von ‚gemäß' der Begriff ‚ordnungsmäßig' als ‚der Ordnung gemäß' verstanden werden, so dass dieser trotz semantischer Ungenauigkeiten als sprachkonform empfunden wird.[4] Die ‚Ordnungsmäßigkeit' ist zudem abzugrenzen von der ‚Ordentlichkeit'. Ein Sachverhalt kann zwar ordentlich sein, d.h. in geordneter Form vorliegen, jedoch entspricht er damit noch nicht notwendigerweise einer vorgegebenen Ordnung.[5]

Vor dem Hintergrund der Komplexität von Sachverhalten des wirtschaftlichen Lebens reicht häufig eine einzelne Prüfungsnorm nicht aus, um hieraus mehrere gesollte Merkmalsausprägungen für die Zwecke einer Prüfung zu isolieren.[6] Vielmehr bedarf es in der Regel eines Bündels von Soll-

---

[1] Bönkhoff, F. J.: Beurteilungsprozeß bei der Revision, a.a.O., Sp. 262.

[2] Vgl. Leffson, U.: Die Grundsätze ordnungsmäßiger Buchführung, 7. Aufl., Düsseldorf 1986, S. 28 f.

[3] Dem hingegen soll das Wort ‚übermäßig' konform mit den Bedeutungen der einzelnen Wortbestandteile gebildet sein, da es im Sinne von ‚über dem Maß' zu interpretieren ist. Bei einem derartig engen Begriffsverständnis müssen andere Wörter (z.B. ‚leistungsmäßig', ‚ideenmäßig') als originär sinnwidrig charakterisiert werden. Vgl. hierzu Leffson, U.: Die Grundsätze ordnungsmäßiger Buchführung, a.a.O., S. 20 m.w.N.

[4] Diese Sichtweise entspricht auch dem jüngeren Sprachgebrauch, welches die Begriffe ‚mäßig' und ‚gemäß' durchaus synonym verwendet; vgl. Dudenredaktion (Hrsg.): Duden, Das Bedeutungswörterbuch, Bd. 10, 3. Aufl., Mannheim u.a. 2002, S. 608. Gleiches soll für die Begriffe ‚rechtmäßig' und ‚planmäßig' gelten, welche als ‚dem Recht gemäß' bzw. ‚dem Plan gemäß' interpretiert werden können. Vgl. hierzu Leffson, U.: Die Grundsätze ordnungsmäßiger Buchführung, a.a.O., S. 20. Anders wohl MANDL, welcher in den Begriffen ‚ordnungsmäßig' und ‚ordnungsgemäß' grundsätzlich sprachlich Unterschiedliches sieht; vgl. Mandl, D.: Grundsätze „ordnungsgemäßer" Prüfung, Begutachtung und Beratung als Nebenbedingung, in: K. Lechner u.a. (Hrsg.), Treuhandwesen: Prüfung, Begutachtung, Beratung, Wien 1978, S. 635 sowie insbesondere Fn. 2.

[5] Vgl. Leffson, U.: Die Grundsätze ordnungsmäßiger Buchführung, a.a.O., S. 20.

[6] Vgl. hierzu die vorstehenden Ausführungen unter Gliederungspunkt 4.1.1.2.1.2 Einfache versus komplexe Prüfungen, S. 310 ff.

Objekten, um ein Prüfungsobjekt als ‚ordnungsmäßig' qualifizieren zu können. In diesem Zusammenhang wird die Summe der allgemein postulierten Vorgaben für einen derartigen Normenkanon auch mit dem Begriff ‚**Ordnungsmäßigkeitsgrundsätze**' (bzw. ‚**Grundsätze der Ordnungsmäßigkeit**') bezeichnet.

Konzeptionell finden sich Ordnungsmäßigkeitsgrundsätze in unterschiedlichen Lebensbereichen, wobei das betriebswirtschaftliche Schrifttum traditionell durch Arbeiten zum Rechnungswesen dominiert wird. Auf diese methodischen Grundlagen soll – soweit generalisiert anwendbar bzw. analog übertragbar – für Zwecke der vorliegenden Untersuchung zurückgegriffen werden. Die nachfolgende, nicht enumerative Aufstellung nennt beispielhaft Bereiche des wirtschaftlichen Lebens, für die Normenbündel unter der Bezeichnung ‚Grundsätze der Ordnungsmäßigkeit' abgeleitet wurden:

- **Rechnungswesen**
  - Grundsätze ordnungsmäßiger Buchführung (und Bilanzierung)[1]
  - Grundsätze ordnungsmäßiger Konzernbuchführung[2]
  - Ordnungsmäßige optische Archivierung[3]
- **Buchprüfungen**
  - Grundsätze ordnungsmäßiger Durchführung von Abschlussprüfungen[4]
  - Grundsätze ordnungsmäßiger Umwandlungsprüfung[5]
  - Grundsätze ordnungsgemäßer Überschuldungsrechnung[6]
- **Unternehmensführung**
  - Grundsätze ordnungsmäßiger Unternehmensleitung[7]
  - Grundsätze ordnungsmäßiger Unternehmensüberwachung[8]
  - Geschäftsführung bei öffentlichen Unternehmungen[9]

---

[1] Vgl. exemplarisch Leffson, U.: Die Grundsätze ordnungsmäßiger Buchführung, a.a.O., S. 1 ff.

[2] Vgl. Ruhnke, K.: Grundsätze ordnungsmäßiger Konzernbuchführung, in: ZfB, 63. Jg. (1993), S. 753 ff.

[3] Vgl. Zepf, G.: Ordnungsmäßige optische Archivierung: Die handels- und steuerrechtlichen Anforderungen an das Brutto- und Netto-Imaging, in: WPg, 52. Jg. (1999), S. 569 ff.

[4] Vgl. Hömberg, R.: Das IDW-Fachgutachten über die „Grundsätze ordnungsmäßiger Durchführung von Abschlussprüfungen" – Kritische Analyse wichtiger Prüfungsnormen und Vergleich mit amerikanischen Prüfungsgrundsätzen, in: DB, 42. Jg. (1989), S. 1781 ff.

[5] Vgl. Lamla, M.: Grundsätze ordnungsmäßiger Umwandlungsprüfung, Wiesbaden 1997, S. 1 ff.

[6] Vgl. Zisowski, U.: Grundsätze ordnungsgemäßer Überschuldungsrechnung, Berlin 2001, S. 1 ff.

[7] Vgl. Werder, A. v.: Grundsätze ordnungsmäßiger Unternehmungsführung (GoF) – Zusammenhang, Grundlagen und Systemstruktur von Führungsgrundsätzen für die Unternehmungsleitung (GoU), Überwachung (GoÜ) und Abschlußprüfung, in: A. v. Werder, Grundsätze ordnungsmäßiger Unternehmungsführung (GoF), in: ZfbF, Sonderheft Nr. 36, 1996, S. 1 ff., Werder, A. v.: Grundsätze ordnungsmäßiger Unternehmungsleitung (GoU) – Bedeutung und erste Konkretisierung von Leitlinien für das Top-Management, in: ZfbF, Sonderheft Nr. 36, 1996, S. 27 ff.

[8] Vgl. Theisen, M. R.: Grundsätze ordnungsmäßiger Überwachung (GoÜ) – Problem, Systematik und erste inhaltliche Vorschläge, in: ZfbF, Sonderheft Nr. 36, 1996, S. 75 ff.

[9] Vgl. Bolsenkötter, H.: Prüfung der wirtschaftlichen Verhältnisse und der Ordnungsmäßigkeit der Geschäftsführung bei öffentlichen Unternehmen, in: WPg, 34. Jg. (1981), S. 505 ff.

- **Unternehmenskauf**
  - Grundsätze ordnungsmäßiger Unternehmensbewertung[1]
  - Grundsätze ordnungsmäßiger Tax Due Diligence[2]
- **Prognosebildung/-prüfung**
  - Grundsätze ordnungsmäßiger Prognosebildung bzw. -prüfung[3]
- **Private Finanzplanung[4]**
- **Prospektprüfung[5]**
- **Datenverarbeitung[6]**

5.1.2 Zum rechtlichen Charakter von Ordnungsmäßigkeitsgrundsätzen

Vor dem Hintergrund der vielfältigen Verwendung von Grundsätzen der Ordnungsmäßigkeit stellt sich die Frage nach ihrem rechtlichen Fundament bzw. Charakter. Folgende Erscheinungsformen von Ordnungsmäßigkeitsgrundsätzen lassen sich differenzieren:

- Abstrakter Verweis auf Ordnungsmäßigkeitsgrundsätze im Gesetz[7]

- Explizite Kodifikation von einzelnen Ordnungsmäßigkeitsgrundsätzen im Gesetz

- Verlautbarung von Ordnungsmäßigkeitsgrundsätzen durch Wissenschaft, Aufsichtsbehörden und/oder sonstige Fachorgane (Kammern, Verbände etc.)

---

[1] Vgl. Moxter, A.: Grundsätze ordnungsmäßiger Unternehmensbewertung, 2. Aufl., Wiesbaden 1991, S. 1 ff., Pooten, H.: Grundsätze ordnungsmäßiger Unternehmensbewertung: Ermittlung und Inhalt aus Käufersicht, Büren 1999, S. 1 ff.

[2] Vgl. Löffler, C.: Tax Due Diligence beim Unternehmenskauf, in: WPg, 57. Jg. (2004), S. 637 f.

[3] Vgl. Hagest, J.; Kellinghusen, G.: Zur Problematik der Prognoseprüfung und der Entwicklung von Grundsätzen ordnungsmäßiger Prognosebildung, a.a.O., S. 405 ff. Anders Bretzke, W.-R.: Prognoseprüfung, a.a.O., Sp. 1441., Rückle, D.: Gestaltung und Prüfung externer Prognosen, in: G. Seicht (Hrsg.), Management und Kontrolle, Berlin 1981, S. 455 ff., Rückle, D.: Externe Prognosen und Prognoseprüfung, in: DB, 34. Jg. (1984), S. 65 ff.

[4] Vgl. Richter, J.: Grundsätze ordnungsmäßiger Finanzberatung, Bad Soden/Ts. 2001, S. 1 ff. DEVFP: Die 7 Gebote – Grundsätze ordnungsmäßiger Finanzplanung, URL: http://devfp.de/inhalt/main/die%207%20gebote.htm (Abruf: 18.02.00), S. 1.

[5] Vgl. hierzu Dedner, M.: Zur Entwicklung der Grundsätze ordnungsmäßiger Durchführung von Prospektprüfungen, in: BB, 38. Jg. (1983), S. 2026 ff., Hammer, D.: Grundsätze ordnungsmäßiger Durchführung von Prospektprüfungen – Zur Stellungnahme WFA 1/1987 –, in: WPg, 40. Jg. (1987), S. 676 ff., Grotherr, S.: Die Bedeutung der Prospektprüfung als Instrument des Anlegerschutzes, in: DB, 41. Jg. (1988), S. 741 ff., Krüger, K.: Prospektbeurteilung, in: HWRP, 3. Aufl., Stuttgart 2002, Sp. 1731 ff., IDW: IDW Standard: Grundsätze ordnungsmäßiger Beurteilung von Prospekten über öffentlich angebotene Kapitalanlagen (IDW S 4), in: WPg, 53. Jg. (2000), S. 922 ff.

[6] Vgl. Studiengruppe „Ordnungsmäßigkeit der Datenverarbeitung": Konzept zur Ordnungsmäßigkeit der Datenverarbeitung, in: Online, o.Jg. (1981), Nr. 5, S. 340 ff. m.w.N. sowie Schuppenhauer, R.: Grundsätze für eine ordnungsmässige Datenverarbeitung (GoDV), Düsseldorf 1989, S. 1 ff., Arbeitsgemeinschaft für Wirtschaftliche Verwaltung e.V.: Grundsätze ordnungsmässiger DV-gestützter Buchführungssysteme / GoBS, Eschborn 1996, S. 1 ff., Schütte, R.: Grundsätze ordnungsmäßiger Referenzmodellierung: Konstruktion konfigurations- und anpassungsorientierter Modelle, Wiesbaden 1998, S. 1 ff.

[7] Beispielsweise wird der Verweis auf die ‚Grundsätze ordnungsmäßiger Buchführung' an verschiedenen Stellen im Handels- und Steuerrecht genannt; vgl. hierzu ausführlich Baetge, J.; Apelt, B.: Bedeutung und Ermittlung der Grundsätze ordnungsmäßiger Buchführung (GoB), 2. Aufl., Köln 1992, S. 11, Tz. 1.

Unabhängig von der Form ihres Auftretens lassen sich Ordnungsmäßigkeitsgrundsätze zunächst als übergreifende und überindividuelle Wert- und Normvorstellungen außerhalb der gesetzlichen Regelungen charakterisieren.[1] Die Legislative kann auf einen derartigen abstrakten und generalisierten Normenkanon verweisen, um vor dem Hintergrund der nicht ex ante antizipierbaren Komplexität einzelner Regelungsbereiche eine kasuistische Kodifizierung derselben zu vermeiden. Bei einer fehlenden detaillierten rechtlichen Regelung obliegt es u.a. der Judikative, die Art und den Umfang einzelner Ordnungsmäßigkeitsgrundsätze vor dem Hintergrund eines konkreten Sachverhaltes auszulegen.[2] Eine ausschließliche Konkretisierung von Ordnungsmäßigkeitsgrundsätzen durch die Gerichte dürfte jedoch für Wirtschaftssubjekte eine unbefriedigende Lösung darstellen, da diese einen verlässlichen Handlungsmaßstab für den wirtschaftlichen Alltag bereits vor einer richterrechtlichen Klärung im Rahmen von Präzedenzfällen benötigen.[3] Insoweit setzt „...*in einem langsamen Prozeß von Erkenntnis und Kritik durch die betroffenen Gruppen und die Wissenschaft selbst...*"[4] die Gewinnung von Ordnungsmäßigkeitsgrundsätzen bereits vorher ein. Bildet sich hierbei ein Konsens in der Diskussion respektive im Schrifttum heraus, so kann das Ergebnis von den einzelnen Wirtschaftssubjekten als Handlungsgrundlage bzw. von der Judikative zu einer nachgelagerten Sachverhaltsklärung herangezogen werden.[5] Derartige Ordnungsmäßigkeitsgrundsätze entfalten bei Anwendung sowohl einen beschreibenden als auch einen vorschreibenden Zweck[6]:

- Im Rahmen ihrer ‚**deskriptiven Funktion**' geben Ordnungsmäßigkeitsgrundsätze Auskunft darüber, welche Normen bei der Erstellung von Abbildungs-, Erfassungs-, Planungs- und Kontrollsystemen beachtet wurden. Diese ‚Deskription' kann u.a. durch Reduktion der Erwartungen dritter Parteien die Grundlage für eine realistische Einschätzung von derartig normierten Beurteilungsobjekten schaffen.[7]

- Die ‚**präskriptive Funktion**' von Ordnungsmäßigkeitsgrundsätzen ergibt sich aus der Definition von Normen, die bei der Erstellung von Abbildungs-, Erfassungs-, Planungs- und Kontrollsystemen zu beachten sind. Durch ‚Präskription' werden Mindestanforderungen an Beurteilungsobjekte postuliert, somit die Handlungen der Erstellenden normiert und die auf die Normierung basierten Erwartungen Dritter erfüllt.

---

[1] Vgl. Leffson, U.: Die Grundsätze ordnungsmäßiger Buchführung, a.a.O., S. 22.

[2] Vgl. Lang, J.: Grundsätze ordnungsmäßiger Buchführung I – Begriff, Bedeutung, Rechtsnatur, in: U. Leffson, D. Rückle, B. Großfeld (Hrsg.), Handwörterbuch unbestimmter Rechtsbegriffe im Bilanzrecht des HGB, Köln 1986, S. 233.

[3] Vgl. Leffson, U.: Die Grundsätze ordnungsmäßiger Buchführung, a.a.O., S. 23.

[4] Leffson, U.: Die Grundsätze ordnungsmäßiger Buchführung, a.a.O., S. 145.

[5] HOMMELHOFF/SCHWAB weisen jedoch darauf hin, dass Private keine Befugnis zur Aufstellung verbindlicher Rechtssätze besäßen. Die Autorität zur Postulierung von „*...rechtlich verbindlichen Sollenssätzen liegt bei den verfassungskräftig institutionalisierten und demokratisch legitimierten Rechtssetzungsorganen.*" Hommelhoff, P.; Schwab, M.: Zum Stellenwert betriebswirtschaftlicher Grundsätze ordnungsgemäßer Unternehmensleitung und -überwachung im Vorgang der Rechtserkenntnis, in: A. v. Werder (Hrsg.), Grundsätze ordnungsmäßiger Unternehmungsführung, in: ZfbF, Sonderheft Nr. 36, 1996, S. 152 f. m.w.N. Insoweit obliegt es ausschließlich der Judikative, das Recht (Gesetz) zu interpretieren. Vgl. hierzu Ebenda, S. 153. Allerdings werden sich Richter bei der Beurteilung von komplexen Lebenssachverhalten an dem jeweiligen Stand der fachwissenschaftlichen Diskussion sowie der Erkenntnisse des Schrifttums orientieren.

[6] Vgl. Ruhnke, K.: Prüfungsnormen, a.a.O., Sp. 1842.

[7] Vgl. Rückle, D.: Zur Diskussion um systemkonforme Prüfungsgrundsätze, a.a.O., S. 55.

5.1.3 Methodik der Ermittlung

5.1.3.1 Induktive und deduktive Ableitung

Die Charakterisierung von Ordnungsmäßigkeitsgrundsätzen als ein geschlossenes „*System überindividueller Normen*"[1] impliziert eine geeignete Methodik für ihre Ermittlung. Grundsätzlich lassen sich im Schrifttum mit der ‚induktiven Methode' und der ‚deduktiven Methode' zunächst zwei verschiedene Ansätze unterscheiden:

- Im Rahmen der ‚**induktiven Methode**' werden die von „ehrbaren und ordentlichen Kaufleuten" bei der Erstellung und Nutzung von Abbildungs-, Erfassungs-, Planungs- und Kontrollsystemen beachteten Normen auf der Basis von empirischen Untersuchungen ermittelt und zu allgemeingültigen Grundsätzen erhoben.[2] Bei der induktiven Ermittlung von Ordnungsmäßigkeitsgrundsätzen ist problematisch, dass neu auftretende, nicht im empirischen Status quo enthaltene Probleme nicht adressiert werden können. Zudem lassen sich mittels der induktiven Methode nicht die Begriffe der ‚Ehrbarkeit' und ‚Ordentlichkeit' der im Rahmen der Stichprobe ausgewerteten Kaufleute operationalisieren.[3]

- Bei der ‚**deduktiven Methode**' werden diejenigen Normen als Grundsätze definiert, die bei Beachtung zu einer sachgerechten, d.h. aus der Zweck- bzw. Zielsetzung des betrachteten Abbildungs-, Erfassungs-, Planungs- und Kontrollsystems abgeleiteten, Verfahrens- und Vorgehensweise im jeweiligen Einzelfall führen.[4] Problematisch bei der deduktiven Ermittlung ist, dass die Relation zwischen alternativen Verfahrens- und Vorgehensweisen einerseits und den damit erreichbaren Graden der Zielerfüllung andererseits regelmäßig unbekannt bzw. nur schwer zu quantifizieren sein dürfte.[5]

Im Schrifttum zur Wissenschaftstheorie[6] sowie insbesondere auch zu den ‚Grundsätzen ordnungsmäßiger Buchführung'[7] hat sich die Auffassung durchgesetzt, dass aus einzelnen Aussagen nicht auf allgemeine Sätze geschlossen werden kann. Insoweit hat sich die Deduktion gegenüber der Induktion als primäre Methode zur Gewinnung von Ordnungsmäßigkeitsgrundsätzen durchgesetzt, wobei RÜCKLE in diesem Zusammenhang vom „*Vorrang der Ratio vor dem Faktischen*" spricht.[8] In praxi stellt sich jedoch das Problem, dass aufgrund der Komplexität der betrachteten Abbil-

---

[1] Vgl. Rückle, D.: Grundsätze ordnungsmäßiger Abschlußprüfung, in: HWRev., 2. Aufl., Stuttgart 1992, Sp. 752.

[2] Vgl. analog Lang, J.: Grundsätze ordnungsmäßiger Buchführung I – Begriff, Bedeutung, Rechtsnatur –, a.a.O., S. 234.

[3] Nur weil die Mehrzahl der als „ordentlich und ehrbar" qualifizierten Kaufleute bestimmten Verfahrens- und Vorgehensweisen folgt, müssen diese damit noch nicht den Normen einer angestrebten Ordnung entsprechen. Vielmehr werden sich rational handelnde Wirtschaftssubjekte an ihrem eigenen Ziel- bzw. Zwecksystem ausrichten; vgl. Baetge, J.; Apelt, B.: Bedeutung und Ermittlung der Grundsätze ordnungsmäßiger Buchführung (GoB), a.a.O., S. 21 f., Tz. 23.

[4] Vgl. analog Lang, J.: Grundsätze ordnungsmäßiger Buchführung I – Begriff, Bedeutung, Rechtsnatur –, a.a.O., S. 234.

[5] Vgl. hierzu analog Wysocki, K. v.: Grundlagen des Prüfungswesens, a.a.O., S. 26, derselbe: Grundsätze ordnungsmäßiger Bilanzierung und Prüfung, in: W. Busse v. Colbe, M. Lutter (Hrsg.), Wirtschaftsprüfung heute: Entwicklung oder Reform? Ein Bochumer Symposion, Wiesbaden 1977, S. 179.

[6] Vgl. Popper, K.: Logik der Forschung, 5. Aufl., Tübingen 1973, S. 3 ff.

[7] Vgl. Leffson, U.: Die Grundsätze ordnungsmäßiger Buchführung, a.a.O., S 29 ff.

[8] Vgl. Rückle, D.: Interessenausgleich und wirtschaftliche Aufgabenteilung bei der Entwicklung von Grundsätzen ordnungsmäßiger Abschlußprüfung, a.a.O., S. 529 m.w.N. Anders im Hinblick auf die GoB wohl Moxter, A.: Grundsätze ordnungsmäßiger Buchführung, in: HWRP, 3. Aufl., Stuttgart 2002, Sp. 1043.

dungs-, Erfassungs-, Planungs- und Kontrollsysteme sowie auch der teilweisen Unklarheit über die zugrundeliegenden rechtlichen, einzel- und/oder gesamtwirtschaftlichen Zielsetzungen der Prozess der Erkenntnisgewinnung keinem zeitpunktbezogenen oder linearen Pfad folgt, sondern eher einen zeitraumbezogenen iterativen Charakter aufweist. Im Ergebnis kann das Herausbilden eines ausgereiften und allgemein akzeptierten Normenkanons je nach betrachteter Regelungsmaterie einen mehr oder weniger langen, in Jahren bis Jahrzehnten gemessen Zeitraum beanspruchen. Diese erweiterte Form der kombinierten Induktion und Deduktion von Ordnungsmäßigkeitsgrundsätzen wird auch als ‚**hermeneutische Methode**' bezeichnet.[1]

5.1.3.2 Zielsetzungen im Rahmen einer deduktiven Ableitung

Es wurde bereits ausgeführt, dass die Kreditwürdigkeitsprüfung sowohl den Charakter einer gesetzlich vorgegebenen Ordnungsmäßigkeitsprüfung als auch den einer betriebswirtschaftlich begründeten Zweckmäßigkeitsprüfung aufweist.[2] In diesem Kontext ergeben sich unterschiedliche Oberziele, welche jedoch zu identischen operationalisierten Zielsetzungen führen:

- **Ordnungsmäßigkeitsprüfung**

  Durch die Vorschrift des § 18 Satz 1 KWG wird in Verbindung mit den korrespondierenden Verlautbarungen der Bankenaufsicht ein regulatorischer Mindestrahmen bzw. eine Basis für die Ermittlung von ‚Offenlegungsnormen' vorgegeben. Ein Kreditgeber handelt ‚ordnungsgemäß', wenn er die durch das Aufsichtsrecht explizit oder implizit vorgegebene Ordnung beachtet. Die Berücksichtigung derartiger Grundsätze im Zuge der Kreditwürdigkeitsprüfung kann wiederum Gegenstand einer Ordnungsmäßigkeitsprüfung des Kreditgeschäftes durch den Jahresabschlussprüfer bzw. die Interne Revision sein.

  Im Rahmen der vorliegenden Untersuchung wurden – soweit aus Gesetz bzw. Aufsichtsrecht ableitbar – Ordnungsmäßigkeitsgrundsätze für vom Kreditnehmer vorzulegende Unterlagen bzw. durch den Kreditgeber abzufordernde Informationen herausgearbeitet.[3] Diese Normen basieren letztlich auf dem Oberziel des Gesetzgebers, die Funktionsfähigkeit der Volkswirtschaft, insbesondere die bankseitige Kreditversorgung, durch Aufrechterhaltung des Vertrauens der Kapitalmärkte, d.h. der Privatanleger und institutionellen Gläubiger, sicherzustellen. Das Oberziel impliziert sorgfältige und fundierte Kreditvergabeentscheidungen zur Verhinderung existenzbedrohender Verluste aus dem Kreditgeschäft. Die hieraus abgeleitete, operationalisierbare Zielsetzung ‚*Ermittlung der antizipierten Schuldendienstfähigkeit unter Berücksichtigung verschiedener Risikoszenarien*' stellt das Fundament für die Gewinnung konkreter Prüfungsnormen dar.

- **Zweckmäßigkeitsprüfung**

  Das Prüfungsobjekt ‚Kreditwürdigkeit', d.h. die Schuldendienstfähigkeit, ist für das einzelne Wirtschaftssubjekt (hier: Kreditinstitut) kein gesetzlich definierter Tatbestand, sondern durch die Erfüllung allgemeinverbindlicher, unternehmensunabhängiger Zweckmäßigkeitsnormen

---

[1] Vgl. analog Baetge, J.; Apelt, B.: Bedeutung und Ermittlung der Grundsätze ordnungsmäßiger Buchführung (GoB), a.a.O., S. 24, Tz. 30 m.w.N. Vgl. auch Rückle, D.: Grundsätze ordnungsmäßiger Abschlußprüfung (GoA) – Stand und Entwicklungsmöglichkeiten im Rahmen des Gesamtsystems der Unternehmungsführung, in: A. v. Werder (Hrsg.), Grundsätze ordnungsmäßiger Unternehmungsführung, in: ZfbF, Sonderheft Nr. 36, 1996, S. 123 f., welcher zudem auf die ‚**autoritäre Methode**', d.h. die unbegründete Normsetzung durch eine Institution mit Normsetzungsautorität, als vierte Möglichkeit zur Gewinnung von Ordnungsmäßigkeitsgrundsätzen verweist.

[2] Vgl. Gliederungspunkt 4.1.2.1.2.2 Prüfungsnormen der Kreditwürdigkeitsprüfung, S. 362 ff.

[3] Vgl. Gliederungspunkt 3 Die materiell-rechtlichen Rahmenbedingungen des § 18 KWG, S. 186 ff. sowie insbesondere Gliederungspunkt 3.2 Zusammenfassende Schlussfolgerungen für die bankbetriebliche Operationalisierung von § 18 Satz 1 KWG bei Projektfinanzierungen, S. 300 ff.

(‚ethischer Normen') sowie unternehmensindividuell festgelegter Optimalitätskriterien determiniert. Während die ‚Optimalitätskriterien' aus einer internen Ordnung resultieren, stellen die ‚ethischen Normen' für das Unternehmen eine von außen vorgegebene Ordnung dar.[1] Diese externen Prüfungsnormen sind Ausfluss aus dem normativen Gedankengut bzw. den jeweils gültigen Erkenntnissen der Betriebswirtschaftslehre. Ihre Beachtung gebieten bei einem rationalen Entscheidungsverhalten die allgemein anerkannten einzelwirtschaftlichen, d.h. kaufmännischen, Oberziele der ‚*Existenzsicherung durch Verhinderung von Vermögensverlusten*' sowie der ‚*Optimierung von Gewinn, Wirtschaftlichkeit und Rentabilität*' der (bank-)betrieblichen Betätigung.[2] Auch bei der Zweckmäßigkeitsprüfung ist die ‚*Ermittlung der antizipierten Schuldendienstfähigkeit unter Berücksichtigung verschiedener Risikoszenarien*' als operationalisierbare Zielsetzung der notwendige Ausgangspunkt für eine Ableitung von allgemeinverbindlichen, unternehmensunabhängigen Zweckmäßigkeitsnormen.

Die vorstehenden Ausführungen zeigen, dass sich die Ableitung eines Normenkanons für Zwecke einer Offenlegung der wirtschaftlichen Verhältnisse nicht ausschließlich auf die Interpretation einzelner Passagen des Gesetzestextes sowie begleitender aufsichtsrechtlicher Dokumente beschränken kann. Vielmehr sind die originären Anforderungen aus dem Regelungsziel der gesetzlichen Vorschriften einerseits sowie aus dem Postulat des Waltens einer (kaufmännisch) ‚erforderlichen Sorgfalt' bei Teilnahme am Wirtschaftsverkehr andererseits abzuleiten.[3]

5.1.4 Systematisierung von Ordnungsmäßigkeitsgrundsätzen

Bei der Aufstellung eines Systems von Ordnungsmäßigkeitsgrundsätzen für die Offenlegung der wirtschaftlichen Verhältnisse durch projektfinanzierungsspezifische Abbildungs-, Erfassungs-, Planungs- und Kontrollsysteme, d.h. eines gegliederten Kanons von Prüfungsnormen für vom Kreditnehmer vorzulegende Unterlagen bzw. durch den Kreditgeber abzufordernde Informationen, wird im Folgenden auf analog anwendbare grundsätzliche Arbeiten zu Systematisierungsansätzen in der Literatur zurückgegriffen. MOXTER hat mit Blick auf das Informationsinstrument ‚Geschäftsbericht' einen Systematisierungsvorschlag für Ordnungsmäßigkeitsgrundsätze erarbeitet, welcher die sogenannten ‚Fundamentalgrundsätze ordnungsmäßiger Rechenschaft' in die drei Teilgruppen ‚**Rahmengrundsätze**', ‚**Kerngrundsätze**' und ‚**Spezialgrundsätze**' aufteilt.[4] Bei einer analogen Übertragung auf den Untersuchungsgegenstand könnten unter Berücksichtigung der

---

[1] Vgl. zu den ‚Rechtsnormen' und den ‚ethischen Normen' als Erscheinungsformen von ‚metabetrieblichen Normen' den vorstehenden Gliederungspunkt 4.1.1.2.2.1 Prüfungsnormen, S. 311 ff. sowie Wysocki, K. v.: Das Wesen der Beurteilungsmaßstäbe bei betriebswirtschaftlichen Prüfungen, a.a.O. S. 218.

[2] Das Oberziel ‚*Optimierung von Gewinn, Wirtschaftlichkeit und Rentabilität*' ist zugleich ursächlich für die Ermittlung der unternehmensindividuell festzulegenden Optimalitätskriterien.

[3] In letzterem Sinne wird auch von ‚anerkannten bankwirtschaftlichen Grundsätzen der Bonitätsprüfung' gesprochen; vgl. Schmidt-Lademann, W.: § 18 Kreditwesengesetz – Betrachtung de lege ferenda, in: Zeitschrift für Wirtschafts- und Bankrecht (WM IV), 45. Jg. (1991), S. 889.

[4] Vgl. Moxter, A.: Fundamentalgrundsätze ordnungsmäßiger Rechenschaft, in: J. Baetge, A. Moxter, D. Schneider (Hrsg.), Bilanzfragen, Düsseldorf 1976, S. 90 ff. BAETGE verwendet eine modifizierte Einteilung im Zusammenhang mit der Konkretisierung von ‚Grundsätzen ordnungsmäßiger Buchführung', wobei er ebenfalls den Begriff der Rahmengrundsätze inhaltlich identisch und leicht erweitert verwendet. Anstelle einer Unterteilung in Kern- und Spezialgrundsätze unterscheidet er jedoch differenzierter in Dokumentationsgrundsätze, System- bzw. Konzeptionsgrundsätze, Definitionsgrundsätze für den Jahreserfolg, Ansatzgrundsätze für die Bilanz sowie Kapitalerhaltungsgrundsätze. Vgl. Baetge, J.; Apelt, B.: Bedeutung und Ermittlung der Grundsätze ordnungsmäßiger Buchführung (GoB), a.a.O., S. 36 ff., Tz. 52 ff. insbesondere S. 52, Abb. 3. Eine derartige objektspezifische Differenzierung erscheint bei der Konkretisierung von ‚Grundsätzen ordnungsmäßiger Offenlegung der wirtschaftlichen Verhältnisse bei internationalen Projektfinanzierungen' entbehrlich.

im dritten Abschnitt gewonnenen Auslegungsergebnisse zu den materiell-rechtlichen Anforderungen des § 18 Satz 1 KWG sogenannte ‚Fundamentalgrundsätze ordnungsmäßiger Offenlegung der wirtschaftlichen Verhältnisse' wie folgt gegliedert werden:

Abb. 115: Fundamentalgrundsätze ordnungsmäßiger Offenlegung der wirtschaftlichen Verhältnisse

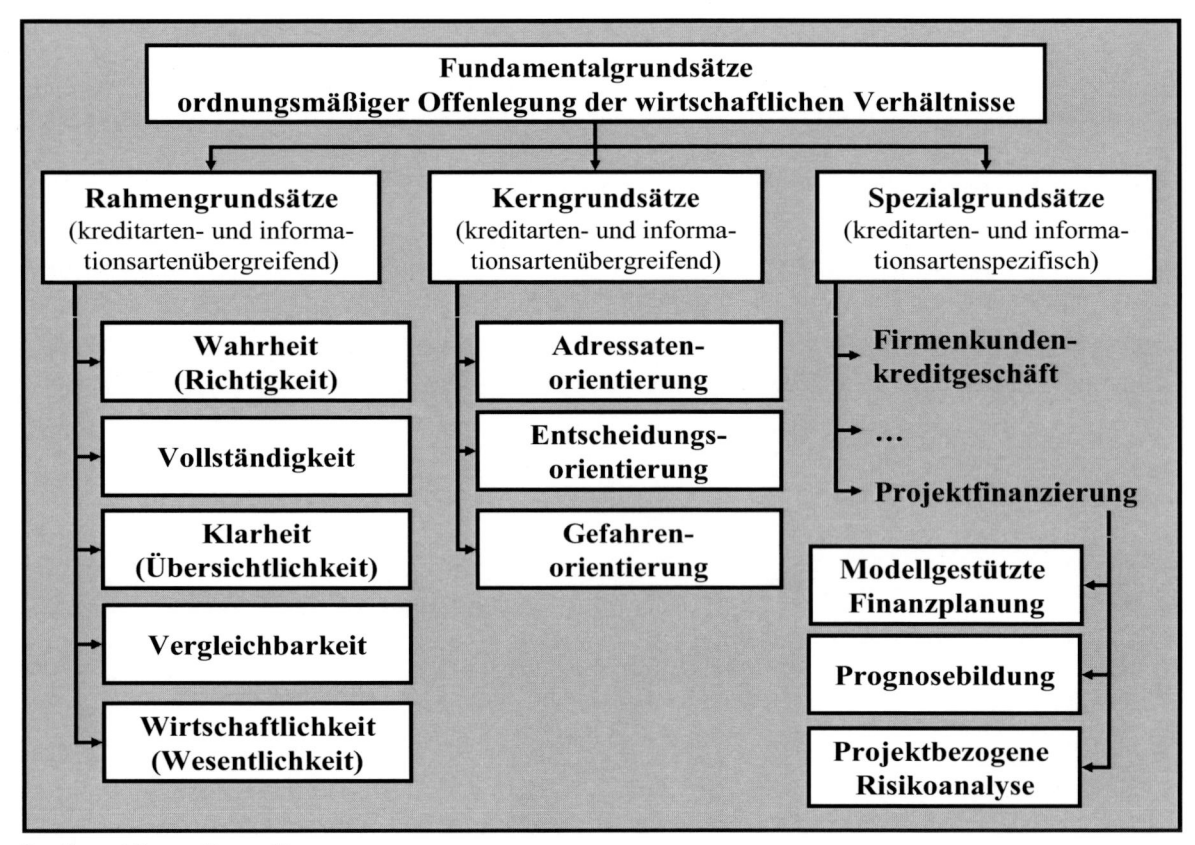

Quelle: Eigene Darstellung

Die Funktionen und Zielsetzungen der Rahmen-, Kern- und Spezialgrundsätze lassen sich wie folgt charakterisieren:

- **Rahmengrundsätze**

    Die ‚**Rahmengrundsätze**' stellen kreditarten- und informationsübergreifende Mindestanforderungen an die vom Kreditnehmer vorzulegenden Unterlagen respektive durch den Kreditgeber abzufordernde Informationen dar. Sie ergeben sich zum einen aus dem Gesetz sowie den begleitenden aufsichtsrechtlichen Verlautbarungen und zum anderen aus der ‚Natur der Sache'.[1] MOXTER nennt die Grundsätze der ‚**Wahrheit (Richtigkeit)**', ‚**Vollständigkeit**' und ‚**Klarheit (Übersichtlichkeit)**' als Rahmengrundsätze einer jeden Rechenschaft.[2] Nach BAETGE können zudem ‚**Vergleichbarkeit**' und ‚**Wirtschaftlichkeit**' als weitere Rahmengrundsätze postuliert werden.[3] LEFFSON postuliert als stets zu beachtende Kriterien der Ordnungsmäßigkeit von Systemen die Kriterien ‚Vollständigkeit', ‚Richtigkeit', ‚Übersichtlichkeit', ‚Fehlerfreiheit' sowie ‚Zuverlässigkeit der Erfassungs- und Verarbeitungsprozesse'.[4] Die beiden letztgenannten Kri-

---

[1] Vgl. hierzu die vorstehenden Ausführungen unter Gliederungspunkt 3.2 Zusammenfassende Schlussfolgerungen für die bankbetriebliche Operationalisierung von § 18 Satz 1 KWG bei Projektfinanzierungen, S. 300 ff.

[2] Vgl. Moxter, A.: Fundamentalgrundsätze ordnungsmäßiger Rechenschaft, a.a.O., S. 90 ff.

[3] Vgl. Baetge, J.; Apelt, B.: Bedeutung und Ermittlung der Grundsätze ordnungsmäßiger Buchführung (GoB), a.a.O., S. 40 ff., Tz. 63 ff. insbesondere S. 52, Abb. 3.

[4] Vgl. Leffson, U.: Systemprüfung, a.a.O., Sp. 1926.

terien werden hier nicht zu eigenständigen Rahmengrundsätzen erhoben, da sie im großen und ganzen in den drei erstgenannten Grundsätzen enthalten sind.[1]

- **Kerngrundsätze**

  Die Rahmengrundsätze sind abstrakt formuliert und weisen den Charakter von allgemein gehaltenen Generalklauseln auf, so dass sie durch weitere Grundsätze konkretisiert bzw. relativiert werden müssen. Auf einer ersten Stufe geschieht dies durch ‚**Kerngrundsätze**', die kreditarten- und informationsübergreifende Normen zur weiteren Operationalisierung der Rahmengrundsätze darstellen. Es handelt sich um die Grundsätze der ‚**Adressatenorientierung**', der ‚**Entscheidungsorientierung**' sowie der ‚**Gefahrenorientierung**'.

- **Spezialgrundsätze**

  Die ‚**Spezialgrundsätze**' dienen der Spezifikation von Offenlegungsnormen unter besonderer Berücksichtigung der Art des betrachteten Kreditgeschäftes sowie der hierbei verwendeten Unterlagen- respektive Informationssysteme. Für den Untersuchungsgegenstand ‚Projektfinanzierung im engeren Sinne' bedeutet dies, dass generalisierte Prüfungsnormen in Form von Spezialgrundsätzen für die in diesem Zusammenhang relevanten zukunftsorientierten Systeme ‚**Modellgestützte Finanzplanung**', ‚**Prognosebildung**' und ‚**Risikoanalyse**' zu postulieren sind.[2]

Die vorstehend skizzierte Dreiteilung, d.h. die Konkretisierung von Rahmen- durch Kern- und Spezialgrundsätze, entspricht der deduktiven Ermittlung von Ordnungsmäßigkeitsgrundsätzen, da von allgemeinen Sätzen auf speziellere Sätze mit niedrigeren Informationsgehalt geschlossen wird.[3]

5.2 Allgemeine Rahmengrundsätze für die Offenlegung von wirtschaftlichen Verhältnissen

5.2.1 Richtigkeit (Wahrheit)

5.2.1.1 Vorüberlegungen

Der Begriff der ‚Wahrheit' lässt sich als eine „*...der Wirklichkeit entsprechende Darstellung* (oder) *Schilderung ...*" bzw. als „*...Übereinstimmung zwischen Gesagtem und Geschehenem oder Bestehendem, zwischen Gesagtem und Gedachtem....*" definieren.[4] Aufgrund von wissenschaftstheoretischen Problemen sowie umgangssprachlichen Verständnisschwierigkeiten, die sich bei der Verwendung des Begriffes ‚Wahrheit' ergeben können, plädieren einige Autoren für einen Ersatz durch den Begriff ‚Richtigkeit'.[5] „*Der Begriff der Wahrheit schließt einen Absolutheitsanspruch*

---

[1] Das Kriterium der ‚Fehlerfreiheit' entspricht dem Rahmengrundsatz der ‚Wahrheit'. Vgl zur Unterscheidung zwischen relativer Richtigkeit und absoluter Richtigkeit (Wahrheit) die nachfolgenden Ausführungen unter Gliederungspunkt 5.2.1 Richtigkeit (Wahrheit), S. 465 ff. Das Kriterium ‚Zuverlässigkeit der Erfassungs- und Verarbeitungsprozesse' ist ebenfalls bereits in den Rahmengrundsätzen der ‚Wahrheit' und ‚Vollständigkeit' enthalten. Vgl. hierzu u.a. die nachfolgenden Ausführungen unter Gliederungspunkt 5.2.2 Vollständigkeit, S. 476 ff.

[2] Vgl. zu den angeführten Unterlagen- respektive Informationssystemen die vorstehenden Ausführungen unter Gliederungspunkt 2.2 Zur Zukunftsorientierung von internationalen Projektfinanzierungen, S. 57 ff.

[3] Vgl. Leffson, U.: Die Grundsätze ordnungsmäßiger Buchführung, a.a.O., S. 29 f.

[4] Vgl. Dudenredaktion (Hrsg.): Duden, Das Bedeutungswörterbuch, Bd. 10, a.a.O., S. 1028.

[5] Vgl. hierzu ausführlich Leffson U.: Die Grundsätze ordnungsmäßiger Buchführung, a.a.O., S.197 sowie auch Baetge, J.; Apelt, B.: Bedeutung und Ermittlung der Grundsätze ordnungsmäßiger Buchführung (GoB), a.a.O., S. 40, Tz. 64.

ein und verträgt daher keine Einschränkungen."[1] Im Folgenden sollen die beiden Begriffe ‚Wahrheit' und ‚Richtigkeit' synonym verwendet werden, wobei dies im Bewusstsein geschieht, dass es keine „absolute" Wahrheit oder „absolute" Richtigkeit von Kreditwürdigkeitsinformationen geben kann.[2]

Die im Rahmen von Kreditwürdigkeitsprüfungen vom Kreditnehmer vorzulegenden bzw. von einem Kreditinstitut heranzuziehenden Informationen sind vielfältiger Art und lassen sich nach verschiedenen Kriterien systematisieren. Ein wesentliches Unterscheidungsmerkmal ist, ob es sich um bereits realisierte Informationen oder um Informationen über zukünftige Tatbestände handelt.[3] Treten bereits in denjenigen Bereichen, die sich mit vergangenheitsbezogenen Sachverhalten (z.B. Buchführung bzw. Bilanzierung) befassen, zum Teil erhebliche Schwierigkeiten bei der Beschaffung, Verarbeitung und Abbildung von „wahrheitsgemäßen" oder ‚richtigen' Informationen auf, so gilt dies umso mehr für das Gebiet der zukunftsorientierten Kreditvergabeentscheidungen.[4] Letzteres ist im hohen Maße durch eine stark individualisierte Informationsauswahl und Aussagen über noch unrealisierte Sachverhalte charakterisiert. Das Problem unsicherer bzw. mehrwertiger Informationen wird sich dann vergrößern, wenn aufgrund subjektiver Präferenzen ungeeignete Methoden für die Beschaffung, Verarbeitung und Abbildung ausgewählt werden. Bei Vorliegen eines rationalen Verhaltens der Entscheidungsträger dürfte jedoch der Anspruch bestehen, eine Kreditvergabeentscheidung nicht auf der Grundlage von potenziell **‚falschen'** Informationen zu treffen. Zudem wurde auch im Rahmen der objektiv-teleologischen Auslegung des § 18 Satz 1 KWG eine bankaufsichtsrechtliche Forderung nach „wahren", d.h. insbesondere ‚zuverlässigen' und ‚aktuellen' Unterlagen herausgearbeitet.[5] Es stellt sich somit die Frage, wann sich vorgelegte oder herangezogene Informationen für das Prädikat **‚richtig'** qualifizieren. Für einen derartigen **‚Grundsatz der Richtigkeit'** haben sich im Schrifttum zur externen Rechnungslegung zwei Betrachtungsebenen herausgebildet, auf die analog zurückgegriffen werden kann:[6]

- Eine Information ist aus einer <u>sachbezogenen</u> Perspektive dann richtig, wenn diese objektiv, d.h. unter den einschlägigen gesetzlichen, ethischen oder technischen Normen, ermittelt, verarbeitet und abgebildet wurde (sogenannter **‚Grundsatz der Objektivität'**). Der Begriff ‚objektiv' ist in diesem Sinne als ‚intersubjektiv nachprüfbar' zu interpretieren.

---

[1] Leffson, U.: Die Grundsätze ordnungsmäßiger Buchführung, a.a.O., S. 196.

[2] Bei Zugrundelegen eines modernen Sprachverständnisses können die Adjektive ‚richtig' und ‚wahr' je nach Kontext durchaus synonym benutzt werden. Vgl. Dudenredaktion (Hrsg.): Duden, Das Bedeutungswörterbuch, Bd. 10, a.a.O., S. 734 u. 1028.

[3] Auf die Problematik einer Soll-Objekt-Konstruktion zur Prüfung von Planwerten (= Ist-Objekten) wurde bereits hingewiesen; vgl. hierzu nochmals die vorstehenden Ausführungen unter Gliederungspunkt 4.2.1.4.1 Prinzip der Ergebnisprüfung, S. 437 ff.

[4] Vgl. hierzu die vorstehenden Ausführungen unter Gliederungspunkt 2.2 Zur Zukunftsorientierung von internationalen Projektfinanzierungen, S. 57 ff. Ähnliches gilt z.B. auch für die Bereiche der Unternehmensbewertung, der Prospektierung von öffentlich angebotenen Kapitalanlagen sowie der Erstellung und Beurteilung von Lageberichten.

[5] Vgl. hierzu die vorstehenden Ausführungen unter Gliederungspunkt 3.1.2.2.2.2.2 Bilanzierende Kreditnehmer, S. 278 ff.

[6] Vgl. Leffson, U.: Die Grundsätze ordnungsmäßiger Buchführung, a.a.O., S. 200, Moxter, A.: Fundamentalgrundsätze ordnungsmäßiger Rechenschaft, a.a.O., S. 91 f., Baetge, J.; Apelt, B.: Bedeutung und Ermittlung der Grundsätze ordnungsmäßiger Buchführung (GoB), a.a.O., S. 40, Tz. 64.

- Eine Information ist aus einer personenbezogenen Perspektive dann richtig, wenn diese von einer Person beschafft und übermittelt wird, die von deren Richtigkeit innerlich überzeugt ist (sogenannter ‚**Grundsatz der Willkürfreiheit**').

Die Analyse der bankaufsichtsrechtlichen Verlautbarungen zu § 18 Satz 1 KWG ergab zudem, dass sich der ‚Grundsatz der Richtigkeit' in zwei weiteren Anforderungen an die heranzuziehenden bzw. vorzulegenden Unterlagen konkretisiert:[1]

- Es muss ein zeitnahes Bild der wirtschaftlichen Verhältnisse des (potenziellen) Kreditnehmers auf dem jeweils aktuellen Informationsstand vermittelt werden (‚**Grundsatz der Aktualität**').

- Die für eine Offenlegung der wirtschaftlichen Verhältnisse herangezogenen bzw. vorgelegten Informationen müssen zuverlässig sein (‚**Grundsatz der Zuverlässigkeit**').

Die vier vorstehenden Grundsätze gelten – als Ausprägungen des ‚Rahmengrundsatzes der Richtigkeit' – zunächst kreditarten- und informationsartenübergreifend für alle Arten von Unterlagen, die vom Kreditantragsteller vorzulegen oder von den Prüfungsträgern zu beschaffen sind. Der ‚Rahmengrundsatz der Richtigkeit' ist im Hinblick auf kreditvergabeentscheidungsrelevante Informationen zunächst allgemein zu konkretisieren, wobei eine weitere Einteilung in (Unter-)Grundsätze gemäß der Gliederungssystematik in nachfolgender Abbildung erfolgen soll:[2]

---

[1] Vgl. hierzu die vorstehenden Ausführungen unter Gliederungspunkt 3.1.2.2.2.2.2.2 Bilanzierende Kreditnehmer, S. 278 ff.

[2] Eine informationsartenspezifische, d.h. auf die Systeme ‚modellgestützte Finanzplanung', ‚Prognosen' und ‚Risikoanalyse' ausgerichtete, Konkretisierung der Rahmengrundsätze erfolgt im Rahmen der nachfolgenden Diskussion von projektfinanzierungsspezifischen Spezialgrundsätzen. Vgl. hierzu die Ausführungen unter Gliederungspunkt 5.4 Spezialgrundsätze für die Offenlegung der wirtschaftlichen Verhältnisse bei Projektfinanzierungen, S. 492 ff.

Abb. 116: Der ‚Rahmengrundsatz der Richtigkeit (Wahrheit)' und seine Untergrundsätze

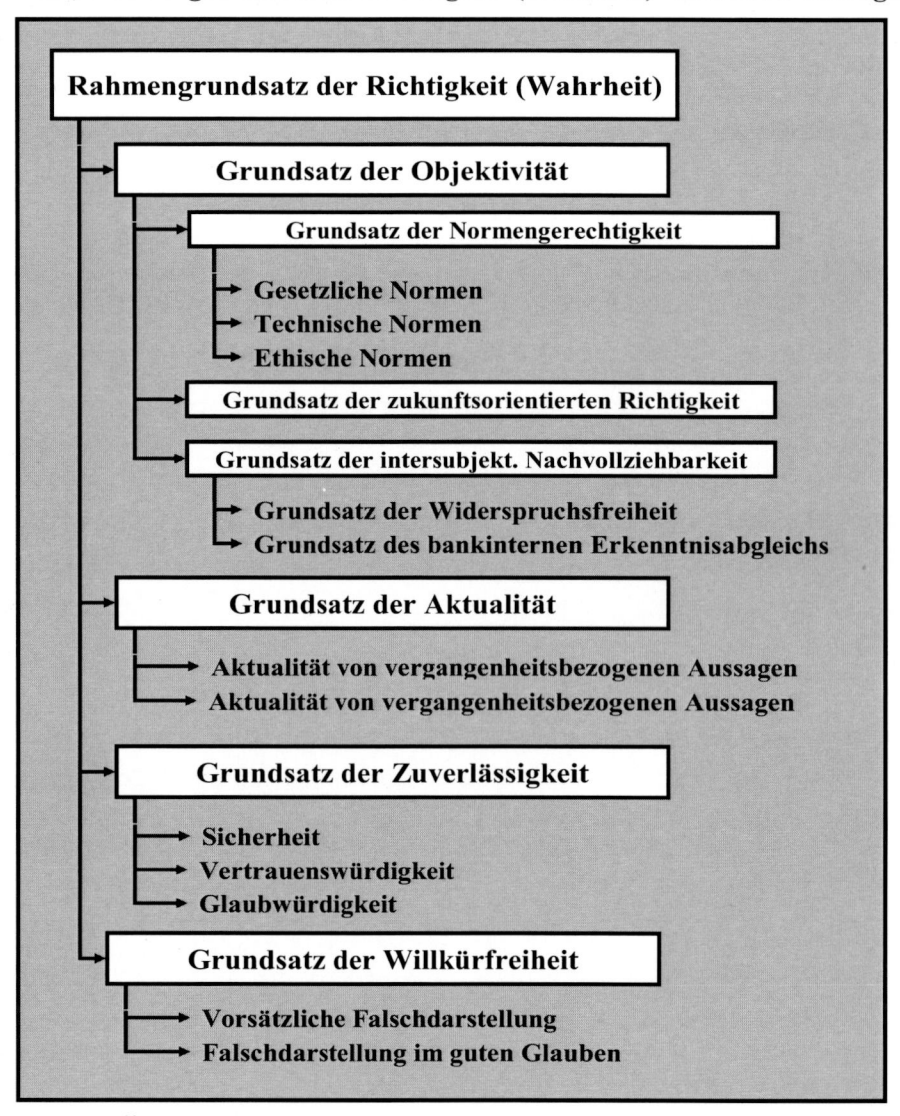

```
Rahmengrundsatz der Richtigkeit (Wahrheit)
    → Grundsatz der Objektivität
        → Grundsatz der Normengerechtigkeit
            → Gesetzliche Normen
            → Technische Normen
            → Ethische Normen
        → Grundsatz der zukunftsorientierten Richtigkeit
        → Grundsatz der intersubjekt. Nachvollziehbarkeit
            → Grundsatz der Widerspruchsfreiheit
            → Grundsatz des bankinternen Erkenntnisabgleichs
    → Grundsatz der Aktualität
        → Aktualität von vergangenheitsbezogenen Aussagen
        → Aktualität von vergangenheitsbezogenen Aussagen
    → Grundsatz der Zuverlässigkeit
        → Sicherheit
        → Vertrauenswürdigkeit
        → Glaubwürdigkeit
    → Grundsatz der Willkürfreiheit
        → Vorsätzliche Falschdarstellung
        → Falschdarstellung im guten Glauben
```

Quelle: Eigene Darstellung

Eine vollständig überschneidungsfreie Abgrenzung einzelner (Unter-)Grundsätze ist nicht möglich. Vielmehr wird die Entwicklung eines für das Tagesgeschäft der Kreditinstitute weitgehend praktikablen, d.h. bei der Bildung von Prüffeldern – nebst korrespondierenden Prüf- und Fehlerkategorien sowie Prüfungszielen – leicht umsetzbaren, Normenkatalogs angestrebt.[1]

5.2.1.2 Objektivität (‚sachbezogene Richtigkeit')

5.2.1.2.1 Normengerechtigkeit

Es wurde bereits ausgeführt, dass eine Information aus einer <u>sachbezogenen</u> Perspektive dann richtig sein soll, wenn diese objektiv, d.h. unter den einschlägigen gesetzlichen, ethischen oder technischen Normen, ermittelt, verarbeitet und abgebildet wurde. Voraussetzung hierfür ist, dass die jeweils anwendbaren Normen eindeutig identifiziert und ausgelegt werden können. Bei gesetzlichen und technischen Normen scheint dies vermeintlich keine Schwierigkeiten zu bereiten. Es sei jedoch auf das umfangreiche Schrifttum zur externen Rechnungslegung hingewiesen, das sich ex-

---

[1] Vgl. hierzu die vorstehenden Ausführungen unter Gliederungspunkt 4.1.1.2.4 Prüfungsplanung, S. 339 ff.

tensiv mit der Auslegung von kodifizierten Vorschriften zum Ansatz und zur Bewertung einzelner Bilanzpositionen auseinandersetzt, welche dem Bilanzierenden ein Wahlrecht bzw. einen Ermessensspielraum gewähren. Der hier gewählte Lösungsansatz für eine Beurteilung der ‚sachbezogenen Richtigkeit', nämlich die Akzeptanz der Normauslegung bei (vergangenheitsbezogenen) Schätzwerten und (zukunftsorientierten) Prognosewerten, soweit die Auslegung intersubjektiv nachvollziehbar ist, dürfte im Regelfall auch bei Kreditwürdigkeitsprüfungen eine praktikable Operationalisierung ermöglichen.[1]

Problematischer dürften sich jedoch allgemeingültige und pragmatische Aussagen zur Identifizierung und Auslegung von ‚ethischen Normen' zwecks Überprüfung der Einhaltung des ‚Rahmengrundsatzes der Richtigkeit' gestalten.[2] Hier muss auf die Notwendigkeit einer Ableitung von Spezialgrundsätzen verwiesen werden, die im Wege einer kreditarten- und informationsartenspezifischen Darstellung eine Operationalisierung des ‚Grundsatzes der Objektivität' ermöglichen.[3]

5.2.1.2.2 Zukunftsorientierte Richtigkeit

Im Wesentlichen dürfte es im Einflussbereich des Kreditantragstellers, d.h. des potenziellen Kreditnehmers, bzw. von etwaigen involvierten Drittparteien liegen, ob einem Kreditinstitut für die Kreditvergabeentscheidung bzw. vor Krediterauslegung ‚richtige' Informationen vorgelegt werden. Daneben kann ein Kreditnehmer dafür Sorge tragen, dass von ihm beeinflussbare Daten- und Tatbestandskonstellationen mittel- bis langfristig ‚richtig' sind bzw. bleiben. Hierbei handelt es sich einerseits um den grundsätzlichen Rahmen der wirtschaftlichen Betätigung (z.B. Aufbau- und Ablauforganisation des Geschäftsbetriebs, Unternehmenskonstitution, Standortpolitik etc.) sowie andererseits um materielle Fragen der unternehmerischen Betätigung (z.B. Verwendung der herausgelegten Kreditmittel, Umfang der Produktionspalette etc.). Potenzielle Kreditgeber werden ein Interesse daran haben, dass derartige kreditwürdigkeitsrelevante Rahmenbedingungen zur Geschäftsgrundlage erhoben werden. Im gehobenen Firmenkundenkreditgeschäft sowie bei Strukturierten Finanzierungen erfolgt dies regelmäßig – soweit rechtlich möglich bzw. sinnvoll[4] – durch indirekte Sicherungsmaßnahmen nach angelsächsischer Rechtspraxis in Form von detaillierten Kredit- bzw. Verhaltensauflagen (‚Covenants'), Finanzierungsbedingungen bzw. Auszahlungsvoraussetzungen (‚Conditions Precedent') sowie Zusicherungen und Gewährleistungen (‚Representation and Warranties').[5] Der BASELER AUSSCHUSS FÜR BANKENAUFSICHT hat in seinen ‚Principles for the Management of Credit Risk' durch die explizite Forderung, ‚Terms and Conditions' sowie

---

[1] Vgl. hierzu analog Leffson, U.: Die Grundsätze ordnungsmäßiger Buchführung, a.a.O., S. 197 sowie die nachfolgenden Ausführungen unter Gliederungspunkt 5.2.1.2.3 Intersubjektive Nachvollziehbarkeit, S. 470 ff.

[2] Vgl. zu den ‚ethischen Normen' die vorstehenden Ausführungen unter Gliederungspunkt 4.1.1.2.2.1 Prüfungsnormen, S. 311 ff.

[3] Vgl. hierzu die nachfolgenden Ausführungen unter Gliederungspunkt 5.4 Spezialgrundsätze für die Offenlegung der wirtschaftlichen Verhältnisse bei Projektfinanzierungen, S. 492 ff.

[4] In einigen Jurisdiktionen kann sich das Problem ergeben, dass der Kreditgeber aufgrund zu weitgehender indirekter Sicherungsmaßnahmen als ‚Shadow Director' qualifiziert wird und damit auch seine vorrangige Gläubigerposition (‚Senior Lender') gefährdet.

[5] Vgl. hierzu die vorstehenden Ausführungen unter Gliederungspunkt 2.1.4.3 Projektbezogene Kreditbedingungen und Verhaltensauflagen, S. 48 ff.

insbesondere ‚Covenants' zu verwenden, ebenfalls auf die Bedeutung derartiger indirekter Sicherungsmaßnahmen hingewiesen.[1]

Grundsätzlich besteht die Möglichkeit, dass ein Kreditnehmer von den vertraglich fixierten ‚Terms & Conditions' vorsätzlich abweicht oder diese aufgrund einer faktischen und von ihm nicht zu vertretenden Entwicklung verletzen muss. Die Nichteinhaltung von in der vertraglichen Dokumentation vereinbarten indirekten Sicherungsmaßnahmen eröffnet jedoch den Kreditgebern die Möglichkeit zu einer Kündigung des Kreditverhältnisses mit entsprechend negativen Rückwirkungen auf die übrigen beteiligten Parteien (‚Abschreckungseffekt') oder zur Fortsetzung unter den gleichen oder neuverhandelten Rahmenbedingungen (‚Restrukturierung').[2]

Als Fazit lässt sich festhalten, dass die Verwendung von indirekten Sicherungsmaßnahmen nach angelsächsischer Rechtspraxis bzw. von ‚Terms & Conditions' die Wahrscheinlichkeit für eine mittel- bis langfristige Einhaltung des ‚Grundsatzes der Objektivität', d.h. die ‚sachbezogene Richtigkeit' ausgewählter Informationen über kreditwürdigkeitsrelevante Daten- und Tatbestandskonstellationen, deutlich erhöhen dürfte. Die Prüfungsträger müssen beurteilen, ob eine unter den gegebenen rechtlichen Rahmenbedingungen maximal mögliche bzw. sinnvolle kreditvertragliche Paraphierung von Kredit- und Verhaltensauflagen (‚Covenants'), Finanzierungsbedingungen und Auszahlungsvoraussetzungen (‚Conditions Precedent') sowie Zusicherungen und Gewährleistungen (‚Representations and Warranties') vorliegt.

5.2.1.2.3 Intersubjektive Nachvollziehbarkeit

5.2.1.2.3.1 Widerspruchsfreiheit

Der ‚Grundsatz der Objektivität' fordert, dass Informationen unter den einschlägigen gesetzlichen, ethischen oder technischen Normen, ermittelt, verarbeitet und abgebildet werden. Nicht eindeutige Normen, die einen Ermessensspielraum bei der Darstellung von wirtschaftlichen Daten und Tatbeständen ermöglichen, sind vom Informationsersteller auszulegen und die dabei verwendeten Annahmen anzugeben. Der Begriff ‚objektiv' ist – wie bereits ausgeführt – als ‚intersubjektiv nachprüfbar' zu interpretieren. Das Prädikat ‚objektiv' erfordert, dass der Informationsempfänger auf der Basis der zugrundeliegenden Norm (sowie den vom Informationsersteller bei der Auslegung getroffenen Annahmen)[3] **‚widerspruchsfrei'** zum gleichen Ergebnis respektive zur gleichen Informationsausprägung gelangen muss.

Neben der vorstehend skizzierten Widerspruchsfreiheit auf der Ebene einer einzelnen Information (‚**Widerspruchsfreiheit erster Dimension**') dürfen die miteinander korrespondierenden, d.h. in einem sachlichen bzw. funktionalem Zusammenhang stehenden, Informationen aus verschiedenen

---

[1] Vgl. hierzu Basel Committee on Banking Supervision: Principles for the Management of Credit Risk, BCBS Publication No. 75, Basel September 2000, insbesondere ‚Principle 4'.

[2] Denkbar sind hier u.a. die Aktivierung von Dividendenstopps bzw. Ausschüttungssperren, das Ziehen von Garantien und Bürgschaften von Drittparteien oder – unter angelsächsischem Recht – auch die Übernahme des Kreditnehmers bzw. die Fortführung einer Projektgesellschaft durch die Kreditgeber.

[3] Die Offenlegung der vom Informationsersteller getroffenen Annahmen gegenüber dem Informationsempfänger wird im Schrifttum teilweise dem ‚(Unter-)Grundsatzes der Willkürfreiheit' zugeordnet. Vgl. Baetge, J.; Apelt, B.: Bedeutung und Ermittlung der Grundsätze ordnungsmäßiger Buchführung (GoB), a.a.O., S. 40, Tz. 64. In praxi dürfte eine Information simultan auf sach- und personenbezogene Richtigkeit, d.h. bei gleichzeitiger Auslegung der Norm und Beurteilung der Annahmen, geprüft werden.

Unterlagen (‚Informationssystemen‘[1]) bei einer vergleichenden Betrachtung keine Diskrepanzen aufweisen (‚**Widerspruchsfreiheit zweiter Dimension**‘). Methodisch kann dies durch eine ‚Querverprobung‘ (‚Cross-check‘) von Ausprägungen verschiedener Informationssysteme (z.B. Verträge, Gutachten, Studien etc.) bzw. von Systemschnittstellen der Systeme ‚modellgestützte Finanzplanung‘, ‚Prognosen‘ und ‚Risikoanalyse‘ erfolgen.[2] Eine derartige Vorgehensweise dürfte auch der von der Bankenaufsicht im Rundschreiben 9/98 geforderten, jedoch nicht näher konkretisierten ‚Prüfung auf innere Widersprüche‘ genügen.[3]

5.2.1.2.3.2 Bankinterner Erkenntnisabgleich

Das ‚intersubjektive‘ Nachvollziehen einer Auslegung von nicht eindeutigen Normen unter expliziter Berücksichtigung der dabei verwendeten Annahmen sowie die ‚widerspruchsfreie Querverprobung‘ von Informationen in verschiedenen vorgelegten bzw. herangezogenen Unterlagen stellen einen wichtigen Indikator für die „Wahrheitsmöglichkeit" dar. Eine abschließende Rektifikation der ‚sachbezogenen Richtigkeit‘ einer Information ist hiermit noch nicht möglich. Anders als bei der Mehrzahl der externen Pflicht- bzw. Ordnungsmäßigkeitsprüfungen wird ein rational handelnder Prüfungs- bzw. Entscheidungsträger ein weitergehendes Interesse daran haben, die bei der Normauslegung verwendeten Annahmen zu beurteilen. Es liegt im Wesen von nicht eindeutigen Normen, dass die jeweilige Annahmenausprägung, die für eine konkrete Normauslegung gebildet wurde, nicht abschließend bzw. eindeutig rektifiziert werden kann. Naturgemäß sind auch einer Falsifikation enge Grenzen gesetzt. Es verbleibt hier die Möglichkeit, die Plausibilität mittels eines ‚bankinternen Erkenntnisabgleichs‘ zu beurteilen, welcher von der Bankenaufsicht im Rundschreiben 9/98 als mögliche Option genannt wird.[4] Der ‚Grundsatz der intersubjektiven Nachvollziehbarkeit‘ würde sich damit in den Fällen, bei denen ein Kreditinstitut über <u>ausreichend</u> vergleichbare Informationen aus anderen Kreditgeschäften verfügt, durch einen ‚**Grundsatz des bankinternen Erkenntnisabgleichs**‘ konkretisieren lassen. In diesem Sinne würde die ‚Objektivität‘ einer Information nur dann vorliegen, wenn sich keine Anhaltspunkte für eine von der Mehrzahl der bankinternen Erkenntnisse abweichenden Annahmensetzung finden würden.[5]

5.2.1.3 Aktualität

Kreditwürdigkeitsinformationen können nur dann ein zutreffendes, d.h. ‚richtiges‘, Bild über die wirtschaftlichen Verhältnisse liefern, wenn sie auf dem jeweils aktuellsten Informationsstand basieren. Der ‚**Grundsatz der Aktualität**‘ hat dabei zwei verschiedene Dimensionen:

---

[1] Vgl. zum Begriff des ‚Informationssystems‘ die vorstehenden Ausführungen unter Gliederungspunkt 4.2.1.2.1 Prinzip der allgemeinen Risikobeurteilung, S. 419 ff., insbesondere Abb. 102: Das Supersystem ‚Projekt- und Finanzierungskonzept‘ und seine Systeme bzw. Subsysteme, S. 421.

[2] Vgl. hierzu die vorstehenden Ausführungen unter Gliederungspunkt 4.2.1.3.2 Grenzen der Systemprüfung und Ansätze zu deren Überwindung, S. 434 ff.

[3] Vgl. hierzu die vorstehenden Ausführungen unter Gliederungspunkt 3.1.2.2.3.1 Anforderungen an die Auswertung, S. 289 ff., insbesondere den Unterpunkt ‚Prüfung auf innere Widersprüche‘.

[4] Vgl. hierzu die vorstehenden Ausführungen unter Gliederungspunkt 3.1.2.2.3.1 Anforderungen an die Auswertung, S. 289 ff., insbesondere den Unterpunkt ‚Abgleich mit anderen Erkenntnissen der Bank‘.

[5] Vgl. hierzu die vorstehenden methodischen Ausführungen unter Gliederungspunkt 4.2.2.2.1 Externe Normvorgaben, S. 447 ff.

- **Aktualität von vergangenheitsbezogenen Aussagen**

    Eine einzelne vergangenheitsbezogene Aussage mag zwar isoliert und auf ihren zeitlichen Horizont bezogen als ‚richtig' zu qualifizieren sein. Im Gesamtzusammenhang und ohne relativierenden Vergleich mit der jeweils zeitnähesten Ausprägung der betrachteten Tatbestände oder Sachverhalte kann jedoch keine sinnvolle Beurteilung der Information erfolgen.[1] Für die Frage, ob der ‚Grundsatz der Aktualität' verletzt wurde, ist somit der Gesamtumfang der vorgelegten Informationen – unter besonderer Berücksichtigung der Verfügbarkeit von Aussagen zu Tatbeständen oder Sachverhalten jüngeren Datums – zu würdigen.

- **Aktualität von zukunftsbezogenen Aussagen**

    Rationale Kreditvergabeentscheidungen basieren unabhängig von der Art des betriebenen Kreditgeschäftes immer auf einer Beurteilung der Schuldendienstfähigkeit in zukünftigen Perioden. Die hierfür in weiten Teilen des Firmenkunden- und Spezialkreditgeschäftes herangezogenen Unterlagen in Form von Planungen und Prognosen sind in der Regel nicht von einer statischen Natur, sondern implizieren einen permanenten Prozess der Fortschreibung, welcher im Wesentlichen durch den Erkenntnisfortschritt der beteiligten Parteien bedingt ist.[2] Der ‚Grundsatz der Aktualität' verlangt in diesem Zusammenhang, dass auf den jeweils zeitnähesten Stand zukunftsorientierter Informationen zurückgegriffen wird.[3]

Die vor dem Hintergrund der sachlogischen Zusammenhänge einer Kreditwürdigkeitsprüfung offensichtliche Relevanz des ‚Grundsatzes der Aktualität' spiegelt sich auch in den Anforderungen der Bankenaufsicht wieder.[4]

5.2.1.4 Zuverlässigkeit

Eine Information ist dann zuverlässig, wenn sie „*... so beschaffen* (ist), *dass man sich darauf verlassen kann.*"[5] Ein derartiges Begriffsverständnis impliziert, dass eine ‚zuverlässige' Information zugleich Glaubwürdigkeit, Sicherheit und Vertrauenswürdigkeit besitzt.[6] Die ‚Zuverlässigkeit' garantiert alleine noch keine ‚sachbezogene Richtigkeit' bzw. ‚Objektivität' der vorgelegten oder herangezogenen Kreditwürdigkeitsinformationen, stellt hierfür jedoch ein wichtiges Indiz dar. Umgekehrt können unzuverlässige Informationen intersubjektiv nachprüfbar und damit vermeintlich „richtig" sein. In der bankbetrieblichen Prüfungspraxis stellt sich nun das Problem, dass zwar

---

[1] Als Beispiel seien die Jahresabschlüsse einer für die Kreditwürdigkeitsprüfung relevanten Drittpartei angeführt: Selbst die Vorlage aller Geschäftsberichte der letzten 5 Jahre kann kein aktuelles Bild der bilanziellen Lage abgeben, wenn etwaige bereits verfügbare Monats-, Quartals- und/oder Halbjahresabschlüsse neueren Datums nicht vorgelegt wurden.

[2] Beispielsweise kann bei Projekt- und Finanzierungskonzepten, die durch eine erhebliche Komplexität sowie fortlaufende Änderungen gekennzeichnet sind, eine externe Prüfung und positive Testierung der finalen Version der modellgestützten Finanzplanung (‚Satisfactory Model Audit Report') durch einen Wirtschaftsprüfer zur Auszahlungsvoraussetzung vor erster Auszahlung gemacht werden. Bei einem derartigen ‚Model Audit' wird die elektronische Version (Datei) und/oder physische Version (Papier) der modellgestützten Finanzplanung sowie eine begleitende schriftliche Modelldokumentation (sogenanntes ‚Data Book' mit den Annahmen des Base Case) einer Prüfung unterzogen. Die Projekt- und Finanzierungskonzepte bzw. die jeweiligen modellgestützten Finanzplanungen dürften beispielsweise bei Großflughäfen, LNG-Anlagen, thermischen Kraftwerken und Telekommunikationsanlagen eine größere Komplexität aufweisen als bei einem kleinen Windkraftwerk.

[3] Als Beispiel seien Marktgutachten angeführt, die häufig in regelmäßigen Abständen überarbeitet bzw. auf den neuesten Stand gebracht werden.

[4] Vgl. hierzu die vorstehenden Ausführungen unter Gliederungspunkt 3.1.2.2.2.2.2 Bilanzierende Kreditnehmer, S. 278 ff.

[5] Dudenredaktion (Hrsg.): Duden, Das Bedeutungswörterbuch, Bd. 10, a.a.O., S. 1098.

[6] Vgl. Ebenda

logisch-deduktive Kausalketten sowie insbesondere Rechenwerke bei einer ausreichenden schriftlichen Dokumentation intersubjektiv nachvollzogen werden können, aber nicht notwendigerweise die zugrundeliegenden Parameter und Variablen.

Die Problematik der Zuverlässigkeit von Kreditwürdigkeitsinformationen soll am folgenden Beispiel aufgezeigt werden:

> Die Informationsübermittlung erfolgt im Konsortialkreditgeschäft regelmäßig durch ein von den Führungsbanken (‚Arranger') erstelltes ‚**Information Memorandum**', welches im Idealfall alle als relevant erachteten Informationen zusammenfasst.[1] Es darf jedoch nicht vergessen werden, dass es sich bei diesem Dokument primär um einen „Verkaufsprospekt" handelt, welcher der Syndizierung von konsortialen Kreditbeteiligungen an dritte Kreditinstitute dient. Es kann davon ausgegangen werden, dass von den Führungsbanken[2] im Regelfall eine Darstellungsform gewählt wird, die dem Einwerben von konsortialen Kreditbeteiligungen bzw. der angestrebten Reduktion ihrer eigenen Risikopositionen förderlich ist. Auch vor diesem Hintergrund versuchen die Verfasser des ‚Information Memorandum', eine Immunisierung gegen Schadensersatzansprüche der Empfänger oder etwaiger Drittparteien durch Aufnahme einer Haftungsablehnungs- und Haftungsausschlusserklärung (‚Disclaimer Notice') in das Dokument zu erreichen. In der ‚Disclaimer Notice' werden die Empfänger regelmäßig aufgefordert, sich ein eigenes Bild von der Bonität der vorgeschlagenen Transaktion zu formen, ohne sich hierbei auf die Inhalte und Aussagen des ‚Information Memorandum' zu stützen. Selbst bei Vernachlässigung der privatrechtlichen Implikationen einer derartigen Vorgehensweise, dürfte ein derartiges Vorgehen aus einer bankaufsichtsrechtlichen und prüfungstheoretischen Perspektive einen Verstoß gegen den ‚Grundsatz der Zuverlässigkeit' darstellen. Aufgrund des einschränkenden Zusatzes wären die Informationen über Parameter und Variablen per se als <u>nicht sicher</u> und <u>nicht glaubwürdig</u> zu qualifizieren. Diesem Urteil steht auch eine gegebenenfalls ‚intersubjektive Nachvollziehbarkeit' einzelner Aussagen nicht entgegen. Vielmehr wären bei Vorliegen einer ‚Disclaimer Notice' sämtliche dem Information Memorandum zugrundeliegenden Informationsquellen (u.a. Prognosen, modellgestützte Finanzplanung, rechtliche Dokumente etc.) separat in ihrer (unverdichteten) Ursprungsform heranzuziehen.

Für die Operationalisierung des ‚Grundsatzes der Zuverlässigkeit' im bankbetrieblichen Alltag können folgende Kriterien herangezogen werden:

- **Schriftliche Dokumentation (‚Sicherheit')**

    Alle Informationen sind in schriftlicher oder anderweitig geeigneter physischer Form vorzulegen oder heranzuziehen. Die Ausführungen der Bankenaufsicht zur Vorschrift des § 18 Satz 1 KWG stellen hierbei die maßgeblichen Anforderungen bzw. Normierungen dar.[3] Die Aussagekraft einschränkende bzw. die Verwendungsfähigkeit relativierende Zusätze (z.B. in Form einer ‚Disclaimer Notice') verstoßen gegen das Postulat der Sicherheit und damit gegen den ‚Grundsatz der Zuverlässigkeit'.

    Zusätzlich müssen die vorgelegten bzw. herangezogenen Unterlagen die erstellende Person, die Zugangsart und den Zugangsweg erkennen lassen. Quellen ohne Verfasserangabe (z.B. aus dem Internet) können nicht für eine positive Kreditvergabeentscheidung herangezogen werden, sondern allenfalls als kritische Anhaltspunkte für eine intensivierte Kreditwürdigkeitsprüfung dienen.

---

[1] Vgl. zum ‚Information Memorandum' auch die allgemeinen Ausführungen bei Prautzsch, W.-A.: Projektfinanzierung, a.a.O., S. 1489, Trostdorf, S.: Syndizierter Kredit, a.a.O., S. 1863 f.

[2] In Einzelfällen wird das Information Memorandum auch von den Sponsoren oder dem Kreditnehmer selbst erstellt.

[3] Vgl. hierzu die vorstehenden Ausführungen unter Gliederungspunkt 3.1.2.2.2.1.1 Grundsätzliches, S. 266 ff.

- **Kompetenz des Erstellers ('Vertrauenswürdigkeit')**

  Die vorgelegten bzw. herangezogenen Informationen müssen einen vertrauenswürdigen Ursprung haben. 'Vertrauenswürdigkeit' liegt dann vor, wenn der Ersteller über eine ausreichende Kompetenz verfügt.[1] Das Kreditinstitut muss die Sachkenntnis und -verständnis von Mitarbeitern des kreditantragstellenden Unternehmens sowie von externen Drittparteien, d.h. insbesondere von Gutachtern und Beratern, beurteilen. Als zu prüfende Merkmalsausprägungen müssen hierbei die individuellen Qualifikationen der involvierten Personen bzw. Institutionen sowie insbesondere Referenzprojekte herangezogen werden. Bei der Beurteilung von Sachkenntnis und -verständnis muss ein funktionaler, regionaler und sektoraler Bezug zur vorgelegten bzw. herangezogenen Information hergestellt werden.[2]

- **Neutralität des Erstellers ('Glaubwürdigkeit')**

  Für eine Offenlegung der wirtschaftlichen Verhältnisse bzw. für die Kreditwürdigkeitsprüfung vorgelegte oder herangezogene Informationen müssen glaubwürdig sein. 'Glaubwürdigkeit' liegt dann vor, wenn eine Information *„...so geartet* (ist)*, dass man der Person, der Sache glauben kann...".*[3] Für eine Operationalisierung im bankbetrieblichen Alltag bedarf es einer praktikablen, d.h. leicht konstruierbaren, gesollten Merkmalsausprägung. Es bietet sich zunächst ein analoger Rückgriff auf die im Zusammenhang mit Begutachtungsaufgaben vorgestellte 'Neutralitätsprämisse' an, die eine Neutralität des Erstellers gegenüber dem Beurteilungsobjekt (hier: die erstellte bzw. herangezogene Information) fordert.[4] Bei einer derart engen Auslegung des Begriffes 'Glaubwürdigkeit' würden jedoch sämtliche vom Kreditantragsteller angelieferte Informationen per se gegen den 'Grundsatz der Zuverlässigkeit' verstoßen. Eine Neutralität des Erstellers kann daher nur für zentrale Aussagen bzw. Unterlagen gefordert werden. Hierzu zählen insbesondere die Jahresabschlüsse eines Kreditantragstellers, Sponsors oder sonstiger relevanter Drittparteien, die im Regelfall durch eine neutrale Instanz (Wirtschaftsprüfer) testiert sind, aber auch Prognosen in Form von technischen Studien sowie Markt-, Umwelt- und Rechtsgutachten. Andere – in der Regel von „befangenen" Parteien erstellte – Unterlagenkomplexe (z.B. modellgestützte Finanzplanungen und Risikoanalysen) sind von dem Kreditinstitut selbst oder durch beauftragte Drittparteien auf ihre Richtigkeit zu prüfen.

Zusätzlich sollte eine <u>Kreditzusage unter Dokumentationsvorbehalt</u> abgegeben und die wesentlichen zugrundeliegenden Parameter und Variablen direkt oder indirekt zum Gegenstand der vertraglichen Dokumentation gemacht werden.[5] Technisch kann dies durch die bereits skizzierte Aufnahme indirekter Sicherungsmaßnahmen in die vertragliche Dokumentation erfolgen,[6] die vor einer

---

[1] Vgl. hierzu analog die vorstehenden Ausführungen unter Gliederungspunkt 4.1.1.3 Abgrenzung der 'Prüfung' von 'Feststellung' und 'Begutachtung' sowie 'Beratung', S. 349 ff.

[2] So dürfte eine vorgelegte Marktstudie über das Absatzpotenzial von Spezialgasen (z.B. Sauerstoff) auf dem deutschen Markt als nicht vertrauenswürdig qualifiziert werden, wenn der Erstellende bislang beispielsweise nur Gutachten über das Absatzpotenzial auf dem nordamerikanischen Markt (fehlender regionaler Bezug) oder das Absatzpotenzial von Kunststoffen (fehlender sektoraler Bezug) oder ausschließlich technische Machbarkeitsstudien über Herstellungsverfahren (fehlender funktionaler Bezug) erstellt hat.

[3] Vgl. Dudenredaktion (Hrsg.): Duden, Das Bedeutungswörterbuch, Bd. 10, a.a.O., S. 431.

[4] Vgl. hierzu die vorstehenden Ausführungen unter Gliederungspunkt Gliederungspunkt 4.1.1.3 Abgrenzung der 'Prüfung' von 'Feststellung' und 'Begutachtung' sowie 'Beratung', S. 349 ff.

[5] Vgl. hierzu ausführlich die vorstehenden Ausführungen unter Gliederungspunkt 3.1.2.1.4 Zum Begriff 'Kreditgewährung', S. 243 ff. sowie 5.2.1.2.2 Zukunftsorientierte Richtigkeit, S. 469 ff.

[6] So kann beispielsweise vom Kreditnehmer sowie Drittparteien die Zusicherung abgegeben werden, dass alle im Information Memorandum vorgenommenen Angaben und Aussagen (sachlich) richtig sind. Vgl. hierzu Vinter, G.: Project Finance: A Legal Guide, a.a.O., S. 139 f. Eine derartige Klausel schützt nicht nur die „einfachen" Konsortialkreditgeber ('Participants'), sondern auch die Führungsbanken ('Arranger') selber. Allerdings dürften diese Zusicherungen nur dann die Zuverlässigkeit der vorgelegten Unter-

finalen Unterschrift des Kreditvertrages mit den ursprünglich vorgelegten Informationen abgeglichen werden können.

Selbstverständlich können sich die vorgelegten und derart vertraglich abgesicherten Informationen auch noch nachträglich, d.h. nach Unterzeichnung des Kreditvertrages, als unzuverlässig bzw. falsch herausstellen. Ein sicherer Schutz vor vorsätzlichen Falschdarstellungen bzw. Kreditbetrug existiert insoweit nicht, als eine ex ante Totalprüfung bzw. ein vollständiges Nachvollziehen aller herangezogenen Unterlagen bis hin zu ihrem Ursprung ('Wurzelprobe') aus wirtschaftlichen Gründen nicht möglich ist.[1]

5.2.1.5 Willkürfreiheit ('personenbezogene Richtigkeit')

Der 'Grundsatz der Willkürfreiheit' adressiert zwei Erscheinungsformen der Falschdarstellung:

- **Vorsätzliche Falschdarstellung**

    Eine vorsätzliche Falschdarstellung wider besseres Wissen, d.h. entgegen der inneren Überzeugung der informationsbeschaffenden oder -übermittelnden Person(en), verstößt gegen den 'Grundsatz der Willkürfreiheit'. Derartige Sachverhaltsgestaltungen sind dem Bereich der dolosen Handlungen zuzuordnen. Je nach Art und Relevanz der falschen Informationen für die Kreditvergabeentscheidung kann eine derartige Verhaltensweise zu einem Vertrauensverlust oder zu einer Qualifikation als (versuchter) Kreditbetrug führen.

- **Falschdarstellung im guten Glauben**

    Auch eine Falschdarstellung im guten Glauben kann gegen den 'Grundsatz der Willkürfreiheit' verstoßen, wenn gleichzeitig die bei der Beschaffung, Verarbeitung und/oder Abbildung von Informationen zugrundegelegten Annahmen nicht offengelegt werden. Eine informationsbeschaffende oder –übermittelnde Person kann durchaus zu einer anderen – vom Kreditinstitut als 'falsch' qualifizierten Darstellung – gelangen. Ein derartiger Sachverhalt stellt per se noch keinen Verstoß gegen den 'Grundsatz der Willkürfreiheit' dar, wenn durch eine Offenlegung der für zutreffend gehaltenen Annahmen eine Überprüfbarkeit der Informationen und somit der Ausschluss einer bösgläubigen Falschdarstellung ermöglicht wird.

Folgendes Beispiel soll den Grundsatz der Willkürfreiheit verdeutlichen:

Ein Kreditantragsteller legt dem Kreditinstitut ein Schriftstück mit der folgenden Information vor: *„Das technische Personal benötigt im Projektland keine personenbezogene Genehmigung für den Betrieb der Anlagen."* Diese Aussage legt die Vermutung einer vorsätzlichen Falschdarstellung und damit auch eines Verstoßes gegen den 'Grundsatz der Willkürfreiheit' nahe, wenn eine Nachfrage durch das Kreditinstitut bei der zuständigen Behörde zu einem gegenteiligen Ergebnis führt und der Kreditantragsteller seine ursprüngliche Aussage nicht glaubhaft rechtfertigen kann. Anderes gilt, wenn die Information lautet: *„Das technische Personal benötigt gemäß des Rechtsgutachtens unseres lokalen Rechtsberaters keine personenbezogene Genehmigung für den Betrieb der Anlagen im Projektland."* Diese Aussage kann falsch sein, wenn eine Behördenauskunft zu einem anderen Ergebnis führt. Aufgrund der Offenlegung der zugrundegelegten Annahmen (hier: Rechtsgutachten) handelt es sich jedoch um eine gutgläu-

---

lagen erhöhen, wenn die potenziellen Wechselwirkungen mit etwaigen Haftungsausschlusserklärungen berücksichtigt werden.

[1] Vgl. zur Wurzelprobe die vorstehenden Ausführungen unter Gliederungspunkt 4.1.1.2.2.2.1 Überblick, S. 316 ff., insbesondere den Unterpunkt Prüfungskette. Vgl. zu den Einschränkungen durch den 'Rahmengrundsatz der Wirtschaftlichkeit' die nachfolgenden Ausführungen unter Gliederungspunkt 5.2.5 Wirtschaftlichkeit, S. 482 ff.

bige Falschdarstellung, die nicht als ein Verstoß gegen den ‚Grundsatz der Willkürfreiheit' zu qualifizieren ist.[1]

Das obige Beispiel zeigt exemplarisch den Nachweis eines Verstoßes gegen den ‚Grundsatz der Willkürfreiheit' auf. Vor dem Hintergrund der vielfältigen umfangreichen Informationen, die von den Prüfungsträgern zu verarbeiten sind, zeigt sich eine praktische Überprüfung des ‚Grundsatzes der Willkürfreiheit' als schwierig. Wiederum kann versucht werden, die anzustrebende Willkürfreiheit von entscheidungsrelevanten Informationen – soweit möglich – durch indirekte Sicherungsmaßnahmen in der vertraglichen Dokumentation zu erreichen.[2]

5.2.2 Vollständigkeit

Der ‚**Rahmengrundsatz der Vollständigkeit**' leitet sich aus dem ‚Rahmengrundsatz der Richtigkeit' ab, da unvollständige Informationen ein ‚falsches' Bild von den wirtschaftlichen Verhältnissen eines Kreditantragstellers respektive einer vorgeschlagenen Kredittransaktion zeichnen.[3] Der Begriff ‚vollständig' impliziert bei einer sprachlichen Auslegung die „Vollzähligkeit" bzw. die „Absolutheit" der vorgelegten bzw. herangezogenen Information.[4] Ein derartiges Verständnis der ‚Vollständigkeit' erscheint für eine Offenlegung der wirtschaftlichen Verhältnisse ungeeignet. Das beim Informationserstellenden effektiv vorhandene Wissen dürfte vor dem Hintergrund von Zeit- und Kostenrestriktionen regelmäßig weder vollumfänglich zu beschaffen noch zu verarbeiten sein. Daher kann nur die Forderung nach einer bei angemessener Sorgfalt erreichbaren ‚relativen Vollständigkeit' erhoben werden, welche die Beschaffung und Verarbeitung von Informationen unter Berücksichtigung des gegebenen Zeitrahmens und der vertretbaren Aufwand-/Nutzenrelation impliziert.[5] Der hierbei angewandte Selektionsprozess muss sicherstellen, dass kein falsches Bild der wirtschaftlichen Verhältnisse bzw. der antizipierten Schuldendienstfähigkeit gezeichnet wird. Theoretisch wäre eine zusätzliche Information immer dann zu berücksichtigen, wenn ihre Inkludierung voraussichtlich zu einem anderen, positiven oder negativen Prüfungsergebnis führen würde. In praxi dürften sich allerdings erhebliche Schwierigkeiten bei der operativen Umsetzung eines derart interpretierten ‚Rahmengrundsatzes der Vollständigkeit' ergeben: Prüfungsträger dürften regelmäßig auf die Mithilfe des potenziellen Kreditnehmers und/oder anderer beteiligter Parteien angewiesen sein, um eine Kenntnis von der Existenz und/oder Relevanz von außerordentlichen bzw. ungewöhnlichen Informationen zu erlangen. Es empfiehlt sich, zunächst eine Zweiteilung des Rahmengrundsatzes in eine ‚quantitative Vollständigkeit' und eine ‚qualitative Vollständigkeit' der Kreditwürdigkeitsinformationen vorzunehmen, da hierdurch eine differenziertere Betrachtung möglich scheint.

---

[1] Die Möglichkeit eines Verstoßes des Rechtsberaters gegen den ‚Grundsatz der Willkürfreiheit' bleibt weiterhin bestehen und wäre im Zweifel separat zu untersuchen.

[2] Vgl. hierzu die vorstehenden Ausführungen unter Gliederungspunkt 5.2.1.4 Zuverlässigkeit, S. 472 ff.

[3] Vgl. hierzu analog Leffson U.: Die Grundsätze ordnungsmäßiger Buchführung, a.a.O., S. 219 und Moxter, A.: Fundamentalgrundsätze ordnungsmäßiger Rechenschaft, a.a.O., S. 92.

[4] Vgl. Dudenredaktion (Hrsg.): Duden, Das Bedeutungswörterbuch, Bd. 10, a.a.O., S. 1013.

[5] MOXTER zählt diesen Aspekt des ‚Rahmengrundsatzes der Vollständigkeit' zum ‚Rahmengrundsatz der Richtigkeit (Wahrheit)', weist aber auf die enge Verbindung zwischen beiden Grundsätzen hin; vgl. Moxter, A.: Fundamentalgrundsätze ordnungsmäßiger Rechenschaft, a.a.O., S. 91 f.

Ein Postulat der ‚**quantitativen Vollständigkeit**' kann einerseits auf eine physische (formelle) oder abstrakte/virtuelle (materielle) Ebene sowie andererseits auf unterschiedlich stark aggregierte Unterlagen- bzw. Informationskomplexe bezogen werden.[1] Traditionell wird auf einer physischen (formellen) Ebene die Vollständigkeit von vorzulegenden bzw. heranzuziehenden Unterlagen betrachtet (‚**quantitative Informationsvollständigkeit**').[2] Je nach Art des betrachteten Kreditgeschäftes (z.B. klassisches Firmenkundenkreditgeschäft) kann diese Perspektive möglicherweise bereits eine pragmatische Umsetzung bzw. Beurteilung des Rahmengrundsatzes ermöglichen.[3] Bei komplexen Kredittransaktionen, d.h. insbesondere Strukturierten Finanzierungen, wäre jedoch – aufgrund der regelmäßig variierenden Art und Erscheinungsform von Unterlagen – eher auf einer virtuellen bzw. abstrakten Ebene eine ‚**quantitative Systemvollständigkeit**' zu beurteilen. Bei einer stark aggregierten Perspektive bedeutet dies für das Untersuchungsobjekt ‚Projektfinanzierung im engeren Sinne', dass das Supersystem ‚Projekt- und Finanzierungskonzept' auf jeden Fall die Systeme ‚modellgestützte Finanzplanung', ‚Prognosen' und ‚Risikoanalyse' beinhalten bzw. abdecken muss. Danach wären im Zuge einer schrittweisen Disaggregation die Systeme auf einer Subsystemebene selbst bzw. auch unterhalb der Subsystemebene auf ihre ‚quantitative Vollständigkeit' zu beurteilen.[4]

Mit dem Vorliegen der vorstehend skizzierten ‚quantitativen Systemvollständigkeit' dürfte zugleich ein ausreichendes Fundament für die Sicherstellung der ‚**qualitativen Vollständigkeit**' gelegt sein. Die ‚quantitative Systemvollständigkeit' gewährleistet, dass die für eine fundierte Kreditvergabeentscheidung im Regelfall benötigten Informationen vorgelegt bzw. herangezogen werden. Darüber hinaus ist ‚qualitative Vollständigkeit' dahingehend zu interpretieren, dass individuelle – nur im konkreten Einzelfall entscheidungsrelevante – Daten und Tatbestände ebenfalls berücksichtigt werden. Das eingangs skizzierte Problem einer Identifizierung von außergewöhnlichen und mit einem positiven Grenznutzen ausgestatteten Informationen dürfte sich nur auf indirektem Wege durch entsprechende Zusicherungen und Gewährleistungen (,Representations and Warranties')[5] in der vertraglichen Dokumentation, in denen der Kreditnehmer u.a. versichert, dass er alle entscheidungsrelevanten Angaben gemacht hat, pragmatisch lösen lassen.

---

[1] Vgl. hierzu die vorstehenden Ausführungen unter Gliederungspunkt 4.2.1.2.1 Prinzip der allgemeinen Risikobeurteilung, S. 419 ff. sowie insbesondere die Abb. Abb. 102: Das Supersystem ‚Projekt- und Finanzierungskonzept' und seine Systeme bzw. Subsysteme, S. 421 nebst den korrespondierenden Ausführungen.

[2] Vgl. hierzu die vorstehenden Ausführungen zu den Verlautbarungen der Bankenaufsicht unter Gliederungspunkt 3.1.2.2.2 Schritt 1: Vorlage der erforderlichen Unterlagen, S. 266 ff.

[3] Der Aspekt der ‚quantitativen Informationsvollständigkeit' impliziert u.a., dass alle für die jeweilige Kreditgeschäftsart relevanten Unterlagen vorzulegen sind, die gegenwärtig und auch zukünftig für das bankinterne Risikoklassifizierungsverfahren (,Rating') benötigt werden. Vgl. hierzu auch Basel Committee on Banking Supervision: Principles for the Management of Credit Risk, a.a.O., S. 9, Tz. 28.

[4] Vgl. hierzu die nachfolgenden Ausführungen zu den Systemen ‚modellgestützte Finanzplanung', ‚Prognosen' und ‚Risikoanalyse' unter Gliederungspunkt 5.4 Spezialgrundsätze für die Offenlegung der wirtschaftlichen Verhältnisse bei Projektfinanzierungen, S. 492 ff.

[5] Vgl. hierzu die vorstehenden Ausführungen unter den Gliederungspunkten 2.1.4.3 Projektbezogene Kreditbedingungen und Verhaltensauflagen, S. 48 ff. sowie 5.2.1.2.2 Zukunftsorientierte Richtigkeit, S. 469 ff.

5.2.3 Klarheit

Die Offenlegung von wirtschaftlichen Verhältnissen respektive die Kreditwürdigkeitsprüfung stellt eine komplexe Beurteilungsaufgabe dar, bei der aus einer Vielzahl von Informationen ein Prüfungsergebnis zu formen ist. Voraussetzung für die Postulierung eines vertrauenswürdigen und sicheren Prüfungsurteils ist neben einem hinreichend materiellen Gehalt insbesondere die formale Verständlichkeit der vorgelegten bzw. herangezogenen Unterlagen. Während sich die Materialität von Informationen u.a. in den vorstehend diskutierten Rahmengrundsätzen der Richtigkeit und Vollständigkeit widerspiegelt, konkretisiert sich die Forderung nach Formalität im ‚**Rahmengrundsatz der Klarheit**'.[1] Bei einer sprachlichen Auslegung kann das Adjektiv ‚klar' mit „*fest umrissen und verständlich*" charakterisiert werden.[2] Als Synonyme sollen je nach Bedeutungszusammenhang die Adjektive „*anschaulich, deutlich, eindeutig, exakt, genau, prägnant, präzise und treffend*" verwendbar sein.[3] Für den vorliegenden Sachverhalt der Normierung von Kreditwürdigkeitsinformationen lassen sich damit zwei Bedeutungsebenen bzw. (Unter-)Grundsätze isolieren:

- **Grundsatz der Eindeutigkeit**

    Der Grundsatz der Eindeutigkeit impliziert, dass aus den Unterlagen klar erkennbar wird, was im Einzelnen dargestellt wird. Dies bedingt die Verwendung von sprachlich und fachwissenschaftlich eindeutigen Bezeichnungen. Etwaige Abkürzungen, Formelsymbole und technische Einheiten sind zu erläutern. Die Unterlagen müssen in einer lebenden und gebräuchlichen Sprache verfasst sein. Die Forderung nach Gebräuchlichkeit der Sprache muss dabei vor dem Hintergrund der jeweiligen Adressaten der Informationen individuell beurteilt werden.[4] Von besonderer Bedeutung ist die (fachwissenschaftliche) Eindeutigkeit der verwendeten Begriffe, welche eine sachlich korrekte Bezeichnung einzelner (qualitativer) Sachverhalte und (quantitativer) Größen impliziert. Unklarheiten aufgrund einer mehrdeutigen, unpräzisen oder verschleierten Begriffswahl verstoßen gegen den ‚Grundsatz der Klarheit'.[5] Eine Klärung kann nur durch den Informationsersteller bzw. -übermittler selbst erfolgen, da jede eigenmächtige Korrektur durch Dritte die Gefahr der Fehlinterpretation birgt sowie die Beweiskraft der Unterlagen schmälert.

    Des weiteren impliziert der ‚Grundsatz der Eindeutigkeit', dass bei der Auslegung von mehrdeutigen Sachverhalten die verwendeten Ermittlungs- und Darstellungsformen bzw. bei der Festlegung von Variablen sowie darauf aufbauenden Ermittlungen von aggregierten numerischen Werten die herangezogenen Prognose-, Schätz- und/oder Rechenverfahren angegeben werden.

---

[1] LEFFSON fordert, dass „*...Klarheit und Richtigkeit auseinandergehalten werden. Eine Aussage kann*
   1. richtig und klar,
   2. richtig, aber unklar,
   3. falsch, aber klar,
   4. falsch und unklar sein." Leffson, U.: Die Grundsätze ordnungsmäßiger Buchführung, a.a.O., S. 207.

[2] Vgl. Dudenredaktion (Hrsg.): Duden, Das Bedeutungswörterbuch, Bd. 10, a.a.O., S. 529.

[3] Vgl. Ebenda

[4] Vgl. hierzu die nachfolgenden Ausführungen unter Gliederungspunkt 5.3.1 Adressatenorientierung, S. 483 ff. So kann ein deutsches Kreditinstitut möglicherweise in den Markteinheiten über Mitarbeiter mit unüblichen Sprachkenntnissen (z.B. Mandarin, Kantonesisch, Japanisch, Arabisch) verfügen. Im Regelfall kann dies bei anderen Adressaten (z.B. Marktfolgeeinheiten, Bankenaufsicht, interne und externe Revision etc.) nicht angenommen werden.

[5] Vgl. analog Leffson U.: Die Grundsätze ordnungsmäßiger Buchführung, a.a.O., S. 218 sowie Moxter, A.: Fundamentalgrundsätze ordnungsmäßiger Rechenschaft, a.a.O., S. 93.

- **Grundsatz der Übersichtlichkeit**

  Der Rahmengrundsatz der Klarheit konkretisiert sich weiterhin im ‚Grundsatz der Übersichtlichkeit'. Hierunter ist die sachgerechte Aufgliederung und Darstellung von qualitativen und quantitativen Informationen zu verstehen.[1] Ein Verstecken von relevanten Sachverhalten oder numerischen Werten in übergeordneten Aussagen oder Größen muss unterbleiben, damit umständliche und potenziell fehlerbehaftete Rückschlüsse bzw. Rückrechnungen durch den Informationsempfänger nicht erforderlich werden. Allerdings kann im Zweifel eine „atomisierte", d.h. weitestgehend vollständig aufgegliederte, Informationsstruktur eine Offenlegung der wirtschaftlichen Verhältnisse ebenfalls erschweren bzw. unmöglich machen. Es besteht insoweit ein Spannungsfeld zwischen dem ‚Rahmengrundsatz der Vollständigkeit' und dem ‚Rahmengrundsatz der Klarheit', als eine mengenmäßig uneingeschränkte Informationsübermittlung zur ‚**Unübersichtlichkeit**' führen bzw. aktiv zu einer ‚**Verschleierung**' genutzt werden kann.[2] Klarheit im Sinne von ‚Übersichtlichkeit' gebietet daher auch eine Reduktion auf die für eine Offenlegung der wirtschaftlichen Verhältnisse wesentlichen Informationen nebst Darstellung im Wege einer ökonomisch adäquaten Aufgliederung.

Die Ausführungen zu den Grundsätzen der Eindeutigkeit und der Übersichtlichkeit legen die Vermutung nahe, dass im Zweifel erhebliche Ermessensspielräume bei der Auslegung dieser Normen im betrieblichen Alltag auftreten könnten. Eine pragmatische Konkretisierung scheint durch die noch darzustellenden Kern- und Spezialgrundsätze möglich. Insbesondere die vorstehend im Rahmen des Grundsatzes der Eindeutigkeit angesprochene Relevanz des ‚Kerngrundsatzes der Adressatenorientierung' dürfte hierbei von besonderer Bedeutung sein, da letztlich primär die Fachkenntnisse und das Sachverständnis der Informationsempfänger als Maßstab für den ‚Rahmengrundsatz der Klarheit' herangezogen werden müssen.[3]

Des weiteren wird die Einhaltung des ‚Rahmengrundsatzes der Klarheit' mit zunehmender Komplexität der Informationen abnehmen:

---

[1] Vgl. analog Baetge, J.: Grundsätze ordnungsmäßiger Buchführung und Bilanzierung, in: HWB, 5. Aufl., Stuttgart 1993, Sp. 1543.

[2] Ein Informationsübermittler kann diesen Zusammenhang benutzen, um einen klaren Blick auf die wirtschaftlichen Verhältnisse zu verhindern. Beispielsweise kann eine vom Kreditinstitut nicht zu verarbeitende Menge von historischen und/oder prognostizierten Marktdaten zu einer ‚Verschleierung' des tatsächlichen Absatzpotenzials führen. WEBER führt aus, dass eine ‚Verschleierung' nach herrschender Meinung des Schrifttums dann vorliegen soll, „...*wenn die Erkennbarkeit der Verhältnisse nur erschwert, aber nicht unmöglich gemacht wird.*" Weber, H.: Unrichtige Wiedergabe und Verschleierung, in: U. Leffson, D. Rückle, B. Großfeld, Handwörterbuch unbestimmter Rechtsbegriffe im Bilanzrecht des HGB, Köln 1986, S. 323.

[3] Vgl. analog Leffson, U.: Die Grundsätze ordnungsmäßiger Buchführung, a.a.O., S. 208. MOXTER fordert eine Orientierung des Schwierigkeitsgrades der Darstellung am jeweiligen Empfängerkreis; vgl. Moxter, A.: Fundamentalgrundsätze ordnungsmäßiger Rechenschaft, a.a.O., S. 93.

Abb. 117: Idealisierte Erfüllbarkeit des ‚Rahmengrundsatzes der Klarheit' in Abhängigkeit von der Komplexität der betrachteten Informationen

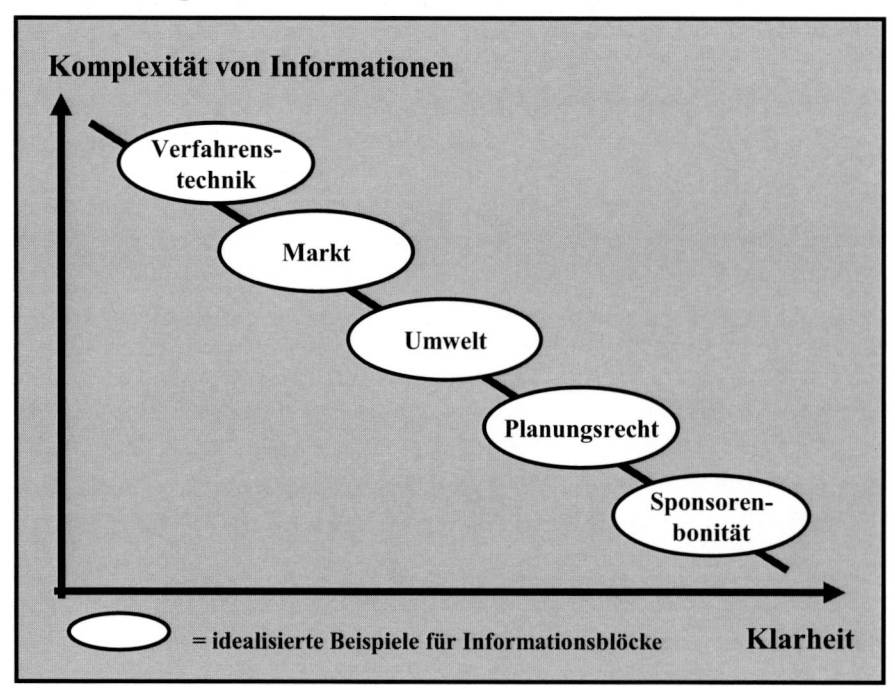

[Abbildung: Diagramm mit Achsen „Komplexität von Informationen" (vertikal) und „Klarheit" (horizontal); absteigende Reihe von Ellipsen: Verfahrenstechnik, Markt, Umwelt, Planungsrecht, Sponsorenbonität; Legende: ⬭ = idealisierte Beispiele für Informationsblöcke]

Quelle: Eigene Darstellung

Die vorstehende idealisierte und nicht repräsentative Darstellung soll die Schwierigkeit einer Erfüllung des ‚Rahmengrundsatzes der Klarheit' in Abhängigkeit von den jeweils betrachteten Informationsblöcken verdeutlichen. Beispielsweise dürfte die Forderung nach klaren Informationen über die bei einer ‚Projektfinanzierung im engeren Sinne' zur Anwendung kommende Verfahrenstechnik in einer Vielzahl von Fällen schwer zu erfüllen sein.[1] Anderes dürfte sich für die zur Beurteilung der Sponsorenbonität vorgelegten bzw. herangezogenen Unterlagen ergeben.[2] Die Beispiele verdeutlichen, dass neben dem Charakter insbesondere die Art der Aufbereitung von Informationen erheblichen Einfluss auf die Klarheit haben dürfte. MOXTER fordert in diesem Zusammenhang „*didaktische Möglichkeiten, wie z.B. Zusammenfassungen, Übersichtsschemata, grafische Darstellungen zu nutzen.*"[3]

5.2.4 Vergleichbarkeit

Der Informationswert einzelner qualitativer Aussagen sowie insbesondere quantitativer Größen ist bei einer isolierten Betrachtung relativ gering.[4] Rückschlüsse auf die wirtschaftlichen Verhältnisse können aus singulären Informationen insbesondere dann gezogen werden, wenn sie in Relation zu

---

[1] Dies wird zumindest dann gelten müssen, wenn ein durchschnittlich technisch vorgebildeter Mitarbeiter eines Kreditinstituts Informationen über verfahrenstechnische Besonderheiten von hochkomplexen technischen Aggregaten (z.B. petrochemische Anlagen, industrielle Produktionsstraßen, Satellitenprojekte) erhält.

[2] Beispielsweise kann – ausgehend von einem hinreichend qualifizierten Informationsempfänger in einem Kreditinstitut – eine hohe Klarheit von intern oder extern ermittelten Rating-Note angenommen werden.

[3] Vgl. Moxter, A.: Fundamentalgrundsätze ordnungsmäßiger Rechenschaft, a.a.O., S. 93.

[4] Vgl. Leffson, U.: Die Grundsätze ordnungsmäßiger Buchführung, a.a.O., S. 186.

anderen Informationen gesetzt werden.[1] Dabei können Aussagen oder Größen aus verschiedenen Perioden (interperiodischer Vergleich) und von unterschiedlichen Betrieben (zwischenbetrieblicher Vergleich) gegenübergestellt werden.[2] Hierbei muss gewährleistet sein, dass nur inhaltlich identische Sachverhalte miteinander verglichen werden.[3] Der ‚**Rahmengrundsatz der Vergleichbarkeit**' fordert – in Analogie zu den Grundsätzen ordnungsmäßiger Buchführung – die formelle und materielle Stetigkeit der für Zwecke einer Offenlegung der wirtschaftlichen Verhältnisse vorgelegten oder herangezogenen Informationen:[4]

- **(Unter-)Grundsatz der formellen Stetigkeit**

    Der ‚Grundsatz der formellen Stetigkeit' bedingt zunächst, dass sich qualitative Aussagen bzw. quantitative Strom- und Bestandsgrößen auf einheitliche oder klar definierte Zeiträume beziehen. Ferner müssen zu verschiedenen Zeitpunkten identische Bezeichnungen, Gliederungen und Darstellungsformen für gleiche Sachverhalte verwendet werden.[5]

- **(Unter-)Grundsatz der materiellen Stetigkeit**

    Der ‚Grundsatz der materiellen Stetigkeit' impliziert für die in den herangezogenen bzw. vorgelegten Unterlagen enthaltenen qualitativen Aussagen sowie für die in einzelnen Planungs-, Erfassungs- und Abbildungssystemen dargestellten quantitativen Größen eine Gleichartigkeit der Informationsgewinnung.[6] Für den Fall, dass eine sachliche Vergleichbarkeit aus übergeordneten, d.h. nicht vom Informationsersteller bzw. -übermittler zu vertretenden, Gründen nicht möglich ist, muss auf die sich daraus ergebenden Unstetigkeiten explizit hingewiesen werden.

Nach einer erfolgten positiven Kreditvergabeentscheidung lässt sich formelle und materielle Stetigkeit im Zeit- bzw. Projektablauf wiederum durch vertragliche Kreditbedingungen und Verhaltensauflagen gewährleisten.[7]

---

[1] Vgl. zum Wesen des Vergleichs bei betriebswirtschaftlichen Prüfungen die vorstehenden Ausführungen unter Gliederungspunkt 4.1.1.1.1 Zum Begriff ‚Prüfung', S. 304 ff.

[2] Vgl. hierzu auch die vorstehenden Ausführungen unter Gliederungspunkt 4.1.1.2.2.1 Prüfungsnormen, S. 311 ff.

[3] BAETGE/COMMANDEUR führen im Hinblick auf den Jahresabschluss aus: „*Vergleichbar bedeutet, daß die Vergleichsobjekte unter gleichen Bedingungen ermittelt werden.*" Baetge, J.; Commandeur, D.: Vergleichbar – vergleichbare Beträge in aufeinanderfolgenden Jahresabschlüssen, in: U. Leffson, D. Rückle, B. Großfeld, Handwörterbuch unbestimmter Rechtsbegriffe im Bilanzrecht des HGB, Köln 1986, S. 326.

[4] Vgl. hierzu analog Baetge, J.; Apelt, B.: Bedeutung und Ermittlung der Grundsätze ordnungsmäßiger Buchführung (GoB), a.a.O., S. 40 f., Tz. 65., Baetge, J.; Commandeur, D.: Vergleichbar – vergleichbare Beträge in aufeinanderfolgenden Jahresabschlüssen, a.a.O., S. 329.

[5] Vgl. hierzu analog Leffson, U.: Die Grundsätze ordnungsmäßiger Buchführung, a.a.O., S. 427.

[6] Bei den Grundsätzen ordnungsmäßiger Buchführung wird in diesem Zusammenhang der Begriff ‚Bewertungsstetigkeit' verwendet; vgl. hierzu Baetge, J.; Apelt, B.: Bedeutung und Ermittlung der Grundsätze ordnungsmäßiger Buchführung (GoB), a.a.O., S. 40 f., Tz. 65.

[7] Vgl. hierzu die vorstehenden Ausführungen unter den Gliederungspunkten 2.1.4.3 Projektbezogene Kreditbedingungen und Verhaltensauflagen, S. 48 ff. sowie 5.2.1.2.2 Zukunftsorientierte Richtigkeit, S. 469 ff. und 5.2.2 Vollständigkeit, S. 476 ff. Dies kommt auch in dem vom Baseler AUSSCHUSS FÜR BANKENAUFSICHT postulierten ‚Grundsatz der konzeptionellen Vergleichbarkeit' zum Ausdruck. Vgl. hierzu Basel Committee on Banking Supervision: Principles for the Management of Credit Risk, a.a.O., insbesondere Principle 4.

5.2.5 Wirtschaftlichkeit (Wesentlichkeit)

Der ‚**Rahmengrundsatz der Wirtschaftlichkeit**' ergänzt einschränkend die vorstehend skizzierten ‚Rahmengrundsätze der Richtigkeit (Wahrheit), Vollständigkeit, Klarheit und Vergleichbarkeit'. Ob vorgelegte bzw. herangezogene Unterlagen den Normkriterien ‚richtig', ‚vollständig', ‚klar' und ‚vergleichbar' entsprechen, muss unter Berücksichtigung des gegebenen Zeitrahmens und der vertretbaren Aufwand-/Nutzenrelation beurteilt werden.[1] Eine übermäßige Akzentuierung des Wirtschaftlichkeitsaspektes birgt die Gefahr, dass für den Informationsempfänger wesentliche Informationen verlorengehen.[2] Eine Verbesserung des Informationsgehaltes soll demnach so lange sinnvoll sein, wie der zusätzliche „Informationsertrag" den korrespondierenden „Informationsaufwand" übersteigt.[3] Es ist offensichtlich, dass eine derartige quantitative Interpretation im (bank)betrieblichen Alltag nicht operationalisierbar ist. Für eine Offenlegung der wirtschaftlichen Verhältnisse bzw. die Kreditwürdigkeitsprüfung erweist sich hierbei nicht nur die mangelnde Messbarkeit als problematisch, sondern auch das Auseinanderfallen der Entstehungs- bzw. Verbuchungssorte von Aufwendungen und Erträgen. Während der Informationsaufwand primär beim Kreditnehmer bzw. Kreditantragssteller anfällt, werden sich die Informationserträge beim Kreditgeber bzw. Kreditinstitut in Form von reduzierten Ausfall- bzw. Risikokosten realisieren. Im Regelfall dürfte die Motivation bezüglich einer zusätzlichen Informationgewinnung asymmetrisch verteilt sein. Ausnahmen können dort bestehen, wo Kreditgeber auf eigene Kosten selber Informationen beschaffen oder verifizieren bzw. Kreditnehmer durch eine zusätzliche (kostenintensive) Informationsbereitstellung überhaupt erst die Basis für eine positive Kreditvergabeentscheidung bewirken.

Wichtiger als die nur (theoretisch) quantifizierbare ‚Wirtschaftlichkeit' erscheint der qualitative Aspekt der ‚Wesentlichkeit' von Kreditwürdigkeitsinformationen. Demnach wären die ‚Rahmengrundsätze der Richtigkeit, Vollständigkeit, Klarheit und Vergleichbarkeit' so lange maßgeblich, wie dies zu einem weiteren für die Kreditvergabeentscheidung <u>wesentlichen</u> Erkenntnisgewinn führt. Aufgrund dieser Interpretation kann der ‚Rahmengrundsatz der Wirtschaftlichkeit' relativierend zu einem ‚**Rahmengrundsatz der Relevanz bzw. Wesentlichkeit (Materiality)**' umgedeutet werden.[4] Bei einer derartigen Auslegung liegt es im Ermessen eines Kreditinstitutes, so lange weitere bzw. qualitativ andere Informationen vom Kreditantragssteller abzufordern, wie dies für die (subjektive) Kreditvergabeentscheidung relevant bzw. für die Erfüllung der (objektiven) Anforderungen der kaufmännischen Sorgfaltspflicht sowie der Bankenaufsicht erforderlich erscheint.[5] Es ist offensichtlich, dass sich teilweise die Relevanz bzw. Irrelevanz einer zusätzlichen Informations-

---

[1] Hierauf wurde bereits bei der Skizzierung des ‚Rahmengrundsatzes der Vollständigkeit' hingewiesen; vgl. Gliederungspunkt 5.2.2 Vollständigkeit, S. 476 ff.

[2] Vgl. analog Baetge, J.: Grundsätze ordnungsmäßiger Buchführung und Bilanzierung, in: HWB, 5. Aufl., Stuttgart 1993, Sp. 1546.

[3] Vgl. hierzu analog Baetge, J.; Apelt, B.: Bedeutung und Ermittlung der Grundsätze ordnungsmäßiger Buchführung (GoB), a.a.O., S. 42 f., Tz. 72.

[4] Vgl. Ebenda.

[5] Es liegt somit bei der ‚Offenlegung der wirtschaftlichen Verhältnisse' bzw. bei Kreditwürdigkeitsprüfungen eine andere Sachverhaltskonstellation als bei der Erstellung von Jahresabschlüssen vor: Bei der Kreditwürdigkeitsprüfung entscheidet der Informationsempfänger (Kreditinstitut), ob der ‚Rahmengrundsatz der Relevanz bzw. Wesentlichkeit' hinreichend erfüllt ist. Bei der Aufstellung des Jahresabschlusses wird diese Aufgabe (zunächst) auf den Informationsersteller, d.h. den Bilanzierenden, verlagert. Zum Aspekt der ‚Wesentlichkeit' in der Bilanzlehre vgl. Leffson, U.: Wesentlich, in: U. Leffson, D. Rückle, B. Großfeld, Handwörterbuch unbestimmter Rechtsbegriffe im Bilanzrecht des HGB, Köln 1986, S. 436.

einheit erst nach ihrem Vorliegen beurteilen lassen wird.[1] Es bedarf somit einer weitergehenden operationalisierbaren Konkretisierung des ‚Grundsatzes der Wirtschaftlichkeit bzw. Wesentlichkeit', welche auf der Ebene von kreditgeschäfts- und informationsartenspezifischen Spezialgrundsätzen erfolgen muss.

5.3 Kerngrundsätze für die Offenlegung der wirtschaftlichen Verhältnisse

5.3.1 Adressatenorientierung

5.3.1.1 Adressatenkonkretisierung

Die Offenlegung der wirtschaftlichen Verhältnisse richtet sich an konkrete Adressaten und dient der Erfüllung ihrer Informationsinteressen bzw. Schutzbedürfnisse. Die Kenntnis der Informationsdestinatare („Rechenschaftsempfänger") und die Zwecksetzung der Informationsweitergabe ist somit unabdingbare Voraussetzung für eine sinnvolle Informationsauswahl und -aufbereitung durch den Informationsproduzenten („Rechenschaftspflichtiger"). Der ‚**Grundsatz der Adressatenkonkretisierung**' fordert in diesem Kontext, dass Kreditwürdigkeitsinformationen im Hinblick auf die jeweiligen Adressaten auszuwählen und aufzubereiten sind.[2]

In der Vorschrift des § 18 Satz 1 KWG, den korrespondierenden Ausführungen der Bankenaufsicht, dem bankwirtschaftlichen Schrifttum sowie den vorstehenden und nachfolgenden Ausführungen wird in der Regel das ‚Kreditinstitut' als Adressat der Offenlegung angeführt. Dieser Gattungsbegriff erscheint aus Praktikabilitätsgründen gerechtfertigt, muss jedoch für den ‚Grundsatz der Adressatenkonkretisierung' relativiert werden. Hinter dem Terminus technicus ‚Kreditinstitut' verbergen sich eine Reihe von weiteren internen und externen (Sub-) Adressaten, deren Informationsinteressen vor dem Hintergrund ihrer Funktion und Stellung näher zu konkretisieren sind:

- **Organisationseinheiten ‚Markt' und ‚Marktfolge'**
  Während es im älteren Schrifttum – als Resultat der wörtlichen Auslegung der Vorschrift des § 18 Satz 1 KWG – noch als irrelevant galt, wer innerhalb des Kreditinstitutes mit der Prüfung der vorgelegten Informationen beauftragt wurde,[3] hat sich die organisatorische Zuständigkeit aufgrund der in jüngerer Zeit postulierten ‚Mindestanforderungen an das Kreditgeschäft der Kreditinstitute' bzw. ‚Mindestanforderungen an das Risikomanagement' weitgehend geändert.[4] Explizit benannte Adressaten sind nunmehr die Organisationseinheiten ‚**Markt**', welche die Verbindung zur betrieblichen Außenwelt, d.h. die Eingangspforte des Kreditinstitutes, darstellt, und ‚**Marktfolge**', welche die Verantwortung für die Zweitvotierung des Kreditrisikos trägt.[5]

---

[1] Daneben handelt es sich um einen Beurteilungsprozess, dem höchst individuelle Kriterien zugrunde liegen und der sich somit nicht im Wege der Normierung verallgemeinern lässt. Vgl. hierzu analog Leffson, U.: Die Grundsätze ordnungsmäßiger Buchführung, a.a.O., S. 183. Zudem sei darauf hingewiesen, dass sich durch einen ‚Rahmengrundsatz der Relevanz bzw. Wesentlichkeit' das latente Problem doloser Handlungen, dessen Spektrum sich von Täuschungen bis hin zum Kreditbetrug erstreckt, nicht abschließend lösen lässt.

[2] Vgl. hierzu analog Moxter, A.: Fundamentalgrundsätze ordnungsmäßiger Rechenschaft, a.a.O., S. 94 f.

[3] „*Wen das KI* (Kreditinstitut) *mit der Einsichtnahme und der Prüfung der Unterlagen beauftragt, ist nach § 18 KWG unerheblich.*" Bähre, I. L.; Schneider, M.: KWG-Kommentar: Kreditwesengesetz mit den wichtigsten Ausführungsverordnungen, a.a.O., S. 229.

[4] Vgl. hierzu die vorstehenden Ausführungen unter Gliederungspunkt 3.1.2.2.2.2.3 Mindestanforderungen an das Risikomanagement (MaRisk), S. 285 ff.

[5] Vgl. hierzu die vorstehenden Ausführungen unter Gliederungspunkt 4.1.2.1.2.3.1 Verhältnis des Prüfers zum Prüfungsobjekt, S. 364 ff.

In beiden Bereichen sollten im Regelfall qualifizierte Produktspezialisten arbeiten,[1] die einerseits mit den Usancen der Informationsdarstellung und -aufbereitung im internationalen Projektfinanzierungsgeschäft und andererseits mit den für eine ökonomisch rationale (zukunftsorientierte) Kreditvergabeentscheidung erforderlichen „Unterlagen" hinreichend vertraut sind.[2]

- **Bankseitige Sachverständige**

    Naturgemäß kann das für eine Kreditwürdigkeitsprüfung erforderliche branchen- und regionenspezifische sowie technologische Wissen nicht vollumfänglich in einem Kreditinstitut vorgehalten werden, um somit jederzeit eine ‚Offenlegung der wirtschaftlichen Verhältnisse' bei den zum Teil sehr unterschiedlichen Einzelfällen des Kreditgeschäftes darstellen zu können. Die Mitarbeiter der Organisationseinheiten ‚Markt' und ‚Marktfolge' bedienen sich vielmehr regelmäßig der Expertise sachverständiger Drittparteien. Hierbei kann es sich um Gutachter, d.h. technische Sachverständige, Ratingagenturen, Markt- und Umweltgutachter, sowie Berater, d.h. insbesondere Rechtsanwälte, Steuerberater und Wirtschaftsprüfer, handeln. Derartige bankseitige Sachverständige benötigen andere, speziell auf ihre Aufgabenbereiche abgestimmte Informationen, die in ihrer Spezifität den anderen Beteiligten (u.a. den Mitarbeitern der Organisationseinheiten ‚Markt' und ‚Marktfolge') häufig nicht zugänglich sind.[3] Die Normierung von vorzulegenden bzw. heranzuziehenden Informationen kann daher nur durch die Sachverständigen selbst erfolgen. Die Mitarbeiter der Organisationseinheiten ‚Markt' und ‚Marktfolge' stehen als Intermediäre zwischen dem Informationsersteller einerseits und den Sachverständigen als Informationsadressaten andererseits.

- **Entscheidungsträger**

    Kreditvergabeentscheidungen erfolgen kreditinstitutsintern im Rahmen der vorgegebenen Instanzenhierarchie. Hierbei durchlaufen die Kreditanträge einen fallindividuell variierenden Votierungs- und Genehmigungsprozess.[4] Auf den unterschiedlichen Stufen werden die von den Kreditantragstellern vorgelegten oder aus anderen Quellen herangezogenen Informationen den jeweiligen Entscheidungsträgern bzw. -gremien in verdichteter Form im Wege einer Genehmigungs-/Kreditvorlage, d.h. als ‚Kollektivurteil', vorgelegt.[5] Die einzelnen Informationsadressaten der Instanzenhierarchie können eigene Anforderungen im Hinblick auf Art, Umfang und Verdichtungsgrad von Kreditwürdigkeitsinformationen postulieren.[6] Eine solche <u>individuelle</u>

---

[1] Vgl. hierzu die vorstehenden Ausführungen unter Gliederungspunkt 4.1.2.1.2.3.2 Materielle Qualifikation des Prüfers, S. 366 ff.

[2] „*Für die Banken stellen Projektfinanzierungen aufgrund der vielschichtigen Prüfungserfordernisse und komplexen Strukturen ein personal- und zeitintensives Geschäftsfeld dar.*" Prautzsch, W.-A.: Projektfinanzierung, a.a.O., S. 1485.

[3] Als exemplarisches Beispiel können hier natur- und ingenieurwissenschaftliche Informationen über die bei komplexen industriellen Projekten (z.B. Zellstoff- und Papiererzeugung, Raffinerie, Petrochemie, etc.) zum Einsatz kommenden physikalisch-technischen und chemischen Prozessverfahren angeführt werden.

[4] Vgl. hierzu die vorstehenden Ausführungen unter Gliederungspunkt 2.3.2.1 Aufbauorganisation, S. 165 ff. sowie insbesondere Abb. 42: Votierungs- und Genehmigungsprozess im Rahmen der vertikalen Dezentralisierung für das Kreditprodukt ‚Projektfinanzierung', S. 178.

[5] Vgl. zum Wesen des ‚Kollektivurteils' die vorstehenden Ausführungen unter Gliederungspunkt 4.1.2.1.2.5 Ergebnis der Kreditwürdigkeitsprüfung, S. 387 ff.

[6] Bei der Verdichtung und Darstellung der Prüfungsergebnisse im Wege eines ‚Kollektivurteils' wird u.a. das produktspezifische Fachwissen (Know-how) der Entscheidungsträger zu berücksichtigen sein. Insbesondere Ergebnispräsentationen, die durch Anwendung mathematisch-stochastischer Methoden (z.B. simulationsbasierte Risikoanalysen im Wege von Monte-Carlo-Simulationen oder historischen Simulationen; vgl. hierzu die vorstehenden Ausführungen unter Gliederungspunkt 2.2.4.3.4.3 Simulationsbasierte Risikoanalysen, S. 152 ff.) ermittelt wurden, sind nicht jedem Entscheidungsträger zugänglich. Die Einschätzung der Verständlichkeit und damit der „Zumutbarkeit" einzelner Formen der Verdichtung und Präsentation von Prüfungsergebnissen ist sicherlich im Zeitablauf fließend, da tendenziell mehr Bankleistungen einen komplexen Hintergrund aufweisen. Es kann angenommen werden, dass nachrückende Generationen von Entscheidungsträgern mit den Usancen und Methoden dieser Produkte eher vertraut sein

"Normierung" der vorzulegenden Unterlagen wird nicht zwangsläufig mit den aus § 18 Satz 1 KWG ableitbaren Soll-Vorgaben zusammenfallen. Derartige individuelle Präferenzen lassen sich nicht unter den ‚Kerngrundsatz der Adressatenorientierung' subsumieren bzw. durch diesen rechtfertigen und entfalten somit keinen Vorgabecharakter bei der Beurteilung der Ordnungsmäßigkeit von Kreditwürdigkeitsinformationen.[1]

- **Interne Steuerungsinstanzen**

    Die Vorschrift des § 25 a Satz 1 Nr. 1 KWG verlangt, dass Kreditinstitute „*...über geeignete Regelungen zur Steuerung, Überwachung und Kontrolle der Risiken...verfügen...*" Die genannten Aufgabenkomplexe der Steuerung und Kontrolle werden regelmäßig von einer Organisationseinheit ‚Controlling' bzw. ‚Kreditrisiko-Controlling' wahrgenommen. Daneben können separate Organisationseinheiten wie z.B. eine ‚Interne Rating-Agentur' mit der Bewertung und z.B. eine ‚Interne Kreditversicherung' oder ein ‚Internes Portfoliomanagement' mit der Steuerung von Kreditrisiken auf einer Einzelgeschäfts- respektive Portfolioebene beauftragt sein. Teilweise werden die Analysen dieser internen Dienstleister als „Voten" oder Anhang zum Bestandteil der für die Kreditvergabeentscheidung erstellten Genehmigungs-/Kreditvorlage. Es ist denkbar, dass diese Organisationseinheiten weitergehende Anforderungen an Umfang und Ausgestaltung der zu verarbeitenden Kreditwürdigkeitsinformationen stellen, als dies für eine ‚Offenlegung der wirtschaftlichen Verhältnisse' im Sinne des § 18 Satz 1 KWG gerechtfertigt ist. Wiederum lassen sich derartige individuelle „Normierungen" nicht unter den ‚Kerngrundsatz der Adressatenorientierung' subsumieren.

- **Interne und externe Überwachungsinstanzen**

    In Kreditinstituten erfolgt eine prozessunabhängige Prüfung einzelner Kreditgeschäfte bzw. ganzer (Teil-)Portfolien durch die Organisationseinheit ‚**Interne Revision**' (u.a.) auf Ordnungsmäßigkeit, d.h. die Einhaltung geltender gesetzlicher und aufsichtsrechtlicher Vorgaben.[2] Die Bankenaufsicht fordert in den ‚Mindestanforderungen an das Risikomanagement (MaRisk), dass die Betriebs- und Geschäftsabläufe in einem Turnus von drei Jahren bzw. bei besonderen Risiken jährlich zu prüfen sind.[3] Die Prüfungen erfolgen in der Regel ex post, d.h. nach Kreditvergabeentscheidung und Kreditvertragsunterzeichnung, können jedoch in besonderen Fällen auch projektbegleitend vorgenommen werden.[4] Es ist denkbar, dass die Interne Revision hierbei eigene Anforderungen an Art und Umfang von Kreditwürdigkeitsinformationen postuliert. Stehen diese im Einklang mit den aus § 18 Satz 1 KWG direkt oder indirekt ableitbaren Normvorgaben ergeben sich keine Unterschiede zu dem ‚Kerngrundsatz der Adressatenorientierung', der eine Informationsausrichtung auf die Primäradressaten, nämlich die Organisationseinheiten ‚Markt' und ‚Marktfolge', bankseitige Sachverständige sowie die Entscheidungsträger, fordert.

---

werden. Vgl. Luhmann, K.: Berücksichtigung des Risikos in Wirtschaftlichkeitsrechnungen, in: ZfB, 50. Jg. (1980), S. 811.

[1] Dem steht nicht entgegen, dass ein Entscheidungsträger ein Kreditgeschäft ohne Vorlage der von ihm gewünschen zusätzlichen Informationen ablehnen kann.

[2] Vgl. hierzu IIR-Arbeitskreis „Revision des Kreditgeschäftes": Prüfung der Einhaltung von Offenlegungsvorschriften in Kreditinstituten, in: ZIR, 34. Jg. (1999), S. 133 ff. Die Überwachungsinstanz ‚Aufsichtsrat' wird an dieser Stelle ausgeklammert, da sie in der Regel keine Beurteilung von Sachverhalten auf einer Einzelgeschäftsebene vornimmt. Ausnahmen bestehen dort, wo der Aufsichtsrat bzw. Mitglieder des Aufsichtsrates im Rahmen der vorstehend skizzierten Instanzenhierarchie mit der Genehmigung einzelner Geschäfte befasst sind.

[3] Vgl. BaFin: Mindestanforderungen an das Risikomanagement, Rundschreiben 18/2005, BT 2.3.1, Tz. 1.

[4] Vgl. Ebenda, BT 2.1, Tz. 2.

Der ‚Kerngrundsatz der Adressatenorientierung' lässt sich analog für die externe Überwachungsinstanz ‚**Abschlussprüfer (Wirtschaftsprüfer)**' konkretisieren.[1] Seit der KWG-Novelle von 1976 obliegt es dem Abschlussprüfer gem. § 29 Abs. 1 Satz 2 KWG festzustellen, ob das Institut die Anforderungen des § 18 KWG erfüllt hat (sogenannte ‚Engagementprüfung').[2] Der Wirtschaftsprüfer hat gem. §§ 27 ff. PrüfbV[3] umfangreiche Angaben über das Kreditgeschäft des geprüften Kreditinstitutes in seinen Prüfungsbericht zu machen. Dabei fordert die Vorschrift des § 28 Abs. 2 Satz 1 PrüfbV u.a. eine Beurteilung in wirtschaftlicher Hinsicht unter Berücksichtigung der Bonität des Kreditnehmers.[4] Darüber hinaus sind die geprüften Kredite gem. § 28 Abs. 4 Satz 1 PrüfbV den drei Risikogruppen ‚Kredite ohne erkennbares Risiko', ‚Kredite mit erhöhten latenten Risiken' und ‚wertberichtigte Kredite' zuzuordnen. In der Regel wird der Wirtschaftsprüfer hierbei keine Anforderungen an Art und Umfang von Informationen postulieren, die nicht bereits durch § 18 Satz 1 KWG bzw. beim Erfüllen einer banküblichen Sorgfaltspflicht durch die Mitarbeiter der Organisationseinheiten ‚Markt' und ‚Marktfolge' verlangt werden. Andere weitergehende Normierungen lassen sich nicht unter den ‚Kerngrundsatz der Adressatenorientierung' subsumieren bzw. durch diesen rechtfertigen.

Die deutsche **Bankenaufsicht** ist konzeptionell nicht als prüfende Instanz ausgestaltet,[5] sondern bedient sich primär der Ergebnisse der handelsrechtlichen Pflichtprüfer.[6] Dem steht nicht entgegen, dass das BaFin oder die durch sie beauftragte Deutsche Bundesbank gem. § 44 Abs. 1 Satz 2 KWG ein jederzeitiges Recht zur Prüfung haben.[7] Obwohl eine Prüfung des Kreditgeschäftes regelmäßig bereits durch den Wirtschaftsprüfer erfolgt, kann die Bankenaufsicht eine eigenständige Prüfung einzelner Kreditgeschäfte oder Kreditportfolien durchführen.[8] Hierbei

---

[1] Vgl hierzu allgemein Mayer, H.: Prüfung der Kreditinstitute, in: W. Lück (Hrsg.), Lexikon der Betriebswirtschaft, 5. Aufl., Landsberg am Lech 1993, S. 1008 ff, Windmöller, R.: Bankbilanz, Prüfung der, in: HWF, 2. Aufl. 1995, Sp. 123 ff.

[2] Vgl. hierzu Hein, M.: Die gesetzlichen Anforderungen an Kreditprüfung und Kreditüberwachung in Bankbetrieben, a.a.O., S. 16, Tröller, M.: Zielsetzung des § 18 KWG und seine Umsetzung in die Praxis, a.a.O., S. 193. Die §§ 28 und 29 KWG ergänzen die generelle Pflicht zur Prüfung des Jahresabschlusses bei Kreditinstituten gem. § 340 k HGB. Zur ‚Engagementprüfung' vgl. Breisch, J.: Engagementprüfung, a.a.O., Sp. 650 ff., Spieth, E.; Schauss, P.: Engagementprüfung, a.a.O., Sp. 426 ff.

[3] Verordnung über die Prüfung der Jahresabschlüsse und Zwischenabschlüsse der Kreditinstitute und Finanzdienstleistungsinstitute und über die Prüfung nach § 12 Abs. 1 Satz 3 des Gesetzes über Kapitalanlagegesellschaften sowie die darüber zu erstellenden Berichte (Prüfungsberichtsverordnung - PrüfbV) vom 17. Dezember 1998.

[4] Zu weiteren exemplarischen Aufgabenbereichen des Abschlussprüfers vgl. Forster, K.-H.; Gross, G.: Probleme der Rechnungslegung und Prüfung von Kreditinstituten in den Stellungnahmen des Bankfachausschusses des IDW, in: K.-H. Forster (Hrsg.), Bankaufsicht, Bankbilanz und Bankprüfung unter Berücksichtigung der Dritten KWG-Novelle, Düsseldorf 1985, S. 191 ff.

[5] Zu den geschichtlichen Ursachen für die konzeptionelle Ausgestaltung vgl. Bähre, I. L.: Wirtschaftsprüfer und Bankaufsicht, in: K.-H. Forster (Hrsg.), Bankaufsicht, Bankbilanz und Bankprüfung unter Berücksichtigung der Dritten KWG-Novelle, Düsseldorf 1985, S. 191 ff.

[6] Gem. § 26 Abs. 1 Satz 3 KWG muss der Abschlussprüfer den Bericht über die Prüfung des Jahresabschlusses unverzüglich nach Beendigung der Prüfung bei der BaFin und der Deutschen Bundesbank einreichen.

[7] Mehrheitlich werden auch diese Prüfungen durch beauftragte Wirtschaftsprüfungsgesellschaften ausgeführt. Vgl. beispielsweise BAKred: Jahresbericht 1995, a.a.O., S. 21.

[8] Nähere Angaben zur Art der unter § 44 Abs. 1 Satz 2 KWG vorgenommen Prüfungen finden sich in den Jahresberichten der Bankenaufsicht. Danach sind Prüfungsgegenstände u.a. das Kredit- und Handelsgeschäft (insbesondere Einhaltung von § 18 KWG und die Mindestanforderungen im Handelsgeschäft), die Angemessenheit der Risikovorsorge, die Einhaltung der Pflichten nach dem Geldwäschegesetz, die finanzielle Situation, die Eignung bankinterner Risikomess- und -steuerungsmodelle für die Ermittlung der Eigenmittelunterlegung von Marktpreisrisiken sowie die Organisation des Geschäftsbetriebs und die Geschäftsführung der Institute. Vgl. BAKred: Jahresbericht 1995, a.a.O., S. 21, BAKred: Jahresbericht 1996, a.a.O., S. 31, BAKred: Jahresbericht 1997, a.a.O., S. 50, BAKred: Jahresbericht 1998, a.a.O., S. 42, BAKred: Jahresbericht 1999, a.a.O., S. 60, BAKred: Jahresbericht 2000, a.a.O., S. 56, BaFin: Geschäfts-

dürfte die BaFin – analog zu den obigen Ausführungen hinsichtlich des Abschlussprüfers – keine über die gesetzlichen Regelungen und/oder die banktypische Sorgfaltspflicht hinausgehenden Anforderungen postulieren. Für den ‚Kerngrundsatz der Adressatenorientierung' ergeben sich hieraus keine weitergehenden Erkenntnisse.

Im Hinblick auf den ‚Grundsatz der Adressatenkonkretisierung' erscheint es zweckmäßig, die vorstehenden (Sub-)Adressaten in zwei Gruppen aufzuteilen:

- Zum einen wären unter die Gruppe der ‚**primären Adressaten**' alle diejenigen Parteien zu subsumieren, die in den Prozess der Kreditvergabeentscheidung direkt involviert sind. Hierzu zählen die Organisationseinheiten ‚Markt' und ‚Marktfolge', die bankseitigen Sachverständigen und die Entscheidungsträger sowie u.U. die internen Steuerungsinstanzen.

- Zum anderen wäre hiervon eine Gruppe der ‚**sekundären Adressaten**' zu unterscheiden, die regelmäßig erst nach erfolgter Kreditvergabeentscheidung Informationen zu einem Kreditgeschäft heranziehen und verarbeiten. Hierbei handelt es sich um die internen bzw. externen Überwachungsinstanzen der ‚Internen Revision', des ‚Wirtschaftsprüfers' und der ‚Bankenaufsicht'.

5.3.1.2 Adressatenprivilegierung

Der ‚**Grundsatz der Adressatenprivilegierung**' fordert vom Informierenden, dass sich die Auswahl und Aufbereitung von Kreditwürdigkeitsinformationen an den Bedürfnissen der primären Adressaten orientiert. Etwaige abweichende Wünsche sekundärer Informationsempfänger, die quasi „mitinformiert" werden (z.B. interne Steuerungsinstanzen), können nicht zur Ableitung von Normvorgaben herangezogen werden.[1] Anderes gilt nur dann, wenn die Primäradressaten aufgrund des institutionellen Designs dazu verpflichtet sind, Informationen gemäß den Anforderungen derartiger Drittparteien (z.B. Wirtschaftsprüfer als externe Überwachungsinstanz) zur Verfügung zu stellen, und diese bereits zum Zeitpunkt der Kreditvergabeentscheidung bekannt sind.[2]

5.3.2 Entscheidungsorientierung

Bei der Beurteilung, ob vorgelegte bzw. herangezogene Unterlagen normkonform sind, wird u.a. die übergeordnete Zwecksetzung der Prüfungshandlungen zu beachten sein. Eine ordnungsgemäße Offenlegung der wirtschaftlichen Verhältnisse soll primär eine Entscheidung über die Kreditvergabe ermöglichen. Aus dieser Feststellung lässt sich ein ‚**Kerngrundsatz der Entscheidungsorien-**

---

bericht 2001 des Bundesaufsichtsamtes für das Kreditwesen, Bonn/Frankfurt a.M. 2002, S. 25 ff., BaFin: Jahresbericht der Bundesanstalt für Finanzdienstleistungsaufsicht 2002, Teil A, Bonn/Frankfurt a.M. 2003, S. 59, BaFin: Jahresbericht der Bundesanstalt für Finanzdienstleistungsaufsicht 2003, Teil A, Bonn/Frankfurt a.M. 2004, S. 89.

[1] Vgl. hierzu analog Moxter, A.: Fundamentalgrundsätze ordnungsmäßiger Rechenschaft, a.a.O., S. 95. Beispielsweise könnten interne Überwachungsinstanzen die Erfüllung spezieller formeller (z.B. deutsche Übersetzungen englischer Vertragstexte) oder materieller (z.B. Vorlage von zwei Marktgutachten) Auflagen hinsichtlich Art und Umfang der vorzulegenden Informationen fordern.

[2] Denkbar sind hier spezielle Anforderungen, die sich aus dem Kontext des Aufsichtsrechtes ergeben und für eine materielle Kreditwürdigkeitsprüfung unerheblich sind. Beispielsweise kann der Wirtschaftsprüfer eines als Kreditgeber auftretenden Kreditinstitutes – aufgrund einer wortwörtlichen Auslegung des § 18 Satz 1 KWG – die Vorlage von (geprüften) Gründungsbilanzen einer neu gegründeten und als Kreditnehmer auftretenden Projektgesellschaft im Zuge seiner periodischen Engagementprüfungen verlangen, obwohl diese keinen materiellen Informationswert besitzen. Vgl. hierzu die vorstehenden Ausführungen unter Gliederungspunkt 3.1.2.2.2.1.1 Grundsätzliches, S. 266 ff.

tierung' für die zu verarbeitenden Informationen ableiten. Entscheiden bedeutet, eine Auswahl aus mehreren möglichen, sich gegenseitig ausschließenden Alternativen zu treffen.[1] Bei einem derartigen Sachverhaltsverständnis lassen sich verschiedene konzeptionelle (Unter-)Grundsätze aus dem ‚Kerngrundsatz der Entscheidungsorientierung' isolieren:

- **Grundsatz der Entscheidungskonkretisierung**

    MOXTER führt aus, dass ein Informationsersteller die konkrete Entscheidungssituation des Informationsdestinatars kennen bzw. beachten muss, um diesen vor Fehlentscheidungen zu bewahren.[2] Bei einigen institutionalisierten Arten der Informationsübermittlung (z.B. Veröffentlichung eines Jahresabschlusses bzw. Geschäftsberichts) ist die Erfüllung dieses Grundsatzes aufgrund unzureichender Kenntnis der vielfältigen Entscheidungssituationen von unterschiedlichen Adressaten (Aktionäre, Kunden, Lieferanten, Arbeitnehmer etc.) erschwert.[3] Das Problem stellt sich im Rahmen der Offenlegung der wirtschaftlichen Verhältnisse (vermeintlich) nicht. Aus Sicht des Informationserstellers (Kreditantragsteller) wird es darum gehen, dem Informationsempfänger eine – möglichst positive – Entscheidung über die Kreditvergabe zu ermöglichen. Hierbei treten jedoch zwei grundsätzliche Probleme auf:

    (a) Es kann auf Seiten des Kreditantragstellers der Eindruck entstehen, dass ausschließlich ein Alternativurteil, d.h. ein positives oder negatives Prüfungsergebnis, vom Kreditinstitut getroffen wird. Grundsätzlich sind jedoch auch ‚bedingte Kreditvergabeentscheidungen' denkbar.[4] Eine Prüfung der vorgelegten Unterlagen kann in einer positiven Entscheidung vorbehaltlich struktureller Modifikation des angefragten bzw. beantragten Kreditgeschäftes resultieren.[5] Die dabei zu durchlaufenden komplexen Entscheidungsprozesse sowie die dafür benötigten Informationen dürften für den Kreditantragsteller mehrheitlich nicht transparent sein.

    (b) Kreditantragsteller sind im Regelfall nicht neutral, sondern parteiisch. Es liegt nicht in ihrem Interesse, alle Informationen bereitzustellen, welche für die gegebene Entscheidungssituation benötigt werden.

    ‚Entscheidungskonkretisierung' kann im Hinblick auf die Kreditwürdigkeitsprüfung somit nur bedeuten, dass die Kreditinstitute als Informationsempfänger die relevante Entscheidungssituation (nebst den korrespondierenden Informationsanforderungen) definieren und dem Kreditantragsteller **‚aktiv'** kommunizieren.

---

[1] Vgl. Witte, E.: Entscheidungsprozesse, in: HWB, 5. Aufl., Stuttgart 1993, Sp. 910.

[2] Vgl. Moxter, A.: Fundamentalgrundsätze ordnungsmäßiger Rechenschaft, a.a.O., S. 96.

[3] Hierauf weist MOXTER explizit hin; vgl. Ebenda.

[4] Die ‚bedingte Kreditvergabeentscheidung' ist – trotz eines teilweise engen Zusammenhangs – von der ‚bedingten Kreditzusage' abzugrenzen. Vgl. hierzu die vorstehenden Ausführungen unter Gliederungspunkt 3.1.2.1.4 Zum Begriff ‚Kreditgewährung', S. 243 ff.

[5] Für den vorliegenden Untersuchungsgegenstand ‚Projektfinanzierung im engeren Sinne' sind eine Vielzahl von bankseitig gewünschten strukturellen Modifikationen des Projekt- und Finanzierungskonzeptes denkbar. Exemplarisch sei auf die vorstehenden Ausführungen unter Gliederungspunkt 2.1.4.1 Risk Sharing, S. 33 ff. verwiesen.

- **Grundsatz der Entscheidungsermöglichung**

  Der ‚Grundsatz der Entscheidungsermöglichung' besagt, dass die vorgelegten bzw. herangezogenen Informationen eine Kreditvergabeentscheidung gestatten müssen.[1] Dieser Grundsatz adressiert nicht nur die individuellen Bedürfnisse von einzelnen Wirtschaftssubjekten der Kreditwirtschaft, sondern auch die ordnungspolitisch motivierten Anforderungen der Bankenaufsicht, welche eine ‚Offenlegung der wirtschaftlichen Verhältnisse' mit dem Ziel der Ermöglichung „...*einer abschließenden Entscheidung über die Kreditgewährung...*" fordert.[2] Es treten auch beim ‚Grundsatz der Entscheidungsermöglichung' die bereits vorstehend für den ‚Grundsatz der Entscheidungskonkretisierung' skizzierten Probleme der Komplexität des Entscheidungsprozesses sowie der mangelnden Neutralität des Informationserstellers auf. Wiederum ist das Kreditinstitut gefordert, **‚aktiv'** die für eine Entscheidung benötigten Informationen vom Kreditantragssteller abzufordern oder – soweit möglich und sinnvoll – anderweitig zu beschaffen.

Es kann festgehalten werden, dass sämtliche für eine ‚Offenlegung der wirtschaftlichen Verhältnisse' vom Kreditnehmer vorzulegenden bzw. vom Kreditinstitut heranzuziehenden Unterlagen eine – unter Umständen vom Kreditinstitut im Hinblick auf potenzielle Konzeptmodifikationen genauer konkretisierte – Entscheidung über die Kreditvergabe ermöglichen müssen.

5.3.3 Gefahrenorientierung

5.3.3.1 Zur Bipolarität der Gefahrenorientierung

Aus der Weitergabe von betriebsinternen Informationen an dritte Parteien können Risiken für den Informierenden resultieren. Zum einen können geschäftsrelevante Fakten in die Hände von Konkurrenten gelangen oder anderweitig ein Schadenspotenzial entfalten. Zum anderen können Informationen über Geschäftspartner, zu deren vertraulicher Behandlung der Informierende selber verpflichtet ist, in die Hände Dritter gelangen und möglicherweise einen Vertrauensschaden und/oder eine potenzielle Schadensersatzverpflichtung begründen. Der ‚**Kerngrundsatz der Gefahrenorientierung**' adressiert diese Gefahren und impliziert eine Konkretisierung und Abwägung des zu publizierenden Rechenschaftsinhaltes respektive der Informationsumverteilung. Traditionell wird der Grundsatz aus der Sicht des Informationserstellers und nicht des Informationsdestinatars postuliert.[3] Diese Perspektive ist insbesondere dann sinnvoll und von Bedeutung, wenn die Informationen veröffentlicht oder zumindest einem größeren Empfängerkreis zugänglich gemacht werden sollen.[4]

Bei der ‚Offenlegung der wirtschaftlichen Verhältnisse' für Zwecke einer Kreditvergabeentscheidung empfiehlt sich eine zweigeteilte (‚bipolare') Betrachtungsweise. Die übermittel-

---

[1] MOXTER spricht in diesem Zusammenhang vom ‚Grundsatz der entscheidungsrelevanten Information'. Vgl. Moxter, A.: Fundamentalgrundsätze ordnungsmäßiger Rechenschaft, a.a.O., S. 97.

[2] Vgl. hierzu die vorstehenden Ausführungen unter Gliederungspunkt 3.1.2.2.3.2 Zwecksetzung der Auswertung, S. 294 ff.

[3] Für den Bereich der handelsrechtlichen Rechnungslegung vgl. Moxter, A.: Fundamentalgrundsätze ordnungsmäßiger Rechenschaft, a.a.O., S. 97 ff.

[4] Als Beispiele lassen sich insbesondere veröffentlichte Geschäfts- und Firmenberichte sowie Jahresabschlüsse, die bei öffentlich zugänglichen Registern eingereicht oder (auszugsweise) veröffentlicht werden (z.B. Bundesanzeiger, Tagespresse, Internet), anführen.

ten Informationen sind von vornherein ausschließlich für einen kleine(re)n Adressatenkreis bestimmt, welcher zudem aufsichts-, zivil-, vertrags-, berufs- und/oder gewohnheitsrechtlich zur Vertraulichkeit bzw. Verschwiegenheit verpflichtet ist. Zwar besteht weiterhin die Gefahr, dass Informationen in die Hände Dritter gelangen und zum Schaden des Informierenden verwendet werden. Allerdings muss dieses Risiko des Informationserstellers vor dem Hintergrund des formellen und materiellen Informationsbedürfnisses des Informationsdestinatars abgewogen werden.[1] Die nachfolgend vorgestellten Grundsätze der Gefahrenkonkretisierung und der Gefahrenabwägung sollen eine Operationalisierung des Kerngrundsatzes ermöglichen.

5.3.3.2 Gefahrenkonkretisierung

Traditionell besagt der ‚**Grundsatz der Gefahrenkonkretisierung**', dass ein Informationspflichtiger die für ihn entstehenden Gefahren konkretisieren muss, wenn er unter Berufung auf das Risiko einer Informationsumverteilung die Informationsweitergabe ablehnt. Eine Verweigerung der Offenlegung bestimmter Informationen impliziert eine Rechtfertigung durch den Kreditantragsteller, um die andernfalls naheliegenden Vermutung eines Zurückhaltens von für die Kreditvergabeentscheidung wesentlichen Informationen zu entkräften.[2] Es müssen hierbei sehr enge Grenzen für ein Einschränken der Offenlegung gesetzt werden:

- Der materielle Gehalt von vorenthaltenen Informationen kann praktisch nur ex post, d.h. nach dem Bekanntwerden der Fakten bzw., nachdem sich nicht offengelegte Risiken konkretisiert haben, durch das Kreditinstitut überprüft werden.

- Regelmäßig dürften gerade vorenthaltene Informationen eine materielle Bedeutung für die Offenlegung der wirtschaftlichen Verhältnisse und damit für die Kreditvergabeentscheidung besitzen.

Ausnahmen können zum Beispiel dort bestehen, wo sich ein Kreditantragsteller bzw. im Fall der hier zu untersuchenden ‚Projektfinanzierung im engeren Sinne' eine wesentliche Projektpartei (z.B. Sponsor, Abnehmer, Betreiber etc.) als direkter Beteiligter im Prozess einer potenziellen Unternehmensakquisition oder -fusion befindet. Die ungefilterte Weitergabe von Informationen kann bei einer derartigen Fallkonstellation zu einer Prozessgefährdung bzw. zu einem erheblichen Vermögensschaden führen. Andererseits zeigt gerade dieses Beispiel, dass zurückgehaltene Informationen eine besondere Relevanz für die Kreditwürdigkeit besitzen können.

Als Hauptproblem erweist sich jedoch, dass es zunächst keinen Adressaten für die Gefahrenkonkretisierung gibt, da das vom Empfang der Information ausgeschlossene Kreditinstitut im Regelfall als Empfänger ausscheiden dürfte. Eine Gefahrenkonkretisierung ohne Bezugnahme auf den materiellen Gehalt der vorenthaltenen Informationen wird in vielen Fällen unmöglich sein. Daher empfiehlt sich für Zwecke der Kreditwürdigkeitsprüfung eine (Re-)Interpretation des ‚Grundsatzes der Gefahrenkonkretisierung' aus der Perspektive des Kreditinstitutes. Danach wäre ein unübliches, zusätzliches und/oder nicht durch das Gesetz bzw. allgemein anerkannte Grundsätze begründetes

---

[1] Im Hinblick auf die formellen Informationsbedürnisse sei neben der Regelung des § 18 Satz 1 KWG insbesondere auch auf die Pflichten gem. § 25a Abs. 1 Nr. 1 KWG hingewiesen, welche zunächst eine Kenntnis und eine darauf aufbauende Beurteilung der wesentlichen Risiken impliziert. Vgl. Braun, U.: § 25 a Besondere organisatorische Pflichten von Instituten, a.a.O., S. 663, Tz. 47.

[2] MOXTER spricht in diesem Zusammenhang von „*Beweislast*"; vgl. Moxter, A.: Fundamentalgrundsätze ordnungsmäßiger Rechenschaft, a.a.O., S. 97.

Informationsbegehren durch das Kreditinstitut gegenüber dem Informierenden zu konkretisieren. Der Begriff ‚Gefahr' bedeutet in diesem Zusammenhang, dass die potenzielle Schuldendienstfähigkeit aufgrund eines unvollständigen Informationsbildes falsch eingeschätzt und sich somit eine andere Prognose für das Ausfallrisiko ergeben würde.[1]

5.3.3.3 Gefahrenabwägung

Der ‚**Grundsatz der Gefahrenabwägung**' besagt im Hinblick auf die Kreditwürdigkeitsprüfung, dass die – durch das Kreditinstitut – konkretisierten potenziellen „Gefahren" eines Informationsverzichts mit den aus einer Informationsweitergabe für den Informierenden entstehenden möglichen Nachteilen zu vergleichen sind.[2] Die Gegenüberstellung und Abwägung kann zu den folgenden Entscheidungskonstellationen und korrespondierenden Ergebnissen führen:

Tab. 27: Matrix der Entscheidungskonstellationen bei Gefahrenabwägung

	Vorenthaltene Informationen sind für eine sichere Kreditvergabeentscheidung <u>abdingbar</u>	Vorenthaltene Informationen sind für eine sichere Kreditvergabeentscheidung <u>unabdingbar</u>
Informationsweitergabe ist objektiv <u>zumutbar/möglich</u>	Kreditinstitut hat das Wahlrecht, die Offenlegung zu fordern <u>oder</u> auf die Weiterverfolgung des Kreditgeschäftes zu verzichten.	Kreditinstitut muss die Offenlegung durchsetzen <u>oder</u> auf die Weiterverfolgung des Kreditgeschäftes verzichten.
Informationsweitergabe ist objektiv <u>unzumutbar/unmöglich</u>	Kreditinstitut hat das Wahlrecht, das Kreditgeschäft ohne die Informationen zu prüfen <u>oder</u> von vornherein auf die Weiterverfolgung zu verzichten.	Kreditinstitut muss auf die Weiterverfolgung des Kreditgeschäftes verzichten.

Quelle: Eigene Darstellung

Kann nicht festgestellt werden, ob vorenthaltene Informationen für eine sichere Kreditvergabeentscheidung abdingbar oder unabdingbar sind bzw. ob die Informationsweitergabe durch den Informationspflichtigen objektiv zumutbar/möglich oder unzumutbar/unmöglich ist, dann kann keine Offenlegung der wirtschaftlichen Verhältnisse erfolgen. Auf eine Weiterverfolgung des Kreditgeschäftes ist zu verzichten.

---

[1] Dies gilt insbesondere dann, wenn Informationen vorenthalten werden, die für die methodische Durchführung von Kreditwürdigkeitsprüfungen und/oder die Erstellung eines Prüfungsergebnisses in Form eines (internen) Rating benötigt werden. Vgl. hierzu die vorstehenden Ausführungen unter den Gliederungspunkten 4.1.2.1.2.4.2 Methoden der Kreditwürdigkeitsprüfung, S. 373 ff. und 4.1.2.1.2.5 Ergebnis der Kreditwürdigkeitsprüfung, S. 387 ff.

[2] Vgl. hierzu analog Moxter, A.: Fundamentalgrundsätze ordnungsmäßiger Rechenschaft, a.a.O., S. 98 f.

5.4 Spezialgrundsätze für die Offenlegung der wirtschaftlichen Verhältnisse bei Projektfinanzierungen im engeren Sinne

5.4.1 Grundsätze einer ordnungsmäßigen modellgestützten Finanzplanung

5.4.1.1 Vorüberlegungen

5.4.1.1.1 Konzeption als Prüfungs- und Kontrollnormenkanon

Wesentliches Instrument einer zukunftsorientierten Kreditvergabeentscheidung bei ‚Projektfinanzierungen im engeren Sinne' ist die ‚modellgestützte Finanzplanung', welche regelmäßig auch als ‚Cashflow-Analyse' bezeichnet wird.[1] Aufgrund der hohen Komplexität der in diesem Abbildungs-, Erfassungs- und Verarbeitungssystem darzustellenden Kausalzusammenhänge und des daraus resultierenden Fehlerrisikos[2] wird das Instrument in der bankbetrieblichen Praxis durchaus kritisch betrachtet:

> *„Planungsrechnungen zu beurteilen ist eine hohe Kunst und erfordert im Grunde mindestens soviel Sachverstand wie bei dem, der sie erstellt hat. Welcher Referent hat den schon?"*[3]

Das Zitat zeigt, dass eine Normierung von Planungssystemen im Wege der Postulierung und Anwendung von ‚**Grundsätzen einer ordnungsmäßigen modellgestützten Finanzplanung**' idealerweise zwei Aufgabenkomplexe adressiert, um eine zieladäquate Verwendung in der (bank-)betrieblichen Praxis zu gewährleisten:

- Die Grundsätze müssen bereits bei der Aufstellung (Modellierung) der modellgestützten Finanzplanung als ‚**Konstruktionsnormen**' und ‚**Kontrollnormen**' einsetzbar sein.

- Die Grundsätze müssen bei einer nachgelagerten Kreditwürdigkeitsprüfung als ‚**Prüfungsnormen**' verwendbar sein.

Die konzeptionelle Ausgestaltung von ‚**Grundsätzen einer ordnungsmäßigen modellgestützten Finanzplanung**' als Prüfungs- und Kontrollnormen[4] soll im Hinblick auf die verschiedenen bankseitigen Funktionen[5] bei ‚Projektfinanzierungen im engeren Sinne' anhand der nachfolgenden Abbildung verdeutlicht werden:

---

[1] Vgl. hierzu die vorstehenden Ausführungen unter Gliederungspunkt 2.2.2 Modellgestützte Finanzplanung (Cashflow-Analyse), S. 60 ff.

[2] Vgl. zum ‚Fehlerrisiko' die vorstehende Ausführungen unter den Gliederungspunkten 4.1.1.2.3 Prüfungsrisiko und Prüfungsrisikomodell, S. 334 ff. und 4.2.1.2.1 Prinzip der allgemeinen Risikobeurteilung, S. 419 ff.

[3] Schütz, A.: Leitlinien der Kreditwürdigkeitsprüfung: Kopf oder Zahl?, in: ZfgK, 50. Jg. (1997), S. 1171.

[4] Vgl. für eine Unterscheidung der Begriffe ‚Prüfung' und ‚Kontrolle' die vorstehenden Ausführungen unter Gliederungspunkt 4.1.1.1.1 Zum Begriff ‚Prüfung', S. 304 ff.

[5] Vgl. hierzu die vorstehenden Ausführungen unter Gliederungspunkt 2.3.1 Grundfunktionen von Banken in der internationalen Projektfinanzierung, S. 159 ff.

Abb. 118: Zur doppelten Relevanz der ‚Grundsätze ordnungsmäßiger modellgestützter Finanzplanung'

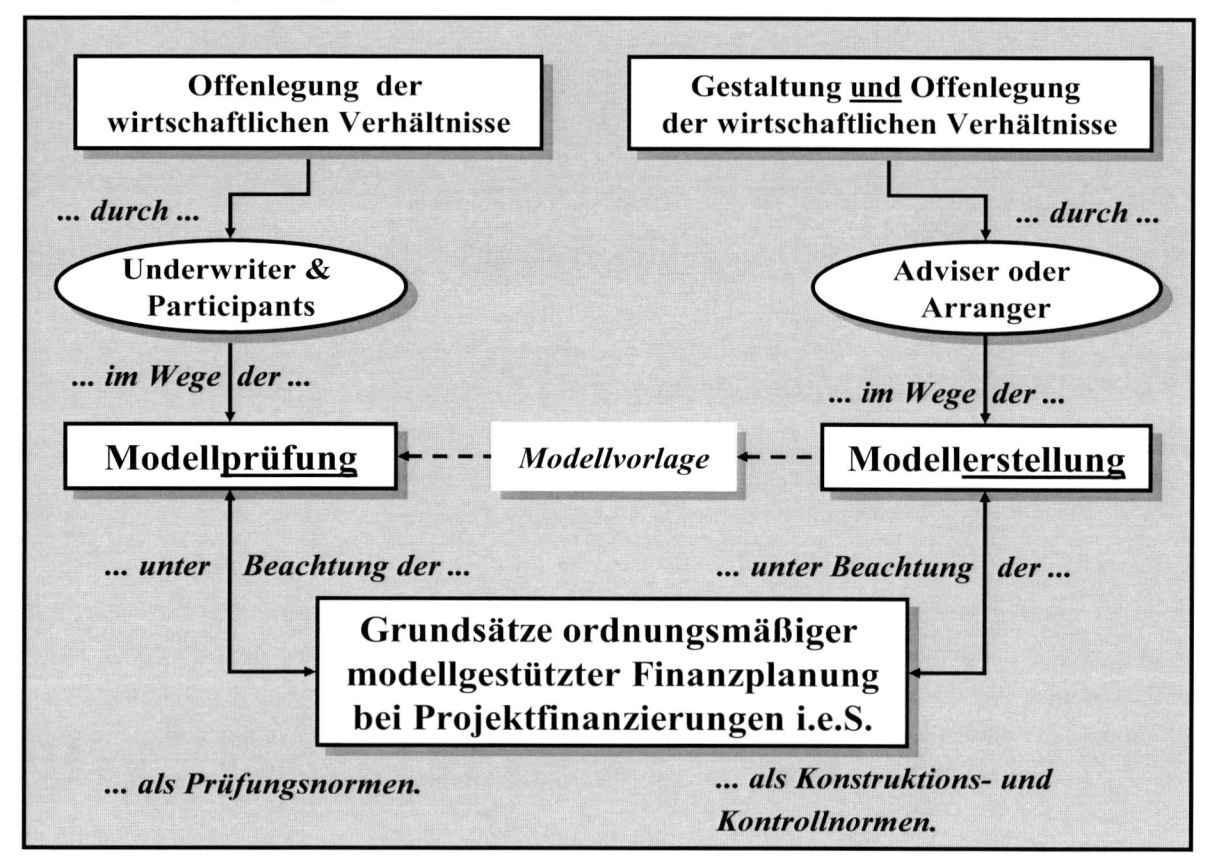

```
┌─────────────────────────────────┐     ┌─────────────────────────────────┐
│   Offenlegung der               │     │   Gestaltung und Offenlegung    │
│   wirtschaftlichen Verhältnisse │     │   der wirtschaftlichen Verhältnisse │
└─────────────────────────────────┘     └─────────────────────────────────┘
             │                                           │
      ... durch ...                                ... durch ...
             ▼                                           ▼
      ┌──────────────┐                           ┌──────────────┐
      │ Underwriter &│                           │ Adviser oder │
      │ Participants │                           │   Arranger   │
      └──────────────┘                           └──────────────┘
             │                                           │
      ... im Wege der ...                         ... im Wege der ...
             ▼                                           ▼
      ┌──────────────┐      Modellvorlage        ┌──────────────┐
      │ Modellprüfung│ ◄ - - - - - - - - - - - - │Modellerstellung│
      └──────────────┘                           └──────────────┘
             │                                           │
      ... unter Beachtung der ...                 ... unter Beachtung der ...
             ▼                                           ▼
          ┌──────────────────────────────────────────────┐
          │      Grundsätze ordnungsmäßiger              │
          │      modellgestützter Finanzplanung          │
          │      bei Projektfinanzierungen i.e.S.        │
          └──────────────────────────────────────────────┘

      ... als Prüfungsnormen.              ... als Konstruktions- und
                                               Kontrollnormen.
```

Quelle: Eigene Darstellung

Die vorstehende Abbildung kann wie folgt interpretiert werden:[1]

- ‚Underwriter' und ‚Participants' werden bei der Kreditvergabeentscheidung regelmäßig auf bereits (vor)strukturierte Projekt- und Finanzierungskonzepte zurückgreifen. Als nicht an der Erstellung der modellgestützten Finanzplanung beteiligte, <u>prozessunabhängige</u> Parteien nehmen Sie die ‚Offenlegung der wirtschaftlichen Verhältnisse'[2] vor. Dies geschieht u.a. im Wege einer Modell<u>prüfung</u> unter Beachtung der ‚Grundsätze ordnungsmäßiger modellgestützter Finanzplanung bei Projektfinanzierungen im engeren Sinne' als **Prüfungsnormen**.

- ‚Adviser' oder ‚Arranger' strukturieren unter Berücksichtigung der externen Rahmenbedingungen ein Projekt- und Finanzierungskonzept und konkretisieren es durch eine modellgestützte Finanzplanung.[3] Die Modell<u>erstellung</u> erfolgt unter Beachtung der ‚Grundsätze

---

[1] Vgl. hierzu auch die vorstehenden Erläuterungen unter Gliederungspunkt 3.1.2.2.3.1 Anforderungen an die Auswertung, S. 289 ff. sowie insbesondere Abb. 69: Schwerpunkte der zukunftsorientierten Auswertung, S. 292.

[2] Es sei daran erinnert, dass sich der Terminus technicus ‚Offenlegung der wirtschaftlichen Verhältnisse' nicht auf die Vorlage von Unterlagen durch den Kreditnehmer sowie die Dokumentation derselben durch das Kreditinstitut beschränkt, sondern vielmehr die (Über-)Prüfung und Weiterverarbeitung der vorgelegten Informationen umfasst. Vgl. hierzu die vorstehenden Ausführungen unter Gliederungspunkt 3.1.2.2.3.1 Anforderungen an die Auswertung, S. 289 ff.

[3] Es sind auch Fallkonstellationen denkbar, bei denen die Modellerstellung von den Sponsoren oder – soweit bereits gegründet und personell besetzt – vom Management einer Projektgesellschaft übernommen wird. Die Modellierung wird jedoch in enger Abstimmung mit dem bzw. unter Einbindung des ‚Adviser' oder ‚Arranger' erfolgen, so dass auch hier eher von einer Kontrollaufgabe ausgegangen werden kann.

ordnungsmäßiger modellgestützter Finanzplanung bei Projektfinanzierungen im engeren Sinne' als **Konstruktions- und Kontrollnormen**.[1]

Die nachfolgend abzuleitenden ‚**Grundsätze einer ordnungsmäßigen modellgestützten Finanzplanung**' sollen sowohl für den Aufgabenkomplex der prozessabhängigen Konstruktion und Kontrolle als auch der prozessunabhängigen Prüfung verwendbar sein.

5.4.1.1.2 Zum Charakter des Systems ‚modellgestützte Finanzplanung'

Der Begriff der ‚Planung'[2] wird sowohl im Schrifttum als auch im allgemeinen Sprachgebrauch in der Regel als ‚Prozess' oder ‚Aufgabe' verstanden,[3] wogegen das (physisch) dokumentierte Resultat als ‚Plan' bezeichnet wird.[4] Es könnte somit die falsche Schlussfolgerung gezogen werden, dass es sich bei den zu gewinnenden ‚Grundsätzen einer ordnungsmäßigen modellgestützten Finanzplanung' um ‚Prozess- bzw. Verfahrens- oder Verhaltensnormen' handeln soll. Der Prozess der (Plan-)Erstellung dürfte sich jedoch ex post (z.B. im Rahmen einer Kreditwürdigkeitsprüfung) nur schwer beurteilen lassen, da regelmäßig sehr wenige oder gar keine prüfungsfähigen Ist-Objekte identifizierbar sind. Prozessunabhängige Parteien können qualitative Aussagen zum Planungsablauf somit allenfalls indirekt aus den Ergebnisdokumenten, d.h. den ‚Plänen', ableiten. Daher wird der Begriff der ‚modellgestützten Finanzplanung' für die nachfolgenden Zwecke mit den Resultaten der Planung, d.h. dem programmierten und rechnergestützten Modell[5] sowie den damit erzeugten bzw. darin dokumentierten Ergebnissen („betriebliche Teilpläne" respektive die Module ‚Cashflow', ‚Plan-GuV', ‚Plan-Bilanz' etc.)[6], gleichgesetzt. In diesem Sinne verstehen sich die ‚Grundsätze einer ordnungsmäßigen modellgestützten Finanzplanung' als ‚Konstruktions- respektive Systemnormen' (Soll-Objekte) des Abbildungs-, Erfassungs- und Verarbeitungssystems ‚modellgestützte Finanzplanung'.[7]

In diesem Kontext sei noch einmal darauf hingewiesen, dass eine im Zusammenhang mit einer ‚Projektfinanzierung im engeren Sinne' erstellte ‚modellgestützte Finanzplanung' keinen klassischen ‚Finanzplan' darstellt, sondern einen vollintegrierten Gesamtplan des zu realisierenden Vorhabens.[8]

---

[1] ‚Adviser' oder ‚Arranger' können per definitionem keine „Prüfer in eigener Sache" sein, da sie prozessabhängige Instanz sind (‚Selbstprüfungsverbot').

[2] Vgl. für eine Abgrenzung des Begriffs der ‚Planung' von dem der ‚Prognose' die vorstehenden Ausführungen unter Gliederungspunkt 2.2.3.1 Prognosebegriff, S. 123 ff.

[3] Vgl. hierzu die vorstehenden Ausführungen unter Gliederungspunkt 2.2.2.4.1 Finanzplanungsprozess, S. 70 ff.

[4] Dieser Prozesscharakter kommt auch in der nachfolgenden Definition zum Ausdruck: „*Planung ist die gedankliche Vorwegnahme zukünftigen Handelns durch Abwägen verschiedener Handlungsalternativen und Entscheidung für den günstigsten Weg.*" Wöhe, G.: Einführung in die Allgemeine Betriebswirtschaftslehre, a.a.O., S. 125.

[5] Vgl. hierzu die vorstehenden Ausführungen unter Gliederungspunkt 2.2.2.4.2.1 Soft- und Hardware, S. 77 ff.

[6] Vgl. hierzu die vorstehenden Ausführungen unter Gliederungspunkt 2.2.2.4.2.2 Modularisierte Programmierung, S. 78 ff.

[7] Vgl. hierzu die vorstehenden Ausführungen unter Gliederungspunkt 4.2.2.1 Soll-Objekte bei der Systemprüfung, S. 444 ff.

[8] Vgl. hierzu die vorstehende Darstellung in Abb. 13: Prozess der modellgestützten Finanzplanung bei Projektfinanzierungen im engeren Sinne, S. 72 ff.

5.4.1.1.3 Methodik der Gewinnung

Bei der Postulierung von ‚Grundsätzen einer ordnungsmäßigen modellgestützten Finanzplanung' können zwei Vorgehensweisen gewählt werden:[1]

- **Analogiebildung zu existierenden (Finanz-)Planungsgrundsätzen**

    Im Schrifttum zur Unternehmens- und betrieblichen Finanzplanung finden sich Planungs- und Budgetierungs- respektive Finanzplanungsgrundsätze, die zu einer Normierung von Rechenwerken und korrespondierenden Planungsprozessen beitragen sollen.[2] Diese Normenkomplexe wurden regelmäßig im Hinblick auf die speziellen Probleme stehender Unternehmen mit stark diversifizierten Cashflow-Quellen sowie abweichender, d.h. kurz- bis mittelfristiger, Planungshorizonte entwickelt. Diese Plan(ungs)prinzipien könnten den Ausgangspunkt für eine Ableitung von ‚Grundsätzen einer ordnungsmäßigen modellgestützten Finanzplanung bei Projektfinanzierungen im engeren Sinne' durch Analogiebildung und – soweit erforderlich – etwaiger Modifizierung bilden.

- **Ableitung aus Rahmen- und Kerngrundsätzen**

    Vertritt man den Standpunkt, dass in den Rahmen- und Kerngrundsätzen bereits alle wesentlichen Mindestanforderungen an eine ordnungsmäßige Offenlegung der wirtschaftlichen Verhältnisse implizit enthalten sind, dann muss eine Ableitung von detaillierenden Spezialgrundsätzen aus diesen oberen Grundsätzen erfolgen. Eine Konkretisierung durch Spezial-

---

[1] Vgl. hierzu die vorstehenden Ausführungen unter Gliederungspunkt 5.1.3 Methodik der Ermittlung, S. 461 ff.

[2] LÜCKE postuliert Systematik, Gliederungsklarheit, Fehlerfreiheit, Vollständigkeit, Elastizität, Periodengerechtigkeit (Zeitpunktgenauigkeit), Kontrollierbarkeit, Anschaulich- und Verständlichkeit sowie (Betrags-)Genauigkeit als Anforderungen an die Finanzplanung und die Finanzpläne. Vgl. Lücke, W.: Finanzplanung und Kontrolle in der Industrie: Systematische Darstellung der Grundlagen, Wiesbaden 1965, S. 54 ff. KRÜMMEL unterscheidet ‚elementare Grundsätze' (Vollständigkeit, Zeitpunktgenauigkeit und Betragsgenauigkeit der Planungsansätze), ‚Grundsätze der Datenerfassung', ‚Grundsätze der Planaufstellung und -darbietung' sowie ‚Grundsätze der Finanzkontrolle'. Vgl. Krümmel, H.-J.: Grundsätze der Finanzplanung, a.a.O., S. 228 ff. EGGERS subsumiert Anschaulichkeit, Gliederungsklarheit, Einhaltung des Bruttoprinzips, Kontinuität, Vollständigkeit, Genauigkeit, Elastizität und Wirtschaftlichkeit unter die Grundsätze für die Gestaltung der Finanzplanung. Vgl. Eggers, T.: Grundsätze für die Gestaltung der Finanzplanung, a.a.O., S. 257 ff. HAUSCHILDT/SACHS/WITTE verlangen, dass inhaltliche und zeitliche Präzision durch Einhaltung der Prinzipien Vollständigkeit (Lückenlosigkeit), Verbot der Saldierung (Bruttoprinzip), Eintrittswahrscheinlichkeit und Alternativenorientierung, gewährleistet wird. Vgl. Hauschildt, J.; Sachs, G.; Witte, E.: Finanzplanung und Finanzkontrolle: Disposition und Organisation, München 1981, S. 76 f. PERRIDON/STEINER nennen Vollständigkeit, Einheit des Budgets, Zentralisation, Durchsichtigkeit, Genauigkeit des Budgets, Spezialisierung des Budgets, Periodizität sowie materielle Bedeutung und Wirtschaftlichkeit als ‚Planungs- und Budgetierungsgrundsätze'. Vgl. Perridon, L.; Steiner, M.: Finanzwirtschaft der Unternehmung, a.a.O., S. 618 f. BÜSCHGEN subsumiert Klarheit, Anwendung des Bruttoprinzips, Vollständigkeit, Betragsgenauigkeit, Zeitpunktgenauigkeit, Elastizität und Wirtschaftlichkeit unter die Grundsätze der Finanzplanung. Büschgen, H. E.: Grundzüge betrieblicher Finanzwirtschaft, a.a.O., S. 346 ff. AMANN nennt Klarheit, Anwendung des Bruttoprinzips, Vollständigkeit, Betragsgenauigkeit, Zeitpunktgenauigkeit, Elastizität, Zentralisation und Wirtschaftlichkeit als Grundsätze der Finanzplanung. Vgl. Amann, K.: Finanzwirtschaft: Finanzierung, Investition und Finanzplanung, a.a.O., S. 144. WALZ/GRAMLICH postulieren Zahlungsmittelbezug, Zukunftsbezug, Vollständigkeit, Bruttoprinzip, Betragsgenauigkeit, Tagesausweis, Aktualität, Kontrollierbarkeit, Zentralisierung sowie Sorgfältigkeit und Systematik als Anforderungen an Liquiditätsrechnungen. Vgl. Walz, H.; Gramlich, D.: Investitions- und Finanzplanung, 4. Aufl., Heidelberg 1993, S. 249 f. EHRMANN nennt Vollständigkeit der Daten, Genauigkeit der Daten, Genauigkeit des Zeitpunktes, Elastizität des Planes, Überprüfbarkeit, Transparenz und Kompetenz der Planer als Grundsätze der Finanzplanung. Vgl. Ehrmann, H.: Unternehmensplanung, a.a.O., S. 390 f. MATSCHKE/HERING/KLEINGELHÖFER beschränken sich auf die Skizzierung von Zeitgenauigkeit, Betragsgenauigkeit und Vollständigkeit als besonders relevante sowie die Nennung von Wirtschaftlichkeit, Durchsichtigkeit und Systematik als weitere Grundsätze der Finanzplanung. Vgl. Matschke, J.; Hering, T.; Kleingelhöfer, H. E.: Finanzanalyse und Finanzplanung, München, Wien 2002, S. 96 ff.

grundsätze wäre nur insoweit notwendig, als die Spezifika des Instruments ‚modellgestützte Finanzplanung' dies erforderlich machen. Die ‚Grundsätze einer ordnungsmäßigen modellgestützten Finanzplanung bei Projektfinanzierungen im engeren Sinne' wären somit im Wege der Deduktion aus den oberen Grundsätzen abzuleiten.

Die erstgenannte Methodik einer ‚Analogiebildung zu existierenden (Finanz-)Planungsgrundsätzen' entspricht eher dem Ideal der ‚**induktiven Methode**'. Eine ‚Ableitung aus Rahmen- und Kerngrundsätzen' erfüllt dagegen alle Kriterien der ‚**deduktiven Methode**'. Um einerseits eine logisch konsistente Ableitung ausgehend von der „Ratio des Faktischen" zu gewährleisten und andererseits die Erkenntnisse des Schrifttums nicht zu ignorieren, wird nachfolgend die sogenannte ‚**hermeneutische Methode**' verfolgt, d.h. zunächst der Weg der deduktiven Ableitung beschritten, um diesen bei Bedarf und soweit erforderlich durch induktiv gewonnene Erkenntnisse zu ergänzen.[1]

5.4.1.2 Richtigkeit (Wahrheit)

5.4.1.2.1 Wahrheitsgrundsatz und Finanzplanung

Ein ‚Grundsatz der Richtigkeit' wird mehrheitlich nicht ausdrücklich im Schrifttum zur Finanzplanung bzw. zu den ‚Grundsätzen der Finanzplanung' genannt.[2] Die „Wahrheit" der Planung scheint entweder eine conditio sine qua non zu sein, die für die Autoren so selbstverständlich ist, dass sie keine Forderung danach erheben, oder die Relevanz des Attributes wird einfach übersehen. Der erstgenannte Erklärungsversuch könnte vermeintlich immer dann zutreffend sein, wenn der dispositive Faktor unternehmensinterne Entscheidungen planerisch vorbereitet und ein hinreichendes Vertrauen in die Qualität der Ergebnisse sowie die Integrität der beteiligten Mitarbeiter hat. Ein originäres Eigeninteresse der Planungsträger an einer „wahren" oder „richtigen" Planung kann zwar im Regelfall angenommen werden, stellt sich damit aber noch nicht zwangsläufig ein. Dies zeigt sich indirekt auch bei einer Durchsicht und Interpretation der existierenden Finanzplanungsgrundsätze: Die Attribute bzw. Grundsätze ‚algebraische Genauigkeit (Betragsgenauigkeit)', ‚Zeitpunktgenauigkeit' oder ‚Kompetenz der Planer' stellen – wie im Folgenden noch zu zeigen sein wird – letztlich Ausprägungen der ‚Richtigkeit' dar.

Darüber hinaus gewinnt der Wahrheitsgrundsatz immer dann eine besondere Bedeutung, wenn eine ‚(modellgestützte) Finanzplanung' externen Empfängern (z.B. Kreditinstituten) vorgelegt wird. Aus der Sicht dieser Informationsdestinatare kann – bei Waltenlassen einer üblichen kaufmännischen Sorgfalt – die ‚Richtigkeit' des vorgelegten Modells bzw. der dokumentierten Ergebnisse nicht per se angenommen werden. Anders als bei Unterlagen, die durch unabhängige Drittparteien verifiziert werden (z.B. testierte Jahresabschlüsse), bedarf es hier einer Prüfung auf Normeinhaltung. Es erscheint somit sinnvoll, eine Explikation des ‚Rahmengrundsatzes der Richtigkeit' im Hinblick auf das Instrument der ‚modellgestützten Finanzplanung' vorzunehmen.

Die nachfolgende Abbildung gibt einen Überblick über die Manifestationen des ‚Spezialgrundsatzes der Richtigkeit der modellgestützten Finanzplanung':

---

[1] Vgl. zu den genannten Methoden die vorstehenden Ausführungen unter Gliederungspunkt 5.1.3 Methodik der Ermittlung, S. 461 ff.

[2] Für eine Ausnahme vgl. Lücke, W.: Finanzplanung und Kontrolle im Unternehmen: Systematische Darstellung der Grundlagen, a.a.O., S. 54.

Abb. 119: Spezialgrundsatz der Richtigkeit (Wahrheit) der modellgestützten Finanzplanung

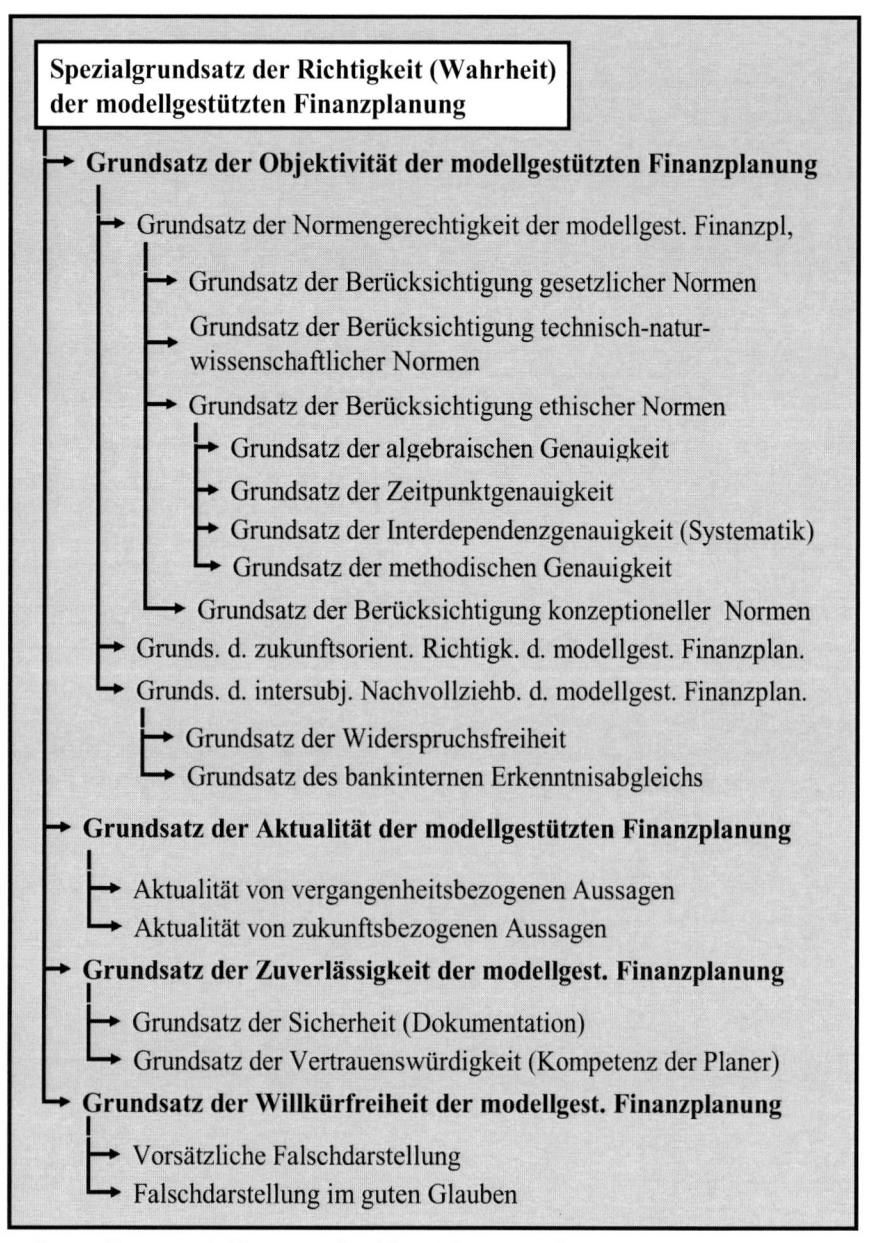

```
┌─────────────────────────────────────────────────────────────────────┐
│  Spezialgrundsatz der Richtigkeit (Wahrheit)                        │
│  der modellgestützten Finanzplanung                                 │
│                                                                      │
│  → Grundsatz der Objektivität der modellgestützten Finanzplanung    │
│      → Grundsatz der Normengerechtigkeit der modellgest. Finanzpl.  │
│          → Grundsatz der Berücksichtigung gesetzlicher Normen       │
│          → Grundsatz der Berücksichtigung technisch-natur-          │
│            wissenschaftlicher Normen                                │
│          → Grundsatz der Berücksichtigung ethischer Normen          │
│              → Grundsatz der algebraischen Genauigkeit              │
│              → Grundsatz der Zeitpunktgenauigkeit                   │
│              → Grundsatz der Interdependenzgenauigkeit (Systematik) │
│              → Grundsatz der methodischen Genauigkeit               │
│          → Grundsatz der Berücksichtigung konzeptioneller Normen    │
│      → Grunds. d. zukunftsorient. Richtigk. d. modellgest. Finanzplan. │
│      → Grunds. d. intersubj. Nachvollziehb. d. modellgest. Finanzplan. │
│          → Grundsatz der Widerspruchsfreiheit                       │
│          → Grundsatz des bankinternen Erkenntnisabgleichs           │
│  → Grundsatz der Aktualität der modellgestützten Finanzplanung      │
│      → Aktualität von vergangenheitsbezogenen Aussagen              │
│      → Aktualität von zukunftsbezogenen Aussagen                    │
│  → Grundsatz der Zuverlässigkeit der modellgest. Finanzplanung      │
│      → Grundsatz der Sicherheit (Dokumentation)                     │
│      → Grundsatz der Vertrauenswürdigkeit (Kompetenz der Planer)    │
│  → Grundsatz der Willkürfreiheit der modellgest. Finanzplanung      │
│      → Vorsätzliche Falschdarstellung                               │
│      → Falschdarstellung im guten Glauben                           │
└─────────────────────────────────────────────────────────────────────┘
```

Quelle: Eigene Darstellung. Vgl. hierzu auch Abb. 116: Der ‚Rahmengrundsatz der Richtigkeit (Wahrheit)' und seine Untergrundsätze, S. 468.

Die nachfolgenden Ausführungen beschränken sich auf den ‚Grundsatz der Normengerechtigkeit der modellgestützten Finanzplanung'. Im Hinblick auf die übrigen ‚(Unter-)Grundsätze der Richtigkeit (Wahrheit) der modellgestützten Finanzplanung' kann analog auf die vorstehenden Ausführungen zum ‚Rahmengrundsatz der Richtigkeit (Wahrheit)' verwiesen werden.[1]

---

[1] Vgl. hierzu die vorstehenden Ausführungen unter Gliederungspunkt 5.2.1 Richtigkeit (Wahrheit), S. 465 ff.

5.4.1.2.2 Objektivität der modellgestützten Finanzplanung

5.4.1.2.2.1 Grundsatz der Berücksichtigung gesetzlicher Normen

Es ist offensichtlich, dass die Finanzierung einer abgrenzbaren Wirtschaftseinheit, nicht losgelöst von ihrem rechtlichen Umfeld geplant und realisiert werden kann. Die folgenden gesetzlichen Normenkomplexe sind bei der Modellierung von Kausalbeziehungen im System ‚modellgestützte Finanzplanung' zu berücksichtigen:

- **Abgabenrecht**

    Projekte unterliegen regelmäßig vielfältigen abgabenrechtlichen Pflichten. Die sich hieraus ergebenden Steuern, Beiträge und Gebühren müssen je nach Art und Umfang der wirtschaftlichen Betätigung am Projektstandort sowie möglicherweise auch in anderen Jurisdiktionen abgeführt werden. In Ausnahmefällen (z.B. in Sonderwirtschaftszonen) sind wirtschaftliche Vorhaben von Abgaben partiell oder vollständig befreit. Die sich aus dem (Abgaben-)System, der Bemessungsgrundlage sowie dem Satz/Tarif für die Kalkulation der Abgabenhöhe oder etwaiger Erstattungsansprüche ergebenden Kausalzusammenhänge sind in der ‚modellgestützten Finanzplanung' abzubilden.[1]

- **Handelsbilanzrecht**

    Die Bemessung des ausschüttungsfähigen „Projektgewinns" sowie die Feststellung der Überschuldung von Kapitalgesellschaften erfolgen auf der Grundlage des Zahlenwerkes der externen Rechnungslegung. Ansatz und Bewertung von Vermögens- und Kapitalpositionen bestimmen sich entweder aufgrund kodifizierter Rechnungslegungsvorschriften oder quasigesetzlicher Normen in Form von Rechnungslegungsstandards. Handelsrechtliche Gewinn- und Verlustrechnungen bilden zudem in einigen Jurisdiktionen den Ausgangspunkt für die steuerliche Gewinnermittlung. Die Kausalbeziehungen in den Modulen ‚Plan-GuV' und ‚Plan-Bilanz' müssen daher unter Berücksichtigung der einschlägigen Normen zur externen Rechnungslegung modelliert werden, um ein ‚richtiges' Bild der zu erwartenden wirtschaftlichen Verhältnisse in der ‚modellgestützten Finanzplanung' geben zu können.[2]

- **Gesellschaftsrecht**

    Art und Umfang der gesellschafts- und/oder vertragsrechtlich begründeten organisatorischen Verfassung des zu finanzierenden Projektes spiegeln sich partiell in den modellierten Kausalbeziehungen der modellgestützten Finanzplanung wider.[3] Insbesondere die Art der Abbildung von Eigenmitteln (z.B. Eigenkapitalkonten bei Personengesellschaften, Stammeinlagen und Grundkapital bei Kapitalgesellschaften, gesetzlich oder vertraglich bedingte Dotierungen von Kapital- und Gewinnrücklagen etc.) wird durch die einschlägigen Normen determiniert.

Der ‚**Grundsatz der Berücksichtigung gesetzlicher Normen**' impliziert, dass bei einer Mehrdeutigkeit der zugrundeliegenden Normen, die in der modellgestützten Finanzplanung modellierte Normauslegung intersubjektiv nachvollziehbar sein muss.[4]

---

[1] Vgl. hierzu die vorstehenden Ausführungen unter den Gliederungspunkten 2.2.2.4.1.2 Prozess der modellgestützten Finanzplanung bei Projektfinanzierungen im engeren Sinne, S. 71 ff. sowie 2.2.2.4.2.2.2.6 Modul ‚Steuern und Abgaben', S. 88 ff.

[2] Vgl. Ebenda

[3] Vgl. zur gesellschafts- und/oder vertragsrechtlichen Projektverfassung die vorstehenden Ausführungen unter Gliederungspunkt 2.1.3.1.2 Rechtliche Isolierung, S. 14 ff.

[4] Beispielsweise könnte in der Planbilanz aufgrund der gesetzlichen Normen einer gegebenen Sachverhaltskonstellation eine Bewertung des Vorratsvermögens unter Verwendung verschiedener Bewertungsvereinfachungsverfahren (z.B. Fifo-, Hifo-, Lifo- und/oder Lofo-Methode) erfolgen. Die Entscheidung und Anwendung eines Verfahrens wäre dann als ordnungsmäßig im Sinne des ‚Grundsatzes der Berück-

5.4.1.2.2.2 Grundsatz der Berücksichtigung technisch-naturwissenschaftlicher Normen

Bei der Modellierung von Umsatzerlösen und korrespondierenden Betriebskosten kann – je nach Projektart (z.B. bei Kraftwerken, Raffinerien, Stahlwerken etc.) – eine Beachtung von technisch-naturwissenschaftlichen Konstanten, Variablen und/oder Kausalbeziehungen erforderlich werden.[1] Für die Berücksichtigung in der modellgestützten Finanzplanung ergeben sich hierbei grundsätzlich zwei Möglichkeiten:

- **Integration**
  Die Modellierung aller technisch-naturwissenschaftlichen Kausalbeziehungen erfolgt integriert (z.B. im Rahmen eines eigenständigen Moduls) in der modellgestützten Finanzplanung.

- **Separation**
  Die technisch-naturwissenschaftlichen Kausalbeziehungen werden separat abgebildet. Die derart ermittelten Größen werden als Input-Daten von der modellgestützten Finanzplanung übernommen.

Der Weg der **Integration** wäre aus einer idealtypischen Perspektive zu präferieren, da hierdurch tendenziell fehlerbehaftete Schnittstellen zwischen den Erfassungs-, Verarbeitungs- und Ermittlungssystemen vermieden werden. Da jedoch technisch-naturwissenschaftliche Kalkulationen aufgrund ihres Umfangs und ichrer Komplexität häufig nur mit spezieller Software modelliert werden können, scheidet eine Integration in die EDV-Umgebung der modellgestützten Finanzplanung regelmäßig aus. Zudem dürfte den Planungs- bzw. Prüfungsträgern mehrheitlich das ingenieurwissenschaftliche Fachwissen für eine adäquate Modellierung fehlen.

Bei der pragmatischen Lösung einer **Separation** werden die als Input-Daten benötigten Größen (z.B. Produktionsfaktoreinsatzverhältnisse, Zeitverfügbarkeiten, Stillstandszeiten, Kapazitäten, Wartungsintervalle etc.) in der Regel aus Dokumenten oder Gutachten übernommen, welche durch technische Spezialisten erstellt wurden. Die Gültigkeit derart zugelieferter technisch-naturwissenschaftlicher Konstanten und Variablen und damit auch die Ermittlung von richtigen Ergebnissen in der modellgestützten Finanzplanung ist häufig nur solange gewährleistet, wie die von den Ingenieuren bei der Herleitung zugrundegelegten Rahmenbedingungen fortgelten. Anders ausgedrückt ist sicherzustellen, dass bei einer Veränderung des Projekt- und Finanzierungskonzeptes und/oder wesentlicher Modellannahmen die sich daraus ergebenden Rückwirkungen auf technisch-naturwissenschaftliche Größen berücksichtigt werden. Die folgenden Beispiele sollen die Praxisrelevanz dieser Zusammenhänge exemplarisch verdeutlichen:

---

sichtigung gesetzlicher Normen' zu qualifizieren, wenn die Normauslegung intersubjektiv nachvollziehbar wäre.

[1] Exemplarisch können hier thermische Kraftwerksprojekte angeführt werden, bei denen sich im Zeitablauf aufgrund technischen Verschleißes das Verhältnis zwischen einzusetzender Brennstoffmenge und Output verändert, d.h. der Wirkungsgrad aufgrund eines ansteigenden „Verschlechterungsgrades" (sogenannter ‚Degradation Factor') abnimmt. Daneben ist die produzierte Strommenge von der Effizienz der zum Einsatz kommenden Turbinentechnologie sowie des Energiegehalts des Brennstoffes (Kohle, Gas, Öl) abhängig, die sich als Verhältnis von einzusetzender Energiemenge und produzierter Strommenge, d.h. dem Brenn- oder Heizwert, darstellen lässt (sogenannter ‚Heat Rate', z.B. ausgedrückt als KJ/kWh). Vgl. hierzu auch Chevalier, P.; Heidorn, T.; Rütze, M.: Gründung einer deutschen Strombörse für Energiederivate, Arbeitspapier Nr. 16, Hochschule für Bankwirtschaft, Frankfurt am Main Mai 1999, S. 5. Für eine technisch differenziertere Definition dieser und weiterer relevanter Begrifflichkeiten vgl. VDEW (Hrsg.): Begriffsbestimmungen in der Elektrizitätswirtschaft: Teil 1, Elektrizitätswirtschaftliche Grundlagen, 6. Aufl., Frankfurt am Main 1990.

- Bei einem geplanten Steinkohlekraftwerk beschließen die Projektbeteiligten, eine preisgünstigere Kohlesorte zu verwenden. In der modellgestützten Finanzplanung wird daraufhin der veränderte Beschaffungspreis in den Annahmen, d.h. dem Datenmodul, berücksichtigt. Es wird jedoch vergessen, dass sich aufgrund eines anderen Heizwertes der Kohle die pro erzeugter kWh einzusetzende Kohlemenge und damit die absolute Höhe der variablen Betriebskosten ändert.

- Die Ausbringung einer projektierten petrochemischen Anlage soll erhöht werden, da entsprechend freie Kapazitäten vorhanden sind. In der modellgestützten Finanzplanung bleibt jedoch unberücksichtigt, dass aufgrund der zum Einsatz kommenden Prozesstechnologie keine Produktionsfunktion mit konstanten, sondern mit abnehmenden Grenzerträgen vorliegt.

- Ein geplantes Gaskraftwerk soll bei Unterbrechungen der Erdgasversorgung gemäß der technischen Spezifikation bis zu 30 Tage lang mit teurerem Gasöl betrieben werden können. Da am Projektstandort Ersatzbrennstoff für bis zu 60 Tage verfügbar ist, werden in einer Sensitivität die Auswirkungen eines längeren Ersatzbetriebs auf den Cashflow untersucht. Hierbei werden jedoch die Rückwirkungen auf die Lebenserwartung von Verschleißteilen und die Verkürzung von Wartungsintervallen vernachlässigt.

Der ‚**Grundsatz der Berücksichtigung technisch-naturwissenschaftlicher Normen**' ist bei der Erstellung und Verwendung der ‚modellgestützten Finanzplanung' zu beachten. Kann eine hinreichende Modellierung der resultierenden Kausalbeziehungen nicht gewährleistet werden, ist das Anwendungsspektrum durch systemimmanente Vorkehrungen einzuschränken oder durch entsprechende Hinweise in der Modelldokumentation zu relativieren.

5.4.1.2.2.3 Grundsatz der Berücksichtigung ethischer Normen

5.4.1.2.2.3.1 Vorüberlegungen

Aus einer prüfungstheoretischen Perspektive stellen ‚ethische Normen' Sollvorstellungen dar, die aus allgemeinen Auffassungen über Ziele und Mittel ökonomischen Handelns ableitbar sind.[1] Im Hinblick auf das Instrument der modellgestützten Finanzplanung lassen sich unter diesem zunächst etwas undifferenziert anmutenden Begriff die folgenden Teilnormen subsumieren:

- Algebraische Genauigkeit

- Zeitpunktgenauigkeit

- Interdependenzgenauigkeit

- Methodische Genauigkeit

Die Relevanz dieser Attribute für die ‚Richtigkeit' des Systems ‚modellgestützte Finanzplanung' ist (vermeintlich) offensichtlich. Eine explizite Hervorhebung respektive Diskussion dieser Normen ist insoweit erforderlich, als der Grad der Normeinhaltung durch das Ausnutzen von Ermessensspielräumen determiniert wird.

5.4.1.2.2.3.2 Grundsatz der algebraischen Genauigkeit

Die ‚modellgestützte Finanzplanung' bildet die Kausalzusammenhänge eines Projekt- und Finanzierungskonzeptes in Form von mathematischen Formeln unter Verwendung der Syntax des einge-

---

[1] Vgl. hierzu die vorstehenden Ausführungen unter Gliederungspunkt 4.1.1.2.2.1.1 Quellen, S. 311 ff.

setzten (Tabellenkalkulations-)Programms ab.[1] Hierfür können sowohl spezielle (Projekt-/Finanz-) Planungs- als auch marktübliche Softwareprodukte eingesetzt werden.[2] Der ‚Grundsatz der algebraischen Genauigkeit' fordert, dass das System der ‚modellgestützten Finanzplanung' mit einer möglichst hohen rechnerischen Präzision realisiert wird.

Die Exaktheit der – mit Hilfe der eingesetzten Algorithmen – produzierten Ergebnisse determiniert sich im Wesentlichen durch die folgenden Komponenten:

- **Korrektheit der verwendeten Software**

  Bei der Verwendung von fertigen und somit nur bedingt modifizierbaren (Projekt-/Finanz-) Planungssoftwareprodukten muss sichergestellt sein, dass die algebraische Genauigkeit durch eine externe Programmprüfung (Zertifizierung) belegt wurde. Die Einhaltung von Vorsichtsmaßnahmen empfiehlt sich auch bei der Verwendung von handelsüblichen Tabellenkalkulationsprogrammen, bei denen in der Vergangenheit (insbesondere bei der Einführung von Neuversionen) wiederholt Programmfehler beobachtet wurden.[3] Da eine vollumfängliche Programmprüfung dieser extrem komplexen Softwareprodukte regelmäßig nicht kurzfristig dargestellt werden kann, empfiehlt sich eine Verwendung von hinreichend erprobten Programmversionen sowie eine institutionalisierte Unterrichtung der Planungs- bzw. Prüfungsträger über Probleme, die bei der Kalkulation beobachtet wurden.

- **Korrektheit der Formeln**

  Bei der Verwendung von Tabellenkalkulationsprogrammen können die Kausalzusammenhänge in der Regel sowohl mit Hilfe der hinterlegten Syntax als auch mit programmseitig zur Verfügung gestellten Formeln modelliert werden.[4] Insbesondere bei der Programmierung eigener Algorithmen ist auf die algebraische Genauigkeit zu achten. Dies impliziert u.a. das Einhalten von Rechenregeln und das Vermeiden von Rundungsfehlern. Bewusste Abweichungen von diesen Grundregeln (z.B. durch überschlägige Kontrollrechnungen) sollten möglichst unterlassen oder zumindest hinreichend gekennzeichnet werden. Programmseitig zur Verfügung gestellte Formeln sind – insbesondere bei komplexen Berechnungsvorgängen – vorsichtig einzusetzen. Dies bedingt eine korrekte Anwendung der Formelsyntax sowie eine hinreichende Kontrolle der Formelergebnisse.[5]

Der hier vorgestellte ‚**Grundsatz der algebraischen Genauigkeit der modellgestützten Finanzplanung**' ist nicht deckungsgleich mit dem im Schrifttum zur Finanzplanung geforderten ‚**Grundsatz der Betragsgenauigkeit**', da letzterem ein abweichendes Systemverständnis zugrunde liegt. Die modellgestützte Finanzplanung wird in der vorliegenden Arbeit als reines Erfassungs-, Verarbeitungs- und Ermittlungssystem verstanden, welches in seiner Grundform <u>nur</u> aus den Kausalbeziehungen eines gegebenen Projekt- und Finanzierungskonzeptes besteht. Die in diesem System zu verarbeitenden ein- und mehrwertigen Daten, d.h. die Konstanten- und Variablenausprägungen,

---

[1] Vgl. hierzu die vorstehenden Ausführungen unter den Gliederungspunkten 2.2.2.3 Modellcharakter, S. 66 ff. und 2.2.2.4.2.1 Soft- und Hardware, S. 77 f.

[2] Ebenda, S. 103.

[3] Vgl beispielsweise Pöppe, C.: Irreführung durch Software, in: Spektrum der Wissenschaft, 16. Jg. (1993), November, S. 18 ff.

[4] Dies soll durch ein triviales Beispiel exemplarisch verdeutlicht werden: Mit dem Tabellenkalkulationsprogramm MICROSOFT EXCEL® kann die Summe der in den drei Zellen A1, B1 und C1 enthaltenen Argumente einerseits durch die Formel **=A1+B1+C1** oder alternativ durch die programmseitig vorgegebene Funktion **=Summe(A1:C1)** ermittelt werden.

[5] Beispielsweise kann für die Ermittlung eines Barwertes eine eigenständige Programmierung des erforderlichen Algorithmus erfolgen sowie zu Kontrollzwecken die programmseitig vorgegebene Funktion verwendet werden.

entstammen aus einem separat zu betrachtenden System ‚Prognosen', welches einem eigenen Kanon von Normvorstellungen gehorchen muss.[1] Der ‚Grundsatz der Betragsgenauigkeit' fordert – ausgehend von einem traditionell integrierten Verständnis – für die Finanzplanung eine möglichst exakte Erfassung, d.h. Prognose, von zukünftigen Zahlungsströmen der Höhe nach.[2] Aufgrund der Unsicherheit zukünftiger Erwartungen wird nur eine relative und keine absolute Genauigkeit gefordert.[3] Die nachfolgende Abbildung verdeutlicht die Unterschiede zwischen dem ‚Grundsatz der algebraischen Genauigkeit der modellgestützten Finanzplanung' und dem ‚Grundsatz der Betragsgenauigkeit der Finanzplanung':

Abb. 120: Algebraische und betragliche Genauigkeit in Abhängigkeit vom Systemverständnis

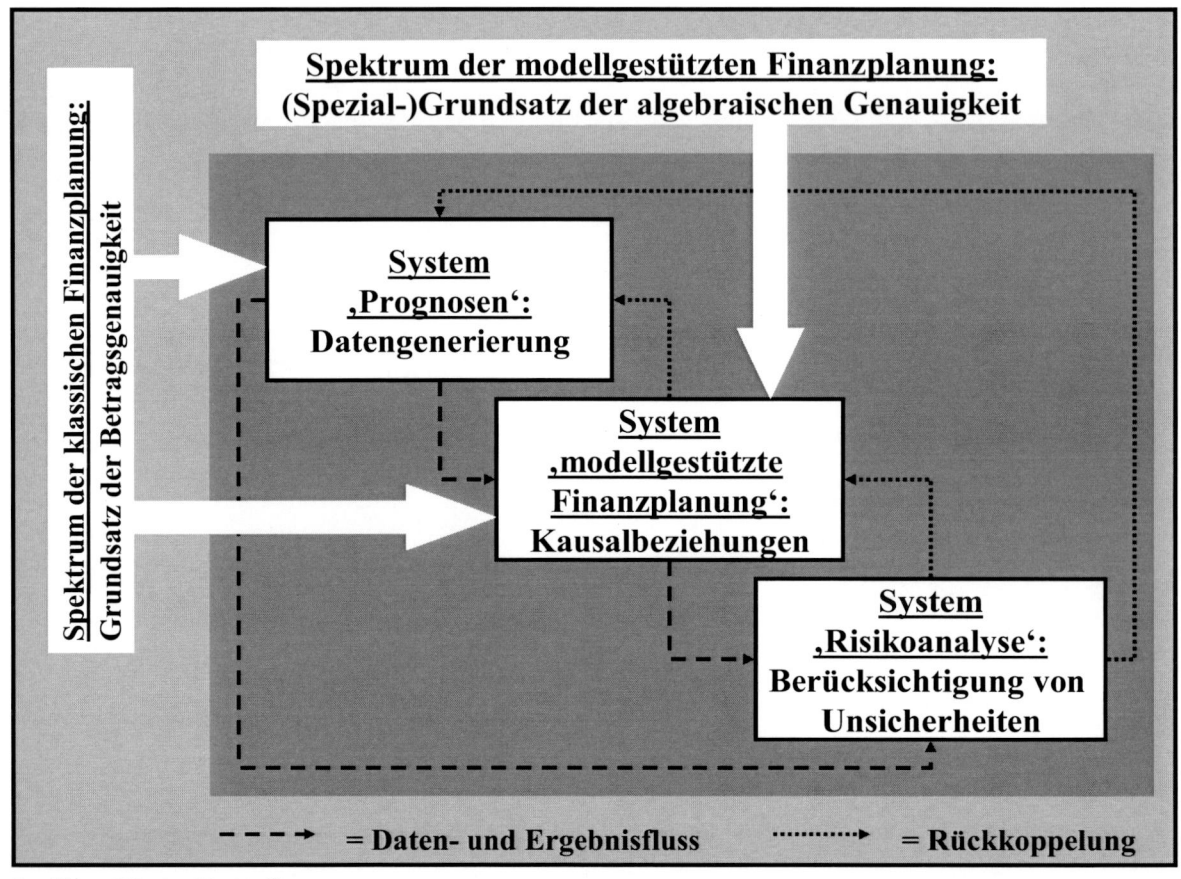

Quelle: Eigene Darstellung

Da wir vor dem Hintergrund der Spezifika des Untersuchungsgegenstandes ‚Projektfinanzierung im engeren Sinne' an dieser Stelle auf Kausalbeziehungen im System der ‚modellgestützten Finanzplanung' fokussieren, entfaltet die Betragsgenauigkeit von Prognosewerten keine Relevanz für den Bereich des korrespondierenden ‚(Spezial-)Grundsatzes der algebraischen Genauigkeit'.

---

[1] Vgl. hierzu die vorstehenden Ausführungen unter Gliederungspunkt 2.2.2.3 Modellcharakter, S. 66 ff., insbesondere Abb. 12: Zusammenhang zwischen Projekt- und Finanzierungskonzept sowie modellgestützter Finanzplanung, S. 68 ff. sowie 4.2.1.3.1 Prinzip der Systemprüfung, S. 428 ff., insbesondere Abb. 106: Ansatzpunkte für eine Systemprüfung bei ‚Projektfinanzierungen i.e.S.', S. 430.

[2] Vgl. Eggers, T.: Grundsätze für die Gestaltung der Finanzplanung, a.a.O., S. 270 f.

[3] Vgl. Matschke, M. J.; Hering, T.; Klingelhöfer, H. E.: Finanzanalyse und Finanzplanung, a.a.O., S. 97 f.

5.4.1.2.2.3.3 Grundsatz der Zeitpunktgenauigkeit

Der ‚Grundsatz der Zeitpunktgenauigkeit' fordert eine möglichst exakte Erfassung der Zahlungstermine und eine darauf abgestimmte Auswahl des Planungshorizontes und der Planungsintervalle.[1] Für den Untersuchungsgegenstand ‚Projektfinanzierung im engeren Sinne' sowie insbesondere das System der ‚modellgestützten Finanzplanung' ergeben sich die folgenden Aspekte:

- **Zeitlicher Struktureffekt**

Es wurde bereits ausgeführt, dass die (modellgestützte) Finanzplanung bei Projektfinanzierungen im engeren Sinne an verschiedenen Fristigkeiten ausgerichtet werden muss, wodurch sich ein kombinierter kurz-, mittel- und langfristiger Charakter ergeben kann.[2] Planungsintervalle, die länger als ein Tag sind, resultieren faktisch in einer Aggregation der intraperiodischen Zahlungsströme sowie einem Ausweis auf der Grundlage von saldierten Durchschnittsintervallwerten.[3] Da durch diese Vorgehensweise Zeitpunkte potenzieller Zahlungsunfähigkeit unerkannt bleiben können, erfolgt in stehenden Unternehmen eine (kurzfristige) Finanzplanung idealtypisch auf der Basis eines Tagesintervalls. Mit zunehmendem Planungshorizont lassen sich jedoch Zahlungsströme in zukünftigen Perioden aufgrund der inhärenten Unsicherheit nicht mehr tagesgenau prognostizieren, so dass die kurzfristige Liquidität auf rollierender Basis mit einem Planungshorizont von jeweils einem Monat geplant wird. Bei mittel- bis längerfristigen Finanzplanungen sowie insbesondere bei modellgestützter Finanzplanung im Zusammenhang mit der Realisierung von (mehrjährigen) Sachanlageinvestitionen muss das Problem der Durchschnittsintervallwerte anderweitig berücksichtigt werden. Hierfür stehen die folgenden Möglichkeiten zur Verfügung:

- Eine Koordination von Ein- und Auszahlungsterminen in den wesentlichen Projektverträgen (z.B. im Anlagenliefer- und Kreditvertrag sowie in den Absatz- und Beschaffungsverträgen) kann zu einer Verringerung des Risikos einer vorübergehenden Zahlungsunfähigkeit beitragen.

- Da selbst ein sehr weitgehendes Koordinieren von zukünftigen Zahlungsterminen keine vollständige Sicherheit impliziert, empfiehlt sich die Berücksichtigung einer (Liquiditäts-) Reserve, die aus einer Kreditlinie (‚Standby-Facility') und/oder – aus Projekterlösen aufzufüllenden – Reservekonten bestehen kann.

Die vorstehend genannten Aspekte adressieren strukturelle Möglichkeiten, die im ‚Projekt- und Finanzierungskonzept' zu berücksichtigen und daher nicht originäre Bestandteil des Systems ‚modellgestützte Finanzplanung' sind. Dieses muss jedoch potenzielle konzeptionsbedingte (periodische) Liquiditätsunterdeckungen aufdecken und die kompensierenden Effekte möglicher struktureller Maßnahmen, wie z.B. das Anpassen von Zahlungsterminen oder das Implementieren von Reservemechanismen, aufzeigen können.

---

[1] Teilweise wird der ‚Grundsatz der Zeitpunktgenauigkeit' im Schrifttum zur „klassischen" Finanzplanung auch als ‚Grundsatz der Periodengerechtigkeit' bezeichnet. Vgl. Lücke, W.: Finanzplanung und Kontrolle in der Industrie: Systematische Darstellung der Grundlagen, Wiesbaden 1965, S. 60 ff.

[2] Vgl. hierzu die vorstehenden Ausführungen unter Gliederungspunkt 2.2.2.2.2 Zeitliche Grundkonzeptionen, S.65 ff.

[3] Vgl. Eggers, T.: Grundsätze für die Gestaltung der Finanzplanung, a.a.O., S. 272 m.w.N. Ausnahmen bestehen nur dann, wenn alle Zahlungseingänge am gleichen Tag innerhalb der gewählten Planungsintervalls erfolgen. Beispielsweise könnten bei einer Planung auf Quartals- oder Halbjahresbasis alle vertraglich vereinbarten Zahlungsvorgänge am letzten Tag der Planungseinheit stattfinden.

- **Kalendarische Effekte**

Projektfinanzierungen im engeren Sinne adressieren in sich abgeschlossene wirtschaftliche Vorhaben. Aufgrund des Projektcharakters besteht die Tendenz zu einer projektbezogenen Zeitrechnung, welche zwar die gleichen Denominierungen für Planungseinheiten (z.B. Woche, Monat, Quartal, Halbjahr, Jahr) verwendet, jedoch keinen kalendarischen Bezug aufweist. Die modellgestützte Finanzplanung wird in diesen Fällen z.B. auf der Basis von Projektjahren anstelle von Kalenderjahren erstellt. Fällt der Projektstart nicht mit dem Beginn des Kalenderjahres zusammen, dann muss dies in Form eines „verkürzten" ersten Projektjahres in der ‚modellgestützten Finanzplanung' berücksichtigt werden, wodurch sich unterschiedliche, d.h. regelmäßig geringere, Bestandssalden per 31.12. des ersten Jahreswechsels sowie kleinere korrespondierende Stromgrößen für das erste (kurze) Planungsintervall ergeben. Die folgende Abbildung soll das Problem eines Auseinanderfallens von Projekt- und Kalenderjahren verdeutlichen:

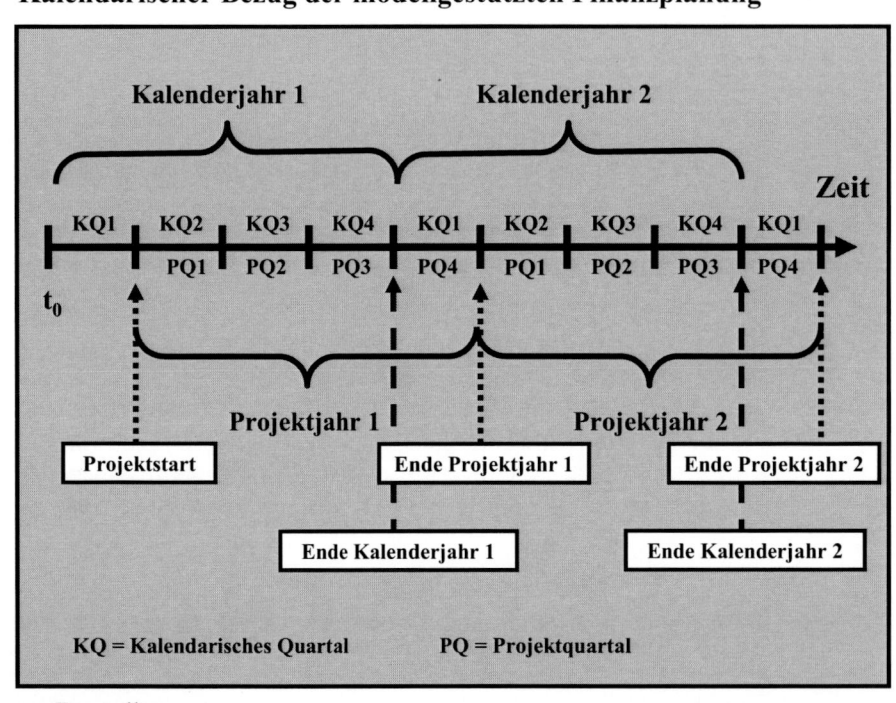

Abb. 121: Kalendarischer Bezug der modellgestützten Finanzplanung

Quelle: Eigene Darstellung

Im vorstehenden skizzierten Fall fällt ein vier Quartale umspannendes erstes Projektjahr nicht mit einem Kalenderjahr zusammen, da am Ende des Kalenderjahres 1 erst drei Projektquartale absolviert sind. Die Problematik einer fehlenden kalendarischen Synchronisierung kann u.a. darin bestehen, dass neben einer systematischen Unterschätzung von Strom- und Bestandsgrößen des ersten Kalenderjahres auch der fortlaufende Bezug zur handelsrechtlichen sowie zur steuerlichen Gewinnermittlung verloren gehen kann.[1] Die Abflusszeitpunkte für Dividenden- und Steuer(voraus)zahlungen werden dann potenziell falsch berücksichtigt.

Der ‚Grundsatz der Zeitpunktgenauigkeit' impliziert einen korrekten kalendarischen Bezug der ‚modellgestützten Finanzplanung'.

---

[1] Vgl. Lynch, P. A.: Financial Modelling for Project Finance, a.a.O., Workbook Two, S. 4.

- **Time-lag-Effekte**

Die ‚modellgestützte Finanzplanung' ist naturgemäß auf die Ermittlung liquiditätsorientierter Strom- und Bestandsgrößen, d.h. auf Ein- und Auszahlungen sowie Kassenpositionen fokussiert. Aufgrund pragmatischer Erwägungen und faktischer Gegebenheiten muss jedoch in einigen Modulen mit Aufwendungen und Erträgen respektive Ausgaben und Einnahmen sowie den jeweils korrespondierenden Bestandsgrößen gearbeitet werden:[1]

- Modul Umsatzerlöse
- Modul Betriebskosten
- Modul Plan-GuV
- Modul Planbilanz
- Modul Steuern & Abgaben

Dabei kommt es im Regelfall zu einem doppelten ‚Time-lag-Effekt':

- Die einem einzelnen Geschäftsvorfall zurechenbaren betrieblichen Vorgänge der Beschaffung, Produktion und des Absatzes realisieren sich nicht in einem Zeitpunkt, sondern vollziehen sich gestaffelt bzw. zeitversetzt über verschiedene Perioden.

- Die realwirtschaftliche Sphäre dieser betrieblichen Vorgänge ist nur in Ausnahmefällen mit der finanzwirtschaftlichen Sphäre zeitlich synchronisiert. Insbesondere Einkaufs- und Verkaufsvorgänge implizieren in der Regel die Einräumung von Zahlungszielen, so dass die korrespondierenden Ein- und Auszahlungen zeitversetzt stattfinden.

Bei ordnungsmäßiger Vorgehensweise erfolgt – für Zwecke der Kapitalbedarfsplanung sowie der Ermittlung des Cashflows – eine Berücksichtigung respektive Korrektur dieser zeitlichen Divergenzen bereits über das Modul ‚(Net) Working Capital'.[2] Zusätzlich wird im Einzelfall zu prüfen sein, ob weitere relevante ‚Time-lag-Effekte' im System der modellgestützten Finanzplanung berücksichtigt werden müssen, um ein richtiges Bild von den wirtschaftlichen Verhältnissen zeigen zu können. Hierbei können insbesondere die folgenden Aspekte eine Liquiditätsrelevanz aufweisen:

- In Abhängigkeit von den fiskalischen Rahmenbedingungen am Projektstandort kann es zu einer Periodenverschiebung von Steuerzahlungen kommen. Gleichwohl ist im Modul ‚Plan-GuV' der korrespondierende (Steuer-)Aufwand zeitgerecht, d.h. für die Periode der Steuerentstehung, auszuweisen.[3] Der hierdurch reduzierte Gewinnausweis führt de facto zu einer Ausschüttungssperre (Erfolgsauswirkung). Zudem kommt es zu einem Finanzierungseffekt, da die Steuerzahlungen tatsächlich erst zu einem späteren Zeitpunkt abfließen (Liquiditätswirksamkeit).

- Je nach Projektart und den anwendbaren Rechnungslegungs- bzw. Gewinnermittlungsvorschriften kann eine Berücksichtigung von (weiteren) Rückstellungen in der modellgestützten

---

[1] Vgl. für eine Abgrenzung der genannten Begrifflichkeiten Tab. 33: Finanzwirtschaftliche Deskriptionsebenen, S. 521.

[2] Vgl. hierzu die vorstehenden Ausführungen unter Gliederungspunkt 2.2.2.4.2.2.2.4 Modul ‚(Net) Working Capital', S. 83 ff.

[3] Eine entsprechende Bestandsposition wäre im Modul ‚Plan-Bilanz' als ‚Sonstige Verbindlichkeit' oder ‚Steuerrückstellung' auszuweisen.

Finanzplanung notwendig werden. Die Rückstellungszuführungen bewirken einen Steuerstundungseffekt. Der daraus resultierende Finanzierungseffekt ist umso größer, je länger die Rückstellung im Unternehmen bzw. im Projekt gebunden ist, d.h. je weiter der Zeitpunkt der Rückstellungsauflösung in der Zukunft liegt. Der barwertige Vorteil aus der Rückstellungsbildung (KW_{RSt}) beträgt bei einem proportionalem Steuertarif bzw. einem kombinierten Gewinnsteuerfaktor (s):[1]

Steuerstundungseffekt der Rückstellungsbildung

$$KW_{RSt} = RSt * s - RSt * s *(1 + i)^{-t}$$

mit:

RSt	=	*Rückstellung*
i	=	*Kalkulationszinsfuß*
s	=	*Ertragsteuersatz*
t	=	*Periodenindex t*

Beispielsweise können Rückstellungen für Abraumbeseitigung (z.B. Bergbau- bzw. Minenprojekte), für Pensionen (z.B. bei personalintensiven Projekten), für Umwelt(schutz)maßnahmen (z.B. Rekultivierung des Projektgeländes am Ende des Projektlebens), für Garantieverpflichtungen (z.B. bei Projekten der fertigenden Industrie) sowie für Steuern und Abgaben (z.B. Verbrauchsteuern) modellierungsrelevant werden.

5.4.1.2.2.3.4 Grundsatz der Interdependenzgenauigkeit

Das Erfassungs- und Verarbeitungssystem ‚modellgestützte Finanzplanung' bildet in seinen Modulen die Kausalbeziehungen eines Projekt- und Finanzierungskonzeptes ab. Hierbei handelt es sich primär um sachliche bzw. logische Abhängigkeiten zwischen den betrieblichen Funktionsbereichen. Die folgenden Beispiele verdeutlichen derartige Interdependenzen in der ‚modellgestützten Finanzplanung':

- Eine Erhöhung der Produktionsmenge impliziert eine Erhöhung der variablen Betriebskosten.

- Die Produktionsmenge kann nur erhöht werden, wenn ausreichende Produktionskapazitäten vorhanden sind.

- Die Erhöhung der Produktionsmenge muss mit einer entsprechenden Absatzmenge oder erhöhten Lagerbeständen korrelieren.

- Durch die höhere Produktionsmenge verändert sich das erforderliche Net Working Capital.

- Ein höheres Net Working Capital setzt entsprechende interne oder externe Finanzierungsquellen voraus.

Die Beispiel(kette) lässt sich beliebig fortsetzen und/oder variieren. Es wird deutlich, dass die Zusammenhänge nicht mono- sondern multikausaler Natur sind. Der ‚**Grundsatz der Interdependenzgenauigkeit**' bedingt eine möglichst genaue Abbildung dieser sachlichen Abhängigkeiten (Interdependenzen) innerhalb sowie zwischen den Modulen der modellgestützten Finanzplanung. Hierfür sind die Kausalbeziehungen über entsprechende Algorithmen hinreichend exakt zu mo-

---

[1] Vgl. Haberstock, L., Breithecker, V.: Einführung in die Betriebswirtschaftliche Steuerlehre, 13. Aufl., Berlin 2005, S. 228.

dellieren, so dass eine Änderung im Eingabemodul zu den entsprechenden Aus- und Rückwirkungen in den einzelnen nachgelagerten Modulen führt. Dabei sind sachlogische oder konzeptionell bedingte Nebenbedingungen bzw. Restriktionen (z.B. in Form von Mindest- und Maximalwerten) zu berücksichtigen.

Der Grundsatz der Interdependenzgenauigkeit weist partiell Ähnlichkeiten mit den teilweise im Schrifttum zitierten Grundsätzen der Systematik und der Kongruenz auf, die sich allerdings auf die (klassische) Finanzplanung in einem stehenden Unternehmen beziehen:

- **Grundsatz der Systematik**

Der ‚Grundsatz der Systematik' bezieht sich auf das planerische Vorgehen als solches und besitzt sowohl eine inhaltliche als auch eine zeitliche Dimension:[1]

- Aus einer inhaltlichen Perspektive adressiert der Grundsatz den Planungsprozess im Unternehmen. Die Planungsträger bzw. die Ersteller der einzelnen betrieblichen Teilpläne (z.B. Produktionsplan, Beschaffungsplan, Absatzplan, Investitionsplan, Finanzplan etc.) sollen ihre Aktivitäten im Planungsprozess systematisch miteinander abstimmen, um Interdependenzen zwischen den einzelnen betrieblichen Funktionsbereichen zu berücksichtigen.

- Die zeitliche Dimension des Grundsatzes impliziert eine systematische Zeitplanung zwecks termingerechter Erstellung des Finanzplans. Sachliche Reihenfolgebedingungen bedingen, dass die – vorstehend angeführten – Abstimmungsprozesse zwischen den einzelnen betrieblichen Funktionsbereichen zeitlich koordiniert im Rahmen eines institutionalisierten „Projektmanagements" ablaufen.

Die im ‚Grundsatz der Systematik' adressierten zeitlichen und planungsprozessbezogenen Koordinierungsaspekte entfalten keine originäre Relevanz für das hier betrachtete System der ‚modellgestützten Finanzplanung', welches als zukunftsorientiertes Entscheidungsinstrumentarium ausschließlich Kausalzusammenhänge eines – regelmäßig noch nicht realisierten – Projekt- und Finanzierungskonzeptes abbildet. Im Kontext der betrieblichen Finanzplanung impliziert ‚Systematik' bereits eine Abstimmung durch die bzw. zwischen den einzelnen betrieblichen Funktionsbereichen bei der Generierung von (Input-)Daten, d.h. von Konstanten und Variablen. Bei ‚Projektfinanzierungen im engeren Sinne' erfolgt die systematische Datenbeschaffung dagegen im Rahmen des separaten Systems ‚Prognosen' bzw. seinen Subsystemen (Markt, Technik etc.).

- **Grundsatz der Kongruenz**

Das Einhalten eines ‚Grundsatzes der Kongruenz' soll die schlüssige Aufbereitung und Verknüpfung von finanzplanrelevanten Daten im Rahmen einer ‚betrieblichen Finanzplanung' gewährleisten.[2]

Soweit man die „Verknüpfung von finanzplanrelevanten Daten" mit dem Erstellen bzw. Programmieren von Kausalzusammenhängen gleichsetzt, wäre der ‚Grundsatz der Kongruenz' als ein analoges Konstrukt zum ‚Grundsatz der Interdependenzgenauigkeit' zu qualifizieren. Allerdings bleiben die technischen Unterschiede zwischen der (klassischen) betrieblichen Finanzplanung und einer modellgestützten Finanzplanung für Projektfinanzierungen im engeren Sinne bestehen. Während letztere sämtliche Teilpläne in Form von Modulen in einem Modell integriert, betrachtet die

---

[1] Vgl. Lücke, W.: Finanzplanung und Kontrolle in der Industrie, a.a.O., S. 54 f.
[2] Vgl. Tietje, B.: Die Finanzplanung nach der Insolvenzordnung von 1999, Hamburg 2003, S. 170.

(klassische) betriebliche Finanzplanung den Finanzplan als das nachgelagerte Ergebnis vorangehender betrieblicher Teilpläne (Absatzplan, Produktionsplan, Beschaffungsplan etc.).

5.4.1.2.2.3.5 Grundsatz der methodischen Genauigkeit

Ausgehend von der Erkenntnis, dass ein Modell immer nur ein vereinfachtes Abbild von der antizipierten Realität zeichnen kann, stellt sich die Frage nach dem zu fordernden Umfang der methodischen Genauigkeit der ‚modellgestützten Finanzplanung'. In diesem Kontext impliziert der Begriff ‚Methode', dass die zur Anwendung kommenden Verfahren auf einem Regelsystem aufbauen müssen. Die nachfolgende nicht enumerative Aufzählung nennt Problem- bzw. Modellbereiche, bei denen die methodische Genauigkeit eine besondere Bedeutung für die Richtigkeit der Modellergebnisse aufweist:

- Bei der Berechnung von Barwerten müssen für Zwecke der Diskontierung adäquate Diskontierungs- bzw. Kalkulationszinssätze herangezogen werden. In Abhängigkeit von der berechneten Größe können dabei unterschiedlich ermittelte Zinssätze Anwendung finden.[1]

- Eine Ermittlung von Einzahlungsüberschüssen kann (vermeintlich) auf der Basis verschiedener Cashflow-Schemata erfolgen. Ursächlich sind hierfür unterschiedliche Abgrenzungen des Finanzmittelfonds.[2]

- Bei der Berechnung von Teilergebnissen (z.B. Bauzeitinsen, Tarifbeträge) können Zirkularitäten aufgrund wechselseitiger Beziehungen von Variablen auftreten. Im Rahmen PC-gestützter Berechnungsprogramme bestehen verschiedene Möglichkeiten, dieses Phänomen zu adressieren.[3]

- Im Modul ‚Kennzahlen' lassen sich verschiedene Ergebnisgrößen (z.B. ADSCR, SADSCR, ICR, LLCR, LPCR) ermitteln, für die unterschiedliche Berechnungsschemata existieren bzw. vor dem Hintergrund des konkreten Projekt- und Finanzierungskonzeptes abzuleiten sind.[4]

- Für eine quantitative Risikoanalyse unter Durchführung von Sensitivitäts- und Szenarioanalysen sowie simulationsbasierten Risikoanalysen etc. können verschiedene Datenkonstellationen und/oder Berechnungswege gewählt werden.[5]

Es wird deutlich, dass in der modellgestützten Finanzplanung bei der Programmierung von Kausalbeziehungen vielschichtige Ermittlungs- bzw. Verarbeitungsmethoden Anwendung finden können. In diesem Kontext entfaltet das Attribut ‚Genauigkeit' eine doppelte Bedeutung:

- Eine genaue Anwendung von Methoden bedingt eine strikte Einhaltung der Normen des zugrundeliegenden Regelsystems.

---

[1] Vgl. hierzu exemplarisch die vorstehenden Ausführungen zur Kennzahl ‚Net Present Value' unter Gliederungspunkt 2.2.2.4.2.2.2.11 Module ‚Kennzahlen' und ‚Ausgabe', S. 110 ff.

[2] Vgl. hierzu die vorstehenden Ausführungen zum Brutto- und Netto-Cashflow unter Gliederungspunkt Modul ‚Cashflow', S. 95 ff.

[3] Vgl. hierzu die vorstehenden Ausführungen unter den Gliederungspunkten 2.2.2.4.2.2.2.3 Module ‚Umsatzerlöse' und ‚Betriebskosten', S. 82 ff. sowie 2.2.2.4.2.2.2.5 Modul ‚Finanzierung', S. 86 ff. sowie insbesondere die nachfolgenden Ausführungen unter Gliederungspunkt 5.4.1.4.2.3 Grundsatz der übersichtlichen Programmierung, S. 526 ff.

[4] Vgl. hierzu die vorstehenden Ausführungen unter Gliederungspunkt 2.2.2.4.2.2.2.11 Module ‚Kennzahlen' und ‚Ausgabe', S. 110 ff.

[5] Vgl. hierzu die vorstehenden Ausführungen unter Gliederungspunkt 2.2.4.3.4 Quantitative (projektbezogene) Risikoanalyse, S. 148 ff.

- Für den Fall, dass mehrere konkurrierende Regelsysteme zur Auswahl stehen, muss dasjenige herangezogen werden, welches zu einer möglichst sachverhaltsadäquaten Abbildung bzw. Verarbeitung führt.

Vor dem Hintergrund des Modellcharakters der ‚modellgestützten Finanzplanung' sowie etwaiger wissenschaftlicher Methodenstreite kann im Rahmen des ‚Grundsatzes der methodischen Genauigkeit' sicherlich nur eine relative Genauigkeit gefordert werden. Allerdings bedarf es sowohl bei Fertigsoftwareprodukten als auch bei PC-gestützten Spreadsheets zumindest einer ausreichenden Dokumentation und nachvollziehbaren Begründung der herangezogenen bzw. zugrundeliegenden Methodik sowie des dahinter liegenden Regelsystems.[1]

5.4.1.2.2.4 Grundsatz der Berücksichtigung konzeptioneller Normen

5.4.1.2.2.4.1 Vorüberlegungen

Im Zuge der Identifikation potenzieller Soll-Objekte für die Systemprüfung wurde bereits ausgeführt, dass die aus einem konkreten Projekt- und Finanzierungskonzept ableitbaren Kausalbeziehungen als ‚Konzeptionsnormen', d.h. sachverhaltsspezifische Systemnormen, interpretiert werden können.[2] Der ‚Grundsatz der Berücksichtigung konzeptioneller Normen' fordert – soweit möglich – die Aufnahme bzw. algorithmische Umsetzung derartiger Sach- und Wirkungszusammenhänge in der ‚modellgestützten Finanzplanung'. Es lassen sich die folgenden (Unter-) Grundsätze differenzieren:

- Grundsatz der Berücksichtigung abstrakter Zahlungspflichten
- Grundsatz der Berücksichtigung kreditvertraglicher Strukturelemente
- Grundsatz der Berücksichtigung sponsorseitiger Nachschussverpflichtungen

Der ‚Grundsatz der Berücksichtigung konzeptioneller Normen' ist von überragender Bedeutung für die Richtigkeit der modellgestützten Finanzplanung und damit für eine fundierte zukunftsorientierte Kreditvergabeentscheidung. Projektbezogene Problemlösungen konkretisieren sich grundsätzlich in einem individuell strukturierten Projekt- und Finanzierungskonzept bzw. in der korrespondierenden rechtlichen Dokumentation. Ohne Implementierung der daraus resultierenden Kausalzusammenhänge kann die modellgestützte Finanzplanung kein objektives Bild der (geplanten) wirtschaftlichen Verhältnisse vermitteln. Die Fähigkeit zur Berücksichtigung projektindividueller Konzeptionsnormen ist damit zugleich der Lackmustest bei der Verwendung von standardisierten (Projekt-/Finanz-)Planungssoftwareprodukten.

5.4.1.2.2.4.2 Grundsatz der Berücksichtigung abstrakter Zahlungspflichten

Aus einer rechtlichen Perspektive lassen sich Projekt- und Finanzierungskonzepte als komplexe Netzwerke aus Langzeitverträgen charakterisieren, welche ein Regelwerk für den geplanten Aus-

---

[1] Es sei daran erinnert, dass wir an dieser Stelle nur die Normierung des Systems ‚modellgestützte Finanzplanung' betrachten. Im Zuge einer konkreten Kreditwürdigkeitsprüfung sollten zusätzlich die tatsächlichen Verarbeitungsergebnisse einer Plausibilitätsprüfung oder – soweit möglich und sinnvoll – einer Einzelfallprüfung (z.B. Überprüfung einer Zinszahlung für eine Musterperiode) unterzogen werden.

[2] Vgl. hierzu die vorstehenden Ausführungen unter Gliederungspunkt 4.2.2.1 Soll-Objekte bei der Systemprüfung, S. 444 ff.

tausch von Lieferungen und Leistungen zwischen dem Projekt und Drittparteien vorgeben.[1] In der modellgestützten Finanzplanung sind insbesondere die vertraglich fixierten Preisbildungsmechanismen für die betrieblichen Teilbereiche Management, Wartung, Betrieb, Beschaffung und Absatz sowie die Vergütungsregelungen für die zeitlich vorgelagerte Phase der (Projekt-) Errichtung abzubilden. Die Kausalität zwischen der Ausgestaltung dieser Vertragselemente und den daraus resultierenden erfolgs- und finanzwirtschaftlichen Ergebnisauswirkungen dürfte offensichtlich sein, so dass die Relevanz dieser Beziehungen für eine ‚richtige' Modellierung des Projekt- und Finanzierungskonzeptes keiner weiteren Erläuterung bedarf.

Die Projektverträge enthalten aber auch Vereinbarungen, die für den Basisfall (Base Case) der modellgestützten Finanzplanung regelmäßig irrelevant sind, da sie erst bei einem Abweichen vom antizipierten bzw. geplanten Projektverlauf eine Bedeutung für die erfolgs- und finanzwirtschaftliche Situation des Projektes erlangen. Diese Regelungen gewinnen insbesondere bei der Erstellung von Sensitivitäts- und Szenarioanalysen sowie simulationsbasierter Risikoanalysen eine Bedeutung. Es handelt sich hierbei um den Bereich der Konventional- oder Vertragsstrafen (‚Pönalen', ‚Liquidated Damages'), welche im Fall nicht-spezifikationskonformer Leistungserbringung zwecks Stabilisierung des Cashflow und damit der Schuldendienstfähigkeit von den Kontraktpartnern an das Projekt zu entrichten sind.[2]

5.4.1.2.2.4.3 Grundsatz der Berücksichtigung kreditvertraglicher Strukturelemente

Bereits in frühen Projektplanungsphasen werden kreditvertragliche Strukturelemente im Rahmen von Term Sheets, d.h. tabellarischen Zusammenfassungen ausgewählter Parameter der angestrebten Kreditbeziehung, festgelegt, welche die Basis für die später auszuformulierenden Entwurfs- bzw. Endfassungen des Kreditvertrags bilden.[3] Der sich im Term Sheet widerspiegelnde jeweilige Entwicklungsstand des Projekt- und Finanzierungskonzepts hat dabei eine Vorgabefunktion für die modellgestützte Finanzplanung, deren quantitative Ergebnisse wiederum Anregungen für eine Konzeptmodifikation bzw. deren Notwendigkeit aufzeigen können.[4] Die folgende Liste gibt einen nicht enumerativen Überblick über wesentliche Strukturelemente eines Term Sheets bzw. des dar-

---

[1] Vgl. hierzu die vorstehenden Ausführungen unter Gliederungspunkt 2.1.4.2 Übernahme abstrakter Zahlungspflichten durch Dritte, S. 40 ff.

[2] Beispielsweise kann in einem Anlagenerrichtungsvertrag für ein Kraftwerksprojekt ein gestaffelter pauschalierter Schadensersatz für den Fall vereinbart werden, dass nach Fertigstellung die kontraktierte Kapazität (gemessen in MW) nicht erreicht wird. Bei entsprechender Modellierung der vertraglichen Regelungen kann im Rahmen einer Sensitivitätsanalyse ermittelt werden, ob die Pönalen zusammen mit dem reduzierten Cashflow des Projektes ausreichen, um den Schuldendienst abzudecken. Dabei kann das Einbeziehen weiterer Kausalbeziehungen erforderlich werden: Häufig wird die Projektgesellschaft spiegelbildliche Konventional- bzw. Vertragsstrafen tragen müssen. Im vorliegenden Beispiel könnte dies bedeuten, dass unter einem etwaigen Konzessions- und/oder Stromliefervertrag ebenfalls Pönalen aufgrund der reduzierten Liefermenge fällig werden.

[3] Häufig werden erste Term Sheets bereits von den Sponsoren bzw. ihren Beratern (Financial Adviser und/oder Rechtsanwälte) im Zuge der Erstellung von Machbarkeitsstudien bzw. für die Einladung von Banken erstellt. Vgl. hierzu die vorstehenden Ausführungen unter dem Gliederungspunkt 2.3.2.2 Ablauforganisation, S. 178 ff.

[4] Die Strukturierung folgt somit im Regelfall einem iterativen Prozess der Konzeptoptimierung. Vgl. hierzu die vorstehenden Ausführungen unter Gliederungspunkt 2.2.2.4.1.2 Prozess der modellgestützten Finanzplanung bei Projektfinanzierungen im engeren Sinne, S. 71 ff.

aus abgeleiteten Kreditvertrags soweit diese eine Relevanz für die modellgestützte Finanzplanung besitzen:[1]

- **‚Definitions' (Definitionen)**

    Nach angelsächsischer Kautelarpraxis werden im Rahmen einer dem Term Sheet oder dem Vertragswerk vorangestellten Sektion wesentliche Definitionen niedergelegt. Regelmäßig werden sich hieraus Sollvorgaben für die modellgestützte Finanzplanung ableiten lassen. Dabei kann es sich zum einen um Begriffsbestimmungen (z.B. ‚Base Case', ‚Capital Expenditure', ‚Completion', ‚Completion Date', ‚Construction Costs', ‚Operating Expenditure', ‚Project Revenues') handeln. Zum anderen können in einzelnen Klauseln wesentliche Kausalzusammenhänge, wie z.B. die Herleitung von Kennzahlen und absoluten Größen, bereits formelmäßig festgelegt sein.

- **‚Credit Facilities' (Kreditfazilitäten)**

    In mehr oder weniger umfangreichen Textpassagen werden Art und Umfang der einzelnen Kreditfazilitäten festgelegt.[2] Die Beispiele in der nachfolgenden Tabelle verdeutlichen die Modellierungsrelevanz dieser Klauseln:

Tab. 28:   Beispiele für modellierungsrelevante Klauseln zu den ‚Credit Facilities'

Klauselart	Deskription
Facility/Facilities	Anzahl und mnemonische Bezeichnung der Kreditfazilitäten (z.B. Construction Loan, Export Credit Agency Loan, Commercial Loan, Working Capital Loan etc.)
Amount	(Maximal abrufbarer) Kreditbetrag
Currency	Währung des Krediten
Repayment	Tilgungsmodalitäten
Fees	Bereitstellungsprovisionen (Commitment Fees) bei zeitlich gestaffeltem Abruf der Kreditfazilität
Interest	Festzinssatz bzw. (Referenz-)Zinssatz bei variablem Zinssatz
Margin	Zinsmarge (z.B. fest, gestaffelt, kennzahlenabhängig etc.)
Purpose	Verwendungszwecke einzelner Fazilitäten (z.B. nur für lokale Kosten, Working Capital etc.)
Availability Period	Zeitraum, in dem Ziehungen vorgenommen werden können
Capitalisation of Interest	Modalitäten einer etwaigen Kapitalisierung der Zinsen während der Bauphase des Projektes
Optional Prepayment	Regeln für optionale vorzeitige Rückzahlungen
Mandatory Prepayment	Regeln für verpflichtende vorzeitige Rückzahlungen

Quelle: Eigene Darstellung

---

[1] Für Beispiele von (Konsortial-)Kreditverträgen vgl. Stockmayer, A.: Projektfinanzierung und Kreditsicherung, a.a.O., S. 221 ff., Hinsch, C.L.: Das Vertragsrecht der internationalen Konsortialkredite am Euromarkt, a.a.O., S. 271 ff. sowie auch LMA; BBA; ACT: Multicurrency Term and Revolving Facilities Agreement, a.a.O., S. 1 ff.

[2] Vgl. Vinter, G.: Project Finance: A Legal Guide, a.a.O., S. 105 f. passim

- **'Equity Funding' (Eigenmitteleinbringung)**

    In einem separaten Abschnitt und/oder verstreut in anderen Textpassagen des Term Sheets bzw. des Vertragswerks finden sich Ausführungen zu den Modalitäten der Eigenmitteleinbringung durch die ‚Equity Sponsoren'. Die nachfolgende Tabelle gibt einen beispielhaften Überblick über modellierungsrelevante Klauseln:

Tab. 29: Beispiele für modellierungsrelevante Klauseln zum ‚Equity Funding'

Klauselart	Deskription
Equity Sponsors	Anzahl und Namen der Eigenmittelgeber
Initial Amount	Anfänglicher Eigenkapitalbetrag, der bei einer Projektrealisierung gemäß Basisfall, je Equity Sponsor einzubringen ist
Debt-to-Equity Ratio	Angestrebtes Verhältnis zwischen Fremd- und Eigenkapital
Standby Equity	Betragliche und inhaltliche Fixierung etwaiger Nachschussverpflichtungen der Eigenmittelgeber (vgl. hierzu auch den nachfolgenden Gliederungspunkt 5.4.1.2.2.4.4)
Currency	Währung, in der die Eigenmittel dem Projekt zur Verfügung zu stellen bzw. denominiert sind
Way of Injection	Zeitliche Staffelung der Einbringung (z.B. komplette Einbringung vor erster Kreditauszahlung versus Einbringung pro rata zusammen mit den Kreditmitteln, d.h. unter jederzeitiger Beachtung einer vertraglich vereinbarten ‚Debt-to-Equity Ratio')
Instruments	Art der Eigenmitteleinbringung im Hinblick auf die eingesetzten Instrumente (z.B. Anteilskapital, Nachrangdarlehen)

Quelle: Eigene Darstellung

- **'Covenants' (Kreditauflagen)**

    Im Rahmen von Term Sheets bzw. in finalen Kreditvertragsdokumenten werden regelmäßig umfangreiche Kreditauflagen aufgelistet, welche aus der Sicht des Kreditgebers die Grundvoraussetzungen für die Begründung eines Kreditverhältnisses mit dem Kreditnehmer darstellen. Derartige vertragliche Nebenpflichten können sowohl einen qualitativen als auch einen quantitativen Charakter besitzen. Die nachfolgende Tabelle gibt einen beispielhaften Überblick über verschiedene Ausprägungsformen von ‚Covenants'[1] respektive deren potenzielle direkte oder indirekte Modellierungsrelevanz:

---

[1] Teilweise wird statt ‚Covenants' der Begriff ‚Undertakings' verwendet. Vgl. beispielsweise LMA; BBA; ACT: Multicurrency Term and Revolving Facilities Agreement, a.a.O., S. 37 ff.

Tab. 30: Beispiele für ‚Covenants'

Klauselart	Deskription
Kreditauflagen (Covenants)	
Affirmative (Positive) Covenants	
Pari Passu Clause	Gleichbesicherungsklausel
Positive Undertakings	Positiverklärung, d.h. Sicherungsvorvertrag über die Bereitschaft des Kreditnehmers, den Kreditgebern auf Anforderung weitere Sicherheiten an zukünftigen Vermögensgegenständen (z.B. Erweiterungsinvestitionen) einzuräumen
Reporting and Information	Art (z.B. Bilanzen, Gewinn- und Verlustrechnungen, Cashflow-Statements, fortgeschriebene modellgestützte Finanzplanung etc.), Spezifizierung (z.B. Rechnungslegungsvorschriften, testiert oder untestiert etc.) und Frequenz (z.B. monatlich, quartalsweise, halbjährlich, jährlich) der Informationsübermittlung an die Kreditgeber
Interest Rate Protection	Höhe, Dauer und Art der abzuschließenden Zinssicherungsgeschäfte bei Vorliegen von variablen Referenzzinssätzen
Exchange Rate Protection	Höhe, Dauer und Art der abzuschließenden Währungssicherungsgeschäfte bei Auseinanderfallen der Währungen von Ein- und Auszahlungen
Maintaining of Industrial Property Rights	Verpflichtung zur Aufrechterhaltung gewerblicher Schutzrechte (z.B. Patente, Lizenzen, Konzessionen etc.) und zur Zahlung etwaiger korrespondierender Schutz- bzw. Nutzungsgebühren
Insurance Protection	Verpflichtung zur Aufrechterhaltung eines Mindestversicherungsschutzes
Negative Covenants	
Negative Pledge Clause	Keine Bestellung von Sicherheiten zugunsten Dritter
No other borrowings or lendings	Verbot der Kreditaufnahme außerhalb des Kreditvertrages
Non-disposal of assets	Verbot, (wesentliche) Gegenstände des Anlagevermögens ohne vorherige Zustimmung der Mehrheit der Kreditgeber zu verkaufen
No change of business	Verbot, den Geschäfts- bzw. Projektgegenstand ohne vorherige Zustimmung der Mehrheit der Kreditgeber zu wechseln
Financial Covenants	
Ratios	Einhalten bestimmter Mindestausprägungen von vertraglich definierten Kennzahlen (z.B. ADSCR, SADSCR, ICR, LLCR, LPCR)
Current Ratio	Aufrechterhalten eines Mindestverhältnisses von Umlaufvermögen zu kurzfristigen Verbindlichkeiten („Liquidität 3. Grades")
Leverage Ratio (Gearing Ratio)	Einhalten eines maximalen Verschuldungsgrades
Borrowing Limit	Maximaler Fremdkapitaleinsatz
Cash Lock-up	Auszahlungs- bzw. Dividendensperren

Quelle: Eigene Darstellung

Nicht alle der vorstehend genannten Covenants besitzen eine unmittelbare Modellierungsrelevanz, d.h. eine Funktion als Soll-Objekt für die algorithmische Umsetzung der Kausalbeziehungen eines Projekt- und Finanzierungskonzeptes. Trotzdem lassen sich aus diesen Klauseln indirekte Schlussfolgerungen für die modellgestützte Finanzplanung ableiten.[1]

- **‚Accounts' (Konten)**

Die im Zusammenhang mit der Projektrealisierung auftretenden Zahlungsströme werden regelmäßig über vorab definierte und von einem oder mehreren Sicherheitentreuhändern verwaltete Projektkonten geleitet, um eine Kontrolle und Absicherung der Kreditbeziehung zu gewährleisten.[2] Obwohl eine vollständige Abbildung aller Konten in der modellgestützten Finanzplanung nicht immer erforderlich sein wird, ist die Inkludierung von wesentlichen, insbesondere für Reservekonten relevanten Kontobefüllungs- und Ausschüttungsmechanismen für eine richtige Modellierung zwingend erforderlich. Die nachfolgende Tabelle nennt Beispiele für direkt oder indirekt modellierungsrelevante Klauseln zu Projektkonten:

Tab. 31: Beispiele für Klauseln zu ‚Project Accounts'

Klauselart	Deskription
Name	Name der Projektkonten (z.B. Tax Account, Operating Account, Debt Service Reserve Account, Maintenance Reserve Account etc.)
Function	Festlegung der Funktion der jeweiligen Konten sowie der jeweiligen Befüllungs- und Ausschüttungsmodalitäten
Currency	Währung der Projektkonten
Allowed Investments	Erlaubte Formen der Anlage von Geldbeträgen, die nicht kurzfristig wieder ausgezahlt werden
Account Bank	Name der Banken, bei denen die Konten zu führen sind
Location	Standort der kontoführenden Bankfilialen: Onshore/Offshore oder explizite Nennung der Standorte (z.B. London, New York etc.)
Agent	Name des Sicherheitentreuhänders, der die Projektkonten verwaltet, sowie Beschreibung der von ihn zu erfüllenden Aufgaben

Quelle: Eigene Darstellung

Eine Modellierungsrelevanz von Klauseln zu Projektkonten wird teilweise erst im Zusammenhang mit weiteren Strukturelementen (z.B. mit den Regelungen zum ‚Payments Waterfall' etc.) deutlich.[3]

- **‚Payments Waterfall' (Rangfolge der Ansprüche)**

Naturgemäß stehen den vom Projekt generierten Einzahlungen verschiedene Auszahlungen gegenüber. Dabei können nicht alle potenziellen Zahlungsempfänger des Projektes eine gleichrangige Bedienung ihrer Ansprüche verlangen. Vielmehr können zu einzelnen Zeitpunkten fi-

---

[1] Beispielsweise kann aus den Covenants ‚Pari Passu Clause', ‚Positiv Undertaking' und ‚Negative Pledge Clause' die indirekte Schlussfolgerung gezogen werden, dass mit großer Wahrscheinlichkeit durch das Management des Projektes keine weiteren gleichrangigen Kreditnehmerverhältnisse begründet werden dürften bzw. können. In der modellgestützten Finanzplanung besteht daher keine Erfordernis zur vorsorglichen Abbildung derartiger potenzieller Kreditbeziehungen mit Drittparteien respektive zur Implementierung der korrespondierenden Kausalbeziehungen.

[2] Vgl. Denton Hall Projects Group (Hrsg.): A Guide to Project Finance, a.a.O., S. 94, Vinter, G.: Project Finance: A Legal Guide, a.a.O., S. 123 ff.

[3] Beispielsweise kann in einer separaten Klausel die Stellung eines ‚Letter of Credits' durch eine bonitätsmäßig einwandfreie Bankadresse verlangt werden, um die Absicherungsfunktion eines bei Projektbeginn noch nicht bis zum Mindestbetrag aufgefüllten Reservekontos zu gewährleisten. Für den Fall der Ziehung kann eine (vorrangige) Tilgung in den folgenden Projektperioden vereinbart werden, solange kein erneuter Rückgriff erforderlich wird.

nanzielle Engpässe auftreten, bei denen die zur Verfügung stehenden liquiden Mittel nicht ausreichen, um alle Ansprüche voll zu befriedigen. Abgesehen von der Tatsache, dass in einer derartigen Situation bereits ein ‚Event of Default'[1] vorliegen dürfte, entspricht es dem Gedanken der wirtschaftlichen und rechtlichen Isolierung, wenn bei einem derartigen Engpass zunächst die Verpflichtungen erfüllt werden, welche die Funktionsfähigkeit des Projektes aufrechterhalten und somit möglicherweise eine nachhaltige Insolvenz verhindern helfen. Hierfür werden an verschiedenen Stellen des Term Sheets bzw. in der Kreditdokumentation und anderen Projektverträgen Regelungen implementiert, die das Procedere bei Cashflow-Unterdeckungen festlegen. Aber auch im Fall eines ausreichenden Liquiditätszuflusses werden die Kreditgeber darauf bedacht sein, dass bestimmte Zahlungsvorgänge (u.a. Auffüllung von Reservekonten) eine Priorität vor den Ausschüttungen an die Eigenmittelgeber besitzen. Verdichteter Ausfluss dieser Vereinbarungen ist der sogenannte ‚Payment Waterfall', welcher die genaue Rangfolge der Zahlungsansprüche festlegt:[2]

Tab. 32: Beispiel für einen ‚Payments Waterfall'

Rangfolge	Verwendung
First	Fällige Gebühren für den Administration Agent, den Trustee und die Account Banks
Second	Steuern und andere Abgaben
Third	Einzahlung eines Betrages in Höhe der antizipierten Betriebskosten auf das ‚Operating Account'
Fourth	Genehmigte Erst-, Ersatz- und/oder Erweiterungsinvestitionen
Fifth	Gebühren im Zusammenhang mit und Zinsen auf die Projektkredite
Sixth	Tilgung der Projektkredite
Seventh	Einzahlung auf das ‚Debt Service Reserve Account' soweit der vertraglich festgelegte Mindestbetrag noch nicht erreicht ist
Eighth	Einzahlungen auf das ‚Maintenance Reserve Account' soweit der vertraglich festgelegte Mindestbetrag noch nicht erreicht ist
Ninth	Einzahlung auf das ‚Dividends Account'

Quelle: Eigene Darstellung

Die Komplexität des ‚Payments Waterfall' kann durch Implementierung verschieden rangiger Kredit- bzw. Anleihefazilitäten drastisch erhöht werden. Im Zweifel besteht hier die Notwendigkeit, die Rangfolge der Ansprüche exakt zu modellieren, um ein ‚richtiges' Bild von den antizipierten wirtschaftlichen Verhältnissen im Basisfall der modellgestützten Finanzplanung sowie im Rahmen von Sensitivitäts- und Szenarioanalysen bzw. simulationsbasierter Risikoanalysen zeigen zu können.

- **‚Events of Default' (Vertragsverletzungen)**

    Die rechtliche Dokumentation eines Projekt- und Finanzierungskonzeptes beinhaltet regelmäßig eine umfangreiche ‚Events of Default Clause', welche diejenigen Gründe auflistet, die zu einer Kündigung des Kreditvertrags berechtigen.[3] Die Ausübung der Kündigungsklausel verleiht den Kreditgebern weitergehende Rechte, insbesondere die Möglichkeit, in die Geschicke

---

[1] Vgl. hierzu die nachfolgenden Ausführungen.

[2] Für einen ausformulierten ‚Payments Waterfall' vgl. auch Denton Hall Projects Group (Hrsg.): A Guide to Project Finance, a.a.O., S. 95.

[3] Für eine beispielhafte Liste vgl. Denton Hall Projects Group (Hrsg.): A Guide to Project Finance, a.a.O., S. 93.

des Projektes einzugreifen. Bei einem ‚Event of Default' muss es sich noch nicht zwangsläufig um einen „harten" ‚Credit Event'[1], d.h. eine subjektive Vertragsverletzung (z.B. Zahlungsverzug, gesetzlich definierter Insolvenz- oder Überschuldungstatbestand, Erfordernis zur Restrukturierung), handeln.[2] In der Regel berechtigt bereits eine Nichteinhaltung vertraglicher Nebenpflichten (z.B. der Informationspflichten gemäß den ‚Affirmative Covenants') zur Kündigung.[3] Insbesondere die Nichteinhaltung von ‚Financial Covenants' kann einen ‚Event of Default' begründen.[4] Für die modellgestützte Finanzplanung empfiehlt sich – soweit möglich – neben der quantitativen Modellierung der kausalen Defaultzusammenhänge auch die Implementierung eines Ergebnisfeldes, in dem das Auftreten eines ‚Event of Default' ausgegeben werden kann.

Daneben enthalten Term Sheets und Vertragswerke die thematischen Blöcke ‚**Representations and Warranties**' (Erklärungen und Zusicherungen)[5], ‚**Conditions Precedent**' (Auszahlungsvoraussetzungen)[6] und ‚**Security**' (Sicherheiten)[7], welche zur rechtlichen Dokumentation des angestrebten Projekt- und Finanzierungskonzeptes benötigt werden und in der Regel keine Ableitung algorithmisch umsetzbarer Kausalbeziehungen ermöglichen dürften. Ausnahmen können dort bestehen, wo quantitative ‚Conditions Precedent' (z.B. Kennzahlen) zur Voraussetzung für Auszahlungen gemacht werden.

5.4.1.2.2.4.4 Grundsatz der Berücksichtigung sponsorseitiger Nachschussverpflichtungen

Die Ausprägungsformen ‚Non Recourse Financing', ‚Limited Recourse Financing' und ‚Full Recourse Financing' charakterisieren den Haftungsumfang bei ‚Projektfinanzierungen im engeren Sinne', der in Ergänzung zu den eingebrachten Eigenmitteln durch die (Equity) Sponsoren zugesagt wird.[8] In den beiden letztgenannten Fallvarianten dürfte die Leistung von Zahlungen aufgrund sponsorseitiger Nachschussverpflichtungen regelmäßig das Eintreten bestimmter vertraglich definierter Ereignisse bedingen. Hierbei wird es sich insbesondere um quantitative Voraussetzungen, d.h. objektiv nachprüfbare Größen des Rechnungswesen bzw. daraus abgeleitete Kennzahlen, handeln. Im Fall des ‚Limited Recourse Financing' kann die Nachschusspflicht zudem nach zeitlichen, sachlichen und/oder betragsmäßigen Kriterien begrenzt sein.[9]

Im Rahmen der ‚modellgestützten Finanzplanung' müssen die aus derartigen Regelungen resultierenden Kausalbeziehungen modelliert werden, um ein richtiges Bild der wirtschaftlichen Verhältnisse zeichnen zu können. Insbesondere bei Annahmen, die vom Basisfall abweichen, d.h. bei der

---

[1] Vgl. hierzu die Ausführungen unter Gliederungspunkt 4.1.2.2.3.1 Kreditrisikomessung, S. 399 ff.

[2] Unter die indirekten „harten" ‚Credit Events' kann auch der sogenannte Drittverzug (‚Cross Default Clause') subsumiert werden. Vgl. hierzu die vorstehenden Ausführungen unter Gliederungspunkt 2.1.3.3 Kreditsicherheiten aus den Vermögenspositionen des Projektes, S. 24 ff. insbesondere Abb. 5: Zusammenwirken von dinglichen Sicherheiten und projektbezogenen Kreditbedingungen und Verhaltensauflagen, S.31.

[3] Vgl. Hinsch, C.L.: Das Vertragsrecht der internationalen Konsortialkredite am Euromarkt, a.a.O., S. 94.

[4] Vgl. hierzu Tab. 30: Beispiele für ‚Covenants', S. 513.

[5] Vgl. Hinsch, C.L.: Das Vertragsrecht der internationalen Konsortialkredite am Euromarkt, a.a.O. 1985, S. 88; Magold, R.: Vertragliche Gewährleistungen, Vortragsmanuskript, Seminar: Dokumentation von Konsortialkrediten - im deutschen und englischen Recht -, Gravenbruch 15.-16.6.2000, S. 34 ff.

[6] Vgl. Vinter, G.: Project Finance: A Legal Guide, a.a.O., S. 105 f.

[7] Vgl. Denton Hall Projects Group (Hrsg.): A Guide to Project Finance, a.a.O., S. 70 ff., Vinter, G.: Project Finance: A Legal Guide, a.a.O., S. 149 ff.

[8] Vgl. hierzu die vorstehenden Ausführungen unter dem Gliederungspunkt 2.1.4.1 Risk Sharing, S. 33 ff.

[9] Vgl. Ebenda.

Erstellung von Sensitivitäts- und Szenarioanalysen sowie simulationsbasierten Risikoanalysen, müssen die Modellergebnisse aufzeigen, ob bzw. in welcher Höhe die Nachschussverpflichtungen in Anspruch genommen werden.

5.4.1.3 Vollständigkeit

5.4.1.3.1 Grundsatz der quantitativen Systemvollständigkeit

Im Zuge der Diskussion der Rahmengrundsätze wurde bereits ausgeführt, dass der ‚Rahmengrundsatz der Vollständigkeit' eine enge Verwandtschaft mit dem ‚Rahmengrundsatz der Richtigkeit' aufweist.[1] Auf der Ebene des Systems ‚modellgestützte Finanzplanung' konkretisiert sich der Rahmengrundsatz zunächst im ‚(Spezial-)Grundsatz der quantitativen Systemvollständigkeit', welcher die Beachtung der folgenden Vollständigkeitsdimensionen bedingt:

- Das System der modellgestützten Finanzplanung muss alle erforderlichen betrieblichen Teilpläne sowie die daraus abgeleiteten Ergebnisrechnungen (Cashflow-Tableau, Plan-GuV, Plan-Bilanz etc.) in Form separierter oder separierbarer ‚Module' umfassen.[2]

- Der ‚Grundsatz der quantitativen Systemvollständigkeit' impliziert – ebenso wie der bereits skizzierte ‚Grundsatz der Interdependenzgenauigkeit'[3] – die Berücksichtigung intermodularer, d.h. zwischen den betrieblichen Teilplänen und den daraus abgeleiteten Ergebnisrechnungen bestehende, Interdependenzen.[4]

- Die Module der modellgestützten Finanzplanung müssen wiederum selber eine Vollständigkeit dahingehend aufweisen, dass sie alle erforderlichen Detailpositionen beinhalten. Hierbei kann es sich um sachlich gebotene Bestandteile (z.B. einzelne Positionen im Modul ‚Working Capital') oder gesetzlich geforderte Elemente (z.B. einzelne Positionen in der steuerlichen Plan-GuV) handeln.

- Es müssen sämtliche (antizipierbaren) Zahlungsströme eines (geplanten) Projektes erfasst werden. Dabei ist auf einzelne Geschäftsvorfälle (z.B. Anlagenbeschaffung, Reparatur- und Wartungskosten) abzustellen, soweit diese eine wesentliche Bedeutung im Rahmen des Projekt- und Finanzierungskonzeptes haben.[5] Andererseits müssen die Geschäftsvorfälle der betrieblichen Funktionsbereiche Absatz (Modul ‚Umsatz') und Beschaffung (Modul ‚Betriebskosten') aus pragmatischen Gründen saldiert in zeitlichen Blöcken ausgewiesen werden.[6]

Anstelle einer weiteren Exemplifizierung kann auf die vorstehenden Ausführungen zur modellgestützten Finanzplanung verwiesen werden.[7]

---

[1] Vgl. hierzu die vorstehenden Ausführungen unter Gliederungspunkt 5.2.2 Vollständigkeit, S. 476 ff.

[2] Vgl. hierzu die vorstehenden Ausführungen unter Gliederungspunkt 2.2.2.4.1.2 Prozess der modellgestützten Finanzplanung bei Projektfinanzierungen im engeren Sinne, S. 71 ff., insbesondere den Unterpunkt ‚Transformation in betriebliche Teilpläne'.

[3] Vgl. hierzu vorstehenden Ausführungen unter Gliederungspunkt 5.4.1.2.2.3.4 Grundsatz der Interdependenzgenauigkeit, S. 506 ff.

[4] Beispielsweise führen Einzahlungen auf Reservekonten (Module ‚Finanzierung' oder ‚Cashflow') zu Zinserträgen, die u.a. im Plan-Modul ‚GuV' berücksichtigt werden müssen.

[5] Hierzu zählen beispielsweise zukünftige Reparatur- und Wartungskosten. „*In der Praxis werden in den Wirtschaftlichkeitsberechnungen häufig die Instandhaltungskosten weggelassen oder nur unzureichend berücksichtigt.*" Hedemann, G.: Eigen- und Fremdkapitalfinanzierung von WKA, a.a.O., S. 6 f.

[6] Vgl. hierzu die vorstehenden Ausführungen unter Gliederungspunkt 2.2.2.4.2.2.2.3 Module ‚Umsatzerlöse' und ‚Betriebskosten', S. 82 ff.

[7] Vgl. hierzu 2.2.2 Modellgestützte Finanzplanung (Cashflow-Analyse), S. 60 ff.

5.4.1.3.2 Grundsatz der qualitativen Systemvollständigkeit

Der ‚(Spezial-)Grundsatz der quantitativen Systemvollständigkeit' wird durch den ‚**(Spezial-)Grundsatz der qualitativen Systemvollständigkeit**' ergänzt, welcher die Inkludierung von sachverhaltspezifischen bzw. projektindividuellen Kausalbeziehungen in das System der modellgestützten Finanzplanung fordert.[1] Gerade die Identifikation von außergewöhnlichen, d.h. nicht dem Regelfall entsprechenden, Sachverhalten dürfte erhebliche Schwierigkeiten bereiten, da es hierfür der Formulierung von eigenen Soll-Vorstellungen durch den Prüfungsträger bedarf. Hinweise auf eine qualitative System<u>un</u>vollständigkeit können sich aus der Analyse des Projekt- und Finanzierungskonzeptes ergeben. Tendenziell werden sich dort erhöhte Anforderungen ergeben, wo von der Grundstruktur einer ‚Projektfinanzierung im engeren Sinne' (z.B. durch Modifikation der Kernmerkmalen[2]) abgewichen wird sowie untypische Branchen oder Produkte gegeben sind.

Als Beispiele für die Notwendigkeit der Inkludierung zusätzlicher bzw. erweiterter Kausalbeziehungen können Konstellationen angeführt werden, bei denen keine eindeutig rechtlich abgrenzbaren Wirtschaftseinheiten (Projekte) vorliegen:

- Ein stehendes Unternehmen nimmt eine Erweiterungsinvestition vor, die das bisherige Geschäftsvolumen deutlich übersteigt und deswegen nicht mehr auf der Grundlage einer klassischen, d.h. bilanz- und damit vergangenheitsorientierten, Kreditvergabe finanziert werden kann. Im Zuge einer prospektiven Kreditwürdigkeitsprüfung bzw. zukunftsorientierten Kreditvergabeentscheidung ist die zukünftige Kapitaldienstfähigkeit zu untersuchen.[3] Dabei sind sowohl das stehende Unternehmen, als auch die Erweiterungsinvestition integriert bzw. gemeinsam – jedoch in separierten Modulen[4] – im Rahmen der modellgestützten Finanzplanung abzubilden.

- Im Regelfall ist der „Projektgedanke", d.h. das Vorliegen einer abgrenzbaren Wirtschaftseinheit, bereits dadurch erfüllt, dass die wirtschaftliche mit der gesellschaftsrechtlichen Einheit identisch ist. Ausnahmen existieren dann, wenn einzelne Projektbestandteile gesellschaftsrechtlich separiert werden. Ursächlich können hierfür steuer-[5], insolvenz-[6] oder lizenzrechtliche[7] Erwägungen sein. Bei derartigen Fallkonstellationen sind nicht nur sämtliche Projektbestandteile in der modellgestützten Finanzplanung abzubilden (<u>quantitative</u> Systemvollstän-

---

[1] Zu den hierbei auftretenden prüfungstechnischen Überlegungen vgl. Wächtershäuser, M.: Kreditrisiko und Kreditentscheid im Bankbetrieb, Wiesbaden 1971, S. 170 ff.

[2] Vgl. hierzu die vorstehenden Ausführungen unter Gliederungspunkt 2.1.3 Kernmerkmale der Projektfinanzierung im engeren Sinne, S. 12 ff.

[3] Vgl. hierzu die vorstehenden Ausführungen unter Gliederungspunkt 2.2.1 Vergangenheits- versus zukunftsorientierte Kreditvergabeentscheidung, S. 57 ff.

[4] Vgl. hierzu die nachfolgenden Ausführungen unter Gliederungspunkt 5.4.1.4.2.1.2.2 Bruttoprinzip auf Projektebene, S. 524 ff.

[5] Vgl. hierzu auch Abb. 47: Beispiel für einen Mitverpflichteten bei Vorliegen einer Betriebsaufspaltung im Rahmen einer Projektfinanzierung i.e.S., S. 197 sowie die korrespondierenden Ausführungen.

[6] Der Wunsch nach insolvenzrechtlicher Isolierung einzelner Projektbestandteile kann dann in eine Aufteilung in Einzelgesellschaften münden, wenn das Vorhaben in unterschiedlichen Jurisdiktionen domiziliert. Beispielsweise kann ein Flüssiggasprojekt eine Upstream-Phase (Gasverflüssigung) im Fördergebiet (z.B. Naher Osten) und eine Downstream-Phase (Regasifizierung und Netzeinspeisung) im Verbrauchsgebiet (z.B. Europa oder Nordamerika) umfassen.

[7] Beispielsweise können im Telekommunikationsbereich Fallkonstellationen vorliegen, bei denen einzelne regionale Lizenzen eines Projektes von mehreren Tochtergesellschaften gehalten werden. Vgl. hierzu auch Abb. 46: Beispiel für Mitverpflichtete bei Vorliegen einer Holding-Struktur im Rahmen einer Projektfinanzierung i.e.S., S. 195 sowie die korrespondierenden Ausführungen.

digkeit), sondern auch die zwischen ihnen bestehenden Kausalbeziehungen zu modellieren (qualitative Systemvollständigkeit).

Die vorstehenden, auf die Ebene ‚Projekt' bezogenen Ausführungen verstehen sich analog zu dem aus der klassischen Finanzplanung bekannten ‚Grundsatz der Vollständigkeit', welcher die Sicherstellung des finanziellen Gleichgewichts der Unternehmung als Ganzes fordert.[1]

5.4.1.4 Klarheit

5.4.1.4.1 Eindeutigkeit

5.4.1.4.1.1 Grundsatz der methodischen Eindeutigkeit

Die Bedeutung der methodischen Genauigkeit für die modellgestützte Finanzplanung bei ‚Projektfinanzierungen im engeren Sinne' wurde bereits im Rahmen des ‚Grundsatzes der Richtigkeit' diskutiert. Für eine Exemplifizierung des Problemkreises kann auf die dortigen Ausführungen verwiesen werden.[2] Methodische Genauigkeit ist dann alleine nicht ausreichend, wenn es an einer korrespondierenden methodischen Eindeutigkeit fehlt. Die in der modellgestützten Finanzplanung verwendeten Methoden müssen entweder aus dem Modell selbst heraus erkennbar sein oder durch eine entsprechende begleitende (schriftliche) Dokumentation erläutert werden. Bei einer etwaigen gegebenen Methodenvielfalt bzw. bei Vorliegen von Wahl- oder Interpretationsmöglichkeiten ist die alleinige Nennung der angewandten Methode oder Methodenausprägung unzureichend. Vielmehr sind die ursächlichen Gründe für die konkrete Wahlentscheidung anzugeben. Der ‚Grundsatz der methodischen Eindeutigkeit' fordert dabei nicht, dass die dokumentierte Begründung „richtig" ist. Sinn und Zweck des ‚Grundsatzes der methodischen Eindeutigkeit' liegt vielmehr darin, eine Informationsgrundlage für die Beurteilung der verwendeten Methodik auf Richtigkeit zu schaffen. Die methodische „Richtigkeit" ist Ausfluss aus dem ‚Grundsatz der methodischen Genauigkeit'.

5.4.1.4.1.2 Grundsatz der terminologischen Eindeutigkeit

Die Forderung nach terminologischer Eindeutigkeit der ‚modellgestützten Finanzplanung' kann sowohl auf einer Makro- als auch einer Mikroebene erhoben bzw. diskutiert werden. Die Makroebene stellt dabei den unmittelbar sichtbaren Teil der Modellierung dar, wie er sich in Ausdrucken („Hard Copies"), einer schriftlichen Dokumentation („Model Handbook") oder in den Spalten- und Zeilenbezeichnungen einer mit Hilfe eines Tabellenkalkulationsprogramms individuell erstellten Spreadsheet-Applikation bzw. den Eingabe- und Ausgabemasken eines standardisierten (Projektplanungs-)Programms manifestiert.[3] Die Mikroebene stellt demgegenüber die formelmäßige Syntax (z.B. Formel in einer Zelle eines Tabellenkalkulationsprogramms) oder den Code einer Software-Anwendung (z.B. in den Programmiersprachen C++ oder VBA für Excel) dar. Im Folgenden wird der ‚Grundsatz der terminologischen Eindeutigkeit' sowohl auf der Makro- als auch auf der Mikroebene diskutiert:

---

[1] Vgl. Matschke, M. J.; Hering, T.; Klingelhöfer, H. E.: Finanzanalyse und Finanzplanung, a.a.O., S. 98.

[2] Vgl. hierzu die vorstehenden Ausführungen unter Gliederungspunkt 5.4.1.2.2.3.5 Grundsatz der methodischen Genauigkeit, S. 508 ff.

[3] Vgl. hierzu die vorstehenden Ausführungen unter Gliederungspunkt 2.2.2.4.2.1 Soft- und Hardware, S. 77 ff.

- **Eindeutigkeit auf der Makroebene**

Bereits bei der Diskussion des Rahmengrundsatzes der Klarheit wurde auf einer allgemeinen, systemübergreifenden Ebene die Verwendung einer sprachlich und fachwissenschaftlich eindeutigen Terminologie gefordert. Die Verwendung von Abkürzungen und Symbolen ist in der modellgestützten Finanzplanung nur dann akzeptabel, wenn eine begleitende Dokumentation jederzeit Auskunft über die Bedeutung ermöglicht.[1] Die verwendeten Bezeichnungen und Abkürzungen sowie die korrespondierenden Erläuterungen sind in einer lebenden und gängigen Sprache abzufassen.[2] Aus der Sicht der Prüfungsträger werden dabei die eigenen bzw. institutsintern vorgehaltenen Sprachkenntnisse das maßgebliche Soll-Objekt darstellen.

Unabhängig von den verwendeten Begrifflichkeiten in unterschiedlichen Wirtschafts- und Sprachräumen unterliegt die quantitative Deskription aller ‚Projektfinanzierungen im engeren Sinne' den gleichen finanzwirtschaftlichen Gesetzmäßigkeiten, die sich zudem in keiner Weise von denjenigen unterscheiden, die für stehende Unternehmen gelten. Insofern kann ausgehend vom deutschsprachigen Schrifttum auf die bestehenden finanzwirtschaftlichen Deskriptionsebenen mit ihren korrespondierenden Begrifflichkeiten für Strömungs- und Bestandsgrößen zurückgegriffen werden, welche im Folgenden kurz skizziert werden:[3]

---

[1] Vgl. Swan, J.: Practical Financial Modelling: A Guide to Current Practice, a.a.O., S. 74 passim.
[2] Im Regelfall dürfte es sich hierbei um die englische Sprache handeln.
[3] Vgl. hierzu Deppe, H.-D.: Betriebswirtschaftliche Grundlagen der Geldwirtschaft, Band 1: Einführung und Zahlungsverkehr, Stuttgart 1979, S. 20 ff., Männel, W.: Rechnungswesen, a.a.O., S. 459 ff., Haberstock, L.: Kostenrechnung, 12. Aufl., Berlin 2004, S. 15 ff.

Tab. 33: **Finanzwirtschaftliche Deskriptionsebenen**

	Deskriptionsebene	**Strömungsgrößen** ME pro Zeitraum (0.) bzw. GE pro Zeitraum (I.-IV.)	**Bestandsgrößen** ME pro Zeitpunkt (0.) bzw. GE pro Zeitpunkt (I.-IV.)	**Strömungsgrößen** ME pro Zeitraum (0.) bzw. GE pro Zeitraum (I.-IV.)
0.	Absatz/ Beschaffung	**Einkauf (Procurement, Purchasing)**	Lager (Stock)	**Verkauf (Sales, Marketing)**
I.	Investitions-, Finanz- und Liquiditätsplanung	**Auszahlung (Cash Outflow, Payment)**	Kasse (Cash, Cash Balance, Cash Stock)	**Einzahlung (Cash Inflow, Payment)**
II.	Investitions-, Finanz- und Liquiditätsrechnung	**Ausgabe (Expenditure)**	Geldvermögen (Financial Assets)	**Einnahme (Revenues, Cash Receipts)**
III.	Finanzbuchhaltung (Bilanz und GuV)	**Aufwand (Expense)**	Gesamtvermögen (Total Assets)	**Ertrag (Income)**
IV.	Kostenrechnung, Kurzfristige Erfolgsrechnung	**Kosten (Costs)**	Betriebsnotwendiges Vermögen (Operating Capital, Capital Employed)	**Betriebsertrag (Operating Revenues, Operating Income)**
Legende: ME = Mengenheinheiten; GE = Geldeinheiten				

Quelle: Eigene Darstellung

Der ‚Grundsatz der terminologischen Eindeutigkeit' fordert in diesem Zusammenhang, dass die jeweils adäquate finanzwirtschaftliche Terminologie in der modellgestützten Finanzplanung verwendet wird. Das Erfordernis einer inhaltlichen Differenzierung nach verschiedenen finanzwirtschaftlichen Deskriptionsebenen ergibt sich bereits aus dem (Rahmen-)Grundsatz der Richtigkeit sowie dem Wesen und den Zielsetzungen der modellgestützten Finanzplanung.[1] Diese Grundanforderung ist sine conditio qua non und muss sich in einer klaren, d.h. eindeutigen und mit der inhaltlichen Ebene korrespondierenden, Terminologie widerspiegeln.

- **Eindeutigkeit auf der Mikroebene**

Ob der ‚Grundsatz der terminologischen Eindeutigkeit' auch auf einer Mikroebene einschlägig ist, wird vor dem Hintergrund einer konkreten Sachverhaltsgestaltung einerseits und dem Qualifikationsprofil der Prüfungsträger andererseits zu beantworten sein. Dabei können zwei Fallkonstellationen unterschieden werden:

- Da der Quellcode aus lizenzrechtlichen Gründen regelmäßig nicht offengelegt wird, kann bei der Verwendung von **Standardprogrammen** der (Projekt-/Finanz-)Planung die Korrektheit der Software nur durch eine separate bzw. externe Zertifizierung sichergestellt werden.[2] Im Rahmen einer konkreten Kreditwürdigkeitsprüfung erübrigt sich hierbei – entweder aus fakti-

---

[1] Vgl. hierzu die vorstehenden Ausführungen unter den Gliederungspunkten 5.4.1.2.2.3.5 Grundsatz der methodischen Genauigkeit, S. 508 ff. sowie 2.2.2 Modellgestützte Finanzplanung (Cashflow-Analyse), S. 60 ff.

[2] Vgl. hierzu die vorstehenden Ausführungen unter Gliederungspunkt 5.4.1.2.2.3 Grundsatz der Berücksichtigung ethischer Normen, S. 500 ff.

schen, fachlichen und/oder zeitlichen Gründen – die Frage nach einer „terminologischen Eindeutigkeit" des Programmcodes.

- Eine andere Fallkonstellation ergibt sich bei der Verwendung handelsüblicher **Tabellenkalkulationsprogramme**. Eine als Dateiversion („Soft Copy") vorliegende modellgestützte Finanzplanung ermöglicht die Prüfung der formelmäßig niedergelegten Kausalbeziehungen auf algebraische, methodische und interdependente Genauigkeit.[1] Bei Vorliegen eines vertrauenswürdigen Modelltestats einer qualifizierten Drittpartei kann möglicherweise auf eine Prüfung der modellgestützten Finanzplanung verzichtet werden. Eine eigenständige Auseinandersetzung wird für die Prüfungsträger immer dann erforderlich werden, wenn ein derartiges prüferisches Vor- bzw. Teilergebnis fehlt. Hier kann der ‚Grundsatz der terminologischen Eindeutigkeit' eine besondere Bedeutung entfalten: Bei komplexen Projektvorhaben können durchaus einige Dutzend oder hundert Feldbezeichnungen („Namenfelder") für einzelne Zellen oder Zellbereiche vorliegen, so dass das Prädikat ‚terminologische Eindeutigkeit' eine erhebliche Bedeutung gewinnen kann. Idealerweise werden im Rahmen der Syntax des eingesetzten (Tabellenkalkulations-)Programms Feldnamen mit mnemonischen Bezeichnungen versehen.[2]

Auf einer Mikroebene stellt der ‚Grundsatz der terminologischen Eindeutigkeit' letztlich eine idealtypische Anforderung dar, die vom jeweiligen Prüfungsträger individuell zu konkretisieren ist. Ob ein materieller und damit ordnungswidriger Normverstoß vorliegt, wird im Zusammenhang mit dem ‚(Rahmen-)Grundsatz der Richtigkeit' (intersubjektive Nachvollziehbarkeit)[3] und dem ‚(Spezial-)Grundsatz der übersichtlichen Programmierung'[4] zu beurteilen sein.

5.4.1.4.2 Übersichtlichkeit

5.4.1.4.2.1 Grundsatz der Anwendung des Bruttoprinzips

5.4.1.4.2.1.1 Horizontales Bruttoprinzip

Der ‚Grundsatz der Anwendung des horizontalen Bruttoprinzips' fordert, dass eine Saldierung von aufrechnungsfähigen Größen, insbesondere von Auszahlungen und Einzahlungen, Einnahmen und Ausgaben, Erträgen und Aufwendungen sowie von aktivischen und passivischen Bestandsgrößen in Form von Forderungen und Verbindlichkeiten, in den einzelnen Modulen der modellgestützten Finanzplanung unterbleibt. Teilweise wird der Grundsatz im Schrifttum zum betrieblichen Rechnungswesen auch als ‚Verrechnungsverbot'[5] bezeichnet. Das Adjektiv „horizontal" resultiert aus der Tatsache, dass sich bei einer kontenmäßigen Darstellung des Finanzplans oder anderer Stromgrößenrechnungen die Soll- und Habengrößen horizontal gegenüberstehen.[6]

---

[1] Vgl. Ebenda

[2] Zur ‚Klarheit' der verwendeten Formeln im Gegensatz zu den an dieser Stelle thematisierten Feldbezeichnungen vgl. 5.4.1.4.2.3 Grundsatz der übersichtlichen Programmierung, S. 526 ff.

[3] Vgl. hierzu die vorstehenden Ausführungen unter Gliederungspunkt 5.2.1.2.3 Intersubjektive Nachvollziehbarkeit, S. 470 ff.

[4] Vgl. hierzu die nachfolgenden Ausführungen unter Gliederungspunkt . 5.4.1.4.2.3 Grundsatz der übersichtlichen Programmierung, S. 526 ff.

[5] Vgl. hierzu analog Ebenroth, C. T.: Klar und übersichtlich, in: U. Leffson, D. Rückle, B. Großfeld, Handwörterbuch unbestimmter Rechtsbegriffe im Bilanzrecht des HGB, Köln, 1986, S. 268 f.

[6] Vgl. hierzu grundsätzlich Chmielewicz, K.: Integrierte Finanz- und Erfolgsplanung: Versuch einer dynamischen Mehrperiodenplanung, Stuttgart 1972.

Das Saldierungs- bzw. Verrechnungsverbot ist in erster Linie Ausfluss aus dem Grundsatz der Richtigkeit, da es durch den detaillierten Ausweis eine genaue Darstellung von Einzelpositionen fördert. Bei einem Nettoausweis besteht tendenziell die Gefahr, dass sich Fehleinschätzungen oder Inkonsistenzen von Einzelpositionen gegeneinander aufheben und möglicherweise zunächst unentdeckt bleiben. Des Weiteren können die saldierten Werte durchaus im Basisfall („Base Case'), aber nicht bei anderen Fallvarianten bzw. Datenkonstellationen zu korrekten Ergebnissen führen.

Ex ante wird eine indirekte Prüfung von Teilergebnissen durch Plausibilisierungen oder Verprobungen erheblich erschwert bzw. unmöglich. Erst die Berechnung von umfangreichen Sensitivitäten und Szenarien kann zu der widerlegbaren Vermutung führen, dass der Nettoausweis ein Fehlerpotenzial birgt. Die Beachtung des Grundsatzes erleichtert zudem die Durchführung von Soll-Ist-Vergleichen in nachgelagerten Perioden, so dass Ursachen von Planabweichungen ex post leichter identifiziert werden können. Die Relevanz des horizontalen Bruttoprinzips dürfte – auch vor dem Hintergrund des aus der externen Rechnungslegung bekannten analogen Saldierungsverbotes – für alle Projekt- und Planungsbeteiligten intuitiv nachvollziehbar sein.

5.4.1.4.2.1.2 Vertikales Bruttoprinzip

5.4.1.4.2.1.2.1 Bruttoprinzip bei Bestands- und Planungsgrößen

Der ‚(Spezial-)Grundsatz des vertikalen Bruttoprinzips bei Bestands- und Planungsgrößen' postuliert ein Summierungsverbot für Einzelpositionen, die für Zwecke der intersubjektiven Nachvollziehbarkeit getrennt ausgewiesen werden sollten bzw. müssen. Das Anwendungsspektrum des Grundsatzes lässt sich anhand der nachfolgenden Beispiele exemplarisch konkretisieren:

- Die Projekterrichtung impliziert u.a. eine Investition der Projektgesellschaft in Sachanlagevermögen, welches sich aus verschiedenen Einzelpositionen (z.B. Gebäude, Grundstücke, Maschinen etc.) zusammensetzt. Insbesondere bei komplexen technischen Fazilitäten lassen sich in der Regel die Anlagegegenstände bzw. die Einzelaggregate weiter differenzieren.[1]

- Die einzelnen Bestands- und Planungsgrößen für die im Projekt verarbeiteten Roh-, Hilfs- und Betriebsstoffe können – in Abhängigkeit vom betrachteten Produktionsprozess – umfangreiche Einzelpositionen mit jeweils unterschiedlichen Attributen (z.B. Beschaffungskosten, Umschlagshäufigkeiten etc.) umfassen.

- Zur Fremdfinanzierung von Projektvorhaben lassen sich unterschiedliche Kreditarten (z.B. exportkreditversicherte Kredite, kommerzielle Darlehen etc.)[2] heranziehen, die sich zudem in mehrere Kreditfazilitäten mit unterschiedlichen Gläubigergruppen[3] und uneinheitlichen Konditionen (z.B. Laufzeiten, Tilgungs- und Verzinsungsmodalitäten etc.) aufteilen können.

---

[1] Beispielsweise kann bei einem Kohlekraftwerk eine Aufteilung in Kohleentladungs- und lagereinrichtungen, Boiler, Ascheabtransport, Dampfturbine, Kühlturm, Netzanschluss etc. erfolgen. Die genannten Aggregate können häufig sinnvoll in weitere Bestandteile zerlegt werden.

[2] Vgl. hierzu Abb. 50: Erscheinungsformen von Gelddarlehen bei Projektfinanzierungen, S. 208 ff.

[3] Beispielsweise stammen bei Großprojekten des Anlagenbaus einzelne Gewerke häufig aus unterschiedlichen Ländern. Über staatlich gedeckte (liefergebundene) Exportkredite können nur die jeweiligen nationalen Liefer- und Leistungsanteile am Gesamtprojekt dargestellt werden. Andere Kostenanteile sind regelmäßig nur im begrenzten Umfang inkludierbar. Im Ergebnis können mehrere Exportkreditfazilitäten vorliegen.

Die Verwendung von summierten Planungsgrößen bzw. der pauschale Ausweis derselben kann bei den vorgenannten Fallgruppen zu einem erheblichen Informationsverlust führen und birgt potenziell die Gefahr von falschen Ergebnissen und Fehlurteilen. Der ‚(Spezial-)Grundsatz des Bruttoprinzips bei Bestands- und Planungsgrößen' darf andererseits nicht zu einer Atomisierung der ‚modellgestützten Finanzplanung' führen. Die Grenze wird dort zu ziehen sein, wo eine sachlich, konzeptionell und/oder vertragsrechtlich gebotene Differenzierung erforderlich und möglich ist:

- Sachliche Differenzierungsmöglichkeiten lassen sich aus dem ‚(Spezial-)Grundsatz der Richtigkeit' und aus den Erkenntnissen des Systems ‚Prognosen' ableiten:

    - Aus den einschlägigen Normen können Vorgaben in expliziter Form (z.B. gesetzliche Normen) oder impliziter Form (z.B. ethische Normen) für den Grad der akzeptablen Informationsverdichtung gewonnen werden.[1]

    - Aus den Sub(prognose)systemen (‚Technik', ‚Markt' etc.) kann der vom Gutachter für seine Untersuchungen gewählte Detaillierungsgrad als Soll-Vorgabe für die modellgestützte Finanzplanung übernommen werden.

- Konzeptionelle Differenzierungsmöglichkeiten ergeben sich aus dem von den Projektbeteiligten verfolgten Projekt- und Finanzierungskonzept. Als Beispiele können hier die geplante Anzahl der Gesellschafter und Drittparteien (Abnehmer, Lieferanten etc.) angeführt werden, die mit ihren jeweilig vorgesehenen Beziehungen separat in den einschlägigen Modulen der ‚modellgestützten Finanzplanung' darzustellen sind.

- Vertragsrechtliche Differenzierungsmöglichkeiten ergeben sich aus den im Projektkontext geplanten Kontrakten bzw. Abmachungen. Als widerlegbare Vermutung bzw. Arbeitshypothese kann gelten, dass jeder der vorgesehenen Verträge (Abnahmeverträge, Kreditverträge etc.) bzw. der darin enthaltenen einzeln zeitlich und/oder sachlich abgegrenzten Bestandteile separat in der ‚modellgestützten Finanzplanung' berücksichtigt werden muss.

Bei der Beurteilung, ob eine Normverletzung im Hinblick auf den ‚(Spezial-) Grundsatz des vertikalen Bruttoprinzips bei Bestands- und Planungsgrößen' vorliegt, müssen ebenfalls die im konkreten Sachverhalt maßgeblichen Erfordernisse einer ‚ordnungsmäßigen Risikoanalyse berücksichtigt werden.[2]

5.4.1.4.2.1.2.2   Bruttoprinzip auf Projektebene

Es wurde bereits ausgeführt, dass für die Verarbeitung und Abbildung von finanzwirtschaftlichen Größen in der modellgestützten Finanzplanung nicht die rechtliche, sondern die ökonomisch abgegrenzte Projektebene maßgeblich ist.[3] Bei Erweiterungsinvestitionen in stehenden Unternehmen, die das bisherige Geschäftsvolumen bzw. Schuldendienstpotenzial übersteigen und damit nur im Wege einer zukunftsorientierten ‚Projektfinanzierung im engeren Sinne' dargestellt werden können, wird somit eine Totalbetrachtung des Unternehmens vor und nach Errichtung des geplanten Vorhabens erforderlich. Der ‚(Spezial-)Grundsatz des vertikalen Bruttoprinzips auf der Projektebene' fordert in diesem Zusammenhang, dass die existierenden Bestandteile des Unternehmens und die Erweiterungsinvestition – soweit möglich und sinnvoll – zunächst separat modelliert und

---

[1] Vgl. hierzu Gliederungspunkt 5.4.1.2.2 Objektivität der modellgestützten Finanzplanung, S. 498 ff.
[2] Vgl. hierzu die nachfolgenden Ausführungen unter Gliederungspunkt 5.4.3 Grundsätze einer ordnungsmäßigen Risikoanalyse, S. 563 ff.
[3] Vgl. hierzu die vorstehenden Ausführungen unter Gliederungspunkt 5.4.1.3.2 Grundsatz der qualitativen Systemvollständigkeit, S. 518 ff.

erst danach zusammengefasst werden.[1] Zielsetzung eines derartigen Bruttoausweises ist die Erhöhung der Übersichtlichkeit für die Empfänger der modellgestützten Finanzplanung. Da das stehende Unternehmen zusammen mit der Erweiterungsinvestition eine „Schicksalsgemeinschaft" bildet, müssen die wechselseitigen Kausalbeziehungen und damit die korrespondierenden Chancen und Risiken transparent gemacht werden. Bei einer Zusammenfassung des zu finanzierenden Vorhabens und der bestehenden Unternehmensbestandteile besteht andernfalls die Gefahr, dass eine eindeutige Zurechnung von Strom- und Bestandsgrößen, d.h. von Ergebnisbeiträgen, unmöglich wird. Neben einer erschwerten Kreditwürdigkeitsprüfung können sich als weitere Folge Fallgestaltungen ergeben, bei denen eine Umwidmung von projektbezogenen Kreditmitteln für projektfremde Zwecke erleichtert wird.[2]

5.4.1.4.2.1.2.3 Bruttoprinzip auf Konzern- bzw. Holdingebene

Der ‚(Spezial-)Grundsatz des Bruttoprinzips auf Konzern- bzw. Holdingebene' impliziert, dass die modellgestützte Finanzplanung für die jeweiligen Konzern- und Holdingeinheiten die zugehörigen Parameter, Variablen und Kausalbeziehungen isoliert abbildet und verarbeitet.[3] In diesem Zusammenhang ist eine gesamtprojektbezogene Darstellung in konsolidierter oder saldierter Form durchaus erforderlich,[4] eine ausschließliche Fokussierung hierauf würde eine Verletzung der Ordnungsmäßigkeit darstellen. Das Attribut ‚vertikal' resultiert aus der Zahlungsflussrichtung in Konzern- und Holdingstrukturen, bei denen überwiegend Zahlungen von oben nach unten erfolgen und vice versa.

Die Relevanz des Grundsatzes resultiert insbesondere aus dem Ziel einer besseren Nachvollziehbarkeit steuerlicher, regulatorischer und/oder haftungsrechtlicher Effekte. Im Hinblick auf den letztgenannten Aspekt wird eine transparente Darstellung des örtlichen und zeitlichen Anfalls von Zahlungsströmen (Cashflows) im Konzern bzw. in der Holding intendiert, so dass die Aufdeckung von potenziellen Schachtel- und Holdingrisiken erleichtert wird.[5] Hierfür ist ein hinreichender Detaillierungsgrad, d.h. eine differenzierte Darstellung der unterschiedlichen (gesellschaftsrechtlichen) Unternehmensubjekte des Konzerns bzw. der Holding, erforderlich, wobei nur die operativ tätigen und damit wirtschaftlich relevanten Rechtssubjekte separat zu modellieren und über Schnittstellen miteinander zu verbinden sind. Vor- und zwischengeschaltete Durchleitungsgesellschaften (Zwischenholdings und Teilkonzerne) können – soweit steuerlich irrelevant – ignoriert werden.

---

[1] Das Attribut ‚vertikal' wird in diesem Zusammenhang vor dem Hintergrund der – regelmäßig hierarchisch gegliederten – Integration des Erweiterungsprojektes in das Organigramm des stehenden Unternehmens verwendet.

[2] Durch die „fehlerhafte" Modellierung werden Kausalzusammenhänge verschleiert, die andernfalls möglicherweise zu entsprechend strikteren Kreditbedingungen und/oder -auflagen in den Kreditverträgen mit entsprechenden Rechenschafts- und Nachweispflichten während der Laufzeit der (Projekt-)Kredite geführt hätten.

[3] Vgl. hierzu Abb. 46: Beispiel für Mitverpflichtete bei Vorliegen einer Holding-Struktur im Rahmen einer Projektfinanzierung i.e.S., S. 195 sowie die Ausführungen zum Projektgedanken unter dem Gliederungspunkt 5.4.1.3.2 Grundsatz der qualitativen Systemvollständigkeit, S. 518.

[4] Zur Konsolidierung im Rahmen der klassischen Finanzplanung für stehende Unternehmen bzw. Konzerngebilde vgl. Lücke, W.: Finanzplanung und Kontrolle in der Industrie, a.a.O., S. 56 ff.

[5] Vgl. hierzu die Ausführungen zum ‚Schachtel- und Holdingrisiko' in der Tab. 13: Generische Risikostruktur von ‚Projektfinanzierungen i.e.S.', S. 145 ff.

5.4.1.4.2.2 Grundsatz der Modularität

Es wurde bereits ausgeführt, dass ‚modellgestützte Finanzplanungen' für ‚Projektfinanzierungen im engeren Sinne' in der bankbetrieblichen Praxis überwiegend mit handelsüblichen Tabellenkalkulationsprogrammen erstellt werden.[1] Aufgrund der faktischen Notwendigkeit zur Inkludierung sämtlicher betrieblicher Teilpläne sowie der daraus abzuleitenden Ergebnisrechnungen (Plan-GuV, Plan-Bilanz, Plan-Kapitalflussrechnung etc.)[2] gewinnt hierbei die Forderung nach ‚Klarheit' respektive ‚Übersichtlichkeit' eine besondere Bedeutung. Regelmäßig werden diese Soll-Vorstellungen nur durch Einhaltung eines ‚Grundsatzes der Modularität' zu verwirklichen sein, wobei einzelne, inhaltlich abgegrenzte Sachbereiche in Form separater Arbeitsblätter und/oder Dateien (sogenannte ‚Module') technisch umgesetzt werden. Eine derartige Vorgehensweise wurde bereits im zweiten Abschnitt vorgestellt.[3] Als theoretisches Mindestmaß der Modularisierung wäre eine Unterscheidung in drei (Haupt-)Bereiche ‚Daten (Eingabe)', ‚Verarbeitung' und ‚Ausgabe (Ergebnisse)' zu verlangen.[4] Praktisch wird sich jedoch bei realen Projektvorhaben die Notwendigkeit zu einer weitergehenden Modularisierung ergeben, um der Forderung nach Übersichtlichkeit zu genügen. Der Grundsatz impliziert weiterhin, dass bei der Modellierung Hilfs- oder Nebenrechnungen unterbleiben oder – soweit diese zwingend erforderlich sind – in einer transparenten Form vorgenommen werden.[5]

Die Forderung nach einer modularen Programmierung weist einen engen Zusammenhang mit dem bereits postulierten ‚(Spezial-)Grundsatz der terminologischen Eindeutigkeit' auf,[6] da eine transparente Bezeichnung der einzelnen Module die Klarheit weiter erhöhen dürfte. Weiterhin ist die Modulbildung im Kontext mit dem ‚(Spezial-)Grundsatz der Interdependenzgenauigkeit'[7] zu würdigen. Eine modulare Programmierung erfordert eine saubere Schnittstellenprogrammierung, um einen korrekten Datenfluss zwischen den einzelnen Modulen sicherzustellen.[8]

5.4.1.4.2.3 Grundsatz der übersichtlichen Programmierung

Aus einer programmiertechnischen Perspektive kann die ‚modellgestützte Finanzplanung als ‚**gleichungsorientiertes Planungssystem**' respektive ‚**Gleichungssystem**' qualifiziert werden, welches

---

[1] Vgl. hierzu die vorstehenden Ausführungen unter Gliederungspunkt 2.2.2.4.2.1 Soft- und Hardware, S. 77 ff.

[2] Vgl. hierzu die vorstehenden Ausführungen unter Gliederungspunkt 2.2.2.4.1.2 Prozess der modellgestützten Finanzplanung bei Projektfinanzierungen im engeren Sinne, S. 71 ff.

[3] Vgl. hierzu die vorstehenden Ausführungen unter Gliederungspunkt 2.2.2.4.2.2 Modularisierte Programmierung, S. 78 ff.

[4] Die Aufnahme einer separierten „Datensektion" gehört zu den häufig zitierten „*Fünf goldenen Regeln*" des Financial Modelling für ‚Projektfinanzierungen im engeren Sinne'; vgl. exemplarisch Lynch, P. A.: Financial Modelling for Project Finance, a.a.O., Workbook One, S. 2.

[5] Beispielsweise können im Tabellenkalkulationsprogramm MICROSOFT EXCEL© ganze Zeilen- oder Spaltenabschnitte eines Arbeitsblattes mit der Befehlskette Menüpunkt ‚*Daten*'; Unterpunkt ‚*Gruppierung und Gliederung*', Auswahl ‚*Gruppierung ...*' in einer strukturierten und übersichtlichen Form ausgegliedert werden.

[6] Vgl. hierzu die vorstehenden Ausführungen unter Gliederungspunkt 5.4.1.4.1.2 Grundsatz der terminologischen Eindeutigkeit, S. 519 ff.

[7] Vgl. hierzu die vorstehenden Ausführungen unter Gliederungspunkt 5.4.1.2.2.3.4 Grundsatz der Interdependenzgenauigkeit, S. 506 ff.

[8] Vgl. hierzu die Ausführungen im nachfolgenden Gliederungspunkt sowie Lynch, P. A.: Financial Modelling for Project Finance, a.a.O., Workbook One, S. 17.

Variablen und Parameter mit Hilfe von algebraischen Verknüpfungen über eine oder mehrere Hierarchiestufen zu Zwischen- und Endergebnissen verarbeitet.[1] Das Gleichungssystem ‚modellgestützte Finanzplanung' lässt sich in eine Vielzahl von ‚Teilgleichungssystemen' zerlegen, welche sich wiederum aus Untersystemen zusammensetzen und so fort.[2] Die Gleichungssysteme können in einfacher oder in simultaner Form vorliegen. Bei **‚einfachen Gleichungssystemen'** sind die End- bzw. Zwischenergebnisse das Resultat gleichungsmäßig verknüpfter Variablen, die sich durch die folgenden Eigenschaften charakterisieren lassen:[3]

- Die Variablen stehen auf der gleichen Hierarchiestufe.

- Die Variablen werden von einer oder mehreren Variablen untergeordneter Hierarchiestufen beeinflusst.

- Die Variablen werden nicht durch andere Variablen der gleichen Ebene beeinflusst.

Das Prinzip eines ‚einfachen Gleichungssystems' soll anhand eines – stark vereinfachten – Schuldendienstes beispielhaft erläutert werden:

Einfaches Gleichungssystem zur Ermittlung des Schuldendienstes einer Periode

$$DS = I + F + P$$
$$I = i * d/365 * OS$$
$$F = AF + MF$$
$$P = PC * ILA$$
$$i = BR + M$$

mit:

DS	=	Debt Service (Schuldendienst)
I	=	Interest Service (Zinsdienst)
F	=	Fees (Kreditgebühren)
P	=	Principal (Tilgung)
i	=	Interest Rate (Zinssatz)
d	=	Days (Tage der Inanspruchnahme)
OS	=	Outstanding (Ausstehender Kreditbetrag)
PC	=	Percentage of Amortisation (Anwendbarer Tilgungsatz in Prozent)
ILA	=	Initial Loan Amount (Ursprünglicher Kreditbetrag)
BR	=	Base Rate (Referenzzinssatz)
M	=	Margin (Zinsmarge)

Bei einer Umsetzung der ‚modellgestützten Finanzplanung' entspricht jede Zeile des obigen Gleichungssystems genau einer Zelle. Das links vom Gleichheitszeichen stehende Ergebnis repräsentiert das ausgewiesene Resultat (Zellwert), der rechts vom Gleichheitszeichen stehende Algorithmus ist die in der Zelle zu hinterlegende Formel.

---

[1] Vgl. La, B.: Strukturanalyse gleichungsorientierter Planungsmodelle, a.a.O., S. 12 ff.
[2] Vgl. hierzu die vorstehenden Ausführungen unter Gliederungspunkt 2.2.2.3 Modellcharakter, S. 66 ff.
[3] Vgl. hierzu La, B.: Strukturanalyse gleichungsorientierter Planungsmodelle, a.a.O., S. 15.

Das oben beispielhaft aufgezeigte ‚einfache Gleichungssystem' bezieht sich nur auf eine Periode und ist damit von einer zeitlich statischen Natur. Die modellgestützte Finanzplanung hat jedoch einen periodenübergreifenden Charakter, so dass sich die Algorithmen – korrespondierend mit den abzubildenden ökonomischen Sachverhalten – in vielen bzw. allen Planungsperioden zeitversetzt wiederholen. Der ‚Grundsatz der übersichtlichen Programmierung' bedingt, dass die intraperiodischen, d.h. innerhalb des Gleichungssystems, und interperiodischen, d.h. im Zeitablauf, existierenden Kausalbeziehungen im Wege eines klaren Programmablaufs (Datenfluss) modelliert werden.

Bei einer Umsetzung der ‚modellgestützten Finanzplanung' mit Hilfe eines Tabellenkalkulationsprogrammes stehen für die Erfüllung dieser Anforderung verschiedene Techniken bzw. Programmiergrundsätze zur Verfügung:

- Jedes isolierbare Teilgleichungssystem einer Hierarchieebene wird über einen eigenen Algorithmus, d.h. in einer separaten Zelle, abgebildet.

- In allen Zellen einer Zeile steht die gleiche Formel.[1] Ausnahmen sind zu minimieren und entsprechend zu kennzeichnen.[2]

- Der Datenfluss erfolgt in der Regel intraperiodisch von oben nach unten und interperiodisch von links nach rechts.[3]

‚**Simultane Gleichungssysteme**' sind Zyklen zweier oder mehrerer voneinander abhängiger Variablen gleicher Hierarchiestufe, d.h. dass mindestens ein Teilergebnis als endogene Variable in eine andere Variable des Gleichungssystems eingeht.[4] Das Problem kann anhand der Berechnung der Gewerbesteuer im Modul ‚Steuern' verdeutlicht werden:

Simultanes Gleichungssystem zur Ermittlung der Gewerbesteuer

GewSt	=	*SMBnGewErtr*	*	*h*		
SMBnGewErtr	=	*GewErtrFbabz*	*	*StMz*		
GewErtrFbabz	=	*GewErtr*	–	*Fb*		
GewErtr	=	*GewGb*	+	*Hzr*	–	*Kz*
GewGb	=	*Ertr*	–	*Aufw*		
Aufw	=	*AufwoGewSt*	+	*GewSt*		

mit:

GewSt	=	*Gewerbesteuer*
SMBnGewErtr	=	*Steuermessbetrag nach dem Gewerbeertrag (§ 14 Abs. 1 GewStG)*
h	=	*Hebesatz (§ 16 GewStG)*
GewErtrFbabz	=	*Gewerbeertrag nach Freibetragsabzug*
StMz	=	*Steuermesszahl (§ 11 Abs. 2 GewStG)*

---

[1] Vgl. Lynch, P. A.: Financial Modelling for Project Finance, a.a.O., Workbook One, S. 2.

[2] Eine derartige Ausnahme wäre beispielsweise die erste Zelle einer Zeile (‚Basisspalte'), die einen Anfangswert bzw. Initialisation Value (z.B. Startzeitpunkt) enthält.

[3] Vgl. Lynch, P. A.: Financial Modelling for Project Finance, a.a.O., Workbook One, S. 17. Für die Einhaltung dieser Anforderung stehen verschiedene Techniken, wie z.B. die „Korkenzieher-Methode (Corkscrew-Method)", zur Verfügung. Vgl. hierzu Swan, J.: Practical Financial Modelling: A Guide to Current Practice, a.a.O., S. 73 ff.

[4] Vgl. hierzu La, B.: Strukturanalyse gleichungsorientierter Planungsmodelle, a.a.O., S. 15.

GewErtr	=	*Gewerbeertrag (§ 7 GewStG)*
Fb	=	*Freibetrag (§ 11 Abs. 1 GewStG)*
GewGb	=	*Gewinn aus Gewerbebetrieb (§ 7 GewStG)*
Hzr	=	*Hinzurechnungen (§ 8 GewStG)*
Kz	=	*Kürzungen (§ 9 GewStG)*
Aufw	=	*Aufwand*
Ertr	=	*Ertrag*
AufwoGewSt	=	*Aufwand ohne Gewerbesteuer*

Das vorstehende Gleichungssystem kann graphisch wie folgt dargestellt werden:

Abb. 122: Gewerbesteuerermittlung als simultanes Gleichungssystem

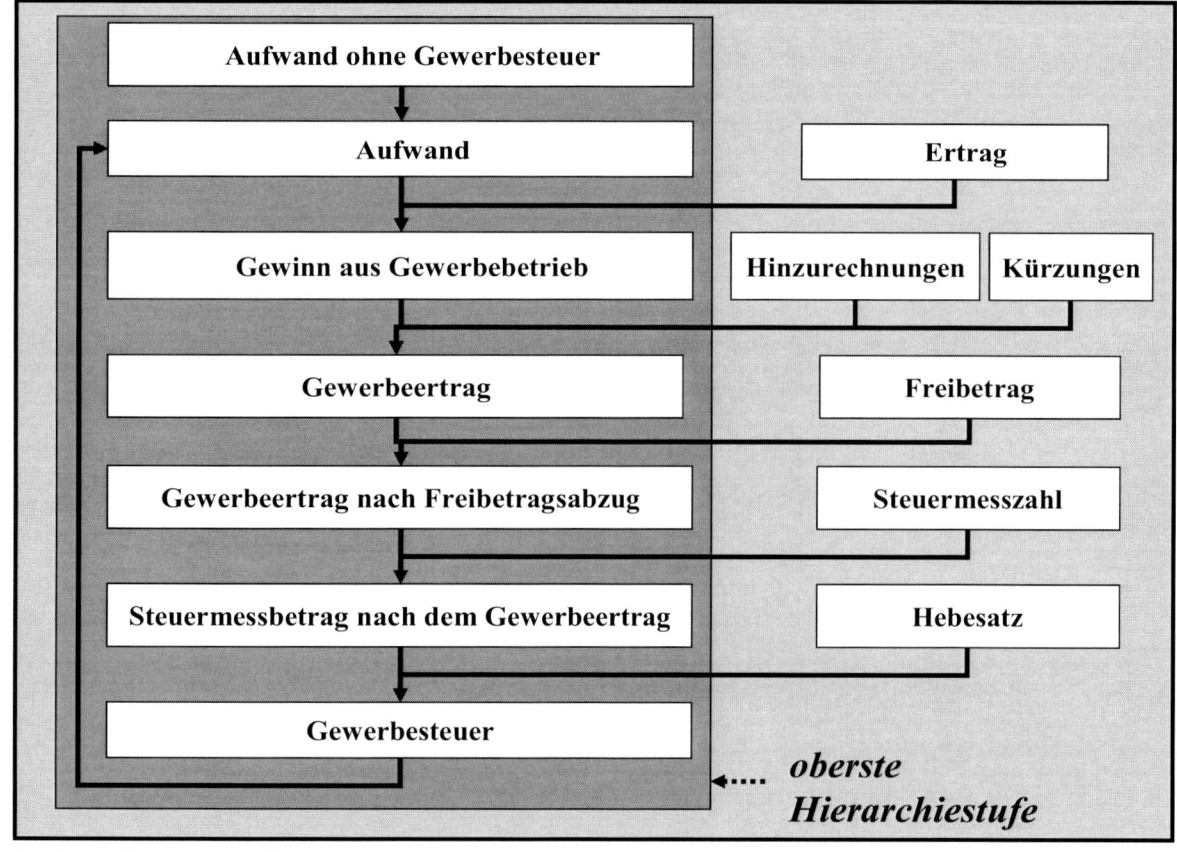

Quelle: Eigene Darstellung

Das obige Beispiel zeigt auf der linken Seite alle Variablen, die auf der obersten Hierarchiestufe stehen (dunkel unterlegtes Rechteck). Die Simultanität des Gleichungssystems kommt durch den aufgezeigten Zyklus zu Stande: Das Ergebnis ‚Gewerbesteuer' geht (als abzugsfähige Betriebsausgabe) in die Variable ‚Aufwand' wieder ein.

Bei der Programmierung von simultanen Gleichungssystemen ergibt sich das Problem der Zirkularitäten (synonym:, Zirkelbezüge, zirkuläre Zellreferenzen). Eine Lösung des Gleichungssystems ist durch (näherungsweise) Iteration oder durch eine (genaue) formelmäßige (analytische) Lösung möglich. Durch Iteration gelöste Zirkularitäten sind unübersichtlich, schwer nachvollziehbar und – in Abhängigkeit von den Spezifika der verwendeten Software – potenziell fehlerbehaftet.[1]

---

[1] Vgl. hierzu auch Lynch, P. A.: Financial Modelling for Project Finance, a.a.O., Workbook One, S. 29 ff.

Für das vorstehende Beispiel der Gewerbesteuerermittlung kann die Steuerberechnung anstelle einer iterativen Ermittlung mit Hilfe der folgenden Formel auf analytischem Wege erfolgen:[1]

Effektive Gewerbesteuer

$$GewSt_{effektiv} = \frac{StMz * h}{10.000 + StMz * h} * GewErtr_{vorGewSt}$$

mit:

$GewSt_{effektiv}$	*Effektive Gewerbesteuer*
$StMz$	*Steuermesszahl (in %; = 5 bei Kapitalgesellschaften)*
$GewErtr_{vorGewSt}$	*Gewerbeertrag vor Abzug der Gewerbesteuer*
h	*Hebesatz*

Beispiel

für:

$StMz$	=	5
$GewErtr_{vorGewSt}$	=	1.000
h	=	400

ergibt sich:

$GewSt_{effektiv}$	=	166,67

Der analytisch ermittelte ‚effektive Gewerbesteuersatz' kann nunmehr direkt auf den ‚Gewerbeertrag vor Abzug der Gewerbesteuer' angewendet werden, ohne dass dieser vorher um die Gewerbesteuer zu reduzieren ist. Das Problem des Zirkelbezugs entfällt damit.[2]

Der ‚Grundsatz der übersichtlichen Programmierung' fordert eine Umsetzung der ‚modellgestützten Finanzplanung' unter Vermeidung von Zirkularitäten.

5.4.1.5 Vergleichbarkeit

Der ‚(Spezial-)Grundsatz der Vergleichbarkeit' intendiert eine Erhöhung des Informationswertes der ‚modellgestützten Finanzplanung' durch eine formell und materiell einheitliche Abbildung inhaltlich identischer Sachverhalte.[3] Die Forderung nach Vergleichbarkeit lässt sich in mehrfacher Hinsicht operationalisieren:

- **Interperiodische Vergleichbarkeit zum Zeitpunkt der Kreditvergabe**

  Die interperiodische Vergleichbarkeit der formellen und materiellen Abbildung von Parametern, Variablen und Kausalzusammenhängen zum Zeitpunkt der Modellerstellung bzw. Kreditvergabeentscheidung ist ein Kernmerkmal der modellgestützten Finanzplanung. Die Modellierung eines Projektvorhabens erfolgt durch Gleichungssysteme, deren Algorithmen sich im Regelfall über die betrachteten (Planungs-)Perioden identisch wiederholen.[4] <u>Formelle</u>

---

[1] Zur Ableitung vgl. Haberstock, L., Breithecker, V.: Einführung in die Betriebswirtschaftliche Steuerlehre, a.a.O., S. 76 ff.

[2] Ein ähnliches Problem ergibt sich bei der Ermittlung der Bauzeitzinsen, das auf vergleichbare Weise analytisch gelöst werden kann.

[3] Vgl. hierzu die vorstehenden Ausführungen unter Gliederungspunkt 5.4.1.4.2.3 Grundsatz der übersichtlichen Programmierung, S. 526 ff.

[4] Ebenda

Vergleichbarkeit liegt bei Tabellenkalkulationen dann vor, wenn – wie bereits im ‚Grundsatz der übersichtlichen Programmierung' ausgeführt – innerhalb einer Zeile in jeder Zelle die gleichen Formeln verwendet werden. Die materielle Vergleichbarkeit kann nur anhand des konkreten Formelalgorithmus beurteilt werden, welcher in Abhängigkeit von verschiedenen Umwelt- bzw. Datenkonstellationen zu richtigen Ergebnissen führen muss. Bei standardisierten (Projekt-)Planungsprogrammen muss der Quellcode im Rahmen einer Programmprüfung auf formelle und materielle Stetigkeit untersucht werden.

- **Interperiodische Vergleichbarkeit mit dem externen Berichtswesen**

    Es erscheint sinnvoll, die wesentlichen Ergebnismodule der ‚modellgestützten Finanzplanung' bereits zum Zeitpunkt der Kreditvergabeentscheidung in einem Format zu erstellen, das in späteren, d.h. der Kreditvergabeentscheidung nachgelagerten, Perioden einen erleichterten Soll-Ist-Vergleich ermöglicht.[1] In diesem Sinne wären insbesondere die Module ‚Plan-Bilanz', ‚Plan-GuV', ‚Plan-Cashflow' sowie ‚Kennzahlen' und ‚Ausgabe' in einem Format zu erstellen, das eine formelle Stetigkeit mit dem externen Berichtswesen des Projektes aufweist.[2] Die Formatvorgaben lassen sich aus den einschlägigen gesetzlichen und/oder ethischen Normen ableiten und können zudem kreditvertraglich dokumentiert werden.

- **Vergleichbarkeit verschiedener Sensitivitäten bzw. Szenarien**

    Modellgestützte Finanzplanungen, die mit Hilfe von Tabellenkalkulationsprogrammen programmiert werden, müssen bei einer ordnungsmäßigen Modellierung in der Lage sein, verschiedene Sensitivitäten bzw. Szenarien zu verarbeiten.[3] Der ‚(Spezial-)Grundsatz der Vergleichbarkeit' fordert in diesem Zusammenhang, dass alle Modellvarianten sowohl eine formelle als auch – mit Ausnahme der variierten Parameter – eine materielle Stetigkeit aufweisen. Diese Anforderung konkretisiert sich in der gelegentlich formulierten Anforderung *„For one project, one model should run all cases"*[4].

- **Vergleichbarkeit verschiedener Modellversionen**

    Im Zuge der Strukturierung sowie bei der anschließenden Umsetzung bzw. Durchführung von ‚Projektfinanzierungen im engeren Sinne' werden regelmäßig mehrere Modellversionen erstellt. In der Phase der Arrangierung und Syndizierung erfolgt eine fortlaufende Korrektur von festgestellten Fehlern durch die modellerstellende Bank (‚Modelling Bank').[5] Nach Herauslegen der Finanzierungszusagen <u>kann</u> – soweit kreditvertraglich vereinbart – eine Fortschreibung der ‚modellgestützten Finanzplanung' auf der Basis der jeweiligen Ist-Werte sowie revolvierend aufdatierter Prognosen erfolgen. Die Einhaltung des ‚(Spezial-)Grundsatzes der Vergleichbarkeit' bedingt, dass alle im Zeitablauf erstellten Modellversionen eine formelle und materielle Stetigkeit aufweisen. Falls Abweichungen notwendig werden, sind diese visuell hervorzuheben und zu dokumentieren.

- **Vergleichbarkeit mit gängigen Darstellungsformen**

    Kreditinstitute, die wiederholt an konsortial dargestellten ‚Projektfinanzierungen im engeren Sinne' partizipieren, werden im Zeitablauf ein Verständnis für die branchenspezifische Abbildung von Projektvorhaben in der ‚modellgestützten Finanzplanung' entwickeln. Trotz des Er-

---

[1] Im Hinblick auf betriebsinterne Kontrollprozesse wird im Schrifttum zur klassischen Finanzplanung analog vom ‚Grundsatz der Kontrollierbarkeit' gesprochen. Vgl. Lücke, W.: Finanzplanung und Finanzkontrolle in der Industrie, a.a.O., S. 63.

[2] In diesem Sinne auch Bolsenkötter, H.: Die Prüfung der wirtschaftlichen Verhältnisse, a.a.O., S. 31, Tz 68.

[3] Vgl. hierzu die Ausführungen unter den Gliederungspunkten (Quantitative Risikoanalyse) ff. sowie (Wirtschaftlichkeit) ff.

[4] Lynch, P. A.: Financial Modelling for Project Finance, a.a.O., Workbook One, S. 2.

[5] Vgl. hierzu die vorstehenden Ausführungen unter Gliederungspunkt 2.3.1 Grundfunktionen von Banken in der internationalen Projektfinanzierung, S. 159 ff.

fordernisses der individuellen Modellierung von variierenden Projektspezifika werden sich gängige Darstellungsformen für gleiche Sachverhalte innerhalb einer Branche (z.B. Energieerzeugung, Verkehrsinfrastruktur, Telekommunikation etc.) bzw. für dieselben Projekttypen (z.B. Kohlekraftwerk, Mobilfunknetz, Elektrostahlwerk etc.) herausbilden. Der ‚(Spezial-)Grundsatz der Vergleichbarkeit' bedingt, dass auf eine ähnliche formelle und im Zweifel auch materielle Stetigkeit zwischen vergleichbaren Projektvorhaben zu achten ist, soweit dieses zu einer sachgerechten Abbildung und damit nicht zu einem Verstoß gegen den ‚(Spezial-)Grundsatz der Richtigkeit' führt.

Zusammenfassend lässt sich – analog zu dem aus den Rechtswissenschaften bekannten Gleichheitsgrundsatz – festhalten, dass der ‚(Spezial-)Grundsatz der Vergleichbarkeit' grundsätzlich fordert, dass in der ‚modellgestützten Finanzplanung' „Gleiches gleich und Ungleiches ungleich" behandelt wird. Eine Durchbrechung des Grundsatzes muss erläutert und nachvollziehbar begründet werden.

5.4.1.6 Wirtschaftlichkeit (Wesentlichkeit)

5.4.1.6.1 Grundsatz der angemessenen Komplexitätsreduktion

Im Zuge der Diskussion von Rahmengrundsätzen der Offenlegung wurde bereits ausgeführt, dass der ‚Grundsatz der Wirtschaftlichkeit' in einen ‚Grundsatz der Relevanz bzw. Wesentlichkeit (Materiality)' umgedeutet werden kann, welcher nur auf der Ebene von kreditgeschäfts- und informationsartenspezifischen Spezialgrundsätzen konkretisiert werden kann. Für die ‚modellgestützte Finanzplanung' bedeutet dies auf einer allgemeinen Ebene, dass eine vernünftige Relation zwischen Nutzen und Kosten der Modellierung bestehen muss. Insbesondere der zur Verfügung stehende Zeitrahmen stellt hier regelmäßig einen limitierenden Faktor dar.[1] Der Zusatz ‚modellgestützt' impliziert bereits eine angemessene Komplexitätsreduktion der abzubildenden bzw. zu verarbeitenden Sachverhalte.[2] Beispielsweise kann – unter Rückgriff auf Vorinformationen der technischen Gutachten – im Regelfall auf eine integrierte hochpräzise Simulation der zugrunde liegenden naturwissenschaftlich-technischen Prozesse in der ‚modellgestützten Finanzplanung' verzichtet werden. Andererseits dürften vor dem Hintergrund des Wesentlichkeitsgrundsatzes ein kommentarloser Wegfall oder eine stark vereinfachte Modellierung entscheidungsrelevanter Sachverhalte (z.B. Working Capital, Steuerberechnung, Dividendenregelungen) nicht akzeptabel sein. Die projektgebundene Vergabe von großvolumigen Krediten wird vor dem Hintergrund des absoluten Ausfallrisikos regelmäßig eine strikte Auslegung des ‚Grundsatzes der Wirtschaftlichkeit' rechtfertigen.

Dies gilt umso mehr, als wir die Systeme ‚Prognose' und ‚Risikoanalyse' konzeptionell vom System der ‚modellgestützten Finanzplanung' separiert betrachten.[3] Im Schrifttum zur klassischen Finanzplanung wird die Frage nach der angemessenen Komplexität dieser vor- und nachgelagerten Verarbeitungssysteme unter den ‚Grundsatz der Wirtschaftlichkeit' subsumiert. Im Hinblick auf den Untersuchungsgegenstand ‚Projektfinanzierung im engeren Sinne' sollen die Aspekte der

---

[1] Vgl. Lynch, P. A.: Financial Modelling for Project Finance, a.a.O., Workbook One, S. 7
[2] Vgl. hierzu die vorstehenden Ausführungen unter Gliederungspunkt 2.2.2.3 Modellcharakter, S. 66 ff.
[3] Vgl. hierzu Abb. 102: Das Supersystem ‚Projekt- und Finanzierungskonzept' und seine Systeme bzw. Subsysteme, S. 421.

Wirtschaftlichkeit von Prognoseerstellung und Risikoanalyse im Rahmen von jeweils gesonderten Ordnungsmäßigkeitsgrundsätzen adressiert werden.[1]

5.4.1.6.2 Grundsätze der Flexibilität und Elastizität der modellgestützten Finanzplanung

Im Schrifttum zur klassischen Finanzplanung werden Grundsätze skizziert, die im engen Zusammenhang mit dem ‚(Spezial-)Grundsatz der Wirtschaftlichkeit' stehen. Diese Grundsätze der ‚Elastizität' und der ‚Flexibilität' sollen in verschiedener Hinsicht „Freiheitsgrade" im Planungsprozess eröffnen:

- Der ‚Grundsatz der Elastizität (Anpassungsfähigkeit, Adaptabilität)' umschreibt die grundsätzliche Fähigkeit des Systems Finanzplanung, veränderte Rahmenbedingungen, d.h. Modifikationen von Teilplänen, zu berücksichtigen.[2] Eine große (Planungs-)Elastizität impliziert eine genaue Abbildung von Abhängigkeiten. Die Änderung einer Variablen eines Teilplans muss entsprechende Rückwirkungen auf alle anderen Pläne entfalten und vice versa (sogenannte ‚Anpassungselastizität').[3]

- Der ‚Grundsatz der Flexibilität' intendiert eine Berücksichtigung von verschiedenen alternativen Datenkonstellationen bzw. von Bandbreiten für die einzelnen Variablen.[4] Der erstgenannte Aspekt adressiert eine Finanzplanung auf der Basis von Szenarien und/oder unter Zugrundelegen verschiedener Sensitivitäten. Der zweite Aspekt bedingt eine implizite Risikoberücksichtigung durch die Aufnahme von Risikozu- oder Risikoabschlägen bzw. eine explizite Risikoberücksichtigung durch den Ansatz von Reserven.

Eine Bewertung dieser Grundsätze muss u.a. vor dem historischen Hintergrund und zu den zum Entwicklungszeitpunkt vorherrschenden technischen Rahmenbedingungen erfolgen. Das deutsche Schrifttum zur Finanzplanung datiert überwiegend in den 50er, 60er und 70er Jahren des vorigen Jahrhunderts.[5] In dieser Zeitphase war ein manuelles Erstellen von Teilplänen und eine weitgehend papierbasierte Verdichtung zu einem Finanzplan der Regelfall. Die beiden genannten Grundsätze sollten daher nicht nur als Abbildungsnormen, sondern vielmehr als Prozessnormen interpretiert werden. Die zwischenzeitliche Entwicklung im Bereich der Datenverarbeitung erfordert eine Evaluierung und Reinterpretation derartiger Soll-Vorstellungen. In stehenden Unternehmen werden heutzutage umfangreiche Software-Plattformen genutzt, die regelmäßig das externe und interne Rechnungswesen, die retrospektiven und prospektiven Rechenwerke sowie die verschiedenen betrieblichen Teilfunktionen (Material- und Personalwirtschaft, Treasury, Produktionsplanung etc.) modular und branchenspezifisch integrieren. Der hohe Grad an Verzahnung durch umfangreiche Schnittstellen bedingt zwangsläufig eine weitgehende Flexibilität und Elastizität der Unternehmens- bzw. Finanzplanung.

Das hier betrachtete System der ‚modellgestützten Finanzplanung' stellt de facto ebenfalls eine vollumfänglich integrierte Unternehmensplanung für das geplante Projekt dar. Allerdings erfolgt die Modellierung mehrheitlich auf der Basis individuell und mit Hilfe von Tabellenkalkulationsprogrammen erstellter Spreadsheet-Applikationen. Eine Programmierung, die wirtschaftlich ist und

---

[1] Vgl. hierzu die nachfolgenden Ausführungen unter den Gliederungspunkten 5.4.2.6 Wirtschaftlichkeit, S. 563 ff. und 5.4.3.6 Wirtschaftlichkeit (Wesentlichkeit), S. 590 ff.
[2] Vgl. Büschgen, H. E.: Grundzüge betrieblicher Finanzwirtschaft, a.a.O., S. 347.
[3] Vgl. Lücke, W.: Finanzplanung und Finanzkontrolle in der Industrie, a.a.O., S. 59 m.w.N.
[4] Vgl. Ebenda
[5] Vgl. exemplarisch Eggers, T.: Grundsätze für die Gestaltung der Finanzplanung, a.a.O., S. 276 ff.

zugleich zu validen (wesentlichen) Ergebnissen führt, gewinnt hierbei eine besondere Bedeutung. ‚Wirtschaftlichkeit' bedingt die Anpassungsfähigkeit an verschiedene Daten- und Konzeptkonstellationen sowie die Möglichkeit, ohne erneuten umfangreichen Modellierungsaufwand Alternativrechnungen zu erstellen. In diesem Sinne wären ‚Elastizität' und ‚Flexibilität' wie folgt zu interpretieren:

- **Grundsatz der Elastizität der modellgestützten Finanzplanung**

    Im Hinblick auf das Untersuchungsobjekt ‚Projektfinanzierung im engeren Sinne' wurde die Soll-Anforderung ‚Elastizität' bereits durch die vorstehend diskutierten (Spezial-)Grundsätze der ‚Interdependenzgenauigkeit' und ‚Modularität' adressiert.[1] Die Abbildung von Interdependenzen durch eine weitestgehend genaue Modellierung von Kausalbeziehungen ermöglicht die Einhaltung des ‚Grundsatzes der Wirtschaftlichkeit', da Änderungen im Datenkranz (Variablen, Parameter) nur noch im Eingabe- bzw. Datenmodul erfolgen müssen. Der ‚Grundsatz der Modularität' wirkt hier in zweifacher Hinsicht unterstützend: Zum einen ermöglicht ein modularer und damit sachlich strukturierter Aufbau generell ein einfacheres Identifizieren von Kausalbeziehungen. Zum anderen erübrigt die Separierung von Daten-, Verarbeitungs- und Ausgabemodulen ein Überarbeiten des Gesamtmodells bei Änderungen des Datenkranzes.[2]

- **Grundsatz der Flexibilität der modellgestützten Finanzplanung**

    Durch den vorstehend skizzierten ‚Grundsatz der Modularität' und der damit verbundenen konzeptionellen Trennung von Daten-, Verarbeitungs- und Ausgabemodulen sollte bereits die Möglichkeit einer Berechnung von Alternativrechnungen, d.h. von Sensitivitäten und Szenarien, gegeben sein, ohne dass dadurch das Erfordernis eines Modellumbaus ausgelöst wird.[3] Ob unter einem ‚Grundsatz der Flexibilität der modellgestützten Finanzplanung' auch eine Modellierung zu fordern ist, die eine ‚simulationsbasierte Risikoanalyse'[4] ermöglicht bzw. erleichtert, dürfte kontrovers zu diskutieren sein. Zum gegenwärtigen Zeitpunkt ergeben sich zumindest im Schrifttum keine Anhaltspunkte dafür, dass sich Simulationen zu einem allgemein anerkannten oder weit verbreiteten Instrument der Projektanalyse entwickelt haben.[5]

Obwohl die skizzierten Grundsätze der Flexibilität und der Elastizität – wie vorstehend aufgezeigt – implizit durch andere Spezialgrundsätze abgedeckt sind, erscheint das explizite Hervorheben im Rahmen des ‚(Spezial-)Grundsatzes der Wirtschaftlichkeit (Wesentlichkeit)' gerechtfertigt. Gerade bei zeitintensiven und komplexen Projekten dürften diese Soll-Anforderungen eine erhebliche Bedeutung für den ‚(Spezial-)Grundsatz der Wirtschaftlichkeit (Wesentlichkeit) der modellgestützten Finanzplanung' entfalten.

---

[1] Vgl. hierzu die vorstehenden Ausführungen unter den Gliederungspunkten 5.4.1.2.2.3.4 Grundsatz der Interdependenzgenauigkeit, S. 506 ff. und 5.4.1.4.2.2 Grundsatz der Modularität, S. 526 ff.

[2] Ein Überarbeiten ist weiterhin erforderlich, wenn geänderte Kausalbeziehungen in das Modell integriert werden müssen.

[3] Ausnahmen können dort auftreten, wo komplexe Berechnungsroutinen (z.B. Wasserfälle mit vertraglich definierten Verlustallokationsmechanismen) umgestellt werden müssen.

[4] Vgl. hierzu die vorstehenden Ausführungen unter Gliederungspunkt 2.2.4.3.4.3 Simulationsbasierte Risikoanalysen, S. 152 ff.

[5] Eine erste größere Untersuchung zum Thema wurde in jüngerer Zeit von WERTHSCHULTE vorgelegt. Vgl. Werthschulte, H.: Kreditrisikomessung bei Projektfinanzierungen durch Risikosimulation, Wiesbaden 2005.

5.4.2 Grundsätze einer ordnungsmäßigen Prognosebildung

5.4.2.1 Vorüberlegungen

5.4.2.1.1 Konzeption als Prüfungs- und Kontrollnormenkanon

Das System ‚Prognosen' dient der Ermittlung und/oder Verifizierung von ein- und mehrwertigen Daten sowie von Kausalbeziehungen, die im System ‚modellgestützte Finanzplanung' als Parameter und Variablen verarbeitet respektive mit Hilfe entsprechender Algorithmen abgebildet werden.[1] Daneben stehen Prognoseaussagen in einem engen Zusammenhang mit dem auf Identifikation und Management von Unsicherheiten abzielenden System der ‚Risikoanalyse'. In Analogie zu den vorstehenden Ausführungen zum System ‚modellgestützte Finanzplanung' lassen sich für ‚Grundsätze ordnungsmäßiger Prognosebildung' die folgenden Zielsetzungen festhalten:[2]

- Die Grundsätze müssen bereits bei der Prognosebildung als ‚**Konstruktionsnormen**' und ‚**Kontrollnormen**' einsetzbar sein.

- Die Grundsätze müssen bei einer nachgelagerten Prognoseprüfung als ‚**Prüfungsnormen**' verwendbar sein.

Die nachfolgende Abbildung illustriert den Prüfungs- sowie Kontroll- und Konstruktionsnormencharakter der ‚Grundsätze ordnungsmäßiger Prognosebildung' bei ‚Projektfinanzierungen im engeren Sinne':

---

[1] Vgl. hierzu die vorstehenden Ausführungen unter Gliederungspunkt 2.2.2.3 Modellcharakter, S. 66 ff. insbesondere Abb. 12: Zusammenhang zwischen Projekt- und Finanzierungskonzept sowie modellgestützter Finanzplanung, S. 68.

[2] Vgl. hierzu die vorstehenden Ausführungen unter Gliederungspunkt 5.4.1.1.1 Konzeption als Prüfungs- und Kontrollnormenkanon, S. 492 ff.

Abb. 123: Zur doppelten Relevanz der ‚Grundsätze ordnungsmäßiger Prognosebildung'

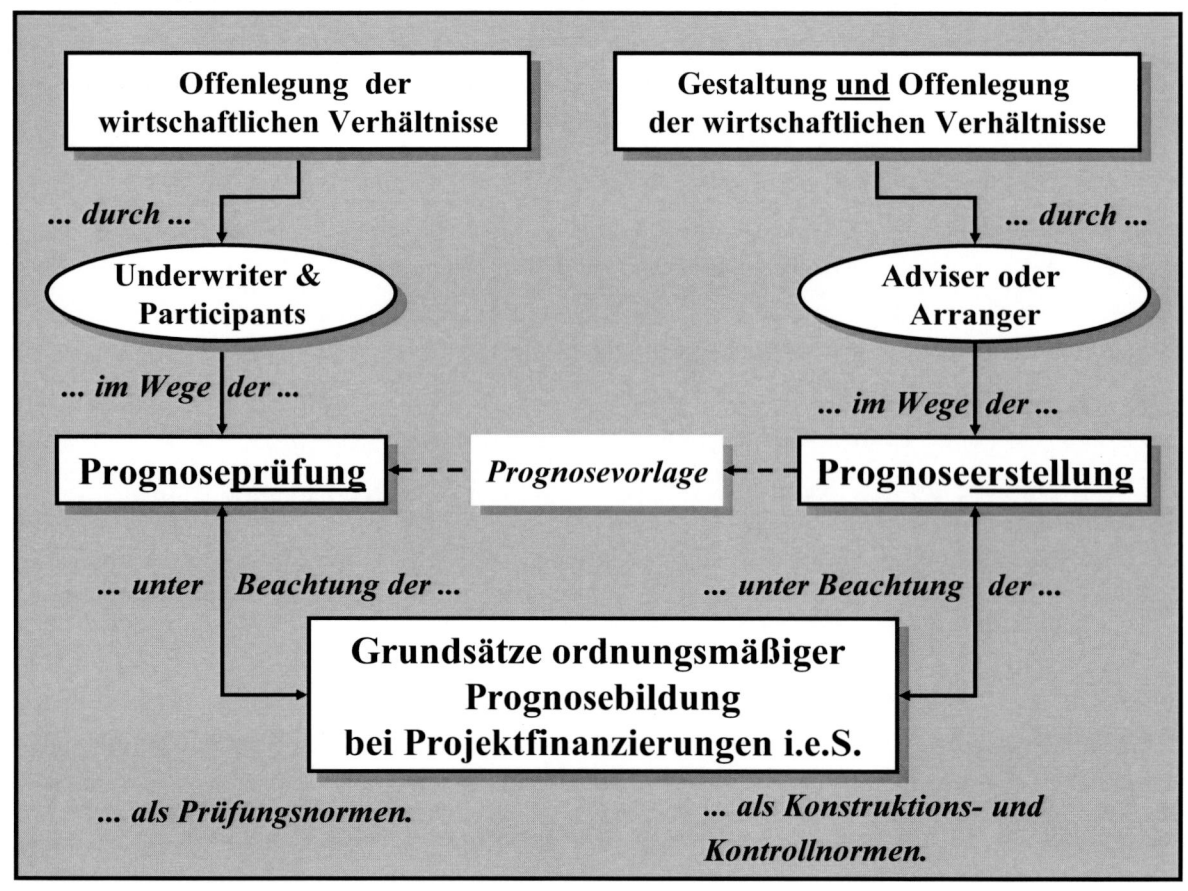

```
┌─────────────────────────────────────────────────────────────────────────┐
│  ┌───────────────────────┐              ┌───────────────────────────┐   │
│  │  Offenlegung der      │              │  Gestaltung und Offenlegung│  │
│  │  wirtschaftlichen     │              │  der wirtschaftlichen     │   │
│  │  Verhältnisse         │              │  Verhältnisse             │   │
│  └───────────┬───────────┘              └─────────────┬─────────────┘   │
│   ... durch ...                                          ... durch ...  │
│        ┌────────────┐                          ┌────────────┐           │
│        │Underwriter&│                          │ Adviser oder│          │
│        │Participants│                          │  Arranger   │          │
│        └──────┬─────┘                          └──────┬─────┘           │
│   ... im Wege der ...                          ... im Wege der ...      │
│   ┌───────────────────┐   Prognosevorlage   ┌────────────────────┐      │
│   │ Prognoseprüfung   │◄- - - - - - - - - ─│ Prognoseerstellung │      │
│   └─────────┬─────────┘                    └──────────┬─────────┘       │
│   ... unter Beachtung der ...           ... unter Beachtung der ...     │
│           ┌──────────────────────────────────────┐                      │
│           │  Grundsätze ordnungsmäßiger          │                      │
│           │  Prognosebildung                     │                      │
│           │  bei Projektfinanzierungen i.e.S.    │                      │
│           └──────────────────────────────────────┘                      │
│   ... als Prüfungsnormen.              ... als Konstruktions- und       │
│                                           Kontrollnormen.               │
└─────────────────────────────────────────────────────────────────────────┘
```

Quelle: Eigene Darstellung

Die vorstehende Abbildung kann wie folgt interpretiert werden:[1]

- ‚Underwriter' und ‚Participants' benötigen für die Kreditwürdigkeitsprüfung eines Projekt- und Finanzierungskonzeptes umfangreiche zukunftsgerichtete Informationen, die ihnen in verschiedenen Erscheinungsformen durch die arrangierende(n) Bank(en) vorgelegt werden.[2] Als nicht an der Gewinnung der Prognoseaussagen beteiligte, prozessunabhängige Parteien nehmen sie eine Prognoseprüfung unter Beachtung der ‚Grundsätze ordnungsmäßiger Prognosebildung bei Projektfinanzierungen im engeren Sinne' als **Prüfungsnormen** vor.

- ‚Adviser' oder ‚Arranger' benötigen u.a. zukunftsgerichtete Informationen für die Strukturierung eines tragfähigen ‚Projekt- und Finanzierungskonzeptes'. Die hierfür erforderlichen ‚Prognosen' können etweder durch die Adviser und Arranger selbst oder durch weitere Projektbeteiligte (Sponsoren, Anlagenlieferanten, Abnehmer etc.) bzw. Drittparteien (Gutachter, Berater) erstellt werden. Die Prognoseerstellung erfolgt unter Beachtung der ‚Grundsätze ordnungsmäßiger Prognosebildung bei Projektfinanzierungen im engeren Sinne' als **Konstruktions- bzw. Kontrollnormen**.

---

[1] Die skizzierten Gedankengänge schließen sich an die analogen Überlegungen an, die bereits im Zusammenhang mit der Postulierung von ‚Grundsätzen ordnungsmäßiger modellgestützter Finanzplanung' formuliert wurden. Vgl. hierzu Abb. 118: Zur doppelten Relevanz der ‚Grundsätze ordnungsmäßiger modellgestützter Finanzplanung', S. 493 sowie die korrespondierenden Erläuterungen.

[2] Vgl. hierzu die vorstehenden Ausführungen unter Gliederungspunkt 2.2.3.1.2.4 Publizitätsform, S. 127 ff.

Die obigen Ausführungen adressieren idealtypische Aufgabenverteilungen, wie sie sich mehrheitlich im Bereich der <u>konsortial</u> dargestellten Projektfinanzierungen ergeben werden.[1] Daneben sind Fallkonstellationen denkbar, bei denen ein Kreditinstitut die skizzierten Aufgaben der Strukturierung und der Finanzierung allein ausübt.[2] Allerdings sollte bei Beachten der einschlägigen aufsichtsrechtlichen Vorgaben bzw. bei Vorliegen rationaler Organisationsstrukturen eine funktionelle Trennung von Konstruktion und Kontrolle ('Markt') einerseits sowie Prüfung ('Marktfolge') andererseits gewährleistet sein.[3]

5.4.2.1.2 Zum Charakter des Systems ‚Prognosen'

Bei der Prüfung von Prognosen handelt es sich um Systemprüfungen.[4] Entsprechend werden im Folgenden nicht ‚Grundsätze ordnungsmäßiger Prognose<u>aussagen</u>', sondern ‚Grundsätze ordnungsmäßiger Prognose<u>bildung</u>' diskutiert.

Bei der Systemprüfung der Prognosebildung im Zuge von ‚Projektfinanzierungen im engeren Sinne' können sich die folgenden praktischen Probleme ergeben:

- Es liegt regelmäßig eine große Anzahl von einzelnen Prognosefeldern bzw. von darin enthaltenen ein- und mehrwertigen Daten vor.[5]

- Es bestehen erhebliche Unterschiede zwischen den einzelnen Prognosegegenständen bzw. den eingesetzten Prognoseverfahren.[6]

- Das Aktivitätsniveau der Prognose, d.h. die durch projektspezifische Maßnahmen beeinflussbare Wahrheitswahrscheinlichkeit der Minorprämisse, muss berücksichtigt werden.[7]

- Das verwendete Voraussageargument, d.h. das Projectans, ist nicht immer bekannt oder ausreichend transparent dokumentiert.[8]

Die vorstehenden Aspekte sollen bei der Postulierung von ‚Grundsätzen ordnungsmäßiger Prognosebildung' – soweit möglich – berücksichtigt werden.

---

[1] Vgl. hierzu die vorstehenden Ausführungen unter den Gliederungspunkten 2.3.1 Grundfunktionen von Banken in der internationalen Projektfinanzierung, S. 159 ff. sowie 2.3.2.2 Ablauforganisation, S. 178 ff.

[2] Als Beispiel lässt sich ein (kleines) Windkraftprojekt anführen, bei dem ein vergleichsweise geringes Finanzierungsvolumen keine konsortiale Kreditgewährung erfordert.

[3] Vgl. hierzu die vorstehenden Ausführung unter Gliederungspunkt 4.1.2.1.2.3.1 Verhältnis des Prüfers zum Prüfungsobjekt, S. 364 ff. insbesondere Abb. 90: Prüfungs- und Kontrollaufgaben im Kreditentscheidungsprozess, S. 365.

[4] Vgl. hierzu die vorstehenden Ausführungen unter den Gliederungspunkten 4.1.1.2.2.2.4 Kriterium ‚Objekt der Vergleichshandlung', S. 329 ff. sowie 4.2.1.3 Systemprüfung, S. 428 ff., insbesondere den Unterpunkt ‚Systemprüfung von ein- und mehrwertigen Daten'.

[5] Vgl. hierzu die vorstehenden Ausführungen unter Gliederungspunkt 2.2.3.2 Prognoseerfordernis und -felder, S. 133 ff.

[6] Als Beispiel für die Verschiedenartigkeit von Prognosegegenständen sei an dieser Stelle auf die Prognose von (a) der rechtlichen Durchsetzbarkeit einer vertraglichen Vereinbarung und (b) von Absatzzahlen hingewiesen.

[7] Vgl. hierzu die vorstehenden Ausführungen zu ‚Wirkungsprognosen' unter Gliederungspunkt 2.2.3.1.1 Definition, S. 123 ff.

[8] Vgl. Hagest, J.; Kellinghusen, G.: Zur Problematik der Prognoseprüfung und der Entwicklung von Grundsätzen ordnungsmäßiger Prognosebildung, a.a.O., S. 409.

5.4.2.1.3 Methodik der Gewinnung

Bei der Postulierung von ‚Grundsätzen einer ordnungsmäßigen Prognosebildung' können zwei Vorgehensweisen gewählt werden:[1]

- **Induktive Ableitung aus den Gepflogenheiten der Praxis**

    Neben den allgemeinen wissenschaftstheoretischen Bedenken, die gegen eine induktive Ermittlung von Ordnungsmäßigkeitsgrundsätzen erhoben werden können,[2] ergibt sich im vorliegenden Kontext das Problem der weitgehend unbekannten betrieblichen Praxis der Prognosebildung im Rahmen von ‚Projektfinanzierungen im engeren Sinne'. Es sei daran erinnert, dass im vorliegenden Kontext mehrheitlich keine kompletten „(geschlossenen) Berichtswerke" oder deren Ergebnisse als Prognosen (z.B. die modellgestützte Finanzplanung oder das ‚Information Memorandum'), sondern vielfältige Prognosen singulärer Größen oder (selektiver) Kausalzusammenhänge betrachtet werden.[3] Derartige Einzelprognosen können institutsintern (z.B. Zins-, Inflations-, Wechselkursprognosen) oder institutsextern (z.B. Absatzprognosen, Prognosen über die rechtliche Durchsetzbarkeit der Projektverträge) aufgestellt worden sein. Die Vielzahl und inhaltliche Unterschiedlichkeit der zu bearbeitenden Prognosefelder[4] dürfte die Ermittlung valider Ergebnisse durch eine empirische Erhebung erheblich erschweren, wenn nicht gar unmöglich machen.

- **Deduktive Ableitung aus Rahmen- und Kerngrundsätzen**

    Im Zuge der Diskussion einer adäquaten Methodik zur Gewinnung von ‚Grundsätzen einer ordnungsmäßigen modellgestützten Finanzplanung bei Projektfinanzierungen im engeren Sinne' wurde bereits die Möglichkeit einer (deduktiven) Ableitung von detaillierenden Spezialgrundsätzen aus den Rahmen- und Kerngrundsätzen vorgestellt.[5] Eine analoge Vorgehensweise könnte sich auch im vorliegenden Fall empfehlen. Wiederum wäre eine Konkretisierung durch Spezialgrundsätze nur insoweit notwendig, als die Spezifika des Systems ‚Prognosen' dies erforderlich machen würden. Die ‚Grundsätze einer ordnungsmäßigen Prognosebildung bei Projektfinanzierungen im engeren Sinne' wären somit im Wege der Deduktion aus den oberen Grundsätzen, d.h. den Rahmen- und Kerngrundsätzen, abzuleiten.[6] Als problematisch erweist sich bei dieser Vorgehensweise der spezifische und vielschichtige Charakter des Systems ‚Prognosen'.[7] Die Ableitung eines umfassenden Normenkanons durch Nachdenken über die sachgerechte Vorgehens- und Verfahrensweise bei der Prognosebildung stellt somit ein äußerst

---

[1] Vgl. hierzu die vorstehenden Ausführungen unter Gliederungspunkt 5.1.3 Methodik der Ermittlung, S. 461 ff.

[2] Vgl. hierzu die vorstehenden Ausführungen unter Gliederungspunkt 5.1.3.1 Induktive und deduktive Ableitung, S. 461 ff.

[3] Vgl. zur Abgrenzung von ‚Prognosen in Form von geschlossenen Berichtswerken' und ‚Prognosen von singulären Größen' die vorstehenden Ausführungen unter Gliederungspunkt 2.2.3.1.2.1 Gegenstand, S. 124 ff.

[4] Vgl. hierzu die vorstehenden Ausführungen unter Gliederungspunkt 2.2.3.2 Prognoseerfordernis und -felder, S. 133 ff.

[5] Vgl. hierzu die vorstehenden Ausführungen unter Gliederungspunkt 5.4.1.1.3 Methodik der Gewinnung, S. 495 ff.

[6] HAGEST/KELLINGHUSEN unterscheiden zwischen einer „deduktiven Ableitung" und einer „Ableitung aus den Rahmen- und Kerngrundsätzen". Vgl. Hagest, J.; Kellinghusen, G.: Zur Problematik der Prognoseprüfung und der Entwicklung von Grundsätzen ordnungsmäßiger Prognosebildung, a.a.O., S. 413. Dieser differenzierenden Auffassung soll nicht gefolgt werden, da die Rahmen- und Kerngrundsätze ebenfalls durch Deduktion, d.h. durch gedankliche Ableitung aus den Zielsetzungen einer ordnungsmäßigen Rechenschaft abgeleitet sind. Vgl. hierzu die vorstehenden Ausführungen unter Gliederungspunkt 5.1.4 Systematisierung von Ordnungsmäßigkeitsgrundsätzen, S. 463 ff.

[7] Einen Überblick über die Vielschichtigkeit der Prognosegegenstände bei ‚Projektfinanzierungen im engeren Sinne' geben die vorstehenden Ausführungen unter Gliederungspunkt 2.2.3.2 Prognoseerfordernis und -felder, S. 133 ff.

ambitioniertes Unterfangen dar, welches sicherlich im Rahmen eines ausreichenden, in Jahren oder Jahrzehnten bemessenen Zeitraums bewältigt werden kann.[1] Trotz des anzustrebenden Vorrangs des Rationalen vor dem Faktischen bedeutet dies auch, dass die deduktive Vorgehensweise bei ausschließlicher Anwendung zumindest kurzfristig zu unvollständigen Ergebnissen führen dürfte.

Der (kombinierte) Einsatz der vorstehenden Methoden zur Gewinnung von Ordnungsmäßigkeitsgrundsätzen ist zwar grundsätzlich möglich. Vor dem Hintergrund der skizzierten jeweiligen Probleme erscheint es jedoch sinnvoll, zwecks Generierung kurzfristig verfügbarer Ergebnisse einen weiteren methodischen Ansatz zu verfolgen:

- **Analogiebildung zu existierenden Grundsätzen der Prognosebildung**

    Auf der Basis von deduktiven Ansätzen zur Gewinnung von Normen für die Prognosebildung haben sich in der Vergangenheit bereits mehr oder weniger umfangreiche ‚Grundsätze ordnungsmäßiger Prognosebildung' für unterschiedliche Anwendungsgebiete (z.B. Lageberichterstellung über die erwartete zukünftige Entwicklung eines Unternehmens, Prospekte für öffentlich angebotene Kapitalanlagen, Gewinnerwartungen für die Unternehmensbewertung) herausgebildet, welche (partiell) durch Erkenntnisse aus der betrieblichen Prognosepraxis ergänzt bzw. vor dem Hintergrund der dort anzutreffenden Problemlagen kritisch reflektiert und modifiziert wurden.[2] Da die genannten Einsatzgebiete zum Teil ähnliche bzw. die gleichen Problemstellungen aufweisen, scheint es sinnvoll, auf die dort gewonnenen Erkenntnisse insoweit zurückzugreifen, als sie für das Untersuchungsobjekt ‚Projektfinanzierung im engeren Sinne' direkt oder in modifizierter Form verwendbar sind. Insbesondere die zur Prognoselogik entwickelten Normen dürften weitestgehend analog anwendbar sein.

Im Sinne der hermeneutischen Methode[3] wird im Folgenden ein Normenkanon postuliert, der sich an den im Schrifttum entwickelten ‚Grundsätzen einer ordnungsmäßigen Prognosebildung' orientiert und – soweit erforderlich – um deduktiv und induktiv gewonnene Normen und Normenelemente ergänzt wird.

---

[1] Vgl. hierzu die vorstehenden Ausführungen unter Gliederungspunkt 5.1.3.1 Induktive und deduktive Ableitung, S. 461 ff.

[2] Vgl. hierzu beispielsweise Bretzke, W.-R.: Das Prognoseproblem bei der Unternehmensbewertung: Ansätze zu einer risikoorientierten Bewertung ganzer Unternehmungen auf der Grundlage modellgestützter Erfolgsprognosen, a.a.O., S. 1 ff., Drobeck, J.: Prognosepublizität: die Berichterstattung über die voraussichtliche Entwicklung der Kapitalgesellschaft in den Lageberichten deutscher Aktiengesellschaften gem. § 289 Abs. 2 Nr. 2 HGB, aa.O., S. 1 ff., Gallinger, R.: Ex-ante-Beurteilung der Prognosequalität, Pfaffenweiler 1993, S. 1 ff., Helkenberg, W.-H.: Anlegerschutz am Grauen Kapitalmarkt: Prognosegrundsätze für Emissionsprospekte, Wiesbaden 1989, S. 1 ff., Bretzke, W.-R.: Prognoseprüfung, in: HWRev, 2. Aufl., Stuttgart 1992, Sp. 1436 ff., Drobeck, J.: Die Prognosepublizität im Prospekt über öffentlich angebotene Kapitalanlagen und deren Beurteilung nach IDW S 4, a.a.O., S. 1223 ff., Hagest, J.; Kellinghusen, G.: Zur Problematik der Prognoseprüfung und der Entwicklung von Grundsätzen ordnungsmäßiger Prognosebildung, a.a.O., S. 405 ff., IDW: IDW Standard: Grundsätze ordnungsmäßiger Beurteilung von Prospekten über öffentlich angebotene Kapitalanlagen (IDW S 4), in: WPg, 53. Jg. (2000), S. 922 ff., Mandl, G.; Jung, M.: Prognose- und Schätzprüfung, a.a.O., Sp. 1698 ff., Rückle, D.: Gestaltung und Prüfung externer Prognosen, a.a.O., S. 431 ff., Rückle, D.: Externe Prognosen und Prognoseprüfung, a.a.O., S. 57 ff., Sell, A.: Das Prognoseproblem bei Feasibility Studien für Auslandsprojekte, a.a.O., S. 145 ff., Wanik, O.: Probleme der Aufstellung und Prüfung von Prognosen über die Entwicklung der Unternehmung in der nächsten Zukunft, a.a.O., S. 45 ff.

[3] Vgl. hierzu die vorstehenden Ausführungen unter Gliederungspunkt 5.1.3.1 Induktive und deduktive Ableitung, S. 461 ff.

5.4.2.2 Richtigkeit (Wahrheit)

5.4.2.2.1 Zum Paradox der Richtigkeit von Prognosen

Es liegt im Wesen von Prognosen, dass die „Wahrheit" einer Prognoseaussage als solche ex ante nicht prüfbar ist.[1] Prüfungsfähig im Sinne eines Soll-Ist-Vergleiches sind nur in der Vergangenheit realisierte Sachverhalte oder gegenwartsbezogene Tatbestände.[2] Alternativ muss bei der Prüfung von Prognosen auf die Herleitung der Prognoseaussage abgestellt werden.[3] Es ist somit nicht das isolierte Prognoseergebnis, sondern die logische Struktur unter Berücksichtigung des Schlussverfahrens zu prüfen.[4] In diesem Sinne können Prognosen zwar niemals „wahre" Aussagen enthalten, jedoch richtig gebildet worden sein. Die ‚richtige' Herleitung einer Prognoseaussage impliziert deren Wahrheitsmöglichkeit. Grundsätzlich weisen zwar auch falsch hergeleitete Prognoseaussagen eine Wahrheitsmöglichkeit auf. Ihre Eintrittswahrscheinlichkeit dürfte – nicht nur bei Anlegen logisch-rationaler Maßstäbe – deutlich reduziert sein. Umfassend prüfungsfähig sind damit nur logisch vollständige Prognosen, weil bei ihnen die logische Struktur bzw. das Schlussverfahren nachvollzogen werden kann.[5]

In diesem Sinne müssen Normen postuliert werden, welche insbesondere eine <u>logisch richtige Bildung bzw. Herleitung</u> der Prognoseaussage intendieren. Die nachfolgende Abbildung gibt einen Überblick über die Manifestationen des ‚Spezialgrundsatzes der Richtigkeit der Prognosebildung':

---

[1] Vgl. Egner, H.: Zum wissenschaftlichen Programm der betriebswirtschaftlichen Prüfungslehre, in: ZfbF, 22. Jg. (1970), S. 775 ff.

[2] Vgl. hierzu die vorstehenden Ausführungen unter den Gliederungspunkten 4.1.1.1.1 Zum Begriff ‚Prüfung', S. 304 ff. sowie 4.1.1.2.1.1 Idealtypische Prozessgliederung, S. 307 ff.

[3] Vgl. Hagest, J.; Kellinghusen, G.: Zur Problematik der Prognoseprüfung und der Entwicklung von Grundsätzen ordnungsmäßiger Prognosebildung, a.a.O., S. 409.

[4] Vgl. hierzu die vorstehenden Ausführungen unter Gliederungspunkt 2.2.3.1.2.5 Logische Struktur, S. 127 ff.

[5] Vgl. hierzu die vorstehenden Ausführungen unter Gliederungspunkt 2.2.3.1.2.5.2 Logisch vollständige Prognosen, S. 128 ff.

Abb. 124: **Spezialgrundsatz der Richtigkeit (Wahrheit) der Prognosebildung**

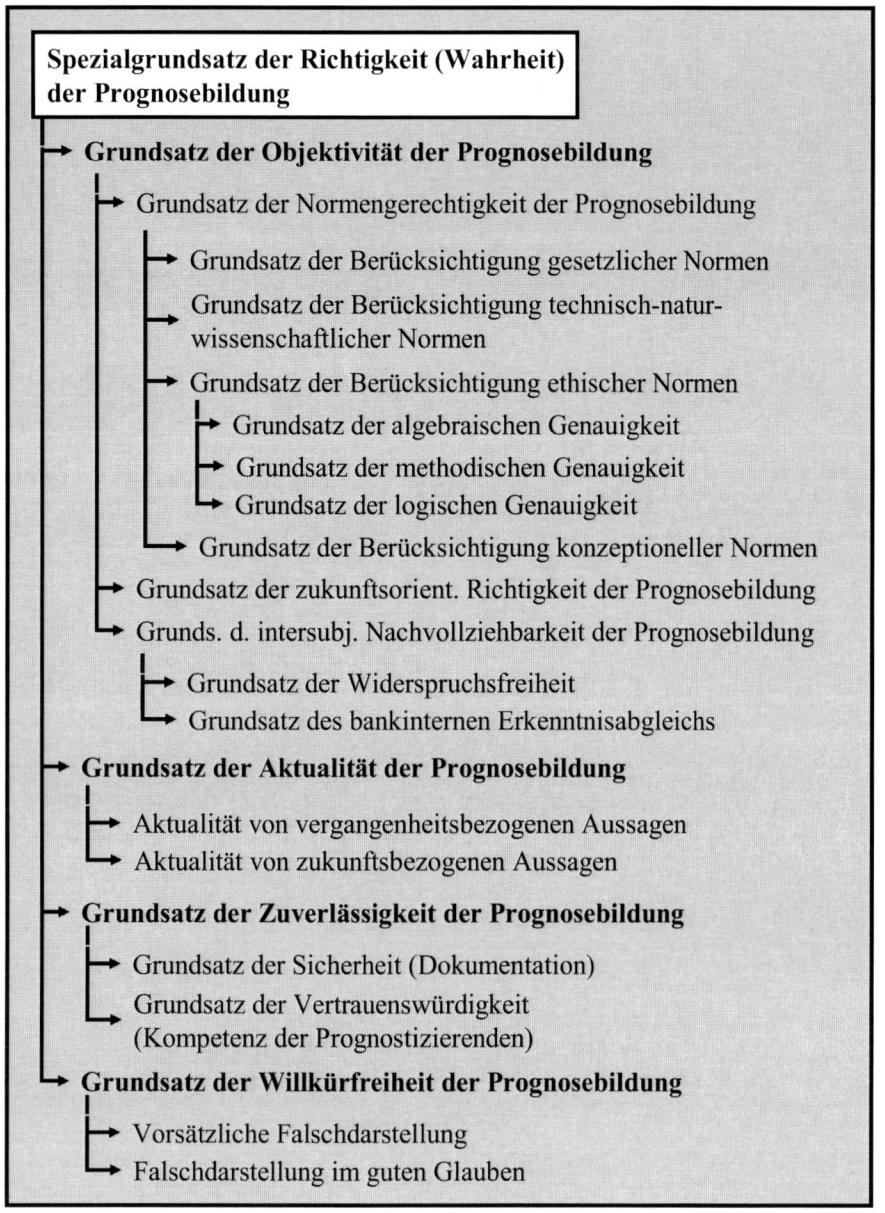

```
Spezialgrundsatz der Richtigkeit (Wahrheit)
der Prognosebildung
  → Grundsatz der Objektivität der Prognosebildung
     → Grundsatz der Normengerechtigkeit der Prognosebildung
        → Grundsatz der Berücksichtigung gesetzlicher Normen
        → Grundsatz der Berücksichtigung technisch-natur-
          wissenschaftlicher Normen
        → Grundsatz der Berücksichtigung ethischer Normen
           → Grundsatz der algebraischen Genauigkeit
           → Grundsatz der methodischen Genauigkeit
           → Grundsatz der logischen Genauigkeit
        → Grundsatz der Berücksichtigung konzeptioneller Normen
     → Grundsatz der zukunftsorient. Richtigkeit der Prognosebildung
     → Grunds. d. intersubj. Nachvollziehbarkeit der Prognosebildung
        → Grundsatz der Widerspruchsfreiheit
        → Grundsatz des bankinternen Erkenntnisabgleichs
  → Grundsatz der Aktualität der Prognosebildung
     → Aktualität von vergangenheitsbezogenen Aussagen
     → Aktualität von zukunftsbezogenen Aussagen
  → Grundsatz der Zuverlässigkeit der Prognosebildung
     → Grundsatz der Sicherheit (Dokumentation)
     → Grundsatz der Vertrauenswürdigkeit
       (Kompetenz der Prognostizierenden)
  → Grundsatz der Willkürfreiheit der Prognosebildung
     → Vorsätzliche Falschdarstellung
     → Falschdarstellung im guten Glauben
```

Quelle: Eigene Darstellung

Insbesondere der ‚(Spezial-)Grundsatz der logischen Genauigkeit' lässt sich hinsichtlich der Spezifika der Prognosebildung weiter differenzieren:

Abb. 125: Spezialgrundsatz der logischen Genauigkeit der Prognosebildung

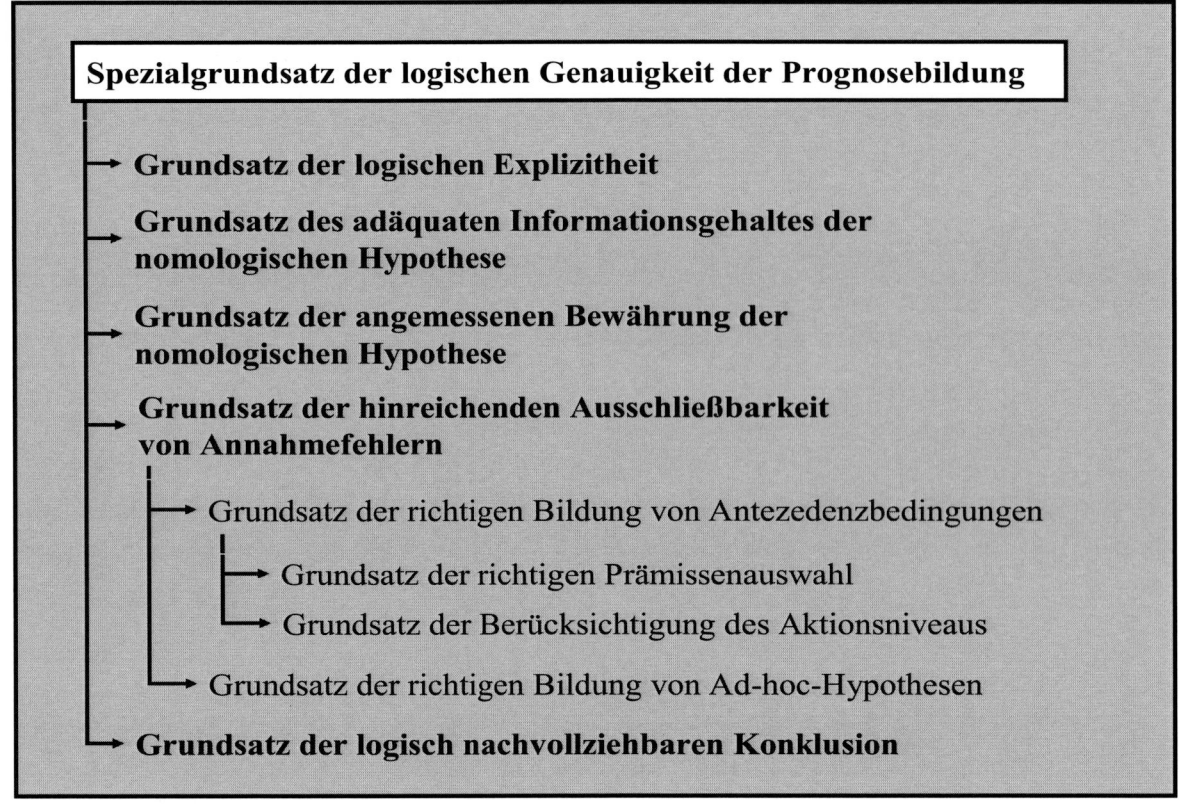

Spezialgrundsatz der logischen Genauigkeit der Prognosebildung
- **Grundsatz der logischen Explizitheit**
- Grundsatz des adäquaten Informationsgehaltes der nomologischen Hypothese
- Grundsatz der angemessenen Bewährung der nomologischen Hypothese
- Grundsatz der hinreichenden Ausschließbarkeit von Annahmefehlern
    - Grundsatz der richtigen Bildung von Antezedenzbedingungen
        - Grundsatz der richtigen Prämissenauswahl
        - Grundsatz der Berücksichtigung des Aktionsniveaus
    - Grundsatz der richtigen Bildung von Ad-hoc-Hypothesen
- **Grundsatz der logisch nachvollziehbaren Konklusion**

Quelle: Eigene Darstellung

Die nachfolgenden Ausführungen beschränken sich auf den ‚Grundsatz der logischen Genauigkeit der Prognosebildung'. Im Hinblick auf die übrigen ‚(Unter-) Grundsätze der Richtigkeit (Wahrheit) der Prognosebildung' kann auf die vorstehenden Ausführungen zum ‚Rahmengrundsatz der Richtigkeit (Wahrheit)' sowie analog auf die korrespondierenden Spezialgrundsätze der modellgestützten Finanzplanung verwiesen werden.[1]

5.4.2.2.2 Grundsatz der logischen Genauigkeit

5.4.2.2.2.1 Grundsatz der logischen Explizitheit

Bei der allgemeinen Diskussion des Systems ‚Prognosen' wurde bereits ausgeführt, dass ein zentrales Wesensmerkmal von Prognoseaussagen die ‚logische Struktur' ihrer Herleitung ist.[2] Grundsätzlich lassen sich bedingte und unbedingte Prognosen unterscheiden,[3] wobei die Angabe von Bedingungen eine Ex-ante-Beurteilung der Bildung bzw. der expliziten oder impliziten Eintrittswahrscheinlichkeit einer Prognoseaussage ermöglichen kann.[4] Aus einer wissenschaftstheoreti-

---

[1] Vgl. hierzu die vorstehenden Ausführungen unter den Gliederungspunkten 5.2.1 Richtigkeit (Wahrheit), S. 465 ff. und 5.4.1.2 Richtigkeit (Wahrheit), S. 496 ff.

[2] Vgl. hierzu die vorstehenden Ausführungen unter Gliederungspunkt 2.2.3.1.2.5 Logische Struktur, S. 127 ff.

[3] Vgl. hierzu die vorstehenden Ausführungen unter Gliederungspunkt 2.2.3.1.2.5.1 Bedingte und unbedingte Prognosen, S. 127 ff.

[4] „*Solche Aussagen (Anmerkung des Verfassers: Gemeint sind hier unbedingte Prognoseaussagen) kann nur der machen, der über die Zukunft vollkommene Information hat. Propheten mag dies gegeben sein – Wissenschaftler haben sie nicht.*" Barth, H.J.: Möglichkeiten und Grenzen wissenschaftlich fundierter

schen Perspektive lassen sich bedingte Prognosen weiter in ‚logisch vollständige Prognosen'[1] und ‚logisch unvollständige Prognosen'[2] unterteilen. Bei strenger Auslegung sind nur ‚logisch vollständige Prognosen' aufgrund ihrer logisch expliziten Prognoseargumente ex ante nachvollziehbar und damit prüfbar.[3]

Der ‚**Grundsatz der logischen Explizitheit**' fordert, dass Prognoseaussagen (‚Projectandum') immer unter Angabe von Bedingungen und grundsätzlich logisch vollständig, d.h. unter expliziter Nennung der Prognoseargumente (‚Projectans'), abgegeben werden.[4] Liegen Fallgestaltungen vor, bei denen der ‚Grundsatz der logischen Explizitheit' (zunächst) nicht erfüllt ist, obliegt es dem Prüfungsträger, durch gezieltes Nachforschen zu überprüfen, ob die Prognoseaussage bereits ursprünglich logisch unvollständig gebildet oder die Angabe des Projectans nur unterlassen wurde. Dabei können in der Praxis der ‚Projektfinanzierung im engeren Sinne' immer dann Schwierigkeiten auftreten, wenn ein direkter Zugriff auf die an der Prognoseerstellung beteiligten Personen bzw. Parteien unmöglich ist.[5] Zudem wird ein Prüfungsträger den Prognoseersteller möglicherweise nicht dazu bewegen können, seinen „prognostischen Syllogismus" zu (re)produzieren und damit die wesentlichen Grundlagen seiner Geschäftstätigkeit offenzulegen. Alternativ wird der Prüfungsträger versuchen müssen, sich das Projectans als „System-Ist-Objekt" durch Rückschluss selbst zu konstruieren. Kann durch diese Maßnahmen keine logische Explizitheit hergestellt werden, muss im Zweifel die Prognoseaussage als nicht ordnungsgemäß verworfen werden.

5.4.2.2.2.2 Grundsatz des adäquaten Informationsgehaltes der nomologischen Hypothese

Die nomologische Hypothese in der Majorprämisse stellt den Ausgangspunkt einer logisch vollständigen, d.h. theoretisch deduzierten, Prognoseaussage dar.[6] Im Schrifttum besteht keine Einigkeit darüber, was bei der Gewinnung von <u>Wirtschafts</u>prognosen noch als nomologische Hypothese anerkannt werden sollte bzw. darf.[7] Für ‚Projektfinanzierungen im engeren Sinne' stehen Gesetzmäßigkeiten in einem streng naturwissenschaftlichen Sinne meist nur für einige wenige Prognosefelder (z.B. Technik, Umwelt)[8] zur Verfügung. Alternativ muss je nach Prognosegegenstand mit theoretischen Annahmen oder mit Erfahrungssätzen in Form von empirischen Generalisierungen

---

Wirtschaftsprognosen, Diskussionspapier Nr. dp 86/4, prognos – Europäisches Zentrum für Angewandte Wirtschaftsforschung (Hrsg.), Basel 1986, S. 2.

[1] Vgl. hierzu die vorstehenden Ausführungen unter Gliederungspunkt 2.2.3.1.2.5.2 Logisch vollständige Prognosen, S. 128 ff.

[2] Vgl. hierzu die vorstehenden Ausführungen unter Gliederungspunkt 2.2.3.1.2.5.3 Logisch unvollständige Prognosen, S. 132 ff.

[3] Vgl. hierzu die nachfolgenden Ausführungen unter Gliederungspunkt 5.4.2.2.2.2 Grundsatz des adäquaten Informationsgehaltes der nomologischen Hypothese, S. 543 ff.

[4] Vgl. hierzu auch die nachfolgenden Ausführungen unter Gliederungspunkt 5.4.2.4.2 Übersichtlichkeit, S. 561 ff.

[5] Dies kann u.U. daran liegen, dass es bereits an einem ursprünglichem Vertragsverhältnis gemangelt hat, wenn der Prognoseersteller durch Sponsor, Financial Advisor oder Arranger und nicht durch Underwriter bzw. Participants mandatiert wurde.

[6] Vgl. hierzu Abb. 25: Syllogismus logisch vollständiger Prognosen, S. 129.

[7] Vgl. Hagest, J.; Kellinghusen, G.: Zur Problematik der Prognoseprüfung und der Entwicklung von Grundsätzen ordnungsmäßiger Prognosebildung, a.a.O., S. 408 m.w.N.

[8] Aufgrund der Komplexität der zu beurteilenden Sachverhalte lassen sich auch bei diesen Prognosefeldern nicht immer „einfache" Gesetzmäßigkeiten (z.B. „Fällt die Temperatur unter null Grad, dann friert das Wasser.") isoliert heranziehen.

bzw. statistischen Hypothesen (Indikatorhypothesen) gearbeitet werden. Hierbei handelt es sich mehrheitlich um orts- und zeitgebundene ‚**Quasi-Gesetze**'.[1] Es ist offensichtlich, dass die Güte des Prognoseergebnisses (Projectandum) direkt von der Qualität, d.h. dem Aussagegehalt, derartiger „nomologischen Hypothesen" abhängt.[2] Bei der Beurteilung der Prognosebildung ist insbesondere darauf zu achten, dass der als Majorprämisse verwendete Obersatz wahr ist und einen adäquaten Informationsgehalt (empirischen Gehalt) aufweist:[3]

> *„Unter Informationsgehalt (im semantischen Sinne) ist die Menge dessen, was ein Satz besagt, zu verstehen."*[4]

WILD nennt drei Bestimmungsgrößen, die den Informationsgehalt eines Satzes determinieren:[5]

- **Allgemeinheit**

    Je mehr Sachverhalte unter einen Satz subsumiert werden können, desto umfassender, d.h. allgemeiner, ist sein Aussagegehalt.

- **Präzision**

    Je präziser ein Satz formuliert wird, desto größer ist die Genauigkeit der ausgesagten Information.[6]

- **Bedingtheit**

    Je kleiner die Bedingtheit, desto größer ist die Allgemeinheit und damit auch der Informationsgehalt eines Satzes.

Zusammengefasst lässt sich festhalten, dass der Informationsgehalt eines Obersatzes umso höher ist, *„je allgemeiner, präziser und je weniger bedingt er ist."*[7] Der Wortbestandteil „Gehalt" steht hierbei synonym für Menge.

Eine Normierung des ‚**adäquaten Informationsgehaltes**' nomologischer Hypothesen gestaltet sich vor dem Hintergrund der bei ‚Projektfinanzierungen im engeren Sinne' vielfältigen Prognosefelder schwierig.[8] Hilfreich ist das Einführen weiterer Differenzierungskriterien für die Determinate ‚Allgemeinheit':[9]

---

[1] Vgl. Nierhaus, W.: Wirtschaftskonjunktur 2002: Prognose und Wirklichkeit, in: ifo Schnelldienst, 56. Jg (2003), Nr. 2, S. 23.

[2] „Will man ernsthaft eine Prüfung von Prognosen propagieren, so wird man den Prüfer zu einer Beschäftigung mit den durch den Prognostiker – bewußt oder unbewußt – verwandten Erfahrungssätzen veranlassen müssen." Hagest, J.; Kellinghusen, G.: Zur Problematik der Prognoseprüfung und der Entwicklung von Grundsätzen ordnungsmäßiger Prognosebildung, a.a.O., S. 411.

[3] Vgl. Tietzel, M.: Prognoselogik – oder: warum Prognostiker irren dürfen, a.a.O., S. 7.

[4] Wild, J.: Grundlagen der Unternehmungsplanung, a.a.O., S. 124.

[5] Ebenda

[6] Vgl. hierzu die vorstehenden Ausführungen unter Gliederungspunkt 2.2.3.1.2.3 Präzisionsgrad, S. 125 ff.

[7] Wild, J.: Grundlagen der Unternehmungsplanung, a.a.O., S. 124.

[8] Vgl. hierzu die vorstehenden Ausführungen unter Gliederungspunkt 2.2.3.2 Prognoseerfordernis und -felder, S. 133 ff.

[9] Vgl. Schmidt, U.: Zum Prognoseproblem in der Wirtschaftswissenschaft. Eine Untersuchung auf wissenschaftstheoretischer Grundlage, a.a.O., S. 74, Wild, J.: Grundlagen der Unternehmungsplanung, a.a.O., S. 124 f. Es sei darauf hingewiesen, dass WILD die hier genannten Determinanten auf die Prognoseaussage, d.h. das Projectandum und nicht auf die Majorprämisse im Projectans bezieht.

Abb. 126: Aussagetypen und -dimensionen

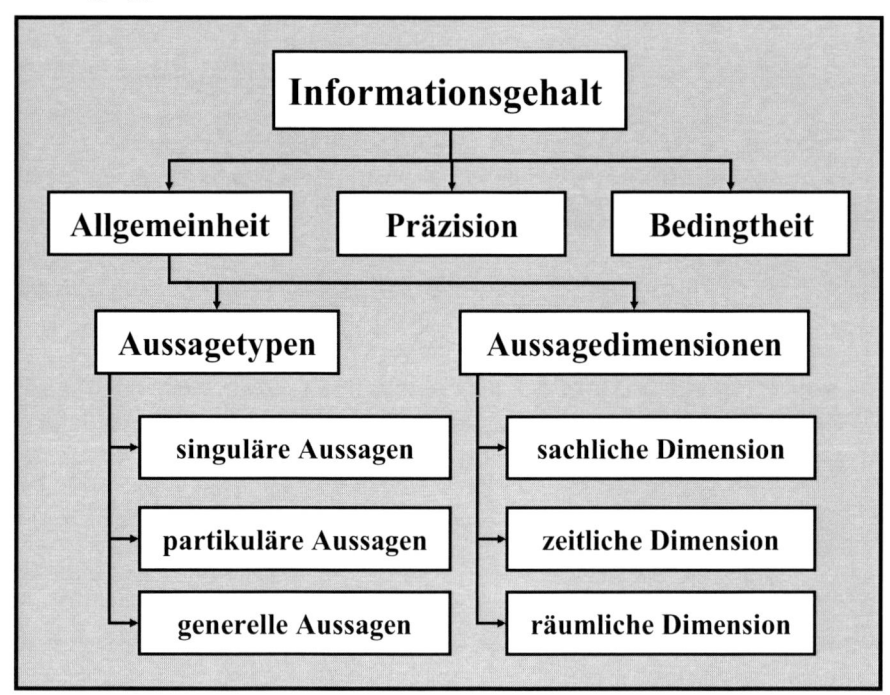

```
                    ┌─────────────────────┐
                    │  Informationsgehalt │
                    └──────────┬──────────┘
         ┌─────────────────────┼─────────────────────┐
         ▼                     ▼                     ▼
 ┌──────────────┐     ┌──────────────┐     ┌──────────────┐
 │ Allgemeinheit│     │   Präzision  │     │  Bedingtheit │
 └──────┬───────┘     └──────────────┘     └──────────────┘
        │
        ├──────────────────────┬──────────────────────┐
        ▼                      ▼
 ┌──────────────┐      ┌──────────────────┐
 │ Aussagetypen │      │ Aussagedimensionen│
 └──────┬───────┘      └─────────┬─────────┘
        │                        │
        ├─► singuläre Aussagen   ├─► sachliche Dimension
        │                        │
        ├─► partikuläre Aussagen ├─► zeitliche Dimension
        │                        │
        └─► generelle Aussagen   └─► räumliche Dimension
```

Quelle: Eigene Darstellung

Die konkrete Ausprägung der Determinante ‚Allgemeinheit' lässt sich für einen Obersatz anhand des Vorliegens verschiedener Aussagetypen und Aussagedimensionen feststellen. Majorprämissen können *singulär* (ein Element einer Grundgesamtheit betreffend), *partikulär* (einen Teil einer Grundgesamtheit betreffend) oder *generell* (die gesamte Grundgesamtheit betreffend) formuliert sein sowie eine *sachliche*, *räumliche* und *zeitliche* Dimension aufweisen. Am Beispiel der folgenden (naturwissenschaftlichen) nomologischen Hypothese sollen die Ausprägungen der Determinante ‚Allgemeinheit' mit Hilfe der Differenzierungskriterien ‚Aussagetyp' und ‚Aussagedimension' aufgezeigt werden:

> *Immer* (zeitlich generell) und *überall* (räumlich generell) gilt: *Wasser gefriert* (sachlich singulär), wenn *mindestens eine* (sachlich partikulär) Temperatur gegeben ist, die null Grad oder weniger beträgt.

Das Beispiel zeigt den Informationsgehalt und damit den Vorzug strenger Gesetzmäßigkeiten auf: Der Bereich des überhaupt Möglichen wird relativ trennscharf (präzise) abgegrenzt. Die Bedingung (hier: die Temperaturangabe) schränkt den Gültigkeitsbereich der Aussage ein, ohne dass es zu einer übermäßigen Einschränkung der ‚Allgemeinheit' und damit der Verwendbarkeit kommt.

Diese idealtypischen Überlegungen zur Beurteilung des ‚**adäquaten Informationsgehaltes**' von Obersätzen sind nun auf die bei ‚Projektfinanzierungen im engeren Sinne' anzutreffenden Prognosefelder bzw. deren ‚Quasi-Gesetze' zu übertragen. In der nachfolgenden Tabelle finden sich einige ausgewählte Aussagen als Beispiele für exemplarische Majorprämissen:

Tab. 34: Beispiele für „nomologische Hypothesen"

Prognosefeld	Beispiel für „nomologische Hypothese"	Art der „nomologischen Hypothese"
Technik	Bei einer Bodenbeschaffenheit B berechnet sich die maximale Tragfähigkeit T der Gründung G nach der Formel F.	Naturwissenschaftliches (ingenieurwissenschaftliches) Gesetz
Märkte	Bei einem Rückgang der weltweiten Nachfrage für das Produkt P scheiden als erstes diejenigen Anbieter aus, welche die höchsten Einstandskosten („Feedstock Costs") für den Rohstoff R aufweisen.	Theoretische Annahme, und/oder empirische Generalisierung
Management und Betrieb	Ein Unternehmen, das mehrfach erfolgreich Projekte im Land A betrieben hat, wird dies wahrscheinlich auch in Zukunft tun.	Theoretische Annahme, und/oder empirische Generalisierung
Gesamtwirtschaftliche Rahmendaten	Der Wechselkurs des Landes A ergibt sich gemäß der Kaufkraftparitätentheorie aus der inländischen und der US-amerikanischen Inflationsrate für Konsumgüter.	Theoretische Annahme, empirische Generalisierung und/oder Indikatorhypothese
Abgaben und Rechnungslegung	Im Land A kann sich ein Unternehmen in zukünftigen Veranlagungszeiträumen auf verbindliche Auskünfte des Finanzamtes berufen, die vor Aufnahme der wirtschaftlichen Betätigung eingeholt wurden.	Theoretische Annahme und/oder empirische Generalisierung
Rechtsdurchsetzung/ Genehmigungserhalt	Im Land A gilt das Rückwirkungsverbot ('Grandfathering') für neuerlassene Gesetze.	Theoretische Annahme und/oder empirische Generalisierung
Umwelt	Der Einbau einer Rauchgasentschwefelungsanlage vom Typ Z mit der Dimensionierung d führte bislang bei Projekten mit der Kapazität k immer zur Einhaltung der geforderten Abgasnormen.	Empirische Generalisierung
Versicherungen	Vor dem Hintergrund der bei vergleichbaren Projekten bislang aufgetretenen maximalen Versicherungsschäden ist eine Versicherungssumme von x% der Investitionskosten ausreichend.	Empirische Generalisierung
Bonität von Vertragspartnern	Im Land L gilt für Unternehmen der Branche B, der Größe G, der Rechtsform R sowie für einen Zeitpunkt ZP im Zeitraum ZR: Wenn D < 0 mit D = a0 + a1x1 - a2x2 + a3x3 + a4x4 ist, dann tritt mit einer Wahrscheinlichkeit von 95% in den nächsten drei Jahren ein Kreditausfall auf (vgl. Abb. 92: Syllogismus bei multivariaten Diskriminanzanalysen, S. 385).	Indikatorhypothese
Politische Rahmenbedingungen	Im Land A unterliegen Projekte, an denen Familienmitglieder des herrschenden Präsidenten beteiligt sind, keinem Enteignungsrisiko.	Empirische Generalisierung
Soziologische Rahmenbedingungen	Im Land A werden Projekte, die Arbeitsplätze schaffen, von der Bevölkerung akzeptiert.	Theoretische Annahme, und/oder empirische Generalisierung

Quelle: Eigene Darstellung

Anhand der Aussage für das Prognosefeld ‚Markt' lässt sich die Beurteilung des adäquaten Informationsgehaltes der nomologischen Hypothese skizzieren:

Bei einem *Rückgang* (sachlich partikulär) der *weltweiten Nachfrage* (räumlich generell) für das *Produkt P* (sachlich singulär) scheiden *als erstes* (zeitlich singulär) *diejenigen Anbieter* (sachlich partikulär) aus, welche die *höchsten Einstandskosten* (sachlich singulär) für den *Rohstoff R* (sachlich singulär) aufweisen.

Positiv hervorzuheben ist, dass der Aussagegehalt aufgrund der räumlichen Aussagedimension („*weltweite Nachfrage*") sehr hoch ist, wobei der Anwendungsbereich („*Produkt P*"), die Bedingungen („*höchste Einstandskosten*", „*Rohstoff R*") und die Folge („*als erstes*") zugleich sehr präzise und problemadäquat eingegrenzt werden. Es wird allerdings nichts über die erforderliche Höhe des „*Rückgangs*" ausgesagt, die zu einem Ausscheiden von Marktteilnehmern führt, so dass sich die betroffenen Parteien („*diejenigen Anbieter*") nicht trennscharf abgrenzen lassen. Kann nun eine Antezendenzbedingung dahingehend formuliert werden, dass das geplante Projekt die höchsten oder die niedrigsten Einstandskosten für das Produkt R aufweisen wird, so lässt sich eine (relativ) eindeutige Konklusion bezüglich der Marktpositionierung bei potenziellen zukünftigen Nachfrageschwankungen ziehen. Schwieriger gestaltet sich die Situation, wenn die antizipierten Einstandskosten des Projektes um die Durchschnittskosten der Marktteilnehmer liegen. Aufgrund der Unbestimmtheit des erforderlichen „*Rückgangs*" der weltweiten Nachfrage ist eine logisch nachvollziehbare Konklusion nicht möglich.

Das gleiche Vorgehen kann auf das Prognosefeld ‚Bonität' angewendet werden:

Im *Land L* (räumlich singulär) gilt für *Unternehmen der Branche B* (sachlich singulär), der *Größe G* (sachlich singulär), der *Rechtsform R* (sachlich singulär) sowie für einen *Zeitpunkt ZP im Zeitraum ZR* (zeitlich partikulär): Wenn $D < 0$ mit $D = a0 + a1x1 - a2x2 + a3x3 + a4x4$ (sachlich partikulär) ist, dann tritt mit einer *Wahrscheinlichkeit von 95%* (sachlich singulär) *in den nächsten drei Jahren* (zeitlich partikulär) ein Kreditausfall (*sachlich singulär*) auf.

Positiv hervorzuheben ist, dass die sachliche und räumliche Aussagedimension sehr präzise („*Land L*", „*Unternehmen der Branche B*", „*Größe G*", „*Rechtsform R*") bzw. hinreichend präzise („*Zeitpunkt ZP im Zeitraum ZR*") abgegrenzt wird. Ob die zeitliche Aussagedimension („*in den nächsten drei Jahren*") akzeptabel ist, wird von der zu beurteilenden Partei abhängen. Handelt es sich um einen Generalunternehmer, der das Projekt während einer zweijährigen Bauzeit schlüsselfertig und zum Festpreis errichten soll, dann dürfte der zeitliche Aussagehorizont ausreichend bemessen sein. Anderes gilt, wenn es sich bei der zu beurteilenden Partei um den Vertragspartner eines Abnahmevertrags mit zwölfjähriger Laufzeit handelt. Die in Form einer Trennfunktion aufgestellte Bedingung ermöglicht eine präzise Zuordnung. Die aufgezeigte Folge („*Kreditausfall*") ist in der vorliegenden Form („*Wahrscheinlichkeit von 95%"*) hinreichend eindeutig. Die Frage nach der Eindeutigkeit der Folge wäre anders zu beantworten, wenn die Trennfunktion eine geringere Trennschärfe aufweisen würde (z.B. Wahrscheinlichkeit von 60%).[1]

An den beiden vorstehenden Beispielen lässt sich aufzeigen, dass eine Analyse des Informationsgehaltes der verwendeten nomologischen Hypothese Rückschlüsse auf die Güte des Prognoseergebnisses ermöglicht. In diesem Sinne fordert der ‚**Grundsatz des adäquaten Informationsgehaltes der nomologischen Hypothese**', dass der Aussagegehalt der Majorprämisse im Hinblick auf All-

---

[1] Auf die generellen Probleme von empirisch-induktiven Verfahren soll an dieser Stelle nicht näher eingegangen werden. Vgl. hierzu die vorstehenden Ausführungen unter Gliederungspunkt 4.1.2.1.2.4.2.3 Empirisch-induktive Verfahren, S. 382 ff.

gemeinheit, Präzision und Bedingtheit und vor dem Hintergrund des zu prognostizierenden Sachverhalts eine ausreichende Adäquanz aufweisen muss.

5.4.2.2.2.3 Grundsatz der angemessenen Bewährung der nomologischen Hypothese

Nachdem für eine nomologische Hypothese ein ausreichender Informationsgehalt konstatiert wurde, wäre weiterhin zu überprüfen, ob sich die Majorprämisse (‚unterstellte Gesetzmäßigkeit') in der Vergangenheit bewährt hat oder sie in Teilen bzw. für bestimmte Anwendungsbereiche falsifiziert werden konnte.[1] *„Unterstellte Gesetzmäßigkeiten sind verallgemeinernde Schlussfolgerungen, die* (zunächst) *Gültigkeit für unendlich große Ereignisklassen behaupten."*[2] Die Notwendigkeit zur Beurteilung des Bewährungsgrades auf Angemessenheit resultiert aus der Erkenntnis, dass „Gesetzmäßigkeiten" per se nicht als „wahr" klassifiziert werden können.[3] Dieses ‚**Geltungsproblem**' resultiert daraus, dass das Fortgelten einer Gesetzesaussage, d.h. ihre zukünftige Wahrheit, nicht mit Sicherheit behauptet werden kann.[4] Zudem lässt sich aus einem adäquaten Informationsgehalt einer nomologischen Hypothese noch nicht auf ihre Wahrheit(smöglichkeit) schließen, da auch falsche Hypothesen informationshaltig sein können.[5]

In diesem Kontext stellt sich die Frage, was unter einem ‚angemessenen Bewährungsgrad' zu verstehen bzw. wie dieser zu messen ist. Hierbei müssen die vier Arten von nomologischen Hypothesen („Gesetzmäßigkeiten") differenziert betrachtet werden:

- **Natur- bzw. ingenieurwissenschaftliche Gesetzmäßigkeiten**

    Für den Prüfungsträger dürfte die Beurteilung des Bewährungsgrades von nomologischen Hypothesen in Form von natur- bzw. ingenieurwissenschaftlichen Gesetzmäßigkeiten mehrheitlich kein grundsätzliches, sondern eher ein Delegationsproblem darstellen. Orientierungsmaßstab ist der jeweilige allgemein anerkannte und als hinreichend gesichert geltende Sach- und Kenntnisstand der Natur- und Ingenieurswissenschaften, so dass hier regelmäßig auf die Expertise von externen (technischen) Gutachtern oder – soweit vorhanden – institutsinternen Spezialisten zurückzugreifen ist. Diese Parteien müssen ein Urteil zur Angemessenheit des Bewährungsgrades der verwendeten natur- bzw. ingenieurwissenschaftlichen Gesetzmäßigkeiten abgeben.[6]

---

[1] Daneben muss der Syllogismus in seiner Gesamtheit falsifizierbar sein. Vgl. hierzu die nachfolgenden Ausführungen unter Gliederungspunkt 5.4.2.4.1.3 Grundsatz der Falsifizierbarkeit, S. 560 ff.

[2] Drobeck, J.: Die Prognosepublizität im Prospekt über öffentlich angebotene Kapitalanlagen und deren Beurteilung nach IDW S 4, a.a.O., S. 1227 wohl in Anlehnung an Tietzel, M.: Prognoselogik – oder: warum Prognostiker irren dürfen, a.a.O., S. 7.

[3] Vgl. Wild, J.: Grundlagen der Unternehmensplanung, a.a.O., S. 126 f., wobei WILD den Begriff ‚*Bestätigungsgrad*' verwendet.

[4] Vgl. Tietzel, M.: Prognoselogik – oder: warum Prognostiker irren dürfen, a.a.O., S. 8. Teilweise wird das ‚Geltungsproblem' als ‚Induktionsproblem' bezeichnet, da eine als nomologische Hypothese verwendete Gesetzmäßigkeit innerhalb ihres sachlichen, räumlichen und zeitlichen Geltungsbereiches für eine unendlich große Ereignisklasse gelten soll, dies aber nur anhand einer endlichen Zahl von Ereignissen empirisch belegt werden kann. Faktisch wird damit die Gesetzesaussage induktiv, d.h. durch Schlussfolgerung vom Besonderen auf das Allgemeine, gewonnen. Vgl. Tietzel, M.: Kriterien für die Qualität von Wirtschaftsprognosen, a.a.O, S. 11 ff.

[5] „*Da falsche Hypothesen aber eben nicht beschreiben, was tatsächlich der Fall sein kann, können sie auch in einem Prognoseargument keine begründete Erwartung stützen, daß etwas eintreten wird.*" Tietzel, M.: Kriterien für die Qualität von Wirtschaftsprognosen, a.a.O, S. 15.

[6] Vgl. zur Beurteilung der beauftragten Parteien die Ausführungen unter Gliederungspunkt 5.2.1.4 Zuverlässigkeit, S. 472 ff.

- **Theoretische Annahmen**

  Theoretische Annahmen können in Form sachlogisch abgeleiteter Aussagen vorliegen (z.B. „*Im Land A gilt das Rückwirkungsverbot (‚Grandfathering') für neuerlassene Gesetze.*"), die auf bekannte bzw. anerkannte Axiome (hier: Rückwirkungsverbot) eines Systems (hier: Rechtssystem) basieren. Die Beurteilung der Angemessenheit des Bewährungsgrades kann einerseits auf der Grundlage von Erfahrungen (vgl. hierzu die nachfolgenden Ausführungen zu empirischen Generalisierungen und Indikatorhypothesen) und andererseits über eine Prüfung der zugrundeliegenden Axiome erfolgen. Axiome müssen für den Prüfungsträger begründ- und nachvollziehbar sein.

  Daneben finden sich „theoretische Annahmen" in Form eigenschafts- oder verhaltensbezogener Hypothesen („*Das als Sponsor auftretende Unternehmen A wird im Hinblick auf zukünftige Projekte durch die ihm mögliche (monetäre) Unterstützung zu verhindern suchen, dass dieses Vorzeigeprojekt fehlschlägt und zu einem Reputationsschaden führt.*"), denen zwar ein gewisser ökonomischer, möglicherweise auch spieltheoretisch und/oder neoinstitutionell begründbarer Rationalitätscharakter innewohnen kann, aus denen sich jedoch kein logischer Automatismus, d.h eine predeterminierte Folge, ableiten lässt. Obwohl derartige Annahmen eine Nähe zu Mutmaßungen aufweisen können, haben sie aufgrund ihrer vermeintlich unmittelbaren Plausibilität („*Ein Unternehmen, das mehrfach erfolgreich Projekte im Land A betrieben hat, wird dies wahrscheinlich auch in Zukunft tun.*") eine erhebliche Bedeutung in der bankbetrieblichen Praxis.[1] Es handelt sich jedoch mehrheitlich um (persönliche) Alltagstheorien, denen ein angemessener (historischer) Bewährungsgrad möglicherweise spezifisch-partikulär, aber nicht notwendigerweise repräsentativ-generell, attestiert werden kann. Die Prüfungsträger müssen somit zusätzlich die Prämissen identifizieren und analysieren, die die bisherigen Erfahrungen stützen, sowie beurteilen, ob diese eine zukünftige Bewährung der postulierten Hypothesen erwarten lassen.[2]

- **Empirische Generalisierungen**

  Empirische Generalisierungen sind Erfahrungssätze, die aus nicht repräsentativen Beobachtungen abgeleitet wurden und denen es regelmäßig an einer sophistisierten quantitativen Methodik fehlt. Vielmehr handelt es sich um simple Schätzungen („*In der Vergangenheit hatten wir ca. ein Drittel Ausschuss.*") oder einfache Kohortenbildungen („*In drei von fünf Projekten haben wir beobachtet, dass...*"). Empirische Generalisierungen können dergestalt formuliert sein, dass zunächst ein vermeintlich repräsentativer Aussagegehalt vermutet werden könnte („*Es hat sich gezeigt, dass ...*", „*In der Mehrzahl der Fälle konnten wir beobachten dass ...*", „*Unsere langjährige Erfahrung hat uns gelehrt, dass ...*"). Erst die Nachforschung wird ergeben, dass es an einer methodischen Grundlage fehlt, die aus der empirischen Generalisierung eine Indikatorhypothese machen würde. Bereits die Frage, ob mit einer konkreten empirischen Generalisierung zugleich eine informationshaltige nomologische Hypothese – respektive überhaupt eine verwendbare (Quasi-)Gesetzmäßigkeit – vorliegt, kann die Prüfungsträger vor erhöhte Anfor-

---

[1] Dies ergibt sich aus der Durchsicht des praktischen und theoretischen Schrifttums zum Untersuchungsobjekt ‚Projektfinanzierung im engeren Sinne', in dem beispielsweise immer wieder auf die erforderliche „Erfahrung" und „Finanzstärke" von Parteien abgestellt wird. Dabei stellen derartige Attribute bei rationaler Betrachtung widerlegbare Vermutungen dar. Eigenschafts- und verhaltensbezogene Hypothesen weisen damit eine große Ähnlichkeit mit den aus der Ergebnisprüfung bekannten und regelmäßig als <u>institutsinterne Normvorgaben</u> verwendeten ‚subjektiven (Ersatz-)Soll-Objekten' auf. Vgl. hierzu analog die vorstehenden Ausführungen unter Gliederungspunkt 4.2.2.2.2.1 Subjektive (Ersatz-)Soll-Objekte, S. 448 ff. Dies mag auch daran liegen, dass derartige Hypothesen eher für eine nachgelagerte Exkulpation geeignet erscheinen: „*Wir mussten doch davon ausgehen, dass das Unternehmen A das Projekt nicht untergehen lässt.*"

[2] Im Hinblick auf die skizzierten Beispiele wären u.a. folgende Fragen zu stellen: „*Wird vor dem Hintergrund der bekannten Strategie des Unternehmens A auch zukünftig eine Tätigkeit im Projektgeschäft erwartet?*" bzw. „*Wer war in der Vergangenheit im Unternehmen für den erfolgreichen Betrieb von Projekten im Land A erforderlich und sind diese Personen auch zukünftig verfügbar?*"

derungen stellen. Die Beurteilung der Angemessenheit des Bestätigungsgrades dürfte sich regelmäßig noch schwieriger gestalten, da – im Gegensatz zu Indikatorhypothesen – objektivierte Kriterien in Form von mathematisch-statistischen Methoden gerade nicht zur Verfügung stehen. Die Vertrauenswürdigkeit der Hypothese wird – soweit man sie nicht verwirft – daher im Zweifel auf der Grundlage intuitiv-pragmatischer Überlegungen erfolgen müssen.

- **Indikatorhypothesen**

  Indikatorhypothesen sind Erfahrungssätze, die aufgrund repräsentativer statistischer Erhebungen (Stichproben) gewonnen wurden. Die Frage nach dem (historischen) Bestätigungsgrad einer informationshaltigen Indikatorhypothese erübrigt sich scheinbar zunächst, da der Indikator ja gerade derart ausgewählt wurde, dass er die gewünschte Indikatorfunktion im Hinblick auf die bei Erhebung zugrundegelegte Grundgesamtheit erfüllt.[1] Es kann jedoch die weitere Frage aufgeworfen werden, ob sich ein Indikator in der Vergangenheit bei zeitlich nachgelagerter Anwendung auf neue, nicht der ursprünglichen Grundgesamtheit zugehörige Elemente bewährt hat.[2] Dabei aufgetretene Fehlklassifizierungen können weiter in Alpha-Fehler (z.B. ex post betrachtet insolvente Unternehmen, die fälschlicherweise ex ante als potenziell solvent klassifiziert wurden) und Beta-Fehler (z.B. ex post betrachtet solvente Unternehmen, die fälschlicherweise ex ante als potenziell insolvent klassifiziert wurden) unterteilt werden.[3] Zu beachten ist hierbei jedoch, dass mit dieser Vorgehensweise keine Aussage über die zukünftige Bewährung der Indikatorhypothese, sondern nur über den bisherigen Bewährungsgrad der Methodik getroffen werden kann.

Unabhängig davon, ob es sich um natur- bzw. ingenieurwissenschaftliche Gesetzmäßigkeiten, theoretische Annahmen oder Erfahrungssätze in Form von empirischen Generalisierungen oder Indikatorhypothesen handelt, sagt die vergangenheitsbezogene Bestätigung nichts über die tatsächliche zukünftige Bewährung einer nomologischen Hypothese aus.[4] Hierfür muss eine weitere Annahme, die sogenannte ‚Zeitstabilitätshypothese', getroffen, untersucht und bewertet werden. In diesem Zuge ist die Frage zu stellen, inwieweit das Fortgelten bisheriger, angemessen bewährter Hypothesen auch in Zukunft angenommen werden kann.[5] Die Beurteilung der Zeitstabilitätshypothese wird sich dabei in Abhängigkeit von der Art der nomologischen Hypothese unterschiedlich schwierig darstellen: Natur- bzw. ingenieurwissenschaftliche Gesetzmäßigkeiten werden tendenziell zeitstabiler sein, als beispielsweise Indikatorhypothesen.[6]

In dem vorstehend skizzierten Sinne fordert der ‚**Grundsatz der angemessenen Bewährung der nomologischen Hypothese**', dass ein – nach Art der verwendeten Gesetzmäßigkeit zu differenzierender – ausreichender Bestätigungsgrad der Majorprämisse sowie eine wahrheitsmögliche Zeit-

---

[1] Dies wird offensichtlich, wenn man sich die Funktionsweise von Diskriminanzfunktionen verdeutlicht. Die Trennfunktion wird so gewählt, dass sich als Folge ihrer Anwendung eine möglichst genaue Aufteilung der (historischen) Grundgesamtheit in die gewünschten Teilmengen ergibt. Vgl. hierzu die vorstehenden Ausführungen unter Gliederungspunkt 4.1.2.1.2.4.2.3 Empirisch-induktive Verfahren, S. 382 ff.

[2] „*Viele der in den 70er Jahren auf Basis der seinerzeitigen Weltmarktpreise erstellten Studien haben sich nicht bestätigt, was zu wirtschaftlichen Schwierigkeiten der neu entstandenen Unternehmen geführt hat.*" Peraus, H.: Neue Aspekte der Projektsdeckung, a.a.O., S. 8.

[3] Vgl. Oehler, A.; Unser, M.: Finanzwirtschaftliches Risikomanagement, a.a.O., S. 224 passim., Baetge, J.; Baetge, K.; Kruse, A.: Insolvenzgefährdung, Früherkennung, a.a.O., Sp. 1172 ff.

[4] Vgl. Tietzel, M.: Prognoselogik – oder: warum Prognostiker irren dürfen, a.a.O., S. 8 m.w.N.

[5] Vgl. Hagest, J.; Kellinghusen, G.: Zur Problematik der Prognoseprüfung und der Entwicklung von Grundsätzen ordnungsmäßiger Prognosebildung, a.a.O., S. 411.

[6] Es sei darauf hingewiesen, dass vor dem Hintergrund eines permanenten Erkenntnisfortschritts selbst für natur- bzw. ingenieurwissenschaftliche Gesetzmäßigkeiten nicht per se eine Zeitstabilität angenommen werden kann.

stabilitätshypothese vorliegt. Es sei darauf hingewiesen, dass die Frage nach dem angemessenen Bewährungsgrad der nomologischen Hypothese nicht mit der – ex post gemessenen – Treffsicherheit einer ganzen Prognose bzw. der Prognoseaussage verwechselt werden darf.[1]

5.4.2.2.2.4 Grundsatz der hinreichenden Ausschließbarkeit von Annahmefehlern

5.4.2.2.2.4.1 Grundsatz der richtigen Bildung von Antezedenzbedingungen

5.4.2.2.2.4.1.1 Grundsatz der richtigen Prämissenauswahl

Nomologische Hypothesen bilden nur den Obersatz bei syllogistischen Schlussverfahren. Eine logisch vollständige Prognosebildung bedingt das Hinzutreten von einer (mehreren) subsumtionsfähigen Antezedenzbedingung(en) als Untersatz (Untersätze).[2] Die Subsumption der Minor- unter die Majorprämisse erfordert die Existenz einer „*logischen Beziehung*".[3] Für das Untersuchungsobjekt ‚Projektfinanzierung im engeren Sinne' bedeutet dies, dass die Antezedenzbedingungen (Randbedingungen, Daten) vor dem Hintergrund des Aussagegehaltes der nomologischen Hypothese untersucht werden müssen. Nachfolgend soll dies durch Variation eines bereits bekannten Beispiels[4] erläutert werden:

Tab. 35:   Beispiel für eine falsche Prämissenauswahl

Bestandteil	Sätze
Majorprämisse	Im Land A wurden noch nie Konzessionsverträge durch die Regierung gebrochen, wenn eine Institution der Weltbankgruppe in das Projekt eingebunden war.
Minorprämisse	Im vorliegenden Projekt wird die ASIAN DEVELOPMENT BANK als Sponsor auftreten.
(Falsche) Konklusion	Die Regierung des Landes A wird den Konzessionsvertrag (wahrscheinlich) nicht brechen.

Quelle: Eigene Darstellung

Da sich die Majorprämisse nur auf Institutionen der Weltbankgruppe bezieht und die ASIAN DEVELOPMENT BANK (ADB) nicht unter diese Teilmenge subsumiert werden kann, ist die getroffene Konklusion falsch. Die Tatsache, dass es sich bei der ADB um eine Entwicklungsbank mit einem sehr ähnlichen Aufgabenprofil handelt, kann hieran nichts ändern. Der Informationsgehalt des Erfahrungssatzes ermöglicht keine Subsumption. Möchte man aufgrund der Ähnlichkeit der Institutionen eine Analogiebildung vornehmen, wäre zunächst die nomologische Hypothese dahingehend zu ändern, dass anstelle von „*Unternehmen der Weltbankgruppe*" (sachlich partikulär) die größere Menge der „*supranationalen Institutionen*" (sachlich generell) adressiert wird.[5] Dies wäre jedoch

---

[1] Ex-post-Beurteilungen, die den Progoseaussagenerfolg für die Vergangenheit protokollieren, werden für die Ex-ante-Qualitätsbeurteilung generell abgelehnt. Vgl. hierzu Drobeck, J.: Die Prognosepublizität im Prospekt über öffentlich angebotene Kapitalanlagen und deren Beurteilung nach IDW S 4, a.a.O., S. 1226 f.

[2] Vgl. hierzu die vorstehenden Ausführungen unter den Gliederungspunkten 2.2.3.1.2.5.2 Logisch vollständige Prognosen, S. 128 ff. sowie 5.4.2.2.2.1 Grundsatz der logischen Explizität, S. 542 ff.

[3] Vgl. Hagest, J.; Kellinghusen, G.: Zur Problematik der Prognoseprüfung und der Entwicklung von Grundsätzen ordnungsmäßiger Prognosebildung, a.a.O., S. 410.

[4] Vgl. hierzu Tab. 12: Beispiel für eine logisch vollständige Prognoseaussage, S. 132.

[5] Vgl. hierzu die vorstehenden Ausführungen unter Gliederungspunkt 5.4.2.2.2.2 Grundsatz des adäquaten Informationsgehaltes der nomologischen Hypothese, S. 543 ff.

nur dann sinnvoll, wenn hierdurch nicht der bisherige Bewährungsgrad bzw. die zugrundeliegende Kausalität in Frage gestellt wird.[1]

Die Subsumierbarkeit der verwendete Antezedenzbedingungen reicht allein noch nicht aus, um eine „richtige" Prämissenauswahl anzunehmen. Ergänzend muss die Relevanz der Minorprämissen für die Prognoseaufgabe untersucht werden. Durch erneute Variation des vorstehenden Beispiels soll dies verdeutlicht werden:

Tab. 36: **Beispiel für die komparative Stärke unterschiedlicher Prämissen**

Bestandteil	Sätze
Majorprämisse	Im Land A wurden noch nie Konzessionsverträge durch die Regierung gebrochen, wenn eine Institution der Weltbankgruppe in das Projekt eingebunden war.
Minorprämisse$_1$	Im vorliegenden Projekt hat die MULTILATERAL INVESTMENT GUARANTEE AGENCY die Planungen begleitet.
Minorprämisse$_2$	Im vorliegenden Projekt wird die MULTILATERAL INVESTMENT GUARANTEE AGENCY als Garantiegeberin auftreten.
Konklusion	Die Regierung des Landes A wird den Konzessionsvertrag (wahrscheinlich) nicht brechen.

Quelle: Eigene Darstellung

Das vorstehende Beispiel zeigt die Bedeutung „*...der komparativen Stärke der Argumente bei Inklusionsverhältnissen.*"[2] Die durch die Minorprämisse$_1$ dokumentierte Einbindung der MULTILATERAL INVESTMENT GUARANTEE AGENCY (MIGA) lässt sich semantisch zweifelsohne unter die Majorprämisse subsumieren. Allerdings zeigt die Minorprämisse$_2$, dass Subsumptionen unter den Begriff „*Einbindung*" eine unterschiedliche sachliche Relevanz aufweisen können. Für den Fall, dass beide Antezedenzbedingungen erfüllt sind, dürfte sich kein Problem für die Prognosebildung ergeben. Sollte sich jedoch zu einem späteren Zeitpunkt herausstellen, dass die Minorprämisse$_2$ nicht erfüllt werden kann, weil sich beispielsweise die MIGA aufgrund fehlender interner Gremienbeschlüsse gegen eine Garantievergabe entscheidet, dann verbleibt nur das relativ gesehen schwächere Argument der Minorprämisse$_1$.[3]

Der ‚**Grundsatz der richtigen Prämissenauswahl**' fordert, dass einerseits eine Subsumierbarkeit der verwendeten Antezedenzbedingungen sowie andererseits eine hinreichende Relevanz der Minorprämissen für die konkrete Prognoseaufgabe gegeben sein müssen.

5.4.2.2.2.4.1.2 Grundsatz der Berücksichtigung des Aktionsniveaus

Das Bekanntwerden von Prognoseaussagen kann das Verhalten der beteiligten Akteure ändern oder erst ein bestimmtes Verhalten bedingen. Derartige Verursachungs- oder Verstärkungswirkungen von Prognosen werden nach POPPER auch als ‚**Ödipus-Problem**' bezeichnet.[4] Ist die logische

---

[1] Vgl. hierzu die vorstehenden Ausführungen unter Gliederungspunkt 5.4.2.2.2.3 Grundsatz der angemessenen Bewährung der nomologischen Hypothese, S. 548 ff.

[2] Hagest, J.; Kellinghusen, G.: Zur Problematik der Prognoseprüfung und der Entwicklung von Grundsätzen ordnungsmäßiger Prognosebildung, a.a.O., S. 410.

[3] Im vorliegenden Fall ergibt sich zugleich das Problem der Bildung einer Ad-hoc-Hypothese im Hinblick auf die zukünftige Gültigkeit von Minorprämisse$_2$. Vgl. hierzu die nachfolgenden Ausführungen unter Gliederungspunkt 5.4.2.2.2.4.2 Grundsatz der angemessenen Bildung von Ad-hoc-Hypothesen, S. 554 ff.

[4] Nach Ödipus, dem das Orakel voraussagte, dass er seinen Vater töten und seine Mutter heiraten würde, und der darauf hin – zwecks Verhinderung der Prophezeiung – seinen vermeintlichen Vater, den König

Struktur einer Prognoseaussage, d.h. das Projectans, bekannt, kann sich eine Situation einstellen, in der die Akteure unter dem Eindruck des Prognoseergebnisses handeln und dessen tatsächliches Eintreffen durch ihre Aktionen entweder erst herbeiführen (‚**Self-fulfilling Prophecy**') oder verhindern (‚**Self-destroying Prophecy**').[1] Diese Selbstverstärkung oder Selbstabschwächung von Prognosen wird auch als ‚**Feedback-Effekt**' bezeichnet.[2] Für die (vermeintliche) Lösung des Problems werden zwei Wege diskutiert:

- Die Option, eine Prognoseaussage geheim zu halten, erscheint zunächst plausibel. Denn auch bei ‚Projektfinanzierungen im engeren Sinne' sind durchaus Konstellationen denkbar, in denen die Veröffentlichung einer Prognose das Potenzial besitzt, den weiteren Projektverlauf negativ zu beeinflussen. Insbesondere Marktprognosen, die z.B. eine große Nachfrage für ein Produkt attestieren und damit zugleich dem produktanbietenden Projekt ein entsprechendes absatzseitiges Potenzial vorhersagen, können bei ihrer Veröffentlichung weitere Konkurrenten zu einem Markteintritt motivieren, wodurch wiederum der Erfolg des Ausgangsprojekts in Frage gestellt werden könnte. Allerdings kann davon ausgegangen werden, dass in einer informationstechnisch hochgradig vernetzten Welt derartige Effekte tendenziell nicht durch den Versuch einer Geheimhaltung mit hinreichender Sicherheit zu steuern sind, so dass sich diese Option im Regelfall nicht eröffnen dürfte.

- Die Möglichkeit, den ‚Ödipus-Effekt' bei der Prognosebildung zu berücksichtigen (‚Wirkungsprognose'), stösst auf methodische Schwierigkeiten, da „*die Veröffentlichung der angepassten Vorhersage wiederum eigendynamische Prozesse auslösen*"[3] kann. Es kommt somit im Zweifel zu einer Kette von Ödipus-Effekten, die – bei konsequenter Berücksichtigung – zwangsläufig zu einem unendlichen Antizipationsregress führen muss. Theoretisch wurde zwar versucht, unter bestimmten Bedingungen formale Gleichgewichtslösungen für Wirkungsprognosen zu ermitteln (sogenanntes ‚Grunberg-Modigliani-Theorem').[4] Praktisch sind diese aufgrund ihrer Anwendungsbedingungen[5] irrelevant, da sie u.a. eine Kenntnis der potenziellen Handlungen (Reaktionen) der Akteure voraussetzen, welche somit wiederum selbst prognostiziert werden müssen u.s.w. (sogenanntes ‚Morgenstern-Paradox').[6]

---

von Korinth, der in Wirklichkeit sein Pflegevater war, verließ. Auf seiner Wanderung traf er dann seinen leiblichen – ihm unbekannten – Vater, Laios, den König von Theben, den er im Streit erschlug, und seine leibliche – ihm ebenfalls unbekannte – Mutter Iokaste, die er heiratete.

[1] Die Begriffe ‚**Self-fulfilling Prophecy**' und ‚**Self-destroying Prophecy**' gehen auf den amerikanischen Soziologen ROBERT K. MERTON zurück. Vgl. Merton, K. R.: Soziologische Theorie und soziale Struktur, Berlin 1995, S. 399 ff. Ein Beispiel ist die Veröffentlichung von Wahlprognosen: Wird bei einer angenommenen Wahlbeteiligung von x% für die Partei A der Wahlsieg in Höhe von y% vorhergesagt, so kann dies u.a. dazu führen, dass (a) die Anhänger der Partei A vor dem Hintergrund des vermeintlich sicheren Wahlsieges am Wahltag nicht mehr zur Stimmenabgabe gehen und/oder die Anhänger der übrigen Parteien bzw. unentschlossene Wähler, die eigentlich nicht wählen gehen wollten, nun erst zu einer Stimmenabgabe zu Gunsten des prognostizierten Verlierers, d.h. Partei B, motiviert werden (letzteres: ‚**Underdog-Effekt**'), oder (b) die Wähler unterstützen den prognostizierten Sieger, obwohl sie eigentlich Partei B wählen wollten bzw. unentschlossen waren (‚**Bandwagon-Effekt**').

[2] Vgl. Nierhaus, W.: Wirtschaftskonjunktur 2002: Prognose und Wirklichkeit, a.a.O., S. 23.

[3] Tietzel, M.: Prognoselogik – oder: warum Prognostiker irren dürfen, a.a.O., S. 16.

[4] Vgl. Grunberg, E.; Modigliani, F.: The Predictability of Social Events, in: Journal of Political Economy, 62. Jg. (1954), S. 465 ff.

[5] Die formalen Anwendungsbedingungen lauten: 1. Es muss eine stetige Reaktionskurve (Reaktionsfunktion) vorliegen, die den Prognostizierenden bekannt ist. 2. Die zu prognostizierende (reale) Größe muss eine obere und untere Grenze besitzen. Vgl. hierzu Harder, T.: Wirtschaftsprognose: Ein Beitrag zur gegenwärtigen Diskussion, a.a.O., S. 154.

[6] Vgl. Morgenstern, O.: Wirtschaftsprognose: Eine Untersuchung ihrer Voraussetzungen und Möglichkeiten, Wien 1928, S. 98.

Da es sich bei der nomologischen Hypothese, um eine allgemeingültige, d.h. gegebene, Gesetzesaussage handelt, liegt die Möglichkeit zu einer bewussten oder unbewussten Beeinflussung der Prognoseaussage nur darin, dass die Akteure auf die Antezedenbedingungen einwirken. Bei der Prognosebildung muss berücksichtigt werden, ob und in welchem Ausmaß eine Beeinflussung der Minorprämisse(n) möglich ist (sogenanntes ‚**Aktionsniveau der Minorprämissen**'). Es wurde bereits darauf hingewiesen, dass hierin die Chance liegen kann, dass die Projektbeteiligten durch geeignete Maßnahmen auf die Eintrittswahrscheinlichkeit der Minorprämissen positiv einwirken können.[1] Im Idealfall kann über die Aufstellung von subjektiven Wahrscheinlichkeitsverteilungen bzw. von verschiedenen Szenarien der probabilistische Charakter der Minorprämisse transparent gemacht werden.[2]

In diesem Sinne bedingt der ‚**Grundsatz der Berücksichtigung des Aktionsniveaus**', dass Prognoseersteller bzw. Prüfungsträger die Möglichkeit, die Eintrittswahrscheinlichkeit der Antezedenzbedingungen zu beeinflussen, untersuchen und zu dem Ergebnis gelangen müssen, dass die Konklusion hierdurch nicht grundsätzlich in Frage gestellt wird.

5.4.2.2.2.4.2 Grundsatz der angemessenen Bildung von Ad-hoc-Hypothesen

Im Zuge der Erörterung logisch vollständiger Prognosen wurde bereits auf das Problem des unendlichen Prognoseregresses und das daraus resultierende Erfordernis zur Bildung von Ad-hoc-Hypothesen hingewiesen.[3] Theoretisch deduzierte Prognosen bedingen nicht nur die – vorstehend skizzierte – richtige Bildung von Antezedenzbedingungen, sondern die Beantwortung der Frage, ob die Gültigkeit der Minorprämisse auch für die Zukunft mit hinreichender (subjektiver) Sicherheit angenommen werden kann. Es entsteht somit das Erfordernis einer weiteren logisch vollständigen Prognose, die wiederum eine Major- und eine Minorprämisse enthält, wobei letztere ebenfalls prognostiziert werden müsste u.s.w.. Dieses Dilemma, welches im Schrifttum auch als ‚**Anwendungs-Problem**'[4] bezeichnet wird, kann nur durch einen bewussten Abbruch des unendlichen Prognoseregresses durch den Prognoseersteller gelöst werden. Eine leicht modifizierte und erweiterte Fortführung des bereits bekannten Beispiels (vgl. Tab. 36: Beispiel für die komparative Stärke unterschiedlicher Prämissen, S. 552) soll diese Vorgehensweise verdeutlichen:

---

[1] Vgl. hierzu Tab. 12: Beispiel für eine logisch vollständige Prognoseaussage, S. 132 sowie die korrespondierenden Ausführungen.

[2] Vgl. Drobeck, J.: Die Prognosepublizität im Prospekt über öffentlich angebotene Kapitalanlagen und deren Beurteilung nach IDW S 4, a.a.O., S. 1233.

[3] Vgl. hierzu Abb. 26: Problem des unendlichen Prognoseregresses, S. 131 sowie die korrespondierenden Ausführungen.

[4] Vgl. Tietzel, M.: Prognoselogik – oder: warum Prognostiker irren dürfen, a.a.O., S. 10 m.w.N.

Tab. 37: **Beispiel für eine Prognose 2. Ordnung mit Ad-hoc-Hypothese**

Bestandteil	Sätze
Prognose 1. Ordnung:	
Majorprämisse	Im Land A wurden noch nie Konzessionsverträge durch die Regierung gebrochen, wenn eine Institution der Weltbankgruppe in das Projekt eingebunden war.
Minorprämisse	Im vorliegenden Projekt wird die MIGA als Garantiegeberin auftreten.
Konklusion	Die Regierung des Landes A wird den Konzessionsvertrag (wahrscheinlich) nicht brechen.
Prognose 2. Ordnung:	
Majorprämisse	Die MIGA tritt als Garantiegeberin bei Projekten im Land A auf, wenn diese die Deckungskriterien erfüllen.
Minorprämisse	Die Deckungskriterien werden im vorliegenden Projekt erfüllt.
Konklusion	Im vorliegenden Projekt wird die MIGA als Garantiegeberin auftreten.
Abbruch des Prognoseregresses:	
Ad-hoc-Hypothese	Die Deckungskriterien werden im vorliegenden Projekt erfüllt.

Quelle: Eigene Darstellung

Es handelt sich dabei um keine theoretisch-optimale Lösung, sondern um eine pragmatische Vorgehensweise.[1] Wann der Abbruch in der betrieblichen Prognosepraxis idealerweise erfolgen sollte, lässt sich nicht eindeutig beantworten, sondern wird in Abhängigkeit von der Prognoseart bzw. vom konkreten Einzelfall zu entscheiden sein. Im vorstehenden Beispiel dürfte sich ein Prüfungsträger bei Vorliegen der relevanten Informationen (Deckungskriterien der MIGA = Soll-Objekt, geplantes Projekt- und Finanzierungskonzept = Ist-Objekt) relativ schnell eine Meinung über die voraussichtliche Erfüllbarkeit der Deckungskriterien bilden können. Bei anderen Sachverhaltsgestaltungen kann eine differenzierte Vorgehensweise (z.B. Abbruch des Prognoseregresses auf einer weiter nachgelagerten Stufe) erforderlich sein. Eine Standardlösung in Form einer Soll-Ad-hoc-Hypothese kann es nicht geben.

Das ‚Anwendungs-Problem' der Antezedenzbedingung weist damit eine große Ähnlichkeit mit dem ‚Geltungs-Problem' der nomologischen Hypothese auf. Was die ‚Zeitstabilitätshypothese' für die Majorprämisse ist, das ist die ‚Ad-hoc-Hypothese' für die Minorprämisse. Beide Sätze sind aufgrund ihrer zeitraumüberwindenden Natur grundsätzlich unsicher und bedürfen in der Gegenwart einer Einschätzung im Hinblick auf ihre Wahrheitsmöglichkeit in der Zukunft. Der ‚**Grundsatz der angemessenen Bildung von Ad-hoc-Hypothesen**' fordert in diesem Sinne, dass sich Prognoseersteller und/oder Prüfungsträger ein Urteil über den Abbruchpunkt des Prognoseregresses bilden und diesen intersubjektiv nachvollziehbar begründen.

---

[1] So wohl auch Drobeck, J.: Die Prognosepublizität im Prospekt über öffentlich angebotene Kapitalanlagen und deren Beurteilung nach IDW S 4, a.a.O., S. 1233.

5.4.2.2.2.5 Grundsatz der logisch nachvollziehbaren Konklusion

Unabhängig von dem angewandten Prognoseverfahren muss die Herleitung der Prognoseaussage logisch nachvollziehbar sein, damit sie einen Anspruch auf Rationalität erheben kann.[1] In der Philosophie bzw. im wissenschaftstheoretischen Schrifttum wurden im Zusammenhang mit der Ableitung von ‚Erklärungen' und ‚Prognosen' verschiedene Fallgruppen des logischen Schließens entwickelt und beschrieben.[2] Der Frage, ob derartig strikt formalisierte Überlegungen einen absoluten normativen Charakter (z.B. in Form von Ordnungsmäßigkeitsgrundsätzen) für die betriebliche Praxis entfalten können, soll an dieser Stelle nicht nachgegangen werden. Jedoch können wissenschaftstheoretische Überlegungen Anhaltspunkte für die richtige Bildung von Prognoseaussagen liefern. So enthält die Syllogistik verschiedene Grundsätze, die eine Transformation von einer Oberprämisse unter Hinzuziehen einer Unterprämisse ‚**salva veritate**'[3] sicherstellen sollen. Beispielsweise können (bzw. dürfen) – wie vorstehend bereits gezeigt wurde[4] – aus kontradiktorischen Prämissen keine Konklusionen gezogen werden.[5]

Die Ableitung einer Schlussfolgerung stellt in stochastischen, d.h. von Menschen konstruierten bzw. bedingten, Systemen keine predeterminierte (triviale) Aufgabe dar. Dies führt in der Prognosepraxis zu folgenden Problemen:

- Aus falsch gewählten Prämissen können keine logisch richtigen Schlüsse gezogen werden.

- Aus richtig gewählten Prämissen werden nicht zwangsläufig die richtigen Schlüsse gezogen.

In diesem Sinne fordert der ‚**Grundsatz der logisch nachvollziehbaren Konklusion**', dass die Prognoseaussage logisch einwandfrei aus richtig gewählten Prämissen abgeleitet wird.

5.4.2.3 Vollständigkeit

5.4.2.3.1 Grundsatz der logischen Vollständigkeit

Es wurde bereits an anderer Stelle ausgeführt, dass der ‚Grundsatz der Vollständigkeit' nicht trennscharf vom ‚Grundsatz der Richtigkeit' abzugrenzen ist, da Unvollständigkeit zu falschen Ergeb-

---

[1] Vgl. Hagest, J.; Kellinghusen, G.: Zur Problematik der Prognoseprüfung und der Entwicklung von Grundsätzen ordnungsmäßiger Prognosebildung, a.a.O., S. 409.

[2] Die logischen Schlussfolgerungen der Syllogistik werden auf ARISTOTELES zurückgeführt, wobei seine Pragmatien, d.h. ursprünglich nicht zur Veröffentlichung bestimmte Schriften, erst nach seinem Tode von ANDRONIKOS VON RHODOS unter dem Titel Organon (Werkzeug) gesammelt und herausgegeben wurden. Die ursprünglichen (veröffentlichten) Schriften gingen verloren. Vgl. Aristoteles: Organon Bd. 3/4: Erste Analytik, Zweite Analytik, Hamburg 2001. Später wurden auf diesen Grundlagen weitere Systeme der Logik und verschiedene Formen des Schließens entwickelt. Vgl. exemplarisch Bunge, M. A.: Scientific Research II – The Search for Truth, a.a.O., S. 290 ff.

[3] Lat. „unter Erhaltung des Wahrheitswertes".

[4] Vgl. hierzu Tab. 35: Beispiel für eine falsche Prämissenauswahl, S. 551.

[5] Dies folgt aus dem Grundsatz ‚Ex mere negativis nihil sequitur' (lat. Allein aus verneinten Aussagen können keine Schlüsse gezogen werden). Ein einfacher kategorischer Syllogismus darf nicht ausschließlich verneinende Prämissen enthalten. Beispielsweise kann aus den Prämissen „*Kraftwerksprojekte werden nicht enteignet*" und „*Das geplante Projekt ist kein Kraftwerksprojekt*" nicht der Schlusssatz „*Das geplante Projekt wird enteignet*" gewonnen werden. Das Gleiche gilt für partikuläre Prämissen: Aus den Sätzen „*Einige Infrastrukturprojekte sind erfolgreich*" und „*Einige Projekte im Land A sind Infrastrukturprojekte*" kann nicht der Schlusssatz „*Einige Infrastrukturprojekte im Land A sind erfolgreich*"abgeleitet werden.

nissen führen kann.[1] In diesem Kontext greift der ‚(Spezial-)Grundsatz der logischen Vollständigkeit' erneut die bereits postulierte Forderung nach der Vollständigkeit der Prognoseargumente auf, wie sie vorstehend im ‚(Spezial-)Grundsatz der logischen Explizitheit' erhoben wurde.[2] Logische Vollständigkeit bedeutet, dass Prognoseaussagen unter Angabe des Projectans (nomologische Hypothese, Antezendenzbedingungen) und des Projectandums (Konklusion) abgegeben werden.

5.4.2.3.2 Grundsatz der Abdeckung aller Prognosefelder

Auf der Ebene des Systems ‚Prognosen' konkretisiert sich der bereits diskutierte ‚Rahmengrundsatz der Vollständigkeit'[3] im ‚(Spezial-)Grundsatz der Abdeckung aller Prognosefelder'. Hierbei gilt es, die Frage zu klären, ob bei der Konzeption eines konkreten Projekt- und Finanzierungskonzeptes alle Prognosefelder adressiert wurden, die für die Beurteilung der wirtschaftlichen Verhältnisse relevant sind. Letztlich gilt es, einerseits aus den Spezifika eines geplanten Projektes Abbildungsnormen in Form von Kausalbeziehungen und andererseits aus den Rahmenbedingungen der Umwelt projektrelevante Input-Daten (Variablen und Parameter) abzuleiten, die für eine Konstruktion und Befüllung des Systems ‚modellgestützte Finanzplanung' unverzichtbar sind. Als Orientierungspunkt kann hierbei der Katalog der bereits aufgezeigten Prognosefelder dienen:[4]

- Technik
- Märkte
- Management und Betrieb
- Gesamtwirtschaftliche Rahmendaten
- Abgaben und Rechnungslegung
- Rechtsdurchsetzung und Genehmigungserhalt
- Umwelt
- Versicherungen
- Bonität von Vertragspartnern

Es handelt sich dabei um eine stark aggregierte Betrachtung, die zunächst einen kursorischen Überblick über die **quantitative Vollständigkeit** der vorgelegten Unterlagen ermöglichen dürfte. Für eine Beurteilung der **qualitativen Vollständigkeit** müssen die genannten Prognosefelder in Teilfelder und korrespondierende Prognosegegenstände bzw. -aufgaben untergliedert werden, welche die Spezifika des konkreten Projekt- und Finanzierungskonzeptes widerspiegeln. Hierbei kann sich u.U. das zusätzliche Erfordernis zu einer Prognose atypischer bzw. exotischer Projektparameter und -variablen ergeben. Die folgenden Beispiele sollen dies illustrieren:

---

[1] Vgl. hierzu die vorstehenden Ausführungen unter Gliederungspunkt 5.2.2 Vollständigkeit, S. 476 ff.
[2] Vgl. hierzu die vorstehenden Ausführungen unter Gliederungspunkt 5.4.2.2.2.1 Grundsatz der logischen Explizitheit, S. 542 ff.
[3] Vgl. hierzu die vorstehenden Ausführungen unter Gliederungspunkt 5.2.2 Vollständigkeit, S. 476 ff.
[4] Vgl. hierzu die vorstehenden Ausführungen unter Gliederungspunkt 2.2.3.2 Prognoseerfordernis und -felder, S. 133 ff.

- Bei land- und fischereiwirtschaftlichen Projekten werden regelmäßig Prognosen über biologische Prozesse und/oder Bestandsgrößen relevant sein.

- Windenergieprojekte erfordern eine Prognose des Windaufkommens am Standort in Abhängigkeit von weiteren Parametern (z.B. Nabenhöhe der Turbine).

- Bei einem Zellstoffprojekt mit angeschlossenen Plantagen müssen die logistischen Implikationen der Rohstoffversorgung, d.h. der Bau von An- und Abfahrtswegen für die Abholzung bzw. Aufforstung, untersucht werden.

- Im Zuge von Recycling-Projekten werden die Sammelsysteme und die (soziokulturelle) Sammelbereitschaft der Bevölkerung zu prognostizieren sein.

- Bei Stadtbahnprojekten werden Wechselwirkungen zwischen Außenklima und Innenklimatisierung bzw. deren Auswirkungen auf die Nutzungsbereitschaft zu erforschen sein.

- Bei unterseeischen Telekommunikationskabeln muss die Gefährdung der Leitungen durch lokale Fischerei (Schleppnetze) prognostiziert werden.

Weitere Anhaltspunkte für potenzielle Prognosefelder kann eine Analyse der generischen Risikostruktur von ‚Projektfinanzierungen im engeren Sinne' unter besonderer Berücksichtigung der jeweiligen konzeptionellen Spezifika liefern.[1] Im Extremfall von „Projektverkettungen" müssen Mehrfachprognosen für alle verketteten (Teil-)Projekte vorliegen.[2]

In diesem Zusammenhang fordert der ‚**Grundsatz der Abdeckung aller Prognosefelder**', dass das System ‚Prognosen' quantitativ und qualitativ vollständig ist.

5.4.2.4 Klarheit

5.4.2.4.1 Eindeutigkeit

5.4.2.4.1.1 Grundsatz des eindeutigen Gegenstandsbereiches

Prognoseaussagen beziehen sich immer auf einen Prognosegegenstand (Prognosevariable), der im Kontext des hier vertretenen Verständnisses als eine singuläre Größe (z.B. Absatzpreis eines Produktes, Tragfähigkeit einer Bodengründung etc.) und nicht als ein geschlossenes Berichtssystem (z.B. Planungsrechnung, ‚Information Memorandum' etc.) begriffen wird.[3] Bei der Prognose von Einzelvariablen ist eine eindeutige Abgrenzung des Gegenstandsbereiches conditio sine qua non. Dem durchschnittlichen Prognoseempfänger muss die eindeutige Interpretation der Prognoseaussagen in sachlicher, räumlicher und zeitlicher Hinsicht ermöglicht werden. Andernfalls besteht die latente Gefahr einer Prognoseverwendung außerhalb ihres inhaltlichen Kontexts, d.h. ihres Gegenstandsbereiches. Für das Untersuchungsobjekt ‚Projektfinanzierungen im engeren Sinne' sollen

---

[1] Vgl. hierzu Tab. 13: Generische Risikostruktur von ‚Projektfinanzierungen i.e.S.', S. 145.

[2] Als Beispiel kann hier eine Gaszerlegungsanlage dienen, die im Wege einer ‚Projektfinanzierung im engeren Sinne' realisiert wird und über Pipelines verschiedene Industrieanlagen (z.B. Methanolanlage, Stahlwerk) mit technischen Gasen (Sauer-, Wasser-, Stickstoff) versorgt. Stehen am Standort keine alternativen Abnehmer zur Verfügung, dann gewinnt die Bonität der belieferten Unternehmen eine besondere Bedeutung für den Projekterfolg. Handelt es sich bei den belieferten Industrieanlagen wiederum um ‚Projekte', dann werden deren Prognosefelder vollständig abzudecken sein.

[3] Vgl. hierzu die vorstehenden Ausführungen unter Gliederungspunkt 2.2.3.1.2.1 Gegenstand, S. 124 ff.

diese Überlegungen anhand von Beispielen für unterschiedlich abgegrenzte Prognosevariablen konkretisiert werden:

Tab. 38: Beispiele für unterschiedliche Abgrenzungen der Gegenstandsbereiche von Prognoseaussagen

Relevanter Gegenstandsbereich der vorzulegenden Prognoseaussage	Tatsächlich dargestellter Gegenstandsbereich der Prognoseaussage
Erdgaspreis US Gulf Coast	Durchschnittlicher Erdgaspreis bei weltweiter Betrachtung
Verkehrsaufkommen nach Fahrzeugtypen, Tageszeiten und jahreszeitlichen Schwankungen	Jahresdurchschnittswert für alle Nutzer
Technische Funktionsfähigkeit einer Mobilfunktechnologie in einer gebirgigen Region	Technische Funktionsfähigkeit einer Mobilfunktechnologie unter üblichen Bedingungen
Windaufkommen am Projektstandort	Durchschnittliches Windaufkommen in der gesamten Region auf der Basis ausgewählter Messstationen
Durchsetzung von rechtlichen Sicherheiten in Australien	Durchsetzung von rechtlichen Sicherheiten in Ländern mit einem auf dem Common Law basierenden Rechtssystem
Politische Akzeptanz des Projektes im Bundesstaat bzw. in der Region	Politische Akzeptanz des Projektes in der Hauptstadt

Quelle: Eigene Darstellung

Die Beispiele in der vorstehenden Tabelle verdeutlichen, dass eine Übermittlung von quantitativen oder qualitativen Prognoseaussagen, die keinen Bezug zum projektspezifisch relevanten Gegenstandsbereich aufweisen, zu Fehlinterpretationen führen können. Die eindeutige Formulierung der Prognoseaufgabe durch den Auftraggeber sowie der Prognoseergebnisse durch den Prognoseersteller steht somit im direkten Zusammenhang mit deren Verwendbarkeit für den weiteren Strukturierungs- und Prüfungsprozess. In diesem Zusammenhang fordert der ‚**Grundsatz des eindeutigen Gegenstandsbereiches**', dass der klare Bezug zu den Fragestellungen im konkreten Projekt- und Finanzierungskonzept für den Prognoseempfänger bzw. Prognosenutzer ersichtlich und nachvollziehbar sein muss. Anforderungen an die Art der konkreten Ausformulierung eines Gegenstandsbereiches ergeben sich dabei aus den allgemeinen Anforderungen des bereits skizzierten ‚Rahmengrundsatzes der Klarheit'.[1]

5.4.2.4.1.2 Grundsatz der Methodenklarheit

Bei Vorliegen von unsicheren Erwartungen und einer Vielzahl von Prognosevariablen sind dem ‚Grundsatz der Klarheit' naturgemäß enge Grenzen gesetzt.[2] ‚Klarheit' impliziert u.a., dass die Annahmen für die prognostizierten singulären Größen offengelegt, alternative Ausprägungen genannt und die Eintrittswahrscheinlichkeiten diskutiert werden. Vor dem Hintergrund einer Vielzahl

---

[1] Vgl. hierzu die vorstehenden Ausführungen unter Gliederungspunkt 5.2.3 Klarheit, S. 478 ff.

[2] „*Versucht man etwa über die zu erwartende Liquiditätsentwicklung eines Unternehmens zu berichten, so sieht man sich einem Determinantengefüge gegenüber, das sich an seinen „Rändern" völlig ins Ungewisse verflüchtigt; hinter den „unmittelbaren" Bestimmungsfaktoren wie Umsatzverlauf, Aufwandsentwicklung, Marktliquidität verstecken sich allzu viele „mittelbare" Determinanten, von den Konkurrenzentscheidungen bis hin zu außen- und innenpolitischen Einflüssen.*" Moxter, A.: Fundamentalgrundsätze ordnungsmäßiger Rechenschaft, a.a.O., S. 94.

von verfügbaren qualitativen und quantitativen Prognoseverfahren[1] gewinnt dabei die eindeutige Nennung der verwendeten Methoden eine besondere Bedeutung. Im Rahmen von vorgelegten Prognoseunterlagen (z.B. Marktgutachten, technische Machbarkeitsstudien etc.) muss – zumindest in groben Zügen – eine Darstellung der eingesetzten Verfahren erfolgen, damit die Richtigkeit der Verfahrensauswahl und damit der Prognosebildung für den Prognoseempfänger ex ante plausibel ist. Eine Darstellung einzelner Rechenschritte sollte zur Wahrung der Verhältnismäßigkeit und aus Gründen der Übersichtlichkeit unterbleiben. Es geht somit nicht darum, dass der Prüfer die Prognoseergebnisse subjektiv als richtig oder falsch einschätzen bzw. die Abweichung derselben von einem selbst konstruierten Soll-Objekt messen kann. Vielmehr muss der gedankliche Weg des Prognoseerstellers (Gutachters), d.h. die der Prognose zugrundeliegende Methodik, für den Prüfer plausibel sein.[2] In diesem Kontext fordert der ‚**Grundsatz der Methodenklarheit**', dass Prognoseaussagen unter Angabe und Erläuterung der eingesetzen Prognoseverfahren abgegeben werden.

5.4.2.4.1.3 Grundsatz der Falsifizierbarkeit

Der ‚Grundsatz der Falsifizierbarkeit' ergibt sich zwangsläufig aus der Modellstruktur von logisch vollständigen Prognosen.[3] Grundsätzlich implizieren Syllogismen eine Herleitung von Prognoseergebnissen unter dem Aspekt der Wahrheitsmöglichkeit.[4] Prognoseaussagen gelten demnach solange als richtig, bis sie falsifiziert werden. Die Falsifizierbarkeit setzt voraus, dass keine inhaltsleere Formulierung der Prognoseaussage erfolgt.[5] ‚Inhaltsleere' bedeutet, dass alle denkbaren oder zumindest eine nicht zweckmäßige Anzahl von Möglichkeiten unter die Aussage subsumiert werden können.[6] Mangelnde Zweckmäßigkeit liegt in diesem Kontext dann vor, wenn Prognoseempfänger eine Vielzahl von Szenarien aus der vorgelegten Prognoseaussage ableiten können, ohne dass sich diesen objektive oder subjektive Eintrittswahrscheinlichkeiten zuordnen lassen. Inhaltsleere Formulierungen führen zu tautologischen Prognoseaussagen.

Die Gefahr der ‚Inhaltsleere' bergen auch Ausdrücke bzw. Begrifflichkeiten, die sich nicht präzisieren lassen oder mehrdeutig ausgelegt werden können.[7] Dabei wird der jeweilige Kontext der Wortverwendung zu beachten sein, wodurch die Urteilsbildung erheblich erschwert sein kann. Beispiele für derartige Wörter mit <u>potenzieller</u> Inhaltsleere sind die relativ auslegbaren Adjektive

---

[1] Vgl. die vorstehenden Ausführungen unter Gliederungspunkt 2.2.3.3 Prognoseverfahren, S. 138 ff.

[2] Dieses Vorgehen weist Analogien zur Prüfung von Großimmobilienprojekten durch Wirtschaftsprüfer im Wege von Plausibilitätskontrollen auf. Vgl. Hoffmann, W.-D.: Im Rahmen des Vertretbaren ist jede Bilanz zutreffend, a.a.O., S. 22.

[3] Vgl. hierzu die vorstehenden Ausführungen unter Gliederungspunkt 2.2.3.1.2.5 Logische Struktur, S. 127 ff.

[4] Vgl. zum Aspekt der Falsifikation von Syllogismen die vorstehenden <u>analogen</u> Ausführungen unter Gliederungspunkt 4.1.1.2.2.2.3 Kriterium ‚Art der Vergleichshandlung', S. 324 ff., insbesondere Abb. 80: Syllogismus, S. 326 ff. nebst den korrespondierenden Erläuterungen.

[5] Vgl. Hagest, J.; Kellinghusen, G.: Zur Problematik der Prognoseprüfung und der Entwicklung von Grundsätzen ordnungsmäßiger Prognosebildung, a.a.O., S. 414.

[6] Als plakatives Beispiel lässt sich der aus dem Volksmund bekannte Ausspruch „*Kräht der Hahn auf dem Mist ändert sich das Wetter, oder es bleibt wie es ist.*" anführen. DROBECK nennt den Satz „*Die eingegangenen Risiken werden Konsequenzen haben.*" Drobeck, J.: Die Prognosepublizität im Prospekt über öffentlich angebotene Kapitalanlagen und deren Beurteilung nach IDW S 4, a.a.O., S. 1226, Fn. 36. Im Kontext des Untersuchungsgegenstandes wäre folgende inhaltsleere Aussage denkbar: „*Falls weitere Kraftwerke errichtet werden, wird dies zu einer Erhöhung des Stromangebotes führen.*"

[7] Vgl. Drobeck, J.: Die Prognosepublizität im Prospekt über öffentlich angebotene Kapitalanlagen und deren Beurteilung nach IDW S 4, a.a.O., S. 1226.

zufriedenstellend, zügig, rasch, stark, schwach oder Konstruktionen wie *nicht unerheblich*, wobei sich die Aussagekraft im Zusammenhang mit einem Konjunktiv weiter reduziert:[1]

> *„Eine schwache konjunkturelle Entwicklung könnte eine nicht unerhebliche Auswirkung auf das Projekt haben."*

Die Gefahr inhaltsleerer Formulierungen ist insbesondere dann hoch, wenn externe Drittparteien gegen Entgelt Prognoseaussagen erstellen und diese gegen (zeitlich nachgelagerte) Kritik und etwaige Schadensersatzansprüche immunisieren wollen. Der ‚**Grundsatz der Falsifizierbarkeit**' fordert deshalb, dass Prognoseaussagen einerseits nicht tautologisch und andererseits unter Verwendung eindeutiger Ausdrücke und Begrifflichkeiten formuliert werden.

5.4.2.4.2 Übersichtlichkeit

Für die Prognoseübermittlung müssen das Projectans und das Projectandum explizit genannt und geordnet dokumentiert werden, damit sich die Prognoseempfänger ein klares Bild über die Ausprägung einer konkreten Prognosevariablen formen können. Bei mehrfachen singulären Prognosen, die zu Gesamtprognosen verdichtet werden, muss eine übersichtliche, d.h. separierbare, Darstellung der jeweils zugrundeliegenden Prognoseargumente erfolgen. Komplexe Berichtswerke, wie z.B. Marktstudien und technische Gutachten, die eine Vielzahl von Einzelprognosen beinhalten, können ihrer Informationsfunktion nur dann gerecht werden, wenn ihnen ein strukturierter Aufbau zugrunde liegt. Überschaubare Gliederungen mit eindeutigen Überschriften, vorangestellten Zusammenfassungen der Ergebnisse (‚Executive Summaries'), eine Verlagerung von Tabellen mit Datenreihen in einen separaten Anhang sowie erforderlichenfalls ergänzende Glossare und Stichwortverzeichnisse sind Indikatoren für die Einhaltung des ‚**Grundsatzes der Übersichtlichkeit der Prognosebildung**'. Im Übrigen gelten die Ausführungen zum ‚Rahmengrundsatz der Klarheit' uneingeschränkt für das System ‚Prognosen'.[2]

5.4.2.5 Vergleichbarkeit

5.4.2.5.1 Grundsatz der Methodenstetigkeit

Der bereits im ‚Rahmengrundsatz der Vergleichbarkeit'[3] skizzierte Untergrundsatz der materiellen Stetigkeit konkretisiert sich für das System ‚Prognosen' im ‚**Grundsatz der Methodenstetigkeit**'. Das Prädikat „Ordnungsmäßigkeit der Prognosebildung" bedingt dabei eine Beachtung der nachfolgend aufgeführten Normvorstellungen:

1. Innerhalb eines Gutachtens oder einer Studie darf kein Methodenwechsel für gleichartige Prognosevariablen erfolgen. Ausnahmen können dann bestehen, wenn sich das Vorgehen nachvollziehbar begründen lässt.[4]

2. Legt ein Prognoseersteller im Zeitablauf für ein Projekt- und Finanzierungskonzept verschiedene bzw. aufdatierte und überarbeitete Versionen eines Gutachtens oder einer Studie vor,[1] dann sollte hierbei ebenfalls kein unbegründeter Methodenwechsel erfolgen.

---

[1] Vgl. Tietzel, M.: Kriterien für die Beurteilung von Wirtschaftsprognosen, a.a.O., S. 8.
[2] Vgl. hierzu die vorstehenden Ausführungen unter Gliederungspunkt 5.2.3 Klarheit, S. 478 ff.
[3] Vgl. hierzu die vorstehenden Ausführungen unter Gliederungspunkt 5.2.4 Vergleichbarkeit, S. 480 ff.
[4] Aufgrund historischer Erfahrungen können sich in der Prognosepraxis für unterschiedliche Input-Faktoren unterschiedliche Prognosemethoden bzw -verfahren herausbilden.

3. Derselbe Prognoseersteller sollte für gleiche oder gleichartige Prognosegegenstände unterschiedlicher Projekte vergleichbare Methoden wählen.[2]

4. Unterschiedliche Prognoseersteller sollten bei der Prognose gleicher oder gleichartiger Prognosevariablen – soweit sich ein marktweiter Prognosestandard herausgebildet hat – vergleichbare Methoden wählen.

Die vorstehenden Normvorstellungen sind in der (abnehmenden) Reihenfolge ihrer Relevanz aufgeführt. Während sich die Punkte 1. und 2. regelmäßig beurteilen lassen, setzt der dritte Aspekt bereits Kenntnisse aus mehreren Projekten und damit ein gewisses Geschäftsvolumen voraus. Der letzte Punkt wird sicherlich für einen bankinternen und im Zweifel mit der spezifischen Prognosetechnik unvertrauten Prüfungsträger am schwersten zu beurteilen sein.

5.4.2.5.2 Grundsatz der Vergleichbarkeit von Prognoseaussagen

In der Mehrzahl der <u>konsortial</u> dargestellten Projektfinanzierungen dürften den Prüfungsträgern eines Kreditinstitutes Prognoseaussagen zu allen relevanten Bereichen eines Projekt- und Finanzierungskonzeptes durch die Sponsoren, das Management der Projektgesellschaft oder Drittparteien (Arranger, Berater etc.) vorgelegt werden. Daneben existieren jedoch Fallkonstellationen, bei denen die Prüfungsträger entweder gar keine, keine vertrauenswürdigen oder keine ausreichend dokumentierten und damit prüfungsfähigen Unterlagen zu einzelnen Prognosefeldern erhalten.[3] Derartige – aus sich selbst heraus nicht prüfungsfähige oder fehlende – Prognoseaussagen können zu einer negativen Kreditvergabeentscheidung führen. Ein alternatives Vorgehen kann darin bestehen, dass die Prüfungsträger die erforderlichen Prognosen eigenständig erstellen oder – im Zweifel auf Kosten der Sponsoren bzw. der Projektgesellschaft – durch eigene Berater/Gutachter erstellen lassen.[4]

Im Ergebnis lässt sich festhalten, dass Prognoseaussagen sowohl von Sponsoren, Drittparteien als auch von Kreditinstituten erstellt werden können. In diesem Sinne fordert der ‚**Grundsatz der Vergleichbarkeit von Prognoseaussagen**', dass sich ergänzende und/oder alternative Prognoseaussagen auf die gleichen projektrelevanten Prognosegegenstände beziehen wie die ursprünglich vorgelegten Prognoseaussagen. Dies soll am folgenden Beispiel verdeutlicht werden:

> Für ein geplantes petrochemisches Projekt, das Polyäthylen hoher Dichte (High Density Polyethylene; HDPE) produzieren soll, wird im Auftrag eines Kreditinstitutes ein (weiteres) Marktgutachten durch ein Marktforschungsinstitut erstellt. Nach Vorliegen der Marktstudie stellt sich heraus, dass sich die Prognose auf Polyäthylen niedriger Dichte (Low Density Po-

---

[1] Bei langen, im Zweifel mehrjährigen Planungsphasen ergibt sich z.B. das Erfordernis, prognostizierte Zeitreihen fortzuschreiben.

[2] Für Kreditinstitute, die sich auf bestimmte Sektoren, Regionen und/oder Kundengruppen konzentrieren, kann sich im Zeitablauf eine Situation ergeben, bei der wiederholt mit den gleichen Projektparteien (hier: Gutachter, Marktexperten) zusammengearbeitet wird.

[3] Beispielsweise kann bei Vorliegen einer projekt- bzw. kreditlaufzeitkongruenten Abnahmeverpflichtung auf das Erstellen und Vorlegen einer Marktstudie mit der Argumentation verzichtet werden, dass der Absatz aus Sicht der Projektbeteiligten vertraglich gesichert sei. Möchte ein Kreditinstitut das potenzielle Absatzrisiko bei Ausfall des kontrahierten Abnehmers beurteilen, erfordert dies eine produkt- und marktspezifische Prognose alternativer Absatzpotenziale.

[4] Eine derartige Vorgehensweise kann durchaus konzeptioneller Bestandteil der Ablauforganisation einer Projektfinanzierung im engeren Sinne sein. Vgl. hierzu die vorstehenden Ausführungen unter Gliederungspunkt 2.3.2.2 Ablauforganisation, S. 178 ff. insbesondere die Prozessschritte 3 und 6a.

lyethylene; LDPE) bezieht. Der ‚Grundsatz der Vergleichbarkeit von Prognoseaussagen' ist damit durchbrochen

Ferner sei angemerkt, dass alternativ oder ergänzend herangezogene Prognosen ebenfalls den ‚Grundsätzen ordnungsmäßiger Prognosebildung bei Projektfinanzierungen im engeren Sinne' entsprechen müssen.

5.4.2.6 Wirtschaftlichkeit (Wesentlichkeit)

Das Erstellen wissenschaftstheoretisch fundierter und damit (methodisch) ordnungsmäßiger Prognosen stellt eine erhebliche Anforderung in zeitlicher und damit auch kostenmäßiger Hinsicht dar. Die Recherche bzw. Identifikation von prognostischen Syllogismen sowie deren Formulierung dürfte sich vor den Hintergrund der vielfältigen Prognosefelder sowie der Komplexität der zu prognostizierenden Sachverhalte im Regelfall äußerst aufwändig gestalten. Andererseits rechtfertigen die bei ‚Projektfinanzierungen im engeren Sinne' anzutreffenden Investions- respektive Finanzierungsvolumina einen gewissen Prognoseaufwand.[1] Bei Fallgestaltungen mit einer Vielzahl von singulären Prognosevariablen zu ähnlichen oder gleichgelagerten Sachverhalten wird man u.U. stichprobenartig vorgehen müssen. Maßgeblich wird hierbei die Beachtung eines angemessenen und vertrauenswürdigen Entscheidungsnutzens sein.[2] Insbesondere bei der Formulierung von Ad-hoc-Hypothesen sind der Abbruchzeitpunkt über die Wirtschaftlichkeit der Prognosebildung sowie die Wesentlichkeit der dabei gewonnenen Informationen entscheidend.[3] Der **‚Grundsatz der Wirtschaftlichkeit (Wesentlichkeit) der Prognoseerstellung'** kann in diesem Zusammenhang nur fordern, dass bei der Prognoseerstellung die individuellen (subjektiven) Informationsansprüche eines Kreditinstitutes erfüllt werden.

5.4.3 Grundsätze einer ordnungsmäßigen Risikoanalyse

5.4.3.1 Vorüberlegungen

5.4.3.1.1 Konzeption als Prüfungs- und Kontrollnormenkanon

Die Planung von Investitions- und Finanzierungsmaßnahmen impliziert regelmäßig eine ‚Entscheidung unter Unsicherheit (bzw. Risiko)'.[4] In diesem Zusammenhang stellt die ‚Risikoanalyse' einen Prozess der Informationsgewinnung über projektspezifische Imponderabilien, deren potenzielle Auswirkungen sowie etwaige Maßnahmen zur Risikomilderung (‚Mitigants') dar.[5] Die ‚projektbezogene Risikoanalyse'[6] kann in Abhängigkeit von der betrachteten Projektphase sowie der

---

[1] So wird beispielsweise für Windkraftanlagen gefordert, die angenommenen Winderträge durch zwei Windgutachten zu belegen und ergänzend durch Ertragsvergleiche mit benachbarten Windkraftanlagen zu plausibilisieren. Vgl. Hedemann, G.: Eigen- und Fremdkapitalfinanzierung von WKA, a.a.O., S. 7 f.

[2] Vgl. hierzu analog die nachfolgenden Ausführungen unter Gliederungspunkt 5.4.3.6.1 Grundsatz des angemessenen Entscheidungsnutzens, S. 590 ff.

[3] Vgl. hierzu die vorstehenden Ausführungen unter Gliederungspunkt 5.4.2.2.2.4.2 Grundsatz der angemessenen Bildung von Ad-hoc-Hypothesen, S. 554 ff.

[4] Vgl. hierzu die vorstehenden Ausführungen unter Gliederungspunkt 2.2.4.2 Entscheidungssituationen unter Risiko und Ungewissheit, S. 140 ff.

[5] Vgl. hierzu die vorstehenden Ausführungen unter Gliederungspunkt 2.2.4.3 Zum Begriff ‚Risikoanalyse', S. 142 ff.

[6] Das Adjektiv ‚projektbezogen' wird an dieser Stelle zur klaren Abgrenzung von der im Rahmen des risikoorientierten Prüfungsmethoden-Mix vorgenommenen ‚allgemeinen Risikobeurteilung' verwendet. Vgl.

involvierten Parteien verschiedene Funktionen aufweisen. Analog zu den Systemen ‚modellgestützte Finanzplanung'[1] und ‚Prognosen'[2] muss eine Normierung durch ‚Grundsätze ordnungsmäßiger (projektbezogener) Risikoanalyse' den daraus resultierenden verschiedenartigen Anforderungen genügen:

- Die Grundsätze müssen bereits im Zuge des Strukturierungsprozesses, d.h. bei der Entwicklung bzw. Gestaltung eines tragfähigen Projekt- und Finanzierungskonzeptes als **Konstruktionsnormen**' bzw. ‚**Kontrollnormen**' einsetzbar sein.

- Die Grundsätze müssen für eine vom Strukturierungsprozess unabhängige Kreditwürdigkeitsprüfung als ‚**Prüfungsnormen**' geeignet sein.

Die nachfolgende Abbildung zeigt die konzeptionelle Ausgestaltung von ‚**Grundsätzen einer ordnungsmäßigen (projektbezogenen) Risikoanalyse**' als Prüfungs- oder Kontrollnormen in Abhängigkeit von der jeweils ausgeübten bankseitigen Funktion bei ‚Projektfinanzierungen im engeren Sinne':

---

hierzu die vorstehenden Ausführungen unter Gliederungspunkt 4.2.1.2 Allgemeine Risikobeurteilung, S. 419 ff.

[1] Vgl. im Hinblick auf das System ‚modellgestützte Finanzplanung' die vorstehenden Ausführungen unter Gliederungspunkt 5.4.1.1.1 Konzeption als Prüfungs- und Kontrollnormenkanon, S. 492 ff.

[2] Vgl. im Hinblick auf das System ‚Prognosen' die vorstehenden Ausführungen unter Gliederungspunkt 5.4.2.1.1 Konzeption als Prüfungs- und Kontrollnormenkanon, S. 535 ff.

Abb. 127: Zur doppelten Relevanz der ‚Grundsätze einer ordnungsmäßigen (projektbezogenen) Risikoanalyse'

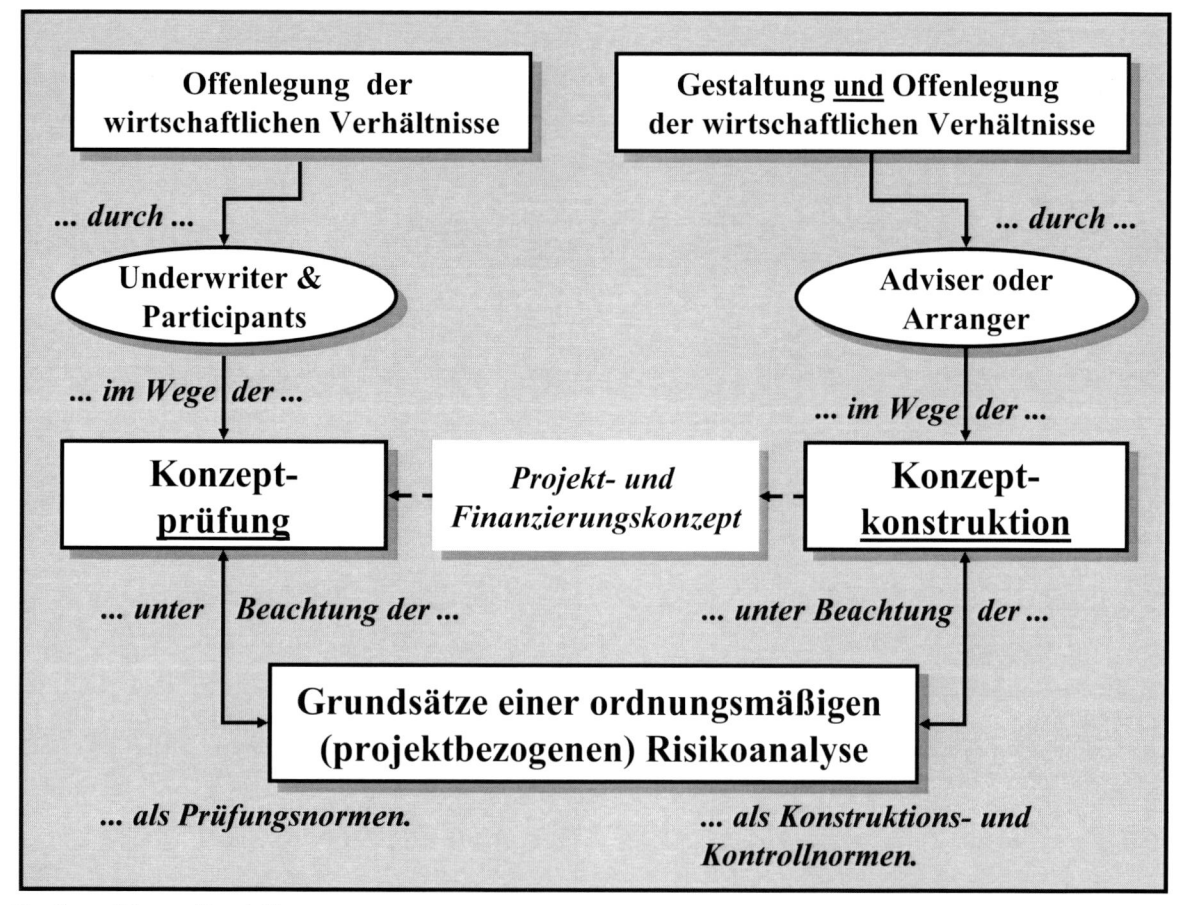

```
┌─────────────────────────────────────────────────────────────────────────┐
│  ┌──────────────────────────┐        ┌──────────────────────────┐       │
│  │ Offenlegung der          │        │ Gestaltung und Offenlegung│      │
│  │ wirtschaftlichen         │        │ der wirtschaftlichen     │       │
│  │ Verhältnisse             │        │ Verhältnisse             │       │
│  └──────────────────────────┘        └──────────────────────────┘       │
│         ... durch ...                         ... durch ...             │
│      ┌──────────────┐                    ┌──────────────┐               │
│      │ Underwriter &│                    │ Adviser oder │               │
│      │ Participants │                    │   Arranger   │               │
│      └──────────────┘                    └──────────────┘               │
│       ... im Wege der ...                 ... im Wege der ...           │
│      ┌──────────┐     Projekt- und       ┌──────────────┐               │
│      │ Konzept- │ ← - Finanzierungs- - → │  Konzept-    │               │
│      │ prüfung  │       konzept          │ konstruktion │               │
│      └──────────┘                        └──────────────┘               │
│   ... unter Beachtung der ...         ... unter Beachtung der ...       │
│      ┌──────────────────────────────────────────────────┐               │
│      │ Grundsätze einer ordnungsmäßigen                 │               │
│      │ (projektbezogenen) Risikoanalyse                 │               │
│      └──────────────────────────────────────────────────┘               │
│   ... als Prüfungsnormen.             ... als Konstruktions- und        │
│                                           Kontrollnormen.               │
└─────────────────────────────────────────────────────────────────────────┘
```

Quelle: Eigene Darstellung

Die vorstehende Abbildung kann wie folgt interpretiert werden:

- Bei ihrer Kreditvergabeentscheidung greifen ‚Underwriter' und ‚Participants' auf ein (vor-)strukturiertes Projekt- und Finanzierungskonzept zurück, an dessen Erstellung sie in der Regel nicht beteiligt waren. Für die Zwecke einer Kreditwürdigkeitsprüfung werden die Prüfungsträger daher der Frage nachgehen müssen, ob und mit welchem Resultat eine projektbezogene Risikoanalyse im Zuge der Konzeptkonstruktion vorgenommen wurde. Die ‚Grundsätze einer ordnungsmäßigen (projektbezogenen) Risikoanalyse' verstehen sich hierbei als **Prüfungsnormen**, die im Zuge einer derartigen ‚Offenlegung der wirtschaftlichen Verhältnisse'[1] für die Soll-Objekt-Generierung herangezogen werden können.

- ‚Adviser' oder ‚Arranger' haben die Aufgabe, im Rahmen des Strukturierungs- bzw. Planungsprozesses ein tragfähiges Projekt- und Finanzierungskonzept zu entwickeln. Eine projektbezogene Risikoanalyse kann einerseits wichtige Anregungen für die Konstruktion liefern sowie andererseits für eine Kontrolle des Konzeptes herangezogen werden. Die Konzeptkonstruktion (bzw. Konzeptkontrolle) sollte unter Beachtung der ‚Grundsätze einer ordnungsmäßigen (projektbezogenen) Risikoanalyse' als **Konstruktions- und Kontrollnormen** erfolgen.

---

[1] Es sei daran erinnert, dass sich der Terminus technicus ‚Offenlegung der wirtschaftlichen Verhältnisse' nicht auf die Vorlage von Unterlagen durch den Kreditnehmer sowie die Dokumentation durch das Kreditinstitut beschränkt, sondern vielmehr die (Über-)Prüfung und Weiterverarbeitung der vorgelegten Informationen umfasst. Vgl. hierzu die vorstehenden Ausführungen unter Gliederungspunkt 3.1.2.2.3.1 Anforderungen an die Auswertung, S. 289 ff.

Eine trennscharfe Differenzierung nach prozessabhängigen und prozessunabhängigen Funktionen wird in der betrieblichen Praxis nicht immer möglich sein. Beispielsweise kann bei der ‚Arrangierung' von Finanzierungslösungen der Aspekt der Konzeptoptimierung in den Hintergrund treten, so dass die Handlungen der Akteure eher den Charakter einer (Kreditwürdigkeits-)Prüfung annehmen. Die nachfolgend abzuleitenden ‚**Grundsätzen einer ordnungsmäßigen (projektbezogenen) Risikoanalyse**' verstehen sich daher sowohl als Prüfungs- als auch Kontrollnormenkanon.

5.4.3.1.2 Zum Charakter des Systems ‚Risikoanalyse'

Bei einer Interpretation der ‚Grundsätze einer ordnungsmäßigen (projektbezogenen) Risikoanalyse' als Prüfungs- und Kontrollnormenkanon muss weiterhin die Frage nach dem konkreten Wesen des Systems ‚Risikoanalyse' gestellt werden. Der Wortbestandteil ‚Analyse' impliziert einen Prozesscharakter. Es liegt in der Natur von ‚Prozessen', dass ihre normbasierte Konstruktion nur ex ante erfolgen kann. Prozesskontrollen sind dagegen ex ante, prozessbegleitend und ex post möglich. Eine Prüfung von abgeschlossenen Prozessen kann nur ex post im Wege eines (ersatzweisen) indirekten Soll-Ist-Vergleichs, d.h. durch Heranziehen der Prozessergebnisse als Ersatz-Ist-Objekte, erfolgen.[1] Der abzuleitende Normenkanon hat somit zwei Dimensionen:

- Im Rahmen der Diskussion der methodischen Grundlagen von Kreditwürdigkeitsprüfungen wurde ausgeführt, dass sich die ‚(projektbezogene) Risikoanalyse' als ein Verfahren zur iterativen Optimierung des ‚Projekt- und Finanzierungskonzeptes' interpretieren lässt.[2] In diesem Sinne wären die Grundsätze als **Prozess-, Verfahrens- oder Verhaltensnormen** zu qualifizieren.

- Die Ergebnisse des Prozesses ‚Risikoanalyse' sollten sich aus einer Makroperspektive indirekt (implizit) im Projekt- und Finanzierungskonzept (‚Supersystem') und/oder aus einer Mikroperspektive direkt (explizit) in den vorgelegten Unterlagen (‚Informationssystem') widerspiegeln.[3] In diesem Sinne wären die ‚Grundsätze einer ordnungsmäßigen (projektbezogenen) Risikoanalyse' als **Abbildungs- bzw. Dokumentationsnormen** zur Beschreibung der Risikostruktur eines Projekt- und Finanzierungskonzeptes zu interpretieren.

Falls das vorgelegte Informationssystem keine explizite und ausreichende Beschreibung der Ergebnisse der Risikoanalyse enthält, müssen die Träger der Kreditwürdigkeitsprüfung die faktische Risikostruktur aus dem vorgelegten Supersystem ‚Projekt- und Finanzierungskonzept' extrahieren. Es handelt sich dabei um einen Prozess der ‚Ist-Objekt-Aufnahme'[4], dessen Ablauf und dokumentierte Ergebnisse ebenfalls nach den ‚Grundsätzen einer ordnungsmäßigen Risikoanalyse' ausgerichtet werden müssen. In diesem Kontext würde eine Interpretation als **Prozess-, Verfahrens- oder Verhaltensnormen** nahe liegen und damit eher einer aktiven, d.h. auf detektivischer Konzeptbeurteilung ausgerichteten, Kreditwürdigkeitsprüfung entsprechen. Für den Fall einer doku-

---

[1] Vgl. hierzu die vorstehenden Ausführungen unter Gliederungspunkt 4.1.1.2.2.2.3 Kriterium ‚Art der Vergleichshandlung', S. 324 ff., insbesondere zur ‚Verfahrensprüfung'.

[2] Vgl. hierzu Gliederungspunkt 4.2.1.3.1 Prinzip der Systemprüfung, S. 428 ff., insbesondere Abb. 106: Ansatzpunkte für eine Systemprüfung bei ‚Projektfinanzierungen i.e.S.', S. 430 und die korrespondierenden Ausführungen.

[3] Die vorgelegten Unterlagen werden regelmäßig eine separate Darstellung der Projektrisiken enthalten, die sich z.B. in einem eigenständigen Kapitel ‚Risks and Mitigants' im Information Memorandum konkretisieren kann. Daneben können vorgelegte Gutachten und Studien eigenständige und ergänzende Risikoanalysen enthalten.

[4] Vgl. hierzu die vorstehenden Ausführungen unter Gliederungspunkt 4.1.1.2.1 Prüfungsprozess, S. 307 ff.

mentierten Risikostruktur sind die Ordnungsmäßigkeitsgrundsätze als **Abbildungs- bzw. Dokumentationsnormen** für passive, d.h. auf Unterlagen fokussierte, Kreditwürdigkeitsprüfung zu interpretieren. In der betrieblichen Realität dürften sich diese Aspekte häufig vermischen. Bei der Interpretation des Normenkanons sollten sie jedoch berücksichtigt werden.

Es ist darauf hinzuweisen, dass die hier aufzuzeigenden Grundsätze die Durchführung und die Dokumentation der Risiko<u>analyse</u> und nicht die Normierung der Risiko<u>struktur</u> adressieren.[1] Trotz der anzutreffenden Forderung nach einem „Risk Sharing",[2] welches gelegentlich auch irrtümlicherweise zum konstitutiven Merkmal der ‚Projektfinanzierung im engeren Sinne' erhobenen wird, richtet sich die Beurteilung einer konkreten Risikostruktur bzw. der daraus resultierenden Risikoverteilung ausschließlich nach der individuellen und damit nicht generalisierbaren Präferenzfunktion der Entscheidungsträger.[3]

5.4.3.1.3 Methodik der Ermittlung

Bei der Ableitung von ‚Grundsätzen einer ordnungsmäßigen (projektbezogenen) Risikoanalyse' können zwei Vorgehensweisen gewählt werden:[4]

- **Induktive Ermittlung auf der Basis bestehender Praxis**

    Im wissenschaftlichen Schrifttum und in der Praktikerliteratur finden sich mehr oder weniger umfangreiche Hinweise zur Analyse von Risiken bei ‚Projektfinanzierungen im engeren Sinne'.[5] Es könnte somit der Versuch unternommen werden, aus diesen Quellen das zugrunde liegende Gedankensubstrat abzuleiten, um es anschließend zu einem Normenkanon zu verdichten. Problematisch ist bei dieser Vorgehensweise der Zugang zur jenseits der Literatur vorzufindenden Empirie.[6] Ferner können mit Hilfe der Induktion keine Normen gewonnen werden, die sich nicht in den Gepflogenheiten der betrieblichen Realität widerspiegeln, jedoch aus sachlich gebotenen Gründen in einen Normenkanon zu inkludieren wären.

- **Deduktive Ableitung aus Rahmen- und Kerngrundsätzen**

    Mit der Postulierung und Diskussion von Rahmen- und Kerngrundsätzen wurde eine systemübergreifende Normenplattform vorgestellt, die eine Ausgangsbasis für die Gewinnung von systemspezifischen Spezialgrundsätzen bilden kann. Ausgehend von den mit der ‚(projektbezogenen) Risikoanalyse' verfolgten Zielsetzungen wären die erforderlichen Spezialgrundsätze logisch konsistent aus den allgemeinen Rahmen- und Kerngrundsätzen abzuleiten. Ein Nachteil dieser Methode liegt in der Vernachlässigung (bank)betrieblicher Erfahrungswerte, die bei einer deduktiven Ermittlung potenziell übersehen werden.

---

[1] Eine partielle Analogie zum System ‚Prognosen' ergibt sich insoweit, als dort nicht die Richtigkeit der Prognoseaussage, sondern nur die der Prognosebildung geprüft werden kann. Vgl. hierzu die vorstehenden Ausführungen unter Gliederungspunkt 5.4.2.2.1 Zum Paradox der Richtigkeit von Prognosen, S. 540 ff.

[2] Vgl. hierzu die vorstehenden Ausführungen unter Gliederungspunkt 2.1.4.1 Risk Sharing, S. 33 ff.

[3] Vgl. hierzu die vorstehenden Ausführungen unter Gliederungspunkt 4.1.2.1.2.5 Ergebnis der Kreditwürdigkeitsprüfung, S. 387 ff.

[4] Vgl. hierzu die vorstehenden Ausführungen unter Gliederungspunkt 5.1.3 Methodik der Ermittlung, S. 461 ff

[5] Vgl. exemplarisch Uekermann, H.: Risikopolitik bei Projektfinanzierungen, a.a.O., S. 28 ff.

[6] Die bislang vorgelegten Untersuchungen beschränkten sich regelmäßig auf die Gepflogenheiten deutscher oder anderweitig national abgegrenzter Institute sowie auf spezielle Fragestellungen, die nicht den Anspruch auf eine vollständige Erhebung des Themenkomplexes ‚Risikoanalyse' erheben können.

Nachfolgend soll primär der Weg der Deduktion beschritten und – soweit sinnvoll oder erforderlich – ergänzend mit Hinweisen auf die Gepflogenheiten der (bank)betrieblichen Praxis unterlegt werden.

5.4.3.2 Richtigkeit (Wahrheit)

5.4.3.2.1 Wahrheitsgrundsatz und Risikoanalyse

Die vorstehend postulierten allgemeinen ‚Rahmengrundsätze für die Offenlegung der wirtschaftlichen Verhältnisse' entfalten auch für das System der ‚(projektbezogenen) Risikoanalyse' einen Vorgabecharakter.[1] Die Entwicklung bzw. Interpretation eines ‚Spezialgrundsatzes der Richtigkeit (Wahrheit) der projektbezogenen Risikoanalyse' muss somit zwangsläufig ihren Ausgangspunkt beim ‚Rahmengrundsatz der Richtigkeit (Wahrheit)' nehmen.[2] Im Spezialgrundsatz spiegeln sich somit alle Untergrundsätze des Rahmengrundsatzes wider. Eine weitergehende Detaillierung wäre nur dort erforderlich, wo die Spezifika des Systems ‚(projektbezogene) Risikoanalyse' zu Interpretationsschwierigkeiten des Rahmengrundsatzes führen oder einer weitergehenden eigenständigen Konkretisierung bedürfen.

Die nachfolgende Abbildung zeigt die verschiedenen Erscheinungsformen des ‚Spezialgrundsatzes der Richtigkeit (Wahrheit) der projektbezogenen Risikoanalyse', die sich aus den Vorgaben des Rahmengrundsatzes sowie spezifischer Systemanforderungen ergeben:

---

[1] Vgl. hierzu die vorstehenden Ausführungen unter Gliederungspunkt 5.2 Allgemeine Rahmengrundsätze für die Offenlegung von wirtschaftlichen Verhältnissen, S. 465 ff.

[2] Vgl. hierzu die vorstehenden Ausführungen unter Gliederungspunkt 5.2.1 Richtigkeit (Wahrheit), S. 465 ff.

Abb. 128: Spezialgrundsatz der Richtigkeit (Wahrheit) der projektbezogenen Risikoanalyse

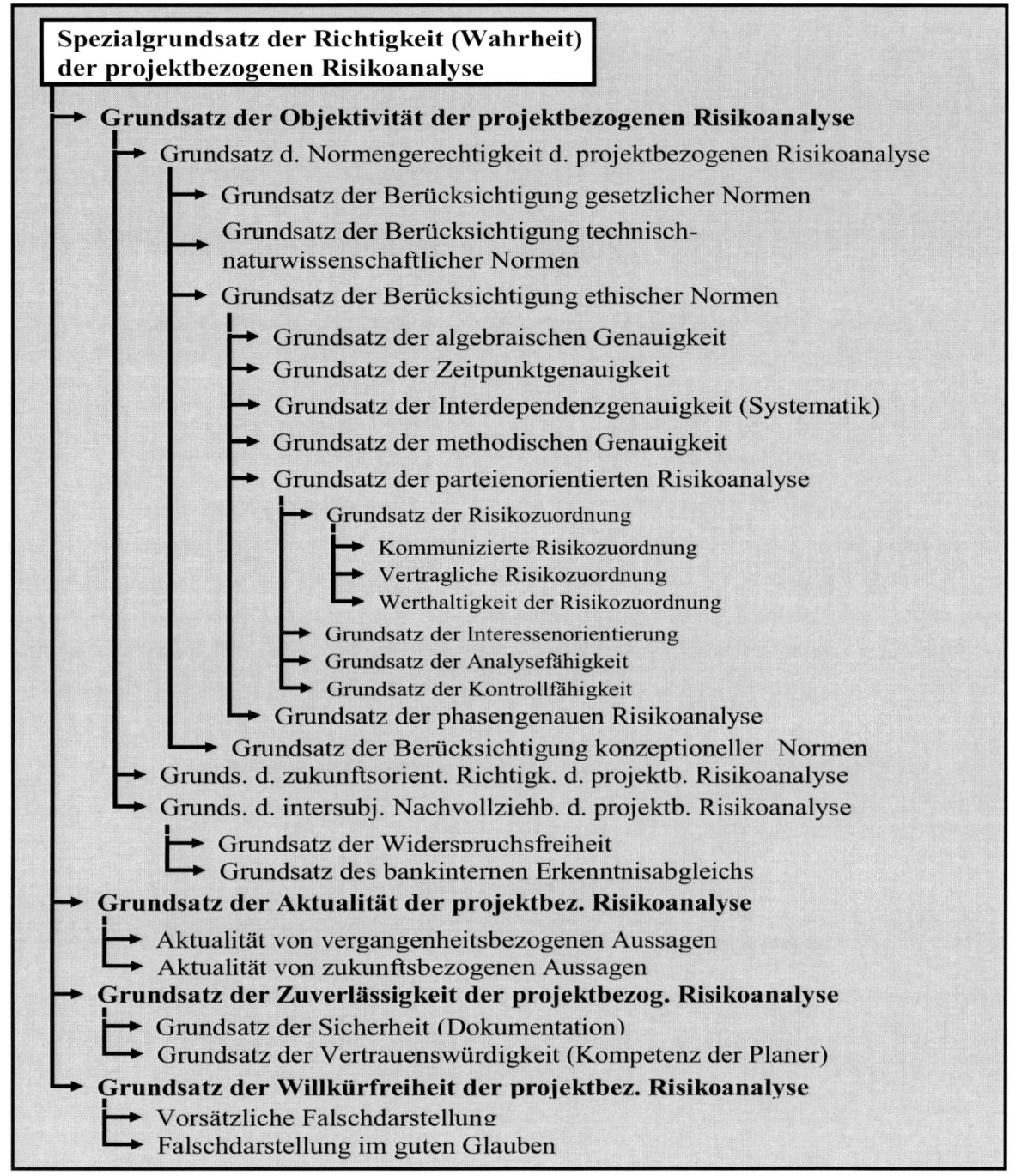

Spezialgrundsatz der Richtigkeit (Wahrheit) der projektbezogenen Risikoanalyse

- **Grundsatz der Objektivität der projektbezogenen Risikoanalyse**
  - Grundsatz d. Normengerechtigkeit d. projektbezogenen Risikoanalyse
    - Grundsatz der Berücksichtigung gesetzlicher Normen
    - Grundsatz der Berücksichtigung technisch-naturwissenschaftlicher Normen
    - Grundsatz der Berücksichtigung ethischer Normen
      - Grundsatz der algebraischen Genauigkeit
      - Grundsatz der Zeitpunktgenauigkeit
      - Grundsatz der Interdependenzgenauigkeit (Systematik)
      - Grundsatz der methodischen Genauigkeit
      - Grundsatz der parteienorientierten Risikoanalyse
        - Grundsatz der Risikozuordnung
          - Kommunizierte Risikozuordnung
          - Vertragliche Risikozuordnung
          - Werthaltigkeit der Risikozuordnung
        - Grundsatz der Interessenorientierung
        - Grundsatz der Analysefähigkeit
        - Grundsatz der Kontrollfähigkeit
      - Grundsatz der phasengenauen Risikoanalyse
    - Grundsatz der Berücksichtigung konzeptioneller Normen
  - Grunds. d. zukunftsorient. Richtigk. d. projektb. Risikoanalyse
  - Grunds. d. intersubj. Nachvollziehb. d. projektb. Risikoanalyse
    - Grundsatz der Widerspruchsfreiheit
    - Grundsatz des bankinternen Erkenntnisabgleichs
- **Grundsatz der Aktualität der projektbez. Risikoanalyse**
  - Aktualität von vergangenheitsbezogenen Aussagen
  - Aktualität von zukunftsbezogenen Aussagen
- **Grundsatz der Zuverlässigkeit der projektbezog. Risikoanalyse**
  - Grundsatz der Sicherheit (Dokumentation)
  - Grundsatz der Vertrauenswürdigkeit (Kompetenz der Planer)
- **Grundsatz der Willkürfreiheit der projektbez. Risikoanalyse**
  - Vorsätzliche Falschdarstellung
  - Falschdarstellung im guten Glauben

Quelle: Eigene Darstellung

Die Abbildung zeigt in weiten Teilen das bereits aus der Diskussion der Spezialgrundsätze für die Systeme ‚modellgestützte Finanzplanung' und ‚Prognose' bekannte Bild auf. Im Folgenden beschränken wir uns auf diejenigen (Unter-)Grundsätze, welche die Spezifika des Systems der projektbezogenen Risikoanalyse adressieren.

5.4.3.2.2 Risikoobjektivität

5.4.3.2.2.1 Grundsätzliches

Neben dem vordergründigen Ziel, ein allgemeines Chancen- und Risikoprofil zu generieren, dient das System der ‚qualitativen (projektbezogenen) Risikoanalyse' insbesondere den beiden folgenden Zwecksetzungen:

- Ermittlung von Erkenntnissen bzw. Input-Daten für die ‚quantitative Risikoanalyse', d.h. für Sensitivitätsanalysen, Szenarioanalysen und simulationsbasierte Risikoanalysen, die mit Hilfe des Systems ‚modellgestützte Finanzplanung' realisiert werden [1]

- Ableitung von Hinweisen über Bereiche mit einer besonders hohen Prognoserelevanz[2]

Im Umkehrschluss liefern die Systeme ‚modellgestützte Finanzplanung' und ‚Prognosen' wiederum eine Informations- bzw. Datengrundlage für die ‚(projektbezogene) Risikoanalyse'.[3]

Dabei muss sich eine logisch-rationale ‚(projektbezogene) Risikoanalyse' u.a. an den einschlägigen gesetzlichen, technisch-naturwissenschaftlichen, ethischen und konzeptionellen Normen orientieren. Der Begriff ‚Risikoobjektivität' kann in diesem Sinne als ‚Normengerechtigkeit' interpretiert werden. Die relevanten Normenkataloge wurden bereits mehrheitlich im Hinblick auf das System ‚modellgestützte Finanzplanung' diskutiert, auf das analog verwiesen werden soll.[4] Im Folgenden fokussieren wir stattdessen auf den systemspezifischen **Grundsatz der parteienorientierten Risikoanalyse**, welcher eine weitere, über die Schaffung einzelner Analysefelder[5] hinausgehende Komplexitätsreduktion des ‚Projekt- und Finanzierungskonzeptes' durch explizite Betrachtung der beteiligten Parteien intendiert, sowie auf den **Grundsatz der phasengenauen Risikoanalyse**, welcher eine zeitlich differenzierte und damit zukunftsorientierte Vorgehensweise sicherstellen soll.

5.4.3.2.2.2 Grundsatz der parteienorientierten Risikoanalyse

5.4.3.2.2.2.1 Grundsatz der Risikozuordnung

Es wurde bereits darauf hingewiesen, dass ein ‚Risk Sharing' nicht zu den konstitutiven Merkmalen einer ‚Projektfinanzierung im engeren Sinne' gezählt werden kann.[6] Konkrete Risikostrukturen bzw. die daraus resultierenden Risikozuordnungen sind nicht der Ausfluss eines allgemeingültigen Konsenses über das „richtige" Risikoprofil oder die Anwendung von „wissenschaftlich determi-

---

[1] Vgl. hierzu die vorstehenden Ausführungen unter Gliederungspunkt 2.2.4.3.4 Quantitative (projektbezogene) Risikoanalyse, S. 148 ff.

[2] Vgl. hierzu die vorstehenden Ausführungen unter Gliederungspunkt 2.2.3.2 Prognoseerfordernis und -felder, S. 133 ff.

[3] Vgl. hierzu Abb. 131: Zusammenhang zwischen den Systemen ‚modellgestützte Finanzplanung', ‚Prognosen' und ‚projektbezogene Risikoanalyse', S. 592.

[4] Vgl. hierzu die vorstehenden Ausführungen unter Gliederungspunkt 5.4.1.2.2 Objektivität der modellgestützten Finanzplanung, S. 498 ff. Im Hinblick auf das System der ‚modellgestützten Finanzplanung' steht somit nicht die „programmiertechnische" Umsetzung von Kausalitäten zur Diskussion, sondern die Auswahl eines oder mehrerer alternativer Datenkränze für eine quantitative Risikoanalyse.

[5] Vgl. hierzu die vorstehenden Ausführungen unter Gliederungspunkt 2.2.4.3.3 Qualitative (projektbezogene) Risikoanalyse, S. 144 ff., insbesondere Tab. 13: Generische Risikostruktur von ‚Projektfinanzierungen i.e.S.', S. 145.

[6] Vgl. hierzu die vorstehenden Ausführungen unter Gliederungspunkt 2.1.4.1 Risk Sharing, S. 33 ff.

nierten" Risikoprofilnormierungen auf ein Projektvorhaben,[1] sondern das faktische Ergebnis von originären Informationsasymmetrien, der Effektivität von Signalling-Aktivitäten und Screening-Methoden[2] sowie von konkreten Machtverteilungen, taktischen Maßnahmen und/oder Kompromisslösungen bei der Verhandlung durch die Projektbeteiligten.[3] Nachdem ein erster Überblick über das individuelle Chancen- und Risikoprofil eines ‚Projekt- und Finanzierungskonzeptes' generiert wurde, muss im Rahmen der ‚(projektbezogenen) Risikoanalyse' in einem weiteren Schritt untersucht werden, welche der beteiligten Parteien von den potenziellen Vor- und Nachteilen primär (Risikozuordnung) bzw. sekundär (Risikoverbleib) betroffen sind.

Für eine übersichtliche Problemstrukturierung ist es zunächst sinnvoll, auf einer aggregierten Betrachtungsebene zwischen einer projektexternen und einer projektinternen Risikozuordnung zu differenzieren:

- **Projektexterne Risikozuordnung**

    Im Schrifttum findet sich gelegentlich die idealtypische Forderung nach einer Risikodurchleitung, d.h. nach einer Risikoverteilung außerhalb des Projektes.[4] In diesem Sinne wären alle Risiken, die sich auf der Ebene des Projektes ergeben können, durch spiegelbildliche Vereinbarungen mit projektexternen Parteien (Sponsoren, Anlagenbauer, Betreiber, Abnehmer, Lieferanten etc.) abzusichern. Die projektexterne Risikozuordnung kann u.a. durch die Stellung von (expliziten) Nachschussverpflichtungen seitens der Sponsoren, die Abgabe von abstrakten Zahlungsverpflichtungen Dritter, den Abschluss von Policen mit privatwirtschaftlichen Versicherungsunternehmen und/oder die Gewährung staatlicher Haftungszusagen erfolgen.

- **Projektinterne Risikozuordnung**

    In der Realität kann das idealtypische Prinzip der projektexternen Risikozuordnung nicht immer vollständig umgesetzt werden. In diesen Fällen scheitert die Risikodurchleitung entweder bereits an der fehlenden Bereitschaft oder Fähigkeit einzelner Parteien, entsprechende Risiken zu übernehmen, oder an der mangelnden qualitativen[5] und/oder quantitativen[6] Kongruenz vermeintlich spiegelbildlicher Vereinbarungen. De facto führt eine daraus resultierende pro-

---

[1] Für den Versuch einer differenzierten Zuordnung vgl. Claudy, P.; Holler, F. J. G.: Strukturierung von Projektfinanzierungen über den Kapitalmarkt am Beispiel von Private Public Partnerships (PPPs), in: D. Hummel, R.-E. Breuer (Hrsg.), Handbuch Europäischer Kapitalmarkt, Wiesbaden 2001, S. 760 ff.

[2] D.h. von Maßnahmen der Offenlegung bzw. Kreditwürdigkeitsprüfung.

[3] Vgl. hierzu den letzten Absatz unter Gliederungspunkt 5.4.3.1.2 Zum Charakter des Systems ‚Risikoanalyse', S. 566 ff.

[4] *„Risks should not be ‚parked' with the project company, especially where the project company is a special purpose vehicle... this is simply storing up problems for the future as the project company will rarely be in a position to manage or control that risk, let alone pay for it."* Denton Hall Projects Group (Hrsg.): A Guide to Project Finance, a.a.O., S. 56.

[5] Beispielsweise können bestimmte Versicherungen nur auf einer revolvierenden Basis mit einer begrenzten Laufzeit (z.B. max. 12 Monate) abgeschlossen werden. Die abgesicherten Risiken verbleiben faktisch bei der Projektgesellschaft, wenn der Versicherer die Policenverlängerung während des Projektlebens verweigert und keine andere Absicherung (z.B. durch die Sponsoren) besteht.

[6] Als Beispiel lassen sich Pönalen unter Abnahme- und Beschaffungsverträgen mit Take-or-pay- bzw. Supply-or-pay-Clauses anführen, die betragsmäßig nicht korrespondieren. Vgl. hierzu die vorstehenden Ausführungen unter Gliederungspunkt 2.1.4.2 Übernahme abstrakter Zahlungspflichten durch Dritte, S. 40 ff.

jektinterne Risikozuordnung im Regelfall primär zu einer Risikoübernahme durch die Sponsoren sowie sekundär zu einer Risikoübernahme durch die finanzierenden Banken:[1]

- Die **Sponsoren** stellen der Projektgesellschaft zunächst über die von Ihnen eingebrachten Eigenmittel ein Haftungssubstrat zur Verfügung, welches als originäre „Erstverlustposition" (buchtechnische) Vermögensminderungen absorbiert und aufgrund der Gewinnabhängigkeit von Dividendenausschüttungen potenziell liquiditätsschonend wirkt. Analog zu der bereits angesprochenen Verpflichtung eines Eigenmittelnachschusses bei projektexterner Risikozuordnung kann sich – bei projektinterner Risikozuordnung und damit faktischer Risikoübernahme durch die Sponsoren – eine Situation einstellen, in der die Sponsoren ohne Vorliegen einer vertraglichen Grundlage weitere Mittel zur Verfügung stellen müssen, um eine Fortsetzung des Projektes zu ermöglichen („implizite Nachschussverpflichtung").[2]

- Reichen die von den Sponsoren eingebrachten Mittel nicht aus, um Liquiditätsunterdeckungen auszugleichen, werden in letzter Instanz die finanzierenden **Banken** darüber entscheiden müssen, ob sie durch entsprechende Maßnahmen (z.B. partieller Kreditforderungsverzicht, Einräumung tilgungsfreier Zeiträume, Prolongation der Kreditlaufzeit, Stellung weiterer Mittel und/oder Garantien) eine Restrukturierung der Projektfinanzierung ermöglichen.[3] Im Extremfall können die konkretisierten Risiken zu einem (voraussichtlichen) Untergang des Projektes führen, so dass die Banken ihre Kreditengagements (quotal) wertberichtigen bzw. abschreiben müssen.

Die nachfolgende bipolare Abbildung fasst die bisherigen Überlegungen zur kommunizierten Risikozuordnung und zum faktischen Risikoverbleib zusammen:

---

[1] „It must be borne in mind that any residual liabilities resting with the project company will ultimately be borne by either the project sponsors or the project lenders, as appropriate." Denton Hall Projects Group (Hrsg.): A Guide to Project Finance, a.a.O., S. 36.

[2] In diesem Kontext wird der Begriff ,***Deep Pocket Sponsor***' verwendet.

[3] „*Gleichzeitig übernehmen die Banken im Rahmen der Risikoteilung mit den Sponsoren projektbezogene Risiken, die über die Risiken einer traditionellen Kreditvergabe hinausgehen.*" Prautzsch, W.-A.: Projektfinanzierung, a.a.O., S. 1485 f.

Abb. 129: Risikozuordnung versus Risikoverbleib bei Projektfinanzierungen im engeren Sinne

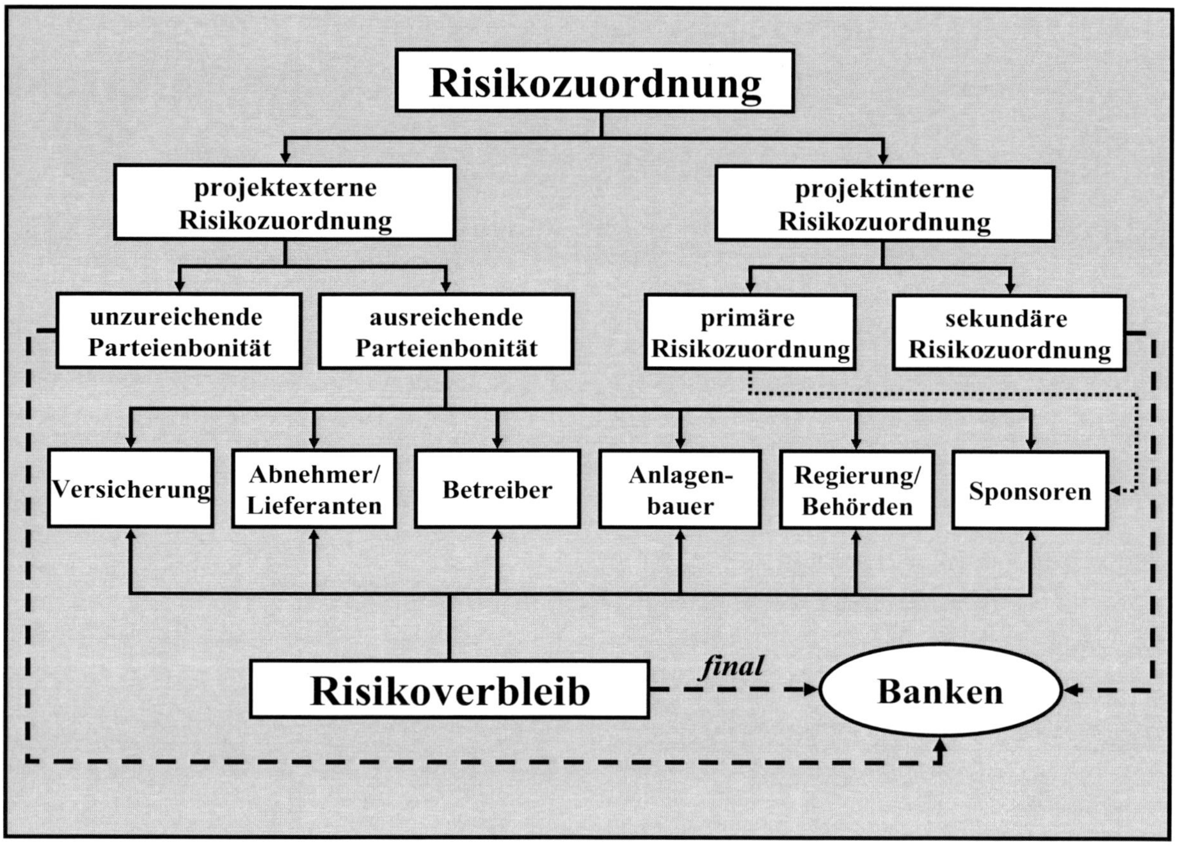

```
                          Risikozuordnung
                    ┌───────────┴───────────┐
            projektexterne              projektinterne
            Risikozuordnung             Risikozuordnung
            ┌──────┴──────┐             ┌──────┴──────┐
      unzureichende   ausreichende    primäre       sekundäre
      Parteienbonität Parteienbonität Risikozuordnung Risikozuordnung

      Versicherung  Abnehmer/  Betreiber  Anlagen-  Regierung/  Sponsoren
                    Lieferanten           bauer     Behörden

                  Risikoverbleib    ──final──▶   Banken
```

Quelle: Eigene Darstellung

Im Zuge der ‚(projektbezogenen) Risikoanalyse' wird eine dreigeteilte Untersuchung und Dokumentation der Risiko<u>zuordnung</u> erforderlich:

- **Kommunizierte Risikozuordnung (Mutmaßlicher Risikoverbleib)**

  Zunächst muss die kommunizierte Risikozuordnung aufgenommen werden, wie sie sich durch explizite Darstellung im ‚Informationssystem' und/oder implizite Ableitung aus dem jeweiligen Planungsstand des ‚Projekt- und Finanzierungskonzeptes' ergibt.[1] Dabei ist der mutmaßliche Risikoverbleib nach projektexterner und projektinterner Risikozuordnung zu unterscheiden. Die Regelungen und Instrumente, mit deren Hilfe der Risikotransfer erfolgen soll, sind zu isolieren bzw. zu dokumentieren. Soweit erkennbar, sollten die ursächlichen Gründe für das gewählte Risikodesign aus den zur Verfügung stehenden Informationen ermittelt bzw. ersatzweise aus dem Gesamtkontext abgeleitet werden, um ein abgerundetes Bild von ‚subjektiven Motivationen'[2] und ‚sachlichen Kausalitäten'[3] zu erhalten.

---

[1] Vgl. zu der hier verwendeten Abgrenzung zwischen den Begriffen ‚Informationssystem' sowie ‚Projekt- und Finanzierungskonzept' die vorstehenden Ausführungen unter Abb. 102: Das Supersystem ‚Projekt- und Finanzierungskonzept' und seine Systeme bzw. Subsysteme, S. 421.

[2] Exemplarisch lassen sich hier Situationen anführen, in denen Projektsponsoren von ihren Gremien bzw. Überwachungsorganen (Aufsichts-, Verwaltungsrat, Board of Directors etc.) nur einen betragsmäßig begrenzten Ermächtigungsrahmen genehmigt bekommen haben.

[3] In Abhängigkeit von der betrachteten Jurisdiktion können sich beispielsweise Konstellationen ergeben, bei denen bestimmte, als Projektsponsor auftretende Unternehmen (z.B. Versicherungen) aus aufsichts-, bilanzierungs- und/oder steuerrechtlichen Gründen keine direkten Garantien oder Bürgschaften zu Gunsten der Projektgesellschaft herauslegen dürfen.

- **Vertragliche Risikozuordnung (Juristischer Risikoverbleib)**

   In einem zweiten Schritt muss die rechtliche Umsetzung des ‚Projekt- und Finanzierungskonzeptes', d.h. die konkrete Ausgestaltung der vertraglichen Vereinbarungen (soweit bereits vorliegend), analysiert werden.[1] Neben der naheliegenden Frage, ob konkrete Projektrisiken spiegelbildlich anderen projektexternen Parteien zugeordnet werden,[2] stehen hierbei die konkrete Paraphierung sowie die Kontrolle von Wirksamkeit und Durchsetzbarkeit der verhandelten bzw. vorgesehenen rechtlichen Regelungen inklusive der Analyse von diesbezüglichen rechtlichen Stellungnahmen bzw. Gutachten (‚Legal Opinions'[3]) unter besonderer Berücksichtigung der berührten Rechtskreise bzw. des verwendeten Rechts[4] im Vordergrund. Die Kreditgeber und ihre Berater werden zudem darauf zu achten haben, dass die Komplexität der Vertragswerke nicht nur rechtstheoretischen Ansprüchen, sondern auch der (Rechts-)Kultur des Projektstandortes[5] genügt, um die Wahrscheinlichkeit einer vertragskonformen Realisierung zu erhöhen.[6]

- **Werthaltigkeit der Risikozuordnung (Faktischer Risikoverbleib)**

   Die obige Grafik[7] zeigt die Bedeutung der Parteienbonität für den tatsächlichen Risikoverbleib auf. Selbst bei einer Übereinstimmung von kommunizierter und vertraglicher Risikozuordnung kann sich ein abweichender faktischer Risikoverbleib ergeben, wenn die Risikozuordnung nicht auf der Basis ausreichend werthaltiger Vereinbarungen vorgenommen wurde. Im Ergebnis wird sich bei derartigen Fallkonstellationen eine Situation einstellen, bei der die verbleibenden Risiken von den Sponsoren bzw. den kreditgewährenden Banken final übernommen werden. In einem dritten Schritt muss daher die Parteienbonität in die Betrachtungen einbezogen werden.[8] Hierbei wird es nicht nur darauf ankommen, die aktuelle Kreditwürdigkeit zu beurteilen, sondern eine Prognose über die Werthaltigkeit der eingegangenen Vereinbarungen während der gesamten Laufzeit der Projektverträge abzugeben. An dieser Stelle wird das grundsätzliche Dilemma zukunftsorientierter Kreditvergabeentscheidungen sichtbar: Je länger die antizipierten Cashflows eines Projekt- und Finanzierungskonzeptes durch entsprechende

---

[1] Vgl. auch Clifford Chance (Hrsg.): Project Finance, London 1991, S. 14.

[2] „... it will be crucial to ensure that, so far as possible, all of these agreements fit together so that if, for example, the project company assumes obligations on the one hand to one party, it is able to pass those obligations on to another party." Denton Hall Projects Group (Hrsg.): A Guide to Project Finance, a.a.O., S. 36.

[3] Derartige ‚Legal Opinions' sind regelmäßig Voraussetzung für die Kreditgewährung bzw. Kreditauszahlung. Sie werden aus den unterschiedlichen Blickwinkeln der involvierten Jurisdiktionen von jeweils mit dem lokalen Recht vertrauten, regelmäßig ortsansässigen Rechtsanwälten bzw. Kanzleien erstellt. So werden separat die rechtlichen Rahmenbedingungen an den Sitzen der Projektgesellschaft, der Sponsoren und der Kreditgeber sowie am Standort der Kreditsicherheiten in die Begutachtung mit einbezogen. Clifford Chance (Hrsg.): Project Finance, London 1991, S. 14.

[4] Vgl. Döser, W. H.: Anglo-amerikanische Vertragsstrukturen in deutschen Vertriebs-, Lizenz- und sonstigen Vertikalverträgen, in: NJW, 53. Jg. (2000), S. 1451 ff.

[5] „...the host country ... might simply employ concepts that are fundamentally different, with their origins in the political, economic, cultural or even religious experience and beliefs of that society." Clifford Chance (Hrsg.): Project Finance, London 1991, S. 14.

[6] „There is a need for a lawyers' ‘reality test' in terms of what responsibilities they are placing on different parties in projects." o. V.: Project finance: a global business, a.a.O., S. 6.

[7] Vgl. Abb. 129: Risikozuordnung versus Risikoverbleib bei Projektfinanzierungen im engeren Sinne, S. 573.

[8] Vgl. Schniewind, H. J.: Projektfinanzierung – ein Instrument auch für mittelständische Firmen?, a.a.O., S. 316 f.

vertragliche Vereinbarungen vermeintlich „stabilisiert" werden, desto unsicherer werden diese aufgrund der mittel- bis langfristig unsicheren Parteienbonität.[1]

Der ‚**Grundsatz der Risikozuordnung**' fordert, dass im Rahmen der ‚(projektbezogenen) Risikoanalyse' einerseits die (direkte) Risikozuordnung auf die einzelnen Projektbeteiligten (Parteien) und andererseits der (indirekte) Risikoverbleib – differenziert nach den Kriterien ‚kommunizierte und vertragliche Risikoaufteilung' sowie ‚Werthaltigkeit' – analysiert werden.

5.4.3.2.2.2.2 Grundsatz der Interessenorientierung

Der ‚Grundsatz der Risikozuordnung' kann als erste Teilausprägung des übergeordneten ‚Grundsatzes der parteienorientierten Risikoanalyse' allein keine ordnungsmäßige Risikoanalyse ermöglichen, da durch ihn nur dokumentiert werden kann, welche der beteiligten Parteien von den potenziellen Vor- und Nachteilen eines ‚Projekt- und Finanzierungskonzeptes' primär (Risikozuordnung) bzw. sekundär (Risikoverbleib) betroffen sind. Das Ergebnis bleibt jedoch zwangsläufig unvollständig, weil es aufgrund fehlender Kriterien keine abschließende Bewertung des Risikodesigns aus der individuellen Sicht eines Projektbeteiligten erlaubt. Die im Schrifttum traditionell dominierende ‚projektorientierte Risikoanalyse' aus der Perspektive des Projektes bzw. der Projektgesellschaft, die sich schwerpunktartig auf das Postulat einer projekt*externen* Risikozuordnung fokussiert, muss daher um eine interessenorientierte Risikoanalyse ergänzt werden. Diese hat die individuellen Motivationen einzelner Parteien zur Risikoübernahme zu adressieren, wenn sie nicht auf der Ebene einer vermeintlich optimierten, jedoch möglicherweise realitätsfremden ‚Risikodurchleitung' stehen bleiben möchte.[2] Die Beantwortung der Frage, ob im Rahmen eines konkreten ‚Projekt- und Finanzierungskonzeptes' ein „*Fair Trade*" bzw. eine „*Community of Interests*"[3] vorliegt, d.h. eine Situation, in der die Chancen und Risiken zwischen den beteiligten Parteien gleichmäßig, sinnvoll und/oder gerecht verteilt sind, setzt eine Analyse der offensichtlichen bzw. kommunizierten Interessen voraus. Dass es sich bei einer bankseitigen Urteilsbildung über die Präferenzfunktion dritter Parteien um eine extrem komplexe Aufgabe handeln kann, bedarf an dieser Stelle keiner weiteren Erläuterung.[4] Gleichwohl muss der Versuch einer Plausibilisierung der einzelnen Interessenlagen unternommen werden, um eine realistische Einschätzung über die Zweckmäßigkeit eines projektspezifischen Risikodesigns generieren zu können.[5] Eine intensivierte Re-

---

[1] Ob abstrakte Zahlungsverpflichtungen eine Reduktion von Unsicherheit gegenüber einer Situation ohne vertragliche Absicherungen implizieren, muss für jedes Projekt- und Finanzierungskonzept letztlich individuell untersucht werden.

[2] Häufig ist die Übernahme von Risiken durch Sponsoren oder Dritte im Rahmen des Strukturierungsprozesses respektive der Vertragsverhandlungen nur unzureichend oder gar nicht durchsetzbar. Vgl. Schniewind, H. J.: Projektfinanzierung – ein Instrument auch für mittelständische Firmen?, a.a.O., S. 316 f. Eine derartige Konstellation kann für die Banken nicht per se als unbefriedigend qualifiziert werden. Vielmehr verbessert eine derart klare ex ante Positionierung der beteiligten Parteien den Informationsstand der Kreditinstitute, gegenüber einer Situation, in der eine vermeintlich umfassende Übernahme von Risiken zwecks Demonstration einer selbst- bzw. kompromisslosen Unterstützung des zu finanzierenden Vorhabens stattfindet, jedoch bei Auftauchen erster Anzeichen von Problemen durch Zahlungsverweigerungen, Gerichtsprozesse oder Nachverhandlungswünsche in Frage gestellt werden.

[3] Vgl. Schepp, F.: Praxis der Projektfinanzierung, a.a.O., S. 527.

[4] So wohl auch Reuter, A.: Was ist und wie funktioniert Projektfinanzierung?, a.a.O., S. 36.

[5] Ein gutes Beispiel für eine gegen die potenziellen Interessen der Beteiligten verstoßende Risikoverteilung sind Stromabnahmeverträge, die über Stromtarifformeln (fast) vollumfänglich Erhöhungen der variablen und/oder fixen Kosten an den Stromabnehmer weiterleiten. Vgl. hierzu exemplarisch Kit Yin, B.: Dabhol

cherche wäre immer dann vorzunehmen, wenn sich – unter dem Aspekt der Wahrheitsmöglichkeit – nur unsichere und damit keine vertrauenswürdigen Ergebnisse ableiten lassen.

Dabei wird zu beachten sein, dass nicht bei allen Parteien die Maximierung von unternehmensindividuell vorgegebenen quantitativen Zielgrößen (z.B. Gewinn, Umsatz, Unternehmenswert) im Vordergrund steht. Einerseits existieren Projektbeteiligte (z.B. Regierungen und Gebietskörperschaften, staatliche Exportkredit- und Investitionsversicherungen sowie Förderbanken etc.), die ihre Entscheidungen funktionsbedingt an anderen Primärinteressen (z.B. fiskal-, arbeitsmarkt-, industrie-, umwelt- und/oder förderpolitische Interessen) ausrichten müssen.[1] Diese Parteien verfolgen aufgrund ihres jeweiligen (Förder-)Auftrages eine möglicherweise von den Zielsetzungen der kommerziellen Kreditgeber abweichende Politik und sind anderen Richtlinien (z.B. bezüglich Kreditsicherheiten[2], Kündigungsrechten, gesellschaftsrechtlichen Projektstrukturen[3], Umweltstandards) unterworfen.[4] Andererseits können auch streng marktwirtschaftlich orientierte Unternehmen aus strategischen Erwägungen heraus risikobehaftete und damit pozentiell unrentable Projekte begleiten, um beispielsweise ihre Marktstellung mittel- bis langfristig abzusichern bzw. auszubauen. In derartigen Fällen treten zur Gewinn-, Umsatz- und/oder Wertmaximierung weitere Zielsetzungen (Macht, Diversifikation, Reputation etc.).

Der ‚**Grundsatz der Interessenorientierung**' fordert, dass im Rahmen der ‚(projektbezogenen) Risikoanalyse' die antizipierte nachhaltige Bereitschaft zum Einhalten der eingegangenen Verpflichtungen („Commitment") vor dem Hintergrund der individuellen Interessenlage einer Projektpartei, d.h. die konkrete Anreiz-Beitrags-Struktur, analysiert und beurteilt wird.

5.4.3.2.2.2.3 Grundsatz der Analysefähigkeit der Projektrisiken

Mit den im Rahmen des ‚Grundsatzes der Risikozuordnung' und des ‚Grundsatzes der Interessenorientierung' gewonnenen Informationen über den Risikoverbleib und die Präferenzen einzelner Parteien kann allein kein abschließendes Bild über das Risikodesign eines ‚Projekt- und Finanzierungskonzeptes' aufgezeigt werden. Es stellt sich weiterhin die Frage, ob die einzelnen Projektbeteiligten tatsächlich in der Lage sind, die bei ihrer Partizipation eingegangenen Risiken in ihrer Qualität und Quantität zu erfassen.[5] Gemeint ist hierbei nicht die Kompetenz zur Durchführung einer bestimmten technischen (z.B. im Sinne von mathematisch-statistischen) Mindeststandards

---

takes a tariff spin in NY, in: PFI, o.Jg. (2001), Nr. 208, S. 21 f. sowie Zakaria, J.: Liberty Power – Operating in a tough emerging market, in: PFI, o.Jg. (2001), Nr. 208, S. 58.

[1] Die DEG, welche sich auch als Sponsor engagiert, führt hierzu aus: *„Anlaufverluste bis zur Hälfte des Stammkapitals und bis zu fünf Jahren ohne Dividende sind bei einem neuen Industriebetrieb in Entwicklungsländern keineswegs eine Ausnahme."*; o. V.: Länder, Menschen ... Abenteuer?, a.a.O., S. 13.

[2] Beispielsweise verlangt die Weltbank bei Projekten, an denen sie sich als Kreditgeber beteiligt, die Aufnahme einer zu ihren Gunsten paraphierten ‚Negative Pledge Clause' im ‚Intercreditor Agreement'.

[3] So darf beispielsweise die International Finance Corporation als auf den privaten Sektor spezialisierte Tochter der Weltbank satzungsgemäß keine Kredite an Projektgesellschaften vergeben, welche im Mehrheitsbesitz der öffentlichen Hand des Gastlandes oder einer ihr zugehörigen Körperschaft steht.

[4] Vgl. Clifford Chance (Hrsg.): Project Finance, London 1991, S. 14.

[5] Ein unbefangener Beobachter könnte einwenden, dass jedem Marktteilnehmer – frei nach dem Motto „Caveat emptor!" („Let the buyer beware!" bzw. „Gewährleistung ist ausgeschlossen!") – die Souveränität zugestanden werden sollte, Risiken einzugehen, die er nicht analysieren kann. Hierbei darf jedoch nicht verkannt werden, dass die schlechte Leistung einer Projektpartei potenziell negative Auswirkungen auf die übrigen Projektbeteiligten entfaltet.

gehorchenden Risikoanalyse, sondern die risikoarten-, partei- und zeitabhängige Fähigkeit zur Analyse der (übernommenen) Projektrisiken:

- **Risikoartenabhängigkeit**

  Die Parteien müssen die Fähigkeit besitzen, die zu übernehmenden Risiken in sachlicher Hinsicht beurteilen zu können. Im Regelfall dürfte die Eignung zur Analyse eines spezifischen Risikos mit der vorgesehenen Funktion eines Projektbeteiligten korrespondieren. Ausnahmen können dort bestehen, wo die direkte Risikozuordnung bzw. der indirekte Risikoverbleib über den funktionalen Zusammenhang hinausgehen. Dies kann beispielsweise dann der Fall sein, wenn die Sponsoren pauschale Nachschussverpflichtungen übernehmen oder andere Projektbeteiligte einzelne Haftungszusagen für „artfremde" Unwägbarkeiten abgeben. Das diesen Parteien zur Verfügung stehende ‚Know-how' wäre dann vor dem Hintergrund der zu übernehmenden Risiken zu bewerten.[1]

- **Parteiabhängigkeit**

  Die Analysefähigkeit muss weiterhin vor dem individuellen Erfahrungshorizont einer Projektpartei (‚Track Record') beurteilt werden. Beispielsweise mag ein Anlagenbauer grundsätzlich zur Einschätzung des Fertigstellungsrisikos befähigt sein. Für den Fall, dass sich seine Erfahrungen auf Projekte mit abweichenden Prozessverfahren, anderen Spezifikationen (Dimensionen) oder nicht vergleichbaren regional-geographischen Rahmenbedingungen beschränken, wäre jedoch ein differenziertes Urteil über seine tatsächliche Analysefähigkeit erforderlich. Die Sponsoren und Kreditgeber sollten als zentrale Projektbeteiligte über ein gewisses Mindestmaß an „generalistischer" Erfahrung bei der Analyse von Projektrisiken verfügen.[2]

- **Zeitabhängigkeit**

  Die Fähigkeit zur Einschätzung von Projektrisiken hat zudem einen zeitlichen Aspekt. ‚Projekt- und Finanzierungskonzepte' implizieren regelmäßig einen mehrjährigen Projektlebenszyklus, der typischerweise die gesamte wirtschaftliche Nutzungsdauer umfasst und damit über die (geplante) Kreditlaufzeit hinausreichen kann. Risikotragende Projektparteien müssen berücksichtigen, dass sich die Umweltbedingungen im Zeitablauf nicht statisch verhalten, sondern (immer) dynamischen Veränderungsprozessen unterworfen sind.[3] Analysefähigkeit bedeutet in diesem Kontext die explizite Berücksichtigung von potenziell unsicheren Datenkränzen durch eine szenariobasierte Aufarbeitung von Imponderabilien.

Der ‚**Grundsatz der Analysefähigkeit**' fordert, dass im Rahmen der ‚(projektbezogenen) Risikoanalyse' die Fähigkeit einer Projektpartei zur Analyse der von ihr zu übernehmenden Risiken untersucht werden muss.[4]

---

[1] Beispielsweise dürften als Abnehmer auftretende Projektparteien mehrheitlich nicht in der Lage sein, das spezifische Fertigstellungsrisiko einzuschätzen. Der hierfür prädestinierte Anlagenbauer wird dagegen in der Regel nicht qualifiziert sein, die Platzierungsmöglichkeit einer Projektanleihe zu beurteilen etc.

[2] „*Zum anderen ist eine ausreichende technische und managementmäßige Erfahrung der Sponsoren zur Durchführung des Projektes unabdingbar.*" Prautzsch, W.-A.: Projektfinanzierung, a.a.O., S. 1486.

[3] BIETA führt hierzu treffend aus, dass „...*die Mehrzahl aller Risiken offensichtlich nicht statistisch messbare Zustandsrisiken, sondern statistisch nicht-messbare Verhaltensrisiken*" sind. Bieta, V.: Wenn der Mensch ins Glücksrad greift: die Grenzen des Physikalismus im Risikomanagement, in: ZfgK, 58. Jg. (2005), S. 417.

[4] Um etwaigen Missverständnissen vorzubeugen, sei an dieser Stelle darauf hingewiesen, dass der Grundsatz nur die <u>Untersuchung</u> der Analysefähigkeit fordert. Eine dahingehende Normierung, dass nur diejenigen Parteien Risiken übernehmen dürfen, die sie auch analysieren können, wird nicht intendiert. Ein derartiges Urteil muss fallspezifisch generiert werden. Dies soll an einem Beispiel verdeutlicht werden: Privatpersonen, die sich mit einer Eigenkapitaleinlage an einem Windkraftfonds beteiligen, werden regelmäßig mit der Beurteilung des Windertragsrisikos überfordert sein. Trotz mangelnder Fähigkeit zur Analyse dürfte diese Tatsache für sich genommen keinen Hinderungsgrund für eine Projektfinanzierung

5.4.3.2.2.2.4 Grundsatz der Kontrollfähigkeit der Projektrisiken

Mit den Grundsätzen der ‚Risikozuordnung', ‚Interessenorientierung' und ‚Analysefähigkeit' wurden drei wesentliche Teilgrundsätze des übergeordneten ‚Grundsatzes der parteienorientierten Risikoanalyse' vorgestellt. Allerdings greifen diese Systemnormen zu kurz, wenn die Offenlegung nicht durch eine Beurteilung des Aspektes der ‚Kontrollfähigkeit' ergänzt wird.[1] Parteien, die Risiken in einem den eigenen Interessen bzw. der jeweiligen individuellen Präferenzfunktion entsprechenden Umfang übernehmen und diese zudem analysieren können, sind damit nicht automatisch in einer Position, diese Risiken (vollumfänglich) kontrollieren zu können. Als exemplarisches Beispiel sei hier die Gruppe der Kreditgeber genannt, der – wie bereits ausgeführt – regelmäßig Projektrisiken in einem mehr oder weniger großen Umfang zugeordnet werden.[2] Zwar versuchen die Fremdkapitalgeber über umfangreiche Kreditbedingungen und Verhaltensauflagen ein gewisses Maß der Projektsteuerung im Sinne des ‚Projekt- und Finanzierungskonzeptes' sicherzustellen.[3] Die vielfältigen Ausprägungsformen von Projektrisiken lassen sich damit – wie im Folgenden gezeigt wird – nur begrenzt adressieren:

- **Aktivitätsniveau**

  Eine Kontrolle (Steuerung) von Projektrisiken kann <u>aktiv</u> durch Risikovermeidung und <u>passiv</u> durch Risikomilderung (Risikoabsicherung) erfolgen. Entscheidend bei der Beurteilung der Kontrollfähigkeit ist somit das angestrebte Aktivitätsniveau einer beteiligten, risikotragenden Partei. Das heißt, es muss zunächst das Verständnis des Wortes ‚Kontrolle' eindeutig festgelegt werden.

- **Beeinflussbarkeit**

  Projektrisiken können aufgrund ihres Charakters nur bedingt (aktiv) beeinflussbar sein. Im Extremfall der höheren Gewalt (‚Force Majeure-Risiken')[4] kann eine vollständige Kontrollunfähigkeit vorliegen. Bei anderen Risikogruppen wird das einzelne Teilrisiko darauf zu untersuchen sein, in welchem Umfang es sich durch die Beteilgten (aktiv) steuern lässt.

- **Integrierbarkeit**

  Nicht immer wird diejenige Partei, die das Risiko vor dem Hintergrund ihrer Erfahrung (‚Track Record') und/oder Position am wirksamsten kontrollieren kann, in das Projekt einzubinden sein. Als exemplarisches Beispiel für den letztgenannten Aspekt können hier öffentliche Stellen angeführt werden, die über weitreichende Möglichkeiten verfügen, positiv oder negativ in den konzeptionell vorgesehenen Verlauf eines Projektes einzugreifen.

---

durch die Fremdkapitalgeber darstellen, soweit auf dieses Risiko im Prospekt ausreichend hingewiesen wurde. Anderes könnte möglicherweise dann gelten, wenn das Projekt- und Finanzierungskonzept vorsehen würde, dass die Privatpersonen im Falle einer nicht fristgerechten Fertigstellung der Anlagen mit ihrem Privatvermögen für den Schuldendienst haften sollen. Eine derartige Risikozuordnung trotz offensichtlich fehlender Analyse- und Kontrollfähigkeit dürfte nicht nur unter dem Aspekt der rechtlichen Haltbarkeit in Frage zu stellen sein.

[1] Vgl. exemplarisch Schniewind, H. J.: Projektfinanzierung – ein Instrument auch für mittelständische Firmen?, a.a.O., S. 316, Claudy, P.; Holler, F. J. G.: Strukturierung von Projektfinanzierungen über den Kapitalmarkt am Beispiel von Private Public Partnerships (PPPs), a.a.O., S. 760.

[2] Vgl. hierzu die vorstehenden Ausführungen unter Gliederungspunkt 5.4.3.2.2.2.1 Grundsatz der Risikozuordnung, S. 570 ff.

[3] Vgl. hierzu die vorstehenden Ausführungen unter Gliederungspunkt 2.1.4.3 Projektbezogene Kreditbedingungen und Verhaltensauflagen, S. 48 ff.

[4] Vgl. hierzu Tab. 13: Generische Risikostruktur von ‚Projektfinanzierungen i.e.S.', S. 145.

- **Vereinbarkeit**

    Möglicherweise wird diejenige Partei, die ein Risiko am wirksamsten kontrollieren kann, nur über eine unzureichende Bonität verfügen, so dass sie die Risiken nicht (final) übernehmen kann. In derartigen Fällen wären zusätzlich andere Parteien einzubinden, die eine werthaltige Absicherung gewährleisten können. Damit fallen die Attribute ‚Kontrollfähigkeit' und ‚wirtschaftliche Tragfähigkeit' automatisch auseinander.[1]

Die vorstehenden Aspekte zeigen, dass ‚Kontrollfähigkeit' keine Sollnorm darstellen kann. Der **‚Grundsatz der Kontrollfähigkeit (Steuerungsfähigkeit)'** besagt, dass bei der ‚projektorientierten Risikoanalyse' zu untersuchen ist, welche der beteiligten Parteien die übernommenen und/oder die sonstigen Projektrisiken aktiv oder passiv kontrollieren können.

5.4.3.2.2.3 Grundsatz der phasengenauen Risikoanalyse

Das Prädikat ‚Risikoobjektivität' impliziert, dass bei der ‚projektbezogenen Risikoanalyse' zeitliche Aspekte bzw. Effekte ausdrücklich zu berücksichtigen sind. Der hieraus abzuleitende ‚Grundsatz der phasengenauen Risikoanalyse' hat zwei Dimensionen:

- **Analyse expliziter Projektphasen**

    Projekte lassen sich aus einer zeitlichen Perspektive in die Phasen Planung (‚Planning'), Erstellung (‚Engineering & Construction'), Anlauf (‚Start-up'), Betrieb (‚Operation'), Ausbau (‚Expansion') und Desinvestition (‚Termination', ‚Transfer', ‚Sale') einteilen.[2] Bestimmte Risiken verändern im Zeitablauf ihre Qualität. Andere Unwägbarkeiten treten erst in nachgelagerten Projektphasen auf (z.B. das Absatzrisiko während des Betriebs) oder verlieren vollständig ihre Bedeutung (z.B. das Fertigstellungsrisiko nach erfolgreichem Anlauf). ‚Analyse expliziter Projektphasen' bedeutet, dass bei der ‚(projektbezogenen) Risikonalyse' alle Projektrisiken in ihrer Relevanz und Ausprägung für alle Projektphasen untersucht und dokumentiert werden.

    Aus der Sicht der Kreditgeber wird insbesondere das Risikodesign des ‚Projekt- und Finanzierungskonzeptes' während der – ebenfalls separat als „Phase" abgrenzbaren – Kreditlaufzeit von Bedeutung sein. Dies führt gelegentlich zu der (idealtypischen) Forderung, die Risikoverteilung an der Kreditlaufzeit auszurichten.[3] Derartige Soll-Normierungen können – wie bereits skizziert[4] – nicht Gegenstand von Ordungsmäßigkeitsgrundsätzen sein. Eine zeitlich differenzierte Analyse des Risikodesigns kann allenfalls die Grundlage für eine Beurteilung des Ausfallpotenzials einer Projektfinanzierung bilden.

- **Analyse impliziter Projektphasen**

    Neben den expliziten Projektphasen existieren auf einer weiteren Ebene ‚implizite Projektphasen'. Beispielsweise sind die Sponsoren **de jure** über ihre Eigenmitteleinlage mit dem Projekt verbunden. Bei einem kreditvertraglichen Ausschluss der Veräußerung von Gesellschaftsantei-

---

[1] Derartige Konstellationen werden in der Regel nur schwer mit den Interessen der Beteiligten vereinbar sein. Beispielsweise wird ein Sponsor möglicherweise bestrebt sein, keine Garantien auf gesamtschuldnerischer Basis (‚Joint and Several-Guarantees') abzugeben, wenn ein oder mehrere (lokale) kontrollfähige Partner mit einer unzureichenden wirtschaftlichen und/oder politischen Bonität ausgestattet ist/sind. Vgl. Köhler, H.; Schmölz, R.: Project Financing at the European Bank for Reconstruction and Development, in: D. Hummel, R.-E. Breuer (Hrsg.), Handbuch Europäischer Kapitalmarkt, Wiesbaden 2001, S. 749.

[2] Vgl. hierzu die vorstehenden Ausführungen unter Gliederungspunkt 2.3.2.2 Ablauforganisation, S. 178.

[3] „*Grundsätzlich sollte keiner Partei der Rückzug aus dem Projekt erlaubt werden, bevor das Risiko der Fremdkapitalgeber erloschen ist.*" Vgl. Meyer-Reim, U.: Neue Wege zur Deckung von Kreditrisiken, in: HB v. 23.4.1996, S. B4.

[4] Vgl. hierzu die vorstehenden Ausführungen unter den Gliederungspunkten 5.4.3.1.2 Zum Charakter des Systems ‚Risikoanalyse', S. 566 ff. (letzter Absatz) sowie 5.4.3.2.2.2.1 Grundsatz der Risikozuordnung, S. 570 (erster Absatz).

len ohne vorherige Zustimmung der Kreditgeber erfolgt eine Rückzahlung des gezeichneten Kapitals nebst etwaiger offener und/oder stiller Rücklagen regelmäßig erst am Lebensende des Projektes, d.h. bei Liquidation (,Desinvestition').[1] **De facto** kann sich jedoch bereits im Basisfall der ‚modellgestützten Finanzplanung' eine Situation abzeichnen, in der sich – nach Aufnahme der Betriebsphase und faktischer Auskehrung der Eigenmittel im Wege vergleichsweise hoher Dividendenzahlungen – die deutlich erhöhte Wahrscheinlichkeit eines Projektausstiegs ergibt. Die Möglichkeit eines derartigen „Walk Away" der Sponsoren wäre u.U. im Fall des ‚Non Recourse Financing' relativ früh bzw. im ‚Limited Recourse Financing' nach Ablauf der zeitlich, sachlich und/oder betragsmäßig bedingten Nachschussverpflichtungen gegeben.[2] Die Wahrscheinlichkeit respektive die Gefahr der Projektaufgabe kann über die Implementierung von Reservebildungs- und Ausschüttungsmechanismen im ‚Projekt- und Finanzierungskonzept' reduziert werden.[3]

Das Beispiel zeigt die Relevanz impliziter Projektphasen für die Risikobeurteilung auf. Allerdings muss konzidiert werden, dass es sich bei den adressierten Kausalitäten um schwer aufzudeckende Sachverhalte handelt. Während der Zusammenhang zwischen Dividendenausschüttungen und „Sponsorentreue" noch relativ leicht nachzuvollziehen ist, kann die Komplexität bei anderen Konstellationen (z.B. technischen Risikophasen) aufgrund des Zusammenwirkens verschiedener Faktoren derart ansteigen, dass sie für den durchschnittlichen Träger der Strukturierung und Prüfung nicht mehr analysierbar sein dürfte.[4]

Der ‚**Grundsatz der phasengenauen Risikoanalyse**' bedingt, dass bei der ‚(projektbezogenen) Risikoanalyse' zeitliche Aspekte bzw. Effekte für explizite und (soweit bei hinreichender Sorgfalt erkennbar) implizite Projektphasen untersucht und dokumentiert werden.

5.4.3.3 Vollständigkeit

5.4.3.3.1 Grundsatz der quantitativen Risikovollständigkeit

Es bedarf keiner besonderen Erläuterung, dass auf der Basis einer unvollständigen Risikoanalyse keine hinreichend aussagekräftige und damit ordnungsgemäße Beurteilung eines geplanten ‚Projekt- und Finanzierungskonzeptes' erfolgen kann.[5] Kreditvergabeentscheidungen, die im Zusammenhang mit ‚Projektfinanzierungen im engeren Sinne' vorzunehmen sind, erfordern einen Über-

---

[1] Bei Projekten, die in der Organisationsform eines ‚Build-Operate-Transfer-(BOT)-Modells' durchgeführt werden und bei denen die Veräußerung (Transfer) der Gesellschaftsanteile an eine (öffentliche oder quasi-öffentliche) Drittpartei zu einem festgelegten Zeitpunkt und Preis erfolgt, ergeben sich erweiterte Fragestellungen.

[2] Vgl. zu den Konzepten des ‚Full Recourse Financing' und des ‚Limited Recourse Financing' die vorstehenden Ausführungen unter Gliederungspunkt 2.1.4.1 Risk Sharing, S. 33 ff.

[3] Es sei ergänzt, dass die Wahrscheinlichkeit des Auftretens einer derartigen ‚Walk Away-Situation' ebenfalls erhöht ist, wenn den Sponsoren eine zu geringe Rendite zugestanden wird, so dass diese u.U. eher das Interesse an einer Projektbegleitung verlieren. Vgl. Schepp, F.: Praxis der Projektfinanzierung, a.a.O., S. 527. Es gilt daher, eine Balance zwischen ausreichend bemessenen Dividendenzahlungen (bzw. der Rendite) und dem Interesse der Kreditgeber an einer möglichst engen Projektanbindung der Sponsoren zu finden.

[4] Als weitere Beispiele lassen sich (a) komplexe Fristenregelungen bei der Anmeldung und versuchten Durchsetzung von Ansprüchen am Projekt- bzw. Gerichtsstandort, (b) zeitlich begrenzte und nicht synchronisierte Pönalen im Generalunternehmervertrag einerseits sowie in den zugrundeliegenden Zulieferverträgen für einzelne Gewerke andererseits sowie (c) Phasen einer Finanzierungverlängerung aufgrund einer konzeptionell vorgesehenen, jedoch fehlgeschlagenen Refinanzierung von bestehenden Projektfinanzierungen (z.B. Zwischenfinanzierungen; vgl. hierzu Gliederungspunkt 3.1.2.1.2.1.2 Gelddarlehen jeder Art, S. 207 ff.) anführen.

[5] Vgl. hierzu die vorstehenden Ausführungen unter Gliederungspunkt 5.1.1 Begriff und Konzept von Ordnungsmäßigkeitsgrundsätzen, S. 457 ff.

blick über alle mit der Mittelgewährung verbundenen (Projekt-)Risiken. In Fortführung der Ausführungen zum ‚Rahmengrundsatz der Vollständigkeit' lassen sich zwei Dimensionen der Ordnungsmäßigkeit differenzieren:

- **Quantitative Informationsvollständigkeit**

    Das Informationssystem ist in seiner Gesamtheit, d.h. mit allen vorgelegten Unterlagen (Planungsmemoranden, Verträge, Gutachten, Studien, Prognosen etc.) für die Zwecke der Risikoanalyse heranzuziehen bzw. auf Risiken zu untersuchen. Der ‚**(Spezial-)Grundsatz der quantitativen Informationsvollständigkeit der projektbezogenen Risikoanalyse**' bedingt, dass alle verfügbaren Informationsquellen bei der Analyse und Dokumentation von Projektrisiken berücksichtigt werden.[1]

- **Quantitative Systemvollständigkeit**

    Der ‚**(Spezial-)Grundsatz der quantitativen Systemvollständigkeit der projektbezogenen Risikoanalyse**' fordert, dass die generische Risikostruktur einer ‚Projektfinanzierung im engeren Sinne' mit allen Risikogruppen und dazugehörigen Teilrisiken[2] im Rahmen der ‚(projektbezogenen) Risikoanalyse' vollständig erfasst wird.[3]

Der ‚**Grundsatz der quantitativen Risikovollständigkeit**' bedingt, dass bei der ‚projektorientierten Risikoanalyse' der ‚**(Spezial-)Grundsatz der quantitativen Informationsvollständigkeit**' sowie der ‚**(Spezial-)Grundsatz der quantitativen Systemvollständigkeit**' beachtet werden.

5.4.3.3.2 Grundsatz der qualitativen Risikovollständigkeit

Außergewöhnliche Rahmenbedingungen implizieren neuartige bzw. neue Variationen bekannter Projektrisiken. Es muss das Ziel der ‚projektbezogenen Risikoanalyse' sein, die aus atypischen Umweltkonstellationen resultierenden Imponderabilien zu identifizieren, zu bewerten und für die Entscheidungsträger zu dokumentieren. Das folgende Beispiel soll diesen Gedankengang verdeutlichen:

Bis zur sogenannten „Asienkrise" im Jahr 1998 war die thailändische Währung (Thai Baht bzw. THB) an den USD gekoppelt, so dass gemeinhin bei Projekten, die ihre Einnahmen in Landeswährung erzielten und ihren Schuldendienst in Hartwährung (z.B. USD) zu entrichten hatten, von keinem (größeren) Wechselkursrisiko ausgegangen wurde.[4] Für eine Reihe von Jahren war diese Betrachtung richtig, nach Auftreten der Krise musste sie revidiert werden. Bereits vorher wäre bei einer qualitativ vollständigen, zukunftsorientierten Betrachtung das potenzielle Risiko eines Zusammenbruchs des Currency Boards zumindest analysiert und dokumentiert worden. Eine – je nach individueller Präferenzfunktion – negative oder (bewusst) positive Entscheidung über die Kreditvergabe hätte dann unter expliziter Berücksichtigung dieses Risikos erfolgen können.

Das vorstehende Beispiel lässt erahnen, dass es für die Prüfungsträger mit erheblichen Schwierigkeiten verbunden sein dürfte, etwaige Normverstöße bei der Ausgestaltung des Systems der ‚pro-

---

[1] Vgl. hierzu die vorstehenden allgemeinen Ausführungen zum Postulat der ‚quantitativen Informationsvollständigkeit' als Teilausprägung des entsprechenden ‚Rahmengrundsatzes der Vollständigkeit' unter Gliederungspunkt 5.2.2 Vollständigkeit, S. 476 ff.

[2] Vgl. hierzu Tab. 13: Generische Risikostruktur von ‚Projektfinanzierungen i.e.S.', S. 145.

[3] Vgl. hierzu die vorstehenden allgemeinen Ausführungen zum Postulat der ‚quantitativen Systemvollständigkeit' als Teilausprägung des entsprechenden ‚Rahmengrundsatzes der Vollständigkeit' unter Gliederungspunkt 5.2.2 Vollständigkeit, S. 476 ff.

[4] Vgl. zum Wechselkursrisiko die Definition in Tab. 13: Generische Risikostruktur von ‚Projektfinanzierungen i.e.S.', S. 145.

jektbezogenen Risikoanalyse' zu entdecken. Die Beurteilung der qualitativen Systemvollständigkeit zwecks erweiterter Reflektion des ‚Projekt- und Finanzierungskonzeptes' setzt ein hohes Maß an eigener Recherche- und Analyseleistung jenseits der vorgelegten Informationen voraus. Die offensichtliche Schwierigkeit des Auftrags darf nicht zur Aufgabe des grundsätzlichen Anspruchs führen, obwohl die Prüfungsträger diesem im Einzelfall nur schwer gerecht werden können.

Der ‚**Grundsatz der qualitativen Systemvollständigkeit der projektbezogenen Risikoanalyse**' impliziert, dass das System der ‚(projektbezogenen) Risikoanalyse' derart ausgestaltet sein muss, dass es – soweit mit vertretbarem Aufwand darstellbar – projektspezifische Aspekte, d.h. nur im Rahmen eines individuellen ‚Projekt und Finanzierungskonzeptes' entscheidungsrelevante Daten und Tatbestände, erkennbar berücksichtigt.

5.4.3.4 Klarheit

5.4.3.4.1 Eindeutigkeit

5.4.3.4.1.1 Grundsatz der ursachenbezogenen Risikodeskription

In Fortführung der bereits skizzierten Risikobegriffe[1] kann eine ursachen- und eine wirkungsbezogene Ausrichtung der ‚(projektbezogenen) Risikoanalyse' unterschieden werden. Bei Fokussierung auf den ‚ursachenbezogenen Risikobegriff' betrachtet man – ausgehend von potenziellen Risikoquellen – das Problem der Unsicherheit zukünftiger Ereignisse bzw. die daraus resultierende Gefahr suboptimaler Entscheidungen. Das Prädikat ‚Eindeutigkeit' bedingt in diesem Kontext, dass klar erkennbar sein muss, worin die Ursachen identifizierter Projektrisiken liegen. Dies bedeutet nicht, dass die generischen Risiken einer ‚Projektfinanzierung im engeren Sinne' allgemein bzw. abstrakt zu skizzieren sind.[2] Vielmehr sollen die konkreten Ursachen vor dem Hintergrund der jeweiligen projektbezogenen Rahmenbedingungen analysiert und beschrieben werden.

Die nachfolgenden Tabelle zeigt am Beispiel des Transportrisikos eines geplanten Zellstoffprojektes exemplarisch und in stark verkürzter Form die identifizierten Risikoausprägungen (Ursachen) auf und ergänzt diese um korrespondierende Erläuterungen (Deskription):

---

[1] Vgl. hierzu die vorstehenden Ausführungen unter Gliederungspunkt 2.2.4.1 Risikobegriff, S. 139 ff.
[2] Vgl. hierzu Tab. 13: Generische Risikostruktur von ‚Projektfinanzierungen i.e.S.', S. 145.

Tab. 39: Das Transportrisiko einer geplanten Zellstofffabrik als Beispiel für eine ursachenbezogene Risikodeskription

Risikoart	Generische Deskription
Transportrisiko	Technische Probleme beim Antransport von Anlagegegenständen und Roh-, Hilfs- und Betriebsstoffen zum Projektstandort und/oder beim Abtransport von Fertigprodukten vom Projektstandort (z.B. aufgrund mangelnder oder jahreszeitenbedingt eingeschränkt nutzbarer Verkehrsinfrastruktur)
Identifizierte Ausprägungen	**(Projektindividuelle) Ursachenbezogene Erläuterung**
Ursache 1: Begrenzte Tragfähigkeit der Straßenverbindungen	Die Straßenverbindung zwischen Hafen und Projektstandort ist nicht durchgängig für die Anlieferung der schweren Anlagegegenstände ausgelegt.
Ursache 2: Wetterunsicherheit der Straßenverbindungen	Die Straßenverbindung zwischen Hafen und Projektstandort ist während der Regenperiode partiell unpassierbar.
Ursache 3: Wetterunsicherheit der Eisenbahnverbindung	Die für den Abtransport der Fertigprodukte vorgesehene Eisenbahnverbindung wird gelegentlich durch Geröll- und Schlammlawinen blockiert.
Ursache 4: Begrenzte Lagerkapazitäten	In Spitzenzeiten erlauben die am Hafen vorhandenen Lagerkapazitäten keine ausreichende Zwischenlagerung der Fertigprodukte.
Ursache 5: Niedriger Flusspegel	Die Anlieferung der Rohstoffe (Baumstämme) über den Fluss ist bei bestimmten Pegelständen (Trockenperiode) unmöglich.

Quelle: Eigene Darstellung

Der ‚**Grundsatz der ursachenbezogenen Risikodeskription**' impliziert, dass die Strukturierungs- und Prüfungsträger im Rahmen der ‚projektbezogenen Risikoanalyse' die Projektrisiken differenziert auf ihre (Entstehungs-)Ursachen und Wirkungszusammenhänge untersuchen und die Ergebnisse dokumentieren.

5.4.3.4.1.2 Grundsatz der wirkungsbezogenen Risikodeskription

Potenzielle Projektrisiken können bei einer Realisierung unterschiedliche Wirkungen entfalten, die von einem (geringfügigen) Verfehlen der Planungsziele bis zum Untergang des Projektes reichen können. Eindeutigkeit impliziert in diesem Kontext, dass den Entscheidungsträgern eine klare Vorstellung über das Ausmaß des Verlustpotenzials vermittelt wird. Dies bedeutet, dass Risiken nicht nur hinsichtlich ihrer Ursache analysiert und dokumentiert werden. Vielmehr müssen etwaige, nach Eintreten der Risikoursache denkbare Szenarien skizziert werden. Die folgende Abbildung verdeutlicht diese Überlegungen beispielhaft und stark verkürzt anhand des Marktrisikos:

Abb. 130: Wirkungsbezogene Risikodeskription des Marktrisikos

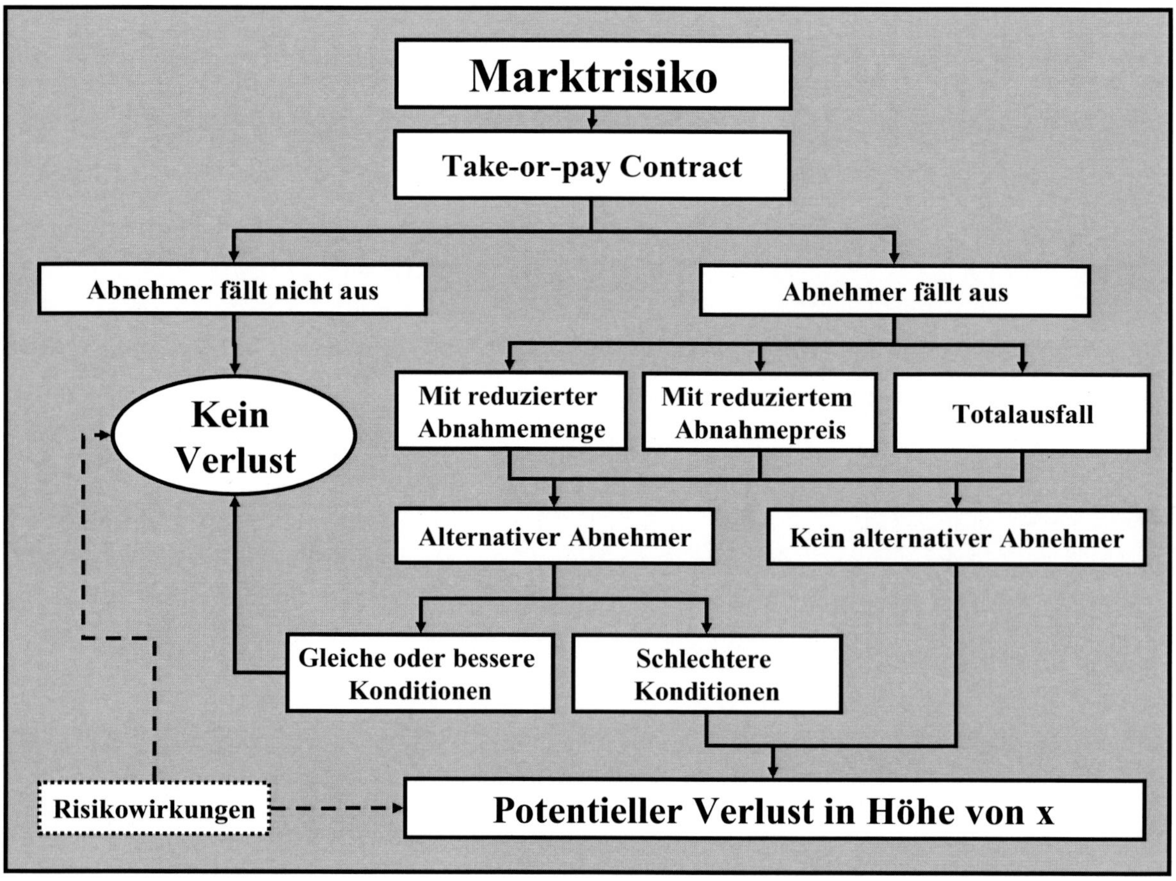

```
                          Marktrisiko
                               │
                       Take-or-pay Contract
                        ┌──────┴──────┐
             Abnehmer fällt nicht aus    Abnehmer fällt aus
                    │          ┌────────────┼────────────┐
                    │   Mit reduzierter  Mit reduziertem  Totalausfall
                    │   Abnahmemenge    Abnahmepreis
                  Kein     └──────┬──────┘        │
                 Verlust          │               │
                         Alternativer Abnehmer   Kein alternativer Abnehmer
                              ┌────┴────┐
                    Gleiche oder bessere   Schlechtere
                       Konditionen         Konditionen
                                                │
           Risikowirkungen ------> Potentieller Verlust in Höhe von x
```

Quelle: Eigene Darstellung

Die Abbildung verdeutlicht die Relevanz einer Entwicklung von Szenarien mit jeweils unterschiedlichen Verlustpotenzialen. Zwischen einer werthaltigen Vereinbarung über die Abnahme der gesamten Ausbringung und dem Totalausfall existiert eine Bandbreite von Konstellationen, deren Auftretenswahrscheinlichkeiten nebst korrespondierenden Wirkungen jeweils zu analysieren wären.

Der ‚**Grundsatz der wirkungsbezogenen Risikodeskription**' fordert, dass für die einzelnen Projektrisiken denkbare Szenarien ermittelt und untersucht sowie deren potenzielle Auswirkungen aufgezeigt werden.

5.4.3.4.2 Übersichtlichkeit

5.4.3.4.2.1 Vorbemerkungen

Unter ‚Übersichtlichkeit' kann eine sachgerechte Aufgliederung und Darstellung von Informationen verstanden werden, die regelmäßig zusätzliche Verdichtungen, Zusammenfassungen und/oder Übersichten erforderlich macht.[1] Diese Teilausprägung des übergeordneten ‚Rahmengrundsatzes der Klarheit' strahlt zwangsläufig auf das System der ‚projektbezogenen Risikoanalyse' aus. Die Vielzahl generischer und spezifischer Projektrisiken verlangt eine übersichtliche Aufbereitung der

---

[1] Vgl. hierzu die vorstehenden Ausführungen unter dem Gliederungspunkt 5.2.3 Klarheit, S. 478 ff., insbesondere die Ausführungen zum Aspekt der ‚Übersichtlichkeit'.

Ergebnisse, die auf den verschiedenen Stufen durch die Beachtung der folgenden (Unter-)Grundsätze sichergestellt werden kann:

- Grundsatz der Risikoklassifizierung
- Grundsatz der Risikomessung
- Grundsatz der Risikobewertung

Die Grundsätze sollen nachfolgend kurz skizziert werden.

5.4.3.4.2.2 Grundsatz der Risikoklassifizierung

Die erste Stufe einer <u>übersichtlichen</u> ‚projektbezogenen Risikoanalyse' ist die Vornahme einer Risikoklassifizierung.[1] Die generische Risikostruktur von ‚Projektfinanzierungen im engeren Sinne' wurde bereits in tabellarischer Form nebst einer allgemeingültigen Deskription dargestellt.[2] Diese Gliederung kann den Ausgangspunkt für eine nach Risikoklassen differenzierende Analyse eines konkreten ‚Projekt- und Finanzierungskonzeptes' bilden, muss jedoch um projektspezifische Informationen ergänzt werden. Zur besseren Übersichtlichkeit sollten die Ursachen (‚[Risk] Events') nebst daraus resultierenden Konsequenzen (‚Consequences') und konzeptbedingt vorgesehene risikomildernde Faktoren (‚Mitigants') sowie Restrisiken (‚Residual Risks') für das Projekt (und damit indirekt für die Sponsoren und Kreditgeber) gemeinsam untersucht und dargestellt werden. Obwohl die Dokumentation theoretisch in Form eines Fließtextes erfolgen kann, bietet sich eine Darstellung in grafischer oder tabellarischer Form an. Die letztgenannte Möglichkeit einer ‚Risikomatrix' wird nachfolgend am Beispiel der Risikoklasse „Beschaffungsrisiko" für ein Kraftwerksprojekt exemplarisch dargestellt:

---

[1] Vgl. hierzu Abb. 30: Erscheinungsformen der Risikoanalyse, S. 143.
[2] Vgl. hierzu Tab. 13: Generische Risikostruktur von ‚Projektfinanzierungen i.e.S.', S. 145.

Tab. 40: Beispiel für den Aufbau einer Risikomatrix

Risikoklasse: Beschaffungsrisiko			
Ursachen	**Konsequenzen**	**Mildernde Faktoren**	**Restrisiko**
Ausfall des Lieferanten (Event of Default unter dem Erdgasliefervertrag)	(a) Betriebsstopp	(a1) Reservetanks mit Ersatzbrennstoff für 30 Tage vorhanden	(a1) Potenziell höhere Wartungskosten
		(a2) Supply-or-pay-Klausel im Erdgasliefervertrag garantiert die Übernahme aller fixer Kosten, des Schuldendienstes sowie Strafzahlungen unter dem Stromliefervertrag durch den Gaslieferanten	(a2) Bonität des Lieferanten
		(a3) Potenzieller Ersatzlieferant steht zur Verfügung	(a3) Potenzielle Konditionen des Ersatzlieferanten sind unbekannt
Lieferant liefert mangelhaftes Erdgas (Spezifikationen unter dem Erdgasliefervertrag werden nicht eingehalten)	(a) Kraftwerk benötigt mehr Erdgas für die gleiche Ausbringung	(a1) Projektgesellschaft kann die Erdgasabnahme verweigern; Stromliefervertrag kann ausgesetzt werden	(a1) –
		(a2) Erdgaspreis reduziert sich entsprechend dem reduzierten Wärmeaufwandskoeffizienten	(a2) –
	(b) Möglicherweise Beschädigung der Turbinen	(b) Lieferant muss Reparaturkosten gem. technischem Gutachten sowie fixe Kosten, den Schuldendienst sowie Strafzahlungen unter dem Stromliefervertrag ersetzen	(b) Bonität des Lieferanten
Gasnetzbetreiber kann das Erdgas nicht transportieren (Default unter dem Erdgastransportvertrag)	(a) Betriebsstopp	(a1) Reservetanks mit Ersatzbrennstoff für 30 Tage vorhanden	(a1) Potenziell höhere Wartungskosten
		(a2) Supply-or-pay-Klausel im Erdgastransportvertrag garantiert die Übernahme aller fixer Kosten, des Schuldendienstes sowie Strafzahlungen unter dem Stromliefervertrag durch den Gasnetzbetreiber	(a2) Bonität des Gasnetzbetreibers
…	…	…	…

Quelle: Eigene Darstellung

Bei Vorliegen der entsprechenden Verträge bzw. von Vertragsentwürfen kann die vorstehende, stark vereinfachte Risikomatrix um die entsprechenden vertraglichen Fundstellen ergänzt werden.

Der ‚**Grundsatz der Risikoklassifizierung**' bedingt, dass Projektrisiken klassifiziert, analysiert und übersichtlich, d.h. unter Nennung von Ursachen, Konsequenzen, mildernden Faktoren und Restrisiken, dokumentiert werden.

5.4.3.4.2.3 Grundsatz der Risikomessung

Das Postulat ‚Übersichtlichkeit' gebietet im weiteren Verlauf der ‚projektbezogenen Risikoanalyse' eine Reduktion auf das Wesentliche sowie die Verdichtung der Informationen zu erfassbaren und damit verarbeitungsfähigen Größen. Obwohl eine Risikoklassifizierung (z.B. in Form einer Risikomatrix) bereits wichtige und umfangreiche Informationen liefern kann, wird der einzelne Informationsempfänger bzw. Entscheidungsträger die Vielzahl der qualitativen Fakten sowie insbesondere ihre quantitative Bedeutung nur unter großen Schwierigkeiten zu einem Gesamturteil verdichten können. Es bedarf regelmäßig einer Transformation in vergleichbare Ergebniswerte[1] und Kennzahlen[2]. Hierfür stehen prinzipiell zwei Vorgehensweisen zur Verfügung:

- **Quantitative projektbezogene Risikoanalyse**

  Den Standard einer quantitativen projektbezogenen Risikoanalyse bilden die bereits vorgestellten Sensitivitätsanalysen[3] und Szenarioanalysen[4] sowie im geringeren Umfrang simulationsbasierte Risikoanalysen[5], die mit Hilfe der ‚modellgestützten Finanzplanung' durchgeführt werden. Dies wird insbesondere daran liegen, dass sich die Ermittlung von Ergebnissen und Kennzahlen auf das Gesamtprojekt beziehen und zumindest bei den beiden erstgenannten Verfahren mit einem relativ geringen Aufwand umsetzbar sind, wenn die ‚modellgestütze Finanzplanung' den entsprechenden Spezialgrundsätzen gehorcht.[6]

- **Quantitative fazilitätenbezogene Risikoanalyse**

  In einem weiteren Schritt können die Ergebnisse der Risikoanalyse in Form einer Rating-/Scoring-Note zu einem Prüfungsergebnis verdichtet werden.[7] Im Rahmen von standardisierten ‚Risikoklassifizierungsverfahren' lassen sich kardinal- und/oder ordinalskalierte Quantitäts- bzw. Grad-/Rangurteile ermitteln.[8] Ob hierfür Punktbewertungsverfahren, statistisch-objektivierte oder simulationsbasierte Ratings herangezogen werden, wird institutsindividuell zu entscheiden sein. Mit der Ermittlung von derartigen Prüfungsergebnissen wird die Perspektive einer projektbezogenen zugunsten einer fazilitätenbezogenen Risikoanalyse aufgegeben.[9] Dies wird dann von Bedeutung sein, wenn mehrere Fremdfinanzierungstranchen unterschiedlicher Rangigkeit, Tilgungsstruktur und/oder Laufzeit bestehen bzw. vorgesehen sind. Eine quantitative fazilitätenbezogene Risikoanalyse wird sich dann immer nur auf eine Tranche beziehen können.[10]

---

[1] Vgl. hierzu die vorstehenden Ausführungen unter Gliederungspunkt 2.2.2.4.2.2.2.9 Modul ‚Cashflow', S. 95 ff.

[2] Vgl. hierzu die vorstehenden Ausführungen unter Gliederungspunkt 2.2.2.4.2.2.2.11 Module ‚Kennzahlen' und ‚Ausgabe', S. 110 ff.

[3] Vgl. hierzu die vorstehenden Ausführungen unter Gliederungspunkt 2.2.4.3.4.1 Sensitivitätsanalysen, S. 148 ff.

[4] Vgl. hierzu die vorstehenden Ausführungen unter Gliederungspunkt 2.2.4.3.4.2 Szenarioanalysen, S. 151 ff.

[5] Vgl. hierzu die vorstehenden Ausführungen unter Gliederungspunkt 2.2.4.3.4.3 Simulationsbasierte Risikoanalysen, S. 152 ff.

[6] Vgl. hierzu die vorstehenden Ausführungen unter Gliederungspunkt 5.4.1 Grundsätze einer ordnungsmäßigen modellgestützten Finanzplanung, S. 492 ff.

[7] Vgl. hierzu die vorstehenden Ausführungen unter Gliederungspunkt 4.1.1.2.6 Prüfungsergebnis, S. 347 ff.

[8] Vgl. hierzu die vorstehenden Ausführungen unter Gliederungspunkt 4.1.2.1.2.5 Ergebnis der Kreditwürdigkeitsprüfung, S. 387 ff.

[9] Vgl. hierzu die vorstehenden Ausführungen unter Gliederungspunkt 4.1.2.2.3.1 Kreditrisikomessung, S. 399 ff.

[10] Eine echte Aussagekraft wird die quantitative fazilitätenbezogene Risikoanalyse nur dann aufweisen, wenn alle (subordinierten) Tranchen unter Vereinbarung einer ‚Limited Recourse Clause' sowie einer

Die Analyse und Darstellung vieler Einzelrisiken kann zu unübersichtlich sein, um ein klares Bild von den wirtschaftlichen Verhältnissen insgesamt zu formen. Der ‚**Grundsatz der Risikomessung**' fordert daher, das eine quantitative Verdichtung der Informationen im Wege einer quantitativen projektbezogenen und/oder fazilitätenbezogenen Risikoanalyse erfolgt.

5.4.3.4.2.4 Grundsatz der Risikobewertung

Die vorstehend beschriebene Risikomessung führt zu einer Verdichtung der ermittelten (Risiko-) Informationen, damit zu erfassbaren und verarbeitungsfähigen Größen sowie im Ergebnis zu einer erhöhten Klarheit durch übersichtlichtliche Darstellung. Allerdings werden verdichtete Ergebnisse einem Entscheidungsträger regelmäßig noch kein abschließendes Urteil über die Vorteilhaftigkeit einer Kreditvergabeentscheidung ermöglichen. Hierfür bedarf es einer relativierenden Bewertung der Ergebnisse bzw. einer Weiterverarbeitung zu risikoadjustierten Rendite- und Ertragsgrößen.[1] Art und Umfang einer derartigen quantitativen Risikobewertung müssen sich danach richten, ob das zu beurteilende ‚Projekt- und Finanzierungskonzept' aus der Perspektive der Sponsoren oder der Kreditgeber betrachtet wird. Darüber hinaus sind die konkrete Ausgestaltung des Rechnungs- und Steuerungswesens der jeweils betrachteten Partei sowie die dort verwendeten Ergebnis- und Kennzahlenwerte maßgeblich. Eine abschließende (arithmetische) Normierung kann deswegen nicht vorgenommen werden. Es muss jedoch erkennbar werden, dass eine Bewertung unter Beachtung der adressenspezifischen Usancen vorgenommen wurde.

Der ‚**Grundsatz der Risikobewertung**' bedingt, dass den Entscheidungsträgern eine klare Vorstellung von den Risiken durch risikoadjustierte Rendite- und Ertragsgrößen vermittelt und damit eine Urteilsbildung über die Kreditvergabeentscheidung ermöglicht bzw. erleichtert wird.[2]

5.4.3.5 Vergleichbarkeit

5.4.3.5.1 Grundsatz der interperiodischen Risikovergleichbarkeit

Das Supersystem ‚Projekt- und Finanzierungskonzept' ist nicht von einer statischen Natur, sondern umfasst den gesamten (mehrperiodigen/-phasigen) Lebenszyklus einer ‚Projektfinanzierung im engeren Sinne', welcher zudem im Planungsablauf insgesamt variiert. Bei der ‚projektbezogenen Risikoanalyse' muss diese doppelte zeitliche Dynamik des Supersystems berücksichtigt werden:

- **Risiko im planungsbezogenen Zeitablauf**

    Während der Strukturierungs- und Prüfungsphase unterliegen ‚Projekt- und Finanzierungskonzepte' in der Regel einem permanenten Prozess der Modifikation. Der im Zeitablauf zunehmende Erkenntnisgewinn über Datenkranz und Kausalzusammenhänge führt zu einer (iterativen) Weiterentwicklung, in deren Zuge sich immer genauer das finale, der Projektfi-

---

‚Non Petition Clause' herausgelegt wurden, so dass die Gläubiger keine über die Rangigkeit ihrer Fazilitäten hinausgehenden Ansprüche geltend machen bzw. keinen eigenständigen Insolvenzantrag stellen können. Andernfalls könnte sich durch die Aktionen sonstiger, subordinierter Kreditgeber eine Situation ergeben, in der trotz scheinbar unbedenklicher Rating-/Scoring-Note ein Kreditausfall droht bzw. auftritt.

[1] Vgl. hierzu die vorstehenden Ausführungen unter Gliederungspunkt 4.1.2.2.3.2 Kreditrisikobewertung, S. 404 ff.

[2] Dies darf allerdings nicht dahingehend interpretiert werden, dass eine positive Kreditvergabeentscheidung zwangsläufig erfolgt oder erfolgen sollte, wenn risikoadjustierte Ertrags- oder Renditegrößen einen institutsindividuell festgelegten Mindestwert erreichen bzw. überschreiten. Vgl. hierzu die vorstehenden Ausführungen unter den Gliederungspunkten 4.1.2.1.2.5 Ergebnis der Kreditwürdigkeitsprüfung, S. 387 ff. sowie Institutsinterne Normvorgaben4.2.2.2 Soll-Objekte bei der Ergebnisprüfung, S. 447 ff.

nanzierung zugrundeliegende Konzept abzeichnet. Die Dynamik bedingt zugleich die wiederholte bzw. permanente Durchführung der Risikoanalyse durch die beteiligten Projektparteien, d.h. insbesondere durch die Strukturierungs- und Prüfungsträger der Banken. Bei Vorlage verschiedener Versionen eines Projekt- und Finanzierungskonzeptes wird sich damit zwangsläufig ein im Zeitablauf variierendes Gesamtbild der Chancen und Risiken ergeben. Für diejenigen der Entscheidungsträger, die bereits in den Modifikationsprozess eingebunden sind und nicht erst das finale Ergebnis betrachten, wird das Erkennen von Konzeptmodifikationen, d.h. der „Entwicklungslinie", relevant. Im Planungsablauf wiederholt durchgeführte Risikoanalysen sind methodisch konsistent durchzuführen und die Ergebnisse vergleichbar zu dokumentieren.[1]

- **Risiko im konzeptbezogenen Zeitablauf**

  ‚Projekt- und Finanzierungskonzepte' umfassen Projektperioden bzw. Projektphasen, für die sich verschiedene Konstellationen von Chancen und Risiken differenzieren lassen. Neben technischen Apekten (z.B. der Abschluss der Bauphase) und ökonomischen Faktoren (z.B. ein im Zeitablauf sinkender Verschuldungsgrad des Projektes) sind hierfür insbesondere variierende Ausprägungen von abstrakten Zahlungspflichten[2], kreditvertraglichen Strukturelementen[3] und sponsorseitigen Nachschussverpflichtungen[4] maßgeblich. Bereits vor Umsetzung eines ‚Projekt- und Finanzierungskonzeptes' muss im Rahmen der ‚(projektbezogenen) Risikoanalyse' das antizipierte Profil der Chancen und Risiken in Anhängigkeit des Projektverlaufs untersucht werden. Den Entscheidungsträgern kann u.a. dadurch ein informativeres Bild von den erwarteten wirtschaftlichen Verhältnissen vermittelt werden, wenn die im Zeitablauf des Projektes variierenden (konzeptbezogenen) Risikoausprägungen nicht nur klar (i.S.v. übersichtlich), sondern auch vergleichbar dargestellt werden.

Der ‚**Grundsatz der interperiodischen Risikovergleichbarkeit**' besagt, dass die Risikoanalyse im planungs- und konzeptbezogenen Zeitablauf vergleichbar durchgeführt bzw. dokumentiert wird.

5.4.3.5.2 Grundsatz der intrasektoralen Risikovergleichbarkeit

Im Regelfall dürften für alle regional abgrenzbaren[5] Projekte eines Sektors (z.B. Energiewirtschaft), Teilsektors (z.B. Kraftwerke) und/oder Untersektors (z.B. Windkraftwerke) zumindest partiell die gleichen oder ähnliche interne und externen Rahmenbedingungen gelten. In diesen Fällen kann für eine ursachen- und wirkungsbezogene Risikoanalyse[6] von einer <u>teilweise</u> generischen Risikostruktur (z.B. in den Bereichen technische und operationale Risiken sowie Versorgungs- und Marktrisiken[7]) ausgegangen werden. Im Umkehrschluss bedeutet dies, dass bei einem intrasektoralen Projektvergleich sowohl der Prozess der Risikoanalyse als auch die für einzel-

---

[1] Eine Ausnahme besteht dann, wenn sich die verwendete Methode als falsch herausgestellt hat und dies intersubjektiv nachvollziehbar begründet und dokumentiert wird.

[2] Vgl. hierzu die vorstehenden Ausführungen unter den Gliederungspunkten 2.1.4.2 Übernahme abstrakter Zahlungspflichten durch Dritte, S. 40 ff. und 5.4.1.2.2.4.2 Grundsatz der Berücksichtigung abstrakter Zahlungspflichten, S. 509 ff.

[3] Vgl. hierzu die vorstehenden Ausführungen unter den Gliederungspunkten 2.1.4.3 Projektbezogene Kreditbedingungen und Verhaltensauflagen, S. 48 ff. und 5.4.1.2.2.4.3 Grundsatz der Berücksichtigung kreditvertraglicher Strukturelemente, S. 510 ff.

[4] Vgl. hierzu die vorstehenden Ausführungen unter den Gliederungspunkten 2.1.4.1 Risk Sharing, S. 33 ff. und 5.4.1.2.2.4.4 Grundsatz der Berücksichtigung sponsorseitiger Nachschussverpflichtungen, S. 516 ff.

[5] Die Risikovergleichbarkeit innerhalb einer Region bzw. Jurisdiktion wird im nachfolgenden Gliederungspunkt adressiert.

[6] Vgl. hierzu die vorstehenden Ausführungen unter dem Gliederungspunkt Abb. 28: Ursachen- und wirkungsbezogener Risikobegriff, S. 140.

[7] Vgl. hierzu die Risikogruppen und die ihnen zugeordneten Teilrisiken in Tab. 13: Generische Risikostruktur von ‚Projektfinanzierungen i.e.S.', S. 145 ff.

ne Risikoarten festgestellten Ergebnisse weitreichende Ähnlichkeiten aufzeigen sollten. Insbesondere die dokumentierten Risikoausprägungen sowie die korrespondierenden risikomildernden Gegenmaßnahmen (‚Mitigants') sollten bei intrasektoral vergleichbaren Projekten zu analogen Risiko-/Chancenprofilen führen. Hierbei wird von den Strukturierungs- bzw. Prüfungsträgern insbesondere darauf zu achten sein, wie sich mögliche Mitigants (z.B. abstrakte Zahlungsverpflichtungen, Nachschussvereinbarungen, Zins- und Währungsabsicherungen, Versicherungen etc.) im Vergleich zum intrasektoralen Marktstandard einordnen lassen.

Der ‚**Grundsatz der intrasektoralen Risikovergleichbakeit**' impliziert mitnichten, dass eine Ausrichtung am „Mittelmaß des Marktdurchschnitts" oder gar eine Standardisierung von Projekt- und Finanzierungskonzepten erfolgen soll. Allerdings muss aus der Feststellung, dass gleiche Risikosachverhalte bei intrasektoral vergleichbaren Projekten zu jeweils unterschiedlichen Ergebnissen geführt haben, im Zweifel auf ein fehlerhaftes System der (projektbezogenen) Risikoanalyse geschlossen werden, soweit sich keine hinreichend plausiblen Gründe für die Abweichungen anführen lassen.

5.4.3.5.3 Grundsatz der intraregionalen Risikovergleichbarkeit

Für Projekte in derselben Region respektive Jurisdiktion liegen regelmäßig in weiten Bereichen gleiche oder ähnliche Rahmenbedingungen vor. Wiederum ist für eine ursachen- und wirkungsbezogenen Risikoanalyse von einer partiell generische Risikostruktur (z.B. in den Bereichen Länderrisiken und Force Majeure-Risiken[1]) auszugehen. In diesem Kontext kann analog zum ‚Grundsatz der intrasektoralen Risikovergleichbarkeit' ein ‚Grundsatz der intraregionalen Risikovergleichbarkeit' postuliert werden. Neben regional-geographischen Aspekten werden insbesondere die politisch-soziologischen sowie die rechtlich-bürokratischen Rahmenbedingungen bei verschiedenen Projekten innerhalb einer Region korrespondieren. Das System der (projektbezogenen) Risikoanalyse muss derart ausgestaltet sein, dass es ein ‚Projekt- und Finanzierungskonzept' unter Berücksichtigung der intraregionalen Besonderheiten erfassen kann bzw. adressiert hat.

Der ‚**Grundsatz der intraregionalen Risikovergleichbarkeit**' bedingt, dass der Prozess der Risikoanalyse bzw. die Dokumentation der Ergebnisse bei intrasektoral vergleichbaren Projekten zu partiell analogen Risiko-/Chancenprofilen führt bzw. Abweichungen begründet werden.

5.4.3.6 Wirtschaftlichkeit (Wesentlichkeit)

5.4.3.6.1 Grundsatz des angemessenen Entscheidungsnutzens

Der übergeordnete Vorgabecharakter des ‚Rahmengrundsatzes der Wirtschaftlichkeit (Wesentlichkeit)' erstreckt sich auch auf das System der ‚projektbezogenen Risikoanalyse'.[2] In diesem Kontext ist ein angemessenes Verhältnis der Kosten zum Grad der durch die Risikoanalyse bewirkten Informationssteigerung zu fordern. Maßgeblich ist der adäquate Entscheidungsnutzenzuwachs, der durch eine weitere zeitliche und/oder sachliche Ausdehnung der projektbezogenen Risikoanalyse erzielt werden kann. Letztlich müssen die mit der Kreditvergabeentscheidung beauftragten Instan-

---

[1] Vgl. hierzu die Risikogruppen und die ihnen zugeordneten Teilrisiken in Tab. 13: Generische Risikostruktur von ‚Projektfinanzierungen i.e.S.', S. 145 ff.

[2] Vgl. hierzu die vorstehenden Ausführungen unter Gliederungspunkt 5.2.5 Wirtschaftlichkeit (Wesentlichkeit), S. 482 ff.

zen eines Kreditinstitutes den für ihre Aufgabenerfüllung erforderlichen Informationsumfang und damit etwaige zusätzliche Kosten definieren.

Diese möglicherweise zunächst theoretisch anmutende Forderung lässt sich am Beispiel der ‚simulationsbasierten Risikoanalyse'[1] konkretisieren: Bei simplen Verfahren, die Korrelationen zwischen einzelnen Risikotreibern nur partiell berücksichtigen und/oder auf standardisierten und damit stark vereinfachten ‚modellgestützten Finanzplanungen' basieren, besteht die latente Gefahr, dass wesentliche Ordnungsmäßigkeitsgrundsätze – möglicherweise <u>unerkannt</u> – missachtet werden. Die Anfertigung von richtigen, d.h. methodisch genauen, und vollständigen Simulationen dürfte bei Projektfinanzierungen im engeren Sinne einen erheblichen zeitlichen und sachlichen Aufwand erfordern. Es stellt sich in diesem Zusammenhang die Frage nach einer akzeptablen Relation von Entscheidungsnutzen und implizierten Kosten der quantitativen Risikoanalyse. Insbesondere höhere Ebenen der Instanzenhierarchie[2] dürften häufig nicht in der Lage sein, die Ergebnisse zu interpretieren, so dass der konkrete Informationsgehalt derartiger Analysen genau abgewogen werden sollte.[3]

5.4.3.6.2 Grundsatz der Risikorückkoppelung

Der dritte Kanon von Spezialgrundsätzen einer ordnungsmäßigen Offenlegung der wirtschaftlichen Verhältnisse bei ‚Projektfinanzierungen im engeren Sinne' wurde für das System ‚projektbezogene Risikoanalyse' postuliert. Aus der Abfolge der Darstellung könnte der (falsche) Schluss gezogen werden, dass es sich um ein nachgelagertes System handelt, welches erst ex post, d.h. nach Erstellung der ‚modellgestützten Finanzplanung' und ‚Prognosen', aktiviert wird. Tatsächlich handelt es sich bei der ‚projektbezogenen Risikoanalyse' um einen iterativen Prozess, der fortlaufend stattfindet:

---

[1] Vgl. hierzu die vorstehenden Ausführungen unter Gliederungspunkt 2.2.4.3.4.3 Simulationsbasierte Risikoanalysen, S. 152 ff.

[2] Vgl. hierzu die vorstehenden Ausführungen unter Gliederungspunkt 2.3.2.1 Aufbauorganisation; S. 165 ff.

[3] Es sei darauf hingewiesen, dass die etwaige Notwendigkeit, eine simulationsbasierte Risikoanalyse für die Kreditrisikobestimmung und damit die Kreditbepreisung zu erstellen, an dieser Stelle nicht betrachtet wird. Auch hier wäre jedoch im Zweifel zu prüfen, ob alternative Methoden (z.B. externe Ratings oder extern über Mappings oder Shadow Ratings kalibrierte Scoring Sheets) nicht zu wirtschaftlich vorteilhafteren Ergebnissen führen.

Abb. 131: Zusammenhang zwischen den Systemen ‚modellgestützte Finanzplanung', ‚Prognosen' und ‚projektbezogene Risikoanalyse'

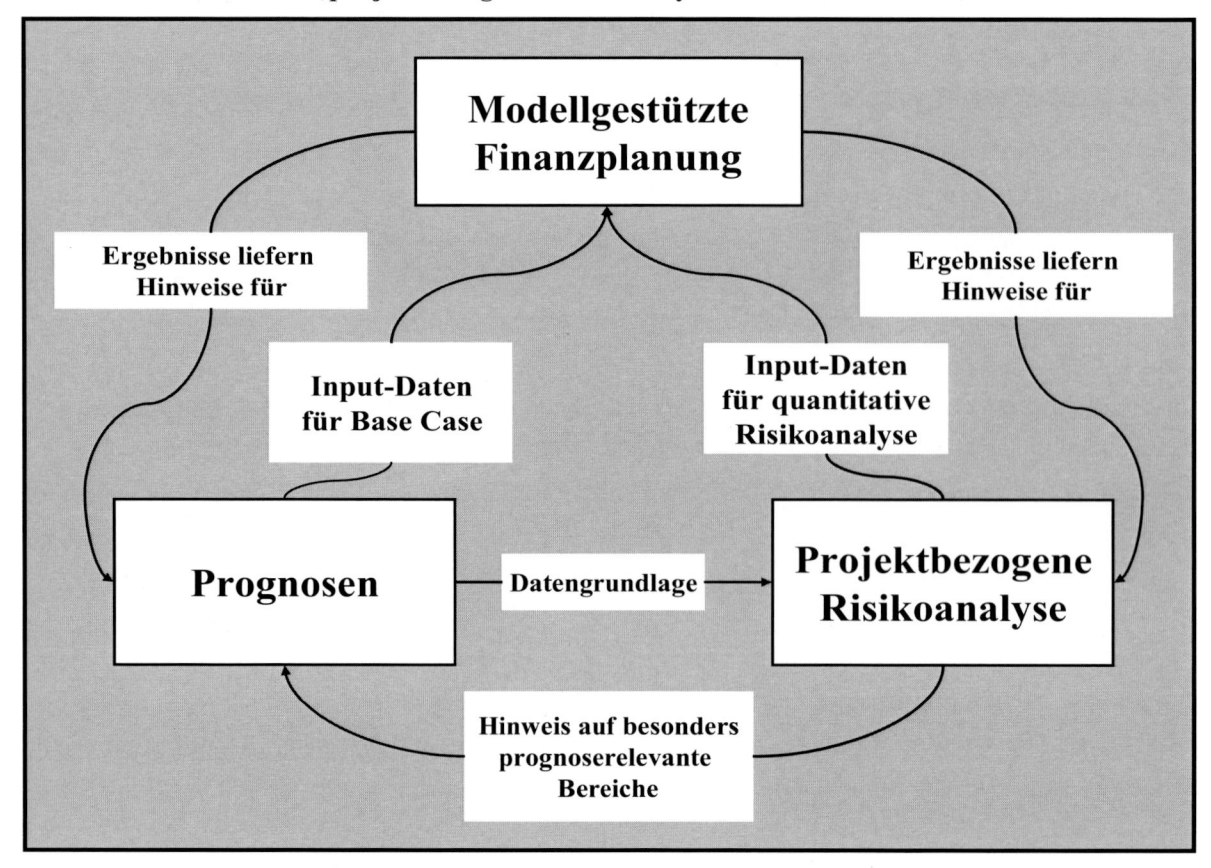

```
                    ┌─────────────────┐
                    │  Modellgestützte│
                    │  Finanzplanung  │
                    └─────────────────┘
   Ergebnisse liefern                    Ergebnisse liefern
   Hinweise für                          Hinweise für

        Input-Daten          Input-Daten
        für Base Case        für quantitative
                             Risikoanalyse

   ┌──────────┐                      ┌──────────────┐
   │Prognosen │──Datengrundlage──▶   │Projektbezogene│
   └──────────┘                      │Risikoanalyse │
                                     └──────────────┘
              Hinweis auf besonders
              prognoserelevante
              Bereiche
```

Quelle: Eigene Darstellung

Bereits im Rahmen der Diskussion einer möglichen Prüfungsmethodik wurde auf die Möglichkeiten einer Prüfung von bestehenden Systemschnittstellen hingewiesen.[1] Die vorstehende Abbildung zeigt nochmals die Interdependenzen zwischen den einzelnen Systemen auf. In diesem Zusammenhang wird deutlich, dass die projektbezogene Risikoanalyse immer dann zu wesentlichen Ergebnissen und damit zu einem optimierten Projekt- und Finanzierungskonzept führen dürfte, wenn eine Rückkoppelung zu den übrigen Systemen stattfindet. Aus dieser Erkenntnis kann ein ‚(Spezial-)Grundsatz der Risikorückkoppelung' abgeleitet werden, der in Abhängigkeit von der Funktion der involvierten Parteien sowie vom betrachteten Zeitpunkt verschiedene Dimensionen aufweist:

- **Grundsatz der passiven Risikorückkoppelung**

    Interpretiert man die ‚(Spezial-)Grundsätze der ordnungsmäßigen projektbezogenen Risikoanalyse' als Abbildungs- und Dokumentationsnormen,[2] so müssen Underwriter und Participants ein vorgelegtes Projekt- und Finanzierungskonzept daraufhin untersuchen, ob erkennbar wird, dass die Projektplaner bzw. Financial Advisor und/oder Arranger die projektinhärenten Risiken hinreichend adressiert bzw. strukturell berücksichtigt, d.h. „rückgekoppelt", haben. Da im Zuge einer prozessunabhängigen Prüfung regelmäßig kein aktiver Einfluss auf die konzeptionelle

---

[1] Vgl. hierzu die vorstehenden Ausführungen unter Gliederungspunkt 4.2.1.3.2 Grenzen der Systemprüfung und Ansätze zu deren Überwindung, S. 434 ff., insbesondere Abb. 108: Gekoppelte Systeme, S. 435.

[2] Vgl. hierzu die vorstehenden Ausführungen unter Gliederungspunkt 5.4.3.1.2 Zum Charakter des Systems ‚Risikoanalyse', S. 566 ff.

Struktur genommen werden kann,[1] wird an dieser Stelle das Adjektiv ‚passiv' verwendet. Das Ausmaß der Rückkoppelung kann durch den Prüfungsträger insbesondere anhand des Vorhandenseins von risikoadäquaten kreditvertraglichen Strukturelementen sowie abstrakten Zahlungspflichten und sponsorseitigen Nachschussverpflichtungen nachvollzogen werden,[2] wobei sich die beiden letztgenannten Aspekte ebenfalls in der rechtlichen Dokumentation widerspiegeln sollten.

- **Grundsatz der aktiven Risikorückkoppelung**

    Der ‚Grundsatz der passiven Rückkoppelung' bedingt im Umkehrschluss, dass bereits bei der Strukturierung (Konstruktion) des Projekt- und Finanzierungskonzeptes eine aktive Rückkoppelung durch die Projektplaner bzw. Financial Advisor und/oder Arranger erfolgen muss. Dies entspricht der bereits skizzierten simultanen Interpretation der ‚Grundsätze ordnungsmäßiger projektbezogener Risikoanalyse' als Prozess-, Verfahrens- oder Verhaltensnormen.[3] Im Hinblick auf den Strukturierungsprozess kann ein ‚Grundsatz der aktiven Rückkoppelung' postuliert werden. Insbesondere Arranger, die im eigenen Interesse an der Strukturierung eines syndizierungsfähigen Projekt- und Finanzierungskonzeptes interessiert sein sollten, müssen selber gedanklich rückkoppeln, um etwaige Forderungen und/oder Auflagen postulieren zu können.

Während der ‚Grundsatz des angemessenen Entscheidungsnutzens' primär den Aspekt der Wirtschaftlichkeit adressiert, bezieht der ‚Grundsatz der Rückkoppelung' seine Bedeutung aus der Forderung nach Materialität, d.h. der Wesentlichkeit, einer projektbezogenen Risikoanalyse.

5.5 Zusammenfassende Schlussfolgerung zur Operationalisierung durch Ordnungsmäßigkeitsgrundsätze

Im Abschnitt 4 wurde auf der Basis eines prüfungstheoretischen Fundaments ein operationalisierbarer methodischer Ansatz für eine Offenlegung der wirtschaftlichen Verhältnisse bzw. eine Kreditwürdigkeitsprüfung bei ‚Projektfinanzierungen im engeren Sinne' entwickelt. Es verblieb das Erfordernis zu einer untersuchungsobjektspezifischen Konkretisierung von ‚Systemnormen'.[4] Hierfür wurde ein Kanon von Prüfungsnormen für Art und Beschaffenheit der vom Kreditnehmer vorzulegenden Unterlagen bzw. abzufordernden Informationen sowie deren Verdichtung im Rahmen von Abbildungs-, Erfassungs-, Planungs- und/oder Kontrollsystemen abgeleitet.

Durch Postulierung von operationalisierbaren Ordnungsmäßigkeitsgrundsätzen sollte im 5. Abschnitt ein abgestuftes Geflecht von Normen zur Ausfüllung des skizzierten methodischen Ansatzes aufgestellt werden. Als Grundlage für die Entwicklung eines entsprechenden Bündels von Soll-Objekten wurden der ‚**Begriff und das Konzept**' (5.1.1), der ‚**rechtliche Charakter**' (Abschnitt 5.1.2), die ‚**Methodik der Ermittlung**' (Abschnitt 5.1.3) sowie die ‚**Systematisierung von Ordnungsmäßigkeitsgrundsätzen**' (Abschnitt 5.1.4) erörtert. Hierauf aufbauend wurden die folgenden hierarchisch gegliederten Normenebenen identifiziert und im Hinblick auf die Erfordernisse der Kreditwürdigkeitsprüfung konkretisiert:

---

[1] Vgl. hierzu die vorstehenden Ausführungen unter Gliederungspunkt 5.4.3.1.1 Konzeption als Prüfungs- und Kontrollnormenkanon, S. 563 ff.

[2] Vgl. hierzu analog die vorstehenden Ausführungen unter Gliederungspunkt 5.4.1.2.2.4 Grundsatz der Berücksichtigung konzeptioneller Normen, S. 509 ff.

[3] Vgl. hierzu die vorstehenden Ausführungen unter Gliederungspunkt 5.4.3.1.2 Zum Charakter des Systems ‚Risikoanalyse', S. 566 ff.

[4] Vgl. hierzu die vorstehenden Ausführungen unter Gliederungspunkt 4.3 Zusammenfassende Schlussfolgerungen aus der prüfungstheoretischen Fundierung und methodischen Konkretisierung, S. 453 ff.

- **Allgemeine Rahmengrundsätze für die Offenlegung von wirtschaftlichen Verhältnissen (Abschnitt 5.2)**

    Mit den allgemeinen Rahmengrundsätzen wurden kredit- und informationsartenübergreifend gültige Normen abgeleitet, die zum Teil trotz ihres generellen Charakters bereits hinsichtlich des Untersuchungsgegenstandes ‚Projektfinanzierung im engeren Sinne' dargestellt wurden. Dabei konnten die Rahmengrundsätze der ‚Richtigkeit', ‚Vollständigkeit', ‚Klarheit', ‚Vergleichbarkeit' und ‚Wirtschaftlichkeit (Wesentlichkeit)' identifiziert und im Hinblick auf Kreditwürdigkeitsprüfungen konkretisiert werden. Der ‚**Rahmengrundsatz der Richtigkeit**' (Abschnitt 5.2.1) wurde in die (Unter-)Grundsätze ‚**Objektivität**' (Abschnitt 5.2.1.2), ‚**Aktualität**' (Abschnitt 5.2.1.3), ‚**Zuverlässigkeit**' (Abschnitt 5.2.1.4) und ‚**Willkürfreiheit**' (Abschnitt 5.2.1.5) zerlegt, die – soweit erforderlich – wiederum in weitere Detailgrundsätze aufzuspalten waren. Der ‚**Rahmengrundsatz der Vollständigkeit**' (Abschnitt 5.2.2) konnte durch die Untergrundsätze der ‚**quantitativen Informationsvollständigkeit**' und der ‚**quantitativen Systemvollständigkeit**' sowie der ‚**qualitativen Vollständigkeit**' konkretisiert werden. Die Untergrundsätze der ‚**Eindeutigkeit**' und ‚**Übersichtlichkeit**' wurden als Ausprägungen des ‚**Rahmengrundsatzes der Klarheit**' (Abschnitt 5.2.3) herausgearbeitet. Der ‚**Rahmengrundsatz der Vergleichbarkeit**' (Abschnitt 5.2.4) konnte in die Untergrundsätze der ‚**formellen Stetigkeit**' und ‚**materiellen Stetigkeit**' differenziert werden. Für den ‚**Rahmengrundsatz der Wirtschaftlichkeit (Wesentlichkeit)**' (Abschnitt 5.2.5) wurde der Aspekt der Kreditvergabeentscheidungsrelevanz aus Sicht der potenziellen Kreditgeber herausgearbeitet.

- **Kerngrundsätze für die Offenlegung von wirtschaftlichen Verhältnissen (Abschnitt 5.3)**

    Obwohl sich die Kerngrundsätze auf die Offenlegung von wirtschaftlichen Verhältnissen allgemein beziehen und die Normen eine generelle, d.h. informations- und kreditartenübergreifende, Gültigkeit beanspruchen, wurde die Darstellung zum Teil im Hinblick auf den Untersuchungsgegenstand ‚Projektfinanzierung im engeren Sinne' vorgenommen. Dabei konnte ein ‚Kerngrundsatz der Adressatenorientierung' (Abschnitt 5.3.1) mit einem ‚**Untergrundsatz der Adressatenkonkretisierung**' (Abschnitt 5.3.1.1), welcher die relevanten internen und externen Parteien mit ihren Informationsbedürfnissen konkretisiert, sowie einem ‚**Untergrundsatz der Adressatenprivilegierung**' (Abschnitt 5.3.1.2), welcher eine Priorisierung bei divergierenden Informationsinteressen bedingt, postuliert werden. Ausgehend von dem Primärziel, eine Kreditvergabeentscheidung zu ermöglichen, wurde ein ‚**Kerngrundsatz der Entscheidungsorientierung**' (Abschnitt 5.3.2) aufgestellt und in den ‚**Untergrundsatz der Entscheidungkonkretisierung**' sowie den ‚**Untergrundsatz der Entscheidungsermöglichung**' untergliedert, welche eine aktive Kommunikation der Entscheidungssituation des Informationsdestinatars bzw. die Mitteilung der daraus resultierenden Informationsanforderungen gegenüber dem Kreditnehmer bedingen. Abgerundet wurde der Kanon der Kerngrundsätze für die Offenlegung der wirtschaftlichen Verhältnisse durch den ‚**Kerngrundsatz der Gefahrenorientierung**' (Abschnitt 5.3.3). Hierfür musste zunächst die ‚**Bipolarität der Gefahrenorientierung**' (Abschnitt 5.3.3.1) skizziert werden, wobei die Risiken einer weitreichenden Informationsübermittlung aus Sicht der Informationslieferanten mit den Gefahren einer eingeschränkten Offenlegung aus Sicht der Informationsdestinatare zu kontrastieren waren. Die divergierenden Bedürfnislagen wurden durch den ‚**Untergrundsatz der Gefahrenkonkretisierung**' (Abschnitt 5.3.3.2), welcher das Kreditinstitut zur Begründung eines unüblichen Informationsbegehrens auffordert, und den ‚**Untergrundsatz der Gefahrenabwägung**' (Abschnitt

5.3.3.3), welcher einen Vergleich der Zumutbarkeit bzw. Möglichkeit einer Informationsweitergabe mit der Relevanz für die Kreditvergabeentscheidung bedingt, operationalisiert.

- **Spezialgrundsätze für die Offenlegung von wirtschaftlichen Verhältnissen bei Projektfinanzierungen im engeren Sinne (Abschnitt 5.4)**

Der naturgemäß weitgehend abstrakte Charakter der Rahmen- und Kerngrundsätze wurde zur weiteren Konkretisierung um informationsarten- und kreditartenspezifische Spezialgrundsätze für die drei Systeme ‚modellgestützte Finanzplanung', ‚Prognosebildung' und ‚projektbezogene Risikoanalyse' ergänzt. Mit den ‚**(Spezial-)Grundsätzen ordnungsmäßiger modellgestützter Finanzplanung**' konnte ein umfassender und differenzierter Normenkanon aufgestellt werden, der überblicksartig in der nachfolgenden Abbildung zusammengefasst wird:

Abb. 132: **Grundsätze ordnungsmäßiger modellgestützter Finanzplanung**

```
┌─────────────────────────────────────────────────────────────────────┐
│   Richtigkeit                          Vollständigkeit              │
│    Objektivität                         quantitativ                 │
│     Normengerechtigkeit                 qualitativ                  │
│      gesetzliche Normen                                             │
│      technisch/naturwissen-            Klarheit                     │
│      schaftliche Normen                 Eindeutigkeit               │
│      ethische Normen                     methodisch                 │
│      ▷ algebraische Genauigkeit          terminologisch             │
│      ▷ Zeitpunktgenauigkeit             Übersichtlichkeit           │
│      ▷ Interdependenzgenauigkeit         Bruttoprinzip              │
│        (Systematik)                       horizontal                │
│      ▷ methodische Genauigkeit            vertikal                  │
│      konzeptionelle Normen               ▷ Bestands-/               │
│      zukunftsorientierte                   Planungsgrößen           │
│      Richtigkeit                         ▷ Projektebene             │
│      intersubjektive                     ▷ Konzern-/                │
│      Nachvollziehbarkeit                   Holdingebene             │
│       Widerspruchsfreiheit               Modularität                │
│       bankinterner Erkenntnisabgleich    Programmierung             │
│    Aktualität                                                       │
│     vergangenheitsbez.                 Vergleichbarkeit             │
│     Aussagen                            interperiodisch             │
│     zukunftsbezogene                    Sensitivitäten/Szenarien    │
│     Aussagen                            Modellversionen             │
│    Zuverlässigkeit                      gängige Darstellungsformen  │
│     Sicherheit                                                      │
│     (Dokumentation)                    Wirtschaftlichkeit           │
│     Vertrauenswürdigkeit                Komplexitätsreduktion       │
│     (Kompetenz der Planer)              Elastizität                 │
│    Willkürfreiheit                      Flexibilität                │
│     Vorsätzliche                                                    │
│     Falschdarstellung                                               │
│     Falschdarstellung im                                            │
│     guten Glauben                                                   │
└─────────────────────────────────────────────────────────────────────┘
```

Quelle: Eigene Darstellung

In analoger Vorgehensweise wurden systemspezifische ‚**(Spezial-)Grundsätze einer ordnungsmäßigen Prognosebildung**' (Abschnitt 5.4.2) aufgestellt:

Abb. 133: Grundsätze ordnungsmäßiger Prognosebildung

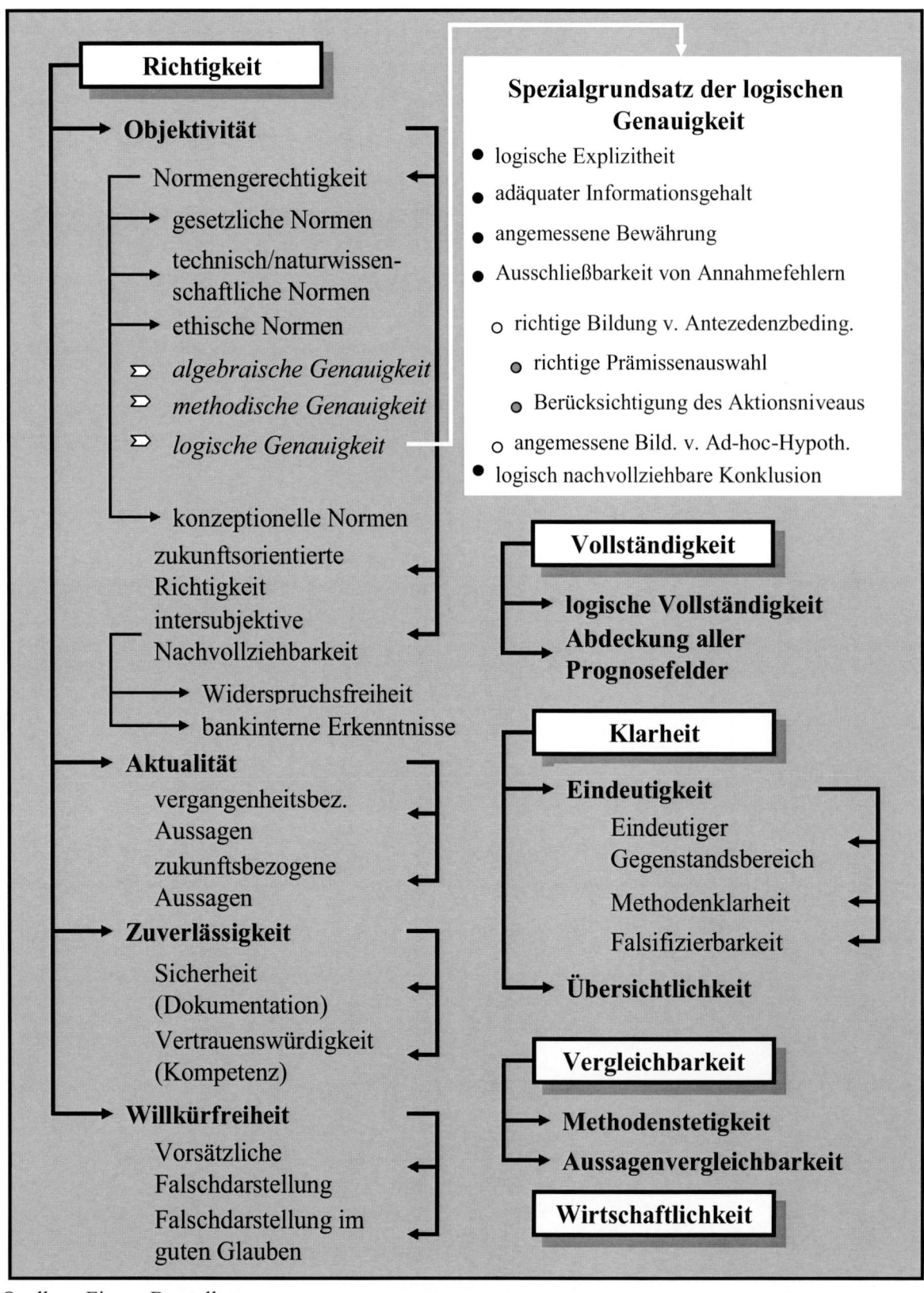

```
┌─────────────────────────────────────────────────────────────────────────┐
│  ┌──────────────────┐                                                    │
│  │   Richtigkeit    │         ┌──────────────────────────────────┐       │
│  └──────────────────┘         │   Spezialgrundsatz der logischen │       │
│   → Objektivität              │            Genauigkeit           │       │
│        ─ Normengerechtigkeit  │  ● logische Explizitheit         │       │
│        → gesetzliche Normen   │  ● adäquater Informationsgehalt  │       │
│        → technisch/naturwissen-│ ● angemessene Bewährung          │       │
│          schaftliche Normen   │  ● Ausschließbarkeit von Annahmefehlern │
│        → ethische Normen      │                                  │       │
│        ⇨ algebraische Genauigkeit │ ○ richtige Bildung v. Antezedenzbeding. │
│        ⇨ methodische Genauigkeit  │   ◉ richtige Prämissenauswahl │       │
│        ⇨ logische Genauigkeit │   ◉ Berücksichtigung des Aktionsniveaus │
│                               │  ○ angemessene Bild. v. Ad-hoc-Hypoth. │
│        → konzeptionelle Normen│  ● logisch nachvollziehbare Konklusion │
│          zukunftsorientierte  └──────────────────────────────────┘       │
│          Richtigkeit          ┌──────────────────┐                       │
│          intersubjektive      │  Vollständigkeit │                       │
│          Nachvollziehbarkeit  └──────────────────┘                       │
│            → Widerspruchsfreiheit  → logische Vollständigkeit            │
│            → bankinterne Erkenntnisse  Abdeckung aller                   │
│   → Aktualität                         Prognosefelder                    │
│        vergangenheitsbez.     ┌──────────────────┐                       │
│        Aussagen               │     Klarheit     │                       │
│        zukunftsbezogene       └──────────────────┘                       │
│        Aussagen                → Eindeutigkeit                           │
│   → Zuverlässigkeit                  Eindeutiger                         │
│        Sicherheit                    Gegenstandsbereich                  │
│        (Dokumentation)               Methodenklarheit                    │
│        Vertrauenswürdigkeit          Falsifizierbarkeit                  │
│        (Kompetenz)             → Übersichtlichkeit                       │
│   → Willkürfreiheit           ┌──────────────────┐                       │
│        Vorsätzliche           │  Vergleichbarkeit│                       │
│        Falschdarstellung      └──────────────────┘                       │
│        Falschdarstellung im    → Methodenstetigkeit                      │
│        guten Glauben           → Aussagenvergleichbarkeit                │
│                               ┌──────────────────┐                       │
│                               │ Wirtschaftlichkeit│                      │
│                               └──────────────────┘                       │
└─────────────────────────────────────────────────────────────────────────┘
```

Quelle: Eigene Darstellung

Abschließend wurden ‚(Spezial-)Grundsätze ordnungsmäßiger (projektbezogenen) Risikoanalyse' (Abschnitt 5.4.3) entwickelt:

Abb. 134: Grundsätze ordnungsmäßiger projektbezogener Risikoanalyse

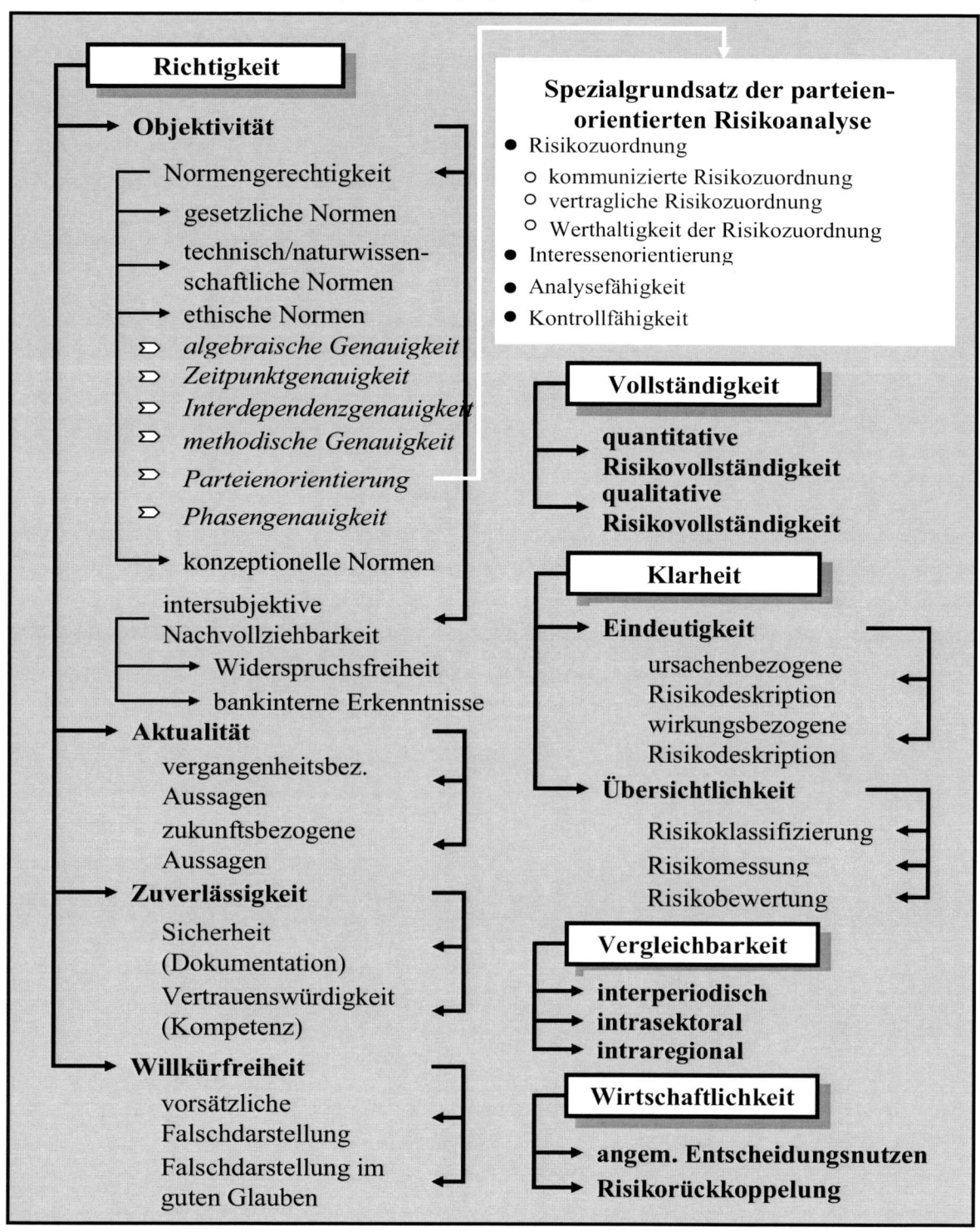

- **Richtigkeit**
  - **Objektivität**
    - Normengerechtigkeit
      - gesetzliche Normen
      - technisch/naturwissenschaftliche Normen
      - ethische Normen
        - ▻ *algebraische Genauigkeit*
        - ▻ *Zeitpunktgenauigkeit*
        - ▻ *Interdependenzgenauigkeit*
        - ▻ *methodische Genauigkeit*
        - ▻ *Parteienorientierung*
        - ▻ *Phasengenauigkeit*
      - konzeptionelle Normen
    - intersubjektive Nachvollziehbarkeit
      - Widerspruchsfreiheit
      - bankinterne Erkenntnisse
  - **Aktualität**
    - vergangenheitsbez. Aussagen
    - zukunftsbezogene Aussagen
  - **Zuverlässigkeit**
    - Sicherheit (Dokumentation)
    - Vertrauenswürdigkeit (Kompetenz)
  - **Willkürfreiheit**
    - vorsätzliche Falschdarstellung
    - Falschdarstellung im guten Glauben

Spezialgrundsatz der parteienorientierten Risikoanalyse
- Risikozuordnung
  - ○ kommunizierte Risikozuordnung
  - ○ vertragliche Risikozuordnung
  - ○ Werthaltigkeit der Risikozuordnung
- Interessenorientierung
- Analysefähigkeit
- Kontrollfähigkeit

- **Vollständigkeit**
  - quantitative Risikovollständigkeit
  - qualitative Risikovollständigkeit

- **Klarheit**
  - **Eindeutigkeit**
    - ursachenbezogene Risikodeskription
    - wirkungsbezogene Risikodeskription
  - **Übersichtlichkeit**
    - Risikoklassifizierung
    - Risikomessung
    - Risikobewertung

- **Vergleichbarkeit**
  - interperiodisch
  - intrasektoral
  - intraregional

- **Wirtschaftlichkeit**
  - angem. Entscheidungsnutzen
  - Risikorückkoppelung

Quelle: Eigene Darstellung

Mit den Rahmen-, Kern- und Spezialgrundsätzen sowie den dazugehörigen Untergrundsätzen konnte die in Abschnitt 4.3 festgestellte Normenlücke geschlossen werden.

6 Schlussbetrachtung

6.1 Zusammenfassung

‚Projektfinanzierungen im engeren Sinne' können mit Hilfe der drei konstitutiven Kernmerkmale ‚Vorliegen einer abgrenzbaren Wirtschaftseinheit (Projekt)', ‚Bedienung des Schuldendienstes aus dem Cashflow des Projektes' und ‚Kreditsicherheiten aus den Vermögenspositionen des Projektes' definiert werden. Weitere teilweise im Schrifttum genannte Charakteristika sind entweder nicht hinreichend generalisierbar (z.B. ‚Risk Sharing', ‚Übernahme abstrakter Zahlungspflichten durch Dritte', ‚projektbezogene Kreditbedingungen und Verhaltensauflagen') oder fakultativer Natur (‚Off-balance Sheet Financing') und somit als Elemente einer Definition ungeeignet. Bei einer ‚Projektfinanzierung im engeren Sinne' handelt es sich um eine Bankleistungsart, die eine Entscheidung über eine Kreditvergabe auf der Basis eines ausschließlich zukunftsorientierten Instrumentariums bedingt, welches sich in den Systemen ‚modellgestützte Finanzplanung', ‚Prognose(n)' und ‚projektbezogene Risikoanalyse' konkretisiert. In Abhängigkeit von ihrer Funktion und Stellung im Rahmen eines Projektvorhabens müssen Banken diese Systeme entweder selber entwickeln oder auf von Drittparteien erstellte Unterlagen zurückgreifen. Dabei erfordern die Aufbauorganisation des Kreditgeschäftes im Bankbetrieb, die Involvierung einer Vielzahl von internen und externen Parteien sowie im Zweifel enge Ablaufpläne bei konsortial dargestellten Projektfinanzierungen eine termingerechte, wirtschaftliche und zugleich wirksame Konstruktion und Prüfung von ‚modellgestützter Finanzplanung', ‚Prognose(n)' und ‚projektbezogener Risikoanalyse'.

Die Vorschrift des § 18 Satz 1 KWG fordert, dass ein Kredit, der insgesamt 750.000 Euro oder 10% des haftenden Eigenkapitals des Instituts überschreitet, nur dann gewährt werden darf, wenn sich das Kreditinstitut die wirtschaftlichen Verhältnisse des Kreditnehmers, insbesondere durch Vorlage der Jahresabschlüsse, offen legen lässt. Obwohl das Gebot augenscheinlich traditionelle Kreditvergaben an stehende Unternehmen, d.h. existierende Kreditnehmer, adressiert, unterliegen auch ‚Projektfinanzierungen im engeren Sinne', d.h. Kreditgewährungen an Projektgesellschaften, die im Regelfall noch zu gründen sind bzw. noch keine relevante wirtschaftliche Historie aufweisen, dieser Regelung. Konnten die ausschließlich zukunftsorientierten Kreditgeschäfte bereits vor Aufhebung der Verwaltungsrundschreiben zu § 18 KWG durch die BaFin nur begrenzt unter den Wortlaut des Gesetzestextes subsumiert werden, wird nunmehr eine eigenständige Interpretation und organisatorische Umsetzung der Offenlegungsanforderungen durch die Kreditinstitute erforderlich. Die Auslegung von § 18 Satz 1 KWG unter partiellem Rückgriff auf die bisherigen Verlautbarungen der Bankenaufsicht erlaubt eine relativ trennscharfe Abgrenzung des Anwendungsbereiches der Gesetzesvorschrift dahingehend, dass die Begriffe Kreditinstitut, Kredit, Kreditgewährung und Kreditnehmer sowie die Betragsgrenze eindeutig interpretiert werden können. Anderes gilt für die Methodik der ‚Offenlegung der wirtschaftlichen Verhältnisse' bei ‚Projektfinanzierungen im engeren Sinne', da hier eine abschließende Kodifizierung oder anderweitige Konkretisierung der vorzulegenden bzw. heranzuziehenden Unterlagen (Informationen) sowie von Art und Umfang der Auswertung (Prüfungshandlungen) fehlen.

Betriebswirtschaftliche Prüfungen stellen keine willkürlichen oder intuitiv vorgenommenen Handlungen dar. Vielmehr handelt es sich um prozessunabhängige Soll-Ist-Vergleiche, die der Gewinnung eines vertrauenswürdigen Urteils über wirtschaftliche Sachverhalte dienen. Die betriebswirtschaftliche Prüfungslehre hält ein funktionales Instrumentarium bereit, dass sich unabhängig vom Prüfungsobjekt auf eine Vielzahl von Beurteilungsaufgaben anwenden lässt. In diesem Sinne intendieren Kreditwürdigkeitsprüfungen ein Urteil über die Fähigeit zur fristgerechten Bedienung des Schuldendienstes eines Kreditnehmers. Aus einer prüfungstheoretischen Perspektive lässt sich die Beurteilung der Bonität eines Schuldners von der Feststellungsaufgabe ‚Due Diligence' abgrenzen und ein Kontext zum Aufgabenkomplex ‚Kreditrisikomanagement' herstellen. Auf der Basis der prüfungstheoretischen Fundierung konnten methodische Grundlagen für eine zukunftsorientierte Kreditwürdigkeitsprüfung bei ‚Projektfinanzierungen im engeren Sinne' aufgezeigt werden. Ausgehend vom Gedankenmodell der Prüfungsrisikogleichung wurde die Methodik eines risikoorientierten Prüfungsmethoden-Mixes vorgestellt, wobei die prinzipiellen Funktionsweisen und Grenzen der Elemente ‚allgemeine Risikobeurteilung', ‚Systemprüfung' und ‚Ergebnisprüfung' im Hinblick auf die Spezifika des Untersuchungsgegenstandes konkretisiert wurden. Die im Rahmen von Systemprüfung und Ergebnisprüfung erforderliche Soll-Objekt-Konstruktion setzt die Ableitung respektive Gewinnung von einschlägigen Prüfungsnormen voraus. Auf die Probleme einer Normengewinnung für die Zwecke von ergebnisbezogenen Prüfungshandlungen in Form von Einzelfall- und Plausibilitätsprüfungen wurde hingewiesen. Für den Bereich der Systemprüfung wurde aufgezeigt, dass es spezifischer Normenkomplexe für die Systeme ‚modellgestützte Finanzplanung', ‚Prognose(n)' und ‚(projektbezogener) Risikoanalyse' bedarf.

Der mit dem risikoorientierten Prüfungsmethoden-Mix verfolgte Ansatz für eine Offenlegung der wirtschaftlichen Verhältnisse bei ‚Projektfinanzierungen im engeren Sinne' lässt sich durch das folgende (abstrakte) Prüfungsablaufschema zusammenfassen:

Abb. 135: Prüfungsablaufschema für eine Offenlegung der wirtschaftlichen Verhältnisse bei ‚Projektfinanzierungen im engeren Sinne'

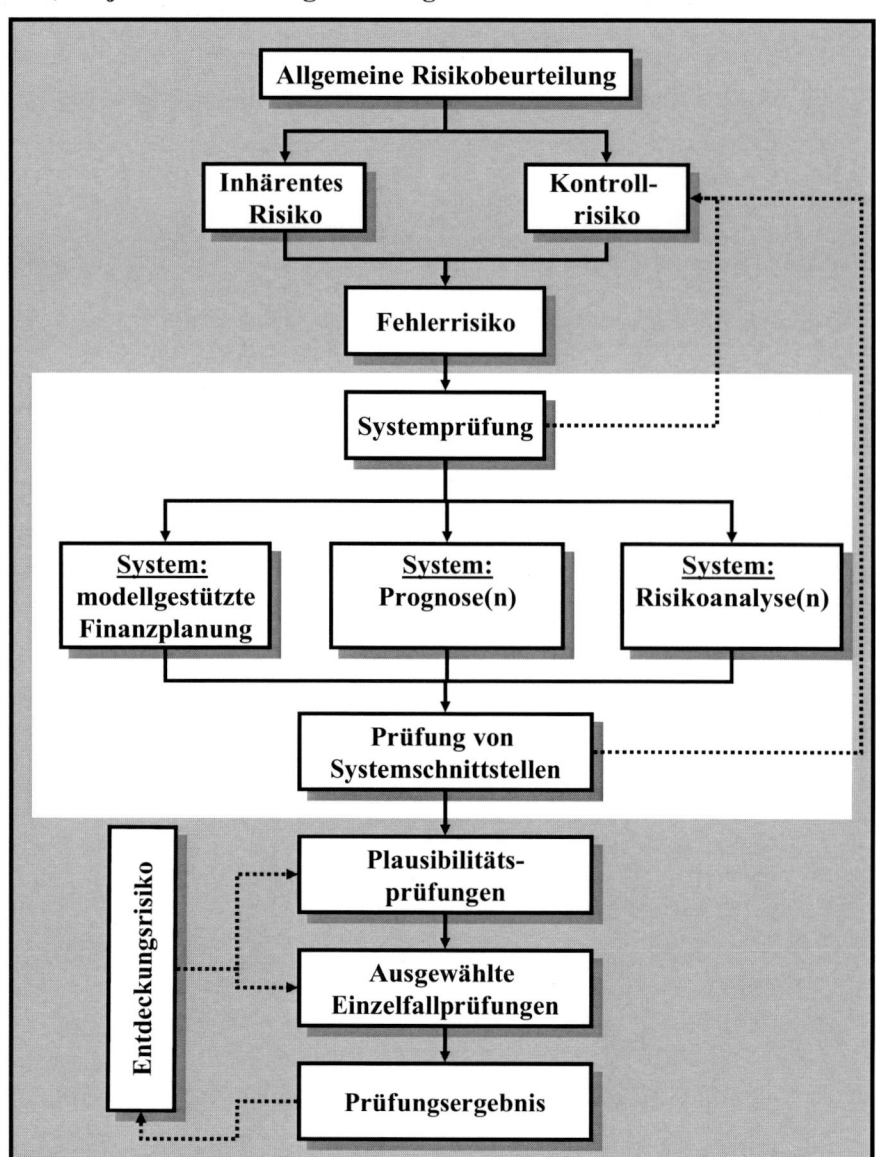

```
┌─────────────────────────────────────────────────┐
│          Allgemeine Risikobeurteilung            │
│                      │                           │
│          ┌───────────┴───────────┐               │
│     Inhärentes              Kontroll-            │
│      Risiko                  risiko  ┄┄┄┄┐       │
│          └───────────┬───────────┘       ┆       │
│                Fehlerrisiko              ┆       │
│                      │                   ┆       │
│                Systemprüfung  ┄┄┄┄┄┄┄┄┄┄┄┘       │
│       ┌──────────────┼──────────────┐            │
│    System:       System:        System:          │
│  modellgestützte Prognose(n)  Risikoanalyse(n)   │
│  Finanzplanung                                   │
│       └──────────────┬──────────────┘            │
│              Prüfung von                         │
│           Systemschnittstellen  ┄┄┄┄┄┄┄┄┄┄┐      │
│                      │                    ┆      │
│  ┌──┐          Plausibilitäts-            ┆      │
│  │E │ ┄┄┄┄┄┄►  prüfungen                  ┆      │
│  │n │                │                    ┆      │
│  │t │          Ausgewählte                ┆      │
│  │d │ ┄┄┄┄┄┄►  Einzelfallprüfungen        ┆      │
│  │.r│                │                    ┆      │
│  │ i│                                     ┆      │
│  │ s│          Prüfungsergebnis           ┆      │
│  │ i│ ◄┄┄┄┄┄                              ┆      │
│  │ k│                                     ┆      │
│  │ o│                                     ┆      │
│  └──┘                                            │
└─────────────────────────────────────────────────┘
```

Quelle: Eigene Darstellung

Bei der Kreditwürdigkeitsprüfung gewinnt die Beachtung von Prüfungsdurchführungsnormen (Prüfungsnormen i.e.S.), Prüfernormen (Verhaltensnormen) und Prüfungsnormen (Prüfungsnormen i.w.S.) eine besondere Bedeutung. Während sich die beiden erstgenannten Normenkomplexe zunächst relativ einfach bestimmen ließen, musste der letztgenannte Normenkreis in Form von Ordnungsmäßigkeitsgrundsätzen abgeleitet werden. Auf der Grundlage der von MOXTER vorgeschlagenen Fundamentalgrundsätze ordnungsmäßiger Rechenschaft wurden fünf kreditarten- und informationsartenübergreifende Rahmengrundsätze (Wahrheit/Richtigkeit, Vollständigkeit, Klarheit, Vergleichbarkeit, Wirtschaftlichkeit/Wesentlichkeit) und drei Kerngrundsätze (Adressaten-, Entscheidungs- und Gefahrenorientierung) skizziert. Im Rahmen dieses Rasters konnte eine Vielzahl kreditarten- und informationsartenspezifischer Spezialgrundsätze für die Systeme ‚modellgestützte Finanzplanung', ‚Prognose(n)' und ‚(projektbezogener) Risikoanalyse' postuliert werden, die unabhängig von einem konkreten Projekt- und Finanzierungskonzept vom Strukturierer als Konstruktions- bzw. vom Prüfungsträger als Prüfungsnorm einsetzbar sind.

Zusammenfassend lässt sich festhalten, dass mit der vorliegenden Schrift ein konzeptioneller Ansatz zur methodisch-operationalen Konkretisierung der bankaufsichtsrechtlich kodifizierten Offenlegungspflicht vorgestellt wird, welcher die Spezifika des Untersuchungsgegenstandes ‚Projektfinanzierung im engeren Sinne' explizit berücksichtigt. Das ‚Grey-Box-Problem' der mangelnden Bestimmtheit von Art und Beschaffenheit der vorzulegenden Unterlagen bzw. heranzuziehenden Informationen sowie das ‚Black-Box-Problem' der fehlenden Anforderungen an die Auswertung wird auf einem allgemeinen, aber hinreichend spezifischen Abstraktionsniveau einer theoretisch fundierten Lösung zugeführt. Die gewonnenen Erkenntnisse lassen sich – unabhängig von den regulatorischen Anforderungen – gleichermaßen auf ökonomisch induzierte Kreditwürdigkeitsprüfungen bzw. Kontrollhandlungen im Strukturierungsprozess übertragen. Die Schrift versteht sich in diesem Kontext als Beitrag zu einer allgemeinen Methodik der Strukturierung und Prüfung von Projekt- und Finanzierungskonzepten.

6.2 Kritische Würdigung

Das auf dem risikoorientierten Prüfungsansatz basierende Prüfungsablaufschema ermöglicht eine Zerlegung der Offenlegungsaufgabe in übersichtliche Segmente. Insbesondere die isolierte Prüfung der Systeme ‚modellgestützte Finanzplanung', ‚Prognose(n)' und ‚projektbezogene Risikoanalyse' auf Ordnungsmäßigkeit der Abbildungs-, Erfassungs-, Planungs-, Verarbeitungs- und/oder Kontrollprozesse schafft eine rationale und von Eingabedaten und Ergebniswerten zunächst abstrahierende Grundlage für die Beurteilung des Supersystems ‚Projekt- und Finanzierungskonzept'. Die Separierung von Systemen und Subsystemen sowie das Identifizieren, Nachvollziehen und Beurteilen der zugrundeliegenden Kausalzusammenhänge vollzieht sich zwangsläufig auf einem hohen Abstraktionsniveau. Dies ist durch den prinzipiellen Charakter der Ordnungsmäßigkeitsgrundsätze bedingt, welche bei der Konstruktion von Soll-Objekten als Prüfungsnormen herangezogen werden müssen.

Das aufgezeigte Prüfungsablaufschema sowie der skizzierte Normenkanon könnten möglicherweise als zu unbestimmt qualifiziert werden. Es muss jedoch beachtet werden, dass die Ordnungsmäßigkeitsgrundsätze hinreichend allgemeinverbindlich formuliert sein müssen, um eine möglichst große Anzahl potenzieller Sachverhaltsgestaltungen abdecken zu können. Es obliegt insoweit den Prüfungsträgern, die Grundsätze in der bankbetrieblichen Realität weiter zu konkretisieren, als eine intersubjektiv nachvollziehbare Auslegung im Hinblick auf die konkreten Spezifika eines Projektes erfolgen muss. Diese Vorgehensweise bietet gegenüber einer Verwendung von vollständig standardisierten Prüfungsprogrammen („Checklisten") nicht nur den Vorteil, dass die Prüfungsträger intellektuell und bezüglich ihrer Verantwortung aufgewertet werden, sondern sie stellt im Hinblick auf die heterogene Bankleistungsart ‚Projektfinanzierung im engeren Sinne' zudem die einzige Möglichkeit einer effizienten und effektiven Kreditwürdigkeitsprüfung dar. Im Umkehrschluss impliziert dies erhöhte Anforderungen an die Qualifikation der Mitarbeiter,[1] wodurch sich im Regelfall höhere Personal- bzw. Prüfungskosten ergeben werden. Die bei ‚Projektfinanzierung im engeren Sinne' anzutreffenden Kreditvolumina sollten diesen Mehraufwand grundsätzlich rechtfer-

---

[1] Vgl. hierzu die vorstehenden Ausführungen unter Gliederungspunkt 4.1.2.1.2.3.2 Materielle Qualifikation des Prüfers, S. 366 ff.

tigen. Mittel- bis langfristig dürften die Kosten durch reduzierte Wertberichtigungen bzw. Abschreibungen auf die Kreditengagements kompensiert werden.

6.3 Ausblick

Aufgrund der Vereinbarung von restriktiven Vertraulichkeitserklärungen entzieht sich die bankbetriebliche Praxis der internationalen Projektfinanzierung weitgehend dem Einblick durch Öffentlichkeit und Wissenschaft. In der Vergangenheit wurden vereinzelt Versuche unternommen, im Wege empirischer Erhebungen generische Erkenntnisse über den Untersuchungsgegenstand ‚Projektfinanzierung im engeren Sinne' zu gewinnen. Vor dem Hintergrund eines in sachlicher, zeitlicher, regionaler und sektoraler Sicht stark variierenden Charakters von Projekt- und Finanzierungskonzepten dürften die dabei erzielten Feststellungen regelmäßig keinen Anspruch auf Repräsentativität erheben können.[1] Obwohl im Hinblick auf einzelne, eng abgegrenzte Branchensegmente (z.B. Windparks in Deutschland) sowie bei undifferenzierter Betrachtung möglicherweise ein anderer Eindruck entstehen könnte, gehören Generalisierbarkeit und Replizierbarkeit eben gerade nicht zum Charakter von Spezialfinanzierungen, sondern zählen zu den Attributen von standardisierten Massenprodukten. Das Besondere der ‚Projektfinanzierung im engeren Sinne' ist und bleibt die transaktionsindividuelle Strukturierung eines Projekt- und Finanzierungskonzeptes.

In den letzten Jahren und Jahrzehnten hat die Bankmarktleistung ‚Projektfinanzierung im engeren Sinne' den ihr teilweise nachgesagten exotisch-künstlerischen Nimbus[2] abgelegt und bleibt doch individuelles Spezialprodukt. Bei der Strukturierung und Prüfung wird somit ein methodisches Fundament relevant, welches – basierend auf einem wirtschafts-, ingenieur-, rechts- sowie auch gesellschaftswissenschaftlichen Wissenskanon – möglichst allumfassend heterogene und atomisierte Projektstrukturen adressieren kann. Der „Projektfinanzierer", der sich dieses methodische Wissen angeeignet hat, ist damit Generalist und Spezialist in einer Person.

Im Schrifttum wurde in der Vergangenheit teilweise der Eindruck erzeugt, dass die bank- bzw. einzelwirtschaftlichen Probleme der Bankleistungsart ‚Projektfinanzierung im engeren Sinne' quasi weitestgehend untersucht sind, und nunmehr gesamtwirtschaftliche Fragestellungen das Forschungsprogramm dominieren werden.[3] Vor dem Hintergrund der vorstehenden Aussagen sowie durch offene methodisch-technische Fragestellungen werden derartige Vorstellungen ad absurdum geführt. Insbesondere die vielfältigen weiteren kreditwirtschaftlichen Fragestellungen, speziell die im Jahre 2004 beschlossene Reformierung der Eigenkapitalvorschriften für Kreditinstitute (‚Basel II'), eine generell stärkere Betonung des Kreditportfoliomanagements, neue Konzepte der Kreditrisikomessung und -bepreisung, welche u.a. die Implementierung von internen Rating-Systemen und renditeorientierten Steuerungskonzepten (‚RAROC') vorsehen, werfen erhebliche konzeptionelle Fragen bei der Anwendung auf ‚Projektfinanzierungen im engeren Sinne' auf. Noch völlig unbeleuchtet ist der Bereich des operationalen Risikos des Kreditgeschäftes bei ‚Projektfinanzierungen

---

[1] Einige Verfasser relativieren die Aussagekraft ihrer Untersuchungen selbst. Vgl. Werthschulte, H.: Kreditrisikomessung bei Projektfinanzierungen durch Risikosimulation, a.a.O., S. 199.

[2] Vgl. hierzu das gelegentlich bemühte Zitat „*It is important to recognize that project financing remains very much an art rather than a science.*" von LEEPER. Vgl. Leeper, R.: Perspective on project financing, a.a.O., S. 79.

[3] Vgl. Höpfner, K.-U.: Projektfinanzierung: Erfolgsorientiertes Management einer bankbetrieblichen Leistungsart, a.a.O., S. 270.

im engeren Sinne'. Es fehlt an (analytischen) Untersuchungen zur Leistungsfähigkeit von Standardsoftwareprodukten der Projektplanung und -bewertung sowie zu den Möglichkeiten und Implikationen der Finanzierung von Projekten durch Einbindung von Finanzinvestoren (,Private Equity', ,Project Funds') und Nutzung von hybriden Finanzierungsinstrumenten (,Mezzanine Finance'). Die Komplexität und Tiefe neu auftretender Phänomene wie die Verbriefung von ganzen Projektfinanzierungsportfolien mittels traditioneller respektive synthetischer Transaktionskonzepte sind im Schrifttum bislang nicht im erforderlichen Maße gewürdigt worden.[1] Daneben eröffnet das Herauslösen einzelner Techniken und Strukturelemente aus dem Universum der strukturierten Finanzierungen, wie z.B. moderner Forderungsverbriefungen (,Securitisation'), und das Anwenden auf die Finanzierung wirtschaftlich abgrenzbarer Vorhaben völlig neue Perspektiven für eine ,Projektfinanzierung im engeren Sinne', die von der kapitalmarktmäßigen Darstellung einzelner projektbezogener Finanzierungstranchen bis hin zur tranchierten Verbriefung unternehmens- bzw. projektbezogener Cashflows (,Whole Business Securitisation' bzw. ,Future Flow Securitisation') und damit der wertpapierbasierten Totalfinanzierung ökonomischer Einheiten reichen kann.[2]

Mit der fortschreitenden Verlagerung von staatlichen Aufgaben auf privatwirtschaftliche Unternehmen zur Lösung des Investitionsstaus und Entlastung der defizitären Budgets der öffentlichen Hand entstehen neue Einsatzgebiete für bzw. erweiterte Anforderungen an die korrespondierenden Projektfinanzierungen. Im Rahmen der Diskussion und Umsetzung von Public Private Partnerships in Deutschland kann eine verstärkte Diskussion über alternative Finanzierungswege beobachtet werden, die neue Impulse für die Nutzung und Weiterentwicklung dieser Bankleistungsart mit sich bringt.

Es darf erwartet werden, dass das Zusammenwachsen von Kapitalmarkt- und Firmenkundengeschäft sowie erweiterte Einsatzfelder in Zukunft neue Erscheinungsformen von strukturierten Finanzierungen respektive Projektfinanzierungen hervorbringen werden.[3] Hierdurch sollte sich kreativen „Praktikern" ein reizvolles Betätigungfeld sowie interessierten „Theoretikern" ein erweitertes Forschungsprogramm eröffnen.

---

[1] Vgl. hierzu exemplarisch die Standard & Poor's: Project Securitisation CLO Co. I Ltd., New Issue Report, Aug. 8, 2001, Standard & Poor's: Essential Public Infrastructure Capital PLC, Synthetic CLO Presale Report, Sept. 24, 2004 sowie Standard & Poor's: Stichting PROFILE Securitisation I, Synthetic CDO of Public Infrastructure Loans Presale Report, Oct. 20, 2005.

[2] Vgl. Klüwer, A.; Marschall, F.: Whole Business Securitisation, in: ZBB, 17. Jg. (2005), S. 255 ff.

[3] Vgl. hierzu exemplarisch Decker, C.; Ziese, M.: Implementierung von Kapitalmarktprodukten im Firmenkundengeschäft, in: H. Maser, C. J. Börner, T. C. Schulz (Hrsg.), Bankstrategien im Firmenkundengeschäft, Wiesbaden 2005, S. 237 ff.

Anhang

Anh. 1:	Sicherheitenliste gem. § 18 Satz 2 KWG lt. Rundschreiben 9/98	606
Anh. 2:	§ 19 Abs. 2 KWG: Begriff des Kreditnehmers	608
Anh. 3:	Gliederung des Income Statement nach IAS 1.80 (Nature of Expense Method)	609
Anh. 4:	Gliederung des Income Statement nach IAS 1.82 (Cost of Sales Method)	610
Anh. 5:	Direkte und indirekte Ermittlung des Cashflow nach IAS 7	611

Anh. 1: Sicherheitenliste gem. § 18 Satz 2 KWG lt. Rundschreiben 9/98

Anhang I zu Rundschreiben 9/98[1]:

Die nachfolgend abschließend aufgeführten Sicherheiten müssen in ihrer Gesamtheit nach Vornahme etwaiger Wertabschläge den gesamten Kredit betragsmäßig voll abdecken.

1. Sicht-, Spar- und Termineinlagen

1.1 die offene und bestätigte Abtretung von oder Pfandrechte an Rückzahlungsansprüchen aus Sicht-, Spar- und Termineinlagen bis zur Höhe des aktuellen Kapitalbetrages

1.2 die offene und bestätigte Abtretung von oder Pfandrechte an Rückzahlungsansprüchen aus Spar- und Termineinlagen bei Kreditinstituten der Zone A bis zu 80 v.H. des aktuellen Kapitalbetrages

2. Die offene und bestätigte Abtretung von oder Pfandrechte an Rückzahlungsansprüchen aus Bauspargutbaben bis zu dem Ansparwert

3. Die offene und bestätigte Abtretung von oder Pfandrechte an Rückzahlungsansprüchen aus Lebensversicherungen bei im Bundesgebiet zum Geschäftsbetrieb zugelassenen Versicherungsunternehmen bis zur Höhe von 80 % des Rückkaufswertes

4. Pfandrechte an folgenden Wertpapieren

4.1 Anleihen

4.1.1 Zone A

4.1.1.1 festverzinsliche einer Gebietskörperschaft, Restlaufzeit bis zu 1 Jahr sowie variabel verzinsliche bis 95 % vom Kurswert, sofern an einer Börse der Zone A gehandelt

4.1.1.2 Festverzinsliche einer Gebietskörperschaft, Restlaufzeit von 1 bis zu 10 Jahren, sofern an einer Börse der Zone A gehandelt bis zu 90 % vom Kurswert

4.1.1.3 Bundesschatzbriefe, Finanzierungsschätze des Bundes bis zu 100 % vom aktuellen Kapitalbetrag

4.1.1.4 festverzinsliche einer Gebietskörperschaft, Restlaufzeit über 10 Jahre, bis zu 80 % vom Kurswert, sofern an einer Börse der Zone gehandelt

4.1.1.5 weitere mündelsichere Schuldverschreibungen unter Vornahme der entsprechenden laufzeitabhängigen Wertabschläge für Anleihen von Gebietskörperschaften

4.1.1.6 festverzinsliche auf Währung eines Zone A-Landes denominiert, eines Kreditinstitutes, sofern sie an einer Börse der Zone A gehandelt werden, Restlaufzeit bis 1 Jahr, bis zu 90 % vom Kurswert

4.1.1.7 festverzinsliche auf Währung eines Zone A-Landes denominiert eines Kreditinstitutes, sofern sie an einer Börse der Zone A gehandelt werden, Restlaufzeit über 1 Jahr, bis zu 80 % vom Kurswert

---

[1] Die Liste dient ausschließlich illustrativen Zwecken, da zwischenzeitlich das Rundschreiben 9/98 sowie alle anderen Verlautbarungen zu § 18 KWG ersatzlos aufgehoben wurden. Vgl. BaFin: Schreiben an den Zentralen Kreditausschuss zu § 18 KWG, Schreiben v. 9. Mai 2005 (BA).

4.1.1.8 variabel verzinsliche auf Währung eines Zone A-Landes denominiert eines Kreditinstituts, sofern sie an einer Börse der Zone A gehandelt werden, alle Restlaufzeiten, bis zu 90 % vom Kurswert

4.1.1.9 festverzinsliche und variabel verzinsliche, auf Währung eines Zone A-Landes denominiert, eines Nicht-Kreditinstituts, sofern sie an einer Börse der Zone A gehandelt werden, alle Restlaufzeiten, bis zu 70 % zum Kurswert

4.1.2 Zone B

Börsennotierte Anleihen auf Währung eines Zone A-Landes denominiert, bis zu 60 % vom Kurswert

4.2 An inländischen Börsen notierte Aktien in DM notiert, bis zu 60 % vom   Kurswert

5. Pfandrechte an Edelmetallen und Edelmetallzertifikaten bis zu 50 % des Metallwertes

6. Pfandrechte an folgenden Investmentzertifikaten:

6.1 Anteile an Wertpapiersondervermögen, die von einer inländischen Kapitalanlagegesellschaft verwaltet werden, wenn die Vermögenswerte entsprechend den Vertragsbedingungen überwiegend in Wertpapieren anzulegen sind, die an einer inländischen Börse gehandelt werden, bis zu 60 v.H. des Rücknahmepreises

6.2 Anteile an Grundstück-Sondervermögen, die von einer inländischen Kapitalanlagegesellschaft verwaltet werden, wenn seit dem Zeitpunkt der Bildung des Sondervermögens eine Frist von vier Jahren verstrichen ist, bis zu 50 v.H. des Rücknahmepreises

7. Grundpfandrechte bis zu 50 v.H. des (jährlich zu ermittelnden) Verkehrswertes der (auch ausländischen) Liegenschaft[1].

---

[1] *die Regelung ist gegenüber § 21 Abs. 3 Nr. 1 KWG subsidiär*

Anh. 2: § 19 Abs. 2 KWG: Begriff des Kreditnehmers

[1] Im Sinne der §§ 10, 13 bis 18 gelten als ein Kreditnehmer zwei oder mehr natürliche oder juristische Personen oder Personenhandelsgesellschaften, die insofern eine Einheit bilden, als eine von ihnen unmittelbar oder mittelbar beherrschenden Einfluß auf die andere oder die anderen ausüben kann, oder die ohne Vorliegen eines solchen Beherrschungsverhältnisses als Risikoeinheit anzusehen sind, da die zwischen ihnen bestehenden Abhängigkeiten es wahrscheinlich erscheinen lassen, daß, wenn einer dieser Kreditnehmer in finanzielle Schwierigkeiten gerät, dies auch bei den anderen zu Zahlungsschwierigkeiten führt. [2] Dies ist insbesondere der Fall bei:

1. *allen Unternehmen, die demselben Konzern angehören oder durch Verträge verbunden sind, die vorsehen, daß das eine Unternehmen verpflichtet ist, seinen ganzen Gewinn an ein anderes abzuführen, sowie in Mehrheitsbesitz stehenden Unternehmen und den an ihnen mit Mehrheit beteiligten Unternehmen oder Personen, ausgenommen*

    a) der Bund, ein Sondervermögen des Bundes, ein Land, eine Gemeinde oder ein Gemeindeverband,
    b) die Europäischen Gemeinschaften,
    c) ausländische Zentralregierungen,
    d) Regionalregierungen und örtliche Gebietskörperschaften in anderen Staaten des europäischen Wirtschaftsraums, für die gemäß Artikel 7 der Richtlinie 89/647/EWG des Rates vom 18. Dezember 1989 über einen Solvabilitätskoeffizienten für Kreditinstitute - ABl. EG Nr. L 386 S. 14 - (Solvabilitätsrichtlinie) die Gewichtung Null bekanntgegeben worden ist,

2. *Personenhandelsgesellschaften und jedem persönlich haftenden Gesellschafter sowie Partnerschaften und jedem Partner und*

3. *Personen und Unternehmen, für deren Rechnung Kredit aufgenommen wird, und denjenigen, die diesen Kredit im eigenen Namen aufnehmen.*

[3] Bei Anwendung der §§ 13 und 13a gilt Satz 1 nicht für Kredite innerhalb einer Gruppe nach § 13b Abs. 2 an Unternehmen, die in die Zusammenfassung nach § 13b Abs. 3 einbezogen sind. 4 Satz 3 gilt entsprechend für Kredite an Mutterunternehmen mit Sitz in einem anderen Staat des Europäischen Wirtschaftsraums sowie an deren andere Tochterunternehmen, sofern das Institut, sein Mutterunternehmen und deren andere Tochterunternehmen von den zuständigen Stellen des anderen Staates in die Überwachung der Großkredite auf zusammengefaßter Basis nach Maßgabe der Großkreditrichtlinie einbezogen werden.

Anh. 3: Gliederung des Income Statement nach IAS 1.80 (Nature of Expense Method)

Nature of Expense Method	Gesamtkostenverfahren
1. Revenues 2. Other operating income 3. Changes in inventories of finished goods and work in progress 4. Raw materials and consumables used 5. Staff costs 6. Depreciation and amortization expense 7. Other operating expenses 8. Profit or loss on sale of discontinuing operations	1. Umsatzerlöse 2. Sonstige betriebliche Erträge 3. Bestandsveränderungen 4. Materialaufwand 5. Personalaufwand 6. Abschreibungen 7. Sonstige betriebliche Aufwendungen 8. Ergebnis aus der Aufgabe von Geschäftsbereichen
9. Operating profit	**9. Betriebsergebnis**
10. Finance Costs 11. Income from associates	10. Finanzergebnis 11. Ergebnisbeiträge aus Equity-Gesellschaften
12. Profit or loss before tax	**12. Ergebnis vor Steuern**
13. Income tax expense	13. Ertragsteuern
14. Profit or loss after tax	**14. Ergebnis nach Steuern**
15. Minority Interest	15. Anteil der Minderheitsgesell-schafter am Ergebnis
16. Profit or loss from ordinary activities	**16. Ergebnis der gewöhnlichen Geschäftstätigkeit**
17. Extraordinary items	17. Außerordentliches Ergebnis
18. Net profit or loss for the period	**18. Ergebnis der Periode**

Quelle: Eigene Darstellung in Anlehnung an Coenenberg, A. G.: Jahresabschluß und Jahresabschlußanalyse, a.a.O., S. 432 sowie Buchholz, R.: Internationale Rechnungslegung, Bielefeld 2001, S. 172.

Anh. 4: Gliederung des Income Statement nach IAS 1.82 (Cost of Sales Method)

Cost of Sales Method	Umsatzkostenverfahren
1. Revenues 2. Cost of sales 3. **Gross Profit** 4. Other Operating Income 5. Distribution Costs 6. Administrative expenses 7. Other operating expenses 8. Profit or loss on sale of discontinuing operations	1. Umsatzerlöse 2. Kosten der umgesetzten Leistung 3. **Bruttoergebnis vom Umsatz** 4. Sonstige betriebliche Erträge 5. Vertriebskosten 6. Sonstige Verwaltungskosten 7. Sonstige betriebliche Aufwendungen 8. Ergebnis aus der Aufgabe von Geschäftsbereichen
9. **Operating profit**	9. **Betriebsergebnis**
10. Finance Costs 11. Income from associates	10. Finanzergebnis 11. Ergebnisbeiträge aus Equity-Gesellschaften
12. **Profit or loss before tax**	12. **Ergebnis vor Steuern**
13. Income tax expense	13. Ertragsteuern
14. **Profit or loss after tax**	14. **Ergebnis nach Steuern**
15. Minority Interest	15. Anteil der Minderheitsgesell- schafter am Ergebnis
16. **Profit or loss from ordinary activities**	16. **Ergebnis der gewöhnlichen Geschäftstätigkeit**
17. Extraordinary items	17. Außerordentliches Ergebnis
18. **Net profit or loss for the period**	18. **Ergebnis der Periode**

Quelle: Eigene Darstellung in Anlehnung an Coenenberg, A. G.: Jahresabschluß und Jahresabschlußanalyse, a.a.O., S. 432 sowie Buchholz, R.: Internationale Rechnungslegung, Bielefeld 2001, S. 177.

Anh. 5: Direkte und indirekte Ermittlung des Cashflow nach IAS 7

Direct Method Cash Flow Statement		**Indirect Method Cash Flow Statement**	
(a) Cash flows from operating activities		**(a) Cash flows from operating activities**	
Cash receipts from customers	30150	Net profit before taxation & extraordinary item	3350
Cash paid to suppliers and employees	-27600	Adjustments for:	
		Depreciation	450
		Foreign exchange loss	40
		Investment income	-500
		Interest expense	400
		Operating profit before working capital changes	3740
		(Increase) / Decrease in trade and other receivables	-500
		(Increase) / Decrease in inventories	1050
		Increase / (Decrease) in trade payables	-1740
Cash generated from operations	2550	Cash generated from operations	2550
Interest paid	-270	Interest paid	-270
Income taxes paid	-900	Income taxes paid	-900
Cash flow before extraordinary item	1380	Cash flow before extraordinary item	1380
Extraordinary item	180	Extraordinary item	180
Net cash from operating activities	*1560*	*Net cash from operating activities*	*1560*
(b) Cash flows from investing activities		**(b) Cash flows from investing activities**	
Acquisition of subsidiary X, net of cash acquired	-550	Acquisition of subsidiary X, net of cash acquired	-550
Purchase of property, plant and equipment	-350	Purchase of property, plant and equipment	-350
Proceeds from sale of equipment	20	Proceeds from sale of equipment	20
Interest received	200	Interest received	200
Dividends received	200	Dividends received	200
Net cash used in investing acticities	*-480*	*Net cash used in investing acticities*	*-480*
(c) Cash flows from financing activities		**(c) Cash flows from financing activities**	
Proceeds from issuance of share capital	250	Proceeds from issuance of share capital	250
Proceeds from long-term borrowings	250	Proceeds from long-term borrowings	250
Payment of finance lease liabilities	-90	Payment of finance lease liabilities	-90
Dividends paid	-1200	Dividends paid	-1200
Net cash used in financing activities	*-790*	*Net cash used in financing activities*	*-790*
Net increase in cash and cash equivalents	**290**	**Net increase in cash and cash equivalents**	**290**
Cash and cash equivalents at beginning of period	**120**	**Cash and cash equivalents at beginning of period**	**120**

Quelle: Eigene Darstellung in Anlehnung an C&L Deutsche Revision (Hrsg.): Internationale Rechnungslegung: US-GAAP, HGB und IAS, a.a.O., S. 107 f.

Quellenverzeichnis

I. Monografien

II. Artikel in Sammelwerken und Periodika

III. Konferenz- und Tagungsbeiträge

IV. Gesetze, Rechtsverordnungen, Erlasse

V. Kommentare

VI. Veröffentlichungen der Bankenaufsicht

    a. Veröffentlichungen der BaFin / des BAKred

    b. Veröffentlichungen des BCBS

VII. Sonstige Quellen und Dokumente

VIII. Beiträge ohne Verfasserangabe

I. Monografien

ADB (Hrsg.): Handbook on Problems in Procurement for Projects Financed by the Asian Development Bank, Manila 1987.

AG SPAK; Ökologie-Stiftung NRW (Hrsg.): „Wir müssen anfangen zu gehen, um das Ziel zu erreichen": Dokumentation und Auswertung der Zukunftswerkstatt Projektfinanzierung - Alternativen zur gängigen Finanzierungspraxis kultur- und sozialpolitischer Initiativen, München 1994.

Amann, K.: Finanzwirtschaft: Finanzierung, Investition, Finanzplanung, Stuttgart, Berlin, Köln 1993.

Arbeitsgemeinschaft für Wirtschaftliche Verwaltung e.V.: Grundsätze ordnungsmässiger DV-gestützter Buchführungssysteme / GoBS, Eschborn 1996

Aristoteles: Organon Bd. 3/4: Erste Analytik, Zweite Analytik, Hamburg 2001.

Baetge, J.; Apelt, B.: Bedeutung und Ermittlung der Grundsätze ordnungsmäßiger Buchführung (GoB), 2. Aufl., Köln 1992.

Ballmann, W.: Die Kreditwürdigkeit – Ein Arbeitsleitfaden zur Beurteilung, Feststellung und Prüfung, Berlin 1970.

Barth, H. J.: Möglichkeiten und Grenzen wissenschaftlich fundierter Wirtschaftsprognosen, Diskussionspapier Nr. dp 86/4, prognos – Europäisches Zentrum für Angewandte Wirtschaftsforschung (Hrsg.), Basel 1986.

Becker, G. M.; Seeger, N.: Internationale Cash Flow-Rechnungen aus Eigner- und Gläubigersicht, Arbeitsberichte der Hochschule für Bankwirtschaft Nr. 48, Frankfurt am Main 2003.

Belka, H.-G.: Die Projektfinanzierung als Finanzierungstechnik zur Realisierung neuer Bergbauprojekte, Berlin 1983.

Benninga, S.: Financial Modeling, 2. Aufl., Cambridge, London 2000.

Benoit, P.: Project Finance at the World Bank: An Overview of Policies and Instruments, Washington D.C. 1995.

Bernhofer, C.: Bildung von Kreditnehmereinheiten gemäß § 19 Abs. 2 KWG - Auswirkungen auf die Bonitätsprüfung, Wiesbaden 1997.

Betge, P.: Bankbetriebslehre, Berlin u.a. 1996.

Betge, P.: Investitionsplanung: Methoden – Modelle – Anwendungen, 3. Aufl., Wiesbaden 1998.

Biegert, W.; Gönnert, M.: Die Bilanzanalyse in der Firmenkundenberatung genossenschaftlicher Banken, 4. Aufl., Wiesbaden 2002.

Binhold, E.: Computergestützte finanzplanorientierte Kreditwürdigkeitsprüfung, Bergisch Gladbach, Köln 1991.

Bisani, H.P.: Bildung von Kreditnehmereinheiten nach § 19 Abs. 2 KWG, Berlin 1998.

Bischoff, W.: Cash flow und Working capital: Schlüssel zur finanzwirtschaftlichen Unternehmensanalyse, Wiesbaden 1972.

Bitz, H.: Risikomanagement nach KonTraG: Einrichtung von Frühwarnsystemen zur Effizienzsteigerung und zur Vermeidung persönlicher Haftung, Stuttgart 2000.

Bitz, M.: Bankbetriebslehre / Bank- und Börsenwesen V – Ausgewählte Probleme des Bankwesens: Kreditwürdigkeitsanalyse, Kurseinheit 1: Grundlagen, FernUniversität – Gesamthochschule in Hagen 2001.

Böcker, M.: Die strategische Bonität: Ein Ansatz zur ganzheitlichen prospektiven Kreditprüfung im Firmenkundengeschäft, Frankfurt a.M. 2000.

Bönkhoff, F. J.: Die Kreditwürdigkeitsprüfung: zugleich ein Beitrag zur Prüfung von Plänen und Prognosen, Düsseldorf 1983.

Bolsenkötter, H.: Die Prüfung der wirtschaftlichen Verhältnisse, 2. Aufl., Köln 1992.

Brakensiek, T.: Die Kalkulation und Steuerung von Ausfallrisiken im Kreditgeschäft der Banken, Frankfurt a.M. 1991.

Brealy, R. A.; Myers, S. C.: Principals of Corporate Finance, 5. Aufl., New York u.a. 1996.

Bretzke, W.-R.: Das Prognoseproblem bei der Unternehmensbewertung: Ansätze zu einer risikoorientierten Bewertung ganzer Unternehmungen auf der Grundlage modellgestützter Erfolgsprognosen, Düsseldorf 1975.

Bretzke, W.-R.: Der Problembezug von Entscheidungsmodellen, Tübingen 1980.

Brockhoff, K.: Prognoseverfahren für die Unternehmensplanung, Wiesbaden 1977.

Bronstein, I. N.; Semendjajew, K. A.: Taschenbuch der Mathematik, 24. Aufl., Leipzig 1989.

Brueggeman, W. B.; Fisher, J. D.: Real Estate Finance and Investment, 10. Aufl., New York u.a. 1996.

Buchholz, R.: Internationale Rechnungslegung: Die Vorschriften nach IAS, HGB und US-GAAP im Vergleich, Bielefeld 2001.

Buchner, R.: Wirtschaftliches Prüfungswesen, 2. Aufl., München 1997.

Büro für ökologische Projektfinanzierung (Hrsg.): Private Geldanlage in Sonne, Wind- und Wasserkraft, Freiburg i. Br. 1993.

Büschgen, H. E.: Grundzüge betrieblicher Finanzwirtschaft, 3. Aufl., Frankfurt am Main 1991.

Büschgen, H. E.: Bankbetriebslehre, 3. Aufl., Stuttgart, Jena 1994.

Büschgen, H.-E.: Bankbetriebslehre: Bankgeschäfte und Bankmanagement, 5. Aufl., Wiesbaden 1998.

Bunge, M. A.: Scientific Research II – The Search for Truth, Berlin u.a. 1967.

Burns, G.; Harwood, S. (Hrsg.): Shipping Finance, 2. Aufl., London 1995.

Chmielewicz, K.: Integrierte Finanz- und Erfolgsplanung: Versuch einer dynamischen Mehrperiodenplanung, Stuttgart 1972.

Claussen, C. P.: Bank- und Börsenrecht, 2. Aufl., München 2000.

Clifford Chance (Hrsg.): Project Finance, London 1991.

Coenenberg, A. G.: Jahresabschluß und Jahresabschlußanalyse, 17. Auf., Landsberg/Lech 2000.

DC Gardner (Hrsg.): Introduction to Corporate Finance, London 1990.

DC Gardner (Hrsg.): Leveraged and Management Buy-Outs, London 1990.

Denton Hall Projects Group (Hrsg.): A Guide to Project Finance, London 1998.

Demmel, H. J.: Auswahl von Prüfungsgegenständen aufgrund von Vorinformationen, Frankfurt a.M. u.a. 1989.

Deutscher Sparkassen- und Giroverband (Hrsg.): Leitfaden zur Erfüllung der Anforderungen des § 18 KWG, 2. Aufl., Stuttgart 1994.

Deutsches Institut für Normung e.V. (Hrsg.): DIN 69 901: Projektwirtschaft; Projektmanagement; Begriffe, Ausgabe 1987-08, Berlin 1987.

Dicken, A.: Kreditwürdigkeitsprüfung: Kreditwürdigkeitsprüfung auf der Basis des betrieblichen Leistungsvermögens, 2. Aufl., Berlin 1999.

Drexl, A.: Planung des Ablaufs von Unternehmensprüfungen, Darmstadt 1988.

Drobeck, J.: Prognosepublizität: die Berichterstattung über die voraussichtliche Entwicklung der Kapitalgesellschaft in den Lageberichten deutscher Aktiengesellschaften gem. § 289 Abs. 2 Nr. 2 HGB, Frankfurt a.M. u.a. 1998.

Drukarczyk, J.: Finanzierung, 7. Aufl., Stuttgart 1996.

Egner, H.: Betriebswirtschaftliche Prüfungslehre. Eine Einführung, Berlin/New York 1980.

Ehrmann, H.: Unternehmensplanung, 3. überarb. u. erw. Aufl., Ludwigshafen 1999.

Eilenberger, G.: Bankbetriebswirtschaftslehre, 7. Aufl., München, Wien 1997.

Everding, S.: Früherkennung von Kreditbetrug mit Hilfe bankmäßiger Kreditwürdigkeitsprüfungen, Hamburg 1996.

Fahrholz, B.: Neue Formen der Unternehmensfinanzierung: Unternehmensübernahmen, Big ticket-Leasing, Asset Backed- und Projektfinanzierungen; die steuer- und haftungsrechtliche Optimierung durch Einzweckgesellschaften (Single Purpose Companies), dargestellt anhand von Beispielsachverhalten, München 1998.

Finnerty, J. D.: Project Financing: Asset-Based Financial Engineering, New York u.a. 1996.

Fischer-Winkelmann, W. F.: Entscheidungsorientierte Prüfungslehre, Berlin 1975.

Frank, H.: Project Financing: Ein Verfahren zur finanziellen Absicherung des Unternehmenswachstums, Wien 1986.

Freidank, C.-C.: Kostenrechnung, 5. Aufl., München, Wien 1994.

Frerichs, W.; Kübler, K.: Gesamtwirtschaftliche Prognoseverfahren, München 1980.

Fugmann, O.: Instrumente zur langfristigen Finanzplanung – ein Vergleich unter besonderer Berücksichtigung von Koordinationsaspekten, Bayreuth 2000.

Funck, F.: Modellgestützte Planung und unvollkommene Information, Münster 1998.

Gallinger, R.: Ex-ante-Beurteilung der Prognosequalität, Pfaffenweiler 1993.

Gans, C.: Betriebswirtschaftliche Prüfungen als heuristische Suchprozesse: Der Entwurf einer pragmatisch orientierten Prüfungstheorie auf der Grundlage der angelsächsischen empirischen Prüfungsforschung, Bergisch Gladbach u.a. 1986.

Gräfer, H.: Bilanzanalyse, 8. Aufl., Herne, Berlin 2001.

Gräfer, H.; Beike, R.; Scheld, G. A.: Finanzierung: Grundlagen, Institutionen, Instrumente und Kapitalmarkttheorie, 4. Aufl., Berlin 1998.

Grob, H.-L.: Investitionsrechnung mit vollständigen Finanzplänen, München 1989.

Gröhl, M.: Bankpolitische Konsequenzen der Projektfinanzierung: Lösungsansätze für bankbetriebliche Probleme bei der Einführung von Finanzdienstleistungen für große, rechtlich selbständige Investitionsvorhaben, Marburg 1990.

Grünefeld, K.-P.: Das betriebswirtschaftliche Gutachten, Düsseldorf 1972.

Grunwald, E.; Grunwald, S.: Bonitätsanalyse im Firmenkundengeschäft: Ein Handbuch für Mitarbeiter von Banken im Kreditgeschäft und Führungskräfte mittelständischer Unternehmen, Stuttgart 1999.

Gutenberg, E.: Grundlagen der Betriebswirtschaftslehre, Bd. I: Die Produktion, 23. Aufl. Berlin u.a. 1979.

Guttenberger, S.: Finanzwirtschaftliche Entscheidungsprozesse, Rinteln 1995.

Haberstock, L: Der Einfluß der Besteuerung auf Rechtsform und Standort, 2. Aufl., Hamburg 1984.

Haberstock, L: Steuerbilanz und Vermögensaufstellung, 3. Aufl., Hamburg 1991.

Haberstock, L.: Kostenrechnung, 12. Aufl., Berlin 2004.

Haberstock, L., Breithecker, V.: Einführung in die Betriebswirtschaftliche Steuerlehre, 13. Aufl., Berlin 2005.

Häberle, S. G.: Handbuch der Außenhandelsfinanzierung, München 1994.

Härter, M.: Güte- und Erfolgsbeurteilung zukunftsbezogener Aussagen: exemplarisch untersucht an Energie"prognosen" für den Bereich der Europäischen Gemeinschaft, Frankfurt a.M., Bern, New York 1985.

Hagen, K.: Revisions- und Treuhandwesen, Stuttgart u.a. 1978.

Hagest, J.: Zur Logik der prüferischen Überzeugungsbildung bei betriebswirtschaftlichen Prüfungen, München 1975.

Hahn, H.; Wilkens, K.: Buchhaltung und Bilanz: Teil A. Grundlagen der Buchhaltung, 4. Aufl., München, Wien 1993.

Hahn, H.; Wilkens, K.: Buchhaltung und Bilanz: Teil B. Bilanzierung, München, Wien 1993.

Hansmann, K.-W.: Kurzlehrbuch Prognoseverfahren, Wiesbaden 1983.

Harder, T.: Wirtschaftsprognose: Ein Beitrag zur gegenwärtigen Diskussion, Köln 1959.

Hartmann-Wendels, T.; Pfingsten, A.; Weber, M.: Bankbetriebslehre, 2. Aufl., Berlin, Heidelberg 2000.

Hauschildt, J.; Sachs, G.; Witte, E.: Finanzplanung und Finanzkontrolle: Disposition und Organisation, München 1981.

Hein, M.: Einführung in die Bankbetriebslehre, 2. Aufl., München 1993.

Heitz, B.: Prüfung der Kreditwürdigkeit und Kreditsicherheit, Berlin 1978.

Helkenberg, W.-H.: Anlegerschutz am Grauen Kapitalmarkt: Prognosegrundsätze für Emissionsprospekte, Wiesbaden 1989.

Herger, H.: Die Finanzierung und Realisierung von grossen Eisenbahnprojekten: Eine Modellstudie zur gemischtwirtschaftlichen Realisierung und Finanzierung einer neuen Eisenbahnalpentransversale durch die Schweiz, Bern u.a. 1990.

Höpfner, K.-U.: Projektfinanzierung: Erfolgsorientiertes Management einer bankbetrieblichen Leistungsart, Göttingen 1995.

Horx, M.: Die acht Sphären der Zukunft: ein Wegweiser in die Kultur des 21. Jahrhundert, 4. Aufl., Wien, München 2002.

Hüttner, M.: Markt- und Absatzprognosen, Stuttgart u.a. 1982.

Hüttner, M.: Prognoseverfahren und ihre Anwendung, Berlin, New York 1986.

Hüttner, M.; Schwarting, U.: Grundzüge der Marktforschung, 7. Aufl., München u.a. 2002.

Hupe, M.: Steuerung und Kontrolle internationaler Projektfinanzierungen, Frankfurt a.M. 1995.

Institute of Financial Lending (Hrsg.): Income Property Lending, Chicago 1983.

IPMA: ICB – IPMA Competence Baseline Version 3.0, Nijkerk June 2006.

Isaac, D.: An analysis of commercial property lending, University of Greenwich, School of Land and Construction Management, London 1996.

Jürgens, W. H.: Projektfinanzierung - Neue Institutionenlehre und ökonomische Realität, Wiesbaden 1994.

Jütte-Rauhut, J.: Internationale Marktregulierungen als Risikofaktor bei Projektfinanzierungen im Bergbau: unter besonderer Bezugnahme auf den Zinnmarkt und den Kupfermarkt, Baden-Baden 1988.

Keck, J.: Großprojekte des Ressourcenabbaus: Die Lösung des Risikoallokations- und Anreizproblems mit Hilfe der Projektfinanzierung, Konstanz 1990.

Keitsch, D.: Risikomanagement, Stuttgart 2000.

Keller, E.: Die Offenlegung der wirtschaftlichen Verhältnisse nach § 18 KWG, Köln 2000.

Kerl, J.; Lutz, G.; Schanz, H.-H.: Offenlegung der wirtschaftlichen Verhältnisse der Kreditnehmer nach § 18 des Gesetzes über das Kreditwesen (KWG), 3. Aufl., Frankfurt a.M. 1994.

Keßler, H. J.: Internationale Handelsfinanzierungen: Strategien für Auslandsinvestitionen und Handel, Wiesbaden 1996.

Keynes, J. M.: A Treatise on Probability, London 1921.

Kicherer, H.-P.: Grundsätze ordnungsmäßiger Abschlussprüfung, Berlin 1970.

Knight, F. H.: Risk, Uncertainty and Profit, Boston u.a. 1921.

Kolodziej, M.: Die private Finanzierung von Infrastruktur, Frankfurt a.M. u.a. 1996.

Korndörfer, W.: Einführung in das Prüfungs- und Revisionswesen, 3. Aufl., Wiesbaden 1993.

Kreim, E.: Finanzplanung und Kreditentscheidung, Wiesbaden 1977.

Kreim, E.: Zukunftsorientierte Kreditentscheidung, Wiesbaden 1988.

Kremer, E.; ten Hoevel, W.: Kredite an Unternehmen: Kreditentscheidung unter dynamischen Aspekten, 4.Aufl., Stuttgart 1989.

Kümpel. S.: Bank- und Kapitalmarktrecht, 2. Aufl., Köln 2000.

Kuhlmann, J.: Die Probleme einer Ausgliederung der Kreditwürdigkeitsprüfung im Firmenkreditgeschäft der Banken, Frankfurt a.M. u.a. 1992.

Kuttner, K.: Mittel- und langfristige Exportfinanzierung: besondere Erscheinungsformen in der Außenhandelsfinanzierung, 2. Aufl., Wiesbaden 1995.

La, B.: Strukturanalyse gleichungsorientierter Planungsmodelle, Berlin 1998.

Lamla, M.: Grundsätze ordnungsmäßiger Umwandlungsprüfung, Wiesbaden 1997.

Larenz, K.; Canaris, C.-W.: Methodenlehre der Rechtswissenschaft, 3. Aufl., Berlin u.a. 1995.

Leffson, U.: Die Grundsätze ordnungsmäßiger Buchführung, 7. Aufl., Düsseldorf 1986.

Leffson, U.: Wirtschaftsprüfung, 4. Aufl., Wiesbaden 1988.

Leffson, U.; Lippmann, K.; Baetge, J.: Zur Sicherheit und Wirtschaftlichkeit der Urteilsbildung bei Prüfungen, Düsseldorf 1969.

Leiner, B.: Wirtschaftsprognosen – Möglichkeiten und Grenzen, Diskussionsschrift Nr. 49, Universität Heidelberg, Wirtschaftswissenschaftliche Fakultät, 1995.

Leitschuh, M.; Hofmann, J. B.: Lateinische Wortkunde, 14. Aufl., Bamberg, München 1968.

Lück, W.: Wirtschaftsprüfung und Treuhandwesen. Institutionelle und funktionale Aspekte der Betriebswirtschaftlichen Prüfungslehre, 2. Aufl., Stuttgart 1991.

Lücke, W.: Finanzplanung und Finanzkontrolle in der Industrie, Wiesbaden 1965.

Lücke, W.: Investitionspolitik bei Großobjekten: wirtschaftliche Beurteilung und Kontrolle, Göttingen 1985.

Lynch, P. A.: Financial Modelling for Project Finance, London 1996.

Mertens, P. (Hrsg.): Prognoserechnung,, 5. Aufl., Würzburg 1994.

Merton, K. R.: Soziologische Theorie und soziale Struktur, Berlin 1995.

Millauer, K. M.: Projektfinanzierung im Auslandsgeschäft: Theoretische Grundlagen und Analyse konkreter Anwendungsfälle, Wien 1985.

Morgenstern, O.: Wirtschaftsprognose: Eine Untersuchung ihrer Voraussetzungen und Möglichkeiten, Wien 1928.

Moxter, A.: Grundsätze ordnungsmäßiger Unternehmensbewertung, 2. Aufl., Wiesbaden 1991.

Mrzyk, A. P.: Ertragswertorientierte Kreditwürdigkeitsprüfung bei Existenzgündungen, Wiesbaden 1999.

Müller, F.: Kreditderivate und Risikomanagement, Frankfurt a.M. 2000.

Müller, A.; Müller, D.: Bilanzierung und Kreditvergabe, 2. Aufl., Herne, Berlin 2000.

Neitemeier, H.: Die Übernahme fremder Urteile bei Prüfungen, Düsseldorf 1979.

Neus, Werner: Bankenwettbewerb und Kreditwürdigkeitsprüfung, Tübinger Diskussionsbeitrag Nr. 157, Januar 1999.

Nevitt, P. K.: Project Financing, London 1979.

Nevitt, P. K.; Fabozzi, F.: Project Financing, 6. Aufl., London 1995.

Nevitt, P. K.; Fabozzi, F.: Project Financing, 7. Aufl., London 2000.

Nirk, R.: Das Kreditwesengesetz – Einführung und Kommentar, 11. Aufl., Frankfurt a.M. 1999.

Oehler, A.; Unser, M.: Finanzwirtschaftliches Risikomanagement, Berlin, Heidelberg 2001.

Opaschowski, H.: Wir werden es erleben: zehn Zukunftstrends für unser Leben von morgen, Darmstadt 2002.

Otte, A.: Prüfungstheorie und Grundsätze ordnungsmäßiger Abschlussprüfung, Aachen 1996.

Pellens, B.: Internationale Rechnungslegung, 3. Aufl., Stuttgart 1999.

Perlitz, M.: Internationales Management, 2. Aufl., Stuttgart, Jena 1995.

Perridon, L.; Steiner, M.: Finanzwirtschaft der Unternehmung, 11. Aufl., München 2002.

Pöhler, A.: Das internationale Konsortialgeschäft der Banken. Grundlagen – betriebswirtschaftliche Funktionen - Risiko und Risikopolitik, Frankfurt a.M. 1988.

Pooten, H.: Grundsätze ordnungsmäßiger Unternehmensbewertung: Ermittlung und Inhalt aus Käufersicht, Büren 1999.

Popper, K. R.: Logik der Forschung, 11. Aufl., Tübingen 2005.

Popper, K. R.: Alles Leben ist Problemlösen: Über Erkenntnis, Geschichte und Politik, 2. Aufl., München 2005.

Prätsch, J.: Langfristige Finanzplanung und Simulationsmodelle: Methodologische Grundlegung sowie Beurteilung der Eignung der Simulation für die langfristige Finanzplanungspraxis, Frankfurt a.M. u.a. 1986.

Priewasser, E.: Bankbetriebslehre, 7. Aufl., München, Wien 2001.

Pritchard, J. (Hrsg.): The International Projects 500: The Guide to the World's leading Project Finance Advisers 1997/99, London 1999.

Rant, M.: Risikenminimierung in der Objektfinanzierung, Wien 1985.

Refäuter, D.: Strategisches Controlling auf der Basis des Cash Flow, Wiesbaden 1990.

Renk, R.: Kreditgeschäfte international tätiger Kreditinstitute: Eine risiko- und abbildungstheoretische Untersuchung typischer internationaler Kreditleistungen, Heidelberg 1990.

Reuter, A.; Wecker, C.: Projektfinanzierung: Anwendungsmöglichkeiten, Risikomanagement, Vertragsgestaltung, bilanzielle Behandlung, Stuttgart 1999.

Richter, J.: Grundsätze ordnungsmäßiger Finanzberatung, Bad Soden/Ts. 2001.

Riebell, C.: Kreditaufnahme und Bilanzanalyse, Erläuterungen und Hilfen für Firmenkunden, 5. Aufl., Stuttgart 2001

Rolfes, B.: Gesamtbanksteuerung, Stuttgart 1999.

Rudolph, A.: Prognoseverfahren in der Praxis, Heidelberg 1998.

Schettler, K.: Planung der Jahresabschlussprüfung, ein Beitrag zur Theorie der Prüfung, Wiesbaden 1971.

Schierenbeck, H.: Ertragsorientiertes Bankmanagement, Bd. 2: Risiko-Controlling und Bilanzstruktur-Mangement, 6. Aufl., Wiesbaden 1999.

Schierenbeck, H.: Risk-Controlling in der Praxis, 2. Aufl., Stuttgart 2006.

Schieble, M.: Bonitätsprüfung im Firmenkundengeschäft: Maschinelle Bilanzanalyse und Bewertung durch Kreditsachbearbeiter, Wiesbaden 2000.

Schill, J.: Finanzielle Beziehungen, Vertrags- und Kooperationsformen beim Industriegüter-Export aus der Bundesrepublik Deutschland, Kiel 1988.

Schill, J.: Verbundgeschäft, Projektfinanzierung und Kooperation als Finanzierungsinstrumente im Maschinen- und Anlagenexport, Frankfurt a.M. 1988.

Schiller, B.; Tytko, D.: Risikomanagement im Kreditgeschäft: Grundlagen, neuere Entwicklungen und Anwendungsbeispiele, Stuttgart 2001.

Schmalenbach, E.: Selbstkostenrechnung und Preispolitik, 6. Aufl., Leipzig 1934.

Schmidt, U.: Zum Prognoseproblem in der Wirtschaftswissenschaft. Eine Untersuchung auf wissenschaftstheoretischer Grundlage, Dagersheim 1971.

Schmitt, W.: Internationale Projektfinanzierung bei deutschen Banken: Analyse einer neuen Bankmarktleistung unter besonderer Berücksichtigung risikopolitischer und implementierungsstrategischer Entscheidungsfelder, Frankfurt a.M. 1989.

Schönle, H.: Bank- und Börsenrecht, 2. Aufl., München 1976.

Schröder, D.: Ein empirischer Vergleich von zwei Verfahren zur Prognose der Kosten- und Erlösgrößen eines Dienstleistungsunternehmens, Münster 1997.

Schütte, R.: Grundsätze ordnungsmäßiger Referenzmodellierung: Konstruktion konfigurations- und anpassungsorientierter Modelle, Wiesbaden 1998.

Schulte-Althoff, M.: Projektfinanzierung: Ein kooperatives Finanzierungsverfahren aus Sicht der Anreiz-Beitrags-Theorie und der neuen Institutionenökonomik, Münster u.a. 1992.

Schulze, T.: Infrastruktur als politische Aufgabe: dogmengeschichtliche, methodologische und theoretische Aspekte, Frankfurt a.M. u.a. 1993.

Schulte, M.: Bank-Controlling II: Risikopolitik in Kreditinstituten, 3. Aufl., Frankfurt am Main 1998.

Schuppenhauer, R.: Grundsätze für eine ordnungsmässige Datenverarbeitung (GoDV), Düsseldorf 1989.

Schwanfelder, W.: Exportgeschäfte - ihre Risikoabsicherung und Finanzierung, Frankfurt a.M. 1984.

Schwanfelder, W.: Exportfinanzierung für Großprojekte, Wiesbaden 1987.

Schwanfelder, W.: Internationale Anlagengeschäfte: Anbieterkonsortium, Projektabwicklung, Projektcontrolling, Wiesbaden 1989.

Sell, A.: Feasibility Studien für Investitionsprojekte - Problemstruktur und EDV-gestützte Planungsansätze, Berichte aus dem Weltwirtschaftlichen Colloquium der Universität Bremen Nr. 15, Bremen Juni 1988.

Sell, A.: Investitionen in Entwicklungsländern: Einzel- und gesamtwirtschaftliche Analysen, Hamburg 1989.

Sell, A.: Internationale Unternehmenskooperationen, Berichte aus dem Weltwirtschaftlichen Colloquium der Universität Bremen Nr. 22, Bremen Dezember 1991.

Sell, A.: Einzel- und gesamtwirtschaftliche Bewertung von Energieprojekten - Zur Rolle von Wirtschaftlichkeitsrechnung, Cost-Benefit Analyse und Multikriterienverfahren, Berichte aus dem Weltwirtschaftlichen Colloquium der Universität Bremen Nr. 28, Bremen September 1992.

Sell, A.: Project Evaluation: An integrated financial and economic analysis, Aldershot u.a. 1995.

Sell, A.: Finanzwirtschaftliche Aspekte der Inflation, Heidelberg 1997.

Sell, A.: Formen der Internationalisierung wirtschaftlicher Aktivitäten, Bremen 1998.

Sell, A.: Inflation: does it matter in project appraisal?, Berichte aus dem Weltwirtschaftlichen Colloquium der Universität Bremen Nr. 55, Bremen Januar 1998.

Sell, A.: Projekt- und Programmplanung bei Investitionen im Ausland, unveröffentlichtes Manuskript, Bremen 2000.

Sell, A.: Internationale Wirtschaftsbeziehungen und Internationales Management, unveröffentlichtes Manuskript, Bremen 2001.

Sell, A.: Die Genesis von Corporate Governance, Berichte aus dem Weltwirtschaftlichen Colloquium der Universität Bremen Nr. 94, Bremen Dezember 2004.

Sester, P.: Projektfinanzierungsvereinbarungen als Gestaltungs- und Regulierungsaufgabe: Eine symbiotische Finanzierungsform für privatwirtschaftliche Projekte und Public Private Partnership, Köln 2004.

Siegwart, H.: Der Cash-flow als finanz- und ertragswirtschaftliche Lenkungsgröße, 2. Aufl., Stuttgart 1990.

Sirmans, C. F.: Real Estate Finance, 2. Aufl., New York u.a. 1989.

Stockmayer, A.: Projektfinanzierung und Kreditsicherung dargestellt am Beispiel von Darlehen an Rohstoffvorhaben in Entwicklungsländern, Frankfurt a.M. 1982.

Strack, H.: Beurteilung des Kreditrisikos – Erweiterung der traditionellen Kreditbewertung durch prognoseorientierte Entscheidungshilfen, 2. Aufl., Berlin 1977.

Süchting, J.: Organisations- und Rechnungswesen im Bankbetrieb, Kurseinheit 1: Die Organisation der Bank, Hagen 1992.

Süchting, J.; Paul, S.: Bankmanagement, 4. Aufl., Stuttgart 1998.

Swan, J.: Practical Financial Modelling: A Guide to Current Practice, Oxford 2005.

Tietz, B.: Grundlagen der Handelsforschung, Bd. I: Die Methoden, Rüschlikon-Zürich 1969.

Tietzel, M.: Kriterien für die Beurteilung von Wirtschaftsprognosen, Diskussionsbeiträge des Fachbereichs Wirtschaftswissenschaft der Universität Duisburg – Gesamthochschule, Nr. 57, Duisburg 1983.

Tietzel, M.: Prognoselogik – oder: warum Prognostiker irren dürfen, Diskussionsbeiträge des Fachbereichs Wirtschaftswissenschaft der Universität Duisburg – Gesamthochschule, Nr. 118, Duisburg 1989.

Tytko, D.: Grundlagen der Projektfinanzierung, Stuttgart 1999.

Tytko, D.: Zukunftsorientierte Kreditvergabeentscheidungen: Eine Untersuchung zu den Einsatzmöglichkeiten der Projektfinanzierung im mittelständischen Firmenkundengeschäft, Frankfurt a.M. u.a. 1999.

Uekermann, H.: Risikopolitik bei Projektfinanzierungen, Wiesbaden 1993.

UNIDO (Hrsg.): Guidelines for Infrastructure Development through Build-Operate-Transfer (BOT) Projects, Wien 1996.

Urban, P.: Zur wissenschaftstheoretischen Problematik zeitraumüberwindender Prognosen, Köln 1973.

VDEW (Hrsg.): Begriffsbestimmungen in der Elektrizitätswirtschaft: Teil 1, Elektrizitätswirtschaftliche Grundlagen, 6. Aufl., Frankfurt am Main 1990.

VIK (Hrsg.): Contracting: Das VIK-Contracting Modell zur Finanzierung von Energieanlagen in der Industrie, Essen 1991.

Vinter, G.: Project Finance: A Legal Guide, 2. Aufl., London 1998.

Vogel, M.: Vertragsgestaltung bei internationalen Projektfinanzierungen, Köln 1997.

Vogelsang, C.: Optimale Kreditwürdigkeitsprüfung und Kreditvergabeentscheidung in Delegationsbeziehungen, Frankfurt a.M. 2000.

Voigt, H.; Müller, D.: Handbuch der Exportfinanzierung, 4. Aufl., Frankfurt a.M. 1996.

Wächtershäuser, M.: Kreditrisiko und Kreditentscheid im Bankbetrieb, Wiesbaden 1971.

Wagner, M.: Cash-Flow-Analyse versus Branchenprognose und Marktforschung als Kriterien einer dynamischen Kreditwürdigkeitsprüfung, Marburg 1980.

Walz, H.; Gramlich, D.: Investitions- und Finanzplanung: eine Einführung in finanzwirtschaftliche Entscheidungen unter Sicherheit, 4. Aufl., Heidelberg 1993.

Waschbusch, G.: Bankenaufsicht - Die Überwachung der Kreditinstitute und Finanzdienstleistungsinstitute nach dem Gesetz über das Kreditwesen, München, Wien 2000.

Wasser, G.: Bestimmungsfaktoren freiwilliger Prognosepublizität: eine empirische Untersuchung auf der Basis eines Modells zur Bewertung des Informationsgehalts veröffentlichter Unternehmungsprognosen, Düsseldorf 1976.

Weibel, P. F.: Die Bonitätsbeurteilung im Kreditgeschäft der Banken, 2. Aufl., Bern, Stuttgart 1978.

Weinrich, G.: Kreditwürdigkeitsprognosen: Steuerung des Kreditgeschäftes durch Risikoklassen, Wiesbaden 1978.

Werthschulte, H.: Kreditrisikomessung bei Projektfinanzierungen durch Risikosimulation, Wiesbaden 2005.

Wiegel, K. D.: Rentabilität und Risiko im Kreditgeschäft der Banken, Köln 1985.

Wilde Sapte (Hrsg.): Adopting a New Approach to Financing Projects through the Bond Markets, London: Wilde Sapte, o.J.

Wild, J.: Grundlagen der Unternehmungsplanung, 4. Aufl., Opladen 1982.

Wildgruber, J.: Das Prognoseproblem bei der Ermittlung des Entscheidungswertes von Kreditinstituten, Frankfurt a.M., Berlin, Bern u.a., 1998.

Witte, E.: Finanzplanung der Unternehmung: Prognose und Disposition, 3. Aufl., Opladen 1983.

Wittmann, A.: Systemprüfung und ergebnisorientierte Prüfung, Berlin 1981.

Wöhe, G.: Einführung in die allgemeine Betriebswirtschaftslehre, 16. Aufl., München 1986.

Wöhe, G.; Bilstein, J.: Grundzüge der Unternehmensfinanzierung, 8. Aufl., München 1998.

Wysocki, K. v.: Grundlagen des betriebswirtschaftlichen Prüfungswesens: Prüfungsordnungen, Prüfungsorgane, Prüfungsverfahren, Prüfungsplanung und Prüfungsbericht, 3. Aufl., München 1988.

Zellweger, B.: Kreditwürdigkeitsprüfung in Theorie und Praxis, 2. Aufl., Bern u.a. 1994.

Ziegler, M.: Finanzierungsmodelle im Anlagenbau: Konsequenzen und Gestaltungsmöglichkeiten auf der Grundlage risikopolitischer, agency-theoretischer sowie handels- und steuerrechtlicher Implikationen, Frankfurt a.M. u.a. 1997.

Zisowski, U.: Grundsätze ordnungsgemäßer Überschuldungsrechnung, Berlin 2001.

II. Artikel in Sammelwerken und Periodika

Abolins, K. I.: Projektfinanzierungen als Instrument für Joint-Venture-Finanzierungen, in: Sparkasse, 101. Jg. (1984), S. 253-256.

Abs, H. J.: Länderrisiken im internationalen Kreditgeschäft, in: Die Bank, o.Jg. (1981), S. 588-594.

Adam, D.: Investitionsrechnungen bei Unsicherheit, Methoden, in: W. Gerke, M. Steiner (Hrsg.), HWF, 2. Aufl., Stuttgart 1995, Sp. 1002-1011.

Adam, D.: Investitionsrechnungen bei Unsicherheit, Strukturmerkmale des Entscheidungsproblems, in: HWF, 2. Aufl., Stuttgart 1995, Sp. 1011-1022.

Adelberger, O. A.: Zur Praxis der berechnungsexperimentellen Risikoanalyse von Investitionsprojekten, in: WiSt, 4. Jg. (1975), S. 1-5.

Ahalt, G. F.: How the oil industry uses project finance, in: The Banker, 127. Jg. (1977), Nr. 622, S. 61-63.

Akerlof, G. A.: The Market for "Lemons": Quality Uncertainty and the Market Mechanism, in: Quarterly Journal of Economics, 84. Jg. (1970), S. 488-500.

Alsheimer, C.: Die Entwicklung des Kreditwesengesetzes, in: Die Bank, o.Jg. (1997), S. 27-31.

Alsheimer, C.: Die Offenlegung der wirtschaftlichen Verhältnisse nach § 18 Kreditwesengesetz, in: ZfgK, 50. Jg. (1997), S. 462-466.

Ammelung, U.: Steuerliche Gestaltungsmöglichkeiten bei der Vergabe von Auslandskrediten, in: Die Bank, o.Jg., (1999), S. 341-345.

Ammelung, U.; Sorocean, M.: Patronatserklärungen zugunsten ausländischer Tochtergesellschaften, in: RIW, 42. Jg. (1996), S. 668-674.

Anders, U.: RaRoC – ein Begriff, viel Verwirrung, in: Die Bank, o.Jg. (2000), S. 314-317.

Anders, U.: Qualitative Anforderungen an das Management operativer Risiken, in: Die Bank, o.Jg. (2001), S. 442-446.

Anders, U.; Szczesny, A.: Prognose von Insolvenzwahrscheinlichkeiten mit Hilfe logistischer neuronaler Netzwerke, in: ZfbF, 50. Jg. (1998), S. 892-915.

Androsch, H.; Planck, T.: Konsortialkredit, internationaler, in: HWInt, Stuttgart 1989, Sp. 1134-1143.

Antensteiner, E.; Feuerstein, D.: Aufbau einer Stückkostenkalkulation für die Zukunft der Bank, in: Die Bank, o.Jg. (1989), S. 259-265.

Arnold, W.; Boos, K.-H.: Basel II – Einzel- und gesamtwirtschaftliche Aspekte, in: Die Bank, o.Jg. (2001), S. 712-715.

Artopoeus, W.: „Soviel unternehmerische Freiheit wie möglich", in: ZfgK, 47. Jg. (1994), S. 1085-1091.

Artopoeus, W.: Kreditrisiken aus bankaufsichtlicher Sicht, in: BI, 23. Jg. (1996), H. 12, S. 14.-18.

Artopoeus, W.: Eine Deregulierung, die auf eine Abrüstung der Aufsicht hinausliefe, kann es nicht geben, in: ZfgK, 50. Jg. (1997), S. 1152-1159.

Backhaus, K.: Preisgleitklauseln als risikopolitisches Instrument bei langfristigen Fertigungs- und Absatzprozessen, in: ZfbF, 31. Jg. (1979), S. 3-10.

Backhaus, K.: Projektfinanzierung, internationale, in: HWInt, Stuttgart 1989, Sp. 1728-1736.

Backhaus, K.: Strategien auf sich verändernden Weltmärkten – Chancen und Risiken, in: DBW, 49. Jg. (1989), S. 465-481.

Backhaus, K.; Köhl, T.: Projektfinanzierung, in: HWF, 3. Aufl., Stuttgart 2001, Sp. 1715-1735.

Backhaus, K.; Molter, W.: Auftragsfinanzierung, internationale, in: HWInt, Stuttgart 1989, Sp. 49-67.

Backhaus, K.; Sandrock, O.; Schill, J.: Die Bedeutung der Projektfinanzierung vor dem Hintergrund der weltwirtschaftlichen Entwicklung, in: K. Backhaus, O. Sandrock, J. Schill, H. Uekermann (Hrsg.), Projektfinanzierung - Wirtschaftliche und rechtliche Aspekte einer Finanzierungsmethode für Großprojekte -, Stuttgart 1990, S. 1-11.

Backhaus, K.; Schill, J.; Uekermann, H.: Projektfinanzierung, in: G. Gebhardt, W. Gerke, M. Steiner (Hrsg.), Handbuch des Finanzmanagements, Instrumente und Märkte der Unternehmensfinanzierung, München 1993, S. 531-556.

Backhaus, K.; Uekermann, H.: Projektfinanzierung - Eine Methode zur Finanzierung von Großprojekten, in: WiSt, 19. Jg. (1990), S. 106-112.

Backhaus, K.; Uekermann, H.: Projektfinanzierung, in: HWF, 2. Aufl., Stuttgart 1995, Sp. 1574-1589.

Bähre, I. L.: Wirtschaftsprüfer und Bankaufsicht, in: K.-H. Forster (Hrsg.), Bankaufsicht, Bankbilanz und Bankprüfung unter Berücksichtigung der Dritten KWG-Novelle, Düsseldorf 1985, S. 191-206.

Baetge, J.: Eine Zielvorschrift für Rationalisierungsansätze bei der Prüfung, in: BFuP, 37. Jg. (1985), S. 277-290.

Baetge, J.: Auswahlprüfungen auf der Basis der Systemprüfung, in: H. Albach u.a. (Hrsg.), Wirtschaft und Wissenschaft im Wandel, Frankfurt am Main 1986, S. 45-63.

Baetge, J.: Überwachungstheorie, kybernetische, in: HWRev, 2. Aufl., Stuttgart 1992, Sp. 2038-2054.

Baetge, J.: Grundsätze ordnungsmäßiger Buchführung und Bilanzierung, in: HWB, 5. Aufl., Stuttgart 1993, Sp. 1541-1549.

Baetge, J.: Rating von Unternehmen anhand von Bilanzen, in: WPg, 47. Jg. (1994), S. 1-10.

Baetge, J.: Früherkennung von Kreditrisiken, in: B. Rolfes, H. Schierenbeck, S. Schüller (Hrsg.), Risikomanagement in Kreditinstituten, Frankfurt a.M. 1995., S. 191-221.

Baetge, J.; Baetge, K.; Kruse, A.: Insolvenzgefährdung, Früherkennung, in: HWRP, 3. Aufl., Stuttgart 2002, Sp. 1163-1179.

Baetge, J.; Beuter, H. B.; Feidicker, M.: Kreditwürdigkeitsprüfung mit Diskriminanzanalyse, in: WPg, 45. Jg. (1992), S. 749-761.

Baetge, J.; Commandeur, D.: Vergleichbar – vergleichbare Beträge in aufeinanderfolgenden Jahresabschlüssen, in: U. Leffson, D. Rückle, B. Großfeld, Handwörterbuch unbestimmter Rechtsbegriffe im Bilanzrecht des HGB, Köln 1986, S. 326-335.

Baetge, J.; Niehaus, H.-J.: Moderne Verfahren der Jahresabschlussanalyse, in: J. Baetge (Hrsg.), Bilanzanalyse und Bilanzpolitik, Düsseldorf 1989, S. 139-174.

Ballwieser, W.: Prüfungslehre, in: DBW, 45. Jg., 1985, S. 322-346.

Bamberg, G.: Risiko und Ungewissheit, in: HWF, 3. Aufl., Stuttgart 2001, Sp. 1836-1846.

Bartlam, M.: Project Eurobonds, in: Infrastructure Finance, o.Jg. (1997), Nr. 9, S. 107-108.

Bauer, C.: Risikomessung, in: HWF, 2. Aufl., Stuttgart 1995, Sp. 1658-1666.

Baxmann, U. G.: Entwicklungstendenzen im Kreditrisikomanagement, in: U. G. Baxmann, Kreditrisikomanagement im Bankwesen, Frankfurt a.M. 2001, S. 1-42.

Bea, F. X.; Haas, J.: Möglichkeiten und Grenzen der Früherkennung von Unternehmenskrisen, in: WiSt, 23. Jg. (1994), S. 486-491.

Beale, C.; Chatain, M.; Fox, N. u.a.: Credit Attributes of Project Finance, in: JSPF, 8. Jg. (2002), Nr. 3, S. 5-9.

Bechtel, W.; Köster, H.; Steenken, H.-J.: Die Veröffentlichung und Prüfung von Vorhersagen über die Entwicklung von Unternehmungen, in: J. Baetge, A. Moxter, D. Schneider (Hrsg.), Bilanzfragen, Düsseldorf 1976, S. 205-216.

Becker, A.; Ossang, S.: Auswirkungen der neuen MaK auf Projektfinanzierungen, in: ZfgK, 56. Jg. (2003), S. 222-226.

Becker, G. M.: Grundlagen der Projektfinanzierung, in: WISU, 28. Jg. (1999), S. 811-813.

Becker, W.; Petersen, H.: Entwicklungstendenzen auf dem Gebiet der Prüfungsmethoden, in: WPg, 17. Jg. (1964), S. 408-415.

Beisse, H.: Normqualität und Normstruktur von Bilanzvorschriften und Standards, in: BB, 54. Jg. (1999), S. 2180-2186.

Bekker, P.: What is war? A suggested war clause for the cautious, in: PFI, o.Jg. (2002), Nr. 248, S. 47-50.

Berblinger, J.: Bonitätsanalyse internationaler Konzerne, in: IDW (Hrsg.), Neuorientierung der Rechenschaftslegung, Düsseldorf 1995, S. 55-65.

Bergmann, B.: Schutzwürdigkeit der Take-or-pay-Verträge, in: HB v. 23.9.1997, S. B 14.

Bernet, B.; Denk, C. L.: Politische Risiken – Charakter, Typologie, Managementansätze, in: Die Bank, o.Jg. (2002), S. 450-454.

Berndt, A.: Cash-flow als Sicherungsbasis, in: Bank Magazin, 5. Jg. (1997), Nr. 8, S. 10-14.

Bernstein, P.: Risk at the roots, in: Balance Sheet, 7. Jg. (1998), Nr. 1, S. 18-20.

Bernstorff, C. Gr. v.: Die Bedeutung der Legal Opinion in der Außenhandelsfinanzierung, in: RIW, 34. Jg. (1988), S. 680-683

Betsch, O.; Brümmer, E.; Hartmann, E.E.; Wittberg, V.: Kreditwürdigkeitsanalyse im Firmenkundengeschäft, in: Die Bank, o.Jg. (1997), S. 150-155.

Beyel, J.: Kreditwürdigkeitsanalyse, in: WISU, 16. Jg. (1987), S. 418-419.

Bieg, H.: Kann der Bankenprüfer die Bonität gewerblicher Bankkreditnehmer beurteilen?, in: ZfbF, 36. Jg. (1984), S. 495-512.

Bieg, H.; Hossfeld, H.: Der Cash-flow nach DVFA/SG, in: DB, 49. Jg. (1996), S. 1429-1434.

Bieta, V.: Wenn der Mensch ins Glücksrad greift: die Grenzen des Physikalismus im Risikomanagement, in: ZfgK, 58. Jg. (2005), S. 417-420.

Biggs, S. F.; Mock, T. J.; Quick, R.: Das Prüfungsurteil bei analytischen Prüfungshandlungen – Praktische Implikationen von Forschungsergebnissen, in: WPg, 53. Jg. (2000), S. 169-178.

Bindra, B.: Asset Securitisation in the People's Republic of China, in: Wilde Sapte Law, July 1999, S. 8-9.

Bitz, M.: Zur Begründung und Ausgestaltung bankaufsichtsrechtlicher Normen - eine risikotheoretische Analyse, in: W. Gerke (Hrsg.), Bankrisiken und Bankrecht, Wiesbaden 1988, S. 13-42.

Bitz, M.: Erscheinungsformen und Funktionen von Finanzintermediären, in: WiSt, 18. Jg. (1989), S. 430-436.

Bitz, M.: Investitionsplanung bei unsicheren Erwartungen, in: W. Wittmann u.a. (Hrsg.), HWB, Sp. 1965-1982.

Blohm, H.: Investitionsprüfung, in: HWRev., 2. Aufl., Stuttgart 1992, Sp. 918-928.

Blum, U; Mönius, J.: Versunkene Kosten und Wirtschaftspolitik, in: WiSt, 27. Jg. (1998), S. 7-13.

Böcking, H.-J.; Nowak, K.: Das Konzept des Economic Value Added, in: FB, 1. Jg. (1999), S. 281

Böcking, H.-J.; Orth, C.: Beratung und Prüfung, Vereinbarkeit von, in: HWRP, 3. Aufl., Stuttgart 2002, Sp. 257-267.

Böhner, W.: Bankbetriebslehre, in: ZfB, 52. Jg. (1982), S. 871-892.

Bönkhoff, F. J.: Beurteilungsprozeß bei der Revision, in: HWRev, 2. Aufl., Stuttgart 1992, Sp. 1519-1526.

Bönkhoff, F. J.: Prüfungsplanung, in: HWRev, 2. Aufl., Stuttgart 1992, Sp. 1519-1526.

Bolsenkötter, H.: Prüfung der wirtschaftlichen Verhältnisse und der Ordnungsmäßigkeit der Geschäftsführung bei öffentlichen Unternehmen, in: WPg, 34. Jg. (1981), S. 505-515.

Boos, K.-H.: Entwurf einer 6. KWG-Novelle, in: Die Bank, o.Jg. (1997), S. 119-125.

Bräutigam, J.; Küllmer, H.: Die Anwendung statistischer Verfahren zur Objektivierung der Kreditwürdigkeitsprüfung, in: B. Bl., 21. Jg. (1972), S. 6-10.

Brandman, J.: Best Project Finance Deals, in: Global Finance, 14. Jg. (2000), Nr. 2, S. 42-47.

Brandt, S.; Sonnenhol, J.: Verträge für Konsortialkredite, in: WM, 55. Jg. (2001), S. 2331.

Braun, B.: Risikoanalyse einer Erfolgsprognose mit einem Tabellenkalkulationsprogramm, in: WISU, 26. Jg. (1997), 1153-1160.

Brebeck, F.: Risikomanagementsystem, Prüfung, in: HWRP, 3. Aufl., Stuttgart 2002, Sp. 2071-2088.

Breisch, J.: Engagementprüfung, in: HWRP, 3. Aufl., Stuttgart 2002, Sp. 650-654.

Bretzke, W.-R.: Zur Frage der Überprüfbarkeit von Prognosen im Geschäftsbericht, in: WPg, 27. Jg. (1974), S. 292-296.

Bretzke, R.: Möglichkeiten und Grenzen einer wissenschaftlichen Lösung praktischer Prognoseprobleme, in: BFuP, 27. Jg. (1975), S. 496-515.

Bretzke, W.-R.: Inhalt und Prüfung des Lageberichtes: Anmerkungen zur gegenwärtigen und zukünftigen Praxis der Prognosepublizität, in: WPg, 32. Jg. (1979), S. 337-349.

Bretzke, W.-R.: Prognoseprüfung, in: HWRev., 2. Aufl., Stuttgart 1992, Sp. 1436-1443.

Breuer, W.: Financial Engineering, in: WISU, 26. Jg. (1997), S. 721.

Breuer, W.: Geschichte der Finanzwirtschaftslehre: Investitionstheorie, in: WiSt, 27. Jg. (1998), S. 2-6.

Breuer, W.: Kapitalwert und Inflation, in: WISU, 29. Jg. (2000), S. 1298-1310.

Brinkmann, J.: Die Offenlegung der wirtschaftlichen Verhältnisse nach § 18 KWG, in: BI, 13. Jg. (1986), Nr. 4, S. 58-63.

Bröker, F.; Lehrbasss, F. B.: Kreditportfoliomodelle in der Praxis, in: H. Schierenbeck, B. Rudolph, S. Schüller (Hrsg.), Handbuch Bankcontrolling, 2. Aufl., Wiesbaden 2001, S. 773-787.

Brogl, F.; Hambloch-Gesinn, S.: Aufsicht konkretisiert Offenlegungspflicht, in: Bank Magazin, 6. Jg. (1998), Nr. 8, S. 36-38.

Brüning, J.-B.; Hoffjahn, A.: Gesamtbanksteuerung mit Risk-Return-Kennzahlen, in: Die Bank, o.Jg. (1997), S. 362-369.

Buchmann, P.: Die Kreditnehmereinheit gem. § 19 II KWG, in: ZfgK, 50. Jg. (1997), S. 1225-1230.

Buchmann, P.: Die Offenlegung der wirtschaftlichen Verhältnisse nach § 18 KWG, in: Sparkasse, 117. Jg. (2000), S. 227-234 u. S. 280-287.

Buchmann, R.; Chmielewicz, Kl. (Hrsg.): Finanzierungsrechnung, ZfbF, 42. Jg. (1990), Sonderheft 26.

Buchner, R.: Kreditwürdigkeit und bonitätsbezogene Kreditwürdigkeitsanalyse, in: WISU, 15. Jg. (1986), S. 179-184.

Buchner, R.; Breith, E.: Das Problem der optimalen Allokation von Urteilsbildungsbeiträgen unter Kostenaspekt im Rahmen einer Buchprüfung, in: G. Seicht (Hrsg.), Management und Kontrolle, Berlin 1981, S. 13-46.

Bühner, R.; Weinberger, H.-J.: Cash-flow und Shareholder Value, in: BFuP, 43. Jg. (1991), S. 187-208.

Büschgen, H. E.: Finanzleasing als Finanzierungsalternative. Eine kritische Würdigung unter betriebswirtschaftlichen Aspekten, in: ZfB, 50. Jg. (1980), S. 1028-1041.

Büschgen, H. E.: Strategische Planung im marktorientierten Bankbetrieb, in: Die Bank, o.Jg. (1983), S. 260-271.

Büschgen, H. E.: Finanzinnovationen: Neuerungen und Entwicklungen an nationalen und internationalen Finanzmärkten, in: ZfB, 56. Jg. (1986), S. 301-336.

Büschgen, H. E.: Das Konsortialgeschäft der Banken im Wandel, in: ÖBA, 36. Jg. (1988), S. 423-435.

Büschgen, H.-E.: Kreditprüfung, in: HWRev, 2. Aufl., Stuttgart 1992, Sp. 1143-1153.

Büschgen, H. E.: Grundzüge des internationalen Leasing, in: ÖBA, 42. Jg. (1994), S. 25-38 u. 103-114.

Büschgen, H.-E.: Kreditprüfung, in: HWRP, 3. Aufl., Stuttgart 2002, Sp. 1410-1419.

urger, A.; Buchhart, A.: Financial Covenants statt Insolvenzordnung (InsO)?, in: Finanz Betrieb, 1. Jg. (1999), S. 15-20.

Burger, A.; Buchhart, A.: Der Cash Flow in einer integrierten Unternehmensrechnung, in: WPg, 54. Jg. (2001), S. 801-809.

Busse von Colbe, W.: Prognosepublizität von Aktiengesellschaften, in: O. Angehrn, H. P. Künzi (Hrsg.), Beiträge zur Lehre von der Unternehmung, Stuttgart 1968, S. 91-118.

Cane, A.: Churn is `cause for profound concern´, in: FT v. 19.11.1997, Beilage „FT Telecoms", S. II.

Carnevale, F.: A Modell for all Comers, in: Euromoney, 1989, S. 91-92.

Carnevale, F.: Off-Beat Finance for Copper Mine, in: Euromoney, 1989, S. 92-95.

Carnevale, F.: Putting BOT on the Road, in: Euromoney, 1989, S. 88-91.

Carnevale, F.: Two-Way Water Stretch, in: Euromoney, 1989, S. 95.

Castle, G. R.: What can go wrong, in: The Banker, Vol. 126 (1976), Nr. 599, S. 72.

Chigas, C.; Muller, L.; Ho, P.: AES DRAX optimises the project finance options, in: PFI, o.Jg. (2000), Nr. 200, S. 70 ff.

Clarke, P.; Martin, S.: The Big Swing to Project Finance, in: Euromoney, October 1980, S. 233-243.

Claudy, P.; Holler, F. J. G.: Strukturierung von Projektfinanzierungen über den Kapitalmarkt am Beispiel von Private Public Partnerships (PPPs), in: D. Hummel, R.-E. Breuer (Hrsg.), Handbuch Europäischer Kapitalmarkt, Wiesbaden 2001, S. 753-773.

Cluse, M.; Kalhoff, A.; Peukert, T.: Einführung eines Kreditrisikomanagementsystems – Erfahrungen aus der Praxis, in: Die Bank, o.Jg. (2001), S. 112-117.

Coenenberg, A. G.; Alvarez, M.; Meyer, M. A.: Cashflow, in: HWF, 3. Aufl., Stuttgart 2001, Sp. 479-496.

CSFI: Basel lies on bumpy road, in: The Banker, 152. Jg., Nr. 912, S. 12-13.

Dambach, H. T.: Structured Finance als Strategie, in: Die Bank, o.Jg. (1995), S. 532-534.

Decker, C.; Julius, H.: Project Financing under the German Export Credit Guarantee Programme, in: European Financial Services Law, 6. Jg. (1999), S. 192-196.

Decker, C.; Ziese, M.: Implementierung von Kapitalmarktprodukten im Firmenkundengeschäft, in: H. Maser, C. J. Börner, T. C. Schulz (Hrsg.), Bankstrategien im Firmenkundengeschäft, Wiesbaden 2005, S. 237-264.

Dedner, M.: Zur Entwicklung der Grundsätze ordnungsmäßiger Durchführung von Prospektprüfungen, in: BB, 38. Jg. (1983), S. 2026-2032.

Dietrich, R.; Kremar, H.: Portfolio-orientierte Kreditentscheidung im Firmenkundengeschäft, in: ZfgK, 52. Jg. (1999), S. 1187-1193.

Diruf, G.: Die quantitative Risikoanalyse: Ein OR-Verfahren zur Beurteilung von Investitionsprojekten, in: ZfB, 42. Jg. (1972), S. 821-832.

Dörge, S.: Simulation in der Investitionsrechnung: Der stochastische Entscheidungsbaum, in: WISU, 30. Jg. (2001), S. 809-812.

Dörner, D.: Entwicklungstendenzen in der Qualitätssicherung von Abschlussprüfungen, in: WPg, 44. Jg. (1991), S. 655-571.

Dörner, D.: Audit Risk, in: HWRev., 2. Aufl., Stuttgart 1992, Sp. 81-95.

Dörner, D.: Prüfungsansatz, risikoorientierter, in: HWRP, 3. Aufl., Stuttgart 2002, Sp. 1744-1762.

Döser, W. H.: Anglo-amerikanische Vertragsstrukturen in deutschen Vertriebs-, Lizenz- und sonstigen Vertikalverträgen, in: NJW, 53. Jg. (2000), S. 1451-1455.

Dombert, A.; Robens, B. H., Bonitätsanalyse bei Großkrediten, in: Die Bank, o. Jg. (1997), S. 527-529.

Dombret, A. R.; Thiede, J.: Risikomanagement in Kreditinstituten, in: HWF, 3. Aufl., Stuttgart 2001, Sp. 1856-1868.

Drobeck, J.: Die Prognosepublizität im Prospekt über öffentlich angebotene Kapitalanlagen und deren Beurteilung nach IDW S 4, in: WPg, 54. Jg. (2001), S. 1223-1234.

Duhnkrack, T.: Wertorientierte Steuerung des Firmenkundengeschäftes, in: K. Juncker, E. Priewasser (Hrsg.), Handbuch Firmenkundengeschäft, 2. Aufl., Frankfurt a.M. 2001, S. 153-162.

Dunzendorfer, M.: Stolpersteine trotz guter Zahlen, in: ZfgK, 50. Jg. (1997), S. 547.

Dykxhoorn, H. J.; Sinning, K. E.; Wiese, M.: Wie deutsche Banken die Qualität von Prüfungsberichten beurteilen, in: BB, 51. Jg. (1996), S. 2031-2034.

Dymott, J.: Base-load fights back, in: Worldwide Independent Power, o.Jg., May 2000, S. 10.

Ebenroth, C. T.: Klar und übersichtlich, in: U. Leffson, D. Rückle, B. Großfeld, Handwörterbuch unbestimmter Rechtsbegriffe im Bilanzrecht des HGB, Köln 1986, S. 264-272.

Eggers, T.: Grundsätze für die Gestaltung der Finanzplanung, in: BFuP, 23. Jg. (1971), S. 257-285.

Egner, H.: Zum wissenschaftlichen Programm der betriebswirtschaftlichen Prüfungslehre, in: ZfbF, 22. Jg. (1970), S. 771-789.

Egner, H.: Prüfungstheorie, verhaltensorientierter Ansatz (Syllogistischer Ansatz), in: HWRev, 2. Aufl., Stuttgart 1992, Sp. 1566-1578.

Eicke, J.: Vom Umgang mit dem neuen KWG II, in: ZfgK, 38. Jg. (1985), S. 754-757.

Elsas, R.; Krahnen, J. P.: Grundsätze ordnungsgemäßen Ratings: Anmerkungen zu Basel II, in: Die Bank, o.Jg. (2001), S. 298-304.

Emde, W. B.: Prognosetechniken und -systeme, in: HWPlan, Stuttgart 1989, Sp. 1645-1658.

Engelhardt, W. H. u. Seibert, K.: Internationale Joint Ventures, in: ZfbF, 33. Jg. (1981), S. 428-435.

Erdland, A.: Die Rolle der Kreditwirtschaft bei Privatisierungen, in: Institut der deutschen Wirtschaft (Hrsg.), Privatisierung kommunaler Aufgaben (Symposium 15. November 1996 in Bonn), 1997, S. 10-18.

Everling, O.: Das Rating, in: WISU, 29. Jg. (2000), S. 673-676.

Everling, O.: Rating, externes, in: HWF, 3. Aufl., Stuttgart 2001, Sp. 1755-1767.

Ex-Im Bank (Hrsg.): Fact Sheet: A New Approach to Project Finance, provided for the Ex-Im Bank Reinventing Rollout Meeting August 4, 1994.

Fahrholz, B.: Unternehmerische Chancen nutzen durch strukturierte Finanzierungen, in: FAZ v. 14.2.2000, S. 40.

Falkenberg, H.; Egger, A.: Prüfungshandlungen, in: K. Lechner u.a. (Hrsg.), Treuhandwesen: Prüfung, Begutachtung, Beratung, Wien 1978, S. 843-862.

Fels, G.; Ewers, H.-J.; Grandke, G.; Geldern, W. v.; Sichler, H.-W.: Podiumsdiskussion: Ansätze und Erfahrungen mit Privatisierungen, in: Institut der deutschen Wirtschaft (Hrsg.), Privatisierung kommunaler Aufgaben (Symposium 15. November 1996 in Bonn), 1997, S. 33-52.

Fentz, V.: Internationale Finanzierung (I): Mehr Einblick in Unternehmen, in: Bank Magazin, 8. Jg. (2000), Nr. 10, S. 36-38.

Fentz, V.: Internationale Finanzierung (II): Neue Regeln erhöhen die Transparenz, in: Bank Magazin, 8. Jg. (2000), Nr. 11, S. 34-36.

Finger, P.: Die mathematische Preisgleitklausel, in: DB, 23. Jg. (1970), S. 1865-1870.

Fischer, L. H.: Portfolio-Management für Kreditrisiken ermöglicht Pareto-Optimalität, in: ZfgK, 52. Jg. (1999), S. 177-180.

Fischer, R.: § 125. Grundlagen, in: H. Schimansky, H.-J. Bunte, H.-J. Lwowski (Hrsg.), Bankrechts-Handbuch, München 1997, S. 3715-3724.

Fischer, R.: § 126. Die Aufsichtbehörde und ihre Instrumente, in: H. Schimansky, H.-J. Bunte, H.-J. Lwowski (Hrsg.), Bankrechts-Handbuch, München 1997, S. 3725-3730.

Fischer, R.: § 130. Beschränkungen und Kontrollen des Kreditgeschäftes, in: H. Schimansky, H.-J. Bunte, H.-J. Lwowski (Hrsg.), Bankrechts-Handbuch, München 1997, S. 3757-3767.

Fischer-Winkelmann, W. F.: Prüfungstheorie, empirisch-kognitiver Ansatz, in: HWRev, 2. Aufl., Stuttgart 1992, Sp. 1532-1544.

Fischer-Winkelmann, W. F.: Prüfungstheorie, in: W. Lück (Hrsg.), Lexikon der Betriebswirtschaft, 5. Aufl., Landsberg am Lech 1993, S. 1024-1026.

Flesch, J. R.; Gerdsmeier, S.: Barwertsteuerung und Allokation von Risikokapital, in: B. Rolfes, H. Schierenbeck, S. Schüller (Hrsg.), Risikomanagement in Kreditinstituten, Frankfurt a.M. 1995., S. 111-129.

Flesch, J. R.; Kutscher, R.; Lichtenberg, M.: Das Barwertkonzept in der Unternehmenssteuerung, in: H. Schierenbeck, B. Rudolph, S. Schüller (Hrsg.), Handbuch Bankcontrolling, 2. Aufl., Wiesbaden 2001, S. 701-714.

Follak, K. P.: Immobilien-Projektfinanzierung, in: Der Langfristige Kredit, 44. Jg. (1993), S. 100-103.

Forster, K.-H.; Gross, G.: Probleme der Rechnungslegung und Prüfung von Kreditinstituten in den Stellungnahmen des Bankfachausschusses des IDW, in: K.-H. Forster (Hrsg.), Bankaufsicht, Bankbilanz und Bankprüfung unter Berücksichtigung der Dritten KWG-Novelle, Düsseldorf 1985, S. 191-206.

Forster, M.: Unternehmenspolitische Überlegungen zur Projektfinanzierung, in: Fachausschuß für Bergtechnik der GDMB (Hrsg.), Projektfinanzierung, Clausthal-Zellerfeld 1985, S. 37-51.

Fortin, M.: Big Tickets: The world's ten largest projects with private investment, in: Infrastructure Finance, o.Jg. (1996), Nr. 9, S. 83-87.

Fortin, M.: Projects in the Pipeline, in: Infrastructure Finance, o.Jg. (1996), Nr. 9, S. 89-91.

Fowler, T. V.: Big business for the banks, in: The Banker, 127. Jg. (1977), Nr. 622, S. 49-61.

Franzetti, C.: Risiko aus Konzentration, in: Die Bank, o.Jg. (2001), S. 186-191.

Freidank, C.-C.; Paetzmann, K.: Auswahl und Einsatz von Datenmaterial, Analysemethoden sowie externen Beratern zur Vorbereitung von Kreditvergabeentscheidungen, in: DB, 55. Jg. (2002), S. 1785-1789.

Frenzel, M.: Projektfinanzierung und Betreibermodelle - Möglichkeiten und Grenzen aus Sicht der Industrie, in: BDI (Hrsg.), Projektfinanzierung und Betreibermodelle auf Auslandsmärkten: Das Geschäft der Zukunft, Köln 1996, S. 13-24.

Friede, G.: Ergebnisse von freiwilligen Prüfungen, in: K. Lechner u.a. (Hrsg.), Treuhandwesen: Prüfung, Begutachtung, Beratung, Wien 1978, S. 943-945.

Fritz, M. G.; Wandel, T.: Qualitatives Kreditrisikomanagement, in: Die Bank, o.Jg. (1991), S. 620-625.

Früh, A.: Die Bonitätsprüfung nach § 18 Kreditwesengesetz (neu), in: Zeitschrift für Wirtschafts- und Bankrecht (WM IV), 49. Jg. (1995), S. 1701-1709.

Früh, A.: Die Prüfpflichten für Kredite sollen gelockert werden, in: FAZ v. 9.2.2005, Nr. 33, S. 9.

Fuchs, R.: Risiken von Umweltprojekten einschätzen, in: Kreditpraxis, 20. Jg. (1994), S. 374-376.

Fülbier, R. U.: Regulierung – Ökonomische Betrachtung eines allgegenwärtigen Phänomens, in: WiSt, 28. Jg. (1999), S. 468-473.

Füser, K.; Rödel, K.; Kang, D.: Identifizierung und Quantifizierung von „Operational Risk", in: Finanz Betrieb, 4. Jg. (2002), S. 495-502.

Fulda, E.; Härter, M.; Lenk, H.: Prognoseprobleme, in: HWPlan, Stuttgart 1989, Sp. 1637-1645.

Funk, J.; Börsig, C.: Treffsicherheit von Planungsprognosen und Planerreichung, in: ZfbF, 45. Jg., (1993), S. 554-564.

Gärtner, M.: Die Anwendung von analytischen Prüfungshandlungen: Ein Grundsatz ordnungsmäßiger Abschlußprüfung im Spannungsfeld zwischen Wirtschaftlichkeit und Qualität der Jahresabschlußprüfung, in: DB, 47. Jg. (1994), S. 949-951.

Galbraith, C. S.; Merril, G. B.: Geschäftspolitik mit frisierten Prognosen, in: Harvard Business Manager, o.Jg. (1996), Nr. 3, S. 85-93.

Gans, C.: Was bringt eine Systematik der Prüfungsmethoden?, in: DB, 38. Jg. (1985), S. 2630-2633.

Gebhard, G.: Die Eignung empirischer Untersuchungen als Grundlage für Kreditwürdigkeitsprüfungen, in: DBW, 41. Jg. (1981), S. 221-235.

Gebhardt, G.: Gemeinschaftsunternehmungen, in: HWB, 5. Aufl., Stuttgart 1993, Sp. 1375-1388.

Gebhardt, G.; Daske, H.: Zur Notwendigkeit zahlungsorientierter Kapitalflussrechnungen, in: WISU, 32. Jg. (2003), S. 1219-1228.

Gelinas, N.: SAm-1 hit by market conditions, in: PFI, o.Jg. (2000), Nr. 205, S. 10.

Gerdsmeier, S.; Krob, B.: Kundenindividuelle Bewertung des Ausfallrisikos mit dem Optionspreismodell, in: Die Bank, o.Jg. (1994), S. 469-475.

Gerke, W.; Kayser, O.: Bewertung eines Rückversicherungskonzepts für die Deckung von Kreditausfallrisiken der Kreditinstitute, in: ZfB, 57. Jg. (1987), S. 662-683.

Ghaussy, A. G.: Der entwicklungspolitische Beitrag der Gemeinschaftsunternehmungen, in: K. Brockhoff, W. Krelle (Hrsg.), Unternehmensplanung, Berlin, Heidelberg, New York 1981, S. 245-256.

Gindel, F.: Einführung in die Beurteilungskriterien im Rahmen der Bilanzanalyse, in: W. Wiesinger (Hrsg.), Handbuch der Kreditprüfung, Wien 1987, S. 1-10.

Glasen, F.: Wissensbasierte Systeme für die Kreditwürdigkeitsprüfung, in: KuK, 27. Jg. (1994), S. 100-134.

Gleißner, W.: Kapitalkosten: Der Schwachpunkt bei der Unternehmensbewertung und im wertorientierten Management, in: FB, 7. Jg. (2005), S. 217-229.

Gleißner, W.; Füser, K.: Moderne Frühwarn- und Prognosesysteme für Unternehmensplanung und Risikomanagement, in: DB, 53. Jg. (2000), S. 933-941.

Göllert, K.: Analyse des Cash Flow Statements nach internationalen Standards (IAS/GAAP), in: Die Bank, o.Jg. (1999), Nr. 2, S. 122-125.

Göppl, H.: Aufbau und Abhängigkeit der Finanzplanung, in: WPg, 27. Jg. (1974), S. 4-10.

Göttgens, M.; Karg, M.: Grundzüge des Entwurfs einer Fünften KWG-Novelle, in: WPg, 47. Jg. (1994), S. 197-207.

Graf, W.: Neue Strafbarkeitsrisiken für den Wirtschaftsprüfer durch das KonTraG, in: BB, 56. Jg. (2001), S. 562-566.

Gramlich, D.; Walz, H.: Finanzplanung als Phasenmodell, in: WISU, 23. Jg. (1994), S. 321-326 u. 433-436.

Grob, H. L.: Wirtschaftlichkeitsrechnungen bei Produktinnovationen, in: WISU, 9. Jg. (1980), S. 131-132 u. S. 181-182.

Grob, H. L.: Interpretation des Kapitalwertes im Rahmen der vollständigen Finanzplanung, in: WISU, 13. Jg. (1984), S. 515-516 u. S. 569-570.

Grob, H. L.: Investitionsrechnung auf der Grundlage vollständiger Finanzpläne – Vorteilhaftigkeitsanalyse für ein einzelnes Investitionsobjekt, in: WISU, 13. Jg. (1984), S. 16-23.

Grob, H. L.; Langenkämper, C.; Wieding, A.: Unternehmensbewertung mit VOFI, in: ZfbF, 51. Jg. (1999), S. 454-479.

Grob, H. L.; Mrzyk, A.: Risiko-Chancen-Analyse in der Investitionsrechnung: Integration von VOFI und Crystal Ball, in: Controlling, 11. Jg. (1999), S. 120-129.

Groß, C.: Die neuen Mindestanforderungen an das Kreditgeschäft der Kreditinstitute, in: Die Bank, o.Jg. (2003), S. 94-98.

Grosse, P. B.: Projektfinanzierung: Anwendungsmöglichkeiten bei der Finanzierung energie-technischer Investitionen, in: VDI-Gesellschaft Energietechnik (Hrsg.), Energietechnische Investitionen: Wirtschaftlichkeit und Finanzierung, Düsseldorf, 1988, S. 179-190.

Grosse, P. B.: Projektfinanzierung aus Bankensicht, in: K. Backhaus, O. Sandrock, J. Schill, H. Uekermann (Hrsg.), Projektfinanzierung – Wirtschaftliche und rechtliche Aspekte einer Finanzierungsmethode für Großprojekte –, Stuttgart 1990, S. 41-62.

Grotherr, S.: Die Bedeutung der Prospektprüfung als Instrument des Anlegerschutzes, in: DB, 41. Jg. (1988), S. 741-746.

Grott, R.; Kruschwitz, L.; Löffler, A.: Zukunftsbezogene Kreditwürdigkeitsprüfung, in: ZfgK, 52. Jg. (2000), S. 474-478.

Grunberg, E.; Modigliani, F.: The Predictability of Social Events, in: Journal of Political Economy, 62. Jg. (1954), S. 465-478.

Gschrey, E.: Kreditwürdigkeitsprüfung und Arbeitsmarkt-/Wirtschaftskrise, in: BI, 23. Jg. (1996), H. 7, S. 4-11.

Gündling, H.; Everling, O.: Verfahren zur Länderrisikobeurteilung, in: Die Bank, o.Jg. (1993), S. 590-595.

Günther, T.: Computergestützte Finanzplanung: Ein Überblick zu verschiedenen Vorschlägen des Schrifttums, in: DBW, 48. Jg. (1988), S. 109-129.

Günther, T.; Grüning, M.: Einsatz von Insolvenzprognoseverfahren bei der Kreditwürdigkeitsprüfung im Firmenkundenbereich, in: DBW, 60. Jg. (2000), S. 39-59.

Guth, W.: Das internationale Kreditgeschäft der Banken und seine Probleme, in: Die Bank, o.Jg. (1980), S. 308-316.

Guthoff, A.; Homölle, S.; Pfingsten, A.: Banksteuerung mit RAROC und anderen risikoadjustierten Performancemaßen, in: K. Juncker, E. Priewasser (Hrsg.), Handbuch Firmenkundengeschäft, 2. Aufl., Frankfurt a.M. 2001, S. 363-379.

Guthoff, A.; Pfingsten, A.; Schuermann, T.: Die Zukunft des Kreditgeschäftes, in: ZfgK, 52. Jg. (1999), Nr. 21, S. 1182-1186.

Hackl, P.; Schmoll, A.: Kontodatenanalyse zur Früherkennung von Kreditrisiken: Eine empirische Analyse, in: ÖBA, 38. Jg. (1990), S. 870-879.

Hadding, W.: § 87. Konsortialkredit, in: H. Schimansky, H.-J. Bunte, H.-J. Lwowski (Hrsg.), Bankrechts-Handbuch, München 1997, S. 1986-2003.

Hagel, J.: Unabhängigkeit als ethisch-moralische Herausforderung, in: WPg, 55. Jg. (2002), S. 1355-1360.

Hagenmüller, K. F.: Kreditwürdigkeitsprüfung, in: HWF, Stuttgart 1976, Sp. 1224-1234.

Hagest, J.; Kellinghusen, G.: Zur Problematik der Prognoseprüfung und der Entwicklung von Grundsätzen ordnungsmäßiger Prognosebildung, in: WPg, 30. Jg. (1977), S. 405-415.

Hall, W.: The fashionable world of project finance, in: The Banker, 126. Jg. (1976), Nr. 599, S. 71 u. S. 73-75.

Hambloch-Gesinn, S.; Brogl, F.: BAKred konkretisiert erneut § 18 KWG, in: BI, 25. Jg. (1998), Nr. 10, S. 26-28.

Hamerle, A.; Knapp, M.; Ott, B.; Schacht, G.: Prognose und Sensitivitätsanalyse von Branchenrisiken – ein neuer Ansatz, in: Die Bank, o. Jg. (1998), S. 428-430.

Hammer, D.: Grundsätze ordnungsmäßiger Durchführung von Prospektprüfungen – Zur Stellungnahme WFA 1/1987 –, in: WPg, 40. Jg. (1987), S. 676-678.

Hansen, R.: Die Projektfinanzierung muß gut strukturiert sein, in: HB v. 17.11.1998, S. 54.

Hansmann, K.-W.: Prognose und Prognoseverfahren, in: BFuP, 47. Jg. (1995), S. 269-286.

Hansmann, K.-W.: Prognoseverfahren, in: HWB, 2. Aufl., Stuttgart 1995, Sp. 2171-2183.

Harries, H.: Rechtliche Aspekte der Projektfinanzierung im Bergbau, in: Fachausschuß für Bergtechnik der GDMB (Hrsg.), Projektfinanzierung, Clausthal-Zellerfeld 1985, S. 27-36.

Hartshorn, T.; Busink, N.: Projektfinanzierung, in: K. Backhaus, H.M. Siepert (Hrsg.), Auftragsfinanzierung im industriellen Anlagengeschäft, Stuttgart 1987, S. 224-246.

Hauschildt, J.: Methodische Anforderungen an die Ermittlung der Wissensbasis von Expertensystemen, in: DBW, 50. Jg. (1990), S. 525-537.

Hauschildt, J.: Cash-Flow-Analyse, in: HWB, 5. Aufl., Stuttgart 1993, Sp. 637-647.

Hauschildt, J.; Leker, J.: Bilanzanalyse unter dem Einfluß moderner Analyse- und Prognoseverfahren, in: BFuP, 47. Jg. (1995), S. 249-268.

Hauschildt, J.; Leker, J.: Kreditwürdigkeitsprüfung (inkl. Automatisierte), in: HWF, 3. Aufl., Stuttgart 2001, Sp. 1460-1471.

Hedemann, G.: Eigen- und Fremdkapitalfinanzierung von WKA, in: Erneuerbare Energien, o.Jg. (2000), Nr. 11, S. 6-7.

Hein, M.: Die gesetzlichen Anforderungen an Kreditprüfung und Kreditüberwachung in Bankbetrieben, in: WiSt, 15. Jg. (1986), S. 15-20.

Heintzeler, F.: Internationale Projektfinanzierung, in: ZfgK, 36. Jg. (1983), S. 601-604.

Heintzeler, F.: Projektfinanzierung aus der Sicht der Banken, in: Fachausschuß für Bergtechnik der GDMB (Hrsg.), Projektfinanzierung, Clausthal-Zellerfeld 1985, S. 13-26.

Helm, R.; Satzinger, M.: Computergestützte Szenario-Analyse am Beispiel des Telekommunikationsmarktes, in: WISU, 28. Jg. (1999), S. 1106-1112.

Helm, R.; Satzinger, M.: Strategische Unternehmensplanung mittels Szenario-Analysen, in: WISU, 28. Jg. (1999), S. 961-964.

Hempel, C. G.; Oppenheim, P.: The Logic of Explanation, in: H. v. Feigl, M. Brodbeck (Hrsg.), Readings in the Philosophy of Science, New York 1953.

Herdegen, M.: Der Konzessionsvertrag aus öffentlich-rechtlicher Sicht: das Beispiel des Kanaltunnelprojekts, in: F. Nicklisch (Hrsg.), Rechtsfragen privatfinanzierter Projekte: Nationale und internationale BOT-Projekte, Heidelberg 1993, S. 41-51.

Heri, E. W.; Zimmermann, H.: Grenzen statistischer Messkonzepte für die Risikosteuerung, in: H. Schierenbeck, B. Rudolph, S. Schüller (Hrsg.), Handbuch Bankcontrolling, 2. Aufl., Wiesbaden 2001, S. 995-1014.

Hermes Kreditversicherungs-AG (Hrsg.): Projektfinanzierungen, in: AGA-Report Nr. 61, (1996), S. 7-12.

Herrhausen, A.: Internationale Investitionsfinanzierung in der Zukunft: Eine Herausforderung, in: ZfB, 57. Jg. (1987), S. 966-977.

Hesse, J.: Fragen der Projektfinanzierung aus der Sicht des Anlagenerrichters, in: F. Nicklisch (Hrsg.), Rechtsfragen privatfinanzierter Projekte: Nationale und internationale BOT-Projekte, Heidelberg 1993, S. 31-39.

Hielscher, U.; Lehner, U.: Kurzfristige Finanzplanungsmodelle, in: WiSt, 4. Jg. (1975), S. 414-419.

Hielscher, U.; Lehner, U.: Langfristige Finanzplanungsmodelle, in: WiSt, 4. Jg. (1975), S. 453-458.

Hielscher, U.: Instrumente der Kreditwürdigkeitsprüfung, in: WiSt, 8. Jg. (1979), S. 308-315.

Hille, C. T.; Burmester, C.; Otto, M.: Modelle zur risikoadjustierten Kapitalallokation, in: Die Bank, o.Jg. (2000), S. 190-195.

Himmelmayer, F. E.: Die Prüfungs-, Begutachtungs- und Beratungsvorbereitung, in: K. Lechner u.a. (Hrsg.), Treuhandwesen: Prüfung, Begutachtung, Beratung, Wien 1978, S. 681-692.

Hinsch, C.L.: Das Vertragsrecht der internationalen Konsortialkredite am Euromarkt, in: N. Horn (Hrsg.), Das Vertragsrecht der internationalen Konsortialkredite und Projektfinanzierungen, Berlin, New York 1985, S. 1-198.

Hömberg, R.: Das IDW-Fachgutachten über die „Grundsätze ordnungsmäßiger Durchführung von Abschlussprüfungen" – Kritische Analyse wichtiger Prüfungsnormen und Vergleich mit amerikanischen Prüfungsgrundsätzen, in: DB, 42. Jg. (1989), S. 1781-1788.

Hoffmann, W.-D.: Im Rahmen des Vertretbaren ist jede Bilanz zutreffend, in: FAZ v. 30.9.2000, S. 22.

Hömberg, R.: Internes Kontrollsystem, in: HWRP, 3. Aufl., Stuttgart 2002, Sp. 1228-1237.

Hömberg, R.: Prüfungsplanung, in: HWRP, 3. Aufl., Stuttgart 2002, Sp. 1852-1861.

Hömberg, R.: Stichprobenprüfung mit Zufallsauswahl, in: HWRP, 3. Aufl., Stuttgart 2002, Sp. 2287-2304.

Hommelhoff, P.; Schwab, M.: Zum Stellenwert betriebswirtschaftlicher Grundsätze ordnungsgemäßer Unternehmensleitung und -überwachung im Vorgang der Rechtserkenntnis, in: A. v. Werder (Hrsg.), Grundsätze ordnungsmäßiger Unternehmungsführung, in: ZfbF, Sonderheft Nr. 36, 1996, S. 149-178.

Horsch, A.; Paul, S.: Risikoklassen in der Bankaufsicht?, in: ZfgK, 51. Jg. (1998), S. 328-336.

Horn, C.; Küchle, O.: Implementierung von Value-at-Risk-Methoden im Kreditbereich, in: ZfgK, 53. Jg. (2000), S. 244-248.

Horn, N.: Das Vertragsrecht der internationalen Projektfinanzierungen, in: N. Horn (Hrsg.), Das Vertragsrecht der internationalen Konsortialkredite und Projektfinanzierungen, Berlin, New York 1985, S. 199-268.

Horn, N.: Bankwirtschaft und Bankrecht in interdisziplinärer Perspektive, in: D. Bierbaum, K. Feinen (Hrsg.), Bank- und Finanzwirtschaft, Wiesbaden 1997, S. 221-243.

Hornung, K.; Reichmann, T.; Diederichs, M.: Risikomanagement – Teil I: Konzeptionelle Ansätze zur pragmatischen Realisierung gesetzlicher Anforderungen, in: Controlling, 11. Jg. (1999), S. 317-325.

Horváth, P.: Internes Kontrollsystem, allgemein, in: HWRev, 2. Aufl., Stuttgart 1992, Sp. 882-896.

Huber, H.: Wissenschaftstheoretische Möglichkeiten der Erforschung der Ziele der Prüfungen, Begutachtungen und Beratungen, in: K. Lechner u.a. (Hrsg.), Treuhandwesen: Prüfung, Begutachtung, Beratung, Wien 1978, S. 661-680.

Huber, W.: Projektfinanzierung. Rechtliche Risiken und potentielle Haftungen für die finanzierenden Banken, in: ÖBA, 44. Jg. (1986), S. 264-271.

Hügle, F.: Klumpenrisiken vermeiden, in: Bank Magazin, 7. Jg. (1999), Nr. 5, S. 34-37.

IIR-Arbeitskreis „Revision des Kreditgeschäftes": Prüfung der Einhaltung von Offenlegungsvorschriften in Kreditinstituten, in: ZIR, 34. Jg. (1999), S. 133-147.

Ibert, W.: Risikoaggregation im Rahmen des risikoorientierten Prüfungsansatzes, in: WPg, 51. Jg. (1998), S. 998-1004.

IDW: IDW Standard: Grundsätze ordnungsmäßiger Beurteilung von Prospekten über öffentlich angebotene Kapitalanlagen (IDW S 4), in: WPg, 53. Jg. (2000), S. 922-937.

Irlenbusch, B.; Schade, L.: Zur Wirksamkeit nicht bindender Verträge – Eine experimentelle Untersuchung, in: ZfbF, 51. Jg. (1999), S. 730-749.

Jacob, A.-J.: Risikobegrenzung und Innovationsfähigkeit - ein dialektischer Prozeß?, in: ZfgK, 46. Jg. (1993), S. 610-612.

Jacobs, O. H.; Oestreicher, A.; Piotrowski-Allert, S.: Die Einstufung des Fehlerrisikos im handelsrechtlichen Jahresabschluß anhand von Regressionen aus empirisch bedeutsamen Erfolgsfaktoren, in: ZfbF, 51. Jg. (1999), S. 523-549.

Jaeckel, J.: Aktuelle Probleme der Exportkreditversicherung und -finanzierung, in: Die Bank, o.Jg. (1981), S. 275-282.

Jandt, J.: Investitionseinzelentscheidungen bei unsicheren Erwartungen mittels Risikoanalyse, in: WiSt, 15. Jg. (1986), S. 543-549.

Janus, H.: § 122. Ausfuhrgarantien und Ausfuhrbürgschaften des Bundes, in: H. Schimansky, H.-J. Bunte, H.-J. Lwowski (Hrsg.), Bankrechts-Handbuch, München 1997, S. 3626-3654.

Julius, H.; Decker, C.: Forderungsabsicherung in der Exportfinanzierung durch Gegengeschäfte, in: RIW, 45. Jg. (1999), S. 594-600.

Kahn, S.: Bonds are back, in: Global Finance, 12. Jg (1998), Nr. 6, S. 6-8.

Kamann, M.; Wiegel, K. D.: Internationale Projektfinanzierung, in: Die Bank, o.Jg. (1983), S. 226-230.

Kargl, H.: Lean Production, in: WiSt, 23. Jg. (1994), S. 176-179.

Karten, W.: Risk Management, in: HWB, 5. Aufl., Stuttgart 1993, Sp. 3825-3836.

Kassebohm, M.: Lean Auditing, in: BB, 49. Jg. (1994), S. 2171-2176.

Kaufmann, W.: Kosten-Nutzen-Analyse bei Wirtschaftlichkeitsprüfungen, in: HWRev., 2. Aufl., Stuttgart 1992, Sp. 1074-1083.

Kenne, U. v.: Die Kreditvergabe muss unbürokratischer werden, BZ v. 5.04.2005, Nr. 64, S. 8.

Keßler, H. J.: Internationale Projektfinanzierungen (1): Frischer Wind im Exportkreditgeschäft, in: Kreditpraxis, 17.Jg. (1991), S. 2187-2190.

Keßler, H. J.: Internationale Projektfinanzierungen (2): Innovativen und risikobewußten Banken winken hohe Margen, in: Kreditpraxis, 17. Jg. (1991), S. 2199-2202.

Kiethe, K.; Hektor, D.: Grundlagen und Techniken der Projektfinanzierung, in: DStR, 34. Jg. (1996), S. 977-983.

Kilger, W.: Kritische Werte in der Investitions- und Wirtschaftlichkeitsrechnung, in: ZfB, 35. Jg. (1965), S. 338-353.

Kirchgässer, W.: Die rechtliche und wirtschaftliche Bedeutung des Anlagenvertrages, in: ZfbF, 33. Jg. (1981), S. 936-946.

Kirchhoff, U.: Infrastrukturfinanzierung (1). Infrastrukturmaßnahmen: Neue Wege der Organisation und Finanzierung, in: Kreditpraxis, 21. Jg. (1995), S. 284-288.

Kirchhoff, U.: Infrastrukturfinanzierung (2). Entlastung für den öffentlichen Haushalt, in: Kreditpraxis, 21. Jg. (1995), S. 294-296.

Kirchhoff, U.: Organisations- und Finanzierungsmodelle für den öffentlichen Infrastrukturbereich, in: Der Langfristige Kredit, 44. Jg. (1993), S. 440-447.

Kirmße, S.: Die Ermittlung von Risikoprämien im Firmenkreditgeschäft, in: K. Juncker, E. Priewasser (Hrsg.), Handbuch Firmenkundengeschäft, 2. Aufl., Frankfurt a.M. 2001, S. 380-396.

Kirmße, S.: Gesamtbankorientierte Kreditrisikosteuerung, in: H. Schierenbeck, B. Rudolph, S. Schüller (Hrsg.), Handbuch Bankcontrolling, 2. Aufl., Wiesbaden 2001, S. 1015-1035.

Kit Yin, B.: Dabhol takes a tariff spin in NY, in: PFI, o.Jg. (2001), Nr. 208, S. 21-22.

Klaus, P.: Die Bedeutung des Leasings in der internationalen Projekt- und Exportfinanzierung, in: ZfgK, . Jg. (2005), S. 302-304.

Klüwer, A.; Marschall, F.: Whole Business Securitisation, in: ZBB, 17. Jg. (2005), S. 255-265.

Knief, P.: Die Finanzplanung im Rahmen des § 18 KWG, in: DB, 34. Jg. (1981), S. 2337-2339.

Knief, P.: Die Bestätigung von Finanzplanungen als Aufgabe der wirtschaftsprüfenden und steuerberatenden Berufe, in: WPg, 36. Jg. (1983), S. 300-303.

Knief, P.: § 18 KWG ohne Bilanz erfüllen: Ein EDV-gestützter Lösungsansatz zur zeitnahen Analyse der aktuellen wirtschaftlichen Lage, in: B. Bl., 33. Jg. (1984), Nr. 2, S. 42-48.

Knolmayer, G.: Begutachtungs- und Beratungsverfahren, in: K. Lechner u.a. (Hrsg.), Treuhandwesen: Prüfung, Begutachtung, Beratung, Wien 1978, S. 863-880.

Knop, W.: Die Prüfung des Internen Kontrollsystems (IKS) als Basis zur Planung ergebnisorientierter Prüfungshandlungen, in: WPg, 36. Jg. (1983), S. 413-419.

Knop, W.: Eine Prüfungsstrategie zur Prüfung des Internen Kontrollsystems (IKS) einer Unternehmung durch den Abschlussprüfer (Teil I), in: WPg, 37. Jg. (1984), S. 313-319.

Knop, W.: Eine Prüfungsstrategie zur Prüfung des Internen Kontrollsystems (IKS) einer Unternehmung durch den Abschlussprüfer (Teil II), in: WPg, 37. Jg. (1984), S. 348-355.

Knorr, A.: Globalisierung, in: WiSt, 27. Jg. (1998), S. 238-243.

Knorr, A.: Verdrängungswettbewerb, in: WISU, 28. Jg. (1999), S. 108-114.

Knoth, J.: Progressive und retrograde Prüfung, in: HWRev, 2. Aufl., Stuttgart 1992, Sp. 1459-1468.

Köhler, R.; Uebele, H.: Risikoanalysen bei der Evaluierung absatzorientierter Projekte, in: WiSt, 12. Jg. (1983), S. 119-127.

Köhler, R.: Zum Finanzierungsbegriff einer entscheidungsorientierten Betriebswirtschaftslehre, in: ZfB, 39. Jg. (1969), S. 435-456.

Korff-Schmising, M. Gr. v.: Projektfinanzierung und Betreibermodelle in der Außenwirtschaftsförderung des Bundes, in: BDI (Hrsg.), Projektfinanzierung und Betreibermodelle auf Auslandsmärkten: Das Geschäft der Zukunft?, Köln 1996, S. 25-32.

Kosiol, E.: Zur Problematik der Planung in den Unternehmen, in: ZfB, 37. Jg. (1967), S. 77-96.

Krämer, H.-P.: Möglichkeiten der langfristigen Refinanzierung, in: ZfgK, 49. Jg. (1996), S. 932-938.

Krahnen, J. P.: Rating, internes, in: HWF, 3. Aufl., Stuttgart 2001, Sp. 1767-1775.

Krahnen, J. P.; Weber, M.: Generally accepted rating principles: A primer, in: JoBF, 25. Jg. (2001), S. 3-23.

Kromschröder, B.; Lück, W.: Grundsätze risikoorientierter Unternehmensüberwachung, in: DB, 51. Jg. (1998), S. 1573-1576.

Krüger, K.: Prospektbeurteilung, in: HWRP, 3. Aufl., Stuttgart 2002, Sp. 1731-1737.

Krümmel, H.-J.: Grundsätze der Finanzplanung, in: ZfB, 34. Jg. (1964), S. 225-240.

Krümmel, H. J.: Einige Probleme der Konstruktion bankaufsichtlicher Risikobegrenzungsregeln, in: K.-H. Forster (Hrsg.), Bankaufsicht, Bankbilanz, Bankprüfung unter Berücksichtigung der Dritten KWG-Novelle, Düsseldorf 1985, S. 91-117.

Krumnow, J.: „Es darf auf Dauer keinen Bestandsschutz für einzelne Banken geben", in: ZfgK, 50. Jg., (1997), S. 1160-1166.

Krumnow, J.: Risikomanagement bei Kreditinstituten, in: HWRP, 3. Aufl., Stuttgart 2002, Sp. 2047-2057.

Kruschwitz, L.: Bemerkungen zur Risikoanalyse aus theoretischer Sicht, in: ZfB, 50. Jg. (1980), S. 800-808.

Kruschwitz, L.: Kalkulationszinsfuß, in: HWF, 3. Aufl., Stuttgart 2001, Sp. 1191-1199.

Küpper, H.-U.: Verknüpfung von Investitions- und Kostenrechnung als Kern einer umfassenden Planungs- und Kontrollrechnung, in: BFuP, 42. Jg. (1990), S. 253-267.

Kütter, G.: Anforderungen an das Management bankbetrieblicher Kreditrisiken aus Sicht der Wirtschaftsprüfung, in: U. G. Baxmann, Kreditrisikomanagement im Bankwesen, Frankfurt a.M. 2001, S. 87-104.

Kuhn, W.: Kreditingenieure an die Front, in: ZfgK, 40. Jg. (1987), S. 282-284.

Kulmann, F.; Reucher, E.: Computergestützte Bonitätsprüfung bei Banken und Handel, in: DBW, 60. Jg. (2000), S. 113-123.

Kuntze, W.: Zur Entwicklung des Kreditwesengesetzes aus der Sicht der Bankenaufsicht, in: B. Rudolph (Hrsg.), Bankpolitik nach der KWG-Novelle, Frankfurt a.M. 1986, S. 11-25.

Kupsch, P.: Risiken als Gegenstand der Unternehmungspolitik, in: WiSt, 4. Jg. (1975), S. 153-159.

Kupsch, P.: Risikoverhalten bei finanzwirtschaftlichen Entscheidungen, in: HWF, Stuttgart 1976, Sp. 1531-1542.

Kupsch, P.: Zum gegenwärtigen Stand des betriebswirtschaftlichen Prüfungswesens, in: ZfB, 55. Jg. (1985), S. 1139-1171.

Kupsch, P.: Prüfungsplanung, in: W. Lück (Hrsg.), Lexikon der Betriebswirtschaft, 5. Aufl., Landsberg am Lech 1993, S. 1019-1020.

Kupsch, P.: Prüfungsprogramm, in: W. Lück (Hrsg.), Lexikon der Betriebswirtschaft, 5. Aufl., Landsberg am Lech 1993, S. 1020-1021.

Lachnit, L.: Finanzplanung, in: HWF, 2. Aufl., Stuttgart 1995, Sp. 776-788.

Lachnit, L.: Finanzplanung, in: HWF, 3. Aufl., Stuttgart 2001, Sp. 887-900.

Lachnit, L.: Globalabstimmung und Verprobung, in: HWRev., 2. Aufl., Stuttgart 1992, Sp. 719-742.

Lackes, R.: Die Nutzwertanalyse zur Beurteilung qualitativer Investitionseigenschaften, in: WISU, 17. Jg. (1988), S. 385-390.

Lackes, R.: Sensitivitätsanalyse in der Investitionsrechnung durch kritische Werte, in: WISU, 21. Jg. (1992), S. 259-264.

Lanchner, D.: Project Finance: Junk gets respectable, in: Global Finance, 12. Jg. (1998), Nr. 7, S. 10.

Lanchner, D.: The Best in Project Finance, in: Global Finance, 13. Jg. (1999), Nr. 2, S. 19-20.

Lang, J.: Grundsätze ordnungsmäßiger Buchführung I – Begriff, Bedeutung, Rechtsnatur–, in: U. Leffson, D. Rückle, B. Großfeld (Hrsg.), Handwörterbuch unbestimmter Rechtsbegriffe im Bilanzrecht des HGB, Köln 1986, S. 221-240.

Langefeld-Wirth, K.: Rechtsfragen des internationalen Gemeinschaftsunternehmens - Joint Venture, in: RIW, 36. Jg. (1990), S. 1-6.

Langen, H.: Die Prognose von Zahlungseingängen: Die Abhängigkeit der Bareinnahmen von Umsätzen und Auftragseingängen in dynamischer Betrachtung, in: ZfB, 34. Jg. (1964), S. 289-326.

Laubscher, H.: Internationale Projektfinanzierung, in: Technologie & Management, 36. Jg. (1987), Nr. 3, S. 22-29.

Lauer, J.: Moderne Spezial- und Projektfinanzierung, in: Sparkasse, 115. Jg. (1998), S. 233-236.

Laux, C.: Projektfinanzierung – Vorteile auch für kapitalkräftige Unternehmen?, in: DBW, 57. Jg. (1997), S. 840-856.

Laux, H.: Organisation, in: HdWW, Bd. 6, Stuttgart u.a. 1981, S. 15-26.

Lechner, K.: In der Literatur unterstellte Ziele der Prüfung, Begutachtung und Beratung, in: K. Lechner u.a. (Hrsg.), Treuhandwesen: Prüfung, Begutachtung, Beratung, Wien 1978, S. 623-634.

Lee, P.: Pet Projects Go Sour, in: Euromoney, April 1991, S. 44-57.

Leeper, R.: Project finance - a term to conjure with, in: The Banker, 128. Jg. (1978), S. 67-75.

Leeper, R.: Perspective on project financing, in: The Banker, 129. Jg. (1979), S. 77-83.

Leffson, U., Bönkhoff, F. J.: Zu Materiality-Entscheidungen bei Jahresabschlussprüfungen, in: WPg, 35. Jg. (1982), S. 389-397.

Leffson, U.: Wesentlich, in: Leffson, D. Rückle, B. Großfeld, Handwörterbuch unbestimmter Rechtsbegriffe im Bilanzrecht des HGB, Köln 1986, S. 434-447.

Leffson, U.: Systemprüfung, in: HWRev, 2. Aufl., Stuttgart 1992, Sp. 1925-1930.

Lehar, A.; Welt, F.; Wiemayr, C.; Zechner, J.: Risikoadjustierte Performancemessung in Banken: Konzepte zur Risiko-Ertragssteuerung, in: ÖBA, 46. Jg. (1998), S. 857-862 u. S. 949-955.

Lehner, K.: Die Prognosebeurteilung als Instrument der Bonitätsbeurteilung, in: W. Wiesinger (Hrsg.), Handbuch der Kreditprüfung, Wien 1987, S. 107-133.

Lehner, K.: Technologie als Kriterium der Bonitätsbeurteilung, in: W. Wiesinger (Hrsg.), Handbuch der Kreditprüfung, Wien 1987, S. 89-93.

Lehnhoff, J.: Offenlegung der wirtschaftlichen Verhältnisse – stets aktuell, in: BI, 23. Jg. (1996), H. 7, S. 2-3.

Lehnhoff, J.: 6. KWG-Novelle verabschiedet, in: BI, 24. Jg. (1997), H. 7, S. 2-3.

Lehnhoff, J.: Letztlich braucht die deutsche Kreditwirtschaft einen Regulierungsstop auf allen Ebenen, in: ZfgK, 50. Jg. (1997), S. 1167-1170.

Lehrbaß, F. B.: Risikomessung für ein Kreditportfolio – ein Methodenvergleich, in: Die Bank, o.Jg. (1999), S. 130-134.

Leker, J.; Schewe, G.: Beurteilung des Kreditausfallrisikos im Firmenkundengeschäft der Banken, in: ZfbF, 50. Jg. (1998), S. 877-891.

Lenz, H.: Urteilsbegründung bei betriebswirtschaftlichen Prüfungen: Indirekte Prüfungen als statistische Begründung rationaler Erwartungen, in: ZfB, 59. Jg. (1989), S. 1353-1366.

Lenz, H.: Entwicklungstendenzen in der Wirtschaftsprüfung, in: WPg, 52. Jg. (1999), S. 540-549.

Leopold, H.: Effektivität und Effizienz der Jahresabschlußprüfung: Ausbau und Stand des Internen Kontrollsystems als Maßstab für die Bemessung des Prüfungsumfangs, in: BFuP, 37. Jg. (1985), S. 308-322.

Lesko, M.; Vorgrimler, S.: Monte-Carlo Techniken bei modernen Kreditrisikomodellen – ein Beispiel, in: ZfgK, 52. Jg. (1999), S. 1200-1205.

Liebknecht, P.: Finanzplanung als Instrument der Bonitätsprüfung: Mit Planzahlen Risikopotentiale erkennen, in: Kreditpraxis, 22. Jg. (1996), S. 410-414.

Liener, G.: The Function of a European Capital Market from a Corporate Perspective, in: ZfB, 63. Jg. (1993), S. 613-622.

Linden, E. v. d.: Projektprüfung und Risikobewertung im Rahmen der Projektfinanzierung, in: Fachausschuß für Bergtechnik der GDMB (Hrsg.), Projektfinanzierung, Clausthal-Zellerfeld 1985, S. 53-64.

Lister, M.: Außenhandelsfinanzierung, in: WiSt, 28. Jg. (1999), S. 180-185.

Locarek-Junge, H.; Stahl, G.: Value-at-Risk, in: HWF, 3. Aufl., Stuttgart 2001, Sp. 2120-2128.

Löwe, C.; Jetter, J. B.: Die Investoren bevorzugen maßgeschneiderte Konzepte, in: HB v. ?, S. B17 und B19.

Löwenstein, Prinz M. z.: Garantien und Sicherungsrechte im Projektgeschäft, in: U. R. Siebel (Hrsg.), Handbuch Projekte und Projektfinanzierung München 2001, S. 251-258.

Loitlsberger, E.: Prüfungstheorie, spieltheoretischer Ansatz, in: HWRev, 2. Aufl., Stuttgart 1992, Sp. 1558-1566.

Lorson, P.: Shareholder Value-Ansätze – Zweck, Konzepte und Entwicklungstendenzen, in: DB, 52. Jg. (1999), S. 1329-1339.

Lotz, B.: Der Begriff „schlüsselfertig" im Anlagenbau, in: BB, 51. Jg. (1996), S. 544-549.

Lucas, L.: Power Policy kept on low heat, in: FT Survey v. 16.9.1996, S. VI.

Lück, W.: Kreditprüfung, in: W. Lück (Hrsg.), Lexikon der Betriebswirtschaft, 5. Aufl., Landsberg am Lech 1993, S. 728-729.

Lück, W.: Prüffelder, in: W. Lück (Hrsg.), Lexikon der Betriebswirtschaft, 5. Aufl., Landsberg am Lech 1993, S. 1007.

Lück, W.: Prüffelder-Gruppen, in: W. Lück (Hrsg.), Lexikon der Betriebswirtschaft, 5. Aufl., Landsberg am Lech 1993, S. 1007.

Lück, W.: Prüfung, in: W. Lück (Hrsg.), Lexikon der Betriebswirtschaft, 5. Aufl., Landsberg am Lech 1993, S. 1007-1008.

Lück, W.: Prüfungsarten, in: W. Lück (Hrsg.), Lexikon der Betriebswirtschaft, 5. Aufl., Landsberg am Lech 1993, S. 1010.

Lück, W.: Prüfungsergebnis, in: W. Lück (Hrsg.), Lexikon der Betriebswirtschaft, 5. Aufl., Landsberg am Lech 1993, S. 1013-1014.

Lück, W.: Prüfungsfragebogen, in: W. Lück (Hrsg.), Lexikon der Betriebswirtschaft, 5. Aufl., Landsberg am Lech 1993, S. 1014.

Lück, W.: Prüfungsfunktionen, in: W. Lück (Hrsg.), Lexikon der Betriebswirtschaft, 5. Aufl., Landsberg am Lech 1993, S. 1014-1015.

Lück, W.: Prüfungshandlungen, in: W. Lück (Hrsg.), Lexikon der Betriebswirtschaft, 5. Aufl., Landsberg am Lech 1993, S. 1015-1016.

Lück, W.: Prüfungslehre, in: W. Lück (Hrsg.), Lexikon der Betriebswirtschaft, 5. Aufl., Landsberg am Lech 1993, S. 1016-1017.

Lück, W.: Prüfungsmethoden, in: W. Lück (Hrsg.), Lexikon der Betriebswirtschaft, 5. Aufl., Landsberg am Lech 1993, S. 1017-1019.

Lück, W.: Prüfungsprozeß, in: W. Lück (Hrsg.), Lexikon der Betriebswirtschaft, 5. Aufl., Landsberg am Lech 1993, S. 1021-1024.

Lück, W.; Jung, U.: Internationale Konzernrechnungslegung und Inflation, in: BFuP, 43. Jg. (1991), S. 275-293.

Lücke, W.: Finanzplanung, in: HWF, Stuttgart 1976, Sp. 547-558.

Lücke, W.: Finanzplanung und Unsicherheit, in: HWF, Stuttgart 1976, Sp. 567-580.

Luhmann, K.: Berücksichtigung des Risikos in Wirtschaftlichkeitsrechnungen, in: ZfB, 50. Jg. (1980), S. 809-811.

Lukac, A.: Finanzplan, in: HWF, Stuttgart 1976, Sp. 539-546.

Lutz, A.; Herzog, W.: Kapitalsteuerung in der Finanzwirtschaft: Aufsichtsrechtliche Anforderungen und wertorientierte Unternehmenssteuerung, in: FB, 7. Jg. (2005), S. 765-773.

Mag, W.: Die Modellunterstützung der Unternehmensplanung, in: WISU, 24. Jg. (1995), S. 323-332.

Männel, W.: Rechnungswesen, in: HdWW, Bd. 6, Stuttgart u.a. 1981, S. 456-478.

Mandl, D.: Grundsätze „ordnungsgemäßer" Prüfung, Begutachtung und Beratung als Nebenbedingung, in: K. Lechner u.a. (Hrsg.), Treuhandwesen: Prüfung, Begutachtung, Beratung, Wien 1978, S. 635-659.

Mandl, G.; Jung, M.: Prognose- und Schätzprüfung, in: HWRP, 3. Aufl., Stuttgart 2002, Sp. 1698-1705.

Marek, M.: EURIBOR und EONIA, in WISU, 30. Jg., (2001), S. 819.

Marettek, A.: Zusammenhang und Abstimmung der wichtigsten betrieblichen Teilpläne, in: WiSt, 2. Jg. (1973), S. 20-25 u. 64-70.

Marple, A. C.: What is project finance?, The Banker, 127. Jg. (1977), Nr. 622, S. 47-49.

Marray, M.: The Basle Saction, in: PF, o.Jg. (2001), Nr. 221, S. 29-32.

Mattern, E.: Rating im internationalen Kreditgeschäft, in: Die Bank, o.Jg. (1984), S. 374-378.

Maul, K.-H.: Grundlagen eines Internen Kontrollsystems, in: WPg, 30. Jg. (1977), S. 229-236.

Mayer, H. J.: Begriff und Methodik der Systemprüfung, in: WPg, 27. Jg. (1974), S. 345-351.

Mayer, H.: Prüfung der Kreditinstitute, in: W. Lück (Hrsg.), Lexikon der Betriebswirtschaft, 5. Aufl., Landsberg am Lech 1993, S. 1008-1010.

Mayer, L.: Die Gestaltung von Prüfungs-, Begutachtungs- und Beratungs-Arbeitspapieren und -behelfen, in: K. Lechner u.a. (Hrsg.), Treuhandwesen: Prüfung, Begutachtung, Beratung, Wien 1978, S. 693-700.

Mayer, L.: Die Prüfungs-, Begutachtungs- und Beratungsplanung, in: K. Lechner u.a. (Hrsg.), Treuhandwesen: Prüfung, Begutachtung, Beratung, Wien 1978, S. 701-716.

Meffert, H.; Brumann, C.: Value-Added-Services im Bankbereich, in: bum, 25. Jg. (1996), S. 26-29.

Mellwig, W.: Finanzplanung und Leasing, in: ZfB, 50. Jg. (1980), S. 1042-1065.

Menges, G.: Risiko und Ungewißheit, in: HWF, Stuttgart 1976, Sp. 1516-1531.

Merkel, H.: § 98. Atypische Sicherheiten, in: H. Schimansky, H.-J. Bunte, H.-J. Lwowski (Hrsg.), Bankrechts-Handbuch, München 1997, S. 2452-2453.

Meyer-Reim, U.: Projektfinanzierungen im Außenhandel, in: WISU, 24. Jg. (1995), S. 583-584.

Meyer-Reim, U.: Neue Wege zur Deckung von Kreditrisiken, in: HB v. 23.4.1996, S. B4.

Meyer-Reim, U.: Project finance under export credit agency cover, in: European Financial Services Law, 3. Jg. (1996), S. 78-81.

Mielk, H.: Wichtige Neuregelungen des Diskussionsentwurfes zur 6. KWG-Novelle, in: BI, 23. Jg. (1996), H. 12, S. 35-38.

Mielk, H.: Die wesentlichen Neuregelungen der 6. KWG-Novelle, in: Zeitschrift für Wirtschafts- und Bankrecht (WM IV), 51. Jg. (1997), S. 2200-2210 u. 2237-2244.

Miletzki, R.: Organisation der Finanzaufsicht in Deutschland – Überlegungen zu einer effizienten Aufsicht über Unternehmen des Finanzsektors, in: ZfgK, 53. Jg. (2000), S. 174-177.

Montague, A.: Project Loan Facilities, in: International Business Lawyer, 24. Jg. (1996), S. 14-16.

Morrison, R.: Credit tests for project finance, in: PFI, o.Jg. (2001), Nr. 229, S. 57-59.

Moxter, A.: Fundamentalgrundsätze ordnungsmäßiger Rechenschaft, in: J. Baetge, A. Moxter, D. Schneider (Hrsg.), Bilanzfragen, Düsseldorf 1976, S. 87-100.

Moxter, A.: Kreditwürdigkeitsbeurteilung und Eigenkapital, in: Die Bank, o.Jg. (1978), S. 321-324.

Moxter, A.: Grundsätze ordnungsmäßiger Buchführung, in: HWRP, 3. Aufl., Stuttgart 2002, Sp. 1041-1052.

Mrzyk, A. P.: Risiko-Chancen-Analyse, in: WISU, 27. Jg. (1998), S. 1076.

Mrzyk, A. P.: Kreditwürdigkeitsprüfung, in: WISU, 28. Jg. (1999), S. 1469.

Mrzyk, A. P.: Die konzeptionelle Eignung des Ertragswertkonzeptes für die Kreditvergabe an neu gegründete Unternehmen, in: ZfB, 71. Jg. (2001), S. 433-451.

Müller, C.; Kropp, M.: Die Überprüfung der Plausibilität von Jahresabschlüssen, in: DB, 45. Jg. (1992), S. 149-158.

Müller, M.: Frühaufklärung - ein neuer Ansatz zur Bonitätsprüfung, in: Bank Magazin, 5. Jg. (1997), Nr. 10, S. 62-66.

Müller, W.: Risiko und Ungewißheit, in: HWB, 5. Aufl., Stuttgart 1993, Sp. 3813-3825.

Mulhern, J.: Dighton's merchant financing, in: R. Morrison (Hrsg.), PFI Yearbook 1998, London 1997, S. 78-79

Mulhern, J.: Merchant developers sweep power market, in: R. Morrison (Hrsg.), PFI Yearbook 1998, London 1997, S. 80-83.

Murtfeld, M.: Strategien im internationalen kommerziellen Geschäft, in: Die Bank, o.Jg. (1987), S. 176-183.

Nagel, K.: Programmprüfung, in: HWRev, 2. Aufl., Stuttgart 1992, Sp. 1443-1458.

Neibecker, B.: Implementierung eines Expertensystem-Prototyps zur Jahresabschlußanalyse, in: WiSt, 19. Jg. (1990), S. 584-588.

Neibecker, B.: Jahresabschlußanalyse mit Expertensystemen, in: WiSt, 19. Jg. (1990), S. 550-555.

Nicklisch, F.: BOT-Projekte: Netzwerk komplexer Langzeitverträge und Fragen der Streitbeilegung, in: F. Nicklisch (Hrsg.), Rechtsfragen privatfinanzierter Projekte: Nationale und internationale BOT-Projekte, Heidelberg 1993, S. 53-64.

Nicklisch, F.: Wirtschaftlicher Hintergrund und Vertragsstrukturen von BOT-Projekten, in: in: F. Nicklisch (Hrsg.), Rechtsfragen privatfinanzierter Projekte: Nationale und internationale BOT-Projekte, Heidelberg 1993, S. 7-14.

Nicklisch, F.: BOT-Projekte: Vertragsstrukturen, Risikoverteilung und Streitbeilegung, in: BB, 53. Jg. (1998), S. 2-9.

Niehus, R. J.: Die Entwicklung von Prüfungsgrundsätzen und die Unabhängigkeit des Abschlußprüfers, in: BFuP, 25. Jg. (1973), S. 27-38.

Nielsen, J.: § 100. Sicherungsverträge der Im- und Exportfinanzierung, in: H. Schimansky, H.-J. Bunte, H.-J. Lwowski (Hrsg.), Bankrechts-Handbuch, München 1997, S. 2504-2520.

Nielsen, J.: § 120. Bankgarantien bei Außenhandelsgeschäften, in: H. Schimansky, H.-J. Bunte, H.-J. Lwowski (Hrsg.), Bankrechts-Handbuch, München 1997, S. 3535-3625.

Nierhaus, W.: Wirtschaftskonjunktur 2002: Prognose und Wirklichkeit, in: ifo Schnelldienst, 56. Jg (2003), Nr. 2, S. 20-23.

Niggemann, F.: Gestaltungsformen und Rechtsfragen bei Gegengeschäften, in: RIW, 33. Jg. (1987), S. 169-178.

Nippel, P.: Die Irrelevanz des Leverage-Effektes für die Finanzierung von Unternehmen, in: WiSt, 31. Jg. (2002), S. 69-74.

Nonnenmacher, D. J.; Brasch, H.-J.: Kreditderivate, in: HWF, 3. Aufl., Stuttgart 2001, Sp. 1386-1400.

Nonnenmacher, R.: Finanzielle Lage der Unternehmung, Darstellung und Prüfung, in: HWF, 3. Aufl., Stuttgart 2001, Sp. 742-751.

Norden, L.: Spezialbanken und Basel II: Eine empirische Untersuchung interner Ratingsysteme, in: DBW, 42. Jg. (2002), S. 273-288.

Nowak, H.: Ratings für alle Segmente: Der genossenschaftliche Verbund ist für die Zukunft gewappnet, in: BI, 29. Jg. (2002), Nr. 5, S. 22-28.

Ordelheide, D.; Leuz, C.: Die Kapitalflußrechnung: Grundlagen, International Accounting Standard No. 7 und Informationsgehalt, in: WiSt, 27. Jg. (1998), S. 176-183.

Orth, T.: Überlegungen zu einem prozeßorientierten Prüfungsansatz, in: WPg, 52. Jg. (1999), S. 573-585.

Oser, P.: Kreditwürdigkeitsprüfung, in: WISU, 24. Jg. (1995), S. 784-788.

Oser, P.: Einsatz der Diskriminanzanalyse bei Kreditwürdigkeitsprüfungen, in: BB, 51. Jg. (1996), S. 367-375.

Paine, S.: Financing Projects in the Capital Markets, in: M. Crisell (Hrsg.), Project Finance Yearbook 1996/97, Colchester, Essex 1996, S. 5-9.

Pahl, T.: Die Entwicklung von Projektfinanzierungsstrukturen aus der Sicht des Financiers, in: F. Nicklisch (Hrsg.), Rechtsfragen privatfinanzierter Projekte: Nationale und internationale BOT-Projekte, Heidelberg 1993, S. 23-30.

Park, W. J.: SOC financing rules in Korea, in: R. Morrison (Hrsg.), PFI Yearbook 1998, London 1997, S. 60-62.

Paul, S.: Asset Backed Securities, in: HWF, 3. Aufl., Stuttgart 2001, Sp. 126-133.

Pauli, H.: Probleme der Feststellung der wirtschaftlichen Verhältnisse der Genossenschaft durch die Prüfung, in: BFuP, 32. Jg. (1980), S. 533-543.

Pawlowski, N.; Burmester, C.: Ableitung von Standardrisikokosten auf der Basis von Expected-Loss-Kalkulationen, in: H. Schierenbeck, B. Rudolph, S. Schüller (Hrsg.), Handbuch Bankcontrolling, 2. Aufl., Wiesbaden 2001, S. 345-372.

Peemöller, V. H.: Direkte und indirekte Prüfung, in: HWRev, 2. Aufl., Stuttgart 1992, Sp. 343-348.

Peemöller, V. H.: Entwicklung von Prüfungsstrategien, in: WISU, 22. Jg. (1993), S. 701-709.

Peil, P.; Egger, E.: Portfoliosteuerung im Kreditgeschäft, in: Die Bank, o.Jg. (2000), S. 414-418.

Perlitz, M.: Sensitivitätsanalysen für Investitionsentscheidungen, in: ZfbF-Kontaktstudium, 29. Jg. (1977), S. 223-232.

Perlitz, M.: Risikoanalyse für Investitionsentscheidungen, in: ZfbF-Kontaktstudium, 31. Jg. (1979), S. 41-49.

Pfingsten, A.: Kreditrating – heute wichtiger denn je, in: BI, 27. Jg. (2000), Nr. 7, S. 25-28.

Pfitzer, N.; Schmidt, G.: Systemprüfung, in: HWRP, 3. Aufl., Stuttgart 2002, Sp. 2336-2350.

Picot, A.: Prognose und Planung - Möglichkeiten und Grenzen, in: DB, 30. Jg. (1977), S. 2149-2153.

Pilgerstorfer, H.: Quantitative Methoden der Bonitätsanalyse, in: W. Wiesinger (Hrsg.), Handbuch der Kreditprüfung, Wien 1987, S. 66-88.

Plender, J.: Needed: equity-for-debt-swap, in: FT v. 8.4.1998, S. 13.

Pöhler, A.: Der Ablauf internationaler Konsortialfinanzierungen, in: ZfgK, 42. Jg. (1989), S. 16-19.

Pöppe, C.: Irreführung durch Software, in: Spektrum der Wissenschaft, 16. Jg. November (1993), S. 18-22.

Pollanz, M.: Konzeptionelle Überlegungen zur Einrichtung und Prüfung eines Risikomanagementsystems – Droht eine Mega-Erwartungslücke?, in: DB, 52. Jg. (1999), S. 393-399.

Popper, K. R.: Die Zielsetzung der Erfahrungswissenschaft, in: H. Albert (Hrsg.), Theorie und Realität, Tübingen 1964, S. 73-86.

Potthoff, E.: Weiterentwicklung der GOB zu Grundsätzen ordnungsmäßiger Unternehmensrechnung, in: WPg, 27. Jg. (1974), S. 1-4.

Potthoff, E.: Geschäftsführungsprüfung, in: HWB, 5. Aufl., Stuttgart 1993, Sp. 1405-1417.

Prautzsch, W.-A.: Projektfinanzierung, in: Knapps Enzyklopädisches Lexikon des Geld-, Bank- und Börsenwesens, 4. Aufl., Frankfurt a.M. 1999, S. 1484-1491.

Preißner, A.: Aufbau und Probleme der Budgetierung im Unternehmen, in: WISU, 28. Jg. (1999), S. 1467-1472.

Priermeier, T.: Steuerung von Finanzrisiken in der Projektfinanzierung, in: Die Bank, o. Jg. (2002), S. 392-396.

Prost, G.: Die Offenlegung und Prüfung der wirtschaftlichen Verhältnisse, in: DB, 29. Jg. (1976), S. 1849-1854.

Puckler, G.; Hermann, W.: Vorbeugende Kreditwürdigkeitsprüfung, in: ZfgK, 28. Jg. (1975), S. 851-854.

Quick, R.: Prüfungsrisikomodelle, in: WiSt, 27. Jg. (1998), S. 244-248.

Quick, R.: Plausibilitätsbeurteilungen, in: HWRP, 3. Aufl., Stuttgart 2002, Sp. 1685-1693.

Radez, R. E.: Opportunities in project financing, in: The Banker, 128. Jg. (1978), Nr. 630, S. 53-63.

Rathmann, C.: Die BaFin schmiedet mit den „MaK" ein heißes Eisen, in: Börsen-Zeitung v. 25.7.2002, S. 17.

Rehkugler, H.; Kerling, M.: Einsatz Neuronaler Netze für Analyse- und Prognose-Zwecke, in: BFuP, 47. Jg. (1995), S. 307-324.

Reiß, M.: Prognose und Planung, in: HWPlan, Stuttgart 1989; Sp. 1628-1637.

Reuter, A.: Was ist und wie funktioniert Projektfinanzierung?, in: DB, 51. Jg. (1999), S. 31-37.

Rey, M. W.; Röver, J.-H.: Private Equity ergänzt die globale Projektfinanzierung, in: Die Bank, o.Jg. (2001), S. 626-630.

Rieger, H.: Juristische Aspekte der Projektfinanzierung, in: K. Backhaus, O. Sandrock, J. Schill, H. Uekermann (Hrsg.), Projektfinanzierung: Wirtschaftliche und rechtliche Aspekte einer Finanzierungsmethode für Großprojekte, Stuttgart 1990, S. 63-75.

Rode, M.; Moser, C.: Die neuen Basler Eigenkapitalforderungen, in: ZfgK, 52. Jg. (1999), S. 720-724.

Rösler, G.: Risikoabdeckung im Rahmen der Projektfinanzierung durch Ausfuhrgewährleistungen und Kapitalanlagen-Garantien, in: K. Backhaus, O. Sandrock, J. Schill, H. Uekermann (Hrsg.), Projektfinanzierung: Wirtschaftliche und rechtliche Aspekte einer Finanzierungsmethode für Großprojekte, Stuttgart 1990, S. 77-99.

Röver, J.-H-: Projektfinanzierung, in: U. R. Siebel (Hrsg.), Handbuch Projekte und Projektfinanzierung München 2001, S. 153-241.

Rolfes, B.; Krämer, C.: Erfolgsorientierte Steuerung marktbezogener Organisationseinheiten in Kreditinstituten, in: KuK, o.Jg. (1988), Nr. 1, S. 118-142.

Rosenberg, O.: Finanzplanungsmodelle, in: HWF, Stuttgart 1976, Sp. 579-594.

Rudolph, B.: Kreditsicherheiten als Instrumente zur Umverteilung und Begrenzung von Kreditrisiken, in: ZfbF, 36. Jg. (1984), S. 16-43.

Rudolph, B.: Ansätze zur Kreditnehmerbeurteilung: Theoretische Analyse und Würdigung, in: ZfgK, 52. Jg. (1999), S. 112-117.

Rudolph, M.: Monte Carlo Simulation im Risikomanagement, in: WiSt, 29. Jg. (2000), S. 381-386.

Rückle, D.: Interessenausgleich und wirtschaftliche Aufgabenteilung bei der Entwicklung von Grundsätzen ordnungsmäßiger Abschlußprüfung, in: ZfbF, 27. Jg. (1975), S. 517-537.

Rückle, D.: Prüfungswege, in: K. Lechner u.a. (Hrsg.), Treuhandwesen: Prüfung, Begutachtung, Beratung, Wien 1978, S. 797-842.

Rückle, D.: Zur Diskussion um systemkonforme Prüfungsgrundsätze, in: BFuP, 32. Jg. (1980), S. 54-73.

Rückle, D.: Gestaltung und Prüfung externer Prognosen, in: G. Seicht (Hrsg.), Management und Kontrolle, Berlin 1981, S. 431-468.

Rückle, D.: Externe Prognosen und Prognoseprüfung, in: DB, 34. Jg. (1984), S. 57-69.

Rückle, D.: Grundsätze ordnungsmäßiger Abschlußprüfung, in: HWRev., 2. Aufl., Stuttgart 1992, Sp. 752-769.

Rückle, D.: Grundsätze ordnungsmäßiger Abschlußprüfung (GoA) – Stand und Entwicklungsmöglichkeiten im Rahmen des Gesamtsystems der Unternehmungsführung, in: A. v. Werder (Hrsg.), Grundsätze ordnungsmäßiger Unternehmungsführung, in: ZfbF, Sonderheft Nr. 36, 1996, S. 107-148.

Rückle, D.: Grundsätze ordnungsmäßiger Abschlussprüfung, in: HWRP, 3. Aufl., Stuttgart 2002, Sp. 1026-1041.

Rühli, E.: Organisationsformen, in: HWB, 5. Aufl., 3. Bd., Stuttgart 1993, Sp. 3031-3046.

Ruhnke, K.: Grundsätze ordnungsmäßiger Konzernbuchführung, in: ZfB, 63. Jg. (1993), S. 753-775.

Ruhnke, K.: Prüfungsnormen, in: HWRP, 3. Aufl., Stuttgart 2002, Sp. 1841-1852.

Sanio, J.: Kreditwesen, Bundesaufsichtsamt, in: HWRev., 2. Aufl., Stuttgart 1992, Sp. 1153-1168.

Sarmet, M.: Recent Trends in International Project Financing, in: The Banker, 131. Jg. (1981), S. 123-125.

Sauter, W.: Offenlegung der wirtschaftlichen Verhältnisse von Kreditnehmern – Probleme in der praktischen Umsetzung, in: ZIR, 31. Jg. (1996), S. 132-140.

Savvides, S. C.: Risk Analysis in Investment Appraisal, in: Project Appraisal, 9. Jg. (1994), Nr. 1, S. 3-18, Nachdruck in: URL: http://papers.ssrn.com/ sol3/papers.cfm?abstract_id=265905 (Abruf: 16.11.2003).

Schackmann-Fallis, K.-P.: Anforderungen nach § 18 KWG grundlegend überarbeiten, in: BZ v. 15.02.2005, Nr. 31, S. 8.

Schäfer, D.: Financial Engineering, in: WiSt, 24. Jg. (1995), S. 470-472.

Scheibel, T.: Projektfinanzierung: BOT- und Konzessionsgesetzgebung, in: RIW, 42. Jg. (1996), S. 373-379.

Scheil, J.-M.: Konsortialkredite (Syndicated loans) im China-Geschäft der Banken, in: ZfgK, 52. Jg. (1999), S. 244-245.

Schepp, F.: Praxis der Projektfinanzierung, in: Die Bank, o.Jg. (1996), Nr. 9, S. 526-529.

Schewe, G.; Littkemann, J.; Beckemeier, P. O.: Interne Kontrollsysteme – Verhaltenswirkungen und organisatorische Gestaltung, in: WISU, 28. Jg. (1999), S. 1483-1488.

Schiffer, T.: Risikoorientierte Prüfungsplanung, in: ZIR, 36. Jg. (2001), S. 132-138.

Schiller, B.; Wiedemeier, I.: Chronologie der Bankenaufsicht, in: ZfgK, 51. Jg. (1998), S. 757-758.

Schmeisser, W.; Mauksch, C.: Kalkulation des Risikos nach Basel II, in: FB, 7. Jg. (2005), S. 296-310.

Schmidt, G.: Organisationstechniken, in: HWB, 5. Aufl., 3. Bd., Stuttgart 1993, Sp. 3046-3057.

Schmidt, G.: Stichprobenprüfung mit bewusster Auswahl, in: HWRP, 3. Aufl., Stuttgart 2002, Sp. 2279-2287.

Schmidt, R.: Quantitative Ansätze zur Beurteilung der wirtschaftlichen Lage von Unternehmen, in: BFuP, 32. Jg. (1980), S. 544-555.

Schmidt, S.: Geschäftsverständnis, Risikobeurteilungen und Prüfungshandlungen des Abschlussprüfers als Reaktion auf beurteilte Risiken, in: WPg, 58. Jg. (2005), S. 873-887.

Schmidt-Lademann, W.: Die gesetzliche Pflicht zur Offenlegung der wirtschaftlichen Verhältnisse gegenüber den Banken, in: BB, 42. Jg. (1987), Beilage 19, S. 11-14.

Schmidt-Lademann, W.: § 18 Kreditwesengesetz – Betrachtung de lege ferenda, in: Zeitschrift für Wirtschafts- und Bankrecht (WM IV), 45. Jg. (1991), S. 885-889.

Schmitz, K.-J.: Richtsatz- und Kennziffernprüfung, in: HWRP, 3. Aufl., Stuttgart 2002, Sp. 2037-2047.

Schmitz, R.: Die Rolle der Banken bei Projektfinanzierung und Betreibermodellen - Berater, Finanzier und Projektpartner, in: BDI (Hrsg.), Projektfinanzierung und Betreibermodelle auf Auslandsmärkten: Das Geschäft der Zukunft?, Köln 1996, S. 33-46.

Schmoll, A.: Kreditbeziehungen in sozialpsychologischer Sicht, in: Die Bank, o.Jg. (1990), S. 548-553.

Schneider, D.: Finanzplanung, Koordination mit der Gesamtplanung, in: HWF, Stuttgart 1976, Sp. 558-567.

Schneider, D.: Eine Warnung vor Frühwarnsystemen – Statistische Jahresabschlußanalysen als Prognosen zur finanziellen Gefährdung einer Unternehmung? –, in: DB, 38. Jg. (1985), S. 1489-1494.

Schneider, H.: Stellung und Bedeutung der Steuerabteilung in einem Kreditinstitut, in: ZfgK, 52. Jg. (1999), S. 562-568.

Schniewind, H.: Renaissance der Projektfinanzierungen, in: HB v. 14.10.1999, S. B5.

Schniewind, H. J.: Projektfinanzierung – ein Instrument auch für mittelständische Firmen?, in: K. Juncker, E. Priewasser (Hrsg.), Handbuch Firmenkundengeschäft, 2. Aufl., Frankfurt a.M. 2001, S. 311-320.

Schöning, S.; Weber, M.: Die Risiken der Projektfinanzierung, in: Die Bank, o. Jg. (2005), Nr. 1, S. 47-51.

Scholz, C.: Lean Management, in: WiSt, 23. Jg. (1994), S. 180-186.

Schröder, G. A.: „Wir wollen kein ‚KWG-light', aber wir benötigen für kleine und mittlere Institute verstärkt sinnvolle Bagatell- und Ausnahmeregelungen", in: ZfgK, 50. Jg. (1997), S. 1172-1176.

Schütz, A.: Leitlinien der Kreditwürdigkeitsprüfung: Kopf oder Zahl?, in: ZfgK, 50. Jg. (1997), S. 1171.

Schwarze, J.; Rosenhagen, K.: Expertensysteme in der Kreditwürdigkeitsprüfung, in: WiSt, 22. Jg. (1993), S. 291-295.

Seelbach, H.: Finanzplanungsmodelle, in: HWF, 2. Aufl., Stuttgart 1995, Sp. 788-797.

Seicht, G.: Formelle und materielle Prüfung, in: HWRev, 2. Aufl., Stuttgart 1992, Sp. 562-567.

Selchert, F. W.: Prüfungen, freiwillige und vertragliche, in: HWRP, 3. Aufl., Stuttgart 2002, Sp. 1738-1744.

Sell, A.: Evaluierung von Projekten in Entwicklungsländern, in: DBW, 42. Jg. (1982), S. 575-582.

Sell, A.: Methods for Project Evaluation. Pretension and Redemption, in: Zeitschrift für Wirtschafts- und Sozialwissenschaften, 100. Jg. (1985), S. 485-505.

Sell, A.: Kapitalbedarfsplanung für Investitionsprojekte: Eine Diskussion ausgewählter Leitfäden zur Planung von Projekten in Entwicklungsländern, in: ZfB, 60. Jg. (1990), S. 1031-1044.

Sell, A.: Internationale Finanzierung, in: A. Sell (Hrsg.), Neue Perspektiven für internationale Unternehmenskooperationen, Münster, Hamburg 1995, S. 157-161.

Sell, A.: Das Prognoseproblem bei Feasibility Studien für Auslandsprojekte, in: A. v. Ahsen, T. Czenskowsky (Hrsg.), Marketing und Marktforschung: Entwicklungen, Erweiterungen und Schnittstellen im nationalen und internationalen Kontext, Hamburg 1996, S. 145-157.

Sester, P.: Tatbestand und rechtliche Struktur des Cross-Border-Leasings, in: ZBB, 15. Jg. (2003), S. 94-106.

Sester, P.: Insolvenzfeste Direktverträge in der Projektfinanzierung und bei Public-Private-Partnership-Projekten auf Basis eines Konzessionsvertrages, in: ZBB, 16. Jg. (2004), S. 283-288.

Sieben, G.; Bretzke, W.-R.: Zur Frage der Automatisierbarkeit von Beurteilungsprozessen bei der Jahresabschlussprüfung, in: WPg, 25. Jg. (1972), S. 321-328.

Sieben, G.; Bretzke, W.-R.: Zur Typologie betriebswirtschaftlicher Prüfungssysteme, in: BFuP, 25. Jg. (1973), S. 625-630.

Sieben, G.; Bretzke, W.-R.; Raulwing, H.: Zur Problematik einer Prüfung von Managementleistungen, in: BFuP, 28. Jg. (1976), S. 181-201.

Sieben, G.; Bretzke, W.-R.; Löcherbach, G. u.a.: Kalkulationszinsfuß, in: HWF, Stuttgart 1976, Sp. 925-936.

Siegel, T.: Unsicherheit, in: Knapps Enzyklopädisches Lexikon des Geld-, Bank- und Börsenwesens, 4. Aufl., Frankfurt a.M. 1999, S. 1905-1911.

Simon, W.: Investitionsrechnung und Marketingentscheidung, in: K. Brockhoff, W. Krelle (Hrsg.), Unternehmensplanung, Berlin, Heidelberg, New York 1981, S. 297-314.

Speck, B.: Wege zur Finanzierung, in: OWC, o.Jg. (1994), September, S. 26-28.

Sperber, H.; Mühlenbruch, M.: Die Praxis der Bonitätsanalyse, in: Die Bank, o.Jg. (1985), S. 199-203.

Spieth, E.; Schauss, P.: Engagementprüfung, in: HWRev, 2. Aufl., Stuttgart 1992, Sp. 426-434.

Standop, D.: Prognosemethoden, qualitative, HWU, 4. Aufl., Stuttgart 2002, Sp. 1551-1562.

Stein, I.: Investitionsrechnungsmethoden bei Auslandsdirektinvestitionen, in: S. G. Schoppe (Hrsg.), Kompendium der internationalen Betriebswirtschaftslehre, 3. Aufl., München, Wien 1994, S. 531-599.

Steiner, M.: Finanzierung, in: HWB, 5. Aufl., Stuttgart 1993, Sp. 1024-1038.

Steiner, M.; Kölsch, K.: Finanzplanungsrechnungen und -modelle, in: DBW, 47. Jg. 81987), S. 749-763.

Steiner, M.; Starbatty, N.: Aufsichtsrechtliche Anerkennung von Rating-Systemen, in: Finanz Betrieb, 4. Jg. (2002), S. 481-485.

Steinmetz, O.: Kreditwürdigkeitsprüfung, in: Knapps Enzyklopädisches Lexikon des Geld-, Bank- und Börsenwesens, 4. Aufl., Frankfurt a.M. 1999, S. 1215-1223.

Streitferdt, L.; Schaefer, C.: Prognosemethoden, quantitative, in: HWU, 4. Aufl., Stuttgart 2002, Sp. 1563-1572.

Struwe, H.; Koch, C.: § 18 KWG – gibt es Handlungsbedarf?, in: BankPraktiker, 1. Jg. (2005), S. 84-87.

Studer, G.; Steiger, G.: Strategische Optimierung des Kreditportfolios, in: Die Bank, o.Jg. (2001), S. 214-218.

Studiengruppe „Ordnungsmäßigkeit der Datenverarbeitung": Konzept zur Ordnungsmäßigkeit der Datenverarbeitung, in: Online, o.Jg. (1981), Nr. 5, S. 340-343.

Stüdemann, K.: Rechtsunsicherheit als betriebswirtschaftliches Problem, in: G. v. Kortzfleisch (Hrsg.), Wissenschaftsprogramm und Ausbildungsziele der Betriebswirtschaftslehre, Berlin 1971, S. 101-132.

Süchting, J.: Risikoüberlegungen bei der Kreditfinanzierung, in: BI, 3. Jg. (1976), Nr. 2, S. 20-27 u. Nr. 3, S. 20-24.

Süchting, J. u. Stahlschmidt, D.: Wettbewerb mit Informationsanforderung?, in: ZfgK, 32. Jg. (1979), S. 1081-1086.

Sutz, R.: Projektfinanzierung im internationalen Bankgeschäft, in: H.-E. Büschgen, K. Richolt (Hrsg.), Handbuch des internationalen Bankgeschäftes, Wiesbaden 1989, S. 211-240.

Täske, J.: Risikobewertung aus der Sicht der Finanzverwaltung, in: ZfgK, 46. Jg. (1993), S. 618-620.

Theiler, U.-A.: Herausforderungen der Kreditrisikomodellierung, in: ZfgK, 52. Jg. (2000), S. 468-473.

Theisen, M. R.: Grundsätze ordnungsmäßiger Überwachung (GoÜ) – Problem, Systematik und erste inhaltliche Vorschläge, in: ZfbF, Sonderheft Nr. 36, 1996, S. 75-106.

Thießen, F.: Rating im Kreditgeschäft und strategisches Kreditnehmerverhalten, in: ZfgK, 57. Jg. (2004), S. 572-575.

Tichy, G. E.: Revisionstechnik, in: K. Lechner u.a. (Hrsg.), Treuhandwesen: Prüfung, Begutachtung, Beratung, Wien 1978, S. 881-903.

Tierney, J.; Misra, R.: The driving force of credit, in: Risk, 14. Jg. (2001), Nr. 3, Beilage: Credit Risk Special Report March 2001, S. S22-S24.

Tipke, K.: Auslegung unbestimmter Rechtsbegriffe, in: Leffson, D. Rückle, B. Großfeld, Handwörterbuch unbestimmter Rechtsbegriffe im Bilanzrecht des HGB, Köln 1986, S. 1-11.

Tröller, M.: Zielsetzung des § 18 KWG und seine Umsetzung in die Praxis, in: K.-H. Forster (Hrsg.), Bankaufsicht, Bankbilanz und Bankprüfung unter Berücksichtigung der Dritten KWG-Novelle, Düsseldorf 1985, S. 191-206.

Trostdorf, S.: Syndizierter Kredit, in: Knapps Enzyklopädisches Lexikon des Geld-, Bank- und Börsenwesens, 4. Aufl., Frankfurt a.M. 1999, S. 1861-1867.

Tytko, D.: Entwicklungen im Projektfinanzierungsgeschäft, in: Der Langfristige Kredit, 51. Jg. (2000), S. 489-494.

Uekermann, H.: Technik der internationalen Projektfinanzierung, in: K. Backhaus, O. Sandrock, J. Schill, H. Uekermann (Hrsg.), Projektfinanzierung: Wirtschaftliche und rechtliche Aspekte einer Finanzierungsmethode für Großprojekte, Stuttgart 1990, S. 13-28.

Upton, D. H.; Macadam, S. E.: Why (and How) to Take a Plant Tour, in: Harvard Business Review, 75. Jg. (1997), Mai/Juni, S. 97-106.

Vera, A.: Das Basel-II-Abkommen und die Auswirkungen auf die deutsche Kreditlandschaft, in: WiSt, 31. Jg. (2002), S. 28-32.

Villiez, C. v.: Ausfallrisiko-Kosten in der Bankkalkulation, in: ZfgK, 43. Jg. (1990), S. 225-229.

Vodrazka, K.: Ist die Unterscheidung zwischen formeller und materieller Prüfung noch aktuell?, in: G. Seicht (Hrsg.), Management und Kontrolle, Berlin 1981, S. 97-117.

Vogel, M.: Projektfinanzierung wird im internationalen Wirtschaftsverkehr immer bedeutsamer, in: DEG Aktuell, I/1999, S. 8-9.

Vogel, M.: Risiken und Risikoverteilung bei der Projektfinanzierung, in: DEG Aktuell, II/1999, S. 11-12.

Volkart, R.: Cash-flow und Corporate Finance - Überlegungen zum praktischen Einsatz cash-flow-orientierter Analyserechnungen, in: Die Unternehmung, 47. Jg. (1993), S. 321-331.

Volkart, R.: Umsetzungsaspekte von Discounted Cash Flow-Analysen, in: ZfB-Ergänzungsheft 2/97, 67. Jg. (1997), S. 105-124.

Vollmer, U.: Bankrun und Einlagenversicherung, in: WISU, 28. Jg. (1999), S. 1531-1538.

Wagener, H.: Kreditinstitute, in: HWRP, 3. Aufl., Stuttgart 2002, Sp. 1395-1410.

Wagner, S.; Köntgen, T.: Techniken und Szenarien der gewerblichen Finanzierung, in: Kreditpraxis, 23. Jg. (1997), S. 1239-1242.

Walker, T.: Towards foreign involvement, in: FT Survey v. 16.9.1997, S. VI.

Walter, B.: Financial Engineering: Strukturierung von unternehmerischen Finanzierungen und Off-balance-sheet-Finanzierungen, in: K. Juncker, E. Priewasser (Hrsg.), Handbuch Firmenkundengeschäft, Frankfurt am Main 1993, S. 513-539.

Wambach, M.; Kirchmer, T.: Unternehmensrating: Weit reichende Konsequenzen für mittelständische Unternehmen und für Wirtschaftsprüfer, in: BB, 57. Jg. (2002), S. 400-405.

Wanik, O.: Probleme der Aufstellung und Prüfung von Prognosen über die Entwicklung der Unternehmung in der nächsten Zukunft, in: IdW (Hrsg.), Bericht über die Fachtagung 1974 des IdW, Düsseldorf 1975, S. 45-60.

Wanik, O.: Internes Kontrollsystem, Prüfung, in: HWRev, 2. Aufl., Stuttgart 1992, Sp. 896-907.

Weber, C.; Nägele, P.: „Babylonische Begriffsverwirrung": 6. KWG-Novelle in Kraft, in: ZfgK, 51. Jg. (1998), S. 753-756.

Weber, H.: Unrichtige Wiedergabe und Verschleierung, in: U. Leffson, D. Rückle, B. Großfeld, Handwörterbuch unbestimmter Rechtsbegriffe im Bilanzrecht des HGB, Köln 1986, S. 319-325.

Weber, M.: Mittelstand und Basel II: Zwischen Mythos und Wahrheit, in: BB, 57. Jg. (2002), H. 8, S. I.

Weber, M.; Krahnen, J. P.; Weber, A.: Scoring-Verfahren – häufige Anwendungsfehler und ihre Vermeidung, in: DB 48. Jg. (1995), S. 1621-1626.

Weber, M.-W.: EVA – Management- und Vergütungssystem für Banken, in: Die Bank, o.Jg. (2000), S. 465-469.

Wehrheim, M.; Schmitz, T.: Wertorientierte Kennzahlen: Ein zusammenfassender Überblick, in: WiSt, 30. Jg. (2001), S. 495-498.

Wehrspohn, U.: Standardabweichung und Value at Risk als Maße für das Kreditrisiko, in: Die Bank, o.Jg. (2001), S. 582-588.

Weinrich, G.; Jacobs, J.: Elemente eine betriebswirtschaftlich orientierten Ratings im Rahmen von Basel II, in: Die Bank, o.Jg. (2003), S. 114-119.

Welter, R.: § 118. Auslandskreditgeschäft, in: H. Schimansky, H.-J. Bunte, H.-J. Lwowski (Hrsg.), Bankrechts-Handbuch, München 1997, S. 3359-3398.

Werder, A. v.: Grundsätze ordnungsmäßiger Unternehmungsführung (GoF) – Zusammenhang, Grundlagen und Systemstruktur von Führungsgrundsätzen für die Unternehmungsleitung (GoU), Überwachung (GoÜ) und Abschlußprüfung, in: A. v. Werder, Grundsätze ordnungsmäßiger Unternehmungsführung (GoF), in: ZfbF, Sonderheft Nr. 36, 1996, S. 1-26.

Werder, A. v.: Grundsätze ordnungsmäßiger Unternehmungsleitung (GoU) – Bedeutung und erste Konkretisierung von Leitlinien für das Top-Management, in: ZfbF, Sonderheft Nr. 36, 1996, S. 27-73.

Westermann, H. P.: Bürgerlich-rechtliche Probleme der bankmäßigen Projektfinanzierung, in: G. Pfeiffer, J. Kummer, S. Scheuch (Hrsg.), Festschrift für Hans Erich Brandner, Köln 1996, S. 579-602.

Westphal, M.: Planung und Durchführung von BOT-Projekten, in: F. Nicklisch (Hrsg.), Sonderrisiken bei Bau- und Anlagenverträgen (Teil II), in: BB, 46. Jg. (1991), Beilage 20, S. 16-18.

Westphalen, F. Gr. v.: Rechtsprobleme des Anlagenvertrages, in: BB, 26. Jg. (1971), S. 1126-1135.

Westphalen, F. Gr. v.: Fallstricke bei Verträgen und Prozessen mit Auslandsberührung, in: NJW, 47. Jg. (1994), S. 2113-2128.

Wieandt, P.: Risiko als Faktor für den Ressourcen-Einsatz, in: ZfgK, 46. Jg. (1993), S. 603-609.

Wiedmann, H.: Der risikoorientierte Prüfungsansatz, in: WPg, 46. Jg. (1993), S. 13-25.

Wielens, H.: Muß das Leasinggeschäft vom KWG erfasst werden?, in: B. Rudolph (Hrsg.), Bankpolitik nach der KWG-Novelle, Frankfurt a.M. 1986, S. 95-124.

Wiesinger, W.: Der Cash-Flow als Kennzahl für die Ermittlung der Kreditfähigkeit, in: W. Wiesinger (Hrsg.), Handbuch der Kreditprüfung, Wien 1987, S. 55-63.

Wiesinger, W.; Pilgerstorfer, H.: Diskriminanzfunktion, ihre Anwendung und Bedeutung in der Praxis, in: W. Wiesinger (Hrsg.), Handbuch der Kreditprüfung, Wien 1987, S. 64-65.

Wild, J.: Unternehmerische Entscheidungen, Prognosen und Wahrscheinlichkeit, in: ZfB, 39. Jg. (1969), Ergänzungsheft. 2, S. 60-89.

Wild, J.: Zum Problem der theoretischen Deduktion von Prognosen, in: ZfgSt, 126. Jg. (1970), S. 553-576.

Wilhelm, J.: Die Bereitschaft der Banken zur Risikoübernahme im Kreditgeschäft, in: KuK, 15. Jg. (1982), S. 572-601.

Willinsky, C.: Rentabilitätsmaße, risikobereinigte, in: HWF, 3. Aufl., Stuttgart 2001, Sp. 1804-1812.

Willms, W. H.: Die Rolle der Euro-Kapitalmärkte bei der Projektfinanzierung, in: WM, 55. Jg. (2001), S. 1485-1496.

Windmöller, R.: Bankbilanz, Prüfung der, in: HWF, 2. Aufl. 1995, Sp. 123-138.

Winter, P.: Cashflow at Risk als Instrument des industriellen Risikomanagements, in: WiSt, 33. Jg. (2004), S. 289-294.

Wischnewsky, L.: § 88. Corporate Finance, in: H. Schimansky, H.-J. Bunte, H.-J. Lwowski (Hrsg.), Bankrechts-Handbuch, München 1997, S. 2004-2010.

Wittmann, W.: Ungewißheit und Planung, in: ZfhF, 10. Jg. (1958), S. 499-510.

Witte, E.: Entscheidungsprozesse, in: HWB, 5. Aufl., Stuttgart 1993, Sp. 910-920.

Wolf, B.: Projektfinanzierung – die klassische Variante der Cash-Flow-Finanzierung, in: B. Wolf, M. Hill, M. Pfaue (Hrsg.), Strukturierte Finanzierungen, Stuttgart 2003, S. 59-123.

Wolff, G.: Die Qualifikation des Managements eines Unternehmens, in: Kreditpraxis, 15. Jg. (1989), S. 158-160.

Wossidlo, P. R.: Finanzplanung, in: Knapps Enzyklopädisches Lexikon des Geld-, Bank- und Börsenwesens, 4. Aufl., Frankfurt a.M. 1999, S. 681-692.

Wulf, K.: Die Planung der Prüfung des Jahresabschlusses am Beispiel einer Fertigungs-Aktiengesellschaft mittlerer Größe, in: WPg, 12. Jg. (1959), S. 509-531.

Wurl, H.-J.: Betriebswirtschaftliche Projektanalysen durch Simulation, in: ZfbF, 24. Jg. (1972), S. 362-378.

Wurl, H.-J.: Joint Ventures, in: HWRP, 3. Aufl., Stuttgart 2002, Sp. 1256-1266.

Wynant, L.: Essential elements of project financing, in: HBR, 58. Jg. (1980), Nr. 3, S. 165-173.

Wysocki, K. v.: Das Wesen der Beurteilungsmaßstäbe bei betriebswirtschaftlichen Prüfungen, in: ZfB, 33. Jg. (1963), S. 211-222.

Wysocki, K. v.: Grundsätze ordnungsmäßiger Bilanzierung und Prüfung, in: W. Busse v. Colbe, M. Lutter (Hrsg.), Wirtschaftsprüfung heute: Entwicklung oder Reform? Ein Bochumer Symposion, Wiesbaden 1977, S. 175-183.

Wysocki, K. v.: Prüfungstheorie, meßtheoretischer Ansatz, in: HWRev, 2. Aufl., Stuttgart 1992, Sp. 1545-1557.

Wysocki, K. v.: Soll-Ist-Vergleich bei der Revision, in: HWRev, 2. Aufl., Stuttgart 1992, Sp. 1763-1772.

Wysocki, K. v.: Wirtschaftlichkeit von Prüfungen, in: HWRev, 2. Aufl., Stuttgart 1992, Sp. 2171-2180.

Wysocki, K. v.: Kapitalflussrechnung, in: HWF, 3. Aufl., Stuttgart 2001, Sp. 1253-1266.

Yoshida, T.: Methode und Aufgabe der Ermittlung der Grundsätze ordnungsmäßiger Buchführung, in: J. Baetge, A. Moxter, D. Schneider (Hrsg.), Bilanzfragen, Düsseldorf 1976, S. 49-63.

Zaeh, P. E.: Die Operationalisierung des Fehlerrisikos im Kontext der Risikoorientierten Abschlussprüfung – Unter besonderer Würdigung der multivariaten linearen Diskriminanzanalyse, in: ZIR, 35. Jg. (2000), S. 18-27.

Zaeh, P. E.: Prüfungsrisikomodelle: Eine Systematische Analyse unter besonderer Würdigung des Bayesschen Theorems, in: WiSt, 29. Jg. (2000), S. 207-213.

Zaeh, P. E.: Das Entdeckungsrisiko im Kontext der Risikoorientierten Abschlussprüfung – Operationalisierung anhand ausgewählter Verfahren der Zufallsauswahl, in: ZIR, 36. Jg. (2001), S. 78-84.

Zaeh, P. E.: Das Spannungsfeld von Prüfungsrisiko und Wesentlichkeit – Unter Würdigung des BAYESSCHEN Theorems, in: ZIR, 36. Jg. (2001), S. 290-299.

Zahn, E.; Kleinhans, A.: Systeme zur Entscheidungsunterstützung, in: WISU, 18. Jg. (1989), S. 558-563.

Zepf, G.: Ordnungsmäßige optische Archivierung: Die handels- und steuerrechtlichen Anforderungen an das Brutto- und Netto-Imaging, in: WPg, 52. Jg. (1999), S. 569-572.

Zwirner, T.: Financial Engineering, in: HWF, 2. Aufl., Stuttgart 1995, Sp. 562-574.

III. Konferenz- und Tagungsbeiträge

Artopoeus, W.: Kreditrisiko - Erfahrungen und Ansichten eines Aufsehers, Vortragsmanuskript, Konferenz: Symposium "Kreditrisiko" der Deutschen Bundesbank, o.O. 24.11.1998, URL: http://bakred.de/texte/praes/r_241198.htm (Abruf: 12.12.00).

Artopoeus, W.: Aktuelle Entwicklungen in der Bankenaufsicht, Vortragsmanuskript, Jahresversammlung des Hessischen Bankenverbandes, Frankfurt a.M. 4.3.1999, URL: http://bakred.de/texte/praes/r_040399.htm (Abruf: 12.12.00).

Artopoeus, W.: Anforderungen an eine globale Aufsicht internationaler Banken, Vortragsmanuskript, Konferenz: Duisburger Bankensymposium in der Gerhard Mercator Universität, Duisburg 30.9.1999, URL: http://bakred.de/texte/praes/r_300999.htm (Abruf: 12.12.00).

Bartlam, M.: The „Project Agent": A New Model for Bond Holders Representation in Project Management?, Vortragsmanuskript, Konferenz: The increasing role of Capital Markets in Project Finance, London 11.-12.12.1997.

Behm, G.: Gutachtliche Stellungnahmen zur wirtschaftlichen Tragfähigkeit von Projektfinanzierungen, Vortragsmanuskript, Konferenz: Internationale Projektfinanzierung, Frankfurt 31.5.-1.6.1995.

Bliley, T.: Legislative Developments in the 105th Congress: Capital Markets and Project Finance, Vortragsmanuskript, Konferenz: The increasing role of Capital Markets in Project Finance, London 11.-12.12.1997.

Blum, J.: Due Diligence: issues in Approval under Rule 10 b.(5) Securities Act, Vortragsmanuskript, Konferenz: The increasing role of Capital Markets in Project Finance, London 11.-12.12.1997.

Cavicke, D.: Legislative Developments in the US Markets for Project Bonds, Vortragsmanuskript, Konferenz: The increasing role of Capital Markets in Project Finance, London 11.-12.12.1997.

Chamberlain, K.: Risk Management Issues and Project Bonds: Financing Infrastructure Projects in the Capital Markets, Vortragsmanuskript, Konferenz: The increasing role of Capital Markets in Project Finance, London 11.-12.12.1997.

Clifford Chance; ING Bank (Hrsg.): Loan Negotiation Course, unveröffentlichtes Vortragsmanuskript, o.O., 30.-31. Oktober 1995.

Dambach, H. T.: 144A - Private Placement in der Projektfinanzierung, Vortragsmanuskript, Konferenz: Internationale Projektfinanzierung, Frankfurt 31.5.-1.6.1995.

Grosse, P. B.: Projektfinanzierung: Neueste Entwicklungen und internationale Trends, Vortragsmanuskript, Konferenz: Projektfinanzierung, Frankfurt 27.-28.6.1991.

Hodgson, S. J.: Rechtliche Strukturen in der Projektfinanzierung: Teil I: Finanzierungsverträge, Vortragsmanuskript, Konferenz: Internationale Projektfinanzierung, Frankfurt 31.5.1995 - 1.6.1995.

Hodgson, S. J.: Besonderheiten bei englischen Konsortialkreditverträgen, Vortragsmanuskript, Seminar: Dokumentation von Konsortialkrediten - im deutschen und englischen Recht -, Gravenbruch 15.-16.6.2000.

Hodgson, S. J.; Magold, R.: Finanzierungskonstellationen, besicherte/unbesicherte Kredite, Akquisitionskredite, Projektkredite, Vortragsmanuskript, Seminar: Dokumentation von Konsortialkrediten - im deutschen und englischen Recht -, Gravenbruch 15.-16.6.2000.

Hodgson, S. J.; Magold, R.: Maßgebliche Gesichtspunkte für die Wahl deutschen/englischen Rechts, Vertragstechnik, Vortragsmanuskript, Seminar: Dokumentation von Konsortialkrediten - im deutschen und englischen Recht -, Gravenbruch 15.-16.6.2000.

Laubscher, H.: Grundlagen der Internationalen Projektfinanzierung, Vortragsmanuskript, Konferenz: Projektfinanzierung, Frankfurt 27.-28.6.1991.

Lawson, D.: Rating Project Bonds, Vortragsmanuskript, Konferenz: The increasing role of Capital Markets in Project Finance, London 11.-12.12.1997.

Magold, R.: Rechtliche Strukturen in der Projektfinanzierung: Teil II: Risikoerfassung, Risikoabsicherung, Vortragsmanuskript, Konferenz: Internationale Projektfinanzierung, Frankfurt 31.5.-1.6.1995.

Magold, R.: Abtretungs-/Syndizierungsregelungen, Vortragsmanuskript, Seminar: Dokumentation von Konsortialkrediten - im deutschen und englischen Recht -, Gravenbruch 15.-16.6.2000.

Magold, R.: Inanspruchnahmebedingungen, Auszahlungsvoraussetzungen, Vortragsmanuskript, Seminar: Dokumentation von Konsortialkrediten - im deutschen und englischen Recht -, Gravenbruch 15.-16.6.2000.

Magold, R.: Konsortialbestimmungen, Vortragsmanuskript, Seminar: Dokumentation von Konsortialkrediten - im deutschen und englischen Recht -, Gravenbruch 15.-16.6.2000.

Magold, R.: Kredittypen, Verwendungszweckregelungen, Vortragsmanuskript, Seminar: Dokumentation von Konsortialkrediten - im deutschen und englischen Recht -, Gravenbruch 15.-16.6.2000.

Magold, R.: Kündigungsklauseln, Vortragsmanuskript, Seminar: Dokumentation von Konsortialkrediten - im deutschen und englischen Recht -, Gravenbruch 15.-16.6.2000.

Magold, R.: Vertragliche Gewährleistungen, Vortragsmanuskript, Seminar: Dokumentation von Konsortialkrediten - im deutschen und englischen Recht -, Gravenbruch 15.-16.6.2000.

Magold, R.: Vertragsstörungsklauseln (Market Disruption, Illegality) und Schutzklauseln (Increased Costs, Gross-Up), Vortragsmanuskript, Seminar: Dokumentation von Konsortialkrediten - im deutschen und englischen Recht -, Gravenbruch 15.-16.6.2000.

Magold, R.; Nelgen, M.: Berichtspflichten, sonstige Auflagen, positive und negative Covenants, Seminar: Dokumentation von Konsortialkrediten - im deutschen und englischen Recht -, Gravenbruch 15.-16.6.2000.

Magold, R.; Nelgen, M.: Kreditlaufzeiten, Tilgungsregeln, Vortragsmanuskript, Seminar: Dokumentation von Konsortialkrediten - im deutschen und englischen Recht -, Gravenbruch 15.-16.6.2000.

Nagel, M.: Besonderheiten der Projektfinanzierung bei Projektentwicklungen mittlerer Investitionsvolumina, Vortragsmanuskript, Konferenz: Projektfinanzierung bei mittleren Investitionsvolumina, Düsseldorf 27.-28.4.1995 und Stuttgart 18.-19.5.1995.

Nelgen, M.: Financial Covenants, Vortragsmanuskript, Seminar: Dokumentation von Konsortialkrediten - im deutschen und englischen Recht -, Gravenbruch 15.-16.6.2000.

Nelgen, M.: Übungsfall aus der Praxis – Gestaltung von Financial Covenants, Vortragsmanuskript, Seminar: Dokumentation von Konsortialkrediten - im deutschen und englischen Recht -, Gravenbruch 15.-16.6.2000.

Nelgen, M.: Zinsbestimmungen, Referenzzinsklauseln, Vortragsmanuskript, Seminar: Dokumentation von Konsortialkrediten - im deutschen und englischen Recht -, Gravenbruch 15.-16.6.2000.

Peraus, H.: Neue Aspekte der Projektsdeckung, Vortragsmanuskript, Alpacher Finanzsymposium 1988, Alpach 7.10.1988.

IV. Gesetze, Rechtsverordnungen, Erlasse

Aktiengesetz in der Fassung der Bekanntmachung vom 20. Mai 1965 (BGBl. I 1965, S. 1089); zuletzt geändert am 16.7.1998.

Einkommensteuergesetz 1997 in der Fassung der Bekanntmachung vom 16. April 1997 (BGBl. I, S. 821); zuletzt geändert am 23.10.2000.

Einlagensicherungs- und Anlegerentschädigungsgesetz in der Fassung der Bekanntmachung vom 16. Juli 1998 (BGBl. I 1998, S. 1842).

Financial Services Modernization Act von 1999 (,Gramm-Leach-Bliley Act'), URL: http://www.senate.gov/~banking/conf/ confrpt.htm (Abruf: 23.02.2003).

Gesetz betreffend die Erwerbs- und Wirtschaftsgenossenschaften (Genossenschaftsgesetz) vom 19. August 1994 (BGBl. I S. 2202); zuletzt geändert am 10.12.2001.

Gesetz betreffend die Gesellschaften mit beschränkter Haftung in der Fassung der Bekanntmachung vom 20. Mai 1898 (RGBl. 1898, S. 846); zuletzt geändert am 22.6.1998.

Gesetz über das Kreditwesen in der Fassung der Bekanntmachung vom 9. September 1998 (BGBl. I 1998, S. 2776); zuletzt geändert am 22.4.2002.

Gesetz über den Bau und die Finanzierung von Bundesfernstraßen durch Private (Fernstraßenbauprivatfinanzierungsgesetz - FStrPrivFinG) in der Fassung der Bekanntmachung vom 30. August 1994 (BGBl. I 1994, S. 2243-2244).

Gesetz über den Wertpapierhandel (Wertpapierhandelsgesetz - WpHG) in der Fassung der Bekanntmachung vom 9. September 1998 (BGBl. I S. 2708).

Gesetz über die Beaufsichtigung der Versicherungsunternehmen (Versicherungsaufsichtsgesetz - VAG) in der Fassung der Bekanntmachung vom 17. Dezember 1992 (BGBl. I 1993, S. 2); zuletzt geändert am 22.12.1999.

Gesetz über die Bundesanstalt für Finanzdienstleistungsaufsicht (Finanzdienstleistungsaufsichtsgesetz – FinDAG) vom 22. April 2002 (BGBl. I 2002, S. 1310).

Gesetz über die Deutsche Bundesbank in der Fassung der Bekanntmachung vom 22. Oktober 1992 (BGBl. S. 1782); zuletzt geändert am 16.12.1999.

Gesetz über die Grundsätze des Haushaltsrechts des Bundes und der Länder (Haushaltsgrundsätzegesetz) vom 19. August 1969 (BGBl. I S. 1273); zuletzt geändert am 22.12.1997.

Gesetz über die Kreditanstalt für Wiederaufbau in der Fassung der Bekanntmachung vom 23. Juni 1969 (BGBl. I 1969, S. 573); zuletzt geändert am 24.3.1998.

Gesetz über die Rechnungslegung von bestimmten Unternehmen und Konzernen (Publizitätsgesetz – PublG) vom 15. August 1969 (BGBl. I S. 1189, ber. S. 1970 I S. 1113); zuletzt geändert am 24.2.2000.

Gesetz über eine Berufsordnung der Wirtschaftsprüfer (Wirtschaftsprüferordnung) vom 5. November 1975 (BGBl. I S. 2803); zuletzt geändert am 10.12.2001.

Gesetz über Kapitalanlagegesellschaften in der Fassung der Bekanntmachung vom 9. September 1998 (BGBl. I 1998, S. 2726); zuletzt geändert am 24.3.1999.

Gesetz über Partnerschaftsgesellschaften Angehöriger Freier Berufe (Partnerschaftsgesellschaftsgesetz – PartGG) in der Fassung der Bekanntmachung vom 25. Juli 1994 (BGBl. I 1994, S. 1744); zuletzt geändert am 22.7.1998.

Gesetz zur Kontrolle und Transparenz im Unternehmensbereich (KonTraG) in der Fassung der Bekanntmachung vom 27. April 1998 (BGBl. I 1998, S. 786).

Gesetz zur Neuordnung des Pfandbriefrechts in der Fassung der Bekanntmachung vom 21.5.2005 (BGBl. I 2005, S. 1373).

General Rules and Regulations promulgated under Securities Act of 1933, URL: http://www.law.uc.edu/CCL/33ActRls/index.html, (Abruf: 27.7.2001).

General Rules and Regulations promulgated under Securities Exchange Act of 1934, URL: http://www.law.uc.edu/CCL/34ActRls/index.html, (Abruf: 27.7.2001).

Grundsätze über das Eigenkapital und die Liquidität der Kreditinstitute vom 20. Januar 1969 in der Fassung der Bekanntmachung vom 25.11.1998 (BAnz. Nr. 232).

Handelsgesetzbuch vom 10. Mai 1897 (RGBl. S. 219); zuletzt geändert am 6.4.2004.

Hypothekenbankgesetz vom 9. September 1998 (BGBl. I S. 2674); zuletzt geändert am 5.10.1994 mit Wirkung vom 1.1.1999.

Insolvenzordnung vom 5. Oktober 1994 (BGBl. I S. 2866); zuletzt geändert am 5.4.2004.

Public Utility Holding Company Act of 1935, URL: http://liiwarwick.warwick.ac.uk/uscode/ 15/ch2C.html (Abruf: 27.7.2001).

Schreiben betr. ertragsteuerliche Behandlung von Leasing-Verträgen über bewegliche Wirtschaftsgüter vom 19. April 1971, BMF IV B/2 – S 2170 – 31/71 (BStBl. I 1971, S. 264).

Schreiben betr. ertragsteuerliche Behandlung von Finanzierungs-Leasing-Verträgen über unbewegliche Wirtschaftsgüter vom 21. März 1972, BMWF F/IV B/2 – S 2170 – 11/72 (BStBl. I 1972, S. 188).

Schreiben betr. steuerrechtliche Zurechnung des Leasing-Gegenstandes bei Teilamortisations-Leasing-Verträgen über bewegliche Wirtschaftsgüter vom 22. Dezember 1975, BMF IV B/2 – S 2170 – 161/75.

Schreiben betr. ertragsteuerliche Behandlung von Teilamortisations-Leasing-Verträgen über unbewegliche Wirtschaftsgüter vom 23. Dezember 1991, BMF IV B/2 – S 2170 – 115/91 (BStBl. 1992 I, S. 13).

Securities Act of 1933, URL: http://www.law.uc.edu/CCL/33Act/index.html (Abruf: 27.7.2001).

Securities Exchange Act of 1934, URL: http://www.law.uc.edu/CCL/34Act/index.html (Abruf: 27.7.2001).

Telekommunikationsgesetz in der Fassung der Bekanntmachung vom 25. Juli 1996 (BGBl. I, S. 1120); zuletzt geändert am 31.1.2001.

Umsatzsteuergesetz 1999 in der Fassung der Bekanntmachung vom 9. Juni 1999 (BGBl. I, S. 1270); zuletzt geändert am 23.10.2000.

Verordnung über die Anzeigen und die Vorlage von Unterlagen nach dem Gesetz über das Kreditwesen (Anzeigenverordnung - AnzV) vom 29. Dezember 1997; zuletzt geändert am 21. Dezember 2000.

Verordnung über die Einreichung zusammengefaßter Monatsausweise nach dem Gesetz über das Kreditwesen (Zusammengefaßte-Monatsausweise-Verordnung - ZuMonAwV) vom 29. Dezember 1997; zuletzt geändert am 17. März 1999.

Verordnung über die Erfassung, Bemessung, Gewichtung und Anzeige von Krediten im Bereich der Großkredit- und Millionenkreditvorschriften des Gesetzes über das Kreditwesen (Großkredit- und Millionenkreditverordnung - GroMiKV) vom 29. Dezember 1997; zuletzt geändert am 21. Dezember 2000.

Verordnung über die Prüfung der Jahresabschlüsse und Zwischenabschlüsse der Kreditinstitute und Finanzdienstleistungsinstitute und über die Prüfung nach § 12 Abs. 1 Satz 3 des Gesetzes über Kapitalanlagegesellschaften sowie die darüber zu erstellenden Berichte (Prüfungsberichtsverordnung - PrüfbV) vom 17. Dezember 1998.

Verordnung zur Einreichung von Monatsausweisen nach dem Gesetz über das Kreditwesen (Monatsausweisverordnung - MonAwV); zuletzt geändert am 21. Dezember 2000.

V. Kommentare

Bähre, I. L.; Schneider, M.: KWG-Kommentar: Kreditwesengesetz mit den wichtigsten Ausführungsverordnungen, 3. Aufl., München 1986.

Beck, H.: Gesetz über das Kreditwesen: Kommentar nebst Materialien und ergänzenden Vorschriften, Heidelberg 1994, Stand: 59. Erg.-Lfg. (Okt. 1996).

Bock, H.: § 18 Kreditunterlagen, in: K.-H. Boos, R. Fischer, H. Schulte-Mattler (Hrsg.), Kreditwesengesetz: Kommentar zu KWG und Ausführungsvorschriften, München 2000, S. 442-475.

Bock, H.: § 19 Begriff des Kredits für die §§ 13 bis 14 und des Kreditnehmers, in: K.-H. Boos, R. Fischer, H. Schulte-Mattler (Hrsg.), Kreditwesengesetz: Kommentar zu KWG und Ausführungsvorschriften, München 2000, S. 475-512.

Bock, H.: § 21 Begriff des Kredits für die §§ 15 bis 18, in: K.-H. Boos, R. Fischer, H. Schulte-Mattler (Hrsg.), Kreditwesengesetz: Kommentar zu KWG und Ausführungsvorschriften, München 2000, S. 532-556.

Boos, K.-H.; Fischer, R.; Schulte-Mattler, H. (Hrsg.): Kreditwesengesetz: Kommentar zu KWG und Ausführungsvorschriften, München 2000.

Braun, U.: § 25 a Besondere organisatorische Pflichten von Instituten, in: K.-H. Boos, R. Fischer, H. Schulte-Mattler (Hrsg.), Kreditwesengesetz: Kommentar zu KWG und Ausführungsvorschriften, München 2000, S. 652-701.

BVR (Hrsg.): Gesetz über das Kreditwesen (KWG) einschließlich 6. KWG-Novelle, 3. Finanzmarktförderungsgesetz, Einlagensicherungs- und Anlegerentschädigungsgesetz sowie Insolvenzordnung, Kurzkommentar von RA Lochen Lehnhoff und Dr. Holger Mielk, 3. Aufl., Wiesbaden 1999, Stand: 1. Januar 1999.

C&L Deutsche Revision (Hrsg.): 6. KWG-Novelle und neuer Grundsatz I – Kommentierung, Originaltexte, Frankfurt a.M. 1998.

Fischer, R.: Einführung, in: K.-H. Boos, R. Fischer, H. Schulte-Mattler (Hrsg.), Kreditwesengesetz: Kommentar zu KWG und Ausführungsvorschriften, München 2000, S. 89-120.

Fülbier, A.: § 1 Begriffsbestimmungen, in: K.-H. Boos, R. Fischer, H. Schulte-Mattler (Hrsg.), Kreditwesengesetz: Kommentar zu KWG und Ausführungsvorschriften, München 2000, S. 121-184.

Fülbier, A.: § 2 Ausnahmen, in: K.-H. Boos, R. Fischer, H. Schulte-Mattler (Hrsg.), Kreditwesengesetz: Kommentar zu KWG und Ausführungsvorschriften, München 2000, S. 184-208.

Fülbier, A.: § 2 a Rechtsform, in: K.-H. Boos, R. Fischer, H. Schulte-Mattler (Hrsg.), Kreditwesengesetz: Kommentar zu KWG und Ausführungsvorschriften, München 2000, S. 208-212.

Fülbier, A.: Bundesaufsichtsamt für das Kreditwesen: § 5 Organisation, in: K.-H. Boos, R. Fischer, H. Schulte-Mattler (Hrsg.), Kreditwesengesetz: Kommentar zu KWG und Ausführungsvorschriften, München 2000, S. 233-235.

Fülbier, A.: Bundesaufsichtsamt für das Kreditwesen: § 6 Aufgaben, in: K.-H. Boos, R. Fischer, H. Schulte-Mattler (Hrsg.), Kreditwesengesetz: Kommentar zu KWG und Ausführungsvorschriften, München 2000, S. 236-252.

Gesetz über das Kreditwesen: mit Begründung, Durchführungsvorschriften und Anmerkungen von Ludwig Schork, 19. Aufl., Stuttgart 1995.

Reischauer, F.; Kleinhans, J.: Kreditwesengesetz. Loseblattkommentar für die Praxis nebst sonstigen bank- und sparkassenrechtlichen Aufsichtsgesetzen sowie ergänzenden Vorschriften, Berlin 1963, Stand: Erg.Lfg. Juni 2002.

Szagunn, V.; Haug, U.; Ergenzinger W.: Gesetz über das Kreditwesen, Kommentar, 6. Aufl., Stuttgart u.a. 1997.

VI. Veröffentlichungen der Bankenaufsicht
a. Veröffentlichungen der BaFin / des BAKred

BaFin: Geschäftsbericht 2001 des Bundesaufsichtsamtes für das Kreditwesen, Bonn/Frankfurt a.M. 2002.

BaFin: Jahresbericht der Bundesanstalt für Finanzdienstleistungsaufsicht 2002, Teil A, Bonn/ Frankfurt a.M. 2003.

BaFin: Jahresbericht der Bundesanstalt für Finanzdienstleistungsaufsicht 2003, Teil A, Bonn/ Frankfurt a.M. 2004.

BaFin: Jahresbericht der Bundesanstalt für Finanzdienstleistungsaufsicht 2004, Teil A, Bonn/ Frankfurt a.M. 2005.

BaFin: Jahresbericht der Bundesanstalt für Finanzdienstleistungsaufsicht 2007, Bonn/ Frankfurt a.M. 2008.

BaFin: Mindestanforderungen an das Kreditgeschäft der Kreditinstitute, Anschreiben zum zweiten Entwurf eines Rundschreibens v. 8. Oktober 2002.

BaFin: Mindestanforderungen an das Kreditgeschäft der Kreditinstitute, Zweiter Entwurf eines Rundschreibens v. 8. Oktober 2002.

BaFin: Mindestanforderungen an das Kreditgeschäft der Kreditinstitute, Anschreiben zum Rundschreiben 34/2002.

BaFin: Mindestanforderungen an das Kreditgeschäft der Kreditinstitute, Rundschreiben 34/2002.

BaFin: Mindestanforderungen an das Risikomanagement, Rundschreiben 18/2005.

BaFin: Veröffentlichung der Endfassung der MaRisk, Schreiben v. 20. Dezember 2005.

BaFin: Offenlegung der wirtschaftlichen Verhältnisse nach § 18 KWG, Schreiben v. 16. Februar 2005 (BA).

BaFin: Schreiben an den Zentralen Kreditausschuss zu § 18 KWG, Schreiben v. 9. Mai 2005 (BA).

BaFin: Überblick über die grundsätzlichen Anforderungen an die Offenlegung der wirtschaftlichen Verhältnisse nach § 18 KWG, Entwurf eines Rundschreibens v. 16. Februar 2005.

BaFin: Vorlagefristen bei bilanzierenden und nicht bilanzierenden Kreditnehmern im Rahmen der Offenlegung der wirtschaftlichen Verhältnisse nach § 18 KWG, Schreiben vom 3. Februar 2003, I 3 – 2370 – 1/2001.

BAKred: Jahresbericht 1995, Berlin 1996.

BAKred: Jahresbericht 1996, Berlin 1997.

BAKred: Jahresbericht 1997, Berlin 1998.

BAKred: Jahresbericht 1998, Berlin 1999.

BAKred: Jahresbericht 1999, Berlin 2000.

BAKred: Jahresbericht 2000, Bonn 2001.

BAKred: § 18 KWG: Unterschrift auf sog. „Ersatzunterlagen", Schreiben vom 11. Mai 2001, I 3 – 2377 – 1/2001.

BAKred: § 18 Satz 1 KWG, § 21 Abs. 1 Satz 1 Nr. 1 KWG: Anwendung der Offenlegungsvorschriften auf US registered bonds, Schreiben vom 4. Oktober 2000.

BAKred: Änderungen der grundsätzlichen Anforderungen an die Offenlegung der wirtschaftlichen Verhältnisse nach § 18 KWG, Änderung des Rundschreibens 9/98 vom 7. Juli 1998 - I 3 - 237 - 2/94, Regelung über die Offenlegung bei Krediten an bilanzierende Kreditnehmer, Rundschreiben 16/99.

BAKred: Änderungen der grundsätzlichen Anforderungen an die Offenlegung der wirtschaftlichen Verhältnisse nach § 18 KWG, Flexibilisierung der Sicherheitenliste nach § 18 Satz 2 KWG, Rundschreiben 20/99.

BAKred: Bildung von Kreditnehmereinheiten bei paritätischer Beteiligung (Gemeinschaftsunternehmen), Schreiben an die Spitzenverbände des Kreditgewerbes vom 20.1.1992.

BAKred: Kreditnehmereinheiten nach § 19 Abs. 2 Satz 1 KWG, Rundschreiben 3/97.

BAKred: Betreiben von Handelsgeschäften der Kreditinstitute, Verlautbarung v. 23. Oktober 1995.

BAKred: Mindestanforderungen an das Kreditgeschäft der Kreditinstitute, Entwurf eines Rundschreibens v. 20. Februar 2002.

BAKred: Mindestanforderungen an die Ausgestaltung der Internen Revision der Kreditinstitute, Rundschreiben 1/2000.

BAKred: Offenlegung der wirtschaftlichen Verhältnisse nach § 18 KWG – Keine Erstoffenlegung bei Prolongationen und unwesentlichen Engagementerhöhungen, Rundschreiben 1/2002.

BAKred: Offenlegung der wirtschaftlichen Verhältnisse nach § 18 KWG, Weitere Flexibilisierung der Sicherheitenliste; Aufhebung des Rundschreibens 20/99 vom 30. Dezember 1999 – I 3 – 237 – 2/94, Schaffung eines Beurteilungsspielraums bei der Heranziehung von Einkommensteuererklärungen und bei der Angabe der Vermögenspositionen im Rahmen von Vermögensaufstellungen, Fristenangleichung bei der Einreichung von Jahresabschlüssen an das Kapitalgesellschaften- und Co-Richtlinien-Gesetz (KapCoRiliG), Beachtung der Persönlichkeitsrechte und datenschutzrechtlicher Bestimmungen, Rundschreiben 5/2000.

BAKred: Überblick über die grundsätzlichen Anforderungen an die Offenlegung der wirtschaftlichen Verhältnisse nach § 18 KWG, Rundschreiben 9/98.

b. Veröffentlichungen des BCBS

Basel Committee on Banking Supervision: Principles for the Management of Credit Risk, Consultative paper issued by the Basel Committee on Banking Supervision, BCBS Publication No. 54, Basel July 1999.

Basel Committee on Banking Supervision: Principles for the Management of Credit Risk, BCBS Publication No. 75, Basel September 2000.

Basel Committee on Banking Supervision: The Internal Ratings-Based Approach, Supporting Document to the New Basel Capital Accord, Basel January 2001.

Basel Committee on Banking Supervision: The New Basel Capital Accord, Basel January 2001.

Secretary of the Basel Capital Accord: The New Basel Capital Accord: an explanatory note, Basel January 2001.

VII. Sonstige Quellen und Dokumente

Allgemeine Bedingungen für die Übernahme von Bürgschaften für Forderungen aus Ungebundenen Finanzkrediten an Regierungen und Körperschaften des öffentlichen Rechts im Ausland, Mai 1993.

Allgemeine Bedingungen für Bürgschaften für gebundene Finanzkredite, November 1999.

Allgemeine Bedingungen für Garantien für gebundene Finanzkredite, November 1999.

Allgemeine Bedingungen für die Übernahme von Garantien für Forderungen aus Ungebundenen Finanzkrediten an private ausländische Schuldner, Mai 1993.

Baker & McKenzie (Hrsg.): Dealing with Political Pressure on Build-Operate-Transfer Infrastructure Projects, unveröffentlichtes Arbeitspapier, London, o.J.

Baker & McKenzie (Hrsg.): The Control of Transactional Costs in Major Projects, unveröffentlichtes Arbeitspapier, London, o.J.

Baker & McKenzie (Hrsg.): Typical BOT Risk Analysis - Risk Matrix and Flow Chart, unveröffentlichtes Arbeitspapier, London, o.J.

Baker & McKenzie (Hrsg.): Managing Risks in Build-Operate-Transfer Projects, unveröffentlichtes Arbeitspapier, London, Mai 1994.

Bürgschaftsrichtlinien des Landes Sachsen-Anhalt, Beschluss der Landesregierung vom 4. April 2000, Ministerialblatt für das Land Sachsen-Anhalt v. 26. Juli 2000, Nr. 23.

Dudenredaktion (Hrsg.): Duden, Die deutsche Rechtschreibung, Bd. 1, 21. Aufl., Mannheim u.a. 1996.

Dudenredaktion (Hrsg.): Duden, Das Fremdwörterbuch, Bd. 5, 3. Aufl., Mannheim u.a. 1974.

Dudenredaktion (Hrsg.): Duden, Das Bedeutungswörterbuch, Bd. 10, 3. Aufl., Mannheim u.a. 2002,

DVFA: Certified Credit Analyst/DVFA-Credit-Analyst, in: URL: http://www.dvfa.de/ (Abruf: 4.1.05).

Esty, B. C.: An Overview of the Project Finance Market, Case Study 9-200-028, Harvard Business School, Boston January 10, 2002.

Ewers, H.-J.; Tegner, H.: Endbericht zum Forschungsvorhaben ‚Entwicklungschancen der privaten Realisierung von Verkehrsinfrastruktur in Deutschland - Eine ökonomische Analyse des Fernstraßenbauprivatfinanzierungsgesetzes (FStrPrivFinG)', Berlin u.a. 2000.

Ex-Im Bank: Project Finance Comprehensive Cover During Construction, Fact Sheet, EBD-P-05, May 2001.

Glied, C.-P.: Gegengeschäfte - Chancen und Risiken, unveröffentlichtes Vortragsmanuskript, o.J.

Hermes Kreditversicherungs-AG: Ausfuhrgewährleistungen der Bundesrepublik Deutschland auf PT Indah Kiat Pulp & Paper, Corp., Indonesien, URL: http://hermes-kredit.com/aga/ pdf/ indah.pdf (Abruf: 22.5.2001).

Hermes Kreditversicherungs-AG: Ausfuhrgewährleistungen der Bundesrepublik Deutschland zum Projekt ‚Zellstoffanlage Musi Pulp, Indonesien', URL: http://hermes-kredit.com/ aga/pdf/musipulp.pdf (Abruf: 22.5.2001).

Hermes Kreditversicherungs-AG: Leitlinien für die Berücksichtigung von ökologischen, sozialen und entwicklungspolitischen Gesichtspunkten bei der Übernahme von Ausfuhrgewährleistungen des Bundes, URL: http:/hermes-kredit.com/aga/pdf/umweltleitfaden.pdf (Abruf: 22.5.2001).

Hermes Kreditversicherungs-AG: Überblick über sektorenunabhängige und sektorenspezifische Fragen zur Beurteilung der Umweltrelevanz, URL: http://www.hermes-kredit.com/aga/ herubund/checkliste.html (Abruf: 22.5.2001).

KfW: Geschäftsbericht 2000.

Lazarus, S. L.: Basel II: the project blocker?, URL: https://www.ifcbloans.com/secure/news_article.cfm?NewsID=56 (Abruf: 31.5.2001).

LMA; BBA; ACT: Multicurrency Term and Revolving Facilities Agreement, Mustervertrag, Dokument LMA.MTR.01, London o.J.

LMA, BBA; ACT: Multicurrency Term Facility Agreement, Mustervertrag, Dokument LMA.MT.01, London o.J.

Matten, C.: Risk and Capital Management – An Overview, in: Australian Prudential Regulation Authority (Hrsg.), Risk and Capital Management Conference Proceedings, 19. November 1999, URL: http://www.apra.gov.au/policy/conference_papers1/risk_capital_management.pdf (Abruf: 13. Juni 2001).

Merkblatt über die Gewährung von Garantien und Bürgschaften für Ungebundene Finanzkredite im Ausland, Mai 1993.

OECD: Project Finance: Understanding on the Application of Flexibility to the Terms and Conditions of the Arrangement on Guidelines for Officially Supported Export Credits in Respect of Project Finance Transactions, for a Trial Priod, TD/CONSENSUS (98) 27, URL: http://www.oecd.ech/docs/xcr.htm (Abruf: 2.4.1999).

Romer, M.; Kelson, D.; Lench, M.: Evaluation of Bank Internal Risk Grading Systems, in: Fitch IBCA, Duff & Phelps (Hrsg.), Structured Finance Loan Special Reports, July 23, 2001.

UNCITRAL: Privately Financed Infrastructure Projects: Draft chapters of a legislative guide on privately financed infrastructure projects, Report of the Secretary-General, Addendum, URL: http://www.uncitral.org/english/sessions/unc/unc-32/acn9-458-8.htm (Abruf: 23.4.2001).

VCM: Certified Credit Manager, in: URL: http://www.credit-manager.de/aktuell/index.cfm?ID =151 (Abruf: 4.1.05).

VÖB: Mindestanforderungen an das Kreditgeschäft (MaK), in: URL: www.voeb.de/news/aktuel-lesII02.htm#2 (Abruf: 13.5.2002).

VIII. Beiträge ohne Verfasserangabe

Anmerkungen zur BAKred-Verlautbarung zu § 18 KWG, in: FN-IDW, o. Jg. (1995), Nr. 12, S. 521-523.

BaFin klärt Praxis zur Kreditprüfung, in: BZ v. 17.02.2005, Nr. 33, S. 6.

BaFin kommt kleinen Kreditinstituten bei Mindestanforderungen entgegen, in: Börsen-Zeitung v. 8. Oktober 2002, S. 6.

Banken brauchen für hohe Risiken weniger Kapital als gedacht, in: FAZ v. 13.7.2002, S. 10.

Drax, in: PF, o.Jg. (2000), Nr. 202, S. 50-51.

Finanzaufsicht regelt Kreditgeschäft neu – Risikovorsorge sinkt, in: FAZ v. 11.12.2002, S. 23.

Force majeure at Dabhol, in: Power in Asia, o.Jg. (2001), Nr. 326, S. 1-2.

Project poll – arrangers and sponsors rankings, in: Project Finance, February 2000, Issue 202, S. 53.

Risikoanlagen, in: ZfgK, 46. Jg. (1993), S. 595-596.

Stichwort: ‚Modell', in: Vahlens Großes Wirtschaftslexikon, E. Dichtl, O. Issing (Hrsg.), Bd. 2, München 1987, S. 186-187.

Stichwort: ‚Modell', in: Gabler Wirtschaftslexikon, 15. Aufl., Wiesbaden 2000, S. 2151-2152.

ZKA hält an der Bonitätsprüfung fest, in: BZ v. 15.02.2005, Nr. 31.

ZKA warnt vor Fehlschlüssen, BZ v. 23.02.2005, Nr. 37, S. 3.